중등특수교사를 위한

끈기 임용 2차

2026 대비

실전편

정조이 · 서 진 공저

수업실연(설계) & 지도안 작성

- 장애학생 로봇 교육 등 중등특수 맞춤형 Best 40가지 이론으로 특수교육 현장 주제 완벽 연구-!
- 연도별 기출 고득점 합격자 복기 스크립트와 인터뷰 수록!
- 지도안(과정안) 작성 기출문제 우수 답안 복기!
- 경기도 수업설계를 위한 완벽 대비!
- 실전 연습문제 총 55회 제공!
(12개년 기출 변형 + 에듀테크 활용 등 최신 유형 43문제)

직강·인강
G스쿨

목 차

PART 01

수업능력평가 실전 감각 UP

Chapter 01

기본 구조 탐구

NOTE

01 수업실연의 기본 틀

영역	내용
본시학습 관련 내용	주제, 단원, 학습 대상, 차시, 활동 시간
학생 특성	개별 학습 실태 및 학습 수준 (가,나,다 학생 수준 및 특성, 도전행동 특성 등) 기재
수험생 유의사항 (실연 조건)	실연 구간, 시험 조건, 특수교육지원인력 배치 여부, 기자재, 자료 활용 시기, 중재 시기 등
자료	본시 학습에 활용할 자료 제공 전자칠판, 스마트워치, 태블릿pc, 태블릿pc 펜슬, 어플, VR 기기, 포토프린터, 세이펜, AAC, 개인 자석 칠판, 모둠 칠판, 블루트스 키보드, 마우스, 동영상, 노래, 연극, 포스터, 사전, 사진, 시, 신문, 아나운서, 캐스터, 영화, 홍보물, 지도, 모형, 코딩로봇, 광고, 책, 보고서, 연극 스크립트 등
지도안 (교수·학습 과정안)	자료 활용 시기, 세부 활동명, 유의점, 전시 학습에 대한 내용 등 기재

〈수업실연 조건지 형식 예시〉

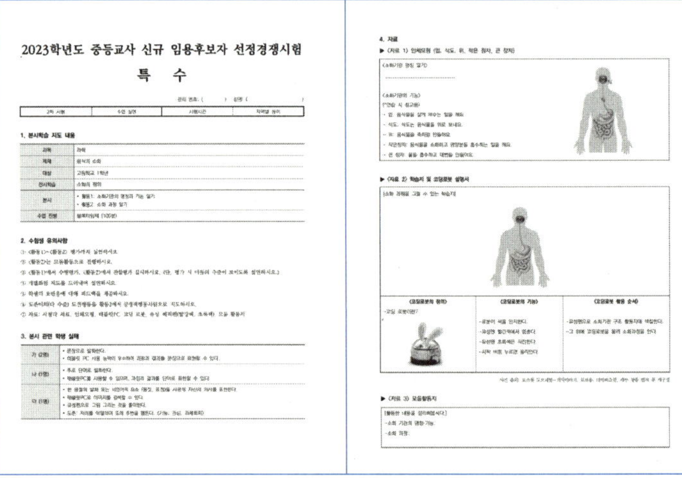

2023학년도 중등교사 신규 임용후보자 선정경쟁시험

특 수

1. 본시학습 지도 내용

과목	과학
제재	음식의 소화
대상	고등학교 1학년
전시학습	소화의 정의
본시	• 활동1: 소화기관의 명칭과 기능 알기 • 활동2: 소화 과정 알기
수업 진행	블록타임제 (100분)

2. 수험생 유의사항

3. 본시 관련 학생 실태

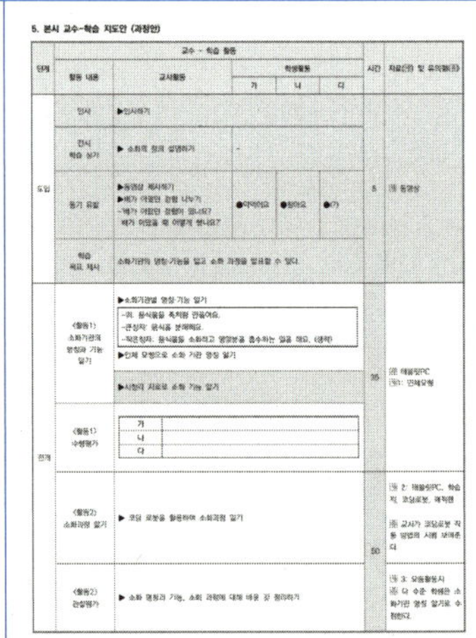

02 지도안 작성 지역

〈지도안 (교수·학습 과정안) 작성 지역: 답안지 형식 예시〉

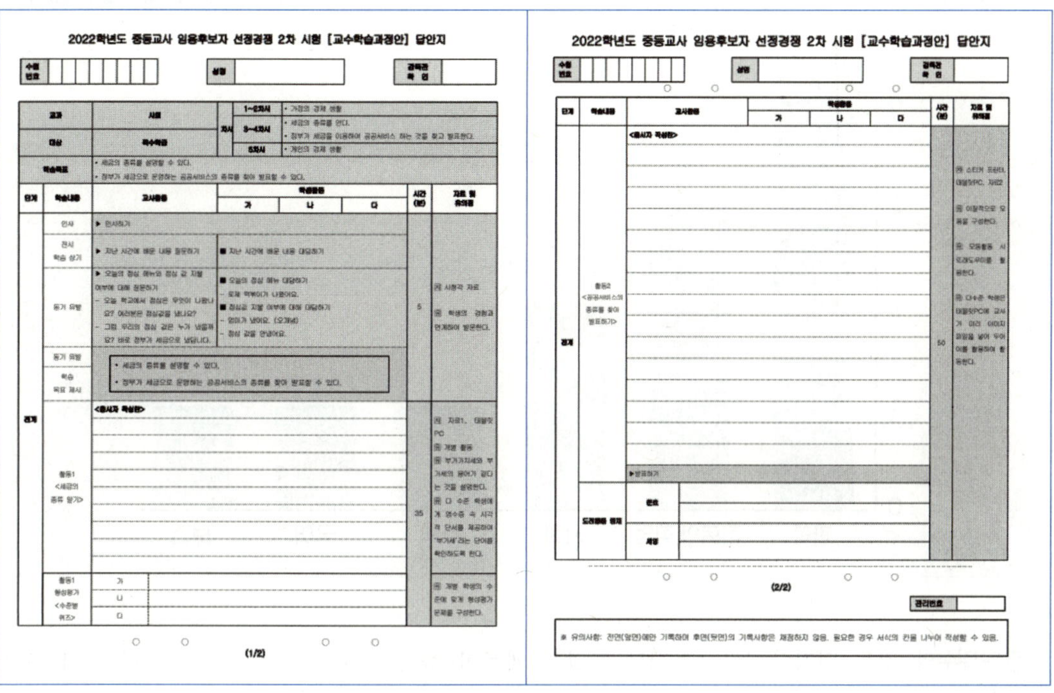

2022학년도 중등교사 임용후보자 선정경쟁 2차 시험 [교수학습과정안] 답안지

수험번호 / 성명 / 감독관 확인

교과	사회	차시	1~2차시	• 가정의 경제 생활
대상	특수학급		3~4차시	• 세금의 종류를 안다. • 정부가 세금을 이용하여 공공서비스 하는 것을 찾고 발표한다.
			5차시	• 개인의 경제 생활
학습목표	• 세금의 종류를 설명할 수 있다. • 정부가 세금으로 운영하는 공공서비스의 종류를 찾아 발표할 수 있다.			

단계	학습내용	교사활동	학생활동 가	학생활동 나	학생활동 다	시간(분)	자료 및 유의점
전개	인사	▶ 인사하기					
	전시 학습 상기	▶ 지난 시간에 배운 내용 질문하기	■ 지난 시간에 배운 내용 대답하기			5	
	동기 유발	▶ 오늘의 점심 메뉴와 점심 값 지불 여부에 대해 질문하기 – 오늘 학교에서 점심은 무엇이 나왔나요? 여러분은 점심값을 냈나요? – 그럼 우리의 점심 값은 누가 냈을까요? 바로 정부가 세금으로 냈답니다.	■ 오늘의 점심 메뉴 대답하기 – 오제 떡볶이가 나왔어요. ■ 점심값 지불 여부에 대해 대답하기 – 엄마가 냈어요. (오개념) – 점심 값을 안냈어요.				자 시청각 자료 유 학생의 경험과 연계하여 발문한다.
	동기 유발 / 학습 목표 제시	• 세금의 종류를 설명할 수 있다. • 정부가 세금으로 운영하는 공공서비스의 종류를 찾아 발표할 수 있다.					
	활동1 <세금의 종류 알기>	<응시자 작성란>				35	자 자료1, 태블릿 PC 유 개별 활동 유 부가가치세와 부가세의 용어가 같다는 것을 설명한다. 유 다 수준 학생에게 영수증 속 시각적 단서를 제공하여 '부가세'라는 단어를 확인하도록 한다.
	활동1 형성평가 <수준별 퀴즈>	가					유 개별 학생의 수준에 맞게 형성평가 문제를 구성한다.
		나					
		다					

(1/2)

2022학년도 중등교사 임용후보자 선정경쟁 2차 시험 [교수학습과정안] 답안지

수험번호 / 성명 / 감독관 확인

단계	학습내용	교사활동	학생활동 가	학생활동 나	학생활동 다	시간(분)	자료 및 유의점
전개	활동2 <공공서비스의 종류를 찾아 발표하기>	<응시자 작성란> ▶발표하기				50	자 스티커 프린터, 태블릿PC, 자료2 유 이질적으로 모둠을 구성한다. 유 모둠활동 시 모래도우미를 활용한다. 유 다수준 학생은 태블릿PC에 교사가 미리 이미지 파일을 넣어 두어 이를 활용하여 활동한다.
	도전행동 중재	선호					
		제공					

(2/2)

관리번호

※ 유의사항: 전면(앞면)에만 기록하여 후면(뒷면)의 기록사항은 채점하지 않음. 필요한 경우 서식의 칸을 나누어 작성할 수 있음.

〈지도안 (교수·학습 과정안) 작성 지역: 답안지 연습 예시〉

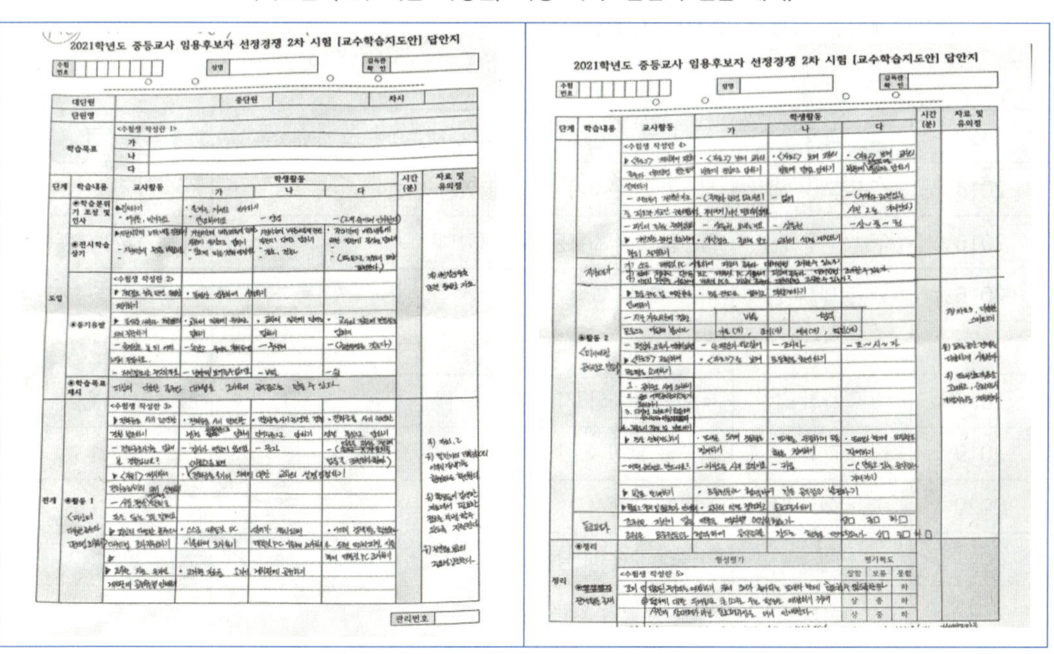

2021학년도 중등교사 임용후보자 선정경쟁 2차 시험 [교수학습지도안] 답안지

2021학년도 중등교사 임용후보자 선정경쟁 2차 시험 [교수학습지도안] 답안지

Chapter 2

출제 과목 통계 및 연도별 기출 주제

NOTE

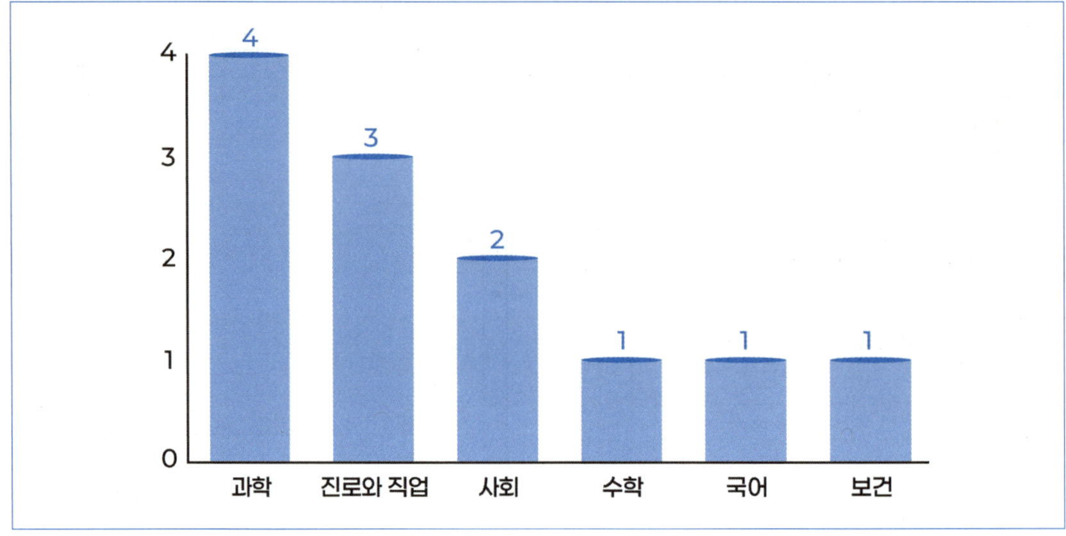

중등특수의 경우 전지역 공통 문제로 다양한 과목이 출제됩니다. 2015~2025학년도의 12개년 간 출제 과목 통계를 살펴볼까요? 과학(4)을 비롯하여, 진로와 직업(3), 사회(2), 수학(1), 국어(1), 보건(1) 순으로 출제되었습니다. 특히, 3년 연속으로 과학 교과가 출제되었습니다. 더하여 최근 교육 현장의 흐름은 교사교육과정·교육과정재구성·융합교육 등 자율성을 강조하기에 과목 간의 경계가 점차 불분명해지는 형태로 출제되고 있습니다.

연도	과목	수업 주제	구간
2014	진로와 직업	청소기 사용하기, 라면 끓이는 방법	동기유발~활동2
2015	수학	물건값과 거스름돈 계산 (화폐)	동기유발~활동2
2016	진로와 직업	버스 이용	동기유발~활동1
2017	국어	표정, 말투, 몸짓에 따른 표현	활동1,2
2018	사회	독도의 위치와 자연경관	활동1,2
2019	과학	겨울철 날씨	활동1,2
2020	진로와 직업	작업장 안전사고	활동1,2
2021	보건	약물의 오용과 남용	활동1,2
2022	사회	세금 (국가가 하는 일)	활동1,2
2023	과학	소화기관의 명칭·기능, 소화의 과정	활동1,2 평가
2024	과학	지진해일 원인 및 대처 방법	활동1,2 평가
2025	과학	전기 절약 실천	활동1,2 평가

2016년도까지는 초반부 활동이 제시되었지만, 점차 활동1,2의 구간과 평가까지 제시된 점으로 보아 학생 간의 상호작용을 중시한다는 점과 교사는 지원자, 안내자, 촉진자의 역할 수행을 기대하고 있습니다. 내용을 살펴보자면, 12년 개년의 기출문제 주제들이 생활과 연계된 기능적 교육을 바탕으로 구성되어 있습니다. 최근 기출 주제는 안전, 보건(코로나-19) 이슈, 세금, 환경 등 사회 이슈와 연결된 흐름을 발견할 수 있습니다. 즉, 특수교육대상 학생들의 안전한 삶과 가치 있는 사회인이 되기 위해 필요한 수업 주제는 무엇일지 특수교육과정 분석을 통해 고민해야 합니다.

기출문제 분석을 하다 보면 점차 조건과 내용이 까다로워진다는 점을 느낄 수 있습니다. 기출문제 분석에서 얻은 배움을 기준으로, 한정된 구상 시간 속에서 조건지를 정확히 파악하는 능력을 길러야 합니다. 간혹 시험지 자체가 조건인데도 불구하고 한정적이게만 파악하는 경우도 많습니다. 예) 실연하지 말라는 구간을 수업해서 시간이 부족하다던지, 동기유발과 너무 중복된 학습 내용, 해당 차시의 수업 내용이 아닌 경우, 유의점의 내용을 누락하는 경우 등 실수할 수 있습니다. 기출문제 분석으로 안목을 키우며 연습 시에도 구상 시간을 실제와 같이 활용하고, 전체적으로 문제를 해석하고 점검하는 연습이 필요할 것입니다.

수험생 선생님들이 자주하는 질문!

"이미 기출된 문제인데, 수업실연 연습을 해보아야 하나요?"

네! 기출문제는 현존하는 문제 중 가장 좋은 문제입니다. 1차 시험에서도 기출분석을 주구장창 했듯이 2차 시험에서도 마찬가지입니다. 기출문제를 통해 흐름을 파악할 수 있으며, 일부분이라도 재구성 및 발전되어 출제될 가능성이 있습니다. 기출문제 분석을 하며, 고득점 합격자의 복기 스크립트와 나의 수업을 비교해 보세요. 만약 처음부터 수업실연이 너무 막막하고 막힌다면 합격자 복기 스크립트의 구조를 파악하고 소리내어 따라 읽어보세요.

더하여, 유아특수·초등특수는 교육과정이 다를 뿐더러 학습하기엔 양이 부담됩니다. 그래서 유아특수·초등특수 기출 중 유의미하게 참고할 만한 내용은 일부 삽입 및 변형하여 연습 문제에 활용하였으니 확인하시길 바랍니다.

정리하자면, **「기출문제 → 기출변형 문제 → 다양한 과목 및 유형의 실전 연습 문제」**의 순서로 수업실연을 탄탄하게 대비하길 바랍니다.

조금 더 확장하자면, 초등특수의 경우 아래의 기출문제와 같이 프로젝트학습, 융합수업이 자주 출제되는 경향입니다. 그래서 중등특수 역시 한 과목에 국한되어 연습하는 것이 아닌 교육과정을 유연하게 사고하여 대비하는 연습이 필요합니다. 주목할 점으로, 최근 초등특수 대구와 초등특수 서울 지역의 경우 2022 개정 교육과정에서 신설된 '일상생활' 영역과 연계된 문제도 출제되었습니다. 이렇듯 본 교재의 실전 연습 문제는 중등특수를 기준으로 유아특수, 초등특수의 최신성을 반영하여 다양한 과목과 유형을 효율적으로 학습할 수 있도록 교육과정 재구성으로 출제되었으니 적극 활용하시길 바랍니다.

NOTE

NOTE

초등특수 대구 2024학년도 수업실연 일부

1. 본시 학습 지도 내용

교과	실과, 국어, 수학, 사회
진행	프로젝트 수업 [12차시/20차시]
대상	5~6학년군
제재	식사도구를 스스로 올바르게 사용해요.
이전 차시	식사도구 종류 알아보기
본차시 목표	음식에 알맞은 식사도구를 선택하고 식사도구를 스스로 사용할 수 있다.
후속 차시	아침, 점심, 저녁 식사 시간 알기

2. 본시 관련 학생 실태

수준	인원	특성 및 수행 수준
가	2	• 낱말을 쓸 수 있고 따라 읽을 수 있다. • 숟가락, 포크 움켜잡을 수 있다. • 적극적이고 활발하다.
나	3	• 낱말을 그림카드와 연결할 수 있다. • 숟가락 사용할 수 있다. • 문제행동이 있다.
다	1	• 간단한 질문에 자신의 의사를 몸짓으로 가리켜 표현할 수 있다. • 상지가 불편하나 숟가락을 움켜쥘 수 있다. • 자리 착석은 가능하나 수업에 관심은 없다.

초등특수 경기 2022학년도 수업실연 일부

1. 본시 학습 지도 내용

<table>
<tr><th>교과</th><td colspan="3">지구지킴이 일일 프로젝트(도덕, 국어, 창의적체험활동 연계)</td></tr>
<tr><th>대상</th><td colspan="3">특수학급 5,6학년</td></tr>
<tr><th>목표</th><td colspan="3">기후변화 원인을 파악하고 일상생활에서의 실천방안 선정하기</td></tr>
<tr><th rowspan="4">전체 차시 계획</th><th>과정</th><th>차시</th><th>장소</th></tr>
<tr><td>[프로젝트 준비]</td><td>1차시</td><td>통합학급</td></tr>
<tr><td>[프로젝트 실시]</td><td>2-5차시</td><td>통합학급 특수학급 따로 수업 진행 (가정 연계 실천)</td></tr>
<tr><td>[프로젝트 마무리]</td><td>6차시</td><td>강당 (발표 진행)</td></tr>
<tr><th>본차시</th><td colspan="3">3차시: 일상생활에서 지구 지키는 실천 방안 알아보기</td></tr>
<tr><th>수업 형태</th><td colspan="3">생태, 환경 프로젝트 수업 / 통합학급 연계</td></tr>
</table>

Chapter 3

출제 트렌드 분석

NOTE

01 연도별 공통 조건

❶ 공통 조건: " 경험 중시 "

'100kg의 이론보다 1g의 경험이 낫다!' 라는 명언은 일반화 및 적응의 어려움이 예상되는 특수 교육대상학생들에게 적절한 표현이라고 생각이 듭니다. 기출 조건 중 '경험'에 대해 제시된 부분은 학습자의 동기를 높이고, 삶과 연계, 일반화를 중시한다는 점을 분석할 수 있는 조건입니다.

기출 중등특수 2018학년도 수업실연 기출문제 일부

① 전개〈활동1〉~〈활동2〉를 실연하시오.
② 학생의 경험을 활용하시오.
③ 〈활동1〉에서 자료1을 활용하시오
④ 〈활동2〉에서 자료2를 활용하시오.
⑤ 한솔이의 문재행동중재를 활동 2에서 하시오.
⑥ 지영이의 참여도를 높이기 위해 활동 2에서 개별적 지원을 제공하시오.
⑦ 태블릿PC, 교사용 컴퓨터, 빔 프로젝터, 스크린이 갖추어진 교실에서 수업을 진행한다고 가정하시오

기출 중등특수 2020학년도 수업실연 기출문제 일부

① 〈활동1〉작업장 안전사고 유형 알기, 〈활동2〉 작업장 안전사고 예방법 알기를 실연하시오.
② 〈활동1〉 에서 학생들의 경험을 활용하시오.
③ 자료1, 자료2는 〈활동1〉, 자료3은 〈활동2〉 활용하여 실연하시오.
④ 〈활동2〉에서 학생들의 협동학습과정과 교사의 개별적인 지원이 드러나도록 실연하시오.
⑤ 〈활동2〉에서 학생 A의 도전행동에 대한 긍정적행동지원 중재를 실시하시오.
⑥ 교사용 컴퓨터, 빔프로젝터, 태블릿 PC, 스크린이 갖춰진 교실로 가정하여 실연하시오.

기출 중등특수 2025학년도 수업실연 기출문제 일부

- [교수·학습 지도안]의 〈수업실연 1~3〉에 해당하는 구간을 학습 목표를 반영하여 수업실연 하시오.
- 본시 관련 모든 학생들의 특성 및 수행 수준을 고려하여 수업실연 하시오.
- 〈수업실연1〉에서는 〈자료1〉를 활용하여, 학생들의 실생활 및 경험을 활용하시오.
- 〈수업실연2〉에서는 〈자료2〉를 활용하여, 모둠 활동을 실시하며 이때 교사의 촉진자 역할이 드러나도록 수업실연하시오.
- 〈수업실연3〉에서는 '지혁'이와 '규리'에 대한 개별화된 지원 방안을 드러내시오.
- 유의 사항: 교사와 학생의 활동이 구체적으로 드러나도록 실연하시오.

❷ 공통 조건: " 태블릿 PC 활용 "

수업에서 다양한 활용이 가능한 태블릿pc가 거의 매해 기출되고 있습니다. 현장의 1인 1태블릿 기기 제공의 정책이 반영된 부분이라고 볼 수 있습니다. 디지털교과서, 앱 활용, 검색 도구, 미러링, 사진찍기, 댓글, 공감표시, 브레인라이팅, 이미지 검색, 음성 검색 등 무궁무진하게 활용 가능합니다. 다양한 수준에 따른 기기 조작 능력의 차이도 엿볼 수 있어 개별화된 지원이 필요할 것입니다.

연도	2018	2019	2020	2021	2022	2023	2024	2025
태블릿pc 제공	O	O	O	O	O	O	O	O

기출 중등특수 2024학년도 수업실연 기출문제 일부

3. 본시 관련 학생 실태

가 (3명)	공통	• 3어절 문장으로 말 할 수 있다. • 태블릿PC를 스스로 조작하여 조사한 정보를 작성하여 정리할 수 있다.
	개별	• 세진: 교사의 설명에 대해 수업과 관련 없는 질문을 하며 수업 방해 행동을 한다. • 민혁: 저시력 학생이다.
나 (2명)	공통	• 2어절 문장으로 말할 수 있다. • 언어적 촉진을 주면 실험 활동에 참여할 수 있다. • 언어적 촉진 주면 태블릿PC 사용하여 검색하여 보고서 작성 가능하다.
다 (1명)	공통	• 몸짓이나 표정, AAC를 사용하여 표현 가능하다. • 신체적 촉진을 주면 실험, 모둠 활동에 참여할 수 있다. • 이미지 파일로 태블릿 PC 검색할 수 있다.

❸ 공통 조건: " 기능적 주제 "

특수교육의 가치에 맞게 학생의 안전한 삶에서 핵심적인 내용의 주제가 기출되고 있습니다. 만약 첫 느낌상 그렇지 않은 주제라고 생각이 들지라도, 기능적인 내용을 연결지어 수업을 진행하면 득점에 수월할 것입니다.

2018학년도 기출 주제	+	기능적 내용
독도의 위치와 자연경관	+	독도 관광 (여가), 우리나라 문화 유산에 대한 관심

2023학년도 기출 주제	+	기능적 내용
소화기관의 명칭·기능, 소화의 과정	+	소화기관 관련 질병, 예방 방법. 관련 경험 소화가 잘 되는 음식, 피해야 하는 음식 등

❹ 공통 조건: " 상호작용 및 모둠 활동 "

학생중심수업의 중요한 가치가 반영된 조건입니다. 상호작용은 학생중심수업의 기본 전제인 것 잘 알고 계실 겁니다. 주로 〈활동2〉에서 모둠학습의 형태로 실시하여 학습 내용에 대해 심화하는 흐름입니다. 최근 2024학년도 기출에서도 공동의 과제물을 산출하는 활동(모둠 안내판 만들기)와 2025학년도에는 전기 절약 실천 포스터 만들기가 출제되었습니다.

모둠활동에서 자신의 생각을 표현하고, 타인의 의견을 경청하는 과정과 교사는 순회지도를 통하여 학생들의 생각을 모으고, 피드백하고, 같은 생각과 다른 생각을 연결지으며, 학생들은 책임을 다하며 협동하고, 교사는 이를 안내해주고 조정해주고 중재하고, 소외된 학생 없이 개별적인 지원을 제공하는 장면이 잘 드러나야 할 것입니다.

확장하자면, 앞으로 모둠활동이 조건이 다양해지고 더욱 세세해질 수 있습니다. 발표 준비까지 기출 되었던 구간으로 보았을 때 앞으로 발표하는 모습까지 실연하는 것, 모둠 내 서로 갈등이 생기는 경우 등 상황이 제시될 수 있습니다.

연도	2017	2018	2019	2020	2021	2022	2023	2024	2025
〈활동2〉 내용	-역할극 -순회 지도	-모둠별 보고서 작성	-대처방안 모색 -구체물 제공	-협동학습 과정 -활동 보고서 작성 -보고서 작성 방법 안내 -개념지도 형식 활용	-역할 나누기 -모둠평가, 자기평가 학습지 내용 등장 -구체물 제공	-개념지도 형식 활용 -다 수준의 학생의 참여 확대 -또래교수 활용	-〈활동2〉 모둠활동 -모둠활동지	-〈활동2〉 모둠활동 -모둠 안내판 만들기	-〈활동2〉 모둠활동 -포스터 만들기

기출 중등특수 2021학년도 수업실연 기출문제 일부

〈활동2〉 의약품의 종류와 올바른 사용법 알기	**〈수험생 실연 부분〉** ▶ 설명서를 QR코드로 변환 후 인쇄하여 의약품 모형에 붙이기 ▶ 발표 준비하기 ▶ 발표하기	50	㉶ 자료2,3, 태블릿PC, 의약품 모형 ㊒ 모둠 활동 중 역할과 자기결정력이 드러나도록 한다. ㊒ 또래교수가 일어날 수 있도록 또래 간 상호작용을 촉진한다. ㊒ 교사는 순회하며 도움이 필요한 학생에게 개별적인 지원을 제공한다.

NOTE

❺ 공통 조건: " 학생 특성 및 개별화된 지원 "

특수교육대상학생들에게 자주 발견할 수 있는 특성이나 상황을 바탕으로 학습 실태가 구성되어 있어 현장성이 높습니다. 기출에서는 '특수학급' 수준을 명시하는 경우, 기능면에서도 상대적으로 우수한 특징으로 제시되었습니다. 최근 2025학년도 기출에서는 손의 협응과 소근육 운동 발달에 대한 어려움이 있었고, 2024학년도 기출에서는 개별특성/공통특성이 나누어서 주어지고, 저시력 학생이 처음 등장하기도 하여 다양한 장애 유형의 지원 사항에 대해 대비해야 합니다. 확장할 부분으로는 2023학년도 초등특수 평가원 지도안 작성 기출 문제에서는 수행 기능이 한 단계 낮게 출제되기도 하여 중등특수 역시 이에 대비해야 합니다.

중등특수 2025학년도 수업실연 기출문제 일부

수준	특성 및 수행 수준
나 (2명)	• 교사의 언어적 촉진을 받아 태블릿 PC를 사용할 수 있다. • 자신의 생각을 2어절의 문장으로 말할 수 있다. • 글자를 보고 쓸 수 있으며, 색칠하기 활동을 선호한다. • 지혁: 손의 협응과 소근육 운동 발달이 낮아 불편함이 있다.

중등특수 2021학년도 수업실연 기출문제 일부

수준(인원)	특성 및 학습 수행 수준
가(2명)	• 4~5단어로 연결된 문장을 말할 수 있다. • 또래를 돕는 활동을 좋아한다. • 서현: 수업과 관련 없는 질문을 수시로 한다.
나(3명)	• 2~3단어로 연결된 문장을 말할 수 있다. • 인성: 주의집중력이 짧고, 수시로 자리이탈을 한다.
다(1명)	• 한글자로 본인의 의사를 표현한다. • AAC를 사용하고 또래교수를 활용하면 학습에 잘 참여한다. • 수업에 소극적이며 학습된 무기력을 가지고 있다.

기출 초등특수 평가원 2023학년도 지도안 작성 문제 일부

수준	특성 및 수행 수준
가 (1명)	• '좋아요, 싫어요.' 등 짧은 단어로 말할 수 있다. • 책 읽기 좋아하나 발음 부정확하고 느리다. • 갈등 생길 때 비속어를 사용하여 또래 관계가 좋지 않다.
나 (1명)	• 구어 산출이 어려워 그림카드을 활용하여 표현한다. • 글을 읽지 못하나 한글에 관심이 많다. • 주의집중력이 짧아 수업 중 돌아다니면서 친구가 하는 것을 본다.
다 (1명)	• 표정과 몸짓으로 표현할 수 있다. • 자신이 등장하는 동영상 자료의 경우 흥미를 보인다. • 과제를 스스로 수행하지 못하여 친구나 교사의 도움을 받는다.

NOTE

⑥ 공통 조건: " 블록타임제 "

2018학년도~2025학년도까지 블록타임제로 진행하라는 조건을 발견할 수 있습니다. 블록타임제란 무엇일까요? 정의와 효과 그리고 우려점에 대해 알아봅시다.

〈블록타임제〉

-정의: 기존의 45분~50분 단위의 수업을 2~3시간 연속 혹은 교과 내용과 방법에 따라 70분, 80분, 90분, 100분 등 여러 형태로 수업을 탄력적으로 운영하는 방식

-효과: 수업 시간과 휴식 시간을 모두 연장함으로써 학생의 수업에 대한 집중력 향상과 휴식 시간 보장, 토의 토론, 탐구, 실험 수업에 유리, 교과교실제 시행 시 학생의 이동시간을 줄일 수 있음

-우려점: 수업 시간이 너무 길어져 원래 의도와는 달리 학습자들의 집중력이 오히려 저하, 교사와 학생에게 부담 등의 문제로 인해 학생들의 흥미를 자극할 다채로운 수업 진행과 형성평가 준비가 필요

기출 중등특수 2019학년도 수업실연 일부

1. 본시 학습 지도내용

교과	중학 과학 (나)
단원	2. 일기예보
제재	겨울철 날씨의 특징 알아보기
시간	블록타임제 (90분)
대상	중학교 3학년

연도	2018	2019	2020	2021	2022	2023	2024	2025
블록타임제	O	O	O	O	O	O	O	O

효과를 보시면 알겠지만 수업 시간 뿐만 아니라 휴식 시간 또한 연장된 것입니다. 간혹 수험생 선생님들 피드백을 하다보면 '화장실은 미리 다녀왔나요? 우리 오늘 100분 동안 수업에 참여해야 하니까…' 라고 발문하시며 대학교 강의 진행처럼 잘못 해석하시는 분들이 있습니다. 블록타임제는 수업 시간과 휴식 시간을 모두 연장하고, 충분한 시간을 전제하여 학생 중심의 활동을 활발히 진행하라는 의미로 해석할 수 있습니다.

NOTE

02 연도별 변화 조건

❶ 변화 조건: " 수업 매체와 자료의 다양화 "

코로나-19로 가속화된 미래교육! 이제는 임용 2차에서 빠질 수 없는 주제로 자리 잡았습니다. 미래교육의 키워드인 개별화, 맞춤형, 에듀테크를 활용하는 교육에 맞추어 태블릿 PC부터 전자칠판, 스티커 프린터, 코딩 로봇 등 다양한 에듀테크 기기들이 등장하였습니다. 특히, 2023학년도의 코딩로봇의 등장으로 '이제는 수업실연 시 교사의 에듀테크 역량까지 평가할 것이다!' 라는 신호탄으로 해석할 수 있습니다.

그래서 수업에서 활용될 수 있는 다양한 에듀테크 기기들과 기능, 사용 시 이점 등을 깊게 공부하여 대비해야 할 것입니다. 더하여 동영상, 개념지도, 동료평가지, 활동지 등 학습지의 내용이 세분화 되고, 평가 시 활용할 수 있는 요소들도 등장하였습니다. 즉, 해당 자료를 학생들 개별적 수준과 특성에 맞게 재구성할 수 있어야 할 것입니다. 가장 중요한 점은 이러한 매체와 자료를 '활용'한 수업입니다.

이전	⇨	현재
빔프로젝터, 이동식 칠판, TV, 그림자료…		태블릿PC, 전자칠판, 스티커프린터, 코딩로봇, …

❷ 변화 조건: " 특수교육 핵심 개념 적용 "

특수교육의 핵심 개념을 수업에 적용하는 능력을 중시하고 있습니다. 이제는 2022 개정 교육과정에서 강조하는 역량, 디지털 리터러시 역량, 자기관리 역량 등 다양한 역량을 수업실연 내에 부각하는 연습을 해야 합니다. 초등특수 최근 기출의 경우 '모든 학생이 참여 가능한 활동을 구상하라'는 문장에서 떠올릴 수 있듯 보편적 학습 설계의 가치도 반영되었습니다.

기출 중등특수 2021학년도 수업실연 일부

⑧ 활동2에서 교사와 학생 상호작용과 **자기결정력 증진**이 잘 일어나도록 교사 촉진을 실연하시오.

기출 초등특수 경기 2024학년도 수업실연 일부

3. 수험생 유의 사항 (수업 조건)

① 아래와 같이 참고하여 실연하시오.

도입	전개	정리

② 친구 간의 우정과 관계 형성이 드러나게 실연하시오.

③ 모든 학생이 참여 가능한 활동을 구성하시오.

④ 종이컵, 페트병, 신문, 공 등 일상생활에서 볼 수 있는 다양한 사물 사용 가능함을 참고하시오.

⑤ 기능에 따른 도전행동 중재를 지원하시오.

⑥ 특수교육지도사 미배치 상태임을 가정하시오.

❸ 변화 조건: " 기능에 적절한 긍정적 행동지원 "

긍정적 행동지원이라는 개념이 명시된 만큼 그저 도전행동 중재를 했다 or 안했다. 로 진행되면 안됩니다. 이제는 기능에 적절하게 '긍정적행동지원 했는가?'가 평가 항목이 된 것입니다. 어떠한 기능을 가지고 있는지, 어떠한 상황에서 해당 학생이 도전행동을 보인 것인지, 그때의 교사의 발문과 중재는 어떤 것을 쓸지에 대해 학생의 다양한 특성, 장애 유형, 수업 상황과 수업 주제를 떠올려 대비해야 합니다. 특히, 수업을 도전행동의 도구로써 활용할 수 있는 포인트도 발견할 수 있습니다.

중등특수 2022학년도 수업실연 문제 일부

3. 본시 관련 학생 실태

가 (2명)	• 4-5문장을 듣고 이해하며 문장으로 발화 가능하다. • 스스로 태블릿 PC 사용하여 검색이 가능하다. • 스티커 프린터(포토프린터)를 이용할 수 있다.
나 (3명)	• 반복해서 설명 시 이해한 내용을 단어로 말할 수 있다 • 주제어를 제시하면 태블릿 PC 사용 가능하다. • 스티커 프린터(포토프린터)를 이용하지 못한다. **• 준호: 과제가 어려우면 종이를 찢는다.** **• 세영: 모둠활동을 하고 싶어서 손가락 끝을 책상에 두드린다. / 기능: '선호 활동' 얻기**
다 (1명)	• 한글 읽기와 발화의 어려움이 있다. • 같은 그림을 찾아 고르거나 연결하여 학습할 수 있다. • 이미지 파일을 제공하면 검색할 수 있다. • 음성으로 소통은 안 되지만, AAC 이용해 의사를 나타낼 수 있다.

중등특수 2023학년도 수업실연 문제 일부

학생 실태		긍정적 행동지원 도전행동 중재 방안
• 유성펜으로 그림 그리는 것을 좋아한다. • 도준: 자리를 이탈하여 또래 주변을 맴돈다. (기능: 관심, 과제회피)		• 긍정적 행동지원 요소 중 예방적 접근: 환경 또래 및 교사와 충분히 상호작용할 수 있는 예방적 환경 구성 등 예) 자리 배치 변경, 또래교수 활용 • 긍정적행동지원 요소 중 선호도 및 강점 활용: 유성펜으로 그림 그리는 활동을 활용하여 과제 흥미도 향상, 일정 시간 착석한다면 유성펜으로 그림그리기 활동으로 강화 등

초등특수 경기 2022학년도 수업실연 일부

1. 본시 학습 지도 내용

교과	지구지킴이 일일 프로젝트(도덕, 국어, 창의적체험활동 연계)		
대상	특수학급 5,6 학년		
목표	기후변화 원인을 파악하고 일상생활에서의 실천방안 선정하기		
전체 차시 계획	과정	차시	장소
	[프로젝트 준비]	1차시	통합학급
	[프로젝트 실시]	2-5차시	통합학급 특수학급 따로 수업 진행 (가정 연계 실천)
	[프로젝트 마무리]	6차시	강당 (발표 진행)
본차시	**3차시: 일상생활에서 지구 지키는 실천 방안 알아보기**		
수업 형태	생태, 환경 프로젝트 수업 / 통합학급 연계		

2. 본시 관련 학생 실태 및 학습 수행 수준

이름	장애명	특성 및 수행 수준
A	지적장애	• 문장 수준으로 자신의 의사를 표현할 수 있다. • 자신의 의견을 들어줄 때까지 계속 말하는 행동을 보인다.
B	자폐스펙트럼장애	• 자발적 의사소통이 어렵다. • **자신의 학용품을 쓰레기통에 버리는 습관이 있다.**
C	자폐스펙트럼장애	• 쉬운 단어나 짧은 단어로 대화가 가능하다. • **수시로 물장난을 하는 것을 좋아한다.**
D	시각장애	• 자신의 생각이나 느낌을 말할 수 있다. • 저시력으로 인해 칠판 및 TV가 잘 보이지 않는다.

학생 실태
• 학용품을 쓰레기통에 버리는 습관이 있다. • 수시로 물장난 하는 것을 좋아한다.

긍정적 행동지원 도전행동 중재 방안
수업의 과정 중 '우리 B는 학용품을 다 쓰지 않고 버리는 습관이 있고, C는 물장난 하는 것을 좋아하죠? 만약 우리가 이러한 행동을 계속한다면 지구는 어떻게 될지 예상해봅시다.'

NOTE

④ 변화 조건: " 과정중심평가와 피드백 "

과정중심평가는 교-수-평-기 일체화 실현의 방안으로 '교육과정 성취기준에 기반한 평가 계획에 따라 교수학습과정에서 학생의 변화와 성장에 대한 자료를 다각적으로 수집하여 피드백을 제공하는 평가'입니다. 이제는 평가 패러다임은 학습을 위한 평가로 바뀌었습니다. 그래서 이제는 '평가'를 잘 하여 교수적 시사점을 얻고 이를 활용하는 교사를 원하고 있습니다.

2021학년도부터 교사의 관찰이라는 내용이 등장한 뒤 → 2022학년도에는 형성평가와 관찰평가 → 2023학년도에는 수행평가, 관찰평가, 피드백까지 등장하여 과정중심평가의 흐름대로 확장하고 있고, 마침내 2024학년도에는 동료평가의 과정이 명시되었습니다.

즉, 수업실연 속에서 학생의 수행을 다각적으로 수집하여 다양한 피드백의 모습과 이해도 점검의 과정을 설계하고, 수업 내 활발한 상호작용의 모습이 돋보여야 할 것입니다. 또한, 과정중심평가는 '과정'만 중시하는 평가가 아닌 문제해결 과정과 결과에 모두 초점을 둔다는 것도 기억해 두세요! 강조하자면, 자기평가, 동료평가, 수행평가, 포트폴리오 평가 등 다양한 평가를 연구하고 다각적으로 정보를 수집하는 과정, 적절한 피드백 제공 방식에 대해 탄탄히 대비할 필요가 있습니다.

학년도	2021	2022	2023	2024	2025
평가 관련 내용	⑦ 활동2에서 또래교수, 역할 나누기, 모둠 활동, 교사의 관찰이 드러나게 실연하시오.	⑥ 평가: 〈활동1〉-개별화된 형성평가, 〈활동2〉-관찰평가 실시하시오.	③ 〈활동1〉에서 수행평가, 활동2에서 관찰평가 실시하시오. ⑤ 학생의 오반응에 대해 피드백을 제공하시오.	⑦ 〈활동1〉 관찰평가, 〈활동2〉 동료평가를 실시하시오..	-〈활동1〉 관찰평가 -〈활동2〉 결과물 평가

기출 중등특수 2023학년도 수업실연 문제 일부

③ 〈활동1〉에서 수행평가, 〈활동2〉에서 관찰평가 실시하시오. (단, 평가 시 아동의 수준이 보이도록 실연하시오.)

⑤ 학생의 오반응에 대해 피드백을 제공하시오.

기출 중등특수 2025학년도 수업실연 문제 일부

차시	주요 내용	수업 형태	평가 방법
1~3	신재생 에너지 알아보기	개별 활동	수행평가
4~5 (본시)	전기를 낭비하는 상황과 절약하는 방법 알아보기	개별 활동	관찰 평가
	전기 절약 실천하기	모둠 활동	결과물 평가

Chapter 4

수업능력평가 기출 한 눈에 보기

NOTE

연도	과목	주제	중점 조건
2025	과학	전기 절약 실천	① [교수·학습 지도안]의 〈수업실연 1~3〉에 해당하는 구간을 학습 목표를 반영하여 수업실연 하시오. ② 본시 관련 모든 학생들의 특성 및 수행 수준을 고려하여 수업실연 하시오. ③ 〈수업실연1〉에서는 〈자료1〉를 활용하여, 학생들의 실생활 및 경험을 활용하시오. ④ 〈수업실연2〉에서는 〈자료2〉를 활용하여, 모둠 활동을 실시하며 이때 교사의 촉진자 역할이 드러나도록 수업실연하시오. ⑤ 〈수업실연3〉에서는 '지혁'이와 '규리'에 대한 개별화된 지원 방안을 드러내시오. ⑥ 유의 사항: 교사와 학생의 활동이 구체적으로 드러나도록 실연하시오.
2024	과학	지진해일 원인 및 대처 방법	① 〈수업실연1〉, 〈수업실연2〉 구간을 실연하시오. ② 학생 간 상호작용을 높이시오. ③ 개별화된 지원을 제공하시오. ④ 〈활동1〉에서 자료 1, 2, 〈활동2〉에서 자료3을 활용하시오. ⑤ 세진이를 긍정적행동지원으로 중재하시오 ⑥ 〈활동2〉는 모둠활동으로 실시하시오. ⑦ 〈활동1〉 관찰평가, 〈활동2〉 동료평가를 실시하시오..
2023	과학	소화기관의 명칭·기능, 소화의 과정	① 〈활동1〉~〈활동2〉 평가까지 실연하시오. ② 〈활동2〉는 모둠활동으로 진행하시오. ③ 〈활동1〉에서 수행평가, 〈활동2〉에서 관찰평가 실시하시오. (단, 평가 시 아동의 수준이 보이도록 실연하시오.) ④ 개별화된 지도를 드러내어 실연하시오. ⑤ 학생의 오반응에 대해 피드백을 제공하시오. ⑥ 도준이의(다 수준) 도전행동을 활동2에서 긍정적행동지원으로 지도하시오. ⑦ 자료: 시청각 자료, 인체모형, 태블릿PC, 코딩 로봇, 유성 매직펜(빨강색, 초록색), 모둠 활동지
2022	사회	세금 (국가가 하는 일)	① 수험생 실연 부분 1,2,3을 실시하시오. (활동1 ~ 활동2 발표 전까지 실연하시오.) ② 수험생 실연 부분1에서 자료1, 수험생 실연 부분3에서 자료2 활용하시오. ③ 준호의 특성을 반영하여 중재하고, 세영이의 경우 선호 활동 기능에 근거하여 긍정적행동지원으로 중재하시오. ④ 수험생 실연 부분 3에서 다 수준 학생의 참여를 고려하시오. ⑤ 수업 중 상호작용(교사와 학생, 학생과 학생 간)이 드러나게 수업하시오. ⑥ 평가: 〈활동1〉 개별화된 형성평가, 〈활동2〉 관찰평가 실시하시오. ⑦ 교실 기자재: 전자칠판, 그림카드, 태블릿 PC, 스티커프린터, 세금 그림자료 등

2021	보건	약물의 오용과 남용	① 〈활동1〉, 〈활동2〉를 실연하시오. ② 학생의 개별 능력 및 특성이 드러나도록 교사 발문을 하시오. ③ 〈활동1〉에서 자료1을 활용하시오. ④ 〈활동2〉에서 자료2, 자료3을 활용하시오. ⑤ 〈활동1〉에서 태블릿PC사용하고, 〈활동2〉에서 의약품 모형 사용하시오. ⑥ 서현의 문제행동중재를 〈활동1〉, 인성의 문제행동중재를 〈활동2〉 에서 하시오. ⑦ 〈활동2〉에서 또래교수, 역할나누기, 모둠활동, 교사의 관찰이 드러나게 실연하시오. ⑧ 〈활동2〉에서 교사와 학생 상호작용과 자기결정력 증진이 잘 일어나도록 교사 촉진을 실연하시오. ⑨ 컴퓨터, 전자칠판, 태블릿pc, AAC을 활용하시오.
2020	진로와 직업	작업장 안전사고	① 〈활동1〉 작업장 안전사고 유형 알기, 〈활동2〉 작업장 안전사고 예방법 알기를 실연하시오. ② 〈활동1〉에서 학생들의 경험을 활용하시오. ③ 자료1, 자료2는 〈활동1〉, 자료3은 〈활동2〉 활용하여 실연하시오. ④ 〈활동2〉에서 학생들의 협동학습과정과 교사의 개별적인 지원이 드러나도록 실연하시오. ⑤ 〈활동2〉에서 학생 A의 도전행동에 대한 긍정적행동지원 중재를 실시하시오. ⑥ 교사용 컴퓨터, 빔프로젝터, 태블릿 PC, 스크린이 갖춰진 교실로 가정하여 실연하시오.
2019	과학	겨울철 날씨	① 〈활동1〉~〈활동2〉를 실연하시오. ② 〈활동1〉에서 나연이의 도전행동을 긍정적행동지원으로 중재하시오. ③ 학생의 경험을 활용하여 발문하시오. ④ STS 모형을 활용하여 수업하시오. [문제로의 초대 | 문제 탐색하기 | 해결방안 모색하기 | 실천 하기] ⑤ 특수교육보조인력은 없다고 가정하고 실연하시오. ⑥ 교사용 컴퓨터, 칠판, 빔프로젝터, 스크린, 태블릿PC가 갖추어진 교실에서 수업을 한다고 가정하시오.
2018	사회	독도의 위치와 자연경관	① 전개 〈활동1〉, 〈활동2〉를 실연하시오. ② 학생의 경험을 활용하시오. ③ 〈활동1〉에서 자료1을 활용하시오 ④ 〈활동2〉에서 자료2를 활용하시오. ⑤ 한솔이의 문제행동중재를 〈활동2〉에서 하시오. ⑥ 지영이의 참여도를 높이기 위해 〈활동2〉에서 개별적 지원을 제공하시오. ⑦ 태블릿PC, 교사용 컴퓨터, 빔 프로젝터, 스크린이 갖추어진 교실에서 수업을 진행한다고 가정하시오
2017	국어	표정, 말투, 몸짓에 따른 표현	① 도입부터 전개까지 시연하시오. ② 자료1을 동기유발에서 사용하시오. ③ 자료2와 자료3을 〈활동1〉에서 사용하시오. ④ 자료4를 〈활동2〉에서 사용하시오. ⑤ 〈활동1〉 마지막에 문제행동을 중재하시오(단, 한 번만 중재할 것). ⑥ 〈활동2〉에서 역할놀이 활동을 하시오. ⑦ 특수교육지원인력 1명 있다고 가정하시오. ⑧ 교사용 컴퓨터, 빔 프로젝터, 스크린이 갖추어진 교실에서 수업을 진행한다고 가정하시오.

NOTE

NOTE

2016	진로와 직업	버스 이용	① 〈동기유발〉~ 〈활동1〉 시내버스 이용방법 알기까지 실연하시오. (단, 지도안 작성 지역의 경우 〈활동2〉까지 작성하시오.) ② 학생들의 개별화 지도 방안이 잘 드러나도록 실연하시오. ③ 형성평가 항목 2가지를 수업에서 드러내시오, ④ 교사용 컴퓨터, 칠판, 빔 프로젝터, 스크린이 갖추어진 교실에서 수업을 한다고 가정하시오. ⑤ 이 외의 기자재를 사용할 경우 언급한 후 사용하시오. ⑥ 특수교육지원인력 1명 있다고 가정하여 실연하시오.
2015	수학	물건값과 거스름돈 계산 (화폐)	① 특수교육지원인력이 1명 배치되어 있음을 참고하여 실연하시오. ② 자료1을 동기유발에서 활용하시오. ③ 자료2, 3, 4를 〈활동1〉에 사용하여 물건의 가격이 다른 3가지 물건의 구입비용과 거스름돈에 대해 가르치시오. ④ 자료5를 〈활동2〉에 사용하여 물건 사기 모의수업에 대해 가르치시오. ⑤ 지도안 작성 지역의 경우 교사의 발문과 학생의 반응을 구체적으로 표현하여 제시하시오. ⑥ 동기유발, 학습목표 제시, 〈활동1〉, 〈활동2〉까지 수업 시연하시오. ⑦ 나 수준과 다 수준의 문제행동에 대한 내용을 지도안에 작성하시오. ⑧ 지도안 작성 지역의 경우 가 수준 학생의 형성평가 항목을 2가지 작성하시오.
2014	진로와 직업	청소기 사용하기, 라면 끓이는 방법	① 〈동기유발〉에서는 자료1, 〈활동1〉에서는 자료2,3,4,5, 〈활동2〉에서는 자료4,5를 활용하시오. ② 〈활동1,2〉에서 형성평가를 실시하시오. (단, 지도안 작성 지역의 경우 형성평가는 두 문장으로 작성하고, 주요 내용을 포함) ③ 지도안 작성 지역의 경우 교사의 발문과 행동, 학생의 예시답변과 반응을 구체적으로 작성하시오.. ④ 교사의 컴퓨터, 빔 프로젝트, 스크린, 특수교육 지원인력, 조리기구, 청소기

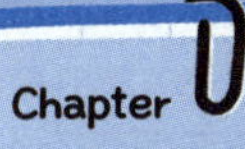

Chapter 5 수업나눔(폐지)기출 한 눈에 보기

01 중등특수 경기 수업나눔 질문 모음

NOTE

연도	주제	내용
2025	전기 절약 실천 (과학)	1) '스스로 성장하는 자기주도적인 학습자의 관점'에서 오늘 수업에 잘 반영한 점과 보완할 점을 말하시오. 2) 오늘 수업과 연계하여 디지털 기술을 활용한 피드백 2가지와 이에 따른 교육적 효과를 말하시오. 3) 오늘의 수업을 탐구와 질문있는 수업으로 재구성 하는 구체적인 방안과 그에 따른 학생의 성장을 말하시오.
2024	지진해일 원인 및 대처 방법 (과학)	1) 오늘 수업에서 학생의 비판적 사고력, 문제해결 역량을 길러주기 위한 교수학습 전략을 말하고, 깊이 있는 수업을 위해 동교과 교사, 타교과 교사와 협력할 방안을 각각 말하시오. 2) 오늘 수업에서 보인 서로 다른 특성의 학생들을 지원하는 학교 안, 학교 밖 교육 방안을 말하시오. 3) 온라인 플랫폼을 활용한 온오프라인 연계 형성평가를 진행한다면 어떻게 하겠는지 말하고, 이때 디지털 시민으로서 유의사항 2가지를 말하시오.
2023	음식의 소화 (과학)	1) 에듀테크를 활용한 협력적 문제해결 역량을 반영한 점과 보완할 점을 말하시오. 2) 성취기준 미도달한 학생과 우수한 학생에게 지식 및 태도를 어떻게 성장시킬 것인지 말하시오. 3) 수업에서 가치와 덕목이 반영된 점과 이를 통한 학생의 독서교육 방안을 말하시오.
2022	세금과 공공서비스 (사회)	1) 자발적 배움을 위한 상호작용을 중시해야 한다. 이의 관점에서 본 수업의 상호작용이 잘 드러난 부분과 아쉬운 점은 무엇인지 말하시오. 2) 개개인의 성장을 중시하는 평가와 같이 오늘의 수업을 온오프라인 연계 평가로 실시할 때의 방법과 그 이유에 대해서 말하시오. 3) 마을과 학교를 넘나들며 학교와 마을이 하나 되는 공동체 측면에서 오늘의 수업을 재구성하려고 할 때 수업의 주제와 방법을 말하시오.
2021	약물의 오용과 남용 (보건)	1) 창의적 사고 역량이란 폭넓은 기초 지식을 바탕으로 다양한 전문 분야의 지식, 기술, 경험을 융합적으로 활용하여 새로운 것을 창출하는 것이다. 이렇게 창의적 사고 역량을 확장시키기 위해 어떻게 했는지 수업을 평가하고 보완할 점은 무엇인지 말하시오. 2) 오늘 수업 속에서 학습 동기를 일으켜도 성취기준 미도달 학생이 있을 것이다. 이 학생을 어떻게 보충학습 할 것인지 말하시오. 3) 오늘 수업을 융합수업으로 진행한다면 어떤 과목과 연계하고 싶은지, 그리고 중점 사항은 무엇이며 평가 방안을 말하시오.
2020	작업장 안전 사고 (진로와 직업)	1) 경기도는 단 한명의 학생도 소외되지 않는 교육을 실현하고 있다. 본인의 수업에서 이를 위해 배움을 설계한 부분은 어디인지 말하시오. 2) 교사-학생 간 상호작용, 학생-학생 간의 상호작용이 중시된다. 본인 수업에서 가장 의미 있는 장면이라고 생각하는 것을 말하고, 그 이유를 말하시오. 3) 본인 수업에서 잘한점, 아쉬운점, 동료교사와 협업하고 싶은 부분을 이야기하시오.

2019	날씨 (과학)	1) 수업을 통해 학생에게 성장시키고자 한 것은 무엇이며, 이를 위해 설계할 때 어떻게 했는지 답변하시오. 그리고 수업 시 부족한 점은 무엇이며 어떻게 보완할 것인지 답변하시오. 2) 오늘 수업의 성취기준과 주제에 따른 중점사항은 무엇이며, 성취기준에 맞는 평가 방법과 이것을 학생의 성장을 위해 활용하는 방안에 대해 답변하시오. 3) 수업주제와 관련하여 융합수업을 한다면 어떤 주제와 방법으로 할 것이며, 그 때의 주의사항은 무엇인지 답변하시오. (구체적인 활동이나 방안에 대해 답변하시오.)
2018	독도 (사회)	1) 학생들의 미래핵심역량을 길러주기 위해 수업에서 어떤 역량을 구현하였는지 말하시오. 2) 배움에서 공평한 기회를 제공하기 위해 본인의 수업에서 잘한 점, 아쉬운 점, 극복방안을 말해보시오. 3) 수업에서 가장 어려웠던 부분을 찾고 학교 현장에서 동료교사와 수업나눔을 한다면 어떠한 점을 배울 수 있는지 말해보시오.
2017	반언어적, 비언어적 표현 (국어)	1) 배움중심수업 어떻게 적용했는지에 대해 수업을 구체적으로 요약하시오. 2) 수업에서 가장 의미있는 부분은 어디이며, 수업하면서 아쉬웠던 부분은 어디인지, 다시 하면 어떻게 수업할지 말하시오. 3) 수업나눔하면서 느낀점과 알게된 것을 이야기하시오.
2016	버스타기 (진로와 직업)	1) 배움중심의 수업이란 학생의 삶과 연계되어 진정한 배움이 일어나는 수업을 의미한다. 선생님의 교과에서 이를 구현하기 위한 노력과 이 수업에서 나타난 부분을 말씀해주세요. 2) 교사는 수업을 할 때 인지적 측면을 많이 다루는데, 참된 학력이란 학생들의 정의적 측면도 중요합니다. 본 차시와 관련하여 정의적인 영역을 구현하기 위한 요소를 말하고, 선생님의 수업에서 아쉬운 점과 만약 다시 수업을 할 기회가 주어진다면 그땐 어떻게 하겠는가? 3) 이번에 실시한 수업나눔을 통해 깨달은 점은 무엇이며, 앞으로 현장에 나가 동료교사들과 수업나눔을 실시할 것인데 어떤 자세로 노력하겠는가?

02 중등특수 경기 수업나눔 질문 → 수업설계 변형

연도	주제	내용
2025	전기 절약 실천 (과학)	1) '스스로 성장하는 자기주도적인 학습자의 관점'을 반영하기 위해 오늘 수업을 어떻게 설계했으며, 예상되는 어려움과 그에 대한 보완점은 무엇인지 말하시오. 2) 오늘 수업과 연계하여 디지털 기술을 활용한 피드백 2가지를 어떻게 계획하고 있으며, 이에 대해 기대하는 교육적 효과를 말하시오. 3) 오늘의 수업을 탐구와 질문있는 수업으로 재구성한다면, 그 구체적인 방안은 무엇이며 그에 따른 학생의 성장을 어떻게 기대하는지 말하시오.
2024	지진해일 원인 및 대처 방법 (과학)	1) 오늘 수업에서 학생의 비판적 사고력, 문제해결 역량을 길러주기 위한 교수학습 전략을 어떻게 설계했는지 말하고, '깊이 있는 수업'을 위해 동교과 교사, 타교과 교사와 어떻게 협력할 것인지 그 방안을 각각 말하시오. 2) 오늘 수업에 참여할 서로 다른 특성의 학생들을 지원하기 위해 학교 안, 학교 밖 교육 방안을 어떻게 활용할지 말하시오. 3) 온라인 플랫폼을 활용한 온오프라인 연계 형성평가를 어떻게 진행할 계획인지 말하고, 이때 디지털 시민으로서 지도 시 유의사항 2가지를 말하시오.
2023	음식의 소화 (과학)	1) 에듀테크를 활용한 협력적 문제해결 역량을 반영하기 위해 수업을 어떻게 설계했으며, 예상되는 어려움과 그에 대한 보완점은 무엇인지 말하시오. 2) 성취기준 미도달 학생이 예상되는 학생과 우수한 학생에게 지식 및 태도를 어떻게 성장시킬 계획인지 말하시오. 3) 수업에서 어떤 가치와 덕목을 반영할 계획이며, 이를 학생의 독서교육과 어떻게 연계할 것인지 그 방안을 말하시오.
2022	세금과 공공서비스 (사회)	1) 자발적 배움을 위한 상호작용을 중시해야 한다. 이의 관점에서, 본 수업의 상호작용을 어떻게 활성화할 계획인지, 그리고 설계 시 아쉬운 점(우려되는 점)은 무엇인지 말하시오. 2) 개개인의 성장을 중시하는 평가와 같이 오늘 수업의 온오프라인 연계 평가를 실시할 방법과 그 이유는 무엇인지 말하시오. 3) 마을과 학교를 넘나들며 학교와 마을이 하나되는 공동체 측면에서 오늘의 수업을 재구성한다면, 수업의 주제와 방법을 어떻게 설계할 것인지 말하시오.
2021	약물의 오용과 남용 (보건)	1) 창의적 사고 역량이란 폭넓은 기초 지식을 바탕으로 다양한 전문 분야의 지식, 기술, 경험을 융합적으로 활용하여 새로운 것을 창출하는 것이다. 창의적 사고 역량을 확장시키기 위해 이 수업을 어떻게 설계했는지 설명하고, 설계상 보완할 점은 무엇인지 말하시오. 2) 오늘 수업 속에서 학습 동기를 일으켜도 성취기준 미도달 학생이 있을 것을 대비하여, 이 학생을 어떻게 보충학습 할 것인지 말하시오. 3) 오늘 수업을 융합수업으로 진행한다면 어떤 과목과 연계하고 싶은지, 그리고 중점 사항은 무엇이며 평가 방안은 어떻게 계획할 예정인지 말하시오.
2020	작업장 안전 사고 (진로와 직업)	1) 경기도는 단 한 명의 학생도 소외되지 않는 교육을 실현하고 있다. 본인의 수업에서 이를 위해 배움을 어떻게 설계했는지 말하시오. 2) 교사-학생 간 상호작용, 학생-학생 간의 상호작용이 중시된다. 본인 수업에서 상호작용을 촉진하기 위해 가장 의미 있게 설계한 장면은 무엇이며, 그 이유를 말하시오. 3) 본인 수업 설계 시 잘 설계된 점과 아쉬운 점을 말하고, 이를 동료교사와 어떻게 협업하여 발전시키고 싶은지 이야기하시오.

NOTE

2019	날씨 (과학)	1) 수업을 통해 학생에게 어떤 성장을 이끌어내고자 하며, 이를 위해 설계 시 어떻게 계획했는지 답변하시오. 그리고 수업 실행 시 예상되는 부족한(어려운) 점은 무엇이며 어떻게 보완할 것인지 답변하시오. 2) 오늘 수업의 성취기준과 주제에 따른 중점 지도사항은 무엇이며, 성취기준에 맞는 평가 방법과 이것을 학생의 성장을 위해 활용할 방안은 무엇인지 말하시오. 3) 수업주제와 관련하여 융합수업을 설계한다면 어떤 주제와 방법으로 할 것이며, 그때의 지도상 주의사항은 무엇인지 답변하시오. (구체적인 활동이나 방안에 대해 답변하시오.)
2018	독도 (사회)	1) 학생들의 미래핵심역량을 길러주기 위해 본 수업에서 어떤 역량을 구현하고자 설계했는지 말하시오. 2) 배움에서 공평한 기회를 제공하기 위해 본인이 설계한 방안을 말하고, 이에 대한 한계점과 예상되는 극복방안을 말해보시오. 3) 수업을 설계하면서 가장 어려웠던 부분은 무엇이며, 이 고민을 학교 현장에서 동료교사와 수업나눔을 한다면 어떤 점을 논의하고 싶은지 말해보시오.
2017	반언어적, 비언어적 표현 (국어)	1) 배움중심수업을 어떻게 적용하고자 했는지, 본인의 수업 설계 의도를 구체적으로 요약하시오. 2) 수업에서 가장 의미있게 설계한 부분은 어디이며, 수업 실행 시 가장 아쉬울 것으로 예상되는 부분은 어디인지, 다시 수업을 설계한다면 어떻게 보완할지 말하시오. 3) 이번 수업 설계를 통해 느낀점과 알게된 점을 이야기하시오.
2016	버스타기 (진로와 직업)	1) 배움중심의 수업이란 학생의 삶과 연계되어 진정한 배움이 일어나는 수업을 의미한다. 선생님의 교과에서 이를 구현하기 위한 본인의 노력은 무엇이며 이 수업에 어떻게 나타내고자 설계했는지 말씀해주세요. 2) 교사는 수업을 할 때 인지적 측면을 많이 다루는데, 참된 학력이란 학생들의 정의적 측면도 중요합니다. 본 차시와 관련하여 정의적인 영역을 구현하기 위한 설계 요소를 말하고, 선생님의 수업 설계에서 아쉬운 점과 만약 다시 설계할 기회가 주어진다면 그땐 어떻게 보완하겠는가? 3) 이번 수업 설계를 통해 깨달은 점은 무엇이며, 앞으로 현장에 나가 동료교사들과 어떤 자세로 수업을 개발해 나갈 것인지 말하시오.

Chapter 6 수업능력평가 문제 자유자재 변형 연습 방법

조건이 다양한 경우와 반면 조건이 적은 경우 등 다양한 연습을 하여 적응력을 높여야 합니다. 조건이 적은 경우 나만의 수업 장치를 활용하여 시간을 알차게 보내는 수업실연을 하고, 조건이 상대적으로 많은 경우에는 여러 가지 조건을 충족시키며 시간 내 완수하는 연습에 더욱 집중해야 할 것입니다. 그래서 수업실연의 문제를 내가 취약하다고 느끼는 조건으로 바꾸거나 기출 예상에 맞추어 다양하게 연습해보세요! (스터디에서도 같은 문제라도 조금의 변형을 주는 방법을 택하여 관점을 넓힐 수 있습니다.)

영역	예시
차시	□ 차시 중 첫 차시로 가정하여 수업하기 (개념 위주) □ 단원 평가 차시로 바꿔서 수업하기 (정리, 활용 위주) □ 현장체험학습과 전, 후 차시로 연계하여 수업하기 (적용, 경험 연결 위주)
주제 (내용)	□ 비슷한 주제로 변형하여 수업하기 (ml,L 의 측정 → 무게 측정으로 변형) □ 기출 형태는 유지하고 내용 변형하기
구간	□ 구간을 다양화하여 연습하기 (동기유발 ~ 활동1 까지, 활동1 중반 ~ 정리까지 등) □ 발표 및 평가까지 피드백 제공하기
상황	□ 우리 학교 다문화 축제, 체육대회, 학생회장 선거 등이 임박한 상황 설정하기 □ 입학 후 테블릿PC를 처음 사용해보는 상황 설정하기 □ 다문화 가정 학생 1명 추가하기 등
집단 형태	□ 개인, 짝 모둠, 3인, 4인, 전체 □ 동질적 모둠 구성, 이질적 모둠 구성
모형 활용	□ 교과별 다양한 모형 활용하기 (sts모형, 순환학습 모형, steam교육, 의사결정 모형 등) □ 협동학습, 융합교육, 플립러닝, 블렌디드 러닝, 프로젝트 수업, 역할극, 토의 등
교육과정 재구성	□ 성취기준별 재구성하기 □ 교과 내, 교과 간 재구성하기
다양한 기기 및 자료 활용 매체	스마트워치, 테블릿pc, 테블릿pc 펜슬, 어플, VR 기기, 포토프린터, 세이펜, AAC, 전자 칠판, 개인 자석 칠판, 모둠 칠판, 블루트스 키보드, 마우스, 뉴스, 동영상, 노래, 연극, 포스터, 사전, 사진, 시, 신문, 아나운서, 캐스터, 영화, 홍보물, 지도, 모형, 코딩로봇, 광고, 책, 보고서, 연극 등
교육 영역	□ 쓰기 활동, 읽기 활동, 말하기 활동 중 한 영역에 더 집중하기 □ 수학 연산 과정 및 풀이에 초점 맞추기 □ 사회성 기술 형성에 초점 맞추기 □ 개념 습득, 집중 연습, 전이, 일반화 등 집중하기
도전행동	□ 다양한 도전행동 설정하기 (이론편 긍정적 행동지원 부분 참고)
장애	□ 다양한 장애 유형 및 특성 설정하기 (일반화의 어려움, 발작이나 반사 발생, 주의집중의 어려움, 낮은 성공 기대감, 저시력 학생, 학습장애 등) □ 중증장애 학생 대상으로 변경하기
교육 개념 활용	□ 자율성, 자아실현, 문제해결, 사회성 연계하여 교수하기 등 □ 에듀테크, 디지털 시민성, 역량 형성, 인성교육, 사회성 연계 하기 등
특수교육 지원인력	□ 지원인력 2명이 필요한 상황 설정하기 □ 지원인력이 없다고 가정하기
나만의 조건 만들기	□ 도전행동 예방적 중재 1번 꼭 하기! □ 안전에 대해 강조하기 □ 칠판을 1번은 써보기 등

NOTE

NOTE

〈흐름별 수업실연 조건 예시〉

인사하기	• 인사하며 친밀감 형성 • 건강 상태 및 감정 확인 • 수업 분위기 조성하여 참여 동기 높이기 • 지체장애 학생 자세 지도하기 • 감각장애 학생 지원 확인하기 (ex. 물리적 환경, 매체나 자료 확인, 보조공학기기 작동 확인) • 도전행동 사전 중재하기 (배경사건 제거)
전시학습상기	• 관련 과제물 확인하기 • 완성물 보여주기 • 지난 시간 핵심 내용 확인
동기유발	• 일상생활과 연계하여 친밀감 높이기 • 비일상적 사건이나 흥미로운 문제 제시하기 • 교과 간, 타교과, 창의적 체험활동 연계하기 • 현장체험 학습 연계하기 • 학생의 경험 활용하기
목표	• 전체 목표, 수준별 배움 목표 제시하기
강화 계획	• 집단 강화 계획 제시하기 • 도전행동 중재 활용하기
활동1	• 학생의 경험 활용하기 • 자료 활용하기 • 교과적 지식 활용하기 • 오반응에 대한 피드백 제공하기 • 간단한 토의활동 진행하기 등
활동2	• 모둠활동 안내, 규칙 안내, 역할 정하기, 정의적 요소 (협동, 배려, 존중, 공감 등) • 모둠활동 중 안전 주의하기 • 활동1과 연계하여 심화 학습 진행하기 (보고서, 탐구활동, 발표 준비 등)
형성평가	• 수준별 평가 진행하기
강화제공	• 도전행동 중재와 연결하기 • 성취감 제공하기
정리	• 도입부의 문제 해결하기 • 정당한 평가 실시하기 (배운 내용에 대한 평가) • 적합한 평가 방법 진행하기 • 가정 연계 요소 언급하기

〈유의점 참고 예시〉

도입	인사 및 학습 분위기 조성	- 학습환경을 점검하고, 특수교육지원인력과 사전 협의하여 역할을 정한다. - 학생 00이 휠체어에 균형 잡힌 자세로 앉도록 지원한다.
	전시학습상기	- 전시 내용을 떠올리지 못한 학생은 배움노트를 확인하도록 한다.
	동기유발 (실생활연계)	- 실생활과 관련된 자료를 활용하여 흥미를 유발한다. - 비일상적인 사건을 제시하여 흥미를 유발한다. - 동기유발을 통해 스스로 학습 문제를 파악하도록 지도한다. - 학생의 경험과 연결지어 질문을 제공한다. - 확산적 발문을 활용한다.
	공부할 문제 제시 / 학습활동 안내	- 학습목표를 알기 쉽게 수준별로 제시한다.
	규칙안내 및 강화예고	- 학생 00의 ~행동에 대한 규칙을 제시하여 문제행동 발생을 사전에 예방한다.
전개	활동	- ~를 통해 창의적 사고를 촉진시킨다. - 모든 학생이 수업에 활발하게 참여할 수 있도록 지원한다. - 학생의 수준에 유의하여 발문한다. - 부분 참여의 원리를 활용하여 학생들의 참여를 최대한 유도한다. - 교실 전체를 다양하게 활용한다.
	동영상	- 음량을 미리 조절해 둔다. - 동영상 시청이 끝난 뒤에 tv를 끈다.
	자료	- 어려운 단어, 내용이 있었는지 질문하여 확인한다. - 글자를 천천히 읽을 수 있는 학생은 따라 읽을 수 있도록 한다. - 수준별 과제 제시를 통해 자기 주도적 학습이 이루어질 수 있도록 지도한다. - 학생들의 수준에 따라 개별화된 학습지 제공한다.
	학생 반응	- 학생들이 오반응을 보일 경우, 다른 학생의 정반응을 모델링하여 올바른 개념을 습득하도록 지도한다.
	토의	- 자유롭게 토의할 수 있도록 분위기 조성한다. - 00의 자료와 **의 자료의 공통점을 설명한다.
	게임	- 장애 정도에 따라 활동을 변형하여 놀이에 참여시킨다.
	검색활동	- 검색 활동 시 00이에게 핵심단어 카드를 제공한다. - 검색 활동 시 00이의 테블릿PC에 00기능의 활성화를 사전에 확인한다.
	안전(과학)	- 도구를 이용한 활동을 할 때는 학생의 특성에 따라 길이, 무게, 재질, 크기 등을 달리하여 선정한다. - 도구 사용 시 주의사항을 정확히 알 수 있도록 하여 안전사고 예방에 만전을 기한다.
	정의적 영역	- 협력적 인성(공감/배려/책임/존중)을 함양하도록 한다. - 학생의 오반응, 무반응 시 자존감이 손상되지 않도록 격려한다. - 질서를 지키며 활동할 수 있도록 규칙을 안내한다.
	모둠활동	- 또래교수 활용하여 참여를 높인다. - 모둠별 협동이 일어나도록 규칙 안내한다. - 팀을 나눌 때 또래교수를 위해 이질적인 집단을 편성한다. - 모둠을 나눌 때 학생의 관심사에 맞추어 동질적인 집단으로 편성한다. - 모둠을 나눌 때 이질적인 집단을 편성하여 능력의 상호 보완이 이루어질 수 있도록 한다.

NOTE

	점검	- 이해점검을 위한 질문을 제공한다. - 순회지도 시 학생 수준에 맞게 개별 지원을 제공한다. - 발표 전 교사가 피드백을 제공한다.
	안전	- 휠체어 이동 시 안전에 유의한다. - 안전 규칙을 사전에 안내하여 사고를 예방한다.
	지원인력 활용	- 특수교육 지원 인력은 학생 활동 사진 찍어 이를 정리 활동 시 활용한다. - 특수교육 지원 인력은 미리 ~의 실습을 뒤편에서 준비한다.
정리	형성평가	- 수준별 평가를 실시하여 개별학습목표 도달 정도를 확인한다. - 평가에 대해 학생의 부담을 낮출 수 있도록 ~의 지원을 제공한다. - 동료 평가 시 교사가 먼저 시범을 보인다. - 동료 평가에 대해 수용적인 분위기를 조성한다.
	강화	- 학생 00이가 ~(조건 ex.적극적으로 참여)할 시 적절히 칭찬한다.
	가정연계	- 실생활과 연계되는 과제를 제시한다. - 생활 및 가정에 연계되어 학습할 수 있도록 지도한다.
	차시예고	- 차시예고 시 개별 학생의 수준에 따라 이해할 수 있도록 안내한다.
	인사	- 학생들을 격려하고 칭찬한 후 인사를 한다.

※ 출처: 정동영 외 2인, 「교수 학습지도안 작성과 수업의 실제(특수교육 예비교사를 위한)」, 교육과학사, 2016, 내용 추가 구성

〈지도안(과정안) 작성 지역 조건 예시〉

영역	조건 예시
상호 작용	ㅁ 교사의 발문과 학생의 상호작용이 구체적으로 드러나게 작성하시오. ㅁ 다군 학생의 참여 방안과 상호작용이 잘 드러나게 활동을 구성하시오.
개별화	ㅁ 각 학생의 수준별 학습 목표를 작성하시오. ㅁ 학생의 개별 수준에 맞는 활동을 제시하시오. ㅁ 자료를 개별 수준에 맞게 재구성하여 활용하시오.
경험 활용	ㅁ 학생의 경험을 활용한 교사 발문을 구상하시오. ㅁ 학생의 일상생활 경험을 연계하여 활동을 구상하시오.
역량	ㅁ ~의 역량을 기를 수 있도록 수업을 설계하시오. ㅁ ~의 역량을 반영하여 지도안을 작성하시오. ㅁ 자율성을 갖출 수 있도록 수업을 설계하시오. ㅁ 학생이 과학적 호기심과 편리함을 느낄 수 있도록 교사 발문을 구체적으로 작성하시오. ㅁ 자기관리 역량이 증진될 수 있도록 활동을 구성하시오.
모형	ㅁ 문제해결학습 단계에 근거하여 교사 발문을 구성하시오. ㅁ 프로젝트 학습의 취지에 맞게 활동을 구성하시오. ㅁ 플립러닝 모형을 활용하여 활동을 구성하시오. ㅁ 블렌디드 러닝을 가정하여 지도안을 작성하시오.
도전 행동	ㅁ 00이와 **이의 긍정적 행동지원 방안 각 2가지씩 작성하시오. ㅁ 00이의 도전행동을 예방하기 위한 긍정적행동지원 계획 1가지 작성하시오. ㅁ 도전행동 중재 계획 시 통합학급 연계 방안도 함께 작성하시오. ㅁ 도전행동 중재 계획 작성 시 가정 연계 방안도 함께 작성하시오.
자료	ㅁ 자료는 자유롭게 사용하시오. ㅁ 활동1 〈자료1 00 〉, 활동2 〈자료2 00 순서, 도구〉 사용하시오.
오개념	ㅁ 학생의 오개념을 활용하여 발문하시오. ㅁ 학생의 오개념을 새롭게 바꾸어줄 수 있도록 활동을 구성하시오.
안전	ㅁ 과학실 안전 규칙에 대해 교사 발문을 작성하시오. ㅁ 안전한 교실을 만들기 위한 규칙에 대해 설명하시오. ㅁ 안전의 요소를 고려하여 지도안에 반영하시오. ㅁ 지체장애 학생의 안전 계획을 작성하시오.
모둠 활동	ㅁ 활동1 ~ 진행 시 규칙에 대해 구체적인 교사 발문을 작성하시오. ㅁ 역할 나누기 부분이 잘 드러나도록 작성하시오. ㅁ 모둠활동 중 자기결정력이 잘 발휘될 수 있도록 지도안을 작성하시오. ㅁ 모둠활동 중 안전 규칙에 대해 안내하시오. ㅁ 모둠활동 중 교사 순회 지도 시 피드백에 대해 구체적으로 작성하시오.
감염병 관련	ㅁ 감염병 상황 악화로 인해 학생 1명이 온라인 수업으로 참여하고 있음을 가정하고 작성하시오. ㅁ 코로나-19 와 관련하여 학생 안전에 주의하시오.
온라인 수업	ㅁ 온라인 수업과 본 수업(대면 수업)의 연계를 강조하여 작성하시오. ㅁ 온라인 수업 시 사전학습 과제를 활용하여 수업을 전개하시오.
공간	ㅁ 공간을 자유롭게 사용하시오. ㅁ 교실 공간 전체를 사용할 수 있도록 활동을 구성하시오. ㅁ 시공간을 넘나들며 학습할 수 있도록 활동을 구성하시오.
중도 중복	ㅁ 중도중복장애 학생의 원활한 참여 방안을 고려하여 수업을 설계하시오. ㅁ 중도중복학생의 의사소통 지원 방안을 포함하여 작성하시오.

NOTE

평가	□ 형성평가 시 개별 맞춤형 학습이 될 수 있도록 내용을 구성하시오. □ 형성평가의 내용과 방법이 잘 드러날 수 있도록 설계하시오. □ 활동별 관찰평가 진행하시오. □ 활동별 과정중심평가 방법 및 내용을 작성하시오. □ 활동2의 동료평가의 구체적인 내용과 방법이 잘 드러나도록 작성하시오. □ OO이의 오류를 줄여주기 위한 지원 방안 및 피드백을 고려하여 작성하시오. □ 본 수업의 평가 및 환류 계획을 작성하시오. □ 모둠 내 평가와 모둠 간 평가의 계획을 반영하여 구상하시오. □ 자기 평가의 과정이 포함되도록 지도안을 작성하시오.
연계	□ 가정 연계 방안이 잘 드러나도록 작성하시오. □ 지역 사회와 연계하여 배움이 확장될 수 있도록 활동2를 구성하시오. □ 통합학급 연계 방안을 작성하시오. □ 창의적 체험 활동 연계 방안을 고려하여 작성하시오.

*위의 내용을 참고하여 수업 실연 문제와 함께 자유롭게 추가 및 변형하여 활용하세요.

〈수업설계 질문 문항 예시〉

수업 전, 계획세우기

- 수업과 관련된 다양한 텍스트를 재구성하고 디자인했는가?
- 학생과 교사 모두가 지식을 만들기 위해 협력했는가?
- 단원 전체의 연결이나 앞뒤 차시의 연결을 고려했는가?
- 학습자에게 유의미한 경험을 제공하기 위해 설계했는가?
- 학습자의 생각을 키울 수 있는 방향으로 평가를 계획했는가?
- 지적·정의적 능력이 종합적으로 평가되도록 계획했는가?
- 학생들의 출발점 행동(지식수준, 이해 정도, 선행학습 정도, 정의적 성향, 선호 활동 등)을 진단하였는가?

수업 중, 수업 보기

[비평의 관점에서 수업 보기]

- 교사가 의도하고 있는 배움은 무엇인가?
  - 의도한 대로 수업을 진행하고 있는가?
  - 그렇지 못한다면 어떤 점에서 어려움을 겪고 있는가?
  - 배움을 만들기 위해 교사는 어떤 행동을 하고 있는가?
  - 수업에서 가장 의미 있는 지점은 어디인가? 왜 그렇게 생각하는가?
  - 흥미와 호기심을 일으킬 수 있도록 어떤 학습상황이 제시되는가?

[교사 : 배움을 중심으로 수업 보기]

- 배움의 내용을 어떻게 학습자의 삶과 연계하여 이끄는가?
- 수업 과정에서 학생들의 배움을 어떻게 도와주는가? (신뢰, 수용, 격려, 개발, 도전 장려, 존중, 참여, 끌어내기 등)
- 학생 개개인의 배움이 일어나는 과정을 어떻게 확인하는가?
- 정의적 능력(도전의식, 성취동기, 호기심, 자존감 높이기, 협동과 책임)을 고려한 지점은 어디인가?
- 학습결과를 자기 언어와 자기 생각으로 표현하는 것을 어떻게 돕는가
- 평가는 학생들의 배움을 격려하고 성장하게 하는가?
- 학생들의 배움에 대한 기쁨과 감동, 깨달음을 어떻게 확인하는가?

수업 후, 수업 친구와 수업 나누기

[교사의 내면 바라보기]

- 배움을 만들어 가는 것에서의 두려움은 무엇이었는가?
- 새롭게 알게된 점은 무엇인가?
- 학생들의 생각이 잘 연결되도록 하는 데 어려움은 없는가?
- 배움을 지나치게 통제하지 않았는가?
- 배움을 만들어 가는 것에서의 자신감은 어느 지점에서 일어났는가?
- 의도대로 수업이 이뤄지지 않은 곳은 어디인가? 이때의 심경은 어떠했는가?

[수업 나누기]

- 이 수업에서 '배움'은 무엇일까?
- 학생 개개인의 배움이 일어나게 하려면 어떻게 하면 좋을까?
- 학생들의 배움이 일어나는지는 어떻게 확인할 수 있을까?
- 학생들에게 배움은 언제 가장 잘 일어날까?
- 배움이 학생들의 삶과 연계된다는 것은 무엇을 의미할까?
- 학생들의 삶과 연계된 배움은 어떻게 이루어질까?
- 교사가 겪은 수업 딜레마는 무엇일까?

[내 수업에 적용하기]

- 내 수업을 통해 학생들의 삶이 의미 있게 바뀌고 있다고 생각하는가?
- 내 수업에서 내가 갖는 비슷한 고민거리는 무엇인가?
- 이 수업을 통해 배울 점, 이 수업에서 개선할만한 점은 무엇인가?
- 적용할 만한 교사의 역할과 수업 분위기는 무엇인가?

(출처: 경기도교육청, 배움중심수업 함께하기 2014, p.17~18)

NOTE

NOTE

단계	성찰 내용
수업 전	• 배움중심수업의 철학과 관점 • 교사의 철학과 수업 설계 의도 • 학습자의 특성 및 삶과 연계한 유의미한 배움 설계 • 교사-학생, 학생-학생 관계의 성찰 • 교육과정-수업-평가의 일체화를 바탕으로 한 일관성 있는 설계 • 성취기준, 핵심 역량, 학생 수준과 요구 고려 • 성취기준, 핵심 역량 측면에서 수업 자료 재구성 • 배움과 나눔이 있는 수업 설계
수업 중	• 수업 장면에서 확인되는 수업 전 성찰내용 • 배움과 나눔에서 소외된 학생 • 학생 개인의 정의적 특성 • 학생은 배움의 주체, 교사는 가르침의 주체 • 학생들의 배움과 나눔이 일어나는 부분 • 배움의 내용이 학습자의 삶과 연계되는 부분 • 학생 흥미와 호기심을 자극하는 수업 자료와 방법 • 성취기준, 핵심 역량에, 학생특성에 적합한 수업 자료 • 수업중 발생하는 다양한 상황에 대한 대응
수업 후	• 본 수업에서 배움의 의미 • 수업 교사의 수업 전, 수업 중 성찰 공감 • 수업 장면에서 보이는 수업 교사의 성찰 내용 • 수업 교사의 성찰에 대한 협력적 나눔 • 배움이 학생의 삶과 연계되는 부분 • 교육과정 일체화 측면에서 수업의 설계와 전개 • 교사의 성찰내용과 교수 활동의 연계 • 배움과 나눔의 통제와 자율

(출처: 경기도교육청, 배움중심수업2.0 이해와 실천, 2016, p.26)

MEMO

PART 02

수업능력평가 기출문제 분석 (feat. 합격자 인터뷰 + 복기 스크립트)

Chapter 1

2025학년도

기출문제 분석

2025학년도 기출문제

2025학년도 중등교사 신규 임용후보자 선정경쟁시험

특　수

관리 번호: (　　　　) 성명: (　　　　　　　)

2차 시험	수업 실연	시험시간	지역별 상이

〈실연 조건〉

- [교수·학습 지도안]의 〈수업실연 1~3〉에 해당하는 구간을 학습 목표를 반영하여 수업실연 하시오.
- 본시 관련 모든 학생들의 특성 및 수행 수준을 고려하여 수업실연 하시오.
- 〈수업실연1〉에서는 〈자료1〉를 활용하여, 학생들의 실생활 및 경험을 활용하시오.
- 〈수업실연2〉에서는 〈자료2〉를 활용하여, 모둠 활동을 실시하며 이때 교사의 촉진자 역할이 드러나도록 수업실연하시오.
- 〈수업실연3〉에서는 '지혁'이와 '규리'에 대한 개별화된 지원 방안을 드러내시오.
- 유의 사항: 교사와 학생의 활동이 구체적으로 드러나도록 실연하시오.

1. 본시 학습 지도 내용

과목	과학
대상	고등학교 1학년
운영 방법	블록타임제 100분

2. 단원 내용

단원명	녹색 체험		
단원 성취기준	전기기구를 안전하게 사용하는 방법과 전기를 절약하는 방법을 안다.		
차시	주요 내용	수업 형태	평가 방법
1~3	신재생 에너지 알아보기	개별 활동	수행평가
4~5 (본시)	전기를 낭비하는 상황과 절약하는 방법 알아보기	개별 활동	관찰 평가
	전기 절약 실천하기	모둠 활동	결과물 평가

3. 교수·학습 환경

학생 수	6명	장소	특수학급 교실
자료	전자 칠판, 태블릿PC, 동영상, 스티커 (붙임 딱지), AAC		

4. 본시 관련 학생 특성 및 수행 수준

수준	특성 및 수행 수준
가 (2명)	• 태블릿PC를 능숙하게 사용할 수 있다. • 자신의 생각을 문장으로 말하고 글도 쓸 수 있으며, 그림을 잘 그리는 편이다.
나 (2명)	• 교사의 언어적 촉진을 받아 태블릿 PC를 사용할 수 있다. • 자신의 생각을 2어절의 문장으로 말할 수 있다. • 글자를 보고 쓸 수 있으며, 색칠하기 활동을 선호한다. • 지혁: 손의 협응과 소근육 운동 발달이 낮아 불편함이 있다.
다 (2명)	• 교사의 신체적 촉진을 받아 태블릿 PC로 정보 검색을 할 수 있다. • 구어적 표현이 어려워 AAC를 사용하여 소통한다. • 그림과 글자 스티커를 붙일 수 있다. • 규리: 산책을 가고 싶을 때 소리를 지른다.

5. 자료

〈자료1〉

〈자료2〉

스케치북	붓	색연필	물감

[본시 교수•학습 지도안]

<table>
<tr><th rowspan="3">단계</th><th colspan="5">교수 - 학습 활동</th><th rowspan="3">시간</th><th rowspan="3">자료(㉶) 및 유의점(㉮)</th></tr>
<tr><th rowspan="2">활동 내용</th><th rowspan="2">교사활동</th><th colspan="3">학생활동</th></tr>
<tr><th>가</th><th>나</th><th>다</th></tr>
<tr><td rowspan="5">도입</td><td rowspan="2">전시
학습 상기</td><td rowspan="2">▶ 신재생 에너지 종류 질문하기
-'신재생 에너지의 종류에는 어떤 것이 있었나요?'</td><td colspan="3">● 신재생 에너지 종류 대답하기</td><td rowspan="5">10</td><td rowspan="5">㉶ AAC</td></tr>
<tr><td>-'태양, 풍력, 조력 에너지가 있어요.'</td><td>-'태양 에너지요.'</td><td>-태양 그림을 가리킨다.</td></tr>
<tr><td rowspan="2">동기 유발</td><td rowspan="2">▶ 동영상 제시하기
-'왜 정전이 일어났나요?'
-'전기를 어떻게 쓰면 좋을까요?'</td><td colspan="3">● 전기 낭비로 정전이 되어 불편을 느끼고 있는 사람들의 내용이 담긴 동영상 시청하기</td></tr>
<tr><td>-'전기 낭비 때문에 정전이 되었어요.'
-'아껴써요.'</td><td>-'전기 써요.'
-'조금'</td><td>-전기 그림을 가리킨다.
-아끼다 그림을 가리킨다.</td></tr>
<tr><td>학습
목표 제시</td><td colspan="4">• 전기를 절약하는 방법을 조사할 수 있다.
• 전기 절약을 실천할 수 있다.</td></tr>
<tr><td rowspan="8">전개</td><td><활동1>
전기를
낭비하는 상황과
절약 방법
알아보기</td><td colspan="4"><수업실연1></td><td>30</td><td>㉶ <자료1>
㉶ 태블릿PC, AAC</td></tr>
<tr><td rowspan="6"><활동2>
전기 절약
실천하기</td><td>▶ 모둠 활동 안내하기</td><td colspan="3">● 전기 절약 실천 포스터 만들기 활동 확인하기</td><td rowspan="6">50</td><td rowspan="6">㉮ 학생 수준을 고려하여 모둠을 이질적으로 구성한다.
㉶ <자료2>

㉶ 스티커
㉮ 다른 모둠의 발표를 경청하고, 상호 피드백을 촉진한다.</td></tr>
<tr><td>▶ 모둠 구성하기</td><td colspan="3">● 모둠 활동 안내 사항 이해 및 역할 정하기</td></tr>
<tr><td colspan="4"><수업실연2></td></tr>
<tr><td>▶ 모둠별 발표 안내하기
-모둠별 발표 시 내용과 태도에 대한 피드백을 제공한다.</td><td colspan="3">● 모둠별 발표하기
- 모둠별로 포스터의 내용을 발표하고, 다른 모둠의 발표를 경청한다.</td></tr>
<tr><td>▶ 온라인 공유 안내하기</td><td colspan="3">● 제작한 포스터를 온라인 보드에 공유하기</td></tr>
<tr><td colspan="4"></td></tr>
<tr><td colspan="7"><수업실연3>
<table><tr><td colspan="2">교수•학습 활동 지원 방안</td></tr><tr><td>지혁</td><td></td></tr><tr><td colspan="2">도전 행동 지원 방안</td></tr><tr><td>규리</td><td></td></tr></table></td></tr>
<tr><td>정리</td><td>정리 및
차시 예고</td><td colspan="4"></td><td>10</td><td></td></tr>
</table>

[수업 설계 문제]

*수업나눔 폐지에 따라 기출 문항을 수업 설계로 변형

1) '스스로 성장하는 자기주도적인 학습자의 관점'을 반영하기 위해 오늘 수업을 어떻게 설계했으며, 예상되는 어려움과 그에 대한 보완점은 무엇인지 말하시오.
2) 오늘 수업과 연계하여 디지털 기술을 활용한 피드백 2가지를 어떻게 계획하고 있으며, 이에 대해 기대하는 교육적 효과를 말하시오.
3) 오늘의 수업을 탐구와 질문있는 수업으로 재구성한다면, 그 구체적인 방안은 무엇이며 그에 따른 학생의 성장을 어떻게 기대하는지 말하시오.

2025

2 기출 분석 및 발문 idea

01 출제 흐름

3년 연속 과학이 출제된 해! 생태전환교육의 관점에서 사고해야 했습니다. 특히, 소근육 및 협응에 어려움이 있는 학생(지혁)과 도전적 행동을 보이는 학생(규리)의 특성이 구체적으로 제시되어, 모든 학생의 참여를 이끌어내는 개별화 지원 전략을 세심하게 구상해야 합니다. 마지막으로, 본 수업은 학생들이 전기 사용 시 자신의 낭비 경험을 떠올리고, 실생활에서 전기 절약에 대한 실천성을 연결 짓는 것이 포인트였습니다.

교육과정 살펴보기

이 단원은 전기와 자석 영역의 전기 기구의 안전한 사용, 지구와 우주 영역의 해양 자원, 기후 변화를 녹색 도시 체 험 센터라는 통합 주제로 설정된 단원이다. 지구 온난화로 인해 엘니뇨, 해수면 상승, 오존 홀, 사막화, 등의 기후 변화 가 많이 발생해 우리의 생활에 직접적으로 영향을 주고 있어 기후 변화에 대처하는 능력이 요구된다. 그러나 학생들은 인지 및 신체적 어려움으로 인해 기후 변화에 대처하는 능력을 스스로 학습하기는 어렵다. 따라서 이 단원은 신재생 에 너지와 절약을 통해 기후 변화에 대처하는 능력을 학습하도록 구성했다. '신재생 에너지'에서는 신재생 에너지 중 태양 에너지, 풍력 발전, 조력 발전을 학습하며, **'절약'에서는 여름 및 겨울의 전기 절약 방법과 에너지 소비 효율 등급을 알 아보고, 물건 및 물 절약 방법을 알 수 있도록 구성했다.** 이러한 학습을 통해 학생들은 기후 변화라는 과학적 문제 해결을 위해 과학적 지식과 과학적 사고를 활용하는 과학적 문제 해결 역량이 함양된다.

출처: 2015 고등학교 과학 지도서, pp,330

02 <활동❶> + <활동❶> 평가

• 실생활 경험과 연결하여 수업의 필요성 강조하기

발문 예 "여러분, 집이나 학교에서 '앗, 전기가 낭비되고 있네? 아깝다!'라고 생각했던 적이 있나요?"
발문 예 "빈 교실에 불이 켜져 있는 것을 본 적 있나요? 그때 어떤 생각이 들었나요?"
발문 예 "지난 시간에 '신재생 에너지'에 대해 배웠는데, 새로운 에너지를 만드는 것도 중요하지만, 아껴 쓰는 게 우선이랍니다."
발문 예 "만약 전기가 없다면 우리는 어떻게 될까요? 전기를 아껴 써야 하는 이유는 무엇일지 함께 이야기해 봅시다."

• 〈자료1〉를 활용하여 전기를 낭비하는 다양한 상황 탐구하기
→ 문제 상황을 인식하도록 하기

발문 예 "냉장고를 계속 열어두는게 왜 전기가 낭비된다는 걸까요? 차가운 공기가 빠져나가서 냉장고가 다시 시원해지려면 더 많은 전기를 사용해야 하기 때문입니다."
발문 예 "두 번째 그림은 무엇이 잘못되었나요? 그림에 엑스 표시해 봅시다. 맞아요. 창문이 활짝 열려있네요."
발문 예 "이 세가지 그림의 공통점은 무엇일까요? 맞아요. 바로 전기를 낭비하는 상황입니다."

• 태블릿PC를 활용하여 전기를 절약하는 방법 조사하고, 관찰 평가 진행하기

→ 학생 개별 특성에 알맞은 기기 조작 방안을 고려하기

발문 예 "전기 절약하는 방법에 대해 검색을 시작하세요. 선생님은 여러분의 검색 과정을 미러링하여 관찰평가 하겠습니다."

발문 예 "가O이는 동영상을 조사하고 있네요. 환경과 관련된 사이트를 선생님이 추천해줄게요."

발문 예 "우리 지혁이는 작은 키보드로 검색하기엔 어렵죠? 확대 키보드로 바꾸어 줄게요. 혹은 선생님이 음성인식 기능을 켜줄게요. 자, 이렇게 마이크를 눌러보세요."

발문 예 "다O은 이미지 파일을 선생님이 미리 앨범에 넣어 놨으니 선생님의 손을 잡고 함께 검색해볼까요? 다O이가 준비되면 선생님 손에 손을 올리세요."

• 규리의 도전적 행동에 대한 중재 방안

→ 규리의 도전 행동(산책 요구 시 소리 지름)의 기능이 명확하므로 다양한 방안으로 중재 모색하기

기능	발문 (예)
원하는 것 얻기 (산책)	발문 예 첫 번째 활동을 시작하기 전에~ 규리야, 우리 규리의 책상에 있는 그림 일과표 볼까요? 과학시간이 끝나면 점심 시간에 (쉬는 시간에) 산책할 수 있어요. 조금만 기다려보자! 파이팅!
	발문 예 규리와 선생님이 지난 주에 그림으로 계약서를 썼죠? 소리 지르는 행동 대신에 오늘 ~ 활동에 ~하게 참여하면 보상으로 선생님과 산책 시간이 주어집니다.
	발문 예 잠깐만요! 지금 규리가 주먹을 꽉~ 쥐고 있어요. (혹은 규리가 표정이 좋지 않네요. 눈썹을 찡그리고 있어요.) 산책 나가자고 소리 지르려고 준비중인 것 같은데, 규리야, 산책을 가고 싶을 때는 소리를 지르는 대신에 산책 카드를 들기로 했었죠? 그렇죠. 그치만 잠시만~ 조금만 기다리면 쉬는 시간에 산책을 갈 수 있어요. 여기 쉬는 시간 칸에 산책 카드를 함께 붙여봅시다.

02 <활동❷> + <활동❷> 평가

• 촉진자로서 교사의 역할 강조 및 결과물 평가 안내

→ 교사가 정답을 모두 다 알려주기보다, 학생들이 협력하여 문제를 해결하도록 격려하는 촉진자의 역할을 수행하기

→ 단순히 결과물의 완성도만 평가하는 것이 아니라, 모둠원들이 얼마나 협력적으로 과제를 수행했는지 과정 중심의 평가를 실시할 것임을 강조하기

발문 예 "환경의 날을 맞이해서 우리가 조사한 전기 절약 방법을 다른 사람들에게도 알려줍시다. 바로 포스터를 만들어 볼 거예요."

발문 예 "우리 가O이가 찾았던 포스터를 여러분도 만들자는 제안을 했어요. 여러분은 어떻게 생각하나요? 좋아요. 그럼 우리도 전기 절약 방법에 대한 포스터를 만들어볼까요?"

발문 예 "선생님은 여러분이 포스터를 얼마나 예쁘게 만드는지 보다는, 친구들과 힘을 합쳐서 실천을 약속하여 결과물을 만드는 과정이 궁금해요. 이렇듯 과정과 결과를 모두 평가할 겁니다."

• 〈자료2〉를 학생 특성에 맞게 수정하여 제공하기

→ 소근육 활동에 어려움이 있는 지혁이를 위한 자료 수정 방안 제시하기

발문 예 "지혁이는 손에 힘이 조금 약하죠? 색칠하기를 좋아하는 우리 지혁이는 색연필에 학용품 홀더(그립)를 끼워 줄게요. 어때요? 더 쥐기 편해졌나요? 한 번 그려보세요."

발문 예 "지혁이는 어떤 걸로 색칠하고 싶나요? 붓으로 하고 싶구나. 선생님이 미끄럼 방지 실리콘을 걸어줄게요."

발문 예 "여러분~ 지혁이는 물감을 사용하고 싶은가봐요. 우리 지혁이가 물감을 어떻게 사용하면 좋을까요? 오~ 가O이가 좋은 아이디어가 있대요. 모두 다 손바닥에 물감을 발라서 전기 절약 실천 도장을 찍어보자고 하네요."

• 모든 학생이 참여하는 협력적 과제 수행

→ 개별 수행 수준과 특성에 맞추어 공동의 창작물 제작 지원하기

발문 예 "일러스트 작가가 꿈인 가O이에게 어떤 밑그림을 그려달라고 했나요?"

발문 예 "다O와 규리는 이 포스터에서 가장 중요한 포스터 표어를 붙여봅시다. 선생님이 위치를 점선으로 표시해줄게요."

• 발표 준비 시 결과물에 대한 피드백 제공

→ 교사의 촉진자 역할 수행하기

발문 예 "지구 온난화를 표현하려면 지구를 무슨 색으로 표현하는게 좋을까요? 그래요. 더 빨간색이 좋겠네요."

발문 예 "지구 지킴이조는 포스터를 발표할 때 어떤 실천 약속을 이야기할 예정인가요?"

• 발표 및 동료평가 진행

발문 예 "오늘은 특별한 평가를 하겠습니다. 바로 갤러리 워크입니다. 여러분이 만든 결과물이 교실 앞, 교실 뒤, 창문, 복도 쪽에 붙어 있죠? 미술관에 온 것처럼 감상해 보고, 나도 이런 전기 절약을 실천할 것이다! 라는 마음이 들면 자신의 얼굴의 스티커를 붙여주세요. 궁금한 점은 여기 물음표 스티커를 붙여주고 이따 질문하면 됩니다."

발문 예 "자, 지구 지킴이조의 포스터에는 해가 들 때는 불을 끄자. 라는 실천 약속에 우리반 모든 친구들의 얼굴 스티커가 붙어 있네요. 이 실천 약속을 제안한 발표자의 이야기를 들어볼까요? 모두 경청해봅시다."

• 실생활 연계 및 일반화 강조

발문 예 "우리가 만든 전기 절약 실천 포스터를 다른 반 친구들도 볼 수 있게 복도에 전시해볼까요?"

발문 예 "오늘의 성장 UP 숙제입니다. 오늘 배운 전기 절약 방법을 집에 가서도 꼭 실천하고, 인증샷을 우리반 밴드에 올려주세요. 다음 시간에 경험을 나눠보도록 해요!"

2025

3 ❶ 합격자 인터뷰 + 복기 스크립트

01 합격자 인터뷰

합격라이브

"연습도 실전처럼"

2025학년도 서울 지역 최종 합격자 K 선생님

Q1 끈기 임용 2차 교재 및 강의 활용법을 알려주세요!

강의는 조이쌤께서 다양한 예시를 직접 보여주셔서 2차 시험 경험이 없는 수험생도 쉽게 이해하고 적용할 수 있었습니다. 수업실연을 연습할 때는 교재 내 기출문제-기출변형문제-실전연습문제 순으로 연습했습니다. 2차 시험에서는 문제지가 낱장으로 프린트되어 스테이플러를 고정되어 제시되기 때문에, 실전과 비슷하게 연습하기 위해 당일에 연습하는 문제들은 낱장으로 B4 사이즈로 출력하여 그곳에 구상 연습을 하였습니다. 특히, 끈기 책은 수업실연을 위한 교재이지만 면접 준비에도 활용할 수 있었습니다. 보편적인 면접 교재들과는 다르게 특수교육의 관점에서 읽어나갈 수 있기 때문에 답변 시 특수교사로서의 교육방안을 드러내고자 하는 경우 해당 교재의 내용을 꼼꼼히 읽어두면 큰 도움이 될 것입니다.

Q2 지도안 작성 시 준비 방법을 추천해 주세요!

교재 내에 다양한 지도안 양식이 있습니다. 이 양식들을 B4 사이즈로 프린트하였습니다. 실전에서 여백이 어느정도로 제시되는지를 몰라서 여백 설정을 다양하게 하여 프린트했었습니다. 지도안 작성 연습은 끈기 책의 문제를 활용하여 하루에 하나씩 했습니다. 난생 처음 지도안을 작성할 때에는 55분간 <활동1>조차도 제대로 작성하지 못했었습니다. 하지만 조급해하지 않고 꾸준히 하루에 한 문제씩 작성연습을 하고 끈기 책에 제시되어 있는 지도안 우수 답안과 다양한 사례를 참고하여 발전할 수 있었습니다.

지도안 작성 지역의 경우 관리번호가 초반이라면 중식 시간에 점심을 가볍게만 먹거나 안먹고 계속 머릿속으로 수업 구상 해야 할 것 같습니다. 반면, 관리번호가 후반부이면 지도안 문제지에서 봤던 조건들만이라도 확실하게 떠올려놓고 계속 기억하며 점심을 든든하게 먹어둬야 할 것 같습니다.

Q3 시험장 상황을 공유해주세요!

11월의 1차 시험장보다 1월의 2차 시험장이 훨씬 추웠습니다. 조이쌤의 조언대로 핫팩과 따뜻한 패딩, 따뜻한 물이 꼭 필요하겠다고 생각했습니다. 또한, 2차 시험을 처음 경험하는 초수생은 모든 상황이 불안하게 느껴질 수 있습니다. 그러니 합격자 인터뷰를 상세하게 읽어보고, 전년도 합격자 선생님께 시험 진행 과정을 미리 들어보며 이미지 트레이닝을 하면 좋겠습니다.

02 합격자 복기 스크립트 득점 & 감점 요인 분석

*** 글자가 진하게 되어 있는 것은 수업 실연의 조건입니다.**

단계	수업실연 복기 스크립트
〈활동1〉	(밝고 힘찬 목소리로) 네, 여러분! 첫 번째 활동 시작하기 전에 〈학습 목표〉 다 같이 힘차게 읽어볼까요? 시작! "전기를 절약하는 방법을 조사하고, 실천할 수 있다!" 좋습니다! (규리에게 다가가 눈을 맞추며) 규리 학생! 우리 그림 일과표 먼저 확인할까요? **(규리의 책상 위에 부착된 시각적 일과표를 가리키며)** 4교시 과학, 점심시간 산책! 오늘 과학 수업 즐겁게 참여하면, 선생님이랑 산책 가기로 약속했죠? 소리 지르는 행동 대신에 궁금할 때마다 이 시각적 일과표를 보도록 해요. ↳ ➕ 도전행동의 기능을 파악하고, 시각적 일과표를 활용하여 예방적 중재 (전자칠판을 가리키며) 자, 그럼 〈활동1〉을 시작하겠습니다. 선생님이 〈자료1〉의 그림들을 태블릿PC 디지털 교과서에 넣어두었어요. (전자칠판에 미러링) 이게 어떤 문제 상황일까요? 아~ 우리 가O~ (손을 들고) 냉장고 문이 열려있어요! 맞아요! 냉장고 문을 오래 열어두면 어떻게 될까요? (학생들의 답을 듣고 고개를 끄덕이며) 네, 차가운 공기가 빠져나오면서 냉장고가 다시 안을 차갑게 만드느라 전기에너지가 낭비됩니다. **혹시 여러분도 이런 비슷한 경험이 있나요?** 우리 나O~ 아이스크림 찾느라 ~ 아~ 냉장고! 문을 열어 놨군요. (전자칠판의 다른 그림을 가리키며) ↳ ➕ 학생 간 경험 연결 그럼 이 그림은 어떤가요? 그렇죠~ 에어컨을 켜고 창문을 열었네요? 다O (AAC를 조작하며 "안돼요" 음성 출력) (즉각적인 반응) 맞아요! 우리 다OO가 AAC로 "안돼요!"라고 정확하게 짚어주었어요. (전체 학생을 보며) 오~ 우리 나OO가 손을 들었어요. 전기 절약. 궁금해. 라고 말하네요. 다른 친구들도 고개를 끄덕이고 있어요. 그럼 우리 전기 절약 방법에 대해 조사해볼까요? 조사한 내용은 태블릿PC '패들렛'에 올려주세요. 선생님은 지금부터 **여러분이 전기 절약 방법에 대해 검색하는 과정을 미러링해서 관찰 평가**하겠습니다. (순회지도 시작) 와, 가은이는 벌써 환경 사이트에 들어가서 동영상을 검색하고 있네요. 역시 태블릿PC를 능숙하게 사용하는군요! 그럼 혹시 옆에 있는 나OO도 잘하고 있는지 도와줄까요? 좋아요. **(지혁이에게 다가가며) 지혁아, 타자 누르기가 조금 불편하죠? 선생님이 음성인식 기능을 켜줄게요. (태블릿 아이콘 누르는 시늉) 자, 마이크 버튼을 누르고 아~ 아~ 천천히 말해볼까요? 이렇게 누르면 되어요. 지혁이가 커다란 마이크 버튼 눌러보자.** → ➕ 학생의 약점(소근육)을 보완하는 음성인식을 교수·학습 활동 지원 방안으로 제공하고, 교사의 언어적 촉진을 제공함. (규리 학생에게) 우리 규리는 선생님과 함께 이미지 검색해 볼까요? (손 위에 손을 올리고) 어떤 그림 스티커를 붙여볼까? (학생이 '어두워요' 그림을 선택) '어두워요' 스티커 터치! 잘했어요! (다시 앞으로 나와 전자칠판을 보며) 자, 여러분의 소중한 의견이 다 모였네요. (패들렛 화면 미러링) 자. 이렇게 검색한 내용은 나중에 포스터 만들 때 쓸 거니까, 꼭 캡처해서 저장해두세요! → ➕ 〈활동1〉과 〈활동2〉를 연결하는 발문 (시계를 보는 시늉) 와, 벌써 50분이 지났네요. 우리 수업이 100분 블록타임제 수업이죠? 〈활동 2〉를 시작하기 전에, 다 같이 목 스트레칭 한번 할까요? (가볍게 목과 어깨 스트레칭) 좋습니다! 이제 다음 활동으로 넘어가 볼까요?

〈활동2〉	(미리 구성된 모둠 자리를 보며) 자, 두 번째 활동은 '전기 절약 실천 포스터 만들기'입니다! 우리 00 모둠과 **모둠 준비됐나요? 〈활동 1〉에서 조사한 절약 방법을 바탕으로, **스케치북과 붓, 물감, 색연필 등 여러 가지 재료들**로 전기 절약을 위한 포스터를 만들 거예요. (지혁 학생에게) 지혁아! 지혁이는 색칠하는 걸 정말 좋아하죠? **(스트랩을 꺼내며) 선생님이 지혁이를 위해 특별한 재료를 준비했어요.** 이렇게 스트랩으로 고정시키니까 원래 있던 붓보다 잡기 편하죠? 웃고 있네요. 00이가 좋은 아이디어가 있다고 하는데? 오~ 포스터 배경을 멋지게 칠해줄까요? → ⊕ 지혁이의 특성을 고려한 지원 (순회지도 중) 어? 00 모둠은 의견이 조금 다른 것 같네요? 무슨 일이죠? 아~ 가0이는 (시무룩) 저는 에어컨 온도를 20도로 하고 싶은데...지혁이가 30도로 해야 전기를 절약한대요. 두 학생 모두 전기를 절약하고 싶은 마음은 똑같네요! (웃음) 그럼 어떻게 해결하면 좋을까요? 음.. 기준을 찾아보는 건 어때요? (태블릿PC를 가리키며) 혹시 다른 곳에서는 어떻게 하는지 검색해 볼까요? '공공기관 냉방 온도'라고 검색해 보세요. 오~ 공공기관은 26도 이상이래요! 맞아요! 우리나라는 학교나 병원 등 이렇게 기준을 정해서 다 같이 전기를 절약하고 있답니다. 생활 속에서 여러분이 해결책을 찾았어요. → ⊕ 학생들 간 의견 차이 시 학생들끼리 해결할 수 있도록 조력함 우리 규리는 무엇을 하는게 좋을까요? 이 포스터에서 가장 중요한 '전기 절약' **글자 스티커를 붙여줄래요?** 아주 중요한 역할이에요! (수업 마무리) 자, 1분 뒤에 포스터 만들기를 마무리하겠습니다! (1분 후) 와, 두 모둠 다 정말 멋진 포스터를 완성했네요! 이제 발표를 준비할 텐데요. **선생님이 여러분의 협동 과정과 이 멋진 결과물을 보고 피드백을 하도록 하겠습니다. (학생들의 결과물을 보고 피드백 해줌)** → ⊕ 결과물 평가에 대한 언급 발표가 끝나면 다른 모둠의 포스터를 보고 어떤 점이 좋았고, 어떤 점이 더 추가되면 좋을지 **서로 피드백을 하는 시간을 가질 거예요.** 그리고 이 포스터는 우리 반뿐만 아니라 다른 반 친구들도 볼 수 있게 복도에 게시하고, 오늘 배운 절약 방법은 집에 가서 꼭 실천해보고 사진 찍어서 우리 반 패들렛에 올려주세요! 부모님께도 알려드리는 멋진 '지구 지킴이'가 되어봅시다! 자, 그럼 00 모둠부터 발표 준비해 볼까요? 이상으로 수업실연을 마치겠습니다. (인사)

2025

3 ❷ 합격자 인터뷰 + 복기 스크립트

01 합격자 인터뷰

합격라이브

"진심으로 학생들을 위한 수업 고민하기"

2025학년도 평가원 지역 최종 합격자 L 선생님

Q1 자기소개를 간단히 부탁드려요!

저는 25학년도 평가원 지역 초수 합격생 L이라고 합니다. 1년 전만 해도 조이쌤의 끈기 2차 책을 보면서 임용 2차 준비를 했었고, 합격생 인터뷰 부분을 볼 때마다 '언젠간 나도 여기에 내 수업이 나오면 좋겠다..' 하는 생각을 하곤 했었어요. 그리고 지금 이렇게 저의 수업이 책에 수록된다니 감사한 마음입니다.

Q2 2차 준비 방법을 알려주세요.

저는 수업은 끈기 임용 2차 단 한권의 책으로 끝냈습니다. 저의 스터디는 저 포함 총 3명의 선생님과 함께 스터디를 했었고 하루에 수업실연 문제를 2개씩 했었습니다. 그러나 저는 수업실연 준비는 다다익선이라 생각하여, 스터디가 끝난 후 혼자 학교에 남아 2~3개의 수업을 더 했었어요. 그래서 전 끈기 임용 2차의 모든 문제를 클리어 했고, 환경 관련 주제가 정말 익숙했습니다.

Q3 수업실연 시 가장 중요하게 생각했던 부분을 알려주세요!

저는 말이 빠른 편이였어요. 말의 속도를 의식적으로 조절하여 수업이 급하게 느껴지지 않도록 연습했습니다. 또한, 소심했던 동작을 고쳐 동작과 동선을 크고 역동적으로 사용하여 수업이 꽉 차 보이게 했습니다. 무엇보다 조이쌤께서도 강조하셨던 밝은 표정을 유지하려고 노력했어요. 마지막으로, 평가받는다는 생각보다 미래의 학생들을 위해 수업한다고 여기며 즐겁고 자신감 있는 태도를 보여줬습니다.

Q4 조이쌤의 강의나 피드백과 관련한 부분을 말씀 부탁드려요!

조이쌤 강의에서 가장 좋았던 점은 시험에서 정말 필요한 것, 실제적으로 사용할 수 있는 것들을 잘 알려주신다는 것입니다. 더하여 저는 조이쌤께 개별 피드백을 받았었는데, 수험생의 합격을 진심으로 바라는 열정이 느껴졌고, 매우 세심하고 디테일하십니다. 게다가 직접 행동으로 보여주시며 부족한 부분을 반복 연습시켜 주셔서 피드백 전과 후로 비약적으로 성장했습니다. 수업실연의 내용과 행동, 면접까지 제가 인지하지 못한 부분까지 짚어주시는 양질의 피드백이였습니다. 2차 준비는 조이쌤을 믿고 따른다면 후회 없는 선택이 될 것이라고 확신합니다.

02 합격자 복기 스크립트 득점 & 감점 요인 분석

* 글자가 진하게 되어 있는 것은 수업 실연의 조건입니다.

단계	수업실연 복기 스크립트
〈활동1〉	여러분, 집이나 학교에서 '아~~ 너무 너무 아깝다! 전기가 낭비되고 있다!'라고 생각해 본 적 있나요? (학생들의 다양한 대답을 듣는 시늉을 하며) 아~ **우리 가은이는 화장실 불을 끄지 않아서 부모님께 아깝다~ 라고 이야기 들었던 경험이 있군요. 맞아요. 누구나 그런 경험**은 있을 겁니다. → ⊕ 학생의 실생활 경험 활용 그럼, **태블릿PC를 켜서 디지털 교과서 〈자료1〉을 함께 봅시다. (자료1을 전자칠판에 띄우며) 여기 그림들을 한번 볼까요? 그림을 터치하면 움직이고, 어떤 상황인지 음성이 나올 거예요.** → ⊕ 디지털 교과서로 생생하게 내용 전달 (그림들을 함께 살펴본 후) 그럼 전기를 절약할 수 있는 방법은 무엇일까요? 오~ 그럼 태블릿PC로 검색해볼까요? (순회하며 학생들을 살핀다) 우리 **가0는 스스로 기사를 찾으며 잘하고 있네요! 우리 지혁이는 선생님이 검색할 때 키보드를 더 확대해 줄게요. 어때요? 누르기 편해졌죠? 어떤 것을 검색하면 좋을까요? 선생님이 전기~ 라고 힌트를 줄게요. 그래요. 전.기.절.약에 대해서 검색**해 봅시다. → ⊕ 지혁이를 위해 확대 키보드 설정 자~ **우리 다0는 선생님이랑 같이 해볼까요? (손 위에 손을 올리고)** 자, 여기에 이렇게 터치하고, 검색 버튼을 누르는 건 다0이가 해볼까요? → ⊕ 다군 신체적 촉진 제공 (전자칠판으로 시선을 모으며) 와, 'TV를 안볼 때는 꺼요' '긴 팔을 입어요' 등 좋은 생각들이 많이 올라왔네요! 선생님이 화면 미러링으로 다 같이 공유해 볼게요. (패들렛 화면을 보여주며) 자. 여러분의 생각을 마인드맵으로 정리해보았습니다. 맞아요, 이렇게 전기를 아낄 수 있는 다양한 방법이 있답니다. → ⊕ 여러 가지 의견을 시각화 두 번째 활동에서는 그럼 이렇게 여러 가지 방법 중에서 우리가 직접 실천할 수 있는건 무엇일지 포스터를 그리며 다짐해볼 겁니다. 잠깐! 여러분, 우리 오늘 수업이 100분 블록타임제 수업이죠? 자~ 잠시 쉬는 시간 가진 뒤 이어서 하겠습니다.
〈활동2〉	자, 두 번째 활동은 〈전기 절약 실천하기〉입니다! 우리 모둠별로 자리를 잘 만들어 주었고, 역할도 각자 잘 정해주었네요! 자, 이렇게 우리 환경 모둠, 그리고 사랑 모둠! 준비됐나요? 좋아요! 각 모둠장 나와서 〈자료2〉의 만들기 재료들을 가져가 주세요. 〈활동1〉에서 조사한 절약 방법을 바탕으로, 우리 반만의 전기 절약 포스터를 만들어 봅시다! 선생님은 여러분이 어떻게 협력하는지 살펴보면서 도움이 필요한 친구들을 도와줄게요. 시작! (순회지도 중 규리의 자리 근처에서) 어~? 어디서 작게 '으으~' 하는 소리가 들리는 것 같은데~? (규리에게 부드럽게 다가가며) 아~ 우리 규리가 산책을 가고 싶은가보다! **우리 규리는 산책을 하고 싶은 마음이 앞설 때마다 소리를 지르는데~ '으으~' 하는 표정은 소리 지르기 전에 나오는 슬금 슬금 나오는 작은 신호인데~ 선생님이 규리의 마음을 딱 알아챘어요!** (눈을 맞추고) 규리야! 선생님이랑 산책 스티커 5개 모으면 산책 가기로 약속했죠? 지금 4개 모았어요. 자 여기 색깔 타이머 보이죠? 우리 수업 이제 20분 남았는데~ 잠시만 기다려주면 마지막 산책 스티커 1개를 더 줄게요! 다 모으면 점심시간에 선생님이랑 꼭 산책하러 가는 거죠? 약속! → ⊕ 소리지르기 전 전조를 파악하여 예방적 중재 제공 이제 각 모둠에서 만든 결과물인 포스터를 발표해 볼 텐데요. 발표할 때는 어떤 자세로 친구들의 이야기를 들어주면 좋을까요? 맞아요, 경청하는 자세로... (발표 자세 안내하며 마무리) → ⊖ 포스터 만들기 시 실천 방안에 대해 고민하는 장면 필요 이상으로 수업실연을 마치겠습니다.

2025

3 ❸ 합격자 인터뷰 + 복기 스크립트

01 합격자 인터뷰

합격라이브

"자신감은 반복에서 나온다!"

2025학년도 경기 지역 최종 합격자 M 선생님

Q1 끈기 임용 2차 교재 활용법을 알려주세요!

저는 조이쌤의 강의를 바탕으로 책을 완독했습니다. 이후 기출문제부터 기출 변형, 연습문제까지 모든 문제를 적극 활용했습니다. '처음엔 이 많은 걸 언제 다하지?' 라는 생각에서, 30문제가 넘어갈 때쯤 문제의 패턴이 보이기 시작했고, 저만의 완벽한 수업과 구상의 틀을 잡을 수 있었습니다. 이 패턴을 평가 당일 그대로 적용했고, 덕분에 시험에서 연습보다 오히려 더 쉽게 느껴질 정도였습니다.

Q2 시험장 상황과 체감 난이도는 어땠나요?

전체적으로 긴장감이 흘렀습니다. 구상 시간은 생각보다 정말 빠르게 지나갔습니다. 그래서 정확한 틀이 없다면 분명 시간이 부족할 것이라는 생각이 듭니다. 이번 시험의 난이도는 평이했습니다. 3년 연속 과학이었긴 했지만, 올해 기출은 과학과 연계한 생태환경교육이이라고 보는 것이 더 맞다고 생각합니다. 생태환경교육, 세계시민교육, 인성교육 등 끈기 임용 2차 교재에 가득했기에 쉽게 해결할 수 있었습니다.

Q3 후회되었던 점이 있나요?

너무 걱정했다는 것이 후회됩니다. 나는 분명 잘할 수 있다는 자신감을 가져도 좋았는데, 2차가 처음이기도 했고, 두려운 마음에 걱정이 많이 앞선던 것 같습니다. 그래도 마지막에 마인드 컨트롤을 통해 자신감을 갖고 들어갔던 것이 최종 합격에 큰 도움이 되었다고 생각합니다. 여기서 중요한 것은 자신감은 수없이 반복했던 연습에서 나온다는 것입니다. 여러분도 이 부분을 기억하고 연습을 많이 한다면, 문제없이 자신감과 함께 최종합격을 할 수 있을 것입니다.

Q4 수험생 선생님들께 마지막으로 조언 부탁해요!

전문가의 개별 피드백이 꼭 필요합니다. 여러분도 조이쌤께 피드백을 받을 수 있는 기회가 부디 닿으면 좋겠습니다. 수업 내용뿐만 아니라, 발성, 동선까지 작은 부분까지도 직접 보여주시며 조언해주셨습니다. 특히, 개별 피드백 이후 수업뿐만 아니라 면접도 크게 개선되었습니다. 연습을 많이 하더라도, 제대로 해야지 그냥 반복하는 것은 큰 도움이 되지 않으니 전문가의 시선을 적극 활용하실 필요가 있습니다.

02 합격자 복기 스크립트 득점 & 감점 요인 분석

*글자가 진하게 되어 있는 것은 수업 실연의 조건입니다.

단계	수업실연 복기 스크립트
〈활동1〉	(발을 구르고 한 친구씩 눈을 맞추며) 배움탐험대 다들 준비되었나요? 그럼 이제 이 버튼을 누르면 배움여정을 떠나게 됩니다! 다같이 하나! 둘! 셋! 뿌이뿌이뿌이 (진짜로 소리냄) ↳ ⊕ 활기찬 시작 첫 번째 활동입니다! 우리 전자칠판을 봐볼까요? 무슨 그림이 있나요? 가영이가 손을 들었네요? **어 가영이도 첫 번째 사진처럼 냉장고를 열어 놓았다가 어머니께 혼난적이 있었다고요? 아~ 우리 가영이는 그런 경험이 있었구나.** 그럼 왜 혼난 것 같나요? 아직 잘 모르겠어요? 그럼 오늘 같이 그 이유를 알아보면 좋겠다! **이 세 가지의 사진은 무엇이 잘못된 걸까요?** → ⊕ 핵심 질문 제시 자. 여러분들이 생각을 나누기 쉽게 핵심 단어를 형광펜으로 표시 해놓을게요. 그럼 이 사진들이 어떤 문제가 있는지 자료에 대해 생각 나누기 시간을 가져보아요. ↳ ⊕ 교사가 답을 다 알려주기 보다 학생들에게 생각할 기회를 제공함 자. 생각을 나누기 시간이 종료되었는데, 나영이가 지금 전기 낭비라고 하였어요. 오! 맞아요 생각을 서로 나누어 보니 오! 여러분! 다준이가 AAC로 더워 단어를 눌렀어요. 아~ 히터를 보고 덥다고 하는구나! 지혁이는 반팔이라고 말했어요. 맞아요. 이 사진들은 모두 전기 낭비를 낭비하는 상황입니다. 그러면, 무엇이 필요할까요? 절~ 절약이 필요하겠네요. 그렇다면 절약을 어떻게 할 수 있을까? 가은이가 자료를 조사해보는 건 어떨까? 라고 하네요, 아주 좋은 생각입니다. 그러면 태블릿pc를 사용해서 자료 조사를 해봅시다! 다준이가 표정이 안좋아보이네요? 아~ 자료조사를 도와줄까요? 좋습니다. **잠깐 선생님이 팔을 잡아줄게요!** 여기 선생님이 미리 넣어준 사진으로 검색을 해보아요! 오! 잘했다!! 자, 자료 조사 결과를 우리 한번 이야기 나눠볼까요?! (학생들이 조사한 다양한 내용을 공유함)
〈활동2〉	이제 모둠이 완성되었네요. 본격적으로 두 번째 활동을 해봅시다! 우리 배움 조에는 규리, 가은이 나은이가 있네요, 그리고 함께 조에는 가영이, 지혁이, 다준이가 있어요. **어, 규리야 갑자기 소리를 질렀는데 무슨 일인가요? 혹시 산책을 가고 싶은거니? 그러면 우리 선생님과 약속 하나 할까요? 우리 이제 두 번째 활동으로 포스터 그리기를 할건데, 포스터 그리기에 잘 참여한다면 이번 수업 시간 끝나고 쉬는시간에 다같이 산책다녀오자! 어때요? 좋아요? 약속~** ↳ ⊖ 소리를 지르는 행동이 의사표현으로 자리잡을 수 있으니 대체행동에 대해 명확히 안내 필요 이제 포스터 그리기 시작하겠습니다! **(체크리스트를 들면서 관찰하는 자세를 취하며 순회) 지혁이가 지금 붓을 잡는데 어려워하고 있네요, 그러면 선생님이 조금 더 그립이 두꺼운 붓으로 홀더를 만들어줄게요.** 이제 스케치북에 한번 색칠해볼까요? 우와 정말 잘한다! ↳ ⊕ 손의 협응과 소근육 운동 발달이 낮은 지혁이에게 적절한 지원 앗. 가은이와 다O이 무슨 일 있나요? 스티커를 어디에 붙일지에 대해서 이야기하다가 감정이 상했구나? 그럼 나, 너, 우리 대화를 해볼까요? 내 생각을 말하고 상대의 생각을 들어본 다음 함께 결과를 만들어 보는거에요! (가은이와 다O이를 중재함) ↳ ⊕ 학생 간 갈등 요소 활용하여 문제 해결 네! 이제 주어진 시간이 종료되었습니다. 시간 더 필요할까요? 다들 포스터 완성 다 했나요? 그러면 우리 서로 발표 해보는 시간을 가져볼게요! 짠~ 우리의 노력이 담긴 결과물을 공개하겠습니다! 여러분들은 다른 조가 발표할 때 잘 경청하였다가 **발표 후에 작품은 어땠는지 자신도 실천하고 싶은 의견에는 하트 스티커를, 보완이 필요한 부분에는 플러스 스티커를 붙이며 서로 동료평가**를 해보는 시간을 가져볼게요! → ⊕ 동료평가를 통해 상호작용 촉진 이상입니다.

03 경기 수업나눔(폐지) → 수업설계 답변 변형

***2026학년도부터 수업나눔 폐지에 따라 조이쌤이 수업설계 답변으로 재구성했습니다.**

1. '스스로 성장하는 자기주도적인 학습자의 관점'을 반영하기 위해 오늘 수업을 어떻게 설계했으며, 예상되는 어려움과 그에 대한 보완점은 무엇인지 말하시오.

수업 설계 문항에 대해 답변드리겠습니다. 저는 본 수업에서 학생들이 '스스로 성장하는 자기주도적인 학습자'가 될 수 있도록 '생각 나누기 시간'을 핵심 활동으로 설계했습니다. 학생들이 스스로 충분히 생각할 시간을 갖는 것은 자기주도적 사고 능력을 키울 수 있는 가장 중요한 기회라고 생각하기 때문입니다. 이 시간을 통해 학생들은 분명 한 뼘 더 성장할 수 있을 것입니다.

물론, 이 과정에서 예상되는 어려움이 있습니다. 학생들의 침묵이 있을 때 저 역시 조급한 마음에 방법을 먼저 권유하거나 정답을 제시하고 싶은 순간이 올 수 있다고 생각합니다. 하지만, 이는 자칫하면 학생들의 자기주도적 성장을 저해하는 요소가 될 수 있습니다. 따라서 이를 보완하기 위해, 저는 교사의 방법을 먼저 제시하기 전에, "여러분이라면 어떻게 해결하면 좋을까요?"라고 질문한 뒤 기다려주며 학생들의 생각을 존중하겠습니다. 이렇듯 학생들의 경험에서 출발하는 수업을 통해 진정한 자기주도적 학습자로 성장시키는 교사가 되겠습니다.

2. 오늘 수업과 연계하여 디지털 기술을 활용한 피드백 2가지를 어떻게 계획하고 있으며, 이에 대해 기대하는 교육적 효과를 말하시오.

수업 설계 문항에 대해 답변드리겠습니다. 오늘 수업과 연계하여 디지털 기술을 활용한 피드백 2가지를 계획했습니다.

첫째, 전자칠판의 형광펜 기능을 활용한 실시간 피드백입니다. 학생들이 좋은 의견을 발표했을 때 혹은 촉진이 필요할 때 그 내용을 즉시 전자칠판에 띄우고 형광펜으로 표시하여 시각적으로 강조할 계획입니다. 이를 통해 학생들은 자신의 의견이 존중받는다는 느낌을 받고, 중요한 내용을 오랫동안 기억하여 다음 활동에 자신감 있게 활용할 수 있는 교육적 효과를 기대할 수 있습니다.

둘째, '다' 수준 학생인 다준이와 규리를 위한 맞춤형 피드백입니다. 다군 학생들이 정보 검색에 어려움을 겪지 않도록, 태블릿PC에 미리 관련 이미지 파일들을 넣어두어 보다 수월하게 자료 조사를 할 수 있도록 설계했습니다. 이를 통해 다군 학생들이 디지털 기술을 발판 삼아 다른 학생들과의 학습 격차를 해소하고 수업에 성공적으로 참여하는 교육적 효과를 기대할 수 있습니다.

3. 오늘의 수업을 탐구와 질문있는 수업으로 재구성한다면, 그 구체적인 방안은 무엇이며 그에 따른 학생의 성장을 어떻게 기대하는지 말하시오.

수업 설계 문항에 대해 답변드리겠습니다. 오늘 수업을 탐구와 질문이 있는 수업으로 재구성하기 위해, 학생들이 배운 내용을 실제 상황에 직접 적용해보는 수업으로 설계하겠습니다. 구체적인 방안으로는, 교실을 벗어나 교내 특별실이나 빈 교실을 직접 탐방하며 전기가 낭비되는 곳은 없는지 찾아보는 '에너지 보안관' 활동을 진행하겠습니다. 학생들은 에어컨이 켜져 있는 곳을 발견하면, 오늘 배운 내용을 토대로 직접 전원을 끄는 등 배움을 실천하게 될 것입니다. 이러한 실제 상황 속에서 학생들은 "여기는 왜 켜져 있지?", "어떻게 전기를 사용해야 효과적일까?"와 같은 자연스러운 질문을 던지게 될 것입니다. 저는 이 질문들을 해결하는 과정에서 학생들의 탐구 능력이 크게 성장할 것으로 기대합니다. 강조하자면, 배운 것을 삶에서 실천할 때 깊이 있는 배움이 완성된다고 생각합니다. 현장에서 특수교육대상 학생들이 배운 내용을 실제로 적용할 수 있도록 일반화에 대해 끊임없이 고민하는 교사가 되겠습니다.

Chapter 2

2024학년도

기출문제 분석

2024 1

2024학년도 기출문제

2024학년도 중등교사 신규 임용후보자 선정경쟁시험

특 수

관리 번호: (   )   성명: (   )

2차 시험	수업 실연	시험시간	지역별 상이

1. 수험생 유의사항

① 〈수업실연1〉, 〈수업실연2〉 구간을 실연하시오.

② 학생 간 상호작용을 높이시오.

③ 개별화된 지원을 제공하시오.

④ 〈활동1〉에서 자료 1, 2, 〈활동2〉에서 자료3을 활용하시오.

⑤ 세진이를 긍정적행동지원으로 중재하시오

⑥ 〈활동2〉는 모둠활동으로 실시하시오.

⑦ 〈활동1〉 관찰평가, 〈활동2〉 동료평가를 실시하시오..

2. 본시 학습 지도 내용

과목	과학		
차시	이전 차시	• 지진해일 사례	관찰평가
	본차시	• 지진해일 원인과 발생 과정 • 지진해일 대처 방안 알기	관찰평가, 동료평가
수업 진행	블록타임제 (90분)		
대상	특수학급 중학교 3학년		
활동 내용	• 활동1: 지진해일 원인과 발생과정(탐구하기) • 활동2: 지진해일 대처방안 알기(모둠활동)		

자료

동영상 자료, AAC, 전자 칠판, 교사용 PC, 태블릿PC, 그림카드, 실험 도구, 수조, 물, 나무토막 2개, 예시 안내판, 모둠활동 안내판, 스티커 프린터

3. 본시 관련 학생 실태

가 (3명)	공통	• 3어절 문장으로 말 할 수 있다. • 태블릿PC를 스스로 조작하여 조사한 정보를 작성하고 정리할 수 있다.
	개별	• 세진: 교사의 설명에 대해 수업과 관련 없는 질문을 하며 수업 방해 행동을 한다. • 민혁: 저시력 학생이다.
나 (2명)	공통	• 2어절 문장으로 말할 수 있다. • 언어적 촉진을 주면 실험 활동에 참여할 수 있다. • 언어적 촉진 주면 태블릿PC 사용하여 검색하여 보고서 작성 가능하다.
다 (1명)	공통	• 몸짓이나 표정, AAC를 사용하여 표현 가능하다. • 신체적 촉진을 주면 실험, 모둠 활동에 참여할 수 있다. • 이미지 파일로 태블릿 PC 검색할 수 있다.

4. 자료

▶ 〈자료1〉 지진해일 실험 과정 순서

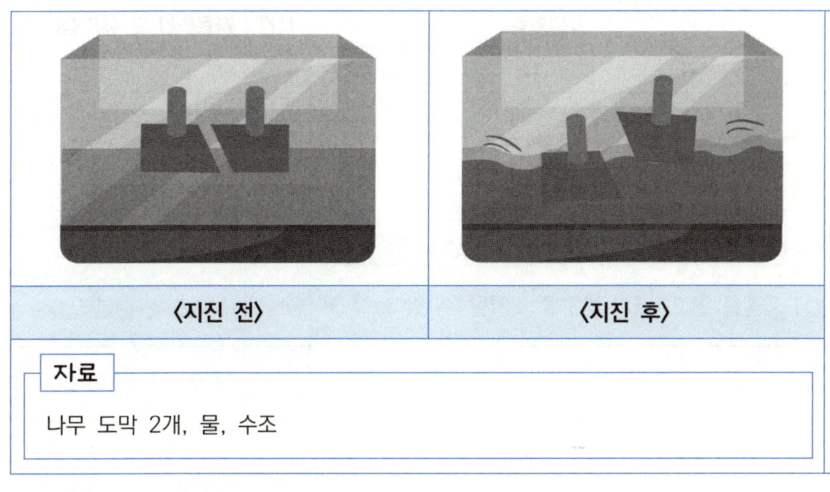

〈지진 전〉 〈지진 후〉

자료

나무 도막 2개, 물, 수조

〈실험 순서〉

1. 수조에 물을 받는다.
2. 나무 도막을 맞닿게 교차하여 넣는다.
3. 나무 도막 2개를 엇갈리게 교차하여 들었다 놓는다.
4. 나무 도막을 위 아래로 흔들어 물이 출렁거리는 파도를 관찰한다.
5. 2~4회 반복한다.

▶ 〈자료2〉 지진해일 발생 과정 자료

〈지진해일 발생 과정〉

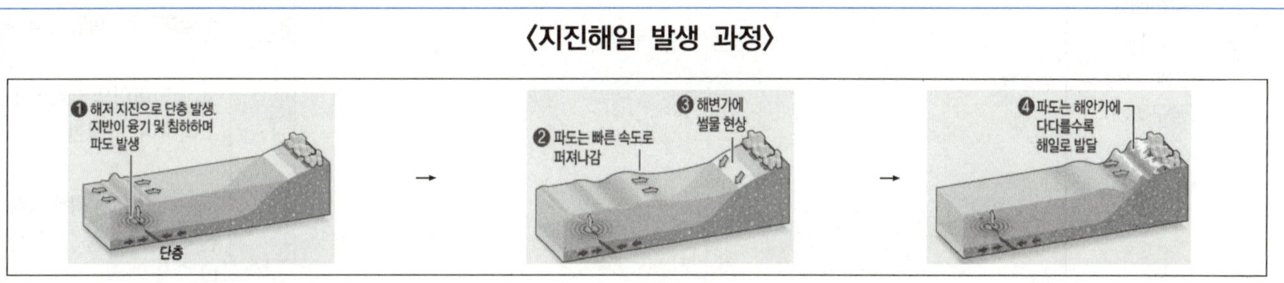

출처: 연합뉴스, https://www.yna.co.kr/view/GYH20181223000200044

*융기: 지각 판이 위로 올라가는 현상

*침하: 지표면이 아래로 내려가는 현상

〈지진해일 발생 과정 3단계 그림 카드〉

▶ 〈자료3〉 지진해일 대처방안 안내문 만들기

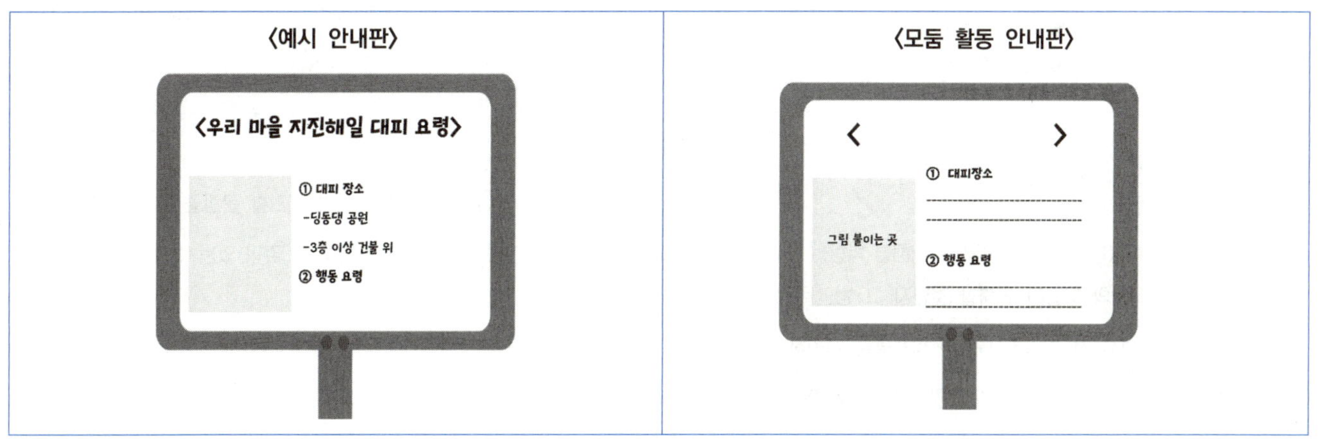

5. 본시 교수-학습 지도안 (과정안)

단계	교수 - 학습 활동					시간	자료(재) 및 유의점(유)
	활동 내용	교사활동	학생활동				
			가	나	다		
도입	인사	▶ 인사하기				5	재 동영상
	전시 학습 상기	▶ 지진해일 사례					
	동기 유발	▶ 지진해일 영상 제시하기	• 너무 무서워요.	• 무섭다.	• (놀란 표정)		
	학습 목표 제시	지진해일의 원인과 발생 과정을 알고, 대처 방안을 조사할 수 있다.					
전개	〈활동1〉 지진해일 원인과 발생 과정 (탐구하기)	〈수험생 실연 부분1〉				35	재 자료1,2, AAC 유 실험하기 전 안전 규칙에 대해 안내한다. 유 실험 순서에 맞게 실험하는지 확인한다. 유 민혁이의 특성을 고려하여 지원한다. 유 다 수준 학생에게 신체적 촉진을 제공한다.
	〈활동2〉 지진해일 대처 방안 알기 (모둠활동)	▶ 〈활동2〉 안내하기 ▶ 모둠 역할 정하기				50	유 이질적으로 모둠을 구성한다.
		〈수험생 실연 부분2〉					재 자료3(예시 안내판, 모둠 활동지 안내판) AAC, 태블릿PC, 스티커 프린터 유 다 수준 학생의 태블릿PC에 이미지 파일을 넣어준다. 유 학생 간 상호작용을 촉진한다.
		▶ 동료평가 안내하기 ▶ 발표하기					

[수업 설계 문제]

*수업나눔 폐지에 따라 기출 문항을 수업 설계로 변형

1) 오늘 수업에서 학생의 비판적 사고력, 문제해결 역량을 길러주기 위한 교수학습 전략을 어떻게 설계했는지 말하고, '깊이 있는 수업'을 위해 동교과 교사, 타교과 교사와 어떻게 협력할 것인지 그 방안을 각각 말하시오.
2) 오늘 수업에 참여할 서로 다른 특성의 학생들을 지원하기 위해 학교 안, 학교 밖 교육 방안을 어떻게 활용할지 말하시오.
3) 온라인 플랫폼을 활용한 온오프라인 연계 형성평가를 어떻게 진행할 계획인지 말하고, 이때 디지털 시민으로서 지도 시 유의사항 2가지를 말하시오.

2024

2 기출 분석 및 발문 idea

01 출제 흐름

작년에 이어 과학 과목이 출제된 해입니다. 기존의 흐름상 주로 〈활동❶〉에서는 설명식 내용 학습이 주된 활동이었습니다. 그러나, 2024학년도 기출에서는 탐구·실험 활동을 통한 개념 학습이 제시되었던 점이 특징입니다. 게다가, 저시력 학생의 특성이 처음으로 출제되어 공평한 배움을 위해 어떠한 지원이 필요한지 세심하게 구상해야 했습니다. 마지막으로 지진해일 학습 시 안전을 강조한다면 삶과 연계된 수업을 진행하기 좋겠죠?

02 <활동❶> + <활동❶> 평가

• 지진해일 원인과 발생 과정 (탐구하기)

→ 본 수업의 필요성에 대해 삶과 연계하여 강조하고, 지진해일은 왜 발생하는지 예상하도록 확산적 발문하기

발문 예 우리가 왜 지진해일에 대해서 배워야 할까요? 그래요. 우리 마을은 바닷가와 가까운 곳에 있어요.
발문 예 OO시 안전체험관에서 지진 체험을 해보았던 경험을 떠올려봅시다. 그때의 느낌은 어땠나요?
발문 예 지난 시간에 '일본의 지진해일 피해 기사'에 대해서 읽었죠?
발문 예 그렇다면, 지진해일은 왜 발생할까요? 실험 전 예상해 봅시다. 지진해일의 원인과 발생 과정에 대해 탐구해 봅시다.

→ 실험 전 안전 규칙 안내하기

발문 예 과학 실험 안전 규칙은 무엇이 있었죠? 한 가지씩 떠올려서 말해봅시다.
발문 예 잘 기억할 수 있도록 안전 규칙 사진을 전자칠판에 띄워 놓을게요.
발문 예 그렇죠. 실험 자료들은 실험 활동에만 사용하는 겁니다.

교육과정 살펴보기

(나) 실험 실습 계획과 운용 (일부)

① 실험 기구의 사용 방법을 사전에 지도하여 올바른 사용 방법을 익히도록 하고, 특히 상해나 화상을 입지 않도록 안전 지도를 한다.
② 실험 기구나 재료는 충분히 준비하되, 필요 이상으로 사용되지 않도록 유의하며 실험에 필요한 기자재는 수업 이전에 미리 준비한다.
③ 화학 약품을 다룰 때의 주의점을 지도하여 사고가 발생하지 않도록 한다.
④ 야외 탐구 활동 및 현장학습 시에는 사전 답사를 실시하거나 관련 자료를 조사하고 안전 지도를 한다.
⑤ 실험 후 발생하는 폐기물을 수거 처리하여 환경을 오염시키지 않도록 유의하여 지도한다.
⑦ 간단하고 흥미로운 실험 활동을 개발하여 놀이식으로 운용하여 학생으로 하여금 호기심을 갖고 자연현상의 상태나 변화를 탐구하도록 한다.
⑧ 교사 중심의 확인 실험보다는 학생 중심의 탐구적 실험이 되도록 한다.
⑨ 실험 후 학생과 실험 활동에 대하여 이야기 나누고, 학습 내용을 다양하게 표현하는 활동을 통하여 새로운 지식을 일반화한다.
⑩ 실험 실습 시 모둠 활동을 통하여 협동 학습의 효과를 도모한다.

출처: 기본교육과정 과학과, p.32~33

→ 실험 전 / 실험 중 저시력 학생(민혁)의 참여 지원하기

발문 예 선생님이 시범을 보여줄건데 민혁이는 잘 보이는 편한 자리로 이동해서 앉아주세요. 그쪽 자리가 좋아요?

발문 예 민혁이 뿐만 아니라 여러분도 실험을 더 잘 확인할 수 있도록 물과 나무도막의 대비를 높여줄게요. 물에 파란색 물감을 똑-풀어 놓겠습니다.

발문 예 민혁이는 실험용 고글 꺼내서 착용해주세요. 더 가까운 위치에서 관찰해 볼까요?

TIP

과학과 실험 시 시각장애 학생 지원

- 과학 실험실은 많은 안전 위험 요소가 있으므로 안전에 각별한 주의가 필요하며, 과학실의 구조에 대해 사전에 숙지하도록 지도해야 한다.
- 저시력 학생을 위해 눈부심이 있는 창가에서 떨어져 앉고, 실험 테이블과 실험 기구 간의 대비를 높이며, 시각적으로 복잡하지 않은 벽 앞 등을 실험 장소로 선정한다.
- 저시력 학생이 저시력 기구를 사용하거나 다가가서 실험을 관찰하는 것을 허용하고, 안전을 위해 필요하다면 고글을 쓰고 가까이에서 보도록 한다.
- 맹학생이 실험 과정을 이해할 수 있도록 학습 도우미나 특수교육 보조원이 실험 진행 상황을 말로 설명해 주거나 실험을 보조하도록 한다.
- 실험 테이블에서 손을 움직일 때는 허공이 아닌 바닥에 댄 상태에서 천천히 움직여야 실험기구를 넘어뜨리는 것을 방지할 수 있다.
- 실험기구나 재료를 점자나 확대 글자로 표시하고, 화학 약품의 경우 점자나 확대 글자 부착 외에도 종류에 따라 용기나 뚜껑의 모양 또는 색을 달리하여 구별을 도울 수 있다.
- 실험에 따라 대안적인 재료를 사용할 수 있다. 혼합물 분리 실험에서 좁쌀 대신 입자가 더 큰 렌틸콩을 사용할 수 있다. 물을 사용하는 실험에서 몇 방울의 식용 색소(식품 착색료)나 물감을 넣으면 실험 과정의 변화와 결과를 시각적으로 보기 쉽다.
- 저시력 학생은 투명한 실험기구 뒤에 흰색이나 노란색 종이를 배경으로 두면 더 잘 볼 수 있으며, 실린더 입구에 노란색 페인트나 테이프 등으로 표시하면 입구를 더 잘 확인할 수 있다.
- 저시력 학생은 측정 기구, 비커, 플라스크, 실험관 등에 확대 눈금 표시를 하고, 맹학생의 경우 실린더, 비커, 플라스크 등의 안쪽에 촉각 눈금 표시를 하면 무독성 용액을 다룰 때 손가락을 사용하여 깊이를 측정할 수 있다.
- 소리굽쇠, 청광기, 감광기, 음성 색 감별기, 음성 타이머, 음성 저울, 음성 온도계 같이 청각을 활용하는 특수 기구들을 실험에 이용한다.

→ 실험 진행 및 순회하며 관찰 평가하기

발문 예 여러분이 생각하는 실험 순서는 무엇인가요? 순서대로 나열해 봅시다.

발문 예 다군이는 선생님이 손목을 잡아 줄테니 실험에 참여해볼까요? 자, 이제는 선생님이 그림자로 힌트를 줄테니 스스로도 해봅시다. (신체적 촉진)

발문 예 수조의 윗 부분에 집 모형을 하나 놓겠습니다. 지진해일이 발생하니 집 모형이 어떻게 되었나요?

→ 단, 실험을 마무리하면서 모형과 실제 자연 현상과는 차이가 있다는 점을 안내하기

발문 예 실제 자연 현상으로 수조의 물은 무엇일까요? 맞아요. 바다입니다. 그렇다면 나무 도막은요? 지각판입니다. 나무 도막을 직접 눌러보며 해저 지진을 우리의 힘으로 만들어 본겁니다.

발문 예 이렇게 실험을 했지만, 사실 실제 자연 현상과는 조금은 차이가 있습니다. 우리의 지구는 더 복잡하고, 지진해일의 다양한 원인이 있어요.

교육과정 살펴보기

④ **지구와 우주 영역은 다음과 같은 사항에 유의하여 지도한다.**
- 기후 변화, 장마, 태풍, 지진 등의 자연 재해를 효율적으로 대처하는 방법을 중심으로 지도한다.
- 학생의 이해를 돕거나 흥미를 유발하기 위하여 모형이나 시청각 자료, 소프트웨어, 인터넷 자료 등을 활용한다. 단, 모형을 사용할 때는 모형과 실제 자연현상 사이에 차이가 있음을 이해시킨다.
- 영상 자료를 활용하거나 모형을 사용하는 과정에서 학생이 오개념을 가지지 않도록 지도한다. 특히, 모형을 사용할 때에는 모형과 실제 자연현상 사이의 차이점을 명확히 설명한다.

출처: 기본교육과정 과학과, p.34

- 〈자료2〉 지진해일 발생 과정 자료 설명하기

→ 융기와 침하에 대한 개념적 이해와 이러한 원리로 인해 대처법 학습의 필요성을 인지시키는 것 중요

→ 실험을 진행하며 〈자료2〉를 함께 설명할 수도 있음 (참고)

발문 예 **융기와 침하를 선생님이 쉽게 설명해 줄게요. 화살표를 관찰하면 쉬워요. 그렇죠. 융기는 위로 향해있고, 침하는 아래로 향해있네요.**

발문 예 **지진해일의 원인을 이해했나요? 어떻게 대처하면 좋을지 궁금하구요? 좋아요! 두 번째 활동에서 알아봅시다.**

- 관찰평가 진행하기

가	지진해일 발생 과정의 1,2,3단계 그림카드를 스스로 올바르게 나열할 수 있는가?
나	지진해일 발생 과정의 2,3단계 그림카드를 스스로 올바르게 나열할 수 있는가?
다	외곽선이 그려진 단서를 보고 지진해일 발생 과정의 2,3단계 그림카드를 스스로 올바르게 나열할 수 있는가?

- 세진이 도전행동 중재하기

→ 중재 시기는 명시되지 않았으나, 수업 상황상 기능을 가정하여 중재 필요

기능	발문 (예)
관심 얻기	세진아~ 지금 'OO 주제'에 대해서 공부하고 있죠? 수업과 관련 없는 질문을 하는 이유가 무엇인가요? 아~ 선생님 관심을 받고 싶구나. 선생님은 세진이가 ~의 행동을 했을 때 더 칭찬해주고 싶어요. 그리고 앞으로 활동에서 관련 없는 질문하지 않는다면, 선생님이랑 점심 시간에 같이 산책하는 약속 기억해 보아요.
과제 회피	세진이는 활동에 어려움을 느낄 때 수업과 관련 없는 질문을 하죠? 이번 활동은 세진이가 잘 참여할 수 있도록 힌트가 담긴 활동지를 가져왔으니 열심히 참여해 봅시다.
변별 능력 부족	세진이는 궁금한 게 생기면 질문 노트에 적은 뒤에 쉬는 시간에 질문하기로 했었죠? 혹은 세진이가 관련 없는 질문과 관련 있는 질문을 구별할 수 있도록 오늘의 수업 핵심 요약 종이를 줄테니 확인하고 질문하도록 합시다.
자기조절력 부족	세진이가 스스로 질문하는 횟수를 확인할 수 있도록 질문 횟수 체크리스트 표를 책상 위에 부착해 놓았습니다. 이번까지 질문하였으니 하나 더 체크 표시해 봅시다.

교육과정 살펴보기

〈나. 평가〉

(1) 평가 방향

(라) 평가는 탐구 활동 수행 능력과 이를 일상생활 문제해결에 활용하는 능력을 평가하도록 계획한다.

(마) 실험 실습 평가는 결과만을 중시하는 평가보다는 과학적 탐구 과정을 중시하여 평가하도록 계획한다.

(2) 평가 방법

(가) 과학의 기본 개념의 이해, 과학의 탐구 능력, 과학적 태도 등을 균형 있게 평가하며, 특히 다음 사항에 주안점을 둔다.

(마) 자연현상에 대한 과학적 사실과 과학적 개념이 통합적으로 이해되었는지를 평가하며, 특히 오개념이 과학적 개념으로 변화했는지 여부에 대하여 평가한다.

(바) 성취기준에서 자연현상에 대해 '관찰하기', '확인하기' 등 직접적 체험을 중시할 경우, 평가 시 과학적 지식 외에도 자연현상에 대한 흥미와 관심, 태도 등 정의적 특성을 함께 평가한다.

(사) 탐구 능력의 평가는 언어적 수단 외에 신체 표현하기 등의 비언어적 수단을 통하여 평가한다.

(3) 유의 사항

(가) 평가 결과를 통해 교수·학습 과정에서 나타난 문제점을 파악하여 학습 지도 계획 수립과 지도 방법 개선 등 수업의 질을 개선하는 데에 활용한다.

(나) 평가 결과는 학생 간 비교보다는 학생 내 향상 정도를 보여 주고 의사소통의 목적으로 활용한다.

(다) 평가 결과는 일상생활에서 과학적으로 해결하여야 하는 문제를 해결하는 데에 활용되도록 한다.

(라) 평가 결과는 학생의 전인적 성장과 진로 지도를 위하여 학생과 학부모 면담 등에 활용한다.

(마) 평가는 평가 계획 수립, 평가 문항과 도구 개발, 평가의 시행, 평가 결과의 처리, 평가 결과의 활용 등의 절차를 거쳐 실시한다.

출처: 기본교육과정 과학과, p.35~37

03 <활동❷> + <활동❷> 평가

- 모둠활동
  - → 이질적인 모둠 구성, 활동과 평가에 대한 안내, 교사가 순회하며 관찰하기, 개별 수준을 드러내며 지원하기, 또래교수, 모둠 간의 생각 나누기 등
  - → 모둠활동의 흐름 자체를 하나의 과정으로 여기며 자연스럽게 실연하기

- 지진해일 대처 방안 알기
  - → 모둠별 지진해일 대처 방안 조사 활동 및 안내판 제작 활동 지원하기

발문 예 만약 우리 마을에 지진해일이 발생한다면 어떨 것 같나요? 어떻게 대처해야 할까요?

발문 예 예시 안내판을 살펴볼까요? 모두의 안전을 위해 대처법을 조사하여 안내판을 만들어 봅시다.

• 순회지도 및 개별적 지원하기

→ 태블릿pc 사용 시 학생 특성 및 수준에 맞게 활동 지원하기

발문 예 다군이는 태블릿pc에 이미지 파일을 넣어 놓았으니 같이 이미지 검색해 볼까요? 여러분, 다군이가 찾은 영상을 전자칠판으로 함께 봅시다.

가 수준	나 수준	다 수준
- 태블릿PC 스스로 검색, 정리 가능 - 스티커 프린터기 스스로 이용 - 또래교수자 중 멘토 역할	- 언어적 촉진으로 태블릿PC 활용 시 주제어 단어장으로 검색하기 등 - 스티커 프린터기 사용 반복 설명, 시범 제공하기	- 신체적 촉진 활용하기 - 태블릿PC에 이미지 파일 넣어두기 - 태블릿PC 활용한 이미지 검색 활용 등 - 스티커 프린터기 버튼 누르기 - AAC 이용한 상호작용 - 또래 교수로 상호작용 증대

• 동료평가 실시하기

→ 성장중심평가의 흐름대로 대처방안 안내판 수행 과제물로 동료평가 및 동료 피드백 드러내기

발문 예 우리의 발표를 보고 또래 평가를 진행하기 전에, 선생님이 예시 작품을 하나 가져왔어요. 이건 우리들의 작품은 아니지만, 연습용으로 같이 평가를 해봅시다. (예시 자료로 코멘트하는 연습 실시)

발문 예 중요한 건 그리고 우리가 서로의 작품을 평가하는 이유는 비난하거나, 못했다고 말하는게 아니라고 했죠? 보다 더 좋은 작품을 만들기 위해서 서로 돕는 과정입니다.

발문 예 우리가 동료 평가를 할 때 참고할 동료평가지를 가져왔어요. 자, 첫 번째 칸에는 뭐라고 쓰여져있죠? 맞아요. '궁금해요!' 라는 칸이죠? 발표를 마친 뒤 손을 들고 '~가 궁금해요.' 라고 질문하는 겁니다.

학생 예 ~의 면은 새롭게 느껴졌어. ~의 부분은 참 좋았어. 그런데 ~ 부분은 ~의 개념이 더 강조되었으면 좋겠어. 예시를 추가하는건 어때? (긍정적인 면에 초점을 맞추고 개선할 점을 이야기 하도록 지도하기), ~의 내용은 이해가 쉽지 않네, ~의 부분이 오해가 생길 수 있어. ~는 잘못된 정보 같아. 이걸 다시 같이 검색해 볼까? (개선점 제안)

• 실생활 연계하기

발문 예 맞아요. OO이 생각대로 앞으로 바닷가를 놀러갈 때 날씨 예보와 재난 경보를 꼭 확인해야 합니다.

2024

3

❶ 합격자 인터뷰 + 복기 스크립트

01 합격자 인터뷰

합격라이브

“ 1차 컷 점수에서, 2차 점수 1등이 되기까지 ”

2024학년도 평가원 지역 1차 컷에서 최종 합격자 Y 선생님

Q1 자기소개를 간단히 부탁드려요!

저는 2024학년도 1차 시험 성적이 컷 (0.00)이었으나, 2차 점수는 1등으로 뒤집기에 성공하였습니다. 게다가 2023학년도 시험에서는 1차에서 컷에서 +1점으로 붙었는데도 불합격 경험이 있어 이번 2차 시험이 더욱 두려웠습니다. 그러나, ‘그래. 내가 아니면 누가 합격해’를 속으로 계속 외친 후 연습에 임했습니다.

Q2 2차에서 무조건 고득점을 받아야 했을텐데, 차별화 전략이 있었나요?

2차 시험은 구상실이 아닌 대기실에서부터 시작된다고 생각합니다. 평가위원님들은 시험 당일에 수 많은 수험생의 비슷한 수업을 봅니다. 이때 남들과 다른 에너지와 참신한 수업 요소를 보여준다면 확실히 기억에 남을 것이라 전략을 세웠습니다. 그래서 대기실에서 다른 수험생분들의 인상을 확인했고, 대부분의 차분한 이미지를 갖고 계셨습니다. 그래서 저는 밝고 에너지 넘치는 이미지로 수업을 해야겠다고 결심했습니다.

Q3 구상 시 주의했던 점이 있나요?

① 어렵거나 낯선 조건은 볼펜으로 표시해두고 평가실로 들어갔습니다. 채점을 하는데 가장 중요한 요소는 조건이라는 끈기 임용 2차 책의 내용을 떠올렸습니다.

② 수업의 흐름입니다. 조건을 다 챙겨도 수업의 목적과 내용이 부정확하거나 흐름이 벗어나는 것에 주의했습니다. 구상할 때 학습 목표와 활동명을 계속 상기하고, 저의 스크립트에 대입하여 구상하였습니다.

Q4 수험생 선생님들께 마지막으로 조언 부탁해요!

자신의 1차 점수가 +0점이던지, +10점이던지 누구나 똑같이 어렵습니다. 이때 부족한 현재의 나를 탓하거나 상황을 피하지 마세요. 2차가 두려운 만큼 더 연습하면 됩니다. 그러니 꼭 자신을 믿고 정진해주세요. 여러분도 할 수 있습니다!

02 합격자 복기 스크립트 득점 & 감점 요인 분석

* 글자가 진하게 되어 있는 것은 수업 실연의 조건입니다.

<table>
<tr><th>단계</th><th>수업실연 복기 스크립트</th></tr>
<tr><td>〈활동1〉</td><td>학습목표인 '지진해일의 원인과 발생 과정을 알고, 대처 방안을 조사할 수 있다.'에 도달하기 위해 첫 번째 시간에는 무엇을 하기로 했었죠? 맞아요 알아보기 활동을 하기로 했었죠~? 그럼 우리 알아보기 활동을 시작하기 전에 '손오공 규칙'을 힘차게 외치고 시작해볼까요? 손! 손들어! 어려운 일이 있을 때는 손을 들어요. 오! 오늘의 주제와 관련된 질문만 해요 공! 공부를 즐겁게 하는 우리 반이 됩시다~! 특히, 세진아 손오공 규칙의 '오' 다시 말해볼까요? 그렇죠~ 오늘의 주제와 관련된 질문만 해요~(선행사건 중재)
↳ ⊕ 학습 목표 언급하며 시작하였으며 손오공 규칙을 활용하여 관련 없는 질문을 하는 세진이 선행사건 중재를 함

선생님이 그림 자료를 하나씩 나눠 줄게요. 민혁이는 선생님이 엄청 큰 확대 자료를 준비해 왔어요~ 어때요? 잘 보이나요? 민혁이가 활짝 웃네요? 잘 보인다고 말해주었네요! → ⊕ 저시력 학생 개별적 지원 제공

첫 번째 자료를 보면 무엇이 보이죠? 맞아요~ 지진과 해일! 우리 지진과 해일을 왜 배워야 할까요? 오! OO이가 '바다'라고 말해주었어요. '바다'가 왜요? 맞습니다! OO이 말처럼 우리가 살고 있는 OO시는 바다와 가까운 곳에 위치해있기 때문에 해일이 무엇인지 아는 것이 안전한 생활을 위해 너~무나 중요합니다~ OO이 적극적으로 발표하는 모습 아주 멋있습니다! → ⊕ 수업의 필요성에 대해 학생들의 삶과 연결한 발문

그림과 글만 보는 것보다, 실제로 직접 해보는 것이 도움이 될 것 같아서 선생님이 선물을 준비해 왔답니다. 짠~ (교실 앞 쪽에 실험 도구를 공개함) 우와~ 맞아요! 실험도구네요! 안전 규칙과 실험 순서에 대해 간단히 설명해줄게요. (생략) 그리고 우리 민혁이는 물을 확인하기 어려울 것 같네요. 음.. 선생님이 민혁이가 잘 볼 수 있게 (수조에 물감을 한 두방울 물에 떨어트리는 것처럼 행동 함) 자! 이렇게 빨간색 물감을 물에 풀었는데 어때요? 잘 보인다니 다행이네요~
→ ⊕ 저시력 학생 개별적 지원 제공

자 그럼, 눈이 반짝거리는 다O이가 나와서 먼저 실험해볼까요? 여러분들은 다O이가 하는 것을 함께 관찰해 봅시다. (다O와 교사가 신체적 촉진 중 그림자 기법을 활용해 도우며 실험하는 중 실험 순서 중 3단계인 양손을 엇갈리게 들었다 놓지 않고 동시에 하려는 오반응 보임) 어? 뭐라구요? 나O이가 다O이의 활동을 보고 "엇갈리게 해" 라고 말하네요? 그런데, 왜 그럴까요? 맞아요 바로 우리 나O이가 말한대로 양손을 엇갈리게 움직여야 지진이 일어난 것처럼 물이 움직이기 때문입니다~! → ⊕ 오반응을 유의미하게 설계, 동료 피드백 및 확산적 발문 활용하여 배움을 이끌어 냄
모두 이해했나요? 오~ 어려운 개념인데 잘 이해했군요. 그럼 선생님이랑 계속 이어서 실험해봅시다.

우리 〈활동1〉을 함께 공부해봤는데 〈활동2〉로 넘어가기 전에 무엇을 해야 할까요~? 맞아요! 전자 칠판으로 배움 마인드맵을 그려봅시다. (학생과 상호작용하며 실험 순서 및 지진해일 발생 과정에 대한 순서형 마인드맵 그림) 자! 마지막으로 대피방법에는 무엇이 있을까요? 우와~ 우리 반 궁금하다는 눈빛으로 선생님을 바라보고 있네요! 맞아요. 우리가 아직 대피 방법은 잘 몰라요. 대피방법은 〈활동2〉에서 배우기로 했었죠? 이 칸은 비워 두고, 〈활동2〉에서 배운 후 마인드맵에 정리하지 못한 대피방법을 정리해보아요!
→ ⊕ 〈활동❶〉과 〈활동❷〉 간 연계성 있는 마무리</td></tr>
</table>

〈활동2〉	두 번째 활동은 우리 어떻게 앉았었죠? 맞아요~ 모둠으로 앉았었죠~? 모둠을 한번 만들어볼까요? 왼쪽은 안전모둠이고, 오른쪽은 협동모둠이군요~ 우리 안전모둠과 협동모둠! 오늘은 **블록타임제** 수업을 한다고 했던 거 기억나나요? 나머지 시간동안 함께 활동하는 친구들이 더욱 활기차고 즐겁게 활동할 수 있도록 두들두들 시간을 한번 가져봐요! 두들두들 두들두들~ 우와 여러분들 얼굴에 활기가 넘쳐흐르네요! 지금 분위기 그대로 〈활동2〉 시작해볼까요~? → ➕ 자연스럽게 블록타임제 소개 및 주의 환기 효과 각 모둠에 있는 자료를 한번 볼까요? **oo마을 대피안내판**이 보이는군요! 혹시 이런 대피안내 본 기억이 있는 학생 있을까요? 아~ 우리 나O는 영화관에서 대피안내 지도를 본 적 있구나! 그렇다면 왜 이걸 보여주는걸까요? 맞아요! 위험한 상황으로부터 벗어나 내 몸을 지킬 수 있도록 알려주는 것입니다! → ➕ 경험과 연결 및 활동의 필요성 소개 그럼 우리 〈활동1〉에서 배운 지진과 해일과 같은 무서운 자연재해 속에서 대피할 수 있는 방법을 **태블릿pc**로 검색하거나 친구들과 생각을 나누어 봅시다. 이 방법을 알려줄 수 있는 대피안내서를 만들고 발표를 해보아요. 이때 검색한 사진을 스티커 프린터로 뽑아서 안내판에 붙여주세요. 좋아요! 그럼 대피방법을 조사하고 안내서를 만드는데 얼마의 시간이 필요할까요? 30분~ 좋아요 그럼 30분 동안 모둠친구들과 함께 안내서를 만들고 빨리 끝난 모둠은 어떻게 할까요? 활동이 빨리 마무리 된 모둠은 발표를 준비하거나, 검토를 해보는 시간을 가져보아요~ → ➕ 시간을 학생들과 협의하고, 활동이 빨리 끝난 모둠이 해야 할 일을 안내 [순회지도] 그래요. 학교 옥상으로 대피해요. 높은 산으로 올라가요. (산을 몸짓으로 표현함) 그럼 왜 높은 곳으로 올라가야 하는지 생각해 볼까요? 자 우리 **다O는 선생님이 넣어둔 이미지 파일로 이미지 검색** 선생님과 함께 해봅시다. 자. 우리 다O이가 먼저 활동을 마무리한 소감을 말해보도록 할까요? 응~ 다O이가 엄치를 척! 하고 올려줬어요~ 그럼 발표를 들은 협동모둠이 **동료평가**를 한번 해볼까요? 나O이가 가O이 잘해 그림 좋아. 라고 평가를 해주었네요~ → ➕ 서로의 완성물을 확인한 뒤 간단한 동료평가 실시 두 모둠의 발표를 들은 선생님의 소감을 정리해줄게요~ 먼저 다들 대화도 많이 하고 발표도 적극적으로 활동하며 안내판을 완성시킨 것 너무 훌륭합니다! 그런데, 다음에 더 기대하고 싶은 점도 있어요~ → ➕ 교사의 피드백 제공 세진이가 선생님을 보며 웃네요~ 맞아요 세진이 오늘 수업과 관련없는 질문을 한번 했었죠~ 원래는 많이 했었는데 노력하여서 그래도 오늘은 한번만 했어요~ → ➖ 세진이의 행동이 발현되었다면 제공한 중재가 효과적이지 않다고 해석될 수 있으니 주의, 관련 없는 주제와 관련 있는 주제를 구별하여 질문할 수 있는 지원을 제공할 필요 있음, 어떠한 기능에 근거한 중재인지 잘 보이지 않음 오 세진이! 내일은 더 잘할 거에요 좋아요! 선생님이 세진이가 내일은 얼마나 더 발전했는지 기대할게요. 선생님은 세진이 믿어요. → ➕ 관계중심의 수업의 장면 드러남 여러분 우리 눈을 한번 감아볼까요? 자. 상상해봅시다. 지진해일이 발생 했을 때 우리가 대피하는 방법을 모른다면 어떨까요? 으~ 무서워요, 다쳐요~ 자, 그럼 이제 눈을 다시 떠볼게요. → ➕ 심상 전략 활용 여러분이 말한대로 지진해일이 왔을 때 대피하는 방법을 알지 못하면 무섭고 또 다치는 상황이 올 수 있겠죠~ 오늘 배운 내용을 바탕으로 해일이 왔을 때 잘 대피하고, OO시 바다 근처에 사는 우리 이웃들이나 친구 그리고 가족들에게도 대피방법을 알려주는 우리 반 학생들이 되어봅시다! 이상입니다! → ➕ 실생활 연계 및 전이 발문

2024

3 ❷ 합격자 인터뷰 + 복기 스크립트

01 합격자 인터뷰

합격라이브

" 결과에 상관 없이 2차 준비는 무조건 "

2024학년도 경기 지역 최종 합격자 K 선생님

Q1 2차를 준비하며 후회되었던 점이 있나요?

초수에는 공부량이 부족했어서 2차 준비를 하나도 하지 않았고 여행을 다니며 놀았습니다. 재수 후 본격적으로 2차 준비를 시작하려니 경험이 전혀 없어 너무 막막했습니다. 심지어 1차 합격자 발표 이후 코 앞에 합격이 다가왔는데, 과거의 제 모습이 후회되었습니다. 임용에 뜻이 있다면, 결과에 상관 없이 2차 준비는 무조건 시작하시길 바랍니다.

Q2 수업실연을 보고난 뒤 느낀점을 공유해 주세요!

수업실연과 수업나눔을 마치고 집에 돌아가는 길에 아쉬움이 밀려왔습니다. 연습한 것보다 잘 하지 못했던 것 같고, 작은 실수들이 떠올라 괴로웠습니다. 평가위원님들 표정도 밝지 않아 '나 이러다 떨어지는 거 아닌가. 내일 면접 준비를 꼭 해야 할까?' 라는 생각까지 했습니다. 그런데, 결과는 고득점이었습니다. 다음 시험까지 영향을 주지 않도록 멘탈을 꽉 잡으세요. 시험 결과는 아무도 모릅니다! 생각보다 여러분들은 더 잘 했을 겁니다. 기에 눌리지 마세요.

Q3 교재 활용법을 추천해 주세요!

2차를 처음 준비하시는 분들은 모든 내용이 낯설고 새로울 겁니다. 완벽하게 이해되지 않아도 우선은 앞으로 나아가야 합니다. 강의를 들으며 끈기 임용 2차 책을 정독한 뒤, 흐름을 잡으세요. 처음부터 완벽할 수 없으며 부족한 부분을 차근 차근 채워 나가는 것이 더 효율적입니다.

Q4 추천하는 스터디 방법이 있다면 말씀해 주세요!

스터디 시 끈기 임용 2차 교재의 문제를 활용하여 연습했고, 전원 합격했습니다. 1차 합격자 발표 전에는 기출 문제를 공략하고, 1차 합격자 발표 이후에는 다양한 사람들, 다양한 주제와 유형의 연습문제로 관점을 넓히면 좋을 것 같습니다.

02 합격자 복기 스크립트 득점 & 감점 요인 분석

* 글자가 진하게 되어 있는 것은 수업 실연의 조건입니다.

단계	수업실연 복기 스크립트
활동1	(활동안내) 앞에서 영상과 배움 목표 확인하고 왔듯이 오늘 지진해일에 대해서 알아볼거에요. 첫번째 활동 같이 읽어볼까요? **지진해일의 원인과 발생과정을 실험**을 통해 알아봅시다! 선생님이 태블릿에 개별 목표와 활동 띄워두었으니까요. 우리 중간중간 확인하면서 활동에 참여해볼게요~ 우리 땅에서 지진이 일어나면 땅이 어떻게 되나요? A가 발표해볼까요? 아 ~ A는 땅 움직여라고 발표해주었어요. 맞아요 땅이 움직여요. 다영이가 몸으로 표현해볼까? 다영이가 온몸을 흔들어서 가영이도 진동을 느꼈나봐요. → ✚ 지진의 개념을 확인하며, 역동적인 수업 분위기 그려짐 (세진 중재) 만약에 이러한 지진이 바다에서 일어나면 어떻게 될까요? 세진이 아 ~ 세진이 점심시간이 언제냐구요? 세진아 우리 지금 무슨시간이죠? 수업시간 맞아요 ~ 우리 세진이가 수업에 적극적인 모습 너무 좋지만 우리 **수업시간에는 수업에 관련된 질문만 하기로 해요! 세진이가 질문하기 전에 태블릿에 띄워둔 개별목표와 활동을 보고 질문해보는건 어떨까요? 와 좋아요 ~ 성장한 모습 지켜보겠습니다.** ↳ ✚ 세진이가 관련 있는 질문을 할 수 있도록 개별목표와 활동을 확인하는 행동 교수함 (지진해일 개념) 아까 이야기 나눴던 지진이 바다에서 일어난다면 어떻게 될까요? 예상해봅시다. B는 물이 안움직인대요. 혹시 B와 다른 의견 가진 학생 있을까요? 가영이는 물이 움직인다고 말하네? 다영이는 물이 안움직일 것 같아요? 자 그럼 우리 실험을 통해 알아봅시다. → ✚ 실험의 결과를 미리 예상해보게 하여 동기 높임 (실험) 선생님이 **물이 들어있는 수조와 나무도막**을 가지고 왔습니다. 우리 나무도막의 막대를 위아래로 움직여 지진을 나타내 물의 움직임을 관찰해볼게요. **민혁아 민혁이 자리에서 앞에 수조 보이나요? 안보여요? 그렇다면 앞으로 나와서 볼까요? 민혁이가 잘 보이는 위치로 의자가지고 오세요~** → ✚ 저시력 민혁 개별 지원 **자 우리 실험할 때 가장 중요한 안!전! 잊지 않고 한명씩 차례대로 나와서 실험해볼게요. 다른 친구들이 실험할 때는 물이 어떻게 움직이는지 관!찰!합시다.** 다영이부터 나와서 해볼게요 ~ **다영이 선생님이랑 나무막대 손으로 같이 잡고** ~ 다영이 확인 했나요? A 나와서 실험 해볼까요? A야 나무막대 어떻게 움직이죠? 위 아래로 ~ 자 6명 모두 실험을 해봤습니다. 나무막대를 위아래로 흔드니까 어떻게 됐었죠? 맞아요. 물이 출렁여서 수조 밖으로 튀겼어요. 와 모두 잘 관찰해주었네요. **(자료2 활용)** 앞에 전자 칠판 함께 봅시다. 민혁이 잘 보이나요? 네 좋아요. 바다에서 지진이 일어났어요. 두번째 사진 보니까 어? 파도 크기가 어떻게 됐죠? 다영아 AAC로 눌러볼까요? 맞아요 파도 크기가 커졌어요. B야 파도의 방향은 어떤가요? 오 아주 예리하게 관찰해주었네요. 맞아요 점점 우리가 살고있는 사랑마을로 오고있네요. 이렇게 파도가 육지인 마을로 오게 되면서 더욱 더 커지게 되는 것을 지진 해일이라고 해요. → ✚ 실험 순서 + 교사의 관찰 잘 드러남 오~ 방금 세진이가 아주 좋은 질문을 해주었어요. 첫번째 사진에서 땅 움직이는 융기 침하가 잘 이해되지 않는다는데 혹시 가영이에게 설명해줄 학생 있나요? 아 ~ 다들 용어가 어렵다고 하네요. 우리 실험할 때 기억을 떠올려 봅시다. 나무막대를 어떻게 움직였죠? 민혁이 맞아요 위아래로 ~ 움직였어요. 우리가 나무막대를 올리는 것을 융기 내리는 것을 침하라고 생각하면 이해하기 쉬울거에요. → ✚ 실험의 원리 및 어려운 용어에 대해서 쉬운 설명 제공

	(그림카드 사용) 자. 지진해일이 어떻게 일어나는지 우리 그림카드 통해서 순서 확인해봅시다. 다영이 빨간 깃발 올려둔 거 보니 선생님의 도움이 필요한 것 같네요. 아~ 지진해일이 어떻게 시작되는지 헷갈려요? 우리 실험에서 나무막대가 어떻게 움직였을 때 물이 출렁였죠? 맞아요 위아래 ~ 이것을 융기와 침하라고 했어요. 그럼 어느카드가 먼저 와야할까? 와! 다영이 힌트를 통해 과제를 완성했네요. → ➕ 다영이가 힌트를 받아 스스로 해결하여 성공경험 제공 포기하지 않고 도전하는 모습 좋습니다! → ➕ 관계중심의 수업
활동2	(활동안내) 우리가 첫번째 활동을 통해 지진해일에 대해서 배워봤습니다. 두번째 활동에서는 **대피 안내판**을 만들어 볼거에요. 그런데 우리가 이것을 왜 배워야 할까요? 위험해~ 맞아요. 우리가 재난상황을 알고 대처하는 방법을 알고 실천하는 것이 중요합니다. → ➕ 활동 필요성 언급 우리 이번주 모둠조로 나눠봅시다. 배움조 민혁 A 다영 나눔조 가영 세진 B 잘 나누어 앉아주었네요. 선생님이 **예시 안내판**을 가지고 왔어요. **전자칠판** 함께 봅시다. 어떤 내용들이 있나요? 지도 사진 ~ 대피장소 ~ 대처방법 와 맞아요 우리 예시 안내판과 같이 각자 조사해서 안내판 완성해볼거에요. 우리 지도사진을 뽑을 때 **스티커프린터**를 사용할건데 사용에 어려움이 있다면 각 조의 도우미 친구에게 부탁해서 함께 해결해볼게요 ~ 활동 시작! 나OO이는 선생님이 앞에 **단어카드** 제시해두었으니까 보면서 검색해도 좋고, 우리 다영이는 선생님이 **이미지파일 태블릿**에 넣어두었어요. 우리 이미지 파일로 검색해볼게요. **민혁아 선생님이 검색창 확대** 해두었는데 잘 보이나요? 아 잘 안보여요 ~ 선생님이 더 확대해줄게요. → ➕ 태블릿PC 조작 시 민혁이의 개별적 지원 제공 (순회지도) 와 배움조 대피장소로 학교 체육관을 찾아주었네요. 맞아요. 우리 지진해일 뿐만 아니라 다른 재난상황에서도 학교 체육관을 사용할 수 있어요. 어 그런데 ~ 달나라동네에 사는 사람들은 우리 학교 체육관으로 오기에 거리가 있는 것 같은데 ~ 그럼 우리 배움조는 대피 장소로 달나라 동네 주민들에게 가까운 대피장소를 하나 더 찾아볼까요? 도전 해보고 싶나요? 아 도전! 파란 깃발 주겠습니다. 도전 과제 해결해봅시다. → ➕ 배움 심화할 수 있도록 교사가 배움을 촉진함 + 도전 과제 제시 우리 나눔조 ~ 와 우리 B가 대피장소로 도덕산을 선택했네요 ~ 왜 B는 산으로 대피장소를 선택했나요? 높은곳 ~ 와 좋은 생각인데 왜 높은 곳으로 이동해야 하나요? 아 그렇다면 가영이가 우리 B에게 설명해줄까요? 와 ~ 좋은 설명이었어요. 지진해일이 낮은 곳부터 물이 휩쓸어서 높은 곳이 훨씬 안전하다는 것 선생님도 가영이 덕분에 배웠네요. 가영이다 배움조에게도 좀 있다가 발표할 때 잘 설명해 주세요. → ➕ 교사도 배움 + 발표 준비 지원 (종료) 삐빅 !! 선생님이 설정해놓은 타이머가 종료되었는데 혹시 더 시간이 필요한 조 있을까요? 아 시간 충분했어요? 다영이 아 굿 ~ 네 좋아요 이제 안내판보고 발표해볼건데 친구들과 함께하는 **동료평가**도 할거에요 ~ 우리 항상하는 댓글쓰기 활동 !!! 다른 조의 발표를 보고 댓글로 글을 써도 되고 우리 다영이가 좋아하는 이모티콘 남겨도 좋습니다. 이제 발표 시작해볼게요 ~ 이상입니다. → ➕ 동료평가 장면 그려짐

2024

3 ③ 합격자 인터뷰 + 복기 스크립트

01 합격자 인터뷰

합격라이브

" 수업능력평가 점수 +10점 향상 "

2024학년도 경기 지역 최종 합격자 K 선생님

Q1 간단히 자기소개 부탁드립니다!

저는 2023학년도 최종탈락 경험자로, 2024학년도 시험에서는 수업능력평가 점수가 +10점 향상되었습니다.

Q2 최종탈락 요인은 무엇이라고 생각하나요?

① 심리적인 압박감입니다. 2023학년도 초수생 시절 1차 시험 이후 2차 준비를 하지 않다가, 점수를 조회해 보니 합격이였습니다. 이때부터 발등에 불이 떨어져 마음이 너무나 조급해지기 시작했습니다.

② 요행을 부렸던 점입니다. '어떻게 하면 더 쉽게, 더 빠르게 할 수 있을까?' 라는 생각이 가득했습니다. 끈기 임용 2차 교재도 대충 훑어 보고 기출 문제만 겨우 연습하다가 시험장에 들어갔습니다.

③ 에듀테크에 대한 이해도가 낮았습니다. 다양한 주제의 수업, 최신 흐름을 익히는데 어려움이 있었습니다.

Q3 최종탈락을 경험하신 뒤 2024학년도에는 어떻게 대비하셨나요?

① 최탈 때와 다르게 끈기 임용 2차 교재를 '정독'하여 연습했습니다. 기출 문제와 기출문제 분석, 기출 변형문제, 실전 연습문제를 단 하나도 빼놓지 않고 3번 이상은 연습했습니다. 덕분에 시험장에서 실험 연습문제의 유의점, 지진 및 자연재해 관련 대처방법 홍보물 만들기 연습문제가 떠올랐습니다. 구상을 마친 뒤 '나 붙겠다.' 라는 확신이 들었습니다.

② 1차가 끝난 일주일 뒤 스터디를 조직했습니다. 중등은 2차 준비 기간이 짧기에 이때 기출 문제를 집중 공략했습니다.

③ 성실하게 연습했습니다. 이전에 출제된 과학 과목도 공략하고, 하루에 5~6번은 연습하며 간절하게 준비했습니다. 매번 더 나아지기 위해 '수업실연 자유자재로 변형하여 연습하는 방법'으로 계속 변화를 주며 실전력을 높였습니다.

Q4 마지막으로 수험생 선생님들께 조언 부탁드립니다!

저는 초수생 시절 주변 사람들에게 도움을 요청하는게 쑥스럽기도 하고, 자존심을 부렸습니다. 이 글을 읽는 분들은 주변 합격자 선생님들께 적극적으로 도움을 요청하고, 그 이야기를 경청하세요. 그리고 2차 준비는 빨리 할 수록 합격에 더 가까워집니다. 끈기 임용 2차 교재 정독 시작하세요!

02 합격자 복기 스크립트 득점 & 감점 요인 분석

* 글자가 진하게 되어 있는 것은 수업 실연의 조건입니다.

단계	수업실연 복기 스크립트
	첫 번째 활동소개를 하였는데, 우리가 왜 지진해일의 발생원인에 대해서 알아야 할까요? 우리 세진이가 지난 과학시간에 배웠는데 원인과 과정을 제대로 알아야 문제를 잘 대처할 수 있다고 이야기 해주었습니다. 맞습니다. 우리가 지진해일의 원인과 그 과정을 알아야 재난재해로부터 잘 대처하고, 우리를 안전하게 보호할 수 있겠죠? ↳ ⊕ 〈활동❶〉 수업의 필요성 제시 및 안전한 삶 강조 그럼 우리가 **지진해일발생과정에 대해 실험**을 해보도록 할 겁니다. 그런데 우리가 실험을 하기 위해서 항상 무엇을 조심해야 한다고 했었죠? 맞아요! 나영이가 말한 것처럼 규칙입니다! 그렇다면 다군아 우리가 **실험시간에 어떤 규칙**을 지켜야 한다고 항상 이야기 했었죠? 우리 다군이가 AAC로 여러 사람들이 줄을 바르게 서 있는 그림을 보여 주었는데? 질서를 잘지켜야 한다는 것을 의미하는 건가요? 다군이가 끄덕여 주네요. ↳ ⊕ AAC 활용 맞습니다. 우리 안전한 실험을 위해서 질서를 지켜야하고 또 무엇을 해야하죠? 그래요. 우리 민혁이가 말해준 것 처럼 물건을 떨어 트리거나 던지지 않도록 조심히 사용하면서 실험에 참여 해야 하겠죠? ↳ ⊕ 실험 규칙 상세히 안내 여러분들 **전자칠판**을 봐주세요! 무엇이 적혀 있나요? 순서. 무슨 순서인가요? **실험순서**! 맞아요 우리 나군이가 말해준 것처럼 실험순서가 적혀 있습니다. 순서에 맞게 실험을 잘한다면 어떠한 장점이 있을까요? 나군이가 한 번 이야기 해봅시다. 결과, 얻어! 맞아요 우리가 원하는 실험의 결과를 얻을 수 있을 거예요. ↳ ⊕ 실험 순서를 잘 지켜야 하는 이유에 대해 학생들이 사고하게 함 그렇다면 여러분들 전자칠판을 봐주세요. **민혁이 잘 보이나요? 안보여요? 선생님이 전자칠판의 이미지랑 글자를 확대해 주도록 할게요. 이제는 잘 보이나요?** 좋습니다. → ⊕ 저시력 학생 민혁이의 개별적 지원 제공 여러분들 첫 단계에서는 어떻게 해야 한다고 전자칠판에 적혀있죠? 다군이가 AAC로 '물' 그림을 들어주었는데 다군이의 의견대로 우리가 여러분들 앞에 있는 네모난 수조에 물을 넣어야 합니다. 그렇다면 여러분들 앞에 있는 수조에 물을 한 번 넣어보도록 하겠습니다. → ⊕ 실험 순서에 대해 학생들과 상호작용하며 활동 진행함 어? 나군이가 손을 들었는데 무슨일이죠? 얼만큼 넣어? 아~ 우리 나군이가 수조에 물을 얼마나 넣어야 하는지 헷갈리는구나! 전자칠판 한 번 보도록 할게요. 우리 전자칠판에 첫 번째 단계에 물을 몇 ml 넣어야 한다고 되어있나요? 그렇지 500ml 넣어야 한다고 되어 있습니다. → ⊕ 학생이 질문하거나 오반응하여 교정적 피드백 제공하는 장면 다군이도 손을 들었는데 무슨일이죠? 아 다군이가 AAC로 무거워 라고 이야기 해주었는데 좋습니다. 그럼 선생님이 다군이의 팔 목을 잡아도 괜찮나요? 함께 주전자를 잡아서 물을 넣어보도록 할게요. → ⊕ 신체적 촉진 제공 전 학생에게 의사를 물은 뒤 제공 (학생들 자리로 순회지도 한 뒤) 여러분들 모두가 첫 번째 단계를 잘해주었습니다. 다음으로 두 번째 단계를 실시해 봅시다. 우리 두 번째 단계는 두 개의 막대로 수조안에 있는 나무 토막을 어떻게 해야한다고 하죠? 맞습니다. 여러분들이 말한 것처럼 막대기로 눌러주어야 합니다. 시작해 봅시다. ~ 세 번째 단계를 해봅시다.

그런데 나영아 전자칠판에는 어떻게 눌러야 한다고 되어있죠? 어려워~? 괜찮아요. 음.. 교차 라는 단어가 어려운 것 같은데 우리 나영이에게 설명해줄 학생있을까요? 그래. 우리 세진이가 한번 설명해주세요.

↳ ⊕ 어려운 단어에 대해 학생이 학생에게 가르쳐주는 장면

맞습니다. 우리 세진이가 국어시간에 배운 내용을 잘 기억해서 여러분들에게 설명해주었는데, 세진이가 말한 것처럼 교차로 누른다는 것은 엇갈리게 번갈아가며 따로따로 눌러준다는 것을 의미합니다. 한 번 해보도록 하겠습니다.

↱ ⊖ 실험 도구 나무 도막 = 지각판, 물 = 파도로, 실험 과정 중 실제 자연현상의 어떤 것에 해당되는지 설명하여 이해도 높이기

우리 나영이 지금 두 개의 막대를 동시에 누르고 있는데 우리 어떻게 누르기로 했죠? 따로 따로 맞아요 그렇다면 먼저 오른쪽의 막대를 누르고 다음으로 왼쪽의 막대를 눌러보도록 합시다. 이렇게요. 좋아요. 우리 다군이 잘되고 있나요? 어려워요? **그렇다면 선생님이 손을 잡아 줄테니깐** 오른손과 왼손을 사용해 번걸아가면서 막대를 눌러보도록 할게요. (실험의 3단계 이후 생략) → ⊕ 실험 과정에서 학생들이 어려움을 느끼는 점 + 교사의 개별적 지원의 흐름이 잘 드러남

우리가 실험의 마지막 단계까지 실시하고 지진해일의 발생과정까지 알아 보았습니다. 이를 통해서 여러분들이 무엇을 알 수 있었나요? 맞아요 지진해일의 발생과정에 대해서 알 수 있었죠. 그렇다면 여러분들이 실험의 내용과 지진해일의 발생과정에 대해서 잘 기억하고 이해하고 있는지 **형성평가를 실시**해 보도록하겠습니다. 모두 태블릿pc로 평가 어플인 카훗 프로그램 켜주세요. 우리 민혁이와 세진이는 지진해일의 과정에 대해 문장으로 작성할 수 있도록 준비했고 나영이와 나군이는 단어, 우리 다군이는 그림카드를 활용해 문제를 해결하면 된답니다. → ⊕ 개별화된 형성평가 실시

우리 다군이가 손을 들었는데 무슨일인가요? 카훗 프로그램에 오답이라고 글자가 나와 있는데 한 번 같이 보도록 합시다. 우리 다군이가 바다에 물이 가득차 있는 그림카드 다음에 육지로 해일이 밀려오는 순서로 그림카드를 나열 했구나. 혹시 왜 그렇게 생각 하였나요? 아. AAC로 컵에 물이 넘치는 그림을 보여 주었는데, 맞습니다. 물이 육지 앞 바다에 가득차면 이것이 해일이 되어 육지로 밀려오겠죠? 그런데, 다군아 우리가 아까 지진해일 발생과정에 대해서 알아 보았을 때, 깊은 바다에서 지진이 일어나게 된다면 바닷물이 어떻게 된다고 했었죠? ㅆ(쌍시옷)~ 맞아 썰물! 육지 앞 바다에 있는 물이 쓰~윽 빠진다고 했었죠? 그렇다면 어떤 그림이 먼저 와야할까요? (잠시 기다려줌) 맞습니다. 썰물 그림이 육지 앞에 물이 넘치기 진적의 그림카드보다 앞에 와야 하겠죠? 괜찮아요. 헷갈릴 수 있어요. → ⊕ 실험 과정과 연결된 유의미한 오반응 설계 및 교정적 피드백을 제공함, <자료2>를 평가 자료로 활용

여러분들 시간이 다되었는데 혹시 추가적으로 시간 필요한 학생이 있을까요? 세진이가 손을 들었는데 무슨일이죠? "선생님 오늘 점심이 뭐예요?" 세진아 우리 수업시간에 관련있는 질문만 하도록 합시다. 어라? 세진이가 또 손을 들었는데 무슨 일인가요? 선생님 어제 저녁에 뭐 먹었어요? 세진아 방금 선생님과 수업시간에 관련있는 질문만 하기로 했었는데, 왜 **자꾸 관련없는 질문을 하는 건가요? 아~관심? 받고 싶어서요? 아! 우리 세진이가 선생님에게 관심을 받고 싶구나.**

→ ⊕ 세진이가 연속으로 질문하는 행동을 설계하여 행동의 기능을 파악함

(부드러운 어조로) 우리 세진이가 열정적으로 수업에 참여하고 싶은 마음은 고맙지만, 세진이가 자꾸만 수업시간에 관련없는 질문을 하게 된다면 다른 친구들은 어떤기분일까요? 그래요. 집중이 안되서 기분이 나쁠 것 같아요. 맞습니다. 그렇다면 우리 세진이가 어떻게 하면 좋을까요? 그래요. 수업시간에 관련 있는 질문만 해야 해요. 오늘의 수업 주제는 지진해일입니다. 수업시간에 지진해일에 대해 관련있는 질문을 한다면 쉬는 시간에 세진이가 좋아하는 선생님과 함께 수다떨기를 하도록 해요. → ⊕ 오늘 수업의 주제 언급 + 관심 얻기에 대한 적절한 강화제 제시

두 번째 활동은 지진 해일 대처방법에 대해서 우리가 알아보고 **안내판을 작성**해보도록 하겠습니다. 그전에 우리 오늘 수업이 **블록타임제**로 이루어졌으니 가볍게 스트레칭하고 활동 시작하도록 하겠습니다.

여러분들 전자칠판 봐주세요. 잘보이나요? 민혁이가 이번에는 잘 보인다고 말해주네요. 그렇다면 무엇이 보이죠? "모둠활동 규칙!" 맞아야 우리 모둠활동 할 때에는 서로 배려하고 질서를 잘 지키면서 함께 협력 해야 한다고 했었죠? 우리 함께 안내판 작성을 해보도록 하겠습니다. 그전에 어떻게 작성해야하는지 알아 보아야 하겠죠? 한번 전자칠판의 **예시 자료**를 보도록 할게요. 무엇이 있나요? 그래요. 바다 사진이 있어요. 우리 세진이가 말해준 것처럼 바다 사진이 있죠? 여러분~ 바다는 어디에서 볼 수 있나요? 맞아요 우리 학교는 바로 바닷가 근처에 있죠?

다음으로 여러분들 자료를 자세히 보면 선생님이 밑줄을 쳐놓았는데 한번 같이 읽어 봅시다. 지진해일이 발생하면 높은 곳으로 올라가거나, 공원 같은 평지로 가야한다고 하네요. 왜 그래야할까요? 모르겠어요? 궁금하죠? 여러분들이 이번 시간에 안내판을 작성하고 발표하는 과정을 통해서 그 이유를 알 수 있을 거예요. 자. 그렇다면 전자칠판의 참고자료를 보면서 활동을 시작합시다. → ⊕ 호기심 유발 및 활동의 결과 안내

A조 다군이가 손을 들었는데 무슨일인가요? 다군이가 태블릿PC를 가리키는 것을 보니 검색하는 역할이구나. 검색하는 것이 어려운 건가요? (끄덕) 괜찮습니다. 선생님이 다군이의 **태블릿PC 안에 그림파일**을 넣어 두었어요. 자. 구글에 들어가 **이미지 검색**을 해보도록 합시다. 우리 A조는 어떤것에 대해 조사하려고 하였나요? 지진해일이 일어나면 어떤 피해가 발생하는지를 검색하고 싶나요? 그렇다면 다군아 어떤 사진을 활용해 검색해야 할 까요? 그렇지 지진그림 또 높은 파도 그림 잘 찾아 주었는데 한번 선생님과 같이 눌러서 검색해보도록 합시다.

→ ⊕ A조가 궁금한 내용 및 다군이 교사와 함께 차근 차근 이미지 검색하는 모습이 그려짐

다군아 다음번에는 우리 A조의 또래도우미 세진이와 함께 어려운 것이 있다면 이렇게 해결해보도록 합시다.

우리B조 조금 시끌벅적한데 무슨일인가요? 아 민혁이는 지진해일이 오면 넓은 공원으로 대피해야한다고 하였고 나영이는 빌딩 올라가 라고 말했는데 이번에는 여러분들이 목소리를 높이고 화를 내는 것이 아니라 잠시 심호흡을 한뒤 차분한 목소리로 대화를 해보도록 합시다. (학생들의 대화를 잠시 들은 뒤) 결론이 나지 않는다면 여러분들 함께 태블릿PC를 통해 검색해서 결과를 알아볼까요? → ⊕ 교사가 학생들의 중재자 역할을 해줌, 인지적 갈등을 학생들이 해소할 수 있도록 검색을 유도함

(A조로 이동) 우리 A조 세진이가 다군이의 손을 잡고 함께 **스티커프린트**로 우리 학교 옆에 있는 바닷가 사진을 복사해서 붙이고 있는데 협력하는 모습이 정말 보기 좋네요. 계속해서 서로 협력하도록 합시다.

↳ ⊕ 협력적 모습

(B조로 다시 감) 자. 아까 열정적으로 토의하던 B조! 결론이 나왔나요? 나영이가 한번 이야기 해봅시다. 둘다 돼요. 맞습니다. 상황에 따라 조금씩 다를 수 있어요. 선생님이 덧붙여서 설명해주자면, 우리 나영이가 말한 것처럼 바다와 멀리 떨어진 공원과 같은 평평한 땅으로 대피를 하거나 그게 어려운 상황이라면 높은 빌딩으로 올라가요. 위험으로부터 자신을 보호할 수 있답니다. → ⊕ 학생들이 찾은 결과에서 교사가 덧붙여서 설명

여러분들 시간이 더 필요한조 있을 까요? A조 다군이가 손으로 숫자 5를 보여 주었는데 B조 A조에게 5분을 더 주어도 괜찮을까요? 좋아요? 그렇다면 5분 시간을 더 주도록 하겠습니다. 이상입니다.

03 경기 수업나눔(폐지) → 수업설계 답변 변형

***2026학년도부터 수업나눔 폐지에 따라 조이쌤이 수업설계 답변으로 재구성했습니다.**

1. 오늘 수업에서 학생의 비판적 사고력, 문제해결 역량을 길러주기 위한 교수학습 전략을 어떻게 설계했는지 말하고, '깊이 있는 수업'을 위해 동교과 교사, 타교과 교사와 어떻게 협력할 것인지 그 방안을 각각 말하시오.

수업 설계 문항에 대해 답변드리겠습니다. 저의 수업은 학생들의 삶과 연계된 역량 기반 교육과정으로 설계했습니다. 이는 학생이 개념을 바탕으로 문제를 해결하고 삶의 맥락에서 비판적으로 사고하는 역량을 기르도록 지원하는 수업을 목표로 합니다.

첫째, 비판적 사고력을 길러주기 위해 발문 후 충분한 기다림의 시간을 제공할 것입니다. 예를 들어, 〈활동❷〉 모둠 활동 시간이 종료된 후 "혹시 시간이 더 필요한 모둠이 있나요?"라고 질문하여, 학생들이 자신의 생각을 재점검하고 논의할 기회를 줄 것입니다. 이를 통해 학생들이 교사에게 정답을 의존하기보다 스스로 비판적으로 성찰하고 사고를 확장할 수 있도록 지원하고자 합니다.

둘째, 문제 해결 역량을 기르기 위해 과정 중심 피드백을 활용할 계획입니다. 〈활동❷〉에서 민혁이와 나영이가 대피 장소에 대해 의견 차이를 보일 경우를 대비하여, 우선 심호흡을 유도하고 차분하게 의견을 나누도록 지도할 것입니다. 이후 "두 학생 모두 지진해일의 원리를 정확히 이해하고 있네요. 그 다음 상황을 한 번 더 생각해볼까요?"와 같은 교정적 피드백을 제공하여, 학생들이 감정을 조절하고 생각을 발전시켜 문제를 해결하는 경험을 쌓을 수 있도록 돕겠습니다.

셋째, '깊이 있는 수업'을 위해 동교과 교사와 협력하여 협력교수 중 스테이션 교수를 적용하고자 합니다. 한 스테이션에서는 다양한 자연재해를, 다른 스테이션에서는 실험을, 마지막 스테이션에서는 신문 제작을 통해 대처 방안을 탐구하는 등 능동적인 학습으로 깊이 있는 사고의 기회를 제공하고 싶습니다.

넷째, 타교과 교사와의 협력을 위해 도덕 교사와 전문적 학습 공동체를 구성하여 수업을 연계하고자 합니다. 지진해일 수업 후, 도덕 교과에서는 재난 구호 활동을 주제로 사회적 책임과 윤리적 사고를 탐구할 수 있습니다. 이러한 협력적 수업 설계와 나눔을 통해 통합교육의 효과를 극대화하겠습니다.

이처럼 저는 동료 교사와의 적극적인 협력을 통해 배움을 삶의 문제와 연결하는 '깊이 있는 수업'을 설계하고 실천하는 교사가 되겠습니다.

2. 오늘 수업에 참여할 서로 다른 특성의 학생들을 지원하기 위해 학교 안, 학교 밖 교육 방안을 어떻게 활용할지 말하시오.

수업 설계 문항에 대해 답변드리겠습니다. 저는 다양한 특성을 가진 모든 학생에게 맞춤형 학습을 제공하기 위해 다음과 같이 학교 안팎의 자원을 활용할 계획입니다. 학교 안 지원 방안입니다. 첫째, AI 튜터를 활용하여 맞춤형 학습 피드백을 제공하겠습니다. 학생들의 수준차가 크기 때문에, AI 튜터를 통해 각 학생의 이해도를 실시간으로 모니터링하고 피드백을 제공하여 교사의 지원을 보완하고 균형 있는 학습 경험을 제공할 것입니다. 둘째, 에듀테크를 활용한 개별 맞춤형 수업을 설계했습니다. 예를 들어, 지진해일의 원리 이해에 어려움을 겪는 학생에게는 VR 및 AR 동영상을 제공하여 몰입감을 높일 것입니다. 또한, '다' 수준 학생처럼 포스터 제작에 어려움을 겪는 학생을 위해 '오토드로우'와 같은 그림 생성 앱을 활용하여, 결과물 완성도를 높이고 성취감을 느낄 수 있도록 도울 것입니다.

학교 밖 지원 방안입니다. "1kg의 이론보다 1g의 경험이 낫다"는 저의 교육 철학에 따라, 지역사회 재난 안전 센터와 연계한 체험 교육을 실시하고자 합니다. 이론 수업만으로는 일반화가 어려운 특수교육대상 학생들이 실제와 같은 재난 상황을 직접 훈련하고 경험함으로써, 위기 상황 대처 능력을 효과적으로 기를 수 있도록 지원할 것입니다. 이처럼 저는 학생의 배움이 학교 안과 밖에서 통합적으로 이루어져야 한다고 생각합니다. 학생들의 다름이 더 다양한 교육을 가능하게 한다는 마음가짐으로, 학교 안팎에서 협력하는 교사가 되겠습니다.

3. 온라인 플랫폼을 활용한 온오프라인 연계 형성평가를 어떻게 진행할 계획인지 말하고, 이때 디지털 시민으로서 지도 시 유의사항 2가지를말하시오.

수업 설계 문항에 대해 답변드리겠습니다. 저는 시간과 공간을 넘나드는 배움을 종합적으로 평가하기 위해 다음과 같이 온오프라인 연계 형성평가를 계획했습니다. 오프라인 활동인 탐구 실험 수업 후, 온라인에서는 '카훗(Kahoot)'과 같은 게임 기반 평가 앱을 활용하여 평가를 진행할 것입니다. 〈활동❶〉 마무리 단계에서 학생 수준에 맞춘 다양한 난이도의 문제와 힌트를 제공하여 모든 학생이 성취감을 느끼며 자신의 이해도를 점검할 수 있도록 지원할 계획입니다. 이 과정에서 생성된 활동 결과물과 퀴즈 해결 과정은 학생 개별 성장 포트폴리오로 기록하여 가정 및 통합학급 교사와 공유하며 협력적 성장을 도모하겠습니다.
이 과정에서 디지털 시민으로서 지도할 유의사항 두 가지는 다음과 같습니다. 첫째, 디지털 리터러시 역량을 강화하는 것입니다. 학생들은 온라인상의 정보를 비판 없이 수용할 수 있으므로, 정보 수집 및 평가 과정에서 사실을 확인하고 비판적으로 검토하는 태도를 지도해야 합니다. 둘째, 자율적 사용 능력을 길러주는 것입니다. 스마트 기기 과의존을 방지하기 위해, 교사와 함께 사용 계획을 세우고 알림 앱 등을 활용하여 스스로 사용 시간을 조절하는 방법을 지도함으로써, 디지털 환경에서도 자기주도적 학습 태도를 함양할 수 있도록 지원하겠습니다. 이와 같은 방법으로 안전하고 자율적인 디지털 학습 환경을 조성하여, 미래 사회에 필요한 디지털 시민 역량을 갖춘 학생으로 성장할 수 있도록 돕겠습니다.

Chapter

3

2023학년도

기출문제 분석

2023

1 2023학년도 기출문제

2023학년도 중등교사 신규 임용후보자 선정경쟁시험

특 수

관리 번호: ( ) 성명: ( )

2차 시험	수업 실연	시험시간	지역별 상이

1. 본시학습 지도 내용

과목	과학
제재	음식의 소화
대상	고등학교 1학년
전시학습	소화의 정의
본시	• 활동1: 소화기관의 명칭과 기능 알기 • 활동2: 소화 과정 알기
수업 진행	블록타임제 (100분)

2. 수험생 유의사항

① 〈활동1〉~〈활동2〉 평가까지 실연하시오.

② 〈활동2〉는 모둠활동으로 진행하시오.

③ 〈활동1〉에서 수행평가, 〈활동2〉에서 관찰평가 실시하시오. (단, 평가 시 아동의 수준이 보이도록 실연하시오.)

④ 개별화된 지도를 드러내어 실연하시오.

⑤ 학생의 오반응에 대해 피드백을 제공하시오.

⑥ 도준이의(다 수준) 도전행동을 활동2에서 긍정적행동지원으로 지도하시오.

⑦ 자료: 시청각 자료, 인체모형, 태블릿PC, 코딩 로봇, 유성 매직펜(빨강색, 초록색), 모둠 활동지

3. 본시 관련 학생 실태

가 (2명)	• 문장으로 발화한다. • 태블릿 PC 사용 능력이 우수하며 과정과 결과를 문장으로 표현할 수 있다.
나 (1명)	• 주로 단어로 발화한다. • 태블릿PC를 사용할 수 있으며, 과정과 결과를 단어로 표현할 수 있다.
다 (1명)	• 한 음절의 발화 또는 비언어적 요소 (몸짓, 표정)을 사용해 자신의 의사를 표현한다. • 태블릿PC로 이미지를 검색할 수 있다. • 유성펜으로 그림 그리는 것을 좋아한다. • 도준: 자리를 이탈하여 또래 주변을 맴돈다. (기능: 관심, 과제회피)

4. 자료

▶ 〈자료1〉 인체모형 (입, 식도, 위, 작은 창자, 큰 창자)

〈소화기관 명칭 알기〉

____

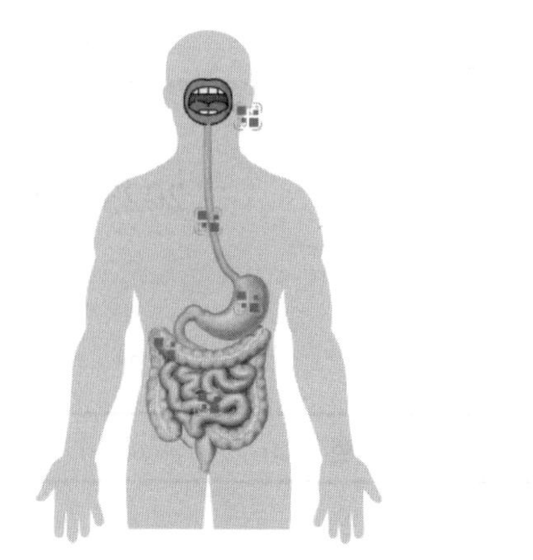

〈소화기관의 기능〉

(*연습 시 참고용)

- 입: 음식물을 잘게 부수는 일을 해요.
- 식도: 식도는 음식물을 위로 보내요.
- 위: 음식물을 죽처럼 만들어요.
- 작은창자: 음식물을 소화하고 영양분을 흡수하는 일을 해요.
- 큰 창자: 물을 흡수하고 대변을 만들어요.

▶ 〈자료2〉 학습지 및 코딩로봇 설명서

[소화 과정을 그릴 수 있는 학습지]

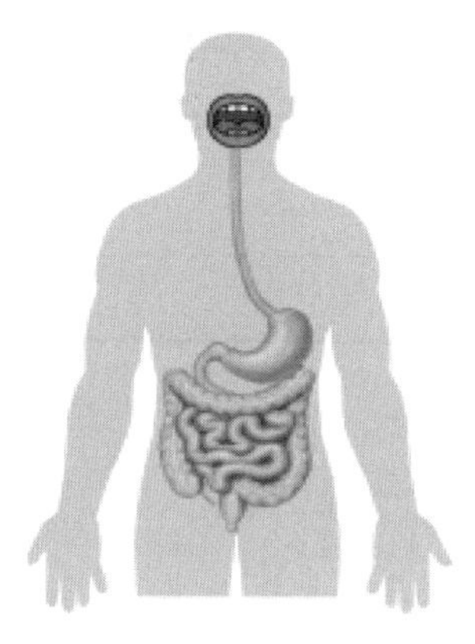

〈코딩로봇의 정의〉	**〈코딩로봇의 기능〉**	**〈코딩로봇 활용 순서〉**
-코딩 로봇이란? 	-로봇이 색을 인지한다. -유성펜 빨간색에서 멈춘다. -유성펜 초록색은 직진한다. -시작 버튼 누르면 움직인다.	-유성펜으로 소화기관 구조 활동지에 색칠한다. -그 위에 코딩로봇을 올려 소화과정을 안다.

사진 출처: 오조봇 도브게임-역사이야기, 로보몰, 네이버쇼핑, 세부 상품 캡쳐 후 재구성

▶ 〈자료3〉 모둠활동지

[활동한 내용을 정리해봅시다.]

-소화 기관의 명칭·기능:

-소화 과정:

5. 본시 교수-학습 지도안 (과정안)

<table>
<tr><th rowspan="3">단계</th><th colspan="5">교수 - 학습 활동</th><th rowspan="3">시간</th><th rowspan="3">자료([자]) 및 유의점([유])</th></tr>
<tr><th rowspan="2">활동 내용</th><th rowspan="2">교사활동</th><th colspan="3">학생활동</th></tr>
<tr><th>가</th><th>나</th><th>다</th></tr>
<tr><td rowspan="4">도입</td><td>인사</td><td colspan="4">▶ 인사하기</td><td rowspan="4">5</td><td rowspan="4">[자] 동영상</td></tr>
<tr><td>전시
학습 상기</td><td>▶ 소화의 정의 설명하기</td><td colspan="3">-</td></tr>
<tr><td>동기 유발</td><td>▶ 동영상 제시하기
▶ 배가 아팠던 경험 나누기
-'배가 아팠던 경험이 있나요?
배가 아팠을 때 어떻게 했나요?'</td><td>● 약먹어요</td><td>● 참아요</td><td>● (?)</td></tr>
<tr><td>학습
목표 제시</td><td colspan="4">소화기관의 명칭·기능을 알고 소화 과정을 발표할 수 있다.</td></tr>
<tr><td rowspan="5">전개</td><td rowspan="2">〈활동1〉
소화기관의
명칭과 기능
알기</td><td colspan="4">▶ 소화기관별 명칭·기능 알기
-위: 음식물을 죽처럼 만들어요.
-큰창자: 음식을 분해해요.
-작은창자: 음식물을 소화하고 영양분을 흡수하는 일을 해요. (생략)
▶ 인체 모형으로 소화 기관 명칭 알기</td><td rowspan="3">35</td><td rowspan="3">[자] 태블릿PC
[자]1: 인체모형</td></tr>
<tr><td colspan="4">▶ 시청각 자료로 소화 기능 알기</td></tr>
<tr><td>〈활동1〉
수행평가</td><td colspan="4">가:
나:
다:</td></tr>
<tr><td>〈활동2〉
소화과정 알기</td><td colspan="4">▶ 코딩 로봇을 활용하여 소화과정 알기</td><td rowspan="2">50</td><td>[자]2: 태블릿PC, 학습지, 코딩로봇, 매직펜

[유] 교사가 코딩로봇 작동 방법의 시범 보여준다.</td></tr>
<tr><td>〈활동2〉
관찰평가</td><td colspan="4">▶ 소화 명칭과 기능, 소화 과정에 대해 배운 것 정리하기</td><td>[자]3: 모둠활동지
[유] 다 수준 학생은 소화기관 명칭 알기로 수정한다.</td></tr>
</table>

[수업 설계 문제]

*수업나눔 폐지에 따라 기출 문항을 수업 설계로 변형

1) 에듀테크를 활용한 협력적 문제해결 역량을 반영하기 위해 수업을 어떻게 설계했으며, 예상되는 어려움과 그에 대한 보완점은 무엇인지 말하시오.

2) 성취기준 미도달 학생이 예상되는 학생과 우수한 학생에게 지식 및 태도를 어떻게 성장시킬 계획인지 말하시오.

3) 수업에서 어떤 가치와 덕목을 반영할 계획이며, 이를 학생의 독서교육과 어떻게 연계할 것인지 그 방안을 말하시오.

2023

2 기출 분석 및 발문 idea

01 출제 흐름

2022학년도 (이전 해)에 비해서는 대체적으로 조건의 양이 많지 않았으며, 도전행동 중재 대상 학생도 1명이었습니다. 그러나, 낯선 코딩로봇이 수업 자료로 등장하여 무척 당황스러운 분위기였다고 합니다. 더하여, 수업 주제에서 음식의 소화 과정을 단순히 배우는 것 그 이상으로 '아팠을 때의 경험', '이 부분의 통증이 있다면 어디가 아픈 것인지' '만약 이 소화기관이 제대로 기능하지 않는다면 어떨지' 등의 기능적 내용을 구성하여 기능적으로도 접근할 수 있어야 합니다.

교육과정 살펴보기

(3) 우리 몸

(가) 우리 몸의 구조와 기능

소화·배설, 순환·호흡 기관의 유기적 작용을 통해 신체의 건강이 유지된다. 이 영역에서 다루는 내용은 유기적으로 기관의 작용이 일어나는 것을 파악하는 것에 있다. 그러므로 음식을 입으로 먹으면 음식이 소화기관을 지나면서 영양분이 흡수되고 노폐물이 배설되는 일련의 과정을 순차적 나열하여 소화·배설 작용을 이해하도록 한다. 또한 혈액이 심장을 빠져나가 혈관을 통해 전신을 돌고 다시 심장으로 들어가는 혈액의 순환 과정, 들숨과 날숨을 통해 폐의 움직임을 파악하는 호흡 과정을 이해하도록 한다. 이를 위하여 각 기관의 모형이나 사진 등을 활용하여 우리 몸의 소화·배설, 순환·호흡 기관의 명칭, 종류와 위치, 기능을 학습하는데 중점을 둔다. 다양한 교수·학습 자료를 활용하여 각 기관이 유기적으로 연관되어 있음을 살펴보고, 몸의 건강을 유지하기 위해 지녀야 할 생활 태도에 대해 학습하도록 한다.

출처: 기본교육과정 과학과, p.25~26

02 <활동❶> + <활동❶> 평가

• 소화기관의 명칭과 기능

→ 소화기관의 명칭과 기능 알기 활동 시 학생들의 이해도를 높일 수 있는 설명 활용하기

발문 예 우리반에는 어떤 역할이 있죠? 맞아요. 정보 부장, 에너지 부장 등 각자의 역할이 있죠? 이렇듯 우리의 소화기관에도 각자의 역할이 있다고 합니다. 어떤 역할이 있는지 함께 살펴볼까요?

→ 소화기관 명칭에서 어려운 단어를 학생의 오반응을 활용하여 교정하기

발문 예 식도 라는 말을 들어본 적 있나요? 우리 같이 검색해 볼까요? 어? 칼이 나오네. 아~ (웃음) 예전에 TV 프로그램에서 백종원 아저씨가 중식도로 요리하는 걸 봤어요? 우리 00이는 기억력이 뛰어나네요. 칼을 식도 라고 이야기 하기도 하고, 다른 이미지를 터치해볼까요? 여기서 말하는 식도는 음식이 지나가는 길. 이라는 뜻이에요. 차가 지나가는 길이 차도 라고 하듯요!

→ 소화기관별 기능이 잘 이루어지지 않았을 때의 문제점 예상하며 생활 습관 및 건강관리와 연결하기

발문 예 큰 음식을 먹어서 켁- 하고 식도에서 걸린다면 어떤 일이 일어날까요? QR코드 검색해봅시다.

발문 예 만약 위에서 음식물이 죽처럼 만들어지지 않았다면 어떤 문제가 발생할까요?

발문 예 갑자기 너무 많은 양의 음식물이 들어왔다면 어떤 일이 발생할까요?

- 경험 활용

→ 소화기관의 명칭과 기능 알기 활동 시 인체모형을 활용하여 학생들의 경험을 연결시키기

발문 예 자~ 인체 모형을 살펴봅시다. 아까 배가 아팠던 경험이 있었던 OO이! 어디쪽이였는지 기억나나요? 아~ 이제는 어디였는지 알겠나요? 맞아요. OO이가 표시한 곳은 바로 어딜까요? 바로 작은창자와 큰창자가 있는 곳이네요. 작은창자와 큰창자를 통틀어서 '장'이라고 해요. 아~ 우리 OO이는 바로 장염에 걸렸던 거였군요. 이제는 확실히 알았네요!

발문 예 아~ 변비에 걸렸을 때 의사선생님이 물을 많이 마시라고 했어요? 오~ 유산균을 먹었어요?

- 태블릿PC 활용

→ 디지털 교과서를 활용한 태블릿PC 활동으로 스마트 러닝 실현하기

발문 예 태블릿PC를 활용하여 디지털 교과서를 확인해봅시다. 어? 지금은 아까 입으로 먹었던 사과 음식물이 '위'에 그대로 있네요. 우리 위를 터치하게 되면 점점 사과가 작아집니다. 빠르게 터치를 해서 사과 음식물을 죽처럼 만들어봅시다. 전자칠판에 여러분들의 화면을 띄워놨습니다. 누가 제일 빠르게 위의 운동을 자극하는지 살펴볼게요. 시~작!

발문 예 나은이 (나군)이는 선생님이 단어카드를 준비해왔어요. 검색활동 시 활용해봅시다.

발문 예 우리 호기심이 많은 도준이가 태블릿PC로 위 사진을 찍어서 검색해보니 소화에 대한 광고를 찾았다고 하네요. 소화불량에 대한 광고네요. 같이 살펴볼까요? 소화제에 어떤 그림이 숨겨져 있나요? 그래요. 위 모양이 그려져 있네요.

- 수행평가

→ 관찰, 질문, 실험 실기, 실험 보고서, 포트폴리오 등의 다양한 수행평가 방법을 활용하여 실시 가능한 점 기억하기

→ 단, 과정중심평가의 흐름대로 피드백의 과정도 포함하기

발문 예 지금까지 배운 내용 과학 평가지 줄게요. 가군이는 소화기관의 명칭과 기능까지 간단히 적어주세요. 나군이는 소화기관의 명칭과 기능에 대해 빈칸을 채워 단어로 적어주세요. 우리 도준이는 선생님이 평가지에 점선으로 힌트를 넣어놨으니 소화기관의 그림을 알맞게 맞추어 보아요.

가	소화기관의 알맞은 명칭과 기능을 문장으로 적을 수 있는가?
나	소화기관의 알맞은 명칭과 기능을 단어로 적을 수 있는가?
다	활동지에 점선으로 표시된 시각적 단서를 보고 소화기관의 그림을 알맞게 연결할 수 있는가?

발문 예 어느 부분이 어렵나요? 나은이 그러면 선생님이 앞 글자 힌트 줄게요.

발문 예 작은 창자와 큰 창자가 헷갈리는구나. 소화 기관이 가진 이름대로 크기를 같이 살펴볼까? 어느 그림이 더 큰 것 같아요?

발문 예 아~ 우리 OO이에 대해 더 궁금해요? 이걸 더 탐구하고 싶구나. 그럼 같이 검색해볼까?

교육과정 살펴보기

〈과학 교과 수행평가〉

관찰	• 학생의 학습활동을 방해하지 않는 상태에서 자연스럽게 학습 과정을 주기적으로 관찰하여 기록한 정보를 통하여 평가하는 방법 • 평가를 위한 시간을 별도로 배정되지 않고 비교적 장기간에 걸쳐 자연적인 학습 상황에서 이루어짐
면담	• 교사가 학생과의 대화를 통하여 알고자 하는 자료나 정보를 수집하여 평가하는 방법 • 교사가 학생과 직접 대면하여 질문을 하고 학생은 여기에 대답하는 과정에서 평가가 이루어짐 • 개인 면담이나 집단 면담의 방법을 사용할 수 있음
실험 실기	• 실험 기구를 사용하는 능력이나 주어진 방법에 따라 실험을 수행하는 능력을 평가 예) 전지와 전구를 연결하여 회로를 구성하는 능력, 현미경을 조절하고 사용할 수 있는 능력 등을 직접 평가할 수 있음
실험 보고서	• 학생이 탐구를 마친 뒤에 탐구 문제, 탐구 방법, 탐구 결과 등 탐구 과정의 전반적인 사항을 보고서 형태로 작성한 것을 평가하는 방법 • 실험 보고서 평가를 위해서는 보고서 양식 및 평가 준거를 사전에 학생들에게 알리는 것이 필요
포트 폴리오	• 포트폴리오는 미리 제시한 학습 목표에 도달했음을 학생 스스로 증명하는 증거를 작성하고 모아놓은 것 • 여기에 포함할 수 있는 증거의 종류로는 매우 다양하나 실험보고서, 그림, 사진, 다른 사람의 확인 등도 포함될 수 있음 • 학생들의 성취를 구체적인 증거를 바탕으로 판단할 수 있으며 학생들의 자기주도적 학습을 촉진한다는 장점이 있음

출처: 과학 (3-2학기) 교사용지도서, 2015 교육과정, P. 377-381

발문 예 지금까지 배운 내용을 역할 놀이로 평가해 볼겁니다. 상자에서 소화기관 그림을 뽑아 알맞은 명칭과 기능을 말하면서 흉내 내보는겁니다.

발문 예 우리 가은이는 무엇을 뽑았나요? 입을 뽑았군요. 역할은 무엇입니까? 냠냠 음식을 잘게 부수어요.

발문 예 우리 나은이는 무엇을 뽑았나요? 식도를 뽑았군요. 영차 영차 음식물을 이동해요.

발문 예 우리 도준이는 무엇을 뽑았어요? 작은 창자를 뽑았군요. 역할은 무엇입니까? 쓰읍~ 영양분을 흡수해요.

03 <활동❷> + <활동❷> 평가

• 코딩로봇 활용

→ 에듀테크를 활용하는 교사가 되는 것이 필요! 에듀테크가 주인공인 수업이 아니라, 에듀테크로 학생들이 배움의 주인공이 되도록 만들어야 하는 점 기억하기

→ AI는 교사의 보조 역할을 할 수 있다는 발문을 자연스럽게 활용하기

발문 예 위잉~ 어? 무슨 소리죠? 자~ 교실 뒤편을 봐주세요. 오늘 우리의 보조 선생님인 코딩로봇을 소개합니다!

발문 예 코딩로봇 사용법을 쉽게 알려줄게요. 초록색의 선을 따라 위잉~ 하고 직진합니다. 빨간색 선을 만나면 멈춰! 멈추게 됩니다. 우와~ 어? 이건 어디서 본 것 같은데? 맞아요. OO이가 신호등이라고 이야기하네요. 생활 속 신호등을 떠올려 보면 이해하기 쉽겠어요.

발문 예 코딩로봇과 함께 소화과정 탐험을 떠나보아요. 엄~청 커다란 전지 위에 코딩 로봇을 올려놓겠습니다. 선생님이 작동 시범을 보여줄게요.

• 소화 과정 예상 (오반응 활용)

→ 모둠 활동을 활용하여 소화 과정에 대해 예상하게 하기

발문 예 모둠에서 생각하기에 소화의 과정은 어떻게 이루어질지 순서대로 선을 그어봅시다. 학습지의 QR 코드를 찍어보면 우리가 아까 배웠던 기능의 영상이 나와요. 참고해서 순서를 예상해봅시다.

발문 예 아하~ 헙- 하고 입으로 음식을 넣는 것까지는 우리 모두 같은 생각이네요. 어? 그런데, OO모둠과 **모둠은 조금은 다른 순서로 붙였네요. 왜 그렇게 생각했는지 이야기 나누어볼까요? 아~ 식도가 음식을 지나가기에 크기가 너무 작아 보이는구나.

발문 예 코딩 로봇을 작동해보겠습니다. (학생의 오반응 활용) 으악~ 입으로 들어갔던 로봇이 다시 입으로 나왔네요? 이렇다면 어떤 일이 일어난 걸까요? 맞아요. 음식물이 소화되지 못한 겁니다. 코딩로봇의 길을 어디로 수정하는게 좋을까? 점선으로 힌트 줄게요. (교정적 피드백)

• 소화 과정 배우기

→ 간단한 실험, 자신의 몸의 소화 기관을 따라가며 소화 과정을 역동적으로 배우기

발문 예 우리의 소화 과정은 입→식도→위→작은창자→큰창자→대변 순서로 이루어진답니다. 그러게요. 우리 OO이의 말처럼 미로같이 복잡하네요.

발문 예 선생님이 젤리를 하나 가져왔어요. 우리 간단히 실험해 봅시다. 먹어볼까요? 나의 몸에 손을 대며 젤리가 어떻게 이동하는지 생각해볼까요?

• 도준이의 도전행동 중재

→ 기능에 근거한 긍정적행동지원 중재 제공하기

기능	발문 예
관심 얻기	도준이가 친구들이 무엇을 하는지 궁금하고, 관심을 얻고 싶어서 엉덩이가 들썩 들썩거리고 있는 것 같아요. 선생님이 도준이랑 좋아하는 친구와 짝을 지어줄게요. (또래교수 활용) 누구랑 활동하고 싶어요? 그리고 도준이가 돌아다니면 코딩 로봇이 도준이가 그린 유성펜의 길을 갈 수 없을텐데~ (수업과 연결한 중재)
과제 회피	여러분! 우리 도준이가 돌아다니지 않고 자리에 잘 앉아 있었네요! 좋아요. 우리 도준이의 행동을 칭찬해주자! (또래 칭찬) 도준이가 좋아하는 유성 매직펜으로 코딩로봇 길을 그릴 수 있는 기회를 가장 먼저 주려는데 어때요? (학생의 관심사 활용)

• 관찰 평가

→ 평가의 과정 중에서 피드백 제공하는 장면 설계하기

발문 예 여러분들이 유성 매직으로 코딩로봇의 소화 과정의 길을 다시 그려보는 동안 돌아다니면서 선생님이 동영상을 촬영하겠습니다. 이따가 평가 시간에 함께 볼겁니다. (평가를 위한 촬영)

발문 예 선생님은 여러분들이 소화의 과정에 대해 고민하는 것과 코딩 로봇이 소화의 과정대로 지나가는지 결과도 확인할겁니다. (평가기준 안내)

발문 예 (순회지도) OO이는 어느 부분이 헷갈려요? 아~ 그러면 선생님이 처음과 마지막은 유성 매직으로 체크해줄게요. (촉진 제공) 나머지 단계는 OO이가 해볼까요? (과정에 대해 피드백)

→ 관찰평가 드러내기 (구두 질문, 체크리스트, 동영상 촬영 등)

〈관찰평가 내용 예시〉

가	소화과정의 길을 알맞은 순서대로 그릴 수 있는가?
나	출발 지점이 표시된 소화과정의 길을 알맞은 순서대로 그릴 수 있는가?
다	소화과정이 표시된 활동지에 소화기관의 명칭대로 알맞은 그림을 붙일 수 있는가?

발문 예 소화기관을 이야기하면 도준이는 알맞은 그림을 선택하는겁니다! (평가 수정)

→ 평가의 내용 정리하기

발문 예 자. 우리의 결과물을 살펴봅시다. OO이가 그려본 길을 살펴볼까요? 여러분이 보기에 어디에 빨간색을 더 칠해야 한다고 느껴졌어요? (동료평가)

발문 예 모둠활동지에 실험 결과 보고서를 작성해봅시다. 여러분들이 활동했던 사진을 줄게요. 오늘 활동을 하면서 느낀점까지 적어주세요. (자기평가)

발문 예 우리의 과학 실험 보고서 파일에 온라인 업로드할게요. (혹은 파일철에 껴 넣은 뒤) 이번 단원의 내용을 다시 정리해봅시다.

→ 과학 실험 도구 정리하기 (태도)

발문 예 과학 실험은 정리하는 것도 중요하다고 배웠죠?

2023

3 ❶ 합격자 인터뷰 + 복기 스크립트

01 합격자 인터뷰

합격라이브

"더 나은 교사가 되어가는 과정"

2023학년도 서울 지역 최종 합격자 C 선생님

Q1 선생님만의 수업실연 차별점이 있다면 말씀해주세요!

항상 수업을 시작할 때 간단히라도 목표에 대해서 언급하며 수업 주제에 대한 이해도를 드러냈습니다. 또한 '집배원 규칙'을 만들어 집중, 배려, 원 플러스 원 협동합시다! 라는 구호를 외치고 시작했습니다. 학생들을 칭찬할 때도 이러한 규칙을 활용하여 칭찬하기도 했어요. 예) 학생 간 협동하는 모습이 보일 때 '역시 우리반~ 원 플러스 원! 협동 중이군요.

Q2 수업실연 매체 중 코딩로봇을 활용한 방법을 알려주세요!

코딩로봇을 활용한 수업에 대한 사전 지식이 있었기에 사회시간에 했던 활동과 주제를 언급하여 이해도를 드러냈습니다. 그리고 코딩로봇 기능에 대해 확인하니 빨간색 멈춤, 초록색 직진을 보고 신호등이 떠올랐습니다. 학생들의 수준에서 쉽게 이해할 수 있도록 '신호등을 떠올려보면 쉽다고 했죠?' 라고 설명하기도 하였습니다.

Q3 수업실연 시 제일 신경써서 연습한 부분은 무엇인가요?

복기 자료를 보시면 웃음 표시가 많은데, 수업 실연 과정에서 긍정적인 모습과 친절한 분위기를 형성하고자 노력했습니다. 그리고 학생들의 경험을 꼭 활용하려고 했습니다. 위염에 걸렸던 경험(동기유발에서도 이야기했는데 어딘지는 몰랐다고 가정), 분해에 대해 들어보았던 것들, 인체모형을 과학실에서 보았던 것 등의 경험을 수업에 적절하게 녹여냈습니다.

Q4 마지막으로 수험생 선생님들께 응원 부탁해요!

임용 준비하면서 저에게 제일 도움이 됐던 말은 '다른 사람들도 다 똑같다.'는 것입니다. 이렇게 생각하니 멘탈관리가 수월했습니다. 더불어 이렇게 수업실연과 현장 공부를 하는 현재가 좋은 선생님이 되어가는 과정이라고 생각하니 힘이 생겨났습니다. 온전히 학생들을 위해 내가 수련하는 과정으로 여기니 불안의 늪에서 빠져나올 수 있었던 것 같아요. 응원합니다!

02 합격자 복기 스크립트 득점 & 감점 요인 분석

*글자가 진하게 되어 있는 것은 수업 실연의 조건입니다.

단계	수업실연 복기 스크립트
목표 및 수업 분위기 형성	우리가 확인해본대로 오늘의 〈학습목표〉는 소화기관의 명칭과 기능을 알고 소화 과정을 발표해보는 것입니다. ↳ ⊕ 학습 목표 언급하고 시작한 점 좋으나, ⊖ 수업의 필요성에 대해서도 추가하면 좋음 예) 우리가 오늘의 주제를 왜 배워야 할까요? 여러분이 모두 학습목표를 확인했으니 각자 책상에 붙어있는 **개별학습목표**도 확인해볼까요? 네 모두 다 잘 확인했군요. **책상에 붙어 있는 이 개별학습목표**는 수업 중에도 꼼꼼히 확인하면서 오늘 학습목표를 잊지 말고 수업에 참여하도록해요! 이 학습목표에 도달하기 위해서 선생님이 두 가지 활동을 준비했어요. 우와~ 네~ 가영아 빨리 하고 싶어요? 음~ 나영이도 이렇게 교실을 둘러보면서 어떤 활동을 하게 될지 기대에 찬 눈빛이네요. ↳ ⊕ 수업에 대해 학생들이 기대하는 긍정적 분위기를 전제로 함, 교사의 발문에서 학생들의 모습이 딱 그려짐 그럼 첫번째 활동을 시작하기 전에 우리반이 항상 외치고 시작했던 규칙이 있죠? 맞아요. 다같이 집배원규칙을 외치고 시작하겠습니다. 오늘은 누가 외치는 날이죠? 도준이가 앞글자를 외쳐주면 다른 학생들이 뒷글자를 외쳐줍시다. 집! 집중하고, 배! 배려하고, 원! 원플러스원 협동합시다. 좋아요! ↳ ⊕ 자신만의 수업 규칙 활용, 다군 도준이의 의사소통 특성 고려하여 학생 간 상호작용 증대함
활동1	그럼 첫번째 활동 시작해볼까요? 우리반의 정보반장 가영이가 이렇게 **전자칠판**을 켜두었네요. 고마워요 가영아^^ (똑똑) 여러분 전자칠판 모두 잘 보이나요? 네 잘 보이네요. 우리가 지난 시간에 소화란 무엇인지, 소화의 정의에 대해 알아보았는데 오늘은 전자칠판에 보이는대로 소화기관의 명칭과 기능에 대해 알아보겠습니다. **〈소화기관에는 어떤 것들이 있을까요?〉** 네~ 손을 가장 먼저 든 가은이가 이야기 해볼까요? 우와~ 여러분 가은이가 뭐라고 이야기 했나요? 위! 라고 큰 목소리로 이야기 해네요. 혹시 다른 의견을 가진 사람 있나요? 오~ 우리반이 모두 같은 생각인 것 같은데, 바로~ 맞습니다. 위는 중요한 소화기관 중 하나입니다. ↳ ⊕ '배움중심수업'의 요소가 엿보임. 적극적인 가군을 활용했으나, 학생들에게 가은이의 대답을 다시 확인하고, 교사가 바로 정답을 맞았다고 하는 것이 아닌 다른 학생들의 생각을 물은 뒤 정답이라고 대답해 줌 가은이는 소화기관 중 위에 대해 어떻게 알고 있었나요?^^ 헉~ 그렇구나 위염때문에 맛있는 음식을 먹기 힘들었구나~ 너무 아팠겠다. 지금은 괜찮아요? 다행이네요~! → ⊕ 학생의 삶의 경험을 수업 주제와 연결함 그러면 다른 소화기관에 대해서도 알아볼까요? (3초 쉼) 네. 여러분 소화기관에는 위와, 큰창자, 작은창자가 있다는 사실을 확인했어요. 그렇다면 이번에는 **〈소화기관의 기능〉**에 대해 알아봅시다. 전자칠판에 적혀있는 단어들 중 여러분이 알고 있는 단어 있나요? 네 나영이가 이야기해볼까요? 우와~ 분해! 분해라는 단어를 어디서 들어봤어요? 아~ 로봇, 조립, 분해~ 네 맞아요 **우와~ 역시 조립 활동에 관심이 많은 우리 나영이가 이야기해 준 대로 로봇의 큰 덩어리를 작은 블록으로 쪼개듯 음식물을 조각조각 분해해주는 소화기관이 바로 위**입니다~ 그리고 아까 이야기했듯 가은이가 아팠던 곳도 바로 이곳 여기네요. 좋아요. ↳ ⊕ 학생들이 이미 알고 있는 단어를 경험과 연계하여 위의 기능에 대해 학생의 눈높이에서 쉽게 설명함, 나영이의 관심사와 칭찬까지 제공, 가은이가 아팠던 경험과 나영이의 대답까지 연결 지음

지금부터는 다른 소화기관의 기능에 대해서 더 자세히 알아보기 위해 **태블릿PC**를 사용해 검색해볼거예요. 정보반장 가영이가 선생님을 도와서 태블릿을 나누어주세요~ 고마워요. 자 여러분 태블릿PC를 모두 잘 받았나요? 네 좋아요! 그러면 **〈소화기관의 기능〉**을 검색해봅시다. 그런데 우리가 태블릿 PC를 사용할 때 지켜야 할 약속이 있죠. 무엇이었나요? 맞아요 가은아 필요한 어플만 사용해야겠죠? 지금은 과학사전어플만 사용하도록 합시다. 모두 잘 할 수 있나요? 네 좋아요 그러면 활동 시작해봅시다. → ⊕ 태블릿PC 활용 시 규칙을 강조 및 확인함

〈순회지도〉 나영아~ 선생님이 나영이가 검색할 때 참고하면 좋을 단어 목록을 준비해봤어요. 여기 있는 키워드를 사용해서 검색해봐요^^ 가영이도 잘 검색하고 있네요~ 도준아~ 잘 하고 있나요? 으응~ 어려워요 (도준이가 다른걸 잘못 검색한 상황 가정) 선생님하고 같이 해볼까요? 어플에 들어가서~ 이렇게 이미지 검색 버튼을 누르고 사진첩에서 소화기관 사진을 불러오면~? 짠! 도준이가 잘 검색했네요^^ 이번에는 도준이가 스스로 해볼까요? → ⊕ 순회지도 시 개별 학생들의 지원이 잘 드러난 부분, 특히 도준이는 교사가 도움을 제공했지만, 잘 검색했다고 칭찬해준 부분이 인상 깊음, ⊖ 도준이가 스스로 해보자고 한 뒤 수행하는 모습을 교사가 곁에서 잠시 지켜본 뒤 피드백까지 해주면 개별화된 지원이 더 확실하게 보일 것

네 여러분 소화기관의 기능까지 모두 알아보았어요~ 이번에는 여러분이 아까부터 눈여겨보고 있던 **인체 모형**을 통해 소화기관을 찾아보고 명칭과 기능에 대해서도 이야기 나눠볼거예요! → ⊕ 소화기관의 명칭 및 기능의 개념을 확립한 뒤, 인체 모형을 활용하여 체계적으로 수업이 진행 됨

오! 맞아요 나영아 과학실~ 과학실에서 보던 인체모형 맞아요^^ **칠판쪽에 있는 인체모형은 가영이와 가은이가 살펴보고, 사물함 쪽에 있는 인체모형은 나영이와 도준이가 살펴볼거에요.** 그럼 이동해볼까요? (나영, 도준에게 먼저 가서) 나영아 도준아~ 선생님이 여기 인체모형에는 포스트잇으로 힌트를 붙여두었어요 힌트를 사용해서 소화기관을 찾아봅시다.
↳ ⊕ 인체모형이 2개라고 가정해도 됨, 이때 수준별로 나누어 (나), (다) 수준에게는 포스트잇으로 힌트를 제공하여 개별화된 지원

(가영, 가은에게) 오~ 가영이와 가은이는 어떤 소화기관을 살펴보고 있어요? 작은창자를 살펴보고 있구나 맞아요 작은창자는 우리가맛있게 먹은 음식들의 영양분을 흡수하죠^^ 그럼 다른 기관도 살펴보도록해요. (3초 쉼) 네 여러분 그럼 이제 **〈활동1을 마무리〉**하겠습니다. 선그럼 **〈활동1〉에서 배운 내용을 확인하기 위해 질문**할 거에요. → ⊕ 형성평가 안내

가영아! 소화기관 중 위의 기능은 무엇인가요? 네 맞아요 음식물을 죽처럼 만들죠. 좋아요^^ 나영아 우리가 먹은 음식들의 영양분을 흡수하는 소화기관은 어디일까요? 네 맞아요^^ 작은창자입니다. 마지막으로 도준이! 오늘 우리가 배운 소화기관의 명칭을 말해볼까요? 위, 작.은.창.자, 큰.창.자 (약간의 촉진 제공하며 구두로 수행평가 진행)
→ ⊕ 개별화된 형성평가 진행

가	교사가 명칭을 제시하면, 소화기관의 기능에 대해 설명
나	교사가 기능을 설명하면, 소화기관의 명칭을 단어로 대답
다	교사가 명칭에 대해 언어적 촉진을 제공하면 소화기관의 명칭 한 글자씩 따라하거나 대답

좋아요. 여러분이 이렇게 자신감 넘치게 큰 소리로 대답하는 것을 보니까 첫 번째 활동을 잘 마무리했네요. 오늘은 **블록타임제**로 수업이 진행되기 때문에 쉬는 시간 동안 스트레칭도 하고 우리반이 정한 조대로 앉아주길 바랍니다. 두 번째 활동에서는 더 재미있는 활동을 할거예요.

여러분 모두 모둠대로 잘 앉아주었네요. 가영이와 나영이가 배움조, 가은이와 도준이가 성장조 맞나요? 네 좋아요 ^^
→ ⊕(가), (나)군 / (가),(다)군 으로 이질적 집단 구성

선생님이 아까 두 번째 활동에서는 더 재미있는 활동을 할거라고 말했었는데 어떤 활동을 하게 될지 한 번 우리 예상해 볼까요? **코딩로봇!** 맞아요 나영아~ 오! 도준이도 지금 모둠책상 위에 있는 코딩로봇을 번쩍 들어올렸는데 여러분이 예상하는대로 코딩로봇을 활용해서 소화과정을 한 번 알아보겠습니다! → ⊕교사가 단순히 〈활동❷〉를 바로 안내하는 것이 아닌 학생들이 예상하게 함, 코딩로봇 활동에 대해 학생들이 기대하는 모습이 그려짐

그런데 우리 코딩로봇을 언제 사용해봤더라~? 네 나영이! 사회시간~! 맞아요~ 나영이가 사회시간이라고 잘 말해줬는데 혹시 여기에 덧붙여서 더 길~게 설명해줄 사람 있을까요? 좋아요 가은이! 맞습니다. 사회시간에 우리동네 지도만들기 시간에도 코딩로봇을 사용했었죠. 그때랑 사용방법이 똑같아요^^ 그래도 한번 더 확인해볼까요? → ⊕학생들이 코딩 로봇에 활용에 대해 친숙한 상황 가정

선생님이 시범을 보여줄게요. 먼저, 초록색은? 직진! 빨간색은? 멈춤! 신호등을 생각하면 쉽다고 했었죠^^
이렇게 유성펜과 코딩로봇을 사용해 소화과정을 따라 로봇이 이동할 수 있도록 모둠원끼리 힘을 합쳐 활동에 참여하면 됩니다 ^^ → ⊕교사가 시범을 보여주며, 사용방법에 대해 신호등으로 비유하여 쉬운 설명 제공함
그렇다면 우리가 **〈소화과정〉**에 대해서 먼저 알아봐야겠죠~? 우리가 배운 소화기관의 명칭과 기능을 떠올려보기도하고, 인체 모형과 우리 몸을 비교하면서 한번 고민해봅시다! → ⊕〈활동❶〉과 연결성 있는 발문, 인체 모형에서 우리의 몸으로 내용을 확장시킴

활동2 일단 어디에서부터 소화가 시작될까요? 네 가영아 입이라고 대답해주었는데 왜 그렇게 생각했나요? 아아 음식을 먼저 먹어야하니까~ 맞아요 입을 통해서~~ 다음은요? (촉진) 식... 식도! 맞아요. 나영이가 식도라고 말해줬는데 우리반 다른 친구들의 생각은 어때요? 맞아요?! 네 식도는 입에서 음식이 지나가는 길로~ 그 다음은 (생략)
↳ ⊕교사가 소화의 과정을 단순히 말해주는 게 아니라, 학생들이 먼저 생각할 수 있도록 기회 제공하며 왜 그렇게 생각했는지, 다른 친구들의 생각은 어땠는지 확산적 발문 활용 + 학생 간의 상호작용 촉진함

자 그럼! 로봇이 소화과정을 따라 잘 이동했는지 책상위에 있는 **모둠활동지**에 색깔 펜으로 정리해가면서 모둠활동을 시작해보겠습니다. 모둠활동을 하다가 어려움이 있으면 언제든지 선생님에게 도움을 요청해도 좋아요~! 자 그러면 모둠 활동을 몇 분정도 하는게 좋을까요? 20분? 좋아요 그러면 20분 타이머 맞출게요. 시작~! (삑) → ⊕학생들에게 모둠 활동의 필요한 시간을 먼저 묻고 상의함

엇?! 도준아 선생님이 이렇게 보니까 도준이가 또 일어나서 돌아다니려고 엉덩이를 이렇게 들썩들썩 하는 것 같은데~ 도준이랑 선생님이 약속한 게 있죠. **행동 계약서 읽어볼까요? 그래요. 도준이가 좋아하는 유성펜으로 소화과정을 한번 그려볼까요? 오 가은이가 도와주는 모습이 보기 좋아요. 도준이는 소화과정을 순서대로 그려주고 가은이는 코딩로봇 버튼을 누르고! 성장조도 잘 하고 있어요~ 계속해서 활동지를 채워봅시다~**
↳ ⊕도준이를 〈활동❷〉에서 중재, 자리에서 일어나기 직전의 전조를 (일어나고 싶어서 엉덩이를 들썩임) 파악하여 중재 제공
↳ ⊖도준이는 '한 음절의 발화 또는 비언어적 요소로 의사를 표현한다.' 를 근거로 행동계약서를 읽어보는 것은 의사소통 수준에 적절하지 않게 해석될 여지가 있어 '그림으로된 행동 계약서' 라고 보완하는 것 필요해 보임. 현재 맥락상 관심 얻기의 흐름으로 보임. 즉, 행동계약서의 내용이 무엇인지 간단히라도 언급하여 보완하는 게 좋음! 교사 중재 (예) 도준이가 좋아하는 유성펜 활동을 가은이랑 같이 하고 싶었구나. 행동 계약서를 보면 친구와 같이 활동하고 싶을 때는 일어서서 돌아다니는 게 아니라 '함께' 카드를 들기로 했죠? - (함께 카드를 들음) - 그 뒤로 가은이가 도준이를 도와주며 활동 참여 등

자 여러분 시간이 다 되었어요. 추가 시간이 필요한 모둠이 있나요? 없네요~ **선생님이 이렇게 돌아다니면서 보니까** 배움조는 인체 모형에서 확인한 소화기관을 토대로 소화기관의 이름과 기능, 그리고 소화과정까지 순서대로 잘 나타내주었어요. 성장조는 소화 기관이 바뀔때마다 빨간펜으로 로봇을 멈추도록 한 것이 인상깊었어요~

↳ ⊕ 관찰 평가의 내용 학생들에게 공유하며 발표 시작 전 칭찬하며 피드백 제공

그러면 더 자세한 설명을 듣기 위해 **모둠별로 나와서 발표하는 시간**을 가져보겠습니다. → ⊖ '소화기관의 명칭·기능을 알고, 소화 과정을 발표할 수 있다.'의 목표이니 발표의 과정이 수업 진행 상 비중이 높았다면 좋았을 듯 함 (시간 부족)

자. 이제 배움노트 작성해볼까요? (배움에 대해 확인하고 개별 피드백을 제공하며 마무리함)

2023

3

❷ 합격자 인터뷰 + 복기 스크립트

01 합격자 인터뷰

합격라이브

" 어려움에 직면하면, 차분하게 생각하기 "

2023학년도 평가원 지역 차석 합격자 J 선생님

Q1 수업실연 시 중요하게 연습했던 부분은 무엇인가요?

수업실연을 연습할 때마다 중요하게 생각했던 것 중 하나는 '전시학습' 내용에 대한 언급이나 전제된 행동이었습니다. (조건지의 이해) 즉, 학생들은 이미 '소화의 정의'를 학습했다는 전제로 수업 실연을 하였습니다. 그래서 조금은 다른 방식으로 '지난 시간에는 무엇에 대해 알아보았지요? 그래요 가군이가 말한 것처럼 소화의 정의에 대해 배웠어요.'라고 발문하면서 내가 전시학습을 제대로 파악하고 있다는 것을 어필하기도 하였습니다.

Q2 2023학년도 기출에서 다군 학생에 대한 비중이 높아졌는데, 어떻게 드러내셨나요?

출제자가 다군 학생에 대한 지도를 중점적으로 본다는 의미로 해석했습니다. 그래서 <활동1>에서 소화 기관의 명칭을 한 음절씩 읽게 하거나, 인체모형에 알맞은 명칭 단어를 고를 때 손가락으로 가리키거나, 또래 학생에 대한 수행을 피드백할 때 손가락 하트, 엄지 표시 등 비언어적 요소를 사용하여 상호작용을 충분히 고려하였습니다.

Q3 QR 코드를 어떻게 활용하셨나요?

사소하지만, 학생들이 인체모형에서 큐알 코드가 어디 있는지 찾게 하였습니다. '맞아요. 인체모형이죠? 어? 이게 뭐지? (능청스럽게) 어머. 인체 모형 구석구석에 무언가 숨겨져 있는 것 같아요. 무엇이 있을까요?' 하며 학생들의 관심과 흥미를 촉진했습니다. QR 코드에 연동된 동영상, 광고, 기사가 있다고 가정했습니다.

Q4 코딩로봇을 보고 많이 당황했을 것 같아요. 어떻게 활용하셨나요?

저 또한 구상 시 굉장히 당황했고 어떻게 가르쳐야 할까도 고민했습니다, 차분하게 생각해 보니, '학습 목표는 소화 과정을 아는 것인데 코딩 로봇이 주가 될까?'라고 차분히 생각했어요. 특히, 조이쌤이 강의에서 언급하신 '에듀테크를 활용하는 수업이 되어야 하지, 에듀테크가 주인공이 되는 수업이 아니다.' 라는 내용도 생각났습니다.

그래서 '지난 정보 시간에 배웠던 코딩 기억나나요?' 라고 하며 학생들이 이미 코딩에 대해 익숙하다는 듯이 실연했습니다. 또한, 제시된 학습지는 개별 학습지가 아닌, 대형 전지로 가정하여 이것을 바닥에 펼쳐 놓고 시범을 보이며 자유롭게 탐색을 진행했습니다. 시범 중에도 학생들과 상호작용을 계속하였어요.

2023

3 ❸ 합격자 인터뷰

01 합격자 인터뷰

합격라이브

" 나만의 구상 연습을 제대로-! "

2023학년도 경기 지역 최종 합격자 P 선생님

Q1 현장의 생생한 후기와 구상 시 tip을 알려주세요!

구상실은 생각보다 작고 옆 사람과의 간격이 넓지 않았습니다. 연필 소리, 사람들의 한숨 소리까지 모두 잘 들립니다. 그렇기 때문에 흔들리지 않고 멘탈을 잡는 것이 중요하다고 느꼈어요. 구상실에서부터 아예 무너지는 분들 많이 계시는 모습을 보고 마음을 다잡았습니다. 구상 시 tip을 드릴게요.

① 시작하면 바로 자신의 손목시계 타이머를 눌러야합니다! (구상실에 시계가 있지만 잘 보이지 않을 수 있으며 시간 관리는 수험생의 몫입니다.)

② 그 후, 구상지를 받자마자 빈 여백에다가 '<활동1>, <활동2>, <평가>' 3부분으로 칸을 나누었습니다. 이때, 섣부르게 <활동1>을 바로 짜지 않고 받은 구상지를 모두 빠르게 확인한 뒤 구상하였습니다.

③ 이때 읽으며 꼭 해야 하는 것들에(도전행동 중재, 평가, 시범 등) 별표치거나 번호를 매겼습니다.

④ 이어서 내가 그 조건을 구상지에 넣었다면 줄을 그어 하나씩 삭제한 뒤 번호를 확인했습니다. 그래서 저는 구상지 하나만 보고 수업을 했습니다. 이것이 조건을 빼먹는 실수를 줄이는 저만의 방법이었습니다!

Q2 구상 연습 시 추천하는 방법이 있나요?

네. 저는 연습 시 항상 구상 시간을 −2분을 설정하고, 2분 정도는 들어가서 제 수업을 어떻게 할지 머릿속으로 시뮬레이션을 돌리는 연습을 했습니다. 또한, 학생들의 반응이 편향되지 않게 주의하여 구상하는 것 추천드립니다. 학생 간 상호작용을 설계하기 수월해요. 그래서 저는 구상지에 저의 발문과 아동의 발화를 모두 써두는 편이었습니다.

예) 음식을 먹는 곳은? → 다영 → 입

Q3 수업실연 시 가장 중요하게 생각하셨던 점을 알려주세요!

① 큰 목소리입니다.

첫 마디에 소리를 지른다고 생각할 만큼 큰소리를 내고 시작했어요. 수업실연은 첫 시작이 정말 중요하다고 조이쌤께 배웠습니다. 실제 시험장을 가면 평소 목소리의 반을 내기도 힘들다는 조언을 생각했습니다.

② 신체적으로 역동적인 수업을 하기 위해 노력했어요.

평가위원분들은 지루하실테니 학생들에게 정말로 다가가는 것처럼 행동했어요.

예) 인체모형을 가져올때 팔 넓게 벌리기, 순회지도 시 공간을 크게 크게- 쓰기 위해 노력했어요.

③ 자연스럽게 수업하되 조건을 빼먹지 않는 것이 중요합니다!

제가 조건을 충족하면 평가위원분들이 하나씩 선을 그으며 채점하는게 보였어요. 그래서 학생들 수준이 잘 보이도록 의도적인 말을 섞어가며 수업했어요. 예) 가영이가 소화의 과정을 문장으로 잘 설명했네요, 다영이가 손으로 배를 가리키고 있어요. 이렇듯 수업실연은 융통성을 가진 자신만의 틀을 가지는 게 중요하다고 생각합니다!

Q4 수업나눔 시 tip을 소개 부탁해요!

수업을 약 1분 정도 남은 채로 종료한 뒤 대기 의자에서 나눔의 차례를 기다렸습니다. 이때, 숨을 고르며 제가 한 수업을 빠르게 복기했어요. (잘한 점은? 부족했던 점은? 조건을 빠뜨린 것은?)

특히, 개인적으로 나눔이 너무나 취약했기에 당황하지 않도록 나눔 또한 다양하게 틀을 만들어갔어요! 나눔의 문항은 매년 바뀌지만 큰 틀은 많이 벗어나지 않는다고 생각했어요. 잘한 점, 부족한 점, 인성교육, 교과 연계 등 자주 나오는 문항들은 각 10개 정도의 답변을 미리 준비해서 수업에 맞게 답변을 녹아냈어요. 그리고 서론, 결론은 20개~30개 정도의 답변을 준비하고 외웠었어요.

서론은 보통 경기의 교육 흐름, 정책, 앞으로의 방향을 언급했어요. 예) 경기교육은 모든 학생이 꿈을 펼치기 위해 미래로 나아가고 있습니다.

결론은 보통 제가 현장 교사로서 앞으로 어떻게 할 것인지에 대한 포부를 언급했어요. 예) 학생을 믿어주는 교사가 되겠습니다.

Q5. 수험생 선생님들께 꼭 전하고 싶은 말을 들려주세요!

시험장 가실 때 편한 신발을 챙겨가시길 추천드려요! 보통 구두를 신고 시험을 보는데 자신이 몇 번이 걸릴지 모르는 상황이기 때문에 계속 구두를 신고 있으면 피로도가 엄청나요!

02 경기 수업나눔(폐지) → 수업설계 답변 변형

***2026학년도부터 수업나눔 폐지에 따라 조이쌤이 수업설계 답변으로 재구성했습니다.**

1. 에듀테크를 활용한 협력적 문제해결 역량을 반영하기 위해 수업을 어떻게 설계했으며, 예상되는 어려움과 그에 대한 보완점은 무엇인지 말하시오.

수업 설계 문항에 대해 답변드리겠습니다. 저는 에듀테크를 단순한 도구가 아닌, 협력적 문제해결 역량을 기르는 발판으로 활용하고자 수업을 설계했습니다.

첫째, 태블릿PC의 다양한 검색 기능을 통해 학생 간 능력 차이를 배움의 기회로 만들 것입니다. 학생의 질문에 교사가 바로 답을 주는 대신, 단어, 이미지, 음성 검색 등 각자의 방식대로 정보를 찾고 공유하게 하여 협력적으로 사고하는 과정을 경험하도록 설계했습니다.

둘째, 코딩 로봇의 오류 상황을 의도적으로 활용할 계획입니다. 로봇이 잘못된 경로로 갈 때, 학생들이 모둠별로 원인을 분석하고 해결책을 토의하는 과정을 통해 자연스럽게 공동의 문제 해결 경험을 쌓도록 유도할 것입니다.

물론, 예상되는 어려움은 학생들이 주어진 기기 외에 더 다양한 체험을 요구할 수 있다는 점입니다. 이를 보완하기 위해, VR 기기를 추가로 제시하여 소화 과정을 직접 체험하는 활동으로 확장하거나, 과학 교사와 협력 교수를 진행하여 더욱 깊이 있는 탐구 활동을 제공하는 방안을 고려하고 있습니다. 이처럼 동료 교사와의 협력을 통해 학생들에게 더 나은 배움의 경험을 제공하는 교사가 되겠습니다.

2. 성취기준 미도달 학생이 예상되는 학생과 우수한 학생에게 지식 및 태도를 어떻게 성장시킬 계획인지 말하시오.

수업 설계 문항에 대해 답변드리겠습니다. 성취기준은 수업의 방향을 안내하는 나침반과 같습니다. 이를 바탕으로 모든 학생의 성장을 지원하기 위해 다음과 같이 맞춤형 지원을 계획했습니다.

먼저, 성취기준 미도달이 예상되는 학생에게는 맞춤형 보충 학습 기회를 제공할 것입니다. 시청각 매체와 급식 시간 등 학생의 삶과 밀접한 요소를 활용하여 학습 내용을 단순화하고, 또래 모델링이나 교사의 시범을 통해 포기하지 않고 도전하는 '끈기'의 태도를 기르도록 지원할 계획입니다.

반면, 우수한 학생에게는 교육과정을 재구성하여 배움을 심화시키겠습니다. 학습 내용을 다른 신체 기관으로 확장하거나, 체육 교과와 연계하여 '소화에 도움이 되는 운동'을 탐구하게 하는 등 융합적 지식을 쌓도록 할 것입니다. 또한, 또래 교수의 기회를 제공하여 미도달 학생을 돕게 함으로써, 지식 공유를 통한 협력적 태도를 함양하도록 설계했습니다.

저는 학생마다 배움의 시작점과 속도가 다르다는 점을 존중하며, 모든 학생의 개별적인 성장을 지원하는 수업을 실천하겠습니다.

3. 수업에서 어떤 가치와 덕목을 반영할 계획이며, 이를 학생의 독서교육과 어떻게 연계할 것인지 그 방안을 말하시오.

수업 설계 문항에 대해 답변드리겠습니다. 본 수업에서는 '배려'와 '탐구심'이라는 두 가지 핵심 가치와 덕목을 반영하고자 설계했습니다. 첫째, '배려'의 가치를 위해 코딩 로봇을 순서대로 사용하고 정리하는 활동을 통해 자연스럽게 기다림과 협력을 배우도록 할 것입니다. 또한, 도전적 행동을 하는 학생을 중재할 때, 다른 친구들을 배려해야 함을 스스로 생각해보도록 지도할 계획입니다. 둘째, '탐구심'을 기르기 위해 "소화 과정의 길을 예상해보자!"라는 핵심 질문을 던져, 학생들이 교사의 설명을 수동적으로 듣는 것이 아니라 주도적으로 답을 찾아가는 과정을 경험하도록 설계했습니다.

이를 독서교육과 연계하는 방안은 세 가지입니다. 첫째, 사서 교사와 협력하여 '건강 독서 프로그램'을 운영하겠습니다. 둘째, 진로직업 교과와 연계하여 레시피북을 활용한 요리 활동을 진행하겠습니다. 셋째, 지역 의료기관과 연계하여 건강 관련 자료를 읽고 캠페인 활동을 계획하고 있습니다.

저의 교육 철학인 "삶은 학생들의 배움 놀이터"를 바탕으로, 독서가 교실에만 머무는 것이 아니라 다양한 주체와 협력하는 실천적 배움으로 이어지도록 노력하겠습니다.

Chapter 4

2022학년도

기출문제 분석

2022
1
2022학년도 기출문제

2022학년도 중등교사 신규 임용후보자 선정경쟁시험

특 수

관리 번호: ( ) 성명: ( )

2차 시험	수업 실연	시험시간	지역별 상이

1. 본시학습 지도 내용

과정	고등학교 사회
대상	특수학급
1-2차시	• 가정의 경제 생활
3-4차시(블럭타임제)	• 세금의 종류를 안다. • 정부가 세금을 이용하여 공공서비스 하는 것을 찾고 발표한다.
5차시	• 개인의 경제 생활

2. 수험생 유의사항

① 수험생 실연 부분 1,2,3을 실시하시오. (활동1 ~ 활동2 발표 전까지 실연하시오.)

② 수험생 실연 부분1에서 자료1, 수험생 실연 부분3에서 자료2 활용하시오.

③ 준호의 특성을 반영하여 중재하고, 세영이의 경우 선호 활동 기능에 근거하여 긍정적행동지원으로 중재하시오.

④ 수험생 실연 부분 3에서 다 수준 학생의 참여를 고려하시오.

⑤ 수업 중 상호작용(교사와 학생, 학생과 학생 간)이 드러나게 수업하시오.

⑥ 평가: 〈활동1〉 개별화된 형성평가, 〈활동2〉 관찰평가 실시하시오.

⑦ 교실 기자재: 전자칠판, 그림카드, 태블릿 PC, 스티커프린터, 세금 그림자료 등

3. 본시 관련 학생 실태

가 (2명)	• 4-5문장을 듣고 이해하며 문장으로 발화 가능하다. • 스스로 태블릿 PC 사용하여 검색이 가능하다. • 스티커 프린터(포토프린터)를 이용할 수 있다.
나 (3명)	• 반복해서 설명 시 이해한 내용을 단어로 말할 수 있다 • 주제어를 제시하면 태블릿 PC 사용 가능하다. • 스티커 프린터(포토프린터)를 이용하지 못한다. • 준호: 과제가 어려우면 종이를 찢는다. • 세영: 모둠활동을 하고 싶어서 손가락 끝을 책상에 두드린다. / 기능: '선호 활동 ' 얻기
다 (1명)	• 한글 읽기와 발화의 어려움이 있다. • 같은 그림을 찾아 고르거나 연결하여 학습할 수 있다. • 이미지 파일을 제공하면 검색할 수 있다. • 음성으로 소통은 안 되지만, AAC 이용해 의사를 나타낼 수 있다.

4. 자료

▶ 〈자료 1〉 세금의 종류 관련 자료

물건값을 내며 부가가치세를 냅니다.	자동차를 사면 개별소비세를 냅니다.	월급을 받으면 소득세를 냅니다.

▶ 〈자료 2〉 '공공서비스' 그래픽 조직자

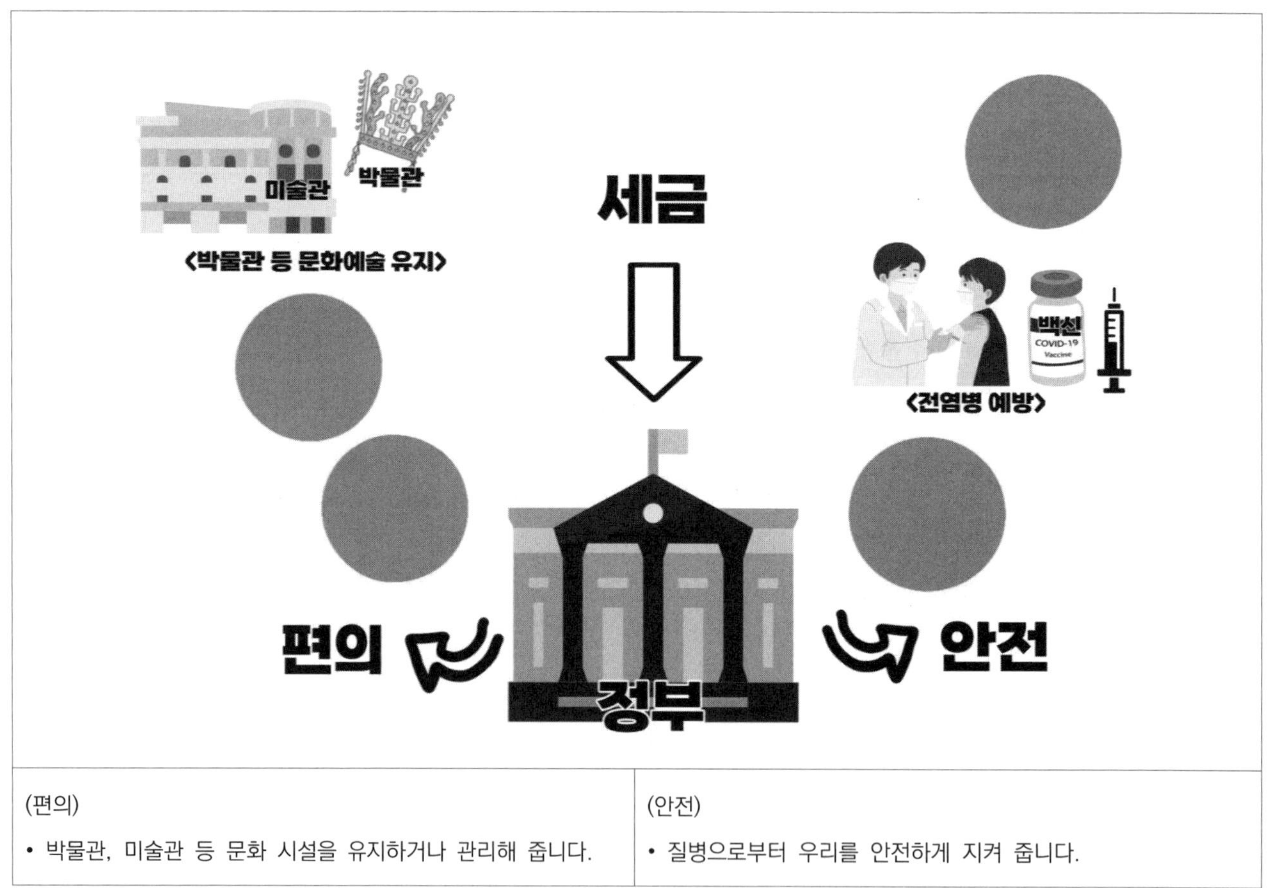

(편의) • 박물관, 미술관 등 문화 시설을 유지하거나 관리해 줍니다.	(안전) • 질병으로부터 우리를 안전하게 지켜 줍니다.

5. 본시 교수-학습 지도안 (과정안)

<table>
<tr><th rowspan="3">단계</th><th colspan="5">교수 - 학습 활동</th><th rowspan="3">시간</th><th rowspan="3">자료(㉶) 및 유의점(㊒)</th></tr>
<tr><th rowspan="2">활동 내용</th><th rowspan="2">교사활동</th><th colspan="3">학생활동</th></tr>
<tr><th>가</th><th>나</th><th>다</th></tr>
<tr><td rowspan="4">도입</td><td>인사</td><td colspan="4">▶ 인사하기</td><td rowspan="4">5</td><td rowspan="4">㉶ 시청각 자료

㊒ 학생의 경험과 연계하여 발문한다.</td></tr>
<tr><td>전시
학습 상기</td><td>▶ 지난 시간에 배운 내용 질문하기</td><td colspan="3">▪ 지난 시간에 배운 내용 대답하기</td></tr>
<tr><td>동기 유발</td><td>▶ 오늘의 점심 메뉴와 점심 값 지불 여부에 대해 질문하기
- 오늘 학교에서 점심은 무엇이 나왔나요? 여러분은 점심값을 냈나요?
- 그럼 우리의 점심 값은 누가 냈을까요? 바로 정부가 세금으로 냈답니다.</td><td colspan="3">▪ 오늘의 점심 메뉴 대답하기
- 로제 떡볶이가 나왔어요.
▪ 점심값 지불 여부에 대해 대답하기
- 엄마가 냈어요. (오개념)
- 점심 값을 안냈어요.</td></tr>
<tr><td>학습
목표 제시</td><td colspan="4">• 세금의 종류를 설명할 수 있다.
• 정부가 세금으로 운영하는 공공서비스의 종류를 찾아 발표할 수 있다.</td></tr>
<tr><td rowspan="4">전개</td><td>〈활동1〉
세금의
종류 알기</td><td colspan="4">〈수험생 실연 부분1〉</td><td rowspan="2">35</td><td>㉶ 자료1, 태블릿PC

㊒ 개별 활동

㊒ 부가가치세와 부가세의 용어가 같다는 것을 설명한다.

㊒ 다 수준 학생에게 영수증 속 시각적 단서를 제공하여 '부가세'라는 단어를 확인하도록 한다.</td></tr>
<tr><td>〈활동1〉
형성평가
수준별 퀴즈</td><td colspan="4">〈수험생 실연 부분2〉
가 |
나 |
다 |</td><td>㊒ 개별 학생의 수준에 맞게 형성평가 문제를 구성한다.</td></tr>
<tr><td rowspan="2">〈활동2〉
공공서비스의
종류를 찾아
발표하기</td><td colspan="4">〈수험생 실연 부분3〉</td><td rowspan="2">50</td><td rowspan="2">㉶ 스티커 프린터, 태블릿PC, 자료2

㊒ 이질적으로 모둠을 구성한다.

㊒ 모둠활동 시 또래도우미를 활용한다.

㊒ 다수준 학생은 태블릿 PC에 교사가 미리 이미지 파일을 넣어 두어 이를 활용하여 활동한다.</td></tr>
<tr><td colspan="4">▶ 발표하기</td></tr>
</table>

[수업 설계 문제]

*수업나눔 폐지에 따라 기출 문항을 수업 설계로 변형

1) 자발적 배움을 위한 상호작용을 중시해야 한다. 이의 관점에서, 본 수업의 상호작용을 어떻게 활성화할 계획인지, 그리고 설계 시 아쉬운 점(우려되는 점)은 무엇인지 말하시오.
2) 개개인의 성장을 중시하는 평가와 같이 오늘 수업의 온오프라인 연계 평가를 실시할 방법과 그 이유는 무엇인지 말하시오.
3) 마을과 학교를 넘나들며 학교와 마을이 하나되는 공동체 측면에서 오늘의 수업을 재구성한다면, 수업의 주제와 방법을 어떻게 설계할 것인지 말하시오.

2022

2 기출 분석 및 발문 idea

01 출제 흐름

지도안의 유의점까지 빼곡하게 내용이 채워져 있어 조건이 너무 많은 연도였습니다. 그런데, 조건의 내용을 살펴보면 기출 흐름상 이미 예상할 수 있었거나, 학생중심 수업을 실현하다 보면 조건이 자연스럽게 충족되기도 했습니다. 즉, 한정된 시간 안에 다양한 조건을 수업의 흐름 속에 자연스럽게 녹여내는 것이 점수 획득 포인트였습니다. 더하여 코로나 백신 주사, 생활 경제 등 현재 사회 흐름과 밀접한 관련이 있다는 점을 알 수 있습니다.

02 구상 포인트

- 대상에서 특수학급 학생임이 명시되어, 특수학교 학생들과 비교했을 때 현장성에 맞게 인지적인 수준이나 생활 기능이 더 높을 것으로 가정하고 수업하기
- 수업지도안의 지도안의 지도상 유의점을 수업 진행에 녹여내기 (조건 간 연결)
- 새로운 기자재와 다양한 자료를 적절히 활용하기 (포토프린터, 전자칠판, 그래픽 조직자 등)
- 기능을 파악하고 그에 따른 예방적인 특징이 있는 긍정적 행동지원 중재 제공하기
- 과정중심평가의 과정 중시, 피드백, 다각적 정보 수집 방향으로 평가하기 (활동1 마친 뒤 형성평가, 활동2의 관찰평가) 실시

03 조건지 해석

조건	가군	나군	다군
개별 수준	4~5개의 문장 듣고 발화	반복 설명 시 단어로 발화 가능	- 한글 읽기, 발화 어려움 - 같은 그림 찾기 가능 - 한글 학습 어려움, 그림과 연결하여 찾기 - AAC 이용 의사표현
태블릿pc 사용	스스로 사용 가능	주제어 카드 제공 시 가능	이미지 파일 제공 시 검색 가능 (미리 넣어두기)
스티커 프린터	이용 가능	이용 어려움	이용 어려움
도전행동 중재	-	- 준호: 과제 어려울 시 종이를 찢음 - 세영: 모둠활동을 하고 싶어서 책상 두드림	-
수업 시	또래도우미로 다른 학생 돕기	- 부가세와 부가가치세 같은 것 설명하기(준호의 문제행동과 연결 가능)	- 시각적 단서 제공 - 태블릿에 파일 넣기 - 또래도우미 활용

교육과정 살펴보기

(3) 유의 사항

(가) '나의 삶' 영역에서 자연스러운 생활 맥락을 고려한 교수·학습 상황을 계획하되 학생의 사적 영역과 생활이 침해되지 않도록 유의한다.

나) '관계의 삶' 영역에서 학교 급별에 따른 사회적 관계 유형과 속성을 고려하여 생활연령에 적합한 관계 형성을 유지·발전해 나갈 수 있도록 하되 편향된 관계가 형성되지 않도록 유의한다.

(다) '시민의 삶' 영역에서 학생은 이미 시민으로서의 지위를 부여받은 존재로서 인식하여 사회적 지식과 경험의 부족으로 인해 시민의 권리를 향유하는 데에 침해가 발생하지 않도록 유의한다.

출처: 기본교육과정 사회과, p146

04 <활동❶> + <활동❶> 평가

- 경험 활용
  - → 학생들의 경험을 활용한 발문 사용하기, 학생들의 인지과정의 호기심을 자극해서 배움 목표 이끌기
  - → 영수증, 세금 고지서(가스비, 전기세) 등 활용하기

발문 예 여러분, 이 영수증은 저번에 우리가 현장체험학습을 가서 먹었던 떡볶이집에서 받아왔고, 그리고 이건 선생님이 냈던 세금 고지서에요~

발문 예 그래요. 우리 OO이가 참 핵심적인 질문을 했어요. OO이의 질문대로 영수증에도 써 있고, 세금을 내라는 우편도 오면서~ 세금을 왜 내는지, 그리고 이 세금이 어떤 종류로 쓰이는지 오늘 알아봅시다!

- 핵심개념과 조건 연결 + 준호의 도전행동 중재
  - → 부가세와 부가가치세 같다는 개념 설명을 도전행동 중재와 연결하기
  - → 과제를 찢는 준호의 특성과 연결 지어 영수증을 찢지 않고 살펴보는 것에서 새로운 지식이 출발될 수 있도록 설계하기

발문 예 우리 준호가 영수증을 찢고 싶은지 만지작거리네요. 조금 어렵게 느껴지는 부분이 있는 것 같아요. 준호의 학습지의 헷갈리지 말자! 개념 칸을 읽어볼까요? 맞아요. 우리 OO이가 큰 목소리로 읽어준대로 부가세와 부가가치세는 부가가치세에서 가치 라는 말이 길어서 생략되어 편하게 부가세라고도 불러요. 어려움이 해결 되었나요? 우리 준호가 만약 영수증을 찢었다면, 이 개념을 모르고 넘어갈 뻔했네?

발문 예 우리가 물건을 사거나 음식을 사 먹을 때에도 부가세가 합쳐져 있어요.

- 다군 시각적 촉진 제공
  - → 다 수준의 학생 시각적 단서 활용하기! (자극 내 촉구, 자극 외 촉구, 교사의 시각적 지원 활용 가능)

발문 예 선생님이 여기 영수증의 부가세 부분에 빨간색 펜으로 동그라미 표시를 해놓을게요.

발문 예 다군이 선생님 손 위에 손 올려서 부가세 부분에 형광펜으로 같이 밑줄 그어볼까요?

발문 예 빈칸 그림에 부가세 라는 단어 카드 넣어볼까요?

• 오개념을 활용한 핵심발문

→ 세금은 어른만 내는 것이 아닌, 우리도 내고 있다! 오개념을 활용하여 발문하기

발문 예 여러분, 그런데 세금은 우리 부모님이나 어른들만 낼까요? 생각해봅시다. OO이는 어른들은 돈을 벌기 때문에 어른들만 세금을 낸다고 하네요. (토의) 여러분, 우리가 살펴본 영수증에도 힌트가 있어요. 물건을 사게 되면 부가세라는 것이 붙듯 우리도 모르게 세금을 포함한 금액의 물건을 사용하고 있는 겁니다.

• 교과 내용

→ 세금 그림 자료 활용하여 관련 지식 탐구, 간단한 설명하기

발문 예 그럼 세금은 왜 필요할까요? 여러분, 우리가 살고 있는 이 대한민국이 우리 집이라고 생각을 해봅시다. 우리가 생활하기에 무엇이 필요하죠? 밥을 먹고, 옷을 사고, 준비물을 사고~ 생활하기 위해서 돈이 필요하듯 우리나라가 우리가 더 편리하고 좋은 생활을 하기 위해서 국가는 세금을 사용합니다.

• 세영이의 도전행동 중재

→ 세영이의 도전행동에 대해 교사가 해석하는 것에 따라 발문이 달라질 수 있음

교사의 반응	발문 (예)
의사표현 수단으로 긍정적 해석	그래요. 세영아. 첫 번째 활동이 거의 끝나가요. 세영이가 좋아하는 모둠활동 빨리하고 싶구나. OO이가 이것만 완성하고 두 번째 활동으로 넘어가도록 해요. 5분 정도 걸릴 것 같은데~ 같이 5분 시계 확인해볼까요? 함께 기다려줄 수 있지요? (시각적 촉구를 활용한 인내기술 습득)
방해 요소로 해석	세영이 지금 손가락 끝이 책상으로 향하고 있네요. (예방적) 손가락을 툭툭~ 두드리려고 했나요? 아~ 세영아. 지금 활동 시간표 확인해 볼까요? 세영이가 두드리는 것 대신에 빨리 모둠활동 해요. 라고 말하면 세영이 손가락도 덜 아플 것 같은데~ 두드리는 행동 대신에 이야기해 볼까요?

• 〈활동①〉 형성평가

→ 구술평가, 수준별 퀴즈, 어플 활용하여 개별화된 형성 평가 실시하기 등

→ 가,나,다 수준이 명확하게 드러나도록 평가 구성하며 형성평가의 목적인 '피드백'을 제공하는 것에 중점을 두기

〈형성평가 문제 예시〉

가	세금의 종류 (부가세, 개별소비세, 소득세)를 비교하여 설명하시오.
나	세금의 종류를 단어로 설명하시오.
다	그림을 보고 세금의 같은 종류끼리 알맞게 연결하시오.

05 <활동❷> + <활동❷> 평가

• 모둠활동

→ 이질적인 모둠 구성, 활동과 평가에 대한 안내, 교사가 순회하며 관찰하기, 개별 수준을 드러내며 지원하기, 또래교수, 모둠 간의 생각 나누기

→ 모둠활동에서 다양한 장면이 드러날 수 있다는 점에 주목하기! 특히, 〈활동2〉의 평가가 있으므로 교사가 순회할 때

학생의 어떠한 점을 관찰하며 평가할 것인지를 미리 안내해주어 (루브릭) 기대행동을 이끌어내는 방법도 있음

→ 모둠활동의 흐름 자체를 하나의 과정으로 여기며 자연스럽게 실연하기

- 자료 활용

→ 전자칠판으로 그래픽조직자를 띄워 인지 과정 드러내기

→ 전자칠판과 태블릿PC를 연동하여 함께 그래픽 조직자를 완성하거나 추가하며 자료를 활용한 수업을 해도 좋음

발문 예 우리가 저번에 현장체험학습으로 간 공공 미술관, 공공 도서관, 지하철 장애인 할인을 떠올려보세요. 우리가 할인을 받거나 돈을 내지 않았죠? 공공 기관 이용, 장애인 복지 또한 세금을 활용한 것들입니다.

발문 예 개인 태블릿PC와 전자칠판을 연동해 볼게요. OO이가 코로나 백신 이미지 파일을 찾았네요? 전자 칠판으로 전송해주세요. 이 주사기 그림은 어디에 놓으면 좋을까요?

발문 예 그래픽 조직자를 활용하는 방법과 이점을 활용 → 주사기 이모티콘을 선생님이 코로나 백신 접종에 넣어볼게요. 여기에서 더 추가하고 싶은 자료는 무엇이 있나요? 검색해 봅시다. 아 이렇게 한눈에 서로의 관계를 볼 수 있으니 이해가 더 잘 되는 것 같네요.

- 기기의 수준별 활용

→ 태블릿pc 사용 시 학생 특성 및 수준에 맞게 활동 지원하기

가 수준	나 수준	다 수준
- 스티커 프린터기 스스로 이용 가능 - 또래교수자 중 멘토 역할	- 스티커 프린터기 사용 반복 설명해주기 - 주제어 단어장으로 검색하기	- 다 수준의 학생 참여 드러내기 - 태블릿PC에 이미지 파일 넣어두기 - AAC이용한 상호작용 - 또래 교수로 상호작용 증대 - 태블릿PC 활용한 검색 활용 등

- 관찰평가

→ 〈활동2〉의 흐름에 맞추어 관찰평가 실시 (체크리스트, 동영상, 사진, 학습지 등 수행 정도 및 태도 등 다각적으로 관찰할 수 있음)

〈관찰평가 예시〉

가	스스로 태블릿PC 활용하여 공공서비스의 적절한 종류를 3가지 이상 조사할 수 있는가?
나	핵심 주제어 활용하여 공공서비스의 적절한 종류를 2가지 이상 조사할 수 있는가?
다	제공된 이미지 검색 파일을 활용하여 공공서비스의 종류에 적절한 그림을 1가지 이상 조사할 수 있는가?

- 일반화

→ 삶과 연계한 마무리 발문하기 예) 세금의 필요성과 사용하는 곳, 어떻게 활용되는지 관심 가지도록 안내

→ 세금을 활용한 장애인 복지(장애인 할인, 공공기관 등) 우리들의 권리, 소중히 여기는 태도 강조하기

발문 예 이제 알고 나니까 세금이 우리 생활에서 곳곳에 쓰이고 있는 것을 알 수 있었죠?

발문 예 우리의 세금이 앞으로 어디에 쓰이는 지도 관심을 가지며 공공 기관을 이용할 때도 생각해 봅시다.

2022

3 ❶ 합격자 인터뷰 + 복기 스크립트

01 합격자 인터뷰

합격라이브

" 기본에 충실하기 "

2022학년도 경기 지역 최종 합격자 L 선생님

Q1 시험장에서 아쉬운 점을 나눠주세요.

수업 실연 연습을 할 때 사회적 흐름 및 이슈에 맞는 단원을 연습해보는 것은 좋지만, 이와 맞춰서 균형 있게 기본적인 단원도 함께 연습해보는 것이 좋다고 생각이 들었습니다.

Q2 구상 시 주의했던 점이 있었나요?

연습 시 <활동1> 시간이 너무 많이 소요된는 피드백을 받고 스크립트 틀을 점검하여 연습했습니다. 그래서 적게는 6줄 많게는 10줄도 구상하려고 노력했습니다. 이 덕에 실제 시험에서도 시간 분배를 적절하게 할 수 있었습니다.

Q3 2022년도와 기존의 시험과 다른 점을 바탕으로 tip을 주세요!

① 실제 시험 현장에서 느낌은 교수-학습 지도안에 조건이 더 많다고 느껴졌습니다. 그래서 조건지와 함께 교수-학습지도안도 적극 활용하여 연습한다면 실제 시험 적응에 유용할 것 같습니다.
② 새로운 기자재를 다양하게 연습하는 것도 도움이 될 것같습니다. 이제는 전자칠판은 당연한 것 같습니다.
③ 형성 평가를 스크립트 제작 시 무조건 넣는 것을 추천합니다. <수업실연2>부분에 형성평가가 나왔지만 평소 연습 시 전체 학생을 대상으로 간단히 형성평가를 준비했기에 크게 어렵지 않았습니다.

Q4 수험생 선생님들과 나누고 싶은 말이 있다면 자유롭게 말씀 부탁드려요!

모든 기준을 본인에게 두시길 바랍니다. '친구는, 선배는, 합격생은 그랬대.'라는 말을 듣고 저도 참 많이 따라 해봤지만, 결국 각기 다른 역량과 체력을 인정하고 나에게 맞는 방법을 찾아가며 공부하는 게 정신적으로도 좋더라고요. 쉽지 않겠지만 본인을 조금 더 믿고 칭찬해 주세요.

02 합격자 복기 스크립트 득점 & 감점 요인 분석

*글자가 진하게 되어 있는 것은 수업 실연의 조건, 밑줄이 쳐져 있는 것은 요인 분석 포인트입니다.

<table>
<tr><th>단계</th><th>수업실연 복기 스크립트</th><th>비고</th></tr>
<tr><td>전개</td><td>코로나 안전지킴이 00이가 교실 환기를 잘해주었고 멀티미디어 반장 00이가 전자칠판 점검을 잘해주었네요. 우리반 1인 1역할이 책임감 있게 잘 진행되고 있는 것 같아요. 00이와 00이 덕분에 이번 수업도 안전하고 즐겁게 할 수 있겠네요. 고마워요. 오늘은 1교시와 2교시 수업이 연속으로 진행되는 블록타임제이기 때문에 선생님이 중간에 쉬는 시간을 따로 줄게요. → ⊕ 1인 1역할 언급, 블록타임제 안내

〈수업실연1〉
그럼 〈활동1〉 함께 읽고 수업시작할게요. 다영이는 AAC로 함께 읽어주세요. → ⊕ 다군의 참여 촉진
오늘은 세금의 종류를 알아보는 시간이에요. 혹시 세금을 냈다는 걸 듣거나 영상 등으로 본 경험이 있나요?
아~엄마가 세금 내야한다고 했군요. 그래요. 우리반 모두가 세금에 대한 경험들이 조금씩 있네요. 세금에는 다양한 종류가 있다고 하는데 우리 그림을 보면서 무엇이 있는지 알아볼까요? → ⊕ 학생의 경험으로 동기 유발
(자료1 제시) 선생님이 그림과 세금 종류의 이름을 함께 가져왔어요. 다영이는 같은 그림카드를 들어볼까요?
↳ ⊕ 다군의 특성 활용
첫 번째 세금 종류 이름을 함께 읽어봅시다. 같이 따라합시다. 부가가치세. 나영아 부.가.가.치.세, 다영아 영수증에 빨간색 박스안에 500원 보이죠? 선생님이 500원 동전 그림도 함께 두었는데 이게 바로 물건을 살 때 내는 부가가치세입니다. 그렇지. AAC로 잘 눌러주었어요. ↳ ⊕ 다군의 학습 수준에 적절한 지원

우리가 그림과 함께 부가가치세, 개별소비세, 소득세를 알아보았는데 각각의 세금에 대해 더 알아보는 활동을 할게요. 태블릿PC를 이용해 세금의 종류를 검색하여 알아봅시다. 어려움이 있다면 배움짝이나 선생님에게 질문해도 좋아요. 그럼 활동 시작하세요~ → ⊕ 협력적 배움

(순회중) 나영이는 선생님이 태블릿PC에 검색할 주제어 카드를 줄게요. 다영이는 선생님과 함께 이미지 검색해볼까요? 시간 더 필요한 학생 있나요? 그럼 우리가 조사한 내용을 친구들에게 발표하는 시간을 가져야겠죠? 먼저 발표해볼 학생 있나요? (학생이 손 들었음) 그래요. 그럼 00이가 먼저 발표를 해 볼까요?
↳ ⊕ 학생들의 적극적인 참여 분위기 전제

(부가세와 부가가치세가 같다는 것을 발표했다고 가정) 우와 ~ 00이가 부가세와 부가가치세가 같다는 것까지 조사해 주었는데, 여러분은 부가세와 부가가치세가 같다는 것을 알고 있었나요? 아~ 모두 조사시간에 찾아봤다고요? 대단하네요. 우리 첫 번째 그림에도 영수증에는 부가세가 나와 있고, 세금 종류 명칭에는 부가가치세가 있었죠? 맞습니다. 같은 겁니다. 이렇게 모든 학생들이 세금의 종류를 정확하게 잘 조사해 주었네요.
↳ ⊖ 〈활동❶〉에서도 세금의 종류에 대해 간단한 검색 활동 및 공유하며 배움을 심화시키며 스스로 배움을 찾아 나가는 과정은 좋으나, 학생들이 검색을 통해 모든 지식을 알게 된다면 수업의 필요성이 낮아질 수 있으니 주의! 특히 〈활동❷〉와 다소 중복된 느낌이 들 수 있음! (학생들이 검색한 뒤 잘못된 내용이 나왔다고 가정하여 교사가 피드백 제공해도 좋음)</td><td></td></tr>
</table>

〈수업실연2〉

그럼 활동2로 넘어가기 전에 여러분이 잘 이해하고 있는지 선생님이 오늘의 생각 통통 퀴즈를 낼게요~

↳ ➕ 형성평가를 생각 통통 퀴즈로 이름 붙임

가영이는 선생님이 **세금 그림카드 3가지를 보여주면 어떤 종류**인지 설명해 주면 돼요.

나영이는 선생님이 **세금 그림카드 2가지를 보여주면 어떤 종류인지 단어**로 말해주세요.

다영이는 선생님이 **세금 그림카드를 보여주면 같은 종류의 그림**을 들어주세요.

↳ ➕ 개별 학생 특성에 알맞은 형성평가 질문 구성

(블록타임제 쉬는시간 언급 간단 스트레칭 후 활동2로 넘어감.) → ➕ 주의 환기, 집중력 향상

〈수업실연3〉

쉬는 시간에 스트레칭도 하고 다시 공부할 준비가 된 것 같아요. **〈활동2〉** 함께 읽고 수업시작할게요. 다영이는 AAC를 이용해 함께 읽어주세요. **(세영이가 손가락 끝을 책상에 톡톡 두드리는 것을 발견)** (표정은 웃으면서) 세영이가 손가락으로 책상을 톡톡톡 두드려주었는데 어떻게 알았지? 맞아. 세영이가 좋아하는 모둠활동을 해볼거에요~ 세영아. 모.둠.활.동~ 따라해봅시다. → ➕ 톡톡 두드리는 행동을 세영이의 긍정적인 의사 표현으로 생각하여 수용적인 분위기에서 대체행동 지도함

정부가 세금을 이용하여 공공서비스를 제공하는 것을 찾고 발표해볼거에요. 모둠활동을 하면 더 다양하고 좋은 발표를 할 수 있을 것 같은데요? 모둠활동으로 모입시다. 행복 모둠과 사랑 모둠으로 앉아주세요. 모둠별로 앉고, 모둠별 역할도 다 정했는데 어떤 활동을 해야할지 선생님이 시범을 보여주어야겠죠? (자료2) 선생님은 정부가 안전을 위해 제공하는 공공서비스 중에 코로나 예방 접종이 떠올라서 여기 그림을 붙여놨어요. → ➕ 교사가 간단히 시범을 보임

여러분도 모둠별로 정부가 우리들을 위해 제공하는 공공서비스가 무엇인지 태블릿을 통해 검색해 보고 관련 그림을 **포토프린트**로 전송해 프린트하여 붙여봐요. 지금부터 활동 시작해주세요~ (순회중 학생들을 관찰하며 지원 제공)

행복 모둠 준호가 벌써 손에 종이를 들고 있네요. 준호야 활동이 어려우면 종이를 찢는대신 손을 들고 선생님이나 친구들에게 도움을 요청할까요? 준호가 어려워하는 부분을 쉽게 할 수 있도록 도와줄 수 있어요. → ➕ 준호가 종이를 찢기 전 적절한 대체 행동 방법을 알려줌

사랑모둠 다영이는 선생님이 태블릿pc에 활동 **관련 이미지 파일**을 넣어두었는데 **또래도우미 00이랑 함께 찾아볼까요?**

이제 여러분들이 완성한 자료를 발표해 봅시다.

2022

3 ❷ 합격자 인터뷰 + 복기 스크립트

01 합격자 인터뷰

합격라이브

" 지도안 작성 시 Tip "

2022학년도 서울 지역 최종 합격자 H 선생님

Q1 지도안 작성 지역 준비하시는 수험생 선생님들께 Tip 공유해 주세요!

<유의점 부분> 유의점이 아예 음영 처리되어서 나옵니다. 이 의미는 유의점을 녹여서 방향에 맞춰 수업 지도안을 작성해야 한다는 점입니다. 이전에는 유의점의 중요도가 크지 않았으나 2022학년도 시험에서부터 유의점의 중요도가 높아졌으니 지나치지 않도록 흐름을 파악하는 것이 중요합니다.
<2022학년도 시험의 경우> 올해의 경우 변별력이 굉장히 낮은 항목이라고 생각했습니다. 지도안 배점이 15점인데, 지도안을 엄청 잘쓰건 못쓰건 점수의 감점 폭이 적었습니다. 가장 많이 감점된 선생님은 3~4점 정도까지만 보았습니다. (완전 시간이 부족해서 칸을 아예 날리거나 못썼던 사람)
<시험장 당일> 지도안을 작성을 하신다면, 수업의 전체적인 질문들과 핵심 질문들을 가져가는 것이 포인트라고 생각합니다. 학습 목표를 달성하기 위한 질문들과 내용들만 적어놓으시고, 자신이 대기하는 시간에 더 생각이 나거나, 이럴 때 수업 내용에 추가하는 것은 크게 흐름상 이상하지 않다면 상관없다고 생각합니다.

Q2 선생님의 점수 획득 포인트는 무엇이라고 생각하시나요?

도전행동 중재입니다. 저는 학생의 행동을 긍정적으로 인식했습니다. 모둠활동 선호 세영 문제행동 톡톡톡 치는 학생 → 하고 싶어요. 곧 할거다. 거의 다 마무리 되었어요. 어떻게 하라고 했죠? 조금만 기다리면 할 수 있다. 와 같이 인내기술을 가르쳤습니다. 수업을 매일 하다 보면 하고 싶은 수업, 잘하는 어투, 상황이라는 것이 자신만의 방법이 생길 것입니다! 연습을 많이 하다 보면 내가 자연스럽게 할 수 있는 중재가 무엇인지도 생각을 할 수 있게 됩니다.

Q2 선생님의 점수 획득 포인트는 무엇이라고 생각하시나요?

피드백을 받았을 때 좋지 않은 평가를 받았다고 해서 토라지고 힘들어할 필요 없습니다. 실제 시험도 아닌 걸요. 중요한 점은 시험장에서 만큼은 이 선생님 조건을 채웠나 안했나? 당연히 했겠지! 싶을 정도로 얼굴 철판 깔고 하는 자세입니다.

2022

3

③ 합격자 인터뷰 + 복기 스크립트

01 합격자 인터뷰

합격라이브

" 모두가 어려운 시험 "

2022학년도 경기 지역 최종 합격자 K 선생님

Q1 선생님의 수업의 특장점이라면 무엇인가요?

자신감 있는 수업과 활기찬 분위기를 형성하고자 노력했고, 저는 뻔뻔한 편입니다. 게다가 저만의 수업 브랜드가 있었습니다. 배움은 달리기이자 마라톤이고, 완주에 목적이 있으며 서로는 경쟁자가 아니다! 라는 가치를 활용했습니다.

Q2 시험 당일 수업실연에서 아쉬웠던 점이 있었나요?

세금에 대한 관련 배경지식이 다소 부족했습니다. 기존의 시험에서는 교과적 개념 정의를 줬는데, (예로 약물의 남용과 오용) 잠시 당황했던 기억이 있습니다.

Q3 시험장에 큰 도움이 되었던 것은 무엇이었나요?

모두가 다 어려울 것이라고 예상했습니다. 그래서 구상실에서 '그래. 조건 잘 챙기자. 자신감 있게만 하자.' 라고 마인드 컨트롤 했던 점이 큰 도움이 되었습니다.

Q4 선생님의 점수 획득 포인트는 무엇이라고 생각하나요?

① 조건을 명확하게 잘 파악했던 것입니다. '특수학급' 이라는 조건을 파악하여 그에 따른 설명 방식을 활용했습니다.

② 평가 시 <활동1> 마무리에서 평가 퀴즈 앱 카훗을 언급하며 평가 결과를 확인한 뒤 피드백해 주는 과정을 넣었습니다.

③ 조건 간의 연결입니다. 부가가치세와 부가세는 같다는 유의사항의 조건을 준호의 도전행동 중재와 연결하여 허용적인 분위기에서 상세하게 설명하였습니다. 시간 절약도 되었습니다.

Q5 수험생 선생님들께 하고 싶은 말을 자유롭게 해주세요.

타 교과의 선생님들과 연습하는 것도 발문방법, 교과 지식을 풀어내는 방식을 배울 수 있어 추천드립니다. 건강 챙기세요!

02 합격자 복기 스크립트 득점 & 감점 요인 분석

*글자가 진하게 되어 있는 것은 수업 실연의 조건입니다.

단계	수업실연 복기 스크립트
활동1	자 여러분! 우리가 활동을 시작하면서 선생님이 우리의 수업은 무엇이라고 했죠? 맞아요. 달리기와 같다고 했어요. 누구와 경쟁하면서 하는 것이 아닌, 우리가 모두 도우면서 오늘의 배움 목표인 ~을 도달할 수 있도록 느려도 함께 도우며 완주하는 것이 중요하다고 했죠? 좋아요. 오늘도 힘차게 수업 달리기 시작합니다! 3! 2! 1! 출발! ↳ ⊕ 자신만의 수업 브랜드 형성, 주의 환기 및 이목 집중의 효과 **우리의 첫 번째 활동은 〈세금의 종류 알기〉**입니다. 세금의 종류에 대해서 먼저 알아볼 겁니다. 우리가 수업을 시작하면서 로제떡볶이, 점심(급식)에 대해서 이야기 나눴었죠? 여러분들의 세금에 대해서 들어봤거나, 세금을 내 보았던 경험을 자유롭게 이야기 나누는 시간을 가질게요. 아~ 관공서 체험학습에 갔을 때 '세금 납부의 날' 이라는 포스터를 보았군요. 00이의 경험과 비슷한 경험이 있다면 손을 들어주세요. → ⊕ 세금에 대한 경험을 이야기 나눈 뒤 학생 간 경험(생각)을 연결 함 그러면, 어떤 세금의 종류가 있는지 살펴볼까요? 선생님이 전자칠판에 3가지 사진을 띄워 놓았어요. 어떤 것부터 배워볼까요? 그래요. 부가가치세부터 살펴봅시다. 우리 00이가 좋아하는 컵라면을 구입했네요? 부가가치세란 영수증 그림을 우리 전자칠판으로 쭈-욱 더 확대해서 한번 같이 관찰해봅시다. → ⊕ 전자칠판의 효과적인 사용 **다군이는 영수증에 미리 빨간색 네모칸**을 쳐주었어요. **부가가치세**는 물건을 사거나 ~했을 때 내는 세금입니다. **[준호 중재]** 여러분 잠시만요! 준호야. **지금 활동지를 만지작 거리면서 찢으려고 하는데,** → ⊕ 종이를 찢기 전 전조 파악하여 중재 시작 시무룩한 표정을 보니 **어려운 점**이 있는 것 같아요. 준호야. (준호에게 다가가고 몸을 낮추며) 잠시 행동을 멈춰주고 선생님이랑 이야기해봐요. 어떤 부분이 어렵나요? 손으로 표시해볼까요? → ⊕ 준호에게 도전 행동의 이유를 물음 다른 친구들도 이 부분의 어려움이 있을 것 같으니 더 설명해줄게요. 부가세랑 부가가치세랑은 같은 말이랍니다. ↳ ⊕ 준호의 긍정적 행동지원 중재와 수업 내용을 연결하여 시간을 절약 함, 배움에 대해 허용적인 분위기 조성 우리가 줄임말을 사용하듯 가치 라는 말이 생략되어서 이야기하기도 해요. 우리 교과서 한 쪽편에 적어놓을까요? 준호야. 이 학습지는 선생님이 열심히 만든건데 종이를 찢으면 선생님 마음은 어떨까요? 맞아요 속상해요. 그렇지만 공부를 하다 보면 어려운 점이 있을 수 있어요. **그럴 때는 앞으로 친구들과도 이야기하고 선생님이 도와줄 거니까 종이를 찢는 것 대신에 '어렵네요, 도와주세요.' 라고 질문할 수 있도록 해요!** → ⊕ 종이를 찢었을 시 상대방의 감정에 대해 지도함, 부드러운 분위기에서 대체행동까지 언급 둘째로, 소득세란 무엇일까요? 소득세란 월급을 받았을 때와 같이 소득이 발생했을 때 내는 세금입니다. 어려우면 태블릿 피씨로 같이 검색을 해볼까요? 태블릿 피씨로 전자 교과서를 펴봅시다. (나 수준의 학생들을 언급 후) **선생님이 다시 반복해서 설명**해줄게요. 그러면 조금 쉽게 예를 들어줄게요. 이렇게 사진을 보니 이해하기 쉽죠? → ⊕ 단순한 설명뿐만 아니라 예를 들어주기, 그림 제시 등으로 다채롭게 반복함
활동1평가	자. 세금의 종류에 대해 배운 내용을 이제 확인해 볼겁니다. 태블릿 피씨로 카훗이라는 평가 어플에 들어가서 평가 퀴즈를 풀어봅시다. 질문은 서로 조금씩 달라요. 준비된 퀴즈를 풀어봅시다. (다군은 교사가 함께 누르고 같이할 수 있도록 지도함) (교사의 태블릿 피씨로 확인한 다음 틀린 부분에 대해 피드백 해줌) → ⊕ 퀴즈의 정답만 확인하는 것이 아닌 피드백 제공하며 학습함

	지금까지 우리가 평가 어플을 활용해서 우리의 목표 도달정도를 확인해보았습니다.
활동2	**[세영이 중재]** 어~ 이게 무슨 소리지? 툭툭툭. **세영이, 지금 계속 책상을 두드리고 있는데 왜 그러는지 이야기해줄 수 있나요? 아~ 모.둠. 우리 세영이가 좋아하는 모둠활동을 하고 싶었구나.** 그럼 우리 세영이의 의견을 다른 친구들과 선생님에게도 책상을 두드리는 게 아니라 단어로 이야기해줄 수 있겠니? (잠시 기다려줌) 여러분. 세영이의 의견 어떤가요? 모둠활동을 하고 싶나요? 좋아요. 선생님 생각에도, 두 번째 활동에서는 모둠활동으로 여러분들이 직접 그림에 내용을 추가해보고, 세금을 이용하는 서비스들을 찾아보는 것이 좋겠어요. 그런데 세영아 책생을 계속 두드린다면 공부에 집중하고 있는 친구들이 어떨까? 그래요. 우리 **손을 들어서 세영이의 의견을 친구들과 선생님께 말로 이야기**하도록 해요. 자, 이제 모둠으로 모이세요! → ⊕ 세영이의 책상 두드리는 행동 대신에 말로 표현하도록 하여 사회적으로 수용될 수 있는 행동으로 바꾸어 주고, 자신의 의견이 반영된 긍정적인 경험을 설계함 두 번째 활동은 **〈공공서비스의 종류를 찾아 발표하기〉**입니다. 첫 번째 활동에서는 세금 종류를 알아봤는데, 그렇다면 이러한 세금이 어떻게 우리의 삶에 활용되고 있을지 알아봅시다! 이제 자료 중 여러분들이 조별활동에서 사용해야 할 **그래픽 조직자**를 봐볼까요? 그래픽 조직자란 그림과 단어로 간단히 개념을 연결해 놓은 것이죠? 이렇게 하면 우리들 눈에 한번에 딱! 들어와서 공부하기가 어떤가요? 맞아요. 우리 OO이가 말한 대로 더 쉽고 기억에 남을 것 같다고 하네요. → ⊕ 그래픽 조직자 자료에 대한 이해도 드러냄 여러분, 우리가 몇 달 전에 코로나 때문에 어떤 것을 맞았었죠? 선생님이 먼저 몸짓으로 힌트를 줄게요. (팔에 주사를 맞고, 팔이 아픈 척을 함) 친구들과 토의해서 맞추어 봅시다. 맞아요. 우리는 코로나 백신 주사를 맞았어요. 그런데, 우리가 백신 주사를 맞고 돈을 냈었나요? 그래요. 돈을 내지 않았었죠. 이것은 바로 국가 즉 정부에서 우리의 백신 주사를 지원해주었기 때문입니다. 무엇으로요? 우리가 내었던 세금으로요! (설명과 동시에 그래픽 조직자에 사진을 추가하여 교사가 전자칠판을 활용해서 붙이는 것을 직접 시범을 보임) 이렇게 자료를 완성하면 됩니다. → ⊕ 교사가 힌트 제시 후 설명과 함께 〈자료2〉 제작 시범 보임 그리고, 우리가 현장체험학습을 갔을 때를 떠올려봅시다. 어디에 갔었죠? (잠시 기다림) 미술관, 박물관, 놀이공원 이라고 다들 힘차게 대답해주었는데, **이러한 것들 중 미술관, 박물관은 공통된 점이 있어요. 나라에서 운영하는 기관은 세금을 이용하여 관리해 주며 이용 시에 돈을 내지 않거나 싼 가격의 돈을 냅니다.** 그런데, 놀이 공원은 돈을 냈었죠? (설명 계속) ↳ ⊖ 흐름 자체는 좋으나, 〈활동❶〉 부터 학생들의 경험을 너무 많이 사용하여 다소 산만하게 느껴짐. 차라리 〈활동❶〉 초반의 경험을 생략하고 위의 내용을 하는 것 추천함 그래픽 조직자를 우리의 경험과 연결하여 살펴보았는데, **스티커 프린터**를 활용해서 세금을 어디에 이용하고 있을지 정부의 공공서비스에 대해서 내용을 찾고 추가하여 인쇄 후 붙여 봅시다. 선생님은 돌아다니면서 여러분들이 서로 협력적으로 문제를 해결하는지 체크하면서 평가하고, 동영상 촬영을 하며 **관찰 평가**하겠습니다. 모둠활동 시작하세요. → ⊕ 관찰평가 기준 언급 아 OO아. 스티커 프린터 사용을 지금 어려워하고 있구나. 혹시 도와줄 학생 있나요? 우리 **다군이는 또래도우미** OO이랑 같이 해봅시다. 그리고 **다군이는 선생님이 태블릿 피씨에 이미지 파일**을 넣어두었어요. 그래픽 조직자 활동지에 같은 낱말과 같은 그림을 떠올리면서 스티커를 알맞게 붙여봅시다. → ⊕ 학생 간 협력 및 상호작용 촉진, 또래도우미 활용 자 우리 OO모둠은 어떤 것을 하고 있나요? 문화 예술의 부분에 대해서 찾아보고 있군요. 여기의 주제어는 문화 예술이라는 것을 생각해보고 다시 검색해 보자. 오 우리 준호가 ~라고 말하였는데 이 의견에 더해서 더 좋은 의견이 있을까요? 우리 **모둠은 ~의 어려움이 있군요. 그럼 우리 다군이가 선생님이 주는 이 힌트로 이미지 파일 참고해서 검색해볼까요? 전자 칠판에 내용을 연결해서 띄워 놓아줄게요. 이따가 이걸 활용해서 발표해면 좋을 것 같네요. ↳ ⊕ 발표 준비 시 순회 하며 재검색 지원, 발전할 수 있는 내용에 대해서 피드백 제공

03 경기 수업나눔(폐지) → 수업설계 답변 변형

***2026학년도부터 수업나눔 폐지에 따라 조이쌤이 수업설계 답변으로 재구성했습니다.**

1. 자발적 배움을 위한 상호작용을 중시해야 한다. 이의 관점에서, 본 수업의 상호작용을 어떻게 활성화할 계획인지, 그리고 설계 시 아쉬운 점(우려되는 점)은 무엇인지 말하시오.

수업 설계 문항에 대해 답변드리겠습니다. 배움중심 수업의 관점에서 상호작용은 학생과 교사, 학생과 학생, 그리고 학생과 수업 주제를 잇는 핵심이라고 생각합니다. 저의 수업 철학인 '삶과 교실을 연결하는 수업'을 실현하기 위해, 저는 교사가 학생들을 연결하고 수업 주제를 삶과 연결하여 자발적 배움을 지원하도록 수업을 설계했습니다. 상호작용 활성화 계획은 다음과 같습니다. 첫째, 수업 주제와 학생의 실제 경험을 연결할 것입니다. 〈활동❶〉에서 "집에서 세금 고지서를 본 적 있나요?"와 같은 발문을 통해, 학생들이 친숙한 실생활 사례로 세금의 역할을 자연스럽게 인식하도록 유도할 계획입니다. 이를 통해 학생들은 배운 내용을 일상과 연결하여 사고하는 역량을 기를 수 있을 것입니다. 둘째, 학생의 도전행동을 수업의 핵심 내용과 연결하여 의미 있는 상호작용으로 전환할 것입니다. 과제에 어려움을 느끼면 종이를 찢는 준호의 행동 특성을 고려하여, 준호가 영수증을 만지작거리는 전조 행동을 보일 때 "어떤 부분이 어렵나요?"라고 즉각적으로 피드백을 제공할 것입니다. 이를 통해 준호 개인의 문제를 해결하는 것을 넘어, 모든 학생이 '부가가치세와 부가세는 같다'는 개념을 배우는 기회로 삼고자 합니다. 설계상 우려되는 점은 본 수업이 경제 주제의 일부에만 집중하여 더 넓은 맥락으로 확장하지 못할 수 있다는 것입니다. 이를 보완하기 위해, 추후 동료 교사와 '경제 교육 전문적 학습 공동체'를 구성하여, 소비, 저축 등 생활 경제 전반을 다루는 교육과정 재구성을 연구하고 싶습니다.

2. 개개인의 성장을 중시하는 평가와 같이 오늘 수업의 온오프라인 연계 평가를 실시할 방법과 그 이유는 무엇인지 말하시오.

수업 설계 문항에 대해 답변드리겠습니다. 저는 학생 개인의 성장을 지원하는 성장중심평가 철학을 바탕으로, 다음과 같이 온오프라인 연계 형성평가를 계획했습니다. 평가 방법은 이렇습니다. 오프라인 활동에서는 영수증 등 실물 자료를 활용하여 세금이 우리 생활에 미치는 영향을 구체적으로 학습하도록 지도할 것입니다. 이와 연계하여 온라인 평가에서는 'Kahoot'이나 '구글 클래스룸' 같은 플랫폼을 활용해 "정부는 세금으로 무엇을 하나요?"와 같은 퀴즈나 시나리오 기반 활동을 제공하겠습니다. 이를 통해 학생들이 배운 경제 개념을 다양한 맥락에서 적용해볼 기회를 가질 것입니다.

이러한 온오프라인 연계 평가를 설계한 이유는 두 가지입니다. 첫째, 특수교육대상 학생들의 일반화 능력을 촉진하기 위함입니다. 오프라인 체험과 온라인 복습을 통해 학생들이 배운 내용을 다양한 상황에 적용하는 능력을 기를 수 있습니다. 특히 온라인에서는 학생 수준에 맞는 개별화된 피드백 제공이 용이합니다. 둘째, 가정과의 연계를 강화하기 위함입니다. 온라인 평가 자료와 결과를 가정과 공유하여, 학부모가 자녀의 학습 과정을 이해하고 가정에서 연계 지도를 할 수 있도록 돕겠습니다. 이를 통해 학교와 가정의 경계를 넘어 배움의 효과를 확장하고자 합니다.

3. 마을과 학교를 넘나들며 학교와 마을이 하나되는 공동체 측면에서 오늘의 수업을 재구성한다면, 수업의 주제와 방법을 어떻게 설계할 것인지 말하시오.

수업 설계 문항에 대해 답변드리겠습니다. "학교가 없는 마을에는 사람이 살 수 없다"는 말처럼, 저는 학생의 배움이 학교 담장을 넘어 마을과 함께 이루어져야 한다고 생각합니다. 이러한 관점에서 오늘 수업을 다음과 같이 재구성하고자 합니다. 첫째, 〈활동❶〉과 연계하여, 지역 전문가를 초청하여 진로직업교육으로 확장하겠습니다. 학생들이 취업 후 겪게 될 세금 문제를 실제 전문가의 설명을 통해 배우도록 하여, 경제 개념을 삶과 직결된 지식으로 받아들이도록 설계할 것입니다. 둘째, 〈활동❷〉는 '우리 마을 공공서비스 지도 만들기' 프로젝트 활동으로 재구성하겠습니다. 세금이라는 추상적 개념을 학생들이 직접 우리 동네의 공공서비스를 조사하고 지도로 만들며 구체화하는 것입니다. 이 과정에서 일부 학생들이 가진 '세금은 어른만 낸다'는 오개념을 바로잡고, 완성된 지도를 활용한 현장체험학습을 통해 배움을 삶으로 연결하겠습니다. 완성된 지도는 지역 복지관 등과 공유하여 학생들이 지역사회에 기여하는 경험도 하도록 할 계획입니다.

이러한 수업을 실현하기 위해, 저는 교사로서 학교 밖 전문적 학습 공동체에 참여하고 지역사회 포럼에 정기적으로 참석하여 마을의 인적·물적 자원을 파악하고 교육과 연계하는 방안을 끊임없이 연구하겠습니다. 학교와 지역사회의 경계를 허물어 학생의 배움과 삶을 연결하는 교육을 실천하겠습니다.

Chapter 5

2021학년도

기출문제 분석

2021 1

2021학년도 수업실연 기출문제

2021학년도 중등교사 신규 임용후보자 선정경쟁시험

특 수

관리 번호: (　　　　) 성명: (　　　　　　　)

2차 시험	수업 실연	시험시간	지역별 상이

1. 본시 학습 지도 내용

교과	보건	단원	일상생활과 건강
수업방법	블록타임제 (100분)	주제	올바른 의약품 사용법
차시	[이전 차시] 감염병 예방과 대처		
	[본차시] 올바른 의약품 사용법		
	[다음 차시] 의료시설 이용		
학습목표	1. 약품의 오용, 남용의 의미를 알 수 있다. 2. 의약품의 사용법, 복용법에 맞게 사용할 수 있다.		

2. 수험생 유의사항

① 〈활동1〉, 〈활동2〉를 실연하시오.

② 학생의 개별 능력 및 특성이 드러나도록 교사 발문을 하시오.

③ 〈활동1〉에서 자료1을 활용하시오.

④ 〈활동2〉에서 자료2, 자료3을 활용하시오.

⑤ 〈활동1〉에서 태블릿PC사용하고, 〈활동2〉에서 의약품 모형 사용하시오.

⑥ 서현의 문제행동중재를 〈활동1〉, 인성의 문제행동중재를 〈활동2〉 에서 하시오.

⑦ 〈활동2〉에서 또래교수, 역할나누기, 모둠활동, 교사의 관찰이 드러나게 실연하시오.

⑧ 〈활동2〉에서 교사와 학생 상호작용과 자기결정력 증진이 잘 일어나도록 교사 촉진을 실연하시오.

⑨ 컴퓨터, 전자칠판, 태블릿pc, AAC을 활용하시오.

3. 본시 관련 학생 실태

수준(인원)	특성 및 학습 수행 수준
가(2명)	• 4~5단어로 연결된 문장을 말할 수 있다. • 또래를 돕는 활동을 좋아한다. • 서현: 수업과 관련 없는 질문을 수시로 한다.
나(3명)	• 2~3단어로 연결된 문장을 말할 수 있다. • 인성: 주의집중력이 짧고, 수시로 자리이탈을 한다.
다(1명)	• 한글자로 본인의 의사를 표현한다. • AAC를 사용하고 또래교수를 활용하면 학습에 잘 참여한다. • 수업에 소극적이며 학습된 무기력을 가지고 있다.

4. 자료

► 〈자료1〉 약품의 오용과 남용의 의미

- 오용: 약물을 의학적인 목적으로 사용하기는 하되 의사의 처방에 따르지 않고 임의로 그 사용법과 용량을 정하여 사용하는 행위
- 남용: 치료를 목적으로 하지 않고 감정이나 행동에 변화를 일으키기 위해 물질을 부적절하고 불법적으로 사용하는 행위

► 〈자료2〉 선긋기 학습지 및 약봉투

► 〈자료3〉 학습지

모둠명	
모둠구성원 이름	
역 할	내 용

사용법	복용법

5. 본시 교수-학습 지도안 (과정안)

단계	교수 - 학습 활동					시간	자료([재]) 및 유의점([유])
	활동 내용	교사활동	학생활동 가	학생활동 나	학생활동 다		
도입	인사	▶ 인사하기				10	[재] 시청각 자료 [유] 학생의 경험과 연계하여 발문한다.
	전시 학습 상기	▶ 지난 시간에 배운 내용 질문하기	▪ 지난 시간에 배운 내용 대답하기				
	동기 유발						
	학습 목표 제시	의약품의 종류와 사용법을 알고 올바르게 사용할 수 있다.					
전개	〈활동1〉 약물의 오·남용 알기	〈수험생 실연 부분〉				30	[재] 자료1, 태블릿PC [유] 개별 활동
	〈활동2〉 의약품의 종류와 올바른 사용법 알기	〈수험생 실연 부분〉 ▶ 설명서를 QR코드로 변환 후 인쇄하여 의약품 모형에 붙이기 ▶ 발표 준비하기 ▶ 발표하기				50	[재] 자료2,3, 태블릿PC, 의약품 모형 [유] 모둠 활동 중 역할과 자기결정력이 드러나도록 한다. [유] 또래교수가 일어날 수 있도록 또래 간 상호작용을 촉진한다. [유] 교사는 순회하며 도움이 필요한 학생에게 개별적인 지원을 제공한다.
정리	평가	▶ 동료평가, 자기평가 하기				10	[재] 평가지

[수업 설계 문제]

*수업나눔 폐지에 따라 기출 문항을 수업 설계로 변형

1) 창의적 사고 역량이란 폭넓은 기초 지식을 바탕으로 다양한 전문 분야의 지식, 기술, 경험을 융합적으로 활용하여 새로운 것을 창출하는 것이다. 창의적 사고 역량을 확장시키기 위해 이 수업을 어떻게 설계했는지 설명하고, 설계상 보완할 점은 무엇인지 말하시오.
2) 오늘 수업 속에서 학습 동기를 일으켜도 성취기준 미도달 학생이 있을 것을 대비하여, 이 학생을 어떻게 보충학습 할 것인지 말하시오.
3) 오늘 수업을 융합수업으로 진행한다면 어떤 과목과 연계하고 싶은지, 그리고 중점 사항은 무엇이며 평가 방안은 어떻게 계획할 예정인지 말하시오.

2021

2 기출 분석 및 발문 idea

01 출제 흐름

코로나-19로 건강 관리가 더욱 강조되며 보건 교과가 출제되었습니다. 〈활동1〉에서 오용과 남용의 의미와 서로를 구별하는 개념적인 부분과 〈활동2〉에서 오용과 남용의 위험성을 바탕으로 이를 예방하는 것, 자신의 상황에 맞게 해당 개념을 활용하는 것, 다양한 의약품을 모형을 실제로 사용해보며 체험 중심적인 부분이 강조되고 있습니다.

교육과정 살펴보기

- 첫째, 일상생활과 건강 영역에서 개인위생 관리가 건강한 삶의 필수 요소임을 알고, 개인위생 습관을 형성하며, 질병에 대한 이해와 예방을 위한 올바른 생활 태도를 실천하도록 한다. 또한 개인의 올바른 식습관과 운동 습관을 통하여 비만을 예방하고 의약품의 올바른 사용으로 건강한 생활 습관을 형성하고, 자신의 감정을 적절하게 표현하는 방법을 모색하도록 한다.
- (나) 질병 예방: 일상생활에서 자주 발생하는 질병과 감염병의 위험을 인식하고 예방 수칙을 실천하고 적절한 대처 방법을 적용한다. 계절의 변화와 각종 알레르기에 적절하게 대처함으로써 건강관리 능력을 기르며, 의약품을 올바르게 선택하여 적절한 방법으로 사용하도록 지도한다.
- 관련 성취기준: [12보건01-08] 의약품의 종류를 알아보고 올바르게 사용한다.
- (3) 유의사항

(가) 보건 과목의 교수·학습 활동은 선택 교과 시간뿐만 아니라 일상적인 학교생활, 가정생활 및 지역사회 생활과 연계하여 실생활 중심의 교수·학습이 이루어지도록 한다.

(나) 학생의 기질 및 장애 특성에 따라 교수·학습이 효과적으로 이루어지도록 최적화된 환경을 조성한다.

(다) 장애 학생이 의사소통 및 자기 결정 능력의 부족으로 수동적 학습자가 되지 않도록 적절한 학습 지원 체계를 구축한다.

출처: 기본교육과정 보건, p.404, p.412~413, p.417

02 <활동❶>

- 핵심 개념

→ 자료1의 약품의 오용과 남용의 의미와 그림 자료를 연결하여 개념 형성하기

→ 오용 / 오용 / 남용 / 남용 순서로 학생의 경험과 연결하고 그림에 대한 설명을 제공하는 것도 좋습니다.

발문 예 4가지의 그림에서 어떠한 문제점을 찾을 수 있나요? 찾아봅시다. (문제 인식), 오용과 남용의 의미를 알아봅시다. (개념), 오용과 남용에 대한 관련 기사나 영상을 추가적으로 찾아봅시다. (개념 확장), 오용과 남용의 공통점과 차이점을 찾아봅시다. (개념 비교)

발문 예 4가지 그림을 보고 옆 친구와 함께 어떤 장면인지, 어떤 문제가 있는지, 이 이후에 상황을 어떨지에 대해 자유롭게 토의해봅시다. 다군이는 배움짝꿍 OO와 AAC 이용해서 참여해 보아요.

• 중재 제공

수업과 관련 없는 질문을 수시로 하는 서현이의 문제행동 중재 제공하기

기능	발문 (예)
교사의 관심 얻기	서현아! 지금 우리 수업이 약물의 오용과 남용에 대해서 배우고 있는데, 갑자기 점심시간이 언젠지, 선생님 옷을 어디에서 샀는지, 집에는 언제 가는지를 계속 질문하네요? 아마 선생님의 관심을 끌기 위해서 인 것 같은데~ 서현아. 선생님은 서현이가 질문을 하지 않아도 선생님의 설명을 잘 듣고 있는지, 친구와 함께 토의를 열심히 하는지 잘 지켜보고 있어요. 선생님에게 하고 싶은 말은 질문 노트에 적어서 쉬는 시간에 모두 다 답해줄테니, 다른 생각이 들때는 잠시 적어두고 쉬는 시간에 물어보도록 해요!
관련 없는 질문과 관련이 있는 질문을 구별하지 못함	서현아! 열심히 참여하려고 하는 모습은 선생님이 칭찬해주고 싶어요. 그런데, 지금 서현이가 하는 질문은 수업과 관련 없는 질문들이에요. 선생님이 책상에 놓아준 오늘 수업과 관련된 내용의 사전 핵심 단어 학습지 있죠? 이걸 떠올려 보면서 질문하기 전에 한 번만 더 생각하고 질문하도록 해요. 생각한 뒤 체크리스트에 체크하며 관련 있는 질문인지, 관련 없는 질문인지 구별해봅시다.

03 <활동❷>

• 상호작용

가군이 또래를 돕는 활동을 좋아하는 것에 맞게 다군과 연결시켜서 또래교수 활동 드러내기

발문 예 우리 친구를 도와주기를 좋아하는 우리 가현이가 다영이를 ~게 도와주는거 어떨까요? 협동하는 우리반 최고네요!

• 학생 특성 반영

→ 학습된 무기력을 가지고 있는 다군의 학생 고려하기

→ 성공 경험을 연결해주기, 적절한 촉진 제공하기, 성취감을 느낄 수 있도록 하는 법 등이 있습니다.

• 중재 제공

→ 주의집중력이 짧은 인성이, 수시로 자리 이탈을 하는 경우 중재하기

→ 주의집중력을 높일 수 있도록 유관단서 확대, 주의집중력을 높일 수 있는 수업 방식, 자리 이탈 반응 전 중재를 제공하는 것 등 여러 방법 등 활용

point! 〈주의 집중력이 짧고 착석이 어려운 학생 위한 중재 방법: ADHD 중재 방법 근거〉

발문 예 자리에서 일어나서 선생님이 자료 붙이는 것 좀 도와줄래요? 고마워요. (자연스러운 착석과 이탈)

발문 예 선생님이 인성이가 좋아하는 가수 OO을 학습지에 넣어왔는데~ / 화면에 인성이 사진이 딱! 띄워져 있으니 집중하기 좋죠? (관심사를 연결하여 주의집중 높이기)

발문 예 우리 인성이, 지금 또 자리를 벗어나려고 엉덩이가 들썩거리는 것 같은데 혹시 집중이 안되나요? 그럼 우리 기지개를 쭉 펴면서 스트레칭을 해봅시다! 그리고 오늘 인성이의 수업 짝꿍 누군가요? OO이와 함께 ~주제에 대해서 태블릿PC로 검색해보자! 선생님도 인성이가 검색을 쉽게 할 수 있도록 핵심 단어 카드 줄게요. (스트레칭으로 주의 환기, 또래와 함께하는 활동으로 흥미 높이기, 적절한 촉진 제공 등)

• 조건 간 연결

→ 모둠별 역할나누기, 모둠활동 전 교사의 안내, 모둠활동, 교사의 관찰, 교사와 학생 상호작용, 자기결정력 증진하기

→ 모둠별 역할 나누기에서 자신이 맡을 역할을 정하면서 자기결정력 증진의 모습을 보여줄 수 있음

→ 모둠활동 중 교사가 순회하면서 관찰지를 가지고 관찰하며, 학생들을 개별 피드백을 제공해주며 교사와 학생의 상호작용 상황을 나타내기

point! 자기결정력

① 자기결정력 개념 : 자신의 삶의 일차원 원인 주체로서 행동할 수 있게 하고, 자신의 삶의 질을 유지하거나 향상시킬 수 있는 의지적인 행동

② 자기결정의 행동

- 자율적으로 행동함 - 행동은 규칙적으로 함 - 자신이 직접행동을 시작하고 일에 심리적 역량을 가지고 반응함
- 자아를 실현하는 방식으로 행동함

③ 자기결정 구성 요소

주요요소	구성요소 (기술)
자율성	❶독립, 위험 무릅쓰기 및 안전 기술 ❷선택하기 ❸문제해결 ❹의사결정
자기조정적(=자기규칙)	❶자기관찰 ❷자기평가 ❸자기강화 ❹자기교수 ❺목표 설정과 목표 달성/자기기록
심리적 역량 강화	❶자기효능감 및 성과에 대한 기대 ❷내적통제소재 ❸자기옹호 및 리더십
자아 실현	❶자기인식 ❷자기 지식

출처: Wehmeyer(1999), 자기결정행동 구성요소, p.59

• 수준별 자료 재구성

→모둠 학습지를 개별적인 수준에 맞게 재구성하기 (가,나,다)

발문 예 나군이는 주요 단어를 작성해보도록 하고, 다군은 스티커를 이용해서 학습지에 붙일 수 있도록 해요. 그리고 가군이는 추가적으로 화상을 입었을 때 대처 방법을 찾아보아도 좋아요!

• 모둠 활동

→ 의약품 모형을 활용하여 모둠활동 관찰 및 순회지도 하기

→ 실제로 실물 의약품들을 충분히 살펴보고, 경험이랑 연결하거나 문제를 함께 해결하는 것도 좋음

발문 예 지금 우리가 가지고 있는 의약품 모형 중 약봉지의 앞면을 보면 3번, 식후 라고 동그라미가 쳐 있어요. 그럼 어떤 의미일까요? 맞아요! 하루에 3번 식사를 한 뒤에 먹어야 한다는 의미입니다.

발문 예 어려운 점이 있다면 조별로 QR 코드 사용해서 검색해보아요.

• 일반화

→ 실생활과 연계 하기

→ 조끼리 작성한 모둠 활동지를 바꾸어보고, 발표하며 이렇게 작성된 활동지는 보건실에 전시한다고 이야기, 건강 증진의 날 때 전시하기

→ 약이라는 것은 복용법과 목적에 맞게 먹는다면 도움이 되지만, 이를 지키지 않는다면 독이 될 수도 있음! 실생활에서도 주의하고, 의사와 약사의 처방에 맞게 복용하기! 아플 때도 보건 선생님이나 주변 선생님들께 확인을 하거나 복용법의 글을 직접 읽어보고 복용하기

→ 약사님이 펜으로 써주는 메모을 보고 약을 사용하거나 처방전을 꼭 읽기

point! 학습된 무기력을 가진 학생 지원 방법

1) 학습된 무기력: 어려운 과제에 대하여 아예 포기하거나 문제를 해결하려고 시도하지 않는 상태

2) 원인: ① 실패의 경험 ② 스스로 할 수 있는 기회가 주어지지 않고 주위에서 모든 것을 대신해 주기 때문(외부지향성)
③ 외적인 통제소재

3) 중재 ① 성공경험 기회를 증가시키는 방법
- 세부적이고 현실적인 목표를 설정함 (적절한 난이도)
- 특정 행동에 대해 즉시 피드백을 제공함
- 성취에 대해 보상을 해주는 것

② 자신의 능력을 스스로 발휘하여 성공할 수 있는 과제를 제공함

③ 실패를 처리하는 방법을 학습시킴

④ 교사와 부모는 아이들을 위해 적절할 행동 모델을 반드시 제공해야 함

⑤ 특정 과제에 대해 자꾸 실패하게 된다면 그 상황은 성공 가능하게끔 새로운 접근 방법을 통해 재구조화되어야 함

⑥ 과제 제시 시 고려

➡ 과제 수행에 대한 자기점검과 자기강화를 통해 과제 참여도와 학습동기를 높임

➡ 과제를 단계별로 나누어 쉬운 내용을 먼저 지도하고, 과제의 난이도를 서서히 높이며 격려

출처: 김형일, 지적장애학생의 교육, 학지사, 2014, p.83 재구성

학습된 무력감을 회복시켜 주기 위해서는 이들이 긍정적인 자기평가를 할 수 있도록 과제를 세분화하여 이들이 목표 달성에 대한 성취감을 맛볼 수 있도록 해야 할 것이다. 예를 들어 3단계 수준을 모두 통과해야 정답에 이를 수 있는 문제라 한다면, 이를 보다 낮은 수준으로 과제를 분석하여 제시해 줌으로써 이들이 각각의 절차에서 성취감을 맛볼 수 있는 기회를 제공하는 것이 필요하다.

류재연 외(2009), 특수교육의 이해, p.70

point! 또래교수

1) 또래교수의 이해
- 또래교수란 교사의 역할을 하는 또래교수자(튜터)가 학습에 어려움을 겪는 동급생 또는 하급생인 다른 또래학습자(튜티)를 1대1로 교수하고 학습활동을 도와주며 함께 학습해 나가는 교수체계

2) 교사의 역할
① 긍정적인 피드백을 제공하여야 함
② 교사가 총감독자로서의 역할을 수행하여야 함
③ 튜터의 역할을 사전에 교사가 교육해야 함

3) 효과

또래학습자(튜티)에게 효과	또래교수자(튜터)에게 효과
- 또래 교사와의 의사소통이나 사회적 상호작용 가능 (사회적 기술, 우정 형성) - 또래 학습자에게 개별화된 교육을 제공할 수 있는 기회 및 교육 시간 증가하여 학업 성취 향상 도움 - 교사보다 인지적인 갈등이 적어 동기유발 가능	- 교육하며 정보 처리 이해 높아져 학업 성취 향상 도움 - 교사와 자신이 같다는 동일시를 통해 자아 개념 향상 - 학교와 교사에 대한 이해와 관심 증가 - 또래 학습자와 성공적인 인간관계를 맺기 위해 노력하여 사회성 증가

출처: 손지영, 정소라, 장애학생 대상 또래교수에 관한 국내 연구 동향과 중재 효과의 고찰, 2012

❶ 합격자 인터뷰 + 복기 스크립트

01 합격자 인터뷰

합격라이브

" 컷이라고 포기하지 말아요 "

2021학년도 경기 지역 최종 합격자 S 선생님

Q1 간단한 자기소개와 시험 준비 방법 중 추천하고 싶은 내용 편하게 말씀 부탁합니다.

1차 점수가 +0.33로 컷과 다름 없었지만, 최종 합격하게 된 S입니다. 시책 등 숙지를 기본으로 하고 관련 유튜브 영상을 많이 찾아서 보았던 게 큰 도움이 되었습니다. 2차를 준비하시는 선생님들께서는 경기도 교육 정책 관련 유튜브 영상과 스피치 강의 영상(발성, 추임새, 강세 등), ebs 미래교육 플러스의 영상을 참고하셔서 풍부하게 내용을 준비하시길 바랍니다.

Q 실제 수험장에서 선생님의 어떤 부분이 고득점 합격 결과를 가져왔다고 생각하시나요?

① 수준별 발화: 발문 시 특정한 이름을 활용해서 수업을 진행했습니다. 가 수준에 민규, 나 수준에 다혜, 다 수준에 현우로 설정하고 모든 흐름을 의식적으로 다군→나군→가군의 순으로 설정하였습니다. 의사소통이 원활하거나 적극적인 성향을 가진 학생들에게만 질문하는 것이 아닌, 모든 학생들에게 동등한 지적 자극과 답변 기회를 제공할 수 있었습니다.

② 현장감: 기간제 교사 경험을 바탕으로 수업실연 상황에서 현장에서 있을 법한 교실 이야기를 했습니다. '여러분, 한번 떠올려보세요. 약을 먹어야 하는 상황에서 어머님께서 선생님에게 직접 와서 우리 OOO이가 감기 기운이 있어서 약을 먹어야 해요. 라고 이야기했던 것 기억나나요? 이 수업을 배워야 여러분들이 스스로 아픈데 누군가의 도움이 아닌 스스로 약을 바를 수 있고, 챙겨 먹어야 할 약을 스스로 정확하게 복용할 수 있어요. 오늘 주제는 내가 스스로 할 수 있다는 자신감이 중요해요.' 라는 구체적인 상황을 예시로 들어 이야기했습니다.

Q 실제 수험장에서 수업실연을 마친 뒤 아쉬웠던 점이 있다면 무엇일까요?

수업실연 도중 확인해 보니, 손목시계가 멈춰있었습니다. 연습했던 대로 감에 의존하여 수업을 시간 내 마무리하였지만 정말 아찔했습니다. 여러분들도 꼭 시계 약을 확인하시어 저와 같은 경험하지 마세요..

Q 예비 합격자 선생님들께 하고 싶은 말을 자유롭게 해주세요.

지인분의 말씀으로는 누군가는 초중반에 너무 잘했는데 실수 한 번에 의기소침해져서 나눔까지도 망쳐버리는 경우가 있다고 합니다. 그에 반면에 초반에 불안했지만 나눔까지 최선을 다해서 끝까지 완주를 하고 만회를 시키려고 하는 사람은 점수를 얻어 합격할 수 밖에 없다고 합니다. 1차 시험도 버텨낸 우리입니다. 포기하지 말길 바랍니다.

02 합격자 수업실연 복기 스크립트

단계	수업실연 복기 스크립트
활동1	(오용이랑 남용 해당 그림을 보여주고, 두 개씩 묶어서 예시로 알려주었음) 첫 번째로, 이 그림은 오용에 관한 그림들이고 자세히 살펴보면 어떤가요? 그래요. ~한 그림이네요. 우리 이런 비슷한 경험을 누가 해봤을까요? 둘째로, 이 그림은 남용에 관한 그림들이고 그림을 좀 더 자세히 살펴보면 어떤 상태인가요? 그래요. 00이의 말에 덧붙여서 선생님이 설명해주자면 오용의 개념은 ~이고, 남용의 개념이란 ~입니다. 어 그런데 서현이! 계속 수업과 관련 없는 질문을 계속 하고 있네요. 서현아. 수업에 적극적으로 참여하려고 하는 자세는 너무 좋아요. 그치만, 우리는 지금 어떤 것에 대해서 이야기하고 있죠? 오~ 용과 남용입니다. 선생님이 지금은 대답해주지만, 다음에는 또 그렇게 한다면 친구들에게 방해가 되겠지요? 수업과 관련 없는 내용은 질문 노트에 적어놓은 뒤 수업 끝난 뒤 쉬는 시간에 질문할 수 있도록 해요. (허용적인 분위기는 유지)
활동2	두 번째 활동은 선생님이 활동지를 준비했어요. 오늘 활동은~ (활동 안내/ 역할정하기) 모여서 활동지 풀어봅시다. 간단히 풀어볼 건데, 시간은 선생님이 스크린에 띄워줄게요. 어려운 것이 있다면 모둠별 친구들과 함께 이야기해보면서 풀어봅시다. (가군 학생에게 너무 쉽진 않은지 확인, 나군 학생과 다군 학생이 어려워하는 부분을 순회하며 개별지도) 우리 이제 활동지를 한번 봐봅시다. 이것에 대해서는 어떻게 생각하나요? 혹시 00이의 표정이 의문스러운 표정이 드는데, 무엇이 잘못된 것 같은지 한번 이야기해볼래요? 00이의 대답과 비슷한 생각을 가진 친구 있나요? 그럼 00이와 다른 생각을 가진 친구는 이유를 설명해줄래요? 서로 토의한 것을 바탕으로 선생님이 조금 더 추가적으로 설명해주자면~ (교사가 오반응을 바로 교정해주지않고, 친구에게 공유하고, 교사가 인지 과정 따라가줌) 여러분, 한번 떠올려보세요. 약을 먹어야 하는 상황에서 어머님께서 선생님에게 직접 와서 우리00이가 어디가 아파서 약을 먹어야 해요. 라고 이야기했던 것 기억나나요? 여러분들이 이 수업을 배워야 여러분들이 스스로 아픈데 누군가의 도움이 아닌 스스로 약을 바를 수 있고, 여러분이 챙겨 먹어야 할 약을 스스로 정확하게 복용할 수 있어요. 오늘 주제는 스스로 할 수 있어야 해요. (인성이가 일어난 상황에서 바로 앉히는 것은 좋은 중재라고 생각하지 않았음) 그래서 인성아. 왜 일어났나요? 선생님이 두 번째 활동지를 나누어주려고 했는데 일어난 김에 이것 좀 해주지 않을래? 고마워요. 지루했구나. 그치만 갑작스럽게 일어나면 놀랄 수 있으니 앞으로는 선생님을 도와주고 싶다고 이야기해주세요. 우리 이제 발표를 해봅시다.

03 경기 수업나눔(폐지) → 수업설계 답변 변형

*2026학년도부터 수업나눔 폐지에 따라 조이쌤이 수업설계 답변으로 재구성했습니다.

1. 창의적 사고 역량이란 폭넓은 기초 지식을 바탕으로 다양한 전문 분야의 지식, 기술, 경험을 융합적으로 활용하여 새로운 것을 창출하는 것이다. 창의적 사고 역량을 확장시키기 위해 이 수업을 어떻게 설계했는지 설명하고, 설계상 보완할 점은 무엇인지 말하시오.

수업 설계 문항에 대해 답변드리겠습니다. 저는 학생들이 다양한 지식과 경험을 융합하여 새로운 것을 창출하는 창의적 사고 역량을 기를 수 있도록 다음과 같이 수업을 설계했습니다.

첫째, 태블릿PC를 활용한 유연한 탐구 활동을 계획했습니다. 학생들에게 검색, 사진 촬영, 앱 활용 등 다양한 사용법을 안내하여 정해진 방식이 아닌 자신만의 방법으로 과제를 해결하도록 유도할 것입니다. 또한, 기본 과제를 완수한 학생에게는 스스로 주제를 정해 탐구하는 심화 과제를 제공하여 배움을 확장할 기회를 주고자 합니다.

둘째, '충분한 기다림'을 수업의 핵심 원칙으로 삼을 것입니다. 저는 '기다리는 교사'가 되어야 한다는 교육 철학을 가지고 있습니다. 학생들이 정답을 찾기 위해 서두르기보다, 허용적인 분위기 속에서 깊이 생각하고 자신만의 의견을 만들어갈 수 있도록 충분한 시간을 제공하도록 설계했습니다.

설계상 보완할 점은 개별적인 태블릿PC 활동에 집중하다 보면 전자칠판의 활용이 부족해질 수 있다는 점입니다. 이를 보완하기 위해, 모둠별 토의 결과를 전자칠판에 실시간으로 공유하고 판서 기능을 활용해 학생들의 생각을 시각적으로 연결하고 강조하며 교수적 효과를 높일 계획입니다.

2. 오늘 수업 속에서 학습 동기를 일으켜도 성취기준 미도달 학생이 있을 것을 대비하여, 이 학생을 어떻게 보충학습 할 것인지 말하시오.

수업 설계 문항에 대해 답변드리겠습니다. 학생마다 배움의 속도가 다르기에, 성취기준 미도달 학생을 위해 다음과 같은 다각적인 보충 학습 방안을 미리 계획했습니다.

첫째, AI를 활용한 1:1 진단 평가를 통해 미도달의 정확한 원인을 파악하겠습니다. 이를 바탕으로 둘째, 수업 전·중·후 단계별 맞춤형 자료를 제작하여 제공할 것입니다. 수업 전에는 간단한 예습 자료로 개념 이해를 돕고, 수업 중에는 추가 자료로 실시간 보충을, 수업 후에는 복습 자료를 제공하여 학습 결손을 최소화하겠습니다.

셋째, 부모님과의 상담을 통해 가정 연계형 학습 방안을 마련할 것입니다. '올바른 의약품 사용법'과 같은 생활 밀착형 주제는 가정에서의 실천이 중요하므로, 자료 활용법과 일상생활 연계 방안을 공유하여 교사와 가정이 함께 학생의 성장을 지원하도록 하겠습니다.

넷째, 방과 후 학습 지원 프로그램을 통해 구체물을 활용한 반복 연습과 개별 피드백을 제공하여 완전한 학습이 이루어지도록 돕겠습니다. 이러한 모든 방안은 동료 교사와의 전문적 학습 공동체를 통해 지속적으로 성찰하고 개선해 나가겠습니다.

3. 오늘 수업을 융합수업으로 진행한다면 어떤 과목과 연계하고 싶은지, 그리고 중점 사항은 무엇이며 평가 방안은 어떻게 계획할 예정인지 말하시오.

수업 설계 문항에 대해 답변드리겠습니다. 오늘 수업을 융합수업으로 설계한다면, 보건교과와 체육교과를 연계하여 실천하겠습니다. 수업의 중점 사항은 약물 오용과 남용이 신체에 미치는 영향을 체육 교과의 '도핑 테스트' 주제와 연결하는 것입니다. 도핑이 일시적으로 신체 능력을 향상시킬 수 있지만, 결국에는 건강에 심각한 부정적 영향을 미친다는 점을 뉴스를 활용하거나 구체적인 상황을 상상하게 함으로써 학생들이 약물 오남용의 위험성을 실생활과 밀접하게 느끼도록 하는 데 목적을 두겠습니다.

평가 방안으로는 자기평가를 활용할 계획입니다. 본 수업의 주제는 학생 스스로 자신의 건강과 습관을 성찰하는 것이 가장 효과적이라고 생각합니다. 따라서 "나는 의약품을 올바르게 사용하고 있는가?", "나는 약물에 대해 어떻게 인식하고 있는가?"와 같은 질문을 통해 학생들이 자신의 태도를 스스로 점검하고 평가하도록 설계하겠습니다.

2021

3 ❷ 합격자 인터뷰

합격라이브

" 내가 스스로 만족할 때까지 연습 "

2021학년도 경기 지역 최종 합격자 L 선생님

Q1 시험지를 받고 난 뒤의 느낌은 어떠셨나요?

교과가 보건이라서 잠깐 당황했으나, 실연이라는 것 자체가 순간적인 센스를 요하는 것보다는 스크립트를 중심으로 하면 해결될 것이라고 생각하여 괜찮을 것 같다는 느낌이 들었습니다. 조건지를 살펴보았을 때 평소 했던 것과 방식이 크게 다르지 않아서 자신감 있게 하자! 라고 생각했습니다.

Q2 시험 대비 방법을 알려주세요!

저는 스크립트를 짜고 이를 바탕으로 연습하는 것을 추천합니다. 물론, 매끄럽게 수업을 진행할 수 있는 경력자 선생님들이라면 괜찮을지 모르지만 실제 경력이 없는 수험생들의 경우에는 정말 필요하다고 생각합니다.

더하여 저는 연습량이 참 많았습니다. 실연의 경우에는 기출부터 하였고, 1차 발표 전까지는 스터디를 구성하여 하루에 1번씩이라도 연습하고 집에서도 영상 피드백으로 더 나은 수업을 위해 노력했습니다. 그리고 1차 발표 후에 점수가 1.8~2점 정도로 컷에서 그리 높지 않은 점수였습니다. 그래서 더욱 간절했던 것 같습니다. 점수가 나온 뒤에는 하루에 8번 정도 실시했습니다. 여기서 단순히 횟수를 채우기보다는 내가 만족할 때까지, 조금이라도 더 나아졌고 괜찮다고 느낄 때까지 했다는 점이 합격을 이끈 것 같습니다.

Q3 수험생에게 해주고 싶은 조언이 있다면요?

청심환 강력 추천입니다. 청심환을 먹었었는데, 저는 주변 사람들에게 꼭 권합니다. 물론, 자신이 맞지 않는 약일 수도 있으니 시험이 가까워졌을 때 자신에게 맞는 청심환을 찾기를 바랍니다. 또한, 모로 가도 합격만 하자 기본, 기본을 지키자! 라는 생각으로 부담을 낮추면 좋겠습니다.

Chapter

6

2020학년도

기출문제 분석

2020 3

2020학년도 수업실연 기출문제

2020학년도 중등교사 신규 임용후보자 선정경쟁시험

특 수

관리 번호: (   )   성명: (   )

2차 시험	수업 실연	시험시간	지역별 상이

1. 본시 학습 지도 내용

대상	고등학교 3학년		교과	진로와 직업
주제	안전한 직업 태도		단원	6. 안전한 직업 생활
수업방법	블록타임제 100분			
차시	이전 차시	작업장 안전 표지판과 지켜야 할 수칙 알기		
	본차시	-작업장 안전 사고의 유형 알기 -작업장 안전 사고의 예방법 알기		
	다음 차시	안전사고가 발생했을 때 대처방법 알기		

2. 수험생 유의 사항

① 〈활동1〉 작업장 안전사고 유형 알기, 〈활동2〉 작업장 안전사고 예방법 알기를 실연하시오.

② 〈활동1〉 에서 학생들의 경험을 활용하시오.

③ 자료1, 자료2는 〈활동1〉, 자료3은 〈활동2〉 활용하여 실연하시오.

④ 〈활동2〉에서 학생들의 협동학습과정과 교사의 개별적인 지원이 드러나도록 실연하시오.

⑤ 〈활동2〉에서 학생 A의 도전행동에 대한 긍정적행동지원 중재를 실시하시오.

⑥ 교사용 컴퓨터, 빔프로젝터, 태블릿 PC, 스크린이 갖춰진 교실로 가정하여 실연하시오.

3. 학생 수준 및 특성

수준	인원	특성 및 학습 수행 수준
가	2명	- 일상생활 그림 또는 사진을 보고 짧은 문장으로 자신의 의사를 표현할 수 있다. - 태블릿 PC를 활용하여 필요한 정보를 찾을 수 있다.
나	4명	- 일살생활 그림 또는 사진을 보고 한 두 단어로 자신의 의사를 표현할 수 있다. - 검색어가 제시되면 태블릿 PC를 활용하여 정보를 찾을 수 있다. - 학생 A는 수업시간에 자꾸 동요를 틀어달라고 요구한다. (행동의 기능: 관심끌기 또는 회피)
다	1명	- 한 음절로 말하고 따라 말할 수 있다. 몸짓 또는 표정으로 표현할 수 있다. - 신체적 촉구를 받아 사진이나 그림을 붙일 수 있다.

4. 자료

► 〈자료1〉 동영상

- 바리스타가 커피를 만들다가 뜨거운 물에 손을 데는 영상
- 상자를 가득 들고 가는 중 시야 확보가 되지 않아 벽에 부딪히는 영상

► 〈자료2〉 그림

넘어짐	떨어짐	부딪힘

► 〈자료3〉 활동보고서

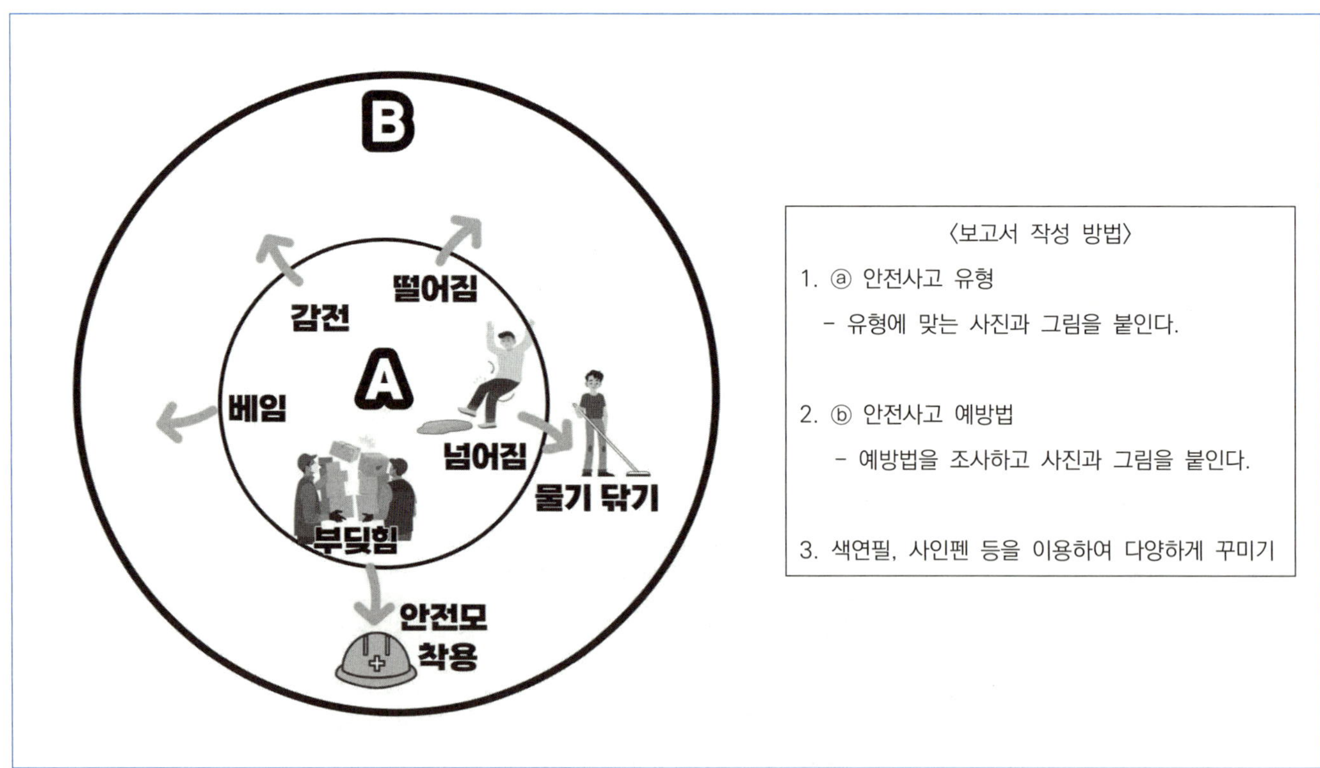

〈보고서 작성 방법〉

1. ⓐ 안전사고 유형
   - 유형에 맞는 사진과 그림을 붙인다.
2. ⓑ 안전사고 예방법
   - 예방법을 조사하고 사진과 그림을 붙인다.
3. 색연필, 사인펜 등을 이용하여 다양하게 꾸미기

5. 본시 관련 지도안 (과정안)

<table>
<tr><th rowspan="3">단계</th><th colspan="5">교수 - 학습 활동</th><th rowspan="3">시간</th><th rowspan="3">자료(자) 및 유의점(유)</th></tr>
<tr><th rowspan="2">활동 내용</th><th rowspan="2">교사활동</th><th colspan="3">학생활동</th></tr>
<tr><th>가</th><th>나</th><th>다</th></tr>
<tr><td rowspan="5">도입</td><td>인사</td><td colspan="4">▶ 인사하기</td><td rowspan="5"></td><td rowspan="5">(자) 시청각 자료</td></tr>
<tr><td rowspan="2">전시 학습 상기</td><td rowspan="2">▶ 지난 시간에 배운 내용 질문하기
- 이 그림의 안전 표지판은 어떤 뜻인가요?</td><td colspan="3">▪ 지난 시간에 배운 내용 대답하기</td></tr>
<tr><td>- 주의해요.
- 멈춰요.</td><td>- 멈춰, 집중</td><td>- 집~ 중~</td></tr>
<tr><td>동기 유발</td><td colspan="4" rowspan="2">작업장 안전사고의 여러 유형과 예방법에 대해 설명할 수 있다.</td></tr>
<tr><td>학습 목표 제시</td></tr>
<tr><td rowspan="5">전개</td><td>〈활동1〉
작업장 안전사고 유형 알기</td><td colspan="4">〈수험생 실연 부분〉</td><td rowspan="5"></td><td>(자) 자료1,2.
(유) 학생의 경험과 연계하여 발문한다.</td></tr>
<tr><td rowspan="4">〈활동2〉
작업장 안전사고 예방법 조사하기</td><td colspan="4">▶ 활동 소개하기</td><td rowspan="4">(자) 자료3, 태블릿PC

(유) 모둠을 이질적으로 구성한다.

(유) 모둠 간 상호작용이 활발하게 이루어질 수 있도록 지도한다.

(유) 교사는 학습의 관찰자, 촉진자의 역할을 수행한다.</td></tr>
<tr><td colspan="4">▶ 모둠원 역할 안내하기
- 발표자, 조사자, 또래 도우미 역할이 있어요.
▶ 역할 선택하기 및 또래도우미 자원 받기
- 어떤 역할을 할지 선택해봅시다.
- 00이와 함께 공부하고 도울 또래도우미 역할을 하고 싶은 사람은 손을 들어주세요.
※ 다수준의 학생도 직접 역할 선택하도록 하며, 또래 도우미 역할의 학생을 자발적으로 신청받기</td></tr>
<tr><td colspan="4">〈수험생 실연 부분〉</td></tr>
<tr><td colspan="4">▶ 보고서 발표하기</td></tr>
</table>

[수업 설계 문제]

*수업나눔 폐지에 따라 기출 문항을 수업 설계로 변형

1) 경기도는 단 한 명의 학생도 소외되지 않는 교육을 실현하고 있다. 본인의 수업에서 이를 위해 배움을 어떻게 설계했는지 말하시오.

2) 교사-학생 간 상호작용, 학생-학생 간의 상호작용이 중시된다. 본인 수업에서 상호작용을 촉진하기 위해 가장 의미 있게 설계한 장면은 무엇이며, 그 이유를 말하시오.

3) 본인 수업 설계 시 잘 설계된 점과 아쉬운 점을 말하고, 이를 동료교사와 어떻게 협업하여 발전시키고 싶은지 이야기하시오.

2020

2 기출 분석 및 발문 idea

01 출제 흐름

안전한 직업 태도는 직업 생활에서 가장 중요한 요소입니다. 단순한 호기심이나 장난과 부주의로 안전사고를 유발하는 것에 대해 경각심을 가질 수 있도록 '태도'에 중점을 두어 실연해야 합니다. 더하여 자료3 활동 보고서에 개념지도 형식을 활용한 것이 처음 등장하였습니다.

교육과정 살펴보기

(나) 작업 태도

바른 작업 태도는 직업인이 갖추어야 할 기본자세이며 성공적인 직업 생활의 전제가 된다. 연속된 작업 지시에 따라 정확하게 작업을 수행하고 점검하며, 직장 동료에게 예절을 지켜 원만한 관계를 유지하고, 안전 수칙을 지켜 사고를 예방하는 작업 태도를 기른다.

출처: 기본교육과정 진로와 직업과, p246

02 <활동❶>

- 경험 연계, 자료 활용
  - → 자료1과 학생의 경험을 연결짓고, 자료를 단순히 설명하는 것이 아닌 자료를 활용하는 수업을 만들기
  - → 진로와 직업 교육 활동과 연결하는 방법, 새학기에 사물함으로 물건을 옮겼던 상황, 누군가가 다쳤던 것 등의 경험을 활용하여 본 주제와 연결시키기! 단, 경험과 연결시키되 안전사고의 유형과 예방법 전부를 동기유발에서 모두 알게 해서는 안된다는 것 주의! (도전적인 과제 설정)

발문 예 여러분은 OO이와 같은 경험이 있나요? 커피를 내리다가 뜨거운 물에 데인 OO이는 어떤 감정일까요? 혹은 어떤 표정일까요?, 후에는 어떤 상황이 예상되나요?

- 주제의 필요성 강조
  - → 본 차시가 중요한 이유와 무엇을 배울지 핵심 개념을 학생의 답변에서 이끌어내기

발문 예 그럼 우리가 이러한 사고가 나지 않기 위해서 무엇을 배우면 좋을까요? 그래요! 우리 오늘은 안전사고가 무엇이 있는지에 대해서도 알아보고, 이를 예방하는 방법에 대해서 배워봅시다.

발문 예 어떤 것을 지키지 않아서 생긴 문제일까요? 그럼 우리가 OO이에게 무엇을 알려줄 수 있을까요?

• 상호작용 증대

→ 학생-학생, 교사-학생의 상호작용 극대화하기

→ 특히, 의미 있는 상호작용을 위해서 다군 특성 염두하기! 입으로 손을 가리키면서 음절을 따라 말하게 하기 (속도 빠르지 않도록 주의하기, 기다려주는 자세 필요), 다군의 신체적 촉진과 신체 표현의 의사소통 방식이 원활하게 하기, 다군의 신체적 촉구 시 교사나 친구가 지원하기 등의 방법 활용

• 자료 활용

→ 그림을 수준별로 다양하게 활용하기

발문 예 만약에, 그림 사진 중 첫 번째로 여러분이 넘어진다면 표정이 어떨 것 같나요? 한번 그림으로 그려보세요. 표정을 지어봅시다.
발문 예 그림에 중요한 부분을 선생님이 나군이, 다군이는 학습지에 추가적으로 표시를 해줄게요.

• 자료 간의 연계성

→ 자료2와 같이 그림이 여러 가지라면, 이들의 공통점을 언급해서 생각을 모아주기

발문 예 이 세 가지의 그림은 다 다르지만, 안전에 대해 유의하지 않았다는 공통적인 원인이 있군요.

• 경험 활용

→ 간단하게 체험이나 이후의 상황을 예측해볼 수 있도록 하여 안전에 대해 경각심 강조

발문 예 지금 여러분들의 교과서를 눈 앞에 대어 눈을 가려봅시다. 어떤 느낌이 드나요? (직접 체험)
발문 예 만약에 떨어짐의 사진에서 이렇게 그림을 바꾸어 볼께요. 이렇게 누군가가 밑에서 사다리를 잡아주었다면 어땠을까요? 이렇게 하는 것을 바로 '예방' 이라고 합니다. 두 번째 활동에서 더욱 알아볼까요? (활동1과 2의 연계 발문)

03 <활동❷>

• 보고서 작성 시범

→ 교사가 소리내어 말하기의 과정을 통하여서 먼저 모델링 제공하기

→ 보고서를 그림으로 붙이고, 원인과 예방법을 화살표로 나타내니 눈에 잘 보인다는 장점을 언급하는 것이 개념지도를 잘 인지했다는 것으로 보일 수 있음

발문 예 활동 보고서를 선생님이 한 가지만 먼저 시범을 보여줄게요. 보고서 작성 방법을 보면 첫 번째로~

• 안전사고 유형에 맞는 그림 붙이기

→ 모둠활동을 통해서 다군의 특성에 맞는 신체적 도움과 또래교수 실시, 협동 요소 강조하기

• 안전사고 예방법 조사하기

→ 모둠별 태블릿PC를 활용해서 찾아보기

→ 순회지도 시 나군과 다군에게는 학습의 내용적인 면 교정적인 피드백을 제공하며, 가군에게는 보다 더 심화된 과제를 제공해줄 수 있음

• 수준별 활동

→ 태블릿 PC 사용 시 나군에게는 검색어 제공, 다군 에게는 신체적 촉진이나 태블릿 PC 자동검색 기능을 통해서 개별화된 수업 모습 보여주기

→ 협동학습 과정 중 개별적 촉진과 피드백을 제공 (가,나,다군 별)

• 긍정적 행동지원 중재

→ 학생 A의 수업 시간에 자꾸 동요를 틀어달라고 요구하는 것의 기능에 맞는 중재 제공하기

→ 〈활동2〉의 학생A의 도전행동 기능 관심끌기 혹은 과제 회피

기능	발문 예
관심 얻기	우선, 수업 시간에 이렇게 행동하면 주변 친구들에게 방해가 될 수 있어요. 왜 계속 선생님을 불러서 노래를 틀어달라고 하나요? (상황 파악) 선생님한테 관심 받고 싶을 때는 어떻게 하기로 했죠? 맞아요. 선생님은 A가 ~의 활동에 ~한 자세로 오늘의 활동에 열심히 참여하면 더 칭찬해줄 수 있어요. (대체행동 설명) 그리고 선생님은 A가 그렇게 노래를 틀어달라고 하지 않아도 A를 항상 애정어린 눈빛으로 바라보고 있어요. 지금은 이렇게 대답해주지만, 두 번째는 선생님 대답해주지 않을거에요.
과제 회피	왜 동요를 듣고 싶나요? (이유 묻기) 어려울 때는 선생님에게 손을 들어서 도와주세요. 이 부분이 어려워요. 라고 말해볼까요? (대체행동 설명) 선생님이 A가 조금 더 쉽게 참여할 수 있도록 뜻이 써 있는 단어장을 줄게요. (자료 제공) 선생님이 아까 줬던 문제보다 조금 더 쉬운 문제를 줄게요. (난이도 낮추기) 이것을 지켜서 잘 참여한다면, 선생님이 수업 끝나고 쉬는 시간에 노래를 틀어 줄게요. (강화물 제시)

• 색연필, 사인펜 등을 이용해서 다양하게 꾸미기

→ 다군의 참여 중요, 꾸미기 시 스티커 추가적으로 제공 가능 예) 사인펜을 쥘 수 있는 보조기구, 스티커, 도장 등 다양한 방법

• 성취감 증대를 위한 실생활 연계하기

→ 작업실에 전시하여 안전 수칙 지키기, 현장실습 안내문에 완성된 활동지 넣어주기 등으로 생활과 연계하여 성취감을 증대할 수 있음

교육과정 살펴보기

(2) 교수·학습 방법

(마) 다양한 활동과 현장 경험을 활용하여 학습의 실효성을 거둘 수 있도록 수업 시간을 연속하여 융통성 있게 편성·운영할 수 있다.

(바) 실물이나 모형, 인터넷 자료, 사진 및 동영상 자료, 멀티미디어 자료 등 다양한 학습 자료를 적극 활용하여 교수·학습의 효율성을 높이고 생동감 있는 교수·학습 활동이 이루어지도록 하며, 화상 수업이나 스마트 미디어 등의 테크놀로지 활용을 통해 흥미로운 수업이 될 수 있도록 한다.

(사) 교수·학습 계획 시 학생의 수준과 특성, 진로 방향, 학교 상황, 지역사회 여건 등에 따라 내용의 우선순위를 정하여 계획한다.

(아) 교내의 직업 훈련실, 실습실, 특별실, 기타 시설이나 장비를 활용하여 교육과정에 대한 실제적인 활동과 경험을 통해 장차 개인의 진로 및 직업을 탐색하고 준비할 수 있도록 한다.

(자) 지역사회 내 직업훈련기관, 지역사회 전환 기관, 사업체 등 관련 기관과의 연계 속에서 다양한 시설이나 설비, 기구 등을 활용하여 체험, 활동, 실습을 할 수 있도록 하며 지역사회 전문가를 활용하여 현장 중심의 수업이 이루어질 수 있도록 한다.

출처: 기본교육과정 진로와 직업, p.247~248

2020

3

❶ 합격자 인터뷰 + 복기 스크립트

01 합격자 인터뷰

합격라이브

" 다양한 주제 연습으로 시험장에서 적중하다! "

2020학년도 경기 지역 최종 합격자 K 선생님

Q1 시험지를 처음 봤을 때 어떠셨나요?

'안전'은 우리 특수교육대상학생들에게 참 중요한 주제이기에 스터디에서 연습했던 내용이라 너무 반가웠습니다. 다양한 주제로 연습하는 것의 중요성을 시험장에서도 느꼈던 것 같습니다.

Q2 도전행동(=문제행동) 중재 시 고려한 부분이 있나요?

가,나,다군의 수준과 학생의 개인적 특성별로 중재도 고려해야 합니다. 현장의 상황을 떠올려보면 다군의 중증장애학생이 발화나 인지가 되지 않는 경우도 있는데, 대체행동으로 말을 하라고 한다던지, 규칙을 함께 외친다는 것은 맞지 않다고 생각했습니다. (규칙 인지는 같이 할 수 있겠지만요!) 그래서 학생별 수준과 특성에 따라, 예를 들어 가군, 나군은 자기 점검, 규칙 상기와 대체행동으로 말하기나 손들기를 지도하는 것, 인지 및 신체 장애 정도가 심한 경우 혹은 학습에 대한 흥미가 낮은 경우에는 파워카드를 휠체어 트레이에 붙여서 활용, 좋아하는 색이나 관심사를 활용했습니다.

Q3 스터디 조직에 대해 팁이 있다면요?

스터디는 사실 2명은 잘못된 방향을 가면 되돌릴 수 없기에 위험하다고 생각하고, 3명 정도가 적당한 것 같습니다. 조심스러운 이야기지만 스터디 성향이 맞지 않는 등 충돌이 잦다면 스터디를 바꿀 수도 있습니다. 나에게 다시 오지 않을지도 모르는 소중하고 아까운 시간입니다. 부디 마음이 잘 맞는 스터디원을 만날 수 있길 바랍니다.

Q4 수험생 선생님들께 조언 부탁드립니다.

'휘둘리지 마세요.' 모두가 불안한 시기일 수 밖에 없습니다. 시험에 가까워질수록 이런저런 정보도 많아지고, 이러면 플러스가 된다더라, 이러면 감점이라더라. 라는 이야기들이 많습니다. 그런데, 가장 중요한 것은 '기본적인 수업 자세'와 '조건'입니다. 대부분의 이야기가 신빙성이 없는 경우가 많으니 소신을 가지세요.

02 합격자 수업실연 복기 스크립트

단계	수업실연 복기 스크립트
활동1	(경험과 연관지어서 수업 진행) 진로와 직업 실습 수업을 할 때 이런 경험이 있지 않았나요? (동영상 활용) 택배 옮기는 실습을 할 때 우리도 조심했어야 했는데, 부딪힐 번한 일이 있었죠? 선생님도 사실 크게 다칠 번한 이런 비슷한 경험이 있었어요. 그럼 우리 어떤 방법을 배우면 좋을까요? 좋아요. 두 번째 활동에서는 예방법에 대해서 배워봅시다. 이렇게 우리 생활에서도 자주 나타날 수 있는 일이라서 오늘 수업은 안전한 생활에 도움이 될 수 있어요.
활동2	(조를 짤 때 이질적인 모둠으로 구성, 나만의 방식으로 창조하는 것이 아닌 보고서 작성법이 상세하게 나와 있어서 이를 참고하여 순서대로 함) A조가 틀린 답변을 하여 B조가 함께 생각하여 고쳐주는 장면 순회하며 각 수준 학생들에게 개별적인 피드백 제공하는 장면 (A가 문제행동이 나타나서 파워카드로 중재) 자, A야 지금 동요를 듣고 싶구나. 왜 듣고 싶어요? 아. 지루해서. 우리 A 책상 아래서 파워카드 꺼내서 읽어볼까요? 그래요. 우리 A가 좋아하는 00가수가 말하고 있죠? 수업 중에 지루하면 먼저 기지개를 쭉 펴요. 선생님한테 다른 걸 할 수 있나 물어봐요. 라고 되어 있네요. 자 우리 A를 따라서 다같이 기지개를 쭉~ 펴고! 우리 A가 좋아하는 꾸미기 스티커를 줄게요. 우리 작성을 마친 뒤에 이걸 활용해서 보고서도 꾸며봅시다. 이것에 대해서 어떻게 생각해요? 자 별별이가 이렇게 생각하는데, 땡땡이는 이렇게 생각해요? 아 아니에요? 다르게 생각해요? 아 아니라면 무엇을 보고 이렇게 생각이 들어요? A조 B조 모두 발표를 잘했네요. (적당한 생략을 활용해도 좋음)

03 경기 수업나눔(폐지) → 수업설계 답변 변형

***2026학년도부터 수업나눔 폐지에 따라 조이쌤이 수업설계 답변으로 재구성했습니다.**

1. 경기도는 단 한 명의 학생도 소외되지 않는 교육을 실현하고 있다. 본인의 수업에서 이를 위해 배움을 어떻게 설계했는지 말하시오.

수업 설계 문항에 대해 답변드리겠습니다. 모든 학생이 소외되지 않는 교육은 저의 중요한 교육 철학입니다. 저의 수업에서는 '모든 아이는 잠재된 가능성을 품은 씨앗이다.'라는 교육관을 바탕으로 이를 실현하기 위해 다음과 같이 배움을 설계했습니다.

첫째, 학생의 학습 수준에 맞춘 개별화 발문을 통해 동기 유발과 참여를 유도할 것입니다. '다' 수준의 학생에게는 키워드와 제스처를 병행하여, 모든 수준의 학생이 자신의 목표를 인지하고 학습에 공평하게 참여하도록 할 것입니다.

둘째, 이질적 모둠 구성을 통해 학생 간 협력 학습을 장려하고자 합니다. 〈활동2〉 보고서 작성 과정에서 '가' 수준의 학생이 '다' 수준의 학생과 짝을 이루어 협력하게 함으로써, '가' 수준 학생에게는 교수자가 되어보는 경험으로 자존감을 높일 기회를 제공하고, '다' 수준 학생에게는 동료 모델링을 통한 협력적 배움을 경험하게 할 것입니다.

셋째, 행동 지원 전략으로 파워카드를 활용하여 학습에 집중할 수 있는 환경을 조성할 계획입니다. 예를 들어, A학생이 지루함을 보일 때 파워카드를 사용하여 긍정적 행동을 선택하도록 안내하고, 이를 통해 수업에 다시 참여하는 작은 성취 경험을 제공하여 자발적 참여를 촉진할 것입니다.

2. 교사-학생 간 상호작용, 학생-학생 간의 상호작용이 중시된다. 본인 수업에서 상호작용을 촉진하기 위해 가장 의미 있게 설계한 장면은 무엇이며, 그 이유를 말하시오.

수업 설계 문항에 대해 답변드리겠습니다. 저는 학생들이 자신의 경험을 통해 학습의 필요성을 스스로 인식하고, 친구와 협력하여 정답을 찾아가는 과정을 가장 의미 있게 설계했습니다. 첫째, 교사-학생 상호작용을 위해 〈활동1〉에서 학생들의 실제 경험을 떠올릴 수 있는 질문을 설계했습니다. 저는 "카페 실습에서 뜨거운 것에 데일 뻔하지 않았나요?"와 같은 발문을 통해, 학생들 스스로 작업장에서 마주하는 안전 문제가 교과서 속 지식이 아닌 현실과 밀접한 주제임을 깨닫도록 할 것입니다. 둘째, 학생-학생 간 상호작용을 위해 〈활동2〉에서 학생들이 서로 피드백을 주고받는 과정을 설계했습니다. 예를 들어, 모둠 활동에서 "호동이가 이 안전 그림을 가운데 원에 붙이고 싶어하는데, 민호는 동의하나요?"와 같은 발문을 통해, 학생들이 정답을 찾기보다 서로의 의견을 조율하고 합의해 가는 과정을 유도할 것입니다. 정답을 바로 제시하지 않고 의견을 나누게 함으로써, 학생들이 스스로 사고하고 협력해 문제를 해결하는 경험을 할 수 있도록 지원할 것입니다.

3. 본인 수업 설계 시 잘 설계된 점과 아쉬운 점을 말하고, 이를 동료교사와 어떻게 협업하여 발전시키고 싶은지 이야기하시오.

수업 설계 문항에 대해 답변드리겠습니다. 저의 수업 설계를 성찰하며 잘 설계된 점, 아쉬운 점, 그리고 협업 방안에 대해 말씀드리겠습니다.

첫째, 잘 설계된 점은 실생활과의 연계입니다. 이번 수업 주제인 '작업장 안전'은 학생들의 취업 후 삶과 직결된다고 판단했습니다. 이를 위해 실제 작업장 안전 경고판 스티커를 강화물로 제시하여 수업 몰입도를 높이고자 했으며, 다음 차시에는 배운 내용을 바탕으로 실습실에 직접 스티커를 붙여보도록 학습 내용의 확장을 계획했습니다.

둘째, 설계상 아쉬운 점은 도전행동 중재에 대한 부분입니다. 예를 들어, A학생의 행동에 파워카드를 활용할 계획이나, 이것이 다양한 원인과 기능을 가진 문제 행동에 대해 충분히 효과적일지 지속적인 고민이 필요하다고 생각합니다.

셋째, 동료 교사와 협업하고 싶은 부분은 '보편적 학습 설계(UDL) 전문적 학습 공동체'를 운영하는 것입니다. 특수교육 현장에서는 학생들의 기능 차이가 크기 때문에 모든 학생이 공평하게 참여하는 수업을 설계하는 것이 중요합니다. 다양한 학생들이 배움에 참여하고 성장할 수 있는 수업을 동료 교사들과 함께 연구하고 싶습니다.

2020

3 ❷ 합격자 인터뷰

01 합격자 인터뷰

합격라이브

“ 조건을 어겼는데 합격이요? ”

2020학년도 평가원 지역 최종 합격자 K 선생님

Q1 시험 현장에서 당황스러웠던 점이 있었나요?

문을 열고 실제 시험장에 들어가서 인사하는 것까지 연습을 백번 넘게 했는데도 불구하고, ‘안녕하십니까?’ 라고 말한 뒤 멀뚱하게 서 있습니다. 그래서 평가위원님들이 웃으시면서 ‘관리번호가 뭘까요?’라고 웃으셨습니다. 저는 당황했지만 오히려 분위기 환기되었다고 긴장감을 풀어주셨습니다. 그들도 같은 경험을 해보았던 선배 교사이기에 우리의 마음을 더 잘 알 것이라고 생각합니다. 부담을 조금 덜 수 있었으면 좋겠습니다.

Q2 어떤 조건을 어기셨나요?

수업실연 구상 시 너무 긴장을 해서 수업구간을 제대로 보지 못했습니다. ‘빗금이 쳐져 있는 부분은 실연을 하지 않아도 됩니다.’ 라는 부분을 아예 못 보고 간단한 동기 유발부터 마무리까지 다 했습니다. 조이쌤께 푸념을 했는데, ‘시간이 부족하지도 않았고, 조건을 뺀 것은 감점 요인이지만 자연스러운 흐름으로 수업을 진행했으니 괜찮을 겁니다. 중요한 건 흐름입니다.’ 라고 위로해 주셨습니다. 결과적으로는 수업에서 크게 감점이 되지 않았습니다. (그래도 조건 잘 챙기세요!!!!!!)

Q3 수업실연에서 강조하고 싶은 부분이 있나요?

평가위원님들의 관심을 듬-뿍 받는다고 생각해야 합니다. 당시 아는 지인 분은 소심한 성격이지만, <활동2> 시작 전에 다같이 체육 시간에 배운 체조를 하자고 하며 혼자 춤을 췄다고 합니다. 춤이 중요한게 아니라, 그 절박함에 감명받았습니다.

Q4 수험생 선생님들께 해주고 싶은 말이 있나요?

2차 시험까지 왔다는 것은 정말 큰 축복입니다. 누구에게나 간절할 수 있는 문턱을 넘은 것을 축하드리고 싶습니다. 1차 점수에 상관없이 열심히 하면 정말 됩니다. 실제로 제 발령 동기 선생님은 1차 때 딱 컷이어서 벼랑 끝에 있다는 생각에 잠도 안자고 연습했다고 합니다. 결국엔 ‘얼마나 간절한가?’의 차이라고 생각합니다. 우리 교직에서 만납시다~

Chapter 7

2019학년도

기출문제 분석

2019 **1**

2019학년도 수업실연 기출문제

2019학년도 중등교사 신규 임용후보자 선정경쟁시험

특 수

관리 번호: (   ) 성명: (   )

2차 시험	수업 실연	시험시간	지역별 상이

1. 본시 학습 지도내용

교과	중학 과학 (나)
단원	2. 일기예보
제재	겨울철 날씨의 특징 알아보기
시간	블록타임제 (90분)
대상	중학교 3학년

2. 수험생 유의사항

① 〈활동1〉~〈활동2〉를 실연하시오.

② 〈활동1〉에서 나연이의 도전행동을 긍정적행동지원으로 중재하시오.

③ 학생의 경험을 활용하여 발문하시오.

④ STS 모형을 활용하여 수업하시오.

문제로의 초대	문제 탐색하기	해결방안 모색하기	실천 하기

⑤ 특수교육보조인력은 없다고 가정하고 실연하시오.

⑥ 교사용 컴퓨터, 칠판, 빔 프로젝터, 스크린, 태블릿PC가 갖추어진 교실에서 수업을 한다고 가정하시오.

3. 본시관련 학생 실태

수준	특성 및 학습 수행 수준
가(3명)	- 4~5문장의 지문 듣고 문장으로 답할 수 있다. - 태블릿 PC를 활용하여 스스로 검색할 수 있다.
나(3명)	- 주로 간단한 단어로 답할 수 있다. - 반복 설명하면 수업 내용을 이해할 수 있다. - 검색어를 제공하면 태블릿 PC로 검색할 수 있다. - 나연: 전체 학습 시 어려움을 느끼면 책상에 엎드리고 노래를 부른다. - 나준: 하지마비로 인해 휠체어를 사용한다.

4. 자료

〈자료1〉 뉴스 영상

〈뉴스 영상〉

오늘은 갑작스러운 한파가 찾아왔습니다.

오늘 밤 최저 영하 13도에서 영하 5도, 낮 최고 기온 0도에서 영상 2도입니다.

더불어 미세먼지가 심각 단계로 예상되니 건강에 유의하시기 바랍니다.

- 한파주의보: 겨울철 기온이 갑자기 낮아지는 현상
- 미세먼지: 미세한 공기 오염 물질

〈자료2〉 사진 자료 (차가운 바람, 빙판길, 손난로, 목도리·장갑 등)

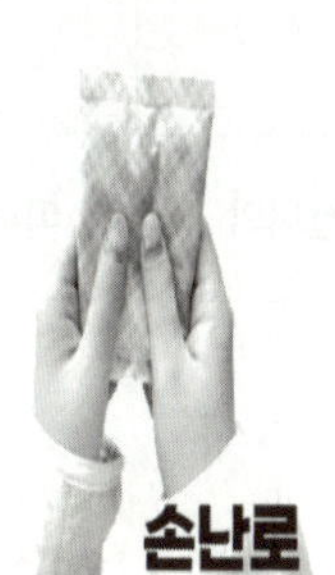

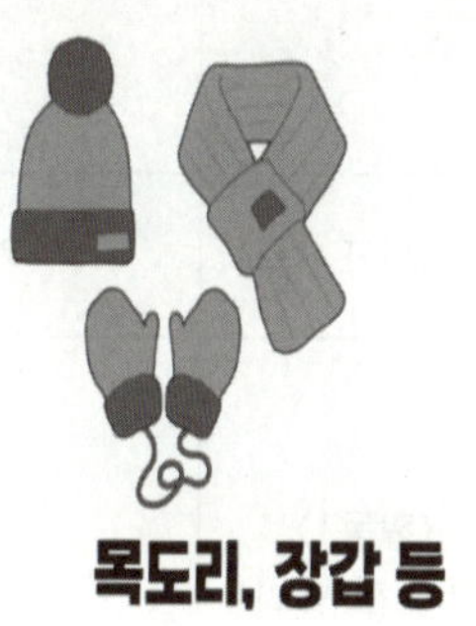

〈자료3〉 사진 및 실물 자료

5. 본시 교수-학습 지도안 (과정안)

<table>
<tr><th rowspan="3">단계</th><th colspan="4">교수 - 학습 활동</th><th rowspan="3">시간</th><th rowspan="3">자료(재) 및 유의점(유)</th></tr>
<tr><th rowspan="2">활동 내용</th><th rowspan="2">교사활동</th><th colspan="2">학생활동</th></tr>
<tr><th>가</th><th>나</th></tr>
<tr><td rowspan="5">도입</td><td rowspan="2">전시
학습 상기</td><td rowspan="2">▶ 일기예보를 통해 사계절 날씨 알기
- 우리나라에는 몇 개의 계절이 있나요?</td><td colspan="2">▷ 교사의 질문에 답하기</td><td rowspan="5">10</td><td rowspan="5"></td></tr>
<tr><td>- 봄, 여름, 겨울, 가을이요.</td><td>- 사계절
- 사(계절).</td></tr>
<tr><td rowspan="2">동기
유발</td><td rowspan="2">▶ 일기예보를 보면 좋은 점에 대해 질문하기
- 일기예보를 보면 어떤 점이 좋을까요?</td><td colspan="2">▷ 일기예보를 보면 좋은 점에 대해 생각하여 일기예보의 필요성 알기</td></tr>
<tr><td>- 날씨를 미리 알 수 있어요.</td><td>- 미리 준비해요.
우산 챙겨, 비, 눈 와요.
- (날씨카드)</td></tr>
<tr><td>학습목표 제시</td><td colspan="3">겨울철 날씨의 특징에 따라 대처 방법을 실천할 수 있다.</td></tr>
<tr><td rowspan="4">전개</td><td>〈활동1〉
겨울철 날씨
특징 알기</td><td colspan="3">〈수험생 실연 부분〉</td><td>30</td><td>재 자료1
유 전체 학습
유 나연이의 문제행동을 중재한다.</td></tr>
<tr><td rowspan="3">〈활동2〉
한파와
미세먼지
대처방안 알기</td><td colspan="3">▶ STS 모형 설명하기</td><td rowspan="3">50</td><td rowspan="3">재 자료2,3
유 모둠활동 시 이질적으로 모둠을 구성한다.
재 체크리스트, 마스크, 손소독제 등 실물자료</td></tr>
<tr><td>▶ 문제로의 초대
▶ 문제 탐색
▶ 해결방안 모색</td><td colspan="2">〈수험생 실연 부분〉</td></tr>
<tr><td colspan="3">▶ 실천하기</td></tr>
</table>

[수업 설계 문제]

*수업나눔 폐지에 따라 기출 문항을 수업 설계로 변형

1) 수업을 통해 학생에게 어떤 성장을 이끌어내고자 하며, 이를 위해 설계 시 어떻게 계획했는지 답변하시오. 그리고 수업 실행 시 예상되는 부족한(어려운) 점은 무엇이며 어떻게 보완할 것인지 답변하시오.

2) 오늘 수업의 성취기준과 주제에 따른 중점 지도사항은 무엇이며, 성취기준에 맞는 평가 방법과 이것을 학생의 성장을 위해 활용할 방안은 무엇인지 말하시오.

3) 수업주제와 관련하여 융합수업을 설계한다면 어떤 주제와 방법으로 할 것이며, 그때의 지도상 주의사항은 무엇인지 답변하시오. (구체적인 활동이나 방안에 대해 답변하시오.)

2019

2 기출 분석 및 발문 idea

01 출제 흐름

과학 교과 중 일상생활과 관련성이 높은 주제가 출제되었습니다. 이전 연도와 비슷한 형태지만 자료는 상대적으로 적어 난이도는 평이했습니다. 단, STS 모형이 등장하여 이를 활용하는 것이 중요했습니다. 모형이 출제되었을 시 나의 수업을 더 체계화 시킬 수 있다는 장점을 알고 구상 시 해당 단계에 따른 핵심발문을 구성하는 것이 좋습니다. 즉, 교사의 발문과 행동을 모형 단계의 맥락을 맞추어야 합니다.

교육과정 살펴보기

(다) 학습 지도 방법

② 강의, 실험, 토의, 조사, 견학, 과제 연구 등의 다양한 방법을 통하여 지도한다.

③ 학생의 개인차를 고려하고, 학습동기 유발을 위해 간단하고 흥미로운 탐구 활동으로 지도한다.

④ 학생의 지적 호기심과 학습동기를 유발할 수 있는 발문을 하고, 개방형 질문을 적극 활용한다.

⑤ 탐구 활동은 주로 기초 탐구 과정(관찰, 분류, 측정, 예상, 추리 등)을 활용하여 지도하며, 해당 학생의 학년군의 진전에 따라 학년군별 중점 기초 탐구 과정을 누가적으로 활용한다.

⑥ 학생 중심의 활동이 이루어지도록 하며, 의사소통을 할 때는 자신의 의견을 명확히 표현하고 다른 사람의 의견을 존중하는 태도를 갖도록 한다.

⑦ 탐구 수행의 모든 과정에서 의사소통이 원활하게 이루어지도록 하고, 탐구 결과를 다양하게 표현하는 활동을 통해 새로운 지식과 개념을 일반화할 수 있도록 지도한다.

⑧ 탐구 활동을 모둠 학습으로 진행할 경우 과학 탐구에서 상호 협력이 중요함을 인식시킨다.

⑨ 학생의 구체적 조작 활동을 우선으로 하고, 컴퓨터를 활용한 실험과 인터넷과 멀티미디어 등을 적절히 활용한다.

⑩ 주변에서 쉽게 볼 수 있고 친숙한 현상에 대하여 인지 갈등을 유발하여 학습동기를 북돋우며 새로운 과학적 사실과 개념으로 인도하는 발문을 한다.

⑪ 과학 지식 습득에 치중하기보다는 학생이 탐구 활동과 과학적 사고에 관심을 갖도록 한다. 이를 위하여 과학적 사실이나 개념을 주입하여 암기하기보다 자연현상을 오감을 활용하여 경험하고, 능동적으로 조작하고 변형해 보도록 지도한다.

⑫ 자연현상과 관련한 과학 용어 및 개념은 쉬운 용어로 대체하여 과학적 사실의 의미를 이해하도록 지도한다.

⑬ 자연현상과 관련한 사전 경험이나 사전 지식에 대해 이야기를 나누며, 의사소통을 통해 오개념을 확인하고 인지 갈등을 유발할 수 있도록 지도한다.

⑭ 첨단 과학과 시사성 있는 과학 내용 등을 도입하여 과학에 대한 흥미와 호기심을 갖도록 지도한다.

출처: 기본교육과정 과학과, p213

02 <활동❶>

- 경험 활용
  - → 켈러의 ARCS 동기 이론을 떠올리며 자료의 친숙성, 경험 등을 활용하여 발문 구성하기
  - → 이때 학생의 경험을 활용하되, 도전적인 과제가 될 수 있도록 이야기하는 것 주의!

발문 예 여러분, 겨울 하면 딱 떠오르는 게 무엇인가요?
발문 예 여러분, 겨울 날씨였을 때 우리의 옷 상태는 어땠나요?

- 자료 및 기자재의 활용
  - → 기자재와 자료가 학생들에게 적합한 수준으로 활용하기
  - → 가,나,다 학생들 모두가 이해하기 적절한 자료일 수 있도록 자료의 재구성, 자료 촉진 활용하기
  - → 나군은 태블릿PC 검색 활동 시 검색어를 제시하여 활동

발문 예 나군이는 선생님이 오늘 수업과 관련된 단어 검색 카드장를 가져왔어요. (카드장 제공)
발문 예 나군이의 학습지에는 오늘 수업에서 검색하면 이해하는데 쉬울 검색 단어 칸이 마련되어 있어요. (학습지에 단어 칸 사전 구성)

- 특성에 맞는 중재 제공
  - → 전체 학습 시 어려움을 느끼면 책상에 엎드리고 노래를 부르는 나연이의 특성을 고려하여, 〈활동1〉의 전체학습 시 예방적 중재 사용 가능
  - → 특성상 반복 제시하면 단어로 답할 수 있다는 점을 활용해서 (이해할 수 있고) 반복 제시하는 모습을 보여주는 것도 좋음

발문 예 우리 모두 첫 번째 자료를 볼까요? 선생님이 동영상을 하나 가져왔어요. 동영상에 누가 나오는지, 어떤 내용인지 함께 집중해서 보도록 해요. (동영상을 본 뒤) 아 우리 나연이 지금 이렇게 다같이 동영상을 보니까 어려움을 느껴서 책상에 엎드려서 노래를 부르려고 살짝 흥얼거리는 소리가 들리는 것 같은데~ 그래서 선생님이 나연이를 위해서 동영상의 내용을 담은 대본(스크립트)를 가져왔어요.
발문 예 특히, 중요한 단어에도 동그라미를 쳐놨으니 나연이랑 나나는 단어를 보다 더 집중해서 볼 수 있도록 해요. 동영상과 대본을 함께 반복해서 한번 더 살펴봅시다. 나연아, 오늘 주제가 마냥 낯설 수는 있지만, 사실 저번시간에 했던 일기예보 부분에서 조금 더 심화된 거에요. 어렵다면 선생님이 도와줄 수도 있고 친구들이 도와줄 수 있어요.

- 상호작용 중시
  - → 상호작용의 장면과 수업 방법 구성하기
  - → 학생과 교사의 상호작용, 학생 간의 상호작용을 할 수 있도록 교사의 확산적 발문과 학생들끼리의 짝 토의법, 모둠 토의법 등을 활용해도 좋음

- 핵심 개념 설명
  - → 수업 주제와 관련된 오늘의 핵심 단어 알기
  - → 현장에서 '날씨'와 관련된 수업을 하다 보면, 학생도, 교사도 가장 어려움을 느끼는 부분은 기상 용어 자체가 한자로 되어 있는 경우가 많고, 뜻이 어려운 편이라는 것! 검색을 해도 한자를 풀어서 설명할 뿐 더 어려운 설명인 경우도 많음

발문 예 '선생님이 이 부분을 더 쉬운 말로 알려줄게요.' 혹은 '나연이가 한파에 대해서 한번 이미지를 검색해 볼까?, 다들 사람들의 옷차림이 어때보이나요? 표정이 어떤 것 같나요?' 등 (학생이 직접 검색 - 이미지로 사전 개념 형성- 교사의 명시적인 설명으로 연결하는 방법)

발문 예 '한파 라는 것은 갑자기 너무 추운 기운이 파도처럼 밀려오는 현상을 말해요!' 등 (쉬운 말 풀이로 개념을 설명)

03 <활동❷>

• 문제로의 초대

→ 대처방안에 대해서 알아야 하는 이유 등으로 활동2의 필요성을 높이기

발문 예 그런데, 왜 대처방안에 대해서 알아야 할까요? 맞아요. 우리의 건강을 지키고, 일상생활을 더욱 안전하게 보내기 위해서 대처방안을 알고 실천하는 것이 필요해요.

• 문제 탐색

→ 사진 중 이러한 자연 현상이 계속된다면 어떤 문제가 있는지 자유롭게 토의를 통해 탐색해볼 수 있는 시간 제공하기

발문 예 두 번째 자료와 세 번째 자료를 한번 봐봅시다. 여러분, 어떤 것이 먼저 눈에 들어오나요? 맞아요. 우리가 한파와 미세먼지가 계속되면 나타나는 문제점에 대해서 그림이 나와 있어요. 어떠한 문제점이 있을지 그림을 보고 한번 자유롭게 짝끼리 토의해봅시다. 특히 나연이와 나나, 다군이의 학습지에는 사진 중 중요한 부분에 표시가 되어 있으니 이를 참고하여 토의하도록 해요.

발문 예 나나와 가은이는 한파가 계속 되면 땅이 얼게 되어 빙판길이 문제가 된다고 하네요. 구체적으로 어떤 점이 위험한 걸까요?

• 해결방안 모색

→ 현상에 대한 대처 방안에 대해서 찾아보기

발문 예 좋아요. ~의 조는 ~라고 이야기해주었고, ~의 조는 ~조와 달리 ~의 의견을 이야기해주었네요. 선생님도 같은 생각입니다. 정리해서 말해보자면 모두 공통적으로 ~이러한 문제점을 찾아 주었는데, 그렇다면 우리가 이러한 상황에서 어떤 대처법이 있을지 태블릿PC와 사진을 통하여서 해결방법을 찾아봅시다.

발문 예 선생님은 돌아다니면서 이 체크리스트 관찰지를 가지고 여러분들이 협동적으로 참여하고 있는지, 어떤 내용을 이야기하고 있는지 확인할게요.

• 실천

→ 실제 자료를 활용해서 마스크를 써보기도 하고, 손소독제도 직접 사용해보도록 하기

발문 예 바구니에는 여러분들이 실제로 사용하는 무엇일까요? 그래요 마스크도 넣어져 있고, 손소독제 등도 있어요. 이것을 직접 사용해보고 사용해본 느낌이나, 사용 방법 그리고 이러한 상황에는 어떤 것이 필요할지 토의하며 배움학습지에 정리해봅시다.

발문 예 그럼 앞으로 우리는 이러한 날씨에 외출 전 OO이에게 어떤 말을 해줄 수 있을까요?

point! 과학과의 다양한 모형

모형 이름	특징	단계
직접교수	- 교사 중심 전략으로, 개념과 기술을 가르치기 위해 교사의 설명과 시범 그리고 학생의 연습과 피드백이 결합되어 사용 - 개념과 일반화를 빠른 시간에 학습, 학생들의 진전의 명백한 가시화 가능 - 학생들의 외적 동기 증진 가능	설명하기 → 시범보이기 → 질문하기 → 활동하기
경험학습	- 새로운 정보의 수집과 분류 등 기초 탐구능력 함양이 목적 - 구체적이고 조작적인 감각 경험 강조 - 새로운 학습 소재를 다룰 때 적합	자유탐색 → 탐색 결과 발표 → 교사의 안내에 따른 탐색 → 탐색 결과 정리
발견학습	- 새로운 과학 지식의 발견 (규칙성)을 통하여 개념을 형성하고 일반화하는 것이 목적 - 학습내용이 주변의 구체적인 사례로부터 일반적인 과학 개념이나 법칙을 이끌어 내는 경우 사용 - 교사의 학습 안내 활동이나 통제를 최소화 (교사는 피드백 및 새로운 자료제공의 역할)	탐색 및 문제 파악 → 제시 자료 및 관찰 탐색 → 추가 자료 제시 및 관찰 탐색 → 규칙성 발견 및 개념 정리 → 정리 및 응용
순환학습	- 과학의 기본 개념 학습 및 인지 발달 촉진 목적 - 학생들의 개방적 활동과 교사의 교수 활동을 적절하게 결합 - 관찰, 실험을 통하여 새로운 개념을 발견하도록 유도	탐색 → 개념 도입 → 개념 적용
탐구학습	- 과학의 본질적인 과정인 가설-검증 절차를 체득하는 모형 - 가설을 설정하는 데 배경지식이 필요 - 실험설계가 중요하고 변인 통제를 정확히 해야 함	탐색 및 문제 파악 → 실험 설계 → 실험 → 가설 검증 → 적용 및 새로운 문제 발견
STS 학습 (과학-기술-사회)	- 실생활 문제와 이러한 문제를 해결할 수 있는 능력을 함양하는 것이 목적 - 과학 및 기술과 관련된 일상생활이나 사회문제를 제기하고 문제의 심각성을 인식 - 다양한 자료의 활용이 가능하며 문제와 논쟁에 대한 협동적인 학습 실행	문제 소개 →탐색 → 실행 및 해결 방안 제시 → 실행
개념 변화 학습	- 학생들의 오개념을 과학적 개념으로 변화시키는 것이 목적 - 학생의 개념을 충분히 드러낼 수 있는 기회를 제공한 후 인지적 갈등을 일으켜 기존 개념에 불만을 갖도록 함 - 대다수 학생들이 오개념을 가지고 있는 내용을 가르칠 때 효과적인 모형	개념 표현 → 개념 재구성 → 개념 응용 → 개념 변화 검토

교육과정 살펴보기

(라) 영역별 유의 사항

- 기상과 관련하여 기상의 원리에 대한 설명보다는 기상에 따른 대처 방법을 중심으로 지도한다.
- 별 자리를 지도하거나 박물관 견학 시 스마트 기기를 활용하여 학생에게 다채로운 경험과 정보를 제공할 수 있도록 한다.
- 영상 자료를 활용하거나 모형을 사용하는 과정에서 학생이 오개념을 가지지 않도록 지도한다. 특히, 모형을 사용할 때에는 모형과 실제 자연현상 사이의 차이점을 명확히 설명한다.

출처: 기본교육과정 과학과, p.215~216

2019

3

❶ 합격자 인터뷰 + 복기 스크립트

01 합격자 인터뷰

합격라이브

" 기출문제 집중 공략하기 "

2019학년도 평가원 지역 최종 합격자 N 선생님

Q1 2차 준비 방법에 대해서 이야기 나누어 주세요!

합격 통보 받은 뒤엔 매일 같이 기출문제를 중심으로 연습했습니다. 한 문제를 여러번 보니까 정교화가 되었고, 출제자의 의도를 파악할 수 있었습니다.

Q2 지도안 작성 시 팁이 있다면요?

① 현직 교사에게 피드백 받기: 지도안은 개인적으로 현직교사에게 반드시 피드백을 받아야 한다고 생각합니다. (그들이 채점을 하기 때문에) 사실 무리해서라도 아는 사람, 선후배 안가리고 도움을 청했습니다.

② 필살기 만들기: 지도안 작성 시 필살기로 그래픽 조직자를 활용했습니다. 독도를 가운데 놓고 자연 환경 인문환경 나눈 것 처럼 한파 미세먼지 → 날씨 정리하는 것을 칠판까지 사용했었습니다. 브레인스토밍 활동이 될 수도 있었고, 이 자체로 수업의 정리이자 수업의 결과물까지 될 수 있었습니다.

③ 대기실에서 계속 상기하기: 고도의 집중력을 발휘해서 지도안을 작성하고 난 뒤 대기실에서 머릿속으로 복기할 수 있을 것입니다. 저는 4시간 기다리다가 수업을 했으니 눈을 감고 계속 시뮬레이션을 반복하여 실수를 줄일 수 있었습니다.

Q3 선생님의 득점 요인은 무엇이라고 생각하시나요?

① sts 모형 녹여낼 때는 과학과목이지만, 과학 원리만 말하는 것이 아니라 일상생활 적인 것을 녹여냈습니다. 한파의 날씨에는 사람들이 어떤 것을 하는지 미세먼지가 심할 때 사람들이 어떻게 하는지 사회 현상과 연결하여 사람들은 어떻게 옷을 준비해야 할까? 등의 사고를 확장할 수 있는 질문을 제공했습니다.

② 20일내내 지도안 뿐만 아니라 연습 영상을 촬영한 것을 다양한 사람에게 피드백 받았습니다. 그 안에서도 공통적으로 칭찬하는 부분은 끝까지 기억하여 시험장에서도 발휘했습니다.

2019

3 ❷ 합격자 인터뷰 + 복기 스크립트

01 합격자 인터뷰

합격라이브

" 욕심 내려놓기 "

2019학년도 경기 지역 최종 합격자 J 선생님

Q1 선생님의 수업의 특장점이라면 무엇인가요?

밝은 표정에 에너지틱한 수업 분위기를 가지고 있었고, 목소리 톤이 좋다는 칭찬을 공통적으로 받아 왔습니다.

Q2 실제 수험장에서 어려움을 느꼈던 부분은 무엇인가요?

시험지를 받았을 때 처음 STS 모형이라는 단어에 잠시 당황했었지만, 모형이라는 것이 나의 수업을 체계화 할 수 있도록 도우려고 나왔다는 논박을 거치니 부담감이 조금 잦아들었어요. STS 모형이라는 큰 틀을 생각해보고, 그에 따른 핵심 발문을 구상하는 식으로 해결할 수 있었습니다.

Q3 수업실연 및 나눔 준비 방법 중 시험에서 큰 도움이 되었던 것은 무엇이었나요?

완전히 똑같은 주제는 아니었지만, 일기예보 관련 주제를 가지고 연습했던 경험이 시험장에서 큰 자신감으로 작용했습니다. 시험의 후반부에는 다양한 주제와 과목의 연습으로 확장해 나아가는게 필요하다고 생각합니다.

Q4 감점 요인은 무엇이라고 생각하나요?

저는 수업실연에서 약 1점 감점 당했는데, 수업의 후반부에서 시간이 조금 애매하게 남았어서 (약 2분) 이를 '내가 이렇게까지 열심히 했는데 2분이라는 시간을 그냥 그만하는게 맞나?'라고 고민하다가 살짝 흐지부지하게 마무리했습니다. 즉, 깔끔한 정리를 하지 못해 감점되었다고 생각합니다. 그래서 저는 수험생 여러분들께 수업의 할 내용을 다 마쳤으면 지나친 욕심에 우왕좌왕하기 보다는 자신을 믿고 대기석에 앉아 수업나눔에 대해 생각하는 것도 좋다고 조언하곤 합니다.

02 합격자 수업실연 복기 스크립트

단계	수업실연 복기 스크립트
활동1	자! 여러분, 활동에 들어가기 전에 우리 반의 약속 한번 살펴볼까요? 그래요. 우리는 배움은 나누고, 협동은 곱하고! 라는 규칙이 있었죠? 우리가 함께 배웠던 내용은 알차게 나누고, 협동하는 자세는 배가 되면 협동적인 우리반이 될 수 있을 겁니다! 첫 번째 활동입니다. (짝-) 오늘의 첫 번째 활동으로는 겨울철 날씨의 특징을 알아볼겁니다. (띵-) 먼저 오늘 배울 내용과 관련있는 영상을 하나 가져왔어요! 스크린에 잘 나오고 있나요? 좋아요. 우리 동영상에서 누가 나오는지, 어떤 내용을 이야기하는지 잘 집중해서 보도록 해요! (속삭이는 목소리로) 나연아 스크린에 나오는 동영상 보도록 하자~ 자! 여러분, 우리가 동영상을 보았습니다. (예방적 중재) 그런데 어디서 흥얼거리는 소리가 들리는데~ 마침 우리 나연이가 전체 활동에서 어려움을 느꼈나봐요. 책상에 엎드려서 노래를 부르려고 시동을 걸고 있네요! 선생님이 그래서 동영상을 한번 더 보여줄 겁니다. 그리고 동영상의 대본도 여러분의 나연이와 여러분들의 학습지에 있고, 선생님이 나연이의 학습지의 중요 단어에 밑줄을 쳐놨어요. 나연아, 학습지랑 동영상을 함께 본다면 어렵지 않을 거야! 나연이는 할 수 있어요! 이에 집중해서 동영상을 한 번 더! 봅시다. 동영상에서 누가 나왔었나요? 우리 가은이가 말해준 대로 날씨를 알려주는 기상캐스터가 나왔습니다! 그런데, 여러분들 혹시 어려운 단어가 있었나요? 학습지에 밑줄이 그어져 있는 단어인 '한파' 가 어려웠구나. 그럼 우리 오늘의 학습반장 나은이가 단어카드 참고해서 한파를 검색해볼까? 한~ 그리고 파~ 라고 좋아요. 태블릿 PC를 스크린에 연결해줄게요. 자 우리 이미지를 들어가서 한번 봐봅시다. '한파' 라는 이미지가 어떤 이미지들이 있나요? 맞아요. 그럼 여러분들이 생각하는 '한파' 라는 단어의 의미는 무엇인가요? ~아 그렇군요. 그럼 선생님이 나연이의 생각에 덧붙여서 조금 더 쉽게 설명해줄게요. 한파라는 것은 겨울철에 갑자기 너~무 너무 추워져서, 엄청난 추위가 파도처럼 밀려오는 현상을 말해요. 그래서 우리가 찾아본 이미지에도 옷이 더 두껍고 사람들의 표정이 어때요? 맞아요. 추워서 힘들어하고 있죠? 그래서 한파 주의보 라는 것은 주의하세요! 다가오는 겨울에 더욱 더 추워질 것이니 조심하세요! 라는 걸 기상청에서 알려주는 겁니다. 여러분! 자 이제 모두 다 일어나세요! 오늘도 우리 두더지 발표를 해보겠습니다! 우리 다군이는 해당되는 내용이 있다면 손을 내려주세요! 그럼 겨울철 날씨의 특징 중 하나인 '미세먼지'라는 단어를 들었을 때 떠오르는 경험이 있다면, 발표를 하고 자리에 앉아주세요! 우리 가영이는 엄마가 오늘 미세먼지가 심해서 운전하기가 힘들다. 라고 말했던 경험도 있었고~ 아 우리 나영이는 자리에 앉지 않고 있는데, 혹시 미세먼지에 대한 경험을 떠올리기 힘들면 한번 수업 짝꿍과 간단히 토의해볼까요? 그래요. 체육 시간! 체육 시간에 미세먼지가 심해서 실내에서 체육을 했던 경험들! 그럼 나영이까지 모두 미세먼지 때문에 불편했던 점을 경험해 보았었네요! 그럼 '미세먼지' 라는 뜻은 정확히 무엇일까? 맞아요. 우리가 과학시간에도 배웠었죠? '미세하다.' 라는 것은 눈에 보이지 않고 아~주 아주 작은 것을 뜻해요. 그래서 미세먼지라는 것은 눈에 보이지 않는 아주 아주 작은 먼지 라는 의미에요. 이것이 많아지면 우리 가영이가 말했던 대로 운전할 때 건물이 잘 보이지 않기도 하고, 호흡기로 쉽게 들어갈 수 있어서 체육시간에 운동장에서 체육을 할 수도 없어요! 우리가 날씨에 관한 단어 자체가 어려울 수는 있어도, 생활 속에서 우리는 모두 느끼고 있었네요. 이렇게 우리가 경험을 나눠보며 겨울철에는 날씨의 특징인 한파와 미세먼지 등을 알아보았어요.

활동2	자, 두 번째 활동입니다. (짝짝-) 두 번째 활동으로 한파와 미세먼지의 대처방안에 대해서 모둠별로 알아볼 겁니다. 우리의 모둠 학습지가 있는데, 완성 후 과학의 날 때 전시를 해놓을 수 있도록 알차게 작성해보아요! (모형에 대한 설명은 생략) 자, 우리 그럼 배려팀은 000,*** 이었고, 나눔팀 구성원은 누구였죠? 그래요. 나누어서~ 시작~ (문제로의 초대) '겨울철 날씨 특징 중 한파와 미세먼지의 문제점'에 대해서 자유롭게 사진을 검색해볼까요? 핵심단어 카드를 나영, 나현이는 활용하도록 해요. (문제 탐색) 그런데, 왜 차가운 바람과 빙판길이 위험할까요? 빙판길 사진을 볼 때 바닥의 상태에 강조 표시를 해놓을테니 더 집중해서 봐봅시다. (해결방안 모색) 아! ~한 문제점이 있네요. 그러면 ~의 문제점을 해결하기 위해서 어떤 방법이 있을지, 어떤 방법으로 대처를 할 수 있을지 모둠별로 토의해봅시다. (+순회지도) 우리 배움팀에서는 미세먼지 경보 앱에 대해서 찾고 있구나! 우와 선생님도 이번 시간 끝나고 바로 이 앱을 설치해야 겠어요. 아주 훌륭해요. 나눔팀에서는 ~를 조사하고 있는데 우리 배움팀은 ~의 부분이 새롭네요. 그런데, ~한 부분을 조금 더 추가하면 더 멋진 발표가 될 수 있을 것 같아요. (실천) 우리가 실물 자료들을 활용해서 어떻게 생활 속에서 실천할 수 있을지 모둠별로 활동해봅시다. (배움 노트) 우리가 배움 노트를 활용해서 수업 전에 알고 있었던 것, 수업 중에 배웠던 것, 수업 후에 더 알아보고 싶은 것에 대해서 한번 여러분의 언어로 정리해볼까요? (실생활 연결) 날씨에 대한 뉴스와 영상을 함께 살펴보면서, 겨울철 날씨에 관심을 가지고 적절한 대처 방법으로 우리의 건강과 안전을 지켜요!

03 경기 수업나눔(폐지) → 수업설계 답변 변형

*2026학년도부터 수업나눔 폐지에 따라 조이쌤이 수업설계 답변으로 재구성했습니다.

1. 수업을 통해 학생에게 어떤 성장을 이끌어내고자 하며, 이를 위해 설계 시 어떻게 계획했는지 답변하시오. 그리고 수업 실행 시 예상되는 부족한 (어려운) 점은 무엇이며 어떻게 보완할 것인지 답변하시오.

수업 설계 문항에 대해 답변드리겠습니다. 저는 '배움과 학생들의 생각을 이어주는 연결짓는 교사'가 되고 싶습니다. 그래서 이번 수업을 통해 학생들의 의사소통 역량을 성장시키고자 합니다. 각자의 의사소통 방법을 존중하는 자세가 중요하다고 생각하여, 다음과 같이 세 가지 방식으로 수업을 설계했습니다.

첫째, '두더지식 발표'를 활용할 것입니다. 〈활동1〉에서 미세먼지에 대한 경험을 공유하는 질문에 학생들이 일어서거나 앉으며 서로의 경험을 직관적으로 확인하고 상호작용하는 과정을 통해 의사소통을 증진시키고자 합니다. 둘째, '하부루타 활동'을 통해 학생들이 서로의 의견을 묻고 정교화하는 기회를 제공할 것입니다. 〈활동2〉에서 모둠별로 문제점과 대처 방안에 대해 토론하며 스스로 사고하고 협력해 문제를 해결하는 경험을 하도록 지도할 것입니다.

수업 실행 시 예상되는 어려운 점은 〈활동1〉에서 날씨 관련 개념을 학습하는 데 시간이 다소 소요되어 〈활동2〉의 모둠 활동 시간이 부족해질 수 있다는 점입니다. 이를 보완하기 위해 사전 학습 과제를 제공하여 개념을 미리 익히게 하고, 핵심 단어가 담긴 구조화된 학습지를 준비하여 학생들이 충분한 토의와 협력 시간을 가질 수 있도록 개선할 것입니다.

2. 오늘 수업의 성취기준과 주제에 따른 중점 지도사항은 무엇이며, 성취기준에 맞는 평가 방법과 이것을 학생의 성장을 위해 활용할 방안은 무엇인지 말하시오.

수업 설계 문항에 대해 답변드리겠습니다. 오늘 수업의 성취기준은 겨울철 날씨 특징을 이해하고, 변화에 적절히 대처하는 실천적 태도를 형성하는 것입니다. 따라서 중점 지도사항은 학생들이 개인적 경험을 바탕으로 실생활에서 안전하게 대비하는 방법을 찾고, 이를 실천하려는 태도를 갖게 하는 데 두었습니다.

이를 위한 평가 방법으로는 '포트폴리오 평가'와 '관찰 평가'를 활용하고자 합니다. 포트폴리오를 통해 학생들이 배운 내용을 시각적으로 정리하며 자신의 성장 과정을 확인하도록 할 것입니다. 관찰 평가는 모둠 활동 시 학생의 태도와 참여도를 직접 관찰하여 주도성과 실천 의지를 평가할 것입니다.

이것을 학생의 성장을 위해 활용할 방안으로는, 포트폴리오 평가 결과를 개별 피드백으로 연결하여 학생의 성장 지점과 개선 방향을 제시할 것입니다. 예를 들어, 체크리스트를 활용하여 자신의 실천적 태도를 스스로 돌아보며 발전시키도록 돕겠습니다. 이러한 평가를 통해 학생들이 위험 요소에 능동적으로 대처하는 역량을 형성하도록 지원할 것입니다.

3. 수업주제와 관련하여 융합수업을 설계한다면 어떤 주제와 방법으로 할 것이며, 그때의 지도상 주의사항은 무엇인지 답변하시오. (구체적인 활동이나 방안에 대해 답변하시오.)

수업 설계 문항에 대해 답변드리겠습니다. 겨울철 날씨 특징이라는 주제를 사회 및 미술 교과와 연계하여 융합수업으로 설계하겠습니다.

첫째, 사회 교과와의 융합입니다. 모둠별로 우리나라 지형 모형과 지역별 기온 지도를 만들어보며, 지리적 요소가 겨울철 날씨에 미치는 영향을 체험적으로 이해하도록 지도할 계획입니다.

둘째, 미술 교과와의 융합입니다. 한파나 미세먼지로 인한 위험 및 대처 방안을 주제로 포스터나 홍보물을 제작하는 활동을 실시하고자 합니다. 이 과정에서 학생들이 위험 요소를 스스로 정리하고 창의적으로 표현하며 실천적 태도를 함양하도록 할 것입니다.

이러한 융합수업에서의 지도상 주의사항은 안전 관리입니다. 지형 모형을 만들 때 날카로운 도구를 사용하지 않도록 안내하고, 미술 활동 시 학생들의 부주의로 인한 사고가 발생하지 않도록 지도하겠습니다. 실생활 연계와 안전 교육을 강화하여 학생들이 배운 내용을 일상에서 안전하고 현실적인 방향으로 적용할 수 있도록 수업을 진행하고자 합니다.

Chapter 8

2018학년도

기출문제 분석

2018 1

2018학년도 수업실연 기출문제

2018학년도 중등교사 신규 임용후보자 선정경쟁시험

특 수

관리 번호: (   ) 성명: (   )

2차 시험	수업 실연	시험시간	지역별 상이

1. 본시 학습 지도 내용

교과	사회(고등)-나
단원	7. 우리 영토의 시작, 독도
목표	독도의 위치와 자연경관에 대해 보고서를 작성하고 발표할 수 있다.
차시	[전시학습] 아름다운 독도의 모습
	[본시학습] 독도의 위치와 자연경관 알기
시간	블록타임제

2. 수험생 유의사항

① 전개 〈활동1〉, 〈활동2〉를 실연하시오.

② 학생의 경험을 활용하시오.

③ 〈활동1〉에서 자료1을 활용하시오

④ 〈활동2〉에서 자료2를 활용하시오.

⑤ 한솔이의 문제행동중재를 〈활동2〉에서 하시오.

⑥ 지영이의 참여도를 높이기 위해 〈활동2〉에서 개별적 지원을 제공하시오.

⑦ 태블릿PC, 교사용 컴퓨터, 빔 프로젝터, 스크린이 갖추어진 교실에서 수업을 진행한다고 가정하시오

3. 본시 관련 학생 실태

수준	인원	특성 및 학습 수행 수준
가	4명	- 문장 수준으로 말할 수 있다. - 3~4 단락의 글을 읽고 이해할 수 있다. - 태블릿 PC, 책, 신문 등을 활용하여 스스로 자료를 찾을 수 있다. - 한솔(자폐성장애): 자신의 생각이 반영되지 않으면 좌절감을 느끼며 소리를 지른다.
나	3명	- 단어와 그림을 이해하고 단어로 말할 수 있다. - 제시어가 제공되면 태블릿 PC을 사용하여 사진을 찾을 수 있다. - 지영: 교사가 개별지원 제공되면 수업에 적극적으로 참여한다.

4. 자료

〈자료1〉 읽기 자료

우리나라 우리 땅, 독도!

독도는 맑은 날이면 울릉도에서 직접 볼 수 있고, 언제든 갈 수 있는 우리나라 땅입니다. 독도는 동도와 서도로 이루어져 있습니다. 우리나라 동쪽 끝에 자리하고 있고 주소는 대한민국 경상북도 울릉군 울릉읍에 속하여 있습니다. 해양자원이 풍부한 독도는 한류와 난류가 만나는 곳으로, 많은 플랑크톤으로 인해 물고기가 풍부한 어장을 가지고 있습니다. 독도는 '천연 보호 구역'으로, 아름다운 자연환경과 더불어 많은 천연자원을 가지고 있습니다. 독도는 다양한 동식물이 서식하는 생태계의 보고입니다.

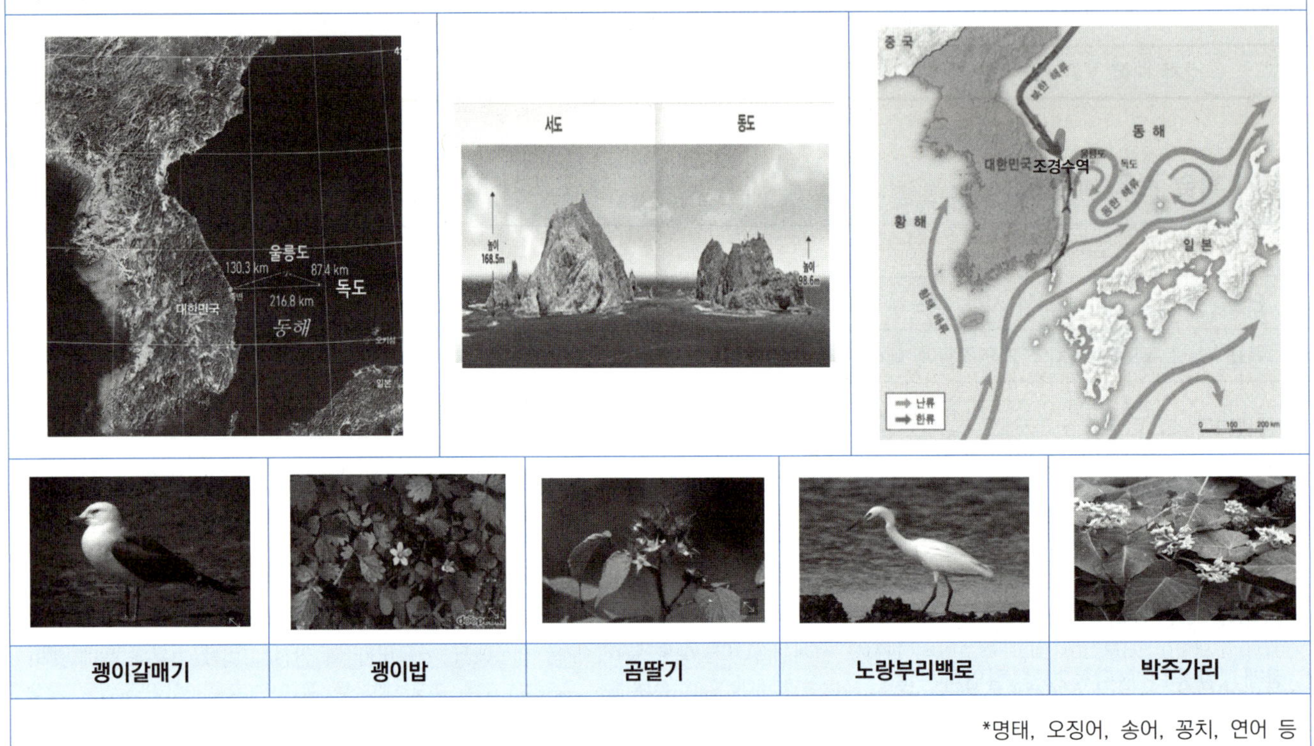

괭이갈매기	괭이밥	곰딸기	노랑부리백로	박주가리

*명태, 오징어, 송어, 꽁치, 연어 등

〈자료2〉 보고서

항목	내용
위치	
지리적 특성	
동물	
식물	

서도　동도

사진　사진　사진

5. 본시 관련 지도안

<table>
<tr><th rowspan="3">단계</th><th colspan="4">교수 - 학습 활동</th><th rowspan="3">시간</th><th rowspan="3">자료(재) 및 유의점(유)</th></tr>
<tr><th rowspan="2">활동 내용</th><th rowspan="2">교사활동</th><th colspan="2">학생활동</th></tr>
<tr><th>가</th><th>나</th></tr>
<tr><td rowspan="5">도입</td><td rowspan="2">전시
학습 상기</td><td rowspan="2">▶ 독도의 모습이 담긴 동영상을 제시하기
- 독도의 모습을 보고 어떤 느낌이 드나요?</td><td colspan="2">▷ 독도의 아름다운 모습을 보고 느낀 점을 말하기</td><td rowspan="9"></td><td rowspan="5">(재) 독도 관련 동영상, 독도 사진

(유) 독도의 아름다움을 함께 느끼고 독도가 우리나라 땅임을 알도록 한다.</td></tr>
<tr><td>- 아름다워요.
- 놀러 가고 싶어요.</td><td>- 예뻐. 좋다.</td></tr>
<tr><td rowspan="2">동기
유발</td><td rowspan="2">▶ 독도의 위치와 독도에는 무엇이 살지 질문하기
- 독도는 어디에 위치해 있나요?, 독도에는 무엇이 살고 있을까요?</td><td colspan="2">▷ 독도의 위치와 독도에는 무엇이 살지 자유롭게 대답하기</td></tr>
<tr><td>- 바다에 있어요.
- 갈매기/물고기요.</td><td>- 몰라.
- 물고기, 새.</td></tr>
<tr><td>학습
목표 제시</td><td colspan="3">독도의 위치와 자연환경에 대해 보고서를 작성하고 발표할 수 있다.</td></tr>
<tr><td rowspan="4">전개</td><td>〈활동1〉
독도 알아보기</td><td colspan="3">〈수험생 실연 부분〉</td><td>(재) 자료1</td></tr>
<tr><td rowspan="3">〈활동2〉
독도 보고서
작성하기</td><td colspan="3">▶ 보고서를 제시하여 모둠 활동 (규칙, 활동 방법)에 대해 설명하기
- 모둠활동 규칙과 방법을 알아봅시다.</td><td rowspan="2">(재) 자료2

(유) 이질적인 학생들로 모둠을 구성한다.

(유) 교사는 순회하며 도움이 필요한 학생에게 개별적인 지원을 제공한다.

(유) 또래 상호작용이 활발히 일어날 수 있도록 지도한다.</td></tr>
<tr><td colspan="3">〈수험생 실연 부분〉

▶ 모둠 구성하기

▶ 조사 계획 및 역할 분담 안내하기

▶ 조사하기

▶ 보고서 작성 및 발표 준비하기</td></tr>
<tr><td colspan="3">▶ 보고서 발표하기
- 모둠별로 보고서를 발표해봅시다.
- 새롭게 알게 된 점은 무엇인가요?
- 모둠활동을 하며 느낀점을 말해봅시다.</td><td>(유) 발표에 어려움이 있을 경우 그림을 보고 말할 수 있도록 지원한다.</td></tr>
</table>

[수업 설계 문제]

*수업나눔 폐지에 따라 기출 문항을 수업 설계로 변형

1) 학생들의 미래핵심역량을 길러주기 위해 본 수업에서 어떤 역량을 구현하고자 설계했는지 말하시오.

2) 배움에서 공평한 기회를 제공하기 위해 본인이 설계한 방안을 말하고, 이에 대한 한계점과 예상되는 극복방안을 말해보시오.

3) 수업을 설계하면서 가장 어려웠던 부분은 무엇이며, 이 고민을 학교 현장에서 동료교사와 수업나눔을 한다면 어떤 점을 논의하고 싶은지 말해보시오.

2018

2 기출 분석 및 발문 idea

01 출제 흐름

수험생들에게 큰 혼란을 안겨준 해! 기능적인 요소가 강조되고 있던 기존의 흐름이 아닌 교과 지식적인 내용으로 문제가 출제되었습니다. 수험생 입장에서는 주제가 다소 뜬금없다고 느낄 수 있었습니다. 게다가 생소하고 어려운 어감의 동물, 식물 자료까지 등장하여 당황스러움이 2배가 되었다고 합니다.

그러나, 본 주제를 특수교육의 기능적인 목표와 연결한다면 '독도'를 통해서 우리나라의 아름다운 경관과 소중한 유적지에 대한 일상적인 관심을 촉구하는 것이 해당 주제의 핵심이었다고 생각합니다. 이는 우리나라의 문화에 대한 관심을 가지는 2015 개정 교육과정의 '문화적 소양' 핵심역량과도 연결할 수 있습니다.

합격라이브

(가) 공간과 삶

지리적 공간과 다양한 삶의 모습을 이해하는 것은 지역사회에 능동적으로 참여하는 능력의 토대가 된다. '우리 국토와 자연환경'에서는 우리나라의 영역과 자연 및 인문 환경적 특징에 대한 정보를 수집하고 설명한다. 우리 땅 독도, 역사적 사실과 인물 등의 학습을 통해 우리 영토의 소중함을 강조하고, 지리적으로 인접한 국가를 함께 다루어 세계 지리에 대한 기초를 제공한다. 자연과 인문 환경을 다룰 때에는 자연을 소중히 여기고 보호하는 태도를 가지게 한다. '지역 간 교류와 이동'에서는 우리나라의 각 지역 간에 인적·물적 교류가 활발하며, 지역에 따라서는 외국과의 교류도 이루어진다는 점을 다룬다. 유명 관광지, 교통 중심지, 정치 또는 경제의 중심지 등의 주제를 중심으로 학생이 우리나라를 여행하는 계획을 세우고 교통수단을 이용하여 실제 여러 지역을 이용하는 방식의 학습을 계획할 수 있다. '우리 생활과 경제'에서는 삶의 터전인 지리적 공간에서 일상적으로 일어나는 경제활동 모습에 관심을 갖고 우리의 생활이 경제와 밀접한 관련이 있음을 이해한다. 지역의 상점, 기업, 은행 등에서 이루어지는 경제활동을 통해 생산, 분배, 소비의 모습, 그리고 무역 등을 살펴보고 지역 간 상호교류의 모습은 물론 합리적인 소비자로서의 태도를 갖게 한다.

출처: 기본교육과정 사회, p.138

02 <활동❶>

- 자료의 재구성
  → 자료1 활용 시 주로 단어로 학습하는 나군학생에게는 적절한 자료가 아님. 자료의 재구성을 통해 나군 학생에게 적절하게 설명하기
  → 나군의 경우에는 단어로 주로 학습한다는 특성이 있음. 그래서 자료1에서 단어에 밑줄을 쳐준다던지, 단어를 진하게 표시해주는 것 등의 방법을 사용 가능 (자극 외 촉구와 자극 내 촉구 활용)

- 창의성 향상
  → 낯선 주제일수록 창의성에 기반한 활동 활용하기

발문 예 여러분! 혹시 '독도' 하면 딱 생각나는 것이 있나요? (브레인 스토밍)

발문 예 독도의 모습을 살펴보았는데, 이제 선생님이 '독도' 라는 글과 그림을 칠판 가운데에 붙였어요. 여러분들이 독도를 보고 생각나는 것이나 느낌을 그림으로 그려도 좋고, 단어를 적어도 좋으니 여러분들만의 언어로 쪽지에 적어 칠판에 붙여보세요. (브레인 라이팅)

point! 브레인 라이팅 사용 시 교사의 역할

- 비슷한 생각을 모아 주기
  ➜ OO이가 적은 생각과 **의 생각이 ~의 부분에서 비슷하네요.
- 다른 의견을 분류하고 차이점 이야기하기
  ➜ OO이와 **이의 의견에서 ~의 부분이 차이가 나네요?
- 의견들을 정리하고 범주화, 유형화하기
  ➜ 여러분! ~의 답변을 모아 '~의 방법' 으로 생각을 묶는게 어떨까요?

• 경험 활용

→ 켈러의 ARCS 동기 이론을 바탕으로 독도에 대한 직접적, 간접적인 경험을 폭 넓게 활용하여 발문 구성하기

→ 이때 학생의 경험을 활용하되, 도전적인 과제가 될 수 있도록 설계하는 것 주의 (수업 내용을 이미 학생이 다 알고 있게 하지 마세요!)

발문 예 한국사 동아리 시간에 독도에 직접 다녀와 보았던 현주의 이야기를 한번 들어볼까요? 현주야, 현주의 경험을 친구들에게 나누어줄 수 있을까요? 고마워요.

발문 예 아 OO이는 TV에서 독도에 대한 다큐를 본 적이 있다구요?

• 자료의 활용

→ 자료를 설명하는데 급급한 수업이 아닌, 자료를 활용한 수업 실시

→ 자료가 많았기에 해당 연도 수험생들이 가장 많이 한 실수였음. 자료를 모두 다 수업에서 학생들과 살피고 확인하는 평면적인 수업보다는 '입체적'인 수업을 설계

→ 자료가 많았던 2018년도의 경우 정말 내가 이번 차시에 다룰 핵심적인 내용이 무엇인지를 생각

→ 자료가 여러 개일수록 연계성에 주목하여 '독도의 자연 경관'과 '지리적 특성' 에 대한 내용을 담고 있음을 기억하기

내용	발문 (예)
천연기념물	발문 예 천연기념물에 어떤 것들이 있죠? 그럼 우리가 천연기념물의 동물과 식물로 한번 배움 노트에 나누어 볼까요? (혹은 우리 서로 관련 있는 것들끼리 여러분의 생각대로 그림을 나누어볼까요?) 발문 예 여러분, 우리 OO이가 괭이갈매기의 울음소리가 궁금하다는데 우리 태블릿 피씨로 한번 검색해서 함께 들어볼까요? 발문 예 이 생물들을 우리 나라에서 왜 천연기념물로 지정했을까요?
독도의 자연 경관	발문 예 여러분! 한번 눈을 감고 여러분들이 만약에, 노랑부리 백로가 되어 독도를 이리 저리 날아다닌다고 생각해보세요. 어떤 기분이 드나요?
조경수역	조경수역이라는 자체에 대한 것 보다는 '의미적'으로 접근하기! 황금어장이기 때문에 독도를 많이 탐내며 (배경적으로), 한류와 난류를 샤워기의 온수와 냉수에 비유, 서로 만나는 지점을 제스처 축구를 통하여서 적극적인 수업으로 진행하기

• 주제의 필요성 강조

→ 수업 주제와 생활이 연계된 발문을 활용하여서 수업을 진행

발문 예 그런데 우리가 왜 독도에 대해서 배워야 할까요? 우리는 일본이라는 나라와 밀접해 있어서 독도의 소유권에 대해서 분쟁이 잦아요. 우리는 우리나라 국민으로서 평소에도 독도에 대한 뉴스와 소식에 대해서 관심을 가진다면 좋겠죠?

발문 예 '천연기념물' 이라는 의미가 어떤 의미인지 알고 있는 학생 있나요? 선생님이 조금 쉬운 표현으로 바꾸어서 이야기해줄게요. 천연 기념물은 '우리나라에서 너무나 소중하고 귀중해서, 있는 그대로 보존하고 보호하자' 라고 약속한 생물체들입니다. 그럼 혹시라도 여러분들이 이러한 생물들을 관광지나 혹은 우연히 발견했다면 어떻게 해야 할까요?

• 개별적 지원

→ 태블릿 PC의 수준별 차이를 인지하고 적절하게 지원하기

발문 예 우리 나영이와 나나 그리고 지영이에게는 선생님이 오늘 핵심단어 카드를 줄게요. 이것을 넘겨보면서 검색해보도록 해요!

02 <활동❷>

• 모둠 구성하기

→ 이질적인 모둠이 되어야 하는 이유? 또래교수 가능, 협력적 역량이 향상됨

→ 이질적인 모둠이 구성되어 있다는 것을 알려주기 위해 이름을 한명 씩 불러주면서 조 구성 언급하는 방법도 있음 (수준별 섞어서)

→ 간단히 조 이름 정하기, 조별 구호 정하기 등으로 모둠 세우기의 과정을 보여줘도 좋음

• 조사계획 및 역할 분담하기 (개별책무성 강조하되 공평한 학습의 기회)

→ 역할 분담 시 한 명의 학생만 발표를 하라는 법은 없음! 여기 보고서에 사진이나 그림을 붙여 완성해야 한다는 생각으로 오리기, 붙이기 등의 역할은 기능이 낮은 학생에게, 정보를 찾거나 보고서의 내용을 채우는 것은 가군 학생에게만 부여하는 선생님들이 종종 계심. 그렇다면 오리기 역할만을 맡은 경우에는 직접적인 학습에 참여할 기회 없이 학습물만 가위로 오리기? 이는 너무 아쉽고 제한적인 참여로 보임!

→ 포인트는 모두 학습 내용에 동등하게 접근하되 자신에게도, 모둠에게도 도움이 되는 역할이 부여되어야 한다는 것! 예) 이끔이, 갈등 중재자, 시범 반장, 학습반장, 정보반장, 준비물 부장 등으로 부여해도 좋음. 즉, 내용적인 주제에 모두 동등하게 다 참여 가능하면서도 부수적인 역할들이 될 수 있도록 구성하는 것

• 도전행동 중재

→ 기능과 연관된 도전행동(=문제행동) 중재 제공하기

→ 활동2 부분에서 이때 한솔이의 문제행동을 중재해도 좋음. 자신이 하고 싶은 역할이 있었는데, 하지 못하게 되었던 상황 등으로 구성하여 '자신의 의견이 반영되지 않으면' 이라는 상황을 가정하고, 이를 중재하는 모습이 중요

'한솔이가 00의 역할을 하고 싶은데, 반영되지 않아서 모둠활동 중 소리를 지르는 상황'	
아쉬운 예 교사가 다가가서 한솔이의 주위 친구들을 안심시키고, 한솔아 소리지르지 않기로 약속했지? 한솔이가 원하는 대로 00부장은 한솔이가 해도 돼요? 고마워요. 이제 소리지르지말아요. 약속. → 대체행동을 명확하게 알려주지도 않았을뿐더러, 교사가 한솔이의 요구를 무작정 들어주게 된다면 부적 강화가 되어 소리지르는 행동이 더욱 많아질 것임.	적절한 예 교사가 다가가서 한솔이의 주위 친구들을 안심시키고, 어떤 일인지 묻기. 00부장은 내가 하고 싶어. 왜냐하면 나는 ~을 참 잘해서야. 내가 이 역할을 해도 괜찮을까? 이라고 이야기해볼까? (대체행동) 〈요구를 들어줄 수 있는 상황〉 → 대체행동으로 요구를 표현하면 의견 수용 〈요구를 들어줄 수 없는 상황〉 → 요구를 들어줄 없는 상황 → 참고 기다리고 다음 시간에는 역할을 바꿔서 할 것이니 소리 지르고 싶을 때 숨을 내쉬면서 감정을 가라 앉히기, 숫자를 세기 등 (인내력 기르기)
아쉬운 예	적절한 예

• [모둠 활동] 조사하기

→ 태블릿 피씨를 활용하되, 나군은 제시어가 제공되어야 하며 모둠활동 순회 중 지영이에게 개별적 지원을 제공해주는 것이 보여야 함! 교사가 시각적인 촉진을 제공해준다던지 개별적인 학습 지원, 추가적인 학습물 제공 등이 방법일 것

• [모둠 활동] 보고서 작성 및 발표 준비하기

→ 발표 준비하기! 까지가 조건이였으니, 교사가 순회하며 발표를 할 때 어떤 내용이 추가되면 좋을지, 어떤 방식으로 발표하면 좋을지, 옆 팀과 다르게 발표할 부분을 중심으로 교정적 피드백을 제공을 해주는 것이 필요

• 실생활 연계 강조

→ 문화적 소양 핵심 역량과 연결지어 강조하기

→ 독도에 대한 뉴스와 영상 등에 관심을 가지고 우리 나라의 소중한 문화유산과 유적지의 소중함을 가지려는 태도를 강조하기

〈2018년 기출문제 자료 사진 출처〉

• 독도 위치 사진: 동북아역사재단
• 동도와 서도 사진: 외교부 독도 사이트-독도일반현황-구성 및 위치
• 조경수역 사진: 동북아역사넷
• 괭이갈매기, 괭이밥, 곰딸기, 노랑부리백로 사진: 두산백과
• 박주가리 사진: 안진흥, 한국식물학회

2018

3 ❶ 합격자 인터뷰 + 복기 스크립트

01 합격자 인터뷰

합격라이브

" 고득점 합격의 비결은 전체를 조망하는 것 "

2018학년도 경기 지역 최종 합격자 L 선생님

Q1 시험장에서 처음 문제를 확인했을 때 어땠나요?

구상실에서 독도라는 주제를 보고, 저의 고등학교 시절 수학여행으로 실제로 '독도'를 다녀온 경험이 있었기에 이를 적극적으로 활용해야겠다는 생각이 번쩍! 들었습니다. 물론 학생들의 경험도 중요하지만, 초반에 교사가 자신의 경험을 먼저 공개하며 나누는 것도 학생들에게 모델링이 될 수 있고 자신감을 심어줄 수 있다고 생각합니다.

Q2 수업실연과 나눔에서 고득점을 받은 이유는 무엇이라고 생각하나요?

① 수업 철학을 바탕으로 수업실연과 나눔의 맥락 일치

저는 수업실연과 나눔이 거의 만점으로 소수점 감점을 당했는데요, 수업 철학을 바탕으로 실연과 나눔의 맥락을 일치시켰습니다. 저의 수업 철학은 '질문이 살아있는 교실' 로 의사소통 역량을 매우 중시했습니다.

② 교과적인 측면 활용

초반에 '일본과 독도 분쟁' 이라는 교과 지식적인 부분과 연결하여 내용적으로도 풍성한 수업을 했습니다.

③ 학생들의 입장에서 이해하기 쉬운 발문 사용

학생들의 입장에서 이해하기 쉬운 발문을 했습니다. 예를 들어, '오늘 보고서 작성하기를 할 텐데, 주제를 두 가지 선택해서 서로 설명해주는 활동을 할 거에요. 마치 여러분들이 서로 서로 선생님이 되어보는 활동이죠!' 라는 발문 등으로요!

④ 구상실에서 문제 전체를 조망

전체적으로 보았을 때 '오늘 주제에서 어떤 부분이 가장 중요한 부분일까?' 라는 생각을 했고, '보고서 작성하는 부분이 가장 중요하겠구나. 내가 가장 힘을 쏟아야 할 부분이구나.' 라는 생각으로 이 활동에서 학생들을 중재도 하고 기기 활용, 순회지도, 개별지도 등을 하며 시간을 많이 보냈던 것 같습니다.

Q3 마지막으로 수험생들에게 하고 싶은 이야기가 있나요?

마지막 날에 가까워질 수록 손에 아무것도 안잡힐 수 있습니다. 그래서 지도서에 있는 대주제, 수업 제재를 보고 수업을 시뮬레이션 하고 예측하는 것만으로도 시험장에서 큰 힘이 될 수 있으니 훑어보라고 추천하고 싶습니다.

02 합격자 수업실연 복기 스크립트

단계	수업실연 복기 스크립트
활동1	여러분은 독도를 들어보거나 가본 적이 있나요? 선생님이 학생 때 독도를 가봤던 경험이 있어요. (선생님의 독도 경험 이야기 간단히 이야기 함) 티비, 뉴스 등 독도를 본 경험을 이야기해볼까요? 우리 교과서에 있는 내용을 누가 읽어줄까요? 우리 가영이가 손들었네요. 가영이가 읽어주자. 큰 목소리로 읽어줘서 고마워요. 내용을 다시 살펴보기 위해서 중요한 단어들에 선생님이 밑줄을 쳐놨어요. (나군 학생들) 00, **, 지영이는 단어로 다시 읽어보자! (모두 자신의 수준에서 글을 읽을 수 있는 기회 제공)
활동2	[모둠 구성] 모둠은 저번 시간에 정한대로 ( ), ( ) 이죠? (이질적 모둠 구성) [조사 계획, 역할 분담] 보고서 작성을 할 텐데, 팀별로 위치, 지리적 특성, 동물, 식물 중에 두 가지를 선택해 봅시다! 두 가지를 선택해서 서로 팀에게 자료를 찾은 것을 설명해줍시다. 우리가 마치 선생님이 되는 거예요! 태블릿pc로 검색을 해도 좋고, 관련된 책을 찾아보아도 좋아요. [조사하기] 지영이는 선생님이랑 함께 검색을 할 때 빨간 색 스티커를 붙여 놨어요. 같이 눌러볼까? 좋아요. 검색이 되었네. 그럼 우리 지영이가 검색한거 우리 가은이가 읽어볼까? (친구들이 한솔이는 책을 잘못 찾아왔다고 오해를 하는 상황 연출) 한솔이가 왜 소리를 지를까요? 아~ 한솔이가 일본에 역사와 관련된 책을 가져왔구나. 00이가 이 책을 잘못 선택했다고 이야기하네. 의견을 이야기한 것은 좋은데, 한솔이의 의견도 잘 들어보자. 우리 한솔이가 가져온대로 이 책은 오늘 독도의 주제와 일본의 역사와도 관련성이 충분히 있을거야! 우리 그러면 태블릿 PC로도 일본과 독도의 관계성에 대해 검색해서 찾아볼까요? 한솔아. 우리 반 친구들이 오해했나보다. 한솔이가 자신있게 이 책을 가져온 이유에 대해서 이야기를 차분히 해봤으면 좋겠어요. (자신의 요구나 의사가 잘 받아드려질 수 있도록 한솔이의 행동을 친구들에게 해석해주고 대체행동을 알려줌) [보고서 작성, 발표 준비] 궁금한 점 있는 친구 있나요? ~에 대해서는 어떻게 생각하나요? (학생들 무반응) 그렇다면, 우리 다같이 찾아볼까? 선생님 컴퓨터로 누가 찾아볼래요? 자 이제는 서로 발표해볼까요? (마무리 느낌으로) 아 이런 것을 찾았구나. (이상입니다.)

03 경기 수업나눔(폐지) → 수업설계 답변 변형

*2026학년도부터 수업나눔 폐지에 따라 조이쌤이 수업설계 답변으로 재구성했습니다.

1. 학생들의 미래핵심역량을 길러주기 위해 본 수업에서 어떤 역량을 구현하고자 설계했는지 말하시오

저는 이번 수업에서 의사소통 역량을 함양하는 것을 중점적으로 설계했습니다. 저의 수업 철학은 '질문이 살아있는 교실'입니다. 특수교육 대상 학생들은 질문에 어려움을 느끼거나, 관련 없는 질문을 하는 경우가 많을 수 있습니다. 하지만 배움은 물음표에서 느낌표로 흘러가야 하기에, 학생들이 스스로 궁금증을 느끼고 질문할 수 있는 수업 환경을 조성하고자 합니다. 따라서 이번 수업에서는 학생들이 독도에 대해 하나 이상의 질문을 스스로 던져보는 것을 주요 목표로 설정했습니다. 이를 위해, 답을 교사가 바로 제공하기보다는 학생 상호 간의 의견을 주고받는 과정을 통해 학생들이 직접 답을 탐구하도록 유도할 계획입니다. 특히, 〈활동2〉 보고서 작성 과정에서는 모둠 내에서 서로 조사한 내용을 설명하고 의견을 나누도록 하여, 학생들 간의 자연스러운 상호작용이 일어나도록 구성했습니다. 예를 들어, 한 학생이 겉으로 보기에 주제와 관련 없어 보이는 자료를 가져왔을 때, 교사가 정답을 제시하기보다는 그 학생의 의견을 경청하고 이유를 설명할 기회를 주어 다른 학생들이 그의 관점을 이해하도록 유도할 것입니다. 이러한 방식은 학생들에게 질문과 의견 교환이 중요한 학습 과정임을 체득하게 하는 배움 중심 수업으로 이어질 것이라 기대합니다. 이 수업 설계를 보완한다면, 질문을 유도하는 데 더 체계적인 준비가 필요하다고 생각합니다. 앞으로는 학생들이 질문을 더 쉽게 할 수 있도록 사전 학습지나 자료에 질문 아이디어를 제공하거나, 모둠별로 질문거리를 정리하는 시간을 별도로 마련하여 의사소통 역량을 더욱 심화시키는 방법을 고려하고자 합니다.

2. 배움에서 공평한 기회를 제공하기 위해 본인이 설계한 방안을 말하고, 이에 대한 한계점과 예상되는 극복방안을 말해보시오.

배움에서 공평한 기회를 제공하기 위해, 본 수업에서는 학생들의 경험을 수업에 적극적으로 연계하는 것을 핵심 방안으로 설계했습니다. 수업 전반에서 학생들이 자신의 경험을 이야기하도록 유도할 것이며, "뉴스에서 본 적 있나요?" 또는 "독도에 대해 들어본 경험이 있나요?"와 같은 발문을 통해 학생들의 경험을 소통의 중심에 두고자 합니다. 이를 통해 학생들은 배움이 삶과 연결되어 있음을 체감하고 수업 주제에 자연스럽게 동기 부여를 얻을 것입니다. 또한, 각자의 경험을 공유하며 함께 만들어가는 수업 분위기를 형성하여 모든 학생에게 공평한 참여 기회를 제공할 수 있을 것이라 기대합니다.

설계 과정에서의 한계점은 태블릿 PC 활용 계획이 아직 부족하다는 점입니다. 현재는 독도에 대해 간단히 검색하도록 계획했지만, 이를 활용해 더 깊이 있는 활동까지는 설계하지 못했습니다. 예를 들어, 지도 애플리케이션으로 독도의 위치를 탐색하거나 AR 자료로 자연경관을 체험하는 활동으로 확장할 수 있었을 것입니다.

이 점을 극복하기 위해, 앞으로 에듀테크 활용 전문적 학습 공동체에 참여하여 다양한 교육 앱과 활용 방안을 꾸준히 연구하고 탐구할 계획입니다. 저의 부족한 점을 감추기보다는 이를 협력적 학습을 통해 해결하고, 모든 학생에게 더 풍부한 학습 경험을 제공할 수 있도록 수업을 지속적으로 개선해 나가겠습니다.

3. 수업을 설계하면서 가장 어려웠던 부분은 무엇이며, 이 고민을 학교 현장에서 동료교사와 수업나눔을 한다면 어떤 점을 논의하고 싶은지 말해보시오.

수업을 설계하면서 가장 어려웠던 부분은 특정 학생의 예상되는 문제행동을 어떻게 긍정적으로 지원할 것인가였습니다. 한솔(가명)이라는 학생이 친구들과 잘 지내고 싶어하지만 사회적 기술이 부족하여 자신의 감정을 즉각적으로 드러낼 수 있음을 예상했습니다. 그래서 저는 이 학생의 문제행동을 긍정적으로 해결하는 과정을 수업 속에 설계하여, 다른 친구들에게도 좋은 상호작용의 모델을 제시하고자 했습니다. 앞으로 교직 현장에서는 한솔이와 비슷하거나 더 다양한 어려움을 가진 학생들을 만나게 될 것입니다. 이번 설계를 통해, 문제행동의 배경과 기능을 분석하여 학생 개개인에게 가장 적합한 중재 방법을 모색하는 것이 중요함을 다시 한번 깨달았습니다.

이러한 고민을 동료 교사들과의 수업나눔을 통해 나누고 싶습니다. 비슷한 유형의 문제행동에 대한 효과적인 중재 전략, 구체적인 사례, 학생 특성에 맞춘 지원 방법 등에 대한 경험과 아이디어를 배우며 함께 해결 방안을 모색하고 싶습니다.

또한, 긍정적 행동지원 전문가의 조언을 구하고 이를 현장에 효과적으로 적용하는 방법에 대해서도 지속적으로 연구하겠습니다. 학생들의 문제행동을 긍정적으로 지원하며 교사로서의 행동 중재 역량을 키워, 현장에서 협력적으로 문제를 해결해 나가는 교사가 되겠습니다.

2018

3 ❷ 합격자 인터뷰

01 합격자 인터뷰

합격라이브

“ 나는 2차에 더 강한 사람이라고 믿기 ”

2018학년도 평가원 지역 최종 합격자 K 선생님

Q1 지도안 작성 시 팁이 있다면요?

① 명확하게 조건을 드러내기

'학생들의 구체적인 답변을 제시하시오. 수준별로 답변을 제시하시오.' 라는 문구가 있다면, 읽기만 하여도 OO 학생을 가리키는구나 싶도록 수준이 명확히 드러나게 작성하는 것입니다. 예를 들어 다군의 경우 이해가 어려울 시 그림을 추가적으로 제시해준다., 신체적인 촉진을 제공한다., 가 수준의 경우 다양한 문장으로 작성할 수 있도록 지도한다. 등 제시된 수준을 포함시켜 작성해야 합니다.

② 지도안을 포괄적이게 작성하기

현재의 시점은 잘 모르겠지만, 제가 시험을 응시할 때만 해도 작성한 지도안에 있는 내용을 언급하지 않고 실연한다면 오히려 감점 되는 경우를 많이 보았습니다. (지도안 숙지가 필수) 실제로 시험장에서 수업 실연을 할 때 평가위원님이 저의 지도안을 짝대기 그으며 채점하는 것이 보였습니다. '아 말 한마디의 설명, 발문하는 것들이 지도안에 녹아져 있는지 채점하고 있네? 지도안 작성이 이렇게나 중요하구나.' 라고 생생히 생각했습니다. 그래서 무리한 것은 적지 말고, 내가 언급할 수 있고 실제로 시험에서 할 수 있는 것들만 포괄적으로 작성해야 한다고 조언하고 싶습니다.

Q2 선생님의 득점 요인은 무엇이라고 생각하시나요?

① 도전행동 중재하기

학급 규칙을 활용해서 전체 학생들에게 학급 규칙을 사전 예방을 할 수 있도록 하였고, 그 뒤로 문제 행동에 대해 다시 한번 더 예방 지도를 하여 중재를 2번하였습니다. 이 부분이 보다 더 정확하게 조건을 채웠다는 것이 보이기도 하고 긍정적 행동지원 중재에 부합한다고 생각하였습니다.

② 풍부한 교과 수업 하기

실제 수험장에서 <활동1>은 이론적인 수업을 바탕으로 과학시간에 '황금어장, 한류와 난류 현상' 등을 배웠었지? 라고 하며 교과 연계를 하였고, 계기교육 시간에 배웠던 것을 언급하였습니다. <활동2>에서는 협동학습 중심으로 보고서를 작성하고, 학생 간의 상호작용을 많이 보여주려고 노력했습니다. 그중 교사는 학생의 인지 흐름에서 '왜 그렇게 생각했나요?, 무엇을 보고 그렇게 생각했나요?' 등의 발문을 적절하게 활용하였습니다.

③ 공평한 기회 고려하기

더하여 질문을 하나를 하더라도, 학생 개인 - 전체 학생 - 개인- 전체 학생 등으로 집단을 다양하게 바꾸어 질문하였고, '다같이 대답해볼까요?, 다같이 한번 생각해볼까요?' 라는 발문을 하였습니다.

이렇게 스스로를 2차에 더 강한 사람이라고 믿고 달려 나가시길 바랍니다!

Chapter 9

2017학년도

기출문제 분석

2017학년도 수업실연 기출문제

2017학년도 중등교사 신규 임용후보자 선정경쟁시험

특 수

관리 번호: ( ) 성명: ( )

2차 시험	수업 실연	시험시간	지역별 상이

1. 본시 학습 지도 내용

교과	고등 국어 -나
단원	13. 인물과 표현
제재	표정, 몸짓, 말투의 의미 (비언어적, 준언어적 요소) 를 알고 표현하기
차시	[전시학습] 드라마 속 등장인물의 표정, 몸짓, 말투 알기
	[본시학습] 상황에 따른 표정, 몸짓, 말투를 알고 표현하기

2. 수험생 유의사항

① 도입부터 전개까지 시연하시오.

② 자료1을 〈동기유발〉에서 사용하시오.

③ 자료2와 자료3을 〈활동1〉에서 사용하시오.

④ 자료4를 〈활동2〉에서 사용하시오.

⑤ 〈활동1〉 마지막에 문제행동을 중재하시오. (단, 한 번만 중재할 것).

⑥ 〈활동2〉에서 역할놀이 활동을 하시오.

⑦ 특수교육지원 인력 1명 있다고 가정하시오.

⑧ 교사용 컴퓨터, 빔 프로젝터, 스크린이 갖추어진 교실에서 수업을 진행한다고 가정하시오.

3. 본시 관련 학생 실태

수준 (인원)	특성 및 학생 수행 수준
가 (4명)	- 간단한 문장을 이해하고 자신의 의사를 표현할 수 있다. - 교사의 관심을 받는 것을 좋아해 2~3분마다 교사를 부르거나 손을 계속 든다.
나 (2명)	- 단어 수준을 이해할 수 있으나, 음성언어 산출이 어렵다. - 태블릿 PC를 사용하여 음성자료나 그림 의사소통 카드를 선택해 의견을 표현할 수 있다.

4. 학습 자료

구분	내용
〈자료1〉 악보 자료	〈'산토끼'라는 노래를 개사한 노래 악보〉 사랑은 이렇게 (아이 좋아) 기쁠 때는 이렇게 (하하하하) 슬플 때는 이렇게 (엉엉엉) 신날 때는 이렇게 (야호)
〈자료2〉 동영상 자료	- 석준이(남학생)가 싱글벙글 좋아하며 신나는 것을 몸짓과 표정으로 보여줌 - 민지(여학생)가 왜 그렇게 신났냐고 물어봄 - 석준이는 부모님이 새 스마트폰을 사주셔서 신난다고 몸짓과 표정으로 표현함
〈자료3〉 5컷 만화	 엄마: 현지야~ 어서 일어나야지~ (네) 엄마: 학교 가야지. 벌써 8시야. (네) 엄마: 조심해서 가렴. (네) 선생님: 현지야. 늦었구나. 지각이란다. (네) 선생님: 내일은 일찍 오거라. (네)
〈자료4〉 그림카드	 생일 축하 상황 유리창을 깬 상황 선생님께 칭찬을 받는 상황

5. 본시 교수-학습 지도안 (과정안)

<table>
<tr><th rowspan="3">단계</th><th colspan="4">교수 - 학습 활동</th><th rowspan="3">시간</th><th rowspan="3">자료([재]) 및 유의점([유])</th></tr>
<tr><th rowspan="2">활동 내용</th><th rowspan="2">교사활동</th><th colspan="2">학생활동</th></tr>
<tr><th>가</th><th>나</th></tr>
<tr><td rowspan="4">도입</td><td rowspan="2">전시
학습 상기</td><td rowspan="2">▶ 지난 시간에 배운 내용 질문하기
- 드라마 속 등장인물의 무엇을 알아 보았나요?</td><td colspan="2">■ 지난 시간에 배운 내용 답하기</td><td rowspan="4"></td><td rowspan="4">[재] 자료1</td></tr>
<tr><td>- 주인공의 표정, 몸짓, 말투요.</td><td>- (웃는 표정 그림카드 들기)</td></tr>
<tr><td>동기
유발</td><td colspan="3" rowspan="2">〈수험생 실연 부분〉</td></tr>
<tr><td>학습
목표 제시</td></tr>
<tr><td rowspan="2">전개</td><td>〈활동1〉
상황에 따른 표정, 몸짓, 말투 알기</td><td colspan="3">〈수험생 실연 부분〉</td><td></td><td>[재] 자료2,3
[유] 문제행동 중재한다.</td></tr>
<tr><td>〈활동2〉
역할놀이 하기</td><td colspan="3">〈수험생 실연 부분〉</td><td></td><td>[재] 자료4
[유] 교사는 순회하며 학생들의 역할놀이 활동을 지원한다.</td></tr>
</table>

[수업 설계 문제]

*수업나눔 폐지에 따라 기출 문항을 수업 설계로 변형

1) 배움중심수업을 어떻게 적용하고자 했는지, 본인의 수업 설계 의도를 구체적으로 요약하시오.
2) 수업에서 가장 의미있게 설계한 부분은 어디이며, 수업 실행 시 가장 아쉬울 것으로 예상되는 부분은 어디인지, 다시 수업을 설계한다면 어떻게 보완할지 말하시오.
3) 이번 수업 설계를 통해 느낀점과 알게된 점을 이야기하시오.

2017

2 기출 분석 및 발문 idea

01 출제 흐름

해당 연도는 국어 교과 중 장애 학생들 (특히, 자폐성장애)에게 매우 필요한 주제로 평가됩니다. 그러나, 자료가 많기도 하였고 몸짓, 표정, 말투 등 준·비언어적 요소를 설명하기가 어려워 난감했다고 합니다. 그래서 교사가 직접 시범을 보이기도 하고, 상황과 연계한 학습을 통해 감정에 따른 몸짓과 표정, 말투를 표현하는 것을 지도하는 것이 중요했습니다.

교육과정 살펴보기

2017학년도 기출은 2009 개정 교육과정 근거로 출제되어 현 시점 참고할 만한 2015 개정 교육과정의 내용입니다.

(다) 듣기·말하기의 태도

고등학교 듣기·말하기 태도의 성취기준은 상대방의 의도와 감정을 파악하고, 적절하게 반응하는 대화 예절을 길러 대인관계 능력을 기르는 데에 중점을 두어 설정하였다. '대화 예절 지키기'는 상대방의 표정이나 행동을 통해 정서와 처지를 이해하기, 상대방이 하는 말의 의도와 감정을 파악하여 적절하게 반응하기, 상황에 맞는 어조로 부탁, 거절, 위로하는 말하기 등의 내용을 다룬다. 대화 내용과 상황에 어울리는 표정, 시선, 몸짓, 자세, 억양 등을 사용하여 예의 바른 태도로 의사소통하도록 한다.

출처: 2015 기본교육과정 국어, p.119

02 동기유발

- 수업 내용
  - → 〈자료1〉에서 산토끼 노래를 활용하여 우리가 이미 알고 있는 산토끼의 가사와는 다르다는 것을 짚고 넘어가기
  - → 사실 생활연령과 맞지 않은 노래지만, 모두가 친숙하게 알고 있는 가사이기에 이를 활용한 것으로 보임. 이때는 자료를 활용할 때 해당 상황에 맞는 표정과 몸짓, 말투를 강조해서 설명해야 타당할 것!

발문 예 우리가 알고 있는 가사와는 조금 달라요. 가사를 들으며 선생님의 표정도 함께 관찰해 봅시다.

- 상호작용 중시
  - → 최대한의 상호작용을 동기유발에서 보여주기
  - → 학생과 교사의 상호작용, 학생 간의 상호작용 그리고 주제와의 상호작용까지 수업에서 할 수 있도록 교사의 확산적 발문과 학생들끼리의 짝 토의법, 모둠 토의법 등을 활용하고 주제에 대한 탐구적인 모습을 보여주는 것이 좋음
  - → AAC를 활용하는 나군의 특성에 맞게 서로의 의사소통 방식을 존중하며 원활하게 소통하고 있다는 분위기 형성 (의사소통 역량과 연결)

03 <활동❶>

- 자료 활용: 자료를 체계적으로 활용하기
  → 〈자료2〉는 석준이가 행복한 이유에 초점을 맞추고, 〈자료3〉은 같은 대답이라도 상황에 따라 다르게 표현된다는 것에 중점

- 학생들의 경험과 연관 지어 쉽게 설명하기
  → 학생들의 비슷한 경험을 연관지어 그때의 감정은 어땠는지 묻고, 처해진 상황에 따라- 감정이 생기고- 그때의 감정에 맞게 몸짓, 표정과 말투로 드러나는 것을 강조

발문 예 여러분이 만약에 자료3의 OO이라면 어떤 기분이 들까요? 무엇을 보고 그렇게 생각했나요? 표정은 어떨까요? 그림으로 그려 보세요.
발문 예 이러한 상황에서 어떤 표정을 지을지 표정 카드를 골라보세요. 여러분들은 비슷한 경험이 있나요?

- 수업 내용
  → 〈활동1〉에서 자료를 단순히 설명하는 것이 아닌, 자신의 경험과 이러한 상황에서의 감정에 따른 말투와 표정 그리고 몸짓의 변화가 무엇인지 찾아나가는 과정이 필요

발문 예 그래요. 우리는 처한 상황에 따라 다르게 감정을 느낄 수 있고, 이를 다양한 표정과 몸짓 말투로 표현할 수 있어요.
발문 예 우리가 말을 하지 않아도 얼굴 표정으로 여러분의 감정을 표현할 수 있어요.

- 도전행동 중재
  → 도전행동(=문제행동)은 기능과 연관되도록 중재하기
  → 교사의 관심을 받기 위해서니까, 학생이 문제행동을 보였다면 이를 학생에게 차근히 상황을 설명하며 중재할 수도 있고, 구체적인 방법을 제공해주는 방법도 있음

방법	발문 (예)
대체행동 설명	선생님의 관심을 받고 싶어서 손을 든다면, 정말 궁금한 것이 생겼을 때 선생님이 반응을 해주지 않을 수도 있어요. 선생님은 ~이가 ~을 잘 할 때마다 더 많은 칭찬과 관심을 줄거에요. 손은 궁금한 것이 있을 때만 들고, ~을 잘 해보도록 해요.
+ 자기점검 할 수 있는 구체적 방법 제공	선생님을 부른 횟수 체크리스트, 자기점검표, 작은 시계로 스스로 시간 확인하게 하기 등

04 <활동❷> 짝 학습, 역할놀이, 순회지도, 스크립트 활용

- 역할놀이, 순회지도
  → 교사가 시범을 보여준 뒤 짝 별로 역할놀이를 하는 동안 교사는 순회지도를 하며 학생들에게 피드백을 제공해주기
  → 이때 역할놀이는 역할 대치를 해보는 것도 좋음! 서로 역할을 바꿔보면서 상대방의 입장과 생각을 알 수 있고, 역할 모델링까지 할 수 있음! 스크립트를 활용해서 생일파티의 어떤 상황에서 어떤 말을 할 때 어떤 표정과 말투로 해야 하는지, 유리창을 깬 상황에서는 어떤 말을 할 때 어떤 감정이 들고, 어떤 말투로 해야 하는지 구체적으로 수업을 진행하기!
  → 순회지도 중 추가적으로 지원이 필요한 학생들에게 교사가 피드백을 제공해줄 수 있음

- 실생활 연계 강조
  → 수업 내용을 생활에 적용하는 방법 안내하기
  → 내가 속상했던 상황이나 당황스러웠던 상황, 혹은 부모님께 혼나거나 친구랑 싸웠던 경험들을 연계해서 같은 말이라도 표정이나 말투에 따라서 의미가 다르게 표현할 수 있는 것을 재차 설명할 수 있음
  → 내가 표정이나 말투 행동으로 나의 감정을 표현할 수 있듯 다른 사람이나 드라마 속 인물들 감정 파악하기, 배려하기 등으로 수업을 마무리할 수 있음

point! 역할 놀이 수업 모형

- 단계

1. 역할놀이 상황 설정

① 주제 설정하기 (자신들의 경험에서) ② 아동들과 친숙한 상황 제시 ③ 상황이나 문제는 여러 가지로 해석될 수 있고 결말이 여러 가지로 나올 수 있는 자료 제시

2. 역할놀이 준비

① 배경 이해시키기(역할장면 설명) ② 공상적인 장면에 대한 질문(주어진 문제에 대한 이야기나 사건을 설명으로 이해하기) ③ 관련 내용 여러 사례 등에 대하여 정보 제공 ④ 자유로운 분위기 조성

3. 역할놀이 참가자 선정

① 역할 타진 ② 역할의 특성 파악(특정한 타입의 역할 주기) ③ 자진 참가로 유도

4. 청중의 준비자세 확인 : 관찰할 때의 주의할 점과 해야 할 일 알기

5. 역할놀이의 시연

① 연기시키기 ② 문제의 다양한 해결 방법 탐색 ③ 자연스러운 분위기 조성 필요

6. 역할놀이의 토론과 평가

① 토의하기, 평가하기

② 다시 재연하기 *학생들 간의 상호 작용 중시하기!

- 유의사항

① 역할놀이는 실제 수업에 적용하는데 있어서 문제 장면을 제시하고 역할놀이를 실연하는데 시간이 많이 걸리기도 하여 토론과 평가가 소홀해질 우려가 있으므로 수업시간을 효율적으로 운영하여 시간의 지연을 줄일 수 있도록 적절한 양의 자료를 사전에 준비하고 역할놀이의 유의점과 목적을 철저하게 안내하도록 한다.

② 평가 시: 역할놀이의 참여뿐만 아니라 다른 친구의 시연 장면을 바른 자세로 관람할 수 있는 능력을 평가한다.

③ 평가 시: 역할놀이의 특성으로 인해 자칫 연기에 중점을 두는 경향이 있어 단순히 연기 활동에 충실하기보다는 상대방에 대한 이해와 존중, 그리고 배려의 필요성을 이해하고 실천할 수 있는지 등의 학습 목표의 도달 여부를 중점적으로 평가한다.

(출처: 2015 특수교육과정 기본교육과정 해설자료 1 국립특수교육원 p.305)

2017

3 합격자 인터뷰 + 복기 스크립트

01 합격자 인터뷰

합격라이브

" 자료를 활용한 수업 "

2018학년도 경기 지역 최종 합격자 P 선생님

Q1 선생님의 수업 실연에서 특별히 의도하신 부분은 무엇인가요?

암기력이 좋은 점을 활용하여 구상지를 보지 않고 수업 실연하였습니다. 또한, 활동마다 KWL 전략을 활용했습니다.

Q2 수험장에서 어려웠던 부분은 무엇이었나요?

<자료1>를 보았을 때, (동기유발에서 사용할 때) 노랫말이며 조건 자체에 구체적으로 명시되지 않아서 당황했습니다. 특히, '산토끼' 라는 노래가 생활연령과 맞지 않는 노래라서 과연 이게 맞나? 싶기도 하였습니다. 노래 가사이기에 불러야 하나 말아야 하나 잠시 고민을 했었습니다. (그 당시에도 수험생들 사이에서 산토끼 노래를 불렀는가 안불렀는가로 논란)

그런데, 추후에 생각해보니 노래를 불러야 한다, 말아야 한다. 라는 생각보다 이 자료를 어떻게 '활용' 하는지가 포인트였다고 생각합니다. 특히, 저는 실제 수험장에서 동기유발에 손동작을 활용하며 모델링을 활용했는데, 이는 주의 환기나 흥미를 이끌어 내는 '교사의 노력'이 평가자에게 잘 전달된 것 같습니다. 즉, 동기유발 자료는 이를 어떻게 교사가 학생들의 동기와 흥미 고취를 위해서 현명하게 사용하는가? 가 중점이 되어야 할 것 같습니다.

Q3 아쉬웠던 부분은 무엇이었나요?

비언어적 요소 학습 <자료3>에서 '네'의 상황에 따른 다양한 의미가 있었는데, 구상실에서 문제 파악은 잘했습니다. 그런데, 실제 수업실연에서는 학습 자료를 잘 활용하지 못했다는 생각이 들었습니다. 순간 내용이 많다고 생각하여 직접교수적인 측면으로만 접근했습니다. 다양한 상황에 따른 예시일수록 학생들에게 많은 기회를 제공했어야 한다고 생각합니다. 여러 방식(친구랑 직접 해본다던지, 또 다른 비슷한 상황의 예시를 제공해준다던지 등)을 활용했으면 좋았을텐데 라는 아쉬움이 남았습니다.

02 합격자 수업실연 복기 스크립트

단계	수업실연 복기 스크립트
동기 유발	여러분! 선생님이 오늘 배울 주제와 관련 있는 노래를 하나 가져왔어요. 그런데, 여러분들이 알고 있는 가사와 조금 다를 수 있어요. 그 점에 유의해서 한번 들어보도록 해요. 사랑은 이렇게 (웃으며 아이 좋아!) 기쁠 때는 이렇게 하하하 (손으로 입을 가리고 웃으며) 슬플 때 이렇게 흑흑흑 (찡그린 표정으로 눈물을 닦는 모습으로) 여러분! 선생님이 몸짓으로 시범을 보여줬는데, 어땠나요? (웃음) 이 노래 제목은 뭐였죠? 여러분 우리 나군이 단어카드로 어떤 단어를 말해주고 있죠? 그래요 산토끼였는데, 가사가 기분에 따라 행동이 달랐어요. 기쁠 때는 어떤 표정과 어떤 소리를 냈나요?, 그럼 슬플 때는 어떤 표정과 어떤 소리를 냈었죠? 좋아요. 오늘 배울 내용은 표정과 말투 그리고 몸짓으로 표현하기 였죠? 이렇게 자신의 감정에 따라서 표정과 몸짓 그리고 말투가 달라져요. 그럼 왜 우리가 오늘 수업에서 이걸 배워야 할까요? 우리가 살면서 사람들과 대화를 하다 보면, 각자가 처한 상황과 감정에 따라, 다르게 표현할 수 있어요. 오늘 수업에 열심히 참여해서 배워본다면 우리가 말투와 표정을 활용해서 의미 있는 대화를 할 수 있을 겁니다. 그리고 여러분들 우리에겐 배움 노트가 있죠? K는 뭐였죠? 우리가 활동하기 전에 알고 있는 것 W은 뭐였죠? 알기를 원하는 것L은 배운 것을 여러분의 언어로 적기로 했었죠?
활동1	첫 번째 활동으로 선생님이 동영상 2가지를 가져왔어요. 동영상에 누가 나왔는지, 어떤 상황인지를 보도록 해요. 그런데, 우리 가은이! (무릎을 구부리며) 우리 가은이 오늘 수업과 관련 없는 내용으로 선생님의 관심을 받기 위해서 자꾸 부르는 습관이 있지요? 책상 위에 붙여져 있는 가은이의 약속을 큰 소리로 한번 읽어봅시다. 선생님은 가은이가 오늘 활동에 더 잘 참여해줘야 칭찬을 해줄 테니, 선생님을 부르고 싶을 때마다 책상 위의 약속을 한 번 더 읽어보고 생각하도록 해요! 그리고 이것은 가은이 뿐만 아니라 여러분에게도 적용되는 것입니다. 개인 약속을 같이 확인해보아요. 여러분~ 동영상에 누가 나왔나요?, 어떤 상황이었나요?, 여러분도 비슷한 경험이 있나요? 자신의 경험을 발표해줄 친구 있나요? 그때 기분이 어땠나요? 00이의 기분은 어떨까요? 예상해봅시다. 무엇을 보고 00이의 기분을 알 수 있었나요? 그래요. 표정이나 몸짓을 활용해서 말하지 않아도 나의 감정을 드러낼 수 있고, 말을 하면서 감정에 따라 표정이나 몸짓을 활용하면 나의 감정을 더 잘 드러낼 수 있어요. 두 번째 동영상입니다. 모두 한 글자의 대답을 하고 있는데 무엇이죠? 네. 라는 대답이네요! '말투' 라는 것이 평소에 잘 쓰고 있지만 사실 설명하면 어렵게 느껴질 수 있어요. 말투에서는 선생님이 지금 빠르게 말하듯이 (빠르게 말하는 중) 혹은 느리게 말하듯이 (느리게 말하는 중) 하는 말의 속도가 될 수 있고, 네! (힘차게 대답), 네. (낮은 목소리로 힘 없게 대답), 네? (큰 소리로 눈을 동그랗게 뜨며) 말의 높낮이가 될 수도 있어요. 그런데, 만약에 4번째의 상황에서 1번째의 상황처럼 '네' 라고 대답한다면 선생님의 기분은 어떨까요?, 현서는 어떤 기분이라서 이런 말투와 표정으로 대답했을지 한번 옆 친구와 예상해볼까요? 우와. 네 라는 대답 한가지라도 말투와 표정에 따라 다양한 감정표현이 가능하구나!
활동2	역할놀이를 해 봅시다. 역할놀이는 조별로 나누어서 할 겁니다. 혹시 선생님이랑 시범을 보여줄 학생 있나요?역할놀이는 서로 역할을 바꾸어서, 상황을 파악하고 감정이 어떨지 서로 느껴보면서 해보도록 합시다. 선생님이 00학생들을 위해서 상황별 대본도 가져왔어요. 그중 중요한 단어에 밑줄을 표시해놨으니, 어려움이 있다면 태블릿PC로 다른 영상도 참고해보도록 해요. 혹은 여러분의 비슷한 경험을 나누고 떠올리면서 표정과 말투 그리고 몸짓 등을 자유롭게 표현해 보도록 해요. (선생님이 순회지도하며) 개별학생들 칭찬, 피드백 제공, 배움노트로 정리하는 모습 보여줌. 이상입니다.

03 경기 수업나눔(폐지) → 수업설계 답변 변형

***2026학년도부터 수업나눔 폐지에 따라 조이쌤이 수업설계 답변으로 재구성했습니다.**

1. 배움중심수업을 어떻게 적용하고자 했는지, 본인의 수업 설계 의도를 구체적으로 요약하시오.

저의 수업 철학은 "모두가 행복한 수업"입니다. 저는 수업이 교사와 학생 모두에게 즐겁고 의미 있는 배움이 되기를 원하며, 학생의 자발성을 중심에 둔 배움중심 수업을 설계했습니다. 행복한 수업을 만들기 위해서는 학생들이 학습 과정에 적극적으로 참여하고 스스로 생각을 표현하는 것이 중요하다고 생각합니다.

수업 설계를 구체적으로 말씀드리자면, 첫째, 동기 유발 단계에서 학생들의 호기심과 참여를 유도할 것입니다. 익숙한 노래 가사를 바꾸고 몸짓을 활용하여 학생들이 스스로 학습에 흥미를 갖도록 이끌 것입니다.

둘째, 〈활동1〉에서는 예상할 기회를 제공할 것입니다. 교사가 모든 답을 알려주지 않고, 영상 속 등장인물의 감정을 토의하고 자신들의 경험과 연결하며 공감하는 능력까지 향상시킬 수 있도록 계획했습니다.

셋째, 활동을 마친 후에는 배움 노트를 활용하여 자신만의 언어로 학습 내용을 정리하는 형성평가를 실시하고, 학습 내용을 내면화하여 배움을 완성할 수 있도록 할 것입니다.

넷째, 〈활동2〉에서는 협동적 배움을 실천할 것입니다. 역할놀이를 통해 학생들이 상황에 따라 표정, 말투, 몸짓을 다르게 표현해보는 기회를 가질 것입니다. 역할을 번갈아 경험하며 서로를 이해하고 다양한 표현 방식을 익힐 수 있도록 할 것입니다. 이와 같이 학생들이 주도적으로 학습에 참여하고 실생활에서 감정을 잘 표현할 수 있도록 돕는 수업을 설계했습니다.

2. 수업에서 가장 의미있게 설계한 부분은 어디이며, 수업 실행 시 가장 아쉬울 것으로 예상되는 부분은 어디인지, 다시 수업을 설계한다면 어떻게 보완할지 말하시오.

수업에서 가장 의미 있게 설계한 부분은 도전 행동 중재 시 긍정적 행동 지원을 적극적으로 활용하는 것입니다. 저는 수업 전반에서 예방적 중재로서 개인별 규칙을 상기시켜 수업에 방해가 되지 않도록 할 것입니다. 특히, 모든 학생이 자신의 약속을 확인하며 수업에 참여하도록 유도함으로써, 개별적인 행동 지도가 수업 방해를 예방하는 데 긍정적인 영향을 주도록 설계했습니다. 이를 통해 학생들이 규칙을 자발적으로 인식하고 학습에 집중할 수 있는 환경을 조성하고자 한 점이 이번 설계의 핵심입니다.

설계상 아쉬울 것으로 예상되는 부분은, 역할 놀이 시간에서 학생들이 자신의 감정을 표현하는 것에 초점이 맞춰져 있어, 상대방의 감정을 더 깊이 이해하고 사회적 상황에서의 감정 대처 기술을 함께 연습하기에는 부족할 수 있다는 점입니다. 역할 교체 시간을 더 많이 부여하고 사회성 기술 훈련까지 연계했다면 더 풍부한 학습 경험이 될 것이라 생각합니다.

다시 수업을 설계한다면, 이 점을 보완하기 위해 사회성 영역과 감정 표현을 연계하고, AI 감성 로봇을 활용해 수업을 설계할 것입니다. 예를 들어, 역할 놀이 후 상대방의 감정을 파악하고 공감하는 훈련을 추가하며, AI 감성 로봇과의 반복 연습을 통해 각자의 입장에서 느낀 감정을 피드백하도록 지도하겠습니다.

3. 이번 수업 설계를 통해 느낀점과 알게된 점을 이야기하시오.

이번 수업 설계를 통해 느낀 점은, 배움은 긴 여정이며 수업 설계 과정 자체가 교사도 함께 성장하는 과정임을 알게 되었습니다. 또한, 동료 교사와의 협력이 교육의 질을 높이는 데 매우 중요하다는 점을 다시금 깨달았습니다.

특히, 도전 행동 중재와 사회성 훈련에 대해 고민하면서, 이러한 중재가 교육공동체의 협력 기반 위에서 더욱 효과적일 것이라 생각합니다. 현장에서 학생들이 배운 내용을 실천할 수 있도록 교사 간 협력이 필요함을 느꼈기에, 앞으로 수업나눔을 통해 동료 교사들과 아이디어와 중재 방안을 공유하여 현장에 적용하고 싶습니다.

또한, 완벽한 수업 설계는 없으며 계속 성장해야 함을 느꼈습니다. 따라서 사회성 훈련과 긍정적 행동 지원 관련 전문성을 높이기 위해 연수를 이수하며 성장해 나가겠습니다. 또한, 학교 안팎의 전문적 학습 공동체를 통해 다른 교사들의 수업 사례를 배우고, 제 수업에 반영하여 발전시키고 싶습니다.

Chapter 10

2016학년도

기출문제 분석

2016학년도 수업실연 기출문제

2016학년도 중등교사 신규 임용후보자 선정경쟁시험

특 수

관리 번호: (　　　　) 성명: (　　　　　　　　)

2차 시험	수업 실연	시험시간	지역별 상이

1. 본시 학습지도 내용

과목	사회	
주제	대중교통을 이용하여 학교까지 이동하기	
학습목표	시내버스 이용방법을 순서에 따라 익힌다.	
교수-학습 활동	**학습요소**	**학습내용**
	시내버스 이용 방법 알아보기	- 시내버스 이용방법 알기 - 모의상황에서 시내버스를 이용하기

2. 수험생 유의사항

① 〈동기유발〉 ~ 〈활동1〉 시내버스 이용방법 알기까지 실연하시오. (단, 지도안 작성 지역의 경우 〈활동2〉까지 작성하시오.)

② 학생들의 개별화 지도 방안이 잘 드러나도록 실연하시오.

③ 형성평가 항목 2가지를 수업에서 드러내시오,

④ 교사용 컴퓨터, 칠판, 빔 프로젝터, 스크린이 갖추어진 교실에서 수업을 한다고 가정하시오.

⑤ 이 외의 기자재를 사용할 경우 언급한 후 사용하시오.

⑥ 특수교육 지원인력 1명 있다고 가정하여 실연하시오.

3. 본시 관련 학생 실태

수준	특성 및 학습 수행 수준
가	- 교사의 질문에 문장으로 말할 수 있다. - 4~5개로 이루어진 자료를 수행할 수 있다.
나	- 교사의 질문에 단어 수준으로 말할 수 있다. - 2~3개로 이루어진 자료를 수행할 수 있다.
다	- 교사의 질문에 그림카드를 손이나 몸짓으로 가리킬 수 있다. - 교사의 도움을 받아 순서대로 수행할 수 있다.

4. 자료

〈자료1〉 동영상

버스가 오는데 학생 A가 버스 이용 방법을 몰라 당황하고 있는 동영상

〈자료2〉 시내버스 이용방법 5가지

자리에 앉거나 손잡이를 잡고 바르게 선다.	교통카드나 현금으로 요금을 지불한다.
안내방송을 듣고 목적지 도착 전에 벨을 누른다.	시내버스 번호를 확인하고, 차례대로 버스를 탑니다.
내리기 전에 주위를 살피며 버스에서 내린다.	

〈자료3〉

시내버스 사진, 현금과 교통카드, 카드 단발기와 현금 수납기, 하차 벨, 안내방송 (이번 정류장은 00 중학교입니다.)

(*수업 실연 연습 시 활용하세요!)

버스 안내 방송
"이번 정류장은
00중학교입니다."

5. 본시 교수-학습 지도안 (과정안)

단계	교수 - 학습 활동					시간	자료(재) 및 유의점(유)
	활동 내용	교사활동	학생활동				
			가	나	다		
도입	전시 학습 상기	▶ 전시학습 상기 - 지난 시간에 배운 내용 질문하기 - 시내버스를 이용할 때 알아야하는 정보는 무엇일까요?	■ 지난 시간에 배운 내용 답하기 - 노선입니다 - 요금이요. - 소요시간이요.	- 노선 - 요금 - 소요시간	- (시계그림 들기)		재 자료1
	동기 유발	〈수험생 실연 부분〉					
	학습 목표 제시	가: 시내버스 이용 방법에 따라 시내버스를 알맞게 이용할 수 있다. 나: 다:					
전개	〈활동1〉 시내버스 이용 방법 알기	〈수험생 실연 부분〉					재 자료2

[수업 설계 문제]

*수업나눔 폐지에 따라 기출 문항을 수업 설계로 변형

1) 배움중심의 수업이란 학생의 삶과 연계되어 진정한 배움이 일어나는 수업을 의미한다. 선생님의 교과에서 이를 구현하기 위한 본인의 노력은 무엇이며 이 수업에 어떻게 나타내고자 설계했는지 말씀해주세요.

2) 교사는 수업을 할 때 인지적 측면을 많이 다루는데, 참된 학력이란 학생들의 정의적 측면도 중요합니다. 본 차시와 관련하여 정의적인 영역을 구현하기 위한 설계 요소를 말하고, 선생님의 수업 설계에서 아쉬운 점과 만약 다시 설계할 기회가 주어진다면 그땐 어떻게 보완하겠는가?

3) 이번 수업 설계를 통해 깨달은 점은 무엇이며, 앞으로 현장에 나가 동료교사들과 어떤 자세로 수업을 개발해 나갈 것인지 말하시오.

2016

2 기출 분석 및 발문 idea

01 출제 흐름

버스 대중 교통 이용 방법에 대한 기능적인 주제였으며, 〈동기유발〉부터 〈활동1〉까지의 구간 제시를 통해 '동기유발 요소와 학생과의 상호작용, 학생 간의 상호작용을 잘 보여줄 수 있는지'를 중점적으로 평가한 것으로 예상됩니다.

02 동기유발

• 핵심 문제를 학습자가 찾기

→ 수업 주제에 대한 핵심 문제를 학생과 교사의 대화 중 학생에게서 이끌어 내는 방법

발문 예 여러분, 만약에 여러분이 돈과 교통카드는 있었는데~ 버스를 타지 못했다면 어떤 기분이 들까요? 그래요. 속상해요. 답답할 것 같아요~ 맞아요. 그럼 오늘 이러한 상황과 연결해서 우리가 어떤 것을 배우면 좋을까요?(어떤 공부가 우리에게 필요할까요?, 어떤 내용을 배워볼까요?) 좋아요! 우리 OO이가 오늘의 핵심 주제를 큰 소리로 이야기 해줬는데, '버스를 이용하는 방법'에 대해서 배워보도록 합시다!

• 경험 활용하기

→ 켈러의 ARCS 동기 이론을 떠올리며 자료의 친숙성, 경험 등을 활용하여 발문 구성하기

→ 이때 학생의 경험을 활용하되, 도전적인 과제가 될 수 있도록 이야기하는 것 주의

발문 예 자료1에서 여러분들이 OO이가 되었다면 어떤 기분이 들 것 같나요? 그림으로 그려보세요.

발문 예 버스가 아닌 지하철을 타본 경험이 있나요? 오 그러면 둘의 공통점은 무엇일까요?

발문 예 자동차가 아니라 버스나 지하철을 타면 어떤 점이 좋을까요?

• 상호작용 중시

→ 최대한의 상호작용을 동기유발에서 보여주기

→ 학생과 교사의 상호작용, 학생 간의 상호작용을 할 수 있도록 교사의 확산적 발문과 학생들끼리의 짝 토의법, 모둠 토의법 등을 활용해도 좋음

→ 다군의 특성에 맞게, 다군이 그림카드를 고르면 나군이 그 그림카드를 단어로 읽어보고, 가군이 나군의 단어를 활용하고 문장으로 정리하는 '연결짓기' 기법을 사용해도 좋음

• 주제의 필요성 강조

→ 수업 주제에 맞는 수준별 질문을 활용하여서 학습 주제의 필요성을 강조하기

발문 예 여러분, 우리가 버스타기를 스스로 할 수 있다면 어떤 점이 좋을까요? (학습 주제 필요성 강조)

발문 예 저번에 현장체험학습을 갔을 때를 떠올려 보았을 때 어떤 점이 다를까요? (경험 연계, 상황의 차이를 언급하여 일반화 도움)

• 수준별 발문

→ 질문 시 학습 집단 (가,나,다) 별로 달리 질문하거나, 수준별 질문을 활용하는 방법도 좋음. 가군에게는 심화적인 질문이나 보충해줄 수 있도록 내용 면에서 차이를 줄 수도 있고, 방법적인 측면에서도 문장, 단어 카드, 그림 선택, aac로 방법적인 차이를 제공할 수도 있음

03 <활동❶>

• 자료의 수준별 재구성

→ 〈자료2〉 활용 시 자료는 5개로 구성되어 있어, 나,다 수준에게는 적합하지 않은 자료이므로 자료의 재구성을 통하여서 개별화하기

→ 나군의 경우에는 2~3개의 단어로 이루어진 자료 수행, 다군의 경우에는 나군의 수준보다는 낮을 것. 그러니 나군에게는 1,2번째 그림을 묶어서 제공해준다던지, 첫 번째와 마지막 단계만 미리 붙여준다던지 등의 수정이 필요하며, 다군의 경우에는 학습지의 단계에 맞는 그림을 손이나 동그라미 쳐보게 한다던지 등으로 자료의 수정과 개별 특성에 따른 참여를 이끌어 낼 필요가 있음

• 수업 내용

→ 다양한 발문 기법을 사용하여 수업 내용을 알차게 구성하기

발문 예 여러분, 그렇다면 만약에 돈을 내지 않고 (동그라미 2번의 그림) 버스에 탄다면 어떤 일이 일어날까요? (논리적인 사고, 전후 상황 예상할 수 있는 질문)

발문 예 여러분들이 조별로 모여서 생각해본 대로 버스타기 순서를 알맞게 붙여보세요. (협동학습, 학습자 동기 고려)

발문 예 마지막 그림에서 주위를 살피며 버스에서 내려야 하는 이유는 무엇일까요? (안전 연계)

• 실생활 연계

→ 실생활과 연계한 수업 내용을 확장하고, 적용할 수 있도록 강조하기

발문 예 이제는 여러분들이 현장체험학습을 가거나 주말에 놀러갈 때 버스 이용을 스스로 해보려고 노력해봅시다.

발문 예 여러 사람들이 버스에 타고 내리는 과정을 실제로 관찰해봅시다.

발문 예 앞으로도 버스 이용 뿐만 아니라 다양한 교통수단의 이용 방법에 대해서도 이용할 때 어떤 공통점이 있는지, 어떤 차이가 있는지 관심 있게 살펴봅시다.

2016

3 합격자 복기 스크립트

01 합격자 수업실연 복기 스크립트

단계	수업실연 복기 스크립트
도입	교사: 우와~ 오늘도 반짝거리는 눈빛으로 활동을 기다리는 우리반! 선생님이 가져온 동영상의 내용이 벌써 궁금한 것 같은데~ 동영상을 재생하기 전에! 누가 나오나요? 맞아요. 우리 00이가 나오는데, 00이가 어떤 상황인지, 어떤 감정인지 주목해서 동영상을 봅시다. 띵~ (동영상 킴) 교사: 띡(동영상 끔). 자 동영상에서 어떤 내용이 기억나는지 자유롭게 말해볼까요? 우리 손을 번쩍 든 다영이! 다영이가 어떤 카드를 골랐죠? 맞아요! 00이 카드를 골랐네요. 다영이가 카드를 고른 대로 동영상에 00이가 나왔어요. 그럼 다영이의 대답에서 동영상의 내용을 보충해줄 사람 있나요? 이때 00이의 표정은 어때보이나요? 교사: 맞아요. 정확하게 대답해주었어요. 나영이! 00이가 버스를 이용하는 방법을 몰라서 그만 버스를? 놓치고 말았어요~ 너무 당황해하고, 속상해하는 것 같아요. 그럼 오늘 활동에서~ 이런 00이에게 어떤 도움을 주면 좋을까? 그래요! 00이가 더 이상 당황하지 않고, 버스를 놓치지 않도록 우리가 시내버스 이용하는 방법에 대해서 알려줍시다! 그럼, 첫 번째 활동으로 시내버스를 이용하는 알맞은 방법에 대해서 배워봅시다~
활동1	교사: 여러분, 우리 활동 첫 번째를 시작하기 전에 우리 학급 규칙이 있었죠? (경청, 나눔, 배려 등 강조) 여러분은 시내버스를 타본 경험이 있나요? 우리 다영이~ 언제 시내버스를 타본적이 있어요? 태블릿 PC에서 사진을 선택해보세요. 다영이의 태블릿PC랑 스크린 화면을 미러링해줄게요. 다영이가 어떤 것을 고르는지 보자~ 다영: (할머니 댁) 교사: 아 우리 다영이는 할머니 댁을 갈 때 버스를 타본 경험이 있구나! 여행을 떠나는 기분을 맘껏 느꼈겠다. 다른 사람들은요? 아~ 우리 나영이는 마트를 갈 때 탔구나. , 우리 가은이는 스쿨버스를 타고 등교하는구나! (생략) 교사: 우리반 학생들이 버스를 이용해본 경험이 있는데, 모두 혼자 타지는 않고 부모님이나 선생님과 함께 이용했던 것 같아요. 그렇다면, 스스로 버스를 이용한다고 생각하고~ 앞의 화면을 봅시다. 교사: 자, 선생님이 화면에 어떤 사진을 가져왔죠? 시내버스 이용 순서에 대한 사진이네요. 어? 그런데 조금 이상해요. 시내버스 이용 순서가 알맞게 되어 있지 않은 것 같아요. 지금부터 우리 활동지에 여러분이 생각하는 올바른 순서를 붙여봅시다. 나영이와 나은이의 자료에는 첫 번째와 마지막을 넣어두었고, 다영이의 자료에는 1,2번째 순서와 마지막 순서를 미리 붙여 놓았어요. 교사: 그럼 시간을 얼마나 주면 좋을까요? 그래요! 10분 주겠습니다. 다들 괜찮나요? 시내버스 이용 경험을 떠올리며 여러분이 생각하는 올바른 순서로 붙여봅시다. (순회지도하면서 학생들의 의견이나 생각을 들음, 다영이의 생각대로 붙일 수 있도록 도와줌) 교사: 자, 그럼 우리 시내버스 이용 순서에 대해서 알아봅시다. 자 먼저 우리는 어디로 가는지 확인을 해야 합니다. 버스의 번호는 '저는 여기로 이동할 예정입니다. 참고하세요.' 라는 의미를 가지고 있어요. 그럼 어떤 것이 첫 번째 단계일까요? 좋아요~ (자료별로 '왜'를 적절하게 사용하여 자료를 풍성하게 활용함, 학생이 생각한 알맞은 순서와 비교하여 자료를 활용함) 자 두 번째 순서로 여러분은 무엇을 붙였나요? 아 00이와 **이의 생각이 다르네요. 왜 2번째로 이 그림을 골랐나요? (토의) 여러분이 생각한 순서랑 달랐나요? 여러분의 활동지와 알맞은 순서를 비교해서 고쳐봅시다. 교사: 아 우리 스쿨버스를 이용하는 00이는 바로 이 부분에서 스쿨버스와 시내버스의 차이점은 무엇인 것 같나요? 맞

아요. 스쿨버스는 돈을 내고 탑승하지 않지만, 시내버스는 돈을 내야 해요.
교사: 자, 우리가 버스에서 내릴 때는 좌우를 어떻게? 따라해봅시다. 좌우를 살펴 보면서 내려야 해요. 왜? 그럴까요? 맞아요. 나영이가 안전~이라고 정답을 이야기했네요. 무엇과 비슷하나요? 맞아요. 횡단보도를 건널 때와 마찬가지로, 좌우에 차가 오지는 않는지 오토바이가 있지는 않은지 살펴보면서 내려야 해요.

교사: 자 이렇게 5가지 그림과 문장을 보면서 시내버스 타는 알맞은 순서를 알아봤어요. 그럼 우리 배움jump 질문 줄게요! 우리가 단지 순서만 지킨다고 해서 버스 올바르게 이용하는 걸까요? (기다림)
그래요. 우리가 도덕 시간에 배웠듯, 시내 버스는 나 혼자만이 이용하는 것이 아니에요. 공공시설을 이용할 때는 서로 공공시설 예절을 지켜야 하듯 버스 공공시설 예절은 무엇이 있을지 우리의 활동지에서 동그라미 쳐볼까요?, 토의해볼까요? 차례대로 줄 서기, 돈 내기, 버스에서는 통화 소리는 조용히, 미리 벨 누르기, 멈추고 움직이기 (안전 연계), 버스를 운전해주시는 기사님께 감사하는 마음 가지기 등 다양하게 나왔네요. 우와~ 선생님도 여러분들의 이야기에서 정말 많이 배웠어요. 역시 우리반 마음이 정말 따뜻해요. 이제는 우리가 00이에게 해줄 이야기가 너무 많겠다~ 어떤 이야기를 해주고 싶나요? (이상입니다.)

03 경기 수업나눔(폐지) → 수업설계 답변 변형

***2026학년도부터 수업나눔 폐지에 따라 조이쌤이 수업설계 답변으로 재구성했습니다.**

1. 배움중심의 수업이란 학생의 삶과 연계되어 진정한 배움이 일어나는 수업을 의미한다. 선생님의 교과에서 이를 구현하기 위한 본인의 노력은 무엇이며 이 수업에 어떻게 나타내고자 설계했는지 말씀해주세요.

수업 설계 문항에 대해 답변드리겠습니다. 배움중심수업은 학생의 삶과 연계하여 사고를 확장하고, 미래 사회에서 필요한 역량을 기르는 수업이라고 생각합니다. 저의 수업 철학인 "학생들은 실수로부터 더 많은 것을 배운다"를 바탕으로, 이번 수업에서 학생들이 시내버스 이용 방법을 실수하거나 오개념을 가질 수 있는 상황을 긍정적인 학습 기회로 활용하고자 합니다. 학생들이 자신의 경험을 통해 학습을 확장할 수 있도록 지원하면서, 배움중심수업을 실현하기 위해 노력할 것입니다.
첫째, 학생들이 자신의 생각을 드러낼 수 있도록 질문과 활동 기회를 제공할 것입니다. 수업 초반에 "여러분이 생각하는 시내버스 이용 방법은 무엇인가요?"라는 질문을 던져, 학생들이 시내버스 이용에 대한 각자의 방법을 떠올리고 발표하도록 유도할 계획입니다. 이를 통해 학생들의 수준과 사고를 진단하고, 자기주도적인 역량을 기르는 기회를 제공할 것입니다.
둘째, 학생들의 오개념을 바로잡기보다 토의를 통해 스스로 성장할 수 있도록 유도할 것입니다. 배움은 생각의 차이를 발견할 때 가장 잘 이루어진다고 생각합니다. 그래서 〈활동1〉에서 학생들이 시내버스 이용 순서를 정하는 과정에서 의견이 다른 경우 토의를 통해 답을 찾도록 지원할 것입니다. 예를 들어, 00이와 **이가 순서에 대해 다르게 생각할 경우, 토의를 통해 생각을 나누고 비교하게 하여 학생 스스로 답을 도출하는 과정을 경험할 수 있게 할 것입니다.
셋째, 학생들의 실생활 경험을 적극 활용하여 학습의 의미를 확장할 것입니다. 학생들에게 각자의 버스 이용 경험을 이야기하도록 하고, 시내버스와 스쿨버스의 차이점에 대해 비교해 보도록 할 것입니다. 또한, 현장체험학습과 연계하여 실제로 시내버스를 이용하는 기회를 제공함으로써, 특수교육 대상 학생들이 학습 내용을 실제 생활과 연결하고 일반화할 수 있도록 돕고자 합니다.

2. 교사는 수업을 할 때 인지적 측면을 많이 다루는데, 참된 학력이란 학생들의 정의적 측면도 중요합니다. 본 차시와 관련하여 정의적인 영역을 구현하기 위한 설계 요소를 말하고, 선생님의 수업 설계에서 아쉬운 점과 만약 다시 설계할 기회가 주어진다면 그땐 어떻게 보완하겠는가?

수업 설계 문항에 대해 답변드리겠습니다. 수업은 '종합 예술'이라는 말처럼, 참된 학력을 위해서는 인지적 측면뿐만 아니라 정의적 측면도 반드시 포함되어야 한다고 생각합니다. 본 차시에서는 정의적 영역을 다음과 같이 구현하고자 설계했습니다.
첫째, 관계 중심의 수업을 실천할 것입니다. 교사가 학생을 신뢰하고 있음을 전달하고, "~을 해낼 수 있을 거라고 믿어요"와 같은 발문을 통해 학생들이 존중받고 있음을 느끼도록 할 것입니다. 이를 통해 교사는 지식 전달자가 아닌 함께 성장하는 동반자로서, 학생들이 자유롭게 의견을 표현하는 환경을 조성하고자 합니다.

둘째, 학급 규칙 안내를 통해 경청과 격려하는 분위기를 조성할 것입니다. 학생들이 서로의 대답에 주목하고, 관심과 격려를 통해 존중하는 분위기를 형성하도록 지도할 것입니다.

셋째, 단순히 시내버스 이용 방법을 배우는 것을 넘어, 대중교통 이용 시 바람직한 태도와 예절을 함께 토의하도록 지도할 것입니다. 이 과정에서 도덕 교과와 연계하여 공공장소에서의 올바른 행동을 이야기하며, 학생들이 대중교통 이용의 의미와 책임감을 느끼도록 할 것입니다.

설계상 아쉬운 점(우려되는 점)은, 정의적 측면을 학습한 이후 이를 실제로 활용할 기회가 충분히 제공되지 못할 수 있다는 점입니다. 지식의 습득만큼 실제 활용이 중요하기에, 이론적 학습에 머무를 수 있다는 점이 우려됩니다.

다시 설계할 기회가 주어진다면, 시내버스 이용 순서를 그림이 아닌 짧은 영상으로 제시하거나, VR을 활용해 학생들이 실제 버스에 탑승하는 체험형 학습을 진행하고자 합니다. 또한, 교육 공동체와 협력하여 학교 스쿨버스를 시내버스처럼 활용해보는 경험을 제공함으로써 학생들이 실제와 유사한 상황에서 배움을 활용할 수 있도록 개선하겠습니다.

3. 이번 수업 설계를 통해 깨달은 점은 무엇이며, 앞으로 현장에 나가 동료교사들과 어떤 자세로 수업을 개발해 나갈 것인지 말하시오.

수업 설계 문항에 대해 답변드리겠습니다. 이번 수업을 설계하면서 깨달은 점은, 수업 전 설계에 대해 이야기 나누는 것은 결코 부담스러운 과정이 아니라, 진솔하게 임할 때 가장 가치 있는 성장의 기회가 된다는 것이었습니다. 이 설계 과정을 통해 저는 현장에 나가서도 지속적인 성찰로 성장할 수 있다는 자신감을 얻게 되었습니다.

앞으로 현장에 나가, 저는 이러한 성찰을 습관화할 것입니다. 점심시간 등 일상 속에서 동료 교사들과 자유롭게 수업 이야기를 나누며 성찰을 실천할 것입니다. 또한, 선배 교사에게 배우는 것을 넘어, 저의 새로운 시각과 아이디어를 공유하며 상호 학습하는 자세를 유지하겠습니다.

이러한 목표를 이루기 위해, 전문적 학습 공동체에 적극 참여하여 동료 교사들과 함께 수업을 설계하고 교수법을 공유하며 수업의 질을 높이겠습니다. 또한, 수업 일지 작성을 통해 설계 의도와 실제 실행을 체계적으로 성찰하고 개선 방안을 모색할 것입니다. '수업 친구 맺기' 등을 통해 동료 교사와 상호 성찰하며 수업 역량을 발전시키겠습니다. 이처럼 지속적인 성찰과 협력을 통해 교사로서의 전문성을 성장시키는 자세를 실천해 나가겠습니다.

MEMO

PART

03

수업능력평가 12개년 기출문제

01 끈기 임용 2차 2025학년도 수업실연 기출문제

2025학년도 중등교사 신규 임용후보자 선정경쟁시험

특 수

관리 번호: (　　　) 성명: (　　　　　)

2차 시험	수업 실연	시험시간	지역별 상이

〈실연 조건〉

- [교수·학습 지도안]의 〈수업실연 1~3〉에 해당하는 구간을 학습 목표를 반영하여 수업실연 하시오.
- 본시 관련 모든 학생들의 특성 및 수행 수준을 고려하여 수업실연 하시오.
- 〈수업실연1〉에서는 〈자료1〉를 활용하여, 학생들의 실생활 및 경험을 활용하시오.
- 〈수업실연2〉에서는 〈자료2〉를 활용하여, 모둠 활동을 실시하며 이때 교사의 촉진자 역할이 드러나도록 수업실연하시오.
- 〈수업실연3〉에서는 '지혁'이와 '규리'에 대한 개별화된 지원 방안을 드러내시오.
- 유의 사항: 교사와 학생의 활동이 구체적으로 드러나도록 실연하시오.

1. 본시 학습 지도 내용

과목	과학
대상	고등학교 1학년
운영 방법	블록타임제 100분

2. 단원 내용

단원명	녹색 체험		
단원 성취기준	전기기구를 안전하게 사용하는 방법과 전기를 절약하는 방법을 안다.		
차시	주요 내용	수업 형태	평가 방법
1~3	신재생 에너지 알아보기	개별 활동	수행평가
4~5 (본시)	전기를 낭비하는 상황과 절약하는 방법 알아보기	개별 활동	관찰 평가
	전기 절약 실천하기	모둠 활동	결과물 평가

3. 교수·학습 환경

학생 수	6명	장소	특수학급 교실
자료	전자 칠판, 태블릿PC, 동영상, 스티커 (붙임 딱지), AAC		

4. 본시 관련 학생 특성 및 수행 수준

수준	특성 및 수행 수준
가 (2명)	• 태블릿PC를 능숙하게 사용할 수 있다. • 자신의 생각을 문장으로 말하고 글도 쓸 수 있으며, 그림을 잘 그리는 편이다.
나 (2명)	• 교사의 언어적 촉진을 받아 태블릿 PC를 사용할 수 있다. • 자신의 생각을 2어절의 문장으로 말할 수 있다. • 글자를 보고 쓸 수 있으며, 색칠하기 활동을 선호한다. • 지혁: 손의 협응과 소근육 운동 발달이 낮아 불편함이 있다.
다 (2명)	• 교사의 신체적 촉진을 받아 태블릿 PC로 정보 검색을 할 수 있다. • 구어적 표현이 어려워 AAC를 사용하여 소통한다. • 그림과 글자 스티커를 붙일 수 있다. • 규리: 산책을 가고 싶을 때 소리를 지른다.

5. 자료

〈자료1〉

냉장고를 열고 닫지 않는다.	에어컨을 켜고 창문을 연다.	짧은 옷을 입고 히터를 튼다.

〈자료2〉

스케치북	붓	색연필	물감

[본시 교수•학습 지도안]

<table>
<tr><th rowspan="3">단계</th><th colspan="5">교수 - 학습 활동</th><th rowspan="3">시간</th><th rowspan="3">자료(재) 및 유의점(유)</th></tr>
<tr><th rowspan="2">활동 내용</th><th rowspan="2">교사활동</th><th colspan="3">학생활동</th></tr>
<tr><th>가</th><th>나</th><th>다</th></tr>
<tr><td rowspan="5">도입</td><td rowspan="2">전시
학습 상기</td><td rowspan="2">▶ 신재생 에너지 종류 질문하기
-'신재생 에너지의 종류에는 어떤 것이 있었나요?'</td><td colspan="3">● 신재생 에너지 종류 대답하기</td><td rowspan="5">10</td><td rowspan="5">(재) AAC</td></tr>
<tr><td>-'태양, 풍력, 조력 에너지가 있어요.'</td><td>-'태양 에너지요.'</td><td>-태양 그림을 가리킨다.</td></tr>
<tr><td rowspan="2">동기 유발</td><td rowspan="2">▶ 동영상 제시하기
-'왜 정전이 일어났나요?'
-'전기를 어떻게 쓰면 좋을까요?'</td><td colspan="3">● 전기 낭비로 정전이 되어 불편을 느끼고 있는 사람들의 내용이 담긴 동영상 시청하기</td></tr>
<tr><td>-'전기 낭비 때문에 정전이 되었어요.'
-'아껴써요.'</td><td>-'전기 써요.'
-'조금'</td><td>-전기 그림을 가리킨다.
-아끼다 그림을 가리킨다.</td></tr>
<tr><td>학습
목표 제시</td><td colspan="4">• 전기를 절약하는 방법을 조사할 수 있다.
• 전기 절약을 실천할 수 있다.</td></tr>
<tr><td rowspan="7">전개</td><td>〈활동1〉
전기를 낭비하는 상황과 절약 방법 알아보기</td><td colspan="4">〈수업실연1〉</td><td>30</td><td>(재) 〈자료1〉
(재) 태블릿PC, AAC</td></tr>
<tr><td rowspan="5">〈활동2〉
전기 절약 실천하기</td><td>▶ 모둠 활동 안내하기</td><td colspan="3">● 전기 절약 실천 포스터 만들기 활동 확인하기</td><td rowspan="5">50</td><td rowspan="5">(유) 학생 수준을 고려하여 모둠을 이질적으로 구성한다.
(재) 〈자료2〉

(재) 스티커
(유) 다른 모둠의 발표를 경청하고, 상호 피드백을 촉진한다.</td></tr>
<tr><td>▶ 모둠 구성하기</td><td colspan="3">● 모둠 활동 안내 사항 이해 및 역할 정하기</td></tr>
<tr><td colspan="4">〈수업실연2〉</td></tr>
<tr><td>▶ 모둠별 발표 안내하기
-모둠별 발표 시 내용과 태도에 대한 피드백을 제공한다.</td><td colspan="3">● 모둠별 발표하기
- 모둠별로 포스터의 내용을 발표하고, 다른 모둠의 발표를 경청한다.</td></tr>
<tr><td>▶ 온라인 공유 안내하기</td><td colspan="3">● 제작한 포스터를 온라인 보드에 공유하기</td></tr>
<tr><td colspan="7">〈수업실연3〉
<table><tr><th colspan="2">교수•학습 활동 지원 방안</th></tr><tr><td>지혁</td><td></td></tr><tr><th colspan="2">도전 행동 지원 방안</th></tr><tr><td>규리</td><td></td></tr></table></td></tr>
<tr><td>정리</td><td>정리 및
차시 예고</td><td colspan="4"></td><td>10</td><td></td></tr>
</table>

[수업 설계 문제]

*수업나눔 폐지에 따라 기출 문항을 수업 설계로 변형

1) '스스로 성장하는 자기주도적인 학습자의 관점'을 반영하기 위해 오늘 수업을 어떻게 설계했으며, 예상되는 어려움과 그에 대한 보완점은 무엇인지 말하시오.

2) 오늘 수업과 연계하여 디지털 기술을 활용한 피드백 2가지를 어떻게 계획하고 있으며, 이에 대해 기대하는 교육적 효과를 말하시오.

3) 오늘의 수업을 탐구와 질문있는 수업으로 재구성한다면, 그 구체적인 방안은 무엇이며 그에 따른 학생의 성장을 어떻게 기대하는지 말하시오.

*지도안 작성 지역만 해당되는 자료

2025학년도 특수학교(중등) 임용후보자 선정경쟁 2차 시험 [교수학습지도안] 답안지

수험번호		성명		감독관 확인	

<table>
<tr><td colspan="2">교과</td><td>과학</td><td>대상</td><td colspan="2">특수학급 중학교 (6명)</td><td>차시</td><td>4~5/8</td></tr>
<tr><td colspan="2">단원</td><td colspan="6">녹색 체험</td></tr>
<tr><td colspan="2">학습목표</td><td colspan="6">• 전기를 절약하는 방법을 조사할 수 있다.
• 전기 절약을 실천할 수 있다.</td></tr>
<tr><td rowspan="2">단계</td><td rowspan="2">학습내용</td><td rowspan="2">교사활동</td><td colspan="3">학생활동</td><td rowspan="2">시간
(분)</td><td rowspan="2">자료 및
유의점</td></tr>
<tr><td>가</td><td>나</td><td>다</td></tr>
<tr><td rowspan="7">전개</td><td rowspan="2">전시
학습 상기</td><td rowspan="2">▶ 신재생 에너지 종류 질문하기
-‘신재생 에너지의 종류에는 어떤 것이 있었나요?’</td><td colspan="3">● 신재생 에너지 종류 대답하기</td><td rowspan="5">10</td><td rowspan="5">[자] AAC</td></tr>
<tr><td>-‘태양, 풍력, 조력 에너지가 있어요.’</td><td>-‘태양 에너지요.’</td><td>-태양 그림을 가리킨다.</td></tr>
<tr><td rowspan="2">동기 유발</td><td rowspan="2">▶ 동영상 제시하기
-‘왜 정전이 일어났나요?’
-‘전기를 어떻게 쓰면 좋을까요?’</td><td colspan="3">● 전기 낭비로 정전이 되어 불편을 느끼고 있는 사람들의 내용이 담긴 동영상 시청하기</td></tr>
<tr><td>-‘전기 낭비 때문에 정전이 되었어요.’
-‘아껴써요.’</td><td>-‘전기 써요.’
-‘조금’</td><td>-전기 그림을 가리킨다.
-아끼다 그림을 가리킨다.</td></tr>
<tr><td>학습
목표 제시</td><td colspan="4">• 전기를 절약하는 방법을 조사할 수 있다.
• 전기 절약을 실천할 수 있다.</td></tr>
<tr><td><활동1>
전기를
낭비하는
상황과
절약 방법
알아보기</td><td colspan="4"><응시자 작성란></td><td>30</td><td>[자] <자료1>
[자] 태블릿PC, AAC</td></tr>
</table>

(1/2)

관리번호	

2025학년도 특수학교(중등) 임용후보자 선정경쟁 2차 시험 [교수학습지도안] 답안지

수험번호									성명		감독관 확 인	

<table>
<tr><th rowspan="2">단계</th><th rowspan="2">학습내용</th><th rowspan="2">교사활동</th><th colspan="3">학생활동</th><th rowspan="2">시간(분)</th><th rowspan="2">자료 및 유의점</th></tr>
<tr><th>가</th><th>나</th><th>다</th></tr>
<tr><td rowspan="6">전개</td><td rowspan="6"><활동2>
전기 절약 실천하기</td><td>▶ 모둠 활동 안내하기</td><td colspan="3">● 전기 절약 실천 포스터 만들기 활동 확인하기</td><td rowspan="6">50</td><td rowspan="6">유 학생 수준을 고려하여 모둠을 이질적으로 구성한다.

자 <자료2>

자 스티커

유 다른 모둠의 발표를 경청하고, 상호 피드백을 촉진한다.</td></tr>
<tr><td>▶ 모둠 구성하기</td><td colspan="3">● 모둠 활동 안내 사항 이해 및 역할 정하기</td></tr>
<tr><td colspan="4"><응시자 작성란></td></tr>
<tr><td>▶ 모둠별 발표 안내하기
-모둠별 발표 시 내용과 태도에 대한 피드백을 제공한다.</td><td colspan="3">● 모둠별 발표하기
- 모둠별로 포스터의 내용을 발표하고, 다른 모둠의 발표를 경청한다.</td></tr>
<tr><td>▶ 온라인 공유 안내하기</td><td colspan="3">● 제작한 포스터를 온라인 보드에 공유하기</td></tr>
<tr><td colspan="4"><응시자 작성란>

교수•학습 활동 지원 방안
지혁:

도전 행동 지원 방안
규리: </td></tr>
<tr><td>정리</td><td>정리 및 차시 예고</td><td colspan="4"></td><td>10</td><td></td></tr>
</table>

관리번호	

02 끈기 임용 2차 2024학년도 수업실연 기출문제

2024학년도 중등교사 신규 임용후보자 선정경쟁시험

특 수

관리 번호: (   ) 성명: (   )

2차 시험	수업 실연	시험시간	지역별 상이

1. 수험생 유의사항

① 〈수업실연1〉, 〈수업실연2〉 구간을 실연하시오.

② 학생 간 상호작용을 높이시오.

③ 개별화된 지원을 제공하시오.

④ 〈활동1〉에서 자료 1, 2, 〈활동2〉에서 자료3을 활용하시오.

⑤ 세진이를 긍정적행동지원으로 중재하시오

⑥ 〈활동2〉는 모둠활동으로 실시하시오.

⑦ 〈활동1〉 관찰평가, 〈활동2〉 동료평가를 실시하시오..

2. 본시 학습 지도 내용

과목	과학		
차시	이전 차시	• 지진해일 사례	관찰평가
	본차시	• 지진해일 원인과 발생 과정 • 지진해일 대처 방안 알기	관찰평가, 동료평가
수업 진행	블록타임제 (90분)		
대상	특수학급 중학교 3학년		
활동 내용	• 활동1: 지진해일 원인과 발생과정(탐구하기) • 활동2: 지진해일 대처방안 알기(모둠활동)		

자료

동영상 자료, AAC, 전자 칠판, 교사용 PC, 태블릿PC, 그림카드, 실험 도구, 수조, 물, 나무토막 2개, 예시 안내판, 모둠활동 안내판, 스티커 프린터

3. 본시 관련 학생 실태

가 (3명)	공통	• 3어절 문장으로 말 할 수 있다. • 태블릿PC를 스스로 조작하여 조사한 정보를 작성하고 정리할 수 있다.
	개별	• 세진: 교사의 설명에 대해 수업과 관련 없는 질문을 하며 수업 방해 행동을 한다. • 민혁: 저시력 학생이다.
나 (2명)	공통	• 2어절 문장으로 말할 수 있다. • 언어적 촉진을 주면 실험 활동에 참여할 수 있다. • 언어적 촉진 주면 태블릿PC 사용하여 검색하여 보고서 작성 가능하다.
다 (1명)	공통	• 몸짓이나 표정, AAC를 사용하여 표현 가능하다. • 신체적 촉진을 주면 실험, 모둠 활동에 참여할 수 있다. • 이미지 파일로 태블릿 PC 검색할 수 있다.

4. 자료

▶ 〈자료1〉 지진해일 실험 과정 순서

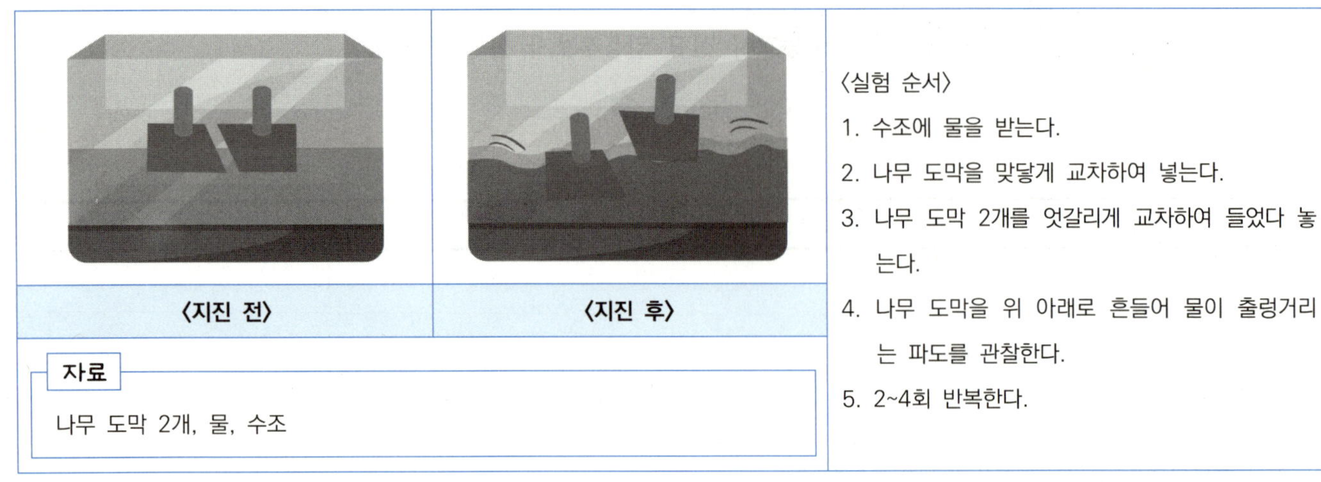

자료

나무 도막 2개, 물, 수조

〈실험 순서〉

1. 수조에 물을 받는다.
2. 나무 도막을 맞닿게 교차하여 넣는다.
3. 나무 도막 2개를 엇갈리게 교차하여 들었다 놓는다.
4. 나무 도막을 위 아래로 흔들어 물이 출렁거리는 파도를 관찰한다.
5. 2~4회 반복한다.

▶ 〈자료2〉 지진해일 발생 과정 자료

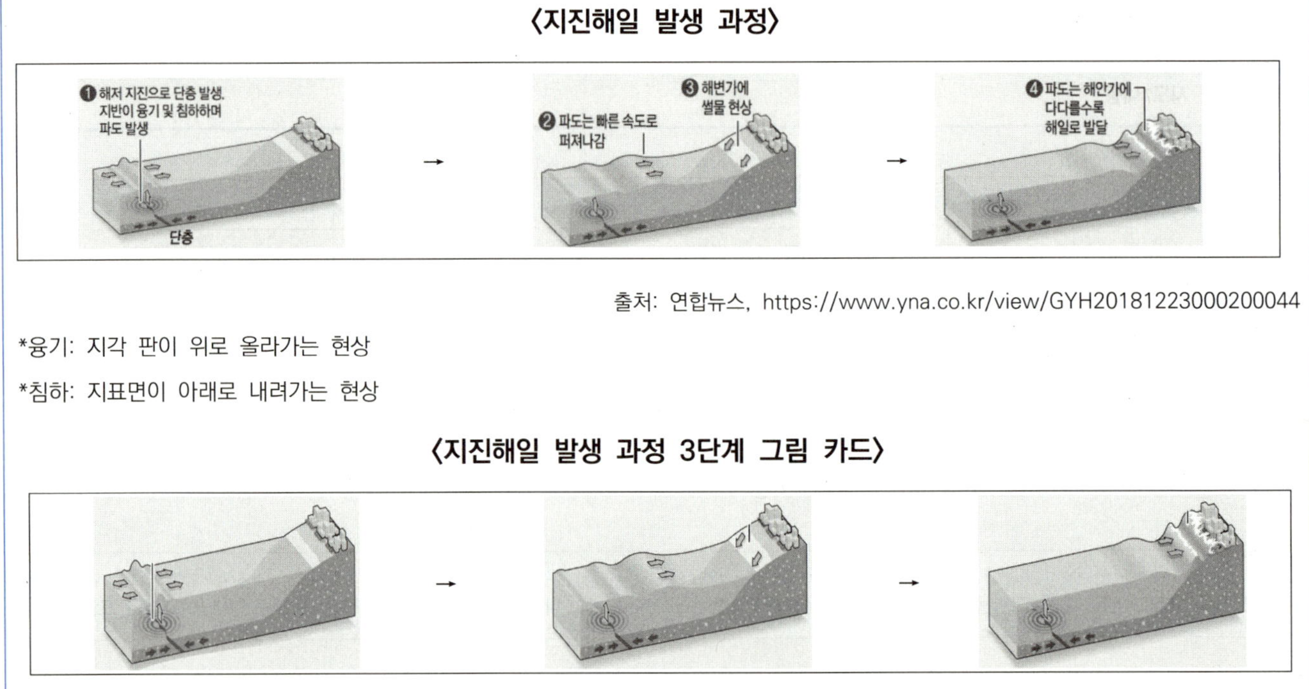

〈지진해일 발생 과정〉

출처: 연합뉴스, https://www.yna.co.kr/view/GYH20181223000200044

*융기: 지각 판이 위로 올라가는 현상

*침하: 지표면이 아래로 내려가는 현상

〈지진해일 발생 과정 3단계 그림 카드〉

▶ 〈자료3〉 지진해일 대처방안 안내문 만들기

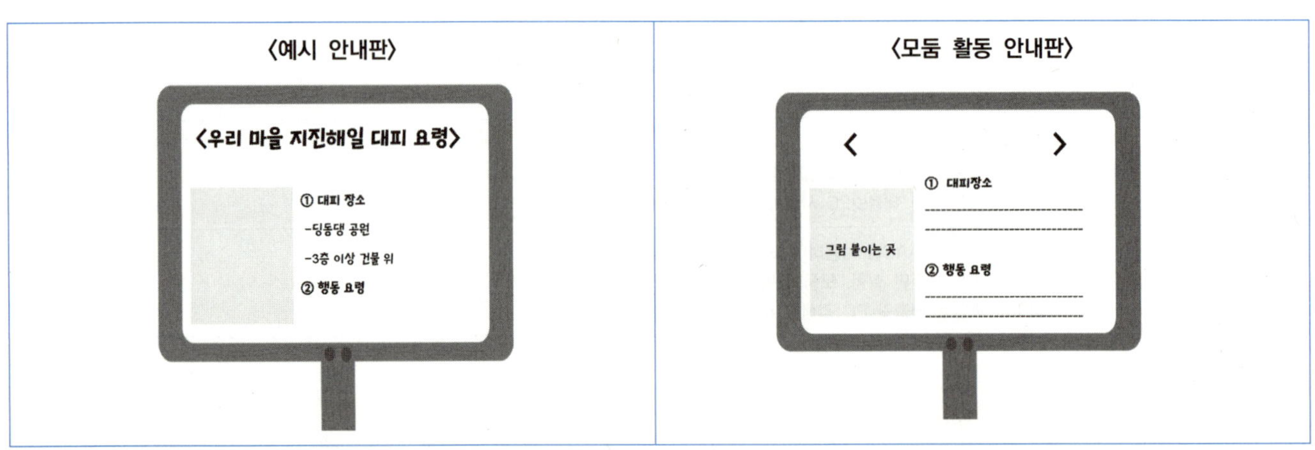

5. 본시 교수-학습 지도안 (과정안)

단계	교수 - 학습 활동					시간	자료([자]) 및 유의점([유])
	활동 내용	교사활동	학생활동				
			가	나	다		
도입	인사	▶ 인사하기				5	[자] 동영상
	전시 학습 상기	▶ 지진해일 사례					
	동기 유발	▶ 지진해일 영상 제시하기	• 너무 무서워요.	• 무섭다.	• (놀란 표정)		
	학습 목표 제시	지진해일의 원인과 발생 과정을 알고, 대처 방안을 조사할 수 있다.					
전개	〈활동1〉 지진해일 원인과 발생 과정 (탐구하기)	〈수험생 실연 부분1〉				35	[자] 자료1,2, AAC [유] 실험하기 전 안전 규칙에 대해 안내한다. [유] 실험 순서에 맞게 실험하는지 확인한다. [유] 민혁이의 특성을 고려하여 지원한다. [유] 다 수준 학생에게 신체적 촉진을 제공한다.
	〈활동2〉 지진해일 대처 방안 알기 (모둠활동)	▶ 〈활동2〉 안내하기 ▶ 모둠 역할 정하기				50	[유] 이질적으로 모둠을 구성한다.
		〈수험생 실연 부분2〉					[자] 자료3(예시 안내판, 모둠 활동지 안내판) AAC, 태블릿PC, 스티커 프린터 [유] 다 수준 학생의 태블릿PC에 이미지 파일을 넣어준다. [유] 학생 간 상호작용을 촉진한다.
		▶ 동료평가 안내하기 ▶ 발표하기					

[수업 설계 문제]

*수업나눔 폐지에 따라 기출 문항을 수업 설계로 변형

1) 오늘 수업에서 학생의 비판적 사고력, 문제해결 역량을 길러주기 위한 교수학습 전략을 어떻게 설계했는지 말하고, '깊이 있는 수업'을 위해 동교과 교사, 타교과 교사와 어떻게 협력할 것인지 그 방안을 각각 말하시오.

2) 오늘 수업에 참여할 서로 다른 특성의 학생들을 지원하기 위해 학교 안, 학교 밖 교육 방안을 어떻게 활용할지 말하시오.

3) 온라인 플랫폼을 활용한 온오프라인 연계 형성평가를 어떻게 진행할 계획인지 말하고, 이때 디지털 시민으로서 지도 시 유의사항 2가지를 말하시오.

*지도안 작성 지역만 해당되는 자료

2024학년도 특수학교(중등) 임용후보자 선정경쟁 2차 시험 [교수학습지도안] 답안지

수험번호		성명		감독관 확인	

교과	과학	대상	특수학급 중학교 3학년	차시	-
제재	지진해일				
학습목표	지진해일의 원인과 발생 과정을 알고, 대처 방안을 조사할 수 있다.				

단계	학습내용	교사활동	학생활동 가	학생활동 나	학생활동 다	시간(분)	자료 및 유의점
	인사	▶ 인사하기				5	재 동영상
	전시 학습 상기	▶ 지진해일 사례					
	동기유발	▶ 지진해일 영상 제시하기	• 너무 무서워요.	• 무섭다.	• (놀란 표정)		
	학습 목표 제시	지진해일의 원인과 발생 과정을 알고, 대처 방안을 조사할 수 있다.					
전개	<활동1> 지진해일 발생 원인과 발생 과정 (탐구하기)	<응시자 작성란>				35	재 자료1, 2, AAC 유 실험하기 전 규칙에 대해 안내한다. 유 실험 순서에 맞게 실험하는지 확인한다. 유 민혁이의 특성을 지원한다. 유 다 수준 학생에게 신체적 촉진을 제공한다.
	<활동1> 관찰평가	가					
		나					
		다					

(1/2)

관리번호	

2024학년도 특수학교(중등) 임용후보자 선정경쟁 2차 시험 [교수학습지도안] 답안지

수험번호									성명		감독관 확인	

단계	학습내용	교사활동	학생활동 가	학생활동 나	학생활동 다	시간(분)	자료 및 유의점
전개	<활동2> 지진해일 대처 방안 알기 (모둠활동)	▶ <활동2> 안내하기 ▶ 모둠 역할 정하기 <응시자 작성란>				50	유 이질적으로 모둠을 구성한다. 재 자료3(예시 안내판, 모둠 활동지 안내판) AAC, 태블릿PC, 스티커 프린터 유 다 수준 학생의 태블릿PC에 이미지 파일을 넣어준다. 유 학생 간 상호작용을 촉진한다.
정리	평가	▶ 동료평가 안내하기 ▶ 발표하기				10	

지원 방안		
	세진	
	민혁	

(2/2)

관리번호

03 끈기 임용 2차 2023학년도 수업실연 기출문제

2023학년도 중등교사 신규 임용후보자 선정경쟁시험

특 수

관리 번호: ( ) 성명: ( )

2차 시험	수업 실연	시험시간	지역별 상이

1. 본시학습 지도 내용

과목	과학
제재	음식의 소화
대상	고등학교 1학년
전시학습	소화의 정의
본시	• 활동1: 소화기관의 명칭과 기능 알기 • 활동2: 소화 과정 알기
수업 진행	블록타임제 (100분)

2. 수험생 유의사항

① 〈활동1〉~〈활동2〉 평가까지 실연하시오.

② 〈활동2〉는 모둠활동으로 진행하시오.

③ 〈활동1〉에서 수행평가, 〈활동2〉에서 관찰평가 실시하시오. (단, 평가 시 아동의 수준이 보이도록 실연하시오.)

④ 개별화된 지도를 드러내어 실연하시오.

⑤ 학생의 오반응에 대해 피드백을 제공하시오.

⑥ 도준이의(다 수준) 도전행동을 활동2에서 긍정적행동지원으로 지도하시오.

⑦ 자료: 시청각 자료, 인체모형, 태블릿PC, 코딩 로봇, 유성 매직펜(빨강색, 초록색), 모둠 활동지

3. 본시 관련 학생 실태

가 (2명)	• 문장으로 발화한다. • 태블릿 PC 사용 능력이 우수하며 과정과 결과를 문장으로 표현할 수 있다.
나 (1명)	• 주로 단어로 발화한다. • 태블릿PC를 사용할 수 있으며, 과정과 결과를 단어로 표현할 수 있다.
다 (1명)	• 한 음절의 발화 또는 비언어적 요소 (몸짓, 표정)을 사용해 자신의 의사를 표현한다. • 태블릿PC로 이미지를 검색할 수 있다. • 유성펜으로 그림 그리는 것을 좋아한다. • 도준: 자리를 이탈하여 또래 주변을 맴돈다. (기능: 관심, 과제회피)

4. 자료

▶ 〈자료1〉 인체모형 (입, 식도, 위, 작은 창자, 큰 창자)

〈소화기관 명칭 알기〉

____

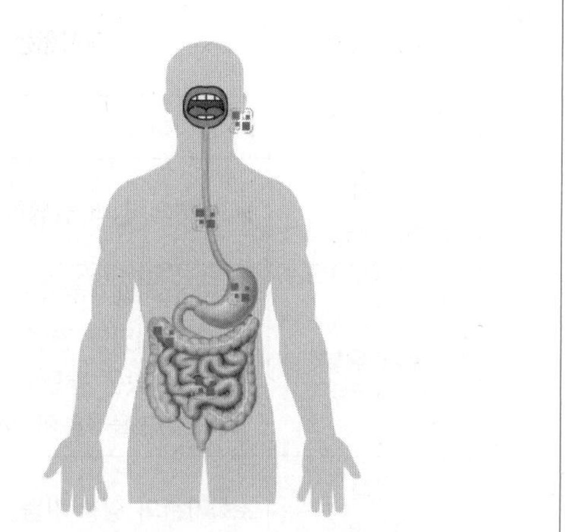

〈소화기관의 기능〉

(*연습 시 참고용)

- 입: 음식물을 잘게 부수는 일을 해요.
- 식도: 식도는 음식물을 위로 보내요.
- 위: 음식물을 죽처럼 만들어요.
- 작은창자: 음식물을 소화하고 영양분을 흡수하는 일을 해요.
- 큰 창자: 물을 흡수하고 대변을 만들어요.

▶ 〈자료2〉 학습지 및 코딩로봇 설명서

[소화 과정을 그릴 수 있는 학습지]

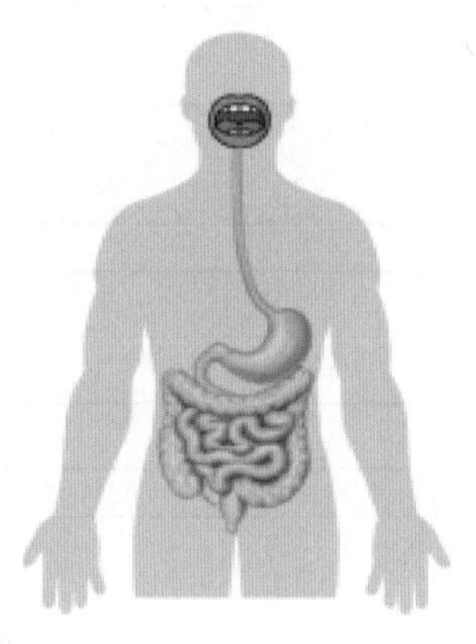

〈코딩로봇의 정의〉	**〈코딩로봇의 기능〉**	**〈코딩로봇 활용 순서〉**
-코딩 로봇이란? 	-로봇이 색을 인지한다. -유성펜 빨간색에서 멈춘다. -유성펜 초록색은 직진한다. -시작 버튼 누르면 움직인다.	-유성펜으로 소화기관 구조 활동지에 색칠한다. -그 위에 코딩로봇을 올려 소화과정을 안다.

사진 출처: 오조봇 도브게임-역사이야기, 로보몰, 네이버쇼핑, 세부 상품 캡쳐 후 재구성

▶ 〈자료3〉 모둠활동지

[활동한 내용을 정리해봅시다.]

-소화 기관의 명칭·기능:

-소화 과정:

5. 본시 교수-학습 지도안 (과정안)

단계	교수 - 학습 활동					시간	자료([재]) 및 유의점([유])
	활동 내용	교사활동	학생활동				
			가	나	다		
도입	인사	▶ 인사하기				5	[재] 동영상
	전시 학습 상기	▶ 소화의 정의 설명하기	-				
	동기 유발	▶ 동영상 제시하기 ▶ 배가 아팠던 경험 나누기 -'배가 아팠던 경험이 있나요? 배가 아팠을 때 어떻게 했나요?'	● 약먹어요	● 참아요	● (?)		
	학습 목표 제시	소화기관의 명칭·기능을 알고 소화 과정을 발표할 수 있다.					
전개	〈활동1〉 소화기관의 명칭과 기능 알기	▶ 소화기관별 명칭·기능 알기 -위: 음식물을 죽처럼 만들어요. -큰창자: 음식을 분해해요. -작은창자: 음식물을 소화하고 영양분을 흡수하는 일을 해요. (생략) ▶ 인체 모형으로 소화 기관 명칭 알기 ▶ 시청각 자료로 소화 기능 알기				35	[재] 태블릿PC [재]1: 인체모형
	〈활동1〉 수행평가	가: 나: 다:					
	〈활동2〉 소화과정 알기	▶ 코딩 로봇을 활용하여 소화과정 알기				50	[재]2: 태블릿PC, 학습지, 코딩로봇, 매직펜 [유] 교사가 코딩로봇 작동 방법의 시범 보여준다.
	〈활동2〉 관찰평가	▶ 소화 명칭과 기능, 소화 과정에 대해 배운 것 정리하기					[재]3: 모둠활동지 [유] 다 수준 학생은 소화기관 명칭 알기로 수정한다.

[수업 설계 문제]

*수업나눔 폐지에 따라 기출 문항을 수업 설계로 변형

1) 에듀테크를 활용한 협력적 문제해결 역량을 반영하기 위해 수업을 어떻게 설계했으며, 예상되는 어려움과 그에 대한 보완점은 무엇인지 말하시오.

2) 성취기준 미도달 학생이 예상되는 학생과 우수한 학생에게 지식 및 태도를 어떻게 성장시킬 계획인지 말하시오.

3) 수업에서 어떤 가치와 덕목을 반영할 계획이며, 이를 학생의 독서교육과 어떻게 연계할 것인지 그 방안을 말하시오.

*지도안 작성 지역만 해당되는 자료

2023학년도 특수학교(중등) 임용후보자 선정경쟁 2차 시험 [교수학습지도안] 답안지

수험번호									성명		감독관 확인	

교과	과학			대상	고등학교 1학년	차시	2/3
제재	음식의 소화						
학습목표	소화기관의 명칭·기능을 알고 소화 과정을 발표할 수 있다.						

단계	학습내용	교사활동	학생활동 가	학생활동 나	학생활동 다	시간(분)	자료 및 유의점
전개	인사	▶ 인사하기				5	자 동영상
	전시 학습 상기	▶ 소화의 정의 설명하기		–			
	동기유발	▶ 동영상 제시하기 ▶ 배가 아팠던 경험 나누기 -'배가 아팠던 경험이 있나요? 배가 아팠을 때 어떻게 했나요?'	● 약 먹어요	● 참아요	● (?)		
	학습 목표 제시	소화기관의 명칭·기능을 알고 소화 과정을 발표할 수 있다.					
	<활동1> 소화기관의 명칭과 기능 알기	<응시자 작성란> ▶ 시청각 자료로 소화 기능 알기				35	자 태블릿PC 자1: 인체모형
	<활동1> 수행평가	가					
		나					
		다					

(1/2)

2023학년도 특수학교(중등) 임용후보자 선정경쟁 2차 시험 [교수학습지도안] 답안지

수험번호									성명		감독관 확 인	

단계	학습내용	교사활동	학생활동 가	학생활동 나	학생활동 다	시간(분)	자료 및 유의점
전개	<활동2> 소화과정 알기	<응시자 작성란>				50	자2: 태블릿PC, 학습지, 코딩로봇, 매직펜 유 교사가 코딩로봇 작동 방법의 시범 보여준다.
	<활동2> 관찰평가	가					자3: 모둠활동지 유 다 수준 학생은 소화기관 명칭 알기로 수정한다.
		나					
		다					
	도전행동 중재	도준					자 평가지
정리	평가	▶ 동료평가, 자기평가 하기				10	

(2/2)

관리번호	

04 끈기 임용 2차 2022학년도 수업실연 기출문제

2022학년도 중등교사 신규 임용후보자 선정경쟁시험

특 수

관리 번호: (　　　) 성명: (　　　)

2차 시험	수업 실연	시험시간	지역별 상이

1. 본시학습 지도 내용

과정	고등학교 사회
대상	특수학급
1-2차시	• 가정의 경제 생활
3-4차시(블럭타임제)	• 세금의 종류를 안다. • 정부가 세금을 이용하여 공공서비스 하는 것을 찾고 발표한다.
5차시	• 개인의 경제 생활

2. 수험생 유의사항

① 수험생 실연 부분 1,2,3을 실시하시오. (활동1 ~ 활동2 발표 전까지 실연하시오.)

② 수험생 실연 부분1에서 자료1, 수험생 실연 부분3에서 자료2 활용하시오.

③ 준호의 특성을 반영하여 중재하고, 세영이의 경우 선호 활동 기능에 근거하여 긍정적행동지원으로 중재하시오.

④ 수험생 실연 부분 3에서 다 수준 학생의 참여를 고려하시오.

⑤ 수업 중 상호작용(교사와 학생, 학생과 학생 간)이 드러나게 수업하시오.

⑥ 평가: 〈활동1〉 개별화된 형성평가, 〈활동2〉 관찰평가 실시하시오.

⑦ 교실 기자재: 전자칠판, 그림카드, 태블릿 PC, 스티커프린터, 세금 그림자료 등

3. 본시 관련 학생 실태

구분	실태
가 (2명)	• 4-5문장을 듣고 이해하며 문장으로 발화 가능하다. • 스스로 태블릿 PC 사용하여 검색이 가능하다. • 스티커 프린터(포토프린터)를 이용할 수 있다.
나 (3명)	• 반복해서 설명 시 이해한 내용을 단어로 말할 수 있다 • 주제어를 제시하면 태블릿 PC 사용 가능하다. • 스티커 프린터(포토프린터)를 이용하지 못한다. • 준호: 과제가 어려우면 종이를 찢는다. • 세영: 모둠활동을 하고 싶어서 손가락 끝을 책상에 두드린다. / 기능: '선호 활동 ' 얻기
다 (1명)	• 한글 읽기와 발화의 어려움이 있다. • 같은 그림을 찾아 고르거나 연결하여 학습할 수 있다. • 이미지 파일을 제공하면 검색할 수 있다. • 음성으로 소통은 안 되지만, AAC 이용해 의사를 나타낼 수 있다.

4. 자료

▶ 〈자료 1〉 세금의 종류 관련 자료

물건값을 내며 부가가치세를 냅니다.	자동차를 사면 개별소비세를 냅니다.	월급을 받으면 소득세를 냅니다.

▶ 〈자료 2〉 '공공서비스' 그래픽 조직자

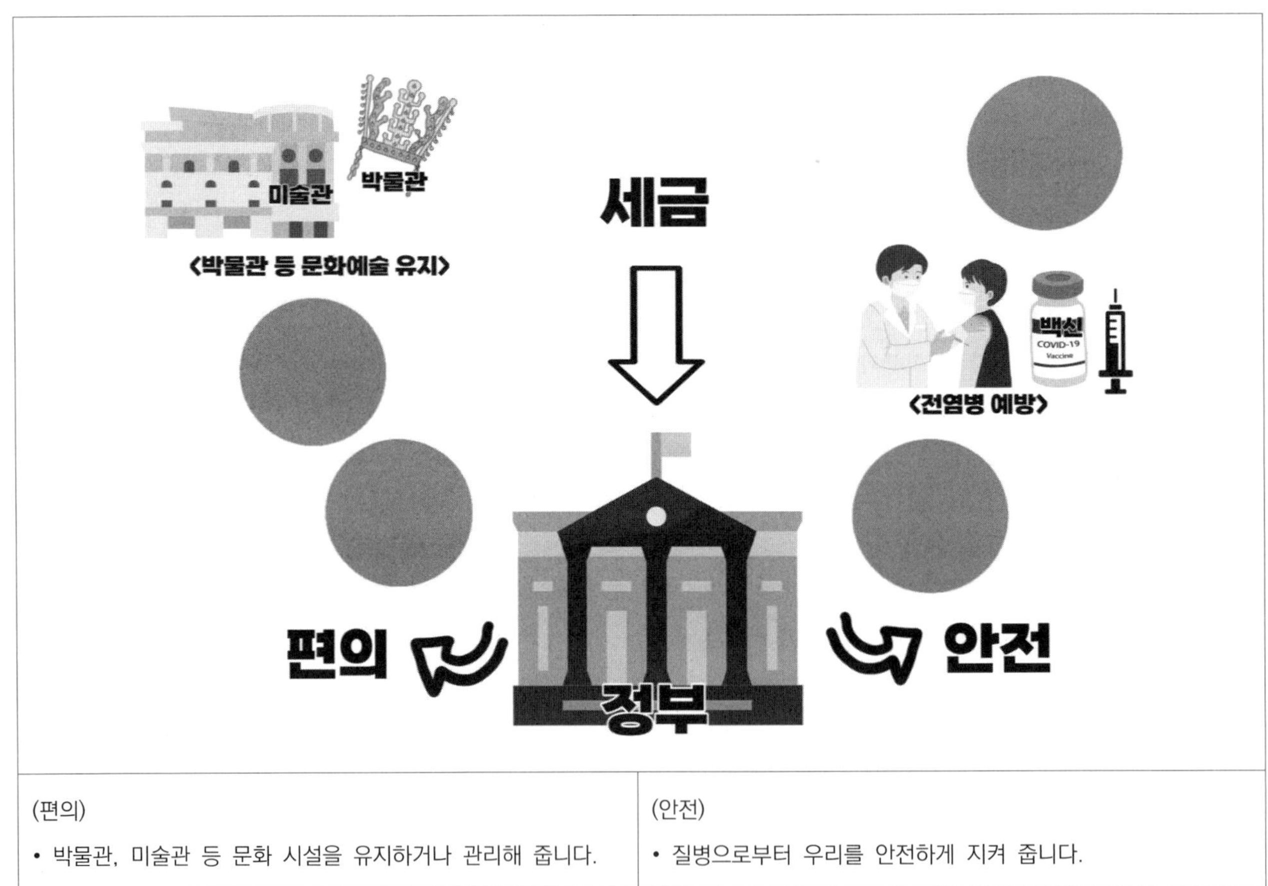

(편의) • 박물관, 미술관 등 문화 시설을 유지하거나 관리해 줍니다.	(안전) • 질병으로부터 우리를 안전하게 지켜 줍니다.

5. 본시 교수-학습 지도안 (과정안)

<table>
<tr><th rowspan="3">단계</th><th colspan="5">교수 - 학습 활동</th><th rowspan="3">시간</th><th rowspan="3">자료([재]) 및 유의점([유])</th></tr>
<tr><th rowspan="2">활동 내용</th><th rowspan="2">교사활동</th><th colspan="3">학생활동</th></tr>
<tr><th>가</th><th>나</th><th>다</th></tr>
<tr><td rowspan="4">도입</td><td>인사</td><td colspan="4">▶ 인사하기</td><td rowspan="4">5</td><td rowspan="4">[재] 시청각 자료

[유] 학생의 경험과 연계하여 발문한다.</td></tr>
<tr><td>전시 학습 상기</td><td>▶ 지난 시간에 배운 내용 질문하기</td><td colspan="3">■ 지난 시간에 배운 내용 대답하기</td></tr>
<tr><td>동기 유발</td><td>▶ 오늘의 점심 메뉴와 점심 값 지불 여부에 대해 질문하기
- 오늘 학교에서 점심은 무엇이 나왔나요? 여러분은 점심값을 냈나요?
- 그럼 우리의 점심 값은 누가 냈을까요? 바로 정부가 세금으로 냈답니다.</td><td colspan="3">■ 오늘의 점심 메뉴 대답하기
- 로제 떡볶이가 나왔어요.
■ 점심값 지불 여부에 대해 대답하기
- 엄마가 냈어요. (오개념)
- 점심 값을 안냈어요.</td></tr>
<tr><td>학습 목표 제시</td><td colspan="4">• 세금의 종류를 설명할 수 있다.
• 정부가 세금으로 운영하는 공공서비스의 종류를 찾아 발표할 수 있다.</td></tr>
<tr><td rowspan="4">전개</td><td>〈활동1〉
세금의 종류 알기</td><td colspan="4">〈수험생 실연 부분1〉</td><td rowspan="2">35</td><td>[재] 자료1, 태블릿PC

[유] 개별 활동

[유] 부가가치세와 부가세의 용어가 같다는 것을 설명한다.

[유] 다 수준 학생에게 영수증 속 시각적 단서를 제공하여 '부가세'라는 단어를 확인하도록 한다.</td></tr>
<tr><td>〈활동1〉
형성평가 수준별 퀴즈</td><td colspan="4">〈수험생 실연 부분2〉
가:
나:
다:</td><td>[유] 개별 학생의 수준에 맞게 형성평가 문제를 구성한다.</td></tr>
<tr><td rowspan="2">〈활동2〉
공공서비스의 종류를 찾아 발표하기</td><td colspan="4">〈수험생 실연 부분3〉</td><td rowspan="2">50</td><td rowspan="2">[재] 스티커 프린터, 태블릿PC, 자료2

[유] 이질적으로 모둠을 구성한다.

[유] 모둠활동 시 또래도우미를 활용한다.

[유] 다수준 학생은 태블릿 PC에 교사가 미리 이미지 파일을 넣어 두어 이를 활용하여 활동한다.</td></tr>
<tr><td colspan="4">▶ 발표하기</td></tr>
</table>

[수업 설계 문제]

*수업나눔 폐지에 따라 기출 문항을 수업 설계로 변형

1) 자발적 배움을 위한 상호작용을 중시해야 한다. 이의 관점에서, 본 수업의 상호작용을 어떻게 활성화할 계획인지, 그리고 설계 시 아쉬운 점(우려되는 점)은 무엇인지 말하시오.
2) 개개인의 성장을 중시하는 평가와 같이 오늘 수업의 온오프라인 연계 평가를 실시할 방법과 그 이유는 무엇인지 말하시오.
3) 마을과 학교를 넘나들며 학교와 마을이 하나되는 공동체 측면에서 오늘의 수업을 재구성한다면, 수업의 주제와 방법을 어떻게 설계할 것인지 말하시오.

*지도안 작성 지역만 해당되는 자료

2022학년도 특수학교(중등) 임용후보자 선정경쟁 2차 시험 [교수학습지도안] 답안지

수험번호									성명		감독관 확인	

교과	사회	차시	1~2차시	• 가정의 경제 생활
대상	특수학급		3~4차시	• 세금의 종류를 안다. • 정부가 세금을 이용하여 공공서비스 하는 것을 찾고 발표한다.
			5차시	• 개인의 경제 생활
학습목표	• 세금의 종류를 설명할 수 있다. • 정부가 세금으로 운영하는 공공서비스의 종류를 찾아 발표할 수 있다.			

단계	학습내용	교사활동	학생활동 가	학생활동 나	학생활동 다	시간(분)	자료 및 유의점
전개	인사	▶ 인사하기				5	자 시청각 자료 유 학생의 경험과 연계하여 발문한다.
	전시 학습 상기	▶ 지난 시간에 배운 내용 질문하기	■ 지난 시간에 배운 내용 대답하기				
	동기 유발	▶ 오늘의 점심 메뉴와 점심 값 지불 여부에 대해 질문하기 - 오늘 학교에서 점심은 무엇이 나왔나요? 여러분은 점심값을 냈나요? - 그럼 우리의 점심 값은 누가 냈을까요? 바로 정부가 세금으로 냈답니다.	■ 오늘의 점심 메뉴 대답하기 - 로제 떡볶이가 나왔어요. ■ 점심값 지불 여부에 대해 대답하기 - 엄마가 냈어요. (오개념) - 점심 값을 안냈어요.				
	동기 유발 학습 목표 제시	• 세금의 종류를 설명할 수 있다. • 정부가 세금으로 운영하는 공공서비스의 종류를 찾아 발표할 수 있다.					
	<활동1> 세금의 종류 알기	<응시자 작성란>				35	자 자료1, 태블릿 PC 유 개별 활동 유 부가가치세와 부가세의 용어가 같다는 것을 설명한다. 유 다 수준 학생에게 영수증 속 시각적 단서를 제공하여 '부가세'라는 단어를 확인하도록 한다.
	<활동1> 형성평가 수준별 퀴즈	가					유 개별 학생의 수준에 맞게 형성평가 문제를 구성한다.
		나					
		다					

(1/2)

관리번호	

2022학년도 특수학교(중등) 임용후보자 선정경쟁 2차 시험 [교수학습지도안] 답안지

수험번호		성명		감독관 확 인	

<table>
<tr><th rowspan="2">단계</th><th rowspan="2">학습내용</th><th rowspan="2" colspan="2">교사활동</th><th colspan="3">학생활동</th><th rowspan="2">시간(분)</th><th rowspan="2">자료 및 유의점</th></tr>
<tr><th>가</th><th>나</th><th>다</th></tr>
<tr><td rowspan="4">전개</td><td><활동2>
공공서비스의 종류를 찾아 발표하기</td><td colspan="5"><응시자 작성란>

▶ 발표하기</td><td rowspan="4">50</td><td rowspan="4">자 스티커 프린터, 태블릿PC, 자료2

유 이질적으로 모둠을 구성한다.

유 모둠활동 시 또래도우미를 활용한다.

유 다수준 학생은 태블릿PC에 교사가 미리 이미지 파일을 넣어 두어 이를 활용하여 활동한다.</td></tr>
<tr><td rowspan="2">도전행동 중재</td><td>준호</td><td colspan="4"></td></tr>
<tr><td>세영</td><td colspan="4"></td></tr>
</table>

(2/2)

관리번호	

05 끈기 임용 2차 2021학년도 수업실연 기출문제

2021학년도 중등교사 신규 임용후보자 선정경쟁시험

특 수

관리 번호: ( ) 성명: ( )

2차 시험	수업 실연	시험시간	지역별 상이

1. 본시 학습 지도 내용

교과	보건	단원	일상생활과 건강
수업방법	블록타임제 (100분)	주제	올바른 의약품 사용법
차시	[이전 차시] 감염병 예방과 대처		
	[본차시] 올바른 의약품 사용법		
	[다음 차시] 의료시설 이용		
학습목표	1. 약품의 오용, 남용의 의미를 알 수 있다. 2. 의약품의 사용법, 복용법에 맞게 사용할 수 있다.		

2. 수험생 유의사항

① 〈활동1〉, 〈활동2〉를 실연하시오.

② 학생의 개별 능력 및 특성이 드러나도록 교사 발문을 하시오.

③ 〈활동1〉에서 자료1을 활용하시오.

④ 〈활동2〉에서 자료2, 자료3을 활용하시오.

⑤ 〈활동1〉에서 태블릿PC사용하고, 〈활동2〉에서 의약품 모형 사용하시오.

⑥ 서현의 문제행동중재를 〈활동1〉, 인성의 문제행동중재를 〈활동2〉 에서 하시오.

⑦ 〈활동2〉에서 또래교수, 역할나누기, 모둠활동, 교사의 관찰이 드러나게 실연하시오.

⑧ 〈활동2〉에서 교사와 학생 상호작용과 자기결정력 증진이 잘 일어나도록 교사 촉진을 실연하시오.

⑨ 컴퓨터, 전자칠판, 태블릿pc, AAC을 활용하시오.

3. 본시 관련 학생 실태

수준(인원)	특성 및 학습 수행 수준
가(2명)	• 4~5단어로 연결된 문장을 말할 수 있다. • 또래를 돕는 활동을 좋아한다. • 서현: 수업과 관련 없는 질문을 수시로 한다.
나(3명)	• 2~3단어로 연결된 문장을 말할 수 있다. • 인성: 주의집중력이 짧고, 수시로 자리이탈을 한다.
다(1명)	• 한글자로 본인의 의사를 표현한다. • AAC를 사용하고 또래교수를 활용하면 학습에 잘 참여한다. • 수업에 소극적이며 학습된 무기력을 가지고 있다.

4. 자료

► 〈자료1〉 약품의 오용과 남용의 의미

학생이 재작년에 받은 약을 복용하려고 하는 장면	학생이 머리가 아픈데 설사약을 복용하려는 장면	학생이 살을 빼기 위해 살빼는 약을 복용하는 장면	학생이 피곤하여 많은 양의 피로회복제를 한꺼번에 마시려는 장면

- 오용: 약물을 의학적인 목적으로 사용하기는 하되 의사의 처방에 따르지 않고 임의로 그 사용법과 용량을 정하여 사용하는 행위
- 남용: 치료를 목적으로 하지 않고 감정이나 행동에 변화를 일으키기 위해 물질을 부적절하고 불법적으로 사용하는 행위

► 〈자료2〉 선긋기 학습지 및 약봉투

► 〈자료3〉 학습지

모둠명	
모둠구성원 이름	
역 할	내 용

사용법	복용법

5. 본시 교수-학습 지도안 (과정안)

단계	교수 - 학습 활동					시간	자료(자) 및 유의점(유)
	활동 내용	교사활동	학생활동 가	학생활동 나	학생활동 다		
도입	인사	▶ 인사하기				10	자 시청각 자료 유 학생의 경험과 연계하여 발문한다.
	전시 학습 상기	▶ 지난 시간에 배운 내용 질문하기	■ 지난 시간에 배운 내용 대답하기				
	동기 유발						
	학습 목표 제시	의약품의 종류와 사용법을 알고 올바르게 사용할 수 있다.					
전개	〈활동1〉 약물의 오·남용 알기	〈수험생 실연 부분〉				30	자 자료1, 태블릿PC 유 개별 활동
	〈활동2〉 의약품의 종류와 올바른 사용법 알기	〈수험생 실연 부분〉 ▶ 설명서를 QR코드로 변환 후 인쇄하여 의약품 모형에 붙이기 ▶ 발표 준비하기 ▶ 발표하기				50	자 자료2,3, 태블릿PC, 의약품 모형 유 모둠 활동 중 역할과 자기결정력이 드러나도록 한다. 유 또래교수가 일어날 수 있도록 또래 간 상호작용을 촉진한다. 유 교사는 순회하며 도움이 필요한 학생에게 개별적인 지원을 제공한다.
정리	평가	▶ 동료평가, 자기평가 하기				10	자 평가지

[수업 설계 문제]

*수업나눔 폐지에 따라 기출 문항을 수업 설계로 변형

1) 창의적 사고 역량이란 폭넓은 기초 지식을 바탕으로 다양한 전문 분야의 지식, 기술, 경험을 융합적으로 활용하여 새로운 것을 창출하는 것이다. 창의적 사고 역량을 확장시키기 위해 이 수업을 어떻게 설계했는지 설명하고, 설계상 보완할 점은 무엇인지 말하시오.

2) 오늘 수업 속에서 학습 동기를 일으켜도 성취기준 미도달 학생이 있을 것을 대비하여, 이 학생을 어떻게 보충학습 할 것인지 말하시오.

3) 오늘 수업을 융합수업으로 진행한다면 어떤 과목과 연계하고 싶은지, 그리고 중점 사항은 무엇이며 평가 방안은 어떻게 계획할 예정인지 말하시오.

*지도안 작성 지역만 해당되는 자료

2021학년도 특수학교(중등) 임용후보자 선정경쟁 2차 시험 [교수학습지도안] 답안지

수험 번호									성명		감독관 확 인	

교과	보건	단원	일상생활과 건강	차시	2/3
주제	올바른 의약품 사용법				
학습목표	의약품의 종류와 사용법을 알고 올바르게 사용할 수 있다.				

단계	학습내용	교사활동	학생활동 가	학생활동 나	학생활동 다	시간(분)	자료 및 유의점
	인사	▶ 인사하기				10	자 시청각 자료 유 학생의 경험과 연계하여 발문한다.
	전시 학습 상기	▶ 지난 시간에 배운 내용 질문하기	■ 지난 시간에 배운 내용 대답하기				
	동기 유발						
	학습 목표 제시	의약품의 종류와 사용법을 알고 올바르게 사용할 수 있다.					
전개	<활동1> 약물의 오남용 알기	<응시자 작성란>				30	자 자료1, 태블릿 PC 유 개별 활동

(1/2)

관리번호	

2021학년도 특수학교(중등) 임용후보자 선정경쟁 2차 시험 [교수학습지도안] 답안지

수험 번호									성명		감독관 확 인	

<table>
<tr><th rowspan="2">단계</th><th rowspan="2">학습내용</th><th rowspan="2">교사활동</th><th colspan="3">학생활동</th><th rowspan="2">시간 (분)</th><th rowspan="2">자료 및 유의점</th></tr>
<tr><th>가</th><th>나</th><th>다</th></tr>
<tr><td rowspan="5">전개</td><td><활동2>
약물의 종류와 올바른 사용법 알기</td><td colspan="4"><응시자 작성란>

▶ 설명서를 QR코드로 변환 후 인쇄하여 의약품 모형에 붙이기
▶ 발표 준비하기
▶ 발표하기</td><td rowspan="5">50</td><td rowspan="5">㉶ 자료2,3, 태블릿PC, 의약품 모형

㊒ 모둠 활동 중 역할과 자기결정력이 드러나도록 한다.

㊒ 또래교수가 일어날 수 있도록 또래 간 상호작용을 촉진한다.

㊒ 교사는 순회하며 도움이 필요한 학생에게 개별적인 지원을 제공한다.</td></tr>
<tr><td></td><td colspan="4">내용</td></tr>
<tr><td rowspan="2">도전행동 중재</td><td>서현</td><td colspan="3"></td></tr>
<tr><td>인성</td><td colspan="3"></td></tr>
<tr><td></td><td></td><td colspan="3"></td></tr>
<tr><td>정리</td><td>평가</td><td colspan="4">▶ 동료평가, 자기평가 하기</td><td>10</td><td>㉶ 평가지</td></tr>
</table>

(2/2)

관리번호	

06 끈기 임용 2차 2020학년도 수업실연 기출문제

2020학년도 중등교사 신규 임용후보자 선정경쟁시험

특 수

관리 번호: (　　　　) 성명: (　　　　　　　　)

2차 시험	수업 실연	시험시간	지역별 상이

1. 본시 학습 지도 내용

대상	고등학교 3학년		교과	진로와 직업
주제	안전한 직업 태도		단원	6. 안전한 직업 생활
수업방법	블록타임제 100분			
차시	이전 차시	작업장 안전 표지판과 지켜야 할 수칙 알기		
	본차시	-작업장 안전 사고의 유형 알기 -작업장 안전 사고의 예방법 알기		
	다음 차시	안전사고가 발생했을 때 대처방법 알기		

2. 수험생 유의 사항

① 〈활동1〉작업장 안전사고 유형 알기, 〈활동2〉 작업장 안전사고 예방법 알기를 실연하시오.

② 〈활동1〉 에서 학생들의 경험을 활용하시오.

③ 자료1, 자료2는 〈활동1〉, 자료3은 〈활동2〉 활용하여 실연하시오.

④ 〈활동2〉에서 학생들의 협동학습과정과 교사의 개별적인 지원이 드러나도록 실연하시오.

⑤ 〈활동2〉에서 학생 A의 도전행동에 대한 긍정적행동지원 중재를 실시하시오.

⑥ 교사용 컴퓨터, 빔프로젝터, 태블릿 PC, 스크린이 갖춰진 교실로 가정하여 실연하시오.

3. 학생 수준 및 특성

수준	인원	특성 및 학습 수행 수준
가	2명	- 일상생활 그림 또는 사진을 보고 짧은 문장으로 자신의 의사를 표현할 수 있다. - 태블릿 PC를 활용하여 필요한 정보를 찾을 수 있다.
나	4명	- 일살생활 그림 또는 사진을 보고 한 두 단어로 자신의 의사를 표현할 수 있다. - 검색어가 제시되면 태블릿 PC를 활용하여 정보를 찾을 수 있다. - 학생 A는 수업시간에 자꾸 동요를 틀어달라고 요구한다. (행동의 기능: 관심끌기 또는 회피)
다	1명	- 한 음절로 말하고 따라 말할 수 있다. 몸짓 또는 표정으로 표현할 수 있다. - 신체적 촉구를 받아 사진이나 그림을 붙일 수 있다.

4. 자료

► 〈자료1〉 동영상

• 바리스타가 커피를 만들다가 뜨거운 물에 손을 데는 영상 • 상자를 가득 들고 가는 중 시야 확보가 되지 않아 벽에 부딪히는 영상

► 〈자료2〉 그림

► 〈자료3〉 활동보고서

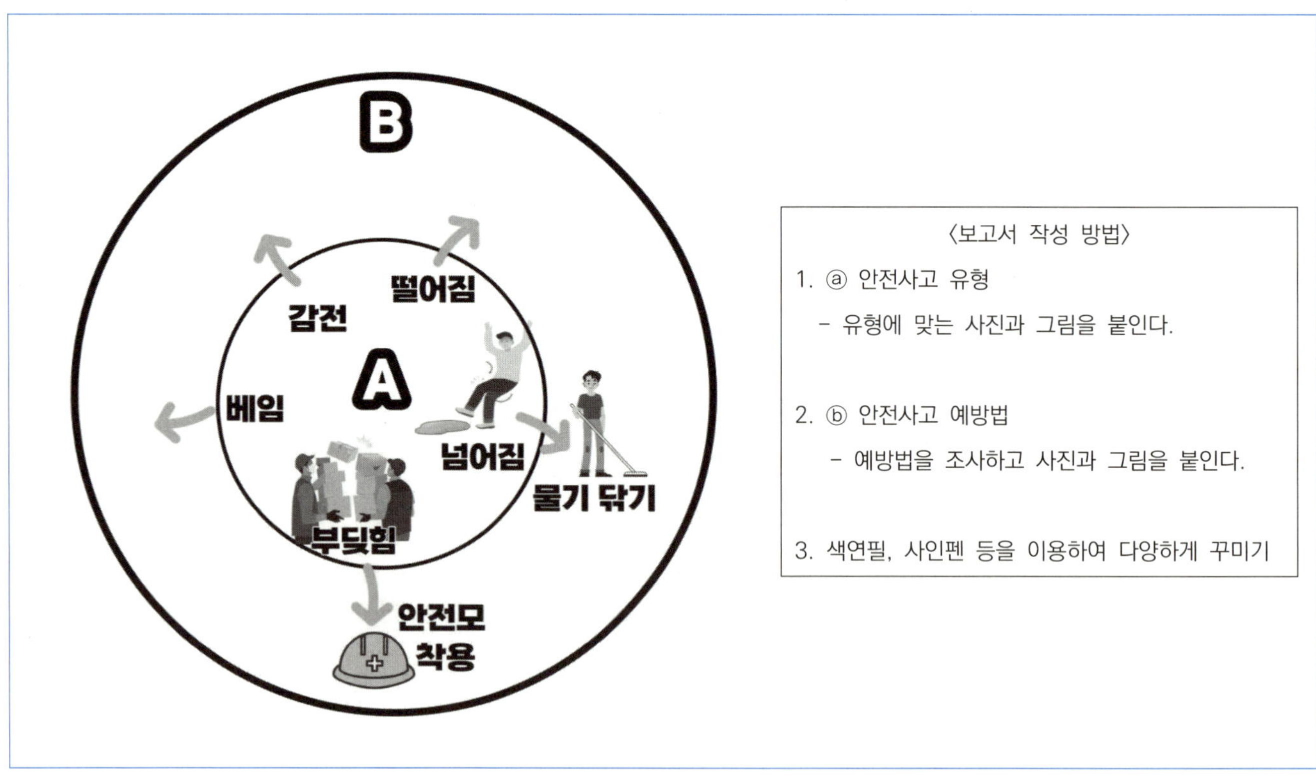

5. 본시 관련 지도안 (과정안)

<table>
<tr><th rowspan="3">단계</th><th colspan="5">교수 - 학습 활동</th><th rowspan="3">시간</th><th rowspan="3">자료(㉶) 및 유의점(㉷)</th></tr>
<tr><th rowspan="2">활동 내용</th><th rowspan="2">교사활동</th><th colspan="3">학생활동</th></tr>
<tr><th>가</th><th>나</th><th>다</th></tr>
<tr><td rowspan="5">도입</td><td>인사</td><td colspan="4">▶ 인사하기</td><td rowspan="5"></td><td rowspan="5">㉶ 시청각 자료</td></tr>
<tr><td rowspan="2">전시 학습 상기</td><td rowspan="2">▶ 지난 시간에 배운 내용 질문하기
- 이 그림의 안전 표지판은 어떤 뜻인가요?</td><td colspan="3">▪ 지난 시간에 배운 내용 대답하기</td></tr>
<tr><td>- 주의해요.
- 멈춰요.</td><td>- 멈춰, 집중</td><td>- 집~ 중~</td></tr>
<tr><td>동기 유발</td><td colspan="4" rowspan="2">작업장 안전사고의 여러 유형과 예방법에 대해 설명할 수 있다.</td></tr>
<tr><td>학습 목표 제시</td></tr>
<tr><td rowspan="5">전개</td><td>〈활동1〉
작업장 안전사고
유형 알기</td><td colspan="4">〈수험생 실연 부분〉</td><td></td><td>㉶ 자료1,2.
㉷ 학생의 경험과 연계하여 발문한다.</td></tr>
<tr><td rowspan="4">〈활동2〉
작업장 안전사고
예방법 조사하기</td><td colspan="4">▶ 활동 소개하기</td><td rowspan="4"></td><td rowspan="4">㉶ 자료3, 태블릿PC

㉷ 모둠을 이질적으로 구성한다.

㉷ 모둠 간 상호작용이 활발하게 이루어질 수 있도록 지도한다.

㉷ 교사는 학습의 관찰자, 촉진자의 역할을 수행한다.</td></tr>
<tr><td colspan="4">▶ 모둠원 역할 안내하기
- 발표자, 조사자, 또래 도우미 역할이 있어요.
▶ 역할 선택하기 및 또래도우미 자원 받기
- 어떤 역할을 할지 선택해봅시다.
- 00이와 함께 공부하고 도울 또래도우미 역할을 하고 싶은 사람은 손을 들어주세요.
※ 다수준의 학생도 직접 역할 선택하도록 하며, 또래 도우미 역할의 학생을 자발적으로 신청받기</td></tr>
<tr><td colspan="4">〈수험생 실연 부분〉</td></tr>
<tr><td colspan="4">▶ 보고서 발표하기</td></tr>
</table>

[수업 설계 문제]

*수업나눔 폐지에 따라 기출 문항을 수업 설계로 변형

1) 경기도는 단 한 명의 학생도 소외되지 않는 교육을 실현하고 있다. 본인의 수업에서 이를 위해 배움을 어떻게 설계했는지 말하시오.

2) 교사-학생 간 상호작용, 학생-학생 간의 상호작용이 중시된다. 본인 수업에서 상호작용을 촉진하기 위해 가장 의미 있게 설계한 장면은 무엇이며, 그 이유를 말하시오.

3) 본인 수업 설계 시 잘 설계된 점과 아쉬운 점을 말하고, 이를 동료교사와 어떻게 협업하여 발전시키고 싶은지 이야기하시오.

*지도안 작성 지역만 해당되는 자료

2020학년도 특수학교(중등) 임용후보자 선정경쟁 2차 시험 [교수학습지도안] 답안지

수험번호									성명		감독관 확인	

교과	진로와 직업	단원	6. 안전한 직업 생활	차시	3/5
주제	안전한 직업 태도				
학습목표	작업장 안전사고의 여러 유형과 예방법에 대해 설명할 수 있다.				

단계	학습내용	교사활동	학생활동 가	학생활동 나	학생활동 다	시간(분)	자료 및 유의점
전개	인사	▶ 인사하기				10	자 시청각 자료
	전시 학습 상기	▶ 지난 시간에 배운 내용 질문하기 - 이 그림의 안전 표지판은 어떤 뜻인가요?	■ 지난 시간에 배운 내용 대답하기 - 주의해요. - 멈춰요.	- 멈춰, 집중	- 집~ 중~		
	동기 유발 / 학습 목표 제시	작업장 안전사고의 여러 유형과 예방법에 대해 설명할 수 있다.					
	<활동1> 작업장 안전사고 유형 알기	<응시자 작성란>				30	자 자료1,2 유 학생의 경험과 연계하여 발문한다.

(1/2)

관리번호	

2020학년도 특수학교(중등) 임용후보자 선정경쟁 2차 시험 [교수학습지도안] 답안지

수험 번호									성명		감독관 확 인	

단계	학습내용	교사활동	학생활동			시간 (분)	자료 및 유의점
			가	나	다		
전개	<활동2> 작업장 안전사고 예방법 조사하기	▶ 활동 소개하기 ▶ 모둠원 역할 안내하기 - 발표자, 조사자, 또래 도우미 역할이 있어요. ▶ 역할 선택하기 및 또래도우미 자원 받기 - 어떤 역할을 할지 선택해봅시다. - OO이와 함께 공부하고 도울 또래도우미 역할을 하고 싶은 사람은 손을 들어주세요. ※ 다수준의 학생도 직접 역할 선택하도록 하며, 또래 도우미 역할의 학생을 자발적으로 신청받기 <응시자 작성란> ▶ 보고서 발표하기				50	재 자료3, 태블릿PC 유 모둠을 이질적으로 구성한다. 유 모둠 간 상호작용이 활발하게 이루어질 수 있도록 지도한다. 유 교사는 학습의 관찰자, 촉진자의 역할을 수행한다.
	내용						
	도전행동 중재						
정리	-	-				10	재 평가지

(2/2)

관리번호	

07 끈기 임용 2차 2019학년도 수업실연 기출문제

2019학년도 중등교사 신규 임용후보자 선정경쟁시험

특 수

관리 번호: (　　　　) 성명: (　　　　　　　　)

2차 시험	수업 실연	시험시간	지역별 상이

1. 본시 학습 지도내용

교과	중학 과학 (나)
단원	2. 일기예보
제재	겨울철 날씨의 특징 알아보기
시간	블록타임제 (90분)
대상	중학교 3학년

2. 수험생 유의사항

① 〈활동1〉~〈활동2〉를 실연하시오.

② 〈활동1〉에서 나연이의 도전행동을 긍정적행동지원으로 중재하시오.

③ 학생의 경험을 활용하여 발문하시오.

④ STS 모형을 활용하여 수업하시오.

문제로의 초대	문제 탐색하기	해결방안 모색하기	실천 하기

⑤ 특수교육보조인력은 없다고 가정하고 실연하시오.

⑥ 교사용 컴퓨터, 칠판, 빔 프로젝터, 스크린, 태블릿PC가 갖추어진 교실에서 수업을 한다고 가정하시오.

3. 본시관련 학생 실태

수준	특성 및 학습 수행 수준
가(3명)	- 4~5문장의 지문 듣고 문장으로 답할 수 있다. - 태블릿 PC를 활용하여 스스로 검색할 수 있다.
나(3명)	- 주로 간단한 단어로 답할 수 있다. - 반복 설명하면 수업 내용을 이해할 수 있다. - 검색어를 제공하면 태블릿 PC로 검색할 수 있다. - 나연: 전체 학습 시 어려움을 느끼면 책상에 엎드리고 노래를 부른다. - 나준: 하지마비로 인해 휠체어를 사용한다.

4. 자료

〈자료1〉 뉴스 영상

〈뉴스 영상〉

오늘은 갑작스러운 한파가 찾아왔습니다.

오늘 밤 최저 영하 13도에서 영하 5도, 낮 최고 기온 0도에서 영상 2도입니다.

더불어 미세먼지가 심각 단계로 예상되니 건강에 유의하시기 바랍니다.

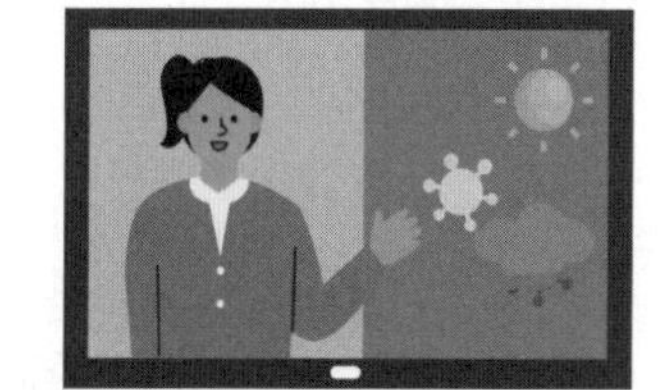

- 한파주의보: 겨울철 기온이 갑자기 낮아지는 현상
- 미세먼지: 미세한 공기 오염 물질

〈자료2〉 사진 자료 (차가운 바람, 빙판길, 손난로, 목도리·장갑 등)

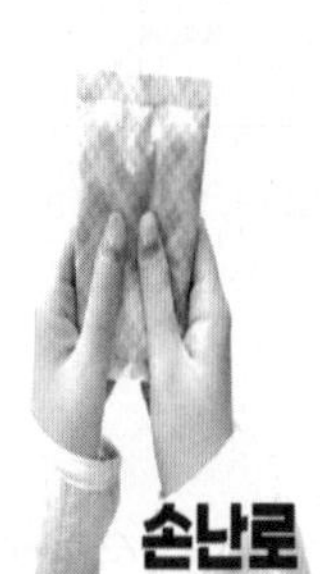

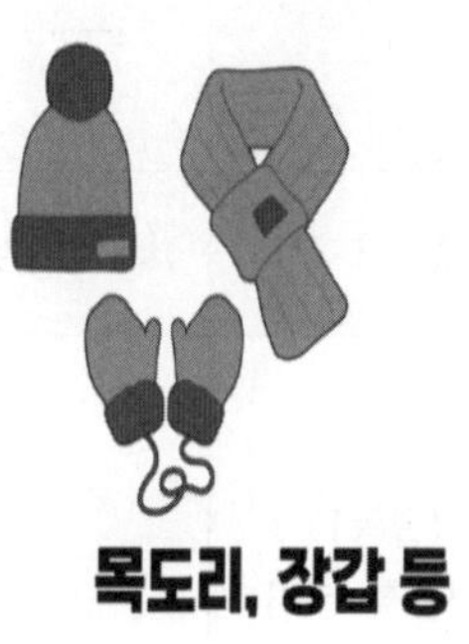

〈자료3〉 사진 및 실물 자료

5. 본시 교수-학습 지도안 (과정안)

<table>
<tr><th rowspan="3">단계</th><th colspan="4">교수 - 학습 활동</th><th rowspan="3">시간</th><th rowspan="3">자료(재) 및 유의점(유)</th></tr>
<tr><th rowspan="2">활동 내용</th><th rowspan="2">교사활동</th><th colspan="2">학생활동</th></tr>
<tr><th>가</th><th>나</th></tr>
<tr><td rowspan="5">도입</td><td rowspan="2">전시
학습 상기</td><td rowspan="2">▶ 일기예보를 통해 사계절 날씨 알기
- 우리나라에는 몇 개의 계절이 있나요?</td><td colspan="2">▷ 교사의 질문에 답하기</td><td rowspan="5">10</td><td rowspan="5"></td></tr>
<tr><td>- 봄, 여름, 겨울, 가을이요.</td><td>- 사계절
- 사(계절).</td></tr>
<tr><td rowspan="2">동기
유발</td><td rowspan="2">▶ 일기예보를 보면 좋은 점에 대해 질문하기
- 일기예보를 보면 어떤 점이 좋을까요?</td><td colspan="2">▷ 일기예보를 보면 좋은 점에 대해 생각하여 일기예보의 필요성 알기</td></tr>
<tr><td>- 날씨를 미리 알 수 있어요.</td><td>- 미리 준비해요. 우산 챙겨, 비, 눈 와요.
- (날씨카드)</td></tr>
<tr><td>학습목표 제시</td><td colspan="3">겨울철 날씨의 특징에 따라 대처 방법을 실천할 수 있다.</td></tr>
<tr><td rowspan="5">전개</td><td>〈활동1〉
겨울철 날씨
특징 알기</td><td colspan="3">〈수험생 실연 부분〉</td><td>30</td><td>(재) 자료1
(유) 전체 학습
(유) 나연이의 문제행동을 중재한다.</td></tr>
<tr><td rowspan="4">〈활동2〉
한파와
미세먼지
대처방안 알기</td><td colspan="3">▶ STS 모형 설명하기</td><td rowspan="4">50</td><td rowspan="4">(재) 자료2,3
(유) 모둠활동 시 이질적으로 모둠을 구성한다.
(재) 체크리스트, 마스크, 손소독제 등 실물자료</td></tr>
<tr><td>▶ 문제로의 초대
▶ 문제 탐색
▶ 해결방안 모색</td><td colspan="2" rowspan="2">〈수험생 실연 부분〉</td></tr>
<tr></tr>
<tr><td colspan="3">▶ 실천하기</td></tr>
</table>

[수업 설계 문제]

*수업나눔 폐지에 따라 기출 문항을 수업 설계로 변형

1) 수업을 통해 학생에게 어떤 성장을 이끌어내고자 하며, 이를 위해 설계 시 어떻게 계획했는지 답변하시오. 그리고 수업 실행 시 예상되는 부족한(어려운) 점은 무엇이며 어떻게 보완할 것인지 답변하시오.

2) 오늘 수업의 성취기준과 주제에 따른 중점 지도사항은 무엇이며, 성취기준에 맞는 평가 방법과 이것을 학생의 성장을 위해 활용할 방안은 무엇인지 말하시오.

3) 수업주제와 관련하여 융합수업을 설계한다면 어떤 주제와 방법으로 할 것이며, 그때의 지도상 주의사항은 무엇인지 답변하시오. (구체적인 활동이나 방안에 대해 답변하시오.)

*지도안 작성 지역만 해당되는 자료

2019학년도 특수학교(중등) 임용후보자 선정경쟁 2차 시험 [교수학습지도안] 답안지

수험번호								성명		감독관 확 인	

교과		과학		단원	2. 일기 예보	차시	
주제		겨울철 날씨의 특징 알아보기					
학습목표		겨울철 날씨의 특징에 따라 대처 방법을 실천할 수 있다.					
단계	학습내용	교사활동	학생활동 가	학생활동 나		시간(분)	자료 및 유의점
전개	인사	▶ 인사하기				10	
	전시 학습 상기	▶ 일기예보를 통해 사계절 날씨 알기 - 우리나라에는 몇 개의 계절이 있나요?	▷ 교사의 질문에 답하기 - 봄, 여름, 겨울, 가을이요.	- 사계절 - 사(계절).			
	동기 유발	▶ 일기예보를 보면 좋은 점에 대해 질문하기 - 일기예보를 보면 어떤 점이 좋을까요?	▷ 일기예보를 보면 좋은 점에 대해 생각하여 일기예보의 필요성 알기 - 날씨를 미리 알 수 있어요.	- 미리 준비해요. 우산 챙겨, 비, 눈 와요. - (날씨카드)			
	학습 목표 제시	겨울철 날씨의 특징에 따라 대처 방법을 실천 할수 있다.					
	<활동1> 겨울철 날씨 특징 알기	<응시자 작성란>				30	자 자료1 유 전체 학습 유 나연이의 문제행동을 중재한다.

(1/2)

2019학년도 특수학교(중등) 임용후보자 선정경쟁 2차 시험 [교수학습지도안] 답안지

수험번호									성명		감독관 확 인	

단계	학습내용	교사활동	학생활동 가	학생활동 나	시간(분)	자료 및 유의점
전개	<활동2> 한파와 미세먼지 대처방안 알기	<응시자 작성란>			50	자 자료 2,3 유 모둠활동 시 이질적으로 모둠을 구성한다. 자 체크리스트, 마스크, 손소독제 등 실물자료
		내용				
	도전행동 중재					
정리	평가	▶ 동료평가, 자기평가 하기			10	자 평가지

(2/2)

관리번호	

08 끈기 임용 2차 2018학년도 수업실연 기출문제

2018학년도 중등교사 신규 임용후보자 선정경쟁시험

특 수

관리 번호: (　　　　) 성명: (　　　　　　)

2차 시험	수업 실연	시험시간	지역별 상이

1. 본시 학습 지도 내용

교과	사회(고등)-나
단원	7. 우리 영토의 시작, 독도
목표	독도의 위치와 자연경관에 대해 보고서를 작성하고 발표할 수 있다.
차시	[전시학습] 아름다운 독도의 모습
	[본시학습] 독도의 위치와 자연경관 알기
시간	블록타임제

2. 수험생 유의사항

① 전개 〈활동1〉, 〈활동2〉를 실연하시오.

② 학생의 경험을 활용하시오.

③ 〈활동1〉에서 자료1을 활용하시오

④ 〈활동2〉에서 자료2를 활용하시오.

⑤ 한솔이의 문제행동중재를 〈활동2〉에서 하시오.

⑥ 지영이의 참여도를 높이기 위해 〈활동2〉에서 개별적 지원을 제공하시오.

⑦ 태블릿PC, 교사용 컴퓨터, 빔 프로젝터, 스크린이 갖추어진 교실에서 수업을 진행한다고 가정하시오

3. 본시 관련 학생 실태

수준	인원	특성 및 학습 수행 수준
가	4명	- 문장 수준으로 말할 수 있다. - 3~4 단락의 글을 읽고 이해할 수 있다. - 태블릿 PC, 책, 신문 등을 활용하여 스스로 자료를 찾을 수 있다. - 한솔(자폐성장애): 자신의 생각이 반영되지 않으면 좌절감을 느끼며 소리를 지른다.
나	3명	- 단어와 그림을 이해하고 단어로 말할 수 있다. - 제시어가 제공되면 태블릿 PC을 사용하여 사진을 찾을 수 있다. - 지영: 교사가 개별지원 제공되면 수업에 적극적으로 참여한다.

4. 자료

〈자료1〉 읽기 자료

우리나라 우리 땅, 독도!

독도는 맑은 날이면 울릉도에서 직접 볼 수 있고, 언제든 갈 수 있는 우리나라 땅입니다. 독도는 동도와 서도로 이루어져 있습니다. 우리나라 동쪽 끝에 자리하고 있고 주소는 대한민국 경상북도 울릉군 울릉읍에 속하여 있습니다. 해양자원이 풍부한 독도는 한류와 난류가 만나는 곳으로, 많은 플랑크톤으로 인해 물고기가 풍부한 어장을 가지고 있습니다. 독도는 '천연 보호 구역'으로, 아름다운 자연환경과 더불어 많은 천연자원을 가지고 있습니다. 독도는 다양한 동식물이 서식하는 생태계의 보고입니다.

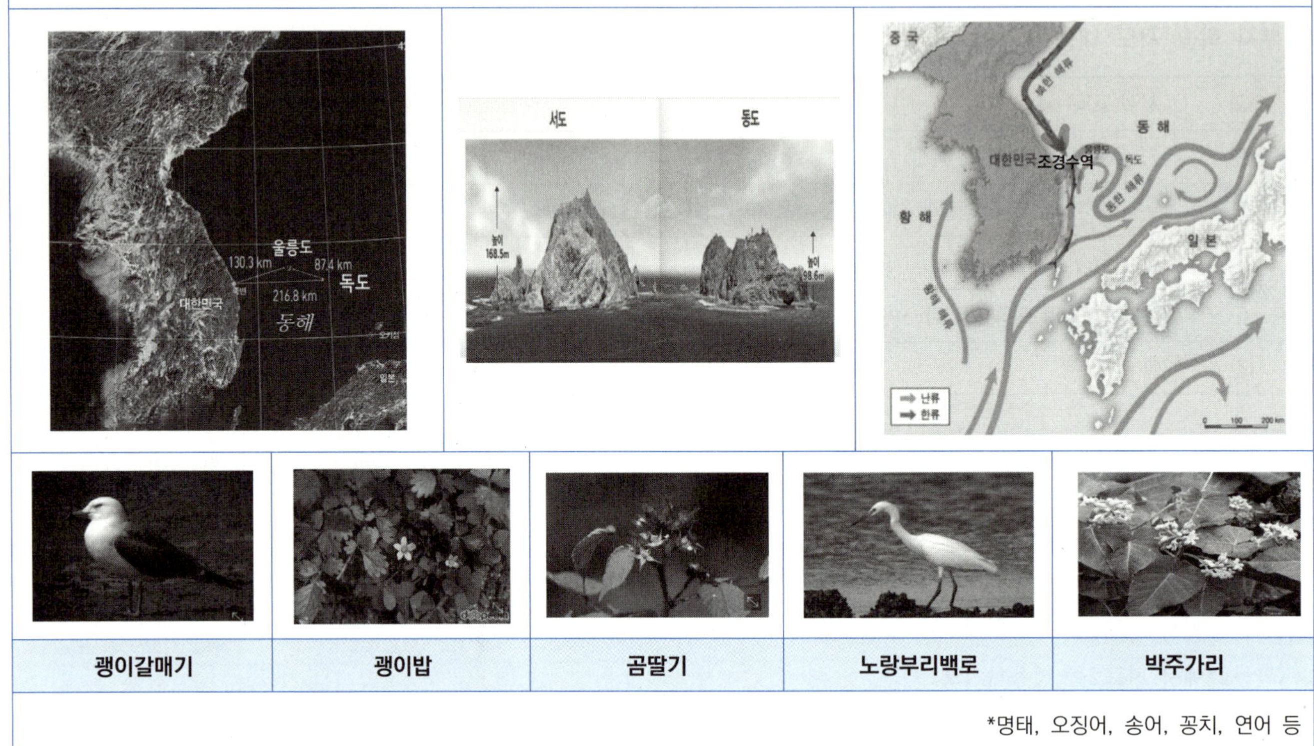

괭이갈매기	괭이밥	곰딸기	노랑부리백로	박주가리

*명태, 오징어, 송어, 꽁치, 연어 등

〈자료2〉 보고서

위치	
지리적 특성	
동물	
식물	

서도 동도

사진	사진	사진

5. 본시 교수-학습 지도안 (과정안)

단계	교수 - 학습 활동				시간	자료(재) 및 유의점(유)
	활동 내용	교사활동	학생활동			
			가	나		
도입	전시 학습 상기	▶ 독도의 모습이 담긴 동영상을 제시하기 - 독도의 모습을 보고 어떤 느낌이 드나요?	▷ 독도의 아름다운 모습을 보고 느낀 점을 말하기 - 아름다워요. - 놀러 가고 싶어요.	- 예뻐. 좋다.		(재) 독도 관련 동영상, 독도 사진 (유) 독도의 아름다움을 함께 느끼고 독도가 우리나라 땅임을 알도록 한다.
	동기 유발	▶ 독도의 위치와 독도에는 무엇이 살지 질문하기 - 독도는 어디에 위치해 있나요?, 독도에는 무엇이 살고 있을까요?	▷ 독도의 위치와 독도에는 무엇이 살지 자유롭게 대답하기 - 바다에 있어요. - 갈매기/물고기요.	- 몰라. - 물고기, 새.		
	학습 목표 제시	독도의 위치와 자연환경에 대해 보고서를 작성하고 발표할 수 있다.				
전개	〈활동1〉 독도 알아보기	**〈수험생 실연 부분〉**				(재) 자료1
	〈활동2〉 독도 보고서 작성하기	▶ 보고서를 제시하여 모둠 활동 (규칙, 활동 방법)에 대해 설명하기 - 모둠활동 규칙과 방법을 알아봅시다.				(재) 자료2 (유) 이질적인 학생들로 모둠을 구성한다. (유) 교사는 순회하며 도움이 필요한 학생에게 개별적인 지원을 제공한다. (유) 또래 상호작용이 활발히 일어날 수 있도록 지도한다.
		〈수험생 실연 부분〉 ▶ 모둠 구성하기 ▶ 조사 계획 및 역할 분담 안내하기 ▶ 조사하기 ▶ 보고서 작성 및 발표 준비하기				
		▶ 보고서 발표하기 - 모둠별로 보고서를 발표해봅시다. - 새롭게 알게 된 점은 무엇인가요? - 모둠활동을 하며 느낀점을 말해봅시다.				(유) 발표에 어려움이 있을 경우 그림을 보고 말할 수 있도록 지원한다.

[수업 설계 문제]

*수업나눔 폐지에 따라 기출 문항을 수업 설계로 변형

1) 학생들의 미래핵심역량을 길러주기 위해 본 수업에서 어떤 역량을 구현하고자 설계했는지 말하시오.

2) 배움에서 공평한 기회를 제공하기 위해 본인이 설계한 방안을 말하고, 이에 대한 한계점과 예상되는 극복방안을 말해보시오.

3) 수업을 설계하면서 가장 어려웠던 부분은 무엇이며, 이 고민을 학교 현장에서 동료교사와 수업나눔을 한다면 어떤 점을 논의하고 싶은지 말해보시오.

*지도안 작성 지역만 해당되는 자료

2018학년도 특수학교(중등) 임용후보자 선정경쟁 2차 시험 [교수학습지도안] 답안지

수험번호									성명		감독관 확 인	

교과	사회	단원	7. 우리 영토의 시작, 독도	차시	
주제	독도의 위치와 자연경관 알기				
학습목표	독도의 위치와 자연경관에 대해 보고서를 작성하고 발표할 수 있다.				

단계	학습내용	교사활동	학생활동 가	학생활동 나	시간(분)	자료 및 유의점
	인사	▶ 인사하기			5	자 독도 관련 동영상, 독도 사진 유 독도의 아름다움을 함께 느끼고 독도가 우리나라 땅임을 알도록 한다.
	전시 학습 상기	▶ 독도의 모습이 담긴 동영상을 제시하기 - 독도의 모습을 보고 어떤 느낌이 드나요?	▷ 독도의 아름다운 모습을 보고 느낀 점을 말하기 - 아름다워요. - 놀러 가고 싶어요.	- 예뻐. 좋다.		
	동기 유발	▶ 독도의 위치와 독도에는 무엇이 살지 질문하기 - 독도는 어디에 위치해 있나요?, 독도에는 무엇이 살고 있을까요?	▷ 독도의 위치와 독도에는 무엇이 살지 자유롭게 대답하기 - 바다에 있어요. - 갈매기/물고기요.	- 몰라. - 물고기, 새.		
	학습 목표 제시	독도의 위치와 자연환경에 대해 보고서를 작성하고 발표할 수 있다.				
전개	<활동1> 독도 알아보기	<응시자 작성란>			25	자 자료1

(1/2)

2018학년도 특수학교(중등) 임용후보자 선정경쟁 2차 시험 [교수학습지도안] 답안지

수험 번호								성명		감독관 확 인	

단계	학습내용	교사활동	학생활동 가	학생활동 나	시간 (분)	자료 및 유의점
전개	<활동2> 독도 보고서 작성하기	▶ 보고서를 제시하여 모둠 활동 (규칙, 활동 방법)에 대해 설명하기 - 모둠활동 규칙과 방법을 알아봅시다. <응시자 작성란> ▶ 보고서 발표하기 - 모둠별로 보고서를 발표해봅시다. - 새롭게 알게 된 점은 무엇인가요? - 모둠활동을 하며 느낀점을 말해봅시다.			60	자 자료2 유 이질적인 학생들로 모둠을 구성한다. 유 교사는 순회하며 도움이 필요한 학생에게 개별적인 지원을 제공한다. 유 또래 상호작용이 활발히 일어날 수 있도록 지도한다. 유 발표에 어려움이 있을 경우 그림을 보고 말할 수 있도록 지원한다.
	구분	내용				
	도전행동 중재					
정리	-	-			10	자 평가지

(2/2)

관리번호	

09 끈기 임용 2차 2017학년도 수업실연 기출문제

2017학년도 중등교사 신규 임용후보자 선정경쟁시험

특 수

관리 번호: (   ) 성명: (   )

2차 시험	수업 실연	시험시간	지역별 상이

1. 본시 학습 지도 내용

교과	고등 국어 -나
단원	13. 인물과 표현
제재	표정, 몸짓, 말투의 의미 (비언어적, 준언어적 요소) 를 알고 표현하기
차시	[전시학습] 드라마 속 등장인물의 표정, 몸짓, 말투 알기
	[본시학습] 상황에 따른 표정, 몸짓, 말투를 알고 표현하기

2. 수험생 유의사항

① 도입부터 전개까지 시연하시오.

② 자료1을 〈동기유발〉에서 사용하시오.

③ 자료2와 자료3을 〈활동1〉에서 사용하시오.

④ 자료4를 〈활동2〉에서 사용하시오.

⑤ 〈활동1〉 마지막에 문제행동을 중재하시오. (단, 한 번만 중재할 것).

⑥ 〈활동2〉에서 역할놀이 활동을 하시오.

⑦ 특수교육지원 인력 1명 있다고 가정하시오.

⑧ 교사용 컴퓨터, 빔 프로젝터, 스크린이 갖추어진 교실에서 수업을 진행한다고 가정하시오.

3. 본시 관련 학생 실태

수준 (인원)	특성 및 학생 수행 수준
가 (4명)	- 간단한 문장을 이해하고 자신의 의사를 표현할 수 있다. - 교사의 관심을 받는 것을 좋아해 2~3분마다 교사를 부르거나 손을 계속 든다.
나 (2명)	- 단어 수준을 이해할 수 있으나, 음성언어 산출이 어렵다. - 태블릿 PC를 사용하여 음성자료나 그림 의사소통 카드를 선택해 의견을 표현할 수 있다.

4. 학습 자료

〈자료1〉 **악보 자료**	〈'산토끼'라는 노래를 개사한 노래 악보〉 사랑은 이렇게 (아이 좋아) 기쁠 때는 이렇게 (하하하하) 슬플 때는 이렇게 (엉엉엉) 신날 때는 이렇게 (야호)
〈자료2〉 **동영상 자료**	- 석준이(남학생)가 싱글벙글 좋아하며 신나는 것을 몸짓과 표정으로 보여줌 - 민지(여학생)가 왜 그렇게 신났냐고 물어봄 - 석준이는 부모님이 새 스마트폰을 사주셔서 신난다고 몸짓과 표정으로 표현함
〈자료3〉 **5컷 만화**	 엄마: 현지야~ 어서 일어나야지~ 엄마: 학교 가야지. 벌써 8시야. 엄마: 조심해서 가렴. 선생님: 현지야. 늦었구나. 지각이란다. 선생님: 내일은 일찍 오거라.
〈자료4〉 **그림카드**	 생일 축하 상황  유리창을 깬 상황  선생님께 칭찬을 받는 상황

5. 본시 교수-학습 지도안 (과정안)

단계	교수 - 학습 활동				시간	자료(재) 및 유의점(유)
	활동 내용	교사활동	학생활동			
			가	나		
도입	전시 학습 상기	▶ 지난 시간에 배운 내용 질문하기 - 드라마 속 등장인물의 무엇을 알아보았나요?	■ 지난 시간에 배운 내용 답하기 - 주인공의 표정, 몸짓, 말투요.	- (웃는 표정 그림카드 들기)		재 자료1
	동기 유발	〈수험생 실연 부분〉				
	학습 목표 제시					
전개	〈활동1〉 상황에 따른 표정, 몸짓, 말투 알기	〈수험생 실연 부분〉				재 자료2,3 유 문제행동 중재한다.
	〈활동2〉 역할놀이 하기	〈수험생 실연 부분〉				재 자료4 유 교사는 순회하며 학생들의 역할놀이 활동을 지원한다.

[수업 설계 문제]

*수업나눔 폐지에 따라 기출 문항을 수업 설계로 변형

1) 배움중심수업을 어떻게 적용하고자 했는지, 본인의 수업 설계 의도를 구체적으로 요약하시오.
2) 수업에서 가장 의미있게 설계한 부분은 어디이며, 수업 실행 시 가장 아쉬울 것으로 예상되는 부분은 어디인지, 다시 수업을 설계한다면 어떻게 보완할지 말하시오.
3) 이번 수업 설계를 통해 느낀점과 알게된 점을 이야기하시오.

*지도안 작성 지역만 해당되는 자료

2017학년도 특수학교(중등) 임용후보자 선정경쟁 2차 시험 [교수학습지도안] 답안지

수험 번호									성명		감독관 확 인	

교과		국어			단원	13. 인물과 표현	차시	
제재		표정, 몸짓, 말투의 의미 (비언어적, 준언어적 요소) 를 알고 표현하기						
학습목표		표정, 몸짓, 말투를 사용하여 표현할 수 있다.						
단계	학습내용	교사활동	학생활동 가	학생활동 나			시간 (분)	자료 및 유의점
전개	인사	▶ 인사하기					5	자 자료1
	전시 학습 상기	▶ 지난 시간에 배운 내용 질문하기 - 드라마 속 등장인물의 무엇을 알아보았나요?	■ 지난 시간에 배운 내용 답하기 - 주인공의 표정, 몸짓, 말투요.	- (웃는 표정 그림카드 들기)				
	동기 유발	<응시자 작성란>						
	학습 목표 제시							
	<활동1> 상황에 따른 표정, 몸짓, 말투 알기						15	자 자료2,3 유 문제행동 중재한다.

(1/2)

2017학년도 특수학교(중등) 임용후보자 선정경쟁 2차 시험 [교수학습지도안] 답안지

수험번호									성명		감독관 확 인	

단계	학습내용	교사활동	학생활동 가	학생활동 나	시간(분)	자료 및 유의점
전개	<활동2> 역할놀이하기	<응시자 작성란>			25	재 자료4 유 교사는 순회하며 학생들의 역할놀이 활동을 지원한다.
	내용					
	도전행동 중재					
정리	-	-			5	재 평가지

(2/2)

관리번호	

10 끈기 임용 2차 2016학년도 수업실연 기출문제

2016학년도 중등교사 신규 임용후보자 선정경쟁시험

특 수

관리 번호: (   ) 성명: (   )

2차 시험	수업 실연	시험시간	지역별 상이

1. 본시 학습지도 내용

과목	사회	
주제	대중교통을 이용하여 학교까지 이동하기	
학습목표	시내버스 이용방법을 순서에 따라 익힌다.	
교수-학습 활동	학습요소	학습내용
	시내버스 이용 방법 알아보기	- 시내버스 이용방법 알기 - 모의상황에서 시내버스를 이용하기

2. 수험생 유의사항

① 〈동기유발〉~ 〈활동1〉 시내버스 이용방법 알기까지 실연하시오. (단, 지도안 작성 지역의 경우 〈활동2〉까지 작성하시오.)

② 학생들의 개별화 지도 방안이 잘 드러나도록 실연하시오.

③ 형성평가 항목 2가지를 수업에서 드러내시오,

④ 교사용 컴퓨터, 칠판, 빔 프로젝터, 스크린이 갖추어진 교실에서 수업을 한다고 가정하시오.

⑤ 이 외의 기자재를 사용할 경우 언급한 후 사용하시오.

⑥ 특수교육 지원인력 1명 있다고 가정하여 실연하시오.

3. 본시 관련 학생 실태

수준	특성 및 학습 수행 수준
가	- 교사의 질문에 문장으로 말할 수 있다. - 4~5개로 이루어진 자료를 수행할 수 있다.
나	- 교사의 질문에 단어 수준으로 말할 수 있다. - 2~3개로 이루어진 자료를 수행할 수 있다.
다	- 교사의 질문에 그림카드를 손이나 몸짓으로 가리킬 수 있다. - 교사의 도움을 받아 순서대로 수행할 수 있다.

4. 자료

〈자료1〉 동영상

버스가 오는데 학생 A가 버스 이용 방법을 몰라 당황하고 있는 동영상

〈자료2〉 시내버스 이용방법 5가지

<table>
<tr><td>자리에 앉거나 손잡이를 잡고
바르게 선다.</td><td>교통카드나 현금으로
요금을 지불한다.</td></tr>
<tr><td>안내방송을 듣고
목적지 도착 전에 벨을 누른다.</td><td rowspan="2">시내버스 번호를 확인하고,
차례대로 버스를 탑니다.</td></tr>
<tr><td>내리기 전에 주위를 살피며
버스에서 내린다.</td></tr>
</table>

〈자료3〉

시내버스 사진, 현금과 교통카드, 카드 단발기와 현금 수납기, 하차 벨, 안내방송 (이번 정류장은 00 중학교입니다.)

(*수업 실연 연습 시 활용하세요!)

버스 안내 방송
"이번 정류장은
00중학교입니다."

5. 본시 교수-학습 지도안 (과정안)

<table>
<tr><th rowspan="3">단계</th><th colspan="5">교수 - 학습 활동</th><th rowspan="3">시간</th><th rowspan="3">자료(㉶) 및 유의점(㉲)</th></tr>
<tr><th rowspan="2">활동 내용</th><th rowspan="2">교사활동</th><th colspan="3">학생활동</th></tr>
<tr><th>가</th><th>나</th><th>다</th></tr>
<tr><td rowspan="3">도입</td><td rowspan="2">전시 학습 상기</td><td rowspan="2">▶ 전시학습 상기
- 지난 시간에 배운 내용 질문하기
- 시내버스를 이용할 때 알아야하는 정보는 무엇일까요?</td><td colspan="3">■ 지난 시간에 배운 내용 답하기</td><td rowspan="5"></td><td rowspan="3">㉶ 자료1</td></tr>
<tr><td>- 노선입니다
- 요금이요.
- 소요시간이요.</td><td>- 노선
- 요금
- 소요시간</td><td>- (시계그림 들기)</td></tr>
<tr><td>동기 유발

학습 목표 제시</td><td colspan="4">〈수험생 실연 부분〉
가 시내버스 이용 방법에 따라 시내버스를 알맞게 이용할 수 있다.
나
다</td></tr>
<tr><td>전개</td><td>〈활동1〉 시내버스 이용 방법 알기</td><td colspan="4">〈수험생 실연 부분〉</td><td>㉶ 자료2</td></tr>
</table>

[수업 설계 문제]

*수업나눔 폐지에 따라 기출 문항을 수업 설계로 변형

1) 배움중심의 수업이란 학생의 삶과 연계되어 진정한 배움이 일어나는 수업을 의미한다. 선생님의 교과에서 이를 구현하기 위한 본인의 노력은 무엇이며 이 수업에 어떻게 나타내고자 설계했는지 말씀해주세요.

2) 교사는 수업을 할 때 인지적 측면을 많이 다루는데, 참된 학력이란 학생들의 정의적 측면도 중요합니다. 본 차시와 관련하여 정의적인 영역을 구현하기 위한 설계 요소를 말하고, 선생님의 수업 설계에서 아쉬운 점과 만약 다시 설계할 기회가 주어진다면 그땐 어떻게 보완하겠는가?

3) 이번 수업 설계를 통해 깨달은 점은 무엇이며, 앞으로 현장에 나가 동료교사들과 어떤 자세로 수업을 개발해 나갈 것인지 말하시오.

*지도안 작성 지역만 해당되는 자료

2016학년도 특수학교(중등) 임용후보자 선정경쟁 2차 시험 [교수학습지도안] 답안지

수험 번호									성명		감독관 확 인	

교과	사회		주제	대중교통을 이용하여 학교까지 이동하기			
학습 요소	시내버스 이용 방법 알아보기						
학습 목표	시내버스 이용 방법을 순서에 따라 익힌다.						

단계	학습내용	교사활동	학생활동 가	학생활동 나	학생활동 다	시간(분)	자료 및 유의점
	인사	▶ 인사하기					
	전시 학습 상기	▶ 전시학습 상기 - 지난 시간에 배운 내용 질문하기 - 시내버스를 이용할 때 알아야 하는 정보는 무엇일까요?	■ 지난 시간에 배운 내용 답하기 - 노선입니다 - 요금이요. - 소요시간이요.	- 노선 - 요금 - 소요시간	- (시계그림 들기)		재 자료1
	동기 유발	가: 시내버스 이용 방법에 따라 시내버스를 알맞게 이용할 수 있다.					
	학습 목표 제시	나: 다:					
전개	<활동1> 시내버스 이용 방법 알기	<응시자 작성란>					재 자료2

(1/2)

2016학년도 특수학교(중등) 임용후보자 선정경쟁 2차 시험 [교수학습지도안] 답안지

단계	학습내용	교사활동	학생활동			시간(분)	자료 및 유의점
			가	나	다		
전개	<활동2> 모의 상황에서 시내버스 이용 방법 알기	<응시자 작성란>					자 자료3

○ ○ ○ ○

(2/2)

11 끈기 임용 2차 2015학년도 수업실연 기출문제

2015학년도 중등교사 신규 임용후보자 선정경쟁시험

특 수

관리 번호: (　　　) 성명: (　　　)

2차 시험	수업 실연	시험시간	지역별 상이

1. 본시 학습 지도 내용

교과	수학	단원	화폐의 계산
제재	여러 가지 물건 구입하기	시간	40분
주제	가격이 다른 3가지 물건 구입비용과 거스름돈 계산하기		
전시	가격이 같은 3가지 물건의 구입비용과 거스름돈 계산하기		
본시	가격이 다른 3가지 물건의 구입비용과 거스름돈 계산하기		

2. 수험생 유의사항

① 특수교육지원인력이 1명 배치되어 있음을 참고하여 실연하시오.

② 자료1을 동기유발에서 활용하시오.

③ 자료2, 3, 4를 〈활동1〉에 사용하여 물건의 가격이 다른 3가지 물건의 구입비용과 거스름돈에 대해 가르치시오.

④ 자료 5를 〈활동2〉에 사용하여 물건 사기 모의수업에 대해 가르치시오.

⑤ 지도안 작성 지역의 경우 교사의 발문과 학생의 반응을 구체적으로 표현하여 제시하시오.

⑥ 동기유발, 학습목표 제시, 〈활동1〉, 〈활동2〉까지 수업 시연하시오.

⑦ 나 수준과 다 수준의 문제행동에 대한 내용을 지도안에 작성하시오.

⑧ 지도안 작성 지역의 경우 가 수준 학생의 형성평가 항목을 2가지 작성하시오.

3. 본시 관련 학생 실태

수준 (인원)	특성 및 학생 수행 수준
가 (2명)	• 10,000원 이하의 계산을 암산, 필산 등을 통해 계산할 수 있다. • 교사의 말을 듣고 자신의 의견을 문장 수준으로 말할 수 있다. • 교사의 칭찬을 과하게 바라는 편이다
나 (3명)	• 10,000원 이하의 계산을 계산기를 사용하여 계산할 수 있다. • 교사의 말을 듣고 자신의 의견을 단어 수준으로 말할 수 있다. • 교사의 관심을 바라며 으으으 라는 소리를 낸다.
다 (1명)	• 특수교육지원인력의 도움을 받아 물건 가격의 그림을 보고 지폐를 구분할 수 있다. • 손이나 몸짓으로 표현할 수 있다. • 과제를 회피하고 싶을 때 자리를 이탈한다.

4. 학습 자료

〈자료1〉

편의점에서 우리반 OO이가 계산을 하지 못해 당황해하는 표정의 동영상

〈자료2〉

지폐 그림

〈자료3〉 그림 자료

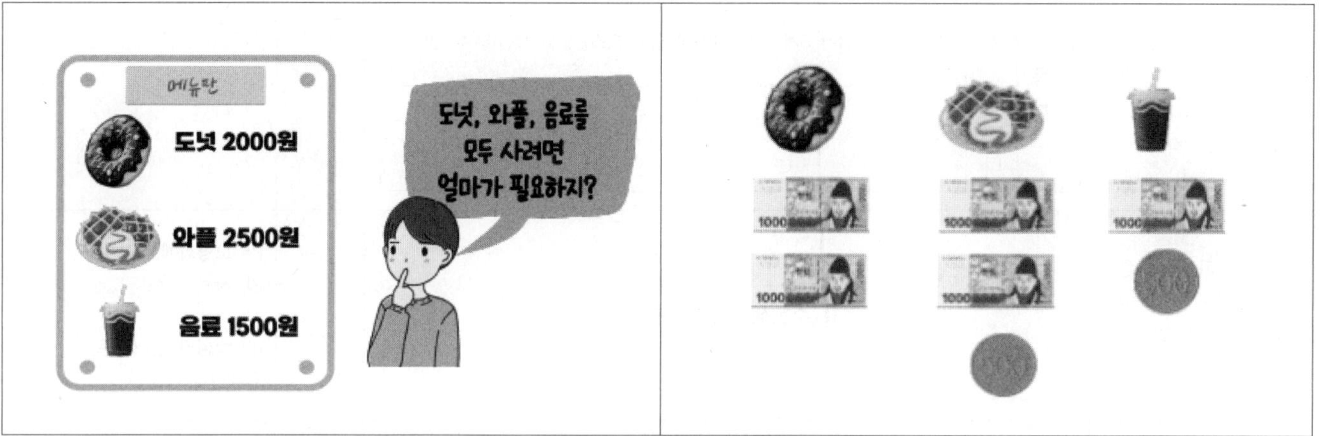

〈자료4〉 지갑 안 만원 지폐

〈자료5〉 물건 사기 모의 수업용 다양한 물건과 가격표

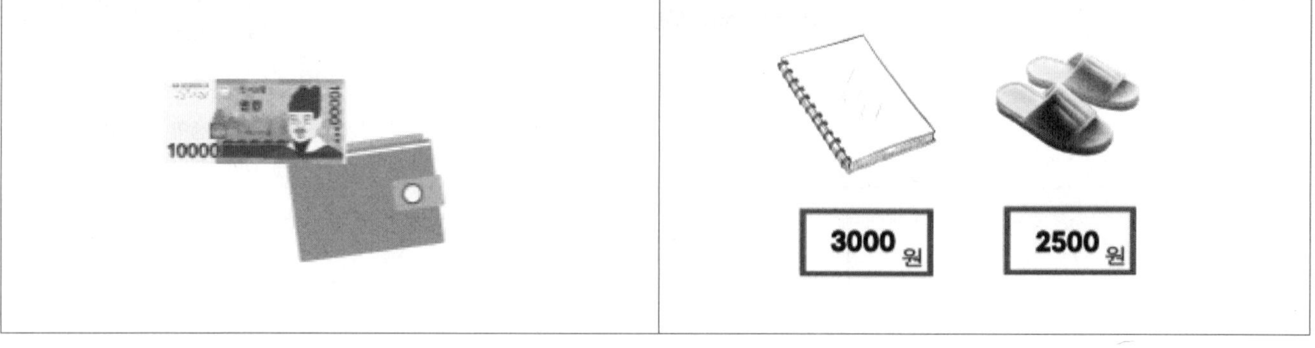

5. 본시 교수-학습 지도안 (과정안)

<table>
<tr><th rowspan="3">단계</th><th colspan="5">교수 - 학습 활동</th><th rowspan="3">시간</th><th rowspan="3">자료([자]) 및 유의점([유])</th></tr>
<tr><th rowspan="2">활동 내용</th><th rowspan="2">교사활동</th><th colspan="3">학생활동</th></tr>
<tr><th>가</th><th>나</th><th>다</th></tr>
<tr><td rowspan="3">도입</td><td>전시학습
상기</td><td>● 발문을 통해 전시학습내용을 상기시키기
- 물건 구입비용은 어떻게 계산하나요?
- 거스름돈은 어떻게 계산하나요?</td><td>- 물건값 더해요.
- 지불한 돈에서 물건값을 빼요.</td><td>-계산기/물건값/더해요
-계산기/물건값/빼요</td><td>- 물건을 손이나 몸짓으로 가리키기
- 모형화폐를 손이나 몸짓으로 가리키기</td><td rowspan="3"></td><td rowspan="3">[자] 자료1</td></tr>
<tr><td>동기
유발</td><td colspan="4" rowspan="2">〈수험생 실연 부분〉

목표
가: 가격이 다른 물건 3개의 구입비용을 알고 거스름돈을 계산할 수 있다.
나:
다:</td></tr>
<tr><td>학습
목표 제시</td></tr>
<tr><td rowspan="2">전개</td><td>〈활동1〉
가격이 다른 3가지 물건의 구입 비용과 거스름돈 계산하기</td><td colspan="4">〈수험생 실연 부분〉</td><td></td><td>[자] 모형화폐, 계산기
[자] 자료 2,3,4

[유] 학생의 문제행동을 중재한다.</td></tr>
<tr><td>〈활동2〉
문구점
모의 상황
실습하기</td><td colspan="4">〈수험생 실연 부분〉</td><td></td><td>[자] 모형화폐, 계산기

[자] 자료5

[유] 교사는 판매원이 되고, 학생은 원하는 물건을 구입한다.

[유] 학생의 문제행동을 중재한다.</td></tr>
</table>

*지도안 작성 지역만 해당되는 자료

2015학년도 특수학교(중등) 임용후보자 선정경쟁 2차 시험 [교수학습지도안] 답안지

수험 번호									성명		감독관 확 인	

교과	수학	단원	화폐의 계산	차시	-
주제	가격이 다른 3가지 물건 구입 비용과 거스름돈 계산하기				

단계	학습내용	교사활동	학생활동 가	학생활동 나	학생활동 다	시간(분)	자료 및 유의점
	인사	● 인사하기				5	자1
	전시 학습 상기	● 발문을 통해 전시학습 내용을 상기시키기 -물건 구입비용은 어떻게 계산하나요? -거스름돈은 어떻게 계산하나요?	-물건값 더해요. -지불한 돈에서 물건값을 빼요.	-계산기/물건값/더해요 -계산기/물건값/빼요	-물건을 손이나 몸짓으로 가리키기 -모형화폐를 손이나 몸짓으로 가리키기		
	동기 유발 학습 목표 제시	목표 가: 가격이 다른 물건 3개의 구입비용을 알고 거스름돈을 계산할 수 있다. 목표 나: 목표 다:					
전개	<활동1> 가격이 다른 3가지 물건의 구입 비용과 거스름돈 계산하기	<응시자 작성란> ●나 수준 학생의 문제 행동 중재하기				10	자모형화폐, 계산기 자2,3,4 유 학생의 문제 행동을 중재한다.

(1/2)

2015학년도 특수학교(중등) 임용후보자 선정경쟁 2차 시험 [교수학습지도안] 답안지

수험번호									성명		감독관 확 인	

단계	학습내용	교사활동	학생활동			시간(분)	자료 및 유의점
			가	나	다		
전개	<활동2> 문구점 모의 상황 실습하기	<응시자 작성란> • 다 수준 학생의 문제 행동 중재하기				15	자 모형화폐, 계산기 자5 유 교사는 판매원이 되고, 학생은 원하는 물건을 구입한다. 유 학생의 문제행동을 중재한다.
정리	평가	<가 수준 학생 형성평가 작성하시오.> 응시자 작성 부분 / 평가 척도				10	자 평가지

(2/2)

관리번호	

12 끈기 임용 2차 2014학년도 수업실연 기출문제

2014학년도 중등교사 신규 임용후보자 선정경쟁시험

특 수

관리 번호: (　　　　　) 성명: (　　　　　　　　　　)

2차 시험	수업 실연	시험시간	지역별 상이

1. 본시 학습 지도 내용

교과	진로와 직업
주제	청소기 사용하기, 라면 끓이기
장소	직업훈련실

2. 수험생 유의사항

① 〈동기유발〉에서는 자료1, 〈활동1〉에서는 자료2,3,4,5, 〈활동2〉에서는 자료4,5를 활용하시오.

② 〈활동1,2〉에서 형성평가를 실시하시오. (단, 지도안 작성 지역의 경우 형성평가는 두 문장으로 작성하고, 주요 내용을 포함)

③ 지도안 작성 지역의 경우 교사의 발문과 행동, 학생의 예시답변과 반응을 구체적으로 작성하시오..

④ 교사의 컴퓨터, 빔 프로젝트, 스크린, 특수교육 지원인력, 조리기구, 청소기

3. 본시 관련 학생 실태

수준 (인원)	특성 및 학생 수행 수준
가 (2명)	• 일상생활과 관련된 것을 문장으로 말할 수 있다. • 작업내용을 언어적 촉진을 받으면 수행할 수 있다.
나 (2명)	• 일상생활과 관련된 것을 단어로 말할 수 있다. • 작업내용을 언어적 촉진을 받으면 일부 수행할 수 있다.
다 (2명)	• 일상생활과 관련된 것을 그림카드를 지적하거나 몸짓으로 나타낼 수 있다. • 작업 내용을 보조원의 도움을 받아 수행할 수 있다.

4. 학습 자료

〈자료1〉 동영상

같은 반 친구 ○○가 청소기를 작동시키지 못해서 당황해하는 동영상

〈자료2〉 라면 조리법	〈자료3〉 청소기 사용 설명서
① 냄비에 물을 넣는다. ② 물을 끓인다. ③ 라면과 스프를 넣는다. ④ 라면을 그릇에 담는다.	① 청소기 본체에서 전선을 뽑아 코드를 꽂는다. ② 전원을 켜고 동작 버튼을 누른다. ③ 흡입기를 바닥을 향하게 댄 후 바닥을 민다. ④ 전원을 끈 후 코드를 뺀 후 감기 버튼을 눌러 전선을 넣는다.

〈자료4〉 라면 조리법 단계별 사진 및 설명

사진	① 냄비에 물을 넣는다.
사진	② 물을 끓인다.
사진	③ 라면과 스프를 넣는다.
사진	④ 라면을 그릇에 담는다.

〈자료5〉 청소기 사용 단계별 사진 및 설명

사진	① 청소기 본체에서 전선을 뽑아 코드를 꽂는다.
사진	② 동작 버튼을 누르고 전원을 켠다.
사진	③ 흡입기를 바닥을 향하게 댄 후 바닥을 민다.
사진	④ 전원을 끈 후 코드를 뺀 후 감기 버튼을 눌러 전선을 넣는다.

5. 본시 교수-학습 지도안 (과정안)

<table>
<tr><th rowspan="3">단계</th><th colspan="5">교수 - 학습 활동</th><th rowspan="3">시간</th><th rowspan="3">자료(㉶) 및 유의점(㉷)</th></tr>
<tr><th rowspan="2">활동 내용</th><th rowspan="2">교사활동</th><th colspan="3">학생활동</th></tr>
<tr><th>가</th><th>나</th><th>다</th></tr>
<tr><td rowspan="2">도입</td><td>동기
유발</td><td colspan="4" rowspan="2">〈수험생 실연 부분〉</td><td rowspan="2"></td><td rowspan="2">㉶ 자료1</td></tr>
<tr><td>학습
목표 제시</td></tr>
<tr><td rowspan="2">전개</td><td>〈활동1〉
문장카드를
보고 지시사항
순서에
맞게 나열하기</td><td colspan="4">〈수험생 실연 부분〉</td><td></td><td>㉶ 자료2,3,4,5</td></tr>
<tr><td>〈활동2〉
지시사항
순서에 따라
수행하기</td><td colspan="4">〈수험생 실연 부분〉</td><td></td><td>㉶ 자료4,5</td></tr>
</table>

*지도안 작성 지역만 해당되는 자료

2014학년도 특수학교(중등) 임용후보자 선정경쟁 2차 시험 [교수학습지도안] 답안지

수험번호									성명		감독관 확 인	

목표	가	지시문과 문장 카드를 읽고 작업을 수행할 수 있다.
	나	
	다	

단계	학습내용	교사활동	학생활동 가	학생활동 나	학생활동 다	시간(분)	자료 및 유의점
전개	인사	-				8	자 자료1
	전시 학습 상기	-					
	동기 유발	<응시자 작성란>					
	학습 목표 제시						
	<활동1> 문장카드를 보고 지시사항 순서에 맞게 나열하기	<나 수준 학생 형성평가 작성하시오.>				10	자 자료2,3,4,5

응시자 작성 부분	평가 척도

(1/2)

2014학년도 특수학교(중등) 임용후보자 선정경쟁 2차 시험 [교수학습지도안] 답안지

수험번호								성명		감독관 확 인	

단계	학습내용	교사활동	학생활동			시간(분)	자료 및 유의점
			가	나	다		
전개	<활동2> 지시사항 순서에 따라 수행하기	<응시자 작성란> <나 수준 학생 형성평가 작성하시오.>				25	자 자료4,5
정리	–	–				5	

<나 수준 학생 형성평가 작성하시오.>

응시자 작성 부분	평가 척도

(2/2)

관리번호	

PART

04

수업능력평가 12개년 기출변형 문제

Chapter 1

2025학년도 수업실연 기출변형 문제

2026학년도 중등교사 신규 임용후보자 선정경쟁시험

특 수

관리 번호: (　　　　) 성명: (　　　　　　　　)

2차 시험	수업 실연	시험시간	지역별 상이

〈실연 조건〉

- ㅇ 본시 관련 모든 학생들의 특성 및 수행 수준을 고려하여 수업실연 하시오.
- ㅇ 〈수업실연1〉에서는 〈자료1〉를 활용하여, 모둠 활동으로 분리 배출 실습을 하시오.
- ㅇ 〈수업실연2〉에서는 〈자료1〉과 〈자료2〉를 활용하여, 개별 활동으로 업사이클링 제품 만들기를 하시오.
- ㅇ 〈활동1〉에서 유진이를 위한 개별적 지원 방안을 제시하고, 〈활동2〉에서 은지를 긍정적행동지원으로 중재하시오.
- ㅇ 유의 사항: 교사와 학생의 활동이 구체적으로 드러나도록 실연하시오.

1. 본시 학습 지도 내용

과목	사회, 미술		
관련 성취 기준	[12사회03-01] 세계 곳곳의 사람들이 환경과 조화를 이루며 살아가는 모습을 파악하고 일상에서 환경친화적 생활 태도를 실천한다. [12미술03-03] 환경 친화적인 미술 작품을 감상하고 환경을 소중히 여기는 태도를 지닌다.		
차시	주요 내용	수업 형태	평가 방법
1~3	환경 문제 조사하기	개별 활동	수행평가
4~5 (본시)	분리 배출 실습하기	개별 활동	결과물 평가
	업사이클링 제품 만들기	모둠 활동	

2. 교수·학습 환경

학생 수	고등학교 1학년	장소	특수학교 교실
운영 방법	블록타임제 100분	자료	전자 칠판, 태블릿PC, AAC. 〈자료1〉, 장갑, 〈자료2〉

3. 본시 관련 학생 특성 및 수행 수준

수준	특성 및 수행 수준
가 (2명)	• 태블릿PC으로 검색을 할 수 있다. • 자신의 생각을 한 개 혹은 두 개의 단어로 말하고, 만들기 활동을 좋아한다.
나 (2명)	• 시각적 촉진을 받아 태블릿 PC를 사용할 수 있다. • 자신의 생각을 한 단어로 말할 수 있다. • 유진: 시공간 능력이 낮아 종종 좌우를 바꾸어 생각한다.
다 (1명)	• 태블릿PC의 화면을 터치할 수 있다. • 구어적 표현이 어려워 AAC를 사용하여 소통한다. • 은지: 자신의 마음대로 되지 않으면 휠체어를 툭툭 친다.

4. 자료

〈자료1〉 재활용품 및 분리 배출함

〈자료2〉 업사이클링 제작을 위한 교재교구

*업사이클링: 재활용품을 이용하여 기존의 제품보다 품질이나 가치가 더 높은 새 제품을 만드는 과정

5. 본시 교수-학습 지도안 (과정안)

학습과정 및 탐구요소	교수·학습활동	자료 및 유의점
〈활동1〉 분리 배출 실습하기	-모둠으로 이동하기 〈수업실연1〉	자 〈자료1〉 유 모둠활동으로 진행한다. 유 유리나 캔에 손이 다치지 않도록 장갑 착용을 확인한다. 유 분리 배출한 결과물에 대해 교사는 피드백을 제공한다.
〈활동2〉 업사이클링 제품 만들기	-업사이클링 제품 감상하기 〈수업실연2〉	자 〈자료1〉, 〈자료2〉 유 업사이클링 개념에 대해 설명한다. 유 개별활동으로 진행한다.

[수업 설계]

*경기 지역만 해당되며, 수업 실연 전에 활용하시오.

오늘 수업 주제와 관련지어 수업자의 수업 의도를 설명하고, 깊이있는 수업에서 삶의 맥락 연계를 위한 방안 3가지를 제시하시오.

Chapter 2 2024학년도 수업실연 기출변형 문제

2026학년도 중등교사 신규 임용후보자 선정경쟁시험

특 수

관리 번호: (　　　　) 성명: (　　　　　　　　)

2차 시험	수업 실연	시험시간	지역별 상이

1. 수험생 유의사항

- 〈활동1〉~〈활동2〉까지 실연하시오. (단, 〈활동1〉에서 관찰평가 실천하시오.)
- 〈활동1〉에서 기쁨이의 도전행동이 발현되지 않도록 예방적 중재하시오.
- 학생의 실생활과 연계하고, 동료 피드백이 잘 드러나게 실연하시오.
- 안전한 수업이 되도록 설계하시오.
- 특수교육지원인력 1명 배치 상황으로 진행하시오.

2. 본시 학습 지도 내용

과목	사회, 과학. 미술		교육 방법	STEAM 교육
수업 진행	135분 블록타임제		대상	중학교 3학년
차시	이전 차시	세계 이상기후와 난민	활동 내용	• 〈활동1〉 간이정수기 탐구 실험 • 〈활동2〉 포스터 만들기
	본 차시	오염된 물의 위험성		

자료

컴퓨터, 전자칠판, 태블릿pc, 스크린, 페트병, 탈지면, 숯, 모래, 굵은 모래, 자갈, 물, 비커, 포토프린터기, 칼, 가위

3. 본시 관련 학생 실태

가 (2명)	공통	• 3어절 문장으로 말 할 수 있다. • 태블릿PC를 스스로 조작하여 조사한 정보를 작성하고 정리할 수 있다.
	개별	• 기쁨 (자폐성 장애): 촉감에 예민하여 예상치 못한 감각 자극 시 물건을 그대로 던진다. • 사랑 (시각장애): 저시력 학생이다.
나 (2명)	지적장애	• 2어절 문장으로 말할 수 있다. • 3~4개의 순서를 이해할 수 있다. • 언어적 촉진을 주면 실험 활동에 참여할 수 있다. • 시각적 촉진 주면 태블릿PC 사용하여 검색하여 활동지 작성 가능하다. • 교사가 시범을 보여주면 자동그림그리기 어플 (오토드로우)를 활용할 수 있다.
다 (1명)	지적지체장애	• 몸짓이나 표정, AAC를 사용하여 표현 가능하다. • 1~2개의 순서를 이해할 수 있다. • 신체적 촉진을 주면 실험에 참여할 수 있다. • 이미지 파일로 태블릿 PC 검색할 수 있다. • 버튼이나 태블릿PC의 화면을 누를 수 있으나, 각도 조절이 필요하다.

4. 자료

▶ 〈자료1〉 실험 활동지

<table>
<tr><td>〈사진 붙이는 곳〉</td><td>〈사진 붙이는 곳〉</td><td rowspan="3">〈실험 순서〉
1. 바닥이 뚫린 페트병에 탈지면을 눌러 넣는다.
2. 탈지면 위로 숯을 넣는다.
3. 숯 위로 적당한 양의 모래를 넣는다.
4. 굵은 모래와 자갈을 순서대로 넣는다.
5. 순서대로 쌓여진 여과 재료를 눌러 흩어지지 않게 고정한다.
6. 준비된 흙탕물을 흘려 넣고 결과를 관찰한다.</td></tr>
<tr><td>여과되기 전의 흙탕물</td><td>여가된 물</td></tr>
<tr><td colspan="2">자료
페트병, 탈지면, 숯, 모래, 굵은 모래, 자갈, 물, 비커, 포토프린터기</td></tr>
</table>

▶ 〈자자료2〉 흙탕물의 여과 과정 3단계 그림

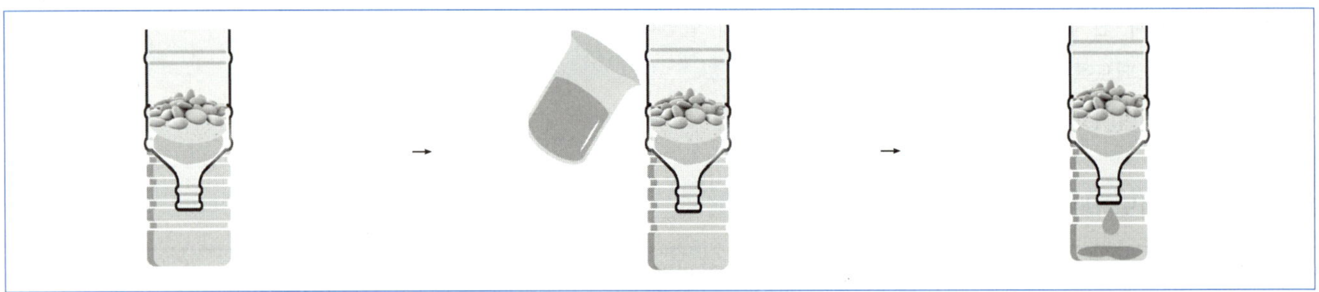

▶ 〈자료3〉 신문 기사

<WHO "오염된 물 마시고 매년 80만명 사망">

*WHO에 따르면 매년 82만9000여명이 오염된 식수를 마신 뒤 설사 증세를 보이다 사망한다. 인분 등에 오염된 물을 식수원으로 사용하면서 콜레라와 이질, 장티푸스 등에 걸릴 위험에 노출된 인구는 2019년 기준으로 20억명이 넘는다.

출처: 중앙일보, https://www.joongang.co.kr/article/25125880

*WHO: 세계 보건기구

▶ 〈자료4〉 포스터

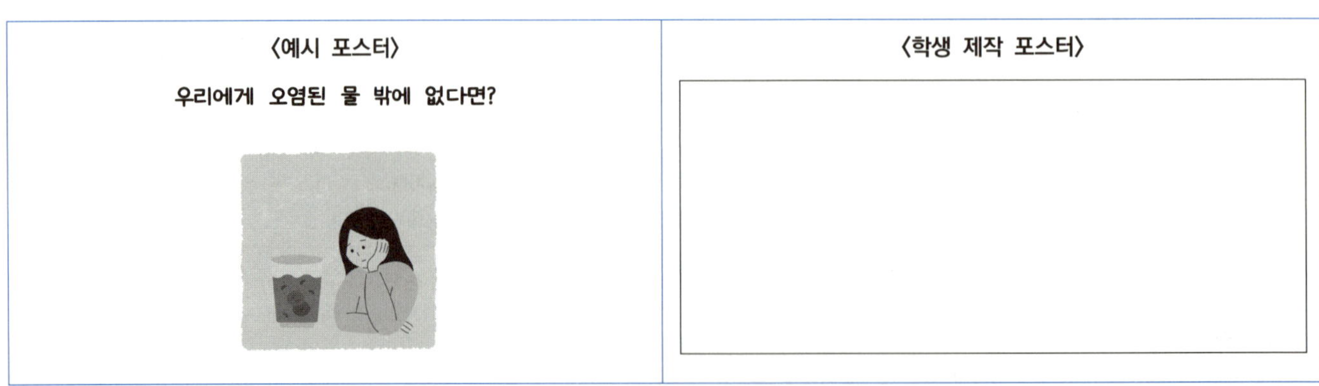

5. 본시 교수-학습 지도안 (과정안)

학습과정 및 탐구요소	교수·학습활동	자료 및 유의점
〈활동1〉 간이정수기 탐구 실험	-정수기의 기능 알기 〈수험생 실연 부분〉 -간이정수기 만들기	재 자료1,2, 포토프린터기 유 실험 전 안전 규칙을 확인한다. 유 정수된 물이 더 깨끗한 이유에 대해 발문한다. 유 실험 순서에 맞게 진행하는지 확인한다.
〈활동1〉 관찰평가	〈수험생 실연 부분〉	
〈활동2〉 포스터 만들기	〈수험생 실연 부분〉	재 자료3,4 유 교사는 순회하며 맞춤형 피드백 제공한다. 유 개별활동으로 진행한다.

[수업 설계]

*경기 지역만 해당되며, 수업 실연 전에 활용하시오.

깊이 있는 수업을 설계할 때 가장 중요한 것이 무엇인지 말하고, 본 수업에서 학생의 성장을 돕기 위해 어떤 종류의 피드백을 어떻게 제공할 계획이며, 피드백 제공 시 유의할 점은 무엇인지 답변하시오.

Chapter 3

2023학년도 수업실연 기출변형 문제

2026학년도 중등교사 신규 임용후보자 선정경쟁시험

특 수

관리 번호: (　　　) 성명: (　　　)

2차 시험	수업 실연	시험시간	지역별 상이

1. 수험생 유의사항

- 〈활동1〉~〈활동2〉를 실연하시오. (단, 〈활동2〉를 마친 뒤 동료평가 실시하시오.)
- 〈활동1〉은 개별활동, 〈활동2〉는 모둠활동으로 진행하시오.
- 〈활동1〉은 자료1,2 〈활동2〉은 자료3을 사용하시오.
- 진우와 현지의 도전행동(=문제행동)을 긍정적행동지원으로 중재하시오.
- 자신의 맥박을 관찰해보는 장면과 교사의 다양한 피드백이 잘 드러나게 실연하시오.
- 특수교육지원인력이 1명 있다고 가정하고 도전행동 중재 시 협력적으로 활용하시오.

자료

컴퓨터, 전자칠판, 태블릿pc, 스크린, 디지털 교과서, 스마트워치, 유성펜 코딩로봇, 대형 전지, 활동지 등

2. 본시 학습 지도 내용

과목	보건, 과학	수업 진행	블록타임제 100분
단원	4. 심폐소생술, 3. 응급상황 대처	대상	고등학교 2학년
차시	제재명	교수학습 활동	
1차시	과학 4. 심폐소생술	심장의 구조와 기능 알기	
본차시	과학 4. 심폐소생술 보건 3. 응급상황 대처	혈관의 종류와 특징 알기	
3차시	보건 3. 응급상황 대처	심정지 상황이 발생했을 때 대처법 연습하기	

3. 본시 관련 학생 실태

수준	장애 영역	실태
가	지적장애 (1명)	• 문장으로 발화할 수 있다. • 현지: 적극적인 성격으로 모든 활동에 가장 먼저 참여하려고 한다.
나	자폐성장애 (2명)	• 주로 단어로 발화할 수 있다. • 시각적 학습을 선호하며, 태블릿PC 이미지 검색을 스스로 할 수 있다.
다	중도중복장애 (1명)	• 한 음절이나 몸짓으로 자신의 의사를 표현할 수 있다. • 태블릿PC로 동영상 시청을 좋아한다. • 과정을 이해하는데 어려움이 있다. • 진우: 자신의 의도대로 되지 않을 시 으~ 으~ 소리를 내며 운다.

4. 자료

▶ 〈자료1〉 심정지 관련 뉴스

〈뉴스 자료〉
지난주 00 소방관은 한 식당에서 식사하다 쓰러진 심정지 환자를 심폐소생술로 구했습니다. 최근 추워지는 날씨로 인해 쓰러진 A씨의 몸 상태는 혈액이 원활하게 흐르지 못해…

▶ 〈자료2〉 활동지

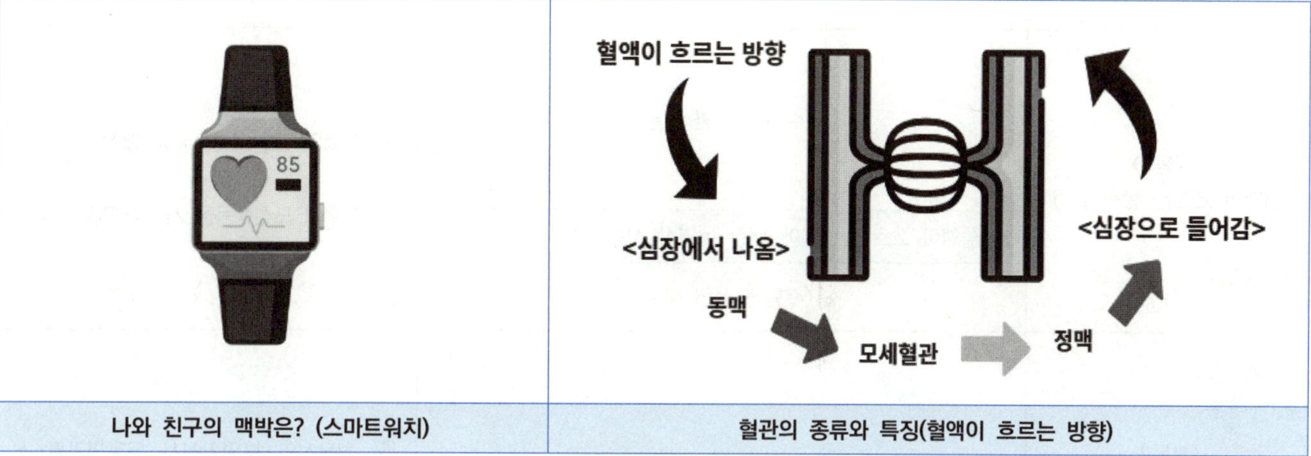

나와 친구의 맥박은? (스마트워치) | 혈관의 종류와 특징(혈액이 흐르는 방향)

▶ 〈자료3〉 모둠 활동지

[혈액이 흐르는 방향을 그릴 수 있는 학습지]

〈코딩로봇의 정의〉	〈코딩로봇의 기능〉	〈코딩로봇 활용 순서〉
-코딩 로봇이란? 	-로봇이 색을 인지한다. -유성펜 빨간색에서 멈춘다. -유성펜 초록색은 직진한다. -시작 버튼 누르면 움직인다.	-대형 전지를 준비한다. -유성펜으로 혈액이 흐르는 방향을 색칠한다. -그 위에 코딩로봇을 올려 혈액이 흐르는 과정을 안다.

사진 출처: 오조봇 도브게임-역사이야기, 로보몰, 네이버쇼핑, 세부 상품 캡쳐 후 재구성

5. 본시 교수-학습 지도안 (과정안)

학습과정 및 탐구요소	교수-학습활동	자료 및 유의점
〈활동1〉 혈관의 종류와 특징 알기	〈수험생 실연 부분〉	·재 자료1,2, 스마트 워치
〈활동2〉 혈액이 흐르는 방향 알기	〈수험생 실연 부분〉 ▶ 혈액이 흐르는 방향에 대한 동영상 시청하기 〈수험생 실연 부분〉	·재 자료3, 코딩로봇, 유성 매직 ·유 진우의 도전행동을 사전에 예방한다.
〈활동2〉 동료평가	〈수험생 실연 부분〉	·유 허용적인 분위기에서 동료평가를 실시한다.

[수업 설계]

*경기 지역만 해당되며, 수업 실연 전에 활용하시오.

본 수업에서 학생들의 창의적 사고 역량을 함양하기 위해 구체적으로 어떤 탐구 활동이나 발문을 계획했으며, 이 수업 경험이 학생들의 삶과 어떻게 연계되어 유의미한 영향을 미칠 것이라고 기대하십니까?

Chapter 4

2022학년도 수업실연 기출변형 문제

2026학년도 중등교사 신규 임용후보자 선정경쟁시험

특 수

관리 번호: (　　　) 성명: (　　　　　)

2차 시험	수업 실연	시험시간	지역별 상이

1. 본시 학습 지도 내용

과목	진로와직업, 사회	
차시	이전 차시	옷의 기능과 문화
	본차시	상황에 알맞은 옷 차림에 대해 알기
수업 진행	100분 블록타임제	
대상	특수학교 고등학교 1~3학년	

2. 수험생 유의사항

- 〈동기유발〉 ~ 〈활동2〉까지 실연하시오. (단, 활동 안내는 생략하시오.)
- 자기관리 역량 증진을 고려하여 실연하시오.
- 〈활동1〉에서 모둠활동, 〈활동2〉에서 개별활동 실시하시오.
- 행동의 일반화를 고려하여 수업을 설계하시오.
- 학생의 오반응을 바탕으로 과정중심평가 진행하하시오
- 〈동기유발〉에서 자료1, 〈활동1〉에서 자료2, 〈활동2〉에서 자료3을 활용하시오.
- 유진이를 긍정적행동지원으로 지도하시오. (단, 유진이의 행동은 발현되지 않도록 사전 중재하시오.)

3. 본시 관련 학생 실태

수준	장애명	학생 수행 수준
가 (2명)	지적장애	• 간단한 단어로 표현 가능하다. • 자동완성 기능으로 태블릿PC 검색, 앱 활용 가능하다. • 3~4단계의 순서를 이해할 수 있다.
나 (1명)	자폐성장애	• 한 음절의 말이나 몸짓으로 표현한다. • 시각적 촉구가 주어지면 태블릿을 터치할 수 있다. • 1~2단계의 순서를 이해할 수 있다.
다 (1명)	지체장애	• 하지마비로 눈 응시를 활용하여 자신의 의사를 표현하거나 어플을 활용한다. • 유진: 교사나 친구의 관심을 얻기 위해 머리 흔들기 행동이 나타난다.

4. 자료

▶ 〈자료1〉 동영상

운동회날 원피스를 입고 온 OO이의 모습 전공과 면접날 슬리퍼에 츄리닝 차림인 **이의 모습

▶ 〈자료2〉 상황에 알맞은 옷차림 그림 카드

<TPO에 알맞은 의상 선택하기>

TPO는 바로 시간과 장소, 상황을 뜻합니다. TPO에서 T는 Time(시간), P는 Place(장소), O는 Occasion(상황)을 뜻하며, Time, Place, Occasion의 앞 세 글자를 따서 TPO라고 부릅니다.

▶ 〈자료3〉 그래픽 조직자

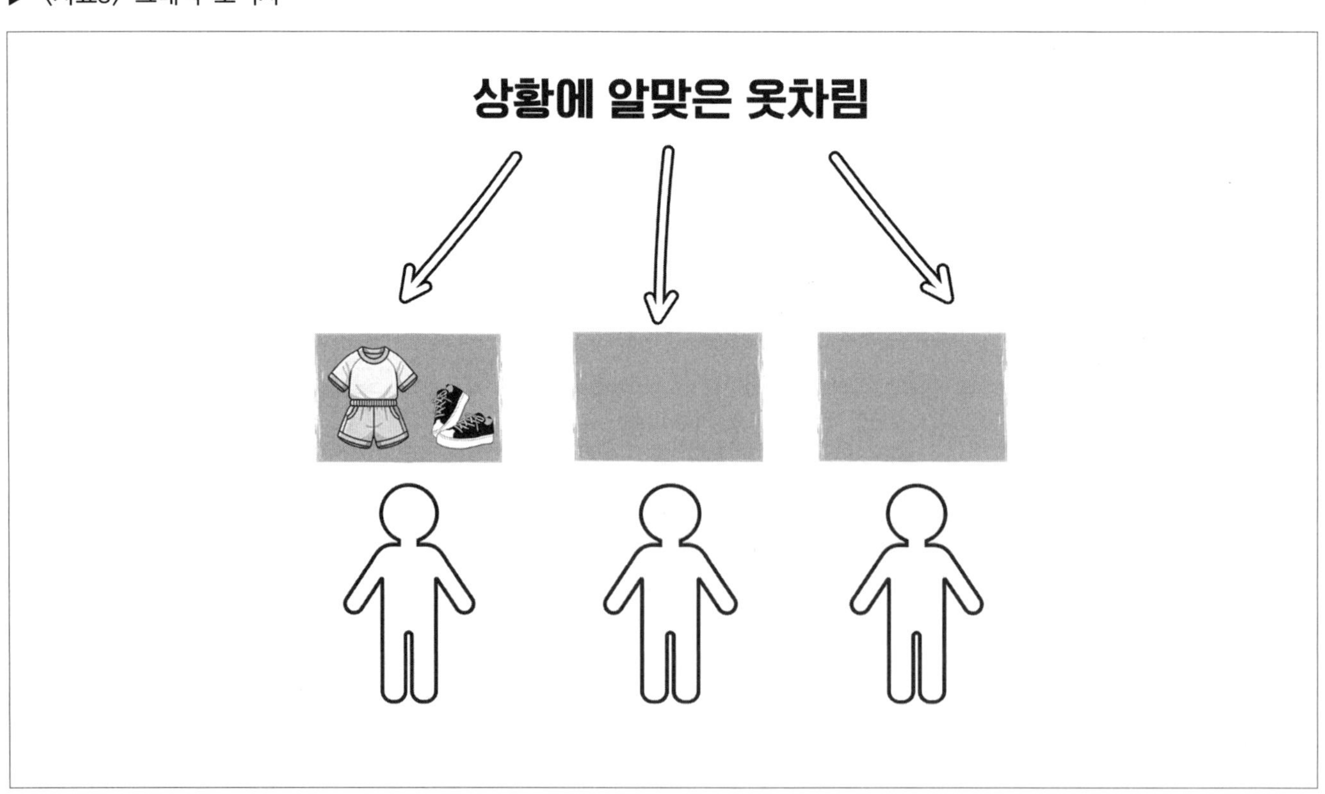

5. 본시 교수-학습 지도안 (과정안)

학습과정 및 탐구요소	교수-학습활동	자료 및 유의점
〈동기유발〉	**〈수험생 실연 부분〉**	자 자료1
〈활동1〉 상황에 알맞은 옷차림 알기	**〈수험생 실연 부분〉** 형성 평가	자 자료2 유 상황에 알맞은 옷차림의 장점에 대해 강조한다.
〈활동2〉 상황에 알맞은 옷차림 실습하기	**〈수험생 실연 부분〉**	자 자료3, 붙임딱지, 실물자료 유 자기관리 증진을 고려하여 지도한다.

[수업 설계]

*경기 지역만 해당되며, 수업 실연 전에 활용하시오.

학생들의 주도적인 사고와 탐구를 촉진하고 창의적 사고 역량과 같은 핵심역량을 기르기 위해 구체적으로 어떤 탐구 질문과 학습 활동을 계획했으며, 이 배움의 과정이 학생들의 실제 삶과 어떻게 연결되어 의미 있는 성장을 이끌어낼 것이라고 기대하는지 답변하시오.

Chapter 5

2021학년도 수업실연 기출변형 문제

2026학년도 중등교사 신규 임용후보자 선정경쟁시험

특 수

관리 번호: (　　　) 성명: (　　　　　)

2차 시험	수업 실연	시험시간	지역별 상이

1. 본시 학습 지도 내용

과목	보건, 진로와 직업
수업 진행	블록타임제 (90분)
대상	중학교 2학년

2. 단원 지도 계획

차시	제재명	교수학습 활동	수업 방식	평가 방법
1~3차시	소요시간	거리, 소요시간 계산하기	-	-
4~5차시	신체 기관	신체 기관의 기능과 역할	-	-
본차시	진료과별 의료기관 선택	〈활동1〉 질병에 알맞은 병원 선택하기 〈활동2〉 가까운 의료 기관 조사하기	협동학습	동료평가

3 수험생 유의사항

- 〈활동1〉~〈활동2〉를 실연하시오.
- 〈활동2〉에서 학생 간 상호작용, 모둠활동, 교사의 지원, 모둠활동 및 동료평가 잘 드러나게 실연하시오.
- 학생들의 강점을 활용한 수업을 설계하시오.
- 〈활동2〉에서 혜지의 도전행동(=문제행동)을 긍정적행동지원으로 중재하시오.
- 교실 기자재: 컴퓨터, 전자칠판, 태블릿pc, 신체 모형, 스크린

4. 본시 관련 학생 실태

가 수준	3명 지적장애	• 4~5개의 단어로 구성된 문장을 이해하며 생각을 표현할 수 있다. • 혜지: 모둠활동 시 자기주장이 강해 의견 충돌이 잦고, 자신의 의견만을 고집하여 받아들여지지 않을 시 떼를 쓰며 소리를 지른다. • 태블릿pc 활용 능력이 우수하다.
나 수준	3명 자폐성장애	• 단어와 2~3개의 단어로 구성된 간단한 문장을 이해하고 생각을 표현할 수 있다. • 시각적 지원 제공 시 태블릿pc를 활용하여 그림이나 사진을 찾을 수 있다. • 반복 설명 시 어플을 사용할 수 있다. • 유주: 수동적인 편이나 순서나 위치를 잘 기억한다.

4. 자료

▶ 〈자료1〉 질병의 종류

복통 '갑자기 배가 너무 아파.'	안통, 충혈 '더러운 손으로 눈을 계속 비볐더니 눈이 빨갛게 되었어.'	인후통 '콧물이 질질 흘러.'	골절 넘어짐 '자전거를 타다가 넘어졌어.'

▶ 〈자료2〉 질병 증상에 알맞은 병원 선택 선긋기 학습지

복통 ●		● 내과	
인후통 ●		● 외과	
안통 ●		● 이비인후과	
골절 ●		● 안과	

▶ 〈자료3〉 보고서 (활동지)

모둠명		**모둠 구성원 이름**	
역할			
모둠 평가			
질병명	**증상 (사진 등)**	**가까운 병원**	
		이름: 거리:	
		이름: 거리:	
동료평가지	**내용**	**느낀점**	
1조			
2조			

5. 본시 교수-학습 지도안 (과정안)

학습과정 및 탐구요소	교수-학습활동	자료 및 유의점
〈활동1〉 질병에 알맞은 병원 선택하기	〈수험생 실연 부분〉	·[재] 자료1,2 ·[재] 스마트 기기, 신체 모형
〈활동2〉 가까운 의료 기관 조사하기	〈수험생 실연 부분〉	·[재] 자료3 ·[재] 스마트 기기

[수업 설계]

*경기 지역만 해당되며, 수업 실연 전에 활용하시오.

이번 수업 설계를 통해 교사로서 어떤 전문적 성장을 기대합니까? 더하여, 다음 차시에 본 내용의 심화를 위해 동료 교사(동교과, 타교과)와 협력하여 수업을 융합적으로 재구성할 방안에 대해 구체적으로 말씀해 주십시오.

Chapter 6 2020학년도 수업실연 기출변형 문제

2026학년도 중등교사 신규 임용후보자 선정경쟁시험

특 수

관리 번호: (　　　　) 성명: (　　　　　　　　)

2차 시험	수업 실연	시험시간	지역별 상이

1. 수험생 유의사항

- 〈활동1〉,〈활동2〉를 실연하시오.
- 교사는 VR 기기 활동 시 각 학생의 화면을 미러링하여 피드백 제공하시오.
- 〈활동1〉에서 익준, 〈활동2〉에서 정원이와 겨울이의 도전행동(=문제행동)을 긍정적행동지원으로 중재하시오.
- 학생의 경험을 활용하며, 자기평가를 실시하시오.
- 디지털 소양을 갖출 수 있도록 설계하시오.
- 특수교육 지원인력이 1명 있다고 가정하고 협력적으로 활용하시오.

자료

컴퓨터, 전자칠판, 태블릿pc, VR 기기, 실물 자료

2. 본시 학습 지도 내용

과목	국어, 과학		
주제	화재와 안전		
차시	시기	내용	수업 방식
	본차시	지하철 안전 사고	발생학습 수업 모형, 체험학습
수업 진행	블록타임제 100분		
대상	고등학교 1학년		

3. 본시 관련 학생 실태

가 수준	3명	• 수업에 적극적으로 참여하며 문장으로 답할 수 있다. • 익준: 주의 집중력이 짧아 선택적 주의집중의 어려움이 있다.
나 수준	3명	• 간단한 문장이나 단어로 답할 수 있다. • 겨울: 자폐스펙트럼 장애로 지하철 역 이름이나 지하철의 소리에 관심이 높고 모방 능력이 뛰어나다. 그러나, 활동의 전이에 어려움을 느껴 귀를 때리거나 몸을 흔든다. • 정원: 수줍음이 많아 아는 질문에도 대답을 망설이거나 하지 않는 경향이 있다.

4. 자료

▶ 〈자료1〉 지하철 화재 시 대처 방법 그림

자세를 낮추고 젖은 손수건이나 물티슈로 입,코를 가리고 비상구로 대피해요. *대류 현상으로 인해 뜨거운 연기는 천장으로 올라가고 차가운 공기는 아래로 내려옴	전화나 비상 버튼을 눌러 구조를 요청해요.

▶ 〈자료2〉 체험 자료

비상 버튼 모형	VR 기기 및 관련 프로그램	물티슈, 수건	지하철 칸 비상번호, 비상구 표지판 등
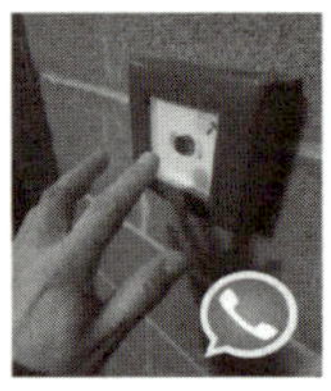	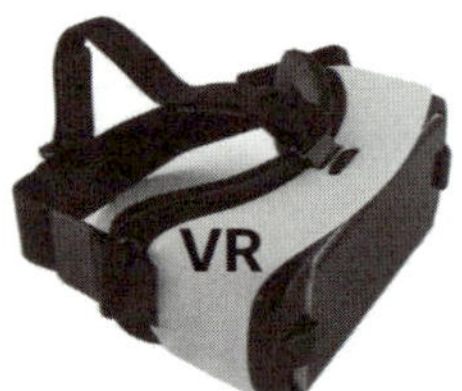 		

▶ 〈자료3〉 활동지

〈보고서 작성 방법〉

1. ⓐ 지하철 화재 대피 방법 알기
   - 대피 방법에 맞는 사진을 붙인다.
   - 설명을 적는다.

2. ⓑ VR 체험 느낀점 나누기
   - 느낀점을 자유롭게 적는다.

3. 색연필, 사인펜 등을 이용하여 다양하게 꾸미기

5. 본시 교수-학습 지도안 (과정안)

학습과정 및 탐구요소	발생학습 수업모형	교수-학습활동	자료 및 유의점
〈활동1〉 지하철 화재 사고 시 대처방법 알기	예비 초점	- 지하철 안전사고 종류 알기 (선개념 파악)	자 자료1
	도전	- 지하철 화재 시 대처 방법 알기	
〈활동2〉 지화철 화재 사고 VR 체험하기	적용	- 지하철 화재 사고 VR 체험하기	자 자료2,3 자 VR 기기 유 VR 기기 시 어지럼증 느끼면 손을 들도록 안내한다. 유 교실 전체를 다양하게 사용한다.

[수업 설계]

*경기 지역만 해당되며, 수업 실연 전에 활용하시오.

1) '사유하는 학생'을 기르기 위해 본 수업의 탐구 질문을 어떻게 설정하셨으며, 학생들의 인지적 능력과 정의적 능력을 균형 있게 성장시키기 위한 구체적인 활동 계획은 무엇입니까?
2) 이 배움이 교실을 넘어 가정 및 지역사회와 연계될 수 있도록 어떻게 설계하셨는지 설명해 주십시오.

2019학년도 수업실연 기출변형 문제

2026학년도 중등교사 신규 임용후보자 선정경쟁시험

특 수

관리 번호: ( ) 성명: ( )

2차 시험	수업 실연	시험시간	지역별 상이

1. 수험생 유의사항

- 〈활동1〉~〈활동2〉 평가까지 실연하시오.
- 학생들이 점점 성장하는 모습을 드러내시오.
- 〈활동1〉에서 예지, 〈활동2〉에서 영찬이의 도전행동(=문제행동)을 긍정적행동지원으로 중재하시오.
- 수학에서 '가능성'의 개념을 활용하여 실연하시오.
- 특수교육 지원인력이 1명 있다고 가정하고 활용하시오.
- 교실 기자재: 컴퓨터, 전자칠판, 스마트 기기, 스크린 등

2. 본시 학습 지도 내용

과목	수학		
관련 단원	12. 생활 속의 가능성		
차시	이전 차시	• 놀이 속에서 가능성 계산하기	-
	본차시	• 일기 예보에서 가능성 찾기	개념학습 모형
수업 진행	100분 블록타임제		
대상	고등학교 2학년		

3. 본시 관련 학생 실태

가 수준	2명 자폐성장애	• 주로 문장으로 대답한다. • 교사의 시범을 보고 어플을 조작할 수 있다. • 예지: 자신이 수행할 수 있는 과제임에도 불구하고 '힌트 주세요. 도와주세요.' 라고 자주 말한다.
나 수준	3명 지적장애	• 교사의 질문에 간단한 문장이나 단어로 답할 수 있다. • 영찬: 과제가 어려우면 과제물을 책상 밖으로 밀어낸다. • 반복 연습하면 어플을 조작할 수 있다.
다 수준	1명 지적지체중복	• 간단한 문장으로 발화 가능하며 AI 음성인식으로 검색할 수 있다. • 하지 마비로 수동식 휠체어를 사용한다. 주사용 손은 오른손이다. • 손으로 풀칠하기, 그림을 붙이기가 가능하다. • 혜진: 교사보다는 친구와의 활동을 선호하는 편이다.

4. 자료

▶ 〈자료1〉 가족들의 대화

일기예보: 내일은 비가 올 가능성이 높겠습니다. 아빠: 내일은 차가 막힐 가능성이 높겠어. 일찍 출근해야지. 오빠: 체육 수업은 그럼 안할 가능성이 높겠네. 동생: 현장체험학습 안 갈 가능성이 있겠어.

▶ 〈자료2〉 일기 예보 어플리케이션을 활용하여 주간 일기 예보표 만들기

요일	월	화	수	목	금	토	일
날씨	(비)	(흐림)	(해)	(비)	(비)	(해)	(흐림)
강수 확률	100%	80%	0%	100%	50%	20%	70%

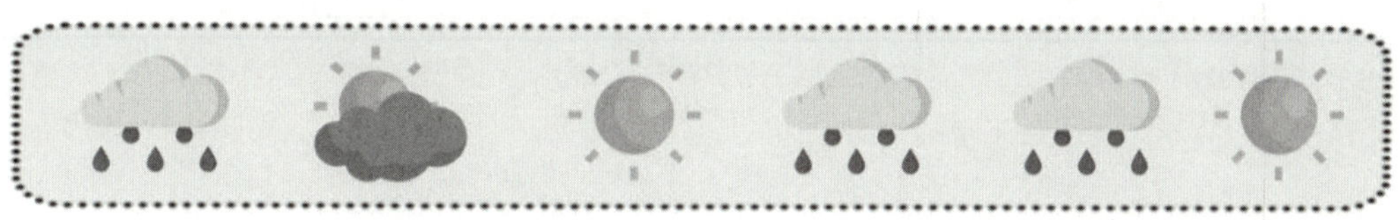

▶ 〈자료3〉 실물 자료

긴 우산, 접이식 우산	겉옷	마스크	손소독제

5. 본시 교수-학습 지도안 (과정안)

학습과정	모형	교수-학습활동	자료 및 유의점
도입	기초	- 전시학습 상기 - 본시와 관련된 개념 재생 - 학습목표 확인	
〈활동1〉 일기예보의 가능성 해석하기	문제파악 제시 개념화	- 가능성의 의미 알기 - 일기예보의 가능성 해석하기	㉵ 자료1 ㉵ 스마트 기기 (태블릿 피씨, 스마트 워치 등)
〈활동2〉 주간 날씨표 작성하기	적용 및 발전	- 어플을 활용하여 주간 날씨표 작성하기 - 준비물 작성하기 (실물자료)	㉵ 자료2,3 ㉵ 스마트 기기, 가위, 풀, 표 등
〈활동2〉 평가		**가** **나** **다**	

[수업 설계]

*경기 지역만 해당되며, 수업 실연 전에 활용하시오.

1) 오늘 수업을 설계할 때 가장 두려웠던 점은 무엇이며, 이를 보완하기 위해 어떤 준비를 하였나요?
2) 본 단원의 핵심 목표에 학생들이 도달하는 과정을 돕기 위해 어떤 '과정중심평가'를 계획했으며, 그 평가 방법과 내용을 선택하신 이유는 무엇인가요?

Chapter 8 2018학년도 수업실연 기출변형 문제

2026학년도 중등교사 신규 임용후보자 선정경쟁시험

특 수

관리 번호: (   ) 성명: (   )

2차 시험	수업 실연	시험시간	지역별 상이

1. 수험생 유의사항

- 〈활동1〉~〈활동2〉 발표하기 까지 실연하시오.
- 〈활동1〉에서 자료1, 〈활동2〉에서 자료2 사용하시오.
- 혜영이와 현주를 긍정적행동지원으로 중재하시오.
- 특수교육지원인력이 2명 있다고 가정하여 수업하시오.
- 문화재 보존의 중요성을 강조하여 수업하시오.
- 학생 간 갈등 상황을 중재하시오.

2. 본시 학습 지도 내용

과목	사회, 과학			
관련 단원	8. 세계가 사랑하는 문화 유산, 15. 오랜 옛날 계획적으로 설계된 도시가 있습니다., 8. 도르래를 이용한 거중기			
차시	시기	활동	수업 방식	평가 방법
	이전 차시	• 도드래의 원리 알기	–	–
	본차시	• 도르래의 원리를 이용하여 지은 수원 화성	STS 모형	수행평가
수업 진행	블록타임제 100분			
대상	고등학교 3학년			

자료

읽기 자료, 탐구 실험 보조자료, 도르래의 원리 탐구 실험물, 탐구 보고서, 스티커 프린터, 사인펜, 저울 등

3. 본시 관련 학생 실태

가 수준	3명 지적장애	• 글의 1~2 문단을 읽고 이해할 수 있으며, 문장으로 발화가 가능하다. • 태블릿pc, 책 등을 활용하여 스스로 자료를 찾을 수 있다. • 현주: 역사 시간과 실험 활동을 좋아하나, 교사에게 칭찬을 받기 위해 모든 과정을 자신이 다 하려고 한다.
나 수준	2명 자폐성장애	• 글의 그림이나 단어를 이해하고, 주로 짧은 문장과 단어로 표현한다. • 제시어가 제공되었을 때 태블릿pc를 사용하여 그림, 사진을 찾을 수 있다. • 혜영: 힘든 과제의 경우 작은 목소리와 소극적인 행동을 보인다.

4. 자료

▶ 〈자료1〉 읽기 자료

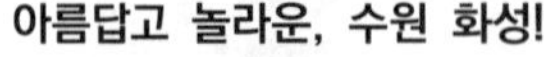
아름답고 놀라운, 수원 화성!

경기도 수원시 한복판에 위치한 수원 화성은 우리나라 성 중에서 가장 아름다운 성으로 뽑히기도 합니다. 이 성은 조선 시대 정조가 거주지 기능의 읍성과 방어용 산성을 합하여 만든 성곽 도시로 전통적인 축성 기법에 과학적 기술을 활용하여 세웠습니다. 특히, 다양한 방어용 시설을 많이 세웠으며 주변 지형에 맞춰 자연스럽게 조성하여 최초의 계획도시로 평가됩니다. 화성은 이러한 우수성을 높이 평가받아 유네스코 세계 문화유산이 되었습니다.

그럼 수원 화성은 어떻게 세워질 수 있었을까요? 수원 화성은 정약용이 고안한 거중기가 사용되었습니다. 도르래는 바퀴에 줄이나 체인을 걸고 물건을 들어 올리거나 잡아당기는데 사용하는 기구입니다. 거중기는 위에 4개와 아래 4개의 도르래를 수평으로 연결하고 아래 도르래 밑으로 물체를 달아매고, 위쪽 도르래의 양쪽으로 잡아당길 수 있는 끈을 연결하여 끈을 잡아당기면 도르래가 움직이면서 물체가 위로 들어 올려지도록 만들었습니다. 이렇게 거중기를 이용하여 적은 인원으로 성을 쌓을 수 있었습니다. 오늘날에도 도르래의 원리는 우물의 두레박, 국기 게양대, 네트 받침대, 블라인드, 엘리베이터, 거중기나 크레인과 같은 중장비에서도 다양하게 활용되고 있습니다.

(출처: 네이버 찰리샘 블로그- '수원 화성과 도르래의 원리' 도르래 사진, 글 재구성)

▶ 〈자료2〉 탐구 실험 보조 자료

미니 도르래 실험 도구	성곽 세우기 쌓기 나무 모형	다양한 지형 모형	지도, 풀, 가위, 사인펜 등

▶ 〈자료3〉 탐구 보고서

〈수원화성 탐구 보고서〉

위치 :

역사 :

지리적 특성:

정약용이 만든 거중기 실험:

5. 본시 교수-학습 지도안 (과정안)

학습과정 및 탐구요소	STS 모형	교수-학습활동	자료 및 유의점
〈활동1〉 수원 화성의 이야기 읽기	문제로의 초대	**〈수험생 실연 부분〉**	자 자료1 자 스마트 기기
〈활동2〉 수원화성 탐구 보고서 발표하기	탐색 설명, 해결방안 제시 실행	**〈수험생 실연 부분〉**	자 자료2,3 자 스마트 기기, 포토프린터기 등 유 모둠학습 시 이질적인 집단을 구성하며, 안전 규칙을 안내한다. 유 모형과 실제 환경의 차이가 있음을 설명한다.

[수업 설계]

*경기 지역만 해당되며, 수업 실연 전에 활용하시오.

학생들이 배운 내용을 '삶 속에서 실제적으로 알고 실행하는 능력', 즉 전이(transfer)가 일어나도록 하기 위해, 이번 수업 설계 시 가장 중점적으로 고려한 부분은 무엇입니까?

2017학년도 수업실연 기출변형 문제

2026학년도 중등교사 신규 임용후보자 선정경쟁시험

특 수

관리 번호: ( ) 성명: ( )

2차 시험	수업 실연	시험시간	지역별 상이

1. 본시 학습 지도 내용

과목	국어, 일상생활 의사소통		수업 진행	50분
관련	학요에서 의사소통하기		대상	고등학교 1학년 대상
차시	제재명	교수학습 활동	수업 방식	평가 방법
1차시	인물과 표현	-표정, 몸짓, 말투의 의미를 알고 표현하기	역할놀이	-
2차시	다양한 표정과 몸짓	-표정과 행동을 보고 상대방의 기분 짐작하기	감정카드 활용 표정 학습지	
본차시 (3차시)	격려와 위로	〈활동1〉 위로와 격려의 표현 알기 〈활동2〉 역할놀이 하기	역할놀이	관찰평가

2. 수험생 유의사항

- 〈동기유발〉 ~ 〈활동1,2〉를 실연하시오.
- 학생들의 개별화된 지도 방안과 학습 자료는 학생의 수준에 맞추어 활용하시오.
- 현지의 도전행동(=문제행동)을 긍정적행동지원으로 중재하시오.
- 학생의 경험을 활용하고, 사회적 기술 (친구 관계)의 우정 형성을 함께 지도하시오.
- 교사의 에듀테크 역량 발휘하시오.
- 특수교육 지원인력이 1명 있다고 가정하고 활용하시오.

자료

컴퓨터, 전자칠판, 태블릿pc, 감성로봇 리쿠, 감정카드 등

3. 본시 관련 학생 실태

가 수준	3명	• 교사의 질문에 문장으로 답할 수 있다. • 진우: 자기 주변에 있는 친구들에 대해 관심이 높고, 솔선수범하여 남을 돕는 것을 좋아한다.
나 수준	3명	• 교사의 질문에 간단한 문장이나 단어로 답할 수 있다. • 현지(지적장애): 자신이 선호하지 않는 과제에는 '싫어요.' 라고 하며 수행을 거부한다. • 재혁(자폐스펙트럼장애): 반향어를 사용하며 매사에 수동적인 편이다.

4. 자료

▶ AI 감성로봇 리쿠 소개

• 상대방의 행동, 표정, 말에 관심을 갖고 상호작용하는 감성로봇으로 상대방의 얼굴을 인식하고, 기분을 알 수 있음 • 리쿠 자신의 욕구, 감정이 주변 환경에 따라 계속 변하며, 풍부한 표정을 지을 수 있음	 출처: TOROOC 사이트

▶ 〈자료1〉 노래 가사

수고했어 오늘도.
난 널 응원해.
수고했어. 오늘도.

▶ 〈자료2〉 위로하는 말이나 격려하는 말의 종류

위로하는 말이나 격려하는 말

- 괜찮아. 실수해도 괜찮아.
- 틀려도 괜찮아.
- 넌 할 수 있어.
- 힘내.

▶ 〈자료3〉 여러 가지 상황 그림 자료

친구가 자전거 타다가 넘어짐	장기자랑 중 안무 실수	체육대회 중 수비 실수	공부 중 모르는 게 많은 상황

5. 본시 교수-학습 지도안 (과정안)

학습과정 및 탐구요소	교수-학습활동	자료 및 유의점
도입	- 인사하기, 이전차시 점검	
	- 동기유발 〈수험생 실연 부분〉	자 자료1
	- 학습목표 확인하기 〈수험생 실연 부분〉	
〈활동1〉 위로와 격려의 표현 알기	〈수험생 실연 부분〉	자 자료2, 감성로봇 리쿠 자 스마트 기기 유 학생의 경험과 연결지어 질문한다.
〈활동2〉 역할놀이 하기	〈수험생 실연 부분〉	자 자료3 자 스마트 기기 유 모둠을 나눌 때 또래교수를 위해 이질적인 집단을 편성한다. 유 역할놀이 시 역할을 교환하여 참여한다.

[수업 설계]

*경기 지역만 해당되며, 수업 실연 전에 활용하시오.

선생님의 교육관을 바탕으로, 모든 학생이 배움의 주체가 되는 '깊이있는 수업'을 어떻게 구현하고자 하는지 말하고, 특히 배움에서 소외될 수 있는 학생을 포함한 모든 학습자를 지원하기 위한 구체적인 방안과, 학생의 문제 해결 과정에 중점을 두는 과정 중심 평가의 실행 계획에 대해 말씀해 주십시오

2016학년도 수업실연 기출변형 문제

2026학년도 중등교사 신규 임용후보자 선정경쟁시험

특　수

관리 번호: (　　　) 성명: (　　　　　　)

2차 시험	수업 실연	시험시간	지역별 상이

1. 수험생 유의사항

- 〈활동1,2〉를 실연하시오.
- 〈활동2〉에서 지역사회모의교수를 활용하여 무인주문기 사용 어플 실습을 실시하시오.
- 〈활동2〉에서 재욱이와 민혁이의 도전행동(=문제행동)을 긍정적행동지원으로 중재하시오.
- 〈활동1〉에서 자료1 〈활동2〉에서 자료2를 활용하시오.
- 미래교육의 가치와 연결 지어 실연하시오.
- 모든 학생이 참여 가능한 수업을 설계하시오.
- 교실 기자재: 컴퓨터, 전자칠판, 스마트 기기 등

2. 본시 학습 지도 내용

과목	진로와 직업
단원	3. 직업과 스마트 기기 사용
수업 진행	블록타임제 100분 수업
대상	고등학교 1학년

3. 단원 지도 계획

차시	제재명	교수학습 활동	수업 방식	평가 방법
전 차시	스마트 기기 기본 기능	다양한 스마트 기기의 기본 기능에 대해 조작하기		
본차시	미래 사회로 변화	〈활동1〉 미래사회의 변화 알기 〈활동2〉 무인주문기 사용 실습하기	지역사회 모의교수	-

4. 본시 관련 학생 실태

가 수준	2명 지적장애	• 교사의 질문에 문장으로 답할 수 있다. • 4~5개의 단계로 이루어진 자료를 수행할 수 있다. • 태블릿pc를 활용하여 스스로 앱을 실행하고 조작할 수 있다. • 재욱: 태블릿pc 조작 능력이 뛰어나지만, 의도에 맞지 않게 조작할 때가 있다.
나 수준	3명 지적장애	• 교사의 질문에 짧은 문장 혹은 간단한 단어로 답할 수 있다. • 2~3개로 이루어진 자료로 수행할 수 있다. • 민혁(다운증후군): 선택적 주의집중과 순차적 과제 처리에 어려움을 보인다. • 핵심 단어를 제공하면 이를 활용하여 정보 검색, 터치 및 드래그를 스스로 할 수 있다.

4. 자료

▶ 〈자료1〉 뉴스 동영상

	음식점과 카페 등에서 무인주문기계 '키오스크' 사용이 크게 늘면서 특히 장애인 및 노년층이 어려움을 겪고 있다. (무인 주문기 사용을 어려워하는 노인과 장애인의 장면)

▶ 〈자료2〉 무인주문기 사용 순서

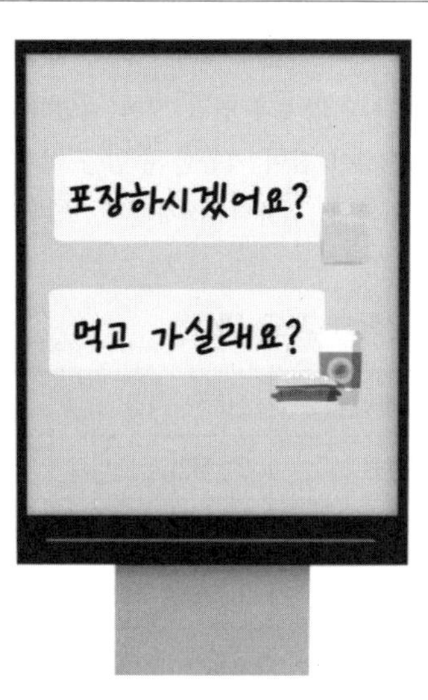

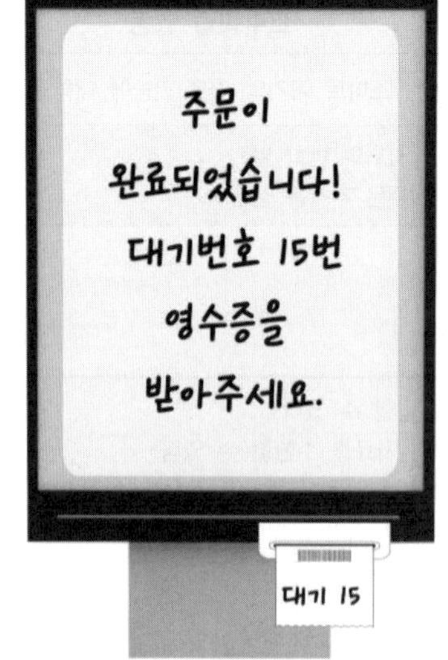

〈무인주문기 사용 순서〉

1. 무인주문기 찾기
2. 무인주문기 화면 터치하기
3. 메뉴 선택하기
4, 포장, 매장 선택하기
5. 결제방법 선택하여 결제하기
6. 대기 번호표나 영수증 받기

5. 본시 교수-학습 지도안 (과정안)

학습과정 및 탐구요소	교수-학습활동	자료 및 유의점
〈활동1〉 미래사회의 변화 알기	**〈수험생 실연 부분〉** - 자료1,2 시청하기 - 현대사회와 미래사회의 다양한 모습 살펴보기 (음식을 주문하거나 물건을 구입 시)	자 자료1 자 스마트 기기
〈활동2〉 무인주문기 사용 실습하기	**〈수험생 실연 부분〉** - 무인주문기 사용방법 알아보기 - 무인주문기 사용 조별 모의 실습하기 (지역사회 모의교수)	자 자료2 자 스마트 기기 유 또래 상호작용을 고려하고, 순회지도 시 개별지원을 제공한다. 유 교실 공간 전체를 다양하게 사용한다.

[수업 설계]

*경기 지역만 해당되며, 수업 실연 전에 활용하시오.

미래 사회에 필요한 핵심 역량을 함양하고자 본 수업의 탐구 질문과 활동을 어떻게 설계하였는지 말하고, 학생들의 동기를 촉진하기 위한 전략을 2가지 말하시오.

2015학년도 수업실연 기출변형 문제

2026학년도 중등교사 신규 임용후보자 선정경쟁시험

특 수

관리 번호: ( ) 성명: ( )

2차 시험	수업 실연	시험시간	지역별 상이

1. 수험생 유의사항

① 〈활동1〉~〈활동2〉 평가까지 실연하시오.

② 〈활동1〉에서 자료1, 〈활동2〉에서 자료2를 사용하시오.

③ 학생의 실생활과 일반화를 고려하여 수업을 설계하시오.

④ 특수교육지원인력이 1명 배치되어 있음을 참고하여 협력적으로 활용하시오.

⑤ 〈활동1〉 마무리, 〈활동2〉 마무리에서 수행평가를 실시하시오.

2. 본시 학습 지도 내용

과목	수학, 사회
차시	다양한 결제 방법을 알고, 설명서 만들기
수업 진행	50분
대상	고등학교 1학년
활동	〈활동1〉 다양한 결제 방법 알아보기 〈활동2〉 다양한 결제 방법 설명서 만들기

3. 본시 관련 학생 수준

수준 (인원)	특성 및 학생 수행 수준
가 (2명)	• 자신의 의견을 문장으로 말할 수 있다. • 모바일 상품권에 대해 알고 있다.
나 (3명)	• 자신의 의견을 단어 수준으로 말할 수 있다. • 현금보다 주로 카드를 자주 사용한다. • QR코드를 검색하는 활동을 좋아한다.
다 (1명)	• 자신의 의사를 손이나 몸짓으로 표현할 수 있다. • 서로 다른 그림을 구별할 수 있다. • 다준: 학습된 무기력이 있어 어려움을 느끼면 엎드린다.

4. 자료

▶ 〈자료1〉 다양한 결제 방법 그림

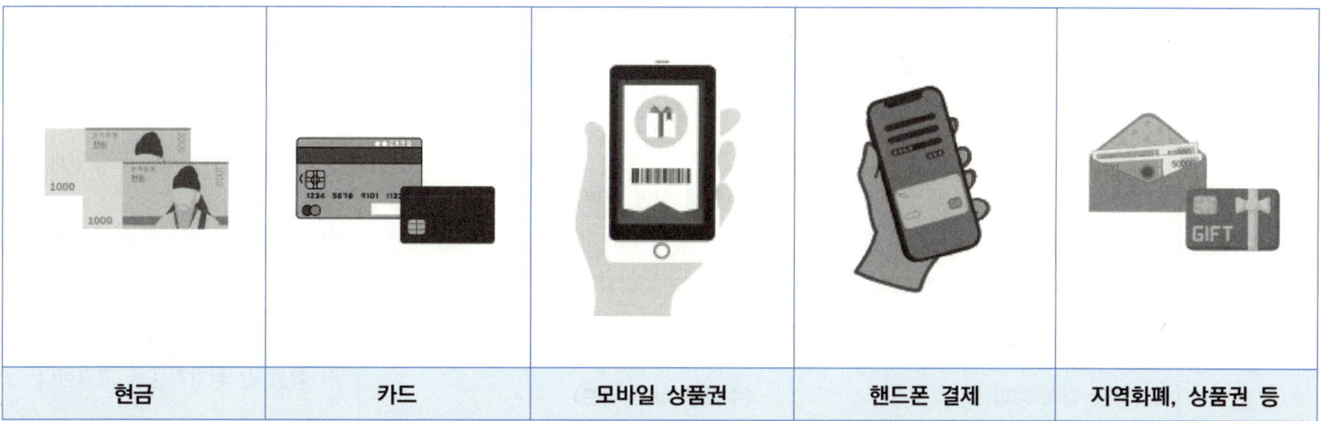

현금	카드	모바일 상품권	핸드폰 결제	지역화폐, 상품권 등

▶ 〈자료2〉 활동지

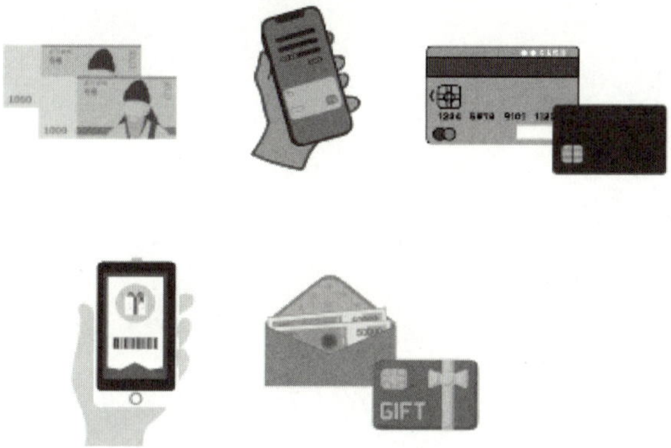

<기프티콘 사용 설명서>

1. 기프티콘 사용 가능한지 확인한다.

5. 본시 교수-학습 지도안 (과정안)

<table>
<tr><th rowspan="3">단계</th><th colspan="5">교수 - 학습 활동</th><th rowspan="3">자료(자) 및 유의점(유)</th></tr>
<tr><th rowspan="2">활동 내용</th><th rowspan="2">교사활동</th><th colspan="3">학생활동</th></tr>
<tr><th>가</th><th>나</th><th>다</th></tr>
<tr><td rowspan="2">전개</td><td>〈활동1〉
다양한 결제 방법
알아보기</td><td colspan="4">〈수험생 실연 부분〉</td><td>자 자료1
유 다준이의 도전행동을 중재한다.</td></tr>
<tr><td>〈활동2〉
다양한 결제 방법
설명서 만들기</td><td colspan="4">〈수험생 실연 부분〉</td><td>자 자료2
유 학생 간 상호작용을 고려한다.
유 설명서를 제작한 뒤 QR 코드로 변환한다.</td></tr>
</table>

[수업 설계]

*경기 지역만 해당되며, 수업 실연 전에 활용하시오.

배움의 속도가 다른 학생들을 포함한 모든 학습자의 성장을 지원하기 위해 어떤 개별화 전략과 피드백을 계획하셨습니까? 더 나아가, 이 수업과 연계하여 학생들의 디지털 역량을 향상시키기 위한 구체적인 방안은 무엇이며, 이를 다음 차시 수업 계획에 어떻게 반영할 것인지 말씀해 주십시오.

Chapter 12

2014학년도 수업실연 기출변형 문제

2026학년도 중등교사 신규 임용후보자 선정경쟁시험

특 수

관리 번호: (　　　　) 성명: (　　　　　　　)

2차 시험	수업 실연	시험시간	지역별 상이

1. 본시 학습 지도 내용

교과	진로와 직업, 일상생활 활동 자립생활 (자기관리)
주제	자기관리
대상	특수학교 중학교 1학년
활동	〈활동1〉 머리감기 및 건조 방법 알기 〈활동2〉 머리감기 및 건조 실습하기

2. 수험생 유의사항

① 〈동기유발〉~ 〈활동2〉까지 실연하시오.

② 자기관리 역량과 일반화를 증진할 수 있도록 수업을 진행하시오.

③ 자료1은 〈동기유발〉, 자료2,3,4는 〈활동1〉,〈활동2〉에서 자유롭게 활용하시오.

④ 세진이의 행동을 〈활동1〉, 가은이의 행동을 〈활동2〉에서 긍정적행동지원으로 중재하시오.

⑤ 교사의 시범을 활용하며, 각 학생 특성에 맞는 행동연쇄를 사용하시오.

3. 본시 관련 학생 실태

수준 (인원)	특성 및 학생 수행 수준
가 (2명)	• 일상생활과 관련된 것을 단어로 말할 수 있다. • 가은: 자신의 의도대로 되지 않으면 몸을 손톱으로 긁는다.
나 (3명)	• 일상생활과 관련된 것을 한 단어나 몸짓으로 말할 수 있다. • 세진: 주의집중력이 짧아 자주 돌아다닌다. • 거울을 보는 활동을 좋아한다.
다 (1명)	• 구어 산출이 어려워 일상생활과 관련된 것에 대해 손짓으로 표현할 수 있다. • 촉각이 예민한 편이다. • 과제를 스스로 수행하지 못하여 친구나 교사의 도움을 받는다.

4. 자료

▶ 〈자료1〉 동영상

머리를 감지 않아 긁었더니 어깨에 비듬이 쌓인 동영상

▶ 〈자료2〉 머리 감기 방법과 사진

① 머리카락에 물을 적신다. ② 샴푸를 손바닥에 짜서 머리카락에 샴푸를 묻힌다. ③ 샴푸로 두피와 머리카락을 충분히 비빈다. ④ 거품이 없을 때까지 물로 헹구어 낸다.

▶ 〈자료3〉 머리 건조 방법과 사진

① 물기가 없는 손으로 드라이기의 코드를 꽂는다. ② 드라이기의 전원을 켜고 동작 버튼을 누른다. ③ 머리카락을 문지르거나 털어가며 물기를 건조한다. ④ 전원을 끄고 코드를 뺀 후 드라이기를 제자리에 정리한다.

▶ 〈자료4〉 실물자료 (샴푸, 드라이기, 부분가발)

5. 본시 교수-학습 지도안 (과정안)

<table>
<tr><th rowspan="3">단계</th><th colspan="5">교수 - 학습 활동</th><th rowspan="3">자료(재) 및 유의점(유)</th></tr>
<tr><th rowspan="2">활동 내용</th><th rowspan="2">교사활동</th><th colspan="3">학생활동</th></tr>
<tr><th>가</th><th>나</th><th>다</th></tr>
<tr><td rowspan="2">도입</td><td>동기유발</td><td colspan="4" rowspan="2">〈수험생 실연 부분〉</td><td rowspan="2">재 자료1</td></tr>
<tr><td>학습목표 제시</td></tr>
<tr><td rowspan="2">전개</td><td>〈활동1〉
머리감기 및 건조 방법 알기</td><td colspan="4">〈수험생 실연 부분〉</td><td rowspan="2">재 자료2,3,4</td></tr>
<tr><td>〈활동2〉
머리감기 및 건조 방법 실습하기</td><td colspan="4">〈수험생 실연 부분〉</td></tr>
</table>

[수업 설계]
*경기 지역만 해당되며, 수업 실연 전에 활용하시오.
수업 설계 시 교사의 수업 철학이 반영된 부분을 말하고, 학생의 입장에서 가장 기대되는 활동과 그 이유를 3가지 말하시오.

MEMO

PART

05

수업능력평가 실전 연습문제 43문항

01 실전 연습문제

2026학년도 중등교사 신규 임용후보자 선정경쟁시험

특 수

관리 번호: (　　　　) 성명: (　　　　　　　　)

2차 시험	수업 실연	시험시간	지역별 상이

1. 수험생 유의사항

- 활동1 ~ 활동2까지 실연하시오. (단, 활동별 형성평가 실시하시오.)
- 활동1은 개별활동, 활동2는 모의 면접 연습을 진행하시오.
- 2주 후에 전공과 면접이 예정되어 있는 상황으로 가정하시오.
- 〈자료1,2〉는, 활동1에서 〈자료2,3〉은 활동2에서 활용하시오.
- 소민이를 활동1에서, 재영이를 활동2에서 긍정적 행동지원하시오.
- 자료는 전자칠판, 태블릿PC, 포토프린터, 모의 수험표, 질문지, 면접 채점 체크리스트, 종 등을 활용하시오.

2. 본시 학습 지도 내용

교과	진로와직업, 국어	대상	고등학교 3학년
주제	직업 준비	시간	블록타임제 100분
성취기준	[12국어03-04] 생활 서식에 알맞은 내용을 쓴다.		
	[12진로01-02] 직업적 신체 특성과 강점과 약점을 파악하고 긍정적인 직업 자아상을 확립하여 소개한다.		
	[12진로05-02] 이력서 및 자기소개서 등 진학 및 취업 관련 서류를 작성하고 면접을 준비한다		
이전 차시	나의 꿈과 직업 알아보기		
본 차시	이력서 작성하여 모의 면접하기		

3. 본시 관련 학생 실태

수준	인원	장애명	특성 및 학습 수행 수준
가	1	지체장애 (편마비)	• 질문에 문장으로 답할 수 있으며, 전동 휠체어를 사용한다. • 오른손을 주로 사용하며 한손 키보드를 사용한다. • 음성 인식 기능으로 검색을 하거나 텍스트 파일로 변환하여 글을 쓸 수 있다.
나	2	지적장애	• 간단한 단어를 사용하여 자신의 의견을 표현한다. • 시각적 촉진을 주면 태블릿PC를 조작할 수 있다. • 재영: 학습된 무기력으로 인해 "안해요. 몰라요. 어려워." 라는 말을 자주 한다.
다	1	자폐성장애	• 몸짓으로 자신의 의사를 표현하며, 자신의 이름을 쓰지 못한다. • 이미지 파일을 넣어주면 관련 동영상을 검색할 수 있다. • 소민: 소리에 관심이 많으며, 손으로 딱딱 거리는 소리 계속 내며 귀에 가져다 댄다. • 생활 기능은 좋은 편이다.

4. 자료

[자료1] 학생 정보

• 희망 직업: 행정 업무 직종 • 자격증: ITQ 자격증 소지	• 희망 직업: 바리스타 • 자격증: 바리스타 자격증 소지	• 희망 직업: 청소 관련 직종 • 실습 경험: 학교 내 실습 2주
가 수준	나 수준	다 수준

[자료2] 이력서 양식

이름		〈증명 사진 붙이는 곳〉
학교	조이고등학교	
자격증 혹은 실습 경험		
자신의 강점		
자신의 약점		

[자료3] 모의면접 활동 도구

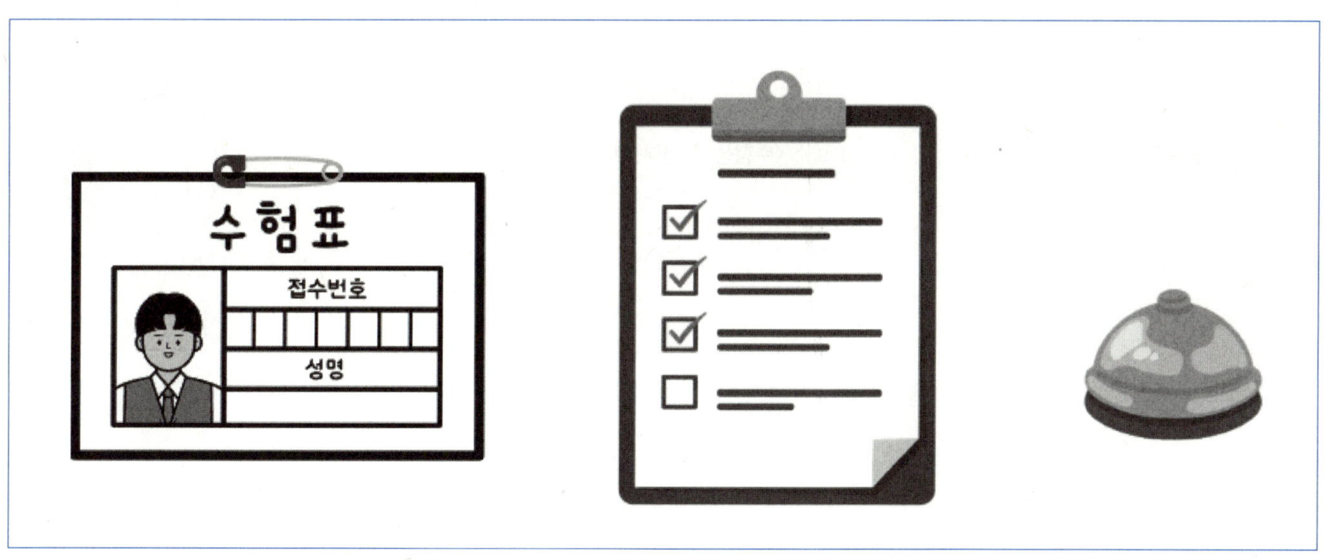

5. 교수 · 학습 과정안

<table>
<tr><th rowspan="2">단계</th><th rowspan="2">학습내용</th><th rowspan="2">교사활동</th><th colspan="3">학생활동</th><th rowspan="2">시간(분)</th><th rowspan="2">자료 및 유의점</th></tr>
<tr><th>가</th><th>나</th><th>다</th></tr>
<tr><td rowspan="2">도입</td><td>동기유발</td><td>■ 취업 성공한 졸업생이 보내온 영상 제시하기</td><td colspan="3">▶ 영상 시청하기</td><td rowspan="2">10</td><td rowspan="2">㉶ 동영상</td></tr>
<tr><td>목표 및 활동 안내하기</td><td colspan="4">이력서를 작성하여 모의 면접에 참여할 수 있다.
〈활동1〉 이력서 작성하기
〈활동2〉 모의 면접 연습하기</td></tr>
<tr><td rowspan="5">전개</td><td>〈활동1〉 이력서 작성하기</td><td colspan="4">〈수험생 실연부분〉</td><td rowspan="2">30</td><td rowspan="2">㉶ 자료1,2, 태블릿 PC, 포토프린터
㊥ 개별적 수준에 알맞은 촉진을 제공한다.</td></tr>
<tr><td>형성평가</td><td colspan="4">〈수험생 실연부분〉</td></tr>
<tr><td rowspan="2">〈활동2〉 모의 면접 연습하기</td><td colspan="4">■ 모의 면접장 꾸미기</td><td rowspan="3">50</td><td rowspan="3">㉶ 자료2,3, 태블릿PC
㊥ 평가자와 참여자의 역할을 학생 간 바꾸어 가며 연습한다.
㊥ 교사는 학생들의 모의 면접 연습 영상을 촬영한다.</td></tr>
<tr><td colspan="4">〈수험생 실연부분〉</td></tr>
<tr><td>동료평가</td><td colspan="4">〈수험생 실연부분〉</td></tr>
</table>

[수업 설계]

*경기 지역만 해당되며, 수업 실연 전에 활용하시오.

수업 중 제시할 교사의 핵심 질문을 말하고, 배움의 속도가 다른 학생(빠른 학습자, 느린 학습자) 모두가 의미 있는 탐구에 참여할 수 있도록, 어떤 개별화된 지원 전략을 계획하고 있는지 말하시오.

02 실전 연습문제

2026학년도 중등교사 신규 임용후보자 선정경쟁시험

특 수

관리 번호: (　　　　) 성명: (　　　　　　　)

2차 시험	수업 실연	시험시간	지역별 상이

1. 수험생 유의사항

- 활동1 ~ 활동2까지 실연하시오. (단, 활동별 형성평가 실시하시오.)
- 보편적 학습 설계의 원리를 활용하시오.
- 활동1은 모둠활동, 활동2는 개별활동을 실시하시오.
- 특수교육지원인력 1명 배치 상황 가정하시오.
- 활동1에서 〈자료1〉, 활동2에서 〈자료2〉를 활용하시오.
- 유진이를 긍정적 행동지원하시오.
- 〈자료〉 태블릿 PC, 전자칠판, 그림자료

2. 본시 학습 지도 내용

교과	사회	대상	고등학교 1학년
주제	갈등 해결	시간	블록타임제 100분
성취기준	[12사회02-04] 사회적 관계에서의 갈등 상황을 분석하고 서로의 입장을 존중한다.		
이전 차시	사회적 역할 행동		
본 차시	갈등 해결을 위한 방법		
다음 차시	용서하고 화해하기		

3. 본시 관련 학생 실태

수준 (인원)	장애명	특성 및 학습 수행 수준
가 (1명)	지체장애 (편마비)	• 문장으로 자신의 의견을 표현한다. • 소근육이 약하여 확대 화면이나 확대 키보드를 설정해주면 왼손을 사용하여 태블릿PC를 스스로 조작할 수 있다.
나 (2명)	공통	• 간단한 단어를 사용하여 자신의 의견을 표현한다. • 시각적 촉진을 주면 태블릿PC를 조작할 수 있다.
	개별 청각장애	• 혁민: 경도의 청각장애로 소란스러운 상황에서는 토킹스틱을 참고하여 토의에 참여할 수 있다.
다 (1명)	지적장애	• 1음절 발화로 자신의 의견을 표현한다. • 유진: 좋아하는 활동을 계속 하고 싶어 소리를 지른다. • 그림을 찾아 터치할 수 있다.

4. 자료

[자료 1] 갈등 상황 대처 그림 자료

새치기 당한 상황	욕을 들은 상황	물건이 부서진 상황	준비물을 놓고 온 상황	옷에 음식이 묻은 상황

아쉬운 대처	올바른 대처
물건을 던집니다.	심호흡을 합니다.
아쉬운 대처	올바른 대처
친구에게 소리를 지른 뒤 대화하지 않습니다.	친구와 차근 차근 대화를 합니다.
아쉬운 대처	올바른 대처

[자료2] '엔트리' 어플로 분노 화산 만들기

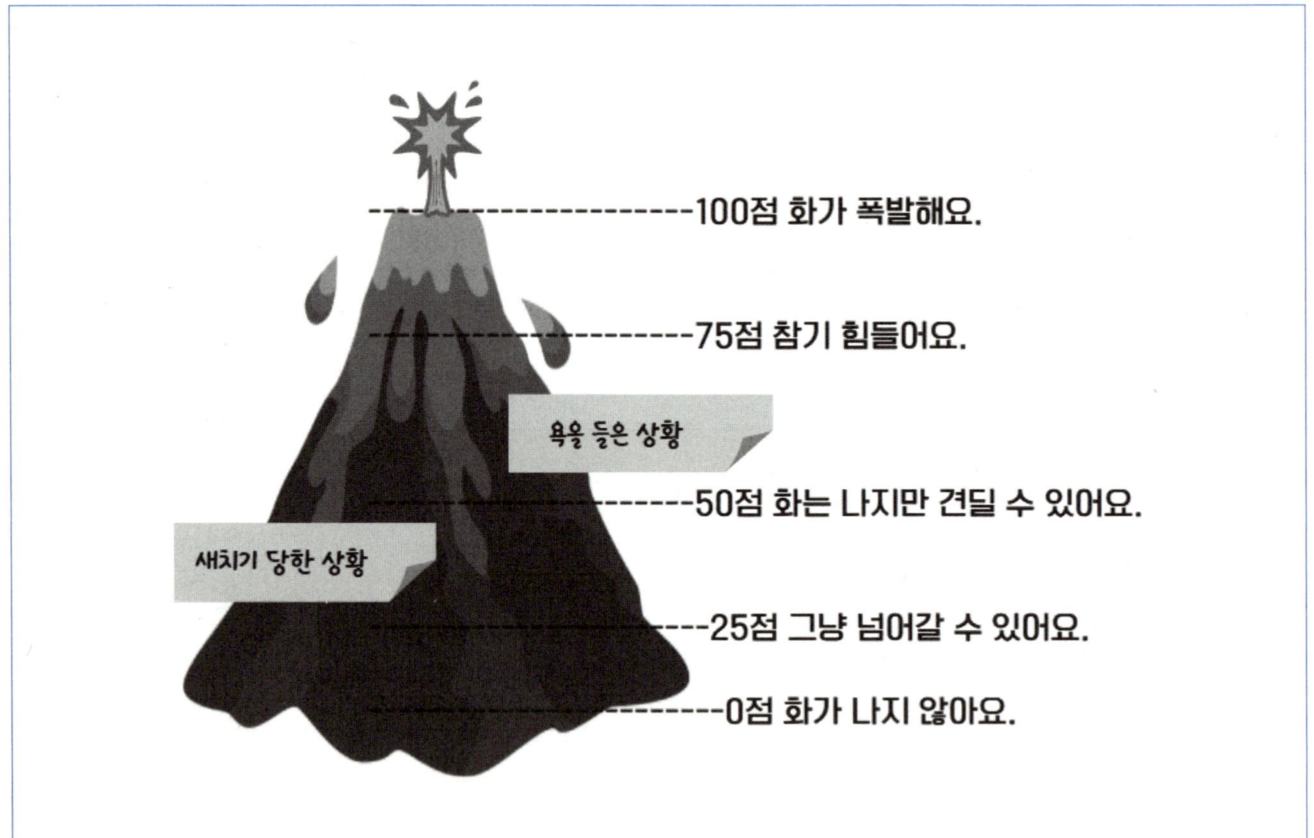

〈엔트리 사용법〉
-점수에 따라 마우스를 클릭하거나 터치하면 메모지가 나옴
-메모지에 자신이 화가 나는 상황에 대해 텍스트를 입력함
-입력 완료하면 '어떻게 대처할 수 있을까요?' 라고 대화창 질문이 나옴
*100점에 텍스트를 입력하면 화산이 폭발함

5. 본시 관련 교수학습 과정안

학습과정	교수-학습활동	자료 및 유의점
목표 및 활동 안내하기	갈등상황 대처 방법을 알고, 분노 화산을 만들 수 있다. 〈활동1〉 갈등상황 대처 방법 토의하기 〈활동2〉 분노 화산 만들기	
〈활동1〉 갈등상황 대처 방법 토의하기	〈수험생 실연부분〉	·[재] 자료1, 태블릿PC ·[유] 모둠활동으로 진행한다.
자기평가	〈수험생 실연부분〉	
〈활동2〉 분노 화산 만들기	-개별 책상으로 이동하기 -엔트리 어플 접속하기 -엔트리 어플 사용법 설명하기 〈수험생 실연부분〉	·[재] 자료2,태블릿PC ·[유] 개별활동으로 진행한다. ·[유] 교사는 순회하며 개별 지원한다. ·[유] 완성된 분노 화산을 미러링한다. ·[유] 서로의 분노 화산을 비교하게 하여 서로 다른 감정을 확인한다.
동료평가	〈수험생 실연부분〉	

[수업 설계]

*경기 지역만 해당되며, 수업 실연 전에 활용하시오.

'사유하는 학생'을 길러내기 위해 수업의 어떤 지점에서 학생들의 깊은 생각을 촉발할 계획인지 3가지 말하시오.

03 실전 연습문제

2026학년도 중등교사 신규 임용후보자 선정경쟁시험

특 수

관리 번호: (   ) 성명: (   )

2차 시험	수업 실연	시험시간	지역별 상이

1. 수험생 유의사항

- 〈동기유발〉 ~ 〈활동2〉까지 실연하시오. (단, 활동 안내는 생략하시오.)
- 성장중심평가를 실현하기 위해 〈활동1〉 끝난 후 동료평가, 〈활동2〉 끝난 후 자기평가를 실시하시오.
- 안전을 고려하여 실연하시오.
- 학생이 스스로 답을 찾을 수 있도록 돕는 교사 발문을 포함하시오.
- 〈활동1〉에서 모둠활동, 〈활동2〉에서 개별활동 실시하시오.
- 〈동기유발〉에서 자료1, 〈활동1〉에서 자료2,3 〈활동2〉에서 자료3,4를 활용하시오.
- 성재와 종원이를 긍정적 행동지원으로 지도하시오.

자료

교사용 컴퓨터, 전자칠판, 태블릿PC, 포토프린터, 상자, 1~3Kg의 다양한 물건, 운반기 등

2. 본시 학습 지도 내용

과목	진로와 직업	
단원	5. 운반 직무 탐색	
차시	이전 차시	운반 직무 체험 준비하기
	본차시	바른 자세로 물건 싣고 내리기
	후속 차시	물건 분류하여 전달하기
수업 진행	블록타임제 100분	
대상	특수학교 고등학교 3학년	

3. 본시 관련 학생 실태

수준 (인원)	장애명	특성 및 학습 수행 수준
가 (2명)	지적장애	• 간단한 단어로 자신의 의사를 표현할 수 있다. • 신체적 기능이 뛰어나 3kg 이상을 들 수 있다. • 성재: 적극적인 편이나, 순서를 지키지 않고 가장 먼저하고 싶어한다. • 포토 프린터를 스스로 사용할 수 있다.
나 (1명)	자폐성장애	• 한 음절의 말이나 몸짓으로 표현한다. • 특정한 색깔을 좋아한다. • 종원: 과제가 하기 싫으면 침을 뱉는다.
다 (1명)	지적지체장애	• '네, 아니요.' 고개를 흔들어 자신의 의사를 표현한다. • 한쪽 다리에 경도의 마비가 있으나 스스로 독립보행 가능하다. • 크기가 크거나 무거운 물건을 드는데 어려움이 있다.

4. 자료

▶ 〈자료1〉 동영상

무거운 물건을 무작정 들다가 허리를 다친 택배기사 뉴스 영상

▶ 〈자료2〉 활동지

〈바른 자세로 물건 싣고 내리는 방법〉

물건을 잡고 드는 자세

사진	사진	사진	사진	사진
① 무게와 크기를 검사하고, 위험물 표시 확인하기	② 물건을 들어 올릴 때는 될 수 있는 대로 물건 가까이에 꿇어 엎드리기	③ 두 발을 물건의 폭에 맞춰 적당히 벌려서 몸의 균형을 유지하기	④ 허리를 곧게 편 상태에서 무릎을 굽혀 물건 잡기	⑤ 등을 꼿꼿하게 수직으로 세우고 복근 및 다리의 대둔근에 힘을 줘서 일어서기

▶ 〈자료3〉 크기별 상자 및 물건

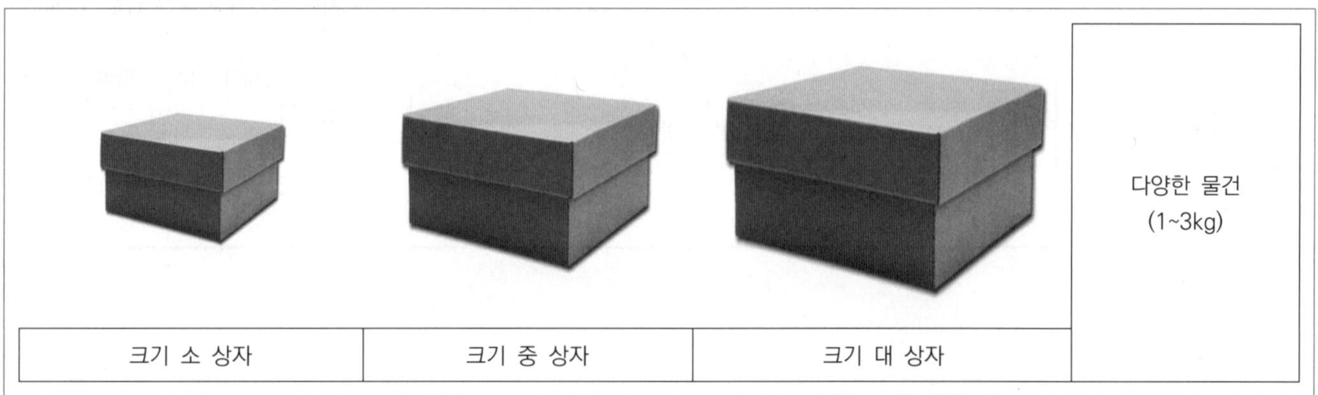

▶ 〈자료4〉 운반기 실물 자료 (이동식 카트)

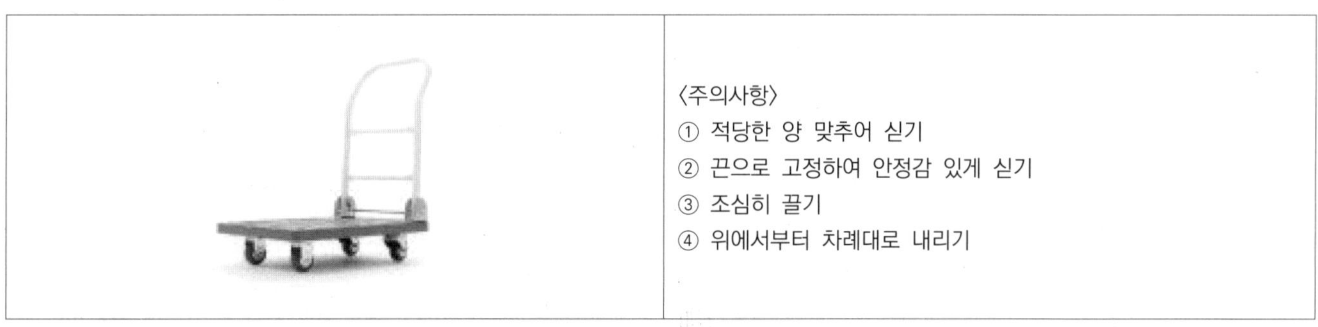

〈주의사항〉
① 적당한 양 맞추어 싣기
② 끈으로 고정하여 안정감 있게 싣기
③ 조심히 끌기
④ 위에서부터 차례대로 내리기

5. 본시 교수-학습 지도안 (과정안)

학습과정	교수-학습활동	자료 및 유의점
동기유발	〈수험생 실연부분〉	재 자료1
목표 및 활동 안내하기	운반기를 활용하여 바른 자세로 물건을 싣고 내릴 수 있다. ▶ 〈활동1〉 바른 자세로 물건 싣고 내리는 방법 알기 ▶ 〈활동2〉 운반기 사용 실습하기	
〈활동1〉 바른 자세로 물건 싣고 내리는 방법 알기	〈수험생 실연부분〉 ▶ 바른 자세로 물건 싣고 내리는 방법 알기 ▶ 나와 친구의 물건 들기 자세 비교하기	재 자료2,3, 포토프린터, 태블릿 PC 유 촬영물을 보고 친구와 자세 비교하여 스스로 자세 교정할 수 있도록 한다. 유 초반엔 빈상자를 사용하되 점차 무게를 더해가며 자세를 익힌다.
평가	〈수험생 실연부분〉	
〈활동2〉 운반기 사용 실습하기	〈수험생 실연부분〉 ▶ 운반기 사용 시범 관찰하기	재 운반기, 자료3.4, 태블릿PC 유 교사는 운반기 사용 시범을 보인다. 유 학생별 신체적 기능에 따라 물건을 조정한다. 유 교실 공간을 다양하게 사용한다.
평가	〈수험생 실연부분〉	

[수업 설계]

*경기 지역만 해당되며, 수업 실연 전에 활용하시오.

교과서의 내용을 넘어, 학생들의 탐구를 촉진할 수 있는 풍부한 학습 자료나 전략은 무엇을, 어떤 기준으로 선정하셨으며, 이를 통해 어떤 배움을 기대하십니까?

04 실전 연습문제

2026학년도 중등교사 신규 임용후보자 선정경쟁시험

특 수

관리 번호: (　　　　) 성명: (　　　　　　　　)

2차 시험	수업 실연	시험시간	지역별 상이

1. 수험생 유의사항

- 〈활동1〉~〈활동2〉까지 실연하시오.
- 에듀테크 역량을 발휘하시오.
- 장애정도가 심한 학생의 참여 방안을 반영하시오.
- 〈활동1〉 형성평가, 〈활동2〉 동료평가를 실시하시오.
- 특수교육지원인력 1명이 배치되었음을 가정하여 협력적으로 활용하시오.
- 조이와 지은이를 〈활동2〉에서 긍정적행동지원으로 실시하시오.

자료

컴퓨터, 3D 펜, 필라멘트, 도안, 태블릿 PC, 전자칠판 등

2. 본시 학습 지도 내용

과목	수학, 사회 (세계시민교육)	
차시	본차시	〈사회〉 세계의 문화유산
		〈수학〉 평면도형과 입체도형
	후속 차시	〈사회〉 세계의 다양한 식문화
수업 진행	블록타임제 (90분)	
대상	특수학급 중학교 1~3학년	
활동 내용	• 〈활동1〉: 세계의 랜드마크 탐구하기 • 〈활동2〉: 세계의 랜드마크 만들기	

3. 본시 관련 학생 실태

가	2명 자폐성장애	• 세계의 다양한 랜드마크에 대해 말할 수 있다. • 주로 문장으로 자신의 의견을 말한다. • 지은: 자신이 틀리거나 친구가 실수하면 책상을 흔들거나 물건을 던지며 화를 낸다.
나	3명 지적장애	• 주로 단어로 자신의 의견을 말한다. • 조이: 학습된 무기력이 있어 새로운 것을 시도하는 것에 두려움을 느낀다.
다	1명 시각지체장애	• 수용언어는 좋은 편이나 발음이 느리고 부정확하여 한 음절이나 발음하기 쉬운 단어로 소통한다. • 하지마비와 저시력이나, 오른손을 활용하여 활동에 참여할 수 있다.

4. 자료

▶ 〈자료1〉 세계의 랜드마크

▶ 〈자료2〉 3D펜 사용법 및 활동지

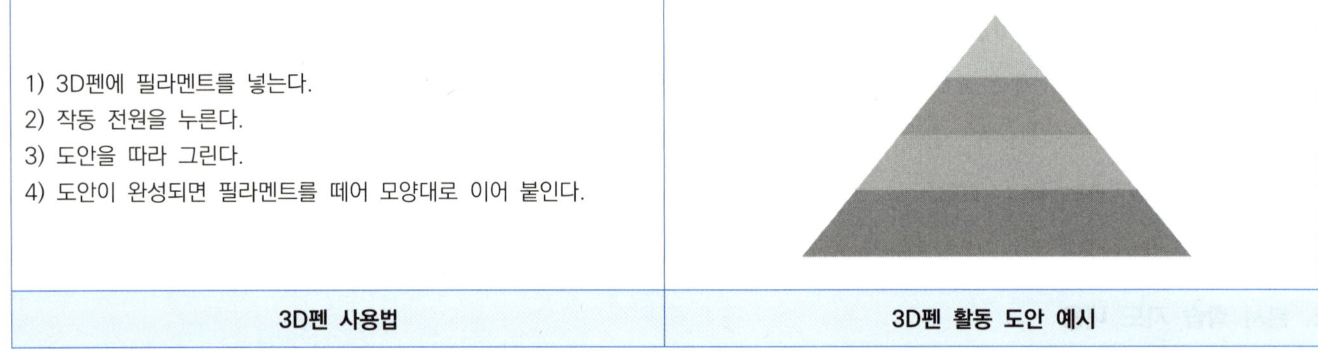

1) 3D펜에 필라멘트를 넣는다. 2) 작동 전원을 누른다. 3) 도안을 따라 그린다. 4) 도안이 완성되면 필라멘트를 떼어 모양대로 이어 붙인다.	
3D펜 사용법	**3D펜 활동 도안 예시**

▶ 〈자료3〉 모둠활동지

랜드마크	3D펜 제작 결과물	설명

5. 본시 교수-학습 지도안 (과정안)

학습과정 및 탐구요소	교수-학습활동	자료 및 유의점
〈활동1〉 세계의 랜드마크 탐구하기	〈수험생 실연 부분〉	[자] 자료1, 태블릿PC
〈활동1〉 〈형성평가〉	**가** **나** **다**	[유] 허용적인 분위기를 조성한다.
〈활동2〉 세계의 랜드마크 만들기	〈수험생 실연 부분〉	[자] 자료2, 3, 3D펜 등 [유] 세계랜드마크의 형태를 단순화한 도안을 제공한다. [유] 순회하며 개별화된 피드백을 제공한다.
〈활동2〉 〈동료평가〉	〈수험생 실연 부분〉	[유] 동료평가 시 교사가 먼저 예시 도안으로 시범을 보인다.

[수업 설계]

*경기 지역만 해당되며, 수업 실연 전에 활용하시오.

1) 깊이있는 수업을 위한 수업 설계 방안을 말하고, 학생들의 비판적 사고를 자극하기 위한 핵심 질문 2가지을 제시하시오.

2) 본 차시의 최소 성취 기준을 밀 하고, 수업에서 어떠한 지원을 통해 보완할지 말하시오.

05 실전 연습문제

2026학년도 중등교사 신규 임용후보자 선정경쟁시험

특 수

관리 번호: (   ) 성명: (   )

2차 시험	수업 실연	시험시간	지역별 상이

1. 수험생 유의사항

- 〈동기유발〉~〈활동2〉 발표 전까지 실연하시오.
- 〈동기유발〉에서 자료1, 〈활동1〉에서 자료2, 〈활동2〉에서 자료3를 활용하시오.
- 일상에서 발생할 수 있는 문제를 활용하여 디지털 시민성을 갖출 수 있도록 지도하시오.
- 지윤이의 도전행동(=문제행동)이 발현되지 않도록 긍정적행동지원으로 사전 중재하시오.
- 특수교육 지원인력이 1명 있다고 가정하고 도전행동 중재 시 활용하시오.
- 교실 기자재: 컴퓨터, 전자칠판, 스마트 기기 등

2. 본시 학습 지도 내용

과목	정보, 국어, 창의적 체험활동 연계		
수업 주제	미디어 리터러시 교육		
차시	차시	내용	장소
	1~2차시 (본차시)	• 미디어의 다양한 종류 알아보기	교실
		• 미디어 사용 습관 점검하기	
	4~5차시	–	–
	6차시	• 프로젝트 학습 발표회	시청각실
대상	고등학교 1학년		
수업 진행	100분 (블록타임제)		

3. 본시 관련 학생 실태

가	지체장애 (1명)	• 문장으로 자신의 의견을 말할 수 있다. • 우측에 경도의 편마비를 가지고 있으나 스스로 이동이 가능하다. • 휠체어에서 물건을 자주 떨어트린다.
나	자폐스펙트럼장애 (2명)	• 주로 간단한 단어로 자신의 의견을 말할 수 있다. • 교사나 친구의 시범을 보고 이를 모방할 수 있다. • 시각적 학습을 선호하며 스티커 붙이는 활동을 좋아한다.
다	지적지체장애 (1명)	• 표정과 몸짓으로 자신의 의사를 표현하며 친숙한 그림은 이해할 수 있다. • 지윤: 자신의 의견이 수용되지 않을 때 소리를 지른다. • 수동식 휠체어를 사용하며, 스스로 이동은 어렵다.

4. 자료

▶ 〈자료1〉 동영상

미디어란 무엇일까요? 우리는 눈을 떠서 핸드폰으로 메시지를 보내고, TV를 켜서 날씨를 확인하고, 지하철에서 영상을 보며 웃습니다. 미디어란 정보를 주고 받는 매체를 의미합니다.

▶ 〈자료2〉 미디어의 다양한 종류

TV, 영화, 신문, 잡지, 책, 인터넷, 라디오, 스마트폰, 만화, 웹툰, SNS 등

▶ 〈자료3〉 미디어 사용 습관 점검표

미디어 사용 습관 점검표

이름: ___________

1. 나는 영상을 보기 시작하면 멈추기가 힘들다.

2. 스마트폰, 인터넷 사용 혹은 TV 시청 시간이 하루에 1시간 이상이다.

3. 스마트폰, 인터넷 사용 시간 그래프 *스티커를 붙여봅시다.

5. 본시 교수-학습 지도안 (과정안)

학습과정	교수-학습활동	자료 및 유의점
도입	- 전시학습 상기	
	- 동기유발 '미디어란 무엇일까요?' - 학습목표 확인	자 자료1
〈활동1〉 미디어의 다양한 종류를 알아보자!	〈수험생 실연부분〉	유 학생의 경험을 활용하여 발문한다. 자 자료2 자 스마트 기기
〈활동2〉 미디어 사용 습관을 점검해 보자!	〈수험생 실연부분〉	자 자료3

[수업나눔 문제]

1) 깊이 있는 수업에서 서로 다른 수준의 학생들을 지원하기 위해 사용할 전략을 말하고, 보완할 점을 말하시오.

2) 정의적 영역과 인지적 영역의 균형을 이루기 위해 고려한 부분을 말하시오.

3) 평가 시 진행 평가 방법을 구체적으로 말하시오.

06 실전 연습문제

2026학년도 중등교사 신규 임용후보자 선정경쟁시험

특 수

관리 번호: (　　　　) 성명: (　　　　　　　)

2차 시험	수업 실연	시험시간	지역별 상이

1. 수험생 유의사항

- 〈활동1〉, 〈활동2〉을 실연하시오.
- 〈활동1〉에서 재은, 〈활동2〉에서 주미의 행동을 긍정적 행동 지원으로중재하시오.
- 문제해결역량을 갖출 수 있도록 지도하시오.
- 정의적 요소를 반영하여 수업하시오.
- 자기평가 및 동료평가를 포함하시오.
- 교사용 컴퓨터, 전차칠판이 갖추어진 교실에서 수업을 진행한다고 가정하시오.

2. 본시 학습 지도 내용

과목	진로와 직업, 미술, 정보		
수업 진행	블록타임제 90분		
대상	중학교 2학년 특수학급		
단원 지도 계획	차시	학습 요소	학습 내용
	1	전화 사용 예절 알기	-
	2	장소에 따른 전화 예절 알기	-
	3	전화금융사기 대처하기	• 피싱의 종류 (보이스, 메신저) • 피싱 예방 공익광고 만들기

3. 본시 관련 학생 실태

가 수준 (2명)	공통 (자폐성장애)	• 질문에 문장으로 답할 수 있으며 글을 1~2문단 이상 쓸 수 있다. • 스스로 태블릿 pc를 이용해 검색할 수 있다.
	개별	• 재은: 기분이 상하면 흥분하여 물건을 바닥에 던진다.
나 수준 (2명)	공통 (지적장애)	• 주로 단어로 표현하며 적절한 사진을 고르고 간단한 단어를 쓸 수 있다. • 단어가 제공되었을 때 태블릿 pc를 이용해 검색할 수 있다.
	개별	• 주미: 승부욕이 강하여 경쟁이나 비교에서 이기려고 하며, 지거나 자신이 남보다 못했다고 생각하면 큰 소리로 운다.
다 수준 (1명)	시각지적 중복	• 간단한 단어로 자신의 의사를 표현한다. • 태블릿PC의 음성인식기능을 사용한다. • 저시력 및 색맹으로 인해 색 구분이 어렵다. • 친구들을 좋아하고, 교사를 잘 따른다.

4. 자료

▶ 〈자료1〉 전화 금융 사기의 의미

	전화 금융 사기란, 전화를 이용하여 공공 기관의 직원을 사칭하거나 가족을 납치했다고 하여 자금을 이체하도록 하거나 개인 정보를 탈취하는 사기 수법을 말한다.

▶ 〈자료2〉 학생들이 검색한 자료

'요즘 보이스 피싱 수법' 영상	'상품권 좀 보내줘!' 기사	'코로나-19 확진자 문자' 링크
주제 관련 없는 사진1	국번 없이 1322 신고 전화	주제와 관련 없는 사진2

▶ 〈자료3〉 피싱 예방 공익광고물 예시

5. 본시 교수-학습 지도안 (과정안)

학습과정 및 탐구요소	교수·학습활동	자료 및 유의점
〈활동1〉 피싱의 실제 사례와 대처법 조사하기	- 피싱의 개념과 종류 알아보기(보이스 피싱, 메신저 피싱) - 피싱 실제 사례 검색하기 - 조사한 내용 (실제 사례와 대처법) 공유하기	㉶ 자료1,2 ㉷ 학생이 검색한 자료에서 필요한 정보를 식별할 수 있도록 지원한다.
〈활동2〉 피싱 예방 공익 광고 만들기	- 대처법을 활용하여 피싱 예방 공익광고 만들기 - 발표하기 자기평가 및 동료평가	㉶ 자료3

[수업 설계]

*경기 지역만 해당되며, 수업 실연 전에 활용하시오.

수업 설계 과정에서 가장 중요하게 생각한 경기도교육청의 '깊이있는 수업' 원칙은 무엇이었으며, 그것을 수업의 어떤 부분에 가장 잘 녹여낼 예정입니까?

07 실전 연습문제

2026학년도 중등교사 신규 임용후보자 선정경쟁시험

특 수

관리 번호: ( ) 성명: ( )

2차 시험	수업 실연	시험시간	지역별 상이

1. 본시 학습 지도 내용

과목	국어		
차시	이전 차시	• 육하원칙 알기	수행평가
	본차시	• 육하원칙에 따라 말하기	수행평가
수업 진행	블록타임제 100분		
대상	중학교 1학년		
활동 내용	• 〈활동1〉 사건을 육하원칙대로 정리하기 • 〈활동2〉 육하원칙에 따라 만화 만들기		

2. 수험생 유의사항

- 〈활동1〉 ~ 〈활동2〉 평가까지 실연하시오.
- 〈활동1〉은 개별활동, 〈활동2〉는 모둠활동 실시하시오. (단, 활동별 형성평가 실시하시오.)
- 학생의 경험을 활용한 수업을 실시하시오.
- 학생들이 점점 성장하는 모습을 설계하시오.
- 〈활동1〉에서 자료1,2 〈활동2〉에서 자료3,4를 활용하시오.
- 개별화된 지원을 제공하시오.

자료

교사용 컴퓨터, 전자칠판, 태블릿PC, 만화 만들기 앱 등

3. 본시 관련 학생 실태

수준(인원)	장애명	특성 및 학습 수행 수준
가 (1명)	자폐성장애	• 문장으로 자신의 의견을 표현할 수 있다. • 시각적 기억력이 좋은 편이다. • 자신의 몸을 치거나 손벽을 치는 행동을 보인다.
나 (2명)	지적장애	• 간단한 단어로 자신의 의견을 표현할 수 있다. • 주의가 산만하여 글을 대충 훑어보아 오류가 잦다.
다 (1명)	지체장애	• 발음의 정확도는 좋으나, 속도가 느린편이다. • 음성인식 앱을 활용하면 글을 적을 수 있다. • 하지마비로 인해 수동식 휠체어를 사용한다. • 그림 과제를 선호한다.

4. 자료

▶ 〈자료1〉 글 읽기 자료

온 가족이 즐기는 '우리 마을 나눔 축제'
OO시는 12월 30일 별별공원에서 온 가족이 즐기는 '우리 마을 나눔 축제' 행사를 진행한다.
OO시는 소외된 이웃의 따뜻한 연말을 위해 이러한 행사를 준비했다.
이날 행사는 오전에 '배려 보물찾기' 활동을 비롯해 다양한 놀이 체험 활동으로 진행된다.

▶ 〈자료2〉 육하원칙 낱말 카드

누가	언제	어디서	무엇을	어떻게	왜

▶ 〈자료3〉 대화 상황 카드

가장 맛있었던 식당	만들었던 요리	가장 좋았던 여행지	재미있었던 학교 행사

▶ 〈자료4〉 인공지능 만화 만들기 앱

〈앱 화면 예시〉

출처: 만화를 말로 그려요 앱

〈앱 기능〉
간단하게 글만 작성하면 자동으로 웹툰을 만들어주는 기능

〈앱 사용 순서〉
1) 육하원칙에 맞게 글을 쓴다.
2) 캐릭터의 옷이나 표정을 바꾼다.
3) 배경을 바꾼다.
4) 완성 버튼을 누른다.
5) 공유 버튼을 눌러 제작소에 업로드한다.

5. 본시 교수-학습 지도안 (과정안)

<table>
<tr><th>학습 과정</th><th>교수·학습활동</th><th>자료 및 유의점</th></tr>
<tr><td rowspan="2">〈활동1〉
사건을 육하원칙대로
정리하기</td><td>▶ 육하원칙 요소 알기</td><td rowspan="2">㉶ 자료1,2, 태블릿PC

㊀ 육하원칙을 사용하면 좋은 점에 대해 강조한다.</td></tr>
<tr><td>〈수험생 실연부분〉

▶ 사건 읽기</td></tr>
<tr><td rowspan="2">〈활동2〉
육하원칙에 따라 만화를
만들어 이야기 나누기</td><td>▶ 모둠별 이동하기</td><td rowspan="3">㉶ 태블릿PC, 자료3,4, 전자칠판

㊀ 인공지능 만화 앱 사용 방법을 시범보인다.</td></tr>
<tr><td>〈수험생 실연부분〉

▶ 발표하기</td></tr>
<tr><td>평가</td><td>〈수험생 실연부분〉</td></tr>
</table>

[수업 설계]

*경기 지역만 해당되며, 수업 실연 전에 활용하시오.

1) 자신의 교직관을 말하고, 사유하는 학생으로 거듭나기 위한 전략을 말하시오.

2) 협력적인 소통을 촉진하기 위한 부분을 말하고, 정의적 영역의 학습 측면 고려한 부분을 말하시오.

08 실전 연습문제

2026학년도 중등교사 신규 임용후보자 선정경쟁시험

특 수

관리 번호: ( ) 성명: ( )

2차 시험	수업 실연	시험시간	지역별 상이

1. 수험생 유의사항

- 〈활동1〉 ~ 차시예고 전까지 실연하시오.
- 다양한 반복 학습을 실시하시오.
- 일상생활 기능 향상을 고려하여 수업을 실시하시오.
- 세훈이를 〈활동1〉에서 중재하며, 다혜는 〈활동2〉에서 도전행동이 발현되지 않도록 사전 중재하시오.
- 〈활동1〉에서 자료1, 〈활동2〉에서 자료2를 활용하시오.
- 특수교육지원인력 2명 배치를 가정하여 협력적 활용하시오.
- 수업자료: 교사용 컴퓨터, 전자칠판 등을 활용하시오

2. 본시 학습 지도 내용

과목	사회
단원	1-1. 스스로 실천하는 생활 3) 즐거운 식사
주제	즐거운 식사를 위한 식사 예절
수업 진행	블록타임제 90분
대상	특수학교 중학교 3학년
활동 내용	• 〈활동1〉 식사 예절 알기 • 〈활동2〉 식사 연습하기

3. 본시 관련 학생 실태

수준(인원)	장애명	특성 및 학습 수행 수준	
가 (2명)	자폐성장애	공통	• 문장으로 자신의 의견을 표현하여 의사소통한다.
		개별	• 다혜: 소리에 예민하여, 예측하지 못한 상황에서 큰 소리가 나면 그대로 물건을 던진다.
나 (2명)	지체장애	공통	• 간단한 단어를 사용하여 의사소통한다.
		개별	• 기쁨: 숟가락을 깨무는 경우가 있어 평소 부드러운 실리콘 숟가락을 사용한다. • 세훈: 자리에 착석은 잘 하나 수업에 큰 관심이 없다.
다 (2명)	지적지체장애	공통	• 몸짓이나 한 단어로 의사소통한다. • 휠체어에서 물건을 자주 떨어트린다. • 상지의 움직임은 어려우나, 숟가락을 쥘 수 있다.
		개별	• 희민: 큰 음식은 먹지 못하여 평소 특수교육지원인력의 지원을 받아 식사한다.

4. 자료

▶ 〈자료1〉 동영상

급식실에서 뛰어다니고 새치기를 하며 식판을 치우지 않고 가는 장면 국물을 젓가락으로 먹다가 다 흘리는 장면

▶ 〈자료2〉 식사예절 그림

음식은 씹으면서 말하지 않습니다.	바른 자세로 식사합니다.
음식이 크면 잘라서 먹습니다.	기침을 할 때는 가리고 합니다.
국물은 숟가락으로 먹습니다.	식사 전 후 '감사합니다. 잘 먹겠습니다, 잘 먹었습니다.' 등 말 합니다.

▶ 〈자료3〉 실물자료

식판	다양한 식기도구 숟가락, 젓가락, 포크 등	국그릇	밥, 반찬, 국 모형

5. 본시 교수-학습 지도안 (과정안)

학습과정 및 탐구요소	교수·학습활동	자료 및 유의점
목표 및 활동 안내하기	올바른 식사 예절을 지켜 식사할 수 있다. ▶ 〈활동1〉 식사 예절 알기 ▶ 〈활동2〉 식사 연습하기	
〈활동1〉 식사 예절 알기	▶ 식사예절의 개념 알기 〈수험생 실연부분〉	재 자료1,2 태블릿PC 유 학생의 경험을 활용한다.
〈활동2〉 식사 연습하기	〈수험생 실연부분〉	재 자료3 유 흥미를 고려하여 좋아하는 반찬 모형을 제시한다.
평가	〈수험생 실연부분〉	유 신체 기능에 따라 알맞은 식사 도구를 선택하도록 지원한다.
정리	〈수험생 실연부분〉	유 일반화를 위한 방안을 고려한다.

[수업 설계]

*경기 지역만 해당되며, 수업 실연 전에 활용하시오.

1) 삶의 맥락 중심 문제해결을 고려한 부분을 말하고, 기대 효과를 나눔하시오.

2) 다음 차시에 시민성 교육과 연계하여 수업을 진행하려고 할 때 본 차시와 다음 차시의 구체적인 수업 연계 방안에 대해 말하시오.

09 실전 연습문제

2026학년도 중등교사 신규 임용후보자 선정경쟁시험

특 수

관리 번호: (　　　　) 성명: (　　　　　　　　)

2차 시험	수업 실연	시험시간	지역별 상이

1. 본시 학습 지도 내용

과목	국어			
단원	13. 주고 받는 즐거움			
차시	이전 차시	• 말과 대화의 다른 점 알기		자기평가
	본차시	• 상대방을 기분 좋게 하는 말이 무엇인지 알기		동료평가
활동 내용	• 〈활동1〉 상대방을 기분 좋게 하는 말 알기 • 〈활동2〉 상황에 따라 기분을 좋게 하는 대화하기		수업 진행	블록타임제 90분
			대상	특수학교 중학교 2학년

2. 수험생 유의사항

- 〈활동1〉과 〈활동2〉를 실연하시오. (단, 〈활동2〉는 모둠활동으로 실연하시오.)
- 디지털활용 역량 증진을 함께 고려하여 실연하시오
- 정의적 영역에 대한 평가와 다양한 피드백을 제공하시오
- 교사와 학생 간 상호작용 및 학생과 학생 간 상호작용을 고려하여 실연하시오
- 〈활동1〉에서 휴머노이드 로봇과 자료1, 학생의 경험을 활용하여 실연하시오
- 〈활동2〉에서 자료2를 활용하고 교사의 지원, 모둠 내 협력, 모둠 간 협력을 나타내어 실연하시오
- 〈활동1〉에서 영철, 〈활동2〉에서 옥순이의 도전행동을 긍정적 행동지원으로 지도하시오

자료

교사용 컴퓨터, 전자칠판, 스티커 프린터, 휴머노이드 로봇, 학습지, 태블릿PC, 모둠 활동 공유 앱

3. 본시 관련 학생 실태

가 (2명)	지적장애	• 문장으로 발화하며 대화 가능하다. • 표정을 보고 해당하는 감정 파악 가능하다. • 스스로 태블릿PC 검색, 의견 공유 앱 활용 가능하다. • 옥순: 휴머노이드 로봇을 좋아하여, 활동이 끝난 뒤에도 계속 로봇과 얘기하고 싶어 한다.
나 (1명)	자폐성장애	• 문장 듣고 이해 가능하다. • 단어 수준으로 발화, 주고받는 대화 약간 어렵다. • 표정 보고 감정 파악하는 능력 다소 부족하다. • 단어 자동완성 기능으로 정보를 검색할 수 있으며, 태블릿PC 의견 공유 앱 활용 가능하다.
다 (1명)	지체장애	• 간단한 단어, 표정 보고 이해 가능하며 몸짓이나 1음절 발화로 표현한다. • 편마비로 인해 왼쪽의 손을 사용하며, 교사의 지시에 따라 스마트 펜으로 태블릿PC 터치 가능하다. • 영철: 과제가 어려우면 물건을 던지거나 휠체어를 세게 친다

4. 자료

▶ 에듀테크 기기 소개

휴머노이드 로봇 (이름: 미니)

〈기능〉

- 음성 인식 AI 탑재. 자연스러운 대화 가능
- 대화 내용에 따라 표정 변화 가능
- 안면 인식 카메라 기능
  (반 학생들의 얼굴과 이름 입력 되어 있음. 이름 부르며 대화 가능)

사진 출처: hellopro 홈페이지

▶ 〈자료1〉 활동지

미니를 기분 좋게 하는 말은 뭘까?

단어작성 또는 스티커 부착 칸	단어작성 또는 스티커 부착 칸	단어작성 또는 스티커 부착 칸	단어작성 또는 스티커 부착 칸

▶ 〈자료2〉 교과서 글과 다양한 그림

친구가 고민을 하거나 기분이 안 좋아 보일 때 어떻게 하나요? 친구가 힘들어 하는게 안타깝고 얼른 기분이 나아졌으면 합니다. 친구에게 따뜻한 위로와 응원의 말을 직접 해주면 친구에게 커다란 힘이 됩니다.

때로는 마음을 담아 작은 선물을 해도 좋습니다. 관심을 갖고 마음을 잘 표현하며 더 좋은 친구 관계를 만들 수 있습니다. (생략)

생일 축하 장면	친구가 다른 친구를 도와주는 장면	운동회에서 우리팀이 지고 친구들이 속상해 하는 장면
수영 대회에 나가는 친구가 잘 할 수 있을지 걱정하는 장면	친구가 아파서 병원에 입원한 장면	대회에 나간 친구가 상을 받은 장면

5. 본시 교수-학습 지도안 (과정안)

학습과정 및 탐구요소	교수·학습활동	자료 및 유의점
목표 및 활동 안내하기	상대방을 기분 좋게 하는 말로 대화할 수 있다. ▶ 〈활동1〉 상대방의 기분을 좋게 하는 말 알기 ▶ 〈활동2〉 상황에 따라 기분을 좋게 하는 대화 하기	
〈활동1〉 상대방의 기분을 좋게 하는 말 알기	▶ 미니의 기능 소개하기 〈수험생 실연 부분〉 ▶ 미니를 기분 좋게 하는 말이 무엇일지 예상하기	자 자료1, 스티커 프린터, 휴머노이드 로봇 유 대화 예절, 표정을 통한 감정 파악을 함께 지도한다.
〈활동2〉 상황에 따라 기분을 좋게 하는 대화하기	〈수험생 실연 부분〉 ▶ 여러 상황 중 모둠별로 친구를 기분 좋게 하는 대화들을 다양한 방식으로 정리하기	자 태블릿PC, 자료2, 전자칠판 유 나군이의 단어자동 완성 기능 활성화를 확인한다. 유 모둠 활동 공유 앱의 기능을 다양하게 활용하여 지도한다.

[수업 설계]

*경기 지역만 해당되며, 수업 실연 전에 활용하시오.

학생들의 디지털 활용 역량을 증진하기 위해 중점을 두고 지도할 부분을 말하고, 해당 부분을 통해 학생들이 미래 사회를 살아가는데에 어떤 도움이 될 것인지 3가지 답하시오.

10 실전 연습문제

2026학년도 중등교사 신규 임용후보자 선정경쟁시험

특　수

관리 번호: (　　　　) 성명: (　　　　　　　)

2차 시험	수업 실연	시험시간	지역별 상이

1. 수험생 유의사항

- 〈활동1〉, 〈활동2〉를 실연하시오.
- 〈활동2〉에서 학생 간의 상호작용, 교사의 지원, 학생의 발표가 잘 드러나게 실연하시오.
- 교외 현장실습 출근 전 사전 교육 상황으로 가정하시오.
- 자기관리 역량을 함양할 수 있도록 지도하시오.
- 〈활동1〉에서 지효, 〈활동2〉에서 세정이의 도전행동(=문제행동)을 긍정적행동지원으로 중재하시오.

자료

컴퓨터, 전자칠판, 태블릿pc, 실물 자료(빗, 면도기, 손톱깎이 등)

2. 본시 학습 지도 내용

과목	고등학교 보건, 진로와 직업
주제	개인 위생 관리
본 차시	출근 전 적절한 모습을 구별하기
수업 진행	50분
대상	고등학교 3학년

3. 본시 관련 학생 실태

수준	인원	실태
가 수준	3명 지적장애	• 4~5개의 단어로 구성된 문장을 이해하며 생각을 표현할 수 있다. • 태블릿pc 활용 능력이 우수하다. • 지효: 주의집중력의 지속력이 짧고 '언제 끝나요?' 라는 질문을 자주한다. • 윤아: 작업 기능은 좋으나 자기관리 능력이 부족하다.
나 수준	3명 자폐스펙트럼장애	• 단어와 2~3개의 단어로 구성된 간단한 문장을 이해하고 생각을 표현할 수 있다. • 검색어를 제공하면 태블릿pc를 활용하여 그림이나 사진을 찾을 수 있다. • 세정: 자신의 몸을 치거나 주먹을 쥐었다 펴는 자기자극 행동을 반복한다.

4. 자료

▶ 〈자료1〉 출근 준비 자기 관리

씻기 (양치, 머리 감기, 세수)	면도하기, 화장하기	청결한 머리, 손톱, 옷 상태	단정한 옷차림

▶ 〈자료2〉 체크리스트 학습지

내용	예	아니오	내용	예	아니오
머리를 감았나요?			날씨에 맞는 옷을 입었나요?		
세수를 했나요?			잠옷을 입고 외출하나요?		
면도를 했나요?			속옷이 보이나요?		
양치를 했나요?			지퍼를 올렸나요?		
손톱을 깎거나 정리했나요?			구두나 운동화를 신었나요?		

5. 본시 교수-학습 지도안 (과정안)

학습과정 및 탐구요소	교수-학습활동	자료 및 유의점
〈활동1〉 출근 전 적절한 모습 구별하기	〈수험생 실연부분1〉	자 자료1 유 자료1을 설명할 때 건간 관리와 청결의 중요성에 대해 연결하여 지도한다.
〈활동2〉 출근 전 자기관리 방법 실천하기	〈수험생 실연부분2〉	자 자료2, 실물자료 (거울, 빗, 손톱깎이 등) 유 현재 자신의 모습을 거울로 살피며 체크리스트 학습지를 수행할 수 있도록 지원한다.

[수업 설계]

*경기 지역만 해당되며, 수업 실연 전에 활용하시오.

자신의 수업에서 학생들이 궁금증을 가지고 질문할 것으로 예상되는 내용을 말하고, 이 질문을 활용하여 깊이있는 수업 설계 시 준비한 부분을 말하시오.

11 실전 연습문제

2026학년도 중등교사 신규 임용후보자 선정경쟁시험

특 수

관리 번호: (   ) 성명: (   )

2차 시험	수업 실연	시험시간	지역별 상이

1. 수험생 유의사항

- 〈활동1〉 ~ 〈활동2〉까지 실연하시오.
- 학생들의 개별화된 지도 방안과 학습 자료는 학생의 수준에 맞추어 활용하시오.
- 학생들이 스스로 질문하고 답을 찾도록 격려하시오.
- 〈활동1〉에서 자료1,2 〈활동2〉에서 자료 2,3 활용하시오.
- 〈활동2〉에서 소연이의 도전행동(=문제행동)을 긍정적행동지원으로 중재하시오.
- 교실 기자재: 컴퓨터, 전자칠판, 태블릿pc, 스티커 프린터기, 스크린

2. 본시 학습 지도 내용

과목	수학
성취기준	[9수학03-02] 무게(kg)의 단위를 알고 측정 도구(저울 등)를 사용하여 무게를 측정한다.
주제	측정
수업 진행	50분
대상	중학교 1학년

3. 본시 관련 학생 실태

가 수준	2명 지적장애	• 눈금의 숫자와 단위를 알맞게 읽을 수 있다. • 대소 관계 개념, 어림 기술이 잘 형성되어 있다. • 소연: 승부욕이 뛰어나 지면 화를 내거나 운다.
나 수준	3명 지적장애	• 눈금의 숫자를 읽을 수 있고 단위의 쓰임을 안다. • 지은: 눈금의 숫자를 읽을 수는 있으나 눈금이 멈출 때까지 기다리지 않고 숫자를 말한다. • 명석: 문제를 제대로 파악하지 않고 문제 해결을 시도하여 kg와 g 단위를 혼동하여 말하기도 한다.
다 수준	1명 지적지체 중복	• 수용언어는 좋은 편이나 발음이 느리고 부정확하여 한 음절이나 발음하기 쉬운 단어로 소통한다. • 한 자리 숫자를 읽거나 손가락으로 표현한다. • 대소 관계 파악에 어려움을 보인다. • 하형: 친구들과 어울리는 것을 좋아한다.

4. 자료

▶ 〈자료1〉 저울의 종류

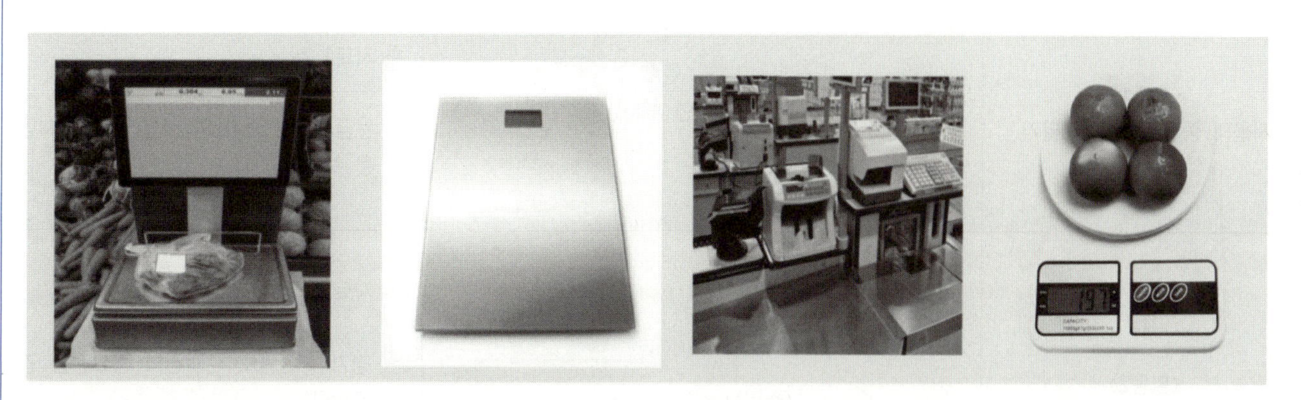

단위와 가격을 알 수 있는 전자저울, 가정용 체중계, 무인 계산대, 가루 또는 소량의 액체 물질에 적절한 전자저울

▶ 〈자료2〉 측정 준비물

전자저울, 눈금저울, 체중계, 물건 (상자, 펜, 설탕, 음료수, 책 등)

▶ 〈자료3〉 무게 재기 토너먼트 학습지 (매트릭스, 토너먼트 학습지)

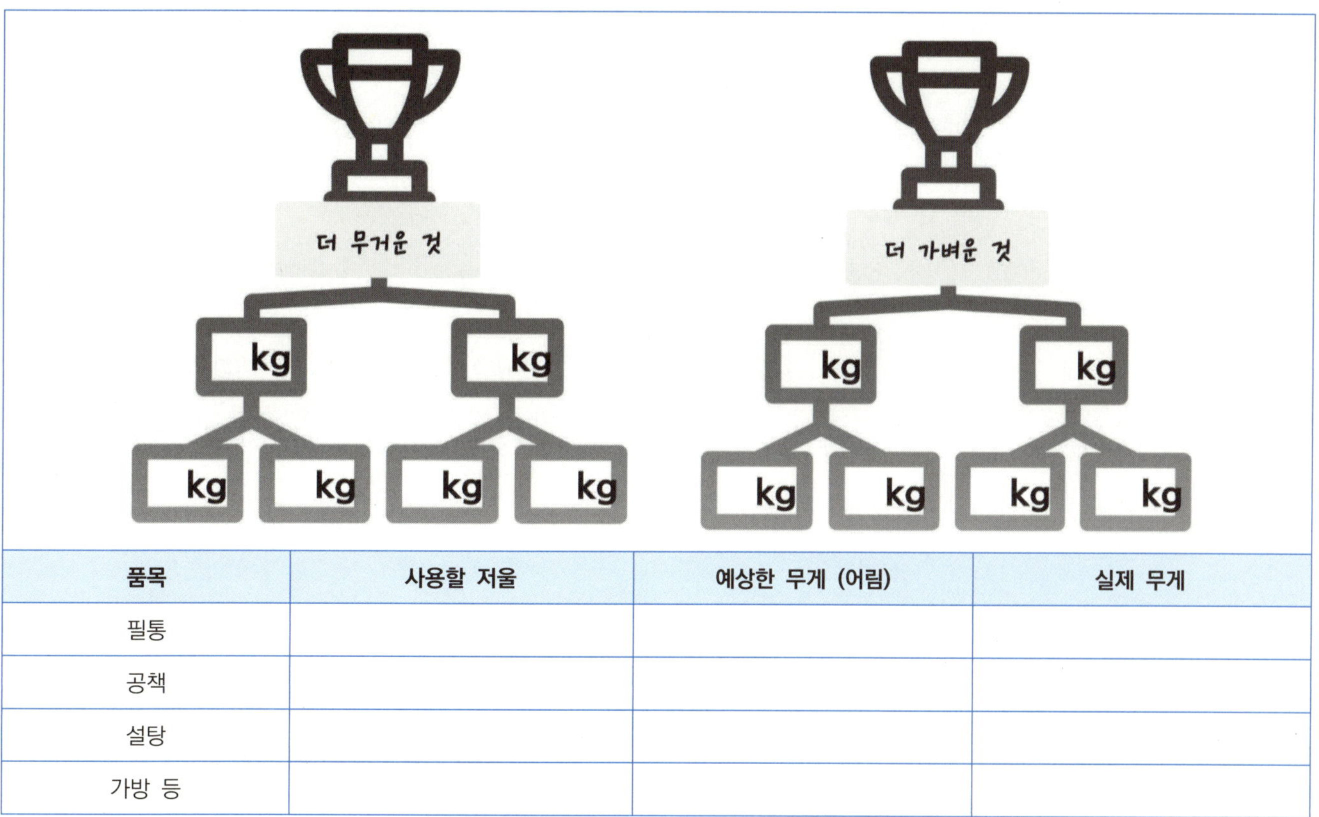

품목	사용할 저울	예상한 무게 (어림)	실제 무게
필통			
공책			
설탕			
가방 등			

5. 본시 교수-학습 지도안 (과정안)

학습과정 및 탐구요소	교수-학습활동	자료 및 유의점
〈활동1〉 저울의 종류와 쓰임새 알기	〈수험생 실연 부분〉	자 자료1,2 유 눈금저울의 숫자 읽는 법에 대해 시범을 보인다.
〈활동2〉 무게 토너먼트 경기하기	〈수험생 실연 부분〉	자 자료 2,3 유 경기의 결과보다 과정의 중요성을 강조한다. 유 명석이가 문제를 제대로 파악하도록 촉진을 제공한다.

[수업 설계]

*경기 지역만 해당되며, 수업 실연 전에 활용하시오.

1) 삶의 맥락과 연계하여 배움을 설계한 부분을 말하시오.
2) 본 차시의 평가를 어떻게 진행할 예정인지 계획 및 의도를 말하시오.
3) 후속차시를 학교 밖 수업으로 진행한다면 어떻게 실시할 것인지 구체적으로 말하시오.

12 실전 연습문제

2026학년도 중등교사 신규 임용후보자 선정경쟁시험

특 수

관리 번호: ( ) 성명: ( )

2차 시험	수업 실연	시험시간	지역별 상이

1. 수험생 유의사항

- 〈활동1〉~〈활동2〉 평가까지 실연하시오.
- AR을 〈활동2〉에서 활용하시오.
- 〈활동1〉에서 자료1,2,3 〈활동2〉에서 자료 2,3,4를 활용하시오.
- 〈활동2〉에서 유진이의 도전행동(=문제행동)을 긍정적행동지원으로 중재하시오.
- 〈활동1〉에서 정답이 없는 발문을 통해 창의적 사고를 촉진하시오.
- 우주 탐사의 가치를 강조하시오.
- 교실 기자재: 컴퓨터, 전자칠판, 태블릿pc, 스티커 프린터기, 스크린

2. 본시 학습 지도 내용

과목	미술, 과학 (STEAM 교육)		
단원	• 중학교 과학, 중학교 미술 관찰하고 표현하기 (풍경 관찰하고 표현하는 활동 관찰력, 창의력) • 중학교 태양계 전시관, 태양계 천체 구분하기 • 미술 꾸미기 활동		
차시	이전 차시	• 천문대가 하는 일 알기	-
	본차시	• 태양계	STEAM 교육
수업 진행	90분 블록타임제		
대상	중학교 3학년		

3. 본시 관련 학생 실태

가 수준	3명 지적장애	• 5~6단계의 순서나 그림을 외울 수 있고, 자신의 의견을 문장으로 표현할 수 있다. • 태블릿pc, 책 등을 활용하여 스스로 자료를 찾을 수 있다. • 유진: 태블릿pc 조작 능력이 뛰어나 수업 목적과 맞지 않는 게임을 하기도 한다.
나 수준	2명 지적장애	• 2~3단계의 순서의 단어나 그림을 외울 수 있고, 문장을 단어마다 끊어 읽고 간단한 단어로 표현한다. • 검색어가 제공되면 태블릿pc를 사용하여 그림, 사진을 찾을 수 있다. • 원영: 경쟁의 요소가 추가되었을 때 학습 동기 유발이 잘 되는 편이다.
다 수준	1명 지적지체 중복	• 수용언어는 좋은 편이나 발음이 느리고 부정확하여 한 음절이나 발음하기 쉬운 단어로 소통한다. • 하지마비가 있으며 왼쪽 손을 주로 사용하며 전동 휠체어를 스스로 운전할 수 있다. • 자동 완성 기능, 사진 인식 기능을 활용하여 태블릿 PC로 검색할 수 있다. • 이서: 촉구 없이 기억 과제를 수행하기에는 어려움이 있다.

4. 자료

▶ 〈자료1〉 뉴스 영상

누리호 발사 성공! 대한민국의 순수한 우주 탐사 기술, 그날의 감동!

▶ 〈자료2〉 태양계 학습지

태양계를 구성하는 천체 구분하기

〈천체 개념〉

1. 항성: 스스로 빛을 낼 수 있는 별로 위치가 변하지 않아요.
2. 행성: 스스로 빛을 낼 수 있고 항성 주위를 맴돌고 있어요.
3. 위성: 행성 주위를 돌고 있는 천체로 대표적인 위성은 지구 주위를 돌고 있는 달이에요.

방법: 천체들을 구분하여 알맞은 위치에 스티커를 붙이고 태양계를 꾸미기		
항성	**행성**	**위성**

〈태양계의 구조 교사용 참고 자료〉

1. 항성: 위치가 고정되어 있으며 스스로 밝은 빛을 내는 천체로 대표적인 예가 태양이다.
2. 행성: 항성 주위를 돌며 스스로 빛을 내지 못하는 천체로 수성, 금성, 지구, 화성, 목성, 토성, 천왕성, 해왕성이다.
3. 위성: 행성의 주위를 돌고 있는 천체이며 대표적인 예가 달이다.

▶ 〈자료3〉 태양계 사진과 스티커, 꾸미기 자료

	AR 연결 QR코드, 검은 도화지, 스티커, 풀, 가위, 반짝이 풀, 색종이 등

▶ 〈자료4〉 작품 설명서

〈작품 설명서〉			
모둠 이름		**모둠 구성원**	
작품 설명			
평가	**모둠 구성원 평가**	**다른 모둠 평가**	**교사 평가**

5. 본시 교수-학습 지도안 (과정안)

학습과정 및 탐구요소	교수-학습활동	자료 및 유의점
〈활동1〉 태양계의 구조 알아보기	〈수험생 실연부분〉	[재] 자료1,2,3 [재] 스마트 기기
〈활동2〉 태양계 표현하기	〈수험생 실연부분〉	[재] 자료 2,3,4 [유] 학생 간의 협동이 이루어지도록 모둠 규칙을 안내한다. [재] 스마트 기기, 반짝이풀, 스티커 프린터기 등
	〈수험생 실연부분〉	

[수업 설계]

*경기 지역만 해당되며, 수업 실연 전에 활용하시오.

본 수업을 설계 시 가장 중점이 된 핵심 역량은 무엇이며, 그 이유를 말하고 보완하고 싶은 부분도 말하시오.

13 실전 연습문제

2026학년도 중등교사 신규 임용후보자 선정경쟁시험

특 수

관리 번호: ( ) 성명: ( )

2차 시험	수업 실연	시험시간	지역별 상이

1. 수험생 유의사항

- 〈활동1〉, 〈활동2〉 평가까지 실연하시오.
- 학생의 개별 능력 및 특성이 드러나도록 교사 발문을 하시오.
- 〈활동1〉에서 〈자료1〉, 〈자료2〉를 활용하시오.
- 〈활동2〉에서 〈자료3〉를 활용하시오.
- 〈활동1〉에서 나현, 〈활동2〉에서 창건이의 도전행동을 중재하시오.
- 학생의 경험을 활용하여 더치페이의 개념을 설명하시오.
- 표상교수를 활용하여 나눗셈의 과정을 설명하시오.
- 〈활동2〉에서 형성평가를 실시하시오.
- 컴퓨터, 전자칠판, 스마트 기기 (태블릿pc) 을 활용하시오.

2. 본시 학습 지도 내용

과목	수학
단원	화폐 활용, 수의 연산 (나눗셈)
수업 진행	50분
대상	고등학교 1학년
주제	더치페이 하기
활동 내용	• 〈활동1〉 더치페이 개념 알기 • 〈활동2〉 더치페이로 계산하기

3. 본시 관련 학생 실태

가 수준	4명	• 3~4문장을 읽을 수 있고 문장으로 말할 수 있다. • 1000, 10000의 자리 나눗셈과 지폐 활용을 할 수 있다. • 나현: 교사의 칭찬을 받기 위해 다른 사람의 대답을 가로채 답변한다. • 성구(자폐성 장애): 시각적인 학습을 좋아한다.
나 수준	2명	• 간단한 문장은 읽을 수 있으나 주로 단어에 집중하여 읽고 짧은 문장으로 말한다. • 1000(원) 자리의 지폐 활용은 할 수 있다. • 10000(원)의 자리 나눗셈 시 식 세우기를 어려워하나 계산기로 계산할 수 있다. • 창건: 평가에 부담을 느껴 손톱을 물어 뜯거나 초초해 한다. • 철웅: 문제를 제공했을 때 대강 훑어보며 대충 푼다.

4. 자료

▶ 〈자료1〉 00이의 일기

나는 오늘 친구와 떡볶이랑 감자튀김을 먹었다. 돈을 나눠서 내기로 했는데, 친구에게 얼마를 줘야 할지 모르겠다.

▶ 〈자료2〉 더치페이의 개념

더치페이 (Dutchpay)

뜻: 비용을 각자 서로 부담한다는 것을 이르는 말

(출처: 두산백과 두피디아)

▶ 〈자료3〉 학습지 문제 예시 (문장제 문제, 표상교수)

1. A는 B와 C와 함께 떡볶이와 튀김을 먹었다. 떡볶이 3인분은 9000원, 튀김은 3000원이다. A가 대표로 계산을 했다. 더치 페이를 하려고 하는데, A에게 각 얼마씩 줘야 하는가?

2. A와 B는 카페에서 와플과 사과 음료 2잔을 먹었다. B가 먼저 계산했는데 와플의 가격은 6000원, 사과 음료의 가격은 1잔당 2000원 이다. A는 B에게 얼마를 줘야 하는가?

5. 본시 교수-학습 지도안 (과정안)

학습과정 및 탐구요소	교수·학습활동	자료 및 유의점
〈활동1〉 더치페이 개념 알기	〈수험생 실연 부분〉	자 자료1,2 자 컴퓨터, 전자칠판, 태블릿pc, 계산기, 모형 지폐
〈활동2〉 더치페이로 계산하기	〈수험생 실연 부분〉 평가	자 자료3 자 컴퓨터, 전자칠판, 태블릿pc, 계산기, 모형 지폐 유 창건이의 평가 부담을 고려하여 지원 제공하기

[수업 설계]

*경기 지역만 해당되며, 수업 실연 전에 활용하시오.

1) 학생의 비판적 사고력을 향상시키기 위해 제공할 핵심 발문 3가지를 말하고, 기대 효과를 말하시오.

2) 수업 구상 시 가장 고민되었던 점과 보완할 점을 말하시오.

14 실전 연습문제

2026학년도 중등교사 신규 임용후보자 선정경쟁시험

특　수

관리 번호: (　　　　) 성명: (　　　　　　　　)

2차 시험	수업 실연	시험시간	지역별 상이

1. 본시 학습 지도 내용

과목	국어		
단원	높임말 사용		
차시	시기	주제	수업 방법
	본차시	• 높임말 알맞게 사용하기	역할극
수업 진행	50분		
대상	중학교 2학년		
활동 내용	• 〈활동1〉 높임말의 종류를 알아보자! • 〈활동2〉 높임말로 알맞게 바꿔보자!		

2. 수험생 유의사항

- 동기유발, 〈활동1〉, 〈활동2〉를 실연하시오.
- 〈활동2〉에서 역할극을 실시하시오.
- 인성교육과 연계하여 지도하시오.
- 개별 피드백을 통해 학생의 자기효능감을 향상시키시오.
- 〈활동1〉에서 홍이, 〈활동2〉에서 현이의 행동을 긍정적행동 지원으로 중재하시오.
- 교사용 컴퓨터, 전자칠판, 디지털 교과서가 갖추어진 교실에서 수업을 진행한다고 가정하시오

3. 본시 관련 학생 실태

가 수준	3명 지적장애	• 질문에 문장으로 답할 수 있으며 글을 1~2문단 이상 쓸 수 있다. • 스스로 태블릿 pc를 이용해 검색할 수 있다. • 현이: 지루함을 느낄 때 '언제 끝나요?' 라는 질문을 계속한다.
나 수준	2명 지적장애	• 주로 짧은 문장이나 단어로 표현하며 간단한 단어를 쓸 수 있다. • 단어가 제공되었을 때 태블릿 pc를 이용해 검색할 수 있다. • 홍이: 교사에게 자신의 수행을 자꾸 확인받으려고 한다.
다 수준	1명 청각장애	• FM 보청기를 착용하고 있고, 독화가 가능하다. • 간단한 단어로 자신의 의견을 말할 수 있다.

4. 자료

▶ 〈자료1〉 동영상

00이는 어른들에게 예의가 바르다 라는 칭찬을 자주 받습니다.

▶ 〈자료2〉 학습지

〈높임말을 사용하는 이유는 무엇일까?〉

〈높임의 뜻이 있는 낱말과 문장〉

높임의 뜻이 있는 낱말	
나이 → 연세, 춘추	자다 → 주무시다
생일 → 생신	아프다 → 편찮다
높임 문장	
엄마, 밥 줘. → 엄마 밥 주세요.	할머니가 집에 온대. → 할머니께서 집에 오신대.
선생님께 물어보자. → 선생님께 여쭈어 보자!	부모님 말을 잘 듣자. → 부모님 말씀을 잘 듣자.

▶ 〈자료3〉 높임말로 바꾸기

가가: 나나야 오늘 우리 떡볶이 먹으러 갈래? 나나: 나 오늘 삼촌이 집에 놀러 와. 미안. 가가: 알겠어. 다음에 가자!
가경: 엄마. 저 너무 배고파. 밥 줘. 엄마: 그래. 배고픈가 보구나.
나경: (통화) 할머니 생일 축하해. 자고 있었어? 어디 아파? 할머니: 자고 있었어. 이번주에 식사하자.
다경: 오늘 체육 강당에서 하나? 다경: 몰라. 선생님한테 물어봐.

5. 본시 교수-학습 지도안 (과정안)

학습과정 및 탐구요소	교수·학습활동	자료 및 유의점
동기유발	- 동영상	자 자료1
〈활동1〉 높임말의 종류를 알아보자!	- 높임말의 종류 알아보기	자 자료2
〈활동2〉 높임말로 알맞게 바꿔보자!	- 대화를 보고 높임말로 알맞게 바꾸기 - 알맞은 높임말로 바꾸어 역할극 발표하기	자 자료3 유 교사는 순회지도 하며 학생들에게 개별 지원을 제공한다. 유 역할극 발표 시 학생 간 역할 교환 실시한다.

[수업 설계]

*경기 지역만 해당되며, 수업 실연 전에 활용하시오.

1) 깊이있는 수업의 관점에서 오늘 실시할 수업을 3단계로 요약하시오.

2) '교사는 가르치며 성찰한다.'와 같이 수업 설계 시 제일 자신이 없던 부분을 말하고, 수업에서 이를 고려한 점을 말하시오.

15 실전 연습문제

2026학년도 중등교사 신규 임용후보자 선정경쟁시험

특 수

관리 번호: (　　　　) 성명: (　　　　　　　　)

2차 시험	수업 실연	시험시간	지역별 상이

1. 본시 학습 지도 내용

영역	일상생활 활동: 자립생활 영역	
주제	생활 속 위험 요소를 알고, 안전하게 생활하는 방법을 익혀 위험으로부터 자신을 보호하기	
대상	지적장애 특수학교 중학교 1학년	
본시	대활동	위험상황에 대한 대처 기술 기르기
	중활동	도움을 받아 안전한 곳으로 이동하기
	소활동	-화재 경보기 알림 소리 듣고 반응하기 -위험을 알리는 경적소리 듣고 반응하기 -위험을 알리는 안내방송 듣고 반응하기
목표	위험을 알리는 소리의 의미를 알고 반응할 수 있다.	

2. 본시 관련 학생 실태 및 학습 수행 수준

수준	특성 및 수행 수준
가 (2명)	• 소리가 나는 곳을 알고 고개를 돌릴 수 있고, 소리를 따라 말할 수 있다. • 태블릿을 통해 간단한 정보를 검색할 수 있다.
나 (2명)	• 소리가 나는 곳을 알고 고개를 돌릴 수 있고, 손으로 가리킬 수 있다. • 태블릿을 통해 자주 사용하는 앱을 사용할 수 있다.
다 (2명)	• 소리가 나는 곳을 고개를 돌려 바라볼 수 있다. • 태블릿으로 동영상 보는 것은 좋아하나, 활동에는 전반적 도움이 필요하다.

3. 수험생 유의 사항

- 본시의 소활동을 참고하여 전개 부분을 수업실연하시오.
- 학생 특성을 고려하여 개별화된 교육을 실시하시오.
- 특수교육지원인력 1명 배치되었음을 참고하여 수업실연 하시오.
- 자료: 전자칠판, 컴퓨터, 태블릿PC 등

4. 자료

▶ 〈자료1〉 음원 자료

화재 경보기, 경적소리, 교내 안전 관련 안내방송 등

▶ 〈자료2〉 상황 카드

불이 난 상황	차도의 경적 소리	재난 상황

5. 본시 교수-학습 지도안 (과정안)

학습과정	교수-학습활동	자료 및 유의점
〈활동1〉 위험을 알리는 소리의 종류 알기	〈수험생 실연부분〉	자 〈자료1〉 유 학생들이 경보 소리에 놀라지 않도록 모의 상황임을 사전에 안내한다. 유 개별활동으로 진행한다.
〈활동2〉 위험을 알리는 소리에 알맞은 반응하기	〈수험생 실연부분〉	자 〈자료2〉 유 모둠활동으로 진행한다.

[수업 설계]

*경기 지역만 해당되며, 수업 실연 전에 활용하시오.

학생들이 자신의 탐구 과정을 중간에 점검하고 방향을 수정할 수 있도록, 어떤 성찰의 기회를 제공할 예정인지 말하시오.

16 실전 연습문제

2026학년도 중등교사 신규 임용후보자 선정경쟁시험

특 수

관리 번호: ( ) 성명: ( )

2차 시험	수업 실연	시험시간	지역별 상이

1. 수험생 유의사항

다음의 내용을 참고하여, 특수학급 교사로서 통합학급 비장애 학생 대상으로 장애공감교육을 실시하시오.

2. 통합학급 교사와 특수교사 간 대화

통합교사: 학생들이 00이 (시각장애, 전맹)에 대해서 궁금한 점이 많은데, 제가 답해주기 어려운 부분이 있더라구요.

특수교사: 그렇군요. 사실 우리 학교에도 00이를 위한 시설이 잘 갖추어져 있지만 학생들 입장에서 생소한 것들이 있긴 하죠. 음향 신호기라던지, 점자 블록이라던지, 점자정보 단말기도 그렇구요.

통합교사: 좋네요. 그러면 다음주 2교시 어떠세요? 이때 제가 00이와 개인 진로 상담을 하기로 해서 00이를 제외하고 나머지 친구들은 장애이해교육을 받으면 좋겠어요.

특수교사: 잘 준비해 볼게요.

3. 학생 특성

대상	인원	특성
통합학급 비장애 학생 중학교 1학년	20명	• 시각장애 학생 00이에 대해 궁금증이 많다. • 이전에 통합교육을 경험한 학생은 15명 정도이다. • 활달하며 활동에 적극적으로 참여하는 편이다. • 사전조사 결과 장애에 대한 편견이 있는 학생들이 5명 정도 있다.

4. 장애공감교육 실시 시 참고사항

- 〈교사 소개〉 ~ 〈활동2〉 까지 실시하시오. (단, 자기소개 시 자신의 실명을 언급하지 말고 관리번호를 말할 것.)
- 자유롭게 활동과 자료를 활용하여 실연하되 자료 사용 시 꼭 언급하시오.
- 학생들이 장애 감수성을 함양할 수 있도록 설계하시오.

[수업 설계]

*경기 지역만 해당되며, 수업 실연 전에 활용하시오.

'학생은 학교의 경계를 넘나들며 시공간을 초월하며 배운다.' 의 관점을 수업에 반영하여 설계한 점을 말하고, 수업에서 활용할 탐구 질문 2가지를 말하시오.

17 실전 연습문제

2026학년도 중등교사 신규 임용후보자 선정경쟁시험

특 수

관리 번호: (   ) 성명: (   )

2차 시험	수업 실연	시험시간	지역별 상이

1. 본시 학습 지도 내용

교과	사회, 체육 통합
대상	중학교 1,2학년 혼합 6명
주제	올림픽 종목 신체 활동하며 친구와의 관계를 형성하기
차시	1차시 : 올림픽 종목 알아보기
	2차시 : 응원도구와 유니폼 만들기
	[본시] 3차시 : 표적 맞히기 게임하기
	4차시 : 반대항 미니 올림픽

2. 본시 관련 학생 실태 및 학습 수행 수준

학생	장애명	특성 및 수행 수준
A	지적장애	• 자신이 하고 싶은 이야기를 문장으로 의사소통 한다. • 소근육, 대근육 사용이 원활하다. • 신체활동을 좋아하는 편이다. • 자신이 못했다고 생각하면 자리에서 주저 앉아 운다.
B	자폐성장애	• 단어로 의사소통한다. • 소근육 사용은 어려우나, 대근육 사용은 원활하다. • 비선호 과제 시 자리를 이탈한다.
C	자폐성장애	• 의사소통에 어려움을 보이나, 교사의 도움을 받아 한단어 따라 말하기가 가능하다. • 소근육 사용이 어려우나, 대근육 사용은 원활하다. • 교사의 관심을 얻기 위해 머리를 때리는 자해 행동을 한다.
D	지체장애	• 의사소통이 어려우나, 표정과 몸짓으로 표현한다. • 휠체어를 타고 있으며 소근육, 대근육 사용이 모두 어렵다.

3. 수험생 유의 사항

- 〈활동1〉~〈활동2〉까지 실연하시오.
- 〈활동1〉에서 자료1, 〈활동2〉에서 자료2를 활용하시오.
- 친구 간의 우정과 관계 형성이 드러나게 실연하시오.
- 모든 학생이 참여 가능한 활동을 구성하시오.
- 기능에 따른 도전행동 중재를 지원하시오.
- 특수교육지원인력 1명 배치된 상태임을 가정하시오.

4. 자료

▶ 〈자료1〉 다양한 사물

공, 종이컵, 페트병 등 다양한 실물 자료

▶ 〈자료2〉 체육 용품

유니폼 조끼, 표적판, 매트, 줄, 스코어 카드 등

5. 본시 교수-학습 지도안 (과정안)

학습과정	교수-학습활동	자료 및 유의점
도입	- 전시학습 상기	
	- 동기유발 - 학습목표 확인 - 건강상태 확인	재 동영상
〈활동1〉 표적 맞히기 연습하기	〈수험생 실연부분〉	재 〈자료1〉 유 안전 규칙을 안내한다.
〈활동2〉 표적 맞히기 게임하기	〈수험생 실연부분〉	재 〈자료2〉 유 학생 간 상호작용을 촉진한다.

[수업 설계]

*경기 지역만 해당되며, 수업 실연 전에 활용하시오.

본 수업을 설계 시 교사 교육과정 실현을 위해 고려한 부분과 학생들의 배움을 기대하는 부분에 대해 말하시오.

18 실전 연습문제

2026학년도 중등교사 신규 임용후보자 선정경쟁시험

특 수

관리 번호: (　　　　) 성명: (　　　　　　　)

2차 시험	수업 실연	시험시간	지역별 상이

1. 본시 학습 지도 내용

교과	국어, 영어, 안전 융합	
내용	안내판과 표지판 의미 파악하기	
대상	특수학급 중학교 1학년	
진행	블록타임제 90분	
차시	이전 차시	안내판과 표지판의 기능 알기
	본 차시	생활 속 안내를 위한 영어 단어 의미 파악하기

2. 유의사항

① 〈활동1〉 ~ 〈활동2〉까지 실시하시오.

② 과정중심평가의 과정이 잘 드러나도록 설계하시오.

③ 자료는 활동에서 자유롭게 활용하시오.

④ 도전행동에 대한 긍정적행동지원 중재 방안을 2가지를 포함하시오.

⑤ 특수교육지원인력 1명 배치를 가정하여 실연하시오.

⑥ 스마트폰, 테블릿pc, 디지털 교과서, 전자칠판 등 기자재를 자유롭게 활용하시오.

3. 본시 학습 관련 학생 실태 및 수준

학생	장애명	특성
가(2)	지적장애	• 구어로 원활한 의사소통이 가능하다. • 공공시설의 다양한 종류를 알고 있다.
나(2)	자폐성장애	• 단어를 읽을 수 있으며 간단한 단어나 반향어를 활용하여 소통한다. • 시각적 학습을 선호하며, 그림의 차이점을 찾을 수 있다. • 활동의 전이에 어려움을 느낄 때 자신의 머리를 때린다.
다(1)	지적장애	• 자신의 의사를 단어마다 끊어서 이야기하거나 그림을 선택하여 표현한다. • 평가 시 부담을 느껴 화장실에 가고 싶다고 말한다.

4. 자료

▶ 〈자료1〉 그림자료

Stop, Go	Push, Pull

Open, Close	Hot, Cold
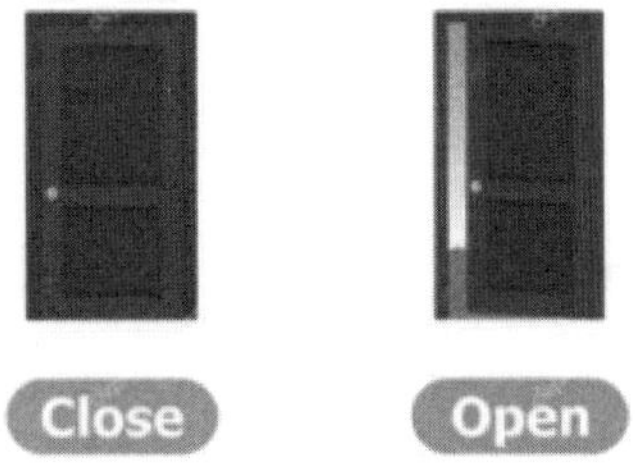	

사진 출처: 구글포토

5. 본시 교수-학습 지도안 (과정안)

학습과정 및 탐구요소	교수-학습활동	자료 및 유의점
〈활동1〉 표지판의 영어 단어 알아보기	〈수험생 실연부분〉	자 자료1
〈활동2〉 영어단어 표지판 만들기	〈수험생 실연부분〉	자 자료1 유 영어단어 표지판 스티커를 만들어 교실 내 곳곳에 붙일 수 있도록 지원한다.

[수업 설계]

*경기 지역만 해당되며, 수업 실연 전에 활용하시오.

본 수업에서 학생들이 겪게 될 인지적 갈등의 지점은 어디라고 예상하며, 그 갈등을 의미 있는 배움의 기회로 전환하기 위해 교사로서 어떻게 촉진하고 지원할 계획이십니까?

19 실전 연습문제

2026학년도 중등교사 신규 임용후보자 선정경쟁시험

특 수

관리 번호: (　　　　　) 성명: (　　　　　　　　　　)

2차 시험	수업 실연	시험시간	지역별 상이

1. 수험생 유의사항

- 동기유발 ~ 〈활동1〉,2를 실연하시오.
- 학생들의 개별화된 지도 방안과 학습 자료는 학생의 수준에 맞추어 활용하시오.
- 민웅, 유진이의 도전행동(=문제행동)을 긍정적행동지원으로 중재하시오.
- 스트레스 관리의 중요성과 학생들의 자기결정력이 드러나게 실연하시오.
- 교육과정-수업-평가 일체화를 실현하시오.
- 특수교육 지원인력이 1명 있다고 가정하고 활용하시오.
- 교실 기자재: 컴퓨터, 전자칠판, 태블릿pc, 스크린 등

2. 본시 학습 지도 내용

과목	보건
단원	보건 가 1. 일상생활과 건강, 4. 정신건강
주제	스트레스와 여가생활
수업 진행	50분
대상	고등학교 3학년
활동 내용	• 〈활동1〉 여가 생활의 종류 알기 • 〈활동2〉 나만의 여가생활 계획서 작성하기

3. 본시 관련 학생 실태

가 수준	3명 지적장애	• 교사의 질문에 문장으로 답할 수 있다. • 민웅: 자신의 감정이 상하면 물건을 던지거나 친구에게 욕을 하기도 한다.
나 수준	1명 청각장애	• 편측성 난청을 가지고 있다. • 교사의 질문에 단어로 답할 수 있다.
다 수준	2명 자폐스펙트럼 장애	• 교사의 질문에 간단한 문장이나 단어로 답할 수 있다. • 인수: 친구와 교사의 말을 자주 따라 한다. (반향어로 소통) • 유진: 타인 의존성이 심하여 '도와줘. 도와주세요.'를 자주 말한다.

4. 자료

▶ 〈자료1〉 스트레스에 대한 관련 기사

과도한 스트레스는 만병의 근원입니다. 스트레스를 적절하게 해소하는 방법으로는 여가 생활이 있습니다.

▶ 〈자료2〉 여가 생활의 다양한 종류

영화관 가기	노래방 가기	운동하기	독서, 음악 듣기 등

▶ 〈자료3〉 여가문화 체험 계획서 작성하기

- 내가 좋아하는 여가 활동?
- 여가 활동이 왜 중요할까?
- 여가 생활 체험 활동 계획

  날짜:

  장소:

  활동:

  인원:

  비용:

  시간:

5. 본시 교수-학습 지도안 (과정안)

학습과정 및 탐구요소	교수-학습활동	자료 및 유의점
도입	인사하기, 이전차시 점검	
	동기유발 〈수험생 실연 부분〉	자 자료1
	학습목표 확인하기	
〈활동1〉 여가 생활의 종류 알기	〈수험생 실연 부분〉	자 자료2 자 스마트 기기 유 자료2와 학생의 경험을 연결지어 발문한다.
〈활동2〉 나만의 여가생활 계획서 작성하기	〈수험생 실연 부분〉	자 자료3 자 스마트 기기

[수업 설계]

*경기 지역만 해당되며, 수업 실연 전에 활용하시오.

1) 교사의 에듀테크 역량을 발휘할 부분을 말하시오.

2) 질문을 통해 학생의 탐구 역량을 강화할 내용을 말하고, 그 효과를 말하시오.

20 실전 연습문제

2026학년도 중등교사 신규 임용후보자 선정경쟁시험

특 수

관리 번호: ( ) 성명: ( )

2차 시험	수업 실연	시험시간	지역별 상이

1. 수험생 유의사항

- 〈활동1〉~〈활동2〉까지 실연하시오.
- 〈활동1〉에서 자료1, 〈활동2〉에서 자료1,2 모두 활용하시오.
- 학생 간의 상호작용이 드러나도록 수업을 진행하시오.
- 인지와 지민이의 도전행동(=문제행동)을 긍정적행동지원으로 중재하시오.
- 특수교육 지원인력이 1명 있다고 가정하고 활용하시오.
- 학생의 강점을 활용한 수업을 진행하시오.
- 교실 기자재: 컴퓨터, 전자칠판, 스마트 기기, 스크린 등

2. 본시 학습 지도 내용

과목	진로와 직업		
주제	직업 흥미		
차시	이전 차시	• 좋아하거나 관심 있는 활동 찾아보기	관찰평가
	본차시	• 나의 직업 선호 유형 알아보기	자기평가
수업 진행	블록타임제 90분		
대상	중학교 3학년		

3. 본시 관련 학생 실태

가	2명	• 문장으로 이야기하며, 의사소통에 어려움이 없는 편이다. • 지후(지체장애): 적극적인 편이나 편마비로 인해 수행이 느리며 오른손을 사용한다. • 인지(자폐스펙트럼장애): 성급한 성격으로 교사의 지시나 이야기의 차례를 지키지 않고 말하기도 한다.
나	3명	• 주로 간단한 단어로 자신의 의사를 표현하고, 그림을 보고 이해할 수 있다. • 감정 표현 시 주로 좋다, 싫다 의 단순한 감정 표현을 사용한다. • 지민(자폐스펙트럼장애): 다리를 떨거나 손을 흔드는 상동행동을 보인다. • 효주: 그림을 그리는 것을 좋아한다.

4. 자료

▶ 〈자료1〉 그림 카드 자료

조립하기	산책하기	연극 관람하기
화분에 물주기	십자수, 뜨개질 하기	청소하기
음악 듣기	강아지와 놀기	그림그리기

▶ 〈자료2〉 활동지

〈다양한 감정 카드〉 어렵다, 힘들다, 재미없다, 무기력하다, 기분이 좋지 않다, 재미있다, 웃음이 난다, 자랑스럽다, 화가 난다, 부담스럽다, 즐겁다, 행복하다 등	내가 좋아하는 ___________의 활동을 할 때 ___________의 기분이 들어요. 그래서 저는 ___________의 직업 영역에 흥미가 있어요.

5. 본시 교수-학습 지도안 (과정안)

학습과정	교수-학습활동	자료 및 유의점
도입	-전시학습 상기	
	-동기유발 -학습목표 확인	
〈활동1〉 내가 좋아하는 활동과 싫어하는 활동을 찾아보기	〈수험생 실연부분〉	자 자료1 자 스마트 기기
〈활동2〉 나의 직업 흥미 발표하기	〈수험생 실연부분〉	자 자료1,2, 스마트 기기 유 포토스탠딩 토의 진행하기

[수업 설계]

*경기 지역만 해당되며, 수업 실연 전에 활용하시오.

1) 동료교사와 수업 전 수업나눔을 한다고 가정할 때 나의 수업 설계 의도와 '핵심 발문'을 이야기하고, 자신의 강점을 말하시오.

2) 학생의 입장에서 가장 즐거움을 느낄 수업 장면은 무엇일지 말하고, 그 이유를 말하시오.

21 실전 연습문제

2026학년도 중등교사 신규 임용후보자 선정경쟁시험

특 수

관리 번호: ( ) 성명: ( )

2차 시험	수업 실연	시험시간	지역별 상이

1. 본시 학습 지도 내용

과목	미술, 음악
주제	생활용품과 관련된 작품 만들기
수업 진행	블록타임제 100분
대상	고등학교 1학년
활동 내용	• 〈활동1〉 마라카스 만들기 • 〈활동2〉 나만의 악기 발표하기 • 〈활동3〉 마라카스 연주하기

2. 본시 관련 학생 실태

가 수준	3명 지적장애	• 병주: 만들기 활동을 좋아하며 조작 능력이 뛰어나다. • 4~5 개의 단계로 이루어진 과제를 수행할 수 있다. • 민지: 학습 동기가 부족하고 특정한 것에 관심을 보인다. (빨간색에 관심)
나 수준	2명 지적장애	• 주로 단어로 표현하며 적절한 사진을 고르고 간단한 단어를 쓸 수 있다. • 2~3 개의 단계로 이루어진 과제를 수행할 수 있다. • 지혜: 기억과제 수행에 어려움을 보인다. • 주혁: 잘못된 부분을 지적하거나 부정적인 평가에 화를 내거나 매우 예민한 반응을 보인다.
다 수준	1명 자폐성장애	• 그림에 대한 기억력이 뛰어나다. • 주로 표정이나 몸짓으로 소통한다. • 큰 소리나 촉감에 예민하다.

3. 수험생 유의사항

- 〈활동1~3〉 을 실연하시오.
- 〈활동3〉 이후 동료평가를 실시하시오.
- 성취수준을 확인할 수 있는 시각적 지원을 제공하시오.
- 〈활동1〉에서 민지, 〈활동3〉에서 주혁이의 행동을 긍정적 행동 지원으로중재하시오.
- 교사용 컴퓨터, 전차칠판이 갖추어진 교실에서 수업을 진행한다고 가정하시오.
- 작품 감상 및 평가, 소리에 대한 관심이 드러날 수 있도록 수업 실연하시오.

4. 자료

▶ 〈자료1〉 마라카스 만드는 순서

<table>
<tr>
<td>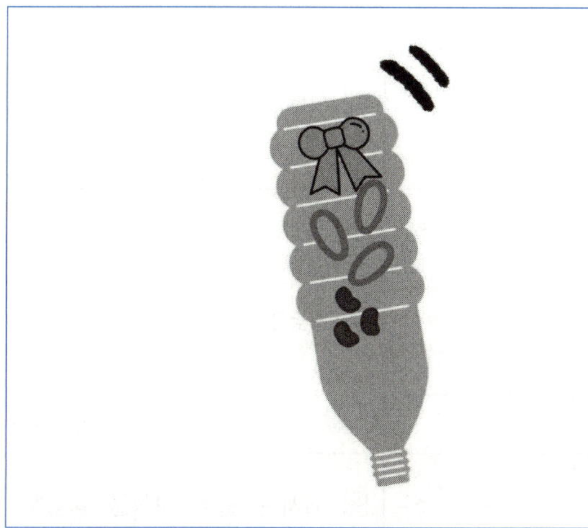</td>
<td>〈마라카스 만들기 순서〉
① 플라스틱병의 크기를 선택한다.
② 원하는 속재료를 골라서 병에 담는다.
③ 병의 입구를 닫는다.
④ 흔들어서 소리를 들어 본다.
⑤ 소리가 맘에 든다면, 꾸밈도구로 마라카스를 예쁘게 꾸민다.
⑥ 마라카스를 흔들어서 연주한다. 완성!</td>
</tr>
</table>

▶ 〈자료2〉 마카라스 만들기 재료

여러 가지 플라스틱 병, 뚜껑	속재료 (쌀, 콩, 구슬, 소금)	꾸미기 재료 (반짝이, 색 테이프, 매직, 스티커, 리본 등)

▶ 〈자료3〉 동료 평가지

이름:	평가 대상자:
마라카스를 어떻게 꾸몄나요?	마라카스의 소리는 어떤가요?

5. 본시 교수-학습 지도안 (과정안)

학습과정 및 탐구요소	교수·학습활동	자료 및 유의점
〈활동1〉 마라카스 만들기	- 마라카스 만들기	재 자료 1,2
〈활동2〉 나만의 악기 발표하기	- 완성작 발표하기 평가	재 자료3
〈활동3〉 마라카스 연주하기	- 다양한 음악에 마라카스 자유롭게 연주하기	유 교사는 촬영 영상을 활용하여 학생 간 동료평가를 진행한다.

[수업 설계]

*경기 지역만 해당되며, 수업 실연 전에 활용하시오.

이 수업 설계 과정을 통해 '깊이있는 수업'에 대한 선생님의 이해는 어떻게 심화되었으며, 앞으로의 수업 실천에 어떤 변화를 가져올 것이라고 생각하십니까?

22 실전 연습문제

2026학년도 중등교사 신규 임용후보자 선정경쟁시험

특 수

관리 번호: (　　　　) 성명: (　　　　　　　　)

2차 시험	수업 실연	시험시간	지역별 상이

1. 수험생 유의사항

- 〈동기유발〉, 〈활동1〉, 〈활동2〉를 실연하시오.
- 학습 자료는 교사가 설계한 수업 역량을 잘 보여줄 수 있도록 자유롭게 활용하시오.
- 자기 조절적 요소를 활용하시오.
- 〈활동1〉에서 민아, 〈활동2〉에서 재욱이의 행동을 긍정적 행동 지원으로중재하시오.
- 교사용 컴퓨터, 전차칠판이 갖추어진 교실에서 수업을 진행한다고 가정하시오.
- 방학을 보낸 후 대면 수업 상황으로 가정하고, 동료 피드백이 잘 드러나게 실연하시오.

2. 본시 학습 지도 내용

과목	국어
수업 진행	45분 수업
대상	중학교 2학년
활동 내용	• 〈활동1〉 방학에 있었던 일 시간의 순서대로 글 쓰기 • 〈활동2〉 방학에 있었던 일 발표하기

3. 본시 관련 학생 실태

가 수준	3명	• 질문에 문장으로 답할 수 있으며 글을 1~2문단 이상 쓸 수 있다. • 스스로 태블릿 pc를 이용해 검색할 수 있다. • 민아: 친구에게 수업 시간과 관련 없는 말을 자꾸 건다.
나 수준	2명	• 주로 단어로 표현하며 적절한 사진을 고르고 간단한 단어를 쓸 수 있다. • 단어가 제공되었을 때 태블릿 pc를 이용해 검색할 수 있다. • 재욱: 학습지를 훼손하거나 학습지에 낙서를 한다. (기능: 회피, 관심끌기, 주의집중 어려움) • 대훈: 쓰기 학습장애를 가지고 있어 철자 오류를 자주 보인다.
다 수준	1명	• 주로 간단한 문장으로 말한다. • 상지마비로 인해 펜이나 도구를 쥐지 못한다. • 교사의 시범을 보고, 음성인식기능으로 글을 작성할 수 있다.

4. 자료

▶ 〈자료1〉 동영상

00이가 자신의 경험을 뒤죽박죽 말하는 영상
'저녁은 고기를 먹었어. 그리고 점심을 먹고 출발했어. 아침은 호텔에서 먹었는데 맛있었어. 해가 지는 모습을 볼 수 있게 케이블 카를 탔어. 엄마는 나에게 미리 가방을 챙기라고 말했어.'

▶ 〈자료2〉 발표 준비 자료 (플로우맵 활용)

1. 방학에 여행을 간 곳은?

2. 방학에서 가장 기억 남는 것은?

3. 시간의 순서대로 정리해보자!

	→		→		→		→	

▶ 〈자료3〉 발표 평가지

동료 평가지	자기 평가지
-칭찬하고 싶어요! -보충했으면 좋겠어요!	-나 스스로 칭찬하고 싶어요! -이런 부분은 아쉬워요!

5. 본시 교수-학습 지도안 (과정안)

학습과정 및 탐구요소	교수·학습활동	자료 및 유의점
동기유발	- 00이의 방학 이야기	재 자료1 유 자료1을 보고 느낀점을 자유롭게 이야기할 수 있도록 발문하기
〈활동1〉 방학에 있었던 일 시간의 순서대로 글 쓰기	- 방학에 있었던 일 시간의 순서대로 떠올리기 - '방학에 있었던 일' 글 쓰기 - 내용 수정하기	재 자료2 유 학생의 수업 참여 동기를 유지하기 위해 글쓰기의 최종 단계에서 맞춤법을 교정하기
〈활동2〉 방학에 있었던 일 발표하기	- 방학에 있었던 일 (시간의 순서대로) 발표하기 - 발표 동료 평가 및 자기 평가하기	재 자료3 유 동료 평가에 대해 수용적인 분위기 조성하기

[수업 설계]

*경기 지역만 해당되며, 수업 실연 전에 활용하시오.

선생님의 교육 철학은 무엇이며 깊이 있는 수업을 실천하기 위해 어떤 수업을 디자인하고자 하였는지 구체적으로 설명하시오.

23 실전 연습문제

2026학년도 중등교사 신규 임용후보자 선정경쟁시험

특 수

관리 번호: ( ) 성명: ( )

2차 시험	수업 실연	시험시간	지역별 상이

1. 수험생 유의사항

- 〈활동1〉, 〈활동2〉, 실연하시오.
- 학생의 개별 능력 및 특성이 드러나도록 교사 발문을 하시오.
- 〈활동1〉에서 〈자료1〉를 활용하시오.
- 〈활동2〉에서 〈자료2〉, 〈자료3〉를 활용하시오.
- 학생의 일상생활과 연결하여 수업하시오.
- 유나와 병현이의 도전행동중재를 〈활동1〉에서 하시오.
- 자율성이 함양될 수 있도록 실연하시오.
- 〈활동1〉에서 개별화된 지도 방안이 드러나도록 실연하시오.
- 〈활동2〉에서 또래교수, 모둠활동, 동료평가가 드러나도록 실연하시오.
- 컴퓨터, 전자칠판, 태블릿pc, AAC을 활용하시오.

2. 본시 학습 지도 내용

과목	수학, 진로와 직업 연계
수업 진행	블록타임제 100분
대상	고등학교 3학년
관련	〈수학〉 시간 계획 세우기, 〈진로와 직업〉 직업인의 자기관리, 출퇴근, 시간관리
활동 내용	• 〈활동1〉 다양한 이동 수단의 종류 알기 • 〈활동2〉 소요 시간에 따른 이동수단 선택하기

3. 본시 관련 학생 실태

가 수준	2명 자폐스펙트럼장애	• 자신의 의사를 4~5개 이상의 단어를 활용하여 문장으로 말한다. • m, km 의 관계를 알고 거리와 시간 개념 형성이 잘 되어 있다. • 교사의 설명을 듣고 어플을 사용할 수 있다. • 유나(자폐성 장애): 감각이 예민하여 특정 소리에 흥분하며 귀를 막는다.
나 수준	1명 학습장애 (수학)	• 자신의 의사를 3~4개 이상의 단어를 활용하여 문장으로 말한다. • 수학 관련 과제에 학습된 무기력을 보인다. • 숫자의 형태를 기억하여 쓸 수 있다.
다 수준	2명 지적장애	• 간단한 문장은 읽을 수 있으나 주로 단어에 집중하여 읽고 짧은 단어나 한 글자로로 말한다. • 반복 연습 시 어플을 사용할 수 있다. • 태호: 60분과 1시간의 개념을 종종 혼동하며 도보와 버스를 주로 이용한다. • 병현: 평소 교통 수단에 대해 관심이 많으나, 문제 푸는 것을 싫어한다.

4. 자료

▶ 〈자료1〉 다양한 이동수단의 종류

〈다양한 이동 수단〉			
버스	지하철	도보	택시

▶ 〈자료2〉 어플 화면 (예시)

▶ 〈자료3〉 문제 예시

우리집에서 학교까지 거리는?

우리집에서 학교까지 가는 방법은?

이동 수단	소요 시간
도보	
자전거	
택시	
버스	
혼합	

우리집에서 복지관까지 거리는?

우리집에서 복지관까지 가는 방법은?

이동 수단	소요 시간
도보	
자전거	
택시	
버스	
혼합	

5. 본시 교수-학습 지도안 (과정안)

학습과정 및 탐구요소	교수·학습활동	자료 및 유의점
〈활동1〉 다양한 이동 수단의 종류 알기	〈수험생 실연 부분1〉	자 자료1
〈활동2〉 소요 시간에 따른 이동 수단 선택하기	〈수험생 실연 부분2〉	자 자료 2,3

[수업 설계]

*경기 지역만 해당되며, 수업 실연 전에 활용하시오.

1) 수업을 진행하며 가장 고민이 되었던 학생은 누구인가? 이를 수업 중 어떻게 해결하려고 노력할 예정인가?

2) 본 단원을 연계하여 학생 주도성 프로젝트를 실시한다면 어떻게 진행하고 싶은가?

24 실전 연습문제

2026학년도 중등교사 신규 임용후보자 선정경쟁시험

특 수

관리 번호: (　　　　　) 성명: (　　　　　　　　　)

2차 시험	수업 실연	시험시간	지역별 상이

1. 수험생 유의사항

- 〈동기유발〉 ~ 〈활동2〉를 실연하시오.
- 학생들의 개별화된 지도 방안과 학습 자료는 학생의 수준에 맞추어 활용하시오.
- 지은이와 성창이의 도전행동(=문제행동)을 긍정적행동지원으로 중재하시오.
- 학생의 삶과 연결 지어 실연하시오.
- 특수교육 지원인력이 1명 있다고 가정하고 활용하시오.
- 교실 기자재: 컴퓨터, 전자칠판, 태블릿pc, 스크린, 포토프린터

2. 본시 학습 지도 내용

과목	사회		
단원	중학교 사회 3. 우리 생활 속의 법		
차시	이전 차시	• 규칙, 도덕, 예식	-
	본차시	• 우리의 일상생활과 법	탐구학습
수업 진행	45분		
대상	중학교 3학년		
활동 내용	• 〈활동1〉 법의 필요성 알기 • 〈활동2〉 일상생활 속의 법 찾기		

3. 본시 관련 학생 실태

가 수준	3명 지적장애	• 교사의 질문에 문장으로 답할 수 있다. • 태블릿PC 조작 시 줌인, 드래그 등 자유롭게 할 수 있으며 스스로 검색이 가능하다. • 성창: 자신의 역할을 다른 사람에게 미루거나 제대로 하지 않으려고 한다.
나 수준	2명 지적장애	• 교사의 질문에 간단한 문장이나 단어로 답할 수 있다. • 수업 내용 반복 설명 시 이해할 수 있다. • 태블릿PC 조작 시 핵심 단어 제공하면 이미지 검색이 가능하다. • 지은: ADHD를 동반하고 있어 자리 이탈이 잦다.
다 수준	1명 지체지적중복	• 수용언어에는 문제가 없으나 발음이 부정확하고 느려 AAC를 주요 의사소통 수단으로 사용한다. • 자주 접했던 단어는 손으로 가리키며 한 음절씩 이야기하기도 한다. • 혁: 자동 완성 기능을 활용하여 검색어를 검색할 수 있다.

4. 자료

▶ 〈자료1〉 그림자료

만약에 법이 없다면 우리의 생활은 어떻게 될까? (고민하는 학생들 그림)

▶ 〈자료2〉 우리 일상생활과 법 학습지

〈우리 생활 속의 법〉

1. 만약에 우리 생활에서 법이 없다면..?

2. 나의 일상 생활

3. 일상생활 속 법 찾기

교통법	식품 안전기본법	환경법
-신호 위반 금지 -속도 제한	-식품 안전, 위생	-쓰레기 무단 투기 금지 -산림 자원 보호

5. 본시 교수-학습 지도안 (과정안)

학습과정 및 탐구요소	탐구학습	교수-학습활동	자료 및 유의점
동기유발	탐구 문제 확인 가설 설정	〈수험생 실연 부분〉	자 자료1
〈활동1〉 법의 필요성 알기	탐색 증거 제시	〈수험생 실연 부분〉 평가	자 자료2 유 법과 일상생활과의 관련성을 강조한다. 유 검색 활동 진행 시 혁이의 태블릿PC에 자동완성기능 활성화 상태를 확인한다.
〈활동2〉 일상생활 속의 법 찾기	일반화	〈수험생 실연 부분〉	자 자료2 유 성창이의 도전 행동을 사전에 예방한다. 유 자료2에서 비교형 그래픽 조직자를 이용하여 설명한다.

[수업 설계]

*경기 지역만 해당되며, 수업 실연 전에 활용하시오.

1) 수업에서 가장 중점적으로 설계한 핵심 역량과 부족할 것이라고 예상되는 핵심 역량 1가지 이상 말하여 발전 방안 말하시오.

2) 교사 자신만의 수업에 대한 개성과 학생으로부터 배움을 얻고자 하는 부분을 말하시오.

3) 디지털 기기 활용 시 교사로서 성찰적인 고민과 보완 방안을 말하시오.

25 실전 연습문제

2026학년도 중등교사 신규 임용후보자 선정경쟁시험

특 수

관리 번호: (　　　　) 성명: (　　　　　　　　)

2차 시험	수업 실연	시험시간	지역별 상이

1. 본시 학습 지도 내용

과목	국어	
단원	9. 더 쉽게 알려줘요.	
차시	이전 차시	• 달라진 점 찾기
	본차시	• 공통점과 차이점 알기
수업 진행	블록타임제 90분	
대상	중학교 2학년	
활동 내용	• 〈활동1〉 그림의 공통점과 차이점 찾기 • 〈활동2〉 공통점과 차이점에 따라 설명하는 글쓰기	

2. 유의사항

- 〈활동1〉, 〈활동1〉 평가, 〈활동2〉까지 실연하시오. (〈활동1〉~〈활동2〉)
- 〈활동1〉에서 자료1,2 〈활동2〉에서 자료 3을 활용하시오.
- 집단 강화 전략을 활용하여 학생의 동기를 높이시오.
- 공통점과 차이점을 찾아 글을 쓰면 좋은 효과에 대해 학생들이 느낄 수 있도록 지도하시오.
- 〈활동1〉에서 유리, 〈활동2〉에서 세호의 도전행동(=문제행동)을 긍정적행동지원으로 중재하시오.
- 특수교육 지원인력이 1명 있다고 가정하고 활용하시오.
- 교실 기자재: 컴퓨터, 전자칠판, 스마트 기기, 스크린 등

3. 본시 관련 학생 실태

가	2명 지적장애	• 자신의 의견을 짧은 문장으로 표현하며 2문장 이상 쓸 수 있다. • 유리: 교사에게 관심을 얻기 위해 과도한 질문을 한다. • 영지: 친구들과 상호작용이 활발하다.
나	2명 자폐성장애	• 글을 읽을 때 주로 단어와 그림에 집중하여 읽으며 단어 수준으로 의견을 표현한다. • 간단한 단어를 조합하여 1문장 이상 쓸 수 있다. • 세호: 교사의 지시를 따르는 것에 어려움을 느껴 수업 중 소리 지르기 행동을 보인다.
다	1명 지적지체중복장애	• 혜은(지적장애): 수용언어는 좋은 편이나, 음성 언어 산출에 어려움을 보인다. • 그림을 선택하거나 AAC의 음성 산출을 사용하여 의사소통한다. • 근긴장도가 수시로 변한다.

4. 자료

▶ 〈자료1〉 동영상

여러 가지 동물이 나오는 동영상

▶ 〈자료2〉 그림 자료

▶ 〈자료3〉 활동지 (예시)

	쌀 떡볶이 (그림)	김밥 (그림)
공통점	쌀로 만든다. / 우리나라 음식이다.	
차이점	고추장이 필요하다. 끓여서 만든다.	김과 채소가 필요하다. 돌돌 말아서 만든다.

5. 본시 교수-학습 지도안 (과정안)

학습과정	교수-학습활동	자료 및 유의점
도입	- 전시학습 상기 - 동기유발 - 학습목표 확인	
〈활동1〉 그림의 공통점과 차이점 찾기	〈수험생 실연부분〉	[재] 자료1,2 [재] 스마트 기기ㅣ (태블릿 피씨, 스마트 워치 등)
〈활동1〉 평가	〈수험생 실연부분〉 **가** | **나** | **다**		
〈활동2〉 공통점과 차이점에 따라 설명하는 글쓰기	〈수험생 실연부분〉	[재] 자료3

[수업 설계]

*경기 지역만 해당되며, 수업 실연 전에 활용하시오.

1) 본 수업을 실제로 현장에 설계한다면 고민스러운 부분을 말하시오.

2) 피드백을 활용할 부분과 가정 연계 방안을 구체적으로 말하시오.

26 실전 연습문제

2026학년도 중등교사 신규 임용후보자 선정경쟁시험

특 수

관리 번호: (　　　　) 성명: (　　　　　　)

2차 시험	수업 실연	시험시간	지역별 상이

1. 본시 학습 지도 내용

교과	사회, 진로와직업 연계		
단원	현대 사회로의 변화, 미래 사회로의 도약		
수업 방법	프로젝트 학습		
진행	블록타임제 150분		
프로젝트 주제	미래가 너무 궁금해!		
대상	고등학교 2,3학년 혼합		
단원의 전개 계획	차시	내용	장소
	1~2차시	• 현대 사회의 변화	통합학급
	3~4차시 (본차시)	• 미래사회의 여러 가지 모습 • 우리의 미래 모습 (신문 만들기)	특수학급
	5차시	• 프로젝트 발표회 준비하기	통합학급
	6차시	• 미래가 너무 궁금해! 프로젝트 발표회	강당

2. 본시 관련 학생 실태

가 수준	2명 지적장애	• 질문에 문장으로 답할 수 있으며 글의 1~2문단을 읽고 이해할 수 있다. • 설명을 듣고 어플을 사용할 수 있으며 태블릿 pc를 이용해 검색할 수 있다. • 예린: 자신이 원하는 활동을 하기 위해 의자를 쿵쿵 댄다.
나 수준	3명 지적장애	• 주로 단어로 표현하며 사진이나 간단한 단어를 읽을 수 있다. • 어플 사용 시 반복 연습이 필요하며, 핵심 단어가 제공되었을 때 태블릿 pc를 이용해 검색할 수 있다. • 재훈: 학습 동기와 성공 기대감이 낮아 과제의 어려움을 느낄 시 졸린 척을 한다. • 미소: 청각적 학습을 선호하는 편이다.

3. 수험생 유의사항

- 〈활동1〉-〈현대사회에서 미래사회로!〉, 〈활동2〉-〈미래 신문 만들기〉를 실연하시오.
- 활동별 형성평가를 진행하시오.
- 4차 산업혁명의 발전과 연결 지어 설명하시오.
- 〈활동1〉에서 예린이, 〈활동2〉에서 재훈이의 행동을 긍정적 행동 지원으로중재하시오.
- 교사용 컴퓨터, 전차칠판, 빔 프로젝터, 스크린이 갖추어진 교실에서 수업을 진행한다고 가정하시오.
- 특수교육지원인력 1명 있다고 가정하고 활용하시오.

4. 자료

▶ 〈자료1〉 미래사회의 모습

<table>
<tr><td colspan="3">지금 우리가 살고 있는 현대 사회의 모습은 어떤가요? 지금 우리나라는 미하고 있는데요, 그리고 우리 나라 뿐만 아니라 세계에서는 친환경 미래 에너지 개발을 위해 노력하고 있습니다. 태양열, 풍력 발전, 조력발전..등 그리고 새로운 직업의 모습과 편리한 생활이 등장했는데요..(생략)</td><td colspan="2"> </td></tr>
<tr><td></td><td></td><td></td><td></td><td></td></tr>
<tr><td>수명 연장</td><td>친환경의 중요성</td><td>정보통신기술의 발달</td><td>로봇 작업 활성화</td><td>1인 가구 증가</td></tr>
</table>

▶ 〈자료2〉 미래 직업: 커리어넷 사이트 활용

<table>
<tr><th colspan="2">미래에 생겨날 것 같은 직업?</th></tr>
<tr><td>-로봇 공학자
-우주여행 설계사, 가이드
-노인용 로봇 개발자
-기후 변화 전문가</td><td>-신재생 에너지 개발자
-블록체인 전문가
-의료기기 개발 전문가
-노인 전문 간호사 등</td></tr>
</table>

▶ 〈자료3〉 우리의 미래 신문 만들기

<table>
<tr><td colspan="3">우리들의 미래 신문
발행: 조
발행일:</td></tr>
<tr><td>-직업</td><td>-에너지</td><td>-편리한 생활</td></tr>
</table>

5. 본시 교수-학습 지도안 (과정안)

학습과정 및 탐구요소	교수·학습활동	자료 및 유의점
〈활동1〉 미래사회의 모습 알아보자!	- 미래사회의 모습 알아보기 (에너지, 직업, 생활 등)	㉆ 자료1,2 ㉋ 자료1 설명 시 친환경 에너지의 중요성에대해 설명한다. ㉋ 학생의 직업 흥미도를 고려하여 미래 직업을 조사한다.
〈활동2〉 우리의 미래 신문 만들어 보자!	- 미래신문 만들기 - 미래신문 발표하기	㉆ 자료3 ㉆ 다양한 스마트 기기, 꾸미기 재료 볼펜, 사인펜 등 ㉋ 협동이 이루어질 수 있도록 모둠활동 전 규칙을 안내한다.

[수업 설계]

*경기 지역만 해당되며, 수업 실연 전에 활용하시오.

1) '미래에는 다양한 상황에 대처하고 적응한 능력이 중요하다.' 와 관련하여 미래사회 관련 능력을 신장시키기 위해 수업에서 강조할 부분과 보완해야 할 부분을 말하시오.

2) 본 수업의 주제 중 지역사회와 연계하여 배움을 확장한다면 어떻게 수업을 설계할 것인가?

27 실전 연습문제

2026학년도 중등교사 신규 임용후보자 선정경쟁시험

특 수

관리 번호: ( ) 성명: ( )

2차 시험	수업 실연	시험시간	지역별 상이

1. 수험생 유의사항

- 〈활동1〉, 〈활동2〉를 실연하시오.
- 학생의 개별 수준이 잘 드러나도록 교사 발문을 하시오.
- 〈활동1〉에서 혜영, 〈활동2〉에서 원준의 도전행동을 긍정적 행동지원으로 중재하시오.
- 〈활동2〉에서 학생들의 협동학습 과정에 대한 교사의 개별지원이 드러나도록 실연하시오.
- 〈활동2〉에서 모둠활동, 역할 나누기, 또래교수가 드러나도록 실연하시오.
- 수업모형(개념학습)을 사용하시오.
- 교사용 컴퓨터, 전자칠판, 태블릿PC 사용

2. 본시 학습 지도 내용

과목	수학
관련 성취기준	[9수학05-02] 자료를 간단한 그래프로 나타낸다.
대상	중학교 1학년
주제	막대그래프의 장점을 알고, 정보를 나타내기
수업 진행	블록타임제 100분 수업
활동 내용	• 〈활동1〉 막대그래프의 장점 알아보기 • 〈활동2〉 정보를 막대그래프로 나타내기

3. 본시 관련 학생 실태

가 수준	3명 발달장애	• 긴 문장 듣고 이해 가능, 문장 수준 발화 가능 • 간단한 사칙연산 가능 • 미진(자폐성장애): 시각적인 자료를 선호 • 혜영: 주의집중력이 짧으며, 과제를 회피하기 위해 일과에 대한 질문을 자주 함
나 수준	2명 지적장애	• 짧은 문장 듣고 이해 가능, 발화는 단어 수준 • 대소관계 파악 가능 • 원준: 자신감이 없고 학습된 무기력이 있어 매사에 소극적인 편
다 수준	1명 자폐스펙트럼장애	• 한 음절로 의사표현 가능, 한 음절씩 따라 말하기 가능 • 손으로 풀칠하기, 붙이기 가능, 시각적 정보의 뚜렷한 특징 파악 가능 • 간단한 AAC 사용가능

4. 자료

▶ 〈자료1〉 다양한 과일과 채소 그림 카드

▶ 〈자료2〉 막대그래프 틀, 포스트잇

개수 / 색깔				
3개				
2개				
1개				
0개	빨간색	노란색	초록색	보라색

▶ 〈자료3〉 조사한 자료 (우리 학년 학생들이 좋아하는 스포츠)

축구	3
농구	2
배드민턴	3
야구	1

학생수 / 스포츠				
3명				
2명				
1명				
0명	축구	농구	배드민턴	야구

5. 본시 교수-학습 지도안 (과정안)

학습과정 및 탐구요소	교수 모형 '개념학습'	교수·학습활동	자료 및 유의점
도입	기초 문제 파악	전시 학습 상기 본시와 관련된 예시들의 개념 재생하기 학습목표 확인하기	
〈활동1〉 막대그래프의 장점 알아보기	제시 개념화	-좋아하는 과일 이야기하기 -좋아하는 과일 색깔별로 분류하기 -색깔별로 개수를 세어 표와 막대그래프로 나타내기 -막대그래프의 좋은 점 알기 -막대그래프의 특징 파악하기	재 자료1, 포스트잇 유 구체물 조작 또는 추론 활동을 통해 속성 파악하기 재 자료 2 재 색연필, 색깔카드 사용
〈활동2〉 정보를 막대그래프 나타내기	적용 및 발전	-미리 조사한 2가지 조사표 소개하기 -조사표를 활용해 정보를 막대그래프로 나타내기 -막대그래프로 정보 해석하기 -발표하기	유 알게된 개념을 활용하기 재 자료3 재 태블릿pc

[수업 설계]

*경기 지역만 해당되며, 수업 실연 전에 활용하시오.

1) 본 수업에는 선생님만의 개성이 잘 드러나고 있나요? 그렇다면 개성이 잘 드러낼 부분을 구체적으로 설명하세요.

2) 학생들의 실제 삶의 맥락과 밀접하게 연계되기 위해서 어떻게 교수할 예정인지, 어떻게 더욱 발전시킬 것인지 방안을 말하세요.

28 실전 연습문제

2026학년도 중등교사 신규 임용후보자 선정경쟁시험

특 수

관리 번호: (　　　　) 성명: (　　　　　　　　)

2차 시험	수업 실연	시험시간	지역별 상이

1. 수험생 유의사항

- 〈활동1〉, 〈활동2〉 실연하시오. (단, 활동별 형성평가를 포함하시오.)
- 학생의 개별 능력 및 특성이 드러나도록 교사 발문을 하시오.
- 〈활동1〉에서 〈자료1〉, 〈활동2〉에서 〈자료2〉 활용하시오.
- 〈활동1〉 후반부에서 가인이, 〈활동2〉 초반부에서 현정이의 도전행동을 중재하시오.
- 특수교육지원인력 1명이 있다고 가정하고 수업하시오.
- 컴퓨터, 전자칠판, 스마트 기기 (태블릿pc) 을 활용하시오.

2. 본시 학습 지도 내용

과목	수학		
단원	6. 시간 계획하기		
차시	본차시	• 주간 계획표에서 여러 가지 정보를 찾기	수행평가
수업 진행	50분		
대상	고등학교 2학년		
활동 내용	• 〈활동1〉 계획표의 여러 가지 종류 알기 • 〈활동2〉 계획표에서 알맞은 정보 찾기		

3. 본시 관련 학생 실태

가 2명	지적지체장애	• 자신의 의견을 문장수준으로 대답할 수 있다. • 예진: 활동에 소극적이며, 좋아하는 친구의 모습을 따라하는 하는 것을 좋아한다. • 민지: 휠체어를 타고 있으며, 비대칭긴장성 경반사를 보인다. • 가인: 친구와 상호작용에 어려움을 보일 경우 친구에에 물건을 던지는 행동한다.
나 3명	자폐성장애	• 자신의 의견을 단어수준 또는 그림으로 대답할 수 있음. 그리고 몸짓언어를 사용한다. • 세진: 교사의 지시를 따를 수 있으나 전반적인 의사소통에 어려움이 있다. • 현정: 시각적 능력에 강점을 보이지만 예측하지 않은 상황에서는 불안해한다. • 유민: 수업 중 주의집중이 짧으나 좋아하는 친구와 상호작용을 할 경우 적극적으로 수업에 참여한다.

4. 자료

▶ 〈자료1〉 계획표의 종류

학급 시간표, 주간 교육 시간표, 주간 계획표, 평일 일정표, 주말 일정표, 주간 행사 계획표, 주간 점심 식단표, 주간 생산표 등

▶ 〈자료2〉 활동지

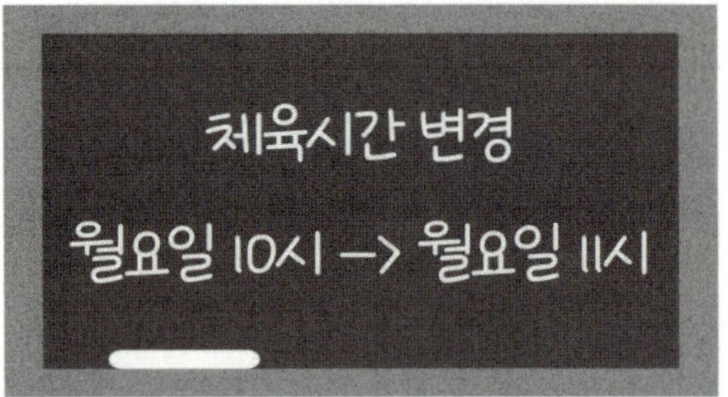

칠판 사진

시간/요일	월	화	수	목	금
1교시 (9:00~9:50)	창체	사회	동아리	과학	영어
2교시 (10:00~10:50)	국어	수학	동아리	국어	직업

이번주 시간표

품목/요일	월	화	수	목	금
물건 (생산량)	양말 (100)	신발 (10)	포장 (80)	포장 (30)	양말 (100)

주간생산표

주간 생산 품목

5. 본시 교수-학습 지도안 (과정안)

학습과정 및 탐구요소	교수·학습활동	자료 및 유의점
〈활동1〉 계획표의 여러 가지 종류 알기	〈수험생 실연 부분〉 형성 평가	자 자료1, 컴퓨터, 전자칠판, 태블릿pc, 계산기 등
〈활동2〉 계획표에서 알맞은 정보 찾기	〈수험생 실연 부분〉 형성 평가	자 자료2, 컴퓨터, 전자칠판, 태블릿pc 등

05 수업능력평가 실전 연습문제 43문항

[수업 설계]

*경기 지역만 해당되며, 수업 실연 전에 활용하시오.

질문 기반 탐구 수업을 위해 준비한 방안을 말하고, 과정중심평가를 실현하기 위한 계획을 말하시오.

29 실전 연습문제

2026학년도 중등교사 신규 임용후보자 선정경쟁시험

특 수

관리 번호: ( ) 성명: ( )

2차 시험	수업 실연	시험시간	지역별 상이

1. 수험생 유의사항

- 〈활동1〉 ~ 〈활동2〉 까지 실연하시오.
- 학생들의 개별화된 지도 방안과 학습 자료는 학생의 수준에 맞추어 활용하시오.
- 〈활동1〉에서 자료1,2 〈활동2〉에서 모든 자료를 활용하시오.
- 현민이와 경주의 도전행동(=문제행동)을 긍정적행동지원으로 중재하시오.
- 청소의 필요성에 대해 설명하시오.
- 다감각적 활동을 구성하시오.
- 교실 기자재: 컴퓨터, 전자칠판, 태블릿pc, 스티커 프린터기, 실물 자료 등

2. 본시 학습 지도 내용

과목	진로와 직업
단원	4. 청소 탐색
수업 진행	45분
대상	중학교 3학년

3. 본시 관련 학생 실태

가 수준	3명 지적장애	• 5~6단계의 순서나 그림을 외울 수 있고, 자신의 의견을 문장으로 표현할 수 있다. • 태블릿pc, 책 등을 활용하여 스스로 자료를 찾을 수 있다. • 경주: 감정이 상하거나 흥분하면 주먹으로 책상을 세게 친다.
나 수준	2명 지적장애	• 2~3단계의 순서의 단어나 그림을 외울 수 있고, 문장을 단어마다 끊어 읽고 간단한 단어로 표현한다. • 검색어가 제공되면 태블릿pc를 사용하여 그림, 사진을 찾을 수 있다. • 현민: 과제가 잘 되지 않을 때 '선생님 때문이야, 너 때문이야.' 라는 말을 자주 하며 울먹인다.
다 수준	1명 지적지체 중복	• 수용언어는 좋은 편이나 발음이 느리고 부정확하여 한 음절이나 발음하기 쉬운 단어로 소통한다. • 하지마비가 있으며 왼쪽 손을 주로 사용하며 전동 휠체어를 스스로 운전할 수 있다. • 자동 완성 기능이나 최근 검색 기록을 눌러 이미지를 검색한다.

4. 자료

▶ 〈자료1〉 장소

〈실내 청소〉		
환기하기	정리하기	먼지 제거하기
〈실외 청소〉		
쓸기	쓰레기 줍기	쓰레기 분리배출 하기
〈화장실 청소〉		
세면대 닦기	변기 닦기	쓰레기통 비우기

▶ 〈자료2〉 다양한 청소 도구 (붙임 딱지 그림)

청소기	빗자루, 쓰레받이	집게
락스	변기솔	욕실 곰팡이 제거제
대걸레	손걸레, 먼지털이	쓰레기 봉지

▶ 〈자료3〉 청소 방법 안내문 만들기

실내 (교실)	**실외**	**화장실**

5. 본시 교수-학습 지도안 (과정안)

학습과정 및 탐구요소	교수-학습활동	자료 및 유의점
〈활동1〉 청소에 필요한 준비물 확인하기	〈수험생 작성란1〉 평가	재 자료1,2 재 스마트 기기 유 다군이의 태블릿PC에서 자동완성 기능 작동 여부를 확인한다.
〈활동2〉 청소 방법 안내문 만들기	〈수험생 작성란2〉	재 자료 1,2,3 재 스마트 기기, 만들기 재료, 스티커 프린터기 등

[수업 설계]

*경기 지역만 해당되며, 수업 실연 전에 활용하시오.

오늘 수업에서 교사 주도성과 교사 주도성 간 조화를 드러낼 부분을 말하고, 협력적 배움을 위해 노력할 부분을 말하시오.

30 실전 연습문제

2026학년도 중등교사 신규 임용후보자 선정경쟁시험

특 수

관리 번호: (   ) 성명: (   )

2차 시험	수업 실연	시험시간	지역별 상이

1. 본시 학습 지도 내용

과목	국어
차시	실생활 문서 읽기
수업 진행	45분
대상	중학교 2학년

2. 수험생 유의사항

- 〈동기유발〉, 〈활동1〉을 실연하시오.
- 플립러닝 모형으로 수업을 진행하며, 영어 교과와 연계하여 교육과정재구성을 진행하시오.
- 〈동기유발〉 활동에서 지찬이, 〈활동1〉에서 자욱이의 행동을 긍정적 행동 지원으로 중재하시오.
- 〈활동1〉에서 예진이의 오반응을 교정하시오.
- 교사용 컴퓨터, 전차칠판이 갖추어진 교실에서 수업을 진행한다고 가정하시오.
- 생활 속 경험과 연관 지어 교수하시오.

3. 본시 관련 학생 실태

가 수준	3명 지적장애	• 질문에 문장으로 답할 수 있으며 글을 1~2문단 이상 쓸 수 있다. • 스스로 태블릿 pc를 이용해 검색할 수 있다. • 자욱: 성급한 성격으로 상대방의 말이나 행동에 주의를 기울이지 않는 경우가 많다. • 정민: 친구를 좋아하는 편이나, 부끄러움이 많아 어색해한다.
나 수준	2명 지적장애	• 주로 단어로 표현하며 적절한 사진을 고르고 간단한 단어를 쓸 수 있다. • 예진: 단어가 제공되었을 때 태블릿 pc를 이용해 검색은 할 수 있으나, 필요한 정보와 필요하지 않은 정보를 구별하는 것에 어려움을 보인다. • 지찬: 학업적 동기가 낮아 '귀찮아요. 이거 왜 해요. 00이 때문에 못하겠어요.' 라고 자주 말하고 수업에 집중하지 않는다.

6. 자료

▶ 〈자료1〉 동영상

마트 할인 전단지를 보고, 장을 보러 갔는데 마트 문이 닫혀있는 상황

▶ 〈자료2〉 플립 러닝으로 학생들이 조사해온 자료

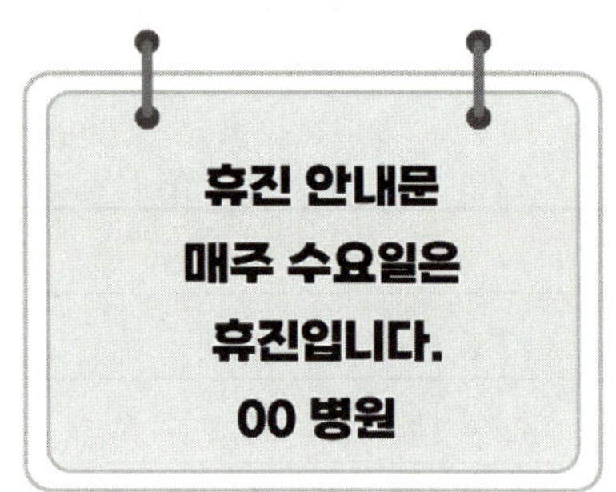	
병원 휴진, 휴관 안내문	영화 산책 안내문
 	*예진이가 찾아온 자료는 본 수업과 관련 없는 자료
안전 주의, 표지판	예진이의 사전 학습 자료

5. 본시 교수-학습 지도안 (과정안)

학습과정 및 탐구요소	플립러닝 모형	교수·학습활동	자료 및 유의점
동기유발		〈수험생 실연부분〉	자 자료1
〈활동1〉 여러가지 문서 읽기	사전학습 평가 미니 강의 진행	〈수험생 실연부분〉	자 자료2 유 사전학습의 과제 평가를 실시하여 학생의 이해도를 점검한다.

[수업 설계]

*경기 지역만 해당되며, 수업 실연 전에 활용하시오.

교실의 학생들은 다양한 수준 차이를 보이며, 동기가 낮은 학생들도 있다. 모든 학생을 위한 교육과정을 운영하기 위해 어떤 수업 방법을 고려하였는가? 더하여 본 수업에서 배움의 도달 정도를 어떻게 확인할 것인며 그렇게 선정한 이유는 무엇인지 말하시오.

31 실전 연습문제

2026학년도 중등교사 신규 임용후보자 선정경쟁시험

특 수

관리 번호: ( ) 성명: ( )

2차 시험	수업 실연	시험시간	지역별 상이

1. 본시 학습 지도 내용

과목	보건
주제	건강한 식습관
수업 진행	블록타임제 100분
대상	고등학교 3학년 대상
활동 내용	• 〈활동1〉 식품을 바르게 이용하는 방법 알기 • 〈활동2〉 건강한 식습관 실천 방법 조사하기

2. 수험생 유의사항

- 〈활동1〉, 〈활동2〉를 실연하시오.
- 〈활동1〉에서 자료1 활용하고 형성평가를 실시하시오.
- 〈활동2〉에서 자료2 활용하고 모둠활동으로 실연하시오.
- 학생들의 개별화된 지도 방안이 잘 나타나도록 실연하시오.
- 〈활동1〉에서 진우의 도전행동에 대한 중재를 실연하시오.
- 〈활동2〉에서 현우의 도전행동에 대한 중재를 실연하시오.
- 세계시민으로서 환경 문제를 적극적으로 해결하려는 태도를 강조하여 실연하시오.
- 교사용 컴퓨터, 전자칠판, 빔 프로젝터, 스크린이 갖추어진 교실에서 수업을 진행한다고 가정하시오.
- 특수교육지원인력 1명 있다고 가정하고 실연하시오.

3. 본시 관련 학생 실태

가 수준	2명 지적장애	• 질문에 문장으로 답할 수 있으며 글의 1~2문단을 읽고 이해할 수 있다. • 태블릿 pc를 이용해 검색 어플을 사용할 수 있으며 스스로 검색할 수 있다. • 진우: 착석 유지 시간이 짧고 지루한 것을 싫어하며 산만하다.
나 수준	3명 지적장애	• 2~3개 정도의 단어로 구성된 말을 이해할 수 있고, 질문에 단어로 답할 수 있다. • 단어가 제공되었을 때 태블릿 pc를 이용해 검색할 수 있다. • 예진: 태블릿pc 기기 사용 조작이 서툰 편이다. • 현우: 지시를 수용하는데 어려움을 느낀다.
다 수준	1명 지적지체중복	• 간단한 단어를 말할 수 있으며 손으로 가리키거나 선택하여 의사소통 한다. • 자동 완성 기능을 활용하여 태블릿 pc로 검색할 수 있다. • 상하지마비가 있으며 오른손의 기능이 좋은 편이다.

4. 자료

▶ 〈자료1〉 식품 바르게 이용하기

보관방법 확인	유통기한 확인	조리 방법 확인

▶ 〈자료2〉 올바른 식습관 실천 방법 (개념도 학습지)

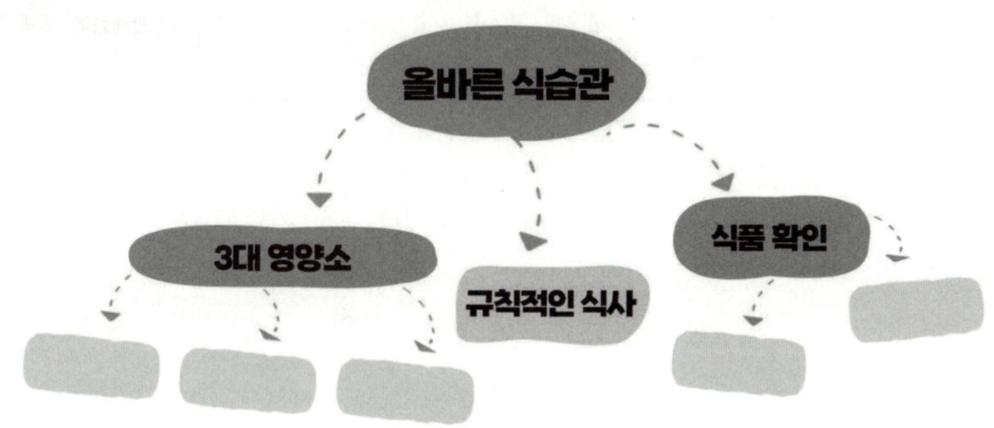

5. 본시 교수-학습 지도안 (과정안)

단계	학습과정 및 탐구요소	교수·학습활동	자료 및 유의점
〈활동1〉	식품을 바르게 이용하는 방법 알기	〈수험생 실연 부분〉 형성평가	자 자료1 자 다양한 스마트 기기 (태블릿pc, 스마트 워치 등)
〈활동2〉	건강한 식습관 실천 방법 조사하기	〈수험생 실연 부분〉	자 자료2 자 다양한 스마트 기기 활용 (태블릿 피씨, 스마트 워치 등) 유 개념도를 활용하여 서로의 관계성에 대해 강조한다.

[수업 설계]

*경기 지역만 해당되며, 수업 실연 전에 활용하시오.

1) '학생은 스스로 성장하는 힘을 가진 주체적인 인격체'가 되기 위한 수업에서 학생과 나눌 의미 있는 배움은 무엇인가?

2) 본 수업에서 학생의 평가는 어떻게 실행할 예정이며, 그 효과를 말하시오.

3) 기초학력 보장을 위해 본 수업에서 고려하여 설계한 점과 가정 연계 방안을 이야기하시오.

32 실전 연습문제

2026학년도 중등교사 신규 임용후보자 선정경쟁시험

특 수

관리 번호: (　　　　) 성명: (　　　　　　　　)

2차 시험	수업 실연	시험시간	지역별 상이

1. 본시 학습 지도 내용

과목	국어	
단원	흥겨운 우리 명절	
차시	이전 차시	명절 안전하게 즐기기
	본차시	명절의 풍경
	후속 차시	명절의 풍습
수업 진행	블록타임제 100분	
대상	고등학교 1학년	

2. 수험생 유의사항

- 〈활동1〉, 〈활동2〉 보고서 발표까지 실연하시오.
- 〈활동1〉에서 지민이, 〈활동2〉에서 수호의 행동을 긍정적 행동 지원으로중재하시오.
- 교사용 컴퓨터, 전차칠판이 갖추어진 교실에서 수업을 진행한다고 가정하시오.
- 집단강화 전략을 활용하고, 도전행동에 따른 개인별 긍정적 행동 지원이 드러나도록 실연하시오.
- 모둠별 역할과 자기관리, 자기결정력이 드러나도록 지도하시오.
- 명절에 대한 배경지식을 확인하시오.
- 특수교육 지원인력 1명을 활용하시오.

3. 본시 관련 학생 실태

수준 인원	본시 관련 학생 특성 및 학생 수행 수준
가 2명	• 자신의 의견을 문장 수준으로 대답할 수 있다. • 수호: 쉬운과제를 제공했을 시 지루해하며 엎드려 있는다. • 지민: 자신의 의사를 표현하기 위해 수업 중 소리 지르는 행동을 보인다.
나 3명	• 자신의 의견을 단어 수준 또는 그림으로 대답할 수 있다. • 유진(정서행동장애): 과잉행동 및 충동성을 나타내어 수업에 방해한다. • 예리(자폐스펙트럼장애): 촉각에 민감하고, 반향어를 사용한다.
다 1명	• 몸짓언어를 사용하거나 AAC를 활용한다. • 시각지적장애로 촉각 자료에 강점을 보인다.

4. 자료

▶ 〈자료1〉 사진 및 읽기 자료

명절에는 널뛰기, 윷놀이, 강강술래 등 다양한 놀이를 합니다. 널뛰기는 널반지 양쪽에 한 사람이 올라가 번갈아 높이 뛰어보는 놀이입니다. 윷놀이는 편을 나눈 다음 네 개의 윷가락을 던져 말을 옮겨 승부를 겨루는 놀이입니다. 강강술래는 여러 사람이 서로 손을 잡고 원을 만들어 돌면서 추는 춤입니다. 그리고 명절에는 다양한 음식들을 먹습니다. (생략)

▶ 〈자료2〉 보고서

명절에 하는 민속 놀이 이름과 음식을 써봅시다.

명절 민속놀이 한 가지를 선택해 설명해봅시다.

	사진

5. 본시 교수-학습 지도안 (과정안)

학습과정 및 탐구요소	교수·학습활동	자료 및 유의점
동기유발	-명절 관련된 옛 민요	㉶ 노래
〈활동1〉 명절에 대해 알아보기	〈수험생 실연 부분〉	㉶ 자료1, 태블릿pc
〈활동2〉 '명절' 보고서 작성하기	〈수험생 실연 부분〉	㉶ 자료2, 태블릿pc

[수업 설계]

*경기 지역만 해당되며, 수업 실연 전에 활용하시오.

1) 이 수업을 진행할 때 수업의 의도는 무엇이고, 어떻게 반영할 예정인지 말하시오.

2) 본 수업의 성장중심평가를 어떻게 진행할 것인지 말하고, 다음 차시에 본 차시의 배움을 어떻게 연결할 것인지 말하시오.

33 실전 연습문제

2026학년도 중등교사 신규 임용후보자 선정경쟁시험

특　수

관리 번호: (　　　　) 성명: (　　　　　　　　)

2차 시험	수업 실연	시험시간	지역별 상이

1. 수험생 유의사항

- 〈활동1〉, 활동2〉를 실연하시오.
- 학생들의 개별화된 지도 방안이 잘 나타나도록 실연하시오.
- 학생의 상상력을 발휘할 수 있는 기회를 제공하시오.
- 〈활동1〉에서 미소, 〈활동2〉에서 양섭이의 행동을 긍정적 행동 지원으로중재하시오.
- 교사용 컴퓨터, 전자칠판이 갖추어진 교실에서 수업을 진행한다고 가정하시오.

2. 본시 학습 지도 내용

과목	진로와 직업		
차시	이전 차시	• 택배의 운송 과정	-
	본차시	• 택배 포장 실습	실습
	다음 차시	• 택배 포장 실습처 견학	-
수업 진행	블록타임제 150분		
대상	고등학교 3학년		

3. 본시 관련 학생 실태

가 수준	3명 지적장애	• 4~5개의 단계로 이루어진 과제를 수행할 수 있다. • 자신의 의사를 여러 단어와 문장으로 말할 수 있다. • 미소: 과제를 수행할 때 틀리면 '문제가 너무 어려웠어요. OO이 때문에 하기 싫어요.' 라고 말하고 수행을 거부한다.
나 수준	2명 지적장애, 자폐스펙트럼 장애	• 2~3개 단계로 이루어진 과제를 수행할 수 있다. • 주로 단어로 표현하며 적절한 사진을 고르고 간단한 단어를 쓸 수 있다. • 과제 수행 시 모델링과 반복 연습이 필요하다. • 양섭(자폐스펙트럼장애): 손 기능은 좋으나 과제 지속력이 짧아 옆 친구에게 말을 자꾸 건다. • 가은(지적장애): 과제에 대한 집중력이 주변 환경에 따라 크게 차이가 난다.

4. 자료

▶ 〈자료1〉 택배 포장 순서

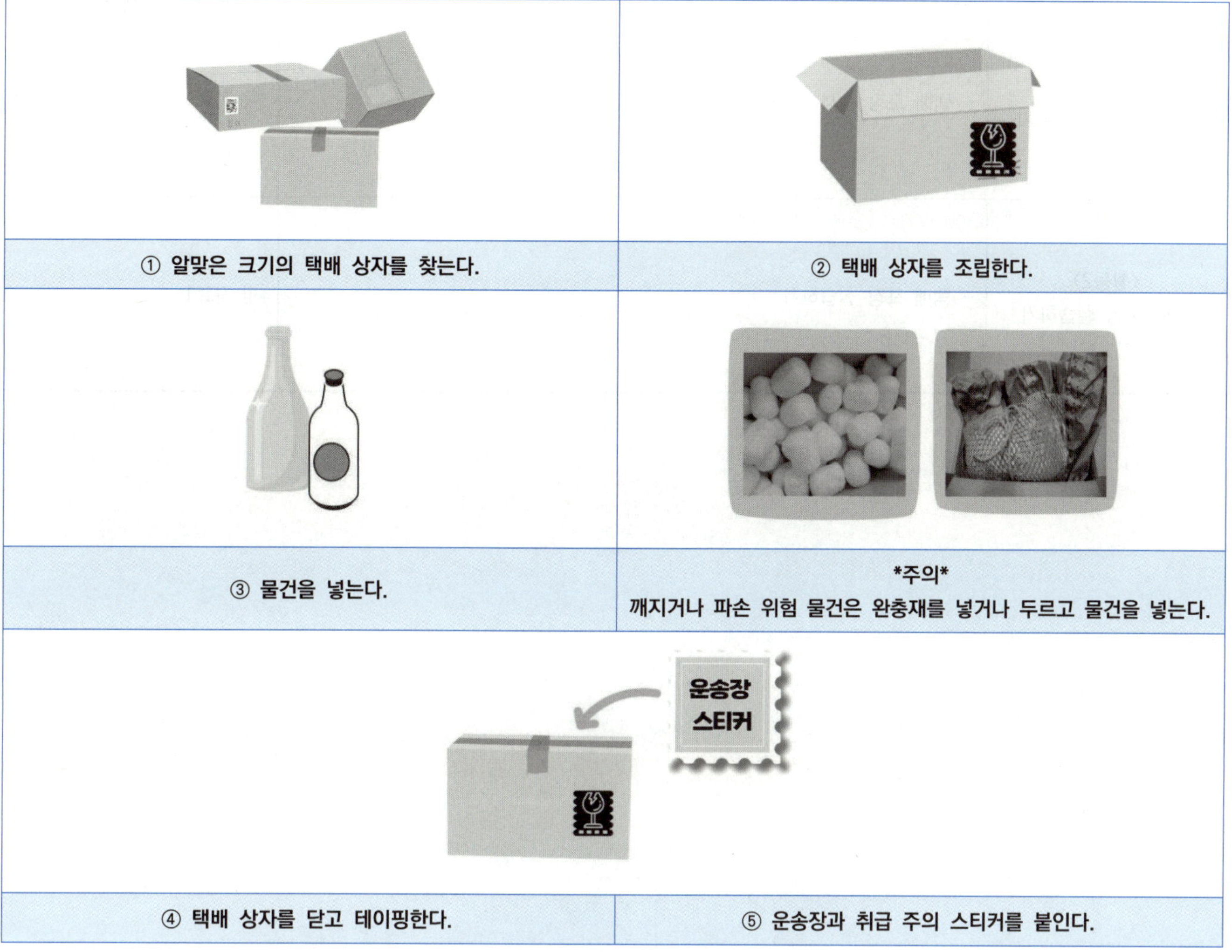

▶ 〈자료2〉 택배 포장 실습 준비 물품

<table>
<tr><td>수신인: 김00
물품: 컵, 접시</td><td>수신인: 강00
물품: 책</td><td colspan="2">수신인: 박00
물품: 양말</td><td colspan="2">수신인: 최00
물품: 계란</td></tr>
<tr><td colspan="2" rowspan="2">테이프, 가위, 매직, 운송장, 완충재 등</td><td>컵, 접시</td><td>양말</td><td>책</td><td>계란</td></tr>
<tr><td colspan="4">물품</td></tr>
</table>

5. 본시 교수-학습 지도안 (과정안)

학습과정 및 탐구요소	교수·학습활동	자료 및 유의점
〈활동1〉 택배 포장 순서 알기	- 택배 포장 순서 알기	재 자료1
〈활동2〉 택배 포장 실습하기	- 택배 포장 실습하기	재 자료1

[수업 설계]

*경기 지역만 해당되며, 수업 실연 전에 활용하시오.

1) '학생의 삶을 중심으로 교사가 맥락적으로 교육과정을 해석하고 개발하여 학생의 성장과 발전을 촉진하는 교육과정'이 실현한 부분은 무엇인가?

2) 배움에 도달하지 못하거나 배움이 느린 학생을 어떻게 추가로 보충 지도할 예정인지 말하시오.

34 실전 연습문제

2026학년도 중등교사 신규 임용후보자 선정경쟁시험

특 수

관리 번호: ( ) 성명: ( )

2차 시험	수업 실연	시험시간	지역별 상이

1. 수험생 유의사항

- 〈활동1〉, 〈활동2〉를 실연하시오.
- 〈활동1〉에서 자료1,2 활용하고 개별적 수준을 고려하여 실연하시오.
- 〈활동2〉에서 자료3 활용하고 모둠활동으로 실연하시오.
- 학생들의 자아존중감을 향상시키기 위한 긍정적인 피드백을 제공하시오.
- 〈활동1〉에서 현주의 도전행동을 긍정적 행동지원으로 중재하시오.
- 세계시민으로서 환경 문제를 적극적으로 해결하려는 태도를 강조하여 실연하시오.

자료

환경 오염 사진, 기사, 활동지, 태블릿.PC, 전자칠판, 포토프린터, QR 코드 프린터기 등

2. 본시 학습 지도 내용

주제	세계시민교육
단원	2. 국경을 넘어선 환경 문제
차시	환경 오염과 보전 방법
수업 진행	블록타임제 100분 수업
대상	고등학교 1학년 대상

3. 본시 관련 학생 실태

가 수준	3명 지적장애	• 질문에 문장으로 답할 수 있으며 글의 1~2문단을 읽고 이해할 수 있다. • 태블릿 pc를 이용해 스스로 검색할 수 있다. • 현주: 교사의 관심을 받기 위해 계속 질문을 하거나 일부러 엉뚱한 답을 하기도 한다. • 진우: 개인 활동에는 적극적으로 참여하나, 모둠 활동 참여에는 소극적이다.
나 수준	3명 지적장애	• 2~3개 정도의 단어로 구성된 간단한 문장을 이해할 수 있고, 질문에 주로 단어로 답한다. • 핵심 단어가 제공되었을 때 태블릿 pc를 이용해 동영상을 검색할 수 있다. • 재혁: 호기심이 많으나, 태블릿pc 나 기기 사용 조작이 서툰 편이다.

4. 자료

▶ 〈자료1〉 환경 오염 사진

인도네시아 대기 오염	소각장의 많은 쓰레기	빙하가 녹은 북극	아프리카의 한 마을

*수험생의 이해를 돕기 위한 이미지

▶ 〈자료2〉 환경 오염 관련 기사

이제는 쓰레기 섬이 되어버린 코모도섬

사람이 만들고 버린 쓰레기로 인도네시아 현지에 사는 동물들은 쓰레기장에서 살고 있다고 9일 일본 시라베 등 현지 언론이 보도했다. 지난 20세기 초 코모도 도마뱀에 관한 학술적 조사가 이뤄지면서 대중에 소개된 코모도섬과 린차섬은 아름다운 자연경관으로 세계 자연 유산에 등록됐다.

하지만 현실은 TV나 책에서 본 푸른 섬이 아닌 쓰레기장을 방불케 하고 있으며, 오염의 주 원인은 사람들이 내다 버린 쓰레기다. 사람들이 배출한 쓰레기에 뒤덮여 아름다운 자연경관이 파괴된 상태다. 가까이 보면 더 심각하다. '에메랄드빛 바다 섬'으로 불리는 인도네시아 섬이 이젠 '쓰레기의 섬'으로 불릴지 모르겠다.

출처: 이동준 기자, '관광지에서 태어나 사는 동물들의 비애', 2016.11.9., 세계일보
https://n.news.naver.com/article/022/0003114694?sid=104

멕시코만 원유 유출 5년, 생태계 살아났나?

2010년 4월 20일 미국 남동부 멕시코만 해안에서 석유시추시설인 '딥워터호라이즌'호가 폭발하면서 근로자 11명이 사망하고 파이프가 절단되면서 시추 중인 원유가 유출되는 대형 사건이 터졌다.

유출은 1500미터 해저에서 일어난 일이라 사람이 접근하지 못해 기름 유출을 막는 데만 87일이 걸렸다. 정확한 유출량은 영원히 알 수 없겠지만 적어도 5억1800만 리터는 될 것으로 추정하고 있다.

출처: 강석기, 멕시코만 원유 유출 5년, 생태계 살아났나?, 2015.7.6., 동아사이언스
https://m.dongascience.com/news.php?idx=7508

▶ 〈자료3〉 모둠 학습지

모둠 학습지			
모둠 이름		모둠 구성원	
환경오염	쓰레기가 많은 그림 → 토양 오염 → 그 다음은? (연속형 조직자, 원인 결과형)		
우리가 실천할 수 있는 일은?			

5. 본시 교수-학습 지도안 (과정안)

학습과정 및 탐구요소	교수 모형 '문제해결적 접근 모형'	교수·학습활동	자료 및 유의점
〈활동1〉 환경 오염의 다양한 이유 조사하기	문제 파악 사회탐구 및 가치탐구	-환경 오염의 다양한 사례 살펴보기 (뉴스, 사진) -환경 오염의 원인 찾기	[자] 자료1,2 [자] 다양한 스마트 기기, 책, 기사, 사진 등 [유] 태블릿pc 조작 시 재혁이에게 촉진을 제공한다.
〈활동2〉 환경보호 실천 방법 찾기	대안 선택 및 결과 예상 최종 선택 및 행동	-모둠활동 하기 (모둠 구성, 역할 분담, 자료 조사 등) -모둠 학습지 발표하기	[자] 자료3 [자] 다양한 스마트 기기, 책, 기사, 사진 등 [유] 환경오염의 원인과 결과에 대한 일련의 과정을 연속형 조직자를 활용하여 설명한다. [유] 기후 위기 대응의 중요성을 강조한다.

[수업 설계]

*경기 지역만 해당되며, 수업 실연 전에 활용하시오.

1) 본 수업에서 어떠한 미래사회 관련 역량 중 어떤 것을 강조하여 지도할 것인지 말하시오.
2) 본 수업에서 활용할 핵심 발문은 무엇이며, 학생의 입장에서 이 발문의 효과를 말하시오.

35 실전 연습문제

2026학년도 중등교사 신규 임용후보자 선정경쟁시험

특 수

관리 번호: (　　　　) 성명: (　　　　　　　　　)

2차 시험	수업 실연	시험시간	지역별 상이

1. 본시 학습 지도 내용

과목	수학
차시	측정하기
수업 진행	블록타임제 90분
대상	중학교 3학년

2. 수험생 유의사항

- 〈동기유발〉, 〈활동1〉, 〈활동2〉, 실연하시오.
- 학생의 개별 능력 및 특성이 드러나도록 교사 발문을 하시오.
- 학생의 일상생활과 연결하여 수업하시오.
- 태호와 예슬이의 도전행동을 중재하시오.
- 〈활동1〉에서 개별화된 지도 방안이 드러나도록 실연하시오.
- 〈활동2〉에서 또래교수, 모둠활동이 드러나도록 실연하시오.
- 컴퓨터, 전자칠판, 태블릿pc, AAC을 활용하시오.

3. 본시 관련 학생 실태

가 수준	3명 지적장애, 자폐스펙트럼장애	• 문장으로 말할 수 있다. • 1000, 10000의 자리 숫자를 읽을 수 있고, mL,와 L 의 관계를 안다. • 예슬(자폐스펙트럼장애): 손을 흔들거나 발을 동동 구르는 등 감각추구 행동을 한다.
나 수준	3명 지적장애	• 간단한 문장은 읽을 수 있고 주로 단어에 집중하여 읽고 짧은 문장으로 말한다. • 1000의 자리의 숫자를 천천히 읽을 수 있으나, 100의 자리와 1000의 자리를 종종 혼동한다. • mL와 L의 관계에 대해 반복 설명이 필요하다. • 시각적 자료를 선호한다. • 태호: 학습된 무기력으로 인해서 학습 흥미가 낮으며 다른 사람에게 답을 물어보거나, 답을 알려달라고 한다.

4. 자료

▶ 〈자료1〉 생활 속 L

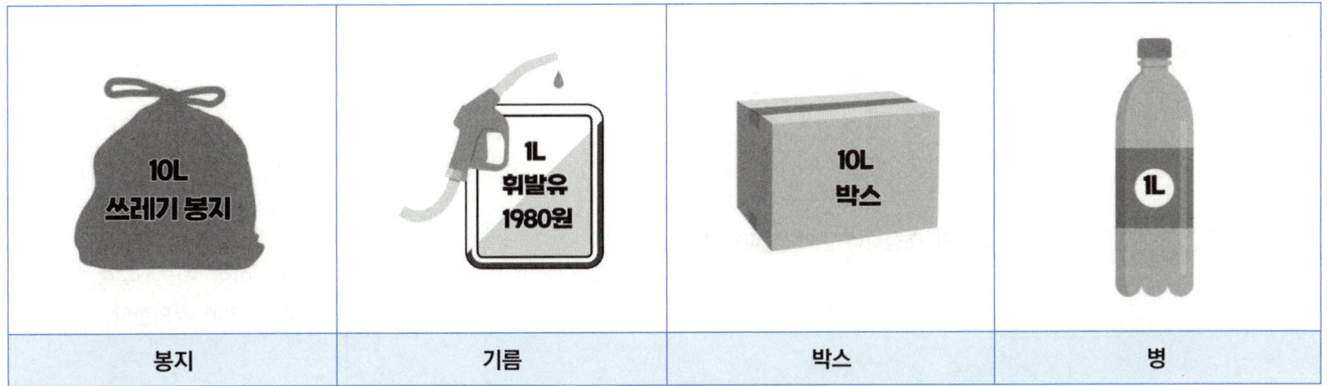

▶ 〈자료2〉 실험도구

비커(1L)	비커(500mL)	눈금실린더	스포이트	전기포트	계량컵	계량스푼	약물통

▶ 〈자료3〉 들이의 비교 학습지

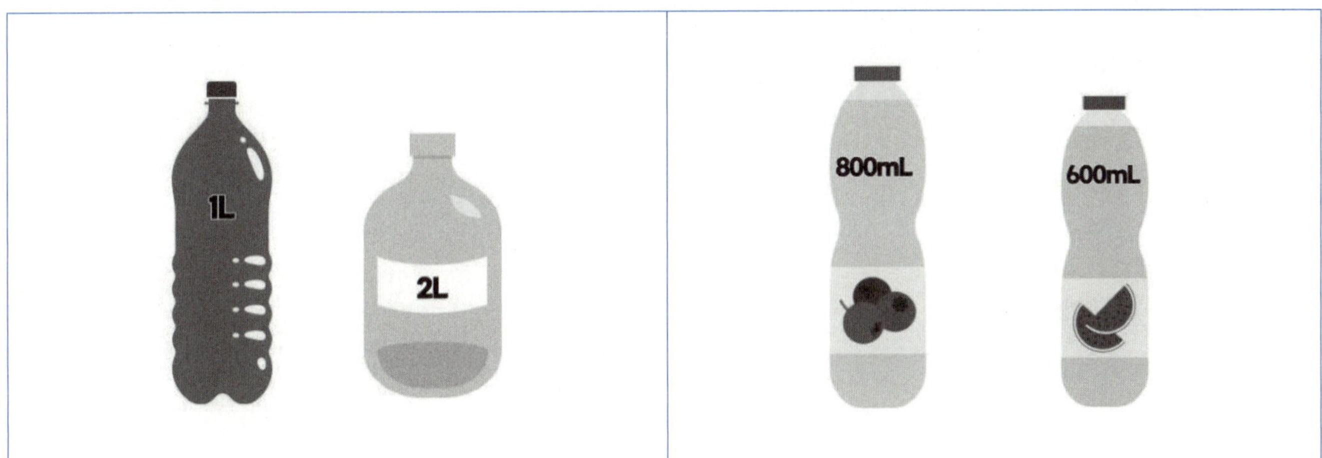

05 수업능력평가 실전 연습문제 43문항

5. 본시 교수-학습 지도안 (과정안)

학습과정 및 탐구요소	교수·학습활동	자료 및 유의점
동기유발	- 우리의 실생활속에서 L, mL 단위 찾기	자 자료1
〈활동1〉 L와 mL 측정하기	- L와 mL의 측정하여 관계성 파악하기	자 자료2, 컴퓨터, 전자칠판, 태블릿pc, 계산기, 모형 지폐 유 예슬이의 상동행동을 고려하여 안전에 주의한다.
〈활동2〉 들이 비교 게임하기	- 들이의 양 비교하기	자 자료2,3, 컴퓨터, 전자칠판, 태블릿pc, 계산기, 모형 지폐

[수업 설계]

*경기 지역만 해당되며, 수업 실연 전에 활용하시오.

다양한 학습 수준과 동기를 가진 학생들의 학습 결손의 예방을 하기 위해 수업을 디자인할 때 고려한 부분을 말하시오.

36 실전 연습문제

2026학년도 중등교사 신규 임용후보자 선정경쟁시험

특 수

관리 번호: (　　　　) 성명: (　　　　　　)

2차 시험	수업 실연	시험시간	지역별 상이

1. 본시 학습 지도 내용

과목	사회		
단원	7. 세계와 함께하는 우리나라, 8. 세계가 사랑하는 문화유산, 9. 사회 변화와 발전		
차시	시기	내용	수업 방식
	본차시	세계의 다양한 문화	프로젝트 학습
수업 진행	100분		
대상	고등학교 2학년		

2. 수험생 유의사항

- 〈활동1〉 ~ 〈활동2〉 평가까지 실연하시오.
- 〈활동2〉에서 자기평가를 실시하시오.
- 〈활동1〉에서 자료1,2 〈활동2〉에서 자료 2,3를 활용하시오.
- 〈활동2〉에서 주혁이의 도전행동(=문제행동)을 긍정적행동지원으로 중재하시오.
- 문화의 다양성을 존중하는 태도 갖출 수 있도록 지도하시오.

자료

컴퓨터, 전자칠판, 태블릿PC, 스티커 프린터기, 구글어스 어플, 실물자료 등

3. 본시 관련 학생 실태

가 수준	3명 지적장애	• 수업에 적극적으로 참여하는 편이며, 자신의 의사를 문장으로 표현할 수 있다. • 태블릿pc, 책 등을 활용하여 스스로 자료를 찾을 수 있다. • 주혁: 모둠 활동 중 잘 하지 못하는 친구에게 핀잔을 준다.
나 수준	2명 지적장애	• 문장을 단어마다 끊어 읽고, 간단한 단어로 표현한다. • 핵심 단어가 제공되면 태블릿pc를 사용하여 그림, 사진을 찾을 수 있다. • 세찬: 개별적 지원이 제공되면 수업에 잘 참여하며 교사와의 상호작용을 선호한다.
다 수준	1명 지체장애 (수연)	• 발음이 느리고 부정확하여 한 음절이나 발음하기 쉬운 단어로 소통한다. • 하지마비로 왼쪽 손을 주로 사용하며 전동 휠체어를 스스로 운전할 수 있다. • 수업 시 반복 설명이 필요하다. • 자동 완성 기능, 사진 인식 기능을 활용하여 태블릿 PC로 검색할 수 있다.

4. 자료

▶ 〈자료1〉 세계 다양한 문화

사진 붙이는 곳	사진 붙이는 곳	사진 붙이는 곳
옷	**문화유산**	**음식 등**

▶ 〈자료2〉 프로젝트 활동지

〈주제: 우리와 같고도 다른 00나라 이야기〉

1. 위치

2. 언어

3. 옷

우리나라랑 비슷한 점	**다른 점**

4. 음식

우리나라랑 비슷한 점	**다른 점**

▶ 〈자료3〉 발표계획서

팀 이름:	팀원:
발표 역할 분담:	
발표 계획:	

5. 본시 교수-학습 지도안 (과정안)

학습과정 및 탐구요소	단계	교수-학습활동	자료 및 유의점
〈활동1〉 세계의 다양한 문화 탐구하기	준비 수행	〈수험생 실연 부분〉	자 자료1,2 자 스마트 기기, 실물 자료 유 수연이의 태블릿PC 사진 앨범에 학습 관련 사진을 미리 넣어 놓는다. 유 학생 간의 협동이 이루어지도록 개별 지원한다.
〈활동2〉 프로젝트 활동 결과 발표하기	발표	〈수험생 실연 부분〉	자 자료 2,3 자 스마트 기기 유 발표 전 교사는 순회지도 하며 발표 계획을 점검하며, 보완을 위해 피드백을 제공한다.

[수업 설계]

*경기 지역만 해당되며, 수업 실연 전에 활용하시오.

학생의 질문을 유도하기 위해 사용할 전략이나 노력을 말하고 본 수업이 교육과정, 평가의 유기적 연계 체제로 기능하기 위한 교수 설계 시 고려점과 평가 계획을 말하시오.

37 실전 연습문제

2026학년도 중등교사 신규 임용후보자 선정경쟁시험

특 수

관리 번호: ( ) 성명: ( )

2차 시험	수업 실연	시험시간	지역별 상이

1. 교과: 수학

2. 단원: 수의 연산, 화폐 연계

3. 대상: 고등학교 2학년

4. 수업 시간: 100분 (블록타임제)

5. 주제중심학습 전개 계획

수업 방법	주제중심학습	주제	마트
단원의 전개 계획	영역	내용	
	국어	• 마트의 광고지 살펴보기	
	수학	• 모의상점 이용하기 (할인)	
	영어	• 마트 내에 영어 표현 찾아보기	
	과학	• 마트에 있는 거울 찾아보기	

6. 본 차시 지도 계획

차시	제재명	교수학습 활동	수업 방식
본차시	할인(세일)	〈활동1〉 할인 상품 가격 알기 〈활동2〉 모의상점에서 할인된 물건 구입하기	지역사회모의교수

7. 수험생 유의사항

- 〈활동1〉에서 나은, 〈활동2〉에서 가송이의 도전행동을 중재하시오.
- 일상생활에서 활용할 수 있는 주제이므로 실생활에서의 사용과 연계하여 지도하시오.
- 교사용 컴퓨터, 전자 칠판 갖추어진 교실에서 수업을 진행한다고 가정하시오.

8. 본시 관련 학생 수행 수준

가 수준	2명	• 곱셈과 나눗셈이 능숙하며 문장으로 말한다. • 1000의 자리 나눗셈을 필산으로 가능하다. • 가송: 타인의 칭찬을 받고 싶어 하며 모든 활동에서 제일 먼저 하려는 모습을 보인다.
나 수준	2명	• 계산기를 조작할 수 있으며 주로 단어로 표현한다. • 물건 값에 해당되는 지폐를 선택할 수 있다. • 나은: 계산한 답이 틀리거나 계산식이 잘못되었을 때 크게 상심하며 물건을 던지려고 한다.
다 수준	1명	• 수학 학습장애로 인해 수학에 대한 흥미가 낮다. • 지폐의 그림을 보고 변별할 수 있다.

9. 자료

▶ 〈자료1〉 동영상

OO이가 엄마 생신 선물로 옷가게에서 세일한 옷을 사는 동영상

▶ 〈자료2〉 음식점 할인 품목 그림

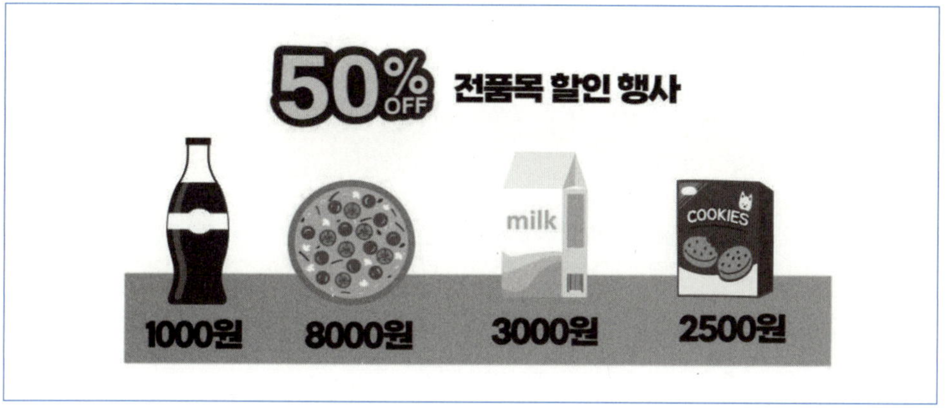

▶ 〈자료3〉 모의 상점에서 사용할 실물 자료

10. 본시 교수-학습 지도안 (과정안)

학습과정 및 탐구요소	교수·학습활동	자료 및 유의점
〈활동1〉 할인 상품 가격 알기	- '할인(세일)' 에 대한 개념 알아보기 - 상품의 할인 금액과 지불 금액 계산하기	자 자료1,2, 계산기 유 소리내어 말하기 기법을 활용하여 계산 과정에 대해 학습할 수 있도록 지원한다.
〈활동2〉 모의 상점에서 할인된 물건 구입하기	- 모의상점 이용하기	자 자료 3, 계산기 유 교실 공간 전체를 다양하게 사용한다.

[수업 설계]

*경기 지역만 해당되며, 수업 실연 전에 활용하시오.

교사가 학습의 촉진자로서 역할하기 위한 방안을 말하고, 오늘 수업의 탐구 질문 2가지를 말하시오.

38 실전 연습문제

2026학년도 중등교사 신규 임용후보자 선정경쟁시험

특 수

관리 번호: ( ) 성명: ( )

2차 시험	수업 실연	시험시간	지역별 상이

1. 수험생 유의사항

- 상빈이의 오반응을 교정하여 피드백 제공하시오.
- 자료1,2은 〈활동1〉, 자료 3은 〈활동2〉에서 재구성하여 자유롭게 사용하되, 개별화된 수준에 맞추어 실연하시오.
- 〈활동2〉에서 미름이의 문제행동을 중재하시오.
- 민주적 의사 결정 과정이 드러나도록 실연하시오.

1. 본시 학습 지도 내용

과목	고등학교 사회		
차시	이전 차시	• 민주주의의 기본 개념	-
	본차시	• 민주주의의 기본 요소와 적용	의사결정 모형
수업 진행	블록타임제 100분		
대상	고등학교 1학년 대상		

◈ 본시 관련 학생 수준

가 수준	2명 지적장애	• 질문에 문장으로 답할 수 있으며 글의 1~2문단을 읽고 이해할 수 있다. • 태블릿 pc를 이용해 스스로 검색할 수 있다. • 미름: 자기주장이 강하여 의견 충돌 시 친구와 싸우기도 한다.
나 수준	3명 지적장애, 청각장애	• 질문에 단어로 답할 수 있고 단어와 그림을 보고 내용을 이해할 수 있다. • 단어가 제공되었을 때 태블릿 pc를 이용해 검색할 수 있다. • 상빈: 경도 청각장애로 보청기를 사용하여 일상생활에는 무리가 없으나, 모둠활동이나 소란스러운 상황에서 종종 발화자를 구분하지 못하기도 한다.
다 수준	1명 지적 지체 중복	• 질문에 주로 단어카드나 그림카드, 몸짓 그리고 종종 한음절로 답한다. • 자동완성 기능을 통해 태블릿 pc를 이용해 검색할 수 있다. • 주영: 친구들과 함께하는 활동을 선호한다.

7. 자료

▶ 〈자료1〉 우리나라의 민주주의 개념

우리나라의 민주주의의 개념은?			
개념 자료	민주주의의 '자유'	• 자유롭게 선택하고 행동하는 것 • 남에게 구속받거나 얽매이지 않고 자기 뜻대로 행동하는 것	
	민주주의의 '법'	• 국가의 강제력을 수반하는 사회 규범 • 법은 사람들이 지켜야할 규칙이고 사회구성원들이 지켜야할 공동생활의 기준	
	민주주의의 '존중'	• 높이어 매우 중요하게 대함 • 다른 사람의 모습, 행동 등을 높이 사거나 인정하는 것	
	민주주의 '규칙'	• 법규와 법칙 • 여러 사람이 다 같이 지키기로 정한 약속	
사진 자료		(본 주제와 관련 없는 사진)	
	기업이가 검색한 사진	**상빈이가 검색한 사진**	**주영이가 검색한 사진**

▶ 〈자료2〉 교과서

다수결의 원칙은 민주 사회의 의사 결정 방식으로, 의사 결정의 가장 이상적 방법은 만장 일치이지만, 이것이 현실적으로 불가능하여 다수결의 원칙을 적용한다.

다수결의 원칙은 소수의 판단보다는 다수의 판단이 더 합리적일 것이라는 가정에서 출발하므로, 다수결이 항상 옳은 것은 아니다. 고로 소수의 의견 또한 존중해야 한다.

▶ 〈자료3〉 우리반 규칙 자료

1. 우리 반은 2달에 1번씩 선생님이 정해주신 대로 자리를 바꿉니다.
2. 우리 반은 쉬는 시간에 창문을 열어 환기를 합니다.
3. 친구들에게 예쁜 말과 고운 말을 사용합니다.
4. 우리반의 학생 자치회장의 임기는 1년입니다.

:

(생략)

5. 본시 교수-학습 지도안 (과정안)

학습과정 및 탐구요소	모형	교수·학습활동	자료 및 유의점
〈활동1〉 민주주의 개념 알아보기	문제 확인	- 민주주의의 기본 요소 복습, 적용 심화 (자유, 존중, 권리, 법, 규칙)	유 주제와 맞지 않는 자료는 재검색하도록 지원한다. 자 자료1,2 자 다양한 스마트 기기 (태블릿 pc, 스마트 워치 등)
〈활동2〉 우리 반의 민주주의 실천하기	문제 진단과 분석	- 우리반 규칙 중 추가하고 싶은 규칙, 수정하고 싶은 규칙 모둠 토의하기	자 다양한 스마트 기기 자 자료3 유 상빈이의 토의 시 원활한 참여 방법을 고려한다.
	대안 탐색	- 발표하기	
	대안 선택	- 투표를 통해 우리반 규칙 다시 정하기	

[수업 설계]

*경기 지역만 해당되며, 수업 실연 전에 활용하시오.

깊이 있는 수업의 과정에서 소외가 예상되는 학생을 말하고, 그 원인과 수업에서 해결 방안을 말하시오,

39 실전 연습문제

2026학년도 중등교사 신규 임용후보자 선정경쟁시험

특 수

관리 번호: ( ) 성명: ( )

2차 시험	수업 실연	시험시간	지역별 상이

1. 수험생 유의사항

- 〈활동1〉, 〈활동2〉 동료평가까지 실연하시오.
- 학생들의 개별화된 지도 방안이 잘 나타나도록 실연하시오.
- 〈활동2〉에서 해주의 행동을 긍정적 행동 지원으로중재하시오.
- 교사용 컴퓨터, 전차칠판이 갖추어진 교실에서 수업을 진행한다고 가정하시오.
- 학생의 자기결정력이 드러나게 실연하시오.
- 학생의 개별 요구에 맞춘 피드백을 제공하시오.

2. 본시 학습 지도 내용

과목	진로와 직업	
차시	이전 차시	• 꿈을 이룬 사람들, 꿈을 이루기 위한 과정
	본차시	• 나의 꿈과 미래의 모습
수업 진행	45분 수업	
대상	중학교 3학년	

3. 본시 관련 학생 실태

가 수준	3명 지적장애	• 질문에 문장으로 답할 수 있으며 글을 1~2문단 이상 쓸 수 있다. • 해주: 발표하는 것을 걱정하며, '저 자신이 없어요.' 라는 말을 하고 책상 밑으로 숨으려고 한다.
나 수준	2명 지적장애	• 주로 단어로 표현하며 적절한 사진을 고르고 간단한 단어를 쓸 수 있다. • 지민: 받침을 빼고 단어를 적거나 글자를 겹쳐서 적는 오류를 보인다.

4. 자료

▶ 〈자료1〉 나의 꿈과 희망 뜻

나의 꿈과 희망: 미래에 자신이 이루고 싶은 일과 기대를 가지고 바라는 삶의 모습

▶ 〈자료2〉 나의 미래 모습 마인드맵

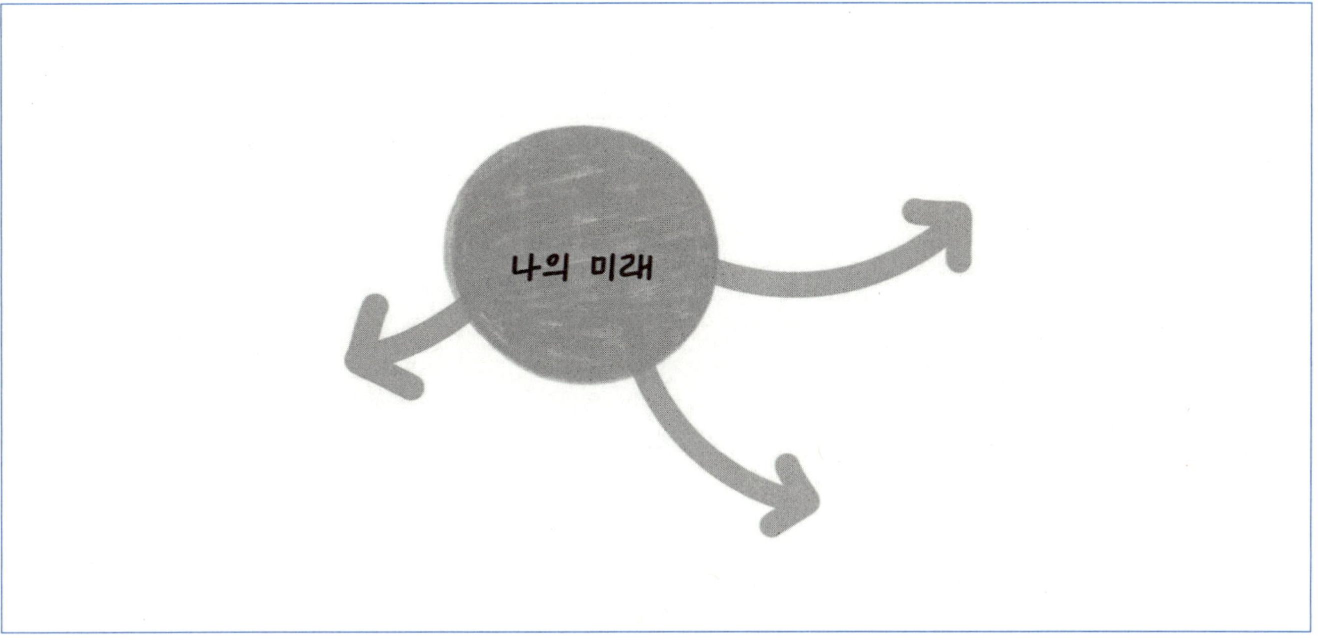

▶ 〈자료3〉 다짐카드 작성하기

나의 장점은?

나의 꿈 소개하기:

나의 미래의 모습은?

내가 노력해야 할 점은?

나의 꿈 카드

이름

나의꿈

좋아하는것

나의 다짐

사진

5. 본시 교수-학습 지도안 (과정안)

학습과정 및 탐구요소	교수·학습활동	자료 및 유의점
〈활동1〉 나의 꿈과 미래 모습 상상하기	〈수험생 실연 부분〉	자 자료 1,2
〈활동2〉 다짐카드 발표하기	〈수험생 실연 부분〉	자 자료3

[수업 설계]

*경기 지역만 해당되며, 수업 실연 전에 활용하시오.

1) 교사에게 성취기준의 의미를 성찰하고, 자율성을 발휘할 부분은 무엇인가?

2) 학습에 동기가 생겼음에도 불구하고 성취기준에 도달하지 못한 학생이 있다면 어떻게 보완할 예정인가?

40 실전 연습문제

2026학년도 중등교사 신규 임용후보자 선정경쟁시험

특 수

관리 번호: (   ) 성명: (   )

2차 시험	수업 실연	시험시간	지역별 상이

1. 수험생 유의사항

- 〈활동1〉~〈활동2〉까지 실연하시오.
- 〈활동1〉에서 자료1,2 〈활동2〉에서 자료3을 활용하시오.
- 학생의 나눔과 봉사의 경험을 활용하며 실천적인 태도를 함양할 수 있도록 지도하시오.
- 〈활동1〉 후반부에 민국, 〈활동2〉 시작 시 대한의 도전행동(=문제행동)을 긍정적행동지원으로 중재하시오.
- 특수교육 지원인력이 1명 있다고 가정하고 활용하시오.
- 교사의 에듀테크 역량을 발휘하시오.

2. 본시 학습 지도 내용

과목	고등학교 국어	
단원	24. 매체와 언어 예절	
차시	이전 차시	• 달라진 점 찾기
	본차시	• 뉴스와 기사를 알아보기
수업 진행	블록타임제 100분	
대상	고등학교 3학년	

3. 학습 목표

우리 주변에서 볼 수 있는 나눔과 봉사활동을 알아보고 자신의 생각이나 느낌, 경험 등을 이야기할 수 있다.

4. 학생 실태

가	3명 지적장애	- 스스로 태블릿 pc를 사용하며 1~2문단의 신문 기사를 읽을 수 있다. - 그림 및 동영상 자료를 보고 문장으로 말할 수 있다. - 만세: 수업 중 교사의 지시를 잘 따르며 친구들과 활동하는 것을 좋아한다. - 대한: 모둠 수업의 재미를 느끼지 못하여 모둠 수업 시 물건을 던진다.
나	2명 자폐성장애	- 교사의 시각적 지원이 제공되면 태블릿 pc로 이미지나 영상을 검색할 수 있다. - 글을 읽을 때 주로 단어와 그림에 집중하여 읽으며 단어 수준으로 의견을 표현한다. - 민국: 과제를 회피하기 위해 자리에서 이탈을 자주 한다. - 정우: 이미지 검색 활동을 좋아한다.
다	1명 시각장애	- 저시력으로 인해 높은 대비와 확대가 필요하다. - 한 글자나 몸짓으로 표현한다.

4. 자료

▶ 〈자료1〉 뉴스 동영상

올해 (　　)의 자선냄비 모금액은 63억원으로 역대 최고를 기록했습니다. 또 이름을 밝히지 않은 채 1억원을 (　　) 한 시민도 3명이나 됐습니다. (　　)이/가 어렵다고 하지만, 주변을 돌아보는 나눔과 사랑이 한겨울을 훈훈한 (　　)(으)로 채우고 있습니다. 보기- 경제, 기부, 온기, 구세군

▶ 〈자료2〉 나눔과 봉사 관련 자료

〈관련 기사〉 '사랑의 연탄 배달 봉사 덕분에 따뜻한 겨울' '이웃의 재난 피해 복구 지원' '착한 00 치킨집 사장님, 돈쭐 내주자!' '배우 00 소외계층 위해 1억 기부' '사랑의 김치 나눠요.'

▶ 〈자료3〉 활동지

모둠 이름		**역할**	
〈봉사와 나눔의 다양한 종류〉			
사진 붙이는 곳	사진 붙이는 곳	사진 붙이는 곳	사진 붙이는 곳
〈실천 계획〉			

5. 본시 교수-학습 지도안 (과정안)

학습과정	교수-학습활동	자료 및 유의점
도입	- 전시학습 상기 - 동기유발 - 학습목표 확인	
〈활동1〉 나눔과 봉사의 경험 나누기	〈수험생 실연부분〉	·재 자료1,2 ·재 스마트 기기 ·유 전체학습으로 〈활동1〉을 진행하며, 본 주제와 관련된 용어를 설명한다.
〈활동2〉 나눔과 봉사 실천 계획 세우기	〈수험생 실연부분〉	·재 자료3 ·유 모둠활동으로 〈활동2〉를 진행하여 협동심을 기를 수 있도록 지원한다.

[수업 설계]

*경기 지역만 해당되며, 수업 실연 전에 활용하시오.

1) 학생들이 탐구 시 교사의 역할은 무엇이라고 생각하며, 어떻게 수업에 반영할 예정인지 말하시오.

2) '미래는 마을과 학교를 넘나들며 배운다.' 의 관점에서 다음 차시의 교과 간 연계 방안을 구체적으로 말하시오.

41 실전 연습문제

2026학년도 중등교사 신규 임용후보자 선정경쟁시험

특 수

관리 번호: (　　　) 성명: (　　　)

2차 시험	수업 실연	시험시간	지역별 상이

1. 교과: 고등학교 진로와 직업

2. 관련 성취기준: [12진로02-03] 학교 및 지역사회의 직종을 탐색하여 각 직종에 대한 정보를 수집한다.

3. 주제: 지역 사회에서 직업 체험하기

4. 대상: 고등학교 1학년

5. 수업 시간: 100분 (블록타임제)

6. 단원 지도 계획

차시	제재명
이전 차시	교내 직업 체험하기
본 차시	지역 사회 직업 체험 준비하기
후속 차시	지역 사회에서 직업 체험하기

7. 유의사항

- 동기유발~ 〈활동2〉 발표 준비까지 실연하시오.
- 학생의 자율성과 정의적 영역을 고려하여 수업을 설계하시오.
- 재훈이는 〈활동1〉, 예나는 〈활동2〉에서 도전행동(=문제행동)을 긍정적행동지원으로 중재하시오.
- 특수교육 지원인력이 1명 있다고 가정하고 활용하시오.
- 교실 기자재: 컴퓨터, 전자칠판, 스마트 기기, 스크린 등

8. 본시 관련 학생 수준

가	2명	• 주로 문장으로 대답하며, 직업의 종류를 알고 있다. • 상현(청각장애): FM 보청기를 착용하고 있으며, 수업에 적극적으로 참여하나 문장 쓰기 시 맞춤법 오류가 잦다. • 유빈(지적장애): 친구를 도와주는 것을 매우 좋아하고 칭찬받는 것을 좋아한다.
나	2명	• 친숙한 단어를 이해할 수 있으며 짧은 문장이나 단어로 간단한 의사소통이 가능하다. • 짧은 문장을 쓰거나 단어를 선택할 수 있다. • 예나(지적장애): 교사나 친구에게 관심 받기 위해 종이를 찢거나 낙서한다. • 재훈(자폐성장애): 교사의 지시에 잘 따르나 수동적인 편이며, 자발적인 수업 참여에는 어려움이 있다.

9. 자료

▶ 〈자료1〉 지역사회의 다양한 직업 동영상 자료

▶ 〈자료2〉 직업체험 절차 자료

① 체험 목적, 장소, 내용 정하기	② 사전 조사하기	③ 체험 계획 세우기
④ 체험 준비하기	⑤ 체험 활동하기	⑥ 체험 결과 정리하기

▶ 〈자료3〉 직업체험 계획서

직업 영역:
장소:
준비물:
날짜:
체험 할 일:
지켜야할 점:

[수업실연 지도안]

학습과정	교수-학습활동	자료 및 유의점
도입	-전시학습 상기	
	-동기유발 -학습목표 확인	재 자료1
〈활동1〉 직업체험의 절차를 알아보자!	〈수험생 실연부분〉	재 자료2 재 스마트 기기 유 학생의 경험을 활용하여 발문하기
〈활동2〉 지역사회 직업체험 계획서를 작성하자!	〈수험생 실연부분〉	재 자료3 유 학생의 능력과 수준에 맞게 편지를 작성할 수 있도록 지원하기

[수업 설계]

*경기 지역만 해당되며, 수업 실연 전에 활용하시오.

오늘 수업에서 자기 평가와 성찰을 어떻게 진행할 예정인지 말하고, 그 중요성을 2가지 말하시오.

42 실전 연습문제

2026학년도 중등교사 신규 임용후보자 선정경쟁시험

특 수

관리 번호: (   ) 성명: (   )

2차 시험	수업 실연	시험시간	지역별 상이

1. 수험생 유의사항

- 〈동기유발〉~〈활동2〉 발표 전까지 실연하시오. 단, 〈활동1〉을 마친 뒤 형성평가를 진행하시오.
- 〈동기유발〉 자료1, 〈활동1〉에서 자료2, 〈활동2〉에서 자료3를 활용하시오.
- 학생의 시간관리 능력을 증진시킬 수 있도록 지도하시오.
- 준이의 도전행동(=문제행동)이 발현되지 않도록 긍정적행동지원으로 사전 중재하시오.
- 특수교육 지원인력이 1명 있다고 가정하고 활용하시오.
- 교실 기자재: 컴퓨터, 전자칠판, 스마트 기기, 스크린 등

2. 본시 학습 지도 내용

교과	고등학교 수학과
단원	6. 일일 시간 계획하기
대상	고등학교 3학년
수업 시간	50분

3. 본시 관련 학생 실태

가	2명	• 문장 수준으로 자신의 의견을 표현한다. • 친구들과 활동하는 것을 좋아한다.
나	3명	• 반복 설명 시 교사의 설명을 이해할 수 있으며 간단한 단어를 알고 있고, 짧은 문장이나 단어로 의사소통이 가능하다. • 준이: 교사와 친구에게 관심 받기 위해 머리를 때린다.
다	2명	• aac나 몸짓을 활용하여 소통한다. • 자신의 일과를 표현하는데 어려움을 느낀다. • 시각적 학습과 붙임 딱지 붙이는 활동을 좋아한다.

4. 자료

▶ 〈자료1〉 동영상

민수와 유진이의 하루는 서로 같기도 하고, 다르기도 합니다. 유진이는 하고 싶은 일이 생기면 바로 실천하는 편이고 민수는 미리 계획을 세워 행동합니다. 그런데, 유진이가 당황해 하고 있습니다. 바로, 친구 생일 파티 약속과 학원 시간이 겹쳤습니다. (생략)

▶ 〈자료2〉 교과서 자료, 붙임 딱지

▶ 〈자료3〉 학교 생활 오전 일과표 학습지

시각	일과 내용	그림
9:00	등교	
9:00~9:50	1교시	
9:00~10:00	쉬는 시간	
10:00~10:50	2교시	
	(생략)	
12:00~13:00	점심시간	

5. 본시 교수-학습 지도안 (과정안)

학습과정	교수-학습활동	자료 및 유의점
도입	- 전시학습 상기	
	- 동기유발 '유진이와 민수의 하루의 비교' - 학습목표 확인	재 자료1
〈활동1〉 나의 오전 활동 알기	〈수험생 실연부분〉	재 자료2 재 스마트 기기
〈활동2〉 학교생활 오전 일과표 만들기	〈수험생 실연부분〉	재 자료3

[수업 설계]

*경기 지역만 해당되며, 수업 실연 전에 활용하시오.

1) 학습자 맞춤형 교육을 실현하기 위해 수업에서 고려한 점과 보완할 점을 말하시오.
2) 수업에서 형성평가 방법과 그 효과를 말하시오.
3) 본 차시의 배움을 가정과 연계할 때 구체적인 방안을 말하시오.

43 실전 연습문제

2026학년도 중등교사 신규 임용후보자 선정경쟁시험

특 수

관리 번호: (   ) 성명: (   )

2차 시험	수업 실연	시험시간	지역별 상이

1. 본시 학습 지도 내용

과목	정보, 국어, 창의적 체험활동 연계	
차시	1~2 차시	• 전화 사용 방법과 전화 예절 알기
	3차시	• 메시지 보내는 방법 알기
	본차시	• 상황에 적절한 이모티콘 활용하여 메시지 보내기, 메시지 예절 알기
관련 성취기준	• [9정통02-03] 정보통신 기기별 기본 사용법을 탐색한다. • [9정통02-04] 필요한 정보통신 기기를 선택하여 기본 사용법을 익힌다. • [9국어03-04] 매체를 활용하여 자신의 생각이나 느낌을 표현한다.	
수업 진행	블록타임제 90분	
대상	중학교 3학년	

2. 수험생 유의사항

- 〈활동1〉~〈활동2〉 실연하시오.
- 〈활동1〉에서 자료1, 〈활동2〉에서 자료2를 활용하시오.
- 유미의 도전행동(=문제행동)이 발현되지 않도록 긍정적행동지원으로 사전 중재하시오.
- 특수교육 지원인력이 1명 있다고 가정하고 활용하시오.
- 성취기준을 재구성하여 목표를 설정하시오.
- 교실 기자재: 컴퓨터, 전자칠판, 스마트 기기, 스크린 등

3. 본시 관련 학생 실태

가	지체장애 (1명)	- 의사소통이 원활하게 가능하다. - 이모티콘 보고 알맞은 감정을 말할 수 있다. - 상대방의 답이 없을 때 메시지를 10통 이상 보내기도 한다.
나	자폐스펙트럼장애 (2명)	- 주로 짧은 문장이나 단어를 이어서 자신의 의사를 표현한다. - 이모티콘이 무엇인지는 알고 있으나, 상황에 적절하지 않게 사용한다. - 유미: 빨간 하트 이모티콘에만 집착하여 수업을 방해한다.
다	지적지체장애 (1명)	- 손짓과 표정으로 자신의 의견을 표현하거나 손가락으로 태블릿PC를 눌러 AAC를 사용한다. - 웃는 얼굴, 우는 얼굴을 구별할 수 있다.

4. 자료

▶ 〈자료1〉 상황별 이모티콘

여러 가지 이모티콘의 종류, 상황별 이모티콘 (웃는 얼굴, 슬픈 얼굴, 놀란 얼굴, 하트, 음표 등)

▶ 〈자료2〉 메시지 예절 학습지

〈메시지 예절 학습지〉

1. 무엇이 잘못되었을까?

출처: 카카오톡 캡처본 / 이모티콘 출처: 카카오톡 이모티콘 스토어 '잔망루피5'

2. 너무 늦은 시간에는?

3. 상대방이 읽지 않을 때는?

5. 본시 교수-학습 지도안 (과정안)

학습과정	교수-학습활동	자료 및 유의점
도입	- 전시학습 상기	
	- 동기유발 - 학습목표 확인	
〈활동1〉 상황에 적절한 이모티콘 보내기〉	〈수험생 실연부분〉	자 자료1 자 스마트 기기
〈활동2〉 메세지 예절 알아보기	〈수험생 실연부분〉	유 학생의 경험을 활용하여 발문한다. 자 자료2 자 스마트 기기

[수업 설계]

*경기 지역만 해당되며, 수업 실연 전에 활용하시오.

'학생의 다양한 배움을 인정하는 평가' 와 관련하여 본 차시의 배움과 평가 계획을 말하고, 다음 차시에 인권교육과 연계하여 수업을 진행하려고 할 때 구체적인 수업 방안에 대해 말하시오.

MEMO

본 책의 내지 일부는 '미리캔버스' 사이트에서 '사용자 디자인' 으로 제작되었습니다.

출처 표시 권장에 따라 사용한 일부 글꼴의 저작권사를 밝힙니다.

-저작권사: 강원도교육청

중등특수교사를 위한 끈기 임용 2차 [수업실연(설계) & 지도안 영역]

정 가 48,000원
초판발행 2025년 11월 12일
2 쇄 2025년 12월 16일
편 저 정조이 · 서진
발 행 자 구봉철
발 행 처 도서출판 G북스
등 록 1997년 3월 27일
주 소 서울특별시 동작구 노량진로 190
전 화 (02)812-3400
팩 스 (02)812-3497

도서출판 **G북스**는 **(주)와이에스디**의 임프린트입니다.

I S B N 979-11-7356-076-7 (13370)

중등특수교사를 위한

끈기 임용 2차

2026 대비

이론편

정조이 · 서 진 공저

수업실연(설계) & 지도안 작성

- 장애학생 로봇 교육 등 중등특수 맞춤형 Best 40가지 이론으로 특수교육 현장 주제 완벽 연구-!
- 연도별 기출 고득점 합격자 복기 스크립트와 인터뷰 수록!
- 지도안(과정안) 작성 기출문제 우수 답안 복기!
- 경기도 수업설계를 위한 완벽 대비!
- 실전 연습문제 총 55회 제공!
(12개년 기출 변형 + 에듀테크 활용 등 최신 유형 43문제)

직강·인강
G스쿨

머리말

여러분. 1차 시험 보시느라 너~무 고생하셨습니다 :)
안녕하세요. 특수교육 임용 강사이자, 끈기 임용 2차 대표 저자 정조이입니다.
불안한 마음 속에서도 이렇게 2차 준비를 결심하신 선생님들께 박수를 드리고 싶습니다.
이 책은 오직 특수교사를 위한 임용 2차 필독서입니다.

많은 합격자 선생님들로부터 이런 이야기를 들었습니다.
"많은 수험생 선생님들이 끈기 임용 2차 책을 손에 꼭 쥐고 시험장에 들어가더라고요."
"대기 중 열람이 가능한 지역이었는데, 제 고사장의 모든 선생님들이 끈기 책을 보고 계셨어요."

이러한 말씀을 들을 때마다 마음 깊이 감사함이 밀려왔습니다.
무엇보다 여러분을 최종 합격의 문 앞에서 만난다는 설렘과 책임감이 끝까지 저를 달리게 하는 원동력이 되었습니다.

더하여 이 책에는 최종 합격의 기쁨을 누렸던 수많은 선생님들의 노력이 고스란히 담겨 있습니다. 감사한 분들이 많습니다. 늘 믿어주시는 서진 교수님, 많은 요구 사항에도 최고로 만들어주시는 지북스 안 편집자님!

기출 문제 복기를 도와주시고, 합격자 인터뷰, 합격 tip, 소중한 자료도 기꺼이 공유해 주신 분 중특 선생님들입니다.

강민지, 강지윤, 김노아, 김민지, 김민효, 김영채, 문병욱, 박경은, 박병현, 박소연, 박소영, 변미정, 서정은, 송영철, 신승준, 왕채연, 양준아, 여하연, 이인경, 이진형, 정은빈, 최현수, 황지원 외에도 대학교 특강에서 만난 선생님들과 나사렛대 중특 선생님들! 마지막으로, 2025학년도 서진·정조이 2차 대비반 선생님들! 정말 감사드립니다.

나만의 필살기 만들기 챕터에서 저서를 활용할 수 있도록 허락해 주신 박재찬(달리쌤) 선생님! 이외에도 익명으로 도와주신 많은 선생님들! 우리 가족들, 친구들 모두 감사합니다.

임용 2차 준비는 넘어져도 다시 일어서는 과정의 연속입니다. 처음부터 매끄러운 수업, 완벽한 답변은 누구에게나 쉽지 않습니다. 하지만 무언가를 해 보는 용기가 있을 때, 우리는 한 걸음 더 성장할 수 있습니다. 그러니 우리, 같이 해봅시다.
이미 지나간 것은 뒤돌아보지 마세요. 이제는 이 책을 당신의 강력한 무기로 삼아 저와 함께 임용 2차의 여정에 뛰어들 시간입니다. 부디 이 책이 여러분의 수험생활을 끝내는 마지막 책이 되길, 진심으로 응원합니다.

2025년 10월

최종 합격의 기쁨을 함께 할

끈기 임용 2차 대표 저자 정조이 올림

끈기 임용 2차 중등특수 교재 전면 개정 미리보기-!

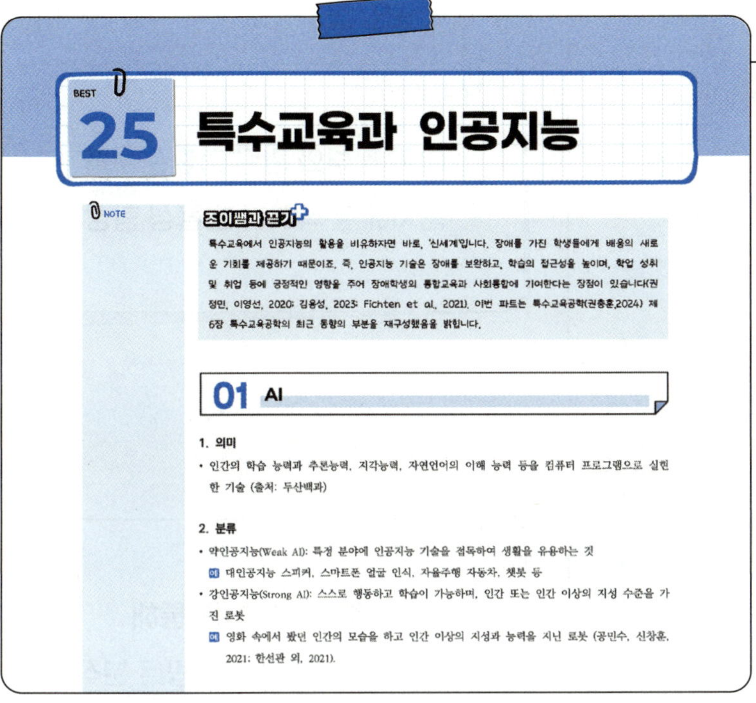

BEST 25

특수교육과 인공지능

NOTE

조이쌤과 끈기+

특수교육에서 인공지능의 활용을 비유하자면 바로, '신세계'입니다. 장애를 가진 학생들에게 배움의 새로운 기회를 제공하기 때문이죠. 즉, 인공지능 기술은 장애를 보완하고, 학습의 접근성을 높이며, 학업 성취 및 취업 등에 긍정적인 영향을 주어 장애학생의 통합교육과 사회통합에 기여한다는 장점이 있습니다(권정민, 이영선, 2020; 김용성, 2023; Fichten et al., 2021). 이번 파트는 특수교육공학(권충훈,2024) 제6장 특수교육공학의 최근 동향의 부분을 재구성했음을 밝힙니다.

01 AI

1. 의미

- 인간의 학습 능력과 추론능력, 지각능력, 자연언어의 이해 능력 등을 컴퓨터 프로그램으로 실현한 기술 (출처: 두산백과)

2. 분류

- 약인공지능(Weak AI): 특정 분야에 인공지능 기술을 접목하여 생활을 유용하는 것
  예 대인공지능 스피커, 스마트폰 얼굴 인식, 자율주행 자동차, 챗봇 등
- 강인공지능(Strong AI): 스스로 행동하고 학습이 가능하며, 인간 또는 인간 이상의 지성 수준을 가진 로봇
  예 영화 속에서 봤던 인간의 모습을 하고 인간 이상의 지성과 능력을 지닌 로봇 (공민수, 신창훈, 2021; 한선관 외, 2021).

특수교사 임용 2차 대비 맞춤형
현장 최신 이론 수록

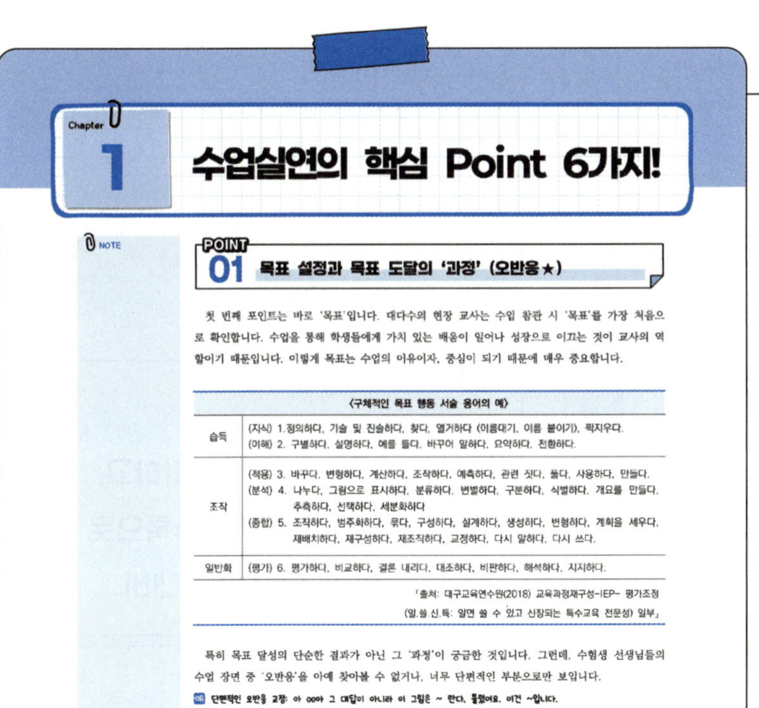

Chapter 1

수업실연의 핵심 Point 6가지!

NOTE

POINT 01 목표 설정과 목표 도달의 '과정' (오반응★)

첫 번째 포인트는 바로 '목표'입니다. 대다수의 현장 교사는 수업 참관 시 '목표'를 가장 처음으로 확인합니다. 수업을 통해 학생들에게 가치 있는 배움이 일어나 성장으로 이끄는 것이 교사의 역할이기 때문입니다. 이렇게 목표는 수업의 이유이자, 중심이 되기 때문에 매우 중요합니다.

〈구체적인 목표 행동 서술 용어의 예〉

습득	(지식) 1.정의하다, 기술 및 진술하다, 찾다, 열거하다 (이름대기, 이름 붙이기), 짝지우다. (이해) 2. 구별하다, 설명하다, 예를 들다, 바꾸어 말하다, 요약하다, 전환하다.
조작	(적용) 3. 바꾸다, 변형하다, 계산하다, 조작하다, 예측하다, 관련 짓다, 풀다, 사용하다, 만들다. (분석) 4. 나누다, 그림으로 표시하다, 분류하다, 변별하다, 구분하다, 식별하다, 개요를 만들다, 추측하다, 선택하다, 세분화하다 (종합) 5. 조직하다, 범주화하다, 묶다, 구성하다, 설계하다, 생성하다, 변형하다, 계획을 세우다, 재배치하다, 재구성하다, 재조직하다, 교정하다, 다시 말하다, 다시 쓰다.
일반화	(평가) 6. 평가하다, 비교하다, 결론 내리다, 대조하다, 비판하다, 해석하다, 지지하다.

「출처: 대구교육연수원(2018) 교육과정재구성-IEP- 평가조정 (알.쓸.신.특: 알면 쓸 수 있고 신장되는 특수교육 전문성) 일부」

특히 목표 달성의 단순한 결과가 아닌 그 '과정'이 궁금한 것입니다. 그런데, 수험생 선생님들의 수업 장면 중 '오반응'을 아예 찾아볼 수 없거나, 너무 단편적인 부분으로만 보입니다.

예 단편적인 오반응 교정: 아 OO아 그 대답이 아니라 이 그림은 ~ 란다. 틀렸어요. 이건 ~입니다.

각 핵심 Point 로
특수교사 임용 2차 수업실연의
정확한 고득점 방향 잡기

끈기 임용 2차 중등특수 교재 전면 개정 미리보기-!

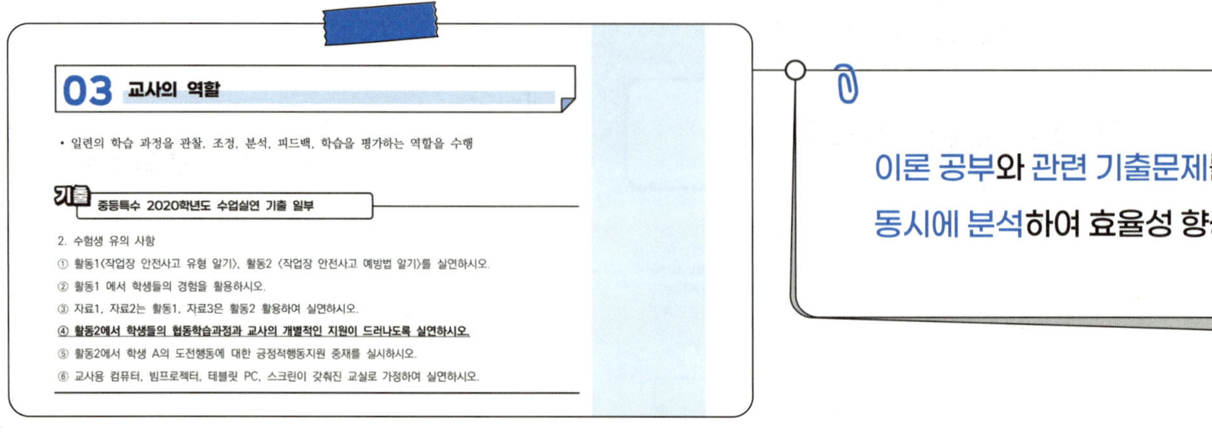

03 교사의 역할

• 일련의 학습 과정을 관찰, 조정, 분석, 피드백, 학습을 평가하는 역할을 수행

기출 중등특수 2020학년도 수업실연 기출 일부

2. 수험생 유의 사항
① 활동1<작업장 안전사고 유형 알기>, 활동2 <작업장 안전사고 예방법 알기>를 실연하시오.
② 활동1 에서 학생들의 경험을 활용하시오.
③ 자료1, 자료2는 활동1, 자료3은 활동2 활용하여 실연하시오.
④ 활동2에서 학생들의 협동학습과정과 교사의 개별적인 지원이 드러나도록 실연하시오.
⑤ 활동2에서 학생 A의 도전행동에 대한 긍정적행동지원 중재를 실시하시오.
⑥ 교사용 컴퓨터, 빔프로젝터, 테블릿 PC, 스크린이 갖춰진 교실로 가정하여 실연하시오.

이론 공부와 관련 기출문제를
동시에 분석하여 효율성 향상

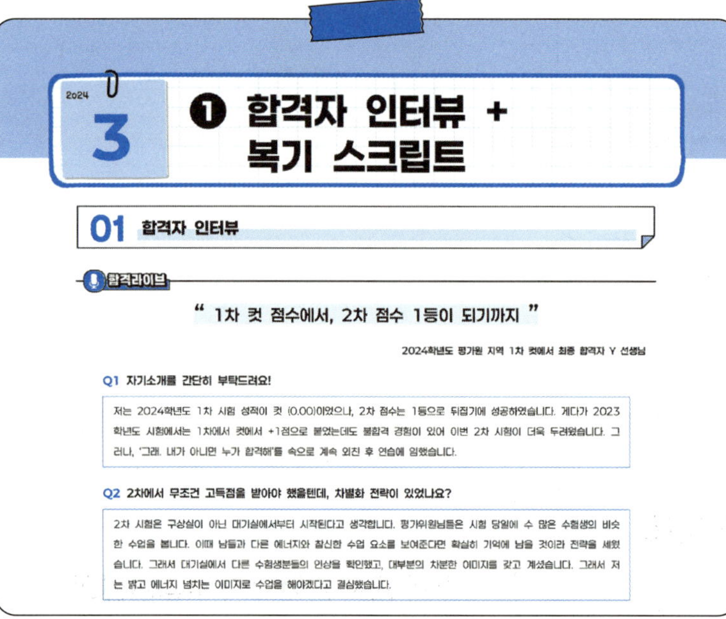

2024 3 ❶ 합격자 인터뷰 + 복기 스크립트

01 합격자 인터뷰

합격라이브

"1차 컷 점수에서, 2차 점수 1등이 되기까지"

2024학년도 평가원 지역 1차 컷에서 최종 합격자 Y 선생님

Q1 자기소개를 간단히 부탁드려요!

저는 2024학년도 1차 시험 성적이 컷 (0.00)이었으나, 2차 점수는 1등으로 뒤집기에 성공하였습니다. 게다가 2023학년도 시험에서는 1차에서 컷에서 +1점으로 붙었는데도 불합격 경험이 있어 이번 2차 시험이 더욱 두려웠습니다. 그러나, '그래. 내가 아니면 누가 합격해'를 속으로 계속 외친 후 연습에 임했습니다.

Q2 2차에서 무조건 고득점을 받아야 했을텐데, 차별화 전략이 있었나요?

2차 시험은 구상실이 아닌 대기실에서부터 시작된다고 생각합니다. 평가위원님들은 시험 당일에 수 많은 수험생의 비슷한 수업을 봅니다. 이때 남들과 다른 에너지와 참신한 수업 요소를 보여준다면 확실히 기억에 남을 것이라 전략을 세웠습니다. 그래서 대기실에서 다른 수험생분들의 인상을 확인했고, 대부분의 차분한 이미지를 갖고 계셨습니다. 그래서 저는 밝고 에너지 넘치는 이미지로 수업을 해야겠다고 결심했습니다.

합격자 인터뷰를 통해
합격 tip과 복기 스크립트 분석

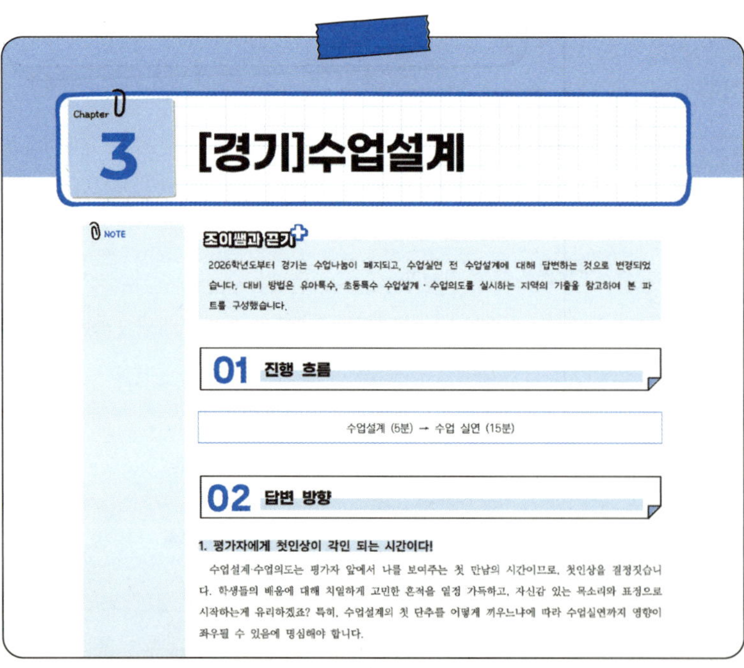

Chapter 3 [경기]수업설계

NOTE

조이쌤과 끈기

2026학년도부터 경기는 수업나눔이 폐지되고, 수업실연 전 수업설계에 대해 답변하는 것으로 변경되었습니다. 대비 방법은 유아특수, 초등특수 수업설계 · 수업의도를 실시하는 지역의 기출을 참고하여 본 파트를 구성했습니다.

01 진행 흐름

수업설계 (5분) → 수업 실연 (15분)

02 답변 방향

1. 평가자에게 첫인상이 각인 되는 시간이다!

수업설계·수업의도는 평가자 앞에서 나를 보여주는 첫 만남의 시간이므로, 첫인상을 결정짓습니다. 학생들의 배움에 대해 치열하게 고민한 흔적을 열정 가득하고, 자신감 있는 목소리와 표정으로 시작하는게 유리하겠죠? 특히, 수업설계의 첫 단추를 어떻게 끼우느냐에 따라 수업실연까지 영향이 좌우될 수 있음에 명심해야 합니다.

[경기 지역]
깊이있는 수업을 심화하고,
수업설계 스크립트 수록으로
변화된 유형 완벽 대비

03 끈기 임용 2차 2023학년도 합격자 지도안 작성 복기 자료

2023학년도 중등학교교사 임용후보자 선정경쟁시험 (제2차 시험)

특수 교과 교수·학습 과정안 작성 답안지

*합격자 지도안 작성 복기 자료를 바탕으로 조이쌤이 재구성하였습니다.

수험 번호									성명		감독관 확 인	

교과		과학		대상	고등학교 1학년	차시	2/3
제재		음식의 소화					
학습목표		소화기관의 명칭·기능을 알고 소화 과정을 발표할 수 있다.					
단계	학습내용	교사활동	학생활동			시간 (분)	자료 및 유의점
			가	나	다		
	인사	▶ 인사하기				5	자 동영상
	전시 학습 상기	▶ 소화의 정의 설명하기	-				
	동기유발	▶ 동영상 제시하기 ▶ 배가 아팠던 경험 나누기 - '배가 아팠던 경험이 있나요? 배가 아팠을 때 어떻게 했나요?'	● 약 먹어요	● 참아요	● (?)		
	학습 목표 제시	소화기관의 명칭·기능을 알고 소화 과정을 발표할 수 있다.					
		〈응시자 작성란〉					
		▶ 〈자료1〉 소화기관 관련 설명하기 - '우리반에서 각자의 이름과 역할이 있듯, 소화기관도 마찬가지입니다.' - '인체모형을 탐색해 볼까요?'	● 교사의 설명을 듣고, 소화기관 명칭대로 인체모형을 손으로 만져 탐색하기		● 교사의 설명을 듣고, 학생 손 위에 교사의 손을 놓는 촉진에 따라 소화기관 명칭대로 인체모형을 탐색하기		
		▶ 인체모형에 알맞은 소화기관 명칭 표시하도록 지원하기	● 인체모형에 소화기관의 알맞은 명칭 스티커 붙이기		● 매직으로 표시된 자료를 보고		

[지도안 작성 지역]

지도안 작성 고득점 비결 Point,

지도안 작성 예시 답안 제공

"아날로그 손목 시계 활용법"

'시간 관리는 수험생의 책임이다.' 라는 말이 있습니다. 시도교육청마다 시계가 현재 시각이 나오는지 혹은 타이머를 설정하여 잔여 시간이 표시되는지 등 매년 조금씩 다를 수 있으니 공고문을 꼼꼼하게 확인하는 것이 필요합니다. 특히, 시험장에서 손목 시계가 멈췄거나, 시간을 잘못 맞춰 어려움을 겪기도 합니다. 그래서 **미리 시계 약을 충전하기, 여분의 시계도 가져가기, 손목 시계 보기 연습까지 꼭! 해야 합니다.**

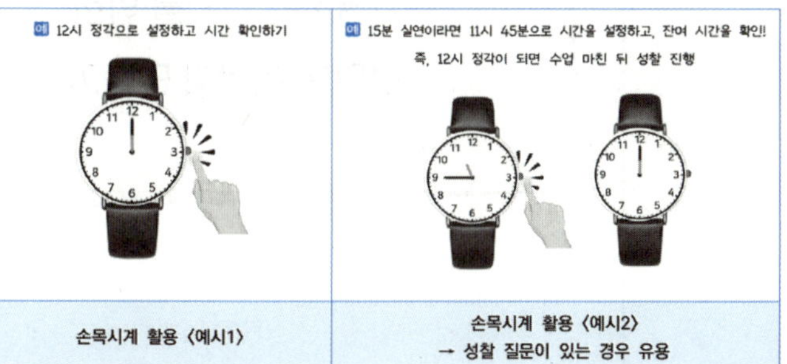

예 12시 정각으로 설정하고 시간 확인하기	예 15분 실연이라면 11시 45분으로 시간을 설정하고, 잔여 시간을 확인! 즉, 12시 정각이 되면 수업 마친 뒤 성찰 진행
손목시계 활용 〈예시1〉	손목시계 활용 〈예시2〉 → 성찰 질문이 있는 경우 유용

tip, 수험생들이 자주하는 질문,

자주하는 실수를 통해

고민 해소 및 실력 심화

수험생 선생님들이 자주하는 질문!

"즉답형 문제는 어떻게 확인하나요?"

시도교육청마다 다르나 즉답형 문제는 아래와 같은 파일철이나, 결재 서류철, 종이를 뒤집어서 확인하거나 책상 위에 부착되어 있는 것으로 파악됩니다.

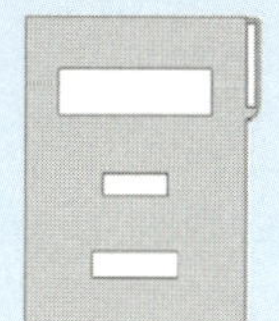

끈기 임용 2차 중등특수 교재 전면 개정 미리보기-!

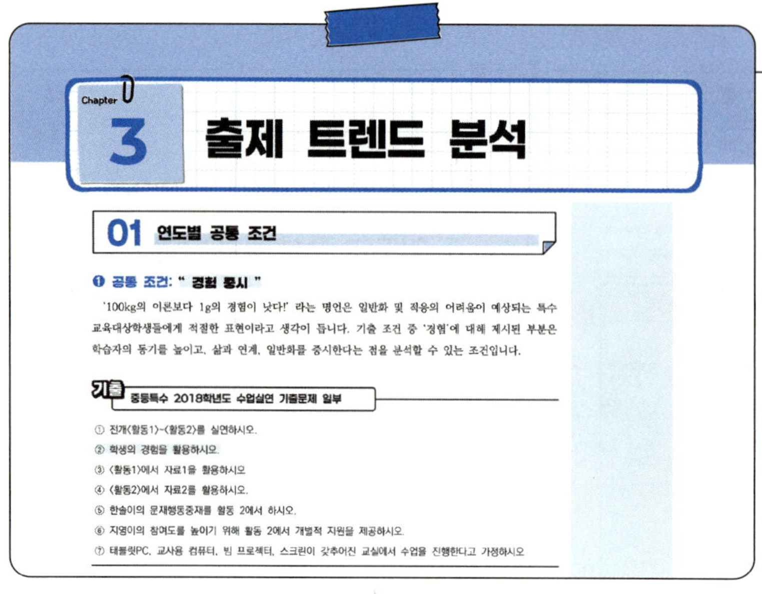

Chapter 3 출제 트렌드 분석

01 연도별 공통 조건

❶ 공통 조건: " 경험 중시 "

'100kg의 이론보다 1g의 경험이 낫다!' 라는 명언은 일반화 및 적용의 어려움이 예상되는 특수교육대상학생들에게 적절한 표현이라고 생각이 듭니다. 기출 조건 중 '경험'에 대해 제시된 부분은 학습자의 동기를 높이고, 삶과 연계, 일반화를 중시한다는 점을 분석할 수 있는 조건입니다.

기출 중등특수 2018학년도 수업실연 기출문제 일부

① 전개〈활동1〉~〈활동2〉를 실연하시오.
② 학생의 경험을 활용하시오.
③ 〈활동1〉에서 자료1을 활용하시오
④ 〈활동2〉에서 자료2를 활용하시오.
⑤ 한솔이의 문제행동중재를 활동 2에서 하시오.
⑥ 지영이의 참여도를 높이기 위해 활동 2에서 개별적 지원을 제공하시오.
⑦ 태블릿PC, 교사용 컴퓨터, 빔 프로젝터, 스크린이 갖추어진 교실에서 수업을 진행한다고 가정하시오

출제 트렌드 분석,
기출 한 눈에 보기 등으로
실전 감각 향상

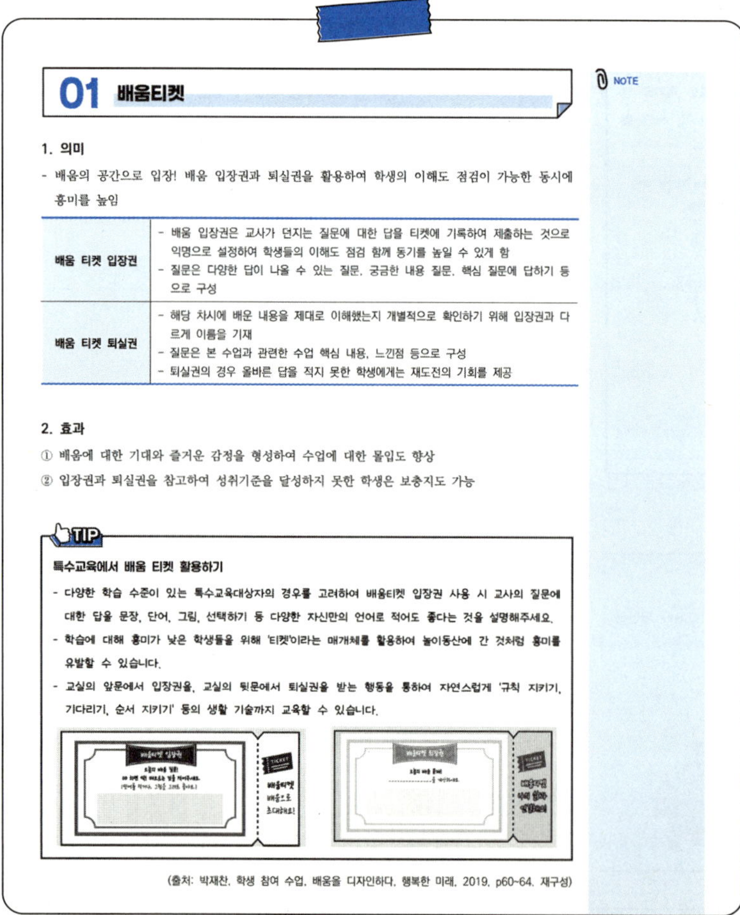

01 배움티켓

NOTE

1. 의미

- 배움의 공간으로 입장! 배움 입장권과 퇴실권을 활용하여 학생의 이해도 점검이 가능한 동시에 흥미를 높임

배움 티켓 입장권	- 배움 입장권은 교사가 던지는 질문에 대한 답을 티켓에 기록하여 제출하는 것으로 익명으로 설정하여 학생들의 이해도 점검 함께 동기를 높일 수 있게 함 - 질문은 다양한 답이 나올 수 있는 질문, 궁금한 내용 질문, 핵심 질문에 답하기 등으로 구성
배움 티켓 퇴실권	- 해당 차시에 배운 내용을 제대로 이해했는지 개별적으로 확인하기 위해 입장권과 다르게 이름을 기재 - 질문은 본 수업과 관련한 수업 핵심 내용, 느낀점 등으로 구성 - 퇴실권의 경우 올바른 답을 적지 못한 학생에게는 재도전의 기회를 제공

2. 효과

① 배움에 대한 기대와 즐거운 감정을 형성하여 수업에 대한 몰입도 향상
② 입장권과 퇴실권을 참고하여 성취기준을 달성하지 못한 학생은 보충지도 가능

TIP

특수교육에서 배움 티켓 활용하기

- 다양한 학습 수준이 있는 특수교육대상자의 경우를 고려하여 배움티켓 입장권 사용 시 교사의 질문에 대한 답을 문장, 단어, 그림, 선택하기 등 다양한 자신만의 언어로 적어도 좋다는 것을 설명해주세요.
- 학습에 대해 흥미가 낮은 학생들을 위해 '티켓'이라는 매개체를 활용하여 놀이동산에 간 것처럼 흥미를 유발할 수 있습니다.
- 교실의 앞문에서 입장권을, 교실의 뒷문에서 퇴실권을 받는 행동을 통하여 자연스럽게 '규칙 지키기, 기다리기, 순서 지키기' 등의 생활 기술까지 교육할 수 있습니다.

(출처: 박재찬, 학생 참여 수업, 배움을 디자인하다, 행복한 미래, 2019, p60~64, 재구성)

차별화된 수업을 위한
나만의 필살기 만들기

〈합격자 스크립트 일부 예시 1〉

수업 실연 스크립트

자, 우리 사랑하는 OO반 친구들, 선생님이랑 하이파이브 하면서 힘차게 오늘 수업도 시작해볼까요? (학생들과 눈을 맞추며 하이파이브를 한다)

혹시 오늘 몸이 불편한 친구 있나요? 머리가 아프다거나, 배가 아프다거나 하는 친구요? (학생들의 상태를 살핀다) 다행히 모두 건강해 보이네요! 혹시 수업 중에라도 힘든 친구는 언제든 선생님에게 이야기해주세요. (휠체어를 탄 학생에게 다가가) 우리 OO이의 휠체어 브레이크가 안전하게 잘 잠겨 있는지 확인하겠습니다. 좋습니다!

여러분, 우리가 지난 OOO 시간에 무엇을 배웠는지 혹시 기억나나요? (학생들이 만들었던 자료를 보여주며) 선생님이 힌트를 줄게요! (초성 힌트를 쓴다) 으음.. 몸짓으로도 힌트! (주제와 관련된 몸짓을 한다) 아, 소리를 들려주면 더 잘 알 수 있겠네요! (관련 소리를 들려준다) 맞아요! OOO였죠!
그래요, 우리는 지난 시간에 OOO에 대해서 알아보았어요. 오늘은 그것과 관련 있는 OOO에 대한 주제로 수업을 시작할 거예요.

자, 오늘의 주제인 OOO 하면 딱! 떠오르는 그림이나 단어가 있나요? 앞에 나와서 칠판에 자유롭게 적거나

실전 연습을 위한 각종 스크립트와 채점 기준표, 자기채점표 수록

04 실전 연습문제

2026학년도 중등교사 신규 임용후보자 선정경쟁시험

특 수

관리 번호: (　　　) 성명: (　　　　　　)

2차 시험	수업 실연	시험시간	지역별 상이

1. 수험생 유의사항

- 〈활동1〉~〈활동2〉까지 실연하시오.
- 에듀테크 역량을 발휘하시오.
- 장애정도가 심한 학생의 참여 방안을 반영하시오.
- 〈활동1〉 형성평가, 〈활동2〉 동료평가를 실시하시오.
- 특수교육지원인력 1명이 배치되었음을 가정하여 협력적으로 활용하시오.
- 조이와 지은이를 〈활동2〉에서 긍정적행동지원으로 실시하시오.

자료
컴퓨터, 3D 펜, 필라멘트, 도안, 태블릿 PC, 전자칠판 등

2. 본시 학습 지도 내용

과목	수학, 사회 (세계시민교육)	
차시	본차시	〈사회〉 세계의 문화유산
		〈수학〉 평면도형과 입체도형
	후속 차시	〈사회〉 세계의 다양한 식문화
수업 진행	블록타임제 (90분)	
대상	특수학급 중학교 1~3학년	
활동 내용	• 〈활동1〉: 세계의 랜드마크 탐구하기 • 〈활동2〉: 세계의 랜드마크 만들기	

3. 본시 관련 학생 실태

가	2명 자폐성장애	• 세계의 다양한 랜드마크에 대해 말할 수 있다. • 주로 문장으로 자신의 의견을 말한다. • 지은: 자신이 틀리거나 친구가 실수하면 책상을 흔들거나 물건을 던지며 화를 낸다.
나	3명 지적장애	• 주로 단어로 자신의 의견을 말한다. • 조이: 학습된 무기력이 있어 새로운 것을 시도하는 것에 두려움을 느낀다.
다	1명 시각지체장애	• 수용언어는 좋은 편이나 발음이 느리고 부정확하여 한 음절이나 발음하기 쉬운 단어로 소통한다. • 하지마비와 저시력이나, 오른손을 활용하여 활동에 참여할 수 있다.

4. 자료

▶ 〈자료1〉 세계의 랜드마크

▶ 〈자료2〉 3D펜 사용법 및 활동지

1) 3D펜에 필라멘트를 넣는다. 2) 작동 전원을 누른다. 3) 도안을 따라 그린다. 4) 도안이 완성되면 필라멘트를 떼어 모양대로 이어 붙인다.	
3D펜 사용법	3D펜 활동 도안 예시

▶ 〈자료3〉 모둠활동지

랜드마크	3D펜 제작 결과물	설명

기출 변형 및 실전 연습 총 55문제 / 문제별 경기 수업설계 문항 제공

목 차

PART 07 끈기 Best 40가지 이론 다지기 177

목 차

이론편

PART

01

임용 2차 시험의 개관

Chapter 1 공고문 확인하기

Chapter 2 특수교사 임용 2차 시험의 기초 알아보기

Chapter 3 기출 문제 맛보기

Chapter 1

공고문 확인하기

NOTE

01 임용 2차 시험의 기본 구조

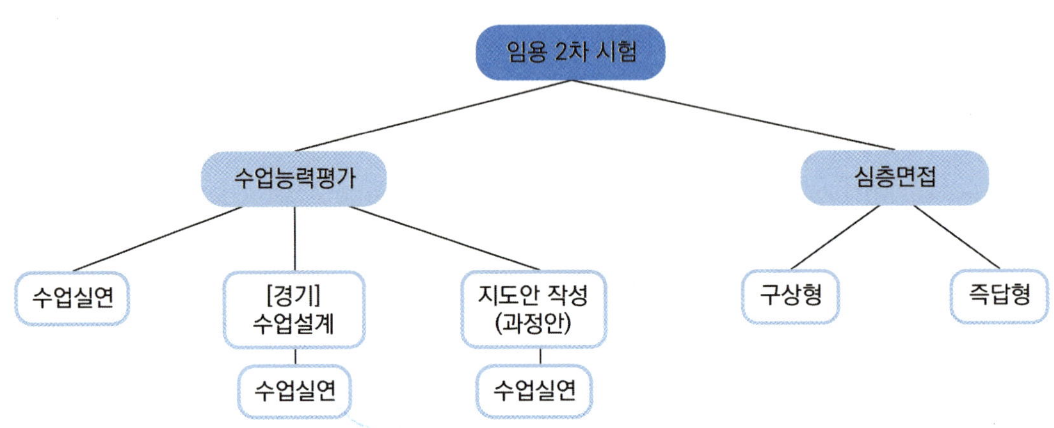

02 지역별 평가 항목 및 배점

※ 중등특수 수업능력평가(수업실연·지도안 작성) 문항은 전국 공통으로 출제

지역	출제	평가 항목	구상 시간	시험 시간	배점
서울	자체출제	수업실연	20분	수업실연(20분)	45점
		지도안 (과정안) 작성	-	교수학습 지도안 (과정안) 작성(60분)	15점
		심층면접	15분	구상형 2문항, 추가질문 1문항 즉답형 1문항, 추가질문 1문항	40점
경기	자체출제 *2026학년도 부터변경사항	수업설계역량 (자체출제) *수업설계역량 (5분) 답변 후 수업실연 (15분) 실시	20분	수업설계역량 구상형 1문항 (5분)	60점
		수업실연 (평가원)		수업실연 (15분)	
		심층면접	15분	구상형 3문항, 즉답형 2문항 (15분)	40점
인천	평가원	수업실연	20분	수업실연(20분)	50점
		심층면접	10분	심층면접(10분)	50점
강원	평가원	수업실연	15분	수업실연(15분)	50점
		심층면접	15분	심층면접(15분)	50점

세종	평가원	수업실연	20분	수업실연(20분)	50점
		심층면접	10분	심층면접(10분)	50점
대전	평가원	수업실연	20분	수업실연(20분)	45점
		지도안 (과정안) 작성	-	교수학습 지도안 (과정안) 작성(60분)	15점
		심층면접	10분	심층면접(10분)	40점
충남	평가원	수업실연	20분	수업실연(20분)	50점
		심층면접	10분	심층면접(10분)	50점
충북	평가원	수업실연	20분	수업실연(20분)	50점
		심층면접	10분	심층면접(10분)	50점
경북	평가원 + 자체출제 *2026학년도부터변경사항	수업실연	20분	수업실연(20분)	50점
		심층면접	10분	심층면접(15분) [평가원] 구상형 3문제, 즉답형 1문제 (10분) [자체출제] 즉답형 1~3문제 (5분)	50점
경남	평가원	수업실연	20분	수업실연(20분)	45점
		지도안 (과정안) 작성	-	교수학습 지도안 (과정안) 작성(60분)	15점
		심층면접	10분	심층면접(10분)	40점
울산	평가원	수업실연	20분	수업실연(20분)	45점
		지도안 (과정안) 작성	-	교수학습 지도안 (과정안) 작성(60분)	15점
		심층면접	10분	심층면접(10분)	40점
부산	평가원	수업실연	20분	수업실연(20분)	45점
		지도안 (과정안) 작성	-	교수학습 지도안 (과정안) 작성(60분)	15점
		심층면접	10분	심층면접 (10분)	40점
대구	자체출제	수업실연	25분	수업실연(25분)	40점
		심층면접	25분	심층면접(20점)+자체출제문제(40점)	60점
전북	평가원	수업실연	20분	수업실연(20분)	60점
		심층면접	10분	심층면접(10분)	40점
전남	평가원	수업실연	20분	수업실연(20분)	50점
		심층면접	10분	심층면접(10분)	50점
광주	평가원	수업실연	60분	수업실연(20분)	60점
		심층면접	10분	심층면접(10분)	40점
제주	평가원	수업실연	20분	수업실연(20분)	50점
		심층면접	10분	심층면접 (10분)	50점

※ 2025학년도 2차 시험 공고문과 2026학년도 1차 시험 공고에 발표된 내용이며, 2026학년도 2차 시험 계획 공고문 재확인 필요

NOTE

03 시험 진행 절차

대기실 ⇨ 구상실 ⇨ 평가실

1. 대기실

임용 2차 시험 장소 도착 후 수험번호에 알맞은 대기실에서 대기합니다. 대기실에서는 시험 관련 안내, 소지품 수거와 함께 '관리번호'를 추첨하게 됩니다. 관리번호는 브로치형 명찰, 목걸이 명찰, 공 뽑기 등을 활용하여 제비뽑기 형식으로 추첨합니다. **관리번호에 따라 내가 시험을 볼 시간대를 확인한 뒤 긴장을 완화해야 합니다. 이때 실전의 자신감을 높이기 위해 대기 시 '당차게 시험보는 나의 모습'에 대해 이미지 트레이닝** 하는 것을 추천드립니다. 더하여 대기 시간이 길어지거나 겨울 날씨라 지나치게 건조할 수 있어 여분의 물★, 간식, 목캔디, 핫팩, 발이 편한 슬리퍼나 실내화, 담요 등을 챙겨가시는 걸 추천합니다.

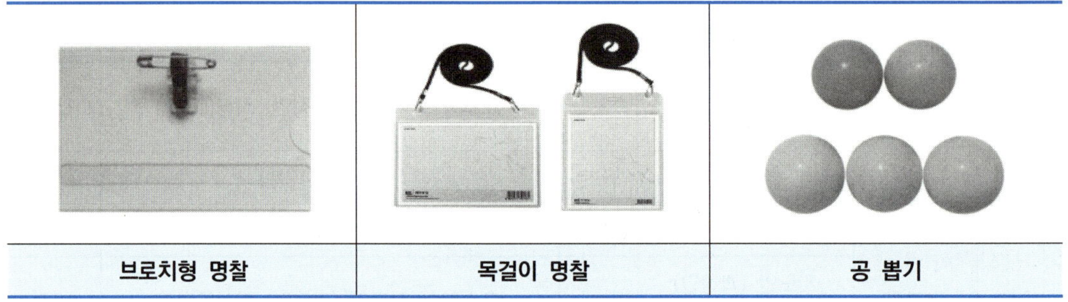

브로치형 명찰	목걸이 명찰	공 뽑기

2. 구상실

관리번호에 따라 대기실에서 구상실로 입실합니다. 구상실에서는 입실과 동시에 평가의 상황이 시작되는 것입니다. 그러니 '하지 말아야 할 행동' 이 무엇인지 반드시 숙지해야 합니다. (예를 들어 펜이나 자 사용 규정에 대해 구상실 감독관에게 확인, 구상 중 화장실 사용 등) 구상실에서 구상 후 드디어 평가실로 이동하게 됩니다.

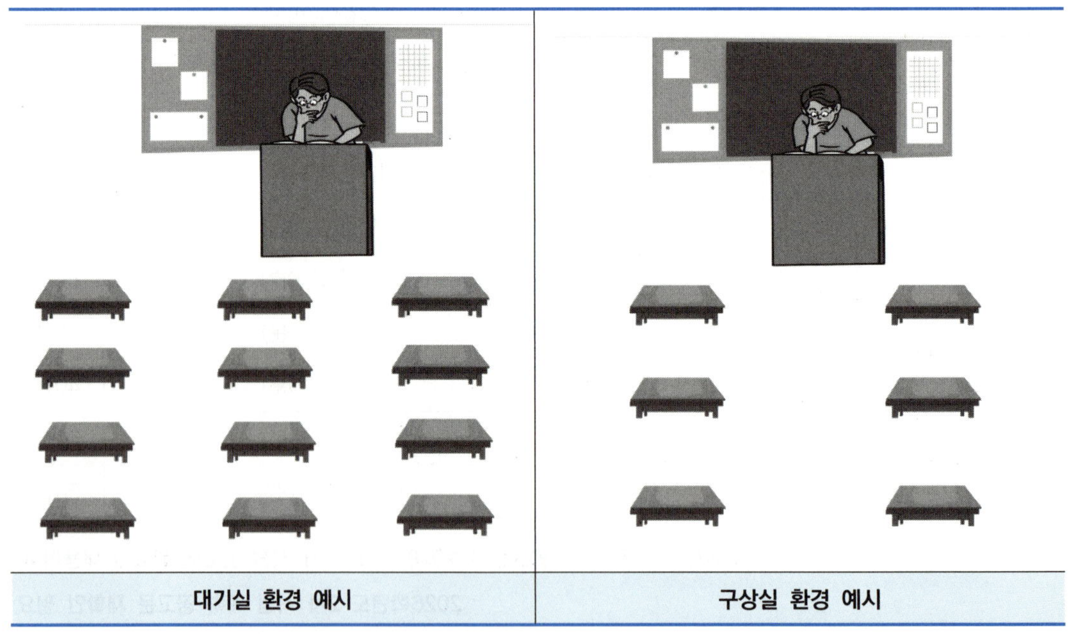

대기실 환경 예시	구상실 환경 예시

3. 평가실

평가실은 시도교육청마다 환경의 다소 차이가 있으며, 평가위원 인원 수도 (3~5명)다릅니다. **그래서 입실 후 시계의 위치와 표시 형태 (잔여 시간 혹은 현재 시간 표기 방식인지), 평가위원과 나의 거리, 손목시계 작동 확인, 크기 및 동선 확인을 빠르게 스캔**하여 내가 준비한 모든 것을 쏟아낸다는 마음가짐으로! 평가에 임해야 합니다.

1) 수업능력평가 평가실 예시

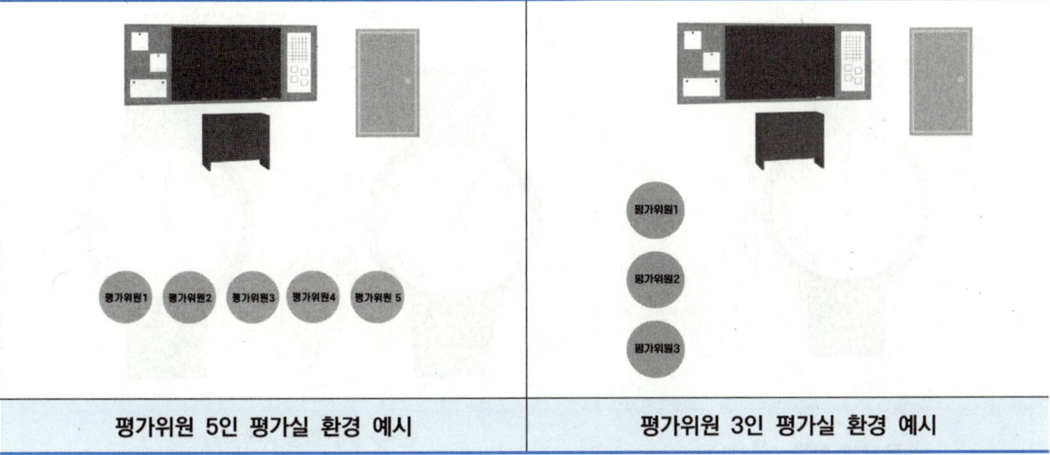

평가위원 5인 평가실 환경 예시	평가위원 3인 평가실 환경 예시

2) 심층면접 평가실 예시

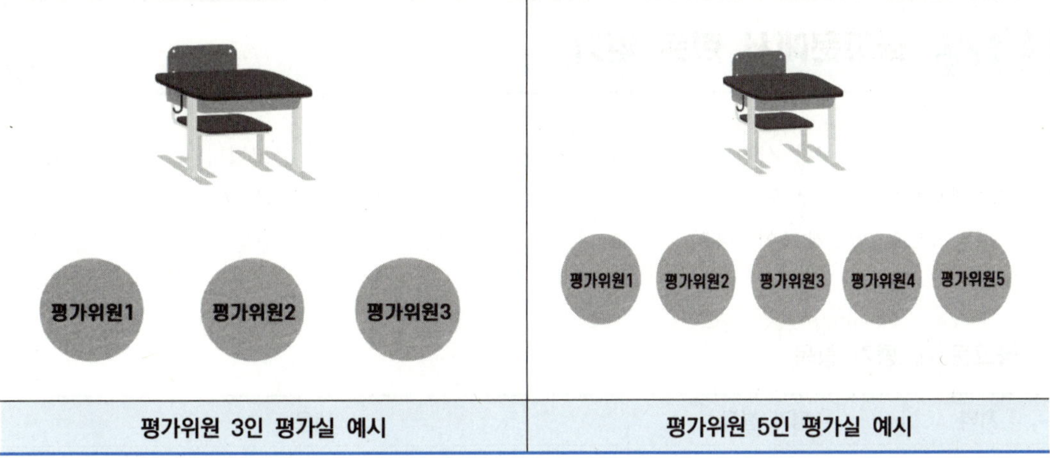

평가위원 3인 평가실 예시	평가위원 5인 평가실 예시

TIP

일부 지역 심층면접 시 평가실 2개로 이동 운영

지역에 따라 심층면접 시 구상형은 평가실(1), 즉답형은 평가실(2)에서 운영하기도 하니 공고문 발표 후 꼼꼼하게 확인해야 합니다. 이는 문제 유형별로 평가자를 다르게 구성하여 공정성과 객관성을 높이기 위한 방안입니다. 예 서울 유아 · 초등특수 2025학년도 기준

대기실 (25명 이내)	⇨	심층면접 구상실 (1명)	⇨	심층면접 구상형 평가실(1) (1명)	⇨	심층면접 즉답형 평가실(2) (1명)

NOTE

"아날로그 손목 시계 활용법"

'시간 관리는 수험생의 책임이다.' 라는 말이 있습니다. 시도교육청마다 시계가 현재 시각이 나오는지 혹은 타이머를 설정하여 잔여 시간이 표시되는지 등 매년 조금씩 다를 수 있으니 공고문을 꼼꼼하게 확인하는 것이 필요합니다. 특히, 시험장에서 손목 시계가 멈췄거나, 시간을 잘못 맞춰 어려움을 겪기도 합니다. 그래서 **미리 시계 약을 충전하기, 여분의 시계도 가져가기, 손목 시계 보기 연습까지 꼭! 해야 합니다.**

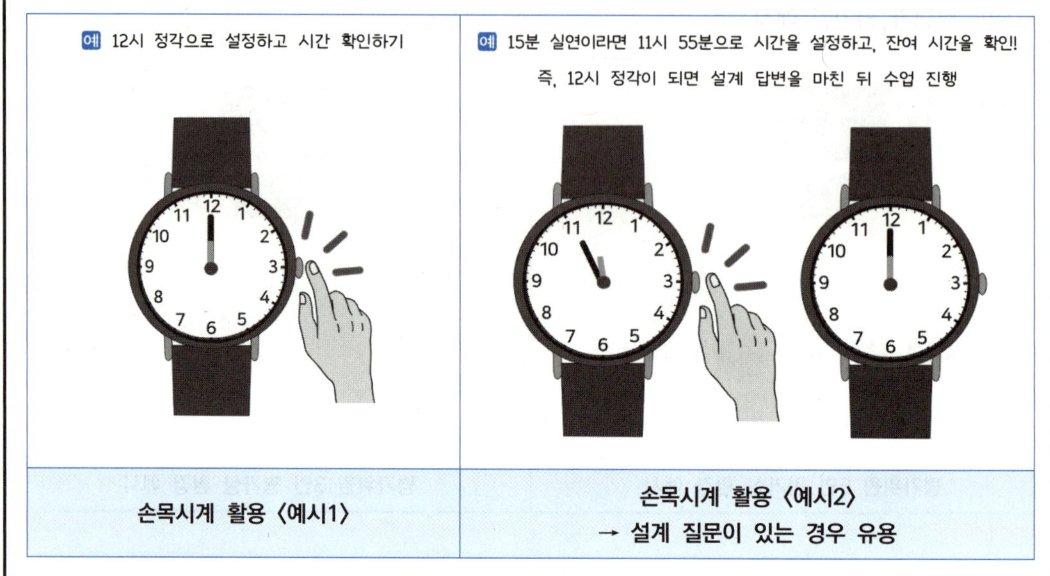

손목시계 활용 〈예시1〉	손목시계 활용 〈예시2〉 → 설계 질문이 있는 경우 유용

04 공고문에서 힌트 얻기

2026학년도 임용 2차 시험 시행 내용은 1차 합격자 발표와 동시에 공고됩니다. 그래서 **우선 작년(2025학년도)의 공고문을 쓱- 읽어보시는 걸 추천합니다. 시험 진행 방식, 시간, 배점, 유의 사항 등을 전반적으로 확인**해보며, 나의 사고를 유연하게 만들어 임용 2차 시험을 전략적으로 맞이해야 합니다.

1. 공고문 내 평가 항목

지역	평가 항목	내용
공통	수업실연	교사로서의 의사소통 능력과 학습지도 능력
	교수·학습 지도안 (과정안)	수업실연 전 해당 과목에 대해 작성
	교직적성 심층면접	교사로서의 적성, 교직관, 인격 및 소양
자체출제지역	교직적성 심층면접	교사로서의 적성, 교직관, 인격 및 소양, *00시 주요 교육 정책

위의 내용은 공고문에 제시된 평가 항목입니다. 교사로서의 의사소통 능력과 학습지도 능력, 교사로서의 적성, 교직관, 인격 및 소양이 기본적으로 기재되어 있으며, 자체출제지역의 경우 교육 정책의 내용이 추가로 명시되어 있습니다. 이러한 평가 항목은 기출 문제에 명시적으로 드러나기도 하며 혹은 드러나지 않더라도 해당 요소들이 문제 내에 잠재적으로 포함되어 있습니다. **그런데, 공고문 내 평가 항목은 간단히 단어로만 기재되어 있어 감을 잡기 어려우시죠? 그래서 끈기 임용 2차의 교재에서는 아래의 세부 분석 내용을 준비**했습니다. 임용 2차 시험의 전반적 방향을 설정해봅시다!

2. 끈기 임용 2차 공고문 평가 항목 세부 분석

주요 영역	세부 내용
교직 적성	• 의미: 교직에 대한 총체적 적응 능력으로서 인지적, 정의적 영역 모두 포함 • 예 잠재력, 사고력, 탐구력, 판단력, 응용력, 정보력, 책임감, 문제해결력 평가 등
교직관	• 의미: 교육을 바라보는 견해로써 교직이라는 직업에 대한 관점 • 교직관은 어떠한 생활 태도를 가지고 교직에 임할 것인가를 결정하는 중요한 문제 • 예 교직에 대한 확고한 자세, 열정, 교직에 대한 소명 의식 등
인격 및 소양 (자질)	• 의미: 일관되게 나타나는 성격, 경향, 행동과 평소 닦아 놓은 학문이나 지식 • 예 자주성, 안정성, 계획성, 책임감, 지식 등
의사소통능력	• 의미: 교수 행위의 핵심이자 본질이며, 교육공동체 간 상호작용 속 발휘 • 특수교사의 의사소통 능력은 대인관계, 역할 수행, 학생 발달 등 긍정적인 결과 발휘 • 예 소통력, 지도력, 이해력, 포용력, 분석력, 협동성, 표현력, 논리력, 문제상황 대처
학습지도 능력	• 의미: 해당 교과에 대한 학습지도 능력 • 예 특수교육 교과 전문성, 개별화, 맞춤형, 중도중복장애 학생 지도

수험생 선생님들이 자주하는 질문!

"*시책? 도대체 무엇인가요?"

자체출제지역은 '시책 공부' 의 용어를 많이 접하셨을 겁니다. 시책이란 시도교육청 정책을 줄여서 표현하기도 하고, 주로 OO시 기본교육정책을 의미합니다. **우리는 특수교사 임용 시험입니다! 기본교육정책, 특수교육정책(특수교육운영계획) 이렇게 2가지를 꼼꼼하게 살펴보아야 합니다.** 시책을 공부하다보면 교육청이 지향하는 가치를 파악할 수 있고, 이렇게 공부한 부분을 면접이나 설계·성찰의 답변에도 유용하게 사용할 수 있습니다.

〈3.-1) 대기실 관련 사진 출처〉

- 아크릴 대형 명찰 집게 옷핀형 사원증 출입증 이름표, 판매처: 잘한다
- 고무나라 목걸이 카드 명찰 세로 이름표 관광 단체 행사 목걸이줄
- 캡슐 뽑기볼 원형 추첨 빈캡슐 60mm 랜덤(10P), 제이팜쇼핑

Chapter 2

특수교사 임용 2차 시험의 기초 알아보기

NOTE

01 황금 시간 적극 활용하기

우리의 시간은 임용 2차 시험 당일까지 크게 4단계의 시기로 나눌 수 있습니다.

1차 시험 종료 → (황금 시간) → **1차 합격자 발표** → **2차 시험일**

매해 임용 2차 시험의 문제가 더욱 어려워지거나 조건이 까다로워지는 등 변별력이 높아지고 있는 추세입니다. **그래서 필자는, 1차 시험 종료 ~ 1차 합격자 발표 전까지의 기간을 바로 '황금 시간' 이라고 표현**하고 싶습니다. 황금 시간에 임용 2차 준비를 시작하게 된다면, 시간이 상대적으로 많아 마음이 쉽게 동요치지 않고 차분하게 준비할 수 있으며, 여러 시행착오를 마음껏 겪을 수 있습니다.

임용 2차 시험은 1차 시험과 같으면서도 다릅니다. 같은 점으로는 당연히 특수교사가 되기 위한 시험이기에 특수교육 지식과 교육 이론을 활용해야 한다는 점입니다. 한편 다른 점으로는, 준비할 수 있는 시간의 차이입니다. 2차 시험의 준비 기간은 1차 시험에 비해 짧기에 관련 지식을 '빠르게' 나의 '행동'으로 흡수해야 합니다. 또한 준비 방법에도 차이가 있습니다. 1차 시험에서는 세세한 부분을 이해하고 외워야 한다면, **2차 시험은 쌓은 지식을 맥락에 맞추어 적절하게 '드러내는 것'이 포인트**임을 기억하세요!

합격라이브

"황금시간을 제-발 놓치지 마세요."

2020학년도 평가원 지역 합격자 박00 선생님

초수 시절 1차 시험을 마친 뒤 2차 시험 준비를 전혀 하지 않았습니다. 그런데, 발표일에 결과를 확인해보니 1차 합격이었습니다. 기쁨도 잠시, 2차를 대비하지 않았던 시간들이 너무나 후회스러웠습니다.

특히, **초반의 금 같은 시간을 2차 준비에 대한 방향성을 잘 잡지 못해 갈팡질팡하며 보냈습니다.** 그래서 결국 그 해에는 불합격 결과를 얻었습니다. 이러한 아픈 경험을 바탕으로 2020학년도에는 1차 시험이 마친 뒤 딱! 1주만 쉬고 2차 준비를 시작했습니다. **제가 수험생 선생님들께 감히 조언하자면 더 빨리, 더 많이 준비하고, 더 간절하게 연구한 사람에게 합격이 주어지는 시험이라고 생각**하시길 바랍니다. 만약 이 시기를 최선을 다해 보냈으나, 1차가 불합격 결과더라도 결국엔 해낼 시험이기에 추후 합격의 밑거름이 될 것입니다.

02 마음 준비하기

최종 합격을 위해, 수험생 선생님들께서는 3가지 마음가짐을 준비하셔야 합니다.

✔ 첫째, 임용 2차 시험은 나의 모든 것을 쏟아 붓는 순간이다!

여러분은 국공립 특수교사가 되기 위한 마지막 관문에 도착했습니다! 짧던 길던 나의 특수교육 인생 속 배움, 쌓아왔던 지식과 교양과 경험 등 모든 역량을 발휘하여 최고의 답변과 수업을 만들어야 합니다.

✔ 둘째, 나는 쑥스럽지 않다. 얼굴에 철판을 깔자! → '드러내야' 점수를 받는다!

임용 2차 시험은 타인 앞에서 답변하고, 수업하는 과정의 연속입니다. 즉, 내가 나의 역량을 뽐내는 만큼 점수를 받습니다. 시험 준비 기간만큼은 타인에게 주목받는 것을 즐기며 익숙해져야 합니다.

✔ 셋째, 임용 2차 시험은 깎이고 깎여서 다듬어지는 과정이다! 튼튼한 멘탈로 버티자!

수 많은 피드백의 연속, 나의 부족함을 느끼고 개선해나가는 과정은 사실 무척이나 괴로운 일인 점 잘 알고 있습니다. 그러나, 모두가 어렵고 힘든 시험입니다. 기필코 노력하다 보면 어느 순간 성장해 있습니다. 이 시험은 때론 버티는 것 자체가 답이라는 생각으로 함께 버텨봅시다!

수험생 선생님들이 자주하는 질문!

"그래서, 임용 1차 시험이 끝난 지금! 무엇을 하면 좋을까요?"

❶ **전략 세우기**
- 합격자 수기, 2차 시험 후기, 해당 지역 합격자 조언 등 참고하여 전반적인 공부 계획 세우기

❷ **공부할 거리 정하고 공부하기**
- 끈기 임용 2차 이론편과 실전편을 바탕으로 관련 내용 확장하기!
- 기출 분석하기, 스크립트 만들기, 면접 답변 해보기, 서브노트 만들기 등
- 자체출제지역의 경우 기본계획(시책) 흐름 읽기, 시기에 맞춰 신년사 분석

❸ **스터디 구성 및 실행하기**
- 인원, 방향, 스터디 진행 방식, 시간 등

❹ **혼자서도 충분히 연구하기**
- 구상 방식, 수업 동영상 다시 보고 점검, 면접 녹음본 듣기, 구상지 자기 채점, 기존 답변 보완하여 최고의 답변 만들기

NOTE

03 임용 2차 시험에서 기출 분석의 의미

수많은 임용 1차 기출 문제 분석의 고난(?)을 겪고 온 여러분! '분석' 이라는 단어의 무게를 잘 알고 계실 겁니다. **기출문제는 현존하는 최고의 문제이자 앞으로의 시험을 예측할 수 있는 엄청난 힌트**가 됩니다. 앞으로 임용 2차 시험에서 기출 분석의 의미란 밑줄을 긋고 문제들을 살펴보는 것 이상으로, 내가 실제와 같이 구상해보고 연습해보고 수정·보완하는 과정을 의미합니다. 더하여, 기출 문제를 토대로 또 다른 지식을 확장시키고 흐름을 살펴보는 것까지 꼭 기억해두세요!

04 스터디 구성·실행하기

1. 스터디 구성원

스터디 구성원은 4명 이상 추천하지 않습니다. 수업실연 및 면접 연습을 하는데 소요되는 에너지와 시간을 고려했을 때 너무 많은 인원은 진행하기 어렵기 때문입니다. 만약 많은 인원이 모여 있다면 2명~4명씩 팀을 나누고 구성원 간 순환하여 연습하는 게 좋습니다. 또한, 같은 지역, 비슷한 출제 경향끼리 준비하는 것이 진행에 수월합니다.

2. 스터디 진행 목적

- 이론 공부: 기출문제 분석, 전화스터디, 시책 스터디 등
- 실전 연습: 심층 면접, 수업실연 구상 후 연습 후 상호 피드백 제공 등

3. 스터디 진행 방법

구상시간 및 실연(답변)시간을 실제와 같이 지켜서 연습하고, (변수를 고려하여 1~2분 정도 줄여서 연습해도 좋음) 이때 스스로도 확인할 수 있도록 촬영이나 녹음을 합니다. 피드백을 상호적으로 주고 받는 것을 기본적인 방법으로 진행하며, 스터디를 마친 후에는 내용을 공부하고 입으로! 행동으로! 개선하려고 노력해야 합니다.

예 오전 수업실연, 오후 면접 연습 후 해산 → 자기 공부 시간 확보 (다시 나의 수업·답변 영상 보기, 수업실연 잘 안되었던 부분 혼자 해보기, 피드백 받은 것 고쳐보기, 면접 녹음본 듣고 면접 답변 최상으로 발전 시키기, 관련 지식 보충 공부 등)

수험생 선생님들이 자주하는 질문!

"스터디 하려고 모였어요. 그런데, 어떤걸 피드백해야 할지 모르겠어요."

처음엔 모두가 막막할 겁니다. 그래서, 객관화된 채점표나 점검표를 활용하여 피드백을 진행해보세요! 점차 틀에서 벗어나 피드백이 필요한 다양한 내용이 보일 겁니다. 개인 공부 시 스터디원들의 채점표나 점검표를 다시 확인하고, 촬영한 영상을 검토하며 자기 채점을 해보아도 좋아요.

"스터디 전원 합격 조의 공통점을 발견하다"

매년 수험생 선생님들의 합격을 도우며 스터디 방법은 조금씩 달랐습니다. 그러나, 전원 합격 조의 명확한 공통점을 발견했습니다. 바로 혼자서도 공부할 시간을 확보한 점입니다. 다시 말해, 나의 실력에 대해 혼자 고민하고 수정하며 연구할 시간이 충분하게 있었다는 것입니다. 아무리 좋은 피드백을 받아도 내 것으로 만들지 못한다면 큰 의미가 없습니다.

반면, 불합격생들의 스터디 운영 방법을 살펴보면 '스터디 하다가 시간이 다 갔어요..' 라고 답하거나 체계적인 운영과 개인 공부 시간 확보의 어려움이 있었다고 합니다. 이와 같이 임용 2차 관련 공부의 시간이 양적으로 보장되어야 질 높은 답변을 할 수 있습니다. 결정적으로 스터디 시간과 운영 방법, 공부할 내용과 범위에 대해 체계적인 사전 협의가 꼭 필요할 것입니다.

〈스터디 진행 방법 예시〉

[수업 실연]	[심층 면접]
① 가장 먼저 할 것은 기출 문제 분석과 기출문제 연습 ② 각자 수업실연 문제 준비 (혹은 문제 사전 협의) *교수·학습 지도안(과정안) 작성 지역은 시간에 맞춰 사전에 작성 ③ 제비뽑기로 수업실연 문제나 순서 뽑기 ④ 수업실연 구상 ⑤ 수업실연 (피드백 해주는 사람이 각 학습단계별로 시간 측정 등) ⑥ 피드백 공유	① 면접 문제 뽑기 (혹은 사전 협의) ② 면접 구상형 문제 구상 ③ 한 사람씩 면접 실시 (각 문항별 시간 측정해주기) ④ 즉답형 답변 진행 ⑤ 피드백 공유 *면접 주제에 대해서 공부한 내용을 설명하거나, 관련 사례를 공유해도 좋음!

4. 스터디에서 활용할 수 있는 문제 유형

① 기출문제 (기출문제 분석하고 연습하기) → 우선 순위로 정하기

② 기출 변형 문제 (기출 주제 변형, 조건이나 내용 변형 등)

③ 다양한 주제의 연습문제

④ 스터디 내 자체 제작 문제

합격라이브

"끈기 임용 2차와 함께 스터디 전원 합격"

2024학년도 평가원 지역 합격자 손00 선생님

2024학년도 시험에서 임용 2차 스터디원 전원 합격을 이뤄냈습니다. 끈기 임용 2차 교재는 수험생 선생님들 사이에서 기출문제 복기 정도나, 연습문제 퀄리티가 가장 훌륭하다고 평가받습니다. 그래서 초반에는 끈기 임용 2차 교재의 문제를 하나 선정하여 연습하는 방식으로 스터디를 진행했습니다. 스터디원 간 같은 문제라도 풀어내는 관점의 차이를 느꼈습니다. 특히, 조이쌤께서 강조하신 개인 공부 및 보완의 시간을 꼭 확보한 점이 스터디 전원 합격의 비결이라고 생각합니다. 마지막으로, 연습 문제들도 어렵다고 포기하지 마세요. 안해봐서 어려운 것입니다.

5. 장소

실제 교실, 강의실, 스터디 카페, 집 등입니다. 막상 시험장에 가면 교실은 꽤 넓습니다. 좁은 공간에서 연습을 하게 된다면 작은 목소리와 제스쳐, 동선 등이 그대로 굳어질 위험이 있습니다. 물론 실제 교실에서 연습할 수 있는 기회가 적겠지만, 연습 시 최대한의 공간을 확보하여 실제 교실과 같은 크기로 가정하여 연습해야 합니다.

수험생 선생님들이 자주하는 질문!

"스터디를 꼭 해야 하나요? (스터디 → 피드백을 주고 받을 사람)"

'그렇다면 스터디는 꼭 해야 할까요?' 라고 묻는다면 저는 **'처음 2차를 준비하는 경우 1:1 멘토가 있지 않은 이상 의견을 주고 받을 사람은 꼭 필요합니다.'** 라고 대답하고 싶습니다. 임용 2차는 단기간 안에 여러 가지 지식을 습득해야 하며, 시험 체제 자체가 평가자의 관점이 매우 중요한 시험입니다. 그래서 내가 의도한 바가 타인에게 잘 표현되는지를 확인해야 합니다. (나의 답변 근거가 충분한가, 나의 목소리가 잘 전달되는가, 자연스러운 분위기 인가, 제스처, 깔끔한 동선 등)

스터디를 조직하여 실행한다면, **나의 같은 문제라 풀어내는 방식 및 생각의 차이를 느끼며 관점을 단기간 안에 넓힐 수 있는 기회가 됩니다. 더하여 상호피드백을 하는 과정에서 본인 역시 성장**합니다. 자신의 어떤 점을 공통적으로 칭찬하는지, 조건 충족이 드러났는지 등을 스터디원의 의견을 바탕으로 충분히 고민할 수 있습니다.

만약 대면 진행이 사정상 어렵다면 아래의 사진과 같이 동영상 파일을 공유하기, zoom 활용하기, 면접 구상한 것이나 교수·학습 과정안 작성한 것 네이버 밴드에 올려서 상호 피드백하기, 즉답형 내용은 댓글로 달기, 전화 스터디 등 다양한 비대면 방법으로도 실시할 수 있습니다.

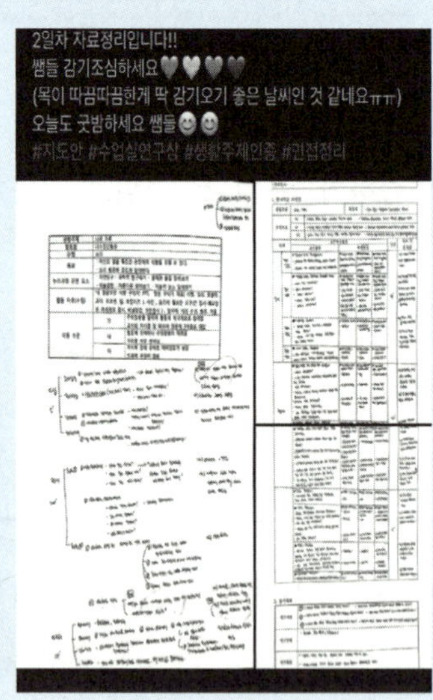

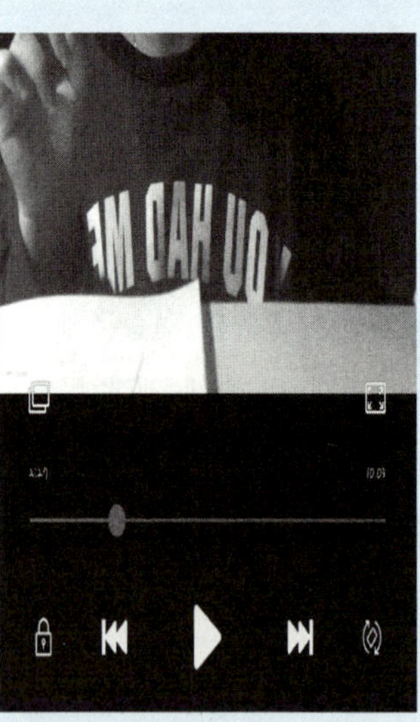

05 혼자서도 공부하기 → 2차 시험도 '당연히' 공부!

임용 2차는 행하는 것도 중요하나, 1차 시험과 같은 이치로 공부해야 알맞은 답변과 질 높은 답변과 수업을 할 수 있습니다. 시험의 진리는 '아는 것이 힘이다.' 라고 생각합니다. 알아야 제대로 된 면접 답변을 하고, 알아야 제대로된 수업을 합니다.

실전에만 치중하지 말고 이론적 지식도 함께 공부하여 균형을 맞춰야 합니다. 게다가 임용 2차 시험의 출제 영역은 특수교사를 선별하는 시험이니 '현장'과 관련된 문제들이 출제됩니다. 그 외에도 개인적인 성장 경험, 사회적 이슈, 여러 주체 간의 갈등, 신문 기사, 해당 지역의 특색 정책 (자체출제지역) 등 방대한 양을 자랑하고 있습니다. 더하여, 우리가 생각해야 할 것은 1차와 2차 시험은 완전 별개의 것은 아니라는 점입니다. 겁 먹지 마시고! 기본 이론서나 서브노트를 2차 공부 시에도 곁에 두어 틈틈이 참고하세요!

수험생 선생님들이 자주하는 질문!

"저는 현장 경력이 없는데 어쩌죠? → 입체적으로 공부하세요!"

임용 2차 시험에서 중요한 방향은 바로 '현장성'입니다. 문제에 대해 아무리 좋은 해결책이라도 현장감이 낮다면, 평가자는 이러한 같은 생각을 할 것입니다. '현장에서 이를 실현하기에는 무리인데…, 그저 시험을 위한 답변이구나.' 라고요. 이렇다면 높은 점수를 가져갈 수 없습니다.

그래서 현장 사례를 다양한 방법으로 접하여 **입체적으로 공부**하는 것이 좋습니다. **예를 들어 해당 지역의 홈페이지의 자료, 기사, 블로그, 유튜브 영상, 관련 매뉴얼, 관련 서적, 뉴스 등으로 나의 답변에 활용할 거리들을 쏙쏙 추출**해야 합니다. (홈페이지, 교육감 블로그 및 sns 등은 해당 학년도 기준의 교육 쟁점을 알 수 있는 중요한 지표) 이를 활용하여 교육적 Idea도 발휘할 수 있습니다.

06 근거 있는 자신감 만들기

임용 2차 시험을 대비하면서 앞으로 '자신감을 가져라' 라는 말을 끊임없이 듣게 될 것입니다. 간혹 초수 선생님들이나 혹은 처음 2차 시험을 맞이하시는 분들께서는 답변 시 '현장 경험은 없으나 ~에 대해 ~하면 아마 좋을 것 같습니다.' 등으로 애매하고 자신감 없는 답변 태도를 취하기도 합니다. 여러분. **우리는 이미 훌륭한 '특수교사' 입니다! 예비 특수교사가 아닌 현장 특수교사로서 사고하여 당당히 행동해야 합니다.** 현장에 대해 공부하고, 하루 하루 준비를 거듭할수록 자신감이 생겨날 것입니다.

마지막으로, 시험장에서는 믿을 건 오로지 나 하나 뿐입니다. 이제는 더이상 물러설 곳이 없어요! 스스로가 노력한 나날을 믿고 당차게 시험에 임해야 합니다. '평가위원님. 현장에는 저같은 교사가 필요해요! (+초롱초롱, 열정, 활기 장착!) 전 정말 자신 있습니다!' 라는 담대한 자세로요!

NOTE

〈 스케줄표 예시 〉

시기	A 쌤의 스케줄

합격 전

<table>
<tr><th></th><th>월</th><th>화</th><th>수</th><th>목</th><th>금</th></tr>
<tr><td>10:00~12:00</td><td>개별면접 피드백</td><td rowspan="4">개인공부
(시책 및
스크립트)</td><td>개별면접
피드백</td><td rowspan="4">개인공부
(시책 및
스크립트)</td><td>개별면접
피드백</td></tr>
<tr><td>13:00~14:00</td><td>점심</td><td>점심</td><td>점심</td></tr>
<tr><td>14:00~16:00</td><td>수업실연 및
수업나눔 피드백</td><td>수업실연 및
수업나눔 피드백</td><td>수업실연 및
수업나눔 피드백</td></tr>
<tr><td>16:00~17:00</td><td>각자 시책공부</td><td>각자 시책공부</td><td>각자 시책공부</td></tr>
</table>

합격 후

<table>
<tr><th></th><th>월</th><th>화</th><th>수</th><th>목</th><th>금</th></tr>
<tr><td>9:00~11:00</td><td>개별면접 및
피드백(1)</td><td>개별면접 및
피드백(1)</td><td>개별면접 및
피드백(1)</td><td>개별면접 및
피드백(1)</td><td>개별면접 및
피드백(1)</td></tr>
<tr><td>11:00~13:00</td><td>개별면접 및
피드백(2)</td><td>개별면접 및
피드백(2)</td><td>개별면접 및
피드백(2)</td><td>개별면접 및
피드백(2)</td><td>개별면접 및
피드백(2)</td></tr>
<tr><td>13:00~14:00</td><td colspan="5">점심</td></tr>
<tr><td>14:00~16:00</td><td>수업실연
및 피드백(1)</td><td>수업실연
및 피드백(1)</td><td>수업실연
및 피드백(1)</td><td>수업실연
및 피드백(1)</td><td>수업실연
및 피드백(1)</td></tr>
<tr><td>16:00~18:00</td><td>수업실연
및 피드백(2)</td><td>수업실연
및 피드백(2)</td><td>수업실연
및 피드백(2)</td><td>수업실연
및 피드백(2)</td><td>수업실연
및 피드백(2)</td></tr>
<tr><td>18:00~19:00</td><td colspan="5">저녁</td></tr>
<tr><td>19:00~22:00</td><td colspan="5">개인공부</td></tr>
<tr><td colspan="6">*주말 중 하루는 건강 관리를 위해 무조건 쉬었음</td></tr>
</table>

시기	B 쌤의 스케줄

합격 전

<table>
<tr><th></th><th>월</th><th>화</th><th>수</th><th>목</th><th>금</th></tr>
<tr><td>10:00~12:00</td><td colspan="5">개인공부</td></tr>
<tr><td>13:00~14:00</td><td colspan="5">점심</td></tr>
<tr><td>14:00~17:00</td><td>수업실연</td><td>면접</td><td>수업실연</td><td>면접</td><td rowspan="2">수업실연,
면접 연습</td></tr>
<tr><td>17:00~18:00</td><td colspan="4">저녁</td></tr>
</table>

합격 후

<table>
<tr><th></th><th>월</th><th>화</th><th>수</th><th>목</th><th>금</th></tr>
<tr><td>9:00~12:00</td><td colspan="5">면접 연습 및 2차 내용 스터디</td></tr>
<tr><td>13:00~14:00</td><td colspan="5">점심</td></tr>
<tr><td>14:00~17:00</td><td>수업실연 및
수업나눔 피드백</td><td>수업실연 및
수업나눔 피드백</td><td>수업실연 및
수업나눔 피드백</td><td>수업실연 및
수업나눔 피드백</td><td>월~목 수업실연
피드백 내용 수정,
반영</td></tr>
<tr><td>17:00~18:00</td><td colspan="5">저녁</td></tr>
<tr><td>16:00~22:00</td><td colspan="5">개인공부 및 보완</td></tr>
<tr><td colspan="6">*주말에는 쭉 시책이나 면접 등 2차 관련 지식 공부를 하거나, 현직 선생님께 피드백을 받으며 총연습을 하는 날로 지정했음</td></tr>
</table>

Chapter 3

기출문제 맛보기

NOTE

01 수업능력평가(수업실연·지도안 작성) 기출문제 살펴보기

기본 구조	내용
본시 학습 관련 내용	주제, 단원, 학습 대상, 차시, 활동 시간
학생 실태 및 학습 수행 수준	학습 실태 및 학습 수준 (가,나,다 학생 수준 및 특성, 도전행동 특성 등) 기재
유의사항 (실연 조건)	실연 구간, 시험 조건, 특수교육지원인력 배치 여부, 기자재, 자료 활용 시기, 중재 시기 등
자료	그림, 그래픽 조직자, 학습지, 동영상, 노래, 연극, 포스터, 사전, 사진, 시, 신문, 그림책, 뉴스, 아나운서, 캐스터, 영화, 연극, 홍보물, 지도, 모형, 코딩로봇, 편지, 광고, 보고서 등

〈수업실연 중등특수 2023학년도 문제지〉

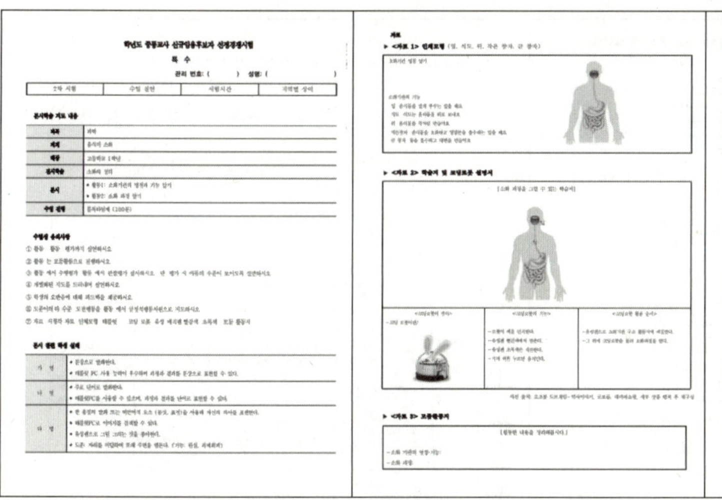

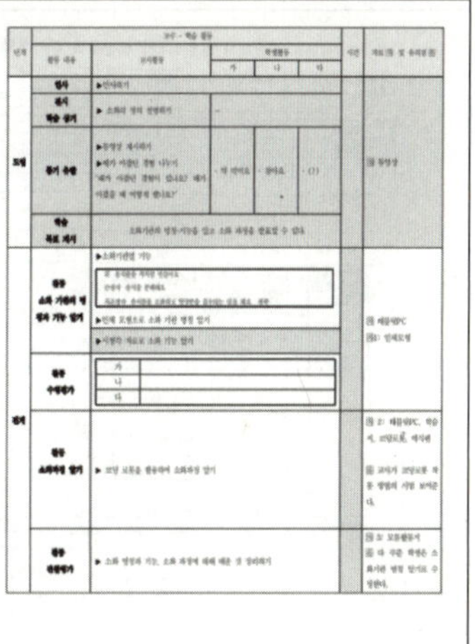

NOTE

〈지도안 작성 지역 : 답안지 틀 예시〉

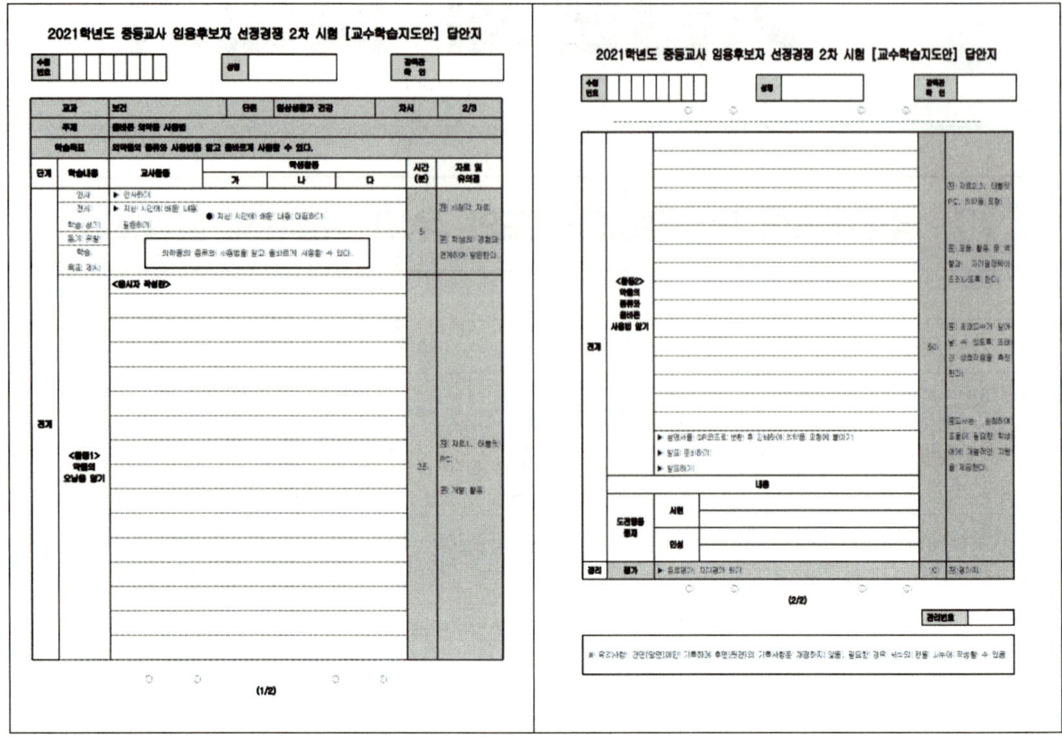

2021학년도 중등교사 임용후보자 선정경쟁 2차 시험 [교수학습지도안] 답안지

수험번호 | 성명 | 감독관 확인

교과	보건	단원	일상생활과 건강	차시	2/3
주제	올바른 의약품 사용법				
학습목표	의약품의 종류와 사용법을 알고 올바르게 사용할 수 있다.				

단계	학습내용	교사활동	학생활동 가	학생활동 나	학생활동 다	시간(분)	자료 및 유의점
전개	<활동1> 약물의 오남용 알기	<응시자 작성란>					

(1/2)

2021학년도 중등교사 임용후보자 선정경쟁 2차 시험 [교수학습지도안] 답안지

수험번호 | 성명 | 감독관 확인

전개	<활동2> 약물의 종류와 올바른 사용법 알기		50	
	도전활동 평가	내용 / 사회 / 인성		
정리	평가		10	

(2/2)

관리번호

〈지도안 작성 지역: 답안지 작성 연습 예시〉

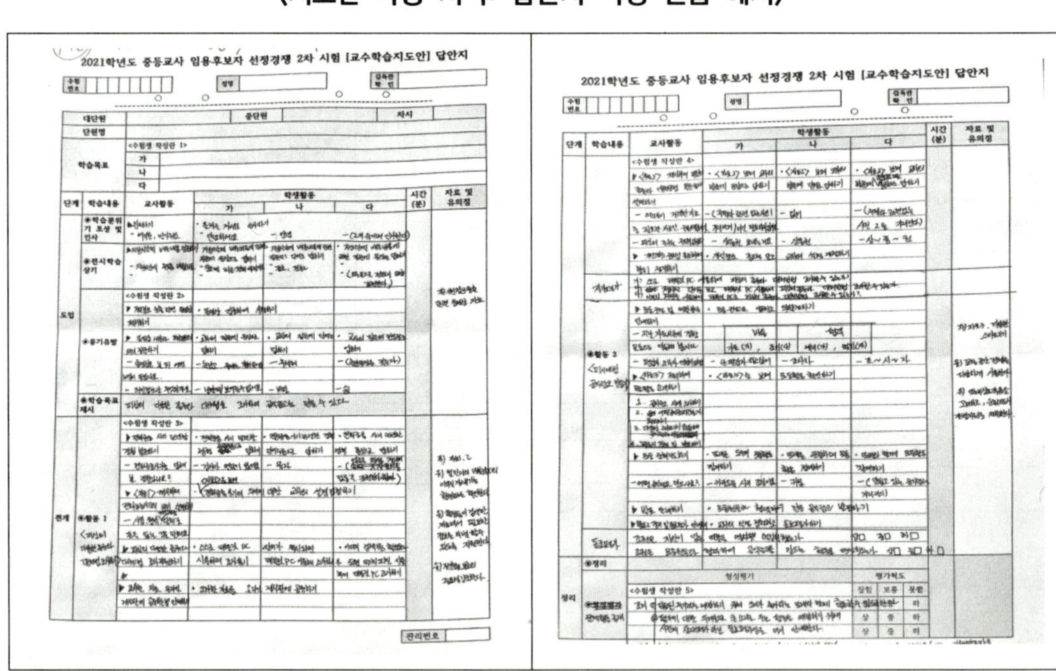

2021학년도 중등교사 임용후보자 선정경쟁 2차 시험 [교수학습지도안] 답안지

수험번호 | 성명 | 감독관 확인

대단원 | 중단원 | 차시

단원명

학습목표 <수험생 작성란 1> 가 / 나 / 다

단계	학습내용	교사활동	학생활동 가	학생활동 나	학생활동 다	시간(분)	자료 및 유의점
도입	●학습분위기 조성 및 인사 / ●전시학습 상기 / ●동기유발 / ●학습목표 제시	<수험생 작성란 2>					
전개	●활동 1	<수험생 작성란 3>					

관리번호

2021학년도 중등교사 임용후보자 선정경쟁 2차 시험 [교수학습지도안] 답안지

수험번호 | 성명 | 감독관 확인

단계	학습내용	교사활동	학생활동 가	학생활동 나	학생활동 다	시간(분)	자료 및 유의점
전개	●활동 2	<수험생 작성란 4>					
정리	●정리 / ●형성평가	<수험생 작성란 5> 형성평가			평가척도: 상 중 하		

02 심층면접 기출문제 살펴보기

기본 틀	내용
구상형	일정한 시간 내 구상실에서 구상한 뒤 평가자 앞에서 답변하는 형태
즉답형	구상형 답변 뒤 평가실에서 즉시 문제를 확인한 후 답변하는 형태

〈심층면접 문제지 예시〉

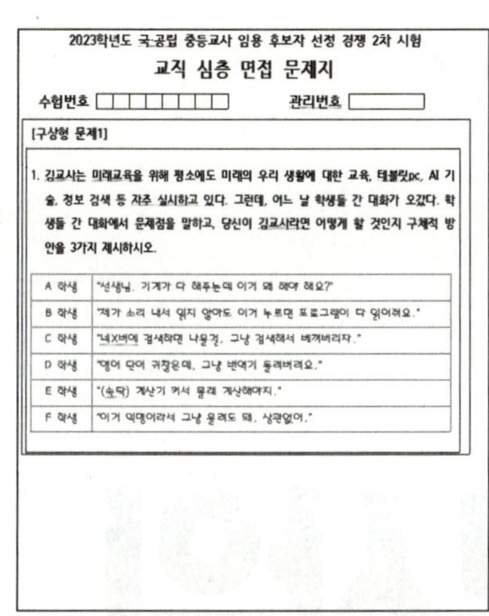

2023학년도 국·공립 중등교사 임용 후보자 선정 경쟁 2차 시험

교직 심층 면접 문제지

수험번호 □□□□□□□□ 관리번호 □

[구상형 문제1]

1. 김교사는 미래교육을 위해 평소에도 미래의 우리 생활에 대한 교육, 태블릿pc, AI 기술, 정보 검색 등 자주 실시하고 있다. 그런데, 어느 날 학생들 간 대화가 오갔다. 학생들 간 대화에서 문제점을 말하고, 당신이 김교사라면 어떻게 할 것인지 구체적 방안을 3가지 제시하시오.

A 학생	"선생님, 기계가 다 해주는데 이거 왜 해야 해요?"
B 학생	"제가 소리 내서 읽지 않아도 이거 누르면 프로그램이 다 읽어줘요."
C 학생	"네X버에 검색하면 나올걸. 그냥 검색해서 베껴버리자."
D 학생	"영어 단어 귀찮은데, 그냥 번역기 돌려버려요."
E 학생	"(속닥) 계산기 켜서 몰래 계산해야지."
F 학생	"이거 익명이라서 그냥 올려도 돼, 상관없어."

구상형

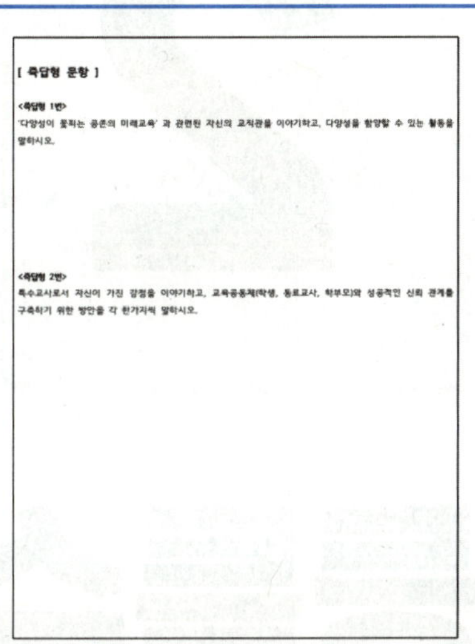

[즉답형 문항]

<즉답형 1번>

'다양성이 꽃피는 공존의 미래교육' 과 관련된 자신의 교직관을 이야기하고, 다양성을 함양할 수 있는 활동을 말하시오.

<즉답형 2번>

특수교사로서 자신이 가진 강점을 이야기하고, 교육공동체(학생, 동료교사, 학부모)와 성공적인 신뢰 관계를 구축하기 위한 방안을 각 한가지씩 말하시오.

즉답형

수험생 선생님들이 자주하는 질문!

"즉답형 문제는 어떻게 확인하나요?"

시도교육청마다 다르나 즉답형 문제는 아래와 같은 파일철이나, 결재 서류철, 종이를 뒤집어서 확인하거나 책상 위에 부착되어 있는 것으로 파악됩니다.

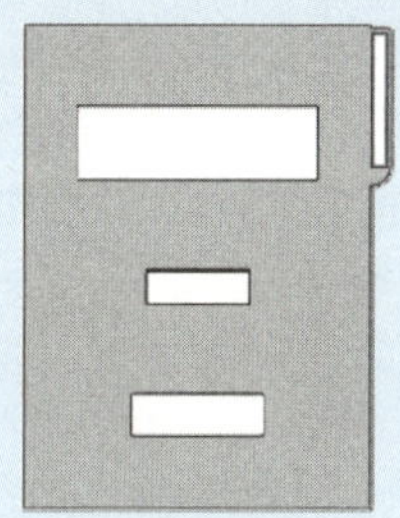

PART 02

중등특수교사의 수업실연

Chapter 1

수업실연의 핵심 Point 6가지!

POINT 01 목표 설정과 목표 도달의 '과정' (오반응★)

첫 번째 포인트는 바로 '목표'입니다. 대다수의 현장 교사는 수업 참관 시 '목표'를 가장 처음으로 확인합니다. 수업을 통해 학생들에게 가치 있는 배움이 일어나 성장으로 이끄는 것이 교사의 역할이기 때문입니다. 이렇게 목표는 수업의 이유이자, 중심이 되기 때문에 매우 중요합니다.

〈구체적인 목표 행동 서술 용어의 예〉

습득	(지식) 1.정의하다, 기술 및 진술하다, 찾다, 열거하다 (이름대기, 이름 붙이기), 짝지우다. (이해) 2. 구별하다, 설명하다, 예를 들다, 바꾸어 말하다, 요약하다, 전환하다.
조작	(적용) 3. 바꾸다. 변형하다, 계산하다, 조작하다, 예측하다, 관련 짓다, 풀다, 사용하다, 만들다. (분석) 4. 나누다, 그림으로 표시하다, 분류하다, 변별하다, 구분하다, 식별하다, 개요를 만들다, 추측하다, 선택하다, 세분화하다 (종합) 5. 조직하다, 범주화하다, 묶다, 구성하다, 설계하다, 생성하다, 변형하다, 계획을 세우다, 재배치하다, 재구성하다, 재조직하다, 교정하다, 다시 말하다, 다시 쓰다.
일반화	(평가) 6. 평가하다, 비교하다, 결론 내리다, 대조하다, 비판하다, 해석하다, 지지하다.

「출처: 대구교육연수원(2018) 교육과정재구성-IEP- 평가조정 (알.쓸.신.특: 알면 쓸 수 있고 신장되는 특수교육 전문성) 일부」

특히 목표 달성의 단순한 결과가 아닌 그 '과정'이 궁금한 것입니다. 그런데, 수험생 선생님들의 수업 장면 중 '오반응'을 아예 찾아볼 수 없거나, 너무 단편적인 부분으로만 보입니다.

예 단편적인 오반응 교정: 아 ooo아 그 대답이 아니라 이 그림은 ~ 란다, 틀렸어요. 이건 ~입니다.

현장의 수업 상황을 떠올려 보았을 때, 다양한 답변과 오반응을 자주 접할 수 있습니다. 게다가 실제로 교육 장면에서 교사가 설명한대로, 교사가 의도한 대로 척척척! 수업이 진행되는 경우는 드물 것입니다. 이러한 현장에서 몇 년간 몸담은 평가위원님들은 수업을 과연 몇 번이나 했을까요? 셀 수 없을 겁니다. 다양한 장애 정도와 특성으로 인한 수업 진행의 어려움, 오반응과 무반응의 수업 장면을 절대 모를 리가 없습니다.

그러니 여러분! 이 시험은 '특수교사'를 뽑기 위한 자리인 만큼, 현장성을 반영하여 특수교육대상 학생들의 '오반응'의 요소를 1~2개를 꼭 추가하여 수업 실연을 진행해봅시다.

교사가 허용적인 분위기에서 다양한 방법으로 교정하여 (교사의 몸짓, 힌트, 안내, 적절한 예시와 설명, 시범, 대화, 오답에 대해 친구와 토론, 모둠별 다양한 답을 찾아보기 등) 정반응으로 이끌고, 창의적이거나 재미있는 답변을 수업과 연결짓기도 하면서, 다이나믹한 분위기를 형성하여, 점차 수업의 후반부에서는 목표에 다가가 배움을 얻고야 마는 수업을 설계해보세요!

NOTE

수험생 선생님들이 자주하는 질문!

'그럼 수업 목표를 세세하게 언급하고 시작할까요?'

실연 조건이 '활동1부터 실연하시오.' 라고 되어있다면 목표를 자세히 언급하고 시작하는 것이 시간상 부족하고, 흐름상으로도 어색하게 느껴질 수 있습니다. 그래서 수업을 시작하며 목표를 '간단하게'만 재안내하거나, 활동 안내 시에도 목표를 활용하여 설명하는 방법이 있습니다. 즉, 배움의 이유와 필요성을 강조하는 것입니다.

예 '우리가 이 활동을 하는 이유는 어떤 것 때문이였죠?' '우리가 오늘 이걸 왜 배워야 할까요?'

예 '우리의 학습 목표인 ~의 방법을 알기 위해서는~'

더하여 수업 초반 뿐만 아니라 수업 중간, 끝 부분에 '무엇에 대해서 배우고 있고 무엇 때문에 우리가 이러한 활동을 하는 중인지, 무엇을 위해서 활동에 열심히 참여한 것인지'를 언급해주면 수업 중 길을 잃지 않을 수 있습니다. 또한, 형성평가 시 개별 목표에 대한 언급을 해주거나 이를 반영한 평가를 실시하는 방법도 좋습니다. 중요한 것은 '목표가 명확히 드러날 수 있는 활동과 수업!' 인 점입니다.

기출 초등특수 2025학년도 평가원 수업실연 조건

2. 수업 조건

1) 도입의 일부분(동기유발)부터 활동2까지 실연하시오.
2) 학생-학생, 학생-교사의 상호작용 나타내시오.
3) 특수교육 지원 인력이 배치되어있음을 가정하고 실연하시오.
4) **동기유발에서 학습목표와 관련한 내용을 포함하시오.**
5) 학생의 특성에 맞게 각각 발문과 피드백 2개를 나타내시오.
6) 학생의 개별 행동에 대한 중재를 적용하시오.
7) 개별화된 학습 목표를 드러내어 실연하시오.

기출 중등특수 2025학년도 수업실연 조건

〈실연 조건〉

- [교수·학습 지도안]의 〈수업실연 1~3〉에 해당하는 구간을 학습 목표를 반영하여 수업실연 하시오.
- 본시 관련 모든 학생들의 특성 및 수행 수준을 고려하여 수업실연 하시오.
- 〈수업실연1〉에서는 〈자료1〉를 활용하여, 학생들의 실생활 및 경험을 활용하시오.
- 〈수업실연2〉에서는 〈자료2〉를 활용하여, 모둠 활동을 실시하며 이때 교사의 촉진자 역할이 드러나도록 수업 실연하시오.
- 〈수업실연3〉에서는 '지혁'이와 '규리'에 대한 개별화된 지원 방안을 드러내시오.
- 유의 사항: 교사와 학생의 활동이 구체적으로 드러나도록 실연하시오.

NOTE

TIP

교육과정 속 오개념을 활용하여 핵심 발문하기

1. 오개념의 정의
   - 선개념: 학습 전 학습자가 스스로의 경험을 바탕으로 형성한 개념
   - 오개념: 학습 후에도 자신의 인지 구조 속에 잘못된 개념으로 형성되어 변하지 않는 개념

2. 오개념을 활용한 핵심 발문 예시

관련 주제	오개념 활용 핵심 발문
독도 (독도의 자연경관, 생물 등)	-그렇다면, 독도에는 이 생물들만 살까요? -단지 수가 많이 없다면 천연기념물로 지정될까요?
겨울철 날씨	-미세먼지는 겨울에만 발생할까요?
세금과 공공서비스	-세금은 어른들만 내는 걸까요? -학생(유초중고등)은 세금을 내지 않을까요? -경제 활동은 어른들만 할 수 있을까요?
달	-달은 밤에만 뜰까요?
세균	-세균은 모두 우리 몸에 해로울까요?
인터넷	-인터넷에 있는 정보는 모두 옳을까요?
공공기관	-공공기관은 어른들만 이용할 수 있나요?
자연재해	-계절별, 지역별로 모두 같은 자연재해가 일어날까요?
환경	-다른 나라의 환경 문제는 우리와는 상관없을까요?

오개념은 다른 개념 학습하는데 방해 요소가 될 수 있으나, 수업에서 배움을 위해 이를 역으로 활용할 수 있습니다. 오개념에 대해 교사가 확인하고, 발문이나 상황 제시(오개념으로 해결되지 않는 문제 등)를 통해 인지적 갈등을 유발하고, 이를 해결하는 과정 속에서 배움을 일으킬 수 있습니다! 교육과정 내 다양한 개념들 중 오개념을 활용한 핵심 발문을 구상해보세요!

기출 중등특수 2023학년도 수업실연 조건

① 활동1 ~ 활동2 평가까지 실연하시오.

② 활동1에서 수행평가, 활동2에서 관찰평가 실시하시오.

③ 개별화된 지도를 드러내어 실연하시오.

④ 학생의 오반응에 대해 피드백을 제공하시오.

⑤ 도준이의(다 수준) 도전행동을 활동2에서 긍정적 행동지원으로 지도하시오.

⑥ 자료: 시청각 자료, 소화기관 모형, 태블릿PC, 코딩 로봇, 유성 매직펜(빨강색, 초록색), 모둠 활동지

POINT 02 상호작용 (feat. 수업 실연의 상황역으로 활용!)

과거의 '상호작용'의 의미는 교사와 학생 간의 상호작용을 먼저 떠올렸습니다. 그러나, 현재는 '상호작용' 이라는 조건을 확인한다면, 학생-학생 간의 상호작용의 모습을 떠올려야 할 만큼 중요한 요소입니다. 즉, 수업에서 상호작용이 돋보일 수 있도록 학생의 대답과 교사의 발문, 학생의 질문, 그리고 학생들 간의 대화와 활동 장면들이 잘 나타나야 합니다.

학생-학생 간의 상호작용을 높이기 위해서 **또래교수, 짝토의법, 브레인라이팅, 서로의 의견 덧붙이기, 모둠별 활동, 모둠 간의 토의 방법, 동료평가** 등 다양한 수업 장치를 설계할 수 있습니다.

TIP

상호작용 장면 예시

수업 장치	예시 발문
또래교수	가군이가 이 문제를 어떻게 해결했는지 옆에 있는 나군이에게 설명해줄 수 있나요? (또래교수)
학생 간의 대화 활용	OO이와 **이가 재미있는 이야기 중인가봐요. 어떤 이야기하고 있었나요?
짝토의, 하부루타	우리 OO이가 아주 핵심적인 질문을 했어요. 이 질문에 대해서 그렇게 생각한 이유를 우리 다같이 고민해봅시다. 간단히 옆 친구와 토의해볼까요? (짝토의, 하부루타)
생각 연결하기	어? OO이는 A라고 말하는데, **이는 B라고 말하네? 서로 왜 그렇게 생각했는지 이유를 말해줄래요?
옆 사람 뿐만 아니라 뒷사람, 건너편 교류	서로 완성한 그림을 크로스로 바꾸어서 감상해볼까요?
(모둠 간 토의)	모둠활동을 해보니, A팀과 B팀이 ~에 대해서 생각이 다르네요. 모둠 대표가 우리 모둠은 어떤 의견인지 발표해봅시다.
(갤러리워크 방법 활용)	모둠별로 완성한 보고서를 칠판 앞, 게시판, 창문 등 여러곳에 붙여 놨어요. 교실을 천천히 돌아다니며 보고서를 살펴 보고 가장 공감되는 의견에 스티커를 붙여봅시다.
(모둠 내 평가, 모둠 간 동료평가)	우리 모둠에서 발표를 가장 잘 경청한 친구는 누구일까요?, B팀의 발표는 어떤 부분이 가장 재미있다고 느껴졌나요?, 더 추가하면 좋겠다는 의견이 있나요?

심화하자면 모둠 내에서 의견 갈등이 있는 상황도 생각해 볼 수 있습니다. '갈등' 은 상호작용 중 서로의 의견이 충돌하여 생각의 차이가 생겨나는 과정입니다. 이를 조율하는 과정에서 다름에 대해 사고를 확장하며 갈등 조정 능력과 의사소통 능력이 형성될 것입니다.

기출 유아특수 2024학년도 평가원 수업실연 기출 일부

- 통합교육 상황에서 유아의 놀이를 지원하시오.
- **유아 간 갈등 상황을 중재하시오.**
- 역할 놀이 준비 과정이 드러나게 수업실연하시오.
- **유아와 유아 간 상호작용을 지원하시오.**
- **유아와 교사 간 상호작용을 지원하시오.**
- 놀이에서 유아의 주도성이 드러나게 수업실연하시오
- 역할놀이 준비 과정을 본시 활동에 담으시오,

수험생들의 큰 고민 중 상호작용을 생생하게 보여주고 싶어도 실제 시험에서는 학생들이 없어 실연 시 어려움을 느끼곤 합니다. **그런데, 수업실연은 양면성이 있습니다. 실제와 같이 수업실연을 해야 하지만, 실제론 대상이 없다는 점입니다.**

그렇다면, 우리가 유리하게 시험의 상황을 역으로 활용해봅시다! 현장성은 고려하면서, 내가 바라는 상호작용적인 분위기는 충분히 만들 수 있습니다. 다시 말해, 조건에서 제시된 학생들의 개별 특성은 크게 벗어나지 않되 아래와 같이 전제할 수 있음을 기억하세요.

TIP

분위기 연출 예시

분위기	예시 발문
교사(나)를 너무나 좋아하고 따르는 우리 반 학생들의 분위기	'아, 여러분~ 선생님 수업이 그렇게 기다려졌었어요~?'
서로 협동하는 것이 생활이 되어 있는 학생들	'우리 OO이는 **이가 도와주려구요? 우와, 협동하는 모습에 선생님 너~무 감동했어요.'
교사와 친구들을 도와주는 것을 좋아하고 적극적인 학생 활용	'그럼 우리 오늘 수업에 열심히 참여하고 있는 학습부장 OO이가 학습지 모둠별로 나누어 줄래요?'
선생님의 질문에 대해 호기심을 가지고 너도! 나도! 대답하는 활발한 분위기	'자, 선생님이 ~을 물어 볼건데~ 우와, 우리반 모두 다 답하고 싶어요? 수업에 대한 열기가 아주 뜨겁네요. 그럼 혹시 양보해줄 친구 있나요? 오 그럼 우리 OO이가 먼저 발표해볼까?'
서로 모르는 것들은 학습 짝꿍과 먼저 이야기하는 분위기	'OO이가 ~부분이 어려워서 배움짝인 **이랑 이야기 중이였구나. 어떤 내용이 어려운가요?' (학생 간의 상호작용)

초등특수 평가원 2025학년도 수업실연 조건

1. 수험생 유의 사항

1) 도입의 일부분(동기유발)부터 활동2까지 실연하시오.
2) 학생-학생, 학생-교사의 상호작용 나타내시오.
3) 특수교육 지원 인력이 배치되어있음을 가정하고 실연하시오.
4) 동기유발에서 학습목표와 관련한 내용을 포함하시오.
5) 학생의 특성에 맞게 각각 발문과 피드백 2개를 나타내시오.
6) 학생의 개별 행동에 대한 중재를 적용하시오.
7) 개별화된 학습 목표를 드러내어 실연하시오.

중등특수 2024학년도 수업실연 문제 일부

① 〈수업실연1〉, 〈수업실연2〉 구간을 실연하시오.
② 학생 간 상호작용을 높이시오.
③ 개별화된 지원을 제공하시오.
④ 〈활동1〉에서 자료 1, 2, 〈활동2〉에서 자료3을 활용하시오.
⑤ 세진이를 긍정적행동지원으로 중재하시오
⑥ 〈활동2〉는 모둠활동으로 실시하시오.
⑦ 〈활동1〉 관찰평가, 〈활동2〉 동료평가를 실시하시오.

중등특수 2021학년도 수업실연 기출문제 일부

〈활동2〉 의약품의 종류와 올바른 사용법 알기	〈수험생 실연 부분〉 ▶ 설명서를 QR코드로 변환 후 인쇄하여 의약품 모형에 붙이기 ▶ 발표 준비하기 ▶ 발표하기	50	자 자료2,3, 태블릿PC, 의약품 모형 유 모둠 활동 중 역할과 자기결정력이 드러나도록 한다. **유 또래교수가 일어날 수 있도록 또래 간 상호작용을 촉진한다.** 유 교사는 순회하며 도움이 필요한 학생에게 개별적인 지원을 제공한다.

NOTE

03 조건 수행 → '저는 시험의 조건을 잘 인지하고 있어요.'를 드러내기

'수업실연은 조건만 잘 지키면 합격이야.', '수업실연 조건을 꼭 잘 챙겨야 해.' 라는 말 수 없이 많이 들어보셨을 겁니다. '00이를 긍정적행동지원으로 중재하시오.', '~이 잘 나타나도록 실연하시오.' '~을 증진시키시오.' 등 기출 분석을 통해 이와 같이 다양한 조건을 볼 수 있습니다.

그럼, '조건'은 왜 중요할까요? 첫째, '좋은 수업' 의 요소를 알려주는 것 입니다. 교사마다 좋은 수업이라고 생각하는 기준은 조금씩 다르나 조건에서 반복되어 기출되는 요소를 활용하여 수업한다면 학생중심의 수업을 만들 수 있다는 힌트를 제공해준 것입니다.

둘째, 평가위원이 채점할 수 있는 객관적이고 정량적인 지표가 되기 때문입니다. 시험에서는 '조건' (수험생 유의사항)을 제시하여 공정성과 객관성을 높입니다. 즉, 평가자는 수업 실연 장면에서 조건이 명확하게 잘 드러났는지 확인합니다. 선별의 목적이 있기에 지필평가에서 문제의 답변을 적어서 제출하듯, 조건을 충족해야 점수를 얻는 것입니다.

셋째, 조건은 '현장에 바로 투입될 특수교사라면, 이 정도의 역량은 있어야 한다.' 라는 기준이 되기 때문입니다. 현장의 다양한 특성을 가진 학생들과 수업하고, 도전 행동 중재, 학생중심 수업 진행 방식, 학생 간의 상호작용, 참여 독려, 조건 독해력, 조건지 숙지 유무 등 특수교사로서 역량을 파악할 수 있습니다.

이렇게나 중요한 '조건'을 명확하게 드러내는 방법은 자신의 수업 분위기 별로 많은 고민이 필요합니다. 그 중 합격자 선생님들의 이야기를 공유하고자 합니다.

합격라이브

조건을 드러내는 나만의 방법들!

A쌤	도전행동 중재 시 손벽을 치거나 책상을 두드려 학생을 주의집중을 끌어내며 주의를 환기한 다음 개인 규칙을 이야기하거나 파워카드를 사용했습니다. ➜ 예 '(짝!) 자, 우리 00이 지금 집중하기 힘들어하는 것 같은데~'
B쌤	수업 기자재 같은 경우에는 꼭 또박 또박 언급을 하고 조작을 했습니다. ➜ 예 '선생님이 지금 전.자.칠.판에 화면을 보여줬는데, 조금 더 쭉- 확대해서 보여줄까요?'
C쌤	조건에 대한 부분을 강조해서 말하거나, 템포의 변화를 주어 평가자가 잘 보일 수 있도록 노력했습니다. ➜ 예 '우리 그러면 바구니 속에 무엇이 있죠? 맞아요. (잠시 쉼) (조건의 수업 매체)이 있죠? 사용해볼까요?'
D쌤	도전행동 중재 시 전체를 대상으로 예방적 중재를 제공하고, 도전행동이 발현되려는 상황을 설정하여 총 2번 중재하였습니다. ➜ 예 '활동을 시작하기 전에! 우리 각자 책상에 붙어있는 나의 약속 읽어볼까요? 특히, 00이는 소리지르기 보다 손을 들고 말하기! 였죠? '(활동중) 아~우리 00이 지금 악~ 하고 소리 지르려고 주먹을 꽉 쥐네요. 무슨 일 있나요?'
E쌤	학생의 행동의 묘사나 개별적 수준을 잘 파악할 수 있도록 발문에서 상세하게 언급했습니다. ➜ 예 '나연이에게 선생님이 힌트를 줄게요. 자~ 로 시작하는데, 뭘까요? 맞아요! 자동차!' ➜ 예 '어머나~ 우리 00이가 지금 **이에게 풀을 먼저 사용하라고 양보한건가요? 우와, 이렇게 서로 배려하는 모습에 선생님 감동했어요.'

구상 시 내가 눈에, 머릿속에! 기억에 남도록 나에게 잘 맞는 법을 찾아야 합니다. 아래를 예시를 참고하여 연습 시 활용해보세요. 수험생 본인이 수업 중에 어떤 것을 놓치기가 쉬운지, 어떤 방식으로 구상해야 체계적인 수업을 할 수 있는지를 방법들을 참고하여 스스로 고민해보시길 바랍니다. (아래의 방법들을 혼합해서 사용해도 좋습니다.)

TIP

구상한 내용이 내 눈에 쏙- 들어오는 방법 찾기

<table>
<tr><td>조건을 잘 기억하기 위해
주요한 조건의 내용을 크고
진한 글씨로 맨 위에 적기</td><td> 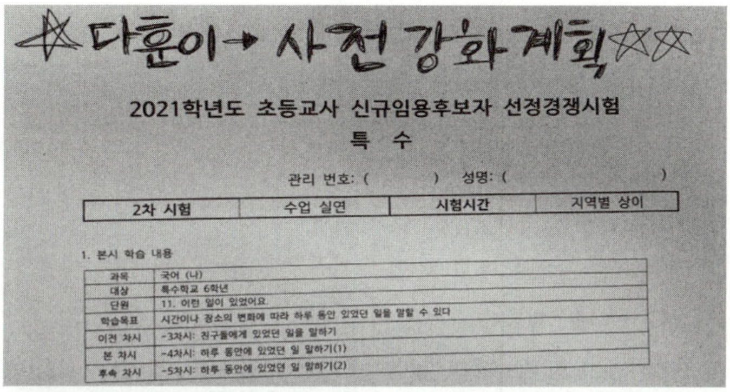☆다훈이 → 사전 강화 계획☆☆

2021학년도 초등교사 신규임용후보자 선정경쟁시험
특 수
관리 번호: ( ) 성명: ( )
2차 시험 | 수업 실연 | 시험시간 | 지역별 상이

1. 본시 학습 내용
과목: 국어 (나)
대상: 특수학교 6학년
단원: 11. 이런 일이 있었어요.
학습목표: 시간이나 장소의 변화에 따라 하루 동안 있었던 일을 말할 수 있다
이전 차시: -3차시: 친구들에게 있었던 일을 말하기
본 차시: -4차시: 하루 동안에 있었던 일 말하기(1)
후속 차시: -5차시: 하루 동안에 있었던 일 말하기(2)</td></tr>
<tr><td>내용을 시각화하여
입체적으로 구상하기
(배치도 그리기, 학생별 수준
특성 간단 메모하기)</td><td> 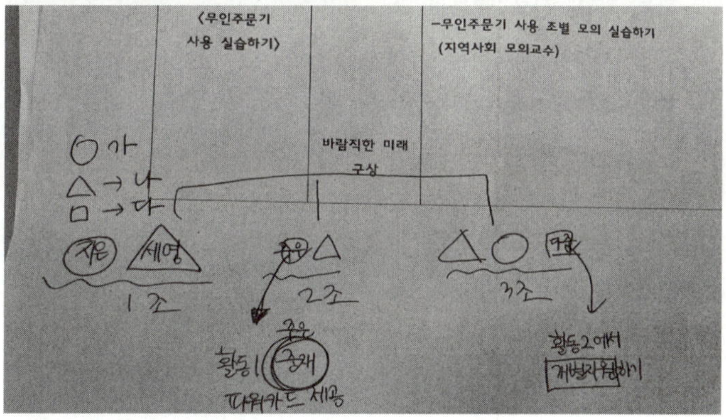〈무인주문기 사용 실습하기〉
-무인주문기 사용 조별 모의 실습하기 (지역사회 모의교수)
바람직한 미래 구상
○ 가 / △ → 나 / □ → 다
1조 / 2조 / 3조
활동1 / 따워카드 제공
활동2에서 개별과제하기</td></tr>
<tr><td>전반적인 수업 흐름을
쭉 적어서
스크립트 짜기</td><td> 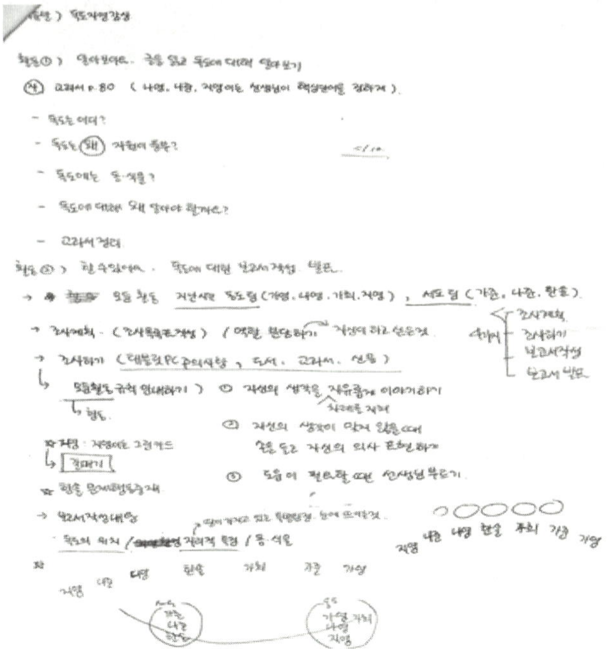</td></tr>
</table>

수업 실연에서 문제지 활용하는 방법

대놓고 구상한 것을 보고 읽는 수험생과 어느 정도 숙지를 하고 이를 활용하여 실연하는 수험생을 비교했을 때 상대적으로 후자가 좋은 점수를 받을 것입니다. (구상한 내용을 짧은 시간 안에 외우시는 분들도 있지만, 대다수가 완벽 암기까지는 어려울 것입니다.) 그래서 수업실연 연습 시 구상한 내용을 자연스럽게 참고하는 연습과 더불어 종이 소리가 너무 크게 나지 않도록 연습하는 것이 좋습니다. 또한 지역에 따라 구상 여백이나 종이를 제공하는 곳도 있고, 종이 크기가 A4 이거나 A3, B4일 때도 있습니다. 구상지가 따로 주어지지 않고 시험지의 빈 곳에 구상하거나 뒷면의 여백을 활용해야 하는 경우가 있으니 꼭 시험 전에 요강을 참고하거나, 연습 시 문제지의 크기를 다르게 인쇄하여 구상하기도 하며 다양한 변수를 고려한 대비가 필요합니다.

방법	예시	
① **문제지를 그대로 들고 수업하고, 이를 활동지나 자료, 태블릿pc처럼 보여주며 실연하는 방법:** 자료 부분과 조건지 부분을 양면으로 겹쳐 접어 활용해도 좋습니다.	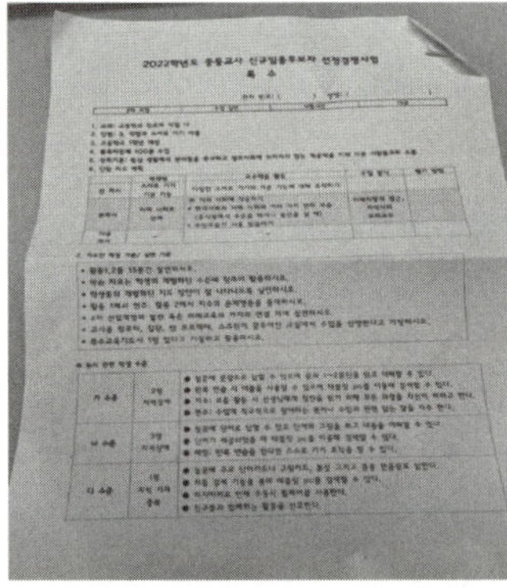	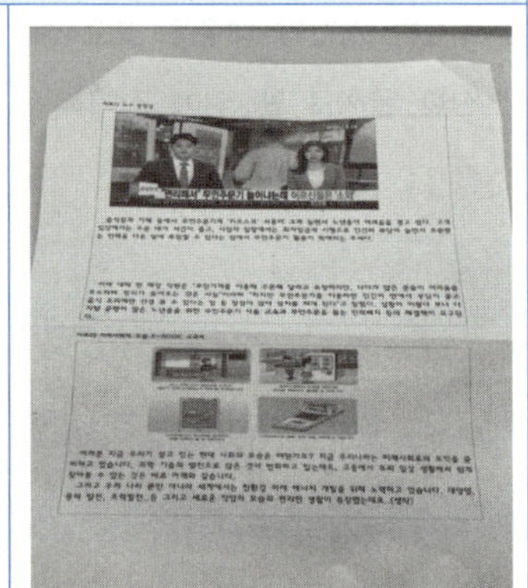
② **문제지를 반으로 접어서 확인하는 방법:** '문제지를 반으로 접어서 펄럭이지 않게 할 거야.'	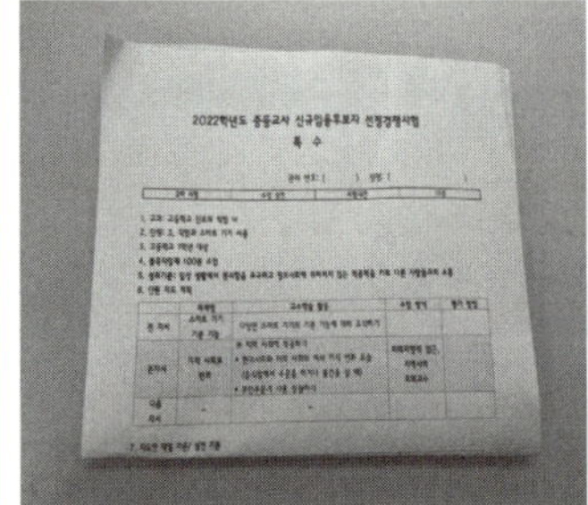	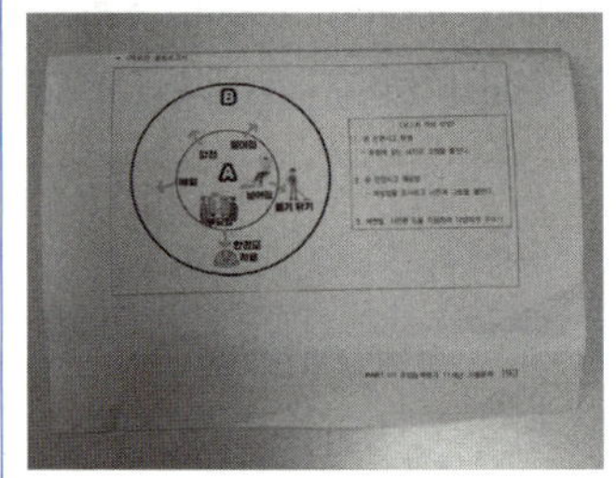
③ **문제지를 1/4 혹은 1/6 정도로 손바닥 크기로 접는 방법:** '나는 작은 종이를 보는게 눈에 더 잘 들어오는 것 같아. 작게 만들어서 할래.'	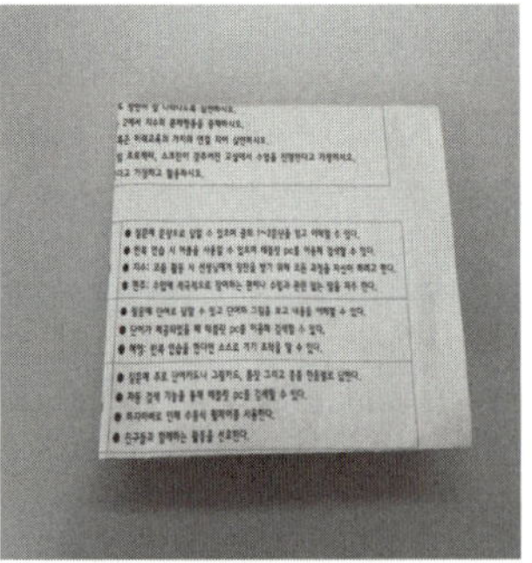	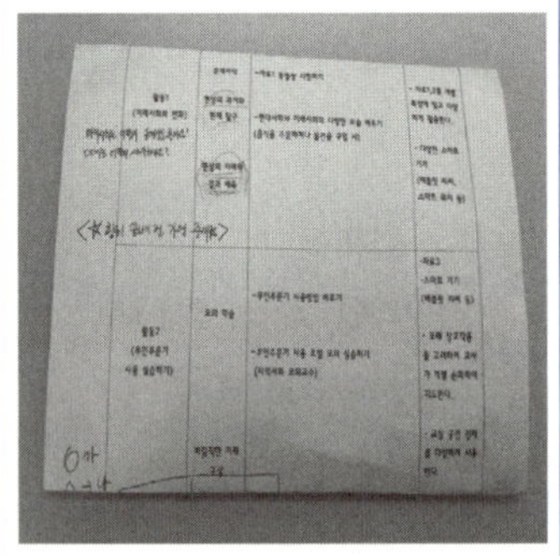

특수교육의 좋은 수업을 위한 주요 수업 평가 요소

그럼 특수교육 현장에서 '좋은 수업' 이라고 평가할 만한 요소는 무엇이 있을까요? 현장 교사들은 바로 아래와 같이 이야기합니다.

1) 특수교육에서의 '좋은 수업'의 개념

우선 순위	주요 수업 평가 요소
1	교육 내용 및 학생 수준을 고려한 목표 설정
2	학생들 특성에 대한 이해
3	교사와 학생 간의 상호존중 및 신뢰 조성
4	학생들의 학습 참여 활성화
5	수업 계획과 준비
6	교수 방법에 대한 지식
7	효과적인 의사소통 및 질문 기법 활용
8	학습 분위기 조성
9	학생들에게 적절한 피드백 제공
10	수업 시간의 효과적인 운영 및 관리

출처: 이혜전, 임경원, 특수교육에서의 '좋은 수업'의 개념과 수업 평가 기준 개발에 대한 특수교사의 인식, 2012, 지적장애연구 제14집 4호, p.213

2) 특수교육에서 좋은 수업의 구성 요소

영역	세부 내용
교육 내용 측면	• 실생활 중심 내용을 가르치는 수업 • 학생에게 적합한 목표가 달성되는 수업
교육 방법 측면	• 교사의 역량이 발휘되는 수업 • 흥미 및 동기를 유발하는 수업 • 다양한 교재 및 교구를 활용한 수업 • 쉽고 반복하는 수업 • 장애학생의 수준과 특성을 고려한 수업
교수 학습 활동 측면	• 학생이 직접 참여하는 수업 • 상호작용이 활발한 수업 • 선택의 기회와 책임이 부여된 수업 • 교사와 학생의 신뢰하는 관계가 구축된 수업
수업 환경 측면	• 자연스러운 환경과 직접적 경험을 할 수 있는 환경 조성 • 적극적 참여와 상호작용이 가능한 자리 배치 • 모든 학생들에게 공평한 기회가 주어지는 수업 분위기 • 허용적인 수업 환경 및 교사를 신뢰하는 분위기
평가 측면	• 평소의 활동과 연결된 수행평가가 이루어지는 수업 • 전이와 일반화가 이루어지는 평가
기타	• 통합적인 환경과 보조원과의 성공적인 협력이 이루어지는 수업

출처: 이성진 외 1명, 특수교사가 디자인하는 좋은 수학 수업, 2021, 교육과학사, p246

NOTE

NOTE

POINT 04 개별화 교육

특수 교과의 특징은 학생들을 집단으로 나누고, 다양한 장애 특성을 고려한 개별화 수업입니다. 특히, **수업 참관 시 대다수의 특수교사는 주로 '다군' 학생에게 (장애 정도가 심한 학생) 눈길이 향합니다.** 상대적으로 기능이 낮아 '다' 수준에 편성되기 쉬운 학생이 해당 수업에 어떻게 참여하는지, 교사는 어떤 지원을 제공하는지, 어떻게 의사소통하는지를 중점적으로 봅니다. 그래서 수준별 발문과 지원에 더욱 세심하게 신경써야 하는 이유입니다. 강조하자면, 어려운 내용을 학생들에게 쉽게 설명하고, 수준에 적절하게 지원하며 개별 맞춤형 활동을 설계하는 것이 특수 교과 수업의 포인트입니다.

〈수준별 활동의 예시〉

활동	가 수준	나 수준	다 수준
전시학습 상기 질문	-무엇을 배웠나요?	-우리가 지난시간에 배운 것의 교과서 페이지를 펴봅시다.	-선생님이 지난시간에 완성한 작품을 보고 어떤 주제를 배웠는지 손으로 짚어봅시다. / 붙여봅시다.
배움학습지 형식	-문장으로 적기 -빈칸 채우기 등	-단어로 적기, 단어 강조, 개요 제공 -단어 빈칸 채우기 등	-그림을 선택하기 -그림과 단어 연결하기 등
태블릿 pc 활용	-다양한 어플 검색, 사용하기 -활동 결과물 업로드하기 등	-태블릿pc로 단어장이나 핵심단어판을 참고하여 검색하기 -앱 활용 순서 캡쳐 본 제공하기	-자동완성 기능, 단어 자동완성, 이미지 검색 기능, 음성 검색 기능, 선생님 컴퓨터와 원격 연결, 미러링, 터치펜, 각도 조절대 등 활용 가능
모둠활동	-심화 과제물 제공하기 예 심화상자에서 문제 고르기, 더 알고 싶은 부분 검색하여 보고서에 추가하기 -또래교수 멘토 활용 예 친구를 돕기 좋아하는 학생의 특성 활용, 교수자가 되는 경험 등		-가군, 나군의 또래교수 멘티로 학생 간 상호작용하기 -순회지도 시 교사의 개별적 지원 제공하기 ※ 당연히, 휠체어 이용 학생도 칠판 앞에 나가서 발표 가능!
평가 시 질문 구성	※ 단순히 답변의 형식의 차이가 아닌 수준별 난이도를 고려한 내용을 구성하여 심화질문 제공	-가군의 학생보다는 쉬운 난이도 -핵심단어 칸에서 참고하여 문장 완성하기	-점차 촉진을 제거하기 -그림을 선택하기, 연결하여 답하기, 감정이나 느낀점 이모티콘으로 고르기 등

초등특수 평가원 2025학년도 수업실연 조건 일부

5) 학생의 특성에 맞게 각각 발문과 피드백 2개를 나타내시오.

6) 학생의 개별 행동에 대한 중재를 적용하시오.

7) 개별화된 학습 목표를 드러내어 실연하시오.

POINT 05 미래교육

코로나-19가 다녀간 뒤, 현장의 미래교육은 가속화되었습니다. 그래서 우리도 현장성을 갖추어, 수업실연 시 '미래교육'의 요소를 고려하여 설계해야 합니다. 에듀테크 환경 조성, 에듀테크 기기 활용, 디지털 교육 등의 내용을 충분히 수업에서 활용할 수 있습니다. 교육과정 재구성과 성취기준 재구조화를 통해 교사교육과정을 실현하는 모습 또한 이에 해당됩니다.

이때, 미래교육이라고 하여 겁이 나거나 걱정되시나요? 미래교육의 요소는 마냥 거창할 필요는 없다고 말씀드리고 싶습니다. 오히려 미래교육의 요소가 너무 많아도 에듀테크가 주인공인 산만한 수업이 되어버립니다. **에듀테크를 적절하게 활용하여 최대한의 교육적 효과를 낼에 대해 고민**해보시길 바랍니다. 배움의 주인공은 학생이니까요! 특수교과에 알맞게 개별화, 맞춤형, 학습 몰입도 향상, 흥미 등 에듀테크의 장점을 드러내면 좋겠죠? 아래의 예시를 봅시다!

영역	수업실연 상황 예시
AI 스피커 활용	"그럼 3일 뒤의 미세먼지는 어떨까? 예상해 봅시다. 그럼 우리 AI 스피커에게 물어보며 확인해 볼까요?" "모둠활동을 하다가 검색하고 싶은 내용이 있다면 AI 스피커를 활용해보아요." "오~ 우리 OO이 ___에 대해 궁금하다면 AI 스피커에 뭐라고 질문하면 좋을까? 그렇지! ___의 내용 알려줘. 라고 했어요."
패들렛 활용	"그럼 우리의 소감을 패들렛 댓글로 남겨봅시다. 우와~ 벌써 이만큼 쌓였어요. 그럼 소감을 읽어보면서 가장 공감이 되는 글에 하트를 눌러주세요."
VR 활용	"이제는 우리가 VR기기를 활용해서 직접 독도에 가봅시다. 어지럽거나, 멈추고 싶다면 꼭 손 들어 주세요." "다음주 현장체험학습에서 버스타기를 하기 전 VR을 활용해서 연습해봅시다." "지금부터 불이 난 지하철을 경험해 볼겁니다. 실제 일어난 게 아닌 가상의 공간인걸 꼭 기억해야 해요."
AR 활용	"토성의 모습을 AR로 관찰해봅시다." "북극곰의 생김새를 AR을 통해서 관찰해볼까요? 발톱이 어떠가요?"
코딩로봇 활용	"자~ 오늘 우리의 길 찾기 활동에서 큰 도움을 주실 보조 선생님 들어와주세요! 위이이이잉~ 바로 코딩 로봇인 오조봇입니다. 여러분이 매직으로 길을 그으면 오조봇이 색을 그은 대로 따라간답니다."
이미지 검색 활용	"__에 대해 조사해봅시다. 그럼, 우리 OO이는 (단어 검색 어려운 학생) 그럼 이걸 찍어서 이미지 검색해볼까요?"
디지털 교과서 활용	"디지털 교과서로 OO의 모습을 확대해 볼까요? 어떤 소리가 나는지 들어볼까요? QR코드를 찍어봅시다."
평가 어플 활용	"이제는 우리 평가 어플 눌러서 여러분들의 맞춤형 문제 풀어봅시다. 네. 시간이 다 되었네요. 어? 평가 결과를 보니 우리 OO이는 충분히 풀 수 있는 문제임에도 불구하고 1초만에 답을 골랐다고 나오네요. 스트레칭 쭉~ 하고 조금만 더 집중하면 좋겠어요. 3번만 다시 풀어봅시다."

초등특수 경기 2023학년도 수업실연 조건 일부

② 교과 간 융합수업을 실시하시오.
③ 장애특성 고려하여 상호작용이 잘 일어나도록 실연하시오.
④ 에듀테크 및 다양한 교구를 활용하시오.
⑤ 그림책을 선정해서 활용하시오.

NOTE

POINT 06 자연스러운 분위기

위의 포인트들과 더불어 **자신감 있는 교사의 태도는 수업실연에서 가장 필요한 무기입니다. 즉, 교사의 자신감을 바탕으로 수업이 매끄럽고 자연스럽게 진행되어야 합니다.** 평가위원님들이 '그저 연기가 아니라 이 수험생은 수업을 하고 있구나.', '합격해서 현장에서도 이렇게 열정적으로 수업하는 모습이 그려지는구나.', '우리 아이들에게는 이런 선생님이 너무나 필요해.' 라는 생각이 번쩍 들게요!

모든 포인트를 정리하자면 수업의 전문가가 보았을 때 자신감 있고 자연스러운 분위기를 바탕으로 교사와 학생, 학생과 학생의 상호작용을 하는가? 그리고 현장에 맞는 (제시된 조건에 맞는) 현장감 있는 수업을 하며 점차 목표에 도달하는 성장 과정을 보여줄 것!입니다. 마지막으로, 가장 중요한 부분인 '특수' 교과이기에 특수교육대상 학생들의 장애 특성과 개별화의 부분 (개별적 지원, 수준별 발문) 등이 돋보여야 합니다.

TIP

교수학습활동에 임하는 특수교사의 태도

1) 학생들에 관하여 긍정적인 기대 갖기
2) 학생들에게 성공경험을 갖도록 하기
3) 작은 성공에도 칭찬하기
4) 학생들이 수업에 적극적으로 참여하도록 하기
5) 교육과정 이수할 내용을 경험하도록 하기

출처: 특수교육 예비교사를 위한 교수 · 학습과정안 작성과 수업의 실제 (정동영 외2인), p,252~256

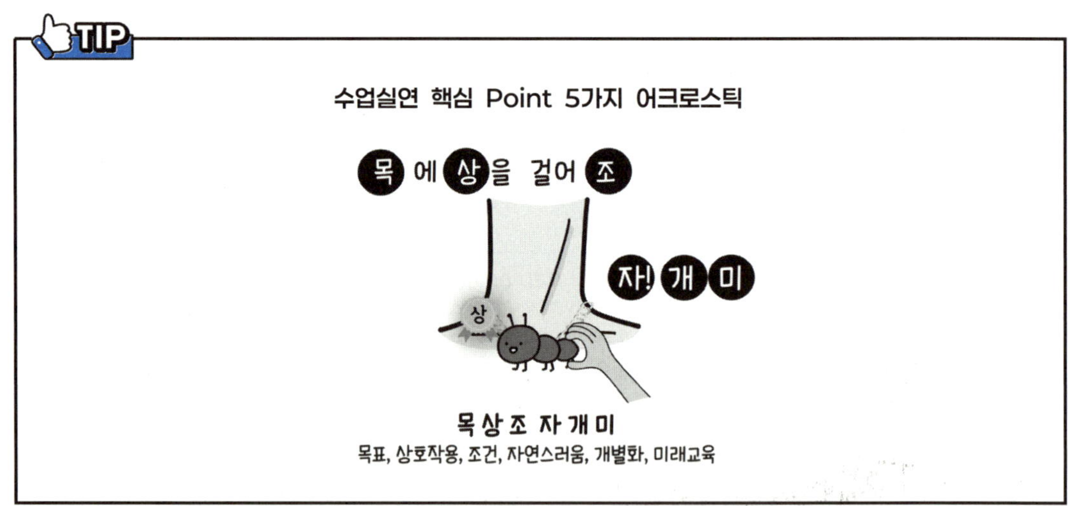

Chapter 2

수업실연 기본 틀

01 도입

- 의미: 학습 동기를 유발하여 수업에 집중할 수 있도록 하는 과정
- 학생의 건강상태 확인 및 안전 강조, 수업 목표, 이전 학습 차시 연결
  *수업 목표는 평가를 위한 준거가 되므로 행동을 구체적으로 진술
- 40~50분 수업에서는 5분~10분 정도가 적절함
- 학급 규칙, 개별 규칙 안내 및 상기를 활용하면 좋음 (전체 대상으로 예방적인 행동 중재와 수업 집중도까지 향상 가능)

수업 상황
➜ 인사, 안전 및 건강상태 확인 T: "모두 반가워요. 하이파이브 하면서 힘차게 오늘 수업도 시작해봅시다." T: "혹시 오늘 몸이 좋지 않은 사람 있나요? 머리가 아프다거나…" T: "00이의 휠체어 브레이크가 작동되어 있는지 확인하겠습니다~"
➜ 이전 차시 연결 T: "우리가 지난 시간에 무엇을 배웠는지 선생님이 기억하기 쉽게, 여러분이 만들었던 자료를 가져왔어요, 선생님이 초성만 써볼게요. 몸짓으로 힌트를 줄게요. 저번 과학 시간에 배웠던 소리를 들어볼까요? 맞아요. 개구리의 울음소리네요." T: "그래요. 생태계에 대해서 알아보았고, 오늘은 환경오염에 대한 주제로 수업할 겁니다."
➜ 동기유발 T: "여러분은 그럼 환경오염! 하면 딱! 떠오르는 그림이나 단어가 무엇이 있나요? 각자 칠판에 나와서 적거나 그려봅시다." (브레인 라이팅), 앱을 켜서 댓글로 남겨주세요. 다군이에게는 미리 이미지 파일을 넣어놨어요. T: "00이가 붙여준 일회용품 그림과 **이가 쓴 배달음식의 단어를 어떻게 연결할 수 있을까요? 맞아요. 요즘 배달음식을 많이 이용해서 일회용품이 많이 나왔네요. 00이와 **이의 생각은 일회용품에 의한 환경 오염이라는 주제로 비슷한 것 같네요." (생각 연결짓기, 범주화) T: "우리가 일회용품을 계속 많이 쓰고~ ~한 문제점들이 있네요. 그럼 우리 이러한 문제점과 관련지어서 오늘은 어떤 것을 배우면 좋을까요? 어 그래 우리 나은이! 어떤 방법? 환경을 보호할 수 있는 방법! 그래요. 우리 나은이가 오늘 배울 학습 목표의 핵심 내용을 정확하게 이야기 했어요! 우리가 환경에 대해 관심을 가지며 환경을 보호할 수 있는 방법을 배우면 좋겠다!" (학생들의 입에서 핵심 주제와 단어가 나올 수 있도록하기, 학습 주제의 필요성을 충분히 느껴 동기가 높은 분위기 형성)
➜ 수업 목표★, 활동 안내 T1: "오늘의 수업 목표와 활동을 함께 확인해봅시다. 가군이는 문장으로 읽어보고, 나군이는 선생님이 중요 단어에 밑줄을 그어 놨어요. 다군이는 중요 단어에 그림을 붙여보고 선생님의 입모양을 보며 천천히 따라 읽어봅시다." (수준별 목표 확인) T2: "책상 위에 개별 학습목표 판을 붙여놨어요. 무엇을 배우고 있나 계속 떠올리며 수업에 참여해봅시다."
➜ 강화 계획 제시 T1: 오늘 수업에 열심히 참여해준다면, 점심시간에 우리 모두 컴퓨터 자유시간을 얻을 수 있습니다! (활동강화) T2: 모둠별 활동 점수가 50점에 먼저 달성된 팀은 선물을 준다고 했죠? (집단강화) T3: 오늘 완성된 보고서는 다음주에 있을 지구의 날 축제에 멋지게 전시될 겁니다. (생활 연계, 성취감 증대)
➜ 학급 규칙 및 개별 규칙으로 예방적 중재 T: "활동 시작하기 전에, 우리반 규칙이 있었죠? 함께 외치고 시작할까요?" (학급대상 중재) T: "각자의 규칙 있었죠? 자신의 약속을 지킬 수 있도록 표시하면서 자신과의 약속에 수업에 참여해보아요." (자기점검)

NOTE

NOTE

자주하는 실수!

"도입-전개-정리 중에 '도입'이 너무 길어요."

수업 실연 피드백을 하다 보면 도입의 길이가 실제 수업과 같이 긴 수업, 도입을 하다가 수업실연 조건을 놓치거나 시간이 부족한 문제점들을 많이 발견했습니다. 물론, 동기유발은 정말 필요한 과정이지만 실제 수업에서도 5~10분 정도라는 점을 고민해볼 필요가 있습니다. 후반부 시간이 부족하지 않도록 조절해야 합니다. 특히, 최근 평가자가 더욱 기대하는 것은 활동2의 중점적인 활동과 평가 장면입니다!

도입이 너무 길다면 시간을 측정하며 점점 줄여나가야 합니다. 나의 발문을 점검해보며 필요한 이야기만 하기, 학생들에게 불필요한 활동은 시키지 않기 (하고자 한다면 활동1에서 하기)로 줄여나가 보세요. 학생의 동기를 유발하고, 그 동기를 유지하는 것은 수업의 전 과정에서 이루어져야 함을 기억하세요!

02 전개

- 의미: 전체 수업의 60~70%를 차지하는 수업의 중심 활동으로, 학습 내용과 자료를 제시하고 학습 목표 달성을 위해 다양한 교수 방법과 활동을 진행하는 단계
- 학습자의 수준와 특성 등을 고려하여 학습 내용 및 분량, 교수 방법, 순서, 자료 활용 방법, 예시 등을 고려해야 함
- 학습자들의 적절한 참여와 연습의 기회, 피드백의 시간(오반응에 대한 교정) 등 고려

수업 상황
➜ 활동1 (자료 활용, 개념설명, 배경지식, 오반응 교정, 문제행동 중재 등) T: "자료를 어떤 것부터 살펴볼까요? 궁금한 그림이 있나요?" (자료활용) T: "VR을 착용하여 여행을 떠나봅시다." T: "우리 00이가 말한 대로 이곳은 어때 보이나요?, 무엇과 비슷해 보이나요?. 우리 몸짓으로 함께 따라 해볼까요?" (자료활용) T: "00이와 **이는 서로 비슷한 대답을 했어요. 이 그림이 마치 솟아있는 산처럼 보인다고 하네요. 그런데, 이건 나무가 아니라 어떤 것으로 만들어져 있죠? 맞아요. 쓰레기입니다. 우리가 만약에~ 쓰레기 산으로 현장체험학습을 간다면 기분이 어떨 것 같나요? 다군이의 표정을 한번 봐볼까? 찡그리고 있는 표정이네요. 왜 이런 불쾌한 표정이 나올까요? 그래요. 우리 가군이가 보충해준 대로 쓰레기가 가득하면 냄새도 지독하고, 잘 없어지지 않아요. T: "우리가 살펴본 ~의 내용이 우리의 디지털 교과서에 있어요. 환경오염을 줄여야 하는 이유에 대해 더욱 탐구해봅시다. (이어서 설명 및 탐구) " T: "더 알아보고 싶은 내용이 있나요? 아, 우리 나군이의 말대로 이 쓰레기 섬이라고 불리는 곳의 원래의 모습에 대해서 검색해서 비교해볼까? 태블릿 피씨로 선생님의 전자칠판과 연결해줄게요." (추가적인 탐구)
➜ 활동1 형성평가 T: "자~ 지금까지 배운 내용 중 이해가 되지 않거나, 선생님의 설명이 더 필요한 부분이 있나요?, 더 알아보고 싶은 것 있나요? (이해도 점검), 태블릿 피씨에서 퀴즈 어플에 들어가서 각자 풀어봅시다." (어플 활용) T: "우리 00이 지금 두 번째 문제 답을 쓰기 어려워하고 있는데, 어떤 부분이 어려운지 손으로 짚어볼까요? ~의 단서에서 쓰레기가 잘 썩지 않는 것을 떠올린 것은 좋았어요. 그런데 ~ 부분을 참고해서 생각한다면 답이 나올 거예요. 선생님이 이쪽에 표시를 해놓을게요." (오개념에 대한 교정적 피드백)
➜ 활동2 (모둠활동, 프로젝트 활동, 모의교수, 실습, 발표 등) T: "자, 이제 여러분이 저번주 과학 시간에 정했던 모둠으로 모이세요. 각자의 역할을 정해서 모둠학습지의 맨 위에 적어주세요. or 각자의 역할에 맞게 명찰표를 목에 걸어주세요.", " 우리 각자의 역할과 책임에 대해 간단히 확인해봅시다." (개별 책무성 높이기) T: "이번 모둠 활동에서는 환경오염을 줄이기 위한 실천 방안에 대해서 토의를 하고, 모둠 학습지를 완성해봅시다. 선생님이 먼저 간단한 시범을 보여줄게요. 우리의 주제인 환경오염 줄이기 혹은 환경을 지킬 수 있는 방법이라고 가운데에 크게 적을게요. 여러분들이 네가지 사진의 상황들 속 여러분들이 주제를 선택하고~ 스티커를 붙여서~ 태블릿 피씨로 검색을 해보고~ 각자의 의견을 알 수 있도록 서로 다른 색의 펜을 사용하도록 해요. 모둠 내에서도 같은 의견이라면 같은 색의 펜을 사용해도 좋아요." (모둠활동 주제 및 안내) "모둠활동 시작하겠습니다. 혹시 시간을 얼마나 주면 좋을까요? 우리반 시간 관리자 00이의 의견 동의하나요? 좋아요. 15분 먼저 주겠습니다. 화면에 있는 타이머 시간을 보고 활동하면 좋겠어요. 선생님은 여러분들이 토의하고 모둠보고서를 완성하는 과정에서 서로 도우며 내용을 완성하는지 돌아다니면서 확인하겠습니다. (관찰평가 및 순회지도) " T: "00팀은 어떤 방안이 나왔나요? 와 엄마가 마트에서 구입한 생분해 비닐봉투의 단어를 적었네요. 우리 나군이의 경험이 비닐이 분해되는 과정이 매우 오래 걸린다는 것을 잘 이해할 수 있도록 도운 것 같아요. 우리가 쉽게 실천할 수 있고 생활과 가깝게 있는 것들을 떠올려보면 더욱 실천하기 쉬울 것 같네요. 좋아요. **팀의 ~의 의견은 아주 훌륭해요. 00팀과 다른 의견이네요. ~를 보다 더 추가하면 발표할 때 더욱 이해하기 쉬울 것 같아요." T: "00팀의 발표를 들어봅시다. 00팀의 발표가 어땠나요? 어떤 부분이 좋다고 느껴지나요? 우리 팀과 다른 실천 방안은 무엇이었나요? 더 추가하면 좋겠다고 생각하는 부분이 있나요? 우리 물음표 카드를 들었던 @@팀! 잘 이해가 되지 않는 부분이 어떤 것인가요? 선생님도 @@팀의 의견과 비슷하게 생각이 들었어요. 공감이 가거나 나도 실천할 수 있다 라고 생각하는 의견에 스티커를 붙여봅시다." (발표 후 동료 평가, 교사 피드백, 발표 및 경청, 참여)

03 정리

- 의미: 학습의 활동을 마무리하는 단계로 *파지와 *전이를 촉진시킬 수 있도록 진행하며 학습 내용의 주요 내용을 요약해주고 전체적인 맥락에서 이해할 수 있도록 종합할 수 있도록 정리
  * 파지는 관찰자가 모델의 행동을 학습한 다음 모델이 없는 상황에서도 그 행동을 할 수 있도록 관찰한 것을 기억하는 것
  * 전이는 특정 장면의 학습이 새로운 학습 장면에 영향을 미치는 현상으로 개인의 선행경험이나 지식이 새로운 장면에서의 학습이나 문제해결에 영향을 미칠 때 발생
- 학생의 성장과 목표에 대한 도달 정도를 파악하기 위해 형성평가를 실시할 수 있음
- 가정 연계, 실생활 연계 요소 강조
- 차시예고 및 인사로 마무리

수업 상황
➜ 형성평가 T: "여러분들이 완성한 보고서를 전자 칠판에 띄워 놓았어요. 어떤 실천 방법이 우리가 이번주에 할 수 있는 가장 좋은 방법일까요? 스티커 개수와 댓글 의견을 살펴봅시다. 오늘 만든 보고서는 지구의 날에 환경 보호 부스에 전시할 겁니다." T: "배움학습 어플에 들어가봅시다. 가군이는 문장으로 답해보고, 나군이는 선생님이 첫 자음을 써놨어요, 다군이는 그림과 그림의 선을 이어서 풀어봅시다. 함께 점검합시다," T: "오늘 활동한 사진 우리반 밴드에 업로드 해놓을게요."
➜ 수업 내용 요약 및 정리 (실생활 연계, 가정 연계) T: "오늘 배운 내용의 핵심을 다시 짚어봅시다." T: "오늘 수업을 마무리 하면서 배움노트에 여러분의 언어로 정리해봅시다. 발표해줄 친구 있나요?" T: "오늘 배운 내용을 집에서도 실천해보고, 우리가 직업 실습할 때에도 일회용품 사용을 자제하고 분리배출 당번일 때에 더욱 신경써보도록 해요. 오늘 수업의 목표를 다시 한번 더 확인해볼까요?, 여러분들에게 컴퓨터 자유시간권을 줄 예정입니다.
➜ 차시예고 및 인사 T: "다음 시간에 배울 내용은 ~이고, 오늘 내용과 ~부분이 연결된 ~는 무엇일지 알아봅시다. 인사합시다."

〈형성평가 유형〉

내용	구조적 형성평가	비구조화 형성평가
평가 방법	• 계획되고 공지된 평가 활동 • 시험, 보고서, 연습문제, 실험, 실습, 글쓰기, 프로젝트, 토론 등 다양한 수업 방법과 연계하여 시행 가능	• 수업이 진행되는 동안에 교사들이 관찰, 질의응답, 수업 분위기 등을 통하여 학생들의 반응을 수집 • 행동관찰 (얼굴 표정, 눈빛, 몸짓 등), 언어적 상호작용, 질의 응답, 교실 분위기
수업 절차/ 시기	• 사전 계획과 예고 • 수업 전후 시행	• 자발적, 즉각적 파악 • 수업 도중 관찰/ 모니터링
피드백	• 수업 자료 채점 및 판단 이후 수행	• 상호작용을 통해 즉시 수행
수업 교정	• 수집 자료에 대한 피드백과 해석 이후 수행	• 수집 자료 이해 후 즉시 수행

(출처: 김성숙, 김희경, 서민희, 성태제, 교수학습과 하나 되는 형성평가, 2015, 학지사)

Chapter 3

수업실연 준비

NOTE

01 자기 점검과 피드백의 중요성

필자가 수험생 선생님들의 합격을 도운 경험에서 가장 크게 느낀 점은 100명의 선생님이 있다면, 100명의 수업 빛깔은 모두 다르다는 것입니다. 수업자가 다르기에 목소리 톤, 말투, 표정, 몸짓 등이 다르며, 같은 주제의 문제일지라도 세부 활동을 진행하고, 상호작용을 하는 방식, 수업 방법이 모두 다 차이가 있습니다. 그런데도, **(재차 강조하지만!) 수업 실연에서 점수가 차이 나는 이유는 시험에서 기준이 있기 때문입니다. '조건'이 반영된 수업인지, '특수 교과' 에 알맞은 기능적이고 개별화된 수업인지가 전체적인 기준이 될 것입니다.**

수업실연은 오늘보다 내일 더 나아져야 하는 나 자신과의 싸움입니다. 그러니 자신이 가지고 있는 개성은 유지하고, 장점은 더욱 살리며 버릴 것은 버려야 합니다. 이때 자기점검은 필수입니다. 수험생 본인은 학생중심수업을 진행하고 조건을 충족하며 실연하고 있다고 생각할지 몰라도 타인의 시선에서는 수업자의 의도대로 잘 드러나지 않을 수도 있습니다.

사실 수업에서 아쉬운 점은 교사 본인이 가장 잘 알고 있습니다. 자신의 모습을 객관적이게 보는 것은 사소한 습관들도 (간투어, 고개 돌리기, 구부정한 자세, 짝다리 짚기 등) 적나라하게 인지할 수 있습니다. 연습 시 수업 실연 촬영을 하고 나의 가장 좋은 발문이 무엇인지, 조건을 놓치지는 않았는지, 활동 당 소요 시간은 얼마인지, 고칠 것은 무엇인지 등을 살펴볼 수 있습니다. **자기 피드백(자기 장학)은 선택이 아닌 필수라는 것을 기억하며, 아래의 표를 활용하여 세세하게 점검해보도록 합시다.**

> **TIP**
>
> **수업실연 연습 시 촬영이나 녹음을 하기**
>
> 자기장학과 마이크로장학의 방법과 같이 수업실연 연습을 할 때 나의 모습을 촬영한 후 다시 보며 점검해야 합니다. 수업의 내용면에서 가장 좋았던 발문, 수업 내용 자체를 점검하고, 수업의 형식 면에서 소요 시간, 조건수행 여부 등을 스터디원의 의견뿐만 아니라 스스로도 확인해보세요. **자신의 모습을 보며 자신감과 개선점을 느끼는 것이 가장 큰 공부입니다.** 또한 점검표나 관점표를 이용하여 객관성을 높여 연습한다면, 다양한 면을 골고루 확인할 수 있습니다.

> **TIP**
>
> **자기 점검표를 모으기**
>
> 수업실연 연습 시 처음부터 자기 점검표를 누가적으로 모아서 시험 직전에 다시 확인해보세요. 내가 정말 고쳐지지 않는 부분을 선별적으로 파악할 수도 있고, 어떻게 수업이 바뀌고 발전했는지도 알 수 있는 객관적인 지표가 됩니다. 더하여, '~의 수업에서 ~를 하기가 참 어려웠다. 조건 00을 계속 까먹어서 내일은 이렇게 해야지.' 등 연습을 마친 뒤 나만의 일기처럼 구체적으로 기록해도 좋습니다.

[수업 실연 자기 점검표]

핵심 영역	내용
수업 내용	① 나의 수업에서 가장 좋은 점 ② 나의 수업에서 가장 좋은 발문 ③ 나의 수업에서 가장 아쉬운 점/보완점 ④ 수업 내용이 충실하며 명료한지 확인 ⑤ 장애 특성 반영 및 수준별 고려한 세부 수업 내용 ⑥ 목표 도달 여부 ⑦ 이해도 점검 및 적절한 피드백 (오류에 대한 피드백)
수업 운영	① 수업 흐름의 자연스러운 전개 ② 학생들을 적극적으로 동기를 향상, 수업 참여를 유도하고 격려 ③ 흥미 유발과 경험을 고려한 발문 ④ 학생들 활동의 적극적인 조력자, 안내자, 중재자 등의 역할 수행 ⑤ 활동 별 시간 분배
교사	① 나의 몸짓, 표정, 말투, 시선 처리, 동선 등이 자연스러움 ② 발음이 정확하게 전달 ③ 존댓말을 사용하며 경청, 배려 등의 영역으로 존중의 분위기 형성 ④ 학생들의 학습 참여를 위한 적절한 질문과 기다림 ⑤ 교사의 자신감 있는 분위기 ⑥ 확산적 발문 및 수준별 질문
상호작용	① 교사 학생 간 활발한 상호작용, 학생-학생 간의 활발한 상호작용 독려 ② 교사의 발문과 학생의 대답 간의 비율 ③ 학생들 간의 활동 내용 및 시간
특수교육	① 특수교육 학생들의 특성 반영 ② 기능과 연관된 중재 제공 ③ 수준별 지도, 발문, 지원을 제공 ④ 학생의 삶과 연결된 내용이나 지점 ⑤ 안전한 환경 지원
학습자료 활용	① 적절한 자료 활용 (재구성) ② 자료 및 매체 활용 시기 ③ 자료 및 매체 활용 효과
평가	① 과정에 대한 피드백 (형성평가) ② 본시 학습 목표 도달 정도 ③ 목표와 일치하는 학생 평가
수업 지도안	① 수준별, 수업 목적에 맞는 목표 제시 ② 단원과 제재에 적합한 수업 내용의 선정 ③ 학습활동의 다양성 및 체계성
only one (수업 철학)	① 나의 수업에서 나만의 개성이 잘 드러난 부분 ② 나의 수업 철학 반영 ③ 나의 강점과 더욱 부각 시킬 부분 (필살기)
좋았던 점	
개선점	

02 나만의 수업철학 → 흔들리지 않고 나를 믿는 힘

지금 아래의 칸에 '나의 수업 철학'이 무엇인지를 적어보세요. 나는 어떤 수업을 하고 싶은 교사인지, 어떤 가치를 제일 중요하게 여기는지를 근본적인 수업 설계에서부터 고민해봅시다. 나의 수업 철학을 바탕으로 수업 실연을 구성해야 남들과 차별화된 수업을 할 수 있으며 수많은 피드백과 시행착오에서 흔들리지 않을 수 있습니다. 그렇게 자신이 정한 큰 틀과 방향을 가지고 수업설계를 해야 합니다.

영역	수업 설계하기 ✎
나의 수업 철학	
분위기	
중재	
수업 장치	
교육적 질문들	

영역	수업 설계 예시
분위기	**1. 나의 수업에서 교실의 분위기는 어떠하길 바라나? (수업 철학과 연결)** → 허용적인 분위기 (오답에 대해서도 허용적인 분위기, 참여하는 태도 강조) → 즐거운 분위기 (수업이 즐거운 교사, 배움이 즐거운 학생들, 자유로움, 창의적) → 심리적으로도, 물리적으로도 안전한 분위기 (안정되고 편안한 학생들, 위험한 상황 사전 예방) → 협동적 분위기 (모르는 것이 있을 때 서로 토의를 하는 학생들, 서로 돕는 친구들) → 규칙을 잘 지키는 분위기 (차례를 지키고, 학급 규칙을 잘 상기하는 우리반) *핵심 역량과 연결지어 고려해도 좋습니다.
중재	**2. 내가 선호하는 중재 방법은 무엇인가?** → 규칙 상기, 파워카드, 집단 강화 등
수업 장치	**3. 내가 이 수업에서 설계하고 싶은 수업 장치는 무엇인가? (1번과 연결되게)** -서로 규칙을 잘 지키는 우리반 → 예방적 중재로 우리반의 규칙 상기하는 긍정적 행동지원 방법 -배우는 것이 즐거운 우리반 → 배움노트 활용 → 배움에 대해 스스로 기록하고 공유하는 모습 -창의적인 우리반 → 브레인스토밍을 통해서 다양한 답변 이끌기
교육적 질문들	**4. 수업은 학생과 나에게 어떤 의미인가?** **5. 학교란 무엇일까?** **6. 교사란 무엇일까?** **7. 나의 개인적인 신념은? (가치관 등)**

NOTE

NOTE

TIP

수업철학은, 마냥 거창한 게 아닙니다!

수업철학이 있어야 한다는 이야기가 너무 무겁고 어렵게만 느껴지시나요? 부담스럽게 생각하지 말고, 인상 깊게 읽었던 책, 본인의 좌우명, 핵심역량과 연결하여 생각하는 것, 존경하는 선배나 동료 교사의 수업을 떠올려도 좋습니다.

예로, 저의 지인 선생님은 좋아하는 문장을 활용하여 수업철학을 설정하였습니다. '계란 껍질을 스스로 깨면 병아리가 되지만, 남에 의해 깨어지면 후라이' 과 같이 학생이 스스로 성장할 수 있게 기다려주는 자세를 가장 중요하게 여기고, 자기주도적 역량을 반영하여 성장과 기다림에 초점을 맞추어 수업하는 모습을 보았습니다. 이렇게 여러분들도 나만의 수업 철학을 고민하여 수업실연의 방향을 잡아봅시다.

03 특수교육과정과 친해지기

특수교과는 '기능적 교육'의 목표가 있는 만큼 모든 단원을 학생들의 삶과 어떻게 연결할 수 있을지 구체적으로 고민해야 합니다. 그런데, **수업실연 피드백을 하다 보면 알맹이가 빠진 경우를 자주 발견했습니다.**

특수교육대상 학생들의 개별 특성을 고려하여 어려운 내용 지식을 쉽게 설명하고, 학생의 삶과 생활 연령에 적절하게 가르쳐 경험하도록 하는 것이 수업 포인트인데도 불구하고 정작 교과 수업의 내용은 없는 경우가 많습니다. **알맹이인 '지식'은 빠진 채** 학생끼리 서로 토의하는 것만, 시간 끌기용 칭찬만, 수업의 단계를 채우는 것에만 급급합니다. 다시 말해, 특수교과에서 교육과정 분석을 아예 하지 않거나 대충하기에 수업의 내용이 없이 교과 전문성이 아쉬운 부분이 많다는 의미입니다.

사실 교육과정을 세세하게 분석하기에는 시간상 어렵습니다. 그래서 기본교육과정의 내용 체계와 성취기준만은 조금이라도 살피고 시험장에 들어가야 합니다. 기본교육과정은 특수교육 교육과정 중 가장 광범위하게 운영되며 특수교육을 대표한다고 볼 수 있고, 가장 핵심적인 뼈대만 모아 놓은 교육과정이기에 매우 중요합니다.

TIP

효율적인 교육과정 분석 방법

-성취기준과 내용체계를 살펴본 뒤 간단히 활동을 구성하고 고민하기

-유연한 사고로 교육과정 재구성하기

-부족한 교과 관련 지식이 있다면 지도서나 검색 등으로 지식 보충하기

〈기본교육과정의 성취준거로 활동 구성 예시①-민주주의〉

영역	핵심개념	내용 지식
시민의 삶	민주주의의 가치	일상적 사회 현상과 문제에 관심을 갖고 사회 공동체를 위한 규범을 지키며 민주 시민의 자질을 갖추는 것은 민주주의의 가치를 실현하는 시민의 삶이다.

성취기준	나만의 활동 구성
고등학교 [12사회03-09] 민주사회의 특징을 조사하고 생활 속에서 민주주의를 실천한다.	활동① 투표의 4대 원리를 알아보자! 활동② 스포츠대회 반티를 투표로 결정하자!

➜ **tip! 활동을 구성하다가 모르는 개념이 나왔을 때 지도서나 관련 지식 찾아보기**

예 교과 관련 지식: 건의문의 내용, 프로젝트 학습, 아파트에서 발생할 수 있는 문제, 체인지메이커 활동 등

〈기본교육과정의 성취준거로 교과 내 재구성 예시②-이동 시간 계산〉

영역	핵심개념	내용 지식
측정	시간	일상적인 활동을 통해 시간의 연속성과 순서를 알고 적절한 단위로 나타낸다.

영역	핵심개념	내용 지식
직업 생활	자기관리	자기관리는 독립적인 직업 생활을 위해 개인이 갖추어야 할 기본 능력이다.

성취기준	교과 내 재구성 활동
고등학교[12수03-04] 1일, 1주일, 1개월 계획표를 작성한다.	목표: 시간과 비용에 맞는 교통수단(버스, 지하철, 택시 등)을 선택하여 1개월 교통비를 계산할 수 있다.
고등학교[12진로06-02] 시간과 비용에 맞는 교통 수단을 선택하여 출퇴근 한다.	

〈기본교육과정의 성취준거로 교과 간 재구성 예시③-인터넷 예절〉

영역	핵심개념	내용 지식
정보통신의 이해	정보통신 예절과 공간	정보는 여러 가지 방법을 통하여 주고 받는다.

영역	핵심개념	내용 지식
쓰기	쓰기의 태도	그림, 기호, 글로 대상을 나타내거나 생각을 표현한다.

성취기준	교과 내 재구성 활동
중학교[9정통01-03] 사이버 공간에서 올바른 태도를 익힌다.	목표: 사이버 언어 예절을 지켜 응원 댓글을 작성할 수 있다.
중학교[9국어03-04] 매체를 활용하여 자신의 생각이나 느낌을 표현한다.	

NOTE

NOTE

04 수업실연의 준비 방법

Step①. 기출문제 분석 및 연습하기
Step②. 나만의 스크립트 만들기
Step③. 기출변형 문제 연습하기
Step④. 연습문제로 (다양한 과목과 주제) 심화하기
Step⑤. 실전 연습하기

✓ Step①: 기출문제 분석 및 연습하기

기출 문제는 엄청난 양질의 문제입니다. 최신의 흐름과 출제 경향을 알 수 있는 기준점이 되기에 기출 문제 분석은 필수입니다. 간혹 수험생들이 '이미 기출된 주제의 문제인데, 이를 수업실연 하는 것이 무슨 의미가 있나요?' 하며 기출 분석을 제대로 하지 않고, 연습 문제로만 바로 실연 연습을 하기도 하나, 기출 문제의 무수히 많은 합격 포인트들을 가져가야 합니다.

이때, 여기서 수업실연의 기출문제 분석의 의미란 그저 눈으로만 그림을 보고, 연필로만 밑줄 긋는 것이 아니라, 기출 문제의 요소를 하나씩 뜯어 살펴보고, 공부한 것을 바탕으로 실제로 구상하고, 행동하는 것! 이젠 다들 아시죠? 좋은 발문을 입에 맴돌게 하며 실연해보고, 기출의 방향을 파악하고, 수업 자세를 다듬어 나만의 수업을 실현해 나가는 과정을 말합니다. (다만, 기출문제는 공개되지 않기 때문에 수험생 복기 자료를 활용해야 합니다.)

TIP

시간관리 연습하기

실전 연습 시 가장 강조하고 싶은 부분은, '시간 관리 연습하기' 입니다. 한 지역의 시험장에 있는 시계는 손바닥만 하게 작고 잘 보이지 않아서 시계를 보기 어려웠다는 수험생, 너무 긴장해서 손목시계의 시작을 누르지 못했다는 수험생, 종소리를 듣고 시작해야 했는데 너무 긴장되어 종소리마저도 잘 들리지 않았다던 수험생, 시간이 모자라서 수업하는 와중에 끊기는 상황까지 정말 안타까운 상황이 참 많습니다. 그래서 시기상 후반부에는 실제 구상 시간보다 2~5분 정도 줄여서 연습하는 것을 추천하며, 시계 보는 연습과 시간 관리 그리고 시험 직전에는 손목 시계의 약까지 꼭 확인해야 합니다.

✓ Step②: 나만의 스크립트 만들기

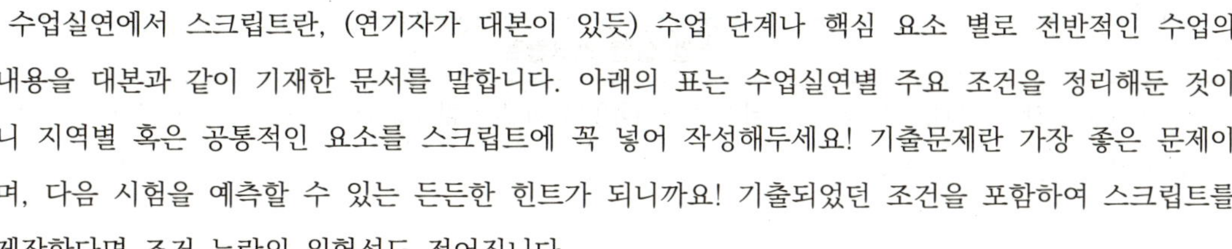

수업실연에서 스크립트란, (연기자가 대본이 있듯) 수업 단계나 핵심 요소 별로 전반적인 수업의 내용을 대본과 같이 기재한 문서를 말합니다. 아래의 표는 수업실연별 주요 조건을 정리해둔 것이니 지역별 혹은 공통적인 요소를 스크립트에 꼭 넣어 작성해두세요! 기출문제란 가장 좋은 문제이며, 다음 시험을 예측할 수 있는 든든한 힌트가 되니까요! 기출되었던 조건을 포함하여 스크립트를 제작한다면 조건 누락의 위험성도 적어집니다.

또한, 가장 중요한 부분은 내가 만든 스크립트가 만능이 될 것이라는 기대는 넣어 두어야 합니다. 그래서 수업실연 연습 시에 나의 스크립트가 그대로 적용될 수 없는 상황 (만능이 깨지는 상황)을 경험해보며, 그때 나의 감정은 어떤지, 수업은 어떻게 진행할 것인지, 나만의 스크립트에서 그대로 사용할 수는 없지만 어떤 점을 재구성하여 활용할 수 있을지를 고민하는 경험으로 활용력을 높여가길 바랍니다. 더하여 심화를 위해 다양한 연습 문제로 여러 주제와 과목의 수업을 진행해 보시길 바랍니다.

만약 스크립트 작성이 부담된다면 입에 맴돌고, 발문 시 입에 잘 붙는 것들을 적어보세요. 이를 모아 놓고 여러 가지 경우의 상황들을 고려해보고, 정리하며 암기하는 것만으로도 자연스럽게 스크립트가 만들어지기도 합니다.

자주하는 실수!

스크립트를 완성하는데 집착하지 말자!

수험생 선생님들 중 멋지고 좋은 스크립트를 만들기 위해서 엄청난 노력을 쏟는 분들이 꽤 많습니다. 수정에 수정 또 수정을 거듭합니다. 그런데, 종종 '완성'과 '형식'에 초점을 두는 분들이 있습니다. 나만의 스크립트를 만드는 과정이 중요한 것이지, 그저 완성을 위한 문서는 큰 의미가 없습니다.

스크립트를 만들며 자연스러운 표현을 익혀보고, 발문을 고민하고, 어떠한 수업 방향으로 갈지, 어떤 방식을 택할지 입으로 말하며 행동하며 정리하는 연습이 중요합니다. **강조하자면, 나만의 스크립트를 만들어 수업에 대한 구조화, 수업 설계나 장치 마련, 발문 등을 정리하고 다듬어가는 '과정'이 더 중요합니다.** 후반부에는 스크립트 종이나 문서가 필요 없어지는 것이 제일 바람직 합니다.

〈합격자 스크립트 일부 예시 1〉

수업 실연 스크립트

자, 우리 사랑하는 OO반 친구들, 선생님이랑 하이파이브 하면서 힘차게 오늘 수업도 시작해볼까요? (학생들과 눈을 맞추며 하이파이브를 한다)

혹시 오늘 몸이 불편한 친구 있나요? 머리가 아프다거나, 배가 아프다거나 하는 친구요? (학생들의 상태를 살핀다) 다행히 모두 건강해 보이네요! 혹시 수업 중에라도 힘든 친구는 언제든 선생님에게 이야기해주세요. (휠체어를 탄 학생에게 다가가) 우리 OO이의 휠체어 브레이크가 안전하게 잘 잠겨 있는지 확인하겠습니다. 좋습니다!

여러분, 우리가 지난 OOO 시간에 무엇을 배웠는지 혹시 기억나나요? (학생들이 만들었던 자료를 보여주며) 선생님이 힌트를 줄게요! (초성 힌트를 쓴다) 으음.. 몸짓으로도 힌트! (주제와 관련된 몸짓을 한다) 아, 소리를 들려주면 더 잘 알 수 있겠네요! (관련 소리를 들려준다) 맞아요! OOO였죠!
그래요, 우리는 지난 시간에 OOO에 대해서 알아보았어요. 오늘은 그것과 관련 있는 OOO에 대한 주제로 수업을 시작할 거예요.

자, 오늘의 주제인 OOO 하면 딱! 떠오르는 그림이나 단어가 있나요? 앞에 나와서 칠판에 자유롭게 적거나 그려볼까요? 태블릿PC를 사용하는 친구들은 앱을 켜서 댓글로 남겨주세요. 우리 OO이에게는 선생님이 미리 관련 그림들을 넣어놨어요!

(학생들의 활동을 지켜본 후 와, 정말 다양한 생각을 가지고 있네요! 우리 OO이가 붙여준 OOO 그림이랑, OO이가 쓴 OOO라는 단어는 어떻게 연결해볼 수 있을까요? 맞아요! (두 단어를 연결하는 구체적인 설명 예시). 두 친구의 생각은 OOO라는 하나의 주제로 모아볼 수 있겠네요.

이렇게 OOO을 하면 어떤 문제들이 생길까요? (학생들의 대답을 듣는다) 네, 맞아요. OOO이(가) 생기고 OOO이(가) 아파요. 그럼 이런 문제들을 해결하기 위해 오늘 우리는 무엇을 배우면 좋을까요? (학생의 대답을 듣고) 어, 그래요 우리 OO이! OOO할 수 있는 방법을 배우면 좋겠다고요? 와! 우리 OO이가 오늘 우리가 배울 내용의 가장 중요한 핵심을 정확하게 이야기해 주었어요!

(칠판에 학습 목표를 띄우며) 자, 그래서 오늘의 수업 목표와 활동을 다 함께 확인해볼게요. 가은이는 문장으로 또박또박 읽어보고, 나은이는 선생님이 중요 단어에 그어놓은 밑줄을 보며 읽어봐요. 다은이는 선생님이 붙여주는 그림을 보면서, 입모양을 따라 천천히 말해볼까요? (수준별로 목표를 확인시킨다) 그리고 여러분 책상 위에 붙어있는 개별 학습목표 판을 보면서, 오늘 무엇을 배우는지 계속 기억하며 수업에 참여해봅시다! 우리 모둠별 점수가 50점을 넘으면 특별한 선물이 있다는 것도 잊지 않았죠? 오늘 우리가 완성할 OOO은(는) 다음 주에 있을 OOO 축제에 아주 멋지게 전시될 거니까, 다들 힘내서 참여해봐요!

자, 그럼 활동을 시작하기 전에, 우리 반의 가장 중요한 약속! 다 함께 외치고 시작할까요? (학급 규칙을 함께 외친다) 좋습니다! 각자 책상 위에 있는 자기점검표에 있는 나만의 약속도 확인하고, 수업 중에 잘 지킬 수 있도록 노력해봐요!

〈합격자 스크립트 일부 예시 2〉

	수업 실연 스크립트(예시)
학습 분위기 조성	**인사:** 배움과 즐거움이 가득한 ~수업시간입니다. 자, 모두 자리에 앉았나요? ~이 선생님 말 잘들리나요?(조건 학생에 대한 중재가 활동 전에 들어감) 사랑반 여러분들이 모두 자리에 잘 앉서 눈이 반짝거리네요. 네, 좋습니다. 그럼 오늘 인사노래 부르고 수업 시작하도록 하겠습니다. 인사노래 준비 핫. 인사 시작 (웃으면서 안녕~ 인사해! , 악수하며 안녕 인사해 친구야 안녕! 선생님 안녕하세요! 랄랄랄라 눈맞추며 인사해!) 자, 선생님과 친구들이 즐겁게 인사노래를 해봤어요! 오늘도 수업을 즐겁게 할 수 있겠죠? 네 좋습니다. (1분)
전시 학습 상기	(조용하게) 그럼 우리 지난 시간에 어떤 활동을 했는지 기억이 나는 친구 있나요? 우리 친구들이 기억이 날 듯 말 듯 한 표정이에요. 기억이 잘 안나요? 그래서 선생님이 지난 시간에 우리 사랑반 친구들이 한 활동을 짜자자잔 이렇게 사진으로 붙여보았어요. 친구들 기억나나요? 가영이는 ~을 배웠다고 이야기하고, 또? 나영이, 다영이는 가리켜볼까요? 네, 좋습니다. 우리 친구들 정말 잘 기억해주고 있네요. 모두 엄지 척! 굿 잡! 잘했어요. (1분)
동기유발	자, 그럼 이번 시간에는 또 어떤 새로운 배움을 얻을까요? 오늘의 '배움 영상'을 보고 어떤 문제를 해결해야 할지 생각해봅시다. 자, 그럼 모두 화면을 볼까요? 삑! 삑! 이 영상속에 어떤 상황이 일어났나요? 〈봄이 대답〉 맞아요 깨비가~ 했어요, 그럼 이후에 깨비가 또 어떤 행동을 했나요? 〈여름이 대답〉 맞아요. ~ 했죠? , 자 그럼 이번 시간에 우리가 어떤 문제를 해결하면 좋을까요? 〈가을이〉 또 다른 의견? 〈겨울이〉 여러분들의 의견이 맞습니다. -- 모두 동영상에 집중해볼까요? **(1)동영상-깨비 (집중하지 못하는 학생에게 집중해서 보자고 발문하는 것도 중요)** 동영상에서 깨비가 어떤 고민을 했죠? 말해볼 친구 있나요? 가영이는 -, 또? 나영이는 가영이가 말한 것에 대해 어떻게 생각해요? 맞아요. 우리 친구들이 말해준 것처럼 ~~~~~~~에요.(1분) 우리 친구들이 깨비를 도와줄 수 있도록 오늘도 공부를 열심히 해봐요.
학습목표 및 학습활동 제시	그럼 00의 고민을 해결하기 위한 **배움목표**를 알아봅시다. -가영이,나영이가 배움 목표를 큰 소리로 읽어주세요. 다영이와 라영이는 책상에 붙어있는 배움목표를 지도사님과 함께 **손가락으로 가리켜봅시다.** (배움목표 수준에 맞게 읽기) 자, 오늘의 배움목표는 〈불이 났을 때, 도움을 요청할 수 있어요.〉 ~, ~학생**(단어 혹은 일어문으로 이야기 하는 학생들)**는 빨간 글씨만 이야기 해 봅시다.(불, 도움, 요청) 자 그럼, 우리 친구들과 선생님이 배움목표를 이루기 위해 3가지 활동을 해볼거에요. 첫 번째 활동, **자유롭게 이야기 해요.**(생각 나누기)는 〉 개별활동 or 경험말해보기 두 번째 활동, **함께 해봐요. 〉** 협력활동 세 번째 활동, **불이야~ 〉 게임활동(말 전달하기- , 노래불러주기- '지진이 나면' 시장에 가면 놀이' 놀이 코너 뒷자리, 안전하게 이동하도록 할게요. 휠체어 밀어주세요.), 교사멘트- 놀이코너에 오신 것을 환영합니다(장소전환용 멘트)** 활동을 시작하기 전에 우리 친구들 늘, 항상하는 약속 크게 말하고 수업 시작해볼까요? 학급규칙(학생들 조건에 맞게 학급규칙 제정 1. 자세를 바르게해요. 2. 배움터 활동을 할 땐 뛰지 않아요. 오늘 선생님과 친구들과 함께 즐겁게 수업을 하면 선생님이 별자리 판(칭찬온도계)에 별나라 별별을 하나씩 붙여줄게요. 그 전에 학급규칙도 한 번 읽어봅시다.-(1분 30초)

〈합격자 스크립트 일부 예시3〉

수업 요소		수업 상황
1인 1역할		• 학습부장, 정보부장, 준비물 부장, 시간 관리자 • 시범이, 나눔이, 평화지킴이 (중재)
배움목표 확인		★ 학습자가 목표를 적극적으로 확인하고, 필요성을 느끼도록 하기 ★ 학습자가 주제에서 스스로 배움 문제를 찾을 수 있도록 촉구하기 ★ 책상 위나 칠판 잘 보이는 곳에 목표 기재한 종이 고정하기 → 발문) 선생님이 오늘의 배움 목표를 여러분들의 책상에도 붙여 놨으니 틈틈이 확인해보아요.
배움 활동		• 개별활동 → 집단활동 → 다시 개별활동으로 정리 • 함께 읽고 활동 내용 설명하기 (연계성 강조)
활동1 시작		• 활동1 안내하기, 활동의 필요성 강조하기 → 발문) 첫 번째 활동은 (핵심 개념) 에 대해서 알아보기입니다. 그런데, 우리가 ~을 알면 왜 중요할까요?, ~을 알면 무엇이 좋을까요?, ~을 왜 배워야 할까요?
경우 A	경험 활용	• (자료) 와 비슷한 경험 연결하기 → 발문) ~의 동영상의 00의 상황과 비슷한 경험을 한 적 있나요?/ 00이는 어떤 느낌일까요? 여러분이라면 어떤 생각이 드나요? 비슷한 생각이 드는 친구 있나요?
경우 B	상호 작용	• 학생 간 토의하기 '하부루타 활동' → 발문) (주제) 에 대해서 딱! 떠오르는 생각을 옆 친구와 간단히 토의해볼까요? 빈칸에 들어갈 단어가 무엇인지 수업 멘토멘티끼리 토의해볼까요? 이야기한 것을 다른 친구들에게 나누어줄 친구 있나요? (후에 칭찬)
경우 C	배움 노트	• 활동지를 개별 수준에 맞게 활용하기 → 발문) 가군이는 ~의 자료에 대해 추가적으로 찾아볼까?, 나군이는 선생님이 단어의 뜻을 밑에 칸에 적어 놨어요. 그림도 넣어 놨어요. 다군이는 그림 학습지를 준비했어요. • 배움노트 활용 (KWL 연계) → 발문) 오늘 배운 내용 (혹은 첫 번째 활동에서 배운 내용)을 배움노트에 적어봅시다. /배움노트에 적은 것을 친구들과 나눠보고 발표까지 잘 들었어요. / 빈칸에 알맞게 적어 봅시다. / 여러분의 언어로 적어봅시다. 그림을 그려도 좋고 단어를 적어도 좋아요. / 기억에 남았던 내용이나 그림을 선택하여 봅시다./ 저번 장을 넘겨서 저번에 무엇을 배웠는지 확인해봅시다./ 저번 시간에 배운 것과 이번 시간에 배운 것의 공통점과 차이점을 배움노트에 표시해봅시다./ K는 이미 알고 있었던 것, W는 내가 알길 원하는 것, L은 배운 것이였죠?
경우 D	에듀 테크	• 핵심 개념 검색하기 → 발문) 오늘 배울 내용 중 모르는 단어가 있나요? 어렵게 느껴지는 단어가 있나요? (정보 검색하기) / 함께 검색해볼까요?/ 다군이는 자동 검색 기능 켜줄게요. 다군이는 사진을 찍어서 검색해봅시다. (수준별 활동 구성) • 어플 활용하기, 사진 찍기, 미러링, 노래 듣기, 동영상 찾기, E-BOOK 활용, 평가 어플 등
모둠활동		• 모둠활동 안내, 이질적인 모둠 구성, 모둠원 역할 설명 및 정하기, 학생 간 상호작용 잘 보일 수 있도록 하기 → 발문) 두 번째 활동에서는 모둠활동을 할 겁니다. 우리반 모둠활동 규칙이 있었죠? (모둠활동 규칙 안내) / 모둠활동은 저번 사회시간에 정한 대로 (A), (B) 팀 이었죠? 이동해봅시다. (이질적 모둠 구성)/ 그럼 우리가 이렇게 모인 이유는 ~을 완성하기 위해서입니다. 그러기 위해서는 각자의 역할이 필요해요. 지금 상의해서 역할을 정해봅시다. (역할 정하기) / 선생님이 시범을 보여줄게요. 보고서를 ~의 순서로 완성해봅시다. (교사의 시범) / 00이가 ~을 참 잘해서 **이를 도와주고 있구나. 협동하는 모습이 참 멋져요. (순회지도)
순회지도		• 도전행동 중재 제공, 순회지도 하면서 학생 개별적 지원 및 모둠 수행에 대한 피드백 제공하기

✓ Step③: 기출변형 문제 연습하기

Step①에서 이야기하였듯, 기출문제만큼 좋은 문제란 없습니다. 출제 위원들이 고뇌하며 만든 결과물이자 다음 시험을 예측할 수 있는 힌트가 됩니다. 그런데, 기출문제로 반복하여 연습하다 보면 똑같은 말을 기계처럼 반복하게 되어 지루해집니다. 어느 정도 자신의 수업 분위가 자연스럽게 형성되었다면, 아래를 참고하여 기출의 조건이나 내용을 변형해서 연습하는 것을 강력 추천합니다. Step③,④의 핵심은 어떤 주제나 조건에도 당당히 맞서 싸울 수 있는 힘을 기르는 것입니다.

[수업실연 기출 문제의 '조건' 변형 예시]

-수업실연의 구간을 바꾸기

예 도입,활동1까지가 조건이라면, 도입, 활동1,2로 바꾸기, 도입~정리까지 해보기

예 활동1 후반부부터 활동2 발표하기, 동료평가하기 까지 바꿔보기

-학생의 이름 바꾸기, 해당 학생의 도전행동의 기능을 바꾸어서 연습하기

예 OO이의 도전행동의 기능을 과제 회피로 바꾸기

예 다양한 학생의 이름 설정하기

-장소 바꾸기

예 교실이 아닌 체육관, 과학실, 도서관, 음악실, 텃밭 등 수업 주제에 맞는 장소로 바꾸기

-다양한 장애 영역 및 장애 특성 추가하기

예 학습장애 중 읽기 장애(난독증) 김OO, 지체장애 중 편측마비 강OO

예 시각장애로 인해 감도가 낮은 학생, 청각장애로 토의토론 시 어려움을 느끼는 학생 등

-스마트 워치, 스마트 교과서 등 다양한 기자재 활용하기

예 활동1에서 스마트 워치를 활용하기, 입체 프린터기 사용하기, 3D펜 사용하기, VR 사용 등

-활용할 매체 수정하기

예 뉴스, 동영상, 노래, 연극, 포스터, 사전, 사진, 시, 신문, 아나운서, 캐스터, 영화, 홍보물, 지도, 모형, 코딩로봇, 광고, 책, 보고서, 연극 등

-수업 모형 추가하기

예 본 수업을 플립 러닝으로 진행, 이전 차시와 블렌디드 러닝을 활용하여 수업

-수업 상황과 맥락 추가하기

예 지난 차시 감염병 상황 심각으로 인해 원격수업, 이번 차시는 대면수업의 상황

예 대면수업의 상황 중 1명은 온라인 실시간 수업으로 참여

예 다음 차시는 현장체험학습이 예정되어 있는 상황으로 본 차시와 현장체험학습을 연계해서 수업하기

예 본 차시를 융합수업으로 진행하기

NOTE

✓ Step④: 연습문제로 (다양한 과목과 주제) 심화하기

시험 전, '혹여 내가 준비하지 못한 주제가 수업 실연에 나올 수 있다.' 라고 한 번쯤은 생각하는 것이 좋습니다. 시험이란 변수가 존재하니까요! 그래서 준비기간 동안 모든 주제를 빠짐없이 살피기엔 어려울지 몰라도 관련 과목이나 비슷한 주제를 연습한 경험은 실제 시험장에서 큰 힘이 될 것입니다. 그래서 다양한 과목과 주제로 심화하는 연습이 필요합니다. 특히, 내가 취약한 과목, 활동 주제를 중점으로 연습하세요.

현장의 경험이 없거나, 새로운 내용 활용에 어려움에 느껴 자주 당황하는 수험생들의 경우 특수교육과정에서 주제, 내용, 단원, 활동, 지식이 있는지 공부하고 예측해보는 '교육과정 분석'이 더욱 필요할 것입니다.

✓ Step⑤: 최종 연습하기

실제 시험 날의 복장으로 수업실연의 연습을 해보는 것입니다. 실제 합격자 선생님들께 수업 실연장에서 아쉬운 부분을 물었을 때, '수업실연 날에 준비한 복장을 처음 입어보았는데 구두와 복장이 불편하여서 동선이나 팔을 올릴 때, 시계를 볼 때 힘들었습니다.' 라는 이야기를 자주 접할 수 있습니다. 그래서 실전 연습을 최소 2회 이상 진행하며 자신에게 맞는 옷 찾기, 시계를 보는 연습 등 부가적 요소에 대해 적응이 필요할 것입니다.

내가 어떤 복장이 잘 어울리고 (정장? 혹은 원피스?), 넥타이 색, 머리는 푸는 것이 나은지 한 개로 묶는 것이 나은지, 앞머리가 없는 게 나은지, 안경 착용할지 등 나의 외적인 부분이 나의 수업 분위기와도 잘 어울리는지 고민해야 합니다. 이때는 내가 아닌 타인이 보는 관점에서, 어떤 복장과 색이 잘 어울리는지를 고민해볼 필요가 있습니다. 주변 어른분께 어떤 옷이나 스타일이 단정해보이는지 피드백 받아도 좋습니다. (물론, 이 옷이 나에게 딱이야! 이 옷만 입으면 난 자신감이 솟아난다~ 라면 자신의 의견대로 선택)

수험생 선생님들이 자주하는 질문!

"피드백 받은 점을 다 고쳐야 할까요? → 내가 감당할 수 있을 만큼만 수용하기"

시험 준비를 하다 보면 스터디원, 현직 교사, 교수님들 등 수많은 피드백을 받게 됩니다. 그런데, 사실 모든 말이 나에게 알맞은 정답은 아닙니다. 교수자에 따라, 수업상황에 따라, 학생의 특성에 따라 정해진 좋은 방법은 다 다르니까요.

우리는 시험 합격을 위한 목적의 수업 실연입니다. 시간 초과가 된다면 감점 뿐만 아니라 내가 준비한 것을 보여주는 것 조차 못하겠죠. 모든 피드백을 받아드릴 수도 없고, 다 반영하지 않아도 괜찮습니다. 사실 수업에서 아쉬운 점과 문제점은 수업자 본인이 제일 잘 알 것입니다. 수험생 본인을 믿고 감당할 수 있을 만큼만 수용하세요. 중요한 것은 내게 필요한 피드백을 구별하기, 그렇게 구별된 좋은 피드백은 온전히 내 것이 되기 위한 연습을 충분히 해야 한다는 점입니다.

MEMO

PART

03

[자체출제지역] 배움중심수업· 수업설계 (경기)

Chapter 1

배움중심철학의 수업실연

NOTE

01 자체출제지역 배움중심수업 연구 필요성

배움중심수업이 전제되는 자체출제 지역의 배움중심수업 2.0의 내용에 따르면 수업 전에 교사가 수업을 디자인(설계)하고, 수업을 실행하고, 수업에 대해 성찰하는 것을 하나의 과정으로 여깁니다. 필요성을 짚어볼까요?

1. 가장 좋은 교사는 고민하는 교사이다.

'가장 좋은 교사는 고민하는 교사이다.' 라는 명언처럼 수업을 고민하고 성찰하는 교사가 가장 좋은 교사상이라고 여기는 것으로 분석됩니다. 그래서 수업설계를 평가 항목에 마련하여 더 나은 교사가 되기 위한 과정을 준비하고, 현장에서도 수업나눔의 일상화 자질을 파악하기 위해서입니다.

2. '배움 중심 수업' 철학을 반영한 수업을 추구한다.

수업설계는 배움중심 수업을 잘 이해했는지 확인할 수 있습니다. 배움중심 수업은 기존의 수업 틀을 파괴하는 개념이 아닙니다. '배움'은 자기 생각을 만들고 학생-학생, 학생-교사 간 서로 공유하고 생각을 나누는 것을 의미합니다. 배움중심수업이라는 모형이 정해져 있는 것도 아니고, 유연하며 방대합니다.

사실상 수업실연의 짧은 시간만으로는 이를 정확히 파악하기 어렵습니다. 자신만의 수업 철학이 있는지, 그저 배움중심 수업을 겉핥기식으로 따라 하는 것은 아닌지, 배움중심수업의 전 과정이라는 것을 알고, 메타인지적인 사고로 수업을 바라보는지 등을 구별할 목적이 있습니다.

3. 시도교육청의 정책의 이해도를 판단한다.

시책과 관련 사례들을 수업설계·성찰 뿐만 아니라 면접에서도 다양하게 활용할 수 있습니다. 수업실연 내 조건에서 시도교육청의 중점 정책이 반영될 수 있고, 조건이 곧 수업설계 문항으로 변형되어 출제되는 경향이 있습니다. 즉, 어떠한 정책이 마련되고 실행되고 있는지, 현장에서는 어떠한 방법을 쓰고 있는지를 살펴 나의 생각을 더하면 현장 적용성이 높은 답변을 만들어 낼 수 있습니다.

02 배움중심수업

[들어가기 전: 배움중심수업의 이해를 위한 용어 정리]

배움중심 수업 정의	배움중심수업은 삶에 필요한 역량을 키우기 위한 자발적 배움이 일어나는 수업이다.
배움의 정의	교수-학습 내용이 학생의 자기 생각 만들기를 통하여 삶과 유의미한 관계를 맺는 것이다.
학생의 삶과 배움	배움중심수업은 배움과 삶이 일치하는 수업이다.
배움과 가르침의 주체	배움중심수업에서 학생은 배움의 주체이며, 교사는 가르침의 주체이다. 교사의 가르침은 배움으로 연결될 때 참된 의미를 갖는다.
배움중심수업 지식관	지식은 변하는 것이며, 형성과정이 중요하다.
배움중심수업 학생관	학생은 스스로 성장하는 힘을 지닌 주체적 인격체이다.
배움중심수업 수업관	학습자의 자기주도성과 자발성에 기초하여 교사와 학생의 지속적인 교류와 소통을 통해 함께 지식을 창조하는 과정이다.
배움중심수업의 지향	배움중심수업은 학생들의 역량 신장을 통한 행복한 배움을 지향한다.
역량	역량은 학생들의 삶 속에서 실제적으로 무엇인가를 알고 실행할 수 있는 능력이다. 역량은 학습을 통해 습득한 지적 능력, 실행 능력, 정의적 능력을 포함하는 실제적이며 종합적인 능력이다.
행복한 배움	행복한 배움은 스스로의 동기와 흥미에 의해 지식과 기능, 개인적·사회적 삶을 추구하는 실천적 지혜를 배움으로써 인식의 수준을 확대하는 것이다.
배움중심수업 성찰	배움중심수업 성찰은 수업의 문제와 고민을 찾는 것이다. 수업의 문제점을 발견하여 점검하고, 질문을 던져 반추하며 문제를 해결하기 위해 노력하는 일련의 과정이다. 배움중심수업 성찰은 개인적 성찰과 협력적 성찰 모두를 포함한다.
교육과정-수업-평가 일체화	교육과정-수업-평가 일체화는 교사가 재구성한 교육과정을 기반으로 배움중심수업의 전개와 과정 중심 평가를 통해 학생의 전인적 성장과 역량의 신장을 도모하는 일련의 과정이다.

(출처: 경기도교육청, 배움중심수업 2.0의 이해와 실천, 2016, p.38)

배움의 의미

❶ 배움의 내용과 방법은 학생들의 삶 곳곳에 존재!

- 배움의 수단과 방법은 학생들의 삶 곳곳에 존재
- 학생의 입장에서 보면 배움의 장소가 학교 안이냐 밖이냐, 내용이 교육과정에 포함되었느냐 아니냐, 함께 하는 사람이 교사냐 아니냐는 절대적인 조건이 아님 배움의 과정을 통해 얻을 것을 제대로 얻느냐가 핵심

❷ 학생의 주체성을 중시하며 학생 주도 학습 방법 강조!

- 학습자가 스스로 내용과 절차, 그리고 범주를 주도적으로 설계·참여 추진할 수 있는 학습방법

  예 프로젝트 수업, 문제해결학습, 지역사회 연계를 통한 학습 등

(출처: 경기도교육청, 혁신교육3.0 한걸음 더, 2020, p.79)

1. 배움중심수업의 개념

배움중심수업 정의

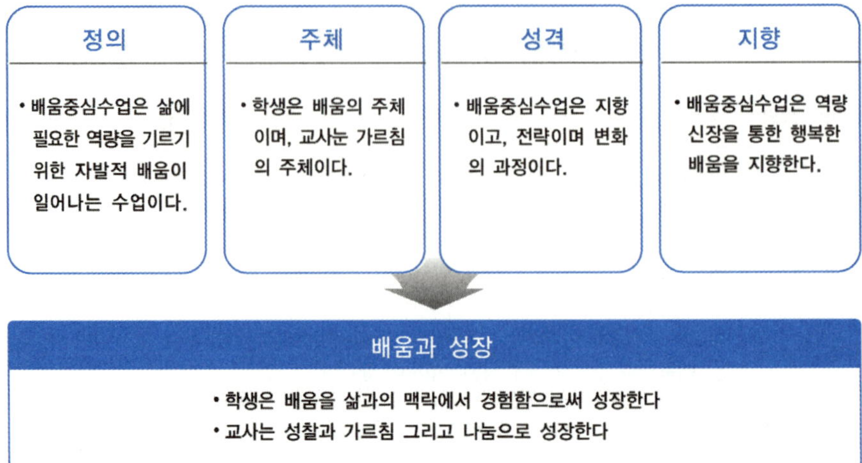

(출처: 경기도교육청, 배움중심수업 2.0의 이해와 실천, 2016, p.11)

1) 배움중심수업의 정의

- 배움중심수업은 삶에 필요한 역량을 키우기 위한 자발적 배움이 일어나는 수업이다.

2) 배움: 교수-학습 내용이 학생의 자기 생각 만들기를 통하여 삶과 유의미한 관계를 맺는 것이다. 배움중심수업에서 배움은 교사의 수업 설계와 의도를 기반으로 이루어진다.

3) 배움중심수업의 모습

- 배움중심수업은 스스로의 생각을 만들어가며 다른 사람과 생각을 나누는 과정이다. 교사와 학생은 배움중심수업을 통해 진정한 배움의 가치를 함께 내면화한다.
- 배움중심수업은 교사의 철학과 삶 그리고 학생의 삶과 배움의 경험이 만나는 장면이며 시간이다. 배움중심수업은 가르침과 배움의 의미와 주체를 회복하여, 배움이 중심인 수업으로 변화하는 것이다. 배움중심수업은 지향이고, 전략이며, 변화의 과정이다.

4) 지향점

- 배움중심수업은 학생들의 *역량 신장을 통한 행복한 배움을 지향한다.

  *역량은 학생들의 삶 속에서 실제적으로 무엇인가를 알고 실행할 수 있는 능력이다. 역량은 학습을 통해 습득한 인지적 능력, 실행 능력, 정의적 능력을 포함하는 실제적이며 총체적인 능력이다.

인지적 능력 : 교과 지식, 사고력, 창의력 등
실행 능력 : 문제해결력, 자기 관리 능력, 협업 능력 등
정의적 능력 : 성취동기, 호기심, 상호 공감, 민주적 생활 태도 등

조이쌤과 끈기

배움은 자기 생각을 만드는 과정이고, 나눔은 서로 다른 자기 생각을 나누는 것입니다. 대상과 타자의 만남을 통하여서 생각의 차이를 인식하고 갈등을 조정해나가는 과정에서 비판적인 사고를 기르고, 민주시민적 가치의 배움을 얻을 수 있습니다.

NOTE

5) 철학

지식은 완성된 것이 아니라 배움을 통해 만들어가는 것

☞ 배움중심수업에서 지식은 '이미 완성 되어진 고정불변의 것'이 아니며 학생들의 개인적인 삶의 경험과 사회적 상호작용을 통해 구성되므로 학생의 삶과 유의미한 관계를 맺어가는 형성과정이 중요합니다.

학생은 스스로 성장하는 힘을 가진 주체적 인격체

☞ 배움중심수업에서는 학생을 유의미한 학습을 스스로 만들어갈 수 있는 성장가능성을 가진 존재로 인식합니다. 따라서 학생들이 자기 삶의 주인으로 성장하는 것을 돕기 위해 학생이 배움의 주체가 되어 자신의 필요와 수준, 능력에 적합한 배움을 통해 잠재력을 계발하는 행복한 배움을 지향합니다.

배움과 성장의 촉진자, 수업이 교육이 되게 하는 주체

☞ 배움중심수업에서 교사는 학생을 중요한 주체로 수업에 참여시키는 학습경험을 설계하고 운영합니다. 학생주도의 학습 또한 교사의 수업 설계와 의도를 기반으로 하므로 교사는 개인적, 협력적 성찰을 통해 수업 전문성과 자율성을 발휘합니다.

삶과 연계, 공감과 소통, 협력적 배움

☞ 교실은 교사와 학생의 삶에 기초한 배움이 일어나는 공간이며 수업은 가르침과 배움을 만남으로 교사와 학생의 상호작용이라 할 수 있습니다. 학생의 성장은 다양한 가치를 가진 사람들과의 협력적 배움을 통해 이루어지므로 신뢰와 소통의 긍정적 관계형성이 필요합니다.

(출처: 경기도교육청, 쉽게 알아보는 배움중심수업, 2020, p.11)

[사회적·문화적 상황]	[교육적 요구]
• 4차 산업 혁명에 따른 과학 기술의 발달 • 이러닝 플랫폼의 급속한 확대 • 코로나19로 인한 등교 및 원격수업 병행 상황	• 학생의 학력 격차 심화 해결 요구 • 학생 참여형 배움에 대한 교육적 필요 • 시공간을 초월한 다양한 형태의 학습 요구
[학생관 변화]	**[교사 역할 변화]**
• 디지털 네이티브라 불리는 세대 • 온라인 정보를 공유하고 소통하는 것이 자유로워짐 • 유의미한 학습을 스스로 만들어갈 수 있는 성장 가능성을 가진 존재	• 배움과 성장의 촉진자 • 맥락화된 학습 경험 설계자 및 운영자 • 학생을 이해하고 지원하는 멘토 및 상담자 • 교육과정 자율성을 가진 교육전문가

(출처: 경기도교육청, 경기 블렌디드 러닝의 이해, 2020, p.6)

2. '배움'에 대한 개념 잡기

1) 배움: '배움'은 자기 생각을 만들고 학생-학생, 학생-교사 간 서로 공유하고 생각을 나누는 것

2) 다양한 차원의 배움

종류	수업 상황
활동적인 배움	• 수업에 활동을 포함시켜 사회와 연결하기 • 학습자의 사고를 이끌 수 있는 교재, 학습과제, 사물, 사건 등 준비하기 • 들려주고 기억시키는 수업에서 생각하는 수업 • 교사의 설명 대신 학생의 활동으로 배움이 일어나는 수업
협동적인 배움	• 친구와 협력하여 함께 성장하기 • 개인의 발상을 친구와 지혜를 모아 함께 생각하기 • 친구의 생각을 통해 자신의 생각을 발전시키기 • 친구에게 묻고, 함께 해결하기 • 배움의 약속을 세우기
표현적인 배움	• 배움은 독백이 아니라 대화 • 친구의 생각과 친구의 표현을 통해 맥락 잡기 • 집단 속의 나를 표현하기 • 정답만을 확인하는 발표가 아닌 공유를 위한 표현으로 만들기 • 자신의 생각을 자기의 언어로 표현하기 • 발표의 기회에서 배움의 점핑을 위한 계기로 전환

3) 배움이 가장 잘 일어나는 시기

- 자신의 경험과 연결되었을 때
- 배우고 싶은 것을 배울 때
- 자기가 학습 주도권을 가질 때
- 스스로 가르칠 때

TIP

[심화] 협동적으로 배우는 관계 만들기

- 아는 사람이 먼저 말하지 않기 (약속 만들기)
- 모르는 것은 친구에게 먼저 물어보기
- 친구가 물어올 때 친절하게 도움주기
- 모둠은 늦어도 5분 이내 만들기
- 활동 50~70% 완료 후 모둠 해체 → 공유하기
  - 예 "이 부분이 어려워서 하지 못했구나. 그럼 같이 해볼까? 다른 조의 생각을 들어볼까?"
- 아는 것을 서로 이야기하는 관계가 되지 않도록 하기 (묻고 배우는 관계 되기)
- 친구의 말을 비난, 야유하지 않도록 학습 매너기르기

(출처: 손우정, 배움 회복을 위한 '협동'과 '교사의 역할', 2023, 성남 배움의 공동체 연구회 특강 내용 일부)

[심화] 협동적인 배움의 두가지 협동화

개인 활동의 협동화 (어려움 해결)	이질적인 타자와의 협동화 (차이의 배움)
혼자서 해결하다 어려울 때 친구의 힘 빌리기 가. 자신의 힘으로 과제에 매달리기 (개인 활동, 자력 해결) 나. 어려울 때, 생각해도 모르겠다 싶을 땐 '좀 가르쳐줘!' 라고 묻기 다. 친구과 도움을 요청 시에는 상대가 알 때까지 친절하게 가르쳐주기 (답을 가르치는 것이 아니라 문제의 의미나 해결 방법, 이유 들을 가르친다.)	자신이 다른 사물을 보는 방법, 사고 방식, 다르게 느끼는 타자와의 대화를 통해서 자신만으로는 체험하여 얻을 수 없는 배움을 한명 한명의 아이가 가져가는 것 가. 자신의 생각 가지기 나. 서로 관계 맺기 (자신의 생각을 말하고 상대의 의견을 듣기) 다. 자신의 생각과 비교하기 라. 정보 (다른 사람의 의견)을 취사선택하기 마. 자신의 생각을 정리하기 (자신의 생각을 깊게 확장시킴) → 서로 인정하고 서로 존중하는 학급 풍토 만들기로 이어짐

(출처: 손우정, 배움 회복을 위한 '협동'과 '교사의 역할', 2023, 성남 배움의 공동체 연구회 특강 내용 일부)

4) 배움중심수업에서 '성장'의 의미

- 학생은 배움중심 수업에서 다양한 경험으로 끊임없이 변화하고 성장한다. 이 과정에서 나타나는 공감과 갈등, 다름에 대한 깨달음 등을 통해 학생들은 자신의 사고와 경험을 확대한다. 배움중심 수업에서 상호작용은 학생들의 성장을 위한 필수 과정이다.
- 교사는 성찰을 통해 성장하며 학생들과의 상호작용 속에서 발생하고, 교사 자신의 삶, 학생들의 삶, 교육과정의 만남을 통해 구체화 된다.

수험생 선생님들이 자주하는 질문!

<배움이 느린 학생들에 대한 고민>

Q: 배움이 느린 학생들은 교육과정 성취기준에 도달하지 못하는 경우가 많습니다. 이런 경우에도 배움이 일어났다고 볼 수 있나요?

> 기본 교육과정의 경우 성취기준은 반드시 달성해야 할 목표가 아니라 학생들이 경험해야 하는 것임을 고려하여 학생의 수준에 맞게 재구성할 수 있도록 한다.
>
> (출처: 국립특수교육원, 2015 특수교육 교육과정 기본교육과정 해설자료(1), 2015, p9)

학습의 과정과 결과에 대한 피드백을 통해 학생의 성장과 발달을 돕는 성장중심평가는 '경쟁'이 아닌 '협력'으로 학생의 '성장'을 돕는 것을 목표로 합니다. 따라서 성취기준에 따라 설정된 평가 기준에 미치지 못했더라도 학생들이 꾸준히 성장하고 있다면 학생의 배움은 의미 있다고 할 수 있습니다.

학생들마다 시작점과 개별적인 배움의 속도가 다를 수밖에 없고 오히려 정해진 획일적인 평가 기준대로 평가한다는 것은 성장중심평가의 취지에 맞지 않습니다. 따라서 교육과정 성취기준에 근거하여 학생들의 현재 수준에 맞는 개별적인 평가 기준을 정하는 것이 중요합니다. 그리고 비록 성취기준에는 도달하지 못하였더라도 학생에게 변화와 성장이 일어났다면 배움은 일어났다고 볼 수 있습니다.

덧붙여 배움이 느린 학생의 부진 요인은 정서적, 문화적, 학습적 등으로 복잡 다양하기 때문에 정해진 평가에서 교육과정 성취기준에 도달하지 못하였더라도 배움의 과정이 학생의 삶에 필요한 역량을 기르는데 도움이 되었다면 이 또한 배움이 일어났다고 할 수 있습니다.

(출처: 경기도교육청, 쉽게 알아보는 배움중심수업, 2020, p.31 재구성)

NOTE

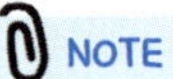

3. 교사의 역할 (듣기, 연결하기, 되돌리기)

(출처: 손우정, 배움 중심 수업 만들기, 2019)

1) 교사의 역할: 듣기

배움에 있어서 가장 중요한 일은 교사나 아이들이 다른 사람의 이야기를 진지하게 경청하는 것이다. 이를 위해서 교사는 아이들의 발언을 있는 그대로 받아들여 정중하게 대응하는 자세를 가져야 한다. 아이들이 잘못 발언하더라도 그 아이는 그 아이 나름대로의 생각이 있다. "틀렸어. 자 다음 사람?"이라고 간단하게 처리하지 않고 '왜 그렇게 생각했는가를 함께 생각해 보는 것'도 때에 따라서는 필요하다.

교사의 역할	수업 상황
듣기	"우리 00이가 B 그림이라고 대답해줬는데, 왜 그렇게 생각했나요?" "B그림이 정답이라고 생각이 든 이유는 무엇인가요?" "어느 지점을 보고 (무엇을 보고) B라고 생각이 들었나요?"

교단에서 수업을 진행하다 보면 아무래도 교사의 생각에 따라 아이의 의견을 듣는 경향이 있다. 교사의 생각과 엇갈리는 이야기는 교사 자신에게도 이해하기 어려운 발언이기 때문에 자칫하면 무시하기 쉽다. 교사가 일단 무시하거나 배제하거나 하면 두 번 다시 그 아이는 발언하려고 하지 않으려고 할 수도 있다.

교사의 듣는 일은 학습자의 내면의 목소리까지 들어내는 일로서 구체적으로는,

➜ 학습자의 목소리가 교재의 어떤 부분에서 나온 것인지 그것을 듣는 것

수업 상황
"어느 부분을 보고 그렇게 생각했나요?" (듣기) "00이의 대답이 교재의 어디 부분에서 나왔는지 손으로 짚어볼까요?" (듣기)

➜ 학습자의 발언이 다른 학습자의 발언과는 어떤 부분이 어떻게 연결되어 나온 것인지 듣는 일

수업 상황
"00이의 생각와 **이의 의견은 서로 반대인데, 00이는 **이의 의견 중 어떤 부분이 생각에 영향을 준 것 같나요?" (듣기) "00이는 누구의 생각이 대답에 영향을 주었나요?" (듣기) "아~ A조는 00이가 배달음식을 많이 먹는다는 이야기에 배달음식에서 나온 쓰레기를 재활용을 잘하자라는 실천적인 면까지 연결되었군요." (듣기)

➜ 학습자가 이전에 발언했던 것과 어떻게 연결되어 있는가를 듣는 일이다.

수업 상황
"아~ (듣기) 우리가 저번주에 갔던 현장체험학습의 경험을 떠올렸군요." "(듣기) 우리 00이가 첫 번째 활동에서 대답했던 경험과 비슷한 의견이네요." "(듣기) 00이가 엄마가 하는 것을 본 적 있다고 한 말과 연결할 수 있네요."

2) 교사의 역할: 연결짓기

교사는 수업에서 교재와 학습자를 연결 짓고, 학습자 간을 연결 짓고, 오늘 수업과 내일 수업을 연결 짓고, 지식과 지식을 연결 짓고, 어제 배운 것과 오늘 배울 것을 연결 짓고, 교실에서 배우는 것과 사회에서 일어나는 일을 연결 짓고, 아이들의 현재와 미래를 연결 짓는 일을 한다. 교사는 연결 짓는 일에 철저해야 한다. "oo 의견은 어떠니?" "그렇군, 자, 다른 의견은?" 등으로 지명하면 발언과 발언의 연결고리는 끊어져 버린다. 이렇게 대부분의 교사들은 '연결짓기'보다는 '끊는 일'로 시종일관하는 경우가 많다. 수업에서의 교사의 활동을 검토할 때는 교사의 활동이 '연결 짓는' 활동이 되고 있는가를 검토하는데 있다.

교사의 역할	수업 상황
연결짓기	수업에서 교사가 아이들의 발언을 듣고 그대로 종결시킬 것이 아니라, 한 사람의 발언을 다른 아이의 발언과 이어주는 일이다. "oo는 그렇게 이야기하는데 그것을 듣고 xx는 어때?" "oo의 발언에 대해서는 어떻게 생각하니?" "oo의 발언은 누구의 발언과 같을까 다를까?" "oo가 하는 말이 교재(교과서)의 어디에 쓰여 있니?" "oo가 한 것과 같은 경험을 한 적이 있니?" "00이와 비슷하게 생각한 학생은 손들어볼까요?" 등

3) 교사의 역할: 되돌리기

교사의 역할 중에서 되돌리기 활동은 경시되는 경향이 많다. 수업 중에 "다음은 어떻게 되지?" "다음 활동은~ 다음 개념은~ "라는 식으로 앞으로 앞으로만 치우쳐 버리는 교사가 많다. 이 경우, 다수의 아이들은 버려지고 일부 아이들의 참가로 수업이 진행되게 된다.

함께 탐구해가는 수업을 창조하는 교사는 '되돌아가기'의 의의를 숙지해야 할 것이다. 학습과제가 어려울 때는 그 전 단계로 되돌아감으로서 재출발할 수 있으며, 모둠 지도에서는 되돌아감으로서 한 사람 한 사람의 참가를 촉진하고 다양한 개인들의 충돌을 조정하여 높은 배움을 실현할 수 있다.

교사의 역할	수업 상황
되돌아가기	"선생님이 ~의 개념에 대해서 더 쉬운 말로 다시 설명해줄게요." "00의 내용이 아직 어렵게 느껴지는 것 같으니, 다른 그림을 검색해봅시다." "모둠활동을 시작하기 전에 선생님이 보충해서 설명해줄게요."

아이들 한 명 한 명의 발언을 의미 깊게 받아들이고 그 발언이 다른 아이들에게 충분히 전달되어지지 않았을 경우에는 "-라고 말하네요."라며 다시 말하여 다른 아이들에게 친절하게 되돌려주는 일, 이야기를 모둠으로 그리고 전체로, 교재로 그리고 그 전에 했던 것으로 되돌리는 것이다. 되돌리는 일만큼은 아이들이 할 수 없다. 이 일은 교사가 해주어야 한다. 이것을 통해서 아이들은 배움에의 도전과 발돋움이 이루어질 수 있다.

21세기 교사의 역할

- 19, 20세기형 교사= 가르치는 전문가
- 21세기형 교사= 배움의 전문가
  - 배움의 디자이너
  - 배움의 코디네이트
  - 성찰자

즉, 배움을 디자인하고 아이들과 교재를 코디네이트하고 배움을 성찰하는 교사

(출처: 사토마나부 교수, 제12회 배움의 공동체 전국세미나 기조강연)

4. 배움중심 수업 실현을 위한 교사의 발문

교사의 역할	수업 상황
듣기	"OO이가 오늘 수업과 관련된 핵심적인 이야기를 하고 있으니, 같이 들어볼까요?" "OO이가 조금 다른 생각을 가진 것 같아요. 같이 들어봅시다." "서로의 의견에 귀를 기울여 봅시다." "우리 OO이가 B 그림이라고 대답해줬는데, 왜 그렇게 생각했나요?" "B그림이 정답이라고 생각이 든 이유는 무엇인가요?" "어느 지점을 보고 (무엇을 보고) B라고 생각이 들었나요?"
연결하기	"어디에서 그런 생각이 들었나요?" "OO이의 이야기와 **이의 이야기에서 차이점은 무엇일까요?" "A모둠의 발표와 B모둠의 발표는 같을까요?" "OO이가 한 말이 교과서 몇 쪽에 있을까요?" "이 자료에서 혹시 다른 생각이 들었던 사람 있나요?" "OO이의 경험과 **이의 경험은 비슷한 것 같아요." "OO이의 발표와 같은 경험을 해본 사람 있나요?"
되돌아가기	"다군이가 OO이라고 표현하네요." "OO이는 ~의 의견을 이야기하고 싶은 것 맞나요?" "OO이가 ~라고 대답해주었어요." "여러분, A모둠에서 굉장히 참신한 아이디어가 나왔어요!" (모둠-전체로 확대) "~이가 말한 내용 중 일부가 교재에 나와있어요."

5. 배움중심수업에서 교사와 학생의 모습

교사	- 교사는 학생의 자기주도성과 자발성이 일어나도록 수업을 설계 - 교사는 학생이 수업을 통해 자연스럽게 학습과 성장이 이루어질 수 있도록 도움 - 교사는 학생이 스스로 성장하는 힘을 기를 때까지 기다리며 지원함 - 진행 과정에서 결과적으로 교사 자신도 배움과 성장이 이루어짐
학생	- 학생과 학생 사이의 활발한 소통과 토론이 일어남 - 학생은 서로 묻고 도움
수업의 과정	- 교사와 학생이 교류하며 생각을 나눔 - 수업 과정에서 협력적인 배움과 나눔이 일어남 - 모둠활동 통해 익힌 갈등 조정과 상호협력을 바탕으로 민주적 시민을 만드는 수업이 이루어짐

6. 배움중심수업의 실천을 위한 교사의 노력

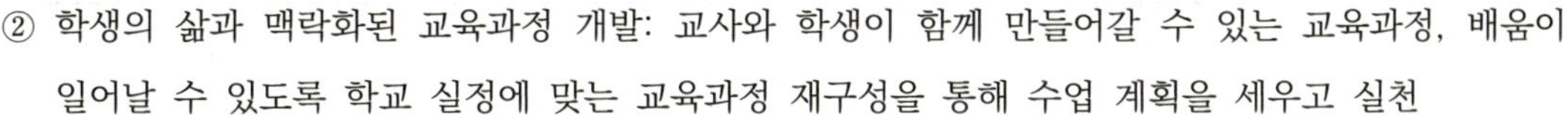

① 동료교사와 신뢰 구축을 통해 수업을 개발 및 전문성 심화

② 학생의 삶과 맥락화된 교육과정 개발: 교사와 학생이 함께 만들어갈 수 있는 교육과정, 배움이 일어날 수 있도록 학교 실정에 맞는 교육과정 재구성을 통해 수업 계획을 세우고 실천

③ 팀티칭, 공동수업, 표현학습, 협동학습, 주제통합학습, 프로젝트 학습 등 교육과정과 연계된 수업 모델을 개발

④ 학생의 주도성과 자발성이 일어날 수 있도록 다양한 형태의 수업을 계획

⑤ 신뢰와 존중 관계 형성 위한 수업나눔과 성찰이 필요

⑥ 관계중심의 수업 실천: 교사와 학생, 학생과 학생이 서로 긍정적이고 신뢰로운 관계를 형성할 때 공감, 소통, 협력의 과정에서 배움과 성장이 촉발

⑦ 학교에서 발생하는 다양한 문제를 협력적 해결 노력

TIP

학교에서 발생하는 문제를 해결하는 다양한 방법

학교에서 발생하는 문제의 원인이 학교 내부뿐만 아니라 외부의 요인 등 다양한 것에서 기인할 수 있습니다. 아래의 예시와 같이 신규교사인 우리는 문제를 혼자서 고민하고 숨기려고 하기보다, 적극적으로 문제를 공유하고 함께 해결할 수 있습니다.

- 학교 안의 각종 협의회나 위원회를 적극 활용
- 학교 안과 밖 전문적학습공동체 활용
- 각종 네트워크 및 협의회를 통해 성공적 사례를 공유
- 필요에 따라 다양한 교육주체로 구성된 네트워크와 학습공동체 구축 및 지역혁신교육포럼 등에 참여

출처: 경기도교육청, 혁신교육3.0 한걸음 더, 2020 재구성

TIP

배움 디자인을 위한 교사의 역량

- 교육과정 문해력
- 교사의 교양 (시민적, 전공, 교직 교양 등)
- 수업 상상력 (유연성)
- 교사의 교직 및 교과 정체성
- 풍부한 인간성
- 사례로부터 배우는 능력

(출처: 손우정, 배움 회복을 위한 '협동'과 '교사의 역할', 2023, 성남 배움의 공동체 연구회 특강)

03 배움중심수업 관점표

배움중심수업의 큰 철학과 개념을 익힌 후 나의 수업 실연 시 이를 반영하여 아래의 '배움중심수업 관점표'를 활용하여 점검해봅시다. 나의 수업에서 강조할 만한 관점 내용을 몇 개만 선택하여 사용해도 좋고, 설계-과정-확인 내용의 전체를 살피며 실천 과정을 체크해보는 방법, 수업의 비평과 성찰의 준거의 관점으로 활용해도 좋습니다.

〈배움중심 수업 관점표〉

영역	관점
배움설계	• 학습자 배움 중심의 교과교육과정이 창의적으로 설계되었는가? • 교육과정 재구성, 교사별 교육과정이 실현되었는가? • 배움의 도약이 가능한 학습과제로 선정되어 있는가? • 배움 중심의 수업 방법을 구안 및 적용하였는가? • 학생의 주도성과 자발성이 일어날 수 있는 삶과 연계된 맥락화된 교육과정인가? • 학생특성, 교과별 핵심 역량, 성취기준 중심 및 단원 등의 유기적인 연결이 되어 있는가?
배움열기	• 학습자가 배움 문제 (학습목표, 내용, 방법 등) 스스로 찾을 수 있도록 지도하는가? • 자기가 정한 학습 목표에 맞게 스스로 공부할 내용과 방법을 찾아가는가? • 학습자가 흥미와 호기심을 가지고 배우고 싶어하는가? • 학습자가 배움 주제에 대해 필요성을 알고 있는가?
배움활동	• 자기 수준에 알맞은 배움 과제를 선택하여 활동하는가? • 서로 존중하고 협력하며 관계중심의 수업이 진행되고 있는가? • 배움의 내용이 학습자의 삶과 연계되어 이루어지는가? • 자율적이며 주체적인 학생 활동이 이루어지는가? • 서로의 이야기를 진지하게 듣고 반응하는가? (경청, 신뢰) • 서로 존중, 협력, 학습 주제에 몰입하여 즐겁게 공부하는가? • 자신의 삶과 연계된 내용을 학습하는가? • 학습자의 학습목표 도달 정도를 수시로 평가 및 확인하는가? • 성취기준, 핵심역량과 관련된 교육과정 수업 평가의 일체화가 이루어지는가?
배움정리	• 학습자가 자기의 언어로 배움을 정리하는가? • 배움목표의 도달도를 확인하는가? • 배움열기의 문제나 배움활동의 핵심 주제를 해결하거나 마무리 짓는가? • 배움의 내용을 서로 이야기하고 공유하는 기회를 가지는가? • 자기 평가 및 상호 평가가 이루어지는가?

〈배움중심 수업 관점표-일반학교〉

영역	요소	지표	문항
학습 지도	배움 활동	배움에 대한 흥미와 호기심	다양한 방법으로 학생의 흥미와 호기심을 자극하여 학습에 몰입하도록 유도하는가?
			학생이 배움 주제와 내용에 대해 흥미와 호기심을 보이고 있는가?
		배움 내용의 이해	학습내용을 쉽게 이해할 수 있도록 가르치고, 학습 이해 정도를 확인하고 있는가?
			학생이 수업과정을 통해 스스로의 배움을 이해하고 자신의 생각을 자신의 언어로 표현할 수 있는가?
		배움활동 참여	학생의 적극적 참여를 유도하고 활발한 수업분위기를 이끌어내는가?
			학생이 배움을 즐거워하고 배움 활동에 적극 참여하고자 하는 태도를 보이고 있는가?
	교수 활동	학습동기 부여	수업과정에서 협력적인 배움과 나눔이 일어나도록 학생들의 동기를 부여하는가?
		교사의 발문	학생이 다양하게 사고할 수 있도록 발문하는가?
		교사의 태도	◦ 수업에 대해 열의와 자신감 있는 태도를 가지고 있는가? ◦ 학습 진행 상황을 적절하게 조절하고 있는가?
		교수·학습 자료 활용	배움의 효과를 높이기 위해 적절한 교수·학습 자료를 활용하는가?
		평가방법 개선 노력	학생 수준을 고려한 과정 중심의 다양한 평가방법을 적용하는가?
	소통과 배려	학생-교사 상호작용	허용적인 분위기 속에서 교사와 학생의 의사소통이 원활한가?
		생각의 차이 인정	학생 개인별 생각의 차이가 있음을 인정하여 이를 격려하고 수용하는가?

〈배움중심 수업 참관록-일반학교〉

항목	참관 주안점(수업전개 시)
학습자의 배움	- 교사의 수업에 학생은 어떻게 반응하고 있는가? - 학생들은 학습 내용을 이해하고 적극적으로 학습하고자 하고 있는가? - 교사나 친구의 질문에 학생은 어떻게 반응하고 있는가? - 학생 활동의 양상은? - 학습자의 결정적인 배움(Jump)은 수업의 어떤 상황에서 일어나는가? - 학습자는 제시된 진로와 관련된 정보를 어떻게 받아들이는가?
교사의 수업	- 수업 전개에 필요한 자료와 도구가 준비되어 있는가? - 모든 학습자를 포함하는 수업을 진행하고 있는가? - 학생과 유기적으로 소통하고 발문하며 수업이 진행되고 있는가? - 학생과의 문답은 어떤 식으로 진행되며, 약 몇 개 정도 이루어지고 있는가? - 교사는 학생들의 진로 탐색을 위해 어떤 정보를 제공하고 있는가?
교실에서의 상호작용	- 학생들끼리 극도의 경쟁 없이 서로를 배려하고 학습하는 관계가 형성되어 있는가? - 개인적인 배움과 협동적인 배움이 상호 조화를 이루고 있는가? - 학생 개개인의 진로에 대한 인식이 어느 정도 형성되어 있는가?
총평 (배운 점)	- 동료 교사의 장점이자 배우고 싶은 점 - 동료 교사의 약점이자 나의 극복 노하우 - 학생의 배움이 중심이 되는 참관평 - 학생의 진로역량 강화를 위한 수업조언, 힌트

NOTE

〈배움중심 수업 관점표-특수학교〉

영역	관 점
배움중심 수업설계	학생의 특성, 학생의 수준, 요구, 지역사회 여건 등을 고려하여 학습목표를 설정하였는가?
	수업을 계획할 때 단원 전체의 연결이나 앞 뒤 차시의 연결, 선행 학습 정도, 학생선호 활동을 고려하였는가?
	학습자에게 유의미한 경험을 제공하기 위해 수업을 설계하였는가?
	평가계획이 학생의 개개인의 지적 · 정의적 능력이 종합적으로 평가할 수 있도록 계획하였는가?
	학습목표에 적절한 교수학습방법과 교수학습자료를 계획하였는가?
배움중심 수업과정	수업목표, 내용선정, 교수학습방법, 평가가 일관성 있게 수업을 진행하고 있는가?
	교사는 수업과정에서 신뢰, 수용, 격려, 개발, 도전 장려, 참여, 존중 등의 분위기를 조장하여 학생들의 배움을 지원하는가?
	학생들의 특성과 지적차이, 인성차이를 고려한 배움 중심 수업 지도인가?
	학생의 흥미와 호기심을 일으킬 수 있는 학습거리가 제공되었는가?
	배움의 내용과 수업과정이 학습자의 삶과 연계되도록 이끌어 가는가?
	다양한 활동중심을 거쳐 배움을 만들어가는 수업인가?
	수업시간에 배움에 소외되는 학생 없이 수업이 진행되는가?
	학생-학생, 학생-교사간의 협력적인 상호작용으로 배움이 일어나는가?
배움중심 수업확인	수업평가가 수업내용 및 관점이 유기적으로 이어졌는가?
	배움의 변화를 확인하고 그 결과에 대한 피드백이 적절한가?
	학생을 격려하고 학생의 성장(지적 · 정의적)을 도울 수 있는 평가인가?
	배움의 결과를 점검하고 학생의 특성과 수준에 맞게 다양한 방법으로 정리하고 표현하는 평가인가?
나의수업 적용하기	이 수업을 보고 내 수업을 돌아볼 때 비슷한 고민거리는 무엇인가?
	이 수업에서 배울 점과 내가 좀 더 개선해 보아야 할 점은 무엇인가?
	내 수업에 적용할 만한 교사의 역할과 수업분위기는 무엇인가?

질 높은 배움 디자인의 판단 근거

- 대상성을 획득하고 있는 배움인가? 즉 '진정한 배움= 참배움인가?'
- '대상'=(내용)을 통해 새로운 현실 세계와 만나고 있는가?
- 배운 지식은 다른 지식과 유의미한 관계를 만들어내고 있는가? = 학습 전이
- 배움은 교실의 친구나 교사와의 새로운 관계를 구성하고 있는가?
- 관계가 새로운 배움의 가능성을 열어주고 있는가?
- 배움이 학습자 한명 한명의 반성적 사고를 촉진하고 자기와의 대화를 통해서 탐구적인 배움으로 결실을 맺고 있는가?
- 배움이 학습자의 새로운 인생 이야기를 준비하게 하는가 등이다.

(출처: 손우정, 배움 회복을 위한 '협동'과 '교사의 역할', 2023, 성남 배움의 공동체 연구회 특강)

수험생 선생님들이 자주하는 질문!

① 배움중심 수업은 무조건 활동과 체험 중심이다?

→ 배움중심수업은 활동과 체험만을 강조하는 수업은 아닙니다. 어떤 문제에 대하여 깊이 생각하고 다른 사람의 의견을 경청하면서 내 생각을 넓혀가는 것이 배움중심수업에서 가장 중요한 포인트입니다. 이런 활동을 통해 배움과 삶의 태도에 대해 깨닫게 되면 그것이 배움중심수업이라고 할 수 있습니다.

② 배움중심수업은 협동학습과 같다?

→ 배움중심수업은 협동학습 가치면에서 비슷해 보입니다. 협동학습은 '공동의 학습목표를 이루기 위해 이질적인 학생들의 소집단 상호작용 활동'을 강조합니다. 배움중심수업은 이를 포함하면서 프로젝트수업, 토론수업, 문제해결학습 등 다양한 수업을 지향하는 철학적인 관점입니다. 배움중심수업은 수업모형이 아니며 수업모델이 따로 있는 것도 아닙니다. 관점에 따라 다양하게 해석되고 방식도 다양합니다.

③ 무조건 모둠수업으로 진행된다?

→ 그렇지는 않습니다. 강의식 수업이나 개별 활동에서도 배움은 일어난다. 배움중심수업이라고 다 모둠수업은 아닙니다. 그런데, 수업과정에서 경쟁이 아닌 협력을 통해 배움이 일어나기를 기대한다면 모두 배움중심수업이 될 수 있습니다. 다만, 모둠활동을 통해 학생들의 의견 개진과 활동이 더욱 적극적으로 이루어질 수 있기에 모둠 수업을 자주 활용하는 것입니다.

④ 배움중심수업은 학습자중심 수업이다?

→ 초기 배움중심수업은 수업 현장에서 전개되고 있는 교수자 중심 수업의 문제점을 비판하며, 학습자 중심 혹은 학습자 활동 중심 수업을 강조하였습니다. 교육현장에서는 배움중심수업과 학생중심수업 혹은 학생 참여형 수업을 같은 의미로 혼용하고 있습니다. 또한 학생-교사간, 교사-교사간 소통의 문화 확대에 초점을 맞춘 공감수업의 용어도 혼용하고 있습니다. 배움중심수업은 지향이고 전략이며 과정입니다. 학생중심수업이나 몇 가지 수업 모형은 배움중심수업의 단편적 측면만을 확대하고 있습니다. 배움중심수업은 이러한 수업 방법이나 모형보다는 상위의 개념입니다.

⑤ 교사의 역할은 도우미에 머무른다?

→ 그렇지 않습니다. 배움중심수업은 교사와 학생 모두 적극 참여하면서 만들어가는 수업입니다. 수업을 디자인하고 새로운 지식을 만들어내기 위해 교사도 적극적인 자세를 보여야합니다. 교육과정 전문가로서 교사는 교육 내용뿐만 아니라 평가도 동시에 고민합니다.

배움중심수업에서 교사의 역할은 교육을 고민하고 실천하는 철학자, 연구자이자 촉진자입니다. 교사는 학생들이 생각을 하고 그 생각을 표현할 수 있도록 마치 제 삼자처럼 질문을 이어가며 촉진자(facilitator)로서의 역할을 하여 학생과 학생 간에 배움이 일어날 수 있도록 수업흐름을 이끌어주어야 합니다.

(출처: 경기도교육청, 배움중심수업 함께하기, 2014) 재구성

04 수업성찰 개념

1. 배움중심수업나눔 · 성찰의 개념

- '성찰'의 정의: 수업의 문제와 고민을 찾아 반추하며 문제해결을 위해 노력하는 일련의 과정으로 개인적, 협력적 성찰 모두를 포함
- 내용: 배움중심 수업과 관련된 모든 것들을 성찰할 수 있음

〈수업성찰의 내용 예시〉

교사의 삶과 철학, 수업관, 학생관, 수업의 발문, 교사의 동선. 학생 대상 임상적 고민, 교육과정의 재구성, 평가, 배움중심 수업의 관점, 수업모형, 의사소통의 방법, 역량과 성취기준, 학생의 삶과 맥락, 학생의 사고 유형과 행동 양식, 배움 활동의 설계, 교사와 개인, 학생과 그리고 배움 활동과 연관한 주제 등

• 수업 성찰의 영역

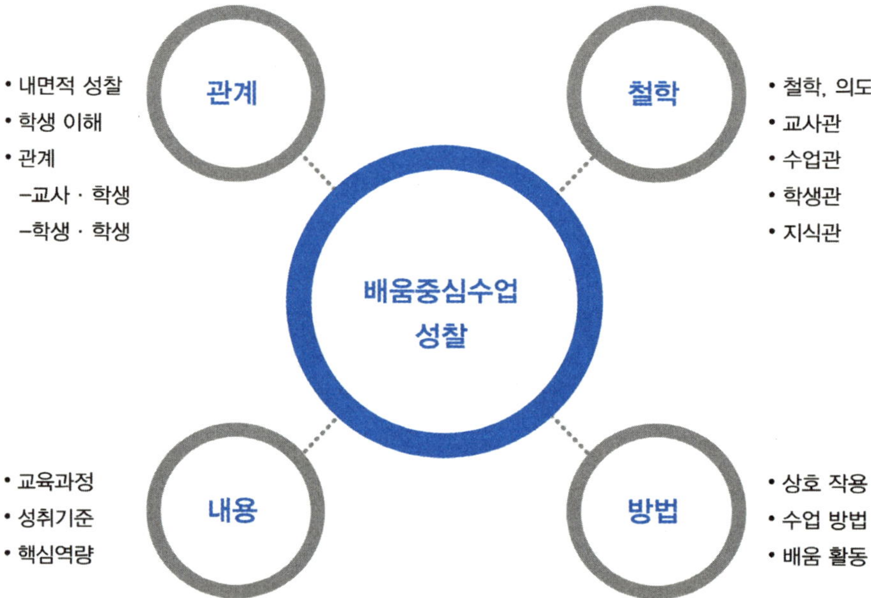

(출처: 경기도교육청, 배움중심수업2.0 이해와 실천, 2016, p.18)

2. 성찰의 종류 → 수업성찰의 방법은 하나로 고정되어 있지 않다!

① 기록을 활용한 방법: 배움수업일지, 성찰 저널, 수업 비평 등의 기록을 활용한 방법으로, 성찰이 구체적일수록 배움은 커짐

② 개인적 수업 성찰: 기록을 활용한 수업 성찰, 수업 전중후로 성찰, 자기장학, 마이크로 티칭,티칭 포트폴리오 활용

〈티칭 포트폴리오〉

- 정의: 교수자가 자신의 교수 활동의 전 과정을 보여 줄 수 있는 자료들을 조직화하여 모아둔 집합물 (Mues&Sorcineli,2000)로 개인의 교수 활동을 반성적으로 성찰하고 향상시키기 위한 개발 과정
- 효과
  교수활동에 관련된 자료를 단순히 모은 것 이상으로써 교수 활동에 대한 자기 성찰과 철학, 전망이 포함될 수 있음
  티칭 포프톨리오를 작업하는 자체가 교수자가 자신의 수업에 대해 반성적으로 사고하고 향후 수업 전략을 세우는데 도움을 줌(조용개, 2009)
- 구성 요소

구분	예
자신에 의해 수집되는 자료	• 교수자의 성찰적 진술 (개인의 교육 철학, 수업 전략, 수업 목적, 수업 방법 등) • 수업 혁신과 효과성에 대한 평가 • 교육과정 개선에 대한 기술 • 수업 계획서
타인으로부터 제시되는 자료	• 학생들의 강의 평가 결과 • 동료 교수자나 학생들로부터 인정받은 사항 • 수업 자료 또는 수업을 관찰한 동료 교수자들의 진술 • 과제 및 실행에 대한 평가 등
교수-학습 산출물	• 학습자들의 사전 및 사후 시험 점수 • 학생들의 리포트 혹은 에세이 • 현장 보고서 • 실험 기록 • 학생들의 학습 향상도를 보여주는 기록 또는 채점 사례 등

출처: 조용개, 대학 수업의 질적 개선 및 평가에 필요한 티칭 포트폴리오 구성요소 탐색. 교육공학 연구, 2009, 25(1), p.7

③ 협력적 수업 성찰

➜ 동영상 촬영 후 반성적 사고와 협력적 나눔으로 성찰 가능 (성찰의 내용을 수업 장면에서 찾아 공감하며 함께 나누는 노력 필요)

➜ 학년 또는 교과 중심 협력적 성찰과 나눔의 자율 장학

➜ 교육지원청 또는 학교 밖 전문적 학습 공동체에 의한 지원장학

➜ 수업 코칭, 컨설팅, 동료와의 전문적 학습 공동체 활용

➜ 지역사회 전문가 협의회, 지역사회 포럼, 전국적 수업나눔 참여 등

〈전문적 학습 공동체〉

1) 정의: 전문적 학습 공동체란 전문가로서 교사의 판단을 기반으로 학생과 교사의 학습, 궁극적으로 학교 조직의 학습이 가능하도록 교사들이 함께 일하고 생활하는 공동체로 (Hargreaves&Fullan, 2014) 교사 상호 간 협력하여 비전을 공유하고, 학생의 학습에 초점을 두어 성찰하고 수업을 개방하며 실천의 탈 사유화를 위해 노력하는 것(OECD,2012)

2) 종류: 학교 내 전문적 학습 공동체, 학교 밖 전문적 학습 공동체, 학교 간 전문적 학습 공동체 등

3) 유사 활동과 구분할 것! 취미나 친목, 동아리 활동, 동호회와는 다름

학교 안 전문적 학습 공동체	학교 밖 전문적 학습 공동체	학교 간 전문적 학습 공동체
- 공동 연구, 공동 실천, 집단 성장 활성화 - 공동연구: 학교 내 문제 해결, 수업 개발 - 공동실천: 함께 실천하며 교육활동에 대하여 대화 및 협의 - 집단 성장: 함께 성장 - 예 학년별 교과별 공동체, 교육활동중심 학교 조직 및 학교 문화 조성	- 교원들이 지역 단위 네트워크 구축 및 공유 통해 교육연구회 활성화 - 예 도, 지역 교육연구회 활성화, 정책실행 연구회, 혁신교육 실천 연구회, 학교 안 전문적 학습 공동체와 연계 운영, 주말 연수, 방학 연수 등 운영	- 학교 간 학습 네트워크 구축 - 관리자 지구별 장학 협의회 - 예 학교 간 협력 장학 실시, 수업 및 학교 운영 우수 사례 공유, 혁신학교 네트워크 활성화

4) 현장 의견

① 개별학습 수준과 흥미에 맞는 미래형 교수학습 개발을 위한 공동 연구 실천 활성화 필요

② 학습 결손에 대한 다양한 원인별 지원 연구 활성화 필요

③ 미래교육, 생활교육과 상담, 진로, 인성교육, 디지털 활용 교육 등 교육활동 전반으로 연구 주제 넓혀 운영하는 것 필요

④ 전문적학습공동체 운영 시 형식적으로 운영, 리더 교사의 부재, 업무 담당자 부담이 개선점으로 제기

⑤ 자율적으로 운영하며 업무 부담을 낮출 수 있도록 개선

출처: 경기도교육청, (e-book) 즐겨찾기 5호, 2022, p.18

〈수업공개의 다양한 방법 사례〉

- 대표교사 수업 공개: 교과별 또는 학년 단위로 대표 교사가 수업 공개
- 수업 콘서트, 수업 축제: 동교과 외에도 적극적으로 참관할 수 있는 다양한 관점의 참관 기회 제공, 전교사가 모여서 축제로 확대, 수업의 영상 및 격려의 메시지 띄우기
- 같은 학급에 들어가는 교사들끼리 공개수업과 나눔에 참여: 교과 지도 사항 공유, 생활 교육과 연계 가능
- 소집단 중심의 수업 친구: 마음 맞는 사람들끼리 수업 친구를 맺고 수업 설계와 실천을 함께 의논하며 수업 자료 만들기, 수업 공개와 참관, 나눔 실시, 수업 공개 부담 줄어들 수 있음
- 공동연구와 공동 실천: 동일 관심사에 대해 공동 주제를 정하여 동료 교사들과 함께 연구, 수업을 구안하고 차시를 나누어 수업 공개와 평가 진행, 교사 교육과정개발자로서 지속가능한 성장으로 전문성을 높일 수 있음
- 배움중심수업나눔 한마당: 유튜브 활용하여 수업 공개 및 나눔, 지역 기반의 특색있는 사례 발굴과 공유를 통해 도교육청-교육지원청 연계
- 수석교사와 함께하는 수업 수다: 수석교사와 함께 교과별, 주제별로 일상적인 수업 고민과 실천 사례들을 나누면서 스스로 성장하고 교사 효능감을 나누기 위한 학교 밖 온라인 수업나눔의 장
- 수업나눔 콘서트: 도교육청과 중등 교과연구회 간 협업을 통해 수업나눔의 특성에 따라 온라인, 오프라인, 온오프라인 연계로 운영할 수 있도록 유튜브 채널을 통해 생방송 및 동영상 탑재 형식으로 공유 확산

출처: 경기도교육청, (e-book) 즐겨찾기 5호, 2022, p.16~23

3. 배움중심수업 성찰과 나눔의 과정

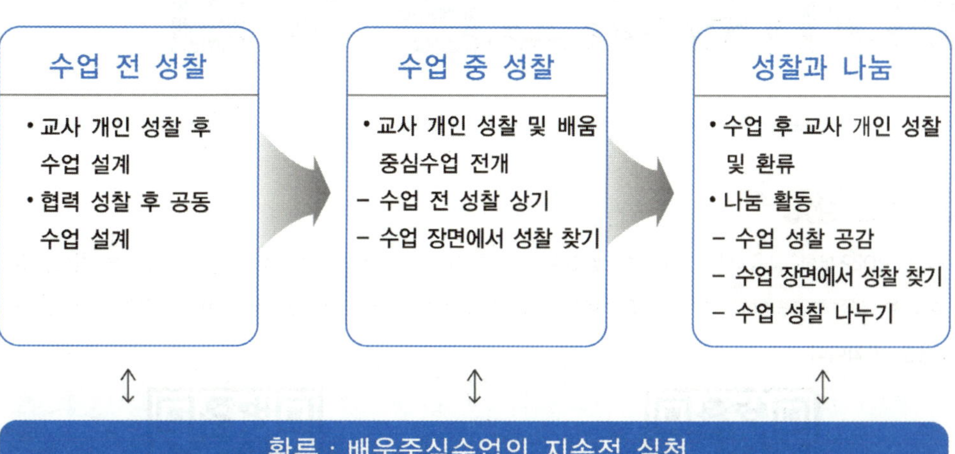

(출처: 경기도교육청, 배움중심수업2.0 이해와 실천, 2016, p.24)

4. 수업 성찰 참고 자료

- 수업 성찰 일지 작성법
  - ➜ 수업의 준비 과정에서 한 고민, 진행과정, 학생 반응을 쓰기
  - ➜ 의미 있게 진행된 이유 쓰기
  - ➜ 교사의 내적인 고민이나 감정도 표현하기
  - ➜ 수업 전중후의 내용 쓰기
  - ➜ 문제의 원인 분석하기
  - ➜ 다음 수업을 위한이나 해결점 쓰기

NOTE

03 [자체출제지역] 배움중심수업 · 수업설계 (경기)

Chapter 2

[경기]깊이있는 수업

조이쌤과 끈기

경기도는 2022개정 교육과정 교수학습 방향을 반영하여 새로운 교수학습방향으로 '사유하는 학생, 깊이있는 수업'을 선정하였습니다! 본 챕터의 출처는 경기도교육청의 깊이 있는 수업 이해자료를 근거로 재구성하였음을 밝힙니다.

2025 경기 깊이있는 수업 자료 모음

경기도 교육청 자료실

01 배경

1. 배움중심수업, 과정중심평가라는 용어로 수업과 평가를 개선하는 노력들

- 배움의 과정이 교사와 학생의 변화와 발전이 일어나는 창조의 과정이고 지식이 형성되고 확장되는 과정이라는 담론을 확산하였음. 또한 토의·토론 등의 수업 전략으로 학생들을 수업에 주체로 출현하고 교육과정-수업-평가-기록의 일체화 노력을 통해 학생활동이 중심이 되는 모습으로 변화

2. 인식의 한계

- 하지만 교육주체는 배움중심수업이 지식 전달 위주, 교사가 주도하는 고전적 강의식 수업 방식의 반대되는 것으로 인식하고 있었으며, 이로 인한 가르침과 배움의 상호작용의 불균형, 지식과 역량에 대한 혼란, 강조점의 쏠림으로 갈등이 나타나기도 하였음
- 이에 기존 수업이 학생의 개인과 삶의 성장과 변화까지 영향을 주었는지, 배움의 발전을 보여줄 수 있는 유의미한 경험을 어떻게 결정하고 도출할 것인지에 대한 고민이 필요

02 깊이있는 수업의 철학: 학생의 학습 개념화

1. 학습의 본질과 교사의 역할

1) 학습이란 무엇인가?: 개인의 의미 구성 과정

- 학습은 학습자 개인이 자신과 자신을 둘러싼 세계에 대해 의미를 구성하는 과정으로 이 과정은 다음과 같은 특징을 가진다.

NOTE

(1) 상호작용을 통한 지식 습득: 학습자는 세계와 끊임없이 상호작용하며 새로운 지식이나 개념을 습득하고, 원리와 절차를 이해하고 적용
(2) 자신만의 의미 체계 형성: 이러한 과정을 통해 학습자는 자신만의 고유한 의미 체계를 만들어 나감
(3) 의미 체계의 확장: 새롭게 만나는 아이디어가 기존의 의미 체계와 서로 연결되면서 폭과 깊이를 더해 감
(4) 지속적인 재구성: 따라서 학습 과정에서 학습자는 자신의 의미 체계를 지속적으로 (재)구성하고 점검하며, 수정하는 과정을 거침

2) 학습의 사회·정서적 측면

- 학습은 개인의 인지적 활동일 뿐만 아니라, 사회적 환경과의 상호작용을 통해 이루어진다.

(1) 사회적 상호작용: 학습자는 가정, 학교, 마을, 더 나아가 국가의 구성원으로서 다른 사람들과 생각과 경험을 공유하고, 소통과 협력을 통해 함께 의미를 만들어 감
(2) 정서적 특성의 영향: 이러한 사회적 상호작용 과정은 학습 동기나 감정 등 학습자 개인의 정서적 특성에 큰 영향을 받음
(3) 긍정적 사회·정서적 능력의 중요성: 학습자의 학습에는 다음과 같은 사회·정서적 능력이 중요한 영향을 미침 예 자기 자신에 대해 아는 능력, 자신의 감정을 조절하고 표현하는 능력, 다른 사람들의 관점을 수용하고 공감하는 능력, 다른 사람들과 건강한 관계를 형성하고 유지하는 능력, 책임감 있는 의사결정을 하는 능력

2. 의미 구성을 돕는 학교와 교사의 역할

- 학교와 교사는 학습자가 이러한 의미 구성 과정을 스스로 경험할 수 있도록 학습을 효과적으로 구조화해야 한다.

1) 학습자의 관심과 요구 파악: 학습자가 새로운 아이디어를 자신의 기존 의미 체계와 잘 연결할 수 있도록, 학습자의 다양한 관심과 요구를 먼저 파악해야 함
2) 사고와 탐구 과정의 경험 제공: 학습자가 반드시 경험해야 할 사고와 탐구 과정이 무엇인지 파악하고, 이를 충분히 경험할 수 있도록 수업을 설계해야 함
3) 협력적 문제 해결 경험 지원: 다른 학생들과 협력하여 새로운 방법으로 문제를 해결해 보는 경험을 할 수 있도록 도와주어야 함
4) 지속적인 학습 과정 성찰 유도: 이 모든 과정에서 학습자가 자신의 학습 과정을 끊임없이 되돌아보고 성찰할 수 있도록 이끌어야 함
5) 도덕적·정서적 성장 지원: 학생의 사고와 행동 속에서 도덕적 가치의 중요성을 인식시키고, 학생이 자신의 감정을 조절하며 다른 사람과 협력하는 과정에서 함께하는 삶의 중요성을 학습할 수 있도록 지원해야 함

출처: 경기도 초중등학교 교육과정(2024.1.15.고시)

03 깊이 있는 수업을 위한 용어 정리

핵심 아이디어		영역을 아우르면서 해당 영역의 학습을 통해 일반화할 수 있는 내용을 핵심적으로 진술한 것
성취기준		학생이 교과를 통해 배워야 할 내용과 이를 통해 수업 후 할 수 있거나 할 수 있기를 기대하는 능력을 결합하여 나타낸 활동의 기준
내용요소	지식 · 이해	교과(목) 및 학년(군)별로 해당 영역에서 알고 이해해야 하는 내용
	과정 · 기능	교과 고유의 사고 및 탐구 과정 또는 기능
	가치 · 태도	교과 활동을 통해 기를 수 있는 고유한 가치와 태도
핵심어		성취기준을 바탕으로 추론한 단원, 영역 수준의 개념 – 주제·소재 혹은 과정, 전략, 기능에서 추출
핵심 문장		• 두 개 이상의 핵심어(개념) 간 관계를 진술한 문장 • 단원 학습을 마쳤을 때 보다 깊은 수준에서 이해해야 할 중요한 개념적 아이디어
핵심 질문		핵심 문장을 추론할 수 있는 질문
연결 활동		단원 설계 중 타 교과 또는 동 교과의 내용과 연계하여 실시함으로써 학습을 확장하는 것
단원(프로젝트)명		학생들의 능동적인 참여를 일으킬 수 있도록 교사가 설정 한 것
학습으로의 평가		• 학습 과정과 결과에 대해 학생 스스로 성찰하고, 자기 주도적인 학습 경험을 통해 실생활 맥락의 문제 해결에 적용할 수 있는 역량을 키우는 평가 - 삶과 연계된 수행과제로서 새로운 상황에서 전이할 기회를 부여하는 평가 - 수행과제 해결을 위해 필요한 지식이해, 과정기능, 가치태도 등을 살펴보기 위한 평가
탐구		• 진리, 학문 따위를 파고들어 깊이 연구함 • 필요한 것을 조사하여 찾아내거나 얻어 냄 • 지식의 옳고 그름을 이유를 들어 밝힘 • 의심스러운 생각을 해결하여 없애버리는 것 • 문제 해결을 위한 목적으로 사고하는 것 • 위의 5가지를 통해 얻은 지식을 맥락에 적용하여 구조화하는 것
탐구질문		• 학생의 사고와 탐구를 촉진하여 전이 가능한 이해를 이끌어내는 질문 → 위의 탐구 용어 정리의 6가지가 일어날 수 있도록 구성된 질문 더미 → 사실적 질문, 개념적 질문, 논쟁적 질문 등으로 구분할 수 있음
실행		학습과정에서 학생이 사고하고, 탐구하고, 평가에 참여하는 일련의 과정
성찰		학생이 자신의 이해수준을 점검하고 학습의 방향을 수정, 보완하는 활동

출처: 경기도교육청, 2025, 초등 깊이있는 수업 프레임 워크

04 개념

1. 사유하는 학생

- 개인의 경험, 지식, 문화, 사회적 맥락에 따라 구성된 가치와 신념을 탐색하고, 이에 대해 비판적으로 생각하며 스스로 자신의 믿음과 가치에 대해 깊이 성찰하는 학생

2. 깊이있는 수업

- 학생이 개념 이해를 바탕으로 삶의 맥락을 반영한 문제를 해결하는 학습을 강조하는 수업으로, 학생의 사유와 질문으로 학생과 교사 주도성이 조화를 이루어 비판적 사고 및 문제해결 역량 등 미래 역량을 향상시키는데 중점을 두는 수업

〈수업 실천 전략 예시〉

- 학생의 자율적 참여 행위(인지적, 정의적, 행동적)를 수업에 고르게 설계

예 참여 행위 설계하기, 참여행위에 대한 자기 및 동료평가 하기

- 학생이 수업 활동에 참여하는 기회를 다양하게 제공하고, 자신의 학습에 책임을 다하는 수업환경을 조성

예 수업 활동에서 개별적 참여, 모둠 참여 목록 함께 만들기, 수업 활동 최종 결과물형태를 결정하기

- 신뢰, 책임, 공정, 다양성을 존중하는 바탕으로 수업문화를 조성

예 상호존중을 위한 수업활동 에티켓 제시하기, 자유롭게 발표 방식을 선정하여 소개할 수 있도록 격려하기

- 학생 개개인이 삶과 성장을 주도할 수 있는 다양한 학습 도움(자원, 상담, 피드백, 성찰 기회 등)을 제공

예 학생들이 모둠활동 소감문을 공유하고, 모둠활동을 성공적으로 했던 경험을 떠올려 보도록 하기, 교사는 활동의 진행을 위해 구체적인 지침을 제공하고 여러 예를 들어 설명함으로써 학생들의 활동을 지원하기

실행영역	하위 요소	세부 내용
삶과 연계된 교수학습	학습자 자신과 학습에 대한 이해	• 학습자 자신의 이해 • 감정조절, 자기관리 등을 통한 성장과 학습 마인드셋 함양 • 학습자의 관심, 몰입 경험 • 학습자의 내적 동기에 따른 학습의 이유 탐색 • 학습 과정에서의 인지적, 정서적 어려움을 스스로 인식
	소통, 협력, 공유 문화 조성	• 소통과 공유를 통한 학습동료와의 협력적 학습 • 학습자의 성장에 의미 있는 교사(멘토)와의 소통
	학습자의 삶과 세상과의 연결	• 지역사회 교육 자원 활용한 교실과 세상이 공유하는 문화 체험 • 지역사회 공동체 및 일터와의 연결 • 실제적 문제 해결 및 산출물(사용자가 있는+실제 생활) 만들기 • 리얼월드 러닝(장소기반학습, 인턴십, 봉사학습 등)을 통한 학습의 실제성 확보 및 세상과의 연결 • 시민으로서의 세상에 대한 관점 확보

출처: 교육환경 변화에 적합한 디퍼러닝 실행 지원 전략 탐색 (권유진 외, 2023, p.22)

05 깊이 있는 수업의 핵심 요소

1. 학생들은 질문을 통해 지식을 구성하고 확장하며 정교화

- 학생들의 사고에 기반한 탐구 과정을 중요하게 생각하며, 질문은 사고를 활성화하는 가장 효과적인 접근법

2. 학생·교사 주도성의 조화

-교사의 주도성은 깊이 있는 학습 경험을 제공하기 위한 전문적인 수업 설계에서 발현
- 학생의 주도성은 단순히 스스로 활동하는 것이 아니라, 학습 상황에서 스스로 '사고하고 탐구'하는 것을 의미

3. 삶의 맥락에서 문제 해결

- 배운 내용을 새로운 상황이나 맥락으로 '전이'하여 적용하고 수행하는 것을 의미
- 이는 학습을 통해 역량이 함양되었다는 증거

수험생 선생님들이 자주하는 질문!

Q. 깊이있는 수업 설계를 위해 가장 먼저 고려해야 할 것은 무엇입니까?

A. '무엇을 가르칠 것인가'와 '그것을 왜 가르칠 것인가'라는 두 가지 질문에서 출발해야 합니다. 가르치려는 내용이 깊이 있게 학습할 가치가 있는지에 대한 고민을 바탕으로 수업을 설계하면, 학생들이 학습을 통해 무엇을 할 수 있기를 기대하는지 명확한 목표가 생기게 됩니다.

Q. 깊이있는 수업에서 '질문과 탐구'는 왜 필요한가요?

A. 학생들의 사고에 기반한 탐구과정을 중요하게 생각하기 때문입니다. 질문은 사고를 활성화시키는 가장 효과적인 방법으로, 학생들은 질문을 통해 지식을 스스로 구성하고 확장하며 정교화합니다. 이 과정에서 지식이 자신의 삶과 연결되는 경험을 하게 됩니다.

〈깊이있는 수업에서 드러나는 3가지 실천 원리〉

항목	담아야 할 의미
질문 탐구 수업	단순히 질문을 던지고 답을 찾는 것을 넘어, 학생들이 사고를 확장하고 탐구를 통해 깊이 있는 학습을 경험하도록 성찰과 피드백이 이뤄지고 있는지 확인할 수 있도록 한다
학생 교사 주도성 조화	학생들이 학습의 주체가 되어 스스로 학습 목표를 설정하고 과정에 참여하도록 유도하는 동시에, 교사가 적절한 전략과 도구를 활용해 학생들을 지원하는 교육전문가로서 역량을 주도적으로 발휘하는지 확인할 수 있도록 한다
삶의 맥락 문제 해결	학생들이 학습의 주체가 되어 스스로 학습 목표를 설정하고 과정에 참여하도록 유도하는 동시에, 교사가 적절한 전략과 도구를 활용해 학생들을 지원하는 교육전문가로서 역량을 주도적으로 발휘하는지 확인할 수 있도록 한다

06 깊이 있는 수업 설계 3단계 프레임 워크

1. 1단계: 교육과정 살펴보기

성취기준, 내용 체계, 핵심 아이디어를 분석하여 '핵심어'를 추출하고, 이를 연결하여 단원의 목표가 되는 '핵심 문장'과 '핵심 질문'을 만듦

TIP

핵심 질문

핵심질문은 차시 초반부에 제시하고, 중간에 계속 상기시키면서 학생들의 주도적 탐구를 유도하지만, 핵심 아이디어는 교사가 제시하는 것이 아니라, 차시 마지막으로 갈수록 학생들 스스로 내리는 결론이며, 많은 지식과 개념들 속에 담겨 있는 핵심적인 원리 즉 지식의 일반적 패턴이라고도 할 수 있다.

(포괄적) 핵심 질문	교과의 테두리를 넘어 타 교과에도 전이가 될만큼 전이 가능성이 높은 질문
(소재적-대단원) 핵심 질문	정답이 정해져 있지 않은 열린 질문으로서 가급적 교과의 여러 영역을 융합한 질문
(소재적-소단원) 핵심 질문	어느 정도 정답이 있는 질문, 탐구 질문과 유사하나, 2차적으로 다른 질문들을 유도할 수 있어야 함

2. 2단계: 학습으로의 평가 설계하기

학생들이 궁극적으로 무엇을 할 수 있어야 하는지를 구체적인 과제(GRASPS 모델 등)로 설계하고, 평가 기준(루브릭)을 마련

TIP

GRASPS 모델

목표 G(Goal), 역할 R(Role), 청중 A(Audience), 상황 S(Situation), 수행 P(Product),기준 S(Standards)으로 평가 과제를 개발할 때 시나리오 기반 접근법인 GRASPS를 활용할 수 있다. GRASPS는 특정 목적을 설정한 뒤 대상, 상황, 기대되는 결과물 또는 수행 내용, 그리고 성공적인 수행에 필수적으로 포함되어야 할 내용을 명확히 제시하는 방식

3. 3단계: 수업 설계하기

핵심 질문을 바탕으로 학생들의 사고와 탐구를 촉진하는 '탐구 질문(사실적, 개념적, 논쟁적 질문)'을 개발하고, 차시별 활동을 구체적으로 구성

TIP

탐구-실행-성찰 과정

-[탐구 - 실행 - 성찰 과정] 학생 스스로 개념과 개념과의 관계를 발견하여 전이될 수 있도록 탐구 - 실행 - 성찰 과정을 포함한 수업 설계

-[탐구 과정] 탐구 질문(개념에 대한 호기심) → 탐구 과정(구체적인 상황 제시하여 문제 해결) → 구체적 맥락 연계(개념 간 관계 이해) → 총괄평가 수행

NOTE

07 깊이있는 수업 피드백과 성찰

1. 피드백의 목적과 역할

1) 피드백의 정의

(1) 학생에게: 학습 과정과 결과에 대한 정보를 의미

(2) 교사에게: 수업을 개선하는 데 유용한 정보를 제공하는 것을 의미

2) 피드백의 궁극적 목적과 요소

(1) 궁극적 목적: 학생들의 학습 향상

(2) 필수 포함 요소:

① 학생들이 도달해야 하는 학습 목표

② 현재 학생의 상태

③ 목표 달성을 위해 필요한 학습 전략

3) 학습의 질을 높이는 피드백 전략

(1) 학습 결과에 대한 책무성이 학생에게 주어질 때 더 의미 있는 결과를 얻을 수 있습니다.

(2) 학습 결과에 대한 즉각적인 피드백과 그에 따른 강화가 있을 때 학습은 질적으로 향상됩니다.

(3) 평가 내용에 대해 학습자가 직접 성찰하고 실천해 보는 경험을 제공할 때 행동은 강화됩니다.

(4) 학습한 것을 다양하고 새로운 상황에 적용해 보는 연습을 통해 일반화 능력이 증대됩니다.

4) 교사의 역할

-일반화와 전이를 높일 수 있도록 학습 상황과 삶의 맥락을 연계시키는 평가 및 피드백을 지원

2. 자기 평가와 성찰의 중요성

1) 자기 평가의 목적

(1) 학생 스스로 학습 과정과 결과를 직접 평가함으로써 자신의 배움에 대한 성찰의 기회를 제공

2) 성찰의 중요성: 메타인지 능력 함양

(1) 메타인지란?: 자신이 알고 있는 내용의 결핍 여부 또는 자신의 학습 과정의 적절성 등을 반성할 수 있는 능력

(2) 메타인지의 효과: 학습자는 자신에게 필요한 것이 무엇인지 스스로 판단하고, 필요한 것을 찾아 학습할 수 있는 주도성을 갖출 수 있음

3. 자기 성찰을 위한 평가 방법

1) 주요 방법

(1) 자기 평가: 학습자 스스로 자신의 수행 과정과 결과물을 평가

(2) 동료 평가: 동료의 수행 과정과 결과물을 평가

2) 학습자의 역할 변화

(1) 기존 평가에서는 수동적인 '평가 대상'이었지만, 자기 평가와 동료 평가를 통해 능동적인 '평가자'로서 참여하게 됩니다.

3) 자기 평가 및 동료 평가의 장점

(1) 두 방법 모두 학습자가 직접 평가하고 피드백을 제공한다는 공통된 성격을 가집니다.

(2) 학습자들은 면밀한 관찰과 평가 과정을 통해 교사가 제공하지 못한 다양한 피드백을 서로에게 제시할 수 있습니다.

(3) 이 과정에서 자신의 학습 과정을 반성하고 개선할 방법을 스스로 깨닫기도 합니다.

〈효과적인 피드백을 위한 전략 및 초점〉

피드백 전략		좋은 피드백을 위한 제안
제공 시기	-언제 -얼마나 자주	· 사실적인 지식에 대해서는 즉각적 피드백 제공하기 · 학생들의 사고와 처리에 대한 좀 더 포괄적인 고찰에 대해서는 지연된 피드백 제공하기 · 학생들에게 차이가 생길 때까지 피드백을 지연시키지 말기 · 모든 주요 과제에 대해 가능한 자주 피드백 제공하기
양과 횟수	-얼마나 많은 부분에 -각 부분에 얼마나 많이	· 우선순위를 정하여 가장 중요한 피드백 항목 선택하기 · 학습목표와 관련하여 피드백 항목 선택하기 · 학생의 발달 수준을 고려하기
제공 형태	-구두 -서면 -시연	· 피드백 내용에 가장 적합한 제공형태를 선택하기 · 상호작용 피드백(학생과의 대화)이 유용함 · 과제나 시험지 위에 서면 피드백 써주기 · '어떻게 해야 하는가'가 문제가 되거나 학생에게 예시가 필요한 경우 시연을 사용하기
대상	-개별 -집단 /학급 전체	· 개별적인 피드백은 '선생님은 나의 학습을 가치 있다고 생각한다'라는 메시지를 보내는 것임 · 집단 / 학급전체 피드백은 모든 학생들이 공통적으로 이해가 가지 않는 내용이 있다면 다시 가르쳐 줄 수 있는 기회가 될 수 있음

NOTE

NOTE

08 깊이있는 수업 자기 체크리스트

〈점검표1〉

수업 관찰 영역	문항
안전한 수업 분위기	1. 학생의 언행을 존중하고 격려한다. 2. 분위기를 편안하게 유지한다. 3. 학생 간 상호작용을 증진한다.
효율적인 수업 운형	4. 수업시간을 효과적으로 설계한다. 5. 학생의 학습이 적합한 방식으로 진행되고 있는지 확인한다. 6. 효과적으로 수업 시간을 관리한다.
구조화된 수업 내용	7. 수업 목표를 명료하게 제시하고, 탐구를 위한 자료 탐색 방법을 사전에 설명한다. 8. 학생에게 피드백을 제공한다. 9. 학생들을 격려하며 모든 학생이 수업에 참여하게 하고, 이해 여부를 확인한다. 10. 성취기준에 맞게 구조화된 방식으로 가르친다.
집중적이고 활발한 수업	11. 수업에 도입에서 수업목표를 분명하게 제시한다. 12. 학생의 능동적인 참여를 자극하는 과제 양식과 학습 활동을 제공한다. 13. 해결 방법을 학생 스스로 생각하고, 발표할 수 있도록 한다. 14. 학생이 반성적으로 생각하도록 자극을 주는 질문을 한다. 15. 학생과 상호작용하는 수업을 한다.
교수학습전략	16. 학생이 스스로 탐구해야 할 주제에 대해 질문하면서 탐구할 수 있도록 자극한다. 17. 계획한 활동을 학생이 활용하도록 자극한다. 18. 학생이 개념을 제대로 이해했는지 알 수 있도록 새로운 상황에서 개념적용 기회를 제공한다. 19. 배운 것을 삶에 적용(문제해결) 하도록 자극한다. 20. 학생이 자신의 학습을 돌아보고 성찰할 수 있는 기회를 제공한다.
개별화 학습지도	21. 학습 목표 도달 여부를 평가한다. 22. 미도달 학생을 격려하며 별도의 학습과 지도 시간을 제공한다. 23. 개인차를 고려하여, 수업 방식과 내용을 적절하게 조절한다.
학습자 참여	24. 학생이 능동적인 수업 태도를 갖고 충실히 참여한다. 25. 학생이 수업에 흥미를 보인다.

출처: 경기도교육청, [중학교] 깊이 있는 수업 이해자료, 2024, p.45

〈점검표2〉

항목		내용
질문탐구수업	탐구과정	교과 내용의 핵심 아이디어를 탐구할 수 있는 질문을 포함하고 있는가?
		학생들이 다양한 관점에서 문제를 바라보고 분석할 수 있도록 비판적 사고를 유도하고 있는가?
		수업 내용이 단편적인 지식 암기에 그치지 않고 교과 내용 간의 연계성을 강조하고 있는가?
		학생들이 교과 고유의 탐구 과정을 경험할 수 있는 활동이 포함 되었는가?
		사실적 질문, 개념적 질문, 논쟁적 질문 등 다양한 유형의 탐구 질문이 포함되었는가?
		질문을 통해 탐구 활동이 이어지고 있는가?
	성찰 피드백	학생들이 자신의 학습 과정과 사고를 점검하고 반성할 수 있는 기회를 제공하고 있는가?
		학생들이 학습 과정에서 적절한 피드백을 받고 자신의 성과를 평가할 수 있는 기회를 제공하는가?
학생 교사 주도성 조화		학생이 스스로 학습 목표를 설정하고 학습 과정에 참여할 수 있는 환경을 조성하고 있는가?
		교사가 다양한 학습 전략과 도구를 활용하여 학생의 학습을 효과적으로 학생의 학습을 지원하고 있는가?
		학생들이 스스로 질문을 생성하도록 유도하고 있는가?
		학생들이 다양한 인물(교사, 친구 등)과 협력하여 학습하는 활동을 설계하고 있는가?
		학습 내용이 학생들의 흥미를 자극하고 몰입을 유도하고 있는가?
삶의 맥락 문제 해결		학습 내용이 학생들의 실제 삶과 직접적으로 연결되어 있는가?
		학생들이 실제 문제를 해결하기 위한 창의적이고 실용적인 방법을 탐구하고 있는가?
		학습 경험이 학생들의 다른 교과나 실제 생활에 적용될 수 있도록 설계하고 있는가?

출처: 경기도교육청, 2024, 탐구-실행-성찰과정 프레임워크 2.0

NOTE

〈점검표3〉

영역		내용
교육 과정	• 수업기법이나 기능보다는 '무엇을', '왜'가르칠 것인가를 고려하고 이에 대한 답을 답을 찾아가는 과정이다. • 단원 수업이 끝났을 때 학생들에게 기대하는 것(지식, 기능, 태도 등)은 무엇인가를 고려하여야 한다.	• 무엇을 가르칠 것인가, 왜 가르칠 것인가를 고려하며 설계하였는가? • 교과 내 연계, 교과 내 통합을 고려하여 구성하였는가? • 핵심아이디어와 내용체계, 성취기준을 바탕으로 학년군 수준의 핵심문장을 설정하였는가? • 수업 참여자(학생, 교사)가 질문(사고)과 탐구 과정을 통해 지식이 구성되도록 설계되었는가? • 수업 협력자(동료교사, 전문가)의 집단 지성을 발휘하여 수업을 설계하는가? • 학생의 특성, 학부모 및 지역 사회 여건 등을 반영하여 설계된 수업인가?
평가	• 학생들이 학습에 대한 발전 정도를 점검할 수 있도록 자기평가를 위한 기회를 부여해야 한다. • 학생들이 구성한 지식을 삶의 맥락, 새로운 상황에 적용할 수 있는 기회를 제공하고, 그에 따른 피드백을 반드시 제공해야 한다.	• 단원에서 기대하는 학습 결과에 대해 종합적으로 확인할 수 있는 평가를 계획하였는가? - 지식(의미) 구성의 과정에 대한 지적·정의적 능력을 종합적으로 평가하는가? • 평가 자체가 학습의 한 형태로서 학생의 성장을 돕는 역할을 하는가? - 평가에 대한 피드백을 계획하고, 이를 바탕으로 학생이 성장할 수 있는 시간을 계획하였는가? • 학생들이 단원 평가에서 수행해야 할 것들을 명확한 준거를 통해 제공하는가? • 학생들이 학습한 단원수준의 핵심아이디어(핵심문장)를 새로운 상황이나 삶의 맥락에서 적용할 수 있는 기회를 제공하는가?
수업	• 학생들의 활동이 아닌 어떻게 사고하고 탐구하며 지식을 구성해 가는가에 중심에 둔 수업이다. • 학생들의 자신의 학습 및 학습과정에 대해 지속적으로 돌아볼 수 있도록 해야 한다.	• 단원의 핵심적인 내용들과 관련된 탐구 질문이 작성되었는가? • 학생이 문제를 발견하고 해결 과정을 탐구할 수 있도록 노력하는가? • 학생들이 핵심적인 내용에 대해 능동적으로 사고할 수 있도록 설계하였는가? - 학생의 사고를 불러일으키기 위해 노력을 지속적으로 하고 있는가? • 학생-학생, 교사-학생이 협력적인 상호작용으로 학습할 수 있도록 구성하는가? • 학생들이 구성한 지식을 적용할 수 있는 기회를 제공하는가? • 교사는 학생들의 학습이 일어나도록 다양한 방법으로 상호작용할 수 있는가?(신뢰, 수용, 격려, 개발, 도전 장려, 참여, 존중, 끌어내기) - 학생 개개인의 정의적 능력(도전 의식, 성취동기, 호기심, 자존감 높이기, 협동과 책임 등)을 고려하였는가? • 학생 스스로 학습의 과정을 점검할 수 있는 기회를 부여하는가?

〈점검표4〉

영역	내용
교사 중심 바라보기	• 수업에서 교사가 계획하고 있는 목표는 무엇인가? - 계획한 대로 수업을 진행하고 있는가? - 계획한 대로 수업을 진행하지 못한다면 어떤 점에서 어려움을 겪고 있는가? • 교사는 학습의 내용이 학습자의 삶과 연계되도록 어떻게 이끄는가? • 교사는 수업 과정에서 학생들의 학습을 어떻게 이끄는가? (신뢰, 수용, 격려, 개발, 도전장려, 존중, 참여, 끌어내기 등) - 학생 개개인의 정의적 능력(도전의식, 성취동기, 호기심, 자존감 높이기, 협동과 책임 등)을 고려한 지점은 어디인가? • 학생들의 학습 상황, 사고 및 탐구의 과정에 대하여 어떻게 확인하는가? • 학생들의 학습을 자신의 생각과 언어로 정리하여 나눌 수 있는 기회를 제공하는가? • 수업에서 가장 의미 있는 지점은 어디인가? - 왜 그렇게 생각했는가?
학생 중심 바라보기	• 학생들의 수업에서 목표한 학습에 잘 도달했다고 생각하는가? • 학생 스스로 학습 문제 해결을 위해 사고하고 탐구하는가? • 학생들의 사고 과정을 활성화하기 위하여 어떤 것들이 제공되었는가? - 수업시간에 이루어지고 있는 독서, 토론, 실험, 관찰, 글쓰기, 체험 등의 활동이 학생의 비판적(반성적, 성찰적) 사고력을 기를 수 있도록 전개되고 있는가? • 어떤 지점에서 학생-학생, 학생-교사 간에 협력적 학습이 일어나는가? • 수업에서 학생들은 자신의 학습 과정을 어떻게 성찰하고 있는가? • 학습과정에서 소외되는 학생이 있는가? - 왜 그렇다고 생각하는가? • 학생들은 학습내용을 자신의 생각이나 언어로 정리하여 나눌 수 있는가? • 이 수업에서 학생들의 학습이 크게 일어나는 지점은 어디인가?

〈점검표5〉

영역		내용
수업 성찰	수업자의 자기 성찰	• 수업 속에서 학생들의 사고를 불러일으키는데 어려움은 없었는가? • 내 수업에서 학생들의 삶이 의미 있게 바뀌고 있다고 생각하는가? • 수업을 진행하면서 두려움과 어려움은 무엇이었는가? • 의도한 대로 수업을 진행하지 못한 곳이 있다면 어느 지점인가? • 이 수업을 통해 깨달은 점은 무엇인가?
	참관자의 자기 수업 성찰	• 이 수업과 내 수업을 돌아볼 때 비슷한 고민거리는 무엇인가? • 이 수업에서 배울 점과 내가 좀 더 개선해 보아야 할 점은 무엇인가? • 내 수업에 적용할만한 교사의 역할과 수업 분위기는 무엇인가?
수업 나눔	수업 설계 부분	• 선생님께서는 어떤 의도로 이번 수업을 계획하셨나요? • 수업 목표에 도달하기 위해 사용한 수업 전략은 무엇인가요? • 학습에서 소외되는 학생을 위한 전략은 있다면 어떤 것인가요? • 학생들의 개인차를 고려한 활동이나 준비물이 있다면 무엇인가요? • 수업을 계획하면서 고민이 되었던 것은 있다면 무엇인가요?
	수업 실시 부분	• 사전 수업 설계와 다르게 진행된 것은 있다면 무엇인가요? • 수업 중 인상 깊은 상황과 그에 대한 선생님의 피드백은 무엇인가요? • 선생님의 예상과 달랐던 학생들의 반응이 있다면 어떤 지점이었나요? • 이 수업을 하게 될 동료에게 전해 줄 팁은 어떤 것이 있을까요? • 수업에서 아쉬웠던 부분은 무엇인가요? • 이 수업을 다시 한다면 변경하거나 추가하고 싶은 것은 무엇인가요? • 동학년 선생님들과 협의회를 통해 반영된 내용은 무엇인가요? • 수업에서 가장 의미 있거나 인상적인 지점은 어디인가요?

출처: 경기도교육청, 2025, 초등 깊이있는 수업 프레임워크(0830), p. 46-48

09 깊이있는 수업 설계 예시

1. [1~2학년군] 그림일기로 빛나는 나의 하루

구분	내용
단원명	그림일기로 빛나는 나의 하루
교과	국어
핵심아이디어	쓰기는 언어를 비롯한 다양한 기호나 매체를 활용하여 인간의 생각과 감정을 글로 표현하는 행위로 자신과 세상에 대한 이해를 넓히는 도구이다.
성취기준	[2국03-02] 쓰기에 흥미를 가지며 자신의 생각이나 느낌을 문장으로 표현한다.
핵심 문장	쓰기는 개인의 생각과 감정을 표현함으로써 삶에 대한 이해를 돕는 매개체이다.
핵심 질문	글쓰기를 통해 어떻게 삶의 의미를 탐색할 수 있을까?
주요 활동	하루 일과 중 기억에 남는 일 찾기 → 그림일기 구성요소(날짜, 날씨, 글, 그림) 알기 → 그림일기 쓰는 방법 익히기 → 친구들과 돌려 읽고 고쳐쓰기 → '빛나는 나의 하루' e-book 제작 및 발표하기

2. [3~4학년군] 지구야, 우리가 지켜줄게

구분	내용
단원명	지구야, 우리가 지켜줄게
교과	도덕, 과학 통합
핵심아이디어	[도덕] 자연을 아끼고 생명을 소중히 여기는 마음은 환경 위기의 극복을 돕는다. [과학] 과학기술은 자원과 에너지 등의 효율적 이용 방안을 제공하여 지속가능한 사회에 기여한다.
성취기준	[4도04-02] 인간과 자연이 함께 살아야 하는 이유를 이해하고 공생을 위한 구체적인 실천 계획을 세우며 생태 감수성을 기른다. [4과16-02] 기후변화의 심각성에 관심을 가지고, 기후변화가 우리 생활과 환경에 미치는 영향을 설명할 수 있다.
핵심 문장	사람들은 기후변화에 대응하고 지속가능한 삶을 위해 노력한다.
핵심 질문	-기후 변화의 심각성이 우리 생활과 환경에 어떤 영향을 주나요? -인간과 자연이 함께 살아야 하는 이유는 무엇일까요?
주요 활동	기후 변화 사례 확인 → 원인과 영향 조사 및 토의 → 대응 방법(국가, 사회, 개인) 조사 → 일상 속 실천 방법 계획 및 실천(패들렛 공유) → 홍보물 제작 및 캠페인 참여

3. [5~6학년군] 디지털 미술전시회에 인공지능 더하기

구분	내용
단원명	디지털 미술전시회에 인공지능 더하기
교과	국어, 미술, 실과 통합
핵심아이디어	[실과] 인공지능은 인간의 지능을 모방하여 만든 프로그램 시스템으로 생활 속의 다양한 분야에 영향을 미친다. [미술] 감상은 다양한 삶과 문화가 반영된 미술과의 만남으로 자신과 공동체의 문화를 이해하게 한다.
성취기준	[6실05-03] 실생활의 문제를 해결하는 프로그램을 협력하여 작성하고, 산출물을 타인과 공유한다. 6미03-03] 공동체의 미술 문화 활동에 관심을 가지고 참여하며 경험을 공유할 수 있다.
핵심 문장	인공지능은 생활 속 다양한 분야에 영향을 미친다.
핵심 질문	디지털 미술전시회를 열기 위해 인공지능은 어떻게 활용될 수 있을까?
주요 활동	생성형 AI와 명령 프롬프트 이해하기 → 원작 이야기 재구성하기 → AI를 활용해 줄거리와 이미지 생성하기 → 디지털 그림책 제작하기 → 온라인 플랫폼을 활용해 디지털 미술 전시회 열고 비평 및 감상하기

출처: 경기도교육청, 2025, 초등 깊이있는 수업 단원 설계 예시자료(0911)

NOTE

4. [중학교] 미래도시 프로젝트

구분	내용
단원명	미래도시 프로젝트
교과	과학
핵심아이디어	태양계는 행성 및 소천체 등으로 구성되며, 태양계를 구성하는 천체에 생명체의 존재 가능성에 관하여 추론한다.
성취기준	[9과07-01] 태양계를 구성하는 천체의 특징을 알고, 행성을 목성형 행성과 지구형 행성으로 구분할 수 있다.
핵심 문장	태양계는 행성 및 소천체 등으로 구성되며, 행성의 환경적 특징과 생성 과정을 분석하여 생명체의 생존 가능성을 과학적으로 해석하고, 기술적 접근은 미래 우주 탐사 가능성을 높인다.
핵심 질문	-오직 지구만 생명체가 살 수 있는 유일한 행성인가? -태양계 행성을 탐사할 때 직면할 수 있는 환경적 문제를 극복하기 위해서는 어떻게 해야 할까?
주요 활동	-생성형 AI를 활용하여 화성의 생존 위협 요소 찾기 -화성의 생존 위협 요소를 극복할 수 있는 방안 고안하기 -화성의 미래형 도시 설계하여 제안하기 -생존 위협 요소를 극복하기 위한 방안을 과학적 근거에 기반하여 논리적으로 설명하기

10 깊이있는 수업 Q&A

Q. 깊이있는 수업 설계에서 단원 수업 설계가 반드시 필요한가요?

'깊이있는 수업'을 통해서 핵심역량을 함양할 수 있도록 수업을 설계해야 합니다. 이때 '깊이있는 수업을 어떻게 설계할 것인가?'에 대한 고민이 필요합니다. 교과 한 단원에서의 '깊이있는 수업'은 2015에서는 '일반화된 지식', 2022에서는 '핵심 아이디어'를 구현하는 수업이 됩니다. 한 단원의 수업 설계는 핵심 아이디어가 구현되도록 포괄적, 일반적, 근본적 구조와 개념을 담고 있으므로 단원 수업 설계를 권장합니다. 깊이있는 수업을 구현하기 위한 구체적인 실천 방법을 살펴보면, '깊이있는 수업을 위한 질문', '삶과 연계된 학습', '깊이있는 수업을 위한 단원 설계', '학습에 대한 자기 성찰'로 나누어 볼 수 있습니다. 깊이있는 수업 설계란 학습자가 피상적으로 이해하는 것이 아니라 어떤 주제의 의미를 깊이 탐구하는 수업을 설계하는 것을 의미합니다.

수업 설계의 목적은 교육과정의 목적과 목표를 달성하기 위한 수단이지만, 그 목표에 도달하는 방법은 교사의 상상력과 주도성이 발현될 때 그 의미가 있습니다. 수업 설계의 틀에 지나치게 구속받게 되면 교사의 역할은 국가 교육과정의 단순 실행자 역할에서 벗어날 수 없게 됩니다. 그러므로 2022 개정 교육과정의 목표 및 주요 사항이 훼손되지 않는 범위 내에서 교사의 상상력을 발휘하여 단원 혹은 차시별 수업을 설계하여 운영할 수 있습니다.

Q. 단원별 수업 설계 틀에 반영해야 하는 것은 무엇인가요?

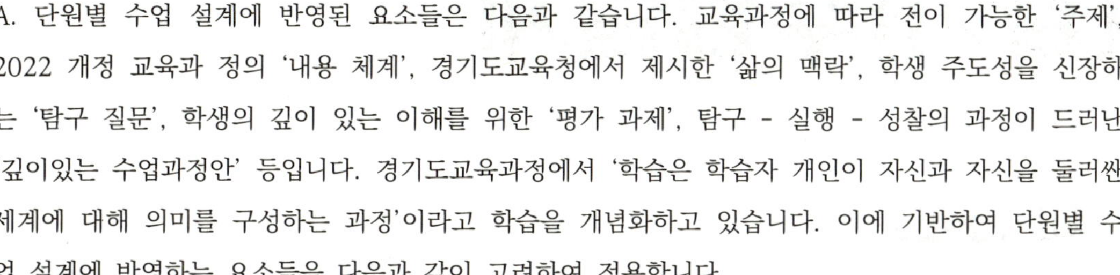

A. 단원별 수업 설계에 반영된 요소들은 다음과 같습니다. 교육과정에 따라 전이 가능한 '주제', 2022 개정 교육과 정의 '내용 체계', 경기도교육청에서 제시한 '삶의 맥락', 학생 주도성을 신장하는 '탐구 질문', 학생의 깊이 있는 이해를 위한 '평가 과제', 탐구 - 실행 - 성찰의 과정이 드러난 '깊이있는 수업과정안' 등입니다. 경기도교육과정에서 '학습은 학습자 개인이 자신과 자신을 둘러싼 세계에 대해 의미를 구성하는 과정'이라고 학습을 개념화하고 있습니다. 이에 기반하여 단원별 수업 설계에 반영하는 요소들을 다음과 같이 고려하여 적용합니다.

- 새로운 교육과정 내용 체계 확인하기
- 경기도교육청 8가지 삶의 맥락 살펴보기

> ❶ 개인과 사회 공동의 행복 ❷ 정체성과 자기주도성 ❸ 보편적 사회복지 ❹ 포용력과 이해
> ❺ 공감과 상호 협력 ❻ 생태전환과 기후변화 ❼ 디지털 전환과 AI ❽ 책임 있는 민주시민

- 학생 주도성을 신장하는 '깊이있는 수업을 위한 탐구 질문' 개발하기
- 백워드 수업 설계에 따른 평가 과제 개발하기
- 평가 과제를 해결하기 위한 차시별 수업 설계하기

출처: 경기도교육청, 공통 3. 탐구-실행-성찰 과정 프레임 워크 2 · 2022 개정 교육과정 기반 수업설계 도움자료

Q. '학생과 교사의 주도성이 조화를 이룬다'는 것은 어떤 의미인가요?

A. 교사의 주도성은 역량 함양을 위한 깊이 있는 학습을 학생들이 경험하도록 수업을 전문적으로 설계하는 데서 나옵니다. 학생의 주도성은 모든 것을 스스로 계획하고 실행한다는 의미가 아니라, 학습 상황에서 스스로 '사고하고 탐구'하는 것을 의미합니다. 교사의 정교한 설계와 학생의 주도적 사고가 만날 때 깊이 있는 학습이 이루어집니다.

Q. '소수의 핵심적인 내용을 깊이 있게 학습한다'는 것은 무엇인가요?

A. 교육과정의 과부하 문제를 해소하고 교육 내용의 양을 적정화하기 위함입니다. 교사는 전문성을 바탕으로 교과에서 중요하고 학생들이 삶 속에서 지속해서 활용할 가치가 있는 핵심 내용을 선정해야 합니다. 깊이 있는 학습은 어려운 것을 배우는 것이 아니라, 소수의 핵심 내용을 가지고 사고와 탐구의 과정을 통해 학생 스스로 의미를 만들어 내는 과정입니다.

Q. 모든 수업을 탐구 중심으로 설계해야 하나요?

A. 꼭 그렇지는 않습니다. 여기서 말하는 '탐구'는 과학적 탐구만을 의미하는 넓은 개념입니다. 국어 활동에서 원인과 결과를 추론하거나, 체육 활동에서 몸의 움직임을 이해하는 것 모두 각 교과의 특성에 맞는 사고와 탐구 과정입니다. 강의식 수업이라도 질문을 통해 학생들의 사고가 활성화된다면 그것 또한 깊이있는 수업이 될 수 있습니다.

출처: 경기도교육청, 2025, 경기도교육청(북부청사)_
(1차)초등 깊이있는 수업 프레임워크 월간 자료집(낱장)_최종 0712

NOTE

Chapter 3

[경기]수업설계

NOTE

조이쌤과 끈기+

2026학년도부터 경기는 수업나눔이 폐지되고, 수업실연 전 수업설계에 대해 답변하는 것으로 변경되었습니다. 대비 방법은 유아특수, 초등특수 수업설계 · 수업의도를 실시하는 지역의 기출을 참고하여 본 파트를 구성했습니다.

01 진행 흐름

수업설계 (5분) → 수업 실연 (15분)

02 답변 방향

1. 평가자에게 첫인상이 각인 되는 시간이다!

수업설계·수업의도는 평가자 앞에서 나를 보여주는 첫 만남의 시간이므로, 첫인상을 결정짓습니다. 학생들의 배움에 대해 치열하게 고민한 흔적을 열정 가득하고, 자신감 있는 목소리와 표정으로 시작하는게 유리하겠죠? 특히, 수업설계의 첫 단추를 어떻게 끼우느냐에 따라 수업실연까지 영향이 좌우될 수 있음에 명심해야 합니다.

2. 시도교육청이 추구하는 방향에 공감하자!

단순히 시책의 명칭을 나열하는 것 그 이상으로 자신이 해당 교육청의 비전에 깊이 공감하고 있음을 드러내야 합니다. 즉, 현장에 직접 활용하는 역량을 지닌 '준비된 인재'임을 어필해야 합니다. 예를 들어, 00시 교육의 시책에서 '미래를 여는 교육'을 캐치프레이즈로 설정했다면, "00시 교육청의 미래를 여는 교육의 가치를 저의 교실에서 실현하기 위해 ~을 활동을 설계했습니다." 와 같이 시도교육청의 방향과 나의 교실 수업 활동을 유기적으로 연결해야 합니다.

3. 수업설계·수업의도 역시 '조건'이 채점 기준이다!

'00이의 방안을 설명하시오.', '성취기준 반영하여 수업의도를 설명하시오.', '단원의 개관을 바탕으로 수업 의도를 설명하시오.' '교사 간의 대화를 근거로 ~하시오.' 등으로 조건이 주어진다면 핵심 키워드를 추출하여 답변에 녹여야 합니다. 조건에 대한 이해도가 여기서부터 시작입니다. 예를 들어, "저는 자폐성 장애 00이의 참여를 위해 ~하는 활동을 설계했습니다. 단순히 시각적 자료를 제시하는 것을 넘어, 학생이 직접 조작하며 성취감을 느낄 수 있도록 능동적 주체로서의 성공 경험이 더 중요하다고 생각했기 때문입니다." 와 같이 자신의 교육적 판단 근거가 있어야 합니다.

초등특수 서울 2022학년도 수업실연 조건 일부

성취기준	[2즐생05-03] 봄에 볼 수 있는 풍경을 다양하게 표현한다.

- **성취기준에 근거하여 1분 이내로 수업의도를 말하시오.**
- 도입-전개-정리를 실연하시오.
- 학생과 학생 교사와 학생 상호작용 포함하시오.
- 특수교육지원인력 (실무사) 1명 활용하시오.
- 전자칠판, TV 등 교실 기자재는 자유롭게 사용하시오.
- 자료는 모두 다 사용하되 그 밖의 자료는 선택적으로 추가하여 사용할 수 있으니 참고하시오.

4. 나만의 수업 브랜드를 어필하는 시간이다!

평가자는 수많은 수험생의 비슷한 수업을 보게 됩니다. 과거에는 조건 수행 여부를 단순히 관찰했다면, 현재에는 '어떤 교육 철학을 가지고 이러한 수업을 설계했는가'라는 교사의 디자인 능력을 주목합니다. 다른 사람과 차별화되는 나만의 수업 비전을 제시하고, 수업을 통해 학생들에게 어떤 성장을 선물하고 싶은지 어필해야 합니다. 때로는 수업을 설계하며 겪었던 고민이나 어려움을 진솔하게 드러내는 것이 오히려 진정성 있는 교사라는 인상을 줄 수 있습니다.

5. 수업설계는 나의 수업에 대한 공약이다!

수업 설계는 마치 수업 전 평가자 앞에서 내 세우는 공약입니다. 아래의 기출에서 살펴볼 수 있듯 수업설계는 수업실연과 일관성이 중요합니다. 즉, 언급한 내용이 실제 수업 실연에 드러낼 수 있도록 노력해야 합니다.

유아특수 대구 2024학년도 수업실연 조건 일부

1) 자연탐구영역 영역 요소 2가지를 반영하시오.
2) 실무원 및 가상자료를 사용할 수 있으니 참고하시오.
3) 유아들의 사전 경험을 반영하여 수업하시오.
4) 수업 설계와 일관성있게 수업하시오.
5) 각 유아에 대한 개별화중재를 포함하여 수업하시오.

만약 "질문이 살아있는 교실을 만들겠습니다."라고 답변했다면, 수업실연에서는 교사의 설명 중심이 아닌 학생의 탐구와 질문이 중심이 되어야 합니다. 의도에서 강조했던 학생 간의 상호작용, 교사의 발문 유형, 구체적인 중재 방안 등이 수업실연에서 그대로 구현될 때, 채점자는 수험생이 자신이 설계한 교육을 실현할 수 있는 능력을 가졌다고 평가할 것입니다.

NOTE

03 답변 틀

수업설계 답변 시 수업 전에 동료 교사와 함께 이야기를 나눈다고 생각하되, 구조화하여 말해야 평가자에게 잘 전달될 수 있습니다.

안녕하십니까? 관리번호 0번입니다. 지금부터 수업설계 문항에 대해 말씀드리겠습니다. 첫 번째 문항의 답변입니다. 오늘 수업은 ~의 중점을 가치로 ~활동을 설계했습니다. 그래서 ~을 통해 ~를 지도할 계획입니다. 두 번째 문항의 개별 목표를 제시하겠습니다. 첫째, ~~을 가지고 할 수 있다. 둘째, 친구와 협력하여 ~~할 수 있다. 입니다. 그 이유는 ~입니다. 이상으로 수업설계 답변을 마칩니다. 지금부터 수업실연 시작하겠습니다.

04 연습 방법

Step①. 수업실연 전 수업설계 꼭! 연습하기
Step②. 답변한 내용 점검 후 재답변 하기
Step③. 여러가지 수업설계 문제로 활용력 향상시키기

✓Step①. 수업실연 전 수업설계 꼭! 연습하기

1단계가 너무 당연한 이야기라고 생각이 드시나요? 그러나, 연습을 하다보면 '귀찮고 어려워. 나중에 해야지.' 와 같이 미루는 유혹에 빠지기 쉽습니다. 혹여 수업설계 중 나의 답변이 마음에 들지 않았나요? 이러한 감정을 숨기고, 수업실연에서 보완하는 연습을 해야 합니다. 또한, 시간 관리 역시 마찬가지입니다.

✓Step②. 답변한 내용 점검 후 재답변 하기

답변을 점검 후 같은 문제로 다시 연습하여 최상의 답변을 만들어 봅시다. 즉, 자신의 목소리를 녹음해 놓았거나 영상 촬영한 것을 본 뒤 '같은 문제'로 '재연습'하는 것입니다. (같은 문제라도 다른 답변으로!) 하나의 같은 질문에도 새로운 시각으로 답변하는 연습은 내용의 다양성과 질을 향상할 수 있습니다.

✓Step③. 여러가지 수업설계 문제로 활용력 향상시키기

여러 가지 문제로 연습하며 활용력을 향상시키는 것입니다. 다양한 문제에서 막힘없이 내 수업을 드러내고 답변할 수 있도록 연습합시다.

조이쌤과 끈기+

수업 답변 시 수업을 반성적으로 생각하고 성찰하는 자세, 생각에 대해 소통하고 나누는 능력, 상호작용에 대한 고민, 수업에 대한 철학과 공감, 나의 문제점을 협력적으로 해결하는 자세와 개선 및 실천하고자 하는 의지를 보여야 합니다!

NOTE

05 수업 설계 점검표

〈점검표 1〉

관점	내용
비평적 관점으로 수업보기	이 수업에서 교사가 의도하고 있는 배움은 무엇인가? 그리고 그 의도대로 수업을 진행하고 있는가?
	교사가 배움을 만들어 내기 위해서 어떤 행동을 하고 있는가? 교사가 사용하고 있는 몰입의 기재들은 무엇인가?
	수업을 보면서 교사의 수업 행위에 대해 의문이 가는 지점은 무엇인가?
	이 수업에서 가장 의미 있는 지점은 어디인가? 그렇게 생각하는 이유는 무엇인가?
학생의 배움중심으로 수업보기	이 수업 속에서 배움이 가장 크게 일어난 지점은 어디인가? 그렇게 된 이유는 무엇인가?
	배움이 더 크게 일어날 수 있었는데 그렇게 되지 않은 곳은 어디인가? 그렇게 된 이유는 무엇인가?
	배움이 가장 크게 일어난 학생은 누구인가? 그렇게 생각한 이유는 무엇인가?
	수업에서 배움에 소외되고 있는 학생은 없는가? 그렇게 생각한 이유는 무엇인가?
	이 수업에서 전반적으로 배움이 잘 이루어졌다고 보는가, 그렇지 않다고 보는가? 그렇게 생각한 이유는 무엇인가?
교사의 내면 중심으로 수업보기	수업 속에서 교사가 배움을 만들어 가는 데 있어 자신감 있는 지점은 어디인가? 그렇게 생각한 이유는 무엇인가?
	수업 속에서 교사가 배움을 만들어 가는 데 있어 두려워하고 있는 지점은 어디인가? 그렇게 생각한 이유는 무엇인가?
	교사가 의도대로 수업을 진행하지 않은 곳은 어디인가? 이 때 교사의 내면은 어떤 상태라고 생각되는가?
	교사의 가르침과 학생의 배움이 가장 크게 어긋나는 지점은 어디인가? 이 속에서 교사의 내면은 어떤 상태라고 생각되는가?

출처: 대구광역시 교육청, 2023. 중등 수업-평가 설계 도움자료 (수업설계안 및 수업참관록 양식)

〈점검표 2〉

수업 전, 계획세우기
• 수업과 관련된 다양한 텍스트를 재구성하고 디자인했는가? • 학생과 교사 모두가 지식을 만들기 위해 협력했는가? • 단원 전체의 연결이나 앞뒤 차시의 연결을 고려했는가? • 학습자에게 유의미한 경험을 제공하기 위해 설계했는가? • 학습자의 생각을 키울 수 있는 방향으로 평가를 계획했는가? • 지적 · 정의적 능력이 종합적으로 평가되도록 계획했는가? • 학생들의 출발점 행동(지식수준, 이해 정도, 선행학습 정도, 정의적 성향, 선호 활동 등)을 진단하였는가?
수업 중, 수업 보기
[비평의 관점에서 수업 보기] • 교사가 의도하고 있는 배움은 무엇인가? • 의도한 대로 수업을 진행하고 있는가? • 그렇지 못한다면 어떤 점에서 어려움을 겪고 있는가? • 배움을 만들기 위해 교사는 어떤 행동을 하고 있는가? • 수업에서 가장 의미 있는 지점은 어디인가? 왜 그렇게 생각하는가? • 흥미와 호기심을 일으킬 수 있도록 어떤 학습상황이 제시되는가?
[교사 : 배움을 중심으로 수업 보기] • 배움의 내용을 어떻게 학습자의 삶과 연계하여 이끄는가? • 수업 과정에서 학생들의 배움을 어떻게 도와주는가? (신뢰, 수용, 격려, 개발, 도전 장려, 존중, 참여, 끌어내기 등) • 학생 개개인의 배움이 일어나는 과정을 어떻게 확인하는가? • 정의적 능력(도전의식, 성취동기, 호기심, 자존감 높이기, 협동과 책임)을 고려한 지점은 어디인가? • 학습결과를 자기 언어와 자기 생각으로 표현하는 것을 어떻게 돕는가 • 평가는 학생들의 배움을 격려하고 성장하게 하는가? • 학생들의 배움에 대한 기쁨과 감동, 깨달음을 어떻게 확인하는가?
수업 후, 수업 친구와 수업 나누기
[교사의 내면 바라보기] • 배움을 만들어 가는 것에서의 두려움은 무엇이었는가? • 새롭게 알게된 점은 무엇인가? • 학생들의 생각이 잘 연결되도록 하는 데 어려움은 없는가? • 배움을 지나치게 통제하지 않았는가? • 배움을 만들어 가는 것에서의 자신감은 어느 지점에서 일어났는가? • 의도대로 수업이 이뤄지지 않은 곳은 어디인가? 이때의 심경은 어떠했는가?
[수업 나누기] • 이 수업에서 '배움'은 무엇일까? • 학생 개개인의 배움이 일어나게 하려면 어떻게 하면 좋을까? • 학생들의 배움이 일어나는지는 어떻게 확인할 수 있을까? • 학생들에게 배움은 언제 가장 잘 일어날까? • 배움이 학생들의 삶과 연계된다는 것은 무엇을 의미할까? • 학생들의 삶과 연계된 배움은 어떻게 이루어질까? • 교사가 겪은 수업 딜레마는 무엇일까?
[내 수업에 적용하기] • 내 수업을 통해 학생들의 삶이 의미 있게 바뀌고 있다고 생각하는가? • 내 수업에서 내가 갖는 비슷한 고민거리는 무엇인가? • 이 수업을 통해 배울 점, 이 수업에서 개선할만한 점은 무엇인가? • 적용할 만한 교사의 역할과 수업 분위기는 무엇인가?

(출처: 경기도교육청, 배움중심수업 함께하기 2014, p.17~18)

〈점검표 3〉

▶ **태도면:** 성찰적인 자세, 협력적, 소통적, 겸손한 자세, 수업나눔의 일상화된 자세로 일관

▶ **내용면:** 철학 반영, 교육 정책 이해도, 현장성 반영한 답변

▶ **형식면:** 묻는 것에 대한 정확한 답변, 가짓수, 소요 시간 등 확인

단계	성찰 내용
수업 전	• 배움중심수업의 철학과 관점 • 교사의 철학과 수업 설계 의도 • 학습자의 특성 및 삶과 연계한 유의미한 배움 설계 • 교사-학생, 학생-학생 관계의 성찰 • 교육과정-수업-평가의 일체화를 바탕으로 한 일관성 있는 설계 • 성취기준, 핵심 역량, 학생 수준과 요구 고려 • 성취기준, 핵심 역량 측면에서 수업 자료 재구성 • 배움과 나눔이 있는 수업 설계
수업 중	• 수업 장면에서 확인되는 수업 전 성찰내용 • 배움과 나눔에서 소외된 학생 • 학생 개인의 정의적 특성 • 학생은 배움의 주체, 교사는 가르침의 주체 • 학생들의 배움과 나눔이 일어나는 부분 • 배움의 내용이 학습자의 삶과 연계되는 부분 • 학생 흥미와 호기심을 자극하는 수업 자료와 방법 • 성취기준, 핵심 역량에, 학생특성에 적합한 수업 자료 • 수업중 발생하는 다양한 상황에 대한 대응
수업 후	• 본 수업에서 배움의 의미 • 수업 교사의 수업 전, 수업 중 성찰 공감 • 수업 장면에서 보이는 수업 교사의 성찰 내용 • 수업 교사의 성찰에 대한 협력적 나눔 • 배움이 학생의 삶과 연계되는 부분 • 교육과정 일체화 측면에서 수업의 설계와 전개 • 교사의 성찰내용과 교수 활동의 연계 • 배움과 나눔의 통제와 자율

(출처: 경기도교육청, 배움중심수업2.0 이해와 실천, 2016, p.26)

NOTE

〈점검표 4〉

관점	내용
비평적 관점으로 수업보기	이 수업에서 교사가 의도하고 있는 배움은 무엇인가? 그리고 그 의도대로 수업을 진행하고 있는가?
	교사가 배움을 만들어 내기 위해서 어떤 행동을 하고 있는가? 교사가 사용하고 있는 몰입의 기재들은 무엇인가?
	수업을 보면서 교사의 수업 행위에 대해 의문이 가는 지점은 무엇인가?
	이 수업에서 가장 의미 있는 지점은 어디인가? 그렇게 생각하는 이유는 무엇인가?
학생의 배움중심으로 수업보기	이 수업 속에서 배움이 가장 크게 일어난 지점은 어디인가? 그렇게 된 이유는 무엇인가?
	배움이 더 크게 일어날 수 있었는데 그렇게 되지 않은 곳은 어디인가? 그렇게 된 이유는 무엇인가?
	배움이 가장 크게 일어난 학생은 누구인가? 그렇게 생각한 이유는 무엇인가?
	수업에서 배움에 소외되고 있는 학생은 없는가? 그렇게 생각한 이유는 무엇인가?
	이 수업에서 전반적으로 배움이 잘 이루어졌다고 보는가, 그렇지 않다고 보는가? 그렇게 생각한 이유는 무엇인가?
교사의 내면 중심으로 수업보기	수업 속에서 교사가 배움을 만들어 가는 데 있어 자신감 있는 지점은 어디인가? 그렇게 생각한 이유는 무엇인가?
	수업 속에서 교사가 배움을 만들어 가는 데 있어 두려워하고 있는 지점은 어디인가? 그렇게 생각한 이유는 무엇인가?
	교사가 의도대로 수업을 진행하지 않은 곳은 어디인가? 이 때 교사의 내면은 어떤 상태라고 생각되는가?
	교사의 가르침과 학생의 배움이 가장 크게 어긋나는 지점은 어디인가? 이 속에서 교사의 내면은 어떤 상태라고 생각되는가?

출처: 대구광역시 교육청, 2023. 중등 수업-평가 설계 도움자료 (수업설계안 및 수업참관록 양식)

Chapter 4

[경기]수업설계 스크립트 예시

01 나만의 수업 장치 준비하기

NOTE

수업설계는 나의 수업을 더욱 빛낼 수 있는 기회를 준다고 생각해야 합니다. 특히, '나의 수업 철학'과 같은 맥락으로 답변해야 합니다. 이때 수업 장치를 중심으로 여러 가지 스크립트를 준비할 수 있습니다.

〈수업 장치별 수업설계 스크립트 작성 예시〉

수업 장치	수업 활용 예시
브레인스토밍	도입 단계에서는 학생들의 사전 경험을 활성화하고 창의적 사고를 촉진하기 위해 브레인스토밍 기법을 활용할 것입니다. '독도'라는 핵심 단어를 시각 자료와 함께 제시하고, 학생들이 떠올리는 것을 자유롭게 이야기하는 허용적인 분위기를 조성하여, 모든 학생이 자신감을 가지고 수업에 참여할 수 있도록 설계했습니다.
하부루타 활동	협력적인 배움을 이끌어내기 위해, 활동1에서는 하브루타(짝 토의) 활동을 계획했습니다. 특히, '가' 수준과 '나' 수준 학생을 짝으로 구성하여, 서로 다른 관점에서 버스와 기차의 차이점을 탐색하고 설명하는 과정을 통해 자연스럽게 또래교수가 일어나도록 의도하였습니다. 이를 통해 학생들은 자신의 생각을 언어로 표현하고 타인의 의견을 경청하는 능력을 기를 수 있을 것입니다.
기능적인 교육과정 구성	학생의 앎과 삶이 일치하는 배움을 실현하기 위해, 기능적인 교육과정을 구성하는 데 중점을 두었습니다. 본 수업을 교내 '안전의 날' 행사와 연계하여, 학생들이 작업실에서 발생할 수 있는 안전사고에 대한 보고서를 직접 작성하도록 설계했습니다. 이를 통해 학생들은 학습한 내용을 실제 삶의 문제 해결에 적용하며 안전에 대한 경각심을 고취시킬 수 있을 것입니다.
자리 배치 (물리적 환경)	모든 학생의 적극적인 상호작용을 지원하기 위해 물리적 환경을 전략적으로 구성할 것입니다. 휠체어를 사용하는 '다' 수준 학생은 출입구와 가까우면서도 또래 및 교사와의 소통이 용이한 자리에 배치할 예정입니다. 또한, 또래를 돕는 것에 강점이 있는 '가' 수준 학생을 그룹의 중심에 배치하여, 자연스러운 또래교수와 긍정적 상호작용이 촉진되도록 설계하였습니다.
허용적인 분위기	학생들이 실패를 두려워하지 않고 자신의 생각을 표현할 수 있도록, 허용적인 분위기를 조성하는 발문을 계획하였습니다. 예를 들어, 학생이 오답을 말했을 때 즉각적으로 지적하기보다, "아, 그렇게 생각할 수도 있겠구나! 그 생각에서 이 부분을 조금 바꾸면 정답에 더 가까워질 수 있어."와 같은 지지적인 발문을 통해 학생의 참여 의지를 격려하고 긍정적인 학습 환경을 만들 것입니다.
배움노트 (KWL 전략)	정리 단계에서는 학생들이 자신의 배움을 스스로 구조화할 수 있도록 KWL 전략을 활용한 배움노트 활동을 설계하였습니다. 학생들이 수업을 통해 '새롭게 알게 된 것(L)'을 '이미 알고 있던 것(K)'과 연결하고, '더 알고 싶은 것(W)'을 생각해보는 과정을 통해 메타인지 능력을 향상시키도록 지원할 것입니다.
모둠세우기 활동	유의미한 협력 학습이 이루어지기 위한 기반을 다지기 위해, 본 활동 시작 전에 모둠 세우기 활동을 계획하였습니다. 학생들이 모둠의 이름과 구호를 함께 정하고 간단한 인터뷰를 나누는 과정을 통해, 단순한 과제 해결을 넘어 서로에 대한 친밀감과 공동체 의식을 형성하도록 돕고자 합니다.

NOTE

교육과정 재구성	학생들의 깊이 있는 이해를 돕기 위해 교과 간 교육과정 재구성을 계획하였습니다. 모둠 토의의 기본 규칙인 '경청'의 중요성을 강조하기 위해, 이전에 도덕 교과에서 배운 역지사지의 개념과 연계하여 '친구가 내 이야기를 들어주지 않을 때의 기분'에 대해 이야기 나누는 활동을 포함할 것입니다.
1인 1역할	모든 학생이 가치 있는 사회 구성원으로서의 책임감과 소속감을 기를 수 있도록, 모둠 활동 내에서 1인 1역할을 부여할 것입니다. '또래 상담자', '기록 전문가', '발표 담당자' 등 각자의 강점을 발휘할 수 있는 역할을 설계하여, 모든 학생이 수동적인 참여자가 아닌 활동의 주체로서 기여하도록 지원할 예정입니다.
이해도 점검 1	학생들이 배움의 과정에서 소외되지 않도록, 수업의 주요 단계마다 이해도를 점검하는 장치를 마련하였습니다. 학생들이 직접 질문하기를 어려워할 수 있음을 고려하여, '엄지척' 신호나 간단한 쪽지 질문(Exit Ticket) 등을 활용해 교사가 먼저 학생들의 이해 수준을 파악하고 즉각적인 피드백을 제공하도록 수업을 설계하였습니다.
이해도 점검 2	학업에 어려움을 겪는 학생일수록 공부를 잘하는 학생보다 질문할 가능성이 훨씬 낮다고 합니다. 학생들이 질문하기를 꺼리는 것은 사회적인 이유, 특히 자신의 부족함을 교사와 반 친구들에게 드러내지 않으려는 심리 때문일 수도 있지만, 질문할 만큼 해당 주제를 충분히 이해하지 못했기 때문일 수 있다고 생각했습니다. 그래서 교사로서 학생의 이해도를 효과적으로 관찰하려는 기술의 필요성에 중점을 맞출 예정입니다.
배움 포트폴리오	학생들이 수업을 마친 뒤 오늘의 활동지와 활동 사진을 어플을 활용한 포트폴리오에 누가적으로 업로드하여 이를 보완하거나 수정하는 과정을 통해서도 가정 연계를 할 수 있다고 생각합니다. 또한, 이 배움 포트폴리오는 학생 분만 아니라 교사들 간에도 함께 공유하여 학생의 수행 수준을 파악하고 교과 간 연계를 실행하기에도 수월할 것이라고 생각이 들었습니다.
교사 티칭 포트폴리오	교사 자신의 전문성 신장을 위해, 본 수업 설계안과 실행 결과, 학생들의 반응, 성찰점 등을 티칭 포트폴리오로 기록할 계획입니다. 이 자료를 동료 교사와의 전문적 학습 공동체에서 공유하고 협력적인 성찰을 진행하여, 더 나은 수업을 위한 자양분으로 삼을 것입니다.
성찰 방법	저는 성찰 방법이 하나로만 고정되어 있다고 생각하지 않습니다. 개인적으로 기록이나 자기 장학을 통한 성찰을 할 수 있고, 이를 공유하며 협력적으로 동료 교사와 그리고 인근 학교, 교육 지원청 장학, 지역 전문가 협의회, 학교 간 전학공 등 여러 방면을 활용할 것입니다.

〈문제별 스크립트 작성 예시-2〉

영역	질문 및 답변
교육철학	저의 교육 철학은 '연결짓는 교사가 되는 것입니다. 학생들의 배움이 교실에서만 끝나는 것이 아니라 가정, 지역사회와도 연결되고 확장되어야 한다고 생각합니다. 그래서 이번 수업을 설계할 때, [가정과의 연계]를 특히 고려했습니다. 수업의 [활동 O] 단계에서, "집에서 가져온 ~을 꺼내볼까요?" 또는 "집에서 찾아온 검색 자료를 함께 살펴볼까요?"와 같은 활동을 포함했습니다. 또한, "부모님이 ~을 하는 것을 본 적 있나요?"와 같은 발문을 통해 학생들이 교실에서의 배움을 가정에서의 경험과 자연스럽게 연결 지을 수 있도록 유도할 계획입니다. [지역사회 및 실생활과의 연계] 역시 중요한 설계 요소입니다. 수업의 마무리 단계에서는 "다음 현장체험학습 장소에서 오늘 배운 ~을 실제로 해봅시다"라는 발문을 통해 다음 학습에 대한 기대감을 높이고자 합니다. 이는 학생들이 배운 내용을 실제 삶의 맥락에서 적용해 보는 경험으로 이어져, 학습의 전이를 촉진할 것이라 기대합니다. '학교가 없는 마을에는 사람이 살지 못한다'라는 탈무드의 속담처럼, 저는 이 수업을 통해 학교와 마을이 함께 상호작용하며 아이의 성장을 지원하는 교육을 실천하고자 합니다. 이러한 연결의 중심에 서는 교사가 되겠습니다.
역량	제가 이번 수업에서 가장 중요하게 생각하고 기르고자 하는 역량은 '협력적 소통 역량'입니다. 인간은 혼자서는 살아갈 수 없으며, 학교라는 작은 사회 안에서 학생들이 협력의 필요성과 즐거움을 느끼는 것이 중요하다고 생각합니다. 이를 위해 다음과 같이 수업을 설계했습니다. 첫째, [활동 O]에서는 짝 토의 활동을 계획했습니다. 이 활동을 통해 학생들은 정답을 혼자 찾는 것이 아니라, 서로의 생각을 나누고 함께 협동하여 해결책을 찾아가는 과정을 경험하게 될 것입니다. 이 과정에서 자연스럽게 소통하고 협력하는 능력을 기를 수 있도록 지원하고자 합니다. 둘째, [활동 Y]의 [~부분]에서는 우리 반 규칙을 다시 한번 강조할 예정입니다. 이는 단순히 규칙을 지키도록 하는 것을 넘어, 협력적인 태도와 행동이 구체적으로 무엇인지 예시를 통해 학생들이 명확히 인지하고 실천할 수 있도록 돕기 위함입니다.
정의적 요소	이번 수업은 전 과정에 걸쳐 학생들의 정의적 성장을 촉진하도록 계획되었습니다. 특정 활동에 국한하기보다는, 수업의 모든 순간이 배움의 태도를 기르는 기회가 될 수 있도록 설계했습니다. 발표, 짝 토의 등의 활동과 순회지도를 통해 학생들의 태도 변화를 면밀히 관찰할 계획입니다. 특히, 학생들이 서로의 이야기를 경청하고, 박수를 치며 격려하며, 어려운 과제에 도전하는 자세를 가질 수 있도록 유도하고 지원할 것입니다. 발화나 표정 같은 비언어적 표현까지 세심하게 살펴 학생들의 배움에 대한 태도 변화를 파악하고자 합니다. 수업의 마무리에는 '배움노트'를 활용하여 학생들이 수업에 대해 느낀 점(좋았던 점, 아쉬웠던 점, 흥미로웠던 점)을 기록하도록 할 것입니다. 이는 학생들이 배움에 대한 목적의식이나 자기관리와 같은 정의적 영역을 성찰하는 중요한 매개가 될 것입니다. 교사는 이 기록을 면밀히 관찰하여 학생의 태도 변화를 파악할 수 있으며, 학생들은 기록 과정을 통해 성취감을 얻을 수 있도록 구성했습니다. 또한, 배움의 과정 전반에 KWL 기법을 활용할 계획입니다. 학생들이 수업 시작 시 알고 있는 것(K)과 알고 싶은 것(W)을 먼저 기록하고, 수업 마지막에 알게 된 것(L)을 정리하도록 할 것입니다. 그리고 이를 비교하는 발문을 통해 자신의 배움의 변화를 느끼고 학습 과정을 스스로 성찰하며 그에 대한 깨달음을 확인할 수 있도록 지원할 것입니다.

NOTE

평가	이번 수업의 평가는 한 차시의 학습 결과를 확인하는 형식적인 평가가 아닙니다. 수업의 전 과정에서 이루어지며, 학생이 정답을 맞혔는지보다는 문제를 해결해 나가는 과정 자체에 주목하는 과정 중심 평가를 실천하고자 합니다. 학생들의 배움의 정도를 수시로 파악하여, 만약 어려움을 겪는 학생이 있다면 이전 학습 내용을 연결해주거나 더 쉬운 내용을 제시하는 등 체계적인 지원을 제공할 계획입니다. 이를 통해 교수-학습-평가의 일체화를 실현하고자 합니다.
	저는 평가에서 가장 중요한 것이 학생들이 평가에 대해 '우호적인 태도'를 형성하는 것이라고 생각합니다. 이를 위해 다음과 같은 방법들을 계획했습니다. 성장 중심의 루브릭 활용 평가에 루브릭을 활용하여, 이 평가는 순위를 매기기 위한 것이 아니라 오로지 자신의 성장을 위한 과정임을 학생들에게 명확히 강조할 것입니다. 학생들이 무엇을 배우는지, 어떤 부분을 평가받게 되는지, 그리고 채점 기준은 무엇인지 사전에 충분히 공유하여 평가에 대한 부정적 인식을 낮추고자 합니다. 개별 학습 양식을 고려한 평가 환경 학생들이 자신의 학습 양식과 반응 양식에 맞춰 역량을 발휘할 수 있도록 충분한 시간을 제공할 것입니다. 또한, 학습지의 [~부분] 내용을 수정하여 모든 학생이 자신의 속도에 맞게 과제를 해결할 수 있도록 배려했습니다. 학생이 중심이 되는 다면 평가 평가가 교사만의 역할이 되지 않도록, 교사평가, 자기평가, 그리고 학생 상호 간의 동료 평가를 모두 설계에 포함했습니다. 이를 통해 학생들은 서로의 배움을 확인하고 격려하며 함께 성장하는 평가 문화를 경험하게 될 것입니다.
	특수교육대상 학생은 시험이나 평가에 대한 두려움과 불안감이 높을 수 있다는 점을 세심하게 고려했습니다. 점수화, 서열화된 평가 대신, 성취감을 느끼고 새로운 도전과 개선 의지를 가질 수 있도록 돕는 데 초점을 맞출 것입니다. 예를 들어, [활동2]의 발표 피드백에서는 학생의 성장을 실질적으로 도울 수 있는 교정적 피드백을 제공할 계획입니다.

02 아쉬운 점이나 부족한 점 답변 대비하기

질문에서 아쉬운 점, 고민되는 점, 어려운 점, 부족한 점 등을 이야기할 때 '혹시 나의 수업이 부족한 부분이 보여 감점이 되지는 않을까?' 라는 생각에 고민스러우실 겁니다. 그런데, 수업설계 취지 자체가 '성찰적 자세'를 보는 시간입니다. 완벽한 수업이란 없으니까요!

자신이 실제로 수업을 준비하면서 어려운 부분은 무엇이었는지, 원인은 무엇이고, 어떻게 보완할지 등의 태도와 실천성을 평가하기 위한 목적이니 걱정하지 않으셔도 됩니다.

질문	본 수업설계 시 가장 고민되는 점(두려운 점)은 무엇이였으며, 어떻게 보완해나갈 예정인가?
답변	태블릿PC 활용 지도에 대한 저의 막연한 두려움이었습니다. 본 수업에서 태블릿PC를 활용하라는 조건이 있었지만, 특수교육대상 학생들이 기기 조작에 어려움을 겪을 것이라는 저의 선입견 때문에 적극적으로 활용하는 방법에 대해 고민스러웠습니다. 앞으로는 이러한 두려움을 동료 교사들과 나누고, 전문적 학습 공동체나 연수에 참여하여 저의 에듀테크 역량을 길러 학생들이 더 다양한 경험을 할 수 있도록 지원해야겠다고 다짐했습니다.
	배움이 빠른 학생을 위한 심화 지도 방안이었습니다. 이번 설계에서 '가군' 학생을 또래 멘토로 활동하도록 계획했는데, 이는 책임감과 같은 정의적 성장을 도울 수는 있겠지만, 학습적으로는 더 큰 도전을 제공하지 못할 수 있겠다는 아쉬움이 있었습니다. 이를 보완하기 위해, 앞으로는 배움이 빠른 학생들에게는 수업 관련 뉴스 기사와 같은 심화 자료를 추가로 제공하거나, 동료 교사와의 팀티칭을 통해 수준별 심화반을 운영하는 방안도 적극적으로 고려하여 또 다른 수업을 설계하고 싶습니다.
	모둠활동 중 발생할 수 있는 학생 소외 문제였습니다. 저의 수업 철학은 '따로 또 같이'인데, 개별 수준이 다양한 상황에서 자칫 '다군' 학생처럼 활동에서 소외되는 학생이 생길 수 있겠다는 우려가 들었습니다. 그래서 모둠활동 시 모든 학생에게 구체적인 역할을 부여하여 개별 책무성을 높이고, 협동 규칙을 명확히 안내하여 협력적인 분위기를 만들도록 노력할 예정입니다. 특히 도움이 필요한 학생에게는 관련 자료를 태블릿에 미리 넣어주거나, 이미지 검색과 같은 기술적 지원을 제공하여 모두가 가치 있는 역할을 수행할 수 있도록 수업을 보완해 나가겠습니다.
	자료의 다양성과 학습의 일반화에 대한 고민이 있었습니다. 특히 우리 학생들이 배운 내용을 다양한 상황에 적용하는 일반화에 어려움을 겪는다는 점을 고려할 때, 제시된 사진 자료가 작업실과 교실이라는 제한된 공간에만 초점이 맞춰져 있다는 점이 아쉬웠습니다. 이를 보완하기 위해, 앞으로는 엘리베이터 이용, 대중교통 탑승, 가정 내 상황 등 학생들의 실제 삶과 더 밀접한 자료로 확장하겠습니다. 더 나아가 '가정 내 안전사고 유형 조사하기'와 같은 과제를 통해 학습을 가정과 연계하고, 이를 다시 학교 상황에 적용해보는 '체인지메이커' 활동으로 확장하여 학생들이 배움을 실생활에 전이시킬 수 있도록 돕겠습니다.

NOTE

〈출처〉

- 사토마나부, 수업이 바뀌면 학교가 바뀐다, 손우정역, 에듀케어, 2006
- 사토마나부, 교육개혁을 디자인한다, 손우정역. 학이시습. 2009
- 사토마나부, 사토 마나부, 학교개혁을 말하다. 손우정역, 에듀니티, 2016
- 사토마나부, 한국배움의공동체연구회, 교사의 배움, 에듀니티, 2014
- 손우정, 배움 중심 수업 만들기, 수업으로 성장하는 우리(충북 유아교육 배움중심수업 연구회), 2019
- 경기도교육청, 쉽게 알아보는 배움중심수업, 2020
- 경기도교육청, 혁신교육3.0 한걸음 더, 2020
- 경기도교육청, 배움중심수업 2.0의 이해와 실천, 2016
- 경기도교육청, 경기 블렌디드 러닝의 이해, 2020
- 국립특수교육원, 2015 특수교육 교육과정 기본교육과정 해설자료(1), 2015
- 경기도교육청, 배움중심수업 함께하기, 2014
- 조용개, 대학 수업의 질적 개선 및 평가에 필요한 티칭 포트폴리오 구성요소 탐색. 교육공학 연구, 2009, 25(1), p.7
- 경기도교육청, 2019 학교 안 전문적학습공동체 이해 자료, 2019, p.3, p.10-11
- 경기도교육청, (e-book) 즐겨찾기 5호, 2022, p.18
- 경기도교육청, 2025, 초등 깊이있는 수업 이야기, 다함께 나누다 (6월, 창간호)
- 경기도교육청, 2025, 초등 깊이있는 수업 단원 설계 예시자료(0911)
- 경기도교육청, 2025, 경기도교육청(북부청사)_(1차)초등 깊이있는 수업 프레임워크 월간 자료집(낱장)_최종 0712 (1)
- 경기도교육청, 2025, 경기도교육청(북부청사)_(1차)초등 깊이있는 수업 프레임워크 월간 자료집(펼침)_최종 0712
- 경기도교육청, 2025, 초등 깊이있는 수업 프레임워크(0830)
- 경기도교육청, 2025, 2025 초등 깊이있는 수업을 위한 질문기반 탐구수업 자료집 (1)
- 경기도교육청, 2025, 경기도교육청(북부청사)_(1차)초등 깊이있는 수업 프레임워크 월간 자료집(펼침)_최종 0712

MEMO

PART

04

수업실연 채점 기준 분석

Chapter 1

수업실연 세부 기준 분석: 교사의 기본 자세

NOTE

01 교사의 기본 자세

1. 수업 분위기가 안정적인 흐름으로 자신감 있는 자세

➔ 수업이 너무 뚝뚝 끊기거나, 허둥지둥하며 불안한 모습, 지도안 숙지나 활동 순서를 제대로 숙지하지 않았다거나 등 이러한 문제가 발생하지 않도록 연습을 많이 해야 합니다.

2. 경어 사용으로 학생들을 존중하는 자세

➔ 기본 베이스는 경어 사용! 학생 개인에게는 다가가서 이야기할 때는 친숙하게 이야기하기도 합니다.

3. 수업에 대한 열의와 열정적인 자세

➔ 신규 교사가 가져야 할 기본적인 자세입니다! 열정적으로 수업을 진행하여 학생들에게 이번 시간 가치 있는 배움을 안겨주겠다는 진심 어린 자세가 꼭 필요합니다.

4. 학생을 구체적으로 칭찬, 답변을 존중하며 경청, 실수에 대해 허용적이며 격려하는 분위기

TIP

구체적인 칭찬으로 수업장면이 그려지게 만들자!

칭찬 부분과 관련하여 칭찬은 '잘했어요, 대단하네요.' 보다 '무엇이' 정말 대단한지, 학생의 행동이 보일 수 있도록 구체적인 칭찬일 때 현장성이 돋보입니다. 예 큰 목소리로 ~라고 대답을 잘 해주었어요. OO이를 ~게 도와주는 모습을 보니 선생님 마음도 따듯해지네요., 이 답변은 선생님도 생각하지도 못했는데, 선생님도 OO이 덕에 배웠어요. (교사도 배움)

자주하는 실수!

"선생님! 생각할 시간 좀 주세요! 기다려주세요!"

한 연수에서 특수교사에게 가장 필요한 자세가 무엇인지 질문하였을 때 '기다림' 이라는 답변이 많았습니다. 학생이 실제로 있다면 기다림의 장면을 잘 보여줄 수 있겠지만, 혼자 모든 것을 짊어져야 한는 수업실연의 상황에서는 '기다림'의 장면을 의도적으로 생각해야 합니다. 핵심적인 질문을 했을 때, 학생들에게 생각할 시간을 주고, 충분히 기다리는 모습을 (약 2초 이상 정도) 속으로 숫자를 세는 연습을 해보시길 바랍니다. 또한, 때론 침묵이 사람들의 주의를 더 쉽게 끌 때도 있습니다. 핵심적인 질문을 한 뒤에 (침묵의 상황을 만들어) 침착하고 인자하게 답변을 기다리는 모습까지 설계한다면 보다 더 좋은 수업장면을 설계할 수 있습니다.

5. 정확한 발음과 크기, 수업 진행의 속도(기다림, 시간 분배), 적절한 높낮이를 활용하여 매끄러운 분위기

➜ 사실 발성이나 발음, 목소리 크기 같은 것은 교사로서 타고난 분들이 참 많습니다. 부족함을 느끼시는 분들은 유튜브에서 발음이나 발성 연습 강좌를 보고 틈틈이 연습하는 것을 추천합니다. 수업 관련 내용 중 발음이 어렵거나 더듬을 것 같은 단어를 구상실에서 사전에 연습해본다던지, 자신의 영상을 보고 계속하여 피드백하고 연습하는 방법밖에 없습니다.

TIP

실수에 대해 허용적인 분위기를 만드는 법!

현장에서 학생들을 지도하다보면, 학생들은 무수히 많은 실수를 합니다. 저의 경험을 예를 들자면 학생이 제과제빵 실습을 하다가 앞치마에 밀가루가 묻기도 하고, 작업을 하다가 흘리기도 하여 작업대가 많이 더러워졌습니다. '선생님, 더러워졌는데 어쩌죠?(걱정), 이거 흘렸어요..' 라고 이야기한다면 '괜찮아. (웃음) 앞치마에 뭐가 많이 묻었다는 거는 열심히 했다는 증거야.' 라고 격려하기도 합니다. 또한 '선생님! (손을 번쩍 들며) 1번 답은 3인 것 같아요. (오답)' 라고 이야기 한다면, '오 OO이 아주 자신감 있는 목소리로 크게 이야기 했는데 (태도에 대한 칭찬), 자 1번 답을 살펴볼까요? 아 우리 OO이가 이야기한 건 1번이 아니라 2번 문제에 적용한다면 OO이가 이야기한 대로 그렇게 풀어서 답이 될 수 있어요. 아쉽지만~ (오반응에 대해 허용적인 분위기)' 라고 이야기합니다. 바로 틀렸다고 이야기하기보다 시도에 대한 격려와 칭찬 그리고 교사의 유연한 태도를 보여주세요. 어쩌면 그게 학생의 큰 동기로 작용하여 학교에 오고 싶어 하는 이유가 될 수 있습니다.

6. 밝은 표정, 효과적인 제스처, 고개 끄덕거림, 몸을 낮추기, 시선 분산, 깔끔한 동선 등

➜ 어깨와 허리를 펴는 자세는 당당하고 자신감 있는 모습으로 비춰질 수 있습니다. 또한 학생들의 대답에 고개를 끄덕이거나 학생들의 작은 목소리의 답변에도 다가가서 몸을 낮추고 들으려고 하는 모습, 한 학생만 보고 이야기하는 것이 아닌 여러 학생들에게 시선을 골고루 분산하는 것에 신경써야 합니다.

➜ 특히, 깔끔한 동선과 교실 활용을 위해 아래의 내용을 참고하시고, 마이크로 티칭표도 활용해 보세요.

TIP

교실 공간을 1000%로 활용하기

시험 준비 시 실제 학교 교실에서 수업 실연 연습을 하기엔 어려움이 있습니다. 그래서 좁은 공간이나 카페, 집에서 연습하다 보면 동선과 교사의 자세를 많이 놓치게 됩니다. 실제 시험장에서는 교실 공간에서 실연하기 때문에 (연습한 장소보다) 생각보다 조금 더 넓어진다는 것을 감안하여 동선을 고려해야 합니다.

교사의 동선	학생들에게 전체 발문을 할 때는 정가운데서 발문하고, 중요한 발문을 할 때는 1step으로 성큼 다가가고, 학생이 답변을 할 때 한 걸음 더 다가가서 학생과 눈맞춤을 하는 모습 등
칠판이나 매체 활용 시	칠판으로 다가가 손을 쭉 뻗어서 손가락 포인트로 주의를 집중시키거나 부분을 표시해주기
순회지도 시	모둠의 위치별로 동그랗게 돌거나 지원이 필요한 학생 옆이나 앞에 가서 개별적 지원을 제공
활동 구성 시	교실 뒤의 공간을 활용하거나, 옆 부분의 공간을 활용하여 작품을 게시, 완성물을 전시, 실습이나 시범 시 앞 부분 공간 활용
휴식 공간	텐트, 쇼파, 러그 등을 활용하여 감정 조절이나 휴식에 도움이 될 수 있도록 공간을 활용
생태공간	창가에 작은 식물, 교실 앞 텃밭 등의 공간을 활용하여 생태 공간 마련
독서, 놀이 공간 등	우리 반의 작은 서고, 보드게임, 트렌펄린 등 활용하여 독서나 놀이 공간 마련

NOTE

04 수업실연 채점 기준 분석

NOTE

[마이크로 티칭에 사용할 수 있는 진단표]

요소	문항
목소리	1. 목소리 크기는 적절한가? 2. 말하는 속도가 적절한가? 3. 발음이 명확한가? 4. 목소리에 변화가 있는가? 5. 목소리에 생동감(자신감)이 있는가?
몸동작	1. 몸동작이 의도적이고 적절한가? 2. 서있는 자리를 옮겨주는가? 3. 학생들에게 시선을 주고 있는가? 4. 모든 학생을 살펴보는가? 5. 몸동작의 효과를 극대화 하는가?
칠판/OHP	1. 화면이 잘 보이는가? 2. 짜임새 있고 정돈되어 있는가? 3. 악센트의 효과가 있는가? 4. 양이 적절한가? 5. 말하는 내용과 중복되지는 않는가?
수업 진행	1. 시간을 의미 있게 보내는가? 2. 수업에 숨 돌릴 여유가 있는가? 3. 호기심을 유도하는가? 4. 수업 속도가 적절한가? 5. 수업이 끝나고 있다는 것을 느낄 수 있는가?
수업구성	1. 수업 목표가 확실히 전달되었는가? 2. 수업이 여러 단락으로 나눠져 있는가? 3. 한 가지 이상의 수업 방법을 사용하는가? 4. 지난 수업 내용과의 연관성이 보이는가? 5. 가장 중요한 내용이 부각되었는가?
질문/대답/반응	1. 학생들에게 효과적인 질문을 하는가? 2. 학생들이 대답(참여)할 기회를 주는가? 3. 학생들이 대답했을 때 긍정적인 반응을 보이는가? 4. 학생들이 못했을 때 격려하는가? 5. 학생들이 질문하도록 유도하는가?

출처: 조벽, 조벽 교수의 수업 컨설팅, 해냄, 2012, p.204~205

수험생 선생님들이 자주하는 질문!

"전체 발문 시 친구들이라고 표현해도 괜찮을까? 아니면 여러분들? 이라고 해야 할까?"

사실 정해진 정답은 없습니다. 저에게 위와 같은 질문을 받았을 때 수험생 개인마다 다르게 조언하곤 합니다. 만약 질문한 선생님께서 귀여운 말투나 분위기를 가지고 있다면, 고등학교 수업이 너무 유치한 분위기로 느껴지지 않도록 경어 사용이나 표현에 더 주의하라는 말씀을 드리고, 반면 전반적으로 자연스럽고 안정감 있는 분위기라면 크게 신경쓰이지 않았다고 조언합니다.

저 역시도 현장에서 친구들이라고 이야기하기도 하고, 여러분들, 우리반 친구들 이라고 사용하기도 합니다. '친구들이라는 표현이 유치하다, 생활 연령에 맞지 않다.' 는 의견도 있지만, 친숙한 표현이며 현장 교사들도 자주 사용하기에 이에 대해 크게 신경 쓰지 않기도 합니다. '제가 시험장에서 친구들이라는 표현을 써서 떨어졌어요.' 라는 극단적인 이야기는 듣지 못한 것처럼요.

다만, '우리 친구는 어떻게 작성했나요?' 라는 말 보다 'OO이는 어떻게 했나요?' 라는 학생 개인의 이름을 기억하고 부르면 보다 구체적인 수업 장면도 그려지고 친숙한 분위기가 형성될 것입니다. 본인이 가진 수업 분위기에 따라 고민해보고, 입에 잘 붙고 자연스러움이 느껴지는 것을 사용하면 좋습니다.

수험생 선생님들이 자주하는 질문!

"저는 수업이 너무 매끄럽지 않고, 뚝뚝 끊겨요. 어떻게 연습할까요?"

1) 많이 연습해본 익숙한 문제 하나를 딱! 찍어 상호작용 연습하기 (기출 추천)
거기서 모든 스크립트를 적는 게 아니라 학생과 주고받는 질문, 대화 부분만 다양한 발문과 반응들을 글로 써보며 너무 단순하지 않게 만드는 것이 포인트입니다!

2) 계속 중얼중얼 읽으면서 입에 붙게 만들기
각 잡고 연습하지 말고 스터디 끝나고라도 집에 누워서 편하게 계속 읽기! 아무생각 없이 빠르게 반복해서도 읽어보고, 감정을 넣어서 연기하듯 읽어보기도 하며 입에 붙도록 만드는 과정입니다.

3) 나머지 형식적인 발문을 채워 넣어서 그 수업 전체의 스크립트를 짜보기

4) 활동 하나하나, 구간을 끊어서 연습하기
수업 전체를 15분 동안 연습하지 말고, 동기유발만 만족스러울때까지 무한반복! 그 다음 활동1만 무한반복! 이때도 그냥 누워서 말로만 중얼중얼~ 그래야 짧은 시간에 빠르게 여러번 반복할 수 있습니다. 활동1까지 완벽하면 활동2만 반복하여 연습합니다.

5) 수업 전체를 이어서 발문이 매끄럽도록 연습하기
이렇게 며칠만 연습하면 신기할 정도로 실력이 확 느는 것이 느껴질 겁니다. 만능 스크립트를 짤 필요까지는 없지만, 딱 하나의 수업에 해당하는 스크립트만 짜서 반복 연습해도 대부분 비슷한 말이 반복되는 게 많아서 그 부분은 인지적 소모 없이 유창하게 말할 수 있습니다.

Chapter 01

수업실연 세부 기준 분석: 수업 운영 능력

NOTE

02 수업 운영 능력

1. 상호작용을 바탕으로 전개되는 수업 (학생과 교사, 학생과 학생, 수업 내용과 교사, 학생)

➜ 교사의 질문과 학생의 답변, 학생의 질문과 교사의 설명, 짝 토의, 또래 교수, 모둠 내 토의, 모둠 간 의견 나누기, 다양한 교수방법들, 동료평가, 학습 주제에 대해 충분히 탐구하여 수업 내용-교사-학생 간의 상호작용 등 상호작용을 바탕으로 수업 운영하는 모습 나타내 봅시다.

2. 학생중심수업에서 교사의 역할은 안내자, 조력자, 지원자, 촉진자 내용 설명, 시간 분배, 활동 및 방법 설명, 지식을 얻을 수 있도록 지원, 오반응에 대한 피드백 중요)

➜ 구성주의에서 교사의 역할에 따라, 학생들이 직접 지식을 구성할 수 있도록 교사는 활동을 안내해주고, 배움을 얻을 수 있도록 조력해주는 역할이 나타나야 함을 알고 적절한 지원과 설명과 활동을 제공합시다.

3. 참여 독려 (확산적 발문 사용, 호기심, 동기 높이기)

➜ 호기심을 유발하고, 동기를 높여 적극적인 참여를 할 수 있도록 확산적 발문, 학생중심 교육 방법 등을 활용합시다.

➜ 특히, 학습 의욕이 낮은 학생들의 경우 구체적인 방안을 미리 생각하여서 지원합시다. (학습된 무기력, 타인 의존성이 강한 학생, 실패의 경험이 많은 학생 등)

TIP

목표에 도달하는 과정! 오반응에 대해 피드백 제공! 다군의 참여 확대!

이 책을 준비하면서 경력자 선배님께 질문한 적이 있습니다. '선생님, 수업에서 어떤 요소가 가장 중요하나요?' 라고 여쭤보았더니 '크게 3가지를 봅니다. 목표, 오반응에 대한 피드백 그리고 다군 학생의 참여요.' 라고 하셨습니다.

이와 같이 (책의 초반부에서 강조) 목표는 수업의 이유입니다. 목표에 점차 도달하는 과정을 수업 상황에서 보여주고, 그 과정에서 정반응으로만 가득찬 수업보다는 오반응의 요소를 1~2개 정도 넣어 현장성을 높이고, 교사가 건설적이고 교정적인 피드백을 제공해야 합니다.

또한, 상대적으로 기능이 낮아 참여에 어려움이 있는 다군 학생에게는 교사가 더욱 다가가서 지원해주고, 친구들이 함께 도우며, 다군 학생의 표정, 몸짓, AAC 답변들을 수업과 연결지어 주는 모습이 특수교사의 수업 능력이라고 생각합니다.

4. 수업 내용과 조건을 충실하게 반영하기

➜ 합격을 위한 수업실연인 만큼, 주어진 조건(자료, 학생 특성, 활동 내용 등)을 충실하게 반영하여 객관화된 점수를 챙겨야 합니다.

➜ 수업을 단순하게만 구성하는 것이 아닌 내용이 있는 수업! 즉, 알맹이가 있는 수업을 진행해야 합니다. (중요 내용을 강조하고, 풍부한 예시, 관련 교과 지식 활용, 이해하기 쉽게 설명하며, 교사 스스로도 수업 내용에 대해 필요성을 인지)

➜ 수업 자료를 입체적이게 활용할 수 있는 방법들 고민해봅시다.

5. 평가를 적절하게 활용하기

➜ 활동별로 정리하기, 핵심 요약하기 활동, 이해도 점검을 위한 형성평가 등을 적절하게 활용합시다.

➜ 학생 수준을 고려하여 맞춤형 평가 방안 고려하여 수업을 설계합시다.

➜ 정리 활동 시 교육과정-수업-평가(기록) 일체화를 실현을 고려하여 마무리 지어야 합니다.

제시된 사진, 글, 동영상 등 수업 자료를 입체적으로 활용하자!

- 예 동물이 나왔다면 '이 동물의 그림을 우리 OO이가 클릭해줄래요? 우와, 이 동물의 울음 소리가 나오네요.', '이 동물의 이름은 어떤 것을 보고 알 수 있을까요? 우리 **이가 동그라미로 표시한대로 이 부리를 봐볼까요?' 로 그림에 표시를 해보기, 그림을 가려서 일부만 보여주기, 클릭하여서 울음 소리를 들어보기 등
- 예 동영상을 선생님이 이해하기 쉽게 장면별로 나누어서 다시 보여줄게요. 동영상의 대본을 가져왔어요.
- 자료가 많다면 자료 간의 연계성을 생각하여 서로의 차이, 서로가 비슷한 점을 찾아볼 수도 있습니다.
- 태블릿pc도 역시, 모둠활동에서만 제한적이게 사용하기 보다 e북을 사용하기, 어플 활용, 댓글 달기, 검색하기, 사진찍어 업로드 하기, 음성 검색 등으로도 자유롭게 사용할 수 있다는 점 알아주세요!

학습자의 특성을 고려하여 지원할 수 있는 제시 양식의 예

- 그림이나 글자의 색을 바꾸거나 강조하기
- 그림이나 글을 실물 사진과 같이 제공하거나, 실제 사물 제공하기, 실제 소리 들어보기
- 그림이나 글에 촉각적 자료 추가하기
- 그림이나 글 속 개념이나 관계도, 개요 제시하기 (워크시트, 마인드맵, 개념지도 활용 등)
- 별도의 자료 만들어 한 눈에 볼 수 있도록 제공하기
- 언어적 지시 속 중요 낱말을 나타내는 일상적인 그림 제시하기
- 계산기, 분수 모형, 지형 모형 등과 같은 도구 활용하기
- 영상을 글로 나타내기 (스크립트)
- 글의 일부만 다시 보여주거나 읽어 주기
- 구조화된 보조 지표 제공하기 (예-토큰제도, 시각적 스케줄 등)

[시각장애, 감각 활용 학생]

- 점자 표기 추가, 글 속에 점자 제공, 입체 형태 제공
- 그림에 대해 묘사하기
- 그림이나 글 확대하기

출처: 강은영 외 1, 대안평가 적격성 판단을 위한 의사결정과정 탐색 연구, 2018, p.88

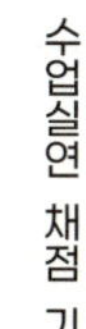

수업실연 채점 기준 분석

Chapter 1

수업실연 세부 기준 분석: 특수교과의 수업

NOTE

03 특수교과의 수업

1. 장애 특성 이해하고 반영한 수업

→ 장애로 인한 특성과 학습자의 수준과 흥미도를 파악하여 수업에 적절하게 드러내는 것은 평가자에게 '수업 실연의 조건을 잘 인지하고 있구나.' 라는 느낌을 줄 수 있습니다. 그러기 위해서는 수업실연 상황에서 등장할 수 있는 다양한 장애 특성들을 준비하여 실연 연습을 하는 것이 좋겠죠?

2. 기능적 교육과정의 목표 고려

→ 학생들이 본 수업으로 실생활에서 얻을 수 있는 것, 삶과 연계할 수 있는 요소는 무엇인지 등을 고려하여서 활동을 시작하거나 정리할 때 학습 목표를 연결하여 강조할 수 있습니다.

3. 기능에 맞는 도전행동(=문제행동) 중재 제공

→ 특수교과의 수업실연의 꽃인 문제행동 중재를 어떻게 하는지, 단순 수행 여부를 넘어서 최근 기출 흐름상 기능에 맞게 긍정적행동지원 중재를 제공할 수 있도록 다양한 상황을 연습합시다.

4. 개별화 교육의 실현

→ 학습 수준이 다양한 만큼 학습 자료 활용이나 수업 진행 시 학생 개인 특성을 고려하며, 개별적 수준에 적절한 과제와 활동, 수준별 발문으로 개별화 교육의 특징이 드러나야 합니다.

5. 안전한 수업

→ 돌발행동이 언제든 발생할 수 있는 상황에서 특수 학생들이 물리적으로도 심리적으로도 안전한 수업이 라고 느낄 수 있도록 사전 규칙 안내, 도구 활용 시 주의점 설명, 배경사건 중재 등 안전한 수업이 될 수 있도록 신경써야 합니다.

6. 특수교육 지원인력의 협력적 활용

→ 지역에 따른 정확한 명칭 사용, 상황에 적절한 활용(사진 찍기, 실습 준비, 학생 지원 등) 방안 등의 모습 보이며 협력적인 관계를 드러내야 합니다.

TIP

특수교육지원인력의 활용

특수교육보조인력의 명칭에서 특수교육 지원 인력으로 (장애인 등에 대한 특수교육법을 근거) 명칭이 바뀌었습니다. 특수교육지원인력에는 장애학생 활동 지원 사회복무요원, 실무사 등이 포함될 수 있습니다. 특히, 시도교육청마다 '특수교육실무사', '특수교육지도사' 라는 명칭을 달리하니 꼭! 용어 사용 시 명칭을 확인하셔야 합니다. 구체적인 활용 예시가 있습니다.

- 학생 지원 영역 및 방법에 대해 교사와 사전 협의 진행
- 특수교사와 보조 인력 간의 협력적인 관계 구축
- 활용 예시: 학생 이동 및 참여 지원, 사진 촬영, 교재교구 준비 등
- 특수교육지원 인력이 하지 말아야 할 업무: 수업 업무, 평가, 상담, 행정

출처: 조홍중, 전리상, 특수교육 관련자들의 특수교육보조인력 업무와 명칭에 관한 인식, 발달장애 연구 제25권 1호, 2021. 재구성

TIP

학생의 반응에 따른 교사의 역할

초반부 오반응이 종종 보이나 후반부로 갈수록 정반응 위주로 나아가야 효과적인 수업으로 보입니다. 학생 반응에 따른 대응, 경우의 수 정리 (오반응, 무반응, 정반응) 모두 골고루 나오는 것이 좋습니다. 예시를 알려드릴게요!

1) 오반응

- 교사가 정정: 다시 생각해보도록 기회를 주되 힌트 추가, 혹은 단계별로 정반응을 유도하는 질문을 차례로 추가함 (따뜻하게 격려, 공감하며)
- 또래가 정정: 오반응에 대한 또래 의견 묻기 → 또래가 정정 → 교사가 다시 정리, 전체 학생 지도 → 오반응한 학생에게 확인 질문

2) 무반응

- 아는데 학습된 무기력: 격려하기 자신감 돋아주기→살짝 대답→격한 칭찬,시도 강화
- 모르는 경우: 힌트를 주고 기다려 주기 (과거의 실생활 경험, 첫글자, 손짓, 몸짓 등)

3) 정반응

- 한 학생이 대답 칭찬, 강화 후 교사가 전체 학생 대상으로 한 번 더 정돈해서 지도 (더 정확한, 자세한, 또는 예시를 추가 등등 정교화하기)
  칭찬, 강화 후 확산적 질문 한 번 더 (왜? 어떻게? 덧붙일 의견?) 그 학생, 또는 전체
- 여러학생들이 힘을 모아 정반응 완성: 나,다 수준 음절, 몸짓, 단어→가 수준 문장
  또는 여러 학생이 1가지 요소씩 답변 → 두 경우 모두, 이후 교사가 받아서 정리

NOTE

NOTE

TIP

칠판 활용 방법

특수 과목의 수업실연에서 판서를 하는 경우가 많지는 않지만, 필요에 따라 판서를 활용해도 좋습니다. 합격자 선생님 중 이야기에 따르면 판서를 활용하여 수업주제의 핵심 개념에 대해 마인드맵을 그려 수업의 매끄러움을 더했다고 합니다.

상황에 따라 (긴 문장을 읽지 못하는 학생의 경우) 등을 고려해야 하니 시각적인 구조화를 활용한 판서법을 알아봅시다. 아래의 내용은 정해진 것이 아닌 현장에서 주로 쓰이는 방법들입니다. 멋지게 칠판을 꾸미는 것이 목적이 아니라 시각적인 자료를 더해주는 방법으로 접근합시다! 더하여 최근 기출처럼 전자칠판이라는 기자재가 등장했을 때는 더욱 자유롭게 활용이 가능합니다.

1. 전자칠판의 다양한 기능

판서	앱 활용	역 미러링

2. 3단계 판서법
   - 칠판의 세 부분을 나누어 도입/전개/정리 부분으로 나누어 판서하는 방법
   - 맨 위쪽에 학습 목표를 적음
   - 도입 부분의 면적에 학생들의 관련 개념에 대한 경험이나 수업 핵심 개념의 정의를 적어도 좋음
   - 전개 부분에서 학생들과의 활동 내용을 적음
   - 마지막 정리 부분의 면적에서 핵심 내용 정리

〈도입〉	〈전개〉	〈정리〉
-관련 경험 -핵심 개념	-활동 내용	-핵심 정리

3. 브레인 스토밍 활용
   - 시각적인 구조화를 활용하여 학생들의 경험이나 생각을 핵심 주제와 관련하여 판서

4. 색으로 구별하기
   - 색 대비를 활용해서 검정, 파랑, 빨강, 초록으로 검정은 정의나 수업 내용 기본 기재 사항, 파랑과 빨강은 긍정과 부정, 다른 개념을 대비하여 판서 (예- 한류는 파란색, 난류는 빨간색)
   - 개인별이나 조별의 의견의 색을 다르게 하여 서로의 의견을 비교 가능

NOTE

5. 표식

- 동그라미와 세모 ○, △　- 별표 ★　- 물결 ~
- 비교 표: 개념 비교를 쉽게 할 수 있도록 판서
- 체크: 학습목표 도달 확인, 활동 전환 시 체크 표시로 시각적 도움

6. 판서 시 도움이 되는 멘트들!

- 글씨 크기 확인: 소외된 학생 없이 수업에 잘 참여할 수 있도록 확인하기
  예 저기 뒤에 있는 친구도 다 보이나요?, 선생님이 더 크게 써줄까요?
- 글씨가 마음처럼 잘 써지지 않는 경우: 예 선생님이 지금 떨려서 그런지 글씨가 잘 써지지 않네요. 여러분의 눈에는 아주 예쁜 글씨일 거라고 믿어요.
- 그림이 이상하게 그려졌을 때: 무엇을 표현하려고 했는지 설명하기
  예 선생님이 열심히 그렸는데, 완전 OO같죠? (뻔뻔하게), 여러분의 눈에도 OO처럼 보이죠?
- 서로의 의견을 비교, 정리할 때: ~라고 적어볼게요. 이렇게 표시해도 괜찮나요? (동의 구하기) 예 태호는 바리스타 실습을 하다가 커피를 쏟은 경험을 이야기했고, 철현이는 제과제빵 실습을 하다가 오븐에 손이 데였던 경험을 이야기했네요. 모두 직업 실습에 열심히 참여하다가 다칠 뻔 했거나 다쳤다. 라는 안타깝지만 이러한 공통점이 있네요. 선생님이 칠판에 태호의 경험은 바리스타 실습 커피 쏟음 이라고 적고, 철현이의 경험은 제과제빵 오븐 화상 이라고 간단히 적을게요. or 선생님이 태호의 경험은 바리스타라고 적고 컵 그림을 넣고, 철현이의 경험은 오븐에 열이 나는 그림을 넣어도 여러분이 보기에 괜찮을까요?"
- 표식 활용: 활동이나 목표에 도달했을 때 체크 표시, 서로 대조되는 개념에는 동그라미와 세모 활용하기 예 오늘 활동2의 실습까지 모두 잘 마쳤으니 선생님이 칠판에 체크 표시를 할게요!

Chapter 2

수업실연 채점 기준표

NOTE

01 끈기 임용2차 수업실연 채점기준표

조이쌤과 끈기

수업실연 채점기준을 예상해보고, 기준표를 활용하여 나의 수업을 다각도로 분석해보거나 평가자가 되어 보며 연습해봅시다. 끈기 임용 2차에서 중요하게 다룬 채점 기준을 분석한 내용과 현장에서 자주 활용되는 평가표도 가져왔습니다!

영역	내용	점수				
교사의 기본 자세	• 수업 분위기가 안정적인 흐름으로 자신감 있는 자세를 보이는가? • 경어 사용으로 학생들을 존중하는 자세를 보이는가? • 수업에 대한 열의와 열정적인 자세가 드러나는가? • 학생을 구체적으로 칭찬, 답변을 존중하며 경청, 실수에 대해 허용적이며 격려하는 분위기를 조성하는가? • 정확한 발음과 크기, 수업 진행의 속도 (기다림, 시간 분배)가 적절한가? • 적절한 높낮이를 활용하여 매끄러운 분위기를 형성하는가? • 밝은 표정, 효과적인 제스처, 고개 끄덕거림, 몸을 낮추기, 시선 분산, 깔끔한 동선 등을 보이는가?	1	2	3	4	5
수업 운영 능력	• 상호작용을 바탕으로 전개되는 수업인가? (학생과 교사, 학생과 학생, 수업 내용과 교사, 학생) • 학생중심수업의 안내자, 조력자, 지원자, 촉진자의 역할을 수행하는가? (내용 설명, 시간 분배, 활동 및 방법 설명, 지식을 얻을 수 있도록 지원, 오반응에 대한 피드백) • 참여를 독려하는 확산적 발문 사용, 호기심, 동기 높이기 등 전략을 활용하는가? • 수업 내용과 조건을 정확하게 이해하며 충실히 반영하는가? 〈수업 조건〉 • 평가 및 피드백을 적절하게 활용하는가?	1	2	3	4	5
특수 교과의 수업	• 장애 특성 이해하고 반영한 수업인가? • 기능적 교육과정의 목표를 고려하는가? (삶, 실생활 연계성) • 기능에 맞는 도전행동(=문제행동) 중재 제공하는가? • 개별화된 맞춤형 교육을 실현하는가? • 안전한 수업 환경 및 분위기인가? • 특수교육 지원인력의 협력적 활용을 보이는가?	1	2	3	4	5

02 특수교사 수업평가 채점 기준표

평가 요소	문항
교과 내용 이해	• 교과를 구성하는 단원의 내용과 단원 간 계열성 및 관련성을 이해하고 있는가? • 특수교육대상 학생의 발달 특성을 고려한 교과의 성격을 파악하고 있는가?
교수법 이해	• 교과의 내용을 학생들이 잘 이해할 수 있도록 지도하고 구조화하는 방법을 알고 있는가? • 학생들이 잘못 알고 있는 개념을 인지하고, 효과적으로 지도하는 방법을 알고 있는가?
행동특성 이해	• 학생들의 강점과 약점, 그리고 다양한 행동 특성 등에 대해 구체적으로 파악하고 있는가? • 학생들의 행동 특성에 대한 개인차를 고려하여 수업 전략, 집단 구성, 학습 활동을 구안·실행하고 있는가?
학습 목표 설정	• 학생들의 다양한 특성과 요구에 따라 학습 목표를 타당하게 설정하고 있는가? • 학습 목표가 평가 가능하도록 명료하게 진술하고 있는가?
교수·학습 과정 구조화	• 본시 내용이 학습목표 달성에 적절하게 구성되어 있는가? • 집단 구성 및 자료, 매체 활용에 대한 계획 등이 적절한가?
평가 계획	• 학습 목표와 일관된 평가 기준과 방법을 마련하고 있는가? • 학생의 수행을 구체적으로 확인할 수 있는 평가 계획을 수립하고 있는가?
물리적 환경 구성	• 학습 활동에 적극적으로 참여하고 학생들 간에 상호작용이 활발하게 일어날 수 있는 배치인가? • 교과 특성에 적절하게 효율적인 자리 배치인가?
장애 유형의 다양성 고려	• 장애 특성에 따른 학생들의 독특한 요구를 고려하여 학습 환경을 조성하였는가? • 장애 유형별 다양한 특성 및 요구를 고려하여 수업을 실행할 수 있는가?
동기유발	• 학생들이 쉽게 지식을 회상해 낼 수 있는 단서를 제공하여 선행 지식을 활성화 하고 있는가? • 학생들의 생활 경험, 흥미, 호기심과 관련지어 학습 목표를 이끌어낼 수 있는가?
수업 전략 적용	• 학생들의 개별적 요구를 고려하여 수준에 따라 수업 전략을 차별화하고 있는가? • 학습 목표 및 과제에 부합하는 다양한 수업 전략을 적용하고 있는가? • 특수교육대상 학생의 특별한 학습 요구를 고려한 수업 전략을 활용하고 있는가?
학습 참여 활성화	• 학습 활동이나 과제를 학생들에게 인지적 측면에서 적절히 도전적인 수준으로 제시하고 있는가? • 학생들이 학습이나 과제 수행에 집중할 수 있도록 다양한 방법을 사용하고 있는가?
언어 사용	• 교사의 말소리가 명료하여 학생들이 수업 내용을 이해하는데 문제가 없는가? • 수업 중 사용하는 어휘가 학생들의 수준에 적절한가? • 학생들이 교사의 수업에 집중할 수 있도록 얼굴 표정이 진지하고 밝은가?
발문하기	• 학생 장애 특성과 수준을 고려한 발문을 하고 있는가? • 학생의 수업 참여를 촉진하며, 수업 내용에 대한 사고를 유도하는 확산적 발문을 하려고 노력하는가?
피드백 제공	• 다양한 학습 활동 및 과제 수행에 대해 피드백을 제공하고 있는가? • 적시에 정확하고 구체적인 피드백을 제공하고 있는가?
매체 활용	• 학습 목표 및 내용에 적절한 수업 매체를 활용하고 있는가? • 수업 매체 활용이 학생들의 학습 동기나 성취를 더욱 촉진시키고 있는가?
학생 평가	• 학생의 특성이나 수준을 고려하여 평가 기준 및 도구를 활용하고 있는가? • 학습 목표 및 내용과 일관된 평가를 실행하고 있는가?

출처: 전병운, 특수교사 수업평가 기준 개발, 지적장애 연구, 13(1), 2011, p.53~75

PART

05

[지도안 작성 지역] 교수·학습 지도안(과정안) 작성

Chapter 1

지도안 작성 위한 이해

NOTE

지도안의 부분의 구성요소는 다음과 같습니다. 목표, 학습 단계, 학습 내용, 교사 활동, 학생활동(가,나,다), 자료 및 유의점, 형성평가에 대한 내용 등입니다. 지도안 작성 또한 마찬가지로 작성 조건과 학생 특성이나 자료를 제공합니다. 그래서 주어진 형식에 (수험생 작성란) **문제지의 학습 내용 및 목표, 수업 실연 문제 및 학생 특성, 가독성 등을 고려**하여 제한 시간 내 지도안을 작성 후 제출하면 됩니다.

〈지도안 틀 예시〉

<table>
<tr><th rowspan="2">학습
단계</th><th rowspan="2">학습
내용</th><th rowspan="2">교사
활동</th><th colspan="3">학생 활동</th><th rowspan="2">자료 및
유의점</th></tr>
<tr><th>가</th><th>나</th><th>다</th></tr>
<tr><td rowspan="3"></td><td></td><td colspan="4"></td><td></td></tr>
<tr><td></td><td colspan="4"></td><td></td></tr>
<tr><td></td><td></td><td colspan="3">가 |
나 |
다 |</td><td></td></tr>
</table>

저의 교생 실습 시절 지도안과 관련하여 기억에 남는 조언이 있습니다. 한 경력자 선생님께서는 '지도안'의 개념을 이렇게 설명해주셨습니다. 다른 사람이 나의 지도안을 보았을 때 '아 이 선생님께서는 이러한 수업을 하겠구나.' 라고 예상되도록 **자연스럽고 수업 상황이 머릿속에 그려질 수 있게 작성되어야 한다고 이야기하셨습니다.** 심지어는 만약 내가 갑작스럽게 해당 차시의 수업을 하지 못하는 상황이라 **다른 교사가 내 수업을 대신 해야 할 때, 지도안을 보고 어려움 없이 수업할 수 있어야 한다**고도 말씀하셨습니다.

정리하자면, 여기서 얻을 수 있는 지도안 관련 현장 시사점은 ① **수업 흐름이 자연스럽게 작성되어야 하고, ② 읽기만 하여도 수업 상황이 그려질 수 있어야 하며 (교수 학습 활동, 교사의 발문, 학생의 반응 등) ③ 내가 아닌 다른 교사도 쉽게 알아볼 수 있도록 지도안 작성의 기본적인 형식에서 벗어나지 않게 작성**해야 한다는 점입니다.

조이쌤과 끈기+

지도안 (과정안) 작성 양식은 주로 B4로 제시되나 현장 상황에 당황하지 않도록 다양한 유형의 틀과 크기 (A4, A3, B4)로 연습하는 것을 강력 추천드려요. 교육과정평가원은 2016학년도에 유아와 초등 양식만 예시로 제시했으며, 중등의 경우 관련 게시글이 없습니다. 참고하시고, 아래의 챕터양식은 합격자 선생님들의 복기를 토대로 구성하였습니다.

Chapter 2

지도안 작성 양식 모음

01 유형

NOTE

2025학년도 중등교사 임용후보자 선정경쟁 2차 시험
[교수·학습 과정안] 답안지

수험번호									성명		감독관 확 인	

○ ○ ○ ○

대단원			중단원		차시	
단원명						
학습목표		공통				
		가				
		나				
		다				
단계	학습내용	교사활동	학생활동		시간(분)	자료 및 유의점

(1/2)

관리번호	

NOTE

2025학년도 중등교사 임용후보자 선정경쟁 2차 시험

[교수·학습 과정안] 답안지

수험번호									성명		감독관 확인	

단계	학습내용	교사활동	학생활동	시간(분)	자료 및 유의점

평가	수준	내용	척도	방법

(2/2)

관리번호	

02 유형

2025학년도 중등교사 임용후보자 선정경쟁 2차 시험

[교수·학습 과정안] 답안지

수험번호									성명		감독관 확 인	

대단원			중단원		차시	
단원명						
학습목표	공통					
	가					
	나					
	다					

단계	학습내용	교수·학습활동	시간(분)	자료 및 유의점

(1/2)

관리번호	

NOTE

2025학년도 중등교사 임용후보자 선정경쟁 2차 시험
[교수·학습 과정안] 답안지

수험번호									성명		감독관 확인	

단계	학습내용	교사활동	학생활동	시간(분)	자료 및 유의점

평가	수준	내용	척도	방법

(2/2)

관리번호	

03 유형

2025학년도 중등교사 임용후보자 선정경쟁 2차 시험

[교수·학습 과정안] 답안지

수험 번호								

성명	

감독관 확 인	

대단원		중단원		차시	
단원명					
학습목표	공통				
	가				
	나				
	다				

단계	학습내용	교수·학습활동	시간 (분)	자료 및 유의점

(1/2)

관리번호	

교수·학습 지도안 (과정안) 작성 [지도안 작성 지역]

NOTE

2025학년도 중등교사 임용후보자 선정경쟁 2차 시험
[교수·학습 과정안] 답안지

수험 번호									성명		감독관 확인	

단계	학습내용	교수·학습 활동	시간 (분)	자료 및 유의점

(2/2)

관리번호	

Chapter 3

지도안 작성 고득점 비결 Point!

NOTE

POINT 01 가독성이 좋다!

기본적으로 채점을 위해 평가자가 편하게 읽을 수 있어야 합니다. 수험생들은 자신이 쓰기 편한 펜이나 번지지 않는 펜, 가독성이 좋은 굵기 등을 사용하고, 글자를 또박 또박 적도록 노력해야 합니다.

중등 특수 예시

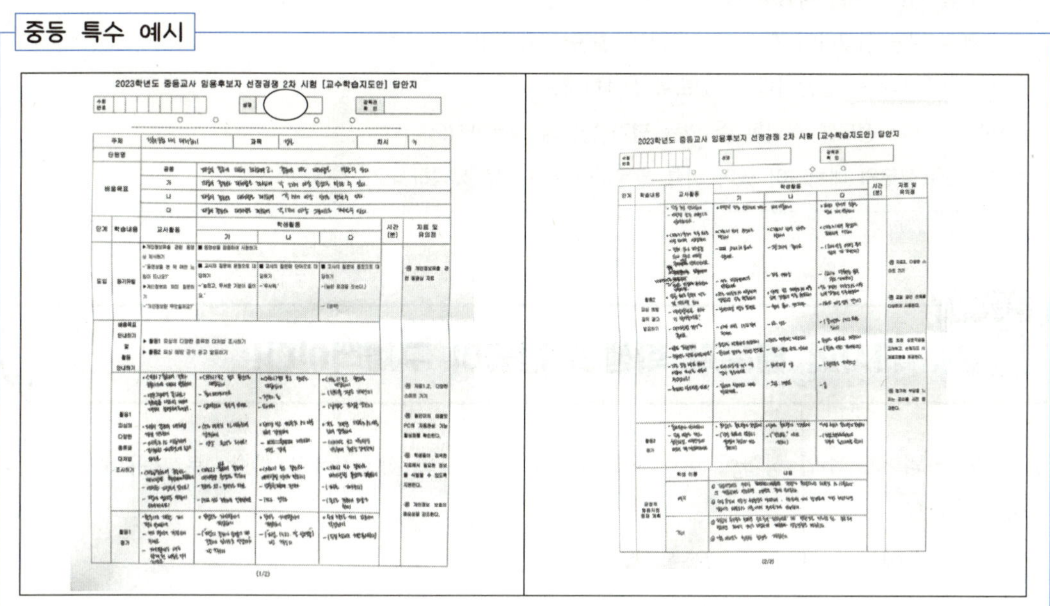

2023학년도 중등교사 임용후보자 선정경쟁 2차 시험 [교수학습지도안] 답안지

POINT 02 통일성이 있다!

- 교사의 발문 '▶' 표시, 학생의 대답 '◎' 표시하는 등 형식적으로 통일되어야 합니다.

예시

교사 활동	학생 활동
▸ 인사하기	▸ 바르게 앉아 인사한다.

⇨

교사 활동	학생 활동
▸ 인사하기	◎ 바르게 앉아 인사하기

POINT 03 조건에 부합하도록 작성되어 있다!

조건이 빠지지 않도록 꼼꼼하게 작성해야 합니다. 조건은 명확하고 객관적인 채점 항목이 되므로 마지막에 다시 한번 더 확인해야 합니다. (자료 활용, 유의점, 학생 특성, 행동 중재 등) 제출 전 자기점검은 필수입니다! 내용을 점검하기 쉽도록 무엇을 몇 개 작성해야 하는지 조건지를 읽고 조건에 번호를 붙인 다음 스스로 표식하여 점검할 수 있습니다. 이는 제출 전에도 다시 검토하기 수월하니 스터디를 할 때도, 스스로도 채점 연습을 해보세요.

예시

① 학생별 학습목표를 작성하시오.
② 아래의 내을 참고하여 개별 특성 고려한 활동 계획하시오
③ 의사소통 역량을 신장시킬 수 있도록 설계하시오.
④ 학생의 이해 정도를 확인할 수 있는 평가 방법을 활용하시오
⑤ 특수교육실무원 배치되어 있어 이를 활용하여 지도안을 작성하시오.

POINT 04 교사의 발문과 학생의 반응이 구체적이다!

- 지도안만 읽어도 수업 상황이 머릿속에 그려질 수 있도록 상호작용을 바탕으로 내용이 전개되어야 합니다.
- 다군의 경우에는 () 표시 후 행동을 적을 수 있습니다.

예 (교사와 눈맞추기), (00 단어 카드를 들기) 등

예시

〈교사의 발문과 학생의 답변 예시〉

학습 내용	교사 활동	학생 활동		
		가	나	다
활동1 겨울철 날씨 특징 알기	‣ '겨울철 날씨'에 대한 생각 질문하기 -'겨울 날씨를 딱! 떠올리면 어떤 생각이 드나요?'	• 교사의 질문에 문장으로 대답하기 -'눈이 내리는 모습이요.', '몸을 녹이는 사람들이요.'	• 교사의 질문에 단어로 대답하기 -'하얀색', '눈사람'	• 교사의 질문에 그림카드나 행동으로 대답하기 -(몸을 떤다.), (붕어빵 그림 카드를 든다.), (aac의 겨울 날씨 탭의 그림들 중 하나를 선택한다.)

POINT 05 경제성이 높음 (중복x)

- 지도안 작성 시 내용이 지나치게 중복되지 않아야 합니다.
- 용어나 상황을 적절하게 함축 및 생략하여 경제성이 높게 작성되었습니다.
- 지도안에 〈자료1: 독도의 다양한 생물〉로 길게 표기하는 것이 아닌, 〈자료1〉로 간결하게 표기할 수 있습니다.

예시

교사 활동		교사활동
▶ 태블릿PC를 이용하여 환경보호를 위해 우리가 실천할 수 있는 활동을 찾아 보고서 작성하기 -'태블릿PC를 이용하여 환경보호를 위해 우리가 실천할 수 있는 실천 방법을 찾아 보고서에 적어봅시다.'	⇨	▶ 환경보호를 위한 실천 방법 보고서 작성 지원하기 -'태블릿PC로 우리가 실천할 수 있는 환경보호 방법을 검색한 뒤 보고서에 적어봅시다.'
아쉬운 예		적절한 예

중재		중재
동영상을 보기 전 동영상 규칙을 제시하여 동영상에 집중하도록 유도한다.	⇨	동영상 시청 전 규칙을 제시하여 집중을 유도한다.
아쉬운 예		적절한 예

TIP

교수·학습지도안 (과정안) 작성 핵심 Point 5가지 어크로스틱

통일성, 구체성, 경제성, 가독성, 조건

Chapter 4

지도안 10가지 구성 요소별 작성 방법·예시

NOTE

조이쌤과 끈기+

학생은 능동적인 존재이다! 학생들이 수동적으로 보이지 않도록 탐색의 기회를 제공한다던지, 예측이나 예상, 선택의 기회, 직접 붙여보기, 검색하기, 먼저 흥미를 보이기 등 학생중심의 활동 구성을 생각하여 드러내봅시다.

01 단원·제재

- 단원부터 작성해야 한다면 꼭 조건에 있는 단원명을 정확하게 기재하기
- 제재 흐름에 맞는 활동을 구성하기

02 차시

- 어떤 차시 활동을 작성해야 하는지 차분하게 파악하고 개요 짜기
- 이전 차시, 활동 흐름이 연계될 수 있도록 전체적으로도 접근하기
- 계열성을 고려하여 이전에 배웠던 활동이나 사전에 기재된 내용과 지나친 중복 피하기

03 목표

- 구체적인 행동 동사로, 과목의 성격을 고려하여, 학습 실태 반영(조건), 자료 등 활용하여 작성하기

1. 목표 형식 맞추기

- **구체적인 행동 동사로 작성하기**

  예 ~에 대해 알 수 있다. (X) → 설명할 수 있다. (O)
- **한 가지의 예시** 목표가 제공되었다면 이를 참고하여 가/나/다 수준 나누기

  예 가 수준의 목표가 제공되었다면,

수준	목표
가	무인주문기 이용 방법의 알맞은 순서를 문장으로 설명할 수 있다. (제공)
나	무인주문기 이용 방법의 알맞은 순서를 단어로 설명할 수 있다.
다	무인주문기 이용 방법 6단계 중 1~3단계 순서의 그림 카드를 알맞게 선택할 수 있다.

2. 교과의 성격

- **과목의 성격을 고려하기**

예 사회과 → 독도지킴이 주제 → 독도의 위치와 역사적 중요성, 나라를 지키기 위해 노력한 사람들에 대한 감사하고 소중한 마음 등

- **해당 교과의 역량 반영하기**

예 과학과 → 과학적 문제해결 역량 → 실생활 속 문제해결을 위해 과학적 지식과 사고를 활용하는 역량

3. 학습 실태 반영

- **문제지에 나온 학습 실태를 반영하여 목표를 설정하기**

예 학생 학습 실태를 반영한 수준별 목표

수준	학습 실태	목표
가	장면을 보고 문장을 쓸 수 있음	~의 장면을 보고 관련된 문장을 2줄 이상 작성할 수 있다.
나	간단한 문장은 읽을 수 있으며, 관련 단어를 적을 수 있음	~의 장면을 보고 문장의 빈칸을 알맞은 단어로 채울 수 있다.
다	일생생활에 자주 쓰이는 단어는 인지할 수 있으나 단어를 쓰지는 못하며 그림 선택 가능함	~을 보고 관련된 그림을 선택할 수 있다.

수준	학습 실태	목표
가	태블릿PC 조작을 스스로 잘 함	~에 대해 스스로 조사하여 ~을 발표할 수 있다.
나	단어가 제공되면 태블릿PC 조작을 할 수 있음	~관련 단어 카드로 ~을 조사하여 ~의 보고서를 발표할 수 있다.
다	태블릿PC로 사진을 찍을 수 있으며, 시각적 자료를 좋아함	이미지 검색을 통해 ~와 관련된 그림을 선택하여 발표할 수 있다.

4. 자료 활용

〈자료2〉에 모둠 보고서가 있다면, 자료를 활용하여 목표 설정 가능

예 목표: 00의 특징에 대한 모둠 보고서를 발표할 수 있다.

TIP

공통 목표는 모두가 접근 가능하게 설정하기!

수험생 선생님들께서 자주하는 실수 중 하나로, 공통 목표 작성 시 '모두가 동등하게 접근하고 달성할 수 있도록' 작성해야 합니다. 특히나 '다군'의 수행 수준을 기준으로 고려합시다.

예 다군이 발화를 못하는 학생인데, 공통 목표가 말할 수 있다? → 다군은 도달하기 어려운 목표 → 선택하기, 연결하기, 표현하기 등으로 모두가 도달 가능할 수 있는 행동으로 설정하는 것 주의하세요!

NOTE

04 내용 (활동)

1. 목표와 학습 활동의 방향 일치성 고려하기

• 학습 목표에서 벗어나지 않는 학습 활동의 흐름으로써, 학습 활동에 열심히 참여하다 보면 목표 도달에 가까워지는 구조로 작성하기

2. 초반 발문은 확산적 발문으로 배움 출발하기

예시

교사 활동	학생 활동		
	가	나	다
여러분은 공익 광고를 본적 있나요?	본 적 있어요.	있어요.	네.
아쉬운 예			

⇨

교사 활동	학생 활동		
	가	나	다
공익 광고를 보니 기분이 어떤가요?	놀랐어요.	신기해요.	(무서워)
적절한 예			

3. 활동은 간결하게 작성하기

예시

작성 내용		
교사 활동		교사 활동
태블릿pc를 사용하여 피싱의 종류와 대처 방안에 대해 조사하도록 지도하기	⇨	피싱의 종류와 대처 방안 조사 지원하기
아쉬운 예		적절한 예

4. 교사-학생의 활동이 상호작용을 토대로 대응되게 작성하기

예시

교사	학생
동영상 재생하기	동영상 시청하기
질문하기	질문에 대답하기
조사 진행하기	조사하기

자주하는 실수!

"교사의 활동과 학생의 활동은 같지만, 다르다!"

지도안 작성 시 가장 많이 하는 실수 중 하나입니다. 교사의 활동과 학생의 활동은 수업 상황에서 같지만 다릅니다. 이게 무슨 이야기냐구요? 교사가 설명하기를 하고 있다면, 학생은 설명 듣기를 하는 흐름입니다.

예를 들어 교사의 활동은 '안내하기, 설명하기, 소개하기, 제시하기, 시범보이기, 제공하기, 질문하기, 발문하기, 평가하기 등'입니다. 그렇다면, 학생은 교사의 활동과 대응되도록 '~에 대해 필요성 알기, 확인하기, ~해보기, 발표하기, 토의하기, 학습지 완성하기, 경청하기, 따라하기, 관찰하기, 선택하기, 대답하기, 정리하기 등' 으로 상호의 과정에 맞는 반응과 지원 등을 떠올려 대응시키면 쉽습니다. 교사의 활동과 학생의 활동을 혼돈하지 않도록 주의하시길 바랍니다.

5. 교사의 발문에 핵심내용이 들어가도록 작성하기

예시

작성 내용			
학습활동	교사 활동		교사 활동
피싱의 다양한 종류와 대처방법 조사하기	▶ 피싱의 다양한 종류와 대처 방법 질문하기 '어떠한 피싱이 있나요?' '피싱에 당하면 어떻게 해야 하나요?'	⇨	▶ 피싱의 다양한 종류와 대처 방법 질문하기 '조사해보니 어떤 종류가 있나요?' '만약 피싱 범죄에 당했다면 어떻게 대처해야 할까요?'
아쉬운 예			적절한 예

작성 내용			
학습활동	교사 활동		교사 활동
환경보호 실천 공익광고 만들기	▶ 환경 파괴의 심각성에 대해 발문하기 '환경 파괴는 무서운거죠.' '그렇다면 우리가 무엇을 할 수 있을까요?'	⇨	▶ 환경 파괴의 심각성에 대해 발문하기 '만약 환경 파괴가 계속된다면 지구의 모습은 어떨지 상상해볼까요?' '우리가 할 수 있는 환경보호 실천 방법은 무엇이 있을까요?'
아쉬운 예			적절한 예

자주하는 실수!

"발문 연구는 수업에서만 사용하기? (X)"

발문을 수업실연에서만 사용하는 것이 아니라, 지도안 작성 시에도 적극 활용할 수 있습니다. 교사 활동 밑 부분에 발문으로 작성하여, 초반에는 확산적 발문을 활용하여 참여도와 동기를 높이는 장면이 드러나야 합니다. 사실상 지도안 작성은 수업실연에서 연구한 부분을 문서화 시키는 과정입니다.

NOTE

6. 개별 학습자의 능력과 특성을 고려한 학습 활동 전개하기

• 학생들 수준에 따라 자료를 재구성하여 활용, 수준별 발문 및 개별적 활동 지원을 고려하기

예시

교사 활동	학생 활동		
	가	나	다
▸ 피싱의 다양한 종류 조사 방법 안내하기 –태블릿PC로 피싱의 다양한 종류에 대해 검색해봅시다.	• 스스로 피싱의 종류 검색하기	• 제공된 단어장을 보고 피싱의 종류 검색하기	• 자동완성 기능과 이미지 파일을 이용해 피싱의 종류 검색하기

• 다군이 너무 수동적으로 보이지 않도록 최대한의 참여 드러내기

예시

작성 내용		
다군) 친구들이 온도 측정한 결과 살펴보기	⇨	다군) 짝과 함께 온도 측정하여 차갑다, 뜨겁다 그림카드 붙이기
아쉬운 예		적절한 예

작성 내용			
중재	실무원이 주영이가 표지판의 그림을 찾는 것을 도와주도록 한다.	⇨	주영이는 영찬이와 짝이 되어 반대 의미 표지판을 고르도록 지원한다.
아쉬운 예			적절한 예

7. 삶과 연계하기

• 수업 주제와 관련된 경험을 이끌어 내거나 실생활 활용을 강조하는 발문 활용하기

예 교사활동: '교통수단 이용 경험에 대해 질문하기' 교통수단을 이용해본 경험이 있나요?, 평소에 독도에 대해서 뉴스나 책으로 본 경험이 있나요?

예 교사활동: '배움 정리하기' 오늘 분리배출하는 방법을 배웠으니, 주말에 부모님께서 분리배출하는 것을 도와서~

예시

교사 활동	학생 활동		
	가	나	다
▸ 차갑거나 따뜻한 정도 질문하기 –'우리 교실에서 차가운 곳과 따뜻한 곳은 어딜까요?'	• 교사의 질문에 문장으로 대답하기 –'난방기 앞은 따뜻해요.'	• 교사의 질문에 단어로 대답하기 –'냉장고, 시원해.'	• 교사의 질문에 행동으로 대답하기 –(창문을 가리킨다.)

8. 교과의 성격 드러내기, 성취기준의 '기능' 부분을 참고하여 목표 설정이나 발문 시 활용하기

예시

과목	기능
국어	• 구별하기 • 반응하기 • 표현하기 • 파악하기 • 대화하기 • 확인하기 • 요청하기 • 공감하기 • 주장하기 • 설득하기 • 설명하기 • 발표하기 • 보완·대체 의사소통 도구 사용하기 • 찾기 • 대응하기 • 소리 내어 읽기 • 요약하기 • 보완·대체 의사소통 도구 사용하기 • 그리기 • 색칠하기 • 보고쓰기 • 받아쓰기 • 작문하기 • 기록하기 등
수학	• 찾기 • 짝짓기 • 배열하기 • 구별하기 • (개수) 세기 • 비교하기 • 계산하기 • (화폐) 읽기 • 교환하기 • 문제 해결하기 • 탐색하기 • 관찰하기 • 탐색하기 • 경험하기 • 측정하기 • 무늬 꾸미기 • 규칙 정하기 • 표현하기 • 확인하기 • 표 만들기 • 그래프 그리기 • 해석하기 등
사회	• 관찰하기 • 비교하기 • 발표하기 • 반성하기 • 조사하기 • 적용하기 • 설명하기 • 표현하기 • 평가하기 • 참여하기 • 실천하기 • 경험하기 • 문제 해결하기 • 정보 수집하기 • 정보 활용하기 • 토의·토론하기 • 의사결정하기
과학	• 관심· 호기심 갖기 • 문제 확인하기 • 자료 수집하기 • 조사하기 • 분류하기 • 측정하기 • 예상하기 • 결과 전달하기
음악	• 표현하기 • 노래 부르기 • 연주하기 • 탐색하기 • 반응하기 • 구별하기 • 비교하기 • 경험하기 • 놀이하기 • 활용하기 • 참여하기 • 찾아보기 • 발표하기 • 태도 갖기 • 관람하기
미술	• 연결하기 • 소통하기 • 활용하기 • 이해하기 • 탐색하기 • 구분하기 • 표현하기 • 조작하기 • 찾아보기 • 비교하기 • 감상하기 • 참여하기 • 전시하기
체육	• 따라 하기 • 모방하기 • 움직이기 • 놀이하기 • 참가하기 • 익히기 • 실천하기 • 예방하기 • 달리기 • 이동하기 • 헤엄치기 • 구르기 • 걷기 • 뛰뛰기 • 던지기 • 자세 취하기 • 균형 잡기 • 기록 단축하기 • 도전하기 • 맞히기 • 동작하기 • 수행력 높이기 • 이동하기 • 피하기 • 쫓아가기 • 달아나기 • 멈추기 • 던지고 받기 • 잡기 • 표현하기 • 전달하기 • 발표하기 • 참가하기 • 사용하기 • 구별하기 등
보건	• 설명하기 • 적용하기 • 찾아보기 • 점검하기 • 실천하기 • 제시하기 • 찾아보기 • 탐색하기 • 표현하기 • 습관형성하기 • 대처하기 등

출처: 기본교육과정 (교육부 고시 제 2015-81호 [별책3])

NOTE

05 자료

1. 자료가 잘 드러나도록 가, 나, 다군 별로 자료 활용도 높이기

예시

〈자료1 그림카드〉

보건실에서 아파하는 장면	서로 도우며 공부하는 장면	생일 파티 장면

교사 활동	학생 활동
"어떤 상황인가요?"	"보건실이요."
아쉬운 예	

⇨

교사 활동	학생 활동		
"어떤 상황인가요?"	"보건실이요. 아파요."	"공부, 도와."	(박수 카드 들기), (케이크 카드 들기)
적절한 예			

2. 다양한 반응을 활용하여, 자료나 조건으로 교정하는 상황 구성할 수 있음

예시

학습 내용	교사 활동	학생 활동		
		가	나	다
온도계로 온도를 재어 보아요	⦿ 표준단위의 필요성 및 개념 인식시키기 -비커 속 물의 온도를 예상해봅시다. -같은 온도의 물도 사람마다 다르게 느낄 수 있어 우리는 온도계를 활용해야 합니다.	▶ 표준단위의 필요성 및 개념 인식하기 -36도?	-100도	-1도

예시

학습 내용	교사 활동	학생 활동		
		가	나	다
활동1 세금의 종류 알기	⦿ 실생활 관련 경험 질문하기 -세금을 내 본 경험이 있나요? -〈자료1〉 영수증을 살펴봅시다.	▶ 세금의 종류 알아보기 -잘 모르겠어요. -물건을 사면서 같이 내요.	-엄마. -세금 내요.	-(물음표 카드를 든다.) -(교사와 함께 영수증 속 '부가세' 단어에 밑줄을 긋는다.)

06 행동 지원

NOTE

1. 긍정적 행동지원 용어 사용하기

예시

작성 내용			
중재 방법	큰 소리로 우는 대신에 심호흡을 3번 하게 한다.	⇨	큰 소리로 우는 대신에 심호흡을 3번 하게 하여 인내 기술을 습득시킨다.
	아쉬운 예		적절한 예

2. (중재를 2가지 작성해야 한다면) 중재의 다채로움 생각하여 교사의 역할 잘 드러나도록 작성하기

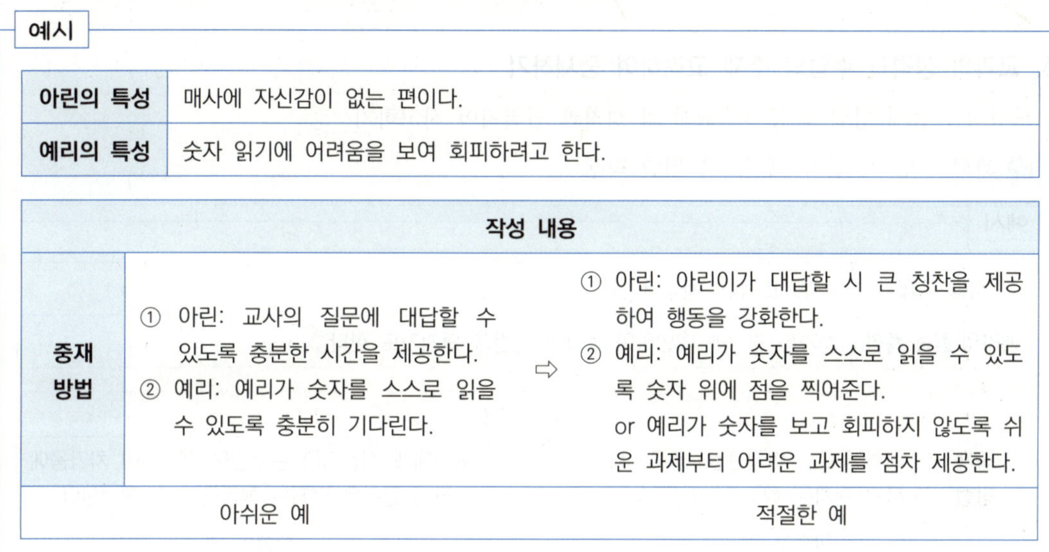

예시

아린의 특성	매사에 자신감이 없는 편이다.
예리의 특성	숫자 읽기에 어려움을 보여 회피하려고 한다.

작성 내용			
중재 방법	① 아린: 교사의 질문에 대답할 수 있도록 충분한 시간을 제공한다. ② 예리: 예리가 숫자를 스스로 읽을 수 있도록 충분히 기다린다.	⇨	① 아린: 아린이가 대답할 시 큰 칭찬을 제공하여 행동을 강화한다. ② 예리: 예리가 숫자를 스스로 읽을 수 있도록 숫자 위에 점을 찍어준다. or 예리가 숫자를 보고 회피하지 않도록 쉬운 과제부터 어려운 과제를 점차 제공한다.
	아쉬운 예		적절한 예

3. 학생의 특성 및 행동을 긍정적으로 인식하여 활용하기

예시

유진이의 특성	-온도계 측정 완료음에 관심이 있다.

작성 내용			
중재 방법	유진이가 온도 측정에 집중하도록 측정음이 없는 막대 온도계를 사용한다.	⇨	유진이에게 온도계의 측정 완료음을 먼저 들려주어 흥미를 높인다.
	아쉬운 예		적절한 예

예시

아린이의 특성	-친구를 좋아하는 편이다. -숫자를 읽는 것을 싫어한다.

작성 내용			
중재 방법	아린이에게 조이가 자신이 쓴 숫자를 보여주도록 한다.	⇨	조이가 아린이의 또래 멘토가 되어 숫자를 함께 읽도록 지원한다.
	아쉬운 예		적절한 예

4. 중재의 효과 고려하기

예시

슬기의 특성	타인에게 의존성이 심하여 무작정 답을 알려달라고 한다.

작성 내용			
중재 방법	'도움카드를 들어요.' 규칙 제공을 통해 슬기의 도전행동을 예방한다.	⇨	• 슬기가 스스로 활동할 수 있도록 활동지에 ~의 시각적 단서를 제공한다. • 슬기가 성취감을 느낄 수 있도록 난이도를 서서히 높여간다. • 슬기의 의존성을 낮추기 위해 활동 시 교사의 도움을 서서히 줄여간다.
	아쉬운 예		적절한 예

5. 교과의 성격과 수업의 주제 고려하여 중재하기

• 도전행동 중재 방법 작성 시 '교과'의 성격과 연결지어 사고하기

예 과학 수업 시 감각 예민으로 인한 학생

예시

학습 주제	과학) 뜨겁다, 차갑다 알기
예리의 행동 특성	차가운 감각에 예민하여 놀라면 물건을 던지기도 한다.

작성 내용			
중재 방법	예리에게는 미지근한 물을 제공하여 물건 던지는 행동을 예방한다.	⇨	예리에게 장갑이나 손수건을 제공하여 차가움에 놀라서 물건을 던지는 행동을 사전 예방한다.
	아쉬운 예		적절한 예

예 국어 과목 시 발표에 두렵거나 자신감이 없고 쑥스러움이 많은 학생

예시

조이의 도전행동	학습된 무기력으로 인해 발표하기를 거부한다.

작성 내용			
중재 방법	① 발표 시 강화를 많이 제공하고 격려한다. ② 용기 팔찌를 제공하여 두려워하지 않도록 격려한다.	⇨	① 조이의 학습된 무기력이 발현되지 않도록 발표 과제 제공 시 과제 난이도를 조절하여 성공경험을 설계한다. (과제 수정) ② 조이의 발표 시 친구들과 함께 칭찬과 격려하여 심리적 지원을 제공한다. (심리적 지원 제공)
	아쉬운 예		적절한 예

07 유의점

정동영 외 2명(2016)에 따르면 유의점이란 본 단원의 교수학습 활동 시 자료 활용, 학생의 돌발 사태, 안전문제, 지도 시기, 특수교육지원인력 관리, 현장 학습 등에서 일어날 수 있는 유의점 기록하는 부분입니다.

중등특수의 경우 유의점이 기재된 대로 맥락을 맞추어 쓰는 것이 중요하나, 추후 시험에서 유의점을 직접 기재해야 할 가능성도 있으니 다양하게 대비하시길 바랍니다. 또한, 초등특수의 경우 유의점 칸은 상대적으로 좁기에 최대한 간결하고 경제적이게 기재해야 합니다. 모든 것을 다 적으려고 너무 빼곡하게 적는 경우에는 채점이 힘들 수 있습니다. 아래의 예시는 여러 내용을 경제성 있게 작성하였습니다.

예시

아쉬운 예	적절한 예
• 안전교육을 통해 안전하게 활동하도록 한다. • 실무사를 예리의 왼쪽에 배치하여 예리가 양손을 사용할 수 있도록 지원한다. • 예리가 양손을 사용할 수 있도록 한다. • 안전규칙을 외친 뒤 실험을 진행한다. • 아린이의 건강지킴이 경험과 연관지어 온도계 측정 방법을 설명하여 이해하기 쉽도록 한다. • 아린이가 수학에 대해 자신감을 기를 수 있도록 격려한다.	• 안전규칙을 외친 뒤 실험을 진행한다. • 아린이의 건강지킴이 경험을 상기시켜 온도 측정 활동의 흥미를 높인다. • 예리의 양손의 균형적 사용을 위해 실무사를 예리의 왼쪽에 배치하여 부분적 신체 지원한다.

- 유의점에는 조건을 드러낼 때 '무엇을 위해서' 교사가 '어떻게' 하는지 그려지도록 작성하기

  예 '신체의 균형을 위해서 오른손도 함께 사용하도록 부분적 신체적 지원한다.'

08 평가

1. 평가는 무엇을 하는지 잘 드러나게, 용어는 정확하게 작성하기

예시

작성 내용			
중재 방법	다른 조가 온도를 정확하게 쟀는지 확인해봅시다.	⇨	• 다른 조의 온도 측정 결과를 동료 평가해봅시다. • 온도가 맞다면 동그라미 스티커, 다시 측정이 필요하다면 세모 스티커를 붙여줍시다.
	아쉬운 예		적절한 예

2. 가정연계 요소는 구체적으로 드러나도록 작성하기

예시

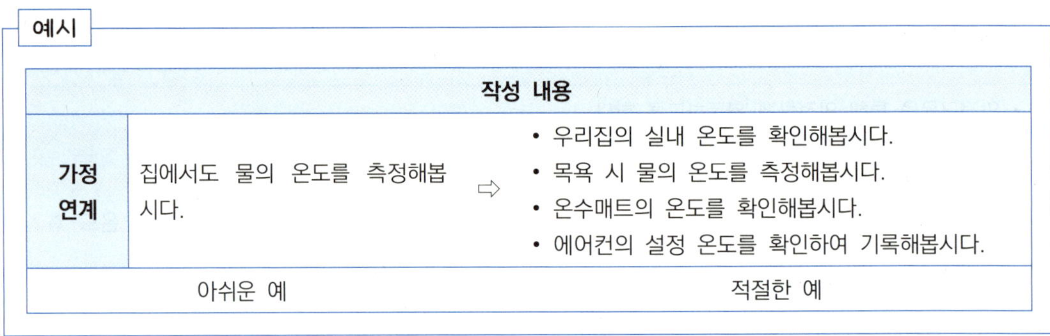

작성 내용			
가정 연계	집에서도 물의 온도를 측정해봅시다.	⇨	• 우리집의 실내 온도를 확인해봅시다. • 목욕 시 물의 온도를 측정해봅시다. • 온수매트의 온도를 확인해봅시다. • 에어컨의 설정 온도를 확인하여 기록해봅시다.
	아쉬운 예		적절한 예

예시

작성 내용			
가정 연계	우리집의 ~을 찾아 사진 찍으세요.	⇨	우리집의 ~을 찾아본 뒤 사진을 찍어 온라인 학습터에 업로드해요.
	아쉬운 예		적절한 예

3. 평가 내용을 간단히 명시해도 좋음

예시

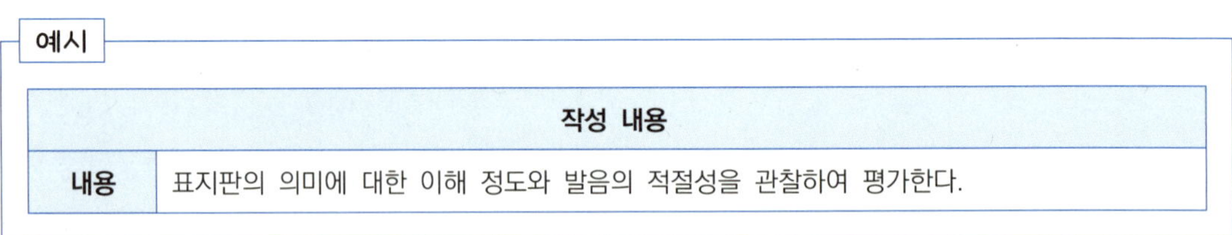

작성 내용	
내용	표지판의 의미에 대한 이해 정도와 발음의 적절성을 관찰하여 평가한다.

TIP

교-수-평 일체화 실천하는 방법

- 유의점) 교-수-평 일체화를 고려하여 ___의 내용을 평가한다.
- 성취기준을 중심으로 교과 교육과정을 재구성한다.
- 학생참여중심의 수업을 설계하고 진행한다.
- 수업 활동 과정을 관찰 평가하여 피드백한다.
- 관찰한 평가 내용을 성장중심으로 평가한다.

09 특수교육지원인력 활용

- 특수교육지원인력과 사전 협의 내용을 초반부에 포함하여 협력적인 모습을 강조하기
- 특수교육지원인력의 명확한 지원 요소 드러내기
- 특수교육지원인력 활용 시 지원 대상 학생이 지나치게 의존적, 수동적이게 보이지 않도록 학생의 최대한의 참여 고려하기

예시

작성 내용		
작성한 평가지는 실무원이 각 학생의 포트폴리오에 넣도록 한다.	⇨	• 실무원은 평가지를 모두가 확인할 수 있도록 ~의 어플에 업로드 한다. • 실무원은 00활동 시 평가를 위한 사진을 촬영한다.
아쉬운 예		적절한 예

작성 내용		
특수교육지도사에게 교실 문에 ~카드를 붙이도록 한다.	⇨	특수교육지도사에게 활동2 시작 전 교실 문에 ~카드를 붙이도록 지원 요청한다. or 사전 협의한다.
아쉬운 예		적절한 예

작성 내용		
지도사는 다 학생이 온도 측정할 수 있도록 지원을 요청한다.	⇨	특수교육지도사는 다 학생의 온도계 조작 시 책상 각도를 조정하여 지원한다.
아쉬운 예		적절한 예

작성 내용		
00이를 위해 특수교육실무원이 단어를 읽어준다.	⇨	특수교육실무원이 ~을 가리켜 00이가 단어를 천천히 읽을 수 있도록 지원한다.
아쉬운 예		적절한 예

10 과목별 수업 모형

2016학년도 초등특수(평가원), 2019학년도 중등특수, 2023학년도 초등특수(서울) 모형 기반 지도안 작성 문제가 기출되었습니다. 모형에 따라 지도안을 작성하는 연습으로 시험을 대비해야 합니다. 과목마다 어떠한 모형이 쓰이는지, 어떻게 활동을 구성하면 좋을지 생각해야 합니다. 모형의 각 단계에 맞추어 중점 활동이나 교사의 발문에 모형의 핵심 키워드를 넣어, 모형의 이해도를 드러내야 합니다.

Chapter 5

지도안 작성 대비 방법

NOTE

01 지도안 작성 순서

Step①. 무엇을 작성해야 하는지 차분하게 파악하기! → 개요도 작성

Step②. 목표 설정하기 (목표가 제시 되었다면 정확하게 파악하기)

Step③. 세부 활동 구성 시 조건 (자료) 및 유의점 맥락 일치시키기

Step④. 교사 발문과 학생의 반응을 상호작용을 토대로 구체적으로 작성 → 머릿 속으로 수업 상황 떠올려 보기

Step⑤. 조건 충족 및 자연스러운 흐름인지 전체적으로 재확인하여 마무리하기

자주하는 실수!

지도안(과정안) 작성 시 수험생들이 가장 많이하는 실수! → 개요도 작성으로 보완하기!

지도안 작성 시 제일 많이 하는 실수는, 마음이 급하여 '무엇을 작성해야 하는지, 자료는 무엇이 있는지, 학생 특성과 수준은 어떠한지 등' 제대로 파악도 하지 않은 채 작성에 뛰어드는 것입니다 목표와 수업 주제를 파악하고, 어디를 작성해야 하는지, 학생들은 어떤 특징이 있는지, 어떤 자료를 활용해야 하는지, 작성할 부분을 (전반적인 지도안의 조건을 쭉 살피기) 확인합시다.

그래서 지도안 작성 전에 간단한 개요를 짜고 작성이 무조건 필요합니다. 맨 위에 학습 목표를 적고 자료 활용, 학생의 특성 등을 키워드로 적은 뒤에 '간략하게 개요'만 작성해 보아도 학습 목표와 일치하는 학습 활동인지, 빠진 내용이 없는지, 제시된 조건과 흐름이 일치하는지 등을 전반적으로 점검하기 쉽습니다.

문제 조건	개요도 작성 예시
• 목표: 겨울철 날씨 특징에 따라 대처방법을 실천할 수 있다. • 활동①: 겨울철 날씨 특징 알기 • 활동②: 한파와 미세먼지 대처방안 알기 • 활동① 나연이 도전행동 긍정적행동지원으로 중재하시오. • 학생의 경험을 활용하여 발문하시오.	〈목표: 겨울철 날씨 특징 따라 대처방법 실천〉 활동① 겨울철 날씨 특징 알기 - □ 〈자료1〉 뉴스 보고 → 비슷한 경험 질문 ★ - □ 〈자료2〉 겨울철 날씨 특징 설명 - □ 나연이 중재 작성 ★ 활동② 한파와 미세먼지 대처방안 알기 - 문제로의 초대 → 안전과 연결, 심각성 인지 - 문제 탐색 → 실물 자료, 사진 탐색 - 해결방안 모색 → 토의를 하여 문제 해결

02 연습 방법

1. 가독성이 좋도록 글씨 쓰는 연습 (글씨를 잘 쓰지 못하더라도 깔끔하게 작성)

- 작성란(칸) 밖으로 넘어간 것은 채점되지 않으므로 가독성을 고려하여 작성하는 연습 필요

2. 시간 효율을 위해서 일정한 틀을 구상하기

예시

나만의 틀 만들기

지도안 작성 시 나만의 틀을 만들어 지도안 작성 시간을 줄이고, **머릿속으로 계속 흐름을 떠올려 볼 수 있습니다.**

예) 도입: 강화계획, 목표제시 방법

- 전개: 활동1- 학습목표 언급, 자세한 칭찬, 문제행동 중재에 관련한 내용
- 활동2- 특수교육보조인력 활용, ★ 안전사항에 대한 언급, 또래 피드백(상호작용 활발하게)
- 정리: 제시된 학습목표를 언급하고 일반화 확인, 차시예고하기

예2) 활동1

- 유) 도전행동 발현 예방을 위해 ~의 사전 중재를 제공한다.
- 유) 다수준의 학생의 효율적인 의사소통을 위해서 개별 의사소통 판을 제공한다.

3. 다양한 문제로 꾸준한 연습과 피드백 받기

- 특수교육과정을 바탕으로 다양한 과목과 문제로 연습하기
- 스터디나 현직 교사에게 지도안 작성 피드백 받기
- 자기 채점하기

4. 시험 현장의 변수를 고려하기

- 시간을 줄여서 연습하기 (2분~5분 정도)
- 조건이 많은 상황과 적은 상황을 나누어 연습하기

5. 조건 확인, 목표와 활동의 일치성 확인, 작성된 지도안을 읽으며 머릿속으로 시뮬레이션하며 전체적 흐름 확인하기

- 목표와 활동명 일치성과 맥락이 맞는지 확인하기
- 조건에 나온 〈동영상의 자료 이름〉, 〈활동명〉 등 조건지 확인하기
- 학생들 가,나,다 수준 나누었다면 이름 기재 등 형식적인 것 꼭 확인한 뒤 제출하기

NOTE

“ 지도안 작성 만점자의 비결 ”

2024학년도 중등특수 지도안 작성 지역 만점자 K 선생님

Q. 지도안 작성 연습 방법을 알려주세요!

〈1차 합격 전〉 3명의 스터디원끼리 월요일, 수요일, 금요일마다 기출을 하나씩 돌렸습니다. 처음이라 모두가 감이 잘 안오고 막막했을 때는 끈기 임용 2차의 합격자 복기 지도안을 그대로 따라쓰고, 강의를 통해 방향을 익히려고 노력했습니다. 지도안도 수업실연처럼 자신만의 틀을 가지고 있는 것이 시간을 절약하기 좋습니다. 자신의 틀 안에서 조금씩 응용하면 깔끔한 지도안을 만들어낼 수 있을 겁니다. 1차 합격 전에는 시간을 측정하면서 진행하진 않았습니다. 오로지 어떤 틀이 가장 깔끔할지, 조건들은 어떻게 채워야하는지, 전체적으로 흐름이 자연스러운지를 체크하는데 더 초점을 맞추었습니다. 스터디원들끼리도 피드백을 할 때에 아주 작은 디테일까지 어떻게 작성하는게 득점하기 좋을지 같이 고민했습니다.

〈1차 합격 후 스터디〉 1차 합격 후에는 실전처럼 연습하는 것이 가장 중요했기에 시간도 실제보다 10분 줄여서 연습했습니다. 스터디를 할 때 1차 합격 전에는 집에서 각자 적어서 현장에서 피드백하는 방식이었지만, 1차 합격 후에는 최대한 현장과 비슷한 느낌으로 다같이 모여 타이머를 설정해 놓고 연습했습니다. 이때에는 가능한 자신의 틀을 바꾸지않고, 최대한 익숙하고 빠르게 작성할 수 있도록 무한반복 했습니다.

〈1차 합격 후 느낀점〉 조이쌤의 조언대로 기출을 미리 돌려놓았던 것이 가장 잘한점이라고 느꼈습니다. 합격 전 기출을 돌렸다고 이때 시기에 다시 안하는 것은 아니지만, 똑같은 기출 문제를 가지고 다시 작성하고 첨삭 받으면 내가 처음보다 얼마나 발전했는지 확인할 수 있어서 좋았습니다. 스터디에서도 지도안을 하나 작성했고, 집에 와서도 개인적으로 하나 더 작성하여 하루에 총 2개씩 작성하는 연습을 진행했습니다.

Q. 끈기 임용 2차 책 활용 추천법이 있나요?

끈기 임용 2차 책에 나와있는 상세하고 디테일한 팁들과 설명들이 2차 준비의 큰 흐름을 세울 수 있는 가장 중요한 역할을 해 주었습니다. 특히나 지도안 작성 합격생 복기 자료 및 수업실연 복기까지 함께 나와있어 갈피를 잡지 못하는 제게 큰 도움이 되었습니다. ‘이러한 조건이 나왔을 때 합격자들은 이렇게 접근을 했구나.’ 를 깨달을 수 있었습니다.

특히 이론편에 도전행동별 중재방안이 정리되어있는 부분이 있는데, 중재방안을 적는 것을 어려워했던 제게 한줄기 빛과 같았을 정도로 너무나 큰 도움을 받았습니다. 문제행동의 기능별로 어떤 중재를 하는 것이 좋은지 자세히 나와있으니 꼭 참고해서 고득점 하셨으면 좋겠습니다.

Chapter 6 지도안 작성 채점 기준표

01 끈기 임용 2차 지도안 작성 채점 기준표

NOTE

영역	문항
가독성	• 가독성이 좋도록 작성되었는가?
통일성 및 경제성	• 기호, 어미 등 통일성 있게 작성되었는가? • 경제성을 고려하여 작성되었는가? (중복성 낮으며 간결성 높음)
학습실태 고려 및 조건 충족	• 학습실태를 고려하여 반영하였는가? • 개별화된 활동 및 지원을 고려하였는가? • 작성 조건에 부합하게 작성되었는가? 〈조건〉
상호작용	• 상호작용을 고려하여 작성되었는가? • 교사의 발문과 학생의 반응이 구체적인가?
목표	• 공통 목표가 공평한 배움을 위해 도달 가능하게 설정되어 있는가? • 구체적인 행동 동사로 작성되었는가?
자료	• 수업 효과를 극대화하기 위해 자료를 충분히 활용하였는가?
삶	• 삶과 연계한 내용을 고려하였는가?
평가	• 형성평가의 과정이 적절히 잘 드러났는가? • 피드백의 형태나 내용이 명시되어 있는가? • 교-수-평 일체화를 고려하였는가? • 개별적인 평가 방안에 대해 고려하였는가?
행동지원	• 긍정적행동지원의 측면이 잘 반영되어 있는가? • 중재 방법이 학생 및 맥락에 타당한가?
유의점	• 안전한 수업을 고려하였는가? • 현장에서 일어날 수 있는 유의 사항에 대해 고민하였는가? • 자료의 활용 시기에 대해 고려 하였는가? • 특수교육지원인력의 협력적 활용 방안에 대해 고려하였는가?

02 교수·학습 과정안 요소별 평가표

영역	문항	점수
학습 목표	• 한 시간 내에 성취될 수 있는 분량으로 학습 목표를 기술하였는가? • 학습목표를 학습 후에 나타나는 학생의 행동 또는 학습 결과로 기술하였는가? • 학습목표를 관찰할 수 있는 명세적 동사로 기술하였는가? • 한 개의 학습목표 속에 두 개 이상의 성취행동을 포함하지 않도록 기술하였는가? • 학습목표가 성취행동, 조건, 도달기준의 3요소를 포함하도록 기술하였는가?	
교사의 발문	• 학생의 수준에 맞는 발문 계획을 세웠는가? • 교과, 학습과제 특성에 맞는 발문 계획인가? • 재생, 추론, 적용적 발문을 조화시킨 발문 계획인가? • 도입, 전개, 정리 과정에 맞는 발문 계획인가? • 흥미로운 발문을 계획하여 내적 학습 동기를 자극할 수 있는가? • 학생들을 생각하게 만드는 발문 계획인가? • 학생들의 흥미를 유발시킬 수 있는 발문 계획인가? • 목적이 뚜렷한 발문 계획인가? • 발문을 명확하고 간결하게 계획하였는가? • 교사의 발문 계획이 학생의 장애 특성을 고려하였는가? • 수업내용의 핵심을 반영하는 발문 계획을 수립하였는가? • 한 번에 하나씩 발문 계획을 수립하였는가?	
수업 매체 활용	• 학습자의 특성에 맞는 학습 자료를 활용한 계획을 수립하였는가? • 수업매체를 수업 단계에 적절하게 투입할 계획을 수립하였는가? • 학습 유형에 맞는 학습 자료를 활용할 계획을 수립하였는가? • 학습 과제의 특성에 맞는 학습 자료를 활용할 계획을 수립하였는가? • 수업해야 할 과제에 적절한 매체를 선정하였는가? • 수업과정에서 적당한 시간에 활용할 수 있도록 계획하였는가? • 준비한 매체를 수업과정의 흐름에 맞추어 효과적으로 활용할 수 있도록 계획하였는가? • 시력, 건강을 고려하여 적당한 장소에서 활용하게 계획하였는가? • 수업매체활용 편리성을 고려해서 적당한 장소에서 활용하게 계획하였는가? • 수업해야할 과제를 이해하기 쉽게 활용할 수 있는 매체 준비 계획을 세웠는가? • 흥미를 자극할 수 있는 수업매체활용 계획을 수립하였는가? • 구입, 대여 등의 방법으로 쉽게 준비할 수 있는 매체 활용 계획을 수립하였는가? • 수업매체의 안정성과 실용성을 고려하였는가? • 수업매체가 학습자의 학습수준과 장애특성을 고려하였는가? • 학습의 능률을 가져올 수 있는 다양한 매체 활용 계획을 수립하였는가? • 학생의 탐구활동을 촉진할 수 있는 생동감 있는 매체선정 계획을 수립하였는가?	
판서	• 판서의 양에 따라 칠판의 사용범위를 계획성 있게 배분하였는가? • 색연필의 혼용으로 시각적 효과를 높이는 판서 계획을 하였는가? • 내용을 함축성 있게 요약한 구조화된 판서 계획인가? • 학생의 노트정리와 관련이 있는 판서 계획인가? • 학습목표에 관련된 간결한 판서 계획인가? • 판서의 양을 적절하게 계획하였는가? • 문자, 도해 등을 조화롭게 활용하는 판서 계획인가?	
형성 평가	• 수업과정 중에 형성평가 계획을 적절하게 수립하였는가? • 형성평가를 학생들의 수업 동기를 유발시킬 수 있는 요소들로 구성하였는가? • 형성평가 계획을 창의적이고 다양한 방법으로 계획하였는가? • 학습목표 도달정도에 대한 개인별 평가를 계획하였는가? • 형성평가 계획을 학습목표 성취점검에 적합하도록 수립하였는가? • 학습 목표와 일관된 평가 내용, 평가 방법, 평가 도구(기준)를 선정하였는가? • 평가 결과에 따라 보상계획을 수립하였는가? • 평가를 적절한 시기에 평가할 수 있도록 계획하였는가?	

출처: 정동영 외 2명, 교수학습과정안의 실제, 교육과학사, 2018, p.233~240,

Chapter 7

지도안 작성 기출문제 우수 답안

TIP

NOTE

응시자 유의 사항

1. 시험 시간은 60분입니다.
2. 문제지(초안 작성 용지 포함) 및 답안지의 전체 면수와 인쇄 상태를 확인하시오.
   ◇ 초안 작성 용지와 답안지는 각각 2면입니다. 초안 작성 용지는 문제지에서 떼어 내어 사용합니다.
3. 문제지, 초안 작성 용지, 답안지의 모든 면에 수험 번호와 성명을 기재하시오.
4. 답안의 초안 작성은 초안 작성 용지를 활용하시오.
5. 답안은 지워지거나 번지지 않는 동일한 종류의 검은색 필기구를 사용하여 작성하시오.
   ◇ 연필, 지워지거나 번지는 펜은 사용할 수 없습니다.
6. 답안을 작성할 때, 가로 선을 그어 답안란의 줄을 추가할 수 있으니, 필요한 경우에 활용하시오.
   ◇ 단, 가로 선은 〈응시자 작성 부분〉란 내에서만 활용할 수 있습니다.
7. 답안을 수정할 때에는 반드시 두 줄(=)을 긋고 수정할 내용을 작성하시오.
   ◇ 수정 테이프 또는 수정액 등을 사용하여 답안을 수정할 수 없습니다.
8. 문항에 대한 답안 내용 이외의 것(답안의 특정 부분을 강조하기 위한 밑줄이나 기호 등)은 일절 표시하지 마시오.
   ◇ 단, 일반적인 글쓰기 교정 부호는 사용이 가능합니다.
9. 문항에서 요구하는 내용의 가짓수가 제한되어 있는 경우, 요구한 가짓수까지의 내용만 답안으로 작성하시오.
   ◇ 첫 번째로 작성한 내용부터 문항에서 요구한 가짓수에 해당하는 내용까지만 순서대로 평가합니다.
10. 다음에 해당하는 답안은 평가하지 않으니 유의하시오.
   ◇ 〈응시자 작성 부분〉란 이외의 공간(옆면, 뒷면 등)에 작성한 부분
   ◇ 내용이 지워지거나 번지는 등 식별이 불가능한 부분
   ◇ 연필로 작성한 부분, 수정 테이프 또는 수정액 등을 사용하여 수정한 부분
   ◇ 개인 정보를 노출하거나 암시하는 표시(수험 번호 및 성명 기재란 제외)가 있는 답안지 전체
11. 답안지 교체가 필요한 경우에는 답안 작성 시간을 고려하시오.
   ◇ 종료종이 울리면 답안을 일절 작성할 수 없으며, 답안지 교체 후에는 교체 전 답안지를 폐답안지로 처리합니다.
12. 시험 종료 전까지 답안 작성을 완료하시오.
   ◇ 시험 종료 후 답안 작성은 부정행위로 간주합니다.
13. 문제지, 초안 작성 용지, 답안지를 모두 제출하시오.
   ◇ 낱장을 뜯어 가거나 제출하지 않을 경우, 부정행위로 처리될 수 있습니다.
14. 위의 사항을 위반하여 작성한 답안은 평가 시 불이익을 받을 수 있으니 유의하시오.

출처: 경상북도교육청, [붙임7] 교수학습지도안 작성 유의사항

01 끈기 임용 2차 2025학년도 합격자 지도안 작성 복기 자료

2025학년도 중등학교교사 임용후보자 선정경쟁시험 (제2차 시험)

특수 교과 교수·학습 과정안 작성 답안지

*합격자 지도안 작성 복기 자료를 바탕으로 조이쌤이 재구성하였습니다.

수험 번호									성명		감독관 확 인	

단계	학습내용	교사활동	학생활동			시간 (분)	자료 및 유의점
			가	나	다		
	전시학습 상기	▶ 신재생 에너지 종류 질문하기	● 신재생 에너지 종류 대답하기			10	재 AAC
		-'신재생 에너지의 종류에는 어떤 것이 있었나요?'	-'태양, 풍력, 조력 에너지가 있어요.'	-'태양 에너지요.'	-태양 그림을 가리킨다.		
	동기 유발	▶ 동영상 제시하기 -'왜 정전이 일어났나요?' -'전기를 어떻게 쓰면 좋을까요?'	● 전기 낭비로 정전이 되어 불편을 느끼고 있는 사람들의 내용이 담긴 동영상 시청하기				
			-'전기 낭비 때문에 정전이 되었어요.' -'아껴써요.'	-'전기 써요.' -'조금'	-전기 그림을 가리킨다. -아끼다 그림을 가리킨다.		
	학습 목표 제시	• 전기를 절약하는 방법을 조사할 수 있다. • 전기 절약을 실천할 수 있다.					
전개	〈활동1〉 전기를 낭비하는 상황과 절약 방법 알아보기	〈응시자 작성란〉				30	재 〈자료1〉 재 태블릿PC, AAC
		▶ 전기 낭비 경험 질문하기	● 전기 낭비 경험 대답하기				
		- '생활 속에서 전기를 사용할 때 낭비한 경험이 있나요?'	- '할인 마트에서 아이스크림 고를 때 계속 찾았어요.'	- '컴퓨터, 켜요.'	- 전등 그림을 가리킨다.		
		▶ 〈자료1〉 전기 낭비하는 상황 설명하기	● 교사의 설명을 들으며 〈자료1〉 전기를 낭비하는 상황 문제점 찾기				
		- '문제점을 찾아봅시다.'	- '냉장고 문을 닫아요.'	- '창문.'	- 반팔 그림에 엑스 스티커를 붙인다.		
		▶ 전기 절약 방법 조사 진행하기	● 전기 절약 방법 조사하기				
		- '선생님은 여러분의 검색 과정을 관찰할게요.'	- 스스로 태블릿pc를 사용하여 전기 절약 방법 검색하기	- 교사의 언어적 촉진을 받아 태블릿 pc로 음성인식 검색하기	- 교사의 신체적 촉진을 받아 태블릿pc로 이미지 검색하기		
		▶ 전기 절약 방법 조사 내용 전자칠판에 공유시키기	● 전기 절약 방법 공유하기				
		- '전기 절약 실천 포스터 만들기에 사용할 수 있도록 캡쳐해 두세요.'	- '동영상을 찾았어요.'	- '전기 절약, 표어'	- 열이 나는 지구 그림 포스터를 가리킨다.		

(1/2)

관리번호	

2025학년도 중등학교교사 임용후보자 선정경쟁시험 (제2차 시험)

특수 교과 교수·학습 과정안 작성 답안지

수험번호								

성명	

감독관 확 인	

단계	학습내용	교사활동	학생활동 가	학생활동 나	학생활동 다	시간(분)	자료 및 유의점
전개	〈활동2〉 전기 절약 실천하기	▶ 모둠 활동 안내하기	● 전기 절약 실천 포스터 만들기 활동 확인하기			50	유 학생 수준을 고려하여 모둠을 이질적으로 구성한다.
		▶ 모둠 구성하기	● 모둠 활동 안내 사항 이해 및 역할 정하기				자 〈자료2〉
		▶ 〈자료2〉 제공하여 모둠별 전기 절약 실천 포스터 만들기 활동 순회 지도하기 - '선생님의 도움이 필요하면 언제든 손을 들어요.'	▶ 〈자료2〉 사용하여 모둠별 전기 절약 실천 포스터 만들기 - 다양한 재료를 활용해 냉장고를 닫는 그림 그리기	- 스트랩이 부착된 색연필, 붓을 활용해 전기 절약 표어 따라 쓰고 색칠하기	- 윤곽선을 보고 '방 불 끄자' 글자 스티커 붙이기		
		▶ 결과물 피드백하여 발표 준비 지원하기 - '보완하면 좋을 부분 추천해 줄게요. 실천은 나부터 시작해요.'	▶ 전기 절약 실천 포스터 발표 준비하기 - "아이스크림을 먼저 고른 다음 냉장고에서 꺼내는 실천할래요."	- "컴퓨터, 끄기, 약속"	- 자기 자신을 가리킨다.		자 스티커
		▶ 모둠별 발표 안내하기 - 모둠별 발표 시 내용과 태도에 대한 피드백을 제공한다.	● 모둠별 발표하기 - 모둠별로 포스터의 내용을 발표하고, 다른 모둠의 발표를 경청한다.				유 다른 모둠의 발표를 경청하고, 상호 피드백을 촉진한다.
		▶ 온라인 공유 안내하기	● 제작한 포스터를 온라인 보드에 공유하기				
정리	정리 및 차시 예고					10	

〈응시자 작성란〉

교수•학습 활동 지원 방안	
지혁	태블릿pc 활용 조사 활동 시 손의 협응이 필요한 터치 검색 대신에 음성인식 검색 기능을 활용한다.
	붓이나 색연필 사용 시 스트랩을 부착해주어 소근육 운동 발달의 어려움을 보완한다.
도전 행동 지원 방안	
규리	활동 시작 전 시각적 일과표를 통해 산책은 과학 시간이 종료된 후 점심 시간에 할 수 있음을 안내한다.
	강화 지연법을 활용해 소리를 지르는 행동 대신에 산책 카드를 가리킨다면 교사와 함께 점심 시간에 산책할 수 있음을 지속적으로 상기시킨다.

(2/2)

관리번호	

02 끈기 임용 2차 2024학년도 합격자 지도안 작성 복기 자료

2024학년도 중등학교교사 임용후보자 선정경쟁시험 (제2차 시험)

특수 교과 교수·학습 과정안 작성 답안지

*합격자 지도안 작성 복기 자료를 바탕으로 조이쌤이 재구성하였습니다.

수험 번호								

성명	

감독관 확 인	

단계	학습내용	교사활동	학생활동			시간 (분)	자료 및 유의점
			가	나	다		
	인사	▶ 인사하기				5	재 동영상
	전시 학습 상기	▶ 지진해일 사례					
	동기유발	▶ 지진해일 영상 제시하기	• 너무 무서워요.	• 무섭다.	• (놀란 표정)		
	학습 목표 제시	지진해일의 원인과 발생 과정을 알고, 대처 방안을 조사할 수 있다.					
전개	〈활동1〉 지진해일 발생 원인과 발생 과정 (탐구하기)	〈응시자 작성란〉				35	재 자료1,2, AAC 유 실험하기 전 규칙에 대해 안내한다. 유 실험 순서에 맞게 실험하는지 확인한다. 유 민혁이의 특성을 지원한다. 유 다 수준 학생에게 신체적 촉진을 제공한다.
		▶ 안전 규칙 토의 진행하기 - 실험 도구로 나무 도막, 물, 수조가 있습니다. - 유리 수조를 사용할 때 왜 조심해야 할까요?	● 교사의 질문에 친구와 토의하여 3어절 문장으로 대답하기 - 깨질 수 있어 조심히 넣어야 해요.	● 교사의 질문에 친구와 토의하여 2어절 문장으로 대답하기 - 위험해. 살짝.	● 교사의 질문에 친구와 토의하여 표정으로 표현하기 - (아픈 표정을 짓는다.)		
		▶ 〈자료1〉 실험 순서와 과학 원리 설명하기 - 실험 순서를 다같이 확인해 봅시다. - 수조의 물은 바로 지구의 바다입니다.	● 실험 순서를 문장으로 읽기	● 실험 순서의 밑줄 친 핵심 단어 읽기	● 그림으로 된 실험 순서를 확인하여 AAC 선택하기		
		▶ 실험 순서 확인하여 실험 중 피드백 제공하기 - 선생님은 여러분이 순서대로 실험하는지 확인할게요. - 어느 단계가 어려운가요?	● 실험 순서를 보며 스스로 실험하기 - 물을 먼저 넣어요. - 물에 물감을 풀어요.	● 교사의 언어적 촉진을 참고하여 실험하기 - 순서. 틀렸어요.	● 손 위에 손 신체적 촉진을 받아 실험하기 - (교사와 함께 나무 도막을 누른다.) - (실험순서 그림을 다시 확인한다.)		
		▶ 〈자료2〉 지진해일의 발생 과정 질문하기 - 용기의 화살표 방향을 봅시다. 무슨 뜻일까요? - 침하는 용기의 반대랍니다.	● 〈자료2〉 관찰하여 3어절 문장으로 대답하기 - 융기는 위로 올라오는 현상인 것 같아요. - 침하는 아래로요.	● 〈자료2〉 관찰하여 2어절 문장으로 대답하기 - 융기는 땅. 위로. - 침하. 아래.	● 〈자료2〉 관찰하여 몸짓으로 표현하기 -(손가락으로 위와 아래를 가리킨다.)		
		▶ 〈자료2〉 그림카드로 형성 평가하기 - 지진해일 발생 과정 3단계 순서 그림을 올바르게 나열해보세요. - 전자칠판으로 확인해볼까요?	● 1,2,3단계 그림카드 스스로 나열하기 - 혼자서 해 볼게요.	● 2,3단계 그림카드 스스로 나열하기 - 조금. 헷갈려요.	● 외곽선이 그려진 단서를 보고 2,3단계 그림카드 스스로 나열하기 -(고민하는 표정을 짓는다.)		
	활동1 〈관찰평가〉	가	지진해일 발생 과정의 1,2,3단계 그림카드를 스스로 올바르게 나열할 수 있는가?				
		나	지진해일 발생 과정의 2,3단계 그림카드를 스스로 올바르게 나열할 수 있는가?				
		다	외곽선이 그려진 단서를 보고 지진해일 발생 과정의 2,3단계 그림카드를 스스로 올바르게 나열할 수 있는가?				

(1/2)

관리번호	

2024학년도 중등학교교사 임용후보자 선정경쟁시험 (제2차 시험)

특수 교과 교수·학습 과정안 작성 답안지

수험 번호		성명		감독관 확인	

단계	학습내용	교사활동	학생활동			시간 (분)	자료 및 유의점
			가	나	다		
전개	〈활동2〉 지진해일 대처 방안 알기 (모둠활동)	▶ 〈활동2〉 안내하기 ▶ 모둠 역할 정하기				50	㊒ 이질적으로 모둠을 구성한다.
		▶ 〈자료3〉 예시 안내판 소개하기 - 안내판을 어디에서 보았나요? - 이렇게 안내판을 만들면 어떤 점이 좋을까요?	• 예시 안내판 확인하여 교사의 질문에 3어절 문장으로 대답하기 - 우리 학교 교문이요. - 모두가 안전해요.	• 예시 안내판 확인하여 교사의 질문에 2어절 문장으로 대답하기 - 공원 입구요. - 안전해요.	• 예시 안내판 확인하여 교사의 질문에 AAC로 대답하기 - (공원 그림 선택한다.) - (비상벨 그림을 선택한다.)		㉶ 자료3(예시 안내판, 모둠 활동지 안내판) AAC, 태블릿 PC, 스티커 프린터
		▶ 모둠별 순회하며 정보 검색 진행하기 - 서로 도우며 모둠활동을 해 봅시다. - 어떤 정보를 찾았는지 서로 공유합시다.	• 스스로 태블릿PC를 조작하여 대피 요령 정보 검색하기 - 힘들면 내가 도와줄게. - 뉴스 기사를 찾았어.	• 민혁이의(가 수준) 언어적 촉진을 받아 태블릿pc로 대피 요령 검색하기 - '대피소' 검색. - 00 공원 가까워.	• 태블릿pc로 대피 요령 파일 활용하여 이미지 검색하기 - (교사가 넣어둔 파일로 이미지 검색한다.) - (대피 자세 이미지 파일을 보여준다.)		㊒ 다 수준 학생의 태블릿PC에 이미지 파일을 넣어준다.
		▶ 모둠별 안내판 제작 지원하기 - 완성된 안내판은 강당에 전시할 겁니다. - 왼쪽에는 스티커 프린터로 사진을 붙여요.	• 조사한 정보로 모둠별 안내판 제작하기 - 동영상 QR 코드 넣자.	• 언어적 촉진을 받아 조사한 정보로 모둠별 안내판 제작하기 - 순서 바꾸자.	• 신체적 촉진을 받아 조사한 정보로 모둠별 안내판 제작하기 - (사진을 붙인다.)		㊒ 학생 간 상호작용을 촉진한다.
		▶ 발표 전 피드백 제공하기 - 안전 모둠은 뉴스 기사를 설명해주는 건 어떨까요?	• 교사의 피드백을 참고하여 3어절 문장으로 발표 준비하기	• 교사의 피드백을 참고하여 2어절 문장으로 발표 준비하기	• 교사의 피드백을 참고하여 표정, 몸짓, AAC로 발표 준비하기		
정리	평가	▶ 동료평가 안내하기 ▶ 발표하기				10	
지원 방안		세진	1) 질문이 생겼을 시 질문 일기에 기록하게 하고, 쉬는 시간에 답변해 주며 사회적 강화를 제공한다.				
			2) 책상 위의 자기점검표를 활용해 스스로 질문 횟수를 기록하게 하여 자기 조절력을 향상시킨다.				
		민혁	1) 물체 간 대비 감도를 높이기 위해 실험 시 수조의 물에 노란색 물감을 녹여 참여를 지원한다.				
			2) 태블릿PC로 사진이나 글을 자유롭게 확대하여 학습할 수 있도록 한다.				

(2/2)

관리번호	

2023학년도 중등학교교사 임용후보자 선정경쟁시험 (제2차 시험)

특수 교과 교수·학습 과정안 작성 답안지

*합격자 지도안 작성 복기 자료를 바탕으로 조이쌤이 재구성하였습니다.

수험 번호		성명		감독관 확 인	

교과	과학	대상	고등학교 1학년	차시	2/3
제재	음식의 소화				
학습목표	소화기관의 명칭·기능을 알고 소화 과정을 발표할 수 있다.				

단계	학습내용	교사활동	학생활동 가	학생활동 나	학생활동 다	시간 (분)	자료 및 유의점
	인사	▶ 인사하기				5	자 동영상
	전시 학습 상기	▶ 소화의 정의 설명하기	-				
	동기유발	▶ 동영상 제시하기 ▶ 배가 아팠던 경험 나누기 - '배가 아팠던 경험이 있나요? 배가 아팠을 때 어떻게 했나요?'	● 약 먹어요	● 참아요	● (?)		
	학습 목표 제시	소화기관의 명칭·기능을 알고 소화 과정을 발표할 수 있다.					
전개	〈활동1〉 소화기관의 명칭과 기능 알기	〈응시자 작성란〉				35	자 태블릿PC 자1: 인체모형
		▶ 〈자료1〉 소화기관 관련 설명하기 - '우리반에서 각자의 이름과 역할이 있듯, 소화기관도 마찬가지입니다.' - '인체모형을 탐색해 볼까요?'	● 교사의 설명을 듣고, 소화기관 명칭대로 인체모형을 손으로 만져 탐색하기		● 교사의 설명을 듣고, 학생 손 위에 교사의 손을 놓는 촉진에 따라 소화기관 명칭대로 인체모형을 탐색하기		
		▶ 인체모형에 알맞은 소화기관 명칭 표시하도록 지원하기 - '알맞은 명칭을 표시해 봅시다.'	● 인체모형에 소화기관의 알맞은 명칭 스티커 붙이기		● 매직으로 표시된 자료를 보고 인체모형의 소화기관 명칭에 스티커 붙이기		
		▶ 소화기관별 기능 검색 진행하기 - '소화기관별 기능에 대해 검색해 볼까요? QR코드 사용해도 좋아요.'	● 스스로 태블릿PC 활용하여 소화기관 기능 검색하기	● 친구의 시범을 보고 태블릿PC로 '소화기관 기능' 단어 검색하기	● 태블릿PC로 QR코드 이미지 검색을 활용하여 소화기관 기능 검색하기		
		▶ 검색 결과 중 오반응에 대해 피드백 제공하기 - '소화기관이라는 단어를 추가하여 재검색 합시다.'	● 검색 결과 공유한 뒤 교사의 피드백 반영하여 재검색하기 - '소화에 대한 기사도 찾았어요.' - '다른 글도 찾아볼게요.'	- '식도 검색, 칼.' - '음식, 지나가, 길'	- (위가 그려진 소화제 음료를 마시는 광고 사진 따라하기)		
		▶ 소화기관별 기능 정리시키기 - '만약 위에서 음식물이 죽처럼 만들어지지 않는다면 어떤 문제가 발생할까요?'	● 소화기관별 기능 정리하기 - '소화 잘 안돼요.'	- '배 아파.'	- (찡그린 표정 짓기)		
		▶ 시청각 자료로 소화 기능 알기					
	〈활동1〉 수행평가	가	소화기관의 알맞은 명칭과 기능을 문장으로 적을 수 있는가?				
		나	소화기관의 알맞은 명칭과 기능을 단어로 적을 수 있는가?				
		다	활동지에 점선으로 표시된 시각적 단서를 보고 소화기관의 그림을 알맞게 연결할 수 있는가?				

(1/2)

관리번호	

2023학년도 중등학교교사 임용후보자 선정경쟁시험 (제2차 시험)

특수 교과 교수·학습 과정안 작성 답안지

*합격자 지도안 작성 복기 자료를 바탕으로 조이쌤이 재구성하였습니다.

수험번호		성명		감독관 확인	

단계	학습내용	교사활동	학생활동 가	학생활동 나	학생활동 다	시간(분)	자료 및 유의점
전개	〈활동2〉 소화과정 알기	▶ 〈자료2〉 코딩로봇 활용 모둠활동 소개하기 - '우리의 보조 선생님 소개합니다.' - '작동 기능과 순서 시범 보여줄게요. 신호등을 떠올리면 쉬워요.'	● 교사의 시범을 보며 코딩로봇 활용 모둠활동 확인하기			50	[재] 2: 태블릿 PC, 학습지, 코딩로봇, 매직펜 [유] 교사가 코딩로봇 작동 방법의 시범 보여준다.
		▶ 모둠별로 소화과정 예상시키기 - '커다란 전지 위에 유성매직으로 소화과정의 길을 그려봅시다.' - '여러분이 예상한 대로 코딩로봇을 작동시켜 볼까요?'	● 소화 과정 예상하여 유성매직으로 그린 뒤 코딩로봇 작동 결과 확인하기 - '으악~ 코딩로봇이 다시 입 밖으로 나왔어요.'	- '입에서 입'	- 어~ (놀라는 표정)		
		▶ 소화과정 설명하기 - '소화과정은 입-식도-위-작은창자-큰창자-대변 순서로 이루어져요.'	● 소화과정 순서대로 자신의 몸을 손으로 만지며 교사의 설명 듣기		● 학생 손 위에 교사의 손을 잡는 촉진에 따라 소화과정 순서대로 자신의 몸 만지기		[재] 3: 모둠활동지 [유] 다 수준 학생은 소화기관 명칭 알기로 수정한다.
		▶ 순회하며 피드백 제공하기 - '유성매직으로 소화과정의 길을 알맞게 다시 그려봅시다.' - '식도에서 벗어나면 숨을 쉬는 기도로 흘러들어갈 수 있어요.'	● 교사의 피드백 반영하여 스스로 소화과정의 길을 다시 그리기 - '식도에서 조금 더 아래로 그리자.'	● 교사가 그려놓은 출발 지점의 표시를 확인하여 소화과정의 길을 다시 그리기 - '이렇게 바꾸자.'	● 친구와 함께 교사가 그려놓은 점선을 따라 소화과정의 길을 다시 그리기 - (점선을 따라 그린다.)		[재] 평가지
		▶ 소화과정 발표 진행하기 - '모둠별로 완성한 소화과정의 길대로 코딩로봇을 작동해 봅시다.'	● 소화과정의 길을 따라가는 코딩로봇 관찰하기				
		▶ 〈자료3〉 제공하기 - '오늘 활동한 내용을 정리해 봅시다.'	● 모둠활동지에 문장으로 활동 내용 작성하기	● 모둠활동지에 단어로 활동 내용 작성하기	● 모둠활동지에 소화기관 그림을 붙여 활동 내용 작성하기		
	〈활동2〉 관찰평가	가	소화과정의 길을 알맞은 순서대로 그릴 수 있는가?				
		나	출발 지점이 표시된 소화과정의 길을 알맞은 순서대로 그릴 수 있는가?				
		다	소화과정이 표시된 활동지에 소화기관의 명칭대로 알맞은 그림을 붙일 수 있는가?				
	도전행동 중재	도준	과제 회피로 자리 이탈하는 행동을 예방하기 위해, 좋아하는 유성매직 그리기 활동을 중간에 삽입하여 수업 참여 행동을 촉진한다.				
			친구들의 관심을 얻기 위해서 자리를 이탈하는 행동을 예방하기 위해, 선호하는 친구와 또래교수를 활용하여 충분한 관심과 소속감을 느끼게 한다.				
정리	평가	▶ 동료평가, 자기평가 하기				10	

(2/2)

관리번호	

04 끈기 임용 2차 2022학년도 합격자 지도안 작성 복기 자료

2022학년도 중등학교교사 임용후보자 선정경쟁시험 (제2차 시험)

특수 교과 교수·학습 과정안 작성 답안지

*합격자 지도안 작성 복기 자료를 바탕으로 조이쌤이 재구성하였습니다.

수험 번호		성명		감독관 확 인	

교과	사회	차시	1~2차시	• 가정의 경제 생활
대상	특수학급		3~4차시	• 세금의 종류를 안다. • 정부가 세금을 이용하여 공공서비스 하는 것을 찾고 발표한다.
			5차시	• 개인의 경제 생활
학습목표	• 세금의 종류를 설명할 수 있다. • 정부가 세금으로 운영하는 공공서비스의 종류를 찾아 발표할 수 있다.			

단계	학습내용	교사활동	학생활동 가	학생활동 나	학생활동 다	시간(분)	자료 및 유의점
	인사	▶ 인사하기				5	㉶ 시청각 자료 ㉲ 학생의 경험과 연계하여 발문한다.
	전시 학습 상기	▶ 지난시간에 배운 내용 질문하기	■ 지난시간에 배운 내용 대답하기				
	동기 유발	▶ 오늘의 점심 메뉴와 점심 값 지불 여부에 대해 질문하기 - 오늘 학교에서 점심은 무엇이 나왔나요? 여러분은 점심값을 냈나요? - 그럼 우리의 점심 값은 누가 냈을까요? 바로 정부가 세금으로 냈답니다.	■ 오늘의 점심 메뉴 대답하기 - 로제 떡볶이가 나왔어요. ■ 점심값 지불 여부에 대해 대답하기 - 엄마가 냈어요. (오개념) - 점심 값을 안냈어요.				
	동기 유발 학습 목표 제시	• 세금의 종류를 설명할 수 있다. • 정부가 세금으로 운영하는 공공서비스의 종류를 찾아 발표할 수 있다.					
전개	〈활동1〉 세금의 종류 알기	〈응시자 작성란〉				35	㉶ 자료1, 태블릿 PC ㉲ 개별 활동 ㉲ 부가가치세와 부가세의 용어가 같다는 것을 설명한다. ㉲ 다 수준 학생에게 영수증 속 시각적 단서를 제공하여 '부가세'라는 단어를 확인하도록 한다. ㉲ 개별 학생의 수준에 맞게 형성평가 문제를 구성한다.
		▶ 세금 관련 경험 발문하기 - 여러분은 실제로 세금을 내본 경험이 있나요?	■ 자신의 경험 나누기 - 아니요. 엄마만 내요.	- 부모님.	- (X 표시 카드 들기)		
		▶ 〈자료1〉 영수증 제공하기 - 영수증을 함께 관찰해볼까요?	■ 영수증 관찰하기	■ 코팅된 영수증 관찰하기	■ 부가세가 진하게 표시된 영수증 관찰하기		
		▶ 부가세 관련 설명하기 - 부가가치세는 부가세라고도 말해요. - 여러분도 물건을 구매하며 세금을 내고 있었답니다. 느낌이 어때요?	■ 교사의 설명에 느낀점 문장으로 대답하기 - 신기해요.	■ 교사의 설명에 느낀점 단어로 대답하기 - 쉬워.	■ 교사의 설명에 따라 영수증 속 '부가세' 빨간색 펜으로 긋기 - (눈이 커지며 놀란 표정)		
		▶ 세금의 종류 검색 활동 진행하기 - 세금에 종류는 부가세만 있을까요? 다양한 종류에 대해 태블릿PC로 검색해 봅시다.	■ 스스로 태블릿PC 활용하여 검색하기	■ 제공된 핵심 단어장을 참고하여 태블릿PC 검색하기	■ 태블릿PC 활용하여 이미지 검색하기		
		▶ 검색 결과 공유시키기 - 다양한 세금의 종류를 전자칠판에 공유해 봅시다.	■ 검색 결과 공유하기 - 부가세, 소득세, 개별소비세를 찾았어요.	- (개별소비세 단어, 자동차 그림 전송하기)	- (친구의 그림과 같은 그림 전송하기)		
		▶ 다양한 세금의 종류 설명하기	■ 교사의 설명 듣기				
	〈활동1〉 형성평가 수준별 퀴즈	가	세금의 종류 (부가세, 개별소비세, 소득세)를 비교하여 설명하시오.				
		나	세금의 종류를 단어로 설명하시오.				
		다	그림을 보고 세금의 같은 종류끼리 알맞게 연결하시오.				

(1/2)

관리번호	

2022학년도 중등학교교사 임용후보자 선정경쟁시험 (제2차 시험)

특수 교과 교수·학습 과정안 작성 답안지

*합격자 지도안 작성 복기 자료를 바탕으로 조이쌤이 재구성하였습니다.

수험번호		성명		감독관 확인	

단계	학습내용	교사활동	학생활동 가	학생활동 나	학생활동 다	시간(분)	자료 및 유의점
전개	〈활동2〉 공공서비스의 종류를 찾아 발표하기	〈응시자 작성란〉				50	재 스티커 프린터, 태블릿PC, 자료2 유 이질적으로 모둠을 구성한다. 유 모둠활동 시 또래도우미를 활용한다. 유 다수준 학생은 태블릿PC에 교사가 미리 이미지 파일을 넣어 두어 이를 활용하여 활동한다.
		▶ 시각적 활동표로 모둠 안내하기 - 사회과 모둠별로 발표 활동을 할 겁니다. - 서로의 또래도우미를 확인하세요.	■ 모둠활동 자리 이동하기 배움팀: 가영(가), 세영(나), 나은(나) 성장팀: 가은(가), 준호(나), 다훈(다)				
		▶ 공공서비스 종류 조사 진행하기 - 세금을 걷어 정부는 무엇을 할까요? 공공서비스로 활용합니다. - 공공서비스에 대해 태블릿PC으로 모둠별 조사 시작하세요.	■ 스스로 태블릿PC를 사용하여 공공서비스에 대해 검색하기	■ 제공된 핵심 단어장을 활용하여 공공서비스에 대해 검색하기	■ 교사가 미리 넣어 둔 이미지 파일을 활용하여 공공서비스 이미지 검색하기		
		▶ 〈자료2〉 작성 안내하기 - 그림으로 된 그래픽 조직자를 활용하여 모둠별 보고서를 완성해 봅시다 - 조사한 내용을 공유하고, 그림을 스티커 프린터기를 활용하여 붙여주세요.	■ 스스로 스티커 프린터를 활용하여 문화 예술 관련 사진 붙이기	■ 가군의 또래 도우미와 함께 스티커 프린터기 활용하여 안전, 코로나 관련 사진 붙이기			
		▶ 모둠별 순회하며 피드백 제공하기 - 우리 지역의 공공서비스에 대해서도 찾아볼까요? 장애인 할인을 받았던 현장체험학습 장소를 떠올려보세요. - 이해하기 쉽도록 그림 간 연결 지어볼까요?	■ 교사의 피드백 확인하여 모둠 보고서 수정하기 - 우리 지역의 박물관을 검색해보자.	- 현장체험학습, 미술관,	- (그림 간 연결을 짓는다.)		
		▶ 모둠별 발표 준비 지원하기 - 코로나-19 주사에 대한 배움팀과 성장팀의 생각이 다르네요. - 이부분을 꼭 발표해서 생각을 나누어 볼까요?	■ 모둠별 발표 준비하기				
		▶ 발표하기					
	〈활동2〉 관찰평가	가	스스로 태블릿PC 활용하여 공공서비스의 적절한 종류를 3가지 이상 조사할 수 있는가?				
		나	핵심 주제어 활용하여 공공서비스의 적절한 종류를 2가지 이상 조사할 수 있는가?				
		다	제공된 이미지 검색 파일을 활용하여 공공서비스의 종류에 적절한 그림을 1가지 이상 조사할 수 있는가?				
	도전행동 중재	준호	1) 개별 규칙인 '종이를 찢는 것 대신 친구야 도와줘, 라고 말하기'를 상기시켜 도전행동 발현을 예방한다.				
			2) 준호가 어려움을 느껴 종이를 찢기 전 과제 난이도를 조절하여 성공 경험을 설계한다.				
		세영	1) 시각적 활동표를 수시로 확인하게 하여 모둠활동은 두 번째 순서임을 예상하게 한다.				
			2) 손가락 끝을 책상에 두드리는 행동 대신에 모둠활동 단어카드를 들어 의사표현할 수 있도록 대체행동 교수한다.				

(2/2)

관리번호	

05 끈기 임용 2차 2021학년도 합격자 지도안 작성 복기 자료

2021학년도 중등학교교사 임용후보자 선정경쟁시험 (제2차 시험)

특수 교과 교수·학습 과정안 작성 답안지

*합격자 지도안 작성 복기 자료를 바탕으로 조이쌤이 재구성하였습니다.

수험 번호		성명		감독관 확 인	

교과	보건	단원	일상생활과 건강	차시	2/3
주제	올바른 의약품 사용법				
학습목표	의약품의 종류와 사용법을 알고 올바르게 사용할 수 있다.				

단계	학습내용	교사활동	학생활동 가	학생활동 나	학생활동 다	시간(분)	자료 및 유의점
	인사	▶ 인사하기				10	자 시청각 자료 유 학생의 경험과 연계하여 발문한다.
	전시 학습 상기	▶ 지난 시간에 배운 내용 질문하기	■ 지난 시간에 배운 내용 대답하기				
	동기 유발						
	학습 목표 제시	의약품의 종류와 사용법을 알고 올바르게 사용할 수 있다.					
전개	〈활동1〉 약물의 오·남용 알기	〈응시자 작성란〉				30	자 자료1, 태블릿PC 유 개별 활동
		▶ 〈자료1〉 관련 발문하기 - 그림과 비슷한 경험이 있나요? - 그림은 어떤 것이 잘못되었는지 찾아봅시다.	■ 자신의 경험을 바탕으로 〈자료1〉 잘못된 점 찾기 - 배가 아팠던 적 있어요. - 날짜가 지났어요.	- 피로회복제, 편의점, 먹어. - 살 빼, 운동.	- 으~ (찡그린 표정)		
		▶ 오용·남용 의미 예상 질문하기 - 〈자료1〉은 바로 오용·남용에 대한 장면입니다. - 여러분이 생각하기에 오용, 남용은 어떤 의미 같나요?	■ 오용·남용 의미 예상하기 - 잘못 사용하는 것 같아요.	- 위험해.	- (AAC로 X 표시하기)		
		▶ 오용·남용 단어 설명하기 - 오용은 의사의 처방에 따르지 않고 사용법이나 용량을 정하는 것을 말해요. - 남용은 치료를 목적으로 하지 않고 부적절하게 사용하는 것을 의미해요.	■ 오용·남용의 설명을 들으며 태블릿PC로 관련 문장 밑줄 긋기	■ 오용·남용의 설명을 들으며 태블릿PC로 핵심 단어 확인하기	■ 오용·남용의 설명을 들으며 태블릿PC로 그림 관찰하기		
		▶ 태블릿PC로 그림 분류 지원하기 - 오용·남용 의미에 알맞은 그림을 분류해 봅시다.	■ 오용·남용에 알맞은 그림 스스로 분류하기	■ 예시 자료를 참고하여 오용·남용에 알맞은 그림 분류하기	■ 또래교수자 서현이와 함께 오용·남용에 알맞은 그림 분류하기		
		▶ 분류한 그림 확인하여 피드백 제공하기	■ 교사의 피드백 반영하여 오용·남용에 알맞은 그림 분류하기				
		▶ 오용·남용 그림 질문하기 - 오용 그림은 무엇입니까? - 남용 그림은 무엇입니까?	■ 알맞은 사진 전자칠판에 공유하기 - 오용은 1번, 2번 그림입니다. - 남용은 3번, 4번 그림입니다.	- 오용 1,2번 - 남용 3,4번	- (오용·남용 그림 중 한 가지 전송하기)		

(1/2)

관리번호	

2021학년도 중등학교교사 임용후보자 선정경쟁시험 (제2차 시험)

특수 교과 교수·학습 과정안 작성 답안지

*합격자 지도안 작성 복기 자료를 바탕으로 조이쌤이 재구성하였습니다.

수험번호		성명		감독관 확인	

<table>
<tr><th rowspan="2">단계</th><th rowspan="2">학습내용</th><th rowspan="2">교사활동</th><th colspan="3">학생활동</th><th rowspan="2">시간
(분)</th><th rowspan="2">자료 및
유의점</th></tr>
<tr><th>가</th><th>나</th><th>다</th></tr>
<tr><td rowspan="15">전개</td><td rowspan="10">〈활동2〉
약물의 종류와 올바른 사용법 알기</td><td colspan="4">〈응시자 작성란〉</td><td rowspan="15">50</td><td rowspan="15">[재] 자료2,3, 태블릿 PC, 의약품 모형

[유] 모둠 활동 중 역할과 자기결정력이 드러나도록 한다.

[유] 또래교수가 일어날 수 있도록 또래 간 상호작용을 촉진한다.

[유]교사는 순회하며 도움이 필요한 학생에게 개별적인 지원을 제공한다.</td></tr>
<tr><td>▶ 모둠활동 안내하기
- 모둠활동 규칙 확인합시다.
- 모둠활동 조로 이동해볼까요?</td><td colspan="3">■ 모둠활동 규칙 외친 후 모둠별 이동하기
배움팀: 가은(가), 인성(나), 나훈(나)
나눔팀: 서현(가), 나준(나), 다준(다)</td></tr>
<tr><td>▶ 모둠 역할 선택 진행하기
- 역할을 결정하여 〈자료3〉 에 적어주세요.</td><td colspan="3">■ 모둠별 토의하여 이끔이, 나눔이, 기록이, 꾸밈이 등 역할 선택하기</td></tr>
<tr><td rowspan="2">▶ 〈자료2〉 제공하기
- 의약품 모형을 탐색하여 알맞은 사용법에 선을 그어봅시다.
- 밴드와 상처 연고의 사용법 차이는 무엇인가요?</td><td colspan="3">■ 모둠별로 의약품 모형 탐색하여 학습지 작성하기</td></tr>
<tr><td>- 연고는 발라서 사용해요.</td><td>- 씻어, 발라.
- 붙여.</td><td>- (밴드 사용법과 상처 연고의 사용법에 알맞게 선 연결하기)</td></tr>
<tr><td rowspan="2">▶ 의약품 사용법과 복용법 간 차이에 대해 토의 진행하기
- 사용법과 복용법의 차이는 무엇일까요? 만약 연고를 먹으면 어떻게 될까요?</td><td colspan="3">■ 의약품 사용법과 복용법 간 차이에 대해 토의하기</td></tr>
<tr><td>- 복용법은 먹는 약을 의미해요.</td><td>- 밴드는 사용.
- 연고는 발라. 먹으면. 안돼.</td><td>- (AAC 알약 그림 선택하기)</td></tr>
<tr><td>▶ 순회하며 검색 활동 지원하기
- 이제는 다양한 의약품의 사용법과 복용법에 대해 검색해 봅시다.
- 선생님은 미러링으로 여러분의 검색 과정을 관찰하고 있어요.</td><td>■ 또래교수자가 되어 다양한 의약품의 사용법과 복용법에 대해 태블릿pc 검색하기</td><td>■ 다양한 의약품의 사용법과 복용법에 대해 핵심 단어로 태블릿pc 검색하기</td><td>■ 또래교수자 서현이와 함께 다양한 의약품의 사용법과 복용법에 대해 태블릿pc로 이미지 검색하기</td></tr>
<tr><td>▶ 〈자료3〉 작성시키기
- 사용법, 복용법 칸에 알맞게 모둠별로 학습지를 작성해 봅시다.</td><td>■ 사용법, 복용법에 알맞은 의약품 사진을 붙이고 문장으로 설명서 작성하기</td><td>■ 사용법, 복용법에 알맞은 의약품 사진을 붙이고 간단한 단어로 설명서 작성하기</td><td>■ 테두리가 제공된 시각적 단서를 활용하여 사용법, 복용법에 알맞은 의약품 사진 붙이기</td></tr>
<tr><td colspan="4">▶ 설명서를 QR코드로 변환 후 인쇄하여 의약품 모형에 붙이기
▶ 발표 준비하기
▶ 발표하기</td></tr>
<tr><td rowspan="5">도전행동 중재</td><td colspan="4">내용</td></tr>
<tr><td rowspan="2">서현</td><td colspan="3">중재1) 교사의 관심을 얻기 위해 수시로 질문한다면 상황에 적절한 수업 참여 행동에만 칭찬을 제공해주며 대체행동 차별강화 한다.</td></tr>
<tr><td colspan="3">중재2) 서현이가 수업에 관련 있는 질문/없는 질문의 변별 능력을 향상시키기 위해 오늘 수업의 활동지를 확인한 뒤 질문하게 한다.</td></tr>
<tr><td rowspan="2">인성</td><td colspan="3">중재1) 교사는 인성이에게 칠판 자료 붙이기, 과제물 나누어 주기 등의 도움을 요청하여 자연스러운 착석과 이탈로 주의를 환기시킨다.</td></tr>
<tr><td colspan="3">중재2) 인성이의 책상에 잔여 시간이 표시되는 시각적 타이머를 제공한 뒤 활동별로 확인하게 하여 행동 조절을 지원한다.</td></tr>
<tr><td>정리</td><td>평가</td><td colspan="4">▶ 동료평가, 자기평가 하기</td><td>10</td><td>[재] 평가지</td></tr>
</table>

(2/2)

관리번호	

PART

06

나만의 필살기 만들기

수업실연에서 나만의 필살기를 만들어 봅시다! 평가자들이 번뜩이고 신기하게 여기고, 나의 수업 분위기를 살리고 주의를 환기할 수 있는! 방법들을 생각해봅시다. 아래는 실제 합격자들이 사용했던 사례와 다양한 책을 참고한 방식들입니다.

강조하고 싶은 것은, 나만의 개성을 살리는 수업에 대한 고민하는 것은 좋으나 본질을 잊지 말아야 합니다. 중요한 것은 수업 실연의 조건과 핵심 Point 라는 점을 잊지 말고! 나의 수업을 업그레이드 시키기 위한 용도라고 생각하시길 바랍니다.

필살기 이름
1. 배움 티켓 (배움 입장권, 퇴실권)
2. 인사 선택하기
3. 감정 관리
4. 1인 1역할
5. 우리반의 규칙
6. 비주얼 씽킹 (마인드맵, 플로우맵, 브레인 디자인 등)
7. 창의성 교수법 활용
8. 배움 노트
9. 두더지 발표
10. 협동게임
11. 생각 공유 (생각하기-짝 공유- 전체 공유하기)
12. 다양한 토의토론 방법
13. 경청을 위한 방법 (토킹 스틱, 토킹 칩, 토킹 볼 등)
14. 이해도 확인을 위한 방법
15. 갤러리 워크
16. 두 개의 칭찬과 하나의 개선점 종이 활용
17. 물리적 공간 활용

01 배움티켓

1. 의미

- 배움의 공간으로 입장! 배움 입장권과 퇴실권을 활용하여 학생의 이해도 점검이 가능한 동시에 흥미를 높임

배움 티켓 입장권	- 배움 입장권은 교사가 던지는 질문에 대한 답을 티켓에 기록하여 제출하는 것으로 익명으로 설정하여 학생들의 이해도 점검 함께 동기를 높일 수 있게 함 - 질문은 다양한 답이 나올 수 있는 질문, 궁금한 내용 질문, 핵심 질문에 답하기 등으로 구성
배움 티켓 퇴실권	- 해당 차시에 배운 내용을 제대로 이해했는지 개별적으로 확인하기 위해 입장권과 다르게 이름을 기재 - 질문은 본 수업과 관련한 수업 핵심 내용, 느낀점 등으로 구성 - 퇴실권의 경우 올바른 답을 적지 못한 학생에게는 재도전의 기회를 제공

2. 효과

① 배움에 대한 기대와 즐거운 감정을 형성하여 수업에 대한 몰입도 향상

② 입장권과 퇴실권을 참고하여 성취기준을 달성하지 못한 학생은 보충지도 가능

TIP

특수교육에서 배움 티켓 활용하기

- 다양한 학습 수준이 있는 특수교육대상자의 경우를 고려하여 배움티켓 입장권 사용 시 교사의 질문에 대한 답을 문장, 단어, 그림, 선택하기 등 다양한 자신만의 언어로 적어도 좋다는 것을 설명해주세요.
- 학습에 대해 흥미가 낮은 학생들을 위해 '티켓'이라는 매개체를 활용하여 놀이동산에 간 것처럼 흥미를 유발할 수 있습니다.
- 교실의 앞문에서 입장권을, 교실의 뒷문에서 퇴실권을 받는 행동을 통하여 자연스럽게 '규칙 지키기, 기다리기, 순서 지키기' 등의 생활 기술까지 교육할 수 있습니다.

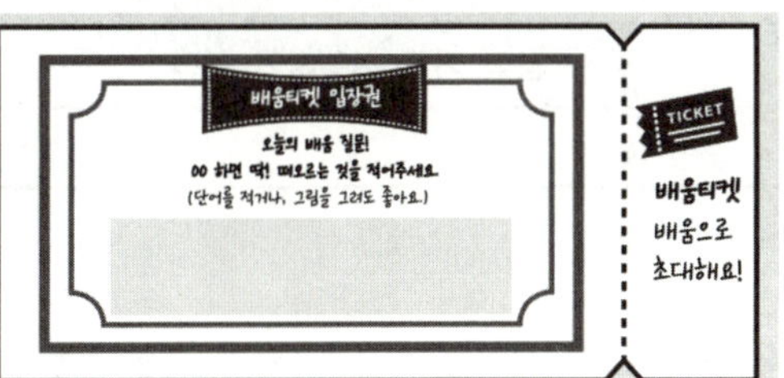

(출처: 박재찬, 학생 참여 수업, 배움을 디자인하다, 행복한 미래, 2019, p60~64. 재구성)

NOTE

02 인사 선택하기

- 학생에게 선택권을 부여한 후 인사 방법을 선택할 수 있게 하여 동기를 높이는 방법

인사 메뉴판

03 감정 관리 방법

- 감정 출석부, 감정 신호등, 감정 일기, 감정 날씨 예보, 감정 카드 선택 등 학생 자신의 감정을 표현하는 수단을 제공하여 학생의 상태를 파악하고 감정을 관리할 수 있도록 지원하며, 관계중심의 수업을 실천할 수 있음

감정 출석부 참고 사진	감정 카드 선택하기 사진

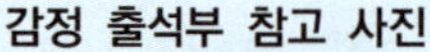

TIP

도전행동의 배경 사건을 생각하자!

배경 사건은 학생의 문제행동의 발생 가능성을 높이는 환경적 사건이나 상태, 자극 등을 말합니다. 예를 들면 학생의 피곤, 질병, 음식의 포만이나 박탈, 생리 주기, 온도나 소음과 같은 환경 특성, 다른 활동으로 전이, 누가 함께 있는지, 약물의 부작용, 물리적 배치, 사회 문화적 상황 등입니다.

즉, 때에 따라 학생의 부정적인 감정이 도전행동의 배경 사건이 되기도 합니다. 그래서 학생의 부정적인 감정 상태를 파악하여 도전행동을 예방할 수 있습니다. 수업의 시작 단계에서 파악하여 자신의 기분을 적절한 방법으로 표현하는 법, 기분이 좋지 않을 때 나만의 방법, 교사의 강화 제공 약속 등 적절한 지원을 제공할 수 있습니다.

출처: Robertson and Coy. Your student is hungry, tired, angry-now what?: addressing distal setting events in the classroom. Teaching Exceptional Children, (2019), 51(5), p361-371. 재구성

04 1인 1역할

NOTE

- 설명: 교실에서 학생의 책임감, 주인의식, 소속감 등을 형성하기 위해 교실 운영의 역할을 개개인에게 부여하는 방법
- 방법: 학생들과 상의하여 1인 1역할을 결정하여도 좋고, 다양한 역할 경험을 위해 돌아가면서 역할을 부여해도 좋음

TIP

1인 1역할의 예시

교실당 인원수가 상대적으로 적은 특수학생들의 경우 1인 1역할을 부여하기에 수월합니다. 다양한 예시들이 있으니 수업 실연에서 활용할 수 있는 학생들의 역할을 고민해보세요!

[OO부장의 역할]
- 정보 부장: 교사의 컴퓨터와 스크린을 연결, 미러링, 화면을 켜거나 꺼줌, 동영상 소리 높여주기
- 환경 부장(환경 지킴이): 청결한 교실 상태 관리, 대청소 시 역할 나누기, 분리배출 관리 감독
- 에너지 관리 부장: 에어컨, 온풍기의 전원 관리, 이동할 때 불 끄기
- 학습 부장: 시간표 부착, 과제 점검 및 확인, 전반적인 학습 진행 중 교사를 지원
- 행사 부장: 반의 행사를 주도적으로 이끄는 역할 (생일파티, 체육대회 응원법 등)

[~관리자, ~맨의, ~지킴이 역할]
- 시간 관리자: 모둠활동이나 학생 활동 중 시간을 점검하고 제한하는 역할
- 또래 상담사 (또래 지킴이, 평화지킴이): 학생들 간의 의견 충돌, 싸움 중재, 또래 상담자의 역할
- 건강관리자: 학생들의 청결, 온도 체크 등 감염병 상황에서 역할 수행
- 마스크맨: 학생들이 마스크를 잘 썼나 확인하는 역할
- 헬스맨: 체육 시간에 시범 도움, 스트레칭 활동 주도
- 우리반 점심 시간 DJ: 점심시간 노래를 틀어주기, 실습 시 BGM 관리 등

[~도우미의 역할]
- 소식 알리미: 교사의 공지 사항 전달, 가정통신문 나눠주기
- 또래 도우미(또래 멘토-멘티): 짝을 구성하여 또래교수 활동 가능
- OO 교과 도우미: 해당 교과마다 교사를 지원하는 역할의 교과 도우미

05 우리반의 규칙

1. 의미

- 개성 있는 우리 반의 규칙을 통해 자신만의 수업 브랜드를 만들기

TIP

우리반 규칙을 개성있게 만들어보자!

1) 규칙정하기의 기본 원칙
   - 짧고 이해하기 쉽고, 수가 적절해야 한다.
   - 긍정적 언어로 표현되어야 한다.
   - 학생들의 나이와 발달단계에 맞게 구체적이여야 한다.
   - 합리적이어야 한다.

2) 규칙 예시
   - 경기도 규칙: 경! 경청해요, 기! 기다려요, 도! 도전해요.
   - 따로, 또 같이해요: 개별학습과 협동학습에 모두 다 적극적으로 참여해요.
   - 나이스 규칙: 나!는, 이!이렇게, 스!스로 할 수 있습니다.
   - 용기내 규칙: 사'용'할 때, '기'다리고, '내' 것과 같이 아껴서 사용해요.

2. 규칙을 직접 가르치는 이점 Kerr와 Nelson(2006)

① 학생들이 학교 또는 규칙을 정한 기관 외 모든 장소와 상황에 이 규칙이 적용된다는 것을 알고 적극적으로 응할 수 있음

② 학생들이 전체에 적용되는 규칙을 기억하기 쉬움

③ 규칙의 내용을 따르지 않을 때 규칙을 상기시켜 바람직한 행동을 유지하는데 도움이 됨

④ 가르치는 방법: 기대되는 규칙의 정의를 충분히 설명해주고, 부적절한 행동과 적절한 행동의 예를 직접 보여주고, 학생들에게 역할놀이 등을 통해 적절한 행동을 연습할 기회를 제공하기

3. 연상자료 활용

① 의미: 학생들이 규칙과 절차를 기억하는데 도움이 되는 것

② 시각적 연상자료: 포스터, 아이콘, 규칙을 표시한 그림, 규칙을 표현한 만화, 앉아 있어야 할 곳을 표시하는 테이프

③ 청각적 연상자료: 타이머, 손뼉치기, 손가락으로 소리 내기 등

TIP

연상자료를 적극적으로 활용하자!

학생들이 규칙과 절차를 기억하는데 도움이 될 수 있도록 연상자료를 적극적으로 활용하는 것이 좋습니다. '선생님이 우리반 규칙을 게시판 쪽에 붙여 놓았죠?, 우리의 목소리 크기표를 봅시다. 우리는 지금 모둠활동 중인데 몇 레벨이여야 할까요?, 발표할 때의 목소리 크기는 몇 단계여야 할까요? (시각적 연상자료), 시간이 얼마나 남았죠? , 지금 타이머가 울렸으니 앉아서 무얼 준비해야 하죠? (청각적 연상 자료)' 등 학생들이 기대 행동에 대해서 자연스럽게 학습할 수 있고, 행동할 수 있는 환경을 구조화 했다는 것을 드러냅시다!

TIP

규칙의 실천성과 지속성을 모두 함께 점검하자!

수업 실연에서도 '규칙'을 대부분 사용하시는 것 같습니다. 그래서 '규칙'이 단순히 도전행동을 예방하기 위한 단기적인 방안으로 보이는 것이 아니라, 장기적이며 이에 대한 실천을 학급 전체가 함께 점검한다는 점을 언급을 해도 좋을 것 같습니다. 특히, 규칙을 만들 때는 개인의 규칙, 함께 지킬 규칙, 규칙 제안한 이유, 규칙을 지키는 행동에 대한 것 (배려한다는 것은 어떤 행동인지 등)를 구체적으로 이야기하는 것이 좋습니다. 나승빈 선생님의 전학년 수업놀이2에서는 다함께 규칙을 만든 뒤 가장 규칙을 잘 지킨 친구를 뽑아 우리반의 명예의 전당이나 OO시민 상을 수여한다고 합니다.

출처: 나승빈, 나승빈 선생님의 전학년 수업놀이2, 맘에드림, 2020, p.270. 재구성

06 비주얼 씽킹

1. 설명

- 머릿속의 생각을 시각적으로 표현하여 이미지로 체계화 시키는 것

2. 장점

① 비주얼 씽킹의 목적인 기록, 표현이 확장되어 다른 사람과의 소통 매개체로 활용할 수 있음

② 학생들의 창의력을 신장시킬 수 있으며, 무엇을 나타날지에 대해 결정하고 사고하며 기획력을 향상시킬 수 있음

③ 머릿속의 생각을 글과 그림으로만 나타내는 것이 아니라 사진, 신체를 사용한 비언어 요소, 영상 제작 등 다양하게 사용 가능

TIP

특수교육에서 비주얼 씽킹 활용하기

- 그림 수준을 더 잘 기억하거나, 시각적인 학습에 유리한 장애 특성을 활용하여 그림이나 사진, 신체 활용 등으로 학생들의 이해와 흥미를 향상시킬 수 있습니다.
- 그림을 그리기 어려운 학생들을 위해 '비주얼 씽킹 사전, 비주얼 씽킹 앨범, 비주얼 씽킹 도감, 비주얼 씽킹 카드'를 활용하여 잘 표현된 그림들을 제공하여 선택하거나 따라 그리는 방법도 있습니다.

NOTE

NOTE

3. 방법1: 마인드맵 활용

- 마인드맵 요소: 이미지, 키워드, 색, 부호
- 방법: 가운데에 핵심 주제를 놓고 생각을 연결하며 가지를 뻗어 생각을 발전시키기
- 수업 상황 (사진)

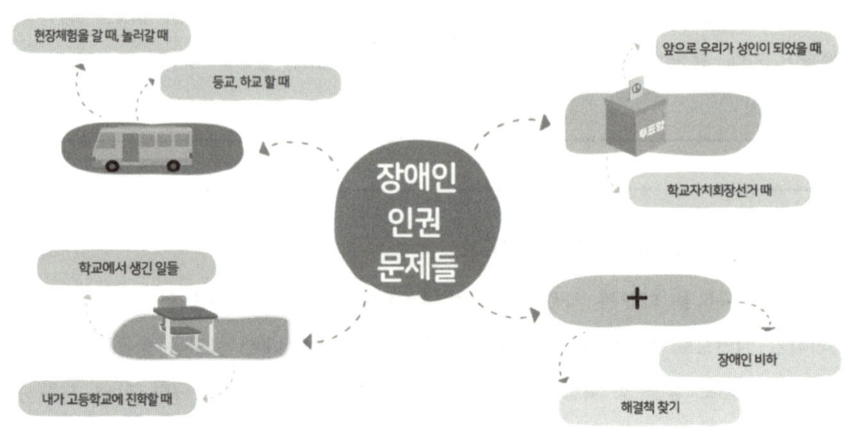

4. 방법2: 플로우 맵 활용

- 방법: 화살표를 활용하여 시간의 순서와 흐름에 따라 기록하는 방법
- 사건을 순서대로 맞게 정리하거나 과정을 설명할 때 유용
- 수업 예시

5. 방법3: 브레인 디자인 활용

- 방법: 머릿속을 형상화하여 떠오르는 내용이나, 이해한 개념을 그림이나 단어를 넣어 시각화하는 방법
- 수업 예시

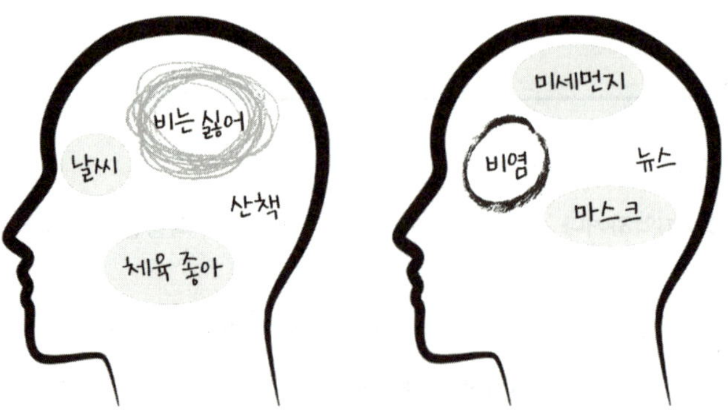

출처: 박재찬, 학생 참여 수업, 배움을 디자인하다, 행복한 미래, 2019, p.75, p.83, p.88. 재구성

07 창의성 교수

1. 브레인 스토밍

① **정의**: 다양한 생각이 몰아친(storming)다는 의미로, 자유로운 상태에서 창의적인 생각을 만들기 위하여 주제에 대해 떠오르는 것을 이야기하는 방법

조이쌤과 끈기

특히 브레인 스토밍의 경우 수업 도입부에 핵심 주제나 단어로 연결해서 사용하면 수업 참여 동기 및 주의력이 향상됩니다. 효과를 극대화할 수 있도록 허용적인 분위기와 생각 묶기, 경험 연계를 시켜도 좋습니다. 다만 이러한 방법을 사용할 시 수업 주제와 너무 동떨어지지 않도록 주의해야 합니다.

② **4원칙**: 비판금지, 자유보장, 질보다 양, 의견 편승

③ **유의점**

- 주제나 문제에 대해 명확히 제시하기
- 나온 아이디어를 요약하고 기록하고 분류하고 정리하기
- 발언 독점하지 않도록 주의 소극적인 참여자를 적극적으로 참여할 수 있도록 기회 제시
- 의견에 대해 비판 금지 및 경청
- 경청, 타인의 의견에 편승해서 결합과 개선을 시도하는 것 환영하기

관련 요소	수업 상황
비판금지, 경청	"우리는 모두의 의견을 경청해야 하고, 비판은 금지입니다. 우리는 모두 다양한 생각이 있기 때문이죠! 수업 시간에 간식을 먹는 것에 대한 의견을 듣겠습니다."
의견편승 (생각 연결)	"00이의 의견과 **의 의견이 수업에 방해가 될 수 있다는 점에서 비슷하군요. 00이의 의견에 스티커가 가장 많이 붙었습니다."
의견 분류 및 정리	"찬성의 의견과 반대의 의견을 나누어 보았고, 서로 비슷한 의견끼리 묶어보았어요."

④ **효과**

- 자유롭고 안정된 분위기에서 창의성 극대화 가능
- 하나의 의견이 다른 의견을 불러일으키는 생각의 연쇄적 작용 경험 가능
- 의견이나 대안을 모으는데 매우 효과적

06 나만의 필살기 만들기

2. 브레인 라이팅

① **정의**: 브레인 스토밍의 원리를 이용여 개별적으로 생각한 뒤 종이에 적어 서로의 생각을 추가하는 방법

② **절차**: 주제 제시 → 의견 기록 → 의견 카드 수집 및 분류 → 그룹화 및 상위 개념 명명

③ **유의점**: 진행자는 의견을 수집·분류·정리하고 유형화하기

④ **효과**

- 전체 학생의 다양한 의견과 생각을 효율적으로 전시, 모으기가 가능
- 여러 의견 속 참신한 생각 발굴 가능
- 발표력이 부족하거나 소극적인 학생들의 생각을 효과적으로 끌어낼 수도 있음
- 이름을 적지 않고 실시하기도 하여 말로 표현하기 어려운 상황 등에서도 원활한 수업 가능
- 브레인 라이팅 결과물을 전시하여 교육 자료로 활용

조이쌤과 끈기

수준이 다양한 특수학생들의 경우 주제에 대해 간단한 단어로 써도 좋고, 그림을 골라서 붙여도 좋고, 그림을 그려도 좋다는 허용적이고 자유로운 분위기를 조성해봅시다. 더하여 분류 작업 시 교실 공간을 최대한 활용할 수 있도록 칠판에 붙이기 뿐만 아니라 조별로 토의 결과를 적은 종이(전지 활용)를 교실 곳곳 벽면에 붙이기, 바닥에 내려놓고 함께 분류하기 등으로도 실시할 수 있습니다.

⑤ **적용 예시**: 스마트폰이나 테블릿 피씨 활용

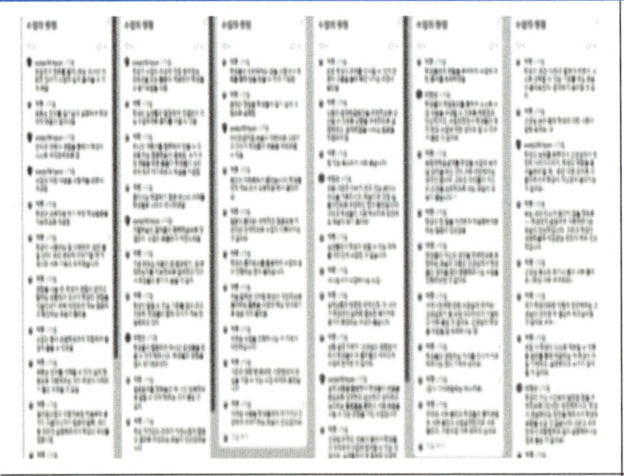	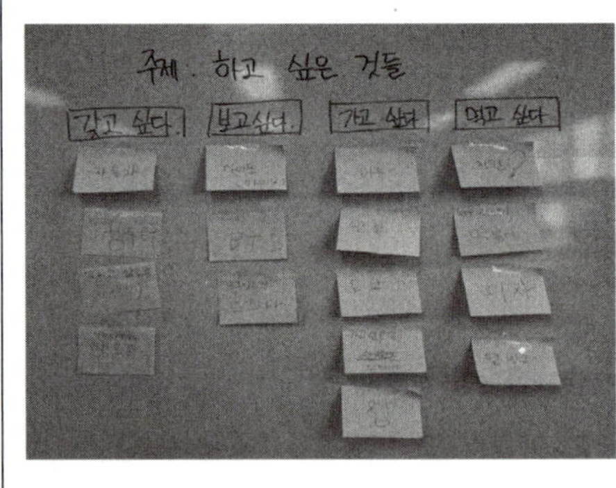
패들렛: 담벼락 활용	**포스트잇 활용**

3. PMI 기법

- 정의: 다양한 생각과 의견 중 채택 여부를 선택하는 방법으로 의견이 가지고 있는 긍정적인 면과 부정적인 면 등을 비교하는 방법

08 배움노트 활용하기

- 의미: 수업에서 느낀 점이나 배운 것을 정리하거나 기록하는 노트로, 수업 중에는 KWL 전략을 활용하여 배움에 대해 스스로 점검하고 기록할 수 있음
- 배움 노트는 다양하게 활용될 수 있음 (수업 전, 수업 중, 수업 후 정리, 가정연계 등)
- 배움의 한 줄, 한 줄로 오늘 수업 정리하기, 가장 기억에 남았던 단어 적기, 수업을 마친 뒤 그림 그리기, 배움일지, 배움 일기 등으로 정리 활동에서도 사용 가능

TIP

배움노트

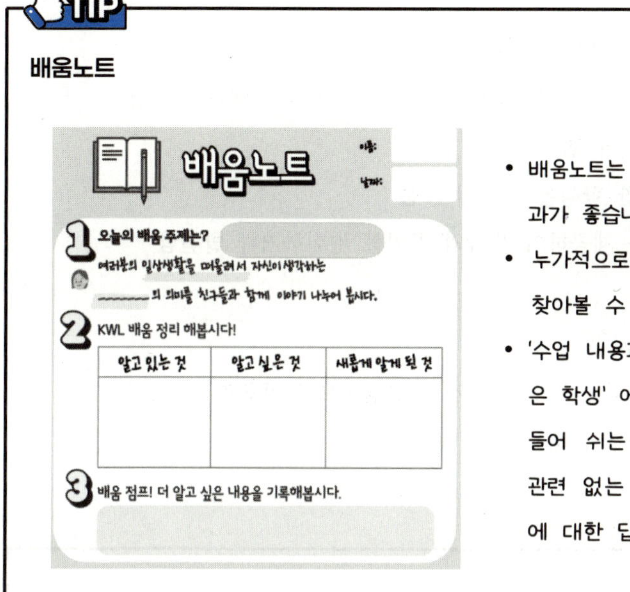

- 배움노트는 학생들이 자신만의 언어로 기록할 때 효과가 좋습니다.
- 누가적으로 활용하여 저번 차시에 배웠던 내용을 찾아볼 수 있습니다.
- '수업 내용과 관련 없는 질문 혹은 질문이 너무 많은 학생' 에게는 배움노트의 한 편에 질문 칸을 만들어 쉬는 시간에 이를 활용합니다. 수업 내용과 관련 없는 질문을 구별하는 방법을 알려주고, 질문에 대한 답변을 해줍니다.

09 협동 게임

1. 설명

- 게임의 요소를 합쳐 학생들의 협동심을 높이고, 동시에 흥미를 높이기

2. 방법 예시

1) 릴레이 게임

- 그리기 릴레이 게임: 관련 주제나 개념에 대해서 서로 돌아가며 하나의 그림을 그리는 것
- 형광펜 릴레이 게임: 서로 다른 색의 형광펜을 가지고 각자 중요하다고 생각하는 부분이나 그림에 돌아가며 표시를 한 뒤 함께 살펴보는 게임

2) 브루마블 게임 변형

- 브루마블이라는 주사위를 굴려 말을 이동하는 게임으로 게임 판의 형식은 그대로 두되, 판의 내용을 바꾸어 수업에 활용한 방법
- 자신의 풀이 과정을 설명하는 규칙을 추가해도 좋음 (서로 가르치고 설명하는 문화 형성)

(출처: 박재찬, 학생 참여 수업, 배움을 디자인하다, 행복한 미래, 2019, p.42 재구성)

10 두더지 발표

1. 설명

- 두더지 잡기 게임처럼 교사의 발문이나 학생의 발표에 학급 전체 학생들이 앉거나 일어나서 자신의 생각을 표현하는 발표 방식
- 비슷한 의견이거나 경험을 했다면 자리에 앉고 다른 의견이라면 서 있음

2. 방법

① 학생별로 생각을 하거나 수업 내용을 정리할 시간을 제공

② 교사가 '두더지 발표를 시작할게요.', '두더지!' 라는 말을 할 때 학급 전체가 일어남

③ 교사가 학생을 지명하여 생각을 발표하게 함

④ 발표자와 의견이 같거나 생각이 비슷한 학생은 자리에 앉음

⑤ 나머지 서 있는 학생에게 발언 기회를 제공하여 생각의 차이를 경험하거나 발견함

3. 장점

① 학생이 직접 소리를 내 발표하지 않더라도 자신의 의견을 간접적으로 표현할 수 있음

② 교사가 빠른 시간 안에 학생들의 이해도나 생각을 한 눈에 확인할 수 있음

TIP

특수교육에서 두더지 발표 활용하기

- 신체적 제약 상 일어서기 앉기가 어려운 학생은 손을 들어서 표현할 수 있습니다.
- 발표자에 대해 자리에 앉지 않은 이유는 무엇이고, 어떠한 다른 생각을 가지고 있는지 구체적으로 질문을 제공합니다.
- 자리에 앉은 학생들에게도 간단한 질문을 통하여서 학생들의 개별적인 생각을 파악해도 좋아요. 특수교육의 경우 학생들이 소그룹이기 때문에 이를 더욱 잘 사용할 수 있습니다.
- 교사는 참신한 의견이나 특별한 대답을 기억해 두었다가 학생들이 다 착석한 후 서로의 생각을 연결 짓기, 생각의 차이 살펴보기, 생각의 공통점, 차이점을 짚어 나가는 과정이 중요합니다.
- 발표에 대해서 소극적이거나 두려움을 느끼는 학생의 경우 쉽게 다른 이의 의견에 의견 편승을 할 수 있지만, 발표 초반부에 중요한 것은 자기 생각과 의견을 가지는 것이라는 격려의 말을 해주세요!

출처: 에듀니티TV 3분 노하우

출처: 박재찬, 학생 참여 수업, 배움을 디자인하다, 행복한 미래, 2019, p.57~59. 재구성

11 생각 공유하기 (생각-짝-공유)

NOTE

1. 의미

: 짝과 토의하고, 그 내용을 모둠, 다른 모둠, 학급 전체와 공유하는 방법 (Fisher&Freay 2007)

2. 방법

① 교사의 질문에 개별적으로 학생이 스스로 답을 고민하고 기록할 시간을 가진 뒤 (개인)

② 짝과 토의하여 짝의 생각도 공유하고 기록하여 '짝과의 생각' 란에 적기 (짝: 짝을 다시 바꾸어 주어도 좋음)

③ 학급 전체로 대상을 확대하여 자기 생각과 짝과 토의한 내용을 공유하여 '우리의 생각' 기록하기 (공유)

- 수업 상황

질문:

내 생각은	내 짝의 생각은	우리의 생각은

대상과의 만남- 타인과의 만남- 자기와의 만남의 과정 거칠 수 있으며, 단원 시작 전 학생들의 배경 지식 확인이 필요할 때, 찬반 토론 수업에서 서로의 생각의 차이를 알아볼 때, 주제에 대한 아이디어를 모을 때 유용합니다.

출처: 박재찬, 학생 참여 수업, 배움을 디자인하다, 행복한 미래, 2019, p.110~112.

12 다양한 토의토론 방법

조이쌤과 끈기+

수업의 초반에 주제와 관련된 경험에 대해 서로 짝 토의를 진행해도 좋고, 난개념이나 오개념 발견 시 서로 다른 생각을 가진 사람들끼리 간단한 토의토론를 해도 좋습니다. 토의 토론의 절차를 딱딱하게 모두 다 따르는 것이 아닌 필요 시 수업 상황에서 자유롭게 사용할 수 있습니다. 12)다양한 토의 토론 방법의 출처는 '새로운 민주시민 교육방법' 이며 해당 바탕으로 작성되었음을 밝힙니다. 유아나 초등학교 저학년의 경우, 중증대상이 출제된 경우 토론을 이야기 나누기로 수준을 조정하여 활용하시길 바랍니다.

1. 토의법

① **정의**: 어떠한 문제를 해결할 때 서로의 의견을 교환함으로써 학습이 이루어지는 방법으로 교실 상황에서는 교수자-학습자 간, 혹은 학습자들 간에 일어나는 상호작용을 통해 문제를 해결해 나가는 학습 형태

② **필요한 역량**: 개방적인 의사소통, 자유롭고 협조적인 분위기, 구성원들의 민주적인 태도

③ **기본 조건**: 모든 학습자들의 참여, 주제에 대해 충분히 이해한 후 진행, 타인의 의견을 잘 듣고 자신의 생각을 높여가도록 해야 함

④ **절차**

단계	상황
1단계 계획 및 준비	토의 목적 세우기, 범위 결정, 학습자에게 토의 수업 준비하게 함, 자료 수집, 교수자가 관찰 사항 수집
2단계 시작과 진행	토의 목적을 학습자에게 안내, 주제 제시를 하거나 브레인 스토밍을 통해 주제를 제시, 질문 제시, 다양하고 많은 학습자가 참여할 수 있도록 하기, 논제에서 벗어나지 않도록 방향 조정, 주요 논의 상황 기록
3단계 마무리	주요 사항 종합 및 요약, 결론 도출, 사후 활동 계획
4단계 사후활동	토의 결과 요약 정리 및 배포, 토의 활동에 대해 발표할 기회 제공, 선택된 해결책 실제로 적용

조이쌤과 끈기+

수업 전개 시에도 앞사람이나 뒷사람 혹은 크로스로 상대를 바꾸어 가면서 다양한 의견과 생각을 공유하는 방법도 있습니다. 협동학습 시에도 마찬가지입니다. 아래의 다양한 토의방법과 요소를 기억하고 수업실연 연습을 해봅시다!

2. 토론법

① **정의**: 참가자들이 대립적인 주장을 통해 바람직한 결론에 도달할 수 있는 과정으로, 찬성과 반대로 나뉘어 자신의 쪽 주장이 옳음을 내세우며 각각 자신의 쪽의 주장을 받아들이도록 하는 경쟁적인 의사결정 과정

② **토론의 필요성**: 민주사회 효과적인 참여를 위한 준비, 리더쉽, 문제 분석 및 사고, 주장하는 능력, 비판적 듣기, 명백한 이유로 문제점 지적

③ **구성 요건**: 사회자가 필요, 토론 주제 명확화, 발언 시간, 순서, 질의 기회의 토론 규칙 만들기

④ **수업 장면**

- 개인 또는 조별 의견과 근거 만들고, 다른 의견을 경청 및 메모의 자세가 필요
- 학생들은 토론 주제 관련 수집, 의견과 근거 만들기, 토론규칙 익히기 등의 역할 수행

⑤ **절차**: 토론 의제의 진술 → 찬성측과 반대측의 논리적 공방 (논리적 반박 및 근거 제시)

⑥ **토론의 윤리**: 과격한 논박은 피하기, 언쟁이 아닌 설득의 과정, 상대편이 옳다고 생각하는 것은 솔직히 인정하고 그렇지 않는 것에 대해서만 논박, 예의바르고 정중한 태도, 제한된 시간을 엄수

조이쌤과 끈기

토의와 토론의 공통점으로는, 문제해결을 위해서 서로 다른 의견을 듣고 말한다는 점, 그 자체가 문제해결이 아니라 각자 다른 생각을 확인하고 보다 나은 방법을 찾는 과정, 회의나 수업 진행에 핵심적인 수단이 될 수 있다는 점입니다. (학생들은 서로 다른 생각의 차이에서 배움이 일어납니다.)

⑦ **토론법의 교육적 효과**

- 학습자 스스로 생각하는 태도 신장
- 자신의 의견을 정확하게 발표하고 전달하는 태도를 가질 수 있음
- 타인의 의견을 존중하고 수용하려는 태도 기름
- 자신의 발언의 중요성을 이해하고 타인의 의견을 지성적으로 비판하는 태도 함양
- 결정된 내용에 따르고 협력하는 태도 기름
- 타인의 의견에 경청함으로써 자신의 인식을 확대하고 심화하는 연구적 태도
- 민주적인 태도 기름

NOTE

3. 다양한 토의토론법

① **원탁토의법:** 동그란 탁자에 앉아 동등한 관계 속에서 주제에 대해 자유롭게 의견을 나눌 수 있도록 하며 사회자는 모두에게 기회를 적절하게 제공하여 발언할 수 있도록 진행

② **버즈토의법:** 여러명의 학습자들이 집단을 형성하고 교수자가 제시한 간단한 문제에 대해 토의하는 모습이 마치 벌들이 윙윙 거리는 소리 같아서 버즈 토의라고 명명, 교수자는 토의가 잘 진행될 수 있도록 촉진자 역할 수행

③ **경쟁토론법**

- 정의: 분임 학습과 토론 방법을 결합시킨 토론법으로, 학습과 더불어 소집단 간에 경쟁적인 요소를 도입하는 종합적인 토론법
- 방법: 참가자들에게 경쟁을 하고 나서 투표를 실시한다는 말은 하지 않고, 3개의 분임조로 나누고 각 분임조에 학습과제를 부여→ 분임조의 작업이 끝나면 전체가 모인 자리에서 논의사항이나 학습 결과에 대해 발표를 들음→ 어느 그룹이 제일 잘 만들었나 1차 투표 → 투표 결과는 공표하지 않고 경쟁토론 실행 → 2차 투표 실행 후 비교하여 발표

④ **번개토론법:** 세미나 시작 전이나 중간에 진행자가 참석자의 분위기나 상태를 파악해보는 방법으로 진행자가 언제든지 '번개'처럼 생각나는 질문을 갑자기 제시하고, 응답 역시 1분내지 30초를 넘지 않게 한 문장 정도로 만드는 토론법

⑤ **시나리오토의법**

- 정의: 일정한 가이드 라인을 제시해주고 브레인 라이팅과 마인드 매핑 같은 기법을 통해 참가자들의 다양한 의견을 수렴하고 논의된 내용에 대해 비판적 검토를 하는 방법
- 가이드 라인: 문제점 발굴, 해결방안 모색, 해결방안에 대한 장애요인 및 실현 가능성 평가 등의 순서

⑥ **피라미드 토론법:** 역피라미드 토론의 형태로 1:1로 상대방과 토론 및 토의 과정을 거쳐 합의를 본 후 다시 2:2로 확장시켜 4명이 함께 토론을 거치는 방법 (2:2, 4:4, 8:8 등 다양하게 확대 가능)

⑦ **신호등 토론법**

- 정의: 글자 그대로 교통 신호등의 원칙을 원용하여 신호등의 색깔 카드를 가지고 진행자가 토론을 전개시켜나가는 게임식 토론 기법
- 방법: 찬성일 경우 초록색 카드, 반대일 경우 빨간색 카드, 판단이 잘 서지 않아 잘 모르는 경우에는 노란색의 카드 들어 보이는 것으로 찬성과 반대의 의견을 표시한 사람들을 균형 있게 지목하여 질문을 던지는 방법

조이쌤과 끈기

학생들에게 쉽게 의사를 표현할 수 있는 매개체를 제공해주면 더욱 적극적으로 참여가 가능합니다. 더하여 모호한 의견의 중립적인 노란색 카드를 들고 있는 참가자의 의견도 주의 깊게 들어볼 필요가 있어 (모든 참가자들에게) 골고루 의견을 발표할 기회를 충분히 제공해야 합니다. 예 '00이는 지금 찬성한다는 초록색 카드를 들고 있는데, 찬성하는 이유를 설명해줄 수 있나요?', '노란색 카드를 들고 있는 **이는 혹시 더 설명이 필요한 부분이 있나요? 어떤 점이 의견 중 결정하기 어렵게 느껴지나요?'

NOTE

⑧ **포토스탠딩 토의법**

- 정의: 다양한 그림 중 하나를 선택하여 그림(사진)과 관련된 자신의 생각이나 의견을 청중들에게 발표하는 방법
- 방법: 주제 명확히 안내→ 그림 선택 → 자신의 의견이나 경험 발표

조이쌤과 끈기

저도 현장 수업에서 자주 쓰고 있는 방법 중 하나입니다. 학생들에게 선택권을 제공한다는 점에서 수업 참여 동기가 높고, 사진이라는 시각적인 도구를 활용하여 다양한 수준의 특수교육대상 학생들에게도 적합한 토의법입니다. 모두 다 다른 사진을 제공해도 좋지만, 같은 사진도 2~3개 정도 준비하여 학생들 간 같은 생각과 경험을 말하여 서로의 공감을 이끌어내는 방법도 좋습니다.

⑨ **하부루타**

- 정의: 하부루타는 '친구, 짝' 이라는 뜻의 히브리어의 '하버'에서 유래된 것으로 유대인의 고전적 학습법으로 즉, 두 사람이 함께하는 짝 토론 또는 두 사람끼리 공부하면서 질문, 토의, 논쟁하는 활동
- 효과: 사고력을 확장시키고, 고등 정신 능력 향상됨. 한가지 질문에 여러 가지의 답이 가능하다는 것 알게 함, 짝토의를 하며 타인과의 상호작용 가능, 타인의 의견에 경청하는 자세 습득 가능

조이쌤과 끈기

학생들에게 '하부루타' 라는 용어로 수업을 진행해도 좋고, 토의짝, 수업짝꿍, 토킹 프렌즈 등의 나만의 용어를 만들어 사용해도 좋습니다. 텍스트를 읽고 질문하는 토의활동 뿐만 아니라, 그림을 보고 어떤 생각이 들었는지, 단계를 보고 어떤 순서로 하면 좋을지 등을 간단히 토의해보는 활동도 간단한 하부루타 수업입니다. 예 지하철 이용하기 단계 그림을 어떤 순서로 붙이면 좋을까?

4. 토의 토론 평가 및 주의할 점

- 학생들의 의견, 흥미, 관심도, 수준 등을 충분히 고려하여 주제를 선정
- 학생들에게 수업 전 과제를 제시하여 주제에 대해 충분히 탐구하고 준비할 수 있는 시간 제공
- 교사가 주제에 대해 충분히 설명하여 적극적으로 활동에 참여 가능하도록 분위기 조성
- 토의 토론 수업 중 주제에 벗어나지 않도록 조정하며 방향 설정에 도움
- 자발적이며 적극적으로 학생들이 참여할 수 있는 분위기 조성
- 토의토론 규칙에 대해 지속적으로 안내하고 따를 수 있도록 지도

5. 토의법의 장단점

장점	단점
- 문제해결력과 고등 정신기능을 기를 수 있음 - 자신의 생각을 논리적이며 간결하게 표현하는 과정에서 표현력 향상 - 함께, 서로 배우는 경험으로 집단 의식과 공유 능력이 신장되며 사회적 기술 형성 가능 - 문제에 대한 관심과 흥미가 높아질 수 있으며 학습자들 자율적인 학습 활동 진행 가능 - 선입견과 편견에 대해 알게 되며 비판적인 사고에 의해 수정 가능	- 시간이 많이 소요되며 정보의 전달이 느림 - 소수의 의견이 무시될 수도 있음 - 토의에 참여하지 않는 학습자가 생길 수 있음 - 사전 준비와 관리를 철저히 해도 예측하지 못한 상황이 발생 가능 - 어려운 개념이거나 낯선 개념은 효과적으로 토의하기 어려움

13 경청을 위한 다양한 방법

① 토킹 스틱, 토킹 볼, 토킹 칩, 스피치볼 활용하기

② 물리적인 구조화: 모둠 대형, U자형, 원형 배치 등

③ 사회적 기술 지도하기 (상대방의 의견 듣기, 고개 끄덕이기, 박수로 격려하기 등)

④ 경청을 위한 규칙 만들기 (돌아가며 이야기하는 회전목마 규칙, 토킹 스틱이나 칩이 있는 사람만 발언, 눈 마주치기, 의견에 대해 칭찬하기, 협동 리더, 경청 리더 선출 등)

합격라이브

특수학생들의 가능성을 제한하지 말기! 처음 수업하는 교사처럼!

한00선생님 사립 근무, 2019 경기 최종합격

저는 과거에 중증장애 학생들이 많았던 사립 특수학교에서 (나름) 장기간 근무했으며, 2019년도에 공립 시험 1차에 합격해서 2차를 준비했습니다. 경기도 지역의 2차 시험 준비 스터디를 할 때 다른 선생님의 수업에서 가장 놀랐던 부분이 '특수 학생들이 토의를 할 수 있다고?' 라는 생각이었습니다.

나의 상황과 직접교수 방법에 너무 익숙해지고 편해진 나머지 다양한 교수 방법을 크게 고민하지 않았고, 수업 실연에서도 설명식, 교사 주도적인 수업 습관이 그대로 묻어 나왔습니다. 다른 이들이 볼 때 제가 현장 경력이 있어 교육과정에 대한 이해도가 높다고 하지만, 교사 주도적인 수업 습관은 치명적인 단점으로 다가왔습니다.

그래서 수많은 피드백을 받고, 영상을 찍고 자기 점검을 거쳐서 나의 오랜 습관을 고치기 위해 노력하였습니다. 수험생 중 경력자 선생님들! 나의 습관을 정확하게 이야기하고, 진솔한 피드백을 주고 받을 수 있는 스터디원들과 함께하시길 바라고, 나의 부족함을 있는 그대로 수용하고 처음 수업하는 사람의 도전적인 자세로 연습하면 좋은 결과가 있을 겁니다.

14 이해도 점검을 위한 방법

조이쌤과 끈기+

숙련교사와 초임교사 간의 관찰력 관련 연구에서는 학생들이 명확하게 이해하기 위해 도움이 필요한 순간 숙련된 교사들이 좀 더 세밀하게 주목하며 이해도를 확인하는 과정에 시간을 더 쏟는 것으로 드러났다고 합니다. 숙련된 교사들은 상황을 돌아보는 능력이 훌륭합니다. 이는 초임교사의 경우 형성평가나 학생의 이해도 점검을 위한 장치를 마련하여 보완할 수 있습니다.

1. 교사의 질문을 통한 이해도 점검

예 선생님의 설명에서 부족한 부분 있나요? 선생님이 더 설명해주면 좋을 것 같은 부분을 말해줄래요?, 선생님이 ~라고 설명한 이유를 찾아볼까요?, 선생님이 도와줄까요?, 도움이 필요한 사람이 있나요?, 이 부분에 대해서 질문하고 싶은 사람?

2. 이해 신호등

① 설명: 자신의 이해도에 따라서 이해가 잘 되었다면 초록불 카드를 들고, 잘 모르는 부분이 있다면 노란불 카드, 이해가 전혀 되지 않는다면 빨간불 카드를 들어 이해도를 점검하는 방법

② 예 자, 이제 이해 신호등을 들어서 얼마나 이해를 했는지 살펴봅시다. 이해가 잘 되었다면 초록불 카드를 들고, 아직 느낌은 오는데 알쏭달쏭해요~ 하다면 노란불 카드, 전혀 이해가 가지 않아요! 너무 어려워요! 라고 생각한다면 빨간불 카드를 들어주세요~ 하나 둘 셋! (학생들이 카드를 든 것에 따라 개별 피드백, 보충 지도 제공)

3. 질문 카드 활용

① 설명: 이해가 잘 되지 않는 부분이 있다면 질문카드를 쓴 다음 카드를 들거나 칠판에 부착하여 교사에게 질문하거나 친구들과 함께 검색해 보는 방법

② 예 여러분 지금까지 활동1이 끝났는데, 질문 카드를 작성한 사람 있나요? 질문카드를 칠판에 붙여주세요. 우리 질문카드가 많이 모였네요. 자 그럼 어떤 것부터 해결해볼까요?

4. 우리만의 사인 만들기

① 설명: 브이를 만들어 손을 번쩍 들면 교사가 다시 설명해주기, 질문, 모르겠어요! 깃발 등을 들어 교사에게 사인 주기

② 예 우리 00이가 지금 브이 표시로 손을 번쩍 들어줬는데, 어떤 질문 있나요? 아! 00이가 오늘 수업 주제와 관련하여 정말 중요한 질문을 했어요.

5. 퀴즈 풀기

① 설명: 태블릿PC 평가 어플 활용하여 학생이 입력한 답변을 교사와 학생이 함께 살펴보며 보충 지도하기, 교사의 질문에 O,△,X 몸짓 표시를 하여 질문에 대한 답변을 통해 이해도 점검하기, 개별학습지 퀴즈 풀기 등

② 예 지금은 '잠깐만! 골든벨 시간!' 이 돌아왔네요. 자 선생님이 지금까지 배운 것 중에 질문을 할건데, 태블릿PC 어플을 켜서 답변해봅시다. , O,△,X 몸짓 표시를 하여 질문에 답해봅시다!, 여러분의 개별 배움학습지 풀어봅시다.

6. 모둠별 이해도 점검 방법

① 설명: 모둠 질문 카드 활용, 모둠 칠판 활용, 모둠 복습 질문 등

② 예 모둠별로 오늘 배운 내용을 정리해봅시다. 모둠 질문 카드를 뽑아서 서로 대답해주세요. / 배운 내용 중에 더 알고 싶거나, 아직 이해가 안되는 것들을 모둠끼리 나눈 뒤 어플에 올려 주세요./ 궁금해요. 질문카드는 질문 상자 안에 넣어주세요.

15 갤러리 워크

- 의미: 각 모둠에서 만들어낸 다양한 모둠 작품 (전시물, 미술작품, 발표자료, 글쓰기 결과, 모둠 과제물 등)을 교실의 다양한 곳(교실 벽면, TV, 칠판에 자유롭게 부착)에 전시하여 갤러리 워커(관람자)들은 다른 모둠의 작품을 감상하고 정보 및 지식을 습득하거나, 평가하기, 질의하기 등의 활동을 진행하는 것

TIP

갤러리워크 시 학생들의 집중을 높이는 방법

- 인상적이었거나 마음에 드는 모둠의 결과물에 스티커를 붙이는 방식을 활용하여 학생들이 좀 더 흥미롭게 참여할 수 있습니다.
- 단순히 작품을 훑어보는 것이 아니라 내용까지 볼 수 있도록 학생들이 메모하며 내용을 듣거나, 교사가 퀴즈를 사전에 제시하는 방법도 있습니다.

출처: 박재찬, 학생 참여 수업, 배움을 디자인하다, 행복한 미래, 2019, p.232~235.

16 두 개의 칭찬과 하나의 개선점 종이 활용하기 (Two stars and a wish)

① 의미: 칭찬해주고 싶은 두 가지, 보완했으면 하는 두 가지를 기록하여 친구에게 전달하는 것

② 방식: 칭찬하고 싶은 구체적인 칭찬 두 가지와, 보완할 점 한 가지를 적어주는 방법

③ 장점: 자신의 결과물을 개선할 수 있는 피드백을 받아볼 수 있음, 비판적 사고력 향상

④ 수업 상황

(Two stars and a wish)

a wish

특수학생들에게 그대로 적용하기 어려울 수 있습니다. 구체적인 채점표를 제공하기, 개선점에 대한 예시를 제공하여 선택하도록 한다면 활용하기 좋을 것입니다.

(Greenstein, L, 〈What teachers really need to know about formative assessment〉, Alexandria, VA:ASCD, 2010)

17 물리적 공간 활용

- 교실 스마일 존: 교실 입구에 스마일 존을 밟으면 웃는 것 (등하교시 유용)
- 휴식 공간: 휴식 텐트, 소파, 침대 등 마련
- 스트레스 해소 공간: 트렘펄린, 좋아하는 음악 듣기, 좋아하는 물건이나 보드 게임 사용 가능 등
- 게시판, 전시 공간 활용: 학생들의 과제 완성물, 작품 등을 전시할 수 있는 교실 뒤편 공간 마련
- 학교 텃밭, 교실 내 식물 존: 생태 교육 활용 가능
- 학교 광장: 학교 축제, 전시 등 진행

TIP

학생들의 성취감을 높일 수 있도록 생활과 연계하기!

학생들이 수업에서 열심히 완성한 과제를 '학교 축제에 전시, 안전의 날 때 학교 입구에 붙여놓기, 캠페인 활동으로 활용하기, 지역 축제 홍보 포스터로 사용, 게시판에 붙여놓기, 교실 뒤편에 전시하기' 등으로 자연적 강화를 얻을 수 있도록 설계해도 좋습니다!

〈나만의 필살기 만들기 부분 출처〉

- 박재찬, 학생 참여 수업, 배움을 디자인하다, 행복한 미래, 2019
- Robertson and Coy. Your student is hungry, trired, angry-now what?: addressing distal setting events in the classroom. Teaching Exceptional Children, (2019), 51(5), p361-371.
- 나승빈, 나승빈 선생님의 전학년 수업놀이2, 맘에드림, 2020
- 송창석, 새로운 민주시민교육방법, 백산서당, 2011, p.118
- 이판사판 교육방법 및 교육공학, 2019, 박영스토리, P.134~136
- 이지연, 예비교사를 위한 실제적 교육방법 및 교육공학, 서현사, 2008
- Greenstein, L, 〈What teachers really need to know about formative assessment〉, Alexandria, VA:ASCD, 2010

PART

07

끈기 Best 40가지 이론 다지기

BEST 1

특수교육 교직의 이해

NOTE

조이쌤과 끈기+

교직에 대한 이해를 바탕으로 다양한 현장 문제가 출제되고 있습니다. 이때 특수교사의 중요성을 기억해야 합니다.

01 교사의 업무

교사의 업무는 학자에 따라 차이가 있으나 영역별 나누자면 다음과 같다.

① 수업 ② 생활 교육 ③ 특별 활동 교육 ④ 학급 경영 ⑤ 학교 경영 참여 ⑥ 교육 행사 운영 ⑦ 행정업무 등

02 특수교사의 역할

박재범(2008)은 일반교사와는 다른 특수교사의 역할에 대해 다음과 같이 정리하였다. 특수교사는 교육 대상의 측면에서 보면 신체적이나 정신적인 면에서 제한점을 가진 학생들을 가르치기 때문에, 학생들이 교사에게 더 많은 의존성을 보이며 교사는 이들에게 애정을 가지고 긍정적이고 교육적인 지원을 제공해야 한다. 또 다양한 안전사고의 위험이 언제 어디서 일어날지 모르기 때문에 학생들을 지키기 위해 항상 긴장 상태에 있어야 한다. 또한 사회적 측면에서는 사회적 약자인 장애학생에 대한 헌신과 봉사를 강조하는 사회적 분위기로 인해 특수교사에게 전문직으로서 가져야 할 책임감 이상의 희생을 강요하기도 한다

출처: 여민경, 특수학급 교사들의 주요 교직활동 구성 및 관계의 양적 분석, 2023, p.14

03 특수교사의 중요성

- '교육의 질은 교사의 질을 뛰어넘지 못한다.' 의 명언과 같이 특수교사는 특수교육의 질을 좌우하는 가장 큰 요소
- 특수교육대상자가 매년 증가되는 추세이며, 우리나라는 특수교육대상자가 비장애 학생과 함께 생활하고 학습할 기회가 있어야 한다는 통합교육의 가치를 지향하며 특수학급의 중요성이 높아지고 있음
- 특수교사는 장애학생 인권교육을 통해 장애학생의 권리 존중과 옹호를 위한 교육적 지원을 수립 및 강화하는 역할
- 물리적 통합의 수준을 벗어나 교육 과정적·사회적 통합을 이루기 위해서 특수학급의 성공적인 교육과 통합을 위해서는 특수학급 교사의 역할 중요

BEST 2

특수교사의 교직관

조이쌤과 끈기

여러분은 왜 교직의 길을 걷고 싶나요? 특히, 다른 교과 교사도 아닌 오로지 특수교사가 되기로 결심했던 그 순간을 기억하나요? 교사를 꿈꾸게 된 이유, 교사상을 확립하게 된 관련 경험 등의 진술한 답변을 대비해야 합니다.

NOTE

01 교직관

1. 교직관의 개념

- 교육을 보는 견해로써, 교직이라는 직업에 대한 관점
- 교직이라는 직업 내지 교사라는 직무의 성격을 어떻게 파악하는가? 의 의미
- 교사가 어떠한 교직관을 가지고 교직에 임하고 하는가를 확인하는 것은 곧 어떠한 생활 태도를 가지고 교직에 임하는가를 결정하는 중요한 문제

2. 교직관의 중요성

- 교직관에 따라 교직에서 얻는 보람이나 만족도도 자연스럽게 달라질 수 있음
- 교직관이 확고하지 못하다고 할 때에는 교직에 대한 전체적, 통합적, 사색적, 비판적 견해가 부족하고 철저하지 못하다는 뜻일 수 있음

3. 교직관의 종류

1) 성직관

- 고도의 정신적 봉사 활동과 소명 의식 필요 → 세속적인 것과는 거리가 먼 직업이 되어야 함
- 오로지 사랑과 봉사정신에 입각해 학생 교육 → 성인 군자적인 교사가 이상적인 교사상
- 교사가 하는 활동은 주로 미래 지향적 → 현실 사회보다는 다가오는 이상사회의 실현을 위하여 학생들의 힘과 마음을 기르는 직업
- 높은 도덕적, 윤리적 행동 수준을 지녀야 하며 교사의 정신적 만족감과 정신적 보상 강조
- 한없는 사랑과 헌신, 희생, 봉사, 정신적 활동에 전념하는 직업

2) 노동직관

- 교사의 직무와 직위는 노동자와 동일
- 교사란 정신적 노동을 하는 직업 → 노동에 대한 정당한 보수가 주어져야 함
- 근로 환경에 대한 처우 개선 및 근무 조건의 향상 주장
- 이상적, 당위적 차원이 아닌 실제적이고 사실적인 차원에서 접근함으로써 자본주의 사회에서 교육 또는 교직에 관련된 부정적인 문제를 파헤치는데 일정 정도 기여

3) 전문직관

• 수업은 고도의 지성을 요구하는 정신적 활동
• 교사가 되기 위해 장기적인 훈련기간이 필요하며 교원자격증 제도라는 엄격한 자격기준 있음
• 표준 이상의 능력 신장 필요 → 계속적인 자격연수, 자질연수 등 이론교육이 있음
• 자체적인 사회봉사적인 교원윤리강령을 지니고 스스로 통제하며 권위지킴
• 전문성 신장을 위한 전문적 단체 가지고 있음
• 교사는 자율과 책임이 강조되는 직업이며 수반되는 사회적 책임 큼

4) 공직관

• 교사는 국가공무원으로서 사회의 공동선을 실현
• 국민의 교육권의 실현을 위해 봉사하는 존재

TIP

교직관별 주요 키워드

교직관	주요 키워드
성직관	존경의 대상, 청빈생활, 사랑의 실천, 옛날의 스승상, 교직의 신성, 봉사자
노동직관	노동자로 인식, 경제적 이익, 수업 충실, 반대급부 요구, 생활 수단, 생계 유지
전문직관	교수방법의 연구, 전문성 도모, 사회 발전, 교수기술 중시, 전문직 인식, 학생 변화, 전문적 창의적 활동
공직관	국민에게 봉사, 청렴, 의무, 사회 공헌

출처: 고은아, 특수교사의 교직관과 정서적 탈진감 및 이직 의도와의 관계, 2010, p.19 추가 구성

02 특수교사의 교직관

• 고은아(2010)의 연구에 따르면 교직경력이 높을수록 성직관이 높게 나타나며, 근무지에 따라서 노동직관이 다르게 나타남 (공립특수학교 근무자 노동직관이 다수 → 권리 확보와 처우 개선, 근무 조건의 향상을 중요 시 여김)
• 고은아(2010)의 연구에서는 특수교육지원인력이 배치되어 있는 특수교사는 장애로 인해 학습능력이 열악한 학생들과의 수업을 해 나가는데 있어 신변처리나 수업자료 제작 등에 도움을 받을 수 있어서 전문직관이 높게 나타나는 것으로 파악

출처: 고은아, 특수교사의 교직관과 정서적 탈진감 및 이직 의도와의 관계, 2010

NOTE

03 학생관

• 학생을 바라보는 다양한 관점을 의미

• 배움의 주체 • 존엄적인 존재 • 문제를 스스로 해결할 수 있는 존재 • 능동적인 존재	• 통제의 대상 • 미성숙한 존재 • 수동적인 존재

수험생 선생님들이 자주하는 질문!

"교직관을 무조건 이 네 가지 중에 선택해서 답변 해야 하나요?"

문제마다 상이합니다. 각 교직관별로 1) 성직관은 교사의 소명의식을 드러내며 본질적인 요소를 강조할 수 있으며, 2) 노동직관은 교사의 근무에 대한 권리를 강조하며 3) 전문직관은 교사의 전문성과 자기발전의 필요성을 시사하며 4) 공직관은 공무원으로서의 청렴과 봉사 자세의 의미가 있습니다. 다시 말하자면, 제시된 교직관은 대표적 이론일 뿐 교직관은 어느 교직관이 좋다, 나쁘다, 바람직하다 등 쉽게 판단할 수 없습니다. 답변 시 두 가지의 경우로 설명하겠습니다.

〈유형❶〉	문제에서 '전문직관에 근거하여 말하시오.' 등 교직관의 측면을 먼저 제시하였다면, 해당 이론의 주요 키워드를 활용하여 답변해야 합니다.
〈유형❷〉	만약, '~관에 근거하여 말하시오.' 라는 조건이 없다면 조금 더 자유롭게 나만의 교직관을 이야기해도 좋습니다. 다만, 네 가지 이론 중 나의 교직관에 가장 가까운 이론에 '뿌리'를 두는 것이 점수를 획득하기에 안전합니다.

04 특수교사의 교사상

1. 교사상

• 교사로서의 바람직하고 모범이 되는 모습으로 실현 가능한 미래상을 의미
• 급변하는 현대 사회에서는 교사상도 계속 변화될 수 있기 때문에 교사상에 대한 관심을 가져야 함

2. 특수교사의 교사상 요인별 조작적 정의

요인	정의
인성특성	자신감, 태도의 일관성, 인내심, 자상함 등의 성품, 사고, 태도 및 행동 특성
수업에 대한 전문성	학생의 수준과 특성에 맞는 교수법을 적용하여 효과적으로 학생을 가르치는 교수 능력
학급 및 학교경영능력	관리와 경영능력을 바탕으로 업무처리를 잘 하고 민주적으로 학급을 경영하는 능력
장애학생지원능력	장애이해교육, 진단과 평가, 통합교육지원, 유관기관과의 협력 등 다양한 장애학생 지원능력
상담능력	부모의 어려움에 공감하고 함께 문제를 해결하여 부모와 후배교사에 대한 상담자로서의 능력

(출처: 정명옥 외 1명, 암묵적 접근을 통한 특수교사 교사상, 2009, p.8)

3. 통합교육에서 바람직한 교사상

교사상	세부 사례
전문지식을 가진 선생님	- 학생의 성장을 위해 노력하는 선생님 - 폭넓은 지식과 세심함이 있는 선생님 - 특수교육의 전문성을 가진 선생님 - 다양한 직업교육에 대한 지식이 있는 선생님 - 특수학급, 장애학생에 대한 이해를 하고 있는 선생님 - 이론과 지식보다 실용성을 가진 선생님 - 학생의 재능을 발굴하는 선생님 - 특수교육에 대해 체계적으로 배운 선생님 - 특수교육의 전문성을 가진 선생님 - 장애학생에 대한 전문지식을 가진 선생님 - 특수교육 교육을 받은 선생님 - 특수교육에 대한 지속적인 관심을 가진 선생님 - 특수교육의 경험이 있는 선생님
의사소통이 원활한 선생님	- 소통하는 선생님 - 다른 교사들과 잘 소통하는 선생님 - 사교성이 좋은 선생님 - 삶에서의 고민과 문제 등을 전달하는 선생님 - 원활한 소통이 가능한 선생님 - 학부모와의 소통 능력이 있는 선생님 - 학생과 학부모와 소통하는 선생님 - 정보를 받아들이고 활용하는 선생님
인격이 형성된 선생님	- 장애학생을 진정 이해하는 선생님 - 인품이 뛰어나고 책임감이 있는 선생님 - 인격적으로 검증된 선생님 - 장애학생에 대한 따뜻한 인성을 가진 선생님 - 장애학생의 능력과 장점을 찾아주는 선생님 - 다양성을 인정하는 선생님 - 인성과 자질을 갖춘 선생님
사랑이 넘치는 선생님	- 장애학생에 대한 애정이 있는 선생님 - 장애학생에게 집중하는 선생님 - 장애학생을 진정으로 사랑할 수 있는 선생님 - 사랑하는 선생님 - 애정과 열정이 있는 선생님 - 장애학생에 대한 애정과 소명의식을 가진 선생님
적응력이 뛰어난 선생님	- 융통성을 가진 선생님 - 대처능력이 뛰어난 선생님 - 포용력을 가진 선생님 - 문제해결능력, 자기통제 능력 등이 뛰어난 선생님 - 융통성이 있어 유연하고 창의적인 선생님 - 사회에 융합과 적극성을 가진 선생님
인내심을 가진 선생님	- 기다려주는 선생님 - 끈기와 인내심을 가진 선생님

출처: 박재범, 통합교육에서 바람직한 특수학급 교사상 분석, 2018, p.7

BEST 3

특수교사의 자질·역량·적성

조이쌤과 끈기

이번 파트에서는 '저는 이러한 자질과 역량이 있으니 특수교사라는 직업이 적성에 딱-맞습니다!'를 답변의 과정 중 드러낼 수 있어야 합니다. 보다 명확한 답변을 위해 자질, 역량, 적성의 사전적 개념을 알아볼까요?

- **'자질'이란, 타고난 성품이나 소질, 어떤 분야의 일에 대한 능력이나 실력의 정도, 타고난 체질**
- **'역량'이란, 어떤 일을 해낼 수 있는 힘**
- **'적성'이란, 어떤 일에 알맞은 성질이나 적응 능력 또는 그와 같은 소질이나 성격**

NOTE

01 특수교사의 자질

1. 특수교사에게 필요한 능력: Mackie & Dunn(1960)

- 특수아동의 심리적, 의학적, 사회적, 교육적 특성에 관한 전문지식
- 아동과 그의 편차에 대한 이해
- 교육과정의 운영과 교수방법에 관한 능력
- 특수기기 및 자료에 대한 사용능력과 지식
- 아동 및 가족에 대한 상담·생활지도의 지식과 능력
- 각종 검사와 기록의 실시와 해석능력
- 관계전문가 및 단체와 협력해서 일하는 능력
- 특수교육 프로그램을 마련하는 것에 관련된 행정적 의무
- 중복장애아의 이해와 지도능력
- 특수교사의 인성적 특성과 태도

2. 미국특수아동협회(CEC)의 특수교사 자질 기준 (2017)

자질	내용
협력	• 학생의 높은 성취를 위해 여러 전문가들과 협력하기 • 전문가 또는 가족들과 효과적인 회의를 조직하고 촉진하기 • 학생의 학습을 지원하고 요구되는 지원을 보장하기 위해서 가족과 적절하게 협력하는 능력 갖추기
사정(평가)	• 학생의 강점과 요구에 대한 정보를 구축하기 위해 다양한 원천 사용하기 • 사정 결과에 대해서 다양한 전문가들과 함께 해석하고 의견 나누기 • 학생 사정 자료를 사용하고, 교수 실제를 분석하며 필요할 경우 적절한 수정 및 보완 실시하기
사회 및 정서 행동적 실제	• 일관성 있고 조직화되고, 학생을 존중하는 형태의 학습환경을 수립하여 연령에 적합한 학급 규칙을 설정하기 • 긍정적이고 건설적인 피드백 제공하기 • 사회적 행동 가르치기 • 개별화된 행동 지원 계획을 수립하기 위한 기능평가를 수행해서 문제행동의 기능을 파악하기 • 개별화되고 다차원적인 중재 계획을 수립하기
교수	• 명확하고 측정 가능하며, 장단기계획 규명하기 • 체계적 교수를 설계하기 • 교육과정 적절하게 수정하기 • 인지 및 메타인지적인 전략을 지도하기 • 적절한 촉진 및 체계적인 용암을 제공하기 • 명시적 교수 제공하기 • 유연한 집단화 사용하기 • 활동적인 학생 참여 증진을 위한 전략 사용하기 • 보조공학 및 교수공학 적절하게 사용하기 • 학생의 학습 및 행동을 지도하기 위한 긍정적이고 건설적인 피드백 제공하기 • 새로 배운 개념과 학습내용을 유지 및 일반화할 수 있도록 지도하기 • 강도 높은 교수 제공하기

02 특수교사의 전문성

교육과정 개발 및 운영	• 특수교육에 대한 기초지식 • 특수아동에 대한 전문지식 • 교육과정 운영 • 개인차에 대한 이해 및 지원 (공학기기 등) • 특수아동을 위한 교수 기법 (중도중복장애학생 지도)
학급경영 및 관리	• 학생 문제행동 지도 및 생활지도 • 동료교사, 지역사회와의 협력 • 학부모 상담 • 진단평가
봉사적 사명감	• 교권 및 교육발전에 대한 관심 및 참여 • 교직의 중요성에 대한 믿음 • 윤리강령 준수 • 애타적 봉사정신
전문적 자율성	• 행정능력 • 학교 교육과정 수립에 참여 • 교직 윤리 실천 • 자율적 교수 계획 수립 • 지역사회 유관기관과 협력 • 관련 법규 준수

출처: 송요한, 특수교사 개인특성이 전문성과 교직헌신에 미치는 영향: 특수교육기관별로, 2020, p.38 (재구성)

TIP

특수교사의 수업 전문성의 본질적 요소

특수교사들이 공통적으로 경험하는 수업전문성의 5가지 본질적 요소는 ❶ 학생 중심의 맞춤형 수업을 위한 반성적 성찰, ❷ 다양한 수준의 학생을 만족시키는 교육과정 재구성 능력의 신장, ❸ 저경력 교사의 수업 성장 토대가 되는 자기 장학 수행의 기회 제공, ❹ 교사 소진을 낮추는 동료 교사의 긍정적인 사회적지지, ❺ 중도장애학생의 교육가능성을 실현시키는 교사 효능감 신장으로 나타났다.

출처: 박수진, 특수학교 초등교사의 수업 전문성 신장을 위한 동료코칭 사례연구, 2021, p.1

03 인성적 자질

1. 인성의 의미

인성이라고 하는 것은 사람의 성품으로, 윤리적인 측면 뿐만 아니라 지적인측면과 함께 여러 복합적인 요소들로 구성되어 있으며 개인의 성향과 자질을 규정한다(Shields, 2011)

2. 교사 전문성과 인성

김혜숙(2003)은 교사의 전문성에 대해 단순히 교과전문성만을 의미하는 것이 아니라 → 교과에 대한 지식, 교과를 잘 가르칠 수 있는 교수 능력, 학생 상담 및 지도 능력, 학급 관리 능력, 교육적 안목·가치관·태도, 평생학습자로서의 자기 계발 능력 등의 총합→ 구성요소로는 교과 전문성, 학급경영 전문성, 교육자적 인성의 세 가지

3. 인성적 자질의 중요성

① 인성교육자로서 교사의 역할 실현: 교사 교육에서 가르치는 것에만 국한된 것이 아니다.

② 교사의 인성은 학생들의 인성 발달에 영향을 미침: 교사는 인성교육을 함께 수행할 수 있는 능력과 교직관을 동시에 갖추어야 한다.

③ 인성은 바람직한 행동과 성향을 갖추며 학습자의 삶을 풍요롭게 만듦: 인성은 바람직한 행동과 성향을 갖도록 인간을 변화시키는 자체뿐만 아니라 학습자의 삶을 풍요롭게 만들 수 있는 능력을 길러주는 본질적인 것이다.

④ 학생과의 관계에서 신뢰감 구축: 학생과의 관계에서도 신뢰감이 형성되며, 나아가 학생들로 하여금 자신의 삶의 주체가 될 수 있도록 만들어줄 수 있기 때문이다.

04 역량 · 인성적 자질의 구체적 예시

역량	의사소통역량, 자기주도적 역량, 업무처리역량, 디지털 역량, 갈등해결역량, 대인관계역량, 상호작용역량, 자기관리역량, 협력적 역량, 문제해결 역량, 교수평 일체화 역량, 미래핵심역량, 공동체 역량, 에듀테크 역량, 미래교육 역량등
인성적 자질	소통, 도덕성, 양심, 참을성, 융통성, 관계 지향성, 생활지도, 인격성, 긍정적인 모습, 타당, 공평 문제해결력, 협동성, 자주성, 친절성, 극복성, 정서적 안정성, 내적 지향성, 자아통제, 사려성,인간존중, 공감능력, 원활한 의사소통 능력, 정서적 안정과 자아통제, 책임감, 성취 지향적, 사회성, 활동성, 창의성, 사고유연성, 행동 진취성, 도전, 공감성, 관용성, 신뢰성, 유능감, 성취동기, 책임감, 성실성, 지혜, 용기, 리더쉽, 전문성, 정의, 절제, 사랑, 나눔, 존중, 갈등해결, 허용적 태도, 민주적, 합리적, 믿음, 협력, 자기조절능력, 정직, 유머, 청렴, 봉사, 열정, 관심과 반응

05 교사의 교직 적성

1. 교직 적성의 의미

- 적성은 특정 업무를 수월하게 완수할 수 있는 능력을 의미하기 보다 → 앞으로 해당 업무를 훌륭하게 수행할 수 있는 가능성을 의미(권이종, 1992).
- 교직적성: 일반적으로 교사가 갖춰야 할 자질 → 인지적 영역과 정의적 영역을 모두 포함시킬 수 있는 것 → 초등예비교사의 교직 적성은 졸업 후, 교사로서 직무에 수월하게 적응할 수 있는 성격, 특성등을 포괄할 수 있는 총체적 적응력(김혜경, 2012).
- 숙달될 수 있는 개인적 잠재력과 그에 대한 관심과 흥미를 나타내는 정의적 영역의 준비성을 포함(조주연,백순근, 임진영, 여태철, 최지은, 2007).

출처: 권충훈 외1명, 학교현장실습을 통한 예비 특수교사의 교직 적성 및 인성 변화 탐색, 2015

2. 교직적성 인성검사 도구의 내용

- 교육부에서 보급한 교직 적성 및 인성검사의 하위영역은 문제해결력 · 탐구력, 판단력, 독립성 · 자주성, 창의 · 응용력, 심리적 안정성, 언어 · 의사소통능력, 지도성, 공감 · 포용력, 지식 · 정보력, 봉사 · 희생 · 협동능력, 계획성, 성실성 · 책임감, 소명감 · 교직관, 열정

NOTE

BEST 0 4

학생중심수업

NOTE

조이쌤과 끈기+

'학생중심수업 교육과정을 디자인하다.(행복한 미래)' 의 최무연 교사는 학생중심수업의 실현을 위해 가장 먼저 해야 할 일은 '생각의 전환' 이라고 합니다. 교사 혼자 모든 수업을 준비할 수 없다는 것을 인식하고, 수업을 학생들과 공유하며 나누는 것이 학생중심수업의 시작입니다. 특히, 본 챕터에서 가장 중요한 개념은 학생중심수업은 일정한 형식이나 모형이 아닌, **수업의 관점**을 의미 하는 것임을 알고 시작합시다!

01 개념

- 학습자에게 지식, 가치, 기능을 전달하는 교육이 아니라 학습자 스스로 학습을 계획하고 실행하고 평가하는 형태의 교육 (이혁규, 수업, 누구나 경험하지만 누구도 잘 모르는, 교육공동체 벗)

〈관련 용어 정리〉

- 학생주도? 학생이 스스로 배움을 찾아간다는 의미로, 학습 선택에서 자기결정권을 가지고 자기주도적으로 학습을 기획하여 학교 안과 밖에서 필요한 것을 찾아 배운다는 의미로 학습에 있어서 '학생의 주도성'을 강조
- 학생중심? 학생스스로 학습활동을 계획하고 문제를 해결해 나가는 것 뿐만 아니라 교육과정과 수업에서 학생의 입장과 생각을 존중하는 것으로 학생중심수업에서는 특히 공감적, 비지시적 관계 양식을 통한 관계 중심의 수업을 강조
- 학습자중심 수업? 학습자 개개인의 차이를 존중하고 개별화된 배움의 기회가 보장되어 학습자 스스로 활동하고 협력하여 배움이 일어나는 수업을 말합니다. 학습자와 학생은 서로 다른 개념이지만 교수·학습과정을 설명할 때 학생을 학습자로 보고 종종 혼용

출처: 경기도교육청, 쉽게 알아보는 배움중심수업, 2020, p.30

02 배경

- 배경: '학생 중심의 수업'에 대한 이론적 배경은 *구성주의 원리에 기초

〈*구성주의 수업에서 논의되는 학습 원리〉

① 활동 중심의 수업 촉진

② 실제 상황적 수업 강조

③ 협력적. 협동적 수업 강화

④ 대화와 토론, 역할놀이 등으로 의미의 확대

⑤ 개인차에 의한 개별학습 촉진 등

03 학생중심수업의 특징

- 학생이 학습을 스스로 계획하고 주도하며 학습의 주도권이 교사가 아닌 학생에게 주어져 학생이 참여하는 수업
- 수업에 교사 혼자서만 고민하는 것이 아닌, 학생과 함께 고민하고 공유하는 수업
  → 무엇을 배우고, 무엇을 알아야 하고, 어떻게 해야 하고, 수업에 대한 전반적인 것을 학생이 알고 있게 함 → 교-수-평 일체화
- 학생의 삶, 현실을 수업과 연결하여 지식을 단순히 습득하기보다 지식을 '활용'하는 수업
- 하나의 목적을 달성해 나아가는 과정을 중요하게 여기며 사회적 기술과 책임감을 향상할 수 있도록 서로 협력하는 수업
- 교사의 역할: 단순한 지식의 전달자가 아닌 교육과정을 디자인하는 사람으로, 학생의 강점과 다름을 존중하여 개개인에 대한 피드백이나 학습에 대한 제안과 안내를 제공하는 안내자, 학습의 촉진자 역할

수험생 선생님들이 자주하는 질문!

"아~ 그럼 학생중심수업은 지식을 가르치지 않네요? (X)"

학생중심수업의 불편한 오해입니다! 학생중심수업은 '지식'을 가르치지 않는다? 기존의 지식위주, 암기식 위주 수업의 반작용으로 나온 수업으로 이해하다 보니 지식을 경시한다고 생각할 수 있습니다. 그러나, 모든 수업은 지식에서 출발한다고 해도 과언이 아닙니다. '지식'은 학생 중심 수업을 위한 필수 요소이며 수업에서 지식은 학생의 활동의 이유이자 교육 활동 전반 중 선택의 기준이 됩니다.
학생중심수업은 마냥 혁신적이고 거창한 새로운 방법이 아닌, 필요한 것은 그대로 활용하고, 고쳐쓸 것은 고쳐쓰면 됩니다. 학생중심수업은 수업을 보는 관점을 바꾸고 교육과정을 재구성하는 것을 의미합니다.

출처: 최무현, 학생중심수업 교육과정을 디자인하다, 행복한미래, 2020, p.40~44, p.47~48 재구성

04 학생중심수업 관점표

영역	관점
학습자의 배움	학생들이 어디에서 배우고, 어디에서 어려움을 느끼는가?
	교사의 지도, 지시에 따라 학생들은 어떻게 배우고 있는가?
	학생들은 배움의 맥락을 이해하고 있는가?
	학습자의 배움의 점프가 있는가? 어느 지점에서 이루어지고 있는가?
교사의 활동	교사는 학습자 한명 한명에게 주목하는가?
	학습자와 사물 그리고 사건 간의 연결 및 관계는 어떻게 하고 있는가?
	교실에서 배움과 상관 없는 불필요한 말과 행동은 없었는가?
교실에서의 관계	교사와 학생들이 서로 들어주는 관계가 성립되고 있는가?
	학생들이 수업에서 서로 듣고 협력적으로 배우는가?

출처: 육경민, 학생중심수업관찰을 적용한 교육실습프로그램이 예비교사의 좋은 수업 인식에 미치는 영향, 2019, p.729

NOTE

05 현장 자료- 수업참관표

영역	요 소	관점
수업 준비	학습자 특성 및 교과내용 분석	학생의 특성(장애유형, 정도, 생활연령 등)을 고려하여 수업을 준비하였는가?
	수업활동 계획	학습량을 고려한 단원 전개 계획이며, 본 차시의 적절한 수업 계획인가?
	평가 계획	성취기준 및 목표와 일관된 평가준거와 방법을 계획하였는가?
수업 실행	수업의 도입	학생들이 수업에 흥미를 느낄 수 있도록 유도하는가?
	교사의 태도	수업에 대한 열의와 자신감 있는 태도를 가지고 있는가?
	교사 · 학생 상호작용	학생의 다양한 차이를 존중하면서 학생과 소통하며 수업을 진행하는가?
	개별 지도	학생 개개인의 학습수준이 고려된 활동을 하는가?
	학습 자료의 활용	배움의 효과를 높이기 위한 학습 자료나 교수매체를 적절히 활용하는가?
	수업 환경	적절한 수업 환경이 조성되었는가?
정리 및 평가	학습정리	학생들의 수업내용에 대한 배움 정도를 확인하고 자신의 언어로 요약하며 다음 수업에 대한 정보를 제공하는 활동이 적절한가?
		수업 도입이나 활동에서의 문제를 스스로 해결하거나 정리하는가?
	평가내용 및 방법	교육과정-수업-평가 일체화가 실현되었는가? 학생의 개별적 특성과 수준을 고려한 평가내용 및 방법을 적용하는가?

조이쌤과 끈기+

학생중심수업의 주요 키워드 알려드릴게요! 학습자 중심 교육, 실제 상황에 기초한 학습 활동, 자기주도적 학습의 유도, 협동학습의 강조, 학생 간의 상호작용, 소통, 전문가와 도제 사이와 같은 교사-학생의 관계, 실제적이고 구체적인 수행평가의 강조입니다! 수업에 녹여내도록 노력합시다!

BEST 5

발문

조이쌤과 끈기+

'Killing 발문!' 은 바로 선생님의 수업 발문에서 가장 끝내주게 좋았던 발문입니다. 선생님의 수업을 되돌아보면 발문을 통해 수업 흐름을 바꾸기도 했고, 핵심적인 내용을 풀어내는 방법도 각자 다 다를 것입니다. 본 챕터에서 발문에 대해 연구하고, 자신의 수업실연 영상을 피드백하며 '오늘 내 수업에서 가장 좋았던 Killing 발문이 무엇이었을까?'를 뽑아보세요! 수업실연을 할 때, '중요한 내용'이나 강조하고 싶은 핵심적인 내용에는 '나만의 좋은 발문'을 활용해서 더욱 기억에 남는 수업으로 만들어 봅시다!

NOTE

01 발문

어떤 내용을 알고 있는 사람이 모르는 사람에게 질문을 하여 그에 대한 대답을 다양한 측면에서 생각해 보도록 함으로써 스스로 정답이나 깨달음을 얻게 하는 질문 기법 (교육심리학용어사전, 한국교육심리학회, 학지사)

02 발문의 가치

1. 학생의 수업 참여 의지 향상된다.

- 지난 차시에 공부한 내용을 참고해보면 더욱 훌륭한 답을 할 수 있을 것 같아.
- 배움 노트를 참고해서 ~의 그림을 보면 이 부분이 쉬울 거야.
- ~의 부분의 대답은 아주 훌륭했어. 이제는 ~에 대해 관련지어서 고민해봐.

2. 학생들의 사고를 여러 방향으로 확장할 수 있다.

- 해당 문제를 해결할 수 있는 방법은 여러 가지가 있어요. 그 중 1가지 씩만 찾아볼까요?
- 이 부분에서 틀린 부분이 있어요. 혹시 선생님보다 정답을 먼저 찾아볼 학생 있나요?
- 우리가 눈을 감고 생각해볼까요? 10년 후에는 00의 모습이 어떻게 변해 있을까요?

3. 서로의 생각을 나누며 함께 성장할 수 있다.

- 00이의 생각은 어때요? @@이는요? 00이의 생각과 @@이의 생각은 같은 것 같아요.
  (한 가지의 대답으로도 다수의 반응을 유도하기)
- 00이의 생각과 @@이의 생각이 ~부분에서 다르네요. 왜 그렇게 생각했는지 서로 이야기 나누어 봅시다.
- 여러분, 00이가 @@이라고 대답해주었는데, 여러분은 이점에 대해서 어떻게 생각하는지 조별로 토의해 봅시다.

- 00이가 아주 좋은 질문을 해주었어요. 우리가 00이의 질문의 대답을 함께 찾아볼까요? 수업짝끼리 토의를 해봅시다. (학생들이 생각하는 질문의 기회 제공)
- 00이의 질문이 참 참신했어요. 00이의 질문에 대해서 설명해줄 사람 있나요?
- 00이의 ~의 이유 말고, 다른 이유 있나요? / ~의 생각 말고 다른 생각이 있다면요?

4. 수업 주제를 정리하며 적용력과 사고력을 향상시킬 수 있다!

- 이번 시간에 배움 주제는 무엇이었나요?
- 어떻게 이 문제를 해결했나요? (방법이나 순서를 묻기)
- 오늘 해결한 방법 말고 다른 방법은 어떤 것이 있을까요? 여러분들이 집에서 찾아보아요.
- 수업 전 알고 있었던 점, 수업 중 알게된 점, 수업 후 더 알고 싶은 점을 적어볼까요?
- 수업을 마무리하면서 ~에 대해 더욱 자세하게 알고 싶은 점 있나요? 설명해줄 학생 있나요?

TIP

핵심 질문 만들기

1. 핵심 질문이란?
   - 학생들의 사고 촉진, 탐구, 호기심 유발을 위해 학습자들이 단원 전체에 걸쳐 탐구하여 결론을 도출하도록 이끄는 역할을 하는 개방형 질문
   - 단원마다 질문은 2~5개로 한정하고 학생들이 핵심질문 몇 가지에 집중하여 깊이 있는 탐구가 될 수 있도록 구성하기

2. 핵심 질문 만드는 방법: 예 성취기준 [9과학 05-04] 계절별 날씨 특징을 비교한다.
   - 가르치고자 하는 학습 내용과 관련하여 '학습자가 해야할 답'을 명시적으로 활용하기
     - ➜ 예 '여름철 옷차림과 겨울철 옷차림은 무엇이 다를까요?' , '사계절의 자연환경의 모습은 어떻게 달라지나요?'
   - 성취 기준에 제시된 명사와 동사를 분석하기
     - ➜ 예 '여름과 겨울의 날씨는 무엇이 다를까요?'를 핵심 질문으로 구성
   - 도달하기 바라는 이해로부터 핵심질문 도출하기 (일반화 혹은 일반화된 지식)
     - ➜ 예 학생의 일반화를 위한 방법을 생각하기! '봄철 미세먼지로 인해 손 씻기를 하는 방법'을 '외출 후 손 씻는 습관 기르기로 일반화'로 강조
   - 학습자의 오개념을 고려하여 질문하기
     - ➜ 예 학생이 착각하기 쉬운 '미세먼지가 봄철에만 발생' 이라는 오개념을 활용하여 '미세먼지는 과연 봄철에만 발생할까요?' 로 핵심 질문으로 구성

출처: Wiggins와 Mctighe(2013), 정명철, 특수교사 수업을 요리하다 평가편, 교육과학사, 2021, p.165~166 재구성

03 발문의 유형

1. 닫힌 질문과 열린 질문

닫힌 질문	열린 질문
• 내가 도와줄까?	• 내가 무엇을 도와줄까?
• ~에 대해서 찬성하니 반대하니?	• ~에 대해 어떻게 생각하니?
• ~을 해본 경험이 있니?	• ~를 해본 경험이 있다면 어땠니? • 만약 없었다면 ~을 한다면 어떻게 하고 싶니?
• 변하는 달의 모양을 그림으로 표현한다면?	• 달은 왜 한쪽 면만 보일까?
• 이 이야기는 어떤 형식인가요?	• 이 이야기를 시로 표현한다면?

출처: 김현섭, 질문이 살아있는 수업, 수업디자인연구소, 2015, p.40 재구성

2. LOOM(1987)의 사고 유형에 따른 발문의 분류

- 기억적, 수렴적 발문은 폐쇄적 발문, 확산적 평가적 발문은 개방형 발문으로 구분한다.

종류	내용	발문의 예
기억적 발문	• 인식, 기억, 회상 등으로 사실, 공식과 같은 것을 단순하게 회상하도록 요구하는 발문 • 이미 배운 내용을 재생하는 학습 상황에서 효과적	• 지난 시간에 배운 00의 3요소는 무엇인가요? • 우리나라에서 제일 ~인 것은 무엇이었죠?
수렴적 발문	• 주어지거나 혹은 기억된 자료를 종합하고 적용하거나 연결, 분류, 구별, 결론을 도출하기 위한 발문 • 어떠한 사실들에서 얻어진 내용을 가지고 일반화하는 학습 상황에 도움을 줌	• 사람들이 일을 하는 이유는 무엇일까요? • 이 사진과 저 그림의 같은 점과 다른점은 무엇인가요?
확산적 발문	• 창의적이고 상상적 대답을 불러일으키도록 하는 발문 • 자기의 의견을 제시하거나 추론하는 데 효과가 큼	• ~이 없다면 어떤 일이 일어날까요? • 우리에게 자유는 부여되고 법이 없다면 어떻게 될까요?
평가적 발문	• 판단, 가치 선택이 이루어지게 하여 자신의 반응을 정당화하는 것을 포함하는 발문 • 자기의 의견을 정당화하거나 다른 의견에 대한 건전한 비판이나 판단을 유도하고, 문제해결에 필요한 의견을 선택하는 데 있어 다양한 사고를 촉진	• 우주 개발에 소요되는 시간과 돈을 가난 같은 문제해결에 사용해야 한다는 주장에 대해 어떻게 생각하나요?

3. Hyman(1979) 발문 분류 체계 일부

종류	발문의 특성	발문의 예
정의적 발문	• 학습자가 어떠한 단어, 용어에 대하여 정의를 내려야 하는 발문	• 기체란 무엇일까요? • 00이 무엇인지 설명해보세요.
경험적 발문	• 학습자가 자신의 감각적 지각에 근거하여 대답하는 발문	• 숨바꼭질을 하는 방법은 무엇인가요? • 비오는 날에 왜 빨래가 잘 마르지 않을까요? • 대중교통을 타면 어떤 점이 좋나요?

NOTE

4. Wolf(1987) 발문 분류 체계

종류	발문의 특성	발문의 예
추론적 발문	• 학습자가 어떤 사실이나 현상에 대한 정보다 단서를 추론하도록 하는 발문	• ~이 그린 그림을 보고 무엇을 알 수 있을까요?
이해적 발문	• 학습자가 어떤 사실이나 정보를 이해하여 깨우치도록 하는 발문	• 이 글에서 작가가 이야기한 ~은 이 소설에 어떠한 영향을 주나요?
전이적 발문	• 학습자가 획득한 지식을 다른 범주로 전이시키는발문	• OO작가는 이 소설에 시대적 배경을 어떻게 투영했을까요?
가설적 발문	• 학습자가 어떤 내용을 예측하게끔 하는 발문	• 만약 전쟁에서 ~가 패배하지 않았다면 어떻게 될까요?
성찰적 발문	• 학습자가 획득한 지식이나 정보에 대해 다시 생각하도록 하는 발문	• 오늘 배운 OO에 대해서 어떻게 생각하나요? • 오늘 배운 내용에 대해 느낀 점은 무엇인가요?

5. Minnis와 Shrable(1970)의 분류

종류	발문의 특성	발문의 예
정보회상적 발문	• 학습했던 내용이나 경험한 사항을 알아보기 위한 발문으로 대개 도입 단계에 사용 • 단순한 지식과 사실, 방법과 열거, 계산 등에 관한 발문으로 문답 형태	• 이 이야기에 나오는 주인공은 누구였지요? • 이야기에서 이 물건을 훔친 사람은 누구였나요? • 전 시간에 공부한 내용은 어떤 것이었나요? • ~가 되기 위한 조건은 무엇인가요? • ~을 제일 처음 발견한 사람은 누구였나요?
추론적 발문	• 학생들이 지식이나 정보 등을 비교, 대조, 구분, 분석, 종합하여 응답하게 하는 발문	• 여러분이 만약 OO이라면 어떻게 하겠나요? • 오늘날 도시의 모습은 옛날에 비하여 어떻게 달라졌는가요? • OO와 **개념의 차이는 무엇인가요? • 이 글에서 OO의 행동은 어떤 행동이라고 생각하나요?
적용적 발문	• 확산적 사고를 계발하기 위하여 새로운 사태에 적용, 예언 또는 가설을 설정하도록 하는 발문 • 학습한 결과를 토대로 확산적 사고를 촉진하는 발문	• 학교가 없어진다면 어떻게 될까? • 전기가 없었다면 우리의 생활은 어떻게 될까? • 태양열을 우리 생활에 이용할 수 있게 되면 어떻게 될까? • 한 도시에 갑자기 인구가 줄어든다면 어떤 문제가 생길까?

학생의 능력에 알맞은 발문

1. 학생의 능력에 알맞은 발문을 제공하기
   - 하나의 발문에 여러 가지의 물음이 겹치지 않도록 하며, 배움이 느린 학생에게는 단순하게 질문을 구성하기
   - 배움이 느린 학생에게는 기억 재생 및 단순한 사실의 열거 정도를, 배움이 빠른 학생에게는 설명, 분석, 종합, 결론에 관한 발문

2. 학생들의 답변이 쉽게 나올 수 있도록 발문하기
   - 단계적으로 쉽게 풀어서 묻기 (쉬운 것에서 어려운 순으로 발문)
   - 생각나는 대로 답변하게 한 후 다른 학생들이 보충할 수 있도록 골고루 발문하기
   - 교사가 질문을 하게 된 의도를 설명하기
   - 추상적인 설명 대신 실제 "예"를 들어 설명하기
   - 답을 상기시키는 단서를 제공하기 (앞 글자 힌트, 몸짓, 0초 촉진, 그림 제공 등)
   - 새로운 학습 내용은 답변에 앞서 학습자료를 가지고 조사할 수 있는 기회를 제공하기

6. 핵심질문을 토대로 수업의 맥락에 맞는 질문 만들기

핵심질문	수업단계		특징
출발 질문	도입	마음 열기	• 학습의 흥미 유발 • 학생들의 지적 호기심 유발 (열린/발산적 질문)
전개 질문	전개	생각 키우기	• 학습 내용과 관련된 질문 • 지식과 이해와 관련된 질문 (닫힌/수렴적 질문)
도착 질문	마무리	생각 넓히기	• 지식과 삶을 연결하기 • 적용, 분석, 종합, 비판과 관련된 질문 (열린/발산적 질문)
		삶에 반응하기	

NOTE

04 다양한 발문 전략

1. 응답에 필요한 시간을 주어야 한다.

- '~에 대해서 어떻게 생각하나요?' (바로) 00이가 말해볼래요? (X)
- '~에 대해서 어떻게 생각하나요?' (쉬고) 우리 00이가 손들었네요. 말해볼까요? (O)

2. 학급 전체에 대해 발문 후에 지명하여 질문하자! (모두 생각할 시간을 제공)

- '선생님이 00이에게 질문하고 싶어요. 00아. ~에 대해서 어떻게 생각해요?' (X)
- '여러분, ~에 대해서 어떻게 생각하나요? 재미있는 생각이 있는 것 같은 00이가 발표해줄 수 있나요?' (O)

3. 허용적이고 탐구적인 학습 분위기를 조성하자!

- "00는 이렇게 말했는데 **이는 어떻게 생각하니?"
- "이 방법에는 문제점이 있어요. 혹시 무엇인지 찾을 수 있나요?"

4. 함께 조별로 찾아보며, 함께 사고할 수 있도록 하자!

- '00나라의 문화를 알아보는 방법은 무엇이 있을까요?'
  → '00나라의 문화의 특징을 찾을 수 있는 방법이 3가지 이상 있었는데, 조별로 찾을 수 있을까요?'로 접근!

5. 적절한 타이밍의 '왜' 사용은 논리적인 수업이 되도록 돕는다!

- ~를 왜 그렇게 생각했나요? , ~의 자료가 왜 나왔을까요?, 선생님이 이 자료를 왜 보여줬을까요? 우리가 (수업의 주제)~를 왜 배워야 할까요?, 이것을 배우면 우리가 생활하기 왜 좋을까요?

6. 자유로움과 창의성을 추구하자!

- 여러분들이 생각한 순서는 어떻게 되나요? 자유롭게 한번 붙여봅시다.
- 여러분들이 딱 떠오르는 단어가 무엇인가요? 자유롭게 이야기해봅시다.
- 지금 우리 00이가 말한 주제를 가지고 재미있는 이야기를 하나 만들어 볼까요?
- 와~ 00이가 대답한 것은 선생님도 생각하지 못했던 부분이네요. 참신하고 재밌어요.

7. 발문의 대상을 다양화하자!

- 전체를 대상으로 한 발문만 반복된다든지, 개인을 지명해서 수업이 지속될 때에 발문의 집중도가 떨어진다. 개인이나 전체, 또는 소집단을 대상으로 다양화 하는 것이 좋습니다.

창의적 문제 해결을 돕는 왜?-만약에-어떻게 질문 기법

질문	사례
왜	• 우리의 독서 습관을 위해 쉽게 책을 빌려서 읽을 수는 없을까? • 왜 학교 도서관은 아침 9시부터 오후 5시까지만 개방할까?
만약	• 만약 오후 6시부터 10시까지 도서관을 개방한다면 어떨까? • 만약 늦은 시간까지 자료실을 개방한다면 어떤 문제가 발생할까?
어떻게	• 어떻게 하면 도서관 측에 야간에 도서관을 개방해달라고 설득력 있게 제안할 수 있을까? • 도서관 야간 개방 시 발생하는 문제를 어떻게 해결할 수 있을까〉

(출처: 워런버거, 정지현 역, '어떻게 질문해야 할까?', 21세기 북스, 2014, p.91)

추론적 발문 활용하기

'만약에~' 라는 가정으로, 추론적 발문을 활용하자! 자료나 상황을 의인화하거나 자신이 그 상황으로 들어간다면 어떤 행동을 할지, 어떤 감정을 할지에 대해서 추론해보게 하여서 심미적 감수성 역량과 창의성 역량을 향상시킬 수 있습니다.

1) 만약 내가 ~라면 어떻게 할까요? 어떤 감정일까요?

→ '만약 내가 독도에 사는 노란부리 갈매기라면 이렇게 아름다운 독도를 보고 어떤 기분이 들까요?, 그럼, 사람들에게 어떤 말을 해주고 싶나요? 한번 눈을 감고 상상해봅시다!'

2) 만약 ~(그림, 단어, 문장 등)을 ~게 바꾸어 보세요. ~을 바꾸어 보았을 때 어떤 일이 일어날까요?

→ 이 그림에서 만약 사다리를 밑에서 한명이 잡아주고 있다고 바꾸어서 생각해볼까요? 선생님이 추가로 이렇게 그림을 그려볼게요. 이렇게 바꾸어 보았을 때 어떤 점이 좋을까요?

→ 예상되는 결과를 상상해서 발표해 봅시다. 혹은 배움 노트에 그려봅시다.

→ 증상과 맞지 않은 약을 먹었을 때 어떤 결과가 예상되나요? 약을 먹은 뒤의 상황을 예상하여 OO이의 표정을 그림으로 그려봅시다.

→ ~을 반대로 바꾸면 (혹은 순서를 바꾸면) 어떤 일이 일어날까요?

→ 버스타기 시 (자리에 먼저 앉고 내릴 때 돈을 내는 순서로) 2번 그림과 3번 그림의 순서를 바꾼다면 어떤 일이 일어날까요?

→ 만약~와 같은 상황에서 여러분이 OO이라면 어떻게 할 것인가요?

NOTE

07 끈기 Best 40가지 이론 다지기

NOTE

05 발문에 대한 학생의 반응 처리

조이쌤과 끈기

위와 같은 발문들은 허용적인 분위기 속에서 교사가 개개인의 학생 자체를 존중해 줄 때 더욱 가치 있을 것입니다. 이는 개별 학생의 특성을 고려해야 하는 개별화교육의 중요성과도 같은 이치입니다. 배움은 생각의 차이에서 비롯된다고 합니다. 서로 다른 생각들이 모여서 그 생각 간의 '차이' 속에서 성장을 이룰 수 있도록 의견 공유의 시간을 비롯하여 교사의 기다림이 필수적이며 학생의 정의적인 자세를 칭찬으로 더해 준다면 더 크고 깊은 배움이 일어날 수 있습니다.

① 성공적인 답변에 대해서는 칭찬과 격려를 제공하여 성공감을 느낄 수 있게 하고 다음의 문제해결에 대한 자신감 형성

② 학생들이 정답을 이야기하였을 때, 즉각적으로 강화를 제공한 뒤 그 정답 말고 다른 정답은 무엇이 있을지 배움을 심화시키기 위해서 다른 정답이나 방법은 무엇이 있을지 함께 찾아보는 기회 제공

③ 학습자의 답변이 미흡할 경우, 구체적으로 틀린 곳을 알려주거나 보충적으로 재질문을 하거나 힌트를 제공하여 학생이 스스로 틀린 곳을 찾아내어 위축감을 느끼지 않도록 허용적이며 시도에 대해 격려하는 분위기 형성

④ 배움이 느린 학생, 발표 능력이 부족한 학생에게는 학생이 응답할 수 있는 수준의 발문 구성하여 자신감 독려

⑤ 오답이나 맥락에 관계 없는 의견이 나왔을 때 교사가 바로 정답을 제시하지 말고, 다시 집단 사고에 의해 답을 보충할 수 있는 기회 제공

TIP

엉뚱한 질문을 받았을 때? 배움의 통로로 활용하자!

예 S: 선생님. 그럼 수력 발전소의 주인은 누군데요? 수력 발전소의 가격은 그럼 얼마인가요?

① T: 그래. 그게 궁금했구나. 혹시 이 질문에 대답해줄 수 있는 사람 있나요? 다른 사람들은 이 질문에 대해서 어떻게 생각하나요?

→ 학생들에게 질문을 넘겨 그 학생의 엉뚱한 질문이 오히려 배움의 통로가 될 수 있도록 하는 것도 좋음

② T: 재미있는 질문이네. 사실 선생님도 수력 발전소의 주인이 누군지, 얼마인지는 잘 모르겠어. (질문을 한 학생) OO아 네가 추측하기로는 어떨 것 같아? 인터넷을 검색해보아도 좋을 것 같은데, OO이가 다음 시간까지 답을 찾아보고 친구들에게 이야기 해주는 건 어때?

→ 질문에 대한 답을 학생이 직접 찾아보아 자신의 질문에 책임을 질 수 있도록 나름대로 열심히 찾아 볼 수도 있음. 오히려 이 학생은 이 과정을 통해 수업에서 배운 내용 이상의 배움을 얻을 수도 있음

③ T: 창의적인 질문이네요. 그런데, 수력 발전소의 주인이 누구인지 갑자기 궁금해진 이유가 뭘까요?

→ 학생이 질문을 하게 된 이유에 대해 질문하여 배움의 장으로 이끌기! 엉뚱한 질문이라도 나름의 이유가 있을 것임

출처: 김현섭, 질문이 살아있는 수업, 수업디자인연구소, 2015, p.232~233 일부 재구성

06 발문 전략의 유의사항

NOTE

1. 기다림을 제공하여 학생이 생각할 시간을 충분하게 조성하자!

2. 핵심적인 내용에는 좋은 발문을 사용하자! (좋은 발문을 남발하지 말자)

10마디의 빠르고 급한 발문보다, 적절한 상황의 발문(이하 killing 발문) 하나가 수업실연에서는 더욱 기억에 남습니다. 그래서 마음이 급하여 너무 급하게 많은 양의 질문은 삼가야 합니다.

3. 오답에 대해 허용적이며 슬기롭게 대처하자! (부정적인 반응X)

- 학생의 오반응이나 난개념에 대해서 자신이 대답한 것이 나름 괜찮은 느낌을 줄 수 있도록 허용적인 분위기를 조성하길 바랍니다. 또한 정답의 범위를 보다 더 넓게 할 수 있는 방법도 있습니다.
  - 예 '00이가 말한 대답은 ~게 문제를 바꾸면 정답이 될 수 있어요. 하지만~' '배움 조가 찾은 방법은 ~러한 상황이라면 더욱 적절할 것 같아요.'
  - 예 '~부분에 대해서는 선생님도 생각하지 못했던 방법이네요? 이 부분도 좋은 방법이 될 수 있을 것 같아요. 훌륭해요.'
  - 예 '괜찮아요. 작년에 선배들도 ~부분을 어려워했어요. 선생님이 예시를 들어 쉽게 알려줄게요.'

4. 교사의 생각보다는 학생들의 생각을 먼저 묻고 듣자!

의견이 모아졌을 때 혹은 발표를 마쳤을 때 교사가 바로 피드백을 주며 다른 학생들의 생각과 감정에 영향을 주는 것을 조심해야 합니다. 교사의 생각보다는 학생들의 생각이나 의견을 물은 뒤 공감과 건설적인 피드백을 제공하는 것이 좋습니다.

NOTE

07 발문 예시 모음

1. 켈러의 ARCS 이론을 활용한 발문

1) 구성 요소

① 주의집중 (Attention)

- 의미: 학습자가 학습 자극에 흥미를 느끼며 주의를 기울일 수 있어야 함
- 지각적인 주의 환기: 시각적인 자극을 주거나 비일상적인 내용이나 사건 제시
- 탐구적인 주의 환기: 학습자의 호기심 자극하여 학습자의 능동적 반응 유도
- 다양성: 주의를 지속적으로 유지시키기 위한 방안, 다양한 교수 매체 사용하여 관심 끌기

요소	수업 상황
지각적인 주의 환기	"우리가 양말을 지갑으로 사용한다면 어떨까요?" (비일상적인 내용 제시)
탐구적인 주의 환기	"이 속에는 무엇이 숨어있을까? 한번 꺼내볼까요?" (호기심 자극)
다양성	"이 동물의 울음 소리도 들어보고, 선생님이 사진도 가져왔어요." (다양성)

② 관련성 (Relevance)

- 의미: 학습자의 흥미와 목적과 학습 내용을 연결하여 학습이 더 큰 의미가 될 수 있도록 하기
- 친밀성: 수업과 학습자의 경험을 연계
- 목적지향성: 학습자의 목표 일치를 통해 요구를 충족시킬 수 있음
- 필요 또는 동기와의 부합성: 학습자의 학습 양식과 개인적 흥미에 연결

요소	수업 상황
친밀성	"이 표지판은 어디서 본 적 있나요?"
목적지향성	"오늘 수업을 배우게 된다면 스스로 00을 조작할 수 있을 겁니다."
필요 또는 동기와의 부합성	"그림 그리는 것을 좋아하는 00이는 그림을 보고 다음 상황을 그려보세요."

③ 자신감 (Confidence)

- 의미: 학습자가 학습에 대한 필요성과 재미를 느끼는 동시에 자신의 노력에 따라 성공할 수 있다는 자신감이 필요
- 성공기회 높이기: 전략적으로 쉬우며 도전을 제시
- 성공에 대한 기대감을 심어주는 방안

요소	수업 상황
성공기회 제시	쉬운 것에서 어려운 것으로 과제 제시하기, 난이도 유지, 다양한 수준의 시작점 제공, 무작위의 다양한 사건 제시, 다양한 사건의 난이도 제공
학습 필요 조건 제시	수업 목표와 구조 제시, 평가 기준 및 피드백의 제시, 선수학습 능력의 진단, 시험조건의 확인
개인적 조절감 증대	학습의 끝을 조절할 수 있는 기회 제시, 학습 속도의 조절, 원하는 학습 부분으로 재빠른 회귀 가능, 선택 가능하고 다양한 과제와 다양한 난이도 제공

④ **만족감 (Satisfaction)**

- 의미: 학습자가 학습 결과에 대해 만족한다면 학습 동기가 계속 유지될 수 있음
- 외재적 보상: 의미 있는 강화 제공, 선택적 보상 체제 활용, 적절한 강화 계획의 활용
- 내재적 강화: 학습자들의 내적 즐거움, 학습 내용을 일반화하여 적용하기, 적용의 기회 제공
- 공정성: 수업 목표의 내용과 일관성 유지, 연습과 시험내용의 일치

요소	수업 상황
외재적 보상	"각자의 목표를 이루기 위해 열심히 노력한다면 진로직업 시간에 제빵 수업을 하기로 했었죠?" (강화 계획)
내재적 강화	"일주일 뒤에 있을 현장체험학습에서 음식을 사먹을 때도 스스로 무인주문기기를 활용해 보도록 해요." (후속 학습 상황 적용 기회)
공정성	"선생님이 문제를 줄 건데, 이건 우리가 아까 연습했던 것과 같아요." (연습과 시험내용의 일치)

ARCS 이론은 학습자의 동기를 유발하는 것 뿐만 아니라 동기를 유지시켜서 도입-전개 시 수업 흐름에도 유용하게 활용할 수 있습니다. 아래의 원리에 기반하여 발문을 구상해보세요! 더하여 제이 맥타이와 켄 오코너는 학습자가 자신의 학습 능력을 신뢰하게 되는 3가지 요인을 다음과 같이 말합니다.

① 과제의 명확성: 학습 목표를 정확히 이해하고, 배운 내용에 대해 교사에게 어떤 평가를 받을지 잘 아는 경우
② 삶과의 관련성: 학습목표와 평가가 의미 있고 배울만한 가치가 있다고 생각하는 경우
③ 성공가능성: 성공적으로 학습한 뒤 평가에서 기대수준을 충족할 수 있다고 믿는 경우
즉, 수업의 과정 중 목적확립, 동기강화, 목표설정의 요소가 매우 중요함을 시사합니다.

NOTE

07 끈기 Best 40가지 이론 다지기

2. 수업 단계에 따른 발문

수업 단계	요소	발문
배움 열기	기억 재생	- 지난 시간에 무엇을 공부했죠? - 지난 시간에는 어떤 방법을 활용했죠? - ~의 개념은 무엇을 말하는 거였죠? - 선생님이 지난 시간에 여러분이 완성한 보고서를 가져왔어요. - 오늘은 지난 시간과 더하여 ~에 대해서 더욱 자세히 알아봅시다. - 지난 시간에 배웠던 배움 노트 00쪽을 살펴봅시다. - 집에서 공부했던 것중에 어려웠던 점이 있나요?
	예측 하기	- 우선 그림을 보고 여러분들이 오늘 배울 내용이 무엇인지를 맞춰보세요. - 선생님이 핵심 단어를 가져왔어요. 자음 초성만 보고 맞춰보세요. - 우리 다군이가 핵심 단어를 보고 몸으로 표현해주세요. 여러분은 이를 보고 맞춰볼까요? - 오늘 배울 수업 제목만 보고 딱 떠오르는 장면이나 단어가 있나요?
	경험 연계	- 오늘 주제와 비슷한 경험을 한 적이 있다면 누가 발표해볼까요? - 여러분들 중에 독도에 대해서 티비나 뉴스로 들어봤거나, 직접 가본 경험이 있나요? - 엄마가 하는 것을 보았거나, 선생님이 하는 걸 본 경험이 있나요? - 학교 00의 날 때 포스터를 그려 전시했던 경험이 기억나나요? - 다같이 현장체험학습을 00로 갔을 때 ~를 보았던 경험이 있나요? - 이 책을 읽었을 때 (예전에) 어떤 점이 기억에 남았나요?
배움 활동	자료 활용	[줄글 자료가 나왔을 때] - 어떤 이야기인지를 그림과 함께 살펴보며 가군은 중요한 문장에 밑줄을 그으며 읽어보고, 나군은 단어의 뜻을 함께 찾아보면서 살펴보고, 다군은 그림으로 선생님이 준비해 놓았어요. - 재미있다고 느끼는 부분에 스티커를 붙여봅시다. [학생들이 의견을 공유할 방법을 선택하게 하기] - 이 글은 어떤 방법으로 이야기 나누면 좋을까요? 좋아요! 피라미드 토의를 해봅시다. / 회전목마 토의를 해봅시다. - 어떤 내용을 중심으로 조사해야 할까요?
	감정	- 이 글을 읽고 어떤 느낌이 드나요? - 상대방은 나의 주장에 대해서 어떤 감정이 들었을 것 같아요? - 주인공의 감정은 무엇일까요?, 주인공의 엄마였다면 어떤 기분이 들까요?
	실천	- 이 지식을 생활에 구체적으로 적용한다면 어떻게 할 수 있을까요? - 우리가 이것을 해결하기 위해 어떤 방법을 실천할 수 있을까요? - 이를 실천하고자 할 때 예상되는 문제점과 해결방안을 토의해볼까요?
	사실	- 이 부분에서 관찰한 내용은 무엇인가요? - 이렇게 말한 사람은 글에서 누구일까요? - ~의 정의는 무엇인가요? - ~은 무슨 뜻일까요?

배움 정리	연계	- 여러분은 오늘 배운 내용을 한 단어나 한줄로 정리한다면 어떻게 정리하고 싶나요? 여러분의 언어로 적어보세요. - 00이는 ~부분에서 왜 그렇게 생각했나요? - 오늘 배운 내용을 여러분들의 생활(혹은 진로와) 어떤 관련이 있을까요? - 오늘 배운 내용을 자신의 말로 다시 설명해볼까요? - 지금까지 배운 내용을 새롭게 요약해볼까요?
	메타 인지 (초인지)	- 수업을 통해 무엇을 알게 되었나요? - 수업에서 이해가 잘 안되었던 부분은 어딘가요? - 수업이 만족스럽거나 그렇지 않았다면 그 이유는 무엇인가요? - 수업을 통해 더 도전해보고 싶은 부분이 생겼나요? - 수업을 통해 더 알아보고 싶은 부분이 생겼나요? - 수업과 관련해서 선생님께 하고 싶은 말이 있다면 무엇인가요?
	평가	- 이 문제를 어떻게 해결해야 한다고 생각하나요? - 이 문제에 대해서 어떻게 생각하며 그 근거는 무엇이었나요? - ~는 꼭 필요하다고 생각하나요?

3. 문제, 종합, 과정 중시 발문

요소	발문
문제	- (예측) 이 문제의 답은 어떻게 나올 것 같나요? - 작년에 선배들도 어려워 했던 부분이였어요. 괜찮아요. 틀려도 괜찮으니 한 번 다양한 방법으로 풀어봅시다. - 이 문제를 풀기 위해서 어떤 개념을 먼저 알아야 할까요? - 이 문제를 해결하기 위해서는 어떤 방법으로 해야 할까요? - A방법으로도 해보고, 이어서 B방법으로도 해봅시다. - ~의 개념을 떠올리면서 직접 표를 그려봅시다.
논리와 종합	- 문제 풀이를 이렇게 한 이유는 무엇인가요? - 이 문제에서 아쉽게도 틀린 부분은 어디인가요? - 이 문제를 해결할 수 있는 방법을 정리하여 말해 볼까요? - 이 문제를 풀 때 가장 쉬운 방법은 무엇인가요? (인지 과정을 소리내어 말하기, 검산하기) - 오늘 배운 것이 생활에서 어떻게 적용될까요?
과정	- 어디에서 문제 풀이가 막혔는지 손으로 가리켜 볼까요? - 어떻게 이 과정이 나왔는지 천천히 이야기해볼까요? - ~에 대해서 충분히 이해하고는 있는데, 00부분에서 실수를 했네요. - 문제가 무엇을 묻고 있는지 확인해보세요. - 문제를 풀었던 방법의 단계를 설명해줄 수 있나요? - 정답은 하나지만, 푸는 과정은 여러 개가 될 수 있어요.

NOTE

NOTE

4. 자료에 따른 발문

자료	발문
비교 자료	- A사진과 B사진을 보고 어떤 공통점과 차이점이 있는지 말해봅시다. - 교과서 00쪽과 **쪽을 보고 내용이 어떤 것이 추가되었는지 찾아봅시다. - A자료와 B자료를 비교하여서 다른 점에 동그라미 쳐봅시다. - A자료와 B자료를 오린 후 겹쳐보아서 어떤 형태가 다른지 이야기해봅시다.
순서 자료	- 어떠한 순서가 올바른 순서인지 여러분들의 생각대로 사진을 놓아봅시다. - 어떤 순서로 살펴볼 것인지 모둠끼리 상의해봅시다. - ~한 순서로 하기 위한 준비물은 잘 준비 되었는지 확인해봅시다.
발표 활용	- 환경 관련의 수업을 할 것이니, 집에서 환경 보호를 위해 노력하고 있는 것들에 대해 꼭 사진을 찍어와야 합니다. 자료를 준비하면 발표가 더욱 풍성해질 수 있답니다. - 여러분들이 온라인 수업 때 조사해온 내용을 짝끼리 나누어보고, 이제 조별로 이야기 나누어서 자료를 보고서에 합쳐볼까요? - 배움팀의 발표에 추가하거나 보완해야 할 자료를 찾아봅시다. - 이 부분을 더욱 추가해야 한다면 어디서, 뭐라고 검색을 하면 좋을까요?
자료 해석	- 이 그림을 보고 여러분은 어떤 생각을 가지고 있는지 뒷자리에 있는 짝끼리 토의해볼까요? - 왜 이런 일이나 현상이 일어나게 되었을까요? - 이 문제에 대해 어떻게 해결할 수 있을지, 우리는 무엇을 할 수 있을지에 대해 토의해볼까요? - 이 표를 보고 학교에서 어떤 문제가 일어나고 있다고 느꼈나요?
공감력	- 오늘 주제를 배운 뒤 어떤 부분을 실천할 수 있나요? - 오늘 수업을 마무리 하며 여러분은 어떤 점을 느꼈나요? - ~한 사람들의 공통점이 무엇이고, 여러분은 어떤 다짐을 했나요?

5. 관계 중심 수업 실천을 위한 교사의 태도

영역	교사의 태도
신뢰	• 학생의 능력을 믿고 기다려주는 자세, 스스로 할 수 있도록 기회 제공 → 발문 예 선생님은 충분히 ~이가 할 수 있다고 믿어요. 천천히 해보세요. 선생님은 언제든 기다려 줄 수 있어요.
경청	• 학생들의 이야기와 생각에 다가가서 귀를 기울이는 자세 • 경청을 기반으로 적절한 질문을 하고 다양한 관점의 의견 이끌기 • 수업 중 경청을 통해 생각의 변화와 사고의 발전이 일어날 수 있음을 안내하기 → 발문 예 다른 사람의 이야기를 귀 기울여 들으면 그 사람의 생각을 알 수 있고, 여러분의 생각도 더욱 커질 수 있어요.
격려	• 시도에 대해서 칭찬하고 적절한 피드백 제공해주기 → 발문 예 ~에 대해서는 정말 좋은 시도였어! • 기여에 대해 기록하고 기억해주기 → 발문 예 ~이가 창의적인 아이디어를 낸 부분은 선생님도 꼭 기억하고 있을게요. • 마주하는 어려움과 두려움에 대해 공감해주기 → 발문 예 00이는 처음 해보는거라 낯설고 막막할 것 같아요. (공감) 그치만 다시 생각해보면 우리 저번 미술시간에 이거랑 비슷한 활동을 한 적이 있어요. → 발문 예 지금 이 문제에 대해서 고민하는 과정은 우리 00이가 성장하고 있는 순간이란다. → 발문 예 이 문제가 어려워도, 이걸 해내고 나면 배우는 게 더 많아질 겁니다. 배우는 것이 더 많아져요.
도전	• 개선 가능한 분위기 형성 → 발문 예 우리 이번에는 ~의 방법으로 다시 시도해볼까요?, 우리가 지난 달에는 00개를 하였는데, 몇 개에 도전할까요? 좋아요! **이 말대로 이번달에는 00개 달성에 도전해볼까요?
존중	• 교사도 함께 배우고 성장하는 존재임을 강조하기 → 발문 예 선생님도 ~이의 생각으로 ~을 배웠어요. • 경어 사용
지원	• 실제적인 지원과 정서적인 지원도 함께 제공하기 → 발문 예 ~이가 ~을 하기가 힘들었겠구나. 그치만 우리는 이러한 과정이 중요한 거라고 했죠? 선생님이 참고할 수 있는 00을 줄게요. 점점 단계적으로 차근차근 해나가면 돼요. • 개별적이며 학생 특성에 맞는 지원 제공하기 • 스스로 할 수 있는 기회를 제공하기 → 발문 예 자, 이번에는 우리 00이가 혼자 해볼까요?

교과별 기능

과목	기능
국어	• 구별하기 • 반응하기 • 표현하기 • 파악하기 • 대화하기 • 확인하기 • 요청하기 • 공감하기 • 주장하기 • 설득하기 • 설명하기 • 발표하기 • 보완·대체 의사소통 도구 사용하기 • 찾기 • 대응하기 • 소리 내어 읽기 • 요약하기 • 보완·대체 의사소통 도구 사용하기 • 그리기 • 색칠하기 • 보고쓰기 • 받아쓰기 • 작문하기 • 기록하기 등
수학	• 찾기 • 짝짓기 • 배열하기 • 구별하기 • (개수) 세기 • 비교하기 • 계산하기 • (화폐) 읽기 • 교환하기 • 문제 해결하기 • 탐색하기 • 관찰하기 • 탐색하기 • 경험하기 • 측정하기 • 무늬 꾸미기 • 규칙 정하기 • 표현하기 • 확인하기 • 표 만들기 • 그래프 그리기 • 해석하기 등
사회	• 관찰하기 • 비교하기 • 발표하기 • 반성하기 • 조사하기 • 적용하기 • 설명하기 • 표현하기 • 평가하기 • 참여하기 • 실천하기 • 경험하기 • 문제 해결하기 • 정보 수집하기 • 정보 활용하기 • 토의·토론하기 • 의사결정하기
과학	• 관심· 호기심 갖기 • 문제 확인하기 • 자료 수집하기 • 조사하기 • 분류하기 • 측정하기 • 예상하기• 결과 전달하기
음악	• 표현하기 • 노래 부르기 • 연주하기 • 탐색하기 • 반응하기 • 구별하기 • 비교하기 • 경험하기 • 놀이하기 • 활용하기 • 참여하기 • 찾아보기 • 발표하기 • 태도 갖기 • 관람하기
미술	• 연결하기 • 소통하기 • 활용하기 • 이해하기 • 탐색하기 • 구분하기 • 표현하기 • 조작하기 • 찾아보기 • 비교하기 • 감상하기 • 참여하기 • 전시하기
체육	• 따라 하기 • 모방하기 • 움직이기 • 놀이하기 • 참가하기 • 익히기 • 실천하기 • 예방하기 • 달리기 • 이동하기 • 헤엄치기 • 구르기 • 걷기 • 뜀뛰기 • 던지기 • 자세 취하기 • 균형 잡기 • 기록 단축하기 • 도전하기 • 맞히기 • 동작하기 • 수행력 높이기 • 이동하기 • 피하기 • 쫓아가기 • 달아나기 • 멈추기 • 던지고 받기 • 잡기 • 표현하기 • 전달하기 • 발표하기 • 참가하기 • 사용하기 • 구별하기 등
보건	• 설명하기 • 적용하기 • 찾아보기 • 점검하기 • 실천하기 • 제시하기 • 찾아보기 • 탐색하기 • 표현하기 • 습관형성하기 • 대처하기 등

출처: 기본교육과정 (교육부 고시 제 2015-81호 [별책3])

초등특수 서울 2020학년도 수업실연 일부

3. 수험생 유의 사항 (수업 조건)

- 성취기준에 근거한 수업의도를 1분내로 말하시오.
- 수업의 전 과정 (도입-전개-정리)을 실연하시오.
- 실생활에서 예를 찾는 활동을 포함하여 진행하시오.
- **'실험하기', '관찰하기', '의사소통하기'가 드러나도록 구상하시오.**
- 중도중복장애 학생의 수업참여 전략을 구상하시오.
- 학생들의 이해정도를 확인할 수 있는 수업을 계획하시오.
- 학생-교사 , 학생- 학생 간의 상호작용이 잘 드러나게 수업하시오.

〈출처〉

- 경기도교육청, 쉽게 알아보는 배움중심수업, 2020, p.30
- 허형, 교육방법의 새 패러다임: 지식의 구성과 평가, 교육마당21, 2000, 11월호, 교육부 pp. 47~49 참고
- 최무현, 학생중심수업 교육과정을 디자인하다, 2020, 행복한미래, p.40~44, p.47~48 재구성
- 육경민, 학생중심수업관찰을 적용한 교육실습프로그램이 예비교사의 좋은 수업 인식에 미치는 영향, 2019, p.729
- Wiggins와 Mctighe(2013) 재구성, 정명철, 특수교사 수업을 요리하다 평가편, 교육과학사, 2021, p.165~166 재구성.
- 김현섭, 질문이 살아있는 수업, 수업디자인연구소, 2015, p.40 재구성, p.87
- 워런버거, 정지현 역, '어떻게 질문해야 할까?', 21세기 북스, 2014, p.91
- 발문의 유형에 따른 학습효과 고찰, 서울대, 2004, 박성익, 김연경,65p
- 박병학, 발문법 원론, 서울 : 세광, 1986
- 변홍규, 질문제시의 기법 - 능률적 질문 개념 훈련 프로그램, 서울 : 교육과학사, 1994
- 송용의 외, 교수·학습 과정에서의 효율적인 발문기법에 관한 연구, 인천교대 논문집 교육편, 1987
- 이규홍, 자기 학습력을 기르는 교사의 발문, 서울 : 교육연구사, 1993
- 이희도 외, 수업의 이론과 실제, 서울 : 중앙적성출판사, 1996
- Blooser. P. E·송용의 역, 효과적인 교사의 발문기법, 서울 : 배영사, 1987
- 박성익, 김연경, 발문의 유형에 따른 학습효과 고찰, 서울대학교, 2004, 65p
- 장영주, 창의성을 개발하기 위한 교육, 한국교육평가원, 1993.
- 안양 민백초등학교, 새로운 생각을 샘솟게 하는 학습지도, 글쓴이 : 해희진, 1997
- 신나민, 장연주 외 2명, 이판사판 교육 방법 및 교육공학, 박영스토리, 2019, p.78~79
- 신재흡, 21세기 스마트시대의 교사 양성을 위한 교육방법 및 교육공학, 동문사, 2019, p.107

BEST 6

긍정적행동지원

NOTE

조이쌤과 끈기+

이해영(2022)에 따르면 도전행동을 보이는 학생에게 '하지마세요!' 라는 지시보다는 '왜 무슨 일이니?' 라는 질문을 학생과 교사인 나에게 동시에 해야 한다고 합니다. 또한, 준비된 수업일수록 학생의 도전행동 빈도가 줄어드는 것을 발견하며 '수업이 중재의 도구 중 하나' 라는 사실을 깨닫게 되었다고 합니다. 수업을 통해 도전행동을 중재하고, 도전행동의 중재를 통해 학생은 성장했습니다. **'수업으로서 도전행동 중재하기!'** 우리도 연구할 방법입니다.

TIP

학생의 장점 활용하기

정동영(2016)에 따르면, 사람들은 누구나 어떤 특정 분야에서는 보다 뛰어난 장점을 가지기 마련이며 발달장애 학생들은 열등한 분야에서 가진 과거의 실패 경험 때문에 이러한 영역에 참여하기를 꺼리게 되므로 1차적으로 우수한 영역의 활동을 이용하여 학습으로 활용하며 차츰 지체된 영역에도 참여하도록 격려해야 한다고 강조합니다. 우리는 학생의 행동에 대해서 긍정적인 기대를 가지며 학생의 특성을 강점과 교육적 시사점으로 활용할 수 있습니다. 예 불 끄기에 집착하는 학생- 에너지 지킴이 역할 부여, 동영상 좋아하는 학생- 동영상 학습으로 활용, 동물을 좋아하는 학생- 활동지 내 동물 사진 삽입 등

01 다양한 도전행동(=문제행동)의 분류

내면화 문제	외현화 문제	기타
• 좌절에 대한 인내력이 낮음 • 부정적인 과민 반응 • 참지 못함 • 타인에 대한 의존도가 높음 • 자살에 대한 생각 • 낮은 자아개념 • 무기력 • 불안/우울/위축 • 신경질적 반응 • 사회적 상황에 대한 공포	• 공격적 행동 • 주의산만/ 부주의 • 충동적 행동 • 책임 회피 • 방해 행동 • 파괴 행동 • 불순종, 반항 • 상호작용의 어려움 • 낮은 자기 통제력 • 논쟁적 • 일처리가 늦음 • 자해 • 심한 욕설과 비방	• 성적인 행동 • 자기자극 행동

02 문제행동의 기능

- 관심 얻기
- 과제 회피
- 오락
- 원하는 것 얻기 (활동, 강화)
- 자기자극 추구

〈획득과 회피 형태로 분류〉

획득	회피
• 집단에 대해 소속감이나 인정을 얻음 • 유형적인 강화 획득 (물건, 돈, 특혜) • 좋아하는 활동 • 긍정적/ 부정적 관심 얻기 • 감각 자극 또는 감각적 통제	• 규칙 준수 거부 • 원하지 않는 활동 참여 회피 • 상호작용 회피 • 과제 회피

03 삼특 도전행동 기출 키워드 분석

조이쌤과 끈기+

수업실연 자주 출제되는 도전행동 유형을 분석해보고, 중재 방안을 연구해봅시다! 다만, 다양한 예시들이 무조건 공식화되지 않도록 주의하세요. 가장 중요한 것은 행동의 '기능'에 적절한 중재 + 수업실연에서 명확히 잘 드러내는 것입니다!

1. 주의산만, 방해 행동

키워드	주의산만, 방해 행동
종이	책의 모서리를 접거나 찢는다.
	≒ 시각자료를 선호하며, 활동지를 찢는 행동을 한다. 초평25
	≒ 수업 중 종이를 찢는다. 초대21
	≒ 종이를 주면 찢는다. 초서24
	≒ 과제가 어려우면 종이를 찢는다. (기능: 회피 / 중22)
	학습지를 훼손하거나 자신만의 놀이를 한다.
	가영이는 종이(휴지)를 찢는 행동을 반복해서 하고 있다. 유경24

NOTE

성급 & 규칙	성급하며, 상대방의 말이나 행동에 주의를 기울이지 않는다.
	≒ 발표 순서를 잘 지키지 못하며, 머리를 때리는 행동을 보인다. 초평25
	≒ 순서를 지키지 않고 혼자 먼저 행동하거나 다른 사람의 말이 끝나기 전에 가로채서 말 한다. 초경23
	≒ 자신이 가장 먼저 발표하려고 하며, 다른 친구가 발표하려고 하면 손톱으로 책상을 톡톡 두드린다. 초경24
	≒ 발표를 좋아하는 편이며, 다른 사람의 이야기에 성급하게 대답하며 선생님이 질문하기 전에 대답한다. 초평20
	≒ 교사가 시범을 보이면 따라할 수 있으나 스스로 할 때는 성급하게 선택한다. 초평19
	≒ 다른 사람의 이야기에 집중을 잘 하지 못한다. 초평16
	자신이 하고 싶은 말만 계속한다. 유평24
	활동에 참여하지 않으려고 버티는 행동을 한다.
	규칙을 안지키고 자신이 하고 싶은대로 한다. (순서 지기키 등)
	≒ 교사의 지시 전에 먼저 활동을 진행하려고 한다. 초경19
성급 & 규칙	≒ 순서를 기다리는 것이 어렵다. 유평18
	≒ 교사의 지시를 따르지 않는다. 유대16
	친구의 서랍이나 물건을 허락 없이 만진다.
	≒ 친구의 물건을 그냥 가져가는 행동을 보인다. 유평24
	차례지키기에 어려움을 보인다. 유평24
	수업 시간을 혼동하거나 지각을 한다.

치거나 두드림	사물을 반복적으로 두드린다.
	≒ 원하는 활동을 하고 싶어서 손가락 끝을 책상에 두드린다. (기능: 원하는 것 얻기/ 중22)
	≒ 사전에 강화 계획을 상기시켰을 때 책상을 두드리는 문제 행동이 감소한다. 초평21
	≒ 수업 중 책상을 치는 행동을 보인다. 초평16
	자신의 몸을 치거나 손뼉을 치는 등 자기 자극 행동을 반복적으로 한다.
	손등으로 물건이나 벽을 계속해서 두드린다.
	휠체어를 사용하나 선호하지 않는 과제에는 휠체어 바퀴를 두드리며 큰 소리를 낸다. 초평23
	관심을 끌기 위해 바닥이나 책상을 두드리는 행동을 한다. 유평24

참여	수업 활동에 집중하지 못하고 잘 참여하지 않는다.
	≒ 교사가 개별적인 지원을 제공해야 활동에 참여할 수 있다. 중18

자리 이탈	자리에서 이탈 행동을 한다. 유대19 유인18 유대17 유평16 초서19 초인22 초서21 초인21 초인19 초인17
	≒ 자리를 이탈하여 또래 주변을 맴돈다. (중23) 기능: 관심, 과제회피
	≒ 교사의 관심을 받기 위해서 자리를 이탈하여 돌아다닌다. 초평24
	≒ 활동 진행 사항을 이야기해주면, 자리이탈 빈도가 감소한다. 초서19
	≒ 좋아하지 않는 활동에 자리를 이탈한다. 유평21
	≒ 비선호 과제 시 자리를 이탈한다. 초경24
	≒ 착석의 유지가 어렵다. 유서19 유대16
	≒ 다음 활동을 예측 못할 때 자리이탈 보이나, 활동 계획 미리 알려주면 자리이탈 행동 감소한다. 초평24
	수업시간에 큰 소리로 노래를 부르거나 돌아다닌다.
	주의집중력이 짧고, 수시로 자리 이탈을 한다. 중21

자리 이탈	친구들이 하고 있는 놀이나 놀잇감에 관심이 없으며, 교실을 배회하며 돌아다닌다. 유서24
	흥미로운 활동에는 잘 참여하나, 쉽게 흥미를 잃어 다른 곳으로 간다. 유평23
	좋아하는 활동에는 잘 참여하나, 관심 없는 활동할 때는 자리 이탈을 한다. 유평23

소리 지르기	소리를 지른다.
	≒ 간헐적으로 큰 소리를 낸다. 초인21
	≒ 소리를 지르는 행동을 보인다. 초인19
	≒ 소리지르기 문제행동이 나타나며 사전에 강화제 제공을 약속하면 문제행동이 줄어든다. 초평18
	≒ 소리를 지른다. 초평22
	자동차만 가지고 놀이하려고 함. 놀이 참여를 요구하면 울면서 소리지름. 유대24
	자신의 생각이 반영되지 않으면 좌절감을 느끼며 소리를 지른다. 중18

주의력	주의집중력이 짧다.
	≒ 주의집중력이 짧고, 수시로 자리 이탈을 한다. 중21
	≒ 주의집중력이 짧아 활동에 어려움이 있다. 유경17
	≒ 주의집중의 어려움을 보인다. 초평22
	≒ 간호사 역할놀이를 좋아하며, 한 가지 활동에 주의집중이 어려운 편이다. 유평23
	≒ 노래를 좋아하고, 주의집중 시간이 짧다. 유인16
	≒ 주의 산만하고 호기심이 많다. 초인21 초대21
	≒ 새로운 것에 관심을 보이지만, 주의집중 시간이 1분 정도로 짧다. 초경19
	≒ 주의 산만하고 공격적인 행동을 보인다. 초인18
	≒ 수업에 잘 참여하나 주의집중이 짧다. 초인17
	≒ 주의 산만하다. 초서15
	≒ 주의가 산만하고 원하는 물건을 얻기 위해 돌아다닌다. 유평24

질문 & 방해	2~3분 마다 교사를 부르거나 손을 계속 든다. (기능: 관심/ 중17)
	수업과 관계 없는 질문을 수시로 한다. 중21
	≒ 상황과 관련 없는 말을 자주 한다. 초경21
	≒ 질문을 반복해서 하는 경향이 있다. 초서23
	≒ 주제와 관련 있는 질문하는데 어려움을 보인다. 초서23
	수업 중 친구에게 자꾸 말을 건다.
	수업 중 너무 큰 소리로 질문한다.
	교사의 설명에 대해 수업과 관련 없는 질문을 하며 수업 방해 행동을 한다. 중24
	수업 중 생리현상 (트림이나 방귀 등)의 혐오적 소리를 낸다.
	수업시간에 자꾸 동요를 틀어달라고 요구한다. (기능: 관심/회피 중20)
	자기가 좋아하는 놀이를 하면서 수업을 방해한다.
	책상 위로 올라가거나 책상 아래로 숨으려고 한다.
	수시로 화장실을 가고 싶다고 말한다.
	수업 중 갑자기 소란을 피운다.
	≒ 교사의 관심을 끄는 행동을 한다. (교사와의 활동을 좋아함.) 초서15
	≒ 수시로 물장난을 친다. 초경22
	수업 중 교실 내 사물을 자꾸 만진다.
	수업 중 기기로 게임을 하거나 용도에 맞지 않게 조작한다.

NOTE

반향어	수업중 낄낄 대거나 혼자 흐느낀다.
	수업과 관계없는 말을 스스로 반복한다.
	반향어 및 상동행동 보임 유경25
	≒ 관련 없는 반향어를 반복적으로 말한다. 유경19
	≒ 반향어를 보이며 교사의 말을 계속 따라한다. 초평21, 반향어를 보인다. 초평18, 몇가지 반향어를 말한다. 초17
	혼잣말이나 무의미한 소리를 낸다.
	≒ 무의미한 소리를 낸다. 초인18

확인	과제의 수행에 대해서 칭찬을 받으려고 하거나 확인을 받으려 한다.
	≒ 교사가 하는 말을 따라하며 계속해서 자신이 규칙을 잘 지키는 것을 확인하려고 한다. 초평20
	≒ 자신의 활동을 교사에게 계속 확인 받으려고 한다. 초평20
	≒ 교사에게 자신의 말을 계속 확인받으려고 한다. 초평22

2. 위축행동

키워드	위축 행동
부정적 정서	"부정어(안돼요, 없어요, 못해요)" 사용에 민감하게 반응한다.
	학습된 무기력으로 인해 과제를 시작하거나 수행하기 어려워 한다. 중21
	소극적인 태도를 보인다.
	≒ 자신감이 없고 소극적이다. 초경20
	≒ 수업에 관심이 없고 소극적이다. 초인17
	≒ 우측 편마비를 가지고 있으며 소극적이다. 초인18
	≒ 학습에 관심이 없다. 초대22
	다른 사람에게 답을 물어보거나 도움을 무조건 적으로 바란다.
	≒ 교사에게 의존하려는 경향이 있다. 유평19
	자신의 의도를 행동으로 나타내기를 부끄러워 한다.
	질문을 받게 되면 무조건 모른다고 말한다.
	자발적으로 말을 하지 않는다.
	자신의 감정을 제대로 표현하지 않고 운다.
	발표하거나 다른 사람 앞에서 이야기하는 것에 대해서 두려워 한다.
	≒ 말하는데 불안감이 있으나 교사의 격려가 제공된다면 말을 잘 할 수 있다. 초평17
	움직임이 느리고 무기력하다. 초인21
	쉽게 지루해하며 학습에 큰 흥미가 없다.
	≒ 착석은 되나 학습에 관심이 없다. 초대22

전이	낯선 환경에 가거나 낯선 사람을 만나면 지나치게 위축되거나 불안해 한다.
	장소 및 활동의 전이를 싫어한다.
	≒ 활동 간의 전이에 어려움을 보인다. 초경21
	하고 있는 활동을 계속 하고 싶어서 소리를 지른다.
	새로운 활동이나 새로운 자료를 제시하면 자리에서 일어나거나 불안해 한다.
	≒ 새로운 자료에 대한 거부감을 가지고 있다. 유경16
	예측하지 못한 상황이 되면 소리를 지른다.

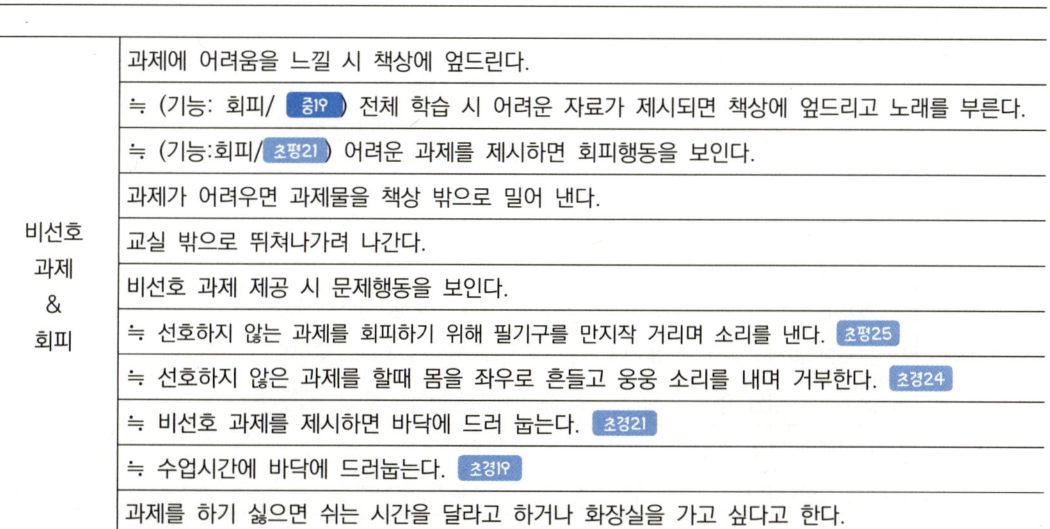

비선호 과제 & 회피	과제에 어려움을 느낄 시 책상에 엎드린다.
	≒ (기능: 회피/ 중19) 전체 학습 시 어려운 자료가 제시되면 책상에 엎드리고 노래를 부른다.
	≒ (기능:회피/ 초평21) 어려운 과제를 제시하면 회피행동을 보인다.
	과제가 어려우면 과제물을 책상 밖으로 밀어 낸다.
	교실 밖으로 뛰쳐나가려 나간다.
	비선호 과제 제공 시 문제행동을 보인다.
	≒ 선호하지 않는 과제를 회피하기 위해 필기구를 만지작 거리며 소리를 낸다. 초평25
	≒ 선호하지 않은 과제를 할때 몸을 좌우로 흔들고 웅웅 소리를 내며 거부한다. 초경24
	≒ 비선호 과제를 제시하면 바닥에 드러 눕는다. 초경21
	≒ 수업시간에 바닥에 드러눕는다. 초경19
	과제를 하기 싫으면 쉬는 시간을 달라고 하거나 화장실을 가고 싶다고 한다.

3. 파괴 및 공격행동

키워드	파괴 및 공격행동
파괴 및 공격 (시비, 욕 등)	주의 산만하고 공격적인 행동을 보인다. 초인18
	수업 중 공격행동을 보인다. 초경17
	주위 사람들에게 물건을 갑자기 내 던진다.
	≒ 소리지르고 물건을 던진다. 초대24
	≒ 책상 위에 있는 물건을 던지거나 떨어트린다. 초서24
	바닥에 물건을 던진다.
	≒ 블록을 던지는 행동을 보여 다른 유아들이 무서워 한다. 유경18
	≒ 위험한 행동을 하거나 자리 이탈을 한다. 유인18
	친구나 옆 사람을 때린다.
	≒ 꼬집고 발로 차는 문제행동을 보여 수업 진행이 어렵다. 초대23
	자신만의 규칙을 내 세운다.
	≒ 차례를 지키지 못하고 고집이 세다. 유인18
	≒ 차례를 지키면서 놀이하기 어려워서 갈등이 자주 발생함 유평25
	다른 사람에게 침을 뱉는다.
	≒ 주의가 산만하고 마스크를 벗고 침을 뱉는 행동을 보인다. 초대22
	다른 사람에게 소리를 지르거나 물건을 던진다.
	≒ 소란스러우면 소리를 지르며 친구에게 물건을 던짐 초경25
	≒ (기능: 요구/ 중18) 자신의 요구가 받아들여지지 않으면 좌절감을 느끼며 소리를 지른다.
	≒ 누워서 소리지르는 문제행동을 보인다. 초대25
	자신의 요구를 표현하기 위해 소리를 지른다. 유평24
	≒ 산책을 가고 싶을 때 소리를 지른다. 중25
	인터넷 게임 후에 공격적인 행동을 보인다.
	또래에게 시비를 걸거나, 자신의 의견과 다를 시 이를 받아드리기 힘들어 한다.
	다른 사람의 물건을 망가뜨린다.
	교실의 기물이나 전시되어 있는 친구의 작품을 망가뜨리려 한다.
	과제를 하기 싫으면 욕설을 한다.
	≒ 자신이 싫어하는 활동을 할 때 화를 낸다. 초경23
	경쟁심이 강해서 게임 중 친구를 밀치기도 하며 지면 화낸다.

NOTE

NOTE

4. 자해 행동

키워드	자해 행동
자해	≒ 비선호 활동(과제) 을 회피하기 위해 자해행동을 보인다. 초경20
	자기 스스로 때리기, 깨물기, 씹기 및 긁는다
	≒ 관심을 얻기 위해 목을 긁는 행동을 한다. 초평25
	≒ 자신의 머리를 때리는 자해행동을 한다. 초대18
	≒ 과제에 흥미가 없어지면 머리를 때리는 자해 행동을 한다. 초경25
	≒ 교사의 관심이 없으면 머리를 때리는 자해 행동을 한다. 초평17
	≒ 교사의 관심을 얻기 위해 머리를 때리는 자해행동을 한다. 초경24
	자기 신체의 털을 뽑는다.
	피부에 화상 입힌다.
	핀이나 바느질 바늘로 피부 찌른다.
	폭식을 한다.

5. 건강 및 안전

키워드	건강 및 안전
안전	뇌전증 간질이 있어 간헐적 발작을 하고 휠체어를 사용한다. 초경20
	소근육이 어려워 물건을 책상 아래로 잘 떨어트린다. 초평19
	≒ 손의 협응과 소근육 운동 발달이 낮아 불편함이 있다. 중25
	갑자기 놀라거나 몸이 굳어진다.

6. 기타 행동

키워드	기타 행동
집착	특정 사물에 집착을 보인다. 초인22
	≒ 특정 색깔에 집착한다. 유경21
	≒ 유독 좋아하는 색깔이 있다. 유평19
	≒ 숫자에 관심이 많으며 빛이 나고 소리나는 놀잇감을 좋아한다. 유평22
	손 소독제를 좋아하여 자신의 얼굴과 손에 마구 바른다. 초평23
	자발적인 수업 참여를 잘 하지 않고, 스티커 붙이기 활동을 고집함 초경25
감정	기분이 좋지 않을 때 소리를 지른다.
	감정기복이 심하다. 초인22
	다른 사람의 행동이나 감정에 관심이 없다.
	≒ 다른 사람의 감정에 관심이 없는 편이다. 유대16
감각	소리나 감각, 촉감에 예민하다.
	≒ 소리에 민감하다. 유서19
	≒ 진흙을 만지는 것을 꺼려한다. 유평17
	≒ 촉각자료에 민감하다. 유16
	≒ 소리에 민감하다. 초경23
	손에 잡히는 물건을 입에 넣어 탐색한다. 초서24
	부드러운 촉감 이외에 다른 촉감에는 강한 거부 반응을 보인다. 유서24
	천이나 이불에 관심이 많으며 부드러운 촉감을 좋아한다. 유평23
상동행동	고개를 흔들거나 몸을 흔든다. (상동행동)
	≒ 물건을 잡고 눈 앞에서 흔드는 상동행동을 한다. 초경19
	≒ 조용하면 손을 흔드는 상동행동을 보인다. 초평16
	≒ 하기 싫은 것을 하지 않으려고 손을 흔드는 상동행동의 모습을 보인다. 초평22
	승민이는 까치발을 들고 빙글빙글 돌며 손을 뻗는 행동을 반복하고 있다. 유경24
상호작용	상호작용의 제한성
	≒ 상호작용에 어려움을 보인다. 초대18 유서25
	≒ 사회적 상호작용 기술이 부족하다. 유경21
	≒ 선호하는 놀잇감이 있으나 또래와의 놀이 참여에 소극적인 모습을 보인다. 유경22
	≒ 언어사용이 제한적이며 음이 단조롭다. 유평22

NOTE

04 장애 유형별 지원 방안 예시

장애 유형	지원 방안 예시
시각장애	- 시각장애 학생을 위해 공 안에 방울을 넣어주고, 리본 막대에 방울을 달아 청각적인 단서를 주도록 한다. - 저시력 학생의 경우, 함께 게임하는 친구가 학생에게 반환점에 도달했음을 이야기해 줄 수 있게 한다. - "제자리에서 빨리 걷는 것처럼 발을 굴러보세요."같이 말로 동작을 충분히 설명해주어 어떤 동작인지 따라할 수 있게 한다. - 짝과 함께 하는 활동으로 수정한 후 지게 지는 역할을 하게 한뒤 친구와 함께 손을 잡고 가게 한다. - 또래랑 함께 팀이 되어서 친구의 동작을 장애학생에게 설명하게 해주기/ 교사나 실무원이 언어로 설명한다. - 잘 보이는 자리에 학생이 좋아하는 입체 스티커를 붙여 학생이 스스로 자리에 앉게 한다. - 저시력 학생의 경우, 흑백의 색차이를 뚜렷하게 하여 단서를 제공/ 교재를 제공할 때 확대자료 제공/ 거리를 가깝게 하거나 멀리해준다.(ex:oo아 잘보이니? 조금 더 뒤로 가볼까 ? 친구랑 자리 바꿔볼까?) - 게임이나 신체활동시 종이나 호루라기를 사용하여 단서를 제공한다. - 시각장애 학생을 위하여 그림 속 동작을 언어로 자세히 설명해준다. - 저시력 학생의 경우, 그림카드를 확대하여 제시하고 확대경을 사용할 수 있는 경우는 확대경을 제시하여 그림카드를 보도록 한다. - 윤곽선이 두드러진 재료 제시/ 물감을 제시 할때 모래나 쌀이나 자갈을 섞어서 색을 구분할 수 있게 제시한다. - 다양한 촉감 재료 사용하기. 실제자료 재공한다. - 시각장애 학생의 경우, 주사위와 손 씻기 순서판에 숫자단서를 주기 위해 글루건으로 숫자를 볼록하게 만들어주거나 점자를 찍어 준다. - 시각장애 학생의 경우 촉각으로 전통악기를 탐색해 볼 수 있는 시간을 충분히 제공한다. 교사가 학생의 손을 잡고 악기를 연주해 주어 학생이 연주하는 방법을 알 수 있게 한다. - 악기, 악보 등 자료에 촉감을 다르게 한 스티커 및 벨크로를 붙인다. - 이야기를 들려주는 동안 장면 그림을 양각화 프린터로 출력한 자료를 만지면서 듣게 한다. - 저시력학생의 경우 손 씻기 단계별 그림카드를 확대해주어 그림카드의 내용 이해를 돕는다. - 단어 책 만들기를 하는 경우 입체화된 글자 자료를 제공한다. - 제시할 때 글자카드를 확대하여 같이 제시한다.
청각장애	1. 보청기 사용시 소음을 줄일 수 있도록 카펫을 깔아준다. 2. 입모양을 자연스럽게 보여주며 발음을 천천히 들려주고 반복적으로 들려준다 3. 학생의 수업을 이해할 수 있도록 시각적인 자료 많이 사용한다. (활동순서표, 펫말 사용) 4. 장애학생 순서가 되면 이름카드를 사용하거나 얼굴카드를 사용하여 순서 알려준다. 5. 또래와 짝이 되게 하여 같이 활동하게 한다. 6. 노래부르기 시간에 율동과 같이 제시하여 아동이 참여하게 한다. 7. 그림카드를 같이 제시하여 움직임을 표현하도록 지도한다. 8. 소리 대신 영상이나 사진을 제시한다. (신호를 알리는 호루라기 사진 보여주기) 9. 시작하는 동작신호를 만든다.
	- 실물자료와 수어를 함께 제공한다. - 스피치볼을 말하는 사람 앞에 물건을 놔두어 누가 말하는지 알 수 있게 한다. - 청각적 자극에 대한 민감도를 고려하여 음량을 조절하거나 자리를 배치한다. - 모습이 포함된 동영상을 보여주어 시각적으로 소리를 느낄 수 있게 해준다. - 수업 전에 동시에 등장하는 사물을 실물자료나 모형 등을 제공하여 먼저 만져볼 수 있는 기회를 마련한다. - 책을 읽어줄 때 그림을 먼저 자세히 관찰하게 한다. - 도구를 이용한 신체활동을 할 때, 난이도가 다양한 도구를 마련하여 스스로 택할 수 있도록 한다.

NOTE

	- 동영상볼 때는 보조교사나 일반학생이 내용을 읽어주도록 한다. / 자막을 활용한다. - 요리활동 전에 요리 재료들을 후각, 미각, 촉각 등으로 탐색할 수 있는 기회를 제공한다. - 악기 연주를 할 때 스티커 등으로 가사 위에 표시해주고 교사 및 또래가 신호를 주거나 지시하여 악기 연주를 하도록 지도한다. - 노래부를 때 교사의 입모양을 정확하게 볼 수 있는 곳에 자리를 배치한다. / 학생이 독화하기 편한 자리를 선택한다. - 입모양 모방하여 말하기를 배우는 청각장애학생의 경우 교사의 정면에 앉게하고 노랫말을 들려줄때 "꼬옥꼬옥","반짝"등의 입모양을 보여주고 따라하게 한다. - 인공와우나 보청기를 착용한 학생은 신체활동 시 보장구에 충격을 가하지 않도록 주의하여 지도한다. - 게임활동 시 깃발이나 수신호와 함께 출발신호를 해준다.
의사소통 장애	- 보완대체기기 활용한다. ex: oo아 이건 무엇이니? 스마트 aac를 활용해서 대답해 볼까 ? 아동이 대답하면 피드백하기 oo가 공룡이라고 했구나 - 활동시 의사소통이 어려운 학생을 위해서 말을 조금 느리고 정확하게 발음하기 아동이 발화를 할 때 까지 기다려주어 활동에 참여하게 한다. - 아동이 이야기 할 때 또래와 교사는 귀기울이는 행동을 하여 아동이 자연스럽고 자발적으로 말하도록 유도한다. 발화 후 강화 제공한다. - 교사의 정확한 발음을 모방하게 한다. ex: oo아 말해볼까 ??? - 의사소통판을 활용하여 활동에 참여한다. ex:00야 이건 무엇이야? 의사소통판에서 한번 찾아볼까??? - 아동이 말을 이해하지 못했을때 반복하여 다시 말해줄것을 유도한다. - 다양한 활동으로 말하기 연습시킨다. (다함께 큰소리로 읽기,속삭이기,음률에 변화없이 말하기,목소리 높낮이 다양하게 변화시키기,박자맞추는 기계에 말하기) - 아동이 말이 느리고 더듬더라도 대신 끝내주지 않는다. - 또래의 이해증진 :아동의 말실수에 웃거나 놀리지 않도록 주의한다. - 아동이 한 말을 반복함으로써 정확한 말을 시범보인다. - 단어를 다양한 보기를 사용해서 가르키기: 먹는다 (밥을먹는다, 사과를 먹는다, 사탕을 먹는다) - 순서 주고받으며 대화 유지하기를 배우는 유인의 경우 자주 사용하는 대화 내용을 미리 연습해보고 친구와 대화를 이어나갈 수 있게 한다. - 요구하기의 일반화단계에 있는 학생이 찍기 도구를 사용하여 꽃 모형본을 꾸밀때 학생이 좋아하는 색깔의 물감을 일부러 멀리 배치해 근처에 있는 친구에게 "ㅇㅇ아! 빨간색 좀 줄래?"라고 말하는 기회를 제공한다. - 주어-서술어 문장으로 말하기 습득 단계에 있는 학생의 경우 풍경사진을 보며 "꽃"이라고 말하면 "꽃의 모습이 어때?"라고 발문하여 "예뻐."등 알맞은 서술어를 말하게 하고 "꽃이 예뻐."라고 문장으로 확장하여 들려주고 따라하게 한다. - 의사표현하기 연습하는 학생의 경우 역할을 정할 때 2-3개의 역할 머리띠 중 자신이 맡고 싶은 역할을 가리키며 "이거"라고 말하게 한다. - 순음 'ㅂ'이 포함된 단어의 발성을 연습하고 있는 청각장애학생의 경우 말풍선 그림카드에 들어갈 말을 이야기 할 때 '바람', '바위'와 같은 단어를 입술을 붙였다 떼어 정확한 구형을 알려주고 음성으로 모방하게 한다.
지체장애	- 머리지지대 사용한다. ex:00야 머리지지대 괜찮니? 높지않니? 실무원님 00이 머리지지대좀 높여주세요~ - 신체활동시나 바깥놀이 활동시 휠체어를 사용하여 활동에 참여한다. - 아동이 잡기 쉽도록 손잡이가 큰 것 제공한다. - 왼쪽이 우세한 편마비 아동에게는 자료를 왼쪽에 배치해준다. - 휠체어 사용시 교구장과 책상 사이 넓혀 충분한 공간을 확보한다. - 가위를 사용한 활동에는 어려움이 있으므로 교사가 잘라서 제공하고 풀을 사용하기 보다는 테이프나 부직포를 사용하여 독립적으로 할 수 있도록 제공한다. - 요리활동 시 쉽게 잡을 수 있도록 오목한 그릇 제공한다. - 질문에 대한 대답을 aac에 미리 녹음하여 교사의 질문에 학생이 대답할 기회 제공한다. - 의사표현이 힘든 학생에겐 자신의 생각 혹은 의사표현을 그림카드를 집게하여 표현하도록 한다.

	- 수업 시작 후 자세 체크한 뒤 실무원에게 부탁한다. ex."실무원님 ㅇㅇ의 자세가 흐트러지지 않도록 확인 부탁드려요." - 하지마비학생이 서기 활동에 참여할때 프론스탠더 or 수파인스탠더를를 활용한다. - 신체 활동 시 휠체어 활용하며 수시로 자세 확인하고 "힘들진 않니? 괜찮니?"라고 물어본다. - 지체장애학생과 또래들이 눈높이가 맞도록 의자에 앉아서 이야기하도록 한다. - 편마비 아동의 경우, 원활한 의사소통을 위해 AAC를 사용 가능한 위치에 배치한다. - 신체 활동 지도 시 지체장애 학생의 특성에 맞게 동작을 수정하여 참여할 수 있도록 지도한다. - 야외 활동 시 도움 요청을 할 때 또래나 선생님을 부를 수 있도록 기기 제공한다. - 휠체어를 탄 학생은 욕창방지를 위해 수시로 자세를 바꾸어준다. - 지체장애 학생이 사용하는 휠체어 책상에 비밀주머니를 두고, 지체장애 학생이 친구에게 하나씩 물건을 꺼내주도록 할 수 있다. - 지체장애 학생의 휠체어를 짝 친구가 밀어 놀잇감을 정리하러 가게 할 수 있다. - 지체 장애 학생의 경우, 신체 조절 능력에 맞추어 활동을 진행하고 움직임이 어려운 학생의 경우 얼굴표정 등을 모방하게 해본다. - 지체장애 학생의 경우 휠체어를 친구나 교사가 밀어주어 활동에 참여한다. 휠체어를 탄 학생이 대문을 지나갈 경우 친구들과 이야기를 나누어 대문에 들어가는 방법(앉아서 통과하기, 허리를 많이 숙이고 통과하기 등)을 바꾼다. - 지체장애 학생을 위하여 그리기 활동 시 책상의 위치와 그리기 도구 손잡이를 수정해준다.
자폐성 장애	- 교사나 또래가 말하는 것 모방하게 한다. ex:나무-나무 - 미술활동시 비닐장갑을 제공하기, 신체 활동시 껴안기 활동대신 다른 방식으로 수업한다. - 아동이 선호하는 색깔이나 그림을 활용하여 활동에 참여하기 한다. ex: 공룡을 좋아하는 아이는 공룡을 가지고 활동에 참여 - 소리예민한 아동들에게는 활동시 종이나 호루라기 대신에 종, 호루라기 그려진 그림카드 사용하여 활동을 알린다. - 상동행동을 보이거나 집착행동을 보이는 학생에게는 선호도 활용한다. (자리이탈이 심한 아동에게는 티비를 켜보게 하거나 또래가 데려오게 하기 , 전등을 누르는 특성을 보이는 아동에게는 화장실에 갈때나 교실 전등을 킬 때 아동에게 키게하기) - 착석이 안 되는 학생에게 파워카드를 시각적 촉구를 사용하여 선호하는 캐릭터를 따라 착석하도록 지도한다. - 활동 간 이동 시 상동행동을 강점으로 활용하여 프리맥 원리를 적용한다. - 감각역치가 낮은 학생의 경우, 요리활동 시 과한 자극을 경험하면 진정영역으로 이동할 수 있도록 지도한다. - 게임활동 시 게임의 순서를 시각적으로 구조화하여 이해를 돕는다. - 새로운 활동에 참여할 때, 학생이 선호하는 또래 친구를 옆에 두어 모방할 수 있도록 지도한다. - 일관성있는 중재 제공한다. (미리정해둔 일과, 전이 및 일과 변경에 대한 알림) - 과제시작과 종료를 알게해 주는 타이머 활용한다. (모래시계가 다 떨어지면 우리 00를 정리하도록 해요) - 촉각자극에 민감반응: 눈으로만 관찰하자 or 손가락 하나로만 만져볼까요? - 학생에게 우유라고 발음하게 하는 것보다는 우유가 마시고 싶을 때 우유를 가리키게 하거나 or 우유를 마시고 싶구나 "우유"라고 말하게 한다. - 시각적 단서를 많이 사용하고 모델링사용해서 학생이 가장 잘 이해할 수 있는 방법으로 설명한다.
도전행동	- 부주의 아동에게는 아동이 선호도를 활용해서 예를들어 청각자극을 좋아한다면 종을 사용해서 주의를 끌거나 시각자극은 선호하는 아동에게는 그림카드를 사용하여 주의를 끈다. - 자리이탈을 하는 아동에게는 좋아하는 또래가 데려오게 하거나 티비를 키거나 도움을 주는 역할을 부여하여 활용한다. - 집착행동을 하는 아동에게는 할 수 있는 역할을 부여하여 하게 한다. - 소리지르기 행동을 보이는 아동에게는 무작정 소리지르면 안된다고 하는 것 보다 조용히 있는 또래를 모방해보게 하거나 말할 수 있는 그림카드를 들고 말을 하게하도록 대체행동을 가르쳐 준다.

- 또래를 무작정 때리거나 잘못된 행동으로 화를 내는 아동에게는 수업시간에 플레쉬 영상이나 연극을 활용하여 잘못된 행동을 상기시키도록 하고 올바른 행동을 했을때 아동이 좋아하는 강화를 제공하여 올바른 행동을 가르치도록 한다. (주의: 다른아동들이 보는 앞에서 아동에게 "oo아 그건 잘못된 행동이야 하면 안되요"라고 말하기 보다는 "OO아 우리 그 방법보다 이렇게 해보는것 어떨까? OO이가 그런 행동을하니 선생님이 속상해요 . 올바른 행동을 제시할 수 있도록 한다.
- 활동에 집중하지 못하는 학생의 경우 활동 중 'ㅇㅇ아 잘 들리니? 이해하고 있니?'등의 질문을 통해 교사의 관심을 보여 집중할 수 있게 한다.
- 활동이 끝난 후 느낌을 친구에게 말하거나 표정카드(예 재미있어요, 지루해요)중에서 선택하게 한다.
- 소리지르는 학생에게는 활동이 지루할경우 소리지르기 대신 손을 들면 휴식공간에서 잠시 쉬도록 한다.
- 자리이탈하는 학생의경우 좋아하는 학생옆에 앉게 하여 자리착석할 수 있도록 또래점검을 하도록 한다.
- 과잉행동하는 학생에게는 과잉행동 대신 활동에 참여하는 모습을 보일경우 학생이 좋아하는 강화를 제공한다.

〈개별 특성을 고려한 지도사항〉

1. 주의산만한 학생 :정적인 역할 정해주기(그림카드 들고 있기), 숨쉬기 2번하고 자리에 앉아 보도록 해요.
2. 소극적 학생 격려: 친구들 표현을 감상하다가 네가 하고 싶을때 선생님한테 살짝 이야기해 주겠니?
3. 정서가 선생님말을 잘 들어줘서 정말기뻐요. 날이 갈수록 모둠활동 태도가 좋아지네요
4. 아 우리00가 다했구나? 이번에는 00가 책상 안치고 멋지게 손 들어줬네요.
5. 다영이는 어떤 부분이 어려워서 손을 들었나요? 이 부분이군요. 혹시 가영이가 나영이를 도와줄 수 있을까요?
6. 착석하기를 연습중인 학생에게 좋아하는 친구 옆자리에서 3회 이상 이탈하지 않고 착석하게 한다.(이야기 나누기 진행시 학생의 이름을 불러주거나 눈을 맞추어 주는 등의 교수전략을 사용)
7. 과잉행동, 부주의 학생 - 즉시 보상을 선호하기 때문에 강화를 제공할 때는 지연된 강화보다는 즉각적인 강화를 제공하여야 한다.
8. 과잉행동 학생 - 자리를 정돈하여 산만한 자극이 없도록 환경을 구성한다.
9. 소리지르는 학생 - 학생의 행동을 관찰하여 소리지르는 이유를 분석하여 대체행동을 제공한다.
10. 자리이탈 - 자리이탈 시 파워카드를 이용하여 착석하도록 지도한다.
11. 과잉행동 및 부주의 학생의 경우, 활동 간 계획표를 통해 도달 수준을 체크하여 끝까지 목표에 도달할 수 있도록 지도한다.

NOTE

05 도전행동 중재 방안 스크립트 예시

도전행동	원인	중재 예시
물건 던지기	회피	• 대상학생이 학습 활동에 흥미를 가지고 참여할 수 있도록 교수 활동을 조정 예 우리 OO이가 하고 싶은 재료 하나 선택해볼까요? 그래요. 좋아하는 캐릭터가 있으니 물건 던지는 행동이 아니라 활동 열심히 참여하는 겁니다.
	의사소통의 기능	• 적절한 대체행동 교수 예 과제를 던지는 행동 대신 "다른 과제 주세요"라고 이야기 해봅시다. 예 과제를 높이 들고 고개짓으로 거절의 표현을 따라해 보세요. 그럼 선생님이 바꾸어 줄게요.
	-	〈환경적 중재〉 • 던졌을 때 안전에 위험을 줄 수 있는 물건을 미리 치워두어 주변 학생들에게 안전한 학습 환경을 제공 예 오늘 교실은 안전하게 활동할 수 있도록 위험한 물건을 다 치워두었습니다.
친구 때리기	불만의 표현	• 다른 학생들의 안전 확인 • 분노가 일 때, 감정을 조절하게 하는 구체적인 방법을 가르침 예 심호흡을 시작합시다. / 스트레스볼을 만져 봅시다. / 잠시 진정 영역으로 갑시다. 예 숫자 세며 진정해 봅시다. 감각토이 꺼내 봅시다. 짐볼 바운스하고 오세요. 아로마 오일 향 맡으세요. • 요구 사항이나 감정을 적절하게 표현하지 못하는 학생의 경우는 의사소통기술 교수 예 때리는 것 대신에 "그만." 이라고 외치는 겁니다. / 때리는 게 아니라 AAC OO 버튼을 누르는 겁니다. • 감정 읽어주기: 상황에 적절한 감정 읽어주기를 통해 적절한 방식의 감정 표현과 감정 해소를 도움. 감정 • 위기 상황에 일관적 대응: 공격이나 심각한 문제행동이 발생할 경우, 대응을 최소화하고, 평소 긍정적 행동을 할 때에 비해 교사의 리액션이나 반응을 줄임
욕설하기	회피	• 대상 학생을 지도해야할 때 교사는 가급적이면 학생의 분노를 일으키지 않도록 차분한 목소리로 명확하고 구체적으로 지시 • 완화된 대체행동으로 바꿔주기 • 과제 회피가 목적인 문제행동이라면 과제의 난이도나 분량을 조정하여 제공 예 우리 OO이는 특별히 선생님이 ~을 준비해 왔어요. 오늘은 쉬운 것부터 시작할거라서 어렵지 않아요.
책상이나 사물을 손발 등으로 두드리기	자극추구	• 학생의 수준에 따라 손을 사용하여 할 수 있는 조작활동인 퍼즐, 구슬꿰기, 색칠하기 등 다양한 활동을 적절하게 제시 • 시각적, 청각적 자극추구로 전환
	의사소통	• 의사소통에 어려움이 있는 경우 보완대체의사소통기기(AAC)를 활용하거나 그림교환의사소통체계(PECS)를 활용하는 등의 대체기술을 사용하도록 촉진 예 책상을 두드리는 것 대신 손을 들어볼까요? / ~카드를 들어봅시다.

교사의 친구의 말을 반복적으로 따라하기	의사소통의 기능	• 자폐성장애 학생의 경우 반향어가 어떠한 기능을 가지고 있는지 살펴보기 • 갑작스럽게 반향어가 증가하는 증상은 불확실성에 대한 감정적인 흥분, 피로, 산만함의 신호일 수 있으므로 따라서 다음 활동이나 과제를 예측할 수 있도록 미리 내용을 알려주거나 평소의 패턴대로 과제를 제시하면 학생의 불안감을 줄어주어 반향어를 감소 가능 • 해야 할 일에 대한 정확한 설명이나 그림으로 된 스케줄 표 등을 통해서 학생이 심리적인 안정감을 느낄 수 있도록 가능 • 반향어가 의사소통의 기능을 가지고 있는 것이라면 학생에게 상황에 적절한 언어를 사용할 수 있도록 지도 예 **OO아, 지금 물 마시고 싶어요, 라고 말하는 거 맞나요? / OO이가 ~을 하고 싶나봐요.** • 학생에게 모델링을 통한 구체적이고 직접적인 언어 사용을 지도 • 수업 중 말을 할 수 있는 기회를 또래 친구들보다 좀 더 제공하여 말을 바람직하게 사용하는 방법을 익히게 함
수업과 관련 없는 질문 큰 소리로 말하기	관심끌기	• 문제행동 이외에 수업 중 발표를 하거나, 과제에 참여하는 경우 교사나 또래의 즉각적인 관심과 칭찬을 통하여 바람직한 행동을 증가 • 질문 목록표 작성 예 **우리 수업에서 궁금한 점은 우선 질문 목록표에 작성하고, 쉬는 시간에 선생님과 이야기하기로 했죠?** • 묻고 싶을 때 손들기를 약속(행동계약)하고 빈도가 줄어드는지 관찰 • 자기점검법으로 모니터링할 수 있도록 지도 • 지시나 질문을 되묻고 싶을 때는 손을 들어 의사표현을 하는 방법을 안내
자리이탈	회피	• 시간을 알려주는 기구나 타이머로 인내 능력 증가 • 수업시간에 공식적으로 자리를 이탈할 수 있는 기회를 제공 예 **수업 준비를 위해 교구를 가져와주세요, 칠판이랑 교재교구 이동은 OO이가 도와주세요., 칠판에 자석판을 붙이거나 종이 붙이게 앞으로 나오세요.** • 수업 시작 전에 수업 진행 과정을 자세하게 안내하여 학습 동기 향상 • 대상 학생이 학습 활동에 참여할 수 있도록 수준과 분량이 조정된 학습지를 제공 • 과제 수행 양식을 수정하여 주거나 활동이 생활 중심적일 때 과제 집중도를 높이기 • 교사나 또래의 도움을 추가로 받을 수 있는 자리 배치 고려

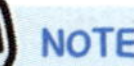
NOTE

06 중재 키워드에 따른 구체적인 사례

중재 키워드	구체적 사례	
규칙	학교, 학급, 개인 규칙 활용	기대행동 지도
	자기점검표 활용, 연상자료 활용	행동 계약서, 토큰 활용
질문	질문 노트 활용	사전 질문지, 사전 교수
강화	활동 강화, 자연적 강화 활용	개인 강화물 (강화 메뉴판, 컴퓨터 이용권, 점심 시간 DJ 역할, 00반장 부여 등)
	강화 계획 안내, 집단 강화 활용	대체행동차별강화 활용
예측 가능성 향상	마중물 이용	청각적, 시각적 지원 (종소리, 일과표)
	일과 안내	사전 연습, 시뮬레이션
시각적 지원	비디오 모델링 활용	시각적 지원 (사진 시간표, 시각 자료 등)
행동	*대체행동 교수	학업기술 교수
	사회성 기술교수	학업 기술 교수
공격행동 & 지해행동	숫자 세기	스트레스 관리 (트렘펄린, 담요, 쇼파 휴식 등)
	분노 조절 기술 (분노 라벨링, 이완 호흡)	교사와의 비밀 신호 만들기 (스트레스 볼을 쥐기)
	헤드기어 착용	팔 보호대, 장갑 착용
	손톱 물어뜯기 방지 매니큐어 활용	(기능: 자극추구) 대체 자극 추구
자기자극	책상에 쿠션, 의자에 방석 제공	스피너, 스트레스볼 활용
학습된 무기력	과제 수준 낮추어 제공	과제를 나누어 제공
	성공 경험 제공	이전에 수행했던 과제와 연결하여 설명
선택적 주의집중	자극의 수나 복잡성 줄이기	특정 자극의 중요성 인식
	관련 자극을 구별, 부적절한 자극을 무시할 수 있도록 지도	의미와 선행 경험 활용
주의집중	이해도 빈번하게 확인	중요한 단어나 문장을 구별되는 색으로 제시
	자기기록 활용 (그래프 나타내기)	집중 시 보상, 직접 교수 등
기억	적절한 기억 전략 활용	반복연습, 강화 활용 등
부정적 정서	강화 활용 (칭찬, 프리맥, 종속적 집단강화)	행동 모델 제시 (외부지향성 활용, 비디오 모델링 활용)
	감정 조절 및 파악 (감정 출석부, 감정 신호등 활용 등)	인지행동 중재 활용
학습된 무기력	과제 단계별 제공 성공 경험 제공 및 보상	실패를 처리하는 방법 교수
	현실적인 목표 설정	행동모델, 새로운 접근 방법 제시
일반화	자연적 강화제, 지속적 피드백 제공	자기교수 활용
	다양한 사례 지도	실생활 연결 수업
	자연스러운 상황 및 다양한 환경 제공	자연스러운 소재 이용
환경적 중재	안전한 학습 환경 조성	휴식 공간 제공
	환경의 구조화	감각 예민 지원

07 다양한 중재방법

행동의 기능	중재 전략	예시
관심 끌기	교사의 관심, 시간, 계획	• 교사와 함께 작업한다. • 교사가 주기적으로 관심을 제공한다.
	또래의 관심, 시간 계획	• 또래와 짝을 지어준다. • 또래 교수를 활용한다.
	학생에 대한 접근성 증가	• 좌석배치를 바꾸어 준다. • 주기적으로 교실을 돌아다닌다.
	좋아하는 활동 제공	• 교사가 자리를 비울 때는 좋아하는 과제를 하게 한다.
회피	과제 난이도 조절	• 쉬운 과제를 하게 한다.
	선택의 기회 제공	• 학생에게 선택의 기회를 제공한다. 예 수행할 과제, 과제의 순서, 사용할 재료, 과제를 수행할 장소, 과제 수행 시기, 함께 수행할 사람 등
	활동을 통하여 의미 있고 기능적인 성과를 얻게 함	• 가치 있는 성과가 이루어질 수 있는 활동을 제시한다.
	과제의 길이 조절	• 짧은 활동을 제공한다. • 쉬는 시간을 자주 제공한다.
	과제 수행의 양식 수정	• 자료 매체를 변경한다. • 필기도구 대신 컴퓨터를 사용하도록 한다.
	행동적 모멘텀 및 과제 분산 사용	• 어려운 과제를 제시하기 전에는 쉬운 과제를 제시한다.
	예측 가능성 향상	• 앞으로 할 일이나 활동의 변화에 대한 단서를 제공한다. (교수적, 시각적, 청각적)
	교수 전달 방식 변경	• 즐거운 톤의 목소리를 사용한다.
원하는 것 얻기	미리 알려 줌	• 활동을 마칠 시간이 다 되어 감을 알려준다.
	전이활동 계획	• 아주 좋아하는 활동과 좋아하지 않는 활동 사이에 보통으로 좋아하는 활동을 계획한다.
감각 자극 얻기	대안적 감각 강화 제공	• 청각적 자극을 강화하기 위해서 라디오를 제공하거나 시각적 강화를 제공하기 위해서 시각적 자극을 제공한다.
	풍부한 환경 제공	• 흥미롭고 자극이 많은 활동으로 환경을 구성한다.

(출처: 이소현, 특수아동교육, 2011, p.551)

*대체행동

교체기술	문제행동과 동일한 결과를 가져올 수 있는 효과적인 방법 학생에게 제공 예 기능적 의사소통
대처 기술	자기관리, 자기 통제 전략, 혼잣말, 긴장 완화
인내기술	강화 지연, 과제의 양 조절, 쉬는 시간 적절히 제공
일반적인 적응기술	사회적, 의사소통적, 학업적 능력 향상

(출처: 이소현, 대체기술 교수를 위한 개념들- 장애학생을 위한 개별화 행동지원, 학지사, 2008)

NOTE

〈출처〉

- 이소현, 대체기술 교수를 위한 개념들-장애학생을 위한 개별화 행동지원, 학지사, 2008
- 이소현, 특수아동교육, 2011, p.551
- 부산광역시교육청, 장애학생의 문제행동 사례별 중재 가이드북, 부산교육, 2014, p.173
- 국립특수교육원, 발달장애인의 도전적 행동 중재 매뉴얼, 2020
- 정동영 외 2인, 특수교육 예비교사를 위한 교수·학습과정안 작성과 수업의 실제, 교육과학사, p.252

BEST 7

프로젝트 학습

조이쌤과 끈기+

학생중심 교수법에서 큰 맥락을 차지하고 있는 프로젝트 학습법! 절차와 방법, 이점, 사례 익혀두고 적용해 보는 것도 2차 시험 출제 시 당황하지 않을 수 있습니다! 특히, 초등특수 수업실연에서 프로젝트 수업이 출제 이력이 있는 만큼 자세히 살펴봅시다.

NOTE

01 정의

- 학습의 전체 과정에서 학습자가 주도적으로 참여하며 주제를 직접 선정, 탐구활동, 결과에 대해 표현하는 활동(전시, 발표 등) 을 진행하는 것
- 프로젝트 수업, 프로젝트 접근법, 프로젝트 기반학습 등의 용어와 혼용되어 사용

02 고려점

- 결과물을 다른 학습자나 교수자 앞에 전시해야 하므로 프로젝트를 수행하는 과정에서 누구를 대상으로 어떤 형태로 결과물을 전시할 것인가를 고려하여 학습 활동을 진행

03 교사의 역할

- 프로젝트 수업을 진행하는 동안 총체적으로 상황을 조망하며, 학습자들의 상호작용과 상황에 따라 안내자, 조력자, 조정자, 촉진자 등의 다양한 역할을 수행

04 교육적 의미

① 학습자들의 내적 동기 유발하여 학습에 대한 의욕이 높음: 프로젝트 주제를 직접 선택하는 것, 주도적으로 활동을 진행

② 학습에 대한 책임감 부여: 동료학습자와 함께 선택과 의사결정 과정으로 책임감 향상

③ 긍정적인 자아개념 형성: 자발적인 참여 유도하여 스스로 만족감을 경험하고 단계마다 이루어지는 결과물을 통하여 성취감을 맛볼 수 있으며 자신의 아이디어가 교사와 동료 학습자들에게 수용될 기회가 많아지므로 자신에 대해 긍정적인 생각을 가지게 됨

④ 문제해결력 신장: 프로젝트 수업의 과제는 보통 실생활에서 일어나는 현상이나 문제이므로 학습

내용과 실생활과의 관련성을 인식할 기회를 제공하고 문제해결 능력을 신장시킬 수 있음

⑤ 사고의 유연성을 높임: 학습의 진행이 잘 안되었거나 더 중요한 학습 내용이 떠오르는 등의 경우 언제든지 그 방향과 내용으로 수정될 수 있으며 동료 학습자와의 대화 과정에서 자신의 생각의 한계를 인식하는 기회로 사고의 유연성을 길러줄 수 있음

⑥ 교수자에게 새로운 교수 경험 제공: 수업자에게도 새로운 도전이 될 수 있으며 프로젝트 수업을 계획하며 현행 교육과정과 교과서 중심의 수업의 한계를 인식할 수 있으며 자신의 철저한 준비와 유연한 진행 그리고 학습자에 대해 헌신하는 자세가 학습자의 잠재력을 현실화 시킬 수 있다는 것을 느낄 수 있음

05 절차

단계	상황
목적 단계	- 학습 문제 선택, 학습목표 확인, 흥미 환기 - 학습자가 학습 문제를 선택하고 학습 목표를 확인하며 학습자가 프로젝트 수업을 위해 충분한 동기를 가질 수 있도록 함
계획 단계	- 학습 계획, 자료 수집, 설계 - 학습자 자신들이 토론하고 학습할 사항과 학습을 전개 시켜 나가는 순서를 확인해서 문제해결을 위한 면밀한 계획을 세울 수 있도록 지도
실행 단계	- 지원과 격려, 창의력 발휘 - 학습자가 가장 흥미를 느끼고 활발하게 활동하는 단계로, 교수자는 학습자의 친절한 조력자가 되어 프로젝트의 해결에 필요한 자료를 가능한 많이 이용할 수 있도록 배려 - 교수자는 학습자들이 작업의 곤란으로 좌절하지 않도록 하며 학습자의 작품이나 활동이 비록 온전하지 않더라도 비판하기 보다는 학습자 스스로 더 나은 방향을 탐색하도록 도와주는 자세가 필요
평가 단계	- 프로젝트 결과를 전시, 보고, 요약의 형태로 학급에 게시하고 완성된 작업에 대해서 가치를 평가 (UCC, 프레젠테이션, 역할극, 퀴즈쇼, 전시회, 토크쇼, 사이트 업로드 게시, 유튜브 게시 등) - 완성된 작품이나 활동 결과에 대해서도 전통적인 수업에서처럼 교수자가 혼자 평가하기 보다는 학습자들도 평가에 참여 - 동료평가에 대해 시범을 보이거나 예시 작품으로 평가하는 방법을 연습하는 것도 좋음 - 학습자 간 상호 평가를 도입하여 집단으로 평가하는 것도 효과적 - 자기 반성, 자기 성찰, 배움 정리 등 실시 - 프로젝트 전반 평가, 피드백 등

수험생 선생님들이 자주하는 질문!

"학생 수준 낮고, 교사 역량 부족하면 프로젝트 수업, 토의토론 수업 실행할 수 없잖아요?"

배움중심수업에서는 학생을 성장의 가능성을 가지고 유의미한 학습을 만들어갈 수 있는 주체적인 존재로 바라봅니다. 지금의 수준이 낮고 역량도 부족해 보이지만 학생들은 다양한 경험과 수업을 통해 성장할 수 있는 존재인 것입니다. 수업은 결과가 아닌 과정입니다. 즉 수업은 학생들의 준비되고 갖추어진 역량으로 멋진 결과를 만들어내는 '결과의 발표장'이 아니라, 수업의 과정 속에서 배우고 성장하는 것입니다. '지금 그대로의 모습'으로 학생을 인식하되 성장의 가능성에 대한 인식 또한 필요합니다.

다양한 방법을 탐구하고 직접 활동해서 문제를 해결하는 과정도 프로젝트 수업이라고 할 수 있는 것입니다. 10차시 이상의 거창한 프로젝트 수업만이 프로젝트 수업인 것은 아닙니다. 수학 한 문제를 해결하는 과정도 학생들이 주도적으로 계획을 세우고 실천하여 결과를 도출한다면 작은 규모의 프로젝트 수업이 될 수 있습니다. 프로젝트 수업은 전문가 선생님이 준비된 특별한 학생들을 대상으로만 할 수 있는 수업이 아닌 모든 학생 모든 선생님들이 할 수 있는 수업입니다.

출처: 경기도교육청 즐겨찾기 4호 p.16, 즐겨찾기 3호 p.16, 쉽게 알아보는 배움중심수업 p. 31~32.

06 프로젝트 학습 예시

영역	프로젝트 주제
국어	'양반전' 풍자 뉴스 대본 제작 프로젝트
영어	세상을 바꾸는 민락특공대
수학	"나도! 스타강사"프로젝트
수학	수학으로 세상을 바라보다
수학	「학교 문제 확률로 해결해요!」 프로젝트
사회	배움을 찾아 떠나는 여행 프로젝트 수업
사회	환경 문제 해결을 위한 정책 제안서 작성하기 프로젝트
사회	"어서와~ 한국문화는 처음이지!"문화탐방 프로그램 만들기 프로젝트
사회	인권 문제 해결을 위한 인권단체 만들기 프로젝트
도덕	사회적 약자의 인권보호 프로젝트
과학	생물다양성 보전을 위한 활동 방법 제안 프로젝트
기술	DMZ 친환경 통일 전시관 제작 프로젝트

출처: 쌤동네, 교과별 프로젝트 수업 사례 다운 받기(2019)

NOTE

07 끈기 Best 40가지 이론 다지기

영역	프로젝트 주제
국어	동시로 말해요 프로젝트
국어+미술	나를 홍보해 볼까?
사회+국어	YOU&ME 감정 수업
미술	도서관 옆 미술관
사회	말해줘 프로젝트
진로와 직업	내 인생의 MVP
미술	태극기를 부탁해
진로와직업+사회+교과 융합	고등학교 입학 도전기
미술	어서 와, 00 축제는 처음이지?
국어+사회	나를 위한 행복한 여행 안내서!
교과 융합	놀멍 쉬멍 떠나자 제주도로!
국어+사회	대체불가 대한민국 (대한민국, 매체로 친구, 불러서 다 함께 제대로 알아 가자!)

(출처: 한경화, 특수교육 프로젝트 수업 이야기, 교육과학사, 2020)

영역	프로젝트 주제
환경	플라스틱의 여행
환경	우리 학교 식물 박사 (우리 학교 텃밭 식물 도감 만들기)
국어+환경	배추의 마음, 농부의 마음
진로와 직업	내가 제일 우수 직원!
진로와 직업	최고의 레시피를 만들자!
안전	엄마! 난데, 핸드폰이 고장 났어. (메신저 피싱)
국어+진로와 직업	느린 우체통아 편지를 부탁해
생활 경제	마스크 가격이 왜 바뀌었을까?
사회성	참 참 참 프로젝트 (참 잘했어. 참아줘서 고마워. 너의 감정 참고할게.)
사회성	너랑 나 마니또 프로젝트
교과 융합	누구나 갈 수 있나요? (UD 설계, 체인지 메이커 활동) 우리 마을 친절 상점 지도 만들기
수학	어머나! 곰이 탈출했다!

조이쌤과 끈기

저도 이전에 재밌게 했던 프로젝트 학습 사례 하나 공유해드릴게요! 과학(생태)+국어+수학과 연계한 프로젝트 학습으로, 생태 환경과 관련된 글과 영상을 학습했어요. (예 배추의 마음, 농부의 꿈 등) 그 뒤로 '우리가 생태 환경의 소중함을 느끼려면 어떻게 하는 게 좋을까?' 라고 물어보니 학생들이 미니 텃밭을 만들면 좋겠다고 했어요. 그래서 텃밭에 무를 심고 열심히 농작물을 키웠고, 이때 물을 주는 당번은 통합학급 학생들 (또래도우미) 학생들과도 연계했고, 농작물 변화를 파악하기 위해 매주 사진도 찍었어요. 무가 다 자란 뒤에는 '천하제일 무 뽑기 대회'를 열어 무의 길이를 측정해보고, 가장 긴 무를 뽑은 친구는 누구인지 비교하기도 했답니다. 그 뒤로는 깍두기를 담가 선생님들과 인근 노인복지관에 선물하기도 했어요. 마무리로 소감 공유 활동 시 '이제는 급식에서 먹을 만큼만 받을래요.', '우리가 사는 농작물이 농부의 노력에 비해 너무 싼거 아닌가요?' 라는 문제 제기도 있었답니다. 이렇게 여러 과목을 통합하여 학생들이 생태 감수성을 지닐 수 있도록 하는 것도 프로젝트 학습이 될 수 있답니다.

기출 초등특수 대구 2023학년도 수업실연 기출 일부

2. 본시 학습 지도 내용

교과	국어, 과학, 미술, 음악 (프로젝트 수업)
단원	감정 표현하기
대상	초등학교 5학년
목표	알에서 태어난 동물의 특징과 생김새를 파악하고 표현할 수 있다
이전 차시	알에서 태어나는 동물과 알에서 태어나지 않는 (새끼) 동물 분류하기
본 차시	알에서 태어나는 동물을 상상하고 몸으로 표현

기출 초등특수 경기 2022학년도 수업실연 기출 일부

1. 본시 학습 지도 내용

<table>
<tr><td>교과</td><td colspan="3">지구지킴이 일일 프로젝트(도덕, 국어, 창의적체험활동 연계)</td></tr>
<tr><td>대상</td><td colspan="3">특수학급 5,6 학년</td></tr>
<tr><td>목표</td><td colspan="3">기후변화 원인을 파악하고 일상생활에서의 실천방안 선정하기</td></tr>
<tr><td rowspan="4">전체 차시 계획</td><td>과정</td><td>차시</td><td>장소</td></tr>
<tr><td>[프로젝트 준비]</td><td>1차시</td><td>통합학급</td></tr>
<tr><td>[프로젝트 실시]</td><td>2-5차시</td><td>통합학급 특수학급 따로 수업 진행 (가정 연계 실천)</td></tr>
<tr><td>[프로젝트 마무리]</td><td>6차시</td><td>강당 (발표 진행)
*수업의 마지막 차시는 통합학급 학생 친구들과 강당에서 프로젝트 결과 발표를 실시할 예정</td></tr>
<tr><td>본차시</td><td colspan="3">3차시: 일상생활에서 지구 지키는 실천 방안 알아보기</td></tr>
<tr><td>수업 형태</td><td colspan="3">생태, 환경 프로젝트 수업 / 통합학급 연계</td></tr>
</table>

* 수업 조건: 적절한 매체를 활용하여 발표하시오.

〈출처〉

- 김대현, 왕경순, 이경화, 이은화, 프로젝트 학습의 운영, 2001. 학지사
- 지옥정, 유아교육현장에서의 프로젝트 접근법, 1998, 서울: 창지사
- 신나민, 장연주 외 2명, 이판사판 교육방법 및교육공학, 2019, 박영스토리, p.108~110
- 최무현, 학생중심수업, 교육과정을 디자인하다., 2020, 행복한 미래

NOTE

BEST

8 협동학습

NOTE

조이쌤과 끈기+

현재 협동학습의 요소가 주로 활동2에서 많이 출제되고 있습니다. 핵심 조건과 개념을 인지하고 수업에서 바르게 반영해야 합니다. 이질적인 수준의 집단 배치, 상호작용 확대, 개별책무성, 평가까지! 놓치지 맙시다. 특히, 협동학습에서 무임승차효과, 부익부 현상 등에 대한 대비책도 사전에 준비해야 합니다.

01 정의

- 소집단의 구성원들이 공동으로 노력하여 공동의 학습 목표를 달성하기 위해 함께 과제에 참여하는 구조화된 수업 방법

02 협동학습의 조건

① **긍정적인 상호 의존성:** '내가 잘 되는 것은 너와 나 우리 모두가 잘 되는 길이다!'
- 구성원 각자가 맡은 역할을 완수해야만 모둠의 과제를 성취할 수 있는 것으로 집단의 성공을 위하여 서로 간 도움을 주는 관계여야 함

② **동시다발적 상호작용: '우리 모두가 함께, 동시에, 여기저기에서 참여한다.'**
- 학습 활동이 동시 다발적으로 여기저기에서 이루어짐 예 전체에서 1명만 이야기 하는 것이 아닌, 모둠 내에서 돌아가며 1명씩 이야기
- 과제 수행의 효과성과 효율성을 높이기 위해 노력을 서로 격려하고 과제 수행에 필요한 각종 자료나 정보를 활발하게 공유하고 피드백을 주고 받음

③ **개별책무성:** '내 일은 내가 책임진다.'
- 문제점: 협동학습 과정에서 몇몇 학습자들은 모둠 내 학습 활동에 적극적으로 참여하지 않고 다른 학습자들의 과제 수행 결과만을 공유하려는 경우가 있음
- 구성원 개개인이 책임과 책무성을 가질 수 있는 방법으로, 교수자는 모둠 구성원 개개인의 역할을 명확히 인지하도록 하며, 모둠 전체의 성과에 대한 평가 외에 모둠 내 개인의 활동에 대한 평가를 시행

④ 대인관계 기술의 적절한 활용

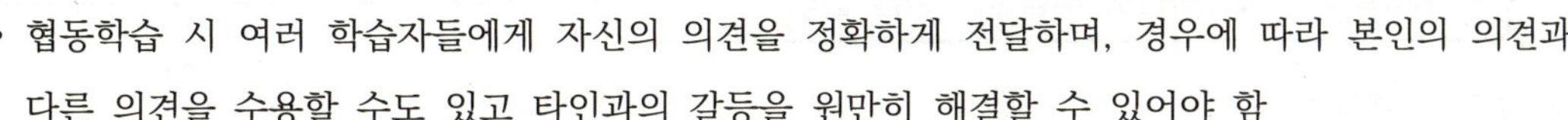

- 협동학습 시 여러 학습자들에게 자신의 의견을 정확하게 전달하며, 경우에 따라 본인의 의견과 다른 의견을 수용할 수도 있고 타인과의 갈등을 원만히 해결할 수 있어야 함
- 대인기술은 저절로 타고나는 것이 아니므로 교사가 적절한 사회적 기술을 지도할 필요가 있음

NOTE

⑤ 평가 (집단-자기평가 활용)

- 목표를 달성하기 위해서 구성원들이 각자가 목표를 얼마나 잘 성취하고 공동의 목표를 달성하기 위해서 얼마나 노력하고 협동했는지 토론과 평가 과정이 필요

TIP

모둠 내 역할 정하기

'모둠 내 역할을 구분하는 것 만으로는 의미가 없을 수 있다. 자신의 역할에 대한 구체적인 이해가 필요하다. 어떤 역할을 하는지는 교사가 안내해줄 수도 있고, 학생들이 직접 생각해보고 결정할 수도 있다. 그래서 모둠 내 역할 정하기 활동지에는 해야 할 역할이 무엇인지, 자주 하고 싶은 말이 무엇인지에 대해 생각해볼 공간을 마련했다.'

역할	해야 할 역할	자주 하고 싶은 말
칭찬이	모둠 안에서 다른 모둠원들의 활동을 관찰하고 칭찬을 제공하는 역할	참 잘했어, 넌 할 수 있어, 너무 좋은 의견이야!

'모둠 내에서 각자가 해야 할 역할이 명확하게 정해져 있다면 불필요한 다툼이 생기지 않고, 역할과 명칭은 교사의 스타일과 수업 방식에 따라 다양하게 정할 수 있다.'

(출처: 학생 참여 수업 배움을 디자인하다 中 p.181)

03 교사의 역할

- 일련의 학습 과정을 관찰, 조정, 분석, 피드백, 학습을 평가하는 역할을 수행

기출 중등특수 2020학년도 수업실연 기출 일부

2. 수험생 유의 사항

① 활동1〈작업장 안전사고 유형 알기〉, 활동2 〈작업장 안전사고 예방법 알기〉를 실연하시오.

② 활동1 에서 학생들의 경험을 활용하시오.

③ 자료1, 자료2는 활동1, 자료3은 활동2 활용하여 실연하시오.

④ 활동2에서 학생들의 협동학습과정과 교사의 개별적인 지원이 드러나도록 실연하시오.

⑤ 활동2에서 학생 A의 도전행동에 대한 긍정적행동지원 중재를 실시하시오.

⑥ 교사용 컴퓨터, 빔프로젝터, 테블릿 PC, 스크린이 갖춰진 교실로 가정하여 실연하시오.

NOTE

기출 중등특수 2021학년도 수업실연 기출 일부

2. 수험생 유의사항

① 활동1, 활동2를 실연하시오.

② 학생의 개별 능력 및 특성이 드러나도록 교사 발문을 하시오.

③ 활동 1에서 〈자료1〉을 활용하시오.

④ 활동 2에서 〈자료2〉〈자료3〉을 활용하시오.

⑤ 활동 1에서 태블릿PC사용하고, 활동2에서 의약품 모형 사용하시오.

⑥ 서현의 문제행동중재를 활동 1, 인성의 문제행동중재를 활동 2 에서 하시오.

⑦ 활동2에서 또래교수, 역할나누기, 모둠활동, 교사의 관찰이 드러나게 실연하시오.

⑧ 활동2에서 교사와 학생 상호작용과 자기결정력 증진이 잘 일어나도록 교사 촉진을 실연하시오.

⑨ 컴퓨터, 전자칠판, 태블릿pc, AAC을 활용하시오.

04 주요 단계

1. 준비단계

• 학습목표 설정: 교사와 학생이 나아 가야할 방향을 제시, 평가와 관련된 기준 제공

• 모둠 편성: 학습자의 이질성을 바탕으로 긍정적인 상호 의존성을 기본으로 성적, 성격, 성별 등을 고려하여 이질적 혹은 때에 따라 동질적으로 모둠을 편성 가능

이질적인 집단으로 팀을 구성	동질적인 집단으로 팀 구성
과제중심, 역할 중심으로 진행되어 서로 강점 다른 구성원이 모여서 활동 진행	개인의 흥미나 관심, 취미 중심으로 구성하는 것이 더욱 효과적이라고 판단될 때 구성하여 공동의 목표를 달성 예 00 가수 그룹 자랑하기 글 쓰기

<모둠을 나눌 때 짝카드 활용하기>

'서로 짝이 맞는 카드가 있습니다. 서로의 짝이 누가 될지 뽑아볼까요? 예를 들어 블랙핑크조는 카드 별로 블랙핑크 멤버의 얼굴이 있습니다., 같은 하늘색 색깔을 뽑으면 하늘팀이 되는 겁니다.' 라는 재미의 요소를 추가하여, 서로의 짝이 누구인지 궁금증을 유발할 수 있고 서로 맞춰보게 하여 상호작용과 흥미를 높일 수 있습니다.

출처: 주성환, 고학년 수업놀이, 지식프레임, 2020, p.166 재구성

2. 교수-학습 단계

• 교수-학습 안내: 본시학습에 대해서 안내하고 각 차시마다 그에 따른 성취기준을 근거로 하여 적합한 방식으로 학습자들의 동기를 유발하고 성취기준을 전달

• 모둠별 탐구 활동: 본격적인 학습이 이루어지는 단계

• 교수-학습 내용정리: 학습 활동을 정리하는 시간을 가지고, 학습자의 활동을 바탕으로 교사와의 상호작용을 통해 학습 내용을 정리함

3. 평가와 보상단계

- 평가는 학습 목표와 교수 방법에 따라 개별평가, 집단평가, 동료평가, 자기평가 등을 활용할 수 있음
- 협동학습에서 나왔던 토의 토론 과정이나, 의견을 정리하고 내용적 피드백
- 협동학습 시 학생들의 태도 부분에 대해 피드백
- 주제에 대해서 전문가적 의견을 제시할 수도 있음
- 결과에 대해 정리하고 보상 제공

NOTE

05 교육적 효과

- 리더쉽, 협동심 함양 가능: 집단의 구성원들은 동등한 지위와 책임을 가짐
- 과제 수행 기술 형성 및 또래 모방학습 가능
- 학생 간의 상호작용을 촉진하여 의사소통 능력, 상호 신뢰감 형성
- 협동 기술, 사회적 능력을 직접적으로 배우게 되며 사회성 발달
- 공동의 과제를 수행함으로써 성취감을 얻을 수 있음

06 주의점

- 봉효과: 학습능력이 높은 학습자가 자신의 노력이 다른 학습자에게 돌아가기 때문에 학습에 적극적으로 참여하지 않는 현상
- 일벌레 현상 발생: 자신이 맡은 분량보다 더 많은 일을 하는 학생이 발생하기도 하며, 소수의 학생들이 모둠을 이끌어 나감
- 무임승차 효과: 학습 능력이 낮은 학습자가 적극적으로 참여하지 않아도 학습 능력이 높은 학습자의 성과를 공유하게 되는 것
- 부익부 현상: 학습 능력이 높은 학습자는 계속해서 높은 성취를 보이게 되고 학습 능력이 낮다고 지각한 학습자의 상호작용 기회는 상대적으로 줄어드는 현상
- 모둠 간의 경쟁의 심화: 적당한 경쟁은 학습자들의 학습 동기와 집중력을 향상시키지만, 원래의 협동학습의 목적에서 벗어날 수 있음

07 개선 방법

1. 개별 책무성을 다하지 않는 학생의 경우

① 1인 1역할 시 목에 목걸이나 명패 활용하여 역할 명시, 역할 안내
② 역할 브레인 스토밍으로 역할 구체화하기
③ 집단 평가(공동 평가)와 개인 평가 나누어 진행
④ 모둠 내 역할 재분담하기, 번갈아가며 모둠 활동 일지 쓰기나 동료 역할 평가하기

2. 혼자 모든 발언을 독점하거나 경청하지 않는 경우

① 토킹스틱, 토킹볼 사용

② 회전목마 규칙 적용: 모두 돌아가면서 발언할 수 있는 기회 제공

③ 경청의 자세 강조: 도덕 혹은 윤리 교과 간 연계

④ 사회적 기술 지도하기 (경청, 격려, 존중의 언어, 조용히 말하는 법, 칭찬하는 법)

⑤ 모둠 구성원들이 직접 모둠 규칙을 만들어 실천하도록 하기 (모둠활동 중 불필요한 잡담 금지, 다른 모둠과 떠들지 않기, 다른 모둠원의 이야기에 귀 기울여 듣기 등)

⑥ 팀 내 평가, 팀 간 평가 적용

3. 협동이 잘 이루어지지 않는 경우 (의견충돌, 소속감 부족 등)

① 화합자, 평화지킴이, 평화 메이기 또래 상담시, 평화시민 역할 등 부여: 협동학습 시 언쟁이나 무분별한 싸움 발생 시 중재자 역할 수행

② 모둠 활동의 사진, 동영상 촬영하기, 모둠 일지 작성 등 과정의 중요성에 대한 공감대 형성

③ 모둠의 소속감을 높일 수 있는 활동 계획하여 '*모둠세우기 활동'으로 협동의 중요성과 친밀감 형성하기

모둠세우기 활동

- 모둠세우기 개념: 서로 다른 배경과 경험을 가진 학생들이 협력하는 모둠을 만들기 위해 학기초, 모둠 구성 초반에 하는 활동
- 구체적 예시: 모둠 이름 정하기, 모둠 구호, 노래 만들기, 팀 명패 만들기, 명함 만들기, 서로에 대해서 알기, 모둠 정체성 세우기, 상호 협동, 역할 브레인 스토밍, 차이점 존중하기, 모둠원 간 인터뷰, 공동 게임, 돌아가면서 말하기 등
- 효과
  ① 개인이 아닌 우리라는 단위로 생각하여 소속감을 높일 수 있음
  ② 스스로에게 약속하는 과정을 통하여 모둠활동에 참여하려는 의지 고취
  ③ 무임승차 효과와 일벌레 현상 방지

(출처: 박재찬, 학생참여수업 배움을 디자인하다, 행복한 미래, 2019, p.179)

BEST 9

STEAM 교육

NOTE

01 정의

• 창의적 설계와 감성적 체험을 통해 과학 기술과 관련된 다양한 분야의 융합적 지식, 과정에 대한 흥미와 이해를 높여 창의적이고 종합적으로 문제를 해결할 수 있도록 돕는 융합인재교육 방법

02 고려 요소

• s science, t technology, e engineering, a art, m mathematics
• 과학, 기술, 공학, 예술, 수학 등 다양한 분야의 융합적 지식을 기반으로 새로운 가치를 창출하고 종합적인 문제 해결력을 갖춘 동시에 더불어 살 줄 아는 인재 양성

03 목표

• 과학, 기술, 공학, 예술, 수학 분야의 융합적 지식과 개념을 이해하고 실생활 문제에 적용
• 종합적 문제해결과 창의적 사고 방법을 학습하고 다양한 가치 창출에 기여
• 과학, 기술, 공학 등에 대한 흥미와 호기심을 기르고 긍정적 태도 함양
• 배려, 의사소통, 다양성, 협동심 등과 같은 인성 기르기

04 유형

① 교과 내 수업: 하나의 중심 교과에 과학, 기술, 공학, 예술, 수학 요소 연계
② 교과 연계 수업: 주제 중심으로 관련된 여러 교과를 연계
③ 교육과정 재구성: 주제 중심으로 전체 교육과정을 재구성하거나 프로그램 개발

05 수업 과정

• 학생이 문제 해결 필요성을 느낄 수 있는 구체적인 상황 제시 → 창의적인 설계로 스스로 문제 해결 방법을 찾아갈 수 있도록 함
→ 학생이 문제 해결하여 성공의 경험

TIP

STEAM 교육의 독특한 점

STEAM의 독특한 점은 학생들이 매일 접하는 실제 현실세계에서 해결책을 찾는다는 것입니다. 물론 교과서의 내용 중에도 실생활과 연계된 분분이 있습니다. 하지만 학교에서는 이미 누군가 완성해놓은 지식과 개념을 정해진 위계에 따라 순서대로 배워야 합니다. 교과서와 실생활을 분리해서 설명하는 경우가 많아서 학생들의 흥미를 끌어내기가 쉽지 않습니다. 교과서에 담긴 지식을 외워서 한정된 문제를 푸는 방식으로는 학생들의 호기심과 흥미를 유발할 수 없습니다. 그 지식을 왜 배워야 하는지, 어디에 사용할 수 있는지까지 이해해야 합니다. 학습의 의미와 목적을 깨닫게 되면 해결 방안을 스스로 설계해서 직접 탐구하고 실험하는 과정을 통해 실생활에서의 문제 해결력을 키워나갈 수 있습니다. STEAM은 이렇게 실생활과 연계해 과학·수학 이해도를 높이기 위해 기술과 공학 요소까지 포함시켰습니다.

(출처: 융합인재교육이란?, STEAM교육 사이트, https://steam.kofac.re.kr/?page_id=30)

06 사례

주제	방법
우리 마을 동물 안녕하시길	• 과학(중심과목), 수학, 도덕, 사회, 미술 연계 • 주제1 "우리 마을에 야생동물이 살고 있어요." [융합: 과학, 사회] • 주제 2 "동물 친구들도 길이 필요해요." [융합: 과학, 수학] • 주제 3 "동물길에서 동물들과 대화해요." [융합 : 과학, 미술] • 주제 4 "동물들이 좋아하는 길, 찾고 만들어요." [융합: 과학, 미술] (팝업북 만들기) • 주제 5 "우리 마을 동물 안녕하시길." (전후 생각 비교, 팝업북 공유, 정리)

(출처: 2020 STEAM 교사 연구회 우수사례, 서울 대길초등학교 전0경 외 3인)

중등특수 경기 2021학년도 수업나눔 기출 일부

3. 오늘 수업을 융합수업으로 진행한다면 어떤 과목과 연계하고 싶은지, 그리고 중점 사항은 무엇이며 평가 방안을 말하시오.

NOTE

중등특수 2025학년도 수업실연 기출 일부

<table>
<tr><td>〈활동1〉
전기를
낭비하는 상황과
절약 방법
알아보기</td><td colspan="2">〈수업실연1〉</td><td>30</td><td>㉶ 〈자료1〉
㉶ 태블릿PC, AAC</td></tr>
<tr><td rowspan="5">〈활동2〉
전기 절약
실천하기</td><td>▶ 모둠 활동 안내하기</td><td>● 전기 절약 실천 포스터 만들기</td><td rowspan="5">50</td><td rowspan="5">㉲ 모둠은 학생 수준을 고려하여 이질적으로 구성한다.
㉶ 〈자료2〉

㉶ 스티커
㉲ 다른 모둠의 발표를 경청하고, 상호 피드백을 촉진한다.</td></tr>
<tr><td>▶ 모둠 구성하기</td><td>● 모둠 활동 안내 사항 이해 및 역할 정하기</td></tr>
<tr><td colspan="2">〈수업실연2〉</td></tr>
<tr><td>▶ 모둠별 발표 안내하기
-모둠별 발표 시 내용과 태도에 대한 피드백을 제공한다.</td><td>● 모둠별 발표하기
- 모둠별로 포스터의 내용을 발표하고, 다른 모둠의 발표를 경청한다.</td></tr>
<tr><td>▶ 온라인 공유 안내하기</td><td>● 제작한 포스터를 온라인 보드에 공유하기</td></tr>
</table>

초등특수 경기 2023학년도 수업나눔 기출 일부

1. 오늘 융합 수업의 의미를 교육적 관점에서 말하고, 성취 기준에 근거하여 그림책을 선정한 이유를 설명하시오. (12점)
2. '감정 표현하기'를 주제로 다시 창의융합수업을 구성한다면 어떻게 보완 및 수정하고 싶은지 말하시오. (12점)

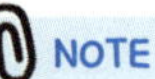

유아특수 서울 2020학년도 수업실연 기출 일부

1. 본시 지도 내용

생활 주제	동식물과 자연
활동 유형	신체활동
목표	나비의 성장 과정을 알아보고 되어보기
목표	나비의 성장 과정을 알고 창의적으로 표현할 수 있다.
대상	만 5세

2. 수업 조건

- 수업 전 과정 (도입-전개-마무리)을 실연하시오.
- 유아의 개별적 특성을 참고하여 중재하시오.
- 통합학급 상횡에서 실연하시오.
- 언어적·비언어적 요소를 장애유아의 특성에 맞게 활용하시오.
- 특수교육 실무사를 활용하시오.
- 누리과정 '생명체와 자연현상'을 반영하여 실연하시오.

3. 학생 실태 및 학습 수준

학생 (인원)	장애 영역	학생 특성
장애 유아 A (1)	시각장애	• 10cm 거리 안에서만 시각으로 사물을 볼 수 있다. • 의사소통에 어려움이 없고 원활한 편이다. • 신체 표현에 두려움을 보인다. • 동화책을 좋아한다.
장애 유아 B (1)	발달 지체	• 그림카드를 보고, 나비라고 단어로 말할 수 있다. • 주의집중이 짧은 편이며, 착석 유지의 어려움을 보인다. • 친구를 모방하여 표현할 수 있다.
비장애 유아 (11)		• 나비 동화를 경험한 적이 있다. • 나비의 성장 과정에 관심을 가지고 있다.

BEST 10

플립드 러닝

01 정의

- 기존 방식을 뒤집는 (거꾸로!) 학습의 의미로 심화학습은 학교에서, 강의 듣기는 수업 전에 하고 오는 방식

02 주요 단계

1. 수업 전 활동

- 수업 전에 온라인 강의를 듣도록 함
- 교재는 그에 맞게 재구성되어 있어야 함

2. 교실에서의 학습 활동

순서	활동
① 사전학습 평가	수업 전 학습과 교실에서의 활동 간의 연결, 학습 자료 점검, 학습 이해 퀴즈
② 미니 강의	요약 강의= 핵심정리= 개요 강의와 같은 의미, 동영상 강의 내용 정리, 부가적 내용 설명, 수업 중 핵심 내용을 안내하기 위한 목적으로 활용
③ 학습자 간 팀 활동	토의, 토론, 역할극, 프로젝트 학습, 탐구학습, 문제해결, 동료교수법, 사례연구, 실험, 게임, 시뮬레이션 방법 목적에 따라 활용 가능
④ 관찰 및 피드백	- 개별 학습자의 이해도 및 과제 진도를 지속적으로 점검 - 개입이 필요한 개인 또는 팀에게는 피드백을 제공하거나 질의응답을 수행, - 학습 내용의 이해 수준이 낮은 학습자가 관찰될 경우 컴퓨터나 모바일 기기를 이용하여 동영상 및 읽기 자료를 재학습하게 함 - 팀 과제 진도 점검 시에는 학습자의 참여도, 의사소통, 과제해결 과정을 평가
⑤ 발표 및 평가	- 팀 과제 결과물을 팀별로 발표하도록 함 - 모든 학습자가 고루 참여할 수 있도록 주차별로 다른 조별 발표자가 배치되게끔 지도 - 교사가 팀별 활동 관찰 및 과제물 수준을 점검하여 지정하는 것 효과적 - 전체 팀의 발표 종료 후 핵심 내용을 간략히 정리하고 세부 내용들의 관계를 구조화하여 설명

NOTE

3. 수업 후 활동

단계	활동
① 결과물 업로드	주차별 수행한 모든 팀 과제의 결과물 탑재, 수업의 마지막 단계에서 안내
② 학습활동 성찰	교실 안,밖에서 배운점, 과정, 학습 내용의 적용 가능성, 팀 활동 소감 나눔
③ 피드백과 평가	과제 결과물을 모니터링하며 학습자의 반응 및 상호작용 수준, 사전학습, 과제 수행의 어려움을 확인, 심화학습이 필요한 경우 학습자들에게 별도의 자료를 제공

4. 최종 평가

- 퀴즈 평가, 결과물 평가, 팀 활동 평가, 발표, 학습내용 성취도 및 목표달성 여부 확인

03 교육적 의미

- 학생을 수업의 주체로서 능동적인 학습자의 역할 수행
- 다양한 상호작용 및 커뮤니케이션 활동 증진
- 반복 학습 및 심화 보충활동 가능
- 학습자의 자기주도 학습 능력 신장
- 학습자의 능력을 고려한 수준별 학습이나 개별화 학습 가능

조이쌤과 끈기+

플립드 러닝의 핵심적인 키워드는 '자기주도 학습', '온오프라인 혼합', '학습자중심', '협력'입니다. 교사는 수업 시 자기주도적으로 사전학습 과제를 하였는지를 확인하고, 피드백을 제공합니다. 온라인에서는 기초학습 그리고 오프라인에서는 학습자 중심의 심화학습(토의토론, 탐구, 실험 등)으로 수업에서의 학생들의 협력적 역량이 발휘될 수 있어야 합니다! 보충지도와 개별화 학습이 가능하고, 또래교수와 협동학습이 특징인 점에서 특수학생들에게도 매우 의미 있는 교수법임을 알아주세요!

〈출처〉

- 주성환, 고학년 수업놀이, 지식프레임, 2020, p.166 재구성
- 박재찬, 학생참여수업 배움을 디자인하다, 행복한 미래, 2019, p.181, p.179
- 2020 STEAM 교사 연구회 우수사례, 서울 대길초등학교 전0경 외 3인
- 국립특수교육원, 2015 특수교육 교육과정 기본교육과정 해설자료(1), 2015, p.360
- 신나민, 장연주 외 2명, 이판사판 교육 방법 및 교육공학, 박영스토리, p.108~110, p.98~106, p.121
- 박재찬, 학생참여수업 배움을 디자인하다., 행복한미래, 2019
- 김성은 외, 알고나면 누구나 할 수 있는 협동학습, 함께교육, 2019
- 사례분석을 통한 PBL의 문제설계 원리에 대한 연구. 교육공학연구, 20(1). 37-61.
- 김연경, 대학수업을 위한 활동이론 기반 플립드러닝 수업모형 개발, 중앙대학교박사학위 논문, 2016
- 변영계, 김광휘, 협동학습의 이론과 실제, 학지사, 2002
- 전성연, 최병연, 이흔정, 고영남, 이영미, 협동학습 모형 탐색, 학지사, 2010
- 국립특수교육원, 2015 특수교육 교육과정 기본교육과정 해설자료(1), 2015

BEST 11 문제해결학습 (PBL)

01 정의

• 문제를 활용하여 학습자 중심으로 진행되는 교수학습 방법

02 교수자의 역할

• 스스로 문제를 해결할 수 있도록 돕는 학습의 촉진자, 안내자

03 효과

• 고차적 추론 능력, 문제해결능력, 자기주도적 학습 능력, 창의적 사고력, 학습자 간 의사소통, 협동 능력 등 신장

04 PBL에서 문제의 의미

• 학습 내용의 이해도를 묻는 질문이 아닌, 학습 내용의 조합과 적용을 통해 해결해야 하는 문제
• 문제의 구성: 학습해야 하는 내용을 포괄하고 가능한 실제 상황에 가까운 문제 학습에 대한 통합적 접근이 이루어지도록 해야 하며 즉, 비구조성과 실제성을 갖춰야 한다. (최정임, 2004)

NOTE

05 예시

〈문제해결 학습(PBL)을 활용하여 어질러진 방 정리하기〉

① 문제 사태의 단계: 놀이 활동을 하다가 어질러진 방을 정리하도록 한다.
② 문제 형성의 단계: '방을 정리하지 않으면 어떻게 될까?' 라는 질문을 통해 방을 정리하지 않으면 장난감을 밟아 넘어지거나 다음 놀이 활동에서 필요한 놀이용품 찾기가 어려울 수 있다는 것을 인식시켜 준다.
③ 가설 설정의 단계: 다음 놀이 활동에서 물건을 쉽게 찾을 수 있도록 종류별로 정리하는 것이 필요하다는 것을 인식시킨다.
④ 가설 검증의 단계: 정리할 수 있는 여러 가지 방법을 찾거나 제시한다(정리함 제공, 보관함에 이름표 붙이기 등).
⑤ 문제 해결의 단계: 검증 활동에서 얻은 방법대로 물건을 정리한다.
⑥ 반성 및 발전의 단계: 물건을 정리하면서 보다 쉽고 빠르게 정리하는 다양한 방법들을 제시한다.

출처: 국립특수교육원, 2015 특수교육 교육과정 기본교육과정 해설자료(1), 2015, p.360

초등특수 인천 2017학년도 지도안 작성 기출 일부

2. 지도안 작성 조건

- 자립생활능력을 향상하기 위해 학생들의 **문제해결 과정**이 드러나도록 작성하시오.

BEST 12

보편적 학습 설계

01 보편적 설계의 원리와 학습에의 적용 가능성

원리		학습에의 적용
공평한 사용	다양한 능력을 가진 사람들에게 유용하고 시장성 있게 설계함	교실 웹사이트 운영으로 수업 참여 기회를 확대함
사용상의 융통성	다양한 개인의 기호와 능력을 수용함	읽기 자료를 유인물, 디지털 및 점자 형식으로 동시에 제공함
단순하고 직관적인 사용	사용자의 경험, 지식, 언어 기술, 또는 현재의 주의집중 수준에 관계 없이 이해하기 쉬운 디자인을 사용함	간단하고 직관적인 이해를 위해 단어, 그림, 기호를 사용하고 능력 수준에 맞춰 조정된 프로그램을 제공함
지각 가능한 정보	주변 조건이나 사용자의 감각능력에 관계없이 필요한 정보를 효과적으로 사용자에게 전달함	활동에 대한 단계별 지침을 이해하기 쉽게 제공함
오류에 대한 관용	우발적이거나 의도하지 않은 행동으로 인해 발생할 수 있는 위험 및 부정적인 결과를 최소화함	컴퓨터 프로그램 사용 시 실수(혹은 오류) 여부를 확인하는 팝업 메시지 제공 및 수정 기회를 부여함
신체적 노력의 최소화	효율적이고 편안하게, 최소한의 노력으로도 사용 가능하도록 설계함	특수 키보드 혹은 터치스크린 모니터를 사용함
접근과 사용에 적절한 크기와 공간	사용자의 신체 크기, 자세, 이동성에 관계없이 접근, 조작할 수 있도록 적절한 크기와 공간을 제공함	크기 조정이 가능한 테이블과 의자를 배치하고 모든 학생에게 필요한 재료와 장비 이용 기회를 제공함

TIP

배움중심수업과 보편적 학습 설계

둘의 공통 요소로는 ① 교육 혁신을 위한 사고의 틀 ② 모든 학생의 배움과 성장을 추구 ③ 학생의 적극적인 참여 보장 ④교사의 전문성 및 성장 추구이다. 배움중심수업과 보편적 학습 설계가 모든 학생을 위한 수업 혁신에 기여하는 요소는 ① 학급의 공동체 문화 촉진 ② 관계에 기초한 수업 ③ 평가 조정의 시도 ④ 교육과정 재구성 및 운영상의 유연성 이다.

출처: 김수연 외1명, 배움중심수업과 보편적 학습설계의 비교 분석: 모든 학생을 위한 수업 혁신에 대한 고찰, 학습자중심교과연구 제21권 15호, 2021, p.312

NOTE

07 끈기 Best 40가지 이론 다지기

02 효과

- 비장애학생들의 장애학생에 대한 태도, 이해, 능력 인식, 동료 의식 향상
- 수업 참여도 및 사회적 기술 향상
- 학습 행동 증진
- 성적 향상 및 수업 참여 행동 및 상호작용 증가

03 다양한 설계 옵션

방법 / 원리	학습 참여	내용 제시	표현
청각적	• 듣고 따라 말하기 • 토의토론하기 • 언어적 촉진 • 노래나 랩 사용하기 • 스토리텔링하기	• 강의식 설명 • 개인을 통해 정보를 말로 전달하기 • 노래하기 • 큰 소리로 읽기	• 구두 보고 • 스피치, 토론 • 노래, 랩 • 스토리텔링 • 인터뷰
시각적	• 소품으로 참신함 주기 • 목표 게시 • 차트나 시각적 계획표 사용 • 포스터 디자인 • 사진찍기, 그림그리기	• 기사, 책 읽기 • 비디오, 슬라이드 쇼 보기 • 포스터, 차트 그래프, 슬라이드 보기 • 연극 보기 • 수화 사용하기	• 차트, 그래프 • 보고서 • 그림, 포스터 • 포트폴리오 • 저널, 일기 • 벽화
촉각적·운동 감각적	• 실물 조작 • 모델만들기 • 게임하기 • 야외 활동하기 • 역할놀이	• 야외 활동 • 묘사하기 • 춤 동작 보기 • 수화, 제스처 사용하기 • 점자 사용하기	• 실험, 시범 • 춤 • 보고서 • 버블시트, 워크시트 채우기 • 인형극
정서적	• 학생의 흥미를 고려한 선택지 제공 • 협력적 그룹활동 • 긍정적이고 행동적인 지원 제공 • 자기 통제 늘리기 • 대처 기술 발달시키기 • 피드백과 멘토링 제공	• 크고 작은 그룹 제시하기 • 발표, 강의 • 통합 연령 수업 • 역할놀이 • 학생을 흥미로운 영역과 연결하기	• 집단 발표, 대답 • 드라마 연극 제작 • 역할극
기술적 선택권	• 녹음하기 • 워드프로세서, 스프레드시트 사용 • 비디오 촬영 • 온라인 화상회의 • 블로그, 문자 사용	• 전자 칠판 • 오디오북 • 비디오 • 팟캐스트 • 온라인 강의 • 유튜브	• 멀티미디어 제작 • 팟캐스트 제작 • 전자책 제작 • 사진과제물 • 워드프로세서 레포트 • 웹캐스트

출처: https://blog.naver.com/kcmf83/222513900467

04 통합학급 수업 적용 사례

1. 대체물을 이용한 자료 보완

- 실로폰에 스티커 붙여 계이름 표시하고 음악책에 같은 색 스티커 붙이기
- 형광펜으로 노래의 1절 표시하기
- 핸드벨을 잡기 어려운 학생은 터치핸드벨 사용하여 연주하기
- 도화지가 움직이지 않게 테이프로 붙여서 사용하기
- 수채화 그리기에서 물의 양 조절이 어려운 학생은 수채 색연필 사용하기
- 서예 시간에 붓과 먹물 대신 붓펜 사용하기
- 손에 묻지 않는 크레파스 사용하기
- 풀칠한 부분을 눈으로 확인할 수 있는 컬러 딱풀 사용하기
- 스티커 색종이 사용하여 그림 꾸미기
- 도장처럼 찍는 도트 물감 사용하여 그림 그리기
- 오리기 대신 모양 스테이플러로 모양 찍어 사용하기
- 대형 배드민턴 라켓 사용하기
- 소리나는 공으로 공놀이하기
- 줄 없는 줄넘기 사용하여 줄넘기 하기
- 수학의 도형 수업 시간에 홈이 파인 자, 각도기 겸용 자 사용하기

05 특정학생이 아닌 모든 학생의 성취 수준을 올리는 수업 설계 사례

리코더	〈리코더 급수제 대신 3부 합주〉 • 화음파트와 소프라노 파트를 나누어 연주 • 화음파트는 도와 솔정도만 연주해도 참여 가능 • 수준 높은 곡을 함께 연주하는 경험을 통해 성취감을 맛봄 • 자신의 실력에 맞게 참여하면서도 곡이 풍성해지는 경험을 함 • 모든 학생이 의미 있게 참여 하면서 동시에 모든 학생의 성취 수준을 한 단계 올려놓는 수업
영어시간	〈영어교실 들어갈 때는 무조건 영어 한 단어 말하고 들어가기〉 • 쉬운 인사 한 단어부터 시작 • 나갈 때는 그날 배운 단어나 문장 말하고 나가기 • 처음엔 쉬운 단어를 대충 말했던 아이들도 점차 진지하게 참여하고 난이도를 높여 표현하고자 노력함 : 누구나 자신이 더 나은 사람이 되고자 하는 욕구 • 영어 수업이 있는 날은 모든 학생들이 아침부터 연습하고 수업에 집중함
평가 방법 다양화	〈공전과 자전 설명하기에 다양한 표현방법을 제시하고 수용함〉 • 글로 쓰거나 말로 하거나 시로 쓰거나 그림으로 그리거나 몸짓으로 표현하거나 노래를 만들어 • 부르는 방법 등 다양하게 표현하도록 함 • 부끄러움과 두려움으로 통합학급 친구들 앞에서 수행평가가 어려운 경우 • 동영상 촬영을 통한 온라인 평가 실시

출처: 서울특별시교육청, 곁에 두고 바로 쓰는 통합학급 길라잡이(초등학교), 2023, p.25~26

06 특수학교 적용 사례

원리	구체적인 적용 내용
공평한 사용	모든 학생들이 공평하게 접근할 수 있도록 작품 감상활동 수업을 설계
사용 시 융통성	• 광범위한 개인의 능력과 선호도를 수용하기 위해 융통성 있는 교육과정 설계 • 회화 작품을 입체 복사하고, 학생 개인의 선호도에 따라 감상할 수 있도록 다감적적인 자료와 감상활동 후 표현의 복잡성이 조절 될 수 있도록 지속적인 검토
간단하고 직관적인 사용	• 회화 작품 감상활동 수업을 시각장애학생들이 참여할 수 있도록 다감각적인 자료 제시 • 시각장애학생들이 감상 작품을 쉽게 감상할 수 있도록 복잡한 부분은 제거하고 간단하게 학습 자료를 제시
인식 가능한 정보	• 시각장애학생들이 다양한 감각(촉각, 청각)을 이용하여 가장 효과적으로 회화 작품을 감상할 수 있도록 감상 작품 제공 (실물이나 청각 및 촉각자료, 점자자료)
오류에 대한 포용	• 회화 작품 감상 수업에 불필요한 장애를 제거하여 수업에 참여할 수 있도록 독려 • 작품 감상 방법 및 감상에 필요한 배경지식이나 예를 제공
접근과 사용을 위한 크기와 공간	• 미술 감상 수업을 진행하기 위한 적절한 장소 제공(미술실) • 저시력 학생을 위한 자리 배치 • 감상활동에 방해를 주는 요소 최소화

출처: 박계숙, 보편적 학습설계에 의한 미술 감상활동이 시각장애학교 초등학생의 태도 및 학습행동과 감성지능에 미치는 영향, 2013

〈출처〉

- 김남진, 김용욱(2010), 교육에서의 보편적 설계, 서울: 시그마 프레스
- 민천식(2018), 모두를 위한 보편적 학습설계의 현장 적용 방안. 대구대학교 특수교육문제 연구소 학술대회 발표집, 163-177
- 박남수(2013), 통합학급 장애학생의 사회과 수업 참여를 위한 보편적 학습설계의 원리와 적용 방안. 사회과 교육 연구, 20(2), 45-59
- CAST(2018), Universal Design for Learning Guidelines version 2.2 [Grahic Organizer], Wakefidld, MA:AUthor.
- 이형빈, 보편적 학습설계에 기반한 수업혁신 실행연구, 2023

유아특수 2018년도 경기 수업실연 기출 일부

1. 교사 간 대화 장면

A교사: 종이 블록으로 집을 짓는 활동 중에 가영이가 나준이에게 블록을 던지며 소리를 질렀어요. 이 일 때문에 아이들이 가영이를 모두 조금씩 피하고 있답니다.

B교사: 음.. 아마도 가영이가 친구들과 놀고 싶어서 그러는 것 같네요. 친구들과 같이 놀고 싶을 땐 가영이에게 '같이 놀자.' 라고 말하도록 지도하는 건 어떨까요?

(얼마 후)

A교사: 선생님. 선생님께서 말씀해주신 대로 가영를 지도했어요. 이제는 소리 지르지는 않으나, 친구들이 같이 놀고 있는 중에 아직도 종이 블록을 던지는 행동을 해요. 어떻게 하면 좋을까요?

B교사: 아무래도 문제행동 기능은 (㉠)인 것 같습니다. 그래서 보편적 학습 설계인 (㉡)으로 지도하면 좋을 것 같아요. 선생님과 협력 교수 중 (㉢)을 통해 수업을 진행하는 건 어떨까요?

2. 수업 조건

- 목표
  1) 협력하며 활동할 수 있다.
  2) 친구들과 함께 즐겁게 참여한다.
- 문제행동의 기능: (㉠)에 따라 보편적 학습 설계로 (㉡)를 포함하여 지도하시오.
- 수업할 부분: 전개 15분
- 협력 교수 방안을 포함하여 실연하시오.

3. 유아 실태 및 학습 수준

대상	학생 특성
가영	• 발달지체, 단독 놀이만 가능한 정도다.
나준	• 지체장애, 편마비로 인해 오른손만 사용하며, 친구들과 상호작용이 활발한 편이다.
통합학급 유아 22명	• 통합학급 유아들은 학기 초라 특수교육대상자 유아에게 관심을 가지고 있는 상태지만, 블록을 던지는 가영이를 본 뒤 무서워하는 유아가 1~2명 정도 있는 상황이다.

초등특수 2024년 경기 수업실연 조건

3. 수험생 유의 사항 (수업 조건)

① 아래와 같이 참고하여 실연하시오.

도입		전개	정리

② 친구 간의 우정과 관계 형성이 드러나게 실연하시오.

③ 모든 학생이 참여 가능한 활동을 구성하시오.

④ 종이컵, 페트병, 신문, 공 등 일상생활에서 볼 수 있는 다양한 사물 사용 가능함을 참고하시오.

⑤ 기능에 따른 도전행동 중재를 지원하시오.

⑥ 특수교육지도사 미배치 상태임을 가정하시오.

NOTE

07 끈기 Best 40가지 이론 다지기

BEST 13

교수적 수정

NOTE

01 교수적 수정

종류	내용	예시
교수 환경	물리적 환경	• 조명, 소음 정도, 시각적 및 청각적 정보 입력의 정도와 강도,교실의 물리적인 정돈 상태 혹은 가구의 배열,교수 자료의 위치 혹은 접근성
	사회심리적 환경	• 다양한 능력을 가진 학생 개개인이 ① 소속감 ② 평등감 ③ 존중감 ④ 협동심 ⑤ 상호의존감 ⑥ 참여의 보상을 느낄 수 있도록 조성되고 유지
교수적 집단화	•대집단, 전체학급 교수, 교사 주도적 소집단 교수, 협동학습 집단, 학생 주도적 소집단, 또래교사, 1:1교수, 자습 등	
교수 방법	교수 활동	① 주요 과제를 작은 단위로 나누기 예 과제를 나누어 제시하는 과제 제시 수정 방법을 고려함(12중 12) ② 과제의 양을 줄이기 ③ 과제를 쉽게 구체적으로 수정하기 ④ 과제를 활동 중심적으로 수정하기
	교수 전략	① 수업형태의 수정 • 장애학생의 참여와 학습을 촉진하기 위해 주제 또는 활동 중심적(게임, 모의상황, 역할놀이 등), 경험적 수업형태 및 지역사회중심의 수업형태를 강의식 수업에 보충함 예 협력교수, 차별화교수 활용 ② 교육공학 및 보조공학의 사용 ③ 행동 강화 전략의 사용 ④ 정보 제시 및 반응 양식의 수정
	교수 자료	① 일반학급 아동과 똑같은 자료를 간단하게 수정하여 사용 예 경계선 제공, 추가 그림카드 제공 등 • 교육활동에 참여하기 위해 필요한 개념적, 학업적, 의사소통적 기술들을 판별하고 그 기술들을 수행할 때 학생이 어려움을 보이는 기술들을 대치, 우회, 보상하는 것을 도울 수 있는 교수자료들을 개발한다. • 학생의 학습양식, 시각·청각 및 운동 능력, 문화적인 선호도, 강점, 흥미를 고려함 • 간단한 기술공학에서 고급 공학까지 보조공학을 도입함
교수 내용	• 교육과정 내용을 보충, 단순화, 변화하는 것을 의미 ① 학습량의 수정 ② 학습시간의 수정 ③ 내용 수준을 수정하는 방법과 다양한 구조를 사용하는 방법 예 선행조직자, 예습 문제 제공 ④ 다양한 교수형태 : 강의와 토론식 수정, 시청각 자료 활용	

02 생태학적인 수정

장애학생이 성공할 수 있도록, 교수 장소와 사람들 수 혹은 배열, 시간표 혹은 일정, 교수자를 변화시키는 것을 포함한다. 이 수정 방법을 사용할 때는 정기적인 평가를 실시해서 장애학생이 너무 의존하지 않고 자기 관리 능력을 개발할 수 있도록 유의해야 한다.

TIP

교육과정 수정 전에 보편적 학습 설계와 차별교수 고려

장애유무와 상관없이 한 학급에 있는 다양한 특성과 요구를 가진 학생들이 있으므로 교육과정 수정에 앞서 특수교사와 통합학급교사가 협력하여 다음과 같이 보편적 학습 설계(UDL: Universal Design for Learning)와 차별교수를 적용할 필요가 있음

보편적 학습 설계	차별교수
• 다양한 학생들의 특성 및 요구를 파악하고 모든 학생을 위한 교육활동의 접근, 참여, 진보를 지원 • 3가지 원칙을 근간으로 함 - 설명과 전달을 위한 다양한 수단: 예 다양한 시청각적 자료 제시, 다양한 매체를 이용한 강의 - 표현을 위한 다양한 수단: 예 구두발표, 그림, 포트폴리오 등 다양한 방법으로 학습한 것을 표현 - 참여를 촉진하기 위한 다양한 수단: 예 흥미 중심의 학습, 협력교수 및 소그룹/대그룹 수업	• 학생 개개인의 다양한 능력 및 학습 특성을 고려하여 교수방법, 학습활동 및 학생의 수행정도를 수정함으로써 개별 학생의 요구에 반응하기 위한 교수적 접근 • 보편적 학습 설계의 3가지 원칙을 접목하여 교사의 내용 제시, 학생이 수업참여 성과물, 수업참여를 위한 교수 방법을 다양화 함

출처: 세종특별시교육청, 초중등학교 통합교육 실행 가이드북I(공통), p.45~46.

TIP

효과적인 수정이란?

① 개인의 지적, 신체적, 감각적, 행동적 어려움을 보상하기 위해 도움을 제공한다.

② 개인이 새로운 것을 획득할 수 있도록 촉진하는 동시에 현재의 기술을 사용할 수 있도록 한다.

③ 학생의 기술과 일반교육의 수업 내용 간에 잘못된 연결을 방지한다.

④ 학생의 현재와 미래의 삶에 적절하도록 추상적인 정보와 수준을 낮춘다.

⑤ 학생의 학습 양식과 교사의 교수양식을 서로 적절하게 연결시킨다.

BEST 14

교육과정 재구성

NOTE

01 정의

- 교사가 전문적인 시각으로 국가 수준 교육과정에서 제시하고 있는 교과 교육 목표, 내용 체계, 성취 수준을 분석하고 국가 및 각 지역 교육청에서 제시하고 있는 교수학습 방법 및 평가에 대해 재해석하여 교사 자신만의 교육과정을 만들어 나가는 것 의미

02 내용의 재구성 방법

1. 재구성 유형

구분	영역	형태
교과 내 교육과정 재구성	단원 내 재구성	학습 수준 고려한 학습 목표 조정, 핵심역량 강화, 창의적 인성 교육 강화
교과 간 교육과정 재구성	교과 간 통합	STEAM 교육, 주제중심 통합, 교과군 통합
	교과목 수 축소	자유학기제 운영
	교과 간 병합	학습내용 연계 운영
교과와 비교과 간 교육과정 재구성	교과 비교과 통합	창의적 체험활동 연계, 자유학기 활동 연계, 기타 통합 운영
	교과 비교과 병합	학습시간 연계 운영
학급 교육과정 재구성	교과 간 교과·비교과 간 통합	학급 경영 목표와 연계·운영
지도시기 중심 교육과정 재구성	특별실 운영	특별실 운영 예 장애체험교실, 우주상상 체험 교실, 프로젝트 전시회
	학교 행사 운영	학예회, 발표회 운영, 체육한마당 운영 등

(출처: 윤성한, 교육과정 재구성과 수업디자인, 교육과학사, 2016)

2. 성취기준 중심으로 교육과정 재구성 방법

- 성취기준을 중심으로 교육과정을 재구성하고자 할 때 가르치고자 하는 성취기준을 선정하고 → 각 성취기준과 관련된 단원, 제재, 주요 학습활동을 분석하여 교육과정을 재구성할 수 있음

3. 주제중심으로 교육과정 재구성 방법

- 가르치고자 하는 주제와 제재를 선정하고, 관련 성취 기준들과 관련 교과서 단원들을 연결하여 교육과정을 재구성
- 교과서 내용 분석을 해도 좋고, 재구성 주제, 제재 선정 및 관련 성취기준과 관련 단원을 연결하는 방법도 있음

〈주제중심으로 교과 간 교육과정 재구성 절차〉

① 교사가 주제를 먼저 설정

② 각 교과별 성취 기준을 추출하고 지식, 기능, 태도로 분석하여 설정한 주제와 연결

③ 이후 설정한 주제와 교과별로 연결된 성취기준을 고려하여 학습 목표를 재구성

④ 관련된 제재, 각 제재별 학습활동 등을 구성

*교사가 의도한 주제와 내용뿐 아니라 성취기준이 충분히 달성되거나 경험될 수 있도록 해야 함

NOTE

4. 개별화교육계획기반 교·수·평 일체화 방법

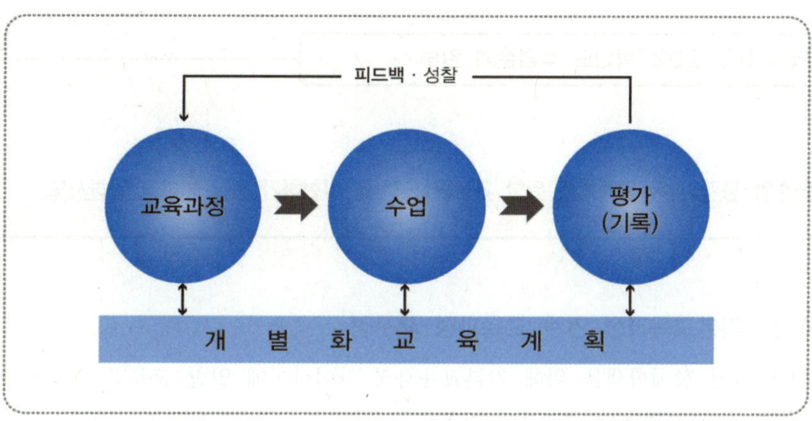

〈 개별화교육계획 기반 교육과정-수업-평가(기록) 일체화 모형 〉

① **내용**: 특수교육대상학생의 개별화교육계획을 기반으로 해당 학년의 교육과정 성취기준을 분석·재구성하여 수업으로 구현하고 이에 대한 평가를 실시하기 위한 방안

② **특징**

- 개별화교육계획의 장단기 목표를 고려한 교육과정 재구성
- 학생 중심의 맞춤형 교육 가능
- 과정중심평가로의 전환
- 교사의 교육과정 재구성 역량 신장

③ **방안**

- 교육과정 교과 내 통합 재구성
- 교과 간 통합 재구성으로 실행 가능

(출처: 경기도교육청 특수교육과, 개별화교육계획 기반 교육과정·수업·평가(기록) 일체화 방안, 2017)

수험생 선생님들이 자주하는 질문!

"교-수-평 일체화를 어떻게 드러내나요?"

교-수-평 일체화에서는 가르친 것을 평가한다! 의 흐름이 중요하며, 아래와 같은 방법으로 드러낼 수 있습니다.

- 성취기준을 중심으로 교과 교육과정을 재구성
- 학생참여중심의 수업을 설계하고 실천하기
- 수업 활동 과정을 관찰 평가하기
- 관찰한 평가 내용을 성장중심으로 평가하기 입니다!

기출 초등특수 대구 2023학년도 수업설계 일부

1. 수업 설계

⑥ 교육과정-수업-평가-기록 일체화를 위한 과정중심평가를 실현하기 위한 방법을 말하시오.

5. 공통교육과정 · 기본교육과정 연계 교육과정 재구성

- 다양한 능력을 가진 장애학생을 위해 기본교육과정 사이사이에 일반 교육과정 제재를 활용해 교육과정 재구성을 풍부하게 만들어낼 수도 있음

03 프로젝트 수업을 위한 교육과정 재구성 사례 (교과 내)

내용요소	성취기준	단원	제재명	주요학습 주제
우주 탐사와 생활	[12과학 05-07] 우주 과학이 생활에 미치는 영향을 조사한다.	13. 우주탐사	우주탐사 2. 우주 공간 3. 우주 관련 직업	우주 탐사의 역사 알아보기 우주 탐사의 방법 알아보기 우주 정거장 알아보기 우주복 알아보기 우주선 알아보기
		스마트폰	3. 스마트폰과 첨단 기술	스마트폰 응용 프로그램 사용하기 우주 기술이 사용된 생활 용품 알아보기 우주 기술이 사용된 스포츠 용품 알아보기
지구와 달의 운동	[12과학05-06] 지구와 달의 운동으로 나타나는 현상을 조사한다.	6. 추석	4. 추석에 보는 보름달	달의 모양 변화 관찰하기 달의 모양이 변하는 까닭 조사하기

⇩

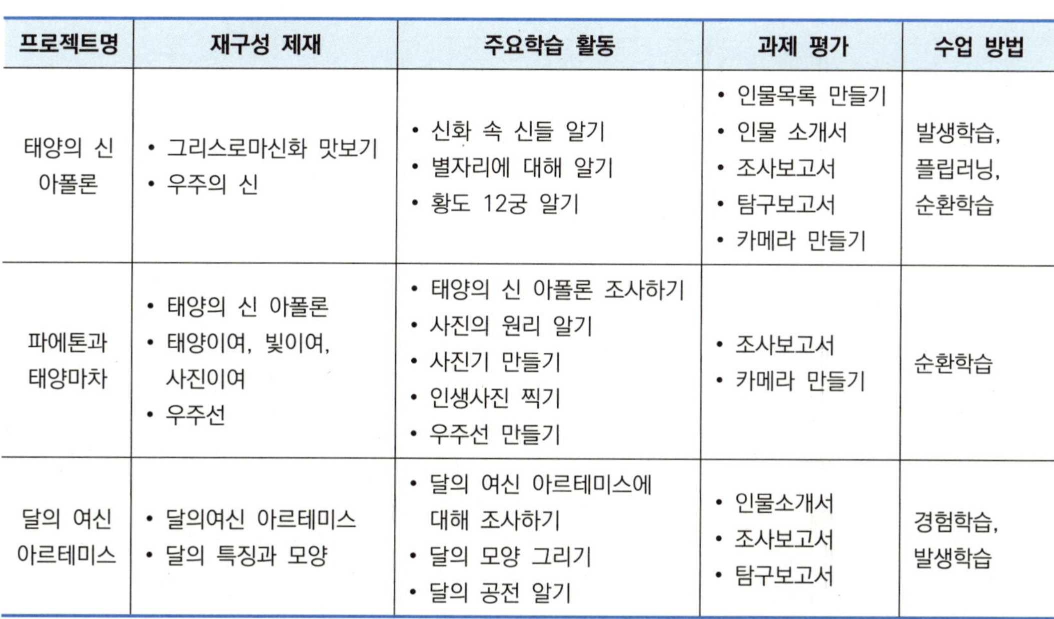

프로젝트명	재구성 제재	주요학습 활동	과제 평가	수업 방법
태양의 신 아폴론	• 그리스로마신화 맛보기 • 우주의 신	• 신화 속 신들 알기 • 별자리에 대해 알기 • 황도 12궁 알기	• 인물목록 만들기 • 인물 소개서 • 조사보고서 • 탐구보고서 • 카메라 만들기	발생학습, 플립러닝, 순환학습
파에톤과 태양마차	• 태양의 신 아폴론 • 태양이여, 빛이여, 사진이여 • 우주선	• 태양의 신 아폴론 조사하기 • 사진의 원리 알기 • 사진기 만들기 • 인생사진 찍기 • 우주선 만들기	• 조사보고서 • 카메라 만들기	순환학습
달의 여신 아르테미스	• 달의여신 아르테미스 • 달의 특징과 모양	• 달의 여신 아르테미스에 대해 조사하기 • 달의 모양 그리기 • 달의 공전 알기	• 인물소개서 • 조사보고서 • 탐구보고서	경험학습, 발생학습

출처: 김동인, 나는 어떤 특수교사인가, 살림터, 2019

특수교사의 교육과정

- 교사마다 삶을 바라보는 관점, 삶을 통찰하는 내공이 모두 같지 않음. 삶과 관련된 제재와 그 의미 생각할 필요 있음
- 특수교사는 일반 교육과정에 대한 폭넓은 이해를 바탕으로 특수교육과정을 이해해야 하며, 특수교육 교육과정은 일반교육과정의 공통 교육과정과 선택중심교육과정의 '보편성'을 바탕으로 기본교육과정이라는 장애학생의 '특수성'을 고려해야 함
- 특수교육대상 학생 중 약 72%가 일반학교에 다니고 있으며, 이 중 55%는 특수학급에서 수업을 받으며 기본교육과정은 특수교육 교육과정 중 가장 광범위하게 운영되며 특수교육을 대표한다고 볼 수 있음. 즉, 공통교육과정과 선택 중심 교육과정의 가장 중요한 핵심 요소를 담은 것이 기본 교육과정

(출처: 한재희, 특수교육에서의 교육과정 재구성과 수업, 교육과실천, 2021, p.80)

초등특수 경기 2016학년도 수업나눔 일부

5. 수업 나눔 문제

① 본 수업과 연계하여 교육과정 재구성의 의미가 무엇이고, 학생들의 일상생활과 밀접하게 연계되기 위해서 어떻게 교수하였는지 말하시오.

NOTE

NOTE

〈출처〉

- 한경화, 특수교사 수업을 요리하다 설계편, 교육과학사, 2020, p.21~46
- 교육부, 2015 개정 특수교육 교육과정 길라잡이, 2016, p.39
- 경기도교육청, 경기도 성장중심평가 기본 문서, 2018
- 경기도교육청, 특수교육 등교 원격수업 병행에 따른 배움중심수업 내실화 운영 계획 (안), 2021
- 김영미, 김혜리 한경화, 김정미, 김아영, 특수교육 교육과정 재구성, 파주, 교육과학사, 2019
- 박수원, 심성호, 이동철, 임성은, 임재일, 정원희, 최진희, 교사 교육과정을 디자인하다, 테크빌교육(주), 2020
- 경기도교육청, 경기도교육과정정책추진계획, 2017
- 경기도교육청, 교육과정·수업·평가의 행복한 만남·교사들이 실천한 일체화 이야기, 2016
- 유영식, 교육과정 문해력, 테크빌교육, 2018
- 한재희, 특수교육에서의 교육과정 재구성과 수업, 교육과실천, 2021, p.80
- 윤성한, 교육과정 재구성과 수업디자인, 교육과학사, 2016
- 경기도교육청 특수교육과, 개별화교육계획 기반 교육과정·수업·평가(기록) 일체화 방안, 2017
- 경기도교육청, 혁신교육 3.0 한걸음더, p.89, p108

BEST 15 일상생활 활동

01 영역별 내용요소 체계

	의사소통	자립생활	신체활동	여가활동	생활적응		
					시각중복	청각중복	지체중복
내용 요소 및 활동 내용	의사소통의 기초	신변 자립	신체 인지와 움직임	개인 여가활동	감각 지각과 활용	수용과 표현	신체 긴장도 조절
	• 다양한 소리를 듣고 반응하기 • 상대방의 말을 듣고 반응하기 • 조음을 위한 호흡과 발성하기 • 간단한 말소리로 표현하기	• 식생활 기초 기능 익히기 • 의생활 기초 기능 익히기 • 올바른 용변 습관 형성하기	• 감각 정보를 활용해 움직이기 • 감각과 근육 협응하여 움직이기 • 사물 조작하기 • 신체 보호를 위해 움직이기	• 선호하는 여가 활동 탐색하기 • 취미 활동 즐기기 • 안전하고 건전하게 여가활동 하기	• 자극 경험하기와 자극 유무 지각하기 • 다양한 자극 변별하기 • 감각 정보 조절하기 • 감각 단서를 기능적으로 적용하기	• 잔존 청력으로 지각하고 변별하기 • 시각과 촉각으로 지각하고 변별하기 • 간단한 몸짓과 기초 수어 익히기 • 보조공학 기기 활용하기	• 호흡과 발성 준비하기 • 볼, 입술, 턱, 구강 운동하기 • 여러 부위의 관절 조절하기
	보완대체의사소통의 탐색과 선택	자기 관리	신체 조절과 이동	공동체 여가활동	의사소통 방법의 선택과 적용	대인 관계 형성과 규범 실천	신체 동작 기초 기술
	• 다양한 실물·상징 탐색하기 • 실물·상징으로 요구하기 • 실물·상징으로 다양한 의사 표현하기 • 실물·상징으로 의사소통하기	• 개인위생 기초 기능 익히기 • 몸단장 기초 기능 익히기 • 건강한 생활 습관 기르기	• 힘 조절하기 • 균형 유지하기 • 이동하기 • 바른 자세로 신체 움직이기	• 함께 놀이하기 • 함께 여행하기 • 함께 친교 활동하기	• 신체로 의사소통하기 • 사물과 상징물로 의사소통하기	• 타인의 생각과 감정 파악하기 • 자기 생각과 감정 표현하기 • 생활 속에서 규범 실천하기	• 누운 자세와 엎드린 자세에서 운동하기 • 앉은 자세에서 운동하기 • 서기 기초 동작 수행하기 • 보조기기를 활용해 이동 동작 수행하기 • 소근육 조절하기와 사물 조작하기
	의사소통의 활용	안전한 생활	생활 속 체력 증진	지역사회 여가활동	신체 조절과 이동	공동체 및 지역사회 참여	의사소통 기초 기술
	• '나'를 표현하는 의사소통하기 • 가정에서 의사소통하기 • 학교에서 의사소통하기 • 지역사회에서 의사소통하기	• 생활 속 위험 인식하기 • 위험 상황 대처 기술 기르기 • 안전한 생활 습관 형성하기	• 맨손으로 신체활동 하기 • 도구를 활용하여 신체활동 하기 • 기술 융합형 신체 활동하기 • 생활 속 신체활동 실천하기	• 실내 여가 시설 이용하기 • 실외 여가활동 즐기기 • 지역 문화 행사 즐기기	• 자신의 신체와 움직임 인식하기 • 이동 준비하기 • 안전하게 이동하기	• 가정생활 참여하기 • 학교생활 참여하기 • 지역사회 참여하기	• 표정과 몸짓으로 기초적인 표현하기 • 의사소통 판으로 기초적인 표현하기 • 스위치, 컴퓨터 보조기기를 이용하여 기초적인 표현하기
		자기 결정과 상호 작용					
		• 자기 욕구 인식하기와 표현하기 • 자기 감정 인식하기와 관리하기 • 다른 사람의 감정과 상황을 고려하여 상호 작용하기					

NOTE

02 설계 및 운영

일상생활 활동은 특수교육 대상 학생의 삶을 중심으로 생활 적응 능력을 신장하기 위한 학생 맞춤형 교육과정, 기능적 활동 중심 교육과정, 모듈형 교육과정이다. 학생이 가정, 학교, 지역사회에서 독립적으로 생활하고 더불어 살아가는 데 필요한 기능과 역량을 함양할 수 있도록 학교에서는 장애 특성, 발달 단계, 교육적 요구 등을 고려하여 자율적으로 설계한다. 교육청은 학교의 일상생활 활동이 실효성을 거둘 수 있도록 일상생활 활동 운영을 위해 행·재정적 지원을 할 수 있다.

1) 시간 배정

- 일상생활 활동 교육과정은 초등학교 1~2학년 300시간, 3~4학년 306시간, 5~6학년 340시간, 중학교 544시간, 고등학교 32학점으로 계획한다.
- 일상생활 활동은 의사소통, 자립생활, 신체활동, 여가활동, 생활적응 등 기능적 생활 기술 관련 영역을 중심으로 편성·운영한다.
- 기본 교육과정을 운영하는 특수학교는 장애 정도가 심한 학생의 교육적 요구를 반영하여 교과(군)별 50% 범위 내에서 시수를 감축하여 일상생활 활동으로 편성할 수 있다. 이 경우 시 · 도 교육감이 정하는 지침에 따라 사전에 필요한 절차를 거쳐야 한다.

2) 영역의 구성

- 일상생활 활동의 영역은 의사소통, 자립생활, 신체활동, 여가활동, 생활적응으로 구성되어 있다.
- 일상생활 활동의 영역과 내용 요소는 분절성, 독립성, 상호 관련성의 성격을 동시에 가지며 반드시 따라야 하는 교육적 순서를 의미하지 않는다.
- 일상생활 활동의 영역과 내용 요소는 학습 단위이자 교육과정의 구성 요소로서 개별 학생이 요구하는 생활 적응 기능에 따라 다양한 교육과정 형태로 재구성할 수 있다.

3) 학교의 자율적 교육과정 설계와 방법

- 일상생활 활동은 학생의 생활 적응 능력을 향상 시키기 위해 개별 학생의 특성과 요구, 학교급별 상황, 학교 실정에 따라 일상생활 활동의 영역과 내용 요소를 선택하거나, 다른 생활 기능 영역으로 대체하여 교육과정을 자율적이고 유연하게 설계·운영할 수 있다. 이를 위해 모듈형 교육과정으로 일상생활 활동 교육과정을 구현할 수 있다. 즉, 일상생활 활동은 학생의 교육적 요구에 따른 생활 적응 능력 향상을 위해 일상생활 활동의 영역 내 선택형, 영역 간 통합형, 일상생활 활동·교과·창의적 체험활동 연계형, 기타 학교 자체 개발형 등으로 교육 활동을 설계할 수 있다.
  ① '일상생활 활동의 영역 내 선택형'은 일상생활 활동 안에서 동일한 영역의 내용 요소를 선택하여 운영하는 것을 의미한다. 이때 학생의 장애 특성, 교육적 요구, 잔존 능력, 잠재력을 고려하여 교육 활동을 구성하고, 지속적이고 반복적으로 운영한다. 예를 들어, 자립생활 영역의 내용 요소 중 '신변 자립'과 '안전한 생활' 활동을 선택하여 설계하고 운영할 수 있다.
  ② '일상생활 활동의 영역 간 통합형'은 서로 다른 일상생활 활동의 영역과 내용 요소를 통합하여 운영하는 것을 의미한다. 생활 적응 능력은 생애 전반에 걸쳐 필요하며 이러한 여러

영역을 통합하여 총체적인 교육이 되어야 한다. 이를 위해 일상생활 활동의 다양한 영역에 걸쳐 다루는 기초 기술, 기능, 습관, 태도를 학생의 삶 속에서 종합적인 교육 활동으로 구성하여 운영한다. 예를 들어, 신체활동 영역의 '신체 조절과 이동' 활동과 생활적응(시각중복) 영역의 '감각 지각과 활용' 활동을 통합하여 설계하고 운영할 수 있다.

③ '일상생활 활동·교과·창의적 체험활동 연계형'은 일상생활 활동의 영역과 내용 요소를 관련 교과, 창의적 체험활동과 상호보완적으로 연계하여 운영하는 것을 의미한다. 교과 교육 활동 내용에 기반이 되는 기초 기술을 지도하거나 교과 교육 활동을 보완하며, 교과 및 창의적 체험활동으로 습득한 기능을 일반화하고 내면화하도록 일상생활 활동 내용을 구성하여 운영한다. 예를 들어, 여가활동 영역의 '개인 여가활동'과 관련 교과인 음악의 관련 영역과 내용 요소를 통합하여 설계하고 운영할 수 있다.

④ '학교 자체 개발형'은 학생의 장애 특성, 교육적 요구, 학교 실정, 지역사회 여건 등을 고려하여 학교와 교사가 직접 개발한 교육과정을 일상생활 활동의 영역과 내용 요소와 통합할 수 있다. 즉, 학교는 다양한 형태의 영역과 활동을 개발하여 학생에게 적합한 모듈을 구성하여 운영할 수 있다. 예를 들어, 의사소통 영역의 '의사소통의 기초' 활동과 학교에서 자체 개발한 교육과정의 영역과 내용 요소를 통합하여 설계하고 운영할 수 있다.

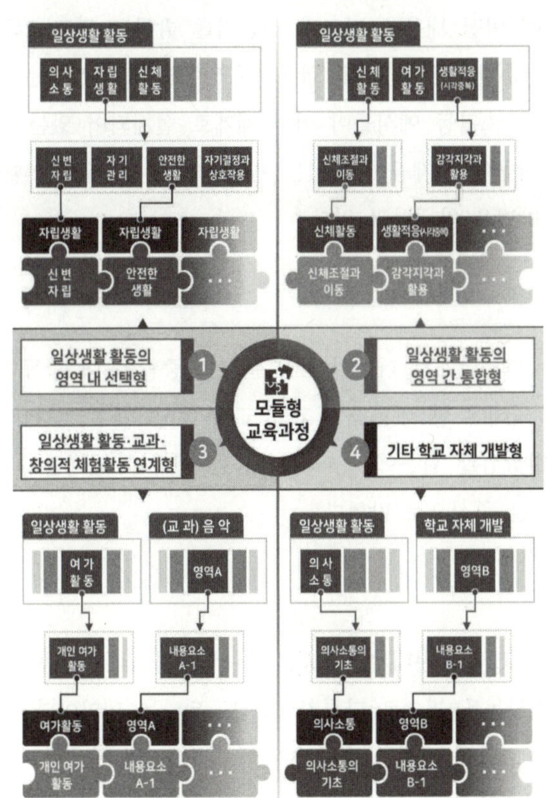

[그림 14] 일상생활 활동을 위한 모듈형 교육과정 구성의 예시

4) 일상생활 활동의 설계 주체

- 일상생활 활동의 설계 주체는 학교, 교사, 학생이다. 교육과정 개발 시 학생의 생활연령, 발달 수준, 잔존 능력, 잠재력, 교육적 요구뿐만 아니라 가정, 학교, 지역사회 등의 생태학적 환경을 고려하여 일상생활 활동 교육과정을 설계한다.

NOTE

03 지도서 구성 체제

1. 대활동 개관

이 지도서에는 대활동, 중활동, 소활동이 차례로 제시되어 있는데 이는 활동의 범주와 위계를 고려한 활동의 체계를 나타내고 있다. 대활동은 교육과정 내용 체계의 '활동 내용'과 각 영역 활동의 주안점과 예시에서 '활동'에 해당하고 중활동은 그 하위의 활동으로 교육과정의 '활동 예시'에 해당하며 소활동은 학습의 단위로 중활동을 대표하는 활동을 예시 차원에서 제시하고 있다.

따라서 각 활동은 계열성을 고려해 낮은 수준에서부터 높은 수준으로, 넓은 범주에서 좁은 범주의 내용 순으로 차례로 제시된다. 하지만 이 순서는 반드시 따라야 하는 교육적 순서를 의미하지 않으며 학생에게 적합한 활동을 선택하거나 재구성해 운영하는 것을 지원하기 위한 차례로 생각할 수 있다.

대활동의 개관은 4쪽 분량으로 제시되고 있다. 1쪽에는 해당 대활동이 일상생활 활동 내 내용 요소, 활동, 주안점을 통해 어떤 내용을 담고자 하는지를 밝히고 있고 2쪽에는 일상생활 활동 내, 타 교육과정과 연계할 수 있는 내용과 가정, 학교, 지역사회 간 연계하는 방법을 밝히고 있다. 3쪽은 대활동 내에서 중활동과 소활동 예시들이 어떤 체계로 설계되어 있는지 해당 쪽수와 함께 제시하고 있고, 4쪽은 전자저작물에서 제공하고 있는 평가 기록지를 어떻게 활용하는지에 대한 내용과 평가 기록지를 작성하는 방법을 안내하고 있다.

2. 중활동 개관

중활동 개관은 크게 본문과 날개로 나누었다. 본문에는 중활동 내 활동의 목록과 중활동의 교수·학습, 평가의 과정에서 유의해야 할 내용과 참고할 교수· 학습 자료, 도서, 참고 누 리집 등을 차례로 제시했다. 날개에는 일상생활 활동에서 이 중활동을 어떻게 연계할지 다른 교육과정과 연계할 성취기준은 무엇인지 주제를 중심으로 밝혔다.

3. 소활동 예시

소활동은 '소활동 예시'라고 밝혔는데 이는 중활동에서 다룰 많은 활동 중 우선해 다룰 활동을 제시한 것이고 반드시 이 소활동을 필수로 다루지 않아도 된다는 의미이다. 소활동도 역시 본문과 날개로 나누었는데 본문에는 소활동 제재를 수업 시간에 구현할 때 활용할 수 있는 교수· 학습 내용과 적용의 팁을 차례로 제시했다. 소활동의 날개에는 해당 소활동과 연 계할 수 있는 교육과정 내용과 생태학적 연계, 전자저작물에 실은 자료의 목록, 참고 자료, 유의점 등을 필요한 경우 실었다.

〈예시〉

1.일상생활 활동 영역: 자립생활

2) 내용요소: 자기관리

(4) 개인 위생 기초

구분	중활동/소활동
1	**손씻기**
①	깨끗한 손, 더러운 손 구분하기
②	손을 씻는 까닭과 때 알기
③	손을 깨끗하게 하는 방법 찾기
④	순서와 방법에 맞게 손 씻기
⑤	손 말리기

초등특수 서울 2025학년도 수업실연 일부

1. 본시 학습 지도 내용

영역	일상생활 활동: 자립생활 영역의 안전한 생활 + 국어	
주제	생활 속 위험 요소를 알고, 안전하게 생활하는 방법을 익혀 위험으로부터 자신을 보호하기	
대상	1~2학년	
본시	대활동	위험상황에 대한 대처 기술 기르기
	중활동	도움을 받아 안전한 곳으로 이동하기
	소활동	-화재 경보기 알림 소리 듣고 반응하기 -위험을 알리는 경적소리 듣고 반응하기 -위험을 알리는 안내방송 듣고 반응하기
목표	위험을 알리는 소리의 의미를 알고 반응할 수 있다	
대상	지적장애 특수학교 초등학생 2학년 (6명)	

NOTE

NOTE

4. 평가

1) 평가의 방법

(가) 일상생활 활동을 통해 습득한 학생의 생활 적응 능력은 실제 삶과 유사한 맥락 속에서 다양한 자료를 수집하여 평가한다.

(나) 학생이 습득한 생활 적응 능력을 자연스럽게 수행할 수 있는지 평가하고, 다양한 생활 장면 속에서 유지 및 일반화 여부를 평가한다.

(다) 사전 진단평가, 과정을 중시하는 평가 등 수업에서 실질적으로 활용할 수 있는 다양한 평가 방법을 고안하여 평가한다.

(라) 학생이 보이는 진전 정도를 민감하게 파악하기 위해 지속적으로 평가한다.

(마) 학생의 활동 수행 과정은 직접 관찰하거나 사진, 동영상 촬영 등의 방법으로 관찰하고, 일화기록법 또는 사전에 준비된 점검표, 평정 척도법 등으로 기록하고 평가한다.

(바) 학생의 활동 성과물(예 동영상, 작품 평가, 활동의 기록 분석, 포트폴리오), 교사 간 의견 교환, 학생 및 학부모 면담 등 다양한 방법을 활용하여 평가한다.

(사) 학생의 몸짓, 시선, 움직임 등 다양한 반응을 주의 깊게 관찰하여 학생이 참여 과정에서 보이는 흥미, 참여 범위, 참여 정도, 참여 시간 등을 토대로 학생의 태도를 종합적으로 평가한다.

(아) 학생의 특성에 적합한 보조공학 기기를 활용하여 평가한다.

(자) 학생의 수행 수준, 진전 정도, 행동 변화, 특기 사항 등의 평가 결과를 종합하여 학교생활기록부에 서술하여 기록한다.

(차) 온오프라인 연계 수업 등의 원격수업에 따른 평가는 쌍방향 수업 중에 학생의 학습 과정과 결과를 직접 관찰하여 평가하거나 활동 수행 영상으로 확인한 후 그 과정과 결과를 평가한다.

2) 평가 기록지

- 대활동의 개관에는 '활동 체계'에서 중활동과 소활동을 목록화해 제시한다.
- 전자저작물에 첨부된 평가 기록지는 '활동 체계'의 소활동명을 조작적으로 정의한 후 평가 항목에 기입하면 평가를 위한 서식으로 활용할 수 있다.
- '평가 항목'의 기반이 되는 '활동 체계는 교육과정의 '활동의 주안점과 예시'를 기반으로 개발했으 며 학생이 수업을 통해 성취해야 할 행동 목표의 목록이다.
- 평가는 항목별로 학생의 수행을 근거로 준거지향평가를 실시한다.
- 평가 항목은 조작적 정의로 기술한다.
- 평가 기록지에 제시된 평가 항목은 〈표 3〉과 같은 위계로 제시된다.
- 중활동은 개별화교육계획에서 중장기 계획을 위한 활동의 단위이고, 소활동은 단기 계획 및 평가를 위한 단위로 제시된다.
- 평가는 소활동 수준에서 시행된다.
- 평가의 기준은 목표 행동의 도달 여부를 판별하는 기준이다.
- 평가의 기준은 평가 항목의 행동이 나타난 횟수 대비 성공한 횟수로 제시하며 대체로 80% 성공률 을 기준으로 설정한다.
- 평가의 기준에서 정확도가 특별히 요구되는 행동의 경우나 일상생활에서 빈번히 일어나지 않는 행동은 대체로 나타난 행동의 횟수를 줄인 후 성공률을 90% 수준으로 설정한다.
- 평가의 기록은 초기 평가 이후 목표 행동이 도달 기준에 부합한 날 기록하는 것으로 한다.

- 평가의 시기는 초기, 중기, 종료와 같이 3단계로 제시되어 있으며 연간 단위로 적용했을 때 초기 평가는 학년 초, 중기 평가는 1학기 말, 종료 평가는 학년 말에 실시할 수 있다.
- 평가의 시기는 학교 및 학급, 학생 개인별로 수정해 사용할 수 있으며 중기 평가를 수업 후, 중활 동 후, 대활동 후 등으로 세분화해 설계할 수 있다.
- 각 평가란에는 도달 여부(+ 또는), 평가 시기 또는 도달 시기(연도/월/일), 세 유형의 강화 조건을 함께 기재한다.

3) 강화 조건 유형

- 강화 조건은 세 가지 유형으로 나누어 제시되며 인위적 강화제(prosthetic reiniorcers), 일반화된 강화제(generalized reiniorcers), 자연적 강화제(natural reinforcers)로 나뉜다.

-인위적 강화제: 평가 항목의 행동이 음식, 장난감, 기호 활동 등의 강화제로 발생하는 경우
-일반화된 강화제: 평가 항목의 행동이 교사의 칭찬 또는 토큰 강화제로 발생하는 경우
-자연적 강화제: 평가 항목의 행동이 자연스러운 맥락 속에서 발생함, 행동의 결과가 곧 강화가 되는 상황을 의미함

〈예시〉

구분	평가항목	준거	초기 평가	중기평가	종료평가
4	안전하게 먹기				
①	음식의 포장이나 껍질을 제거하는 방법을 알고 실천하기	16/20	+2024.3.4. 인위 일반 자연	+2024.7.4. 인위 일반 자연	+2024.12.20. 인위 일반 자연

출처: 일상생활활동 교사용 지도서, 교육부

NOTE

07 끈기 Best 40가지 이론 다지기

04 활동의 주안점과 예시(1) 의사소통

내용 요소	활동	주안점	활동 예시
의사소통의 기초	다양한 소리를 듣고 반응하기	주변 환경에서 접할 수 있는 여러 가지 소리에 반응하고, 의미 있는 소리를 변별하며 상호 작용하는 기초 능력을 기르는 데 주안점을 둔다.	주의를 기울여 듣기, 다양한 소리를 듣고 반응하기, 말소리 듣기와 반응하기 등
	상대방의 말을 듣고 반응하기	여러 가지 말소리를 듣고 신체적으로 반응하고, 지시 따르기 등으로 상호 작용하는 기초 능력을 기르는 데 주안점을 둔다.	사람 이름·사물·신체 부위 등을 나타내는 말을 듣고 반응하기, 간단한 지시에 반응하기, 명칭을 듣고 가리키기 등
	조음을 위한 호흡과 발성하기	감각적 자극과 반응을 토대로 말소리 산출을 위한 방법을 인식하고 능력을 향상하는 데 주안점을 둔다.	호흡과 발성 준비하기, 호흡하기, 발성하기, 구강 운동하기, 여러 가지 소리 내기, 조음하기, 단어 모방하기 등
	간단한 말소리로 표현하기	상대방의 의도를 파악하고 체계적이고 일관성 있게 자기 의사를 표현하는 기초 능력을 기르는 데 주안점을 둔다.	손짓·신체 움직임·눈맞춤 등으로 주의 끌기, 주변에 관심을 보이며 모방하기, 사람·물건을 잡아끌어 표현하기, 생활 속에서 간단한 소리와 단어로 표현하기 등
보완대체 의사소통의 탐색과 선택	다양한 실물·상징 탐색하기	보완대체의사소통에 사용할 수 있는 실물·상징을 탐색하고 경험하는 데 주안점을 둔다.	실물·사진·상징 탐색하기, 실물·사진·상징 변별하기, 사진·상징을 보고 실물 찾기, 실물·사진·상징 연결 짓기 등
	실물·상징으로 요구하기	자신에게 적합한 보완대체의사소통 방법으로 실물·활동·상황에 대한 요구를 표현하는 기초 능력을 익히는 데 주안점을 둔다.	관련 사물·상징을 만져서 요구하기, 관련 사물·상징을 가리켜 요구하기, 관련 사물·상징을 교환하여 요구하기 등
	실물·상징으로 다양한 의사 표현하기	자신에게 적합한 실물·상징을 활용하여 다양한 상황에서 자발적으로 의사를 표현하고 점진적으로 확장하는 데 주안점을 둔다.	명칭 표현하기, 색상·모양·크기·위치·길이 표현하기, 장소·시간 표현하기, 상태 표현하기, 존재 표현하기, 긍정과 부정 표현하기 등
	실물·상징으로 의사소통하기	자신에게 적합한 실물·상징으로 지시를 따르고, 보완대체의사소통 기기를 활용하는 기초 능력을 기르는 데 주안점을 둔다.	의사소통 판 이용하기, 시각적 일과표 이용하기, 음성출력 의사소통 기기 이용하기, 스마트 기기로 의사소통하기 등
의사소통의 활용	'나'를 표현하는 의사소통하기	자신에게 효과적인 의사소통 방법으로 '나'를 표현하고 타인에게 자신의 의사를 전달하는 기초 능력을 기르는 데 주안점을 둔다.	자기에 대한 정보 표현하기, 선호 표현하기, 생각 표현하기, 감정 표현하기, 의견 표현하기, 소유 표현하기 등
	가정에서 의사소통하기	자신에게 효과적인 의사소통 방법을 활용하여 가정생활 문제를 해결하는 기초 능력을 기르는 데 주안점을 둔다.	가정생활 상황에서 적절하게 반응하기, 가족 구성원에 대한 정보 표현하기, 가족 구성원과 적절하게 소통하기, 가정생활 상황에서 효과적으로 소통하기 등
	학교에서 의사소통하기	자신에게 효과적인 의사소통 방법을 활용하여 학교생활에 적응하는 데 필요한 기초 능력을 기르는 데 주안점을 둔다.	학교생활 상황에서 적절하게 반응하기, 학교 구성원과 적절하게 소통하기, 학교생활 상황에서 효과적으로 소통하기 등
	지역사회에서 의사소통하기	자신에게 효과적인 의사소통 방법을 활용하여 지역사회에서 즐겁게 상호 작용하고 사회·정서적 관계를 맺는 기초 능력과 태도를 기르는 데 주안점을 둔다.	지역사회 상황에서 적절하게 반응하기, 지역사회 상황에서 적절하게 표현하기, 타인과 협력적으로 소통하기 등

활동 시 유의사항

- 의사소통의 동기를 향상할 수 있는 환경과 상황을 구성하고, 자연스러운 의사소통 기회와 경험을 제공하여 지도한다.
- 학생의 생활 환경과 기능적 수준을 분석하여 상황의 맥락에 적합한 의사소통 능력을 기를 수 있도록 지도한다.
- 학생의 장애 정도, 현재 의사소통의 주된 수단, 경험, 언어적 요구 등을 고려하여 가정과 학교 등에서 가장 우선으로 요구되고 활용할 수 있는 기능과 수단을 중심으로 지도한다.
- '의사소통의 기초'에서는 말소리 변별과 모방 능력을 습득하여 말소리에 대한 긍정적인 태도를 지니게 하고, 신체적 모방이나 비언어적 표현 활동에서 언어적 모방으로 확장될 수 있도록 한다.
- '보완대체의사소통의 탐색과 선택'에서는 학생의 장애 특성과 정도에 적합한 보완대체의사소통 수단을 선택하고 적용하도록 지도하며, 반복적인 연습으로 능숙하게 사용하도록 지도한다.
- '의사소통의 활용'에서는 나, 가정, 학교, 지역사회 장면과 연계하여 의사소통 기술을 지도하고, 구조화된 상황에서 자연스러운 상황으로 일반화할 수 있도록 지속적인 연습 기회를 제공한다.

04 활동의 주안점과 예시(2) 자립생활

내용 요소	활동	주안점	활동 예시
신변 자립	식생활 기초 기능 익히기	식생활을 위한 기초 기능을 익혀 독립적인 식생활 습관을 형성하는 데 주안점을 둔다.	음식에 흥미 느끼기, 식사 도구 사용하기, 안전하게 먹기, 식사 예절 지키기 등
	의생활 기초 기능 익히기	개인생활의 토대가 되는 의생활 관련 기초 기능을 익혀 자립적인 생활 태도를 기르는 데 주안점을 둔다.	옷 입고 벗기, 옷 상태 확인하기, 옷 정리하기, 상황과 계절에 맞는 옷 입기 등
	올바른 용변 습관 형성하기	올바른 용변 처리 방법을 익혀 청결하고 건강한 삶을 유지하기 위한 습관을 기르는 데 주안점을 둔다.	대소변 의사 표현하기, 대소변 처리하기, 화장실 바르게 이용하기 등
자기 관리	개인위생 기초 기능 익히기	청결한 모습을 유지하기 위한 기초 기능을 익히고 개인위생에 필요한 생활 습관을 형성하는 데 주안점을 둔다.	손 씻기, 세수하기, 양치질하기, 머리 감기, 손발톱 정리하기, 성별에 따른 위생용품 사용하기 등
	몸단장 기초 기능 익히기	자신을 가꾸고 아름답게 꾸미는 활동으로 몸단장의 필요성을 인식하고 자아 존중감을 형성하는 데 주안점을 둔다.	몸단장을 위해 머리 손질하기, 얼굴과 손발톱 가꾸기, 계절과 상황에 알맞은 장신구 착용하기 등
	건강한 생활 습관 기르기	자신의 건강을 스스로 돌보고 관리할 수 있는 기초 능력을 길러 건강한 생활 습관을 형성하는 데 주안점을 둔다.	아플 때 도움 요청하기, 올바른 식습관 형성하기, 바르게 약 복용하기, 가벼운 상처 치료하기 등
안전한 생활	생활 속 위험 인식하기	생활 속 위험 요소를 알고 안전하게 생활하는 방법을 익혀 위험으로부터 자신을 보호하는 데 주안점을 둔다.	위험을 알리는 신호 구분하기, 위험한 물건과 상황 구분하기, 학용품 등 생활 도구를 안전하게 다루기 등
	위험 상황 대처 기술 기르기	위험한 상황은 시간과 장소에 관계없이 발생할 수 있음을 인식하고, 상황에 맞는 대처 능력을 기르는 데 주안점을 둔다.	위험 상황 알리기, 타인에게 도움 요청하기, 다른 사람의 도움을 통해 위험에서 대피하기, 위험 상황에서 적절하게 대처하는 방법 익히기 등
	안전한 생활 습관 형성하기	안전사고의 위험성을 알고 안전 규칙을 지켜 행동함으로써 사고를 예방하는 데 주안점을 둔다.	가정에서 안전하게 생활하기, 학교에서 안전하게 생활하기, 안전하게 교통 생활하기 등
자기 결정과 상호 작용	자기 욕구 인식하기와 표현하기	자신의 기본 욕구를 장소와 상황에 맞게 조절하고, 적절한 방법으로 표현하는 데 주안점을 둔다.	자기 욕구 알기, 자기 욕구에 따라 선택하기, 상황에 맞게 욕구 표현하기, 자기 욕구에 따라 거절하기, 상황에 맞게 욕구 조절하기 등
	자기 감정 인식하기와 관리하기	자신의 감정을 장소와 상황에 맞게 조절하고, 적절한 방법으로 표현하는 데 주안점을 둔다.	자기 감정 인식하기, 자기 감정 표현하기, 자기 감정 조절하기, 상황에 맞게 바르게 결정하기 등
	다른 사람의 감정과 상황을 고려하여 상호 작용하기	다른 사람의 감정과 상황을 이해하고 자신의 행동을 결정하는 협력적인 태도를 형성하는 데 주안점을 둔다.	다른 사람의 감정과 상황 인식하기, 나와 다른 사람의 감정을 구분하기, 다른 사람의 감정과 상황을 고려하여 행동하기 등

활동 시 유의사항

- 학생의 생활 환경을 고려하여 기초적인 일상생활 기술을 성공적으로 수행할 수 있도록 학생 개인에게 기대되는 행동을 생활 전반에 걸쳐 반복적으로 지도한다.
- '신변 자립'에서는 학생의 장애 특성에 맞는 도구나 보조공학 기기 등을 제공함으로써 학생의 흥미와 참여를 적극적으로 유도한다. 자신의 삶에 대한 소중한 인식을 강조하며 활동을 구성한다.
- '자기 관리'에서는 위생적인 생활을 실천하면서 건강한 삶을 누리고, 생활 환경과 연령 등에 맞게 자신을 가꾸면서 더 나은 삶이 주는 즐거움을 강조하여 지도한다.
- '안전한 생활'에서는 안전 수칙과 예방 행동을 생활 속에서 실천하도록 하는 것이 중요하므로 디지털 매체를 활용하거나 지역사회 시설 등의 실제 상황에서 체험하는 활동으로 구성한다.
- '자기 결정과 상호 작용'에서는 자신과 타인에 대해 소중함을 토대로 자신을 옹호하고 자신의 결정을 효과적으로 전달하도록 지도한다. 단, 자기감정과 욕구에 따른 자기 결정이 규범에 어긋나지 않도록 유의하여 지도한다.

04 활동의 주안점과 예시(3) 신체활동

내용 요소	활동	주안점	활동 예시
신체 인지와 움직임	감각 정보를 활용해 움직이기	다양한 자극을 제공하여 움직임에 대한 동기를 유발하는 데 주안점을 둔다.	다양한 감각 정보 이해하기, 다양한 감각 자극에 반응하기, 다양한 감각 자극에 따라 신체 움직이기 등
	감각과 근육 협응하여 움직이기	흥미로운 활동 속에서 전신, 눈과 손, 눈과 발 등을 조화롭게 움직이는 즐거움을 느끼는 데 주안점을 둔다.	몸 구르기, 물건 잡기, 물건 옮기기, 물건 차기, 움직임 따라 하기 등
	사물 조작하기	생활 속에서 접하는 다양한 물건을 제공하여 자유롭게 탐색하고 조작하는 데 주안점을 둔다.	다양한 물건 탐색하기, 다양한 물건 움직이기, 생활 속 물건 조작하기 등
	신체 보호를 위해 움직이기	외부 위험 자극으로부터 자신의 신체를 보호하는 기초 기술을 익히는 데 주안점을 둔다.	뻗치기, 웅크리기, 버티기, 피하기 등
신체 조절과 이동	힘 조절하기	신체와 움직임에 대한 이해를 토대로 자신의 힘을 느끼고 조절하는 활동을 경험하는 데 주안점을 둔다.	호흡 조절하기, 신체 부드럽게 움직이기, 힘주어 움직이기(밀기, 당기기 등), 지속적으로 힘주기 등
	균형 유지하기	다양한 상황에서 신체의 균형을 유지하는 데 주안점을 둔다.	정지한 물체 위에서 균형 유지하기, 움직이는 물체 위에서 균형 유지하기, 다양한 자세에서 균형 유지하기 등
	이동하기	자신의 몸을 움직여 다른 곳으로 이동하는 능력을 기르는 데 주안점을 둔다.	앞으로 이동하기, 옆으로 이동하기, 뒤로 이동하기, 오르고 내리기, 뜀뛰기 등
	바른 자세로 신체 움직이기	바른 자세로 신체를 유지하고 이동하는 태도를 기르는 데 주안점을 둔다.	바르게 앉기, 바르게 서기, 바르게 걷기 등
생활 속 체력 증진	맨손으로 신체활동 하기	기초 체력을 증진할 수 있는 다양한 맨손 활동을 경험하는 데 주안점을 둔다.	맨손 신체활동 탐색하기, 산책하기, 춤추기, 체조하기, 조깅 등
	도구를 활용하여 신체활동 하기	여러 가지 도구를 활용하여 신체활동 능력과 습관을 기르는 데 주안점을 둔다.	신체활동을 위한 도구 탐색하기, 도구를 활용하여 뜀뛰기·던지기·당기기·달리기· 돌리기 등
	기술 융합형 신체활동 하기	다양한 공학기술을 활용한 신체활동을 경험하는 데 주안점을 둔다.	가상현실(VR)을 이용해 신체활동 하기, 증강현실(AR)을 활용해 신체활동 하기, 확장현실(XR)을 활용해 신체활동 하기 등
	생활 속 신체활동 실천하기	자신의 능력과 흥미에 맞는 적절한 신체활동을 선택하고, 실생활 속에서 실천하는 습관을 형성하는 데 주안점을 둔다.	자신이 좋아하는 신체활동 알아보기, 자신에게 필요한 신체활동 찾기, 신체활동 계획하기, 신체활동 실천 점검하기 등

활동 시 유의사항

- 학생이 경험하는 생활 전반에 걸쳐 신체의 움직임과 기초 체력을 기를 수 있는 경험을 규칙적으로 제공한다.
- 신체 움직임에 의한 안전사고를 예방하기 위해 학생의 건강 상태와 주위 환경을 점검하고 안전을 위한 보호 도구를 착용하도록 지도한다.
- 음악 및 애니메이션 등 다양한 매체, 인공지능, 디지털 기기 등을 적극적으로 활용하여 움직임의 즐거움을 경험하도록 한다.
- '신체 인지와 움직임'에서는 친숙한 사물과 도구를 활용하고 놀이를 통해 자유롭고 즐거운 신체 움직임을 경험하도록 지도한다.
- '신체 조절과 이동'에서는 학생의 흥미와 능력을 고려하여 점진적으로 신체활동을 구성한다.
- '생활 속 신체활동'에서는 자기 결정과 부분 참여의 기회를 제공하여 자신에게 적합한 신체활동을 선택하고, 가정과 연계하여 생활 속에서 실천하는 태도를 지도한다.

04 활동의 주안점과 예시(4) 여가활동

내용 요소	활동	주안점	활동 예시
개인 여가활동	선호하는 여가활동 탐색하기	다양한 여가활동으로 자신이 선호하는 활동을 선택하는 데 주안점을 둔다.	자신이 좋아하는 활동 탐색하기, 여가활동의 즐거움 경험하기, 흥미에 따라 여가활동 선택하기 등
	취미 활동 즐기기	다양한 분야의 취미 활동을 경험하고 일상에서 좋아하는 활동을 즐기는 태도를 기르는 데 주안점을 둔다.	예술 활동 즐기기, 스포츠 활동 즐기기, 감상과 관람 활동 즐기기 등
	안전하고 건전하게 여가활동 하기	여가활동을 안전하고 건전하게 즐기는 방법을 알고 실천하는 태도를 기르는 데 주안점을 둔다.	안전한 여가활동 방법 알기, 건전한 여가활동 방법 알기, 안전하고 건전하게 여가활동 즐기기 등
공동체 여가활동	함께 놀이하기	공동체 놀이에 필요한 규칙을 지키며 즐거운 여가활동을 경험하는 데 주안점을 둔다.	몸으로 함께 놀이하기, 도구를 이용하여 함께 놀이하기, 자연물을 이용하여 함께 놀이하기, 온라인 환경에서 함께 놀이하기 등
	함께 여행하기	타인과 함께 나들이와 여행을 경험하고 즐거움을 공유하는 데 주안점을 둔다.	여행 정보 조사하기, 여행 계획하기, 함께 여행 후 소감 나누기 등
	함께 친교 활동하기	다양한 분야의 친교 활동에 참여하여 타인과 즐거움을 공유하고 감정을 소통하는 태도를 기르는 데 주안점을 둔다.	다양한 사람과 친교 나누기, 다양한 장소에서 친교 나누기, 디지털 매체를 이용해 친교 나누기 등
지역사회 여가활동	실내 여가 시설 이용하기	여가활동을 위한 지역사회 내 다양한 시설을 경험하고, 선호에 맞게 이용하는 능력을 기르는 데 주안점을 둔다.	쇼핑 시설 이용하기, 식당과 카페 이용하기, 도서관 이용하기, 문화 체육시설 이용하기, 오락 시설 이용하기 등
	실외 여가활동 즐기기	주변의 다양한 시설과 자연을 이용하여 육체적·정신적 즐거움을 유지하는 데 주안점을 둔다.	놀이 시설에서 여가 즐기기, 휴양 시설에서 여가 즐기기, 도보 여행 즐기기(산책로 걷기, 등산하기), 캠핑 즐기기 등
	지역 문화 행사 즐기기	지역사회의 다양한 문화행사를 찾아보고 경험함으로써 지역 문화를 즐기는 태도를 기르는 데 주안점을 둔다.	지역 문화 유적지 경험하기, 지역사회의 특산품 경험하기, 지역 문화 행사 참여하기, 지역 축제 참여하기 등

활동 시 유의사항

- 체육대회, 학예회, 현장 체험 학습, 축제 등 학교의 다양한 행사와 여가활동 영역의 활동을 연계하여 지도한다.
- '개인 여가활동'에서는 학생에게 온오프라인 기반의 다양한 여가활동을 제공함으로써 여가활동에 흥미와 관심을 가질 수 있도록 지도한다.
- '공동체 여가활동'에서는 여럿이 참여하는 흥미로운 환경을 조성하여 자연스러운 상호 작용의 기회를 제공하도록 한다.
- '지역사회 여가활동'에서는 지역사회의 여건을 고려하고, 다양한 지역사회 자원을 활용하여 활동을 계획하고 구성한다.

04 활동의 주안점과 예시(5) 생활적응 (시각중복)

내용 요소	활동	주안점	활동 예시
감각 지각과 활용	자극 경험하기와 자극 유무 지각하기	잔존 시각, 청각, 촉각, 후각 등을 사용하여 외부자극을 경험하고 지각하는 데 주안점을 둔다.	빛과 물체 바라보기와 추적하기, 소리 유무와 위치 알아보기, 다양한 촉감의 재료 경험하기, 다양한 냄새 경험하기 등
	다양한 자극 변별하기	다양한 감각 자극을 경험하여 서로 다른 자극을 변별하는 데 주안점을 둔다.	형태와 공간 지각하기, 서로 다른 소리 구별하기, 촉각으로 크기 · 모양 · 길이 · 무게 변별하기, 다양한 냄새로 물건 구별하기 등
	감각 정보 조절하기	감각 기능으로 주변의 다양한 정보를 수집하고 통합하여 생활 환경을 파악하는 데 주안점을 둔다.	확대 기기로 사물을 관찰하기, 저시력 기기로 정보 찾기, 소리로 물건 찾기, 소리로 공간 이동하기, 촉각과 다른 감각으로 환경과 상황 이해하기 등
	감각 단서를 기능적으로 적용하기	생활 환경에 따라 다양한 감각 자극을 선별하고 일과에 유기적으로 적용하는 데 주안점을 둔다.	물건에 촉각 단서 지정하기, 잔존 시각과 미세 운동 기술 협응하기, 음성지시를 결합하여 감각을 수용하고 처리하기, 공간별로 다감각 단서 결합하기, 일과에 따라 감각 정보를 재구성하고 일반화하기 등
의사소통 방법의 선택과 적용	신체로 의사소통하기	표정, 몸짓 등 비도구적 의사소통 수단을 활용하여 감정과 생각을 적절하게 표현하고, 말하기에 관심을 가지는 데 주안점을 둔다.	신체 움직임을 모방하기, 표정·제스처·발성 등으로 소통하기, 몸짓 상징으로 소통하기 등
	사물과 상징물로 의사소통하기	잔존 시각과 다양한 감각을 활용한 의사소통 보조 도구로 기분, 감정, 자신의 생각을 표현하는 데 주안점을 둔다.	구체물을 활용하여 표현하기, 촉각 의사소통 카드로 표현하기, 확대 그림 의사소통 카드로 표현하기, 촉각 신호와 감각 단서, 음성 자극 결합하기, 묵자·점자(그림-큰 글자 카드, 사물-점자 카드)로 소통하기 등
신체 조절과 이동	자신의 신체와 움직임 인식하기	잔존 시각과 다양한 감각으로 자신의 신체와 움직임을 느끼고, 신체 움직임을 조절하는 데 주안점을 둔다.	자신의 몸 만지기와 움직이기, 신체 부위의 기능에 따라 움직임 느껴보기, 사용할 물건과 관련 신체 부위 연결하기, 소근육과 대근육 조절하기와 사용하기 등
	이동 준비하기	몸과 다양한 감각 단서를 사용하여 자신의 위치와 환경을 확인하는 데 주안점을 둔다.	자신의 몸을 기준으로 방향 알아보기, 잔존 시각으로 자신의 위치 확인하기, 청각·촉각·후각으로 자신의 위치 확인하기, 반복된 활동으로 자신의 위치 확인하기, 이동을 위한 기본적인 자세 익히기 등
	안전하게 이동하기	목적지로 안전하게 이동하는 방법을 익히고, 목적지에 도착했음을 인식하는 데 주안점을 둔다.	다양한 감각 단서를 활용하여 이동하기, 안내 보행 이동하기, 설치물(예 유도 블록, 안전바)을 이용하여 이동하기, 보행 기기 사용하기, 이동에 필요한 자기 보호법 익히기, 목적지 도착 인식하기 등

활동 시 유의사항
• 신체적 촉진을 통해 다양한 활동을 직접적으로 지도하고, 점진적으로 촉진을 제거한다. • 학생의 잔존 시각과 시기능을 고려하여 교수·학습 환경과 학습 매체의 크기, 반사, 눈부심, 대비, 밝기와 명암 등을 조절하여 제공한다. • '감각 지각과 활용'에서는 충분한 시간을 두고 다양한 감각자극을 탐색하게 하여 외부 자극에 대한 학생의 두려움을 줄인다. 학생이 의도를 가지고 환경을 탐색할 수 있는 반응적 환경을 구성한다. • '의사소통 방법의 선택과 적용'에서는 의사소통 동기를 향상하는 환경을 구성한다. 다양한 촉각 상징뿐만 아니라 디지털 및 인공지능 기술(예 음성 인식, 단어 예측) 등을 활용하여 의사소통하도록 지도한다. • '신체 조절과 이동'에서는 직접적인 신체 자극으로 바른 동작과 자세를 유지할 수 있도록 지도하며, 안전한 교수·학습 환경을 구성하여 목적에 기반한 이동 활동을 제공한다.

04 활동의 주안점과 예시(6) 생활적응 (청각중복)

내용 요소	활동	주안점	활동 예시
수용과 표현	잔존 청력으로 지각하고 변별하기	잔존 청력을 극대화하기 위한 청각 보조기기를 활용하여 청각 정보를 지각하고, 이에 반응하고 변별하는 데 주안점을 둔다.	소리의 유무 알아보기, 소리의 강약 조절하며 듣기, 소리에 반응하기, 소리에 따라 이동하기, 소리 구별하기, 소리 나는 물건 탐색하고 다루기 등
	시각과 촉각으로 지각하고 변별하기	다양한 감각 자극을 경험하여 서로 다른 감각 자극을 변별하고, 시각과 촉각 보조기기로 정보를 탐색하는 데 주안점을 둔다.	빛 신호 살펴보기, 빛 신호에 반응하기, 입 모양 살펴보기, 신호를 보고 움직이기, 기초 수어 읽기, 진동으로 소리 느끼기, 물체 두드리며 소리 느끼기 등
	간단한 몸짓과 기초 수어 익히기	시각에 기반한 의사소통 방법을 통해 자기 생각, 기분, 감정을 표현하는 기초 능력을 습득하는 데 주안점을 둔다.	손 모양·몸짓·지문자·기초 수어 따라 하기, 몸짓 상징 익히기, 간단한 지문자로 익히기, 기초 수어 익히기 등
	보조공학 기기 활용하기	자신의 잔존 감각 특성에 적합한 보조공학 기기를 선택하고 활용하는 방법을 익히는 데 주안점을 둔다.	다양한 청각 활용 보조공학 기기 알기, 청각 활용 보조공학 기기의 관리하기와 간단한 사용 방법 익히기, 시각 활용 보조공학 기기 알기, 시각 활용 보조공학 기기 관리하기와 간단한 사용 방법 익히기 등
대인 관계 형성과 규범 실천	타인의 생각과 감정 파악하기	잔존 청력과 다양한 감각을 활용하여 주변 사람에게 관심을 가지고 감정을 파악하는 데 주안점을 둔다.	표정 관찰하기, 표정 변별하기, 표정으로 감정 파악하기, 소리를 듣고 감정 파악하기, 행동을 보고 감정 파악하기, 다양한 단서를 활용하여 생각 파악하기 등
	자기 생각과 감정 표현하기	자신의 잔존 감각 특성에 적합한 의사소통 방법을 활용하여 감정이나 생각을 표현하는 능력을 기르는 데 주안점을 둔다.	표정·손짓·몸짓·지문자·기초 수어로 감정 표현하기, 요구하기, 명칭 표현하기, 상태 표현하기, 간단한 말로 표현하기 등
	생활 속에서 규범 실천하기	다양성을 존중하는 태도로 가정, 학교, 지역사회 등에서 지켜야 할 규칙과 예절을 실천하여 조화로운 삶을 살아가는 태도를 기르는 데 주안점을 둔다.	농인과 청인의 사회 규칙 이해하기, 생명과 자연 존중하기, 생활 속 규칙을 알고 실천하기, 더불어 살아가기 위한 예절을 익히고 실천하기 등
공동체 및 지역사회 참여	가정생활 참여하기	가족 구성원의 다양한 역할을 이해하고, 감각 특성을 활용하여 가정생활에 주도적으로 참여하는 태도를 기르는 데 주안점을 둔다.	손 모양·몸짓·지문자·기초 수어로 가족과 소통하기, 시각·촉각 단서로 가정 상황 이해하기, 시각·촉각 단서로 가정일 수행하기 등
	학교생활 참여하기	학교에서 학교 구성원 간의 관계를 이해하고, 자신의 감각 특성을 활용하여 학교생활 규칙과 규범을 실천하는 태도를 기르는 데 주안점을 둔다.	손 모양·몸짓·지문자·기초 수어로 학교 구성원과 소통하기, 학교 일과에서 시각·촉각 단서로 활용하기, 학교 일과에서 시각·촉각 단서로 역할 수행하기 등
	지역사회 참여하기	다양한 지역사회를 이해하고, 자기 감각 특성을 활용하여 지역사회 규칙에 따라 생활하는 데 주안점을 둔다.	손 모양·몸짓·지문자·기초 수어로 타인과 소통하기, 시각·촉각 단서로 지역사회 시설 이용하기, 지역사회 속에서 역할 수행하기 등

활동 시 유의사항

- 보조공학 기기를 활용하여 청각 정보에 대한 접근성을 확대하거나 청각적인 정보를 시각, 촉각 등의 다양한 감각 정보로 보완하거나 대체하는 데 중점을 두고 지도한다.
- '수용과 표현 활동'에서는 학생의 잔존 청력과 감각 특성, 인지적 수준 등을 고려하여 청각 기반 접근과 시각 기반 접근의 연속선 상에서 의사소통 방법을 습득하도록 지도한다. 단, 의사소통의 형태보다는 의도와 기능에 초점을 두어 지도하고, 필요한 경우, 학생의 교육적 요구와 감각적 특성을 고려하여 의사소통 영역의 다른 활동과 재구성하여 지도한다.
- '대인 관계 형성과 규범 실천'에서는 가정, 학교, 지역사회 등 다양한 환경에 적응하는 데 필요한 규범과 예절을 체득하고 내면화하도록 충분한 학습 기회와 활동 중심 방법을 적용하여 지도한다.
- '공동체 및 지역사회 참여 활동'에서는 가정, 학교, 지역사회 구성원으로서 주어진 역할과 책임을 다하는 데 적합한 지원의 유형과 강도를 파악하여 지도한다.

04 활동의 주안점과 예시(7) 생활적응 (지체중복)

내용 요소	활동	주안점	활동 예시
신체 긴장도 조절	호흡과 발성 준비하기	자신의 잔존 능력을 최대한 활용하여 건강을 위한 호흡과 발성의 기초 능력을 기르는 데 주안점을 둔다.	호흡 인식하기, 코로 호흡하기, 입으로 호흡하기, 분리 호흡하기 등
	볼, 입술, 턱, 구강 운동하기	감각적 자극에 반응하는 능력을 토대로 볼, 입, 턱, 구강 운동을 수행하고 말하기와 경구 섭식을 위한 기초 능력을 기르는 데 주안점을 둔다.	볼 움직이기, 입술·혀·턱 움직이기, 입 벌리기, 빨기, 삼키기, 씹기 등
	여러 부위의 관절 조절하기	잔존 능력을 최대한 활용하여 자세 유지와 자세 변환의 기초가 되는 관절 부위의 근긴장도를 조절하는 데 주안점을 둔다.	관절 굽히고 펴기, 관절 돌리기, 허리와 몸통 움직이기 등
신체 동작 기초 기술	누운 자세와 엎드린 자세에서 운동하기	누운 자세와 엎드린 자세에서 운동을 수행하고, 구르기 동작을 익혀 이동을 위한 기초 동작을 수행하는 데 주안점을 둔다.	바르게 누워 운동하기, 옆으로 누워 운동하기, 엎드려 누워 운동하기, 구르기, 기기 등
	앉은 자세에서 운동하기	잔존 능력을 최대한 활용하여 앉은 자세와 관련된 다양한 움직임 능력을 향상하는 데 주안점을 둔다.	앉은 자세 유지하기, 바닥에 앉아 운동하기, 휠체어 및 의자에 앉아 운동하기, 흔들리는 기구에 앉아 운동하기 등
	서기 기초 동작 수행하기	자신의 신체 능력에 적합한 기립 보조기기로 서기에 필요한 기초 동작을 수행하는 데 주안점을 둔다.	무릎 서기, 반 무릎 서기, 잡고 서기, 기대어 선 자세에서 기초 동작 운동하기, 선 자세로 체중 이동하기 등
	보조기기를 활용해 이동 동작 수행하기	자신의 신체 능력에 적합한 보조기기로 이동에 필요한 기초 동작을 수행하는 데 주안점을 둔다.	휠체어에 앉은 자세 유지하기, 기립 훈련기 이용하여 서기 자세 유지하기, 워커를 활용하여 서기 자세 유지하기 등
	소근육 조절하기와 사물 조작하기	잔존 능력을 최대한 활용하여 손과 팔의 움직임을 향상하는 데 주안점을 둔다.	물체에 손과 팔을 뻗기, 손으로 물체 만지기, 물체 당기기, 물체 넣기, 물체 돌리기, 물체 조작하기 등
의사소통 기초 기술	표정과 몸짓으로 기초적인 표현하기	학생의 능력에 적합한 표정과 몸짓으로 자신의 감정을 표현하는 기초 능력을 기르는 데 주안점을 둔다.	표정으로 좋음과 싫음을 표현하기, 불편함을 간단한 음성이나 표정으로 표현하기, 간단한 몸짓으로 표현하기 등
	의사소통 판으로 기초적인 표현하기	의사소통 능력에 적합한 의사소통 판을 사용하여 자신의 의사를 표현하는 데 주안점을 둔다.	실물 상징 만져보기, 의사소통 판으로 간단한 표현하기(부르기, 요구하기, 선택하기 등), 의사소통 판으로 수업 참여하기 등
	스위치, 컴퓨터 보조기기를 이용하여 기초적인 표현하기	자신에게 적합한 스위치와 선택 방법을 익히고 다양한 의사소통 기기를 활용함으로써 효과적으로 의사소통하는 데 주안점을 둔다.	정확한 시기에 스위치 누르기, 조이스틱, 터치스크린, 시선 추적 프로그램 사용하기 등

활동 시 유의사항

- 학생이 독립적으로 일상생활에 적응할 수 있도록 지원하되, 부분 참여를 통해 과제를 완성하도록 활동을 구성한다.
- 학생의 장애 정도와 특성에 적합한 보완대체의사소통 기기, 컴퓨터 접근을 위한 보조공학 기기, 식사 보조 도구 등을 적극적으로 활용한다.
- '신체 긴장도 조절'에서는 학생이 가진 원시반사로 인한 영향을 고려하여 지도하고 보조기기 활용을 위한 환경을 구성한다.
- '신체 동작 기초 기술'에서는 학생 스스로 자세와 동작을 수행할 수 있도록 최소한의 신체적 촉진을 제공한다. 또한 보조기기와 도구의 수정으로 학생이 동작을 수행하는 데 필요한 에너지를 최소화하고 안정감과 성취감을 느낄 수 있도록 지도한다.
- '의사소통 기초 기술'에서는 다양한 디지털 매체를 이용하여 흥미로운 의사소통 상황과 경험, 반복적인 학습 기회를 제공하여 지도한다.

BEST 

16 성취기준

NOTE

01 성취기준

1. 의미

- 교과를 통해 학생들이 배워야 할 지식과 기능으로, 교과를 통해 배워야 할 지식뿐만 아니라, 그 지식을 통해(가지고) 할 수 있어야 할 수행 능력을 나타내는 것을 의도함
- 수업 후 학생들이 할 수 있어야 할, 또는 할 수 있기를 기대하는 능력을 나타내는 결과 중심의 도달점(outcome)
- 교과의 내용(지식)을 적용하고 문제해결을 하는 수행 능력 ※ 이 점에서 성취기준은 단순한 활동을 나타내는 것과는 구분

(출처: 2015 개정 교육과정 개발 자료 중 발췌)

2. 특수교육대상자에게 성취기준의 의미

기본 교육과정의 경우 성취기준은 반드시 달성해야 할 목표가 아니라 학생들이 경험해야 하는 것임을 고려하여 학생의 수준에 맞게 재구성할 수 있도록 한다.

(출처: 국립특수교육원, 2015 특수교육 교육과정 기본교육과정 해설자료(1), 2015, p.9)

- 학생들마다 시작점과 개별적인 배움의 속도가 다를 수밖에 없고 오히려 정해진 획일적인 평가 기준대로 평가한다는 것은 성장중심평가의 취지에 맞지 않음
- 따라서 교육과정 성취기준에 근거하여 학생들의 현재 수준에 맞는 개별적인 평가 기준을 정하는 것이 중요
- 비록 성취기준에는 도달하지 못하였더라도 학생에게 변화와 성장이 일어났다면 배움은 일어났다고 볼 수 있음

(출처: 경기도교육청, 쉽게 알아보는 배움중심수업, 2020, p.31 재구성)

3. 성취기준의 역할·기능 및 활용

1) 교수·학습의 방향 안내: 교사의 수업(교수) 및 학생의 학습 방향 안내
2) 평가 활동의 기반: 평가 방향 및 평가 기준 설정 근거
3) 교과서 개발의 기준: 교과서 내용 집필 및 검·인정 판단 기준을 마련하는 근거 및 방향 제시

02 성취기준 해석하기

1. 성취기준 번호의 의미

- 성취기준은 학년군별 내용요소와 기능의 결합으로 이루어지도록 함 [내용요소+기능+일반화된 지식]

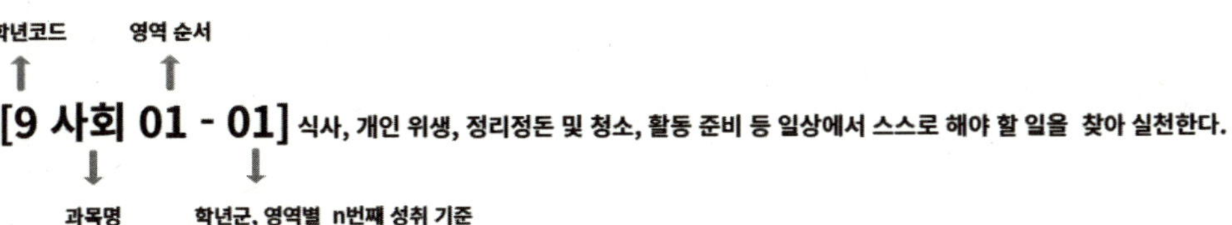

2. 성취기준의 일반적 구조

성취기준= 지식 + 기능 ⇨ 명사(형)+동사

3. 성취기준을 분석하는 법

단, 교사가 성취기준을 분석할 때 기계적이고 일률적인 것 보다는 교사의 자율성과 전문성을 바탕으로 보다 능동적이고 적극적으로 해석할 필요가 있습니다.

> 성취기준 속성을 활용하라!
>
> ⇩
>
> ① 성취기준에서 지식과 기능을 찾아라
>
> ② 성취기준에서 명사(형)을 찾고, 지식을 확인해라
>
> ③ 성취기준에서 동사를 찾고, 그 의미를 해석하라
>
> ④ 명사를 보고 무엇을 가르칠지 결정하라
>
> ⑤ 동사를 보고 수업과 평가를 결정하라

출처: 최무연, 학생중심수업, 교육과정을 디자인하다, 행복한미래, 2020, p.98~99

4. 성취기준 해석 예시

> [6국05-03] **비유적 표현**(지식)의 특성과 효과를 살려 생각과 느낌을 다양하게 **표현한다.**(기능)

- 무엇을 가르칠까요? - 비유적 표현
- 어떻게 가르칠까요? - 시 쓰기
- 무엇을 평가할까요? 생각과 느낌에 대해 비유적 표현의 특성과 효과를 살려(은유법, 직유법) 시로 표현할 수 있는가?

> [6국01-05] **매체 자료**(지식)를 활용하여 내용을 효과적으로 **발표한다**(기능).

- 무엇을 가르칠까요? - 매체 자료의 종류, 활용법
- 어떻게 가르칠까요? - 매체 자료 이용하기, 효과적으로 발표하기
- 무엇을 어떻게 평가할까요? - 매체 자료를 이용하여 내 독학을 효과적으로 발표할수 있는가?

NOTE

[6도01-02] 자주적인 삶을 위해 **자신을 이해하고** 존중하며 **자주적인 삶의 의미**와 태도 지식 중요성을 **깨닫고 실천 방법을 익힌다.** 태도 지식
태도 기능

- 무엇을 가르칠까요? - 자주적인 삶의 의미와 중요성
- 어떻게 가르칠까요? - 자기 인식하기, 생활계획 수립하기, 실천의지 기르기
- 무엇을 어떻게 평가할까요? - 자주적인 삶을 위해 스스로 독학을 선택하고 계획을 수립하며, 실천 방법을 익힐 수 있는가?

03 성취기준 재구조화

1. 의미

- 교육과정 성취기준을 실제 수업과 평가 상황에서 준거로 사용하기에 적합하도록 보다 구체적이고 명료하게 하는 것을 의미함
- 다만, 성취기준을 통합하거나 일부 내용을 압축하여 재구조화할 경우, 성취기준의 내용 요소 일부가 임의로 삭제되지 않도록 유의
- 일부 내용 요소를 추가해야 하는 경우에는 학생의 학습 및 평가 부담이 가중되지 않도록 학년(군), 학교급 및 교과(군)간의 연계성을 충분히 고려

2. 유형

1) 성취기준 통합

- 여러 성취기준의 내용 요소(학습 요소)가 중복되거나 유사한 경우 하나의 성취기준으로 묶어서 제시한 경우

2) 성취기준 재조정

- 원격수업 상황에서 교수·학습이 어렵거나 수준 조정이 불가피하여 내용 요소는 유지한 채, 기능 요소의 일부를 바꿔서 제시한 경우

3) 성취기준 유지

- 학습 결손 방지 등을 위해 현행 성취기준을 그대로 유지하는 경우로, 개념상의 위계나 학습 요소 등을 고려할 때, 조정이 필요 없거나 원격 및 등교수업 상황과는 무관하게 반드시 비중 있게 다뤄져야 한다고 판단하여 통합이나 변형 없이 제시한 경우

3. 성취기준 재구조화 시 고려사항

- 학생들이 성취기준에 도달하기 위해서 무엇을 어떻게 가르쳐야 하는지 결정해야 함
- 학생들이 이해할 수 있는 학습 내용을 바탕으로 학습한 내용을 수행할 수 있도록 해야 함 (교육부, 2021)

4. 필요성

- 학습량을 줄여 여유 공간을 만들 수 있음 → 실질적인 학습 내용 감축 위함
- 제한된 교육 환경을 극복할 수 있음 → 갑작스러운 감염병 상황 등 상황에 맞게 수정 및 발전할 수 있음
- 미래교육과정을 그릴 수 있음 → 국가에서 제시된 표준화된 성취기준을 맞추는 것이 아닌 학생의 목표, 흥미, 진로 등 기준 맞춰 미래교육의 실제적인 실현과 가능성 열림
- 교사의 교육과정 전문성을 기를 수 있음 → 교사의 전문성과 자율성을 높일 수 있음
- 교육공동체의 요구를 수업에 녹여낼 수 있음 → 성취기준은 교육공동체의 요구를 담아 재구조화되어 수업에서 학생들과 만남

5. 재구조화 성취기준 활용

1) 교수학습

- 학생활동 중심의 수업 사례, 탐구활동· 내용에 따라 블록타임제 활용, 성취기준 재구조화를 통한 온·오프라인 연계 수업 병행 등

2) 평가

- 과정 중심 평가, 수행평가 중심, 학습내용의 최소성취기준과 목표, 창의력 및 사고력 함양, 학습 동기 유발가능성 등을 고려한 평가 시행

6. 예시

1) 통합

성취기준	학습요소		성취기준 재구조화 '통합'
[4과01-01]서로 다른 물질로 만들어진 물체를 비교하여 물체의 기능과 물질의 성질을 관련지을 수 있다. [4과01-04] 여러 가지 물질을 선택하여 다양한 물체를 설계하고 장단점을 토의할 수 있다.	• 물질의 성질 • 물체 기능	⇨	[4과01-01/01-04] 여러 가지 물질을 선택하여 물체를 설계하고 설계한 물체의 기능을 물질의 성질과 관련하여 설명할 수 있다.

성취기준	학습요소		성취기준 재구조화 '통합'
[4과16-04]달을 조사하여 모양, 표면, 환경을 이해하고 지구와 달을 비교할 수 있다. [4과16-03]지구 주위를 둘러싸고 있는 공기의 역할을 예를 들어 설명할 수 있다.	• 지구의 모양 • 지구 표면 • 지구의 대기 • 달의 모양 • 달 표면 • 달의 환경 • 바다의 특징	⇨	[4과16-01/16-03/ 16-04] 지구와 달의 모양, 표면, 환경을 비교하여 지구의 모습과 대기의 역할을 설명할 수 있다.

*재구조화 이유: 학습의 요소의 유사성을 고려하여 학습량 적절화 하기 위해 통합

NOTE

07 끈기 Best 40가지 이론 다지기

2) 재조정

성취기준	학습요소		성취기준 재구조화 '재조정'
[4체02-04]수련을 통해 힘든 상황에서도 포기하지 않고 목표 달성을 위해 정진하며 속도에 도전한다.	〈지식〉 • 끈기의 의미 이해하기 〈태도〉 • 끈기를 가지고 신체 수련를 지속하는 태도 기르기	⇨	[4체02-04]신체 수련을 통해 힘든 상황에서도 포기하지 않고 목표 달성을 위해 끈기 있게 속도에 도전한다.

*끈기의 학습요소를 성취기준에 제시함

성취기준	학습요소		성취기준 재구조화 '재조정'
[4수05-01]실생활 자료를 수집하여 간단한 그림그래프나 막대그래프로 나타낼 수 있다. [4수05-03]여러 가지 자료를 수집, 분류, 정리하여 자료의 특성에 맞는 그래프로 나타내고, 그래프를 해석할 수 있다.	• 그림그래프	⇨	[4수05-01], [4수05-03] 여러 가지 자료를 수집, 분류, 정리하여 간단한 그림그래프로 나타내고, 그래프를 해석할 수 있다.

출처: 교육부, 초등학교 3~4학년군 국어과 교육과정 재구성 예시 자료집, 2021

3) 유지

교육과정 내 명시된 성취기준 그대로 유지

4) 교과 간 재구조화

교과	성취기준		성취기준 재구조화
사회 (중심교과) 국어 수학 미술	[4사03-06] 주민 참여를 통해 지역 문제를 해결하는 방안을 살펴보고, 지역 문제의 해결에 참여하는 태도를 기른다. [4사03-05] 우리 지역에 있는 공공 기관의 종류와 역할을 조사하고, 공공 기관이 지역 주민들의 생활에 주는 도움을 탐색한다. [4국03-03] 관심 있는 주제에 대해 자신의 의견이 드러나게 글을 쓴다. [4수05-01] 실생활 자료를 수집하여 간단한 그림그래프나 막대그래프로 나타낼 수 있다. [4미02-04] 표현방법과 과정에 관심을 가지고 계획힐 수 있다.	⇨	[4사03-05, 4사03-06, 4국03-03, 4수05-01] 모둠별로 우리 지역의 문제점을 찾아 이를 해결하는 방안을 막대그래프를 활용하여 우리 지역의 공공기관에 제안하는 글을 쓴다.

04 교과별 평가도구 개발 및 운영

- 재구조화한 성취기준에 근거하여 교수학습과 평가 활동의 일관성 강화
- 다양한 온·오프라인 수업 유형과 연계한 평가도구를 개발·적용
- 수업 중 수시·상시 평가를 통한 성취도 확인 및 맞춤형 피드백 활성화
- 학생의 수행 과정과 결과를 관찰·확인할 수 있는 평가 실시
- 학생의 인지적 능력과 정의적 능력에 대한 균형 있는 평가 실시

기출 **초등특수 경기 2023학년도 수업나눔 일부**

1) 오늘 융합 수업의 의미를 교육적 관점에서 말하고, **성취 기준에 근거하여 그림책을 선정한 이유**를 설명하시오. (12점)
2) '감정 표현하기'를 주제로 다시 창의융합수업을 구성한다면 어떻게 보완 및 수정하고 싶은지 말하시오. (12점)
3) **본 수업은 성취기준을 재구성한 수업이다. 향후 현장에서 삶과 연계한 성취기준 재구성 수업을 실시한다면 어떻게 실행하고 싶은지 말하시오. (6점)**

05 성취기준 중심으로 교육과정 재구성

1. 의미

- 성취기준을 중심으로 교육과정을 재구성하고자 할 때 가르치고자 하는 성취기준을 선정하고 → 각 성취기준과 관련된 단원, 제재, 주요학습활동을 분석하여 교육과정을 재구성할 수 있음

2. 예시

- 단원에 따라 여러 개의 성취기준이 관련되어 있으며 제재와 주요 학습 활동 또한 관련된 성취기준이 다르나, 3. 가습기 단원과 7. 풍선 단원을 선정하여 성취기준 중심으로 교육과정 재구성을 실시한 예시

교과	성취기준	단원	제재	주요 학습 활동
과학	[12과학01-01] 여러 가지 실험을 통해 기체의 성질을 이해한다.	나-3. 가습기	3. 가습기	-가습기 속 물의 변화 알아보기 -물이 끓을 때의 변화 관찰하기
			2. 제습기 속 액화	-물이 증발할 때의 변화 알아보기 -제습기 속 물의 변화 알아보기
		나-7. 풍선	3. 무거운 풍선, 가벼운 풍선	-공기보다 가벼운 기체 알아보기 -공기보다 무거운 기체 알아보기

출처: 성취기준 중심 교과 내용 분석 자료집, 나주 이화학교 교과 지도 계획서, p.154

NOTE

수험생 선생님들이 자주하는 질문!

"교육과정 재구성과 성취기준 재구조화는 무엇이 다른가요?"

두 가지의 개념이 너무 비슷하게만 느껴지나요? 옥진엽 외 4명(2022)에 따르면 성취기준 재구조화란, 교육과정 재구성보다 적극적이고 확대된 형태로서 실질적인 교육과정 개발자로서의 교사 역할을 강화하는 의미입니다. 아래의 표를 살펴볼까요?

비교	교육과정 재구성	성취기준 재구조화
공통점	학생과 교사의 다양성과 특수성을 인정하며 수업의 목표, 내용, 방법 등을 적극적으로 바꾼다는 측면	
차이점	이미 구성되어 있는 성취기준을 교사가 효율적으로 가르치기 위해 교육환경과 학생의 특성에 맞게 교육과정을 수정하고 변형하는 행위	실제 수업과 평가의 상황에 준거로 사용할 수 있도록 성취기준 자체를 통합, 압축, 명료화, 구체화 하는 것을 의미

즉, 성취기준 재구조화는 교육과정 성취기준을 기초로 학생의 개별성과 다양성, 학교의 특수성과 교육 환경 등을 고려하여 실제 수업과 평가 상황에 최적화된 성취 기준을 수정 및 변형하거나 개발하는 것을 의미합니다.

출처: 옥진엽 외 4명, 수업의 폭과 깊이를 더하는 성취기준 재구조화, 하움출판사, 2022, p12~16.

TIP

원격수업을 위한 교과별 교육과정 편성·운영 기본 사항

과목	내용
바른 생활 슬기로운 생활 즐거운 생활	• 생활 속에서 삶의 원리를 찾고 실천 역량을 기르기 위해 원격수업 상황에서도 생활 주변 학습 소재와 주제를 활용하여 자기주도적으로 과제 수행 중심 수업 학습을 하도록 지도 • 1~2학년의 특성을 고려하여 기초·기본생활 습관 정착, 건전한 인성 함양 등을 위해 학부모와 유기적으로 연락하며 긴밀한 협조 체제 구축 필요
국어	• 국어 교과는 대체로 성취기준의 수가 많으므로 원격수업을 운영할 경우, 영역 및 단원의 특성을 고려한 성취기준 재구조화를 통해 학습량을 적정화함 • 실시간 쌍방향 수업, SNS 등을 통하여 학생들의 학습 수준을 수시로 확인하고 맞춤형 과제 제시나 콘텐츠 제공 등으로 한글 미해득과 기초학력 저하를 예방하기 위해 노력
사회	• 원격수업 상황에서 온라인 학습 도구나 원격학습 플랫폼을 통해 학생들이 스스로 문제를 해결할 수 있는 기회 제공 • 의사소통 및 협업 능력 신장을 위해 온라인 모둠 토의나 자료 제작 등 학생 참여형 수업을 실시하고, 등교수업 시 연계 학습을 운영하는 등 온·오프라인 연계 수업 강화
도덕	• 가정이나 생활 주변에서 실천할 수 있는 과제를 선정하여 원격수업 기간 동안 학생 스스로 실천 내용을 점검하고 반성하면서 성실, 책임 등 인성 요소 내면화 • 사이버 공간에서 지켜야 할 예절을 지도하고, 온라인 토의·토론이나 SNS 의견 교환 등을 통해 적극적으로 문제를 해결하며 더불어 살아가는 데 필요한 규범을 익히도록 함

수학	• 콘텐츠를 통해 설명이 가능한 수학적 개념이나 원리는 원격수업에서 다루되, 등교수업 시 학생들의 학습 성취수준을 직접 확인하고 맞춤형 과제를 제공하는 등 기초학력 보장을 위해 노력 • 수학적 개념이나 원리 이해를 돕기 위해 학생들이 스스로 조작하고 탐구할 수 있는 온라인 수학 교구나 교육용 소프트웨어 등을 안내하고 사용법을 익혀 관련 학습에 활용하도록 지도
과학	• 수업 내용 중 실험활동 포함 여부, 탐구 중심 수업에 적절한 원격수업 콘텐츠 제공 등 다양한 요소를 종합적으로 판단하여 학습 내용과 지도 시기 등을 조정하여 수업 실행 • 원격수업 상황에서 실행 가능한 간단한 대체 실험이나 콘텐츠를 안내할 수 있으며, 토의·토론, 조사, 과제 연구, 온라인 과학관 견학 등 탐구 중심의 원격수업 실시
실과	• 노작 활동은 가급적 등교수업에서 다루되, 원격수업 상황에서 노작활동이 이루어질 경우에는 실시간 쌍방향 수업으로 교사가 시범을 보이면서 실습 운영 • 원격수업 상황에서 실습이 필요한 경우에는 필요한 재료를 미리 배부할 수 있으며, 안전사고 예방을 위하여 위험한 공구나 불을 사용하는 등의 위험 요소 제거
체육	• 학습 공간이나 체육 기구 사용 제한 상황을 고려하여 가정에서 손쉽게 활용할 수 있는 도구를 활용한 신체활동, 변형 활동 등을 통해 학생 수준에 맞는 성취 기회 제공 • '안전' 영역은 학습량 적정화 및 원격수업 상황을 고려하여 안전 영역의 내용 요소를 다른 4개의 영역과 통합하여 운영
음악	• 원격수업 상황에서 가창, 악기 연습 등을 할 수 있는 시간을 충분히 주고, 실시간 쌍방향 수업을 통해 연주 자세, 운지법 등을 관찰하거나 녹화(녹음) 결과물을 바탕으로 지속적인 피드백 제공 • 원격수업에서 음악과 춤, 미술, 연극, 영화, 문학 등 다른 예술 영역들과 연계한 감상 기회를 충분히 제공하여 음악적 정서를 표현하고 다양하게 소통하는 방법을 지도함
미술	• 미술 수업의 도구가 디지털 매체로 확장되고 있는 현실을 반영하여 원격수업에서 활용 가능한 창의적인 미술 활동을 모색하고, 주제에 적합한 온라인 감상 콘텐츠를 선별하여 안내 • 원격수업 상황에서는 학생들이 손쉽게 구할 수 있는 재료와 도구를 활용하여 표현활동을 실시하되, 학생들에게 위험 요인이 되는 도구나 활동은 대체하거나 변형하여 안내
영어	• 원격수업 상황에서도 학생들이 관심과 흥미를 가지고 영어 표현 활동과 의사소통 과정에 적극적으로 참여할 수 있도록 챈트, 게임 및 다양한 영상 자료 등을 제공 • 원격수업 콘텐츠나 원어민의 수업 영상을 통해 입 모양 익히기, 발음을 듣고 따라 말하기 등 학생들의 듣기와 말하기 수준을 지속적으로 관찰하고 적절한 피드백을 제공
창의적 체험활동	• 원격수업 상황에서 학생 중심의 직·간접 체험활동이 구현될 수 있도록 각 영역별 활동을 편성·운영하여 학생의 창의력을 기르는 데 중점을 둠 • 원격수업 상황에 유연하고 탄력적인 체험활동이 가능하도록 연간 운영 계획을 편성·운영하고, 창의적 체험활동 원격수업의 다양한 운영 사례를 가정에 안내

출처: 교육부, 초등학교 3~4학년군 교육과정 재구성 예시 자료집I, 2021 p.12~13

NOTE

〈출처〉

교육부, 초등학교 3~4학년군 교육과정 재구성 예시자료집I,II, 2021

교육부, 중고등학교 국어과 교육과정 재구성 예시 자료집, 2021, p.44

학교생활기록 작성 및 관리 지침(교육부훈령 제365호)해설 및 기재요령 중 발췌

손규욱, 2021 현장연구회 결과보고서, 성취기준 재구조화를 통한 역량 중심 수업 운영, 혁신교사 교육과정 연구회, 2021

BEST 17

평가

NOTE

01 영역별 교육 목표 분류

영역	정의	요소
인지적 영역	외적 환경 요소나 대상을 수용하여 인간 내적인 요소와 상호작용을 통해 발달해 가는 정신 능력 (교육평가용어사전, 학지사, 서민원)	지식, 이해력, 적용력, 분석력, 종합력, 문제해결력, 논리적 (사고력, 비판적 사고력, 창의력, 평가 능력 등
심동적 영역	근육의 발달과 사용 그리고 신체의 운동을 조절하는 신체 능력에 관한 인간의 행동 (교육평가용어사전, 학지사, 서민원)	신체의 운동 기능을 사용하고 조절하는 능력, 운동 기능, 신경 근육 관련 기능, 지각 활동 등
정의적 영역	인간의 정서와 감정을 밑바탕으로 형성되는 모든 행동을 포함하는 영역 (교육평가 용어 사전, 학지사, 김명숙)	흥미, 가치, 태도, 선호, 자기 존중, 귀인, 불안, 자아개념 등

02 Bloom의 인지 영역의 교육목표 분류

	지식수준	동사의 예	평가 (학습결과물)
지식	구체적 사실, 사건, 인물, 날짜, 방법, 절차, 개념, 원칙과 이론 등 학습했던 것의 재생과 기억	명명하다, 연결하다, 나열하다, 재생하다, 다시 말하다, 진술하다, 정의하다, 기술하다, 재생산하다.	사건, 사람, 녹음, 신문, 잡지기사, tv, 라디오, 텍스트 읽기, 영화, 비디오, 연극, 시나리오
이해	의미를 이해하고, 파악하는 것, 상징 체계의 전환, 해석, 설명, 예측, 추론, 재진술, 추정, 일반화, 이해를 증명하기 위해 사용하는 능력	설명하다, 전환하다, 해석하다, 다른 말로 바꾸어 표현하다, 재배열하다, 요약하다.	드라마, 카툰, 이야기, 테이프 녹음, 스피치, 사진, 다이어그램, 그래프, 자기진술, 모델, 판단, 아이디어에 기초한 함축, 요약, 유추, 개요, 비교
적용	추상적 개념, 규칙, 일반화된 방법을 새롭고 구체적인 상황에 활용하는 능력	변화시키다, 증명하다, 수정하다, 산출하다, 풀다, 구성하다, 적용하다, 활용하다, 보여주다.	맵핑, 프로젝트, 예측, 도표, 예증, 초안, 해법, 질문, 드라마, 그림, 조각, 성과
분석	구성부분이나 요소로 분해하고 다른 요소들 간의 관계를 이해하는 능력	구별하다, 비교하다, 분해하다, 도식화하다, 분별하다, 관련시키다, 분류하다, 범주화하다.	보고서, 조서, 그래프, 설문지, 논쟁, 비교 에세이, 마인드맵, 확인된 진술, 깨어진 삼단 논법
종합	요소들과 부분들을 새로운 형태와 구조로 배열하고 결합하는 능력	생성하다, 결합하다, 구성하다, 집합시키다, 형성하다, 예측하다, 계획하다, 전망하다, 통합하다.	기사, 발명, 리포트, 규칙 혹은 기준 설정, 실험, 게임, 노래, 기계, 행동 과정, 연극, 책, 질문, 이론의 공식화

출처: James H. McMilian 지음, 손현숙 외 옮김, 교실 평가의 원리와 실제, 교육과학사, 2015
JANET A HALE 지음, 강현석 외 옮김, 교육과정 매핑의 이론과 실제, 교육과학사, 2017
최무현, 학생중심수업 교육과정 디자인하다, 행복한미래, 2020, p.102

03 정의적 영역의 평가

출처: 서울특별시교육청, 수업 시간에 정의적 영역 평가 실천하기(2021)를 바탕으로 작성되었습니다.

- 핵심 역량의 의미: 학생의 학습 결과로 얻은 능력에 초점을 두고, 무엇을 할 수 있는지와 같은 수행 능력을 중요 시 하며, 지식과 기능뿐 아니라 동기나 태도와 같은 정의적 특성을 포함하는 총제적인 것 (김경자 외, 2015)
- 학습을 위해서는 인지적인 영역 못지않게 정의적인 영역도 중요합니다. 학생들의 호기심, 끈기, 참여, 협력적 태도와 같은 정의적 영역을 평가하고 피드백 함으로써 학생들의 인지적 영역의 학습과 전인적인 성장을 촉진할 수 있습니다.

1. **정의적 영역**: 정의적 특성이란 인간이 어떤 상황에서 전형적으로 나타내는 내면적 특성으로 자아개념, 동기, 적성, 흥미, 태도, 가치관, 감정, 인성 등을 의미 (김명숙, 교육평가용어사전, 학지사.)

2. **정의적 영역의 평가**: 정의적 영역 평가란 교육과정의 성취기준과 교과 역량을 기반으로 교수·학습 과정에서 학생의 정의적 특성의 변화와 성장에 대한 자료를 다각도로 수집하여 적절한 피드백을 제공하는 평가

수험생 선생님들이 자주하는 질문!

'그럼, 수행평가 영역에 참여도를 포함하는 것은 어때요?' 예를 들어 잘 참여하면 +1 점이요! (X)

정의적 영역의 평가는 학생의 성장을 돕기 위한 것이지, 학생이 교사의 말을 잘 듣도록 통제하는 수단이 아닙니다. 수업 시간에 집중하지 않으면 점수를 깎고, 준비물을 챙기지 않으면 점수를 깎고, 혹은 발표를 많이 하면 점수를 주고, 학습지를 성실하게 채워 도장을 모으면 점수를 주는 것들… 이런 경험 부끄럽지만 저 역시 있습니다. 정의적 영역을 점수화하여 점수를 의식하며 행동하는 것이 아니라, 교사가 평가의 의의를 충분히 설명하고 끊임없이 점검하며 성찰하도록 독려해야 합니다. 점수는 학생의 성취 정도를 알려주는 용도가 되어야지, 학생을 교사가 원하는 대로 행동하게 하는 유인책이 되어서는 안 됩니다.

(출처: 서울시교육청, 수업 시간 정의적 영역 평가 실천하기, 2021, p.93 재구성)

3. 평가 항목 예시

역량	내용	관찰 가능한 행동 지표
자기 관리	목적의식: 학습상황에서 목표를 설정함	• 학습목표를 이해한다. • 자신의 능력에 맞게 목표를 설정한다. • 전체 목표를 달성하기 위해서 중간 목표를 세운다
	자기조절: 목표나 과제 달성에 대해 집중하여 적극적으로 실천함	• 목표나 과제를 완수하기 위해 계획대로 실천한다. • 노력, 시간, 자원 등을 스스로 관리하고 확인한다. • 해야 할 일이나 중요한 것의 순서를 정해 놓고 그 순서에 따라 일을 한다. • 필요한 경우 도움이나 자원을 요청하고, 적절하게 활용한다. • 스스로 어려움이나 실패의 원인을 분석하고 다시 도전한다.
	책임감: 과제나 임무, 역할을 중요하게 여기고 끝까지 해냄	• 스스로 설정한 과제, 역할 등을 포기하지 않고 끝까지 해낸다. • 활동에서 역할 수행 과정을 확인한다. • 자신이 맡은 과제나 일을 수행한다. • 모둠의 의사 결정 과정에 참여한다.
	성찰적 태도: 자신의 강점이나 역량을 파악하여 행동함	• 자신의 강점이나 역량이 무엇인지 파악한다. • 행동과 그 이유에 대해 설명한다. • 자신이 부족하거나 미흡한 점을 솔직하게 인정하고 개선하려 한다.
의사소통	자기표현: 의사소통 상황에 참여하여 자신의 의견을 효과적으로 표현함	• 자신의 생각을 표현한다. • 자신의 감정을 표현한다. • 다양한 의사소통 상황에 참여한다.
	경청: 의사소통 상황에서 다른 사람의 이야기를 끝까지 집중하여 듣고 적절한 반응을 보임	• 자신과 다른 입장이나 의견에 주의를 기울이고 공감하는 태도를 갖는다. • 다른 사람의 이야기를 끝까지 집중하여 듣는다. • 내가 끼어들 상황인지 아닌지를 판단하여 말하고 행동한다. • 다른 사람이 이야기를 할 때 알맞은 반응을 한다
공동체	존중: 모든 사람과 생명체, 사물이 가진 가치를 인정하고 소중히 여김	• 예의 바른 말과 행동을 한다. • 다른 사람의 감정을 고려하여 말하고 행동한다. • 다른 사람의 몸이나 물건을 소중하게 대한다. • 자신이 불편해도 합의된 규칙을 지키려고 노력한다. • 규칙을 어겼을 때 이를 인정하고 자신의 행동을 개선한다.
	협력: 공동체의 목표를 위해 서로 힘을 합쳐 활동함	• 다른 모둠원의 기여를 소중하게 생각한다. • 문제해결을 위해 의견을 나누고 정보를 공유한다. • 모둠원들의 여러 견해를 종합하여 결정한다. • 할 일을 구체적으로 작성하여 모둠원끼리 합리적으로 나눈다. • 결정된 모둠의 의견에 따른다. • 역할 수행에 어려움을 겪는 모둠원의 참여를 돕는다

(출처: 서울시교육청, 수업 시간 정의적 영역 평가 실천하기, 2021, p.97~98)

4. 정의적 영역의 피드백

1) 피드백

- 피드백: 학생의 현재 수준과 도달해야 할 수준 간의 차이를 자세히 알려줌으로써, 학생의 성장을 지원하고 교사의 수업과 평가의 질을 개선하는 과정
- 피드백의 중요성: 학생이 스스로 학습 전략을 세우는 데 도움을 줄 수 있어 자기주도적 학습 능력을 향상

2) 정의적 영역 피드백 효과

- 학생의 학습과 성장을 도움: 성취기준과 관련된 인지적 측면의 피드백 외에도 학습 흥미나 동기, 효능감, 자신감 등을 긍정적으로 신장시킬 수 있는 정의적 영역의 피드백으로 학생의 성장 이룰 수 있음

5. 평가 방법

- 관찰평가 (상시 관찰)
- 동료평가, 자기평가
- 예시: 자기 성장 평가지, 나의 성장 확인표, 수업 태도 성찰 기록표, 친구 작품 별점 주기 평가, 자기조절과 협력 확인표, 자기 성장 기록지

6. 평가 결과

- 정의적 영역의 평가 결과는 점수화를 위한 평가 정보보다 기록과 피드백을 위한 자료로 활용
- 체계적인 정의적 영역의 평가를 통해 근거에 입각한 기록을 하고, 학생들의 성장과 발전을 돕는 피드백이 활발하게 이뤄져야 함

7. 기록

- 수업 시간에 면밀하게 이루어진 학생 관찰을 토대로 한 교사의 기록이나 학생들의 자기평가 등을 통해 학생의 수행 과정이나 성장 과정을 *누가기록

〈*누가기록〉

① 정의: 비교적 긴 기간 동안 각 학습자에 대한 정보를 구체적으로 기록해놓는 것

② 방법: 학생의 과제 수행에 대한 관심이나 태도, 어려움을 극복한 과정, 창의성이 돋보이는 수행이나 성취, 사회적 관계 등에 대한 내용을 누가적으로 기록

조이쌤과 끈기

정의적 영역 평가와 인지적 영역 평가를 별개로 생각하지 말자! 서로 상호의존적인 관계입니다! 정의적 영역 평가와 인지적 영역 평가를 나눠서 해야지! (X) 라는 생각을 하셨나요? 정의적 영역 평가는 인지적 영역 평가와 별개로 생각하는 것이 아니라, 서로 상호 의존적인 관계입니다. '정의적 영역만을 위한 평가'가 아니라 '정의적 영역을 포함하는 평가'로 이해해야 합니다.

NOTE

04 형성평가

조이쌤과 끈기+

이찬승(2020)에 따르면 형성평가란 시험을 통한 성적 산출의 과정이 아니라 피드백 제공을 위한 정보 수집 활동(이해정도, 진전도, 학습 필요성) 파악입니다. 형성평가에 대한 오해로 이 용어에 '평가'라는 말이 포함되어 있어 하나의 시험인 것처럼 인식합니다. 형성평가는 일련의 학습 과정이며 특정 형태의 시험이 아닌 형성 학습이라는 용어와 동의어입니다.

출처: 이찬승, 피드백에 대한 모든 것(1), 교육을 바꾸는 사람들, 2020

1. 정의 (네이버 특수교육학 용어 사전)

- 교수·학습이 진행되는 과정에서 학생의 진전을 점검하고 필요한 경우 교과 과정이나 수업 방법을 개선시키기 위해 실시하는 평가

2. 형성평가 유형

내용	구조적 형성평가	비구조화 형성평가
평가 방법	• 계획되고 공지된 평가 활동 • 시험, 보고서, 연습문제, 실험, 실습, 글쓰기, 프로젝트, 토론 등 다양한 수업 방법과 연계하여 시행 가능	• 수업이 진행되는 동안에 교사들이 관찰, 질의응답, 수업 분위기 등을 통하여 학생들의 반응을 수집 • 행동관찰 (얼굴 표정, 눈빛, 몸짓 등), 언어적 상호작용, 질의 응답, 교실 분위기
수업 절차/ 시기	• 사전 계획과 예고 • 수업 전후 시행	• 자발적, 즉각적 파악 • 수업 도중 관찰/ 모니터링
피드백	• 수업 자료 채점 및 판단 이후 수행	• 상호작용을 통해 즉시 수행
수업 교정	• 수집 자료에 대한 피드백과 해석 이후 수행	• 수집 자료 이해 후 즉시 수행

(출처: 김성숙, 김희경, 서민희, 성태제, 교수학습과 하나 되는 형성평가, 학지사, 2015)

3. 교육적 효과

① 학습을 위한 평가가 가능하며 형성평가는 순환적 과정으로 이루어짐

② 즉각적인 피드백을 제공하여 학생의 학습을 성공적으로 이끌어 냄

③ 학생이 자기주도적인 학습자가 되도록 도움

④ 교수자는 학습자들의 수업 능력, 태도, 학습 방법 등을 확인함으로써 교육 과정이나 수업 방법을 개선하고 교재의 적절성을 확인 가능

4. 형성평가의 다양한 방법

① 언어활용 기법: 학습목표 공유 기법, 대화기법, 토의기법, 질문기법

② 지필활용 기법: 쓰기, 요약작성, 지필검사

③ 행동 활용 기법: 비언어적 행동기법(포트폴리오 등), 협력활동 기법

④ 정보활용 기법: 피드백 기법, 학생 자기평가 기법 (노력정도 자기 평가하기)

⑤ 그림활용 기법: 그래픽 조직자, 그림 그리기

05 성장중심 평가

1. **정의**: 학생의 성장과 발달을 촉진하여 참된 학력과 핵심 역량을 키워나갈 수 있도록 돕는 평가

2. 방향

- 평가 패러다임의 확장: 학생의 고등 사고 능력 신장을 위한 발달적 평가관 지향
- 과정중심의 평가 강조: 인지적, 정의적, 심동적 영역의 균형 있는 평가 실시
- 교육과정-수업-평가의 일체화 실현: 성취기준 기반 평가 계획 수립
- 학생, 학부모와 함께하는 평가: 효율적인 피드백 강화

3. 효과

- 참된 학력과 핵심역량 키워나갈 수 있음: 학생 서열화를 위한 것이 아닌 학생의 배움을 촉진하기 위한 평가
- 교사에게 수업의 질 개선에 도움: 교사는 평가의 결과를 활용하여 학생의 추수 학습에 대한 방향을 제시하고, 학습상의 문제점을 파악하여 도움을 주며, 나아가 교수·학습 전반을 개선하는데 유용한 정보로 활용 가능
- 학습자의 발달 촉진: 학습자 성장중심평가는 학습자가 어느 지점에 와 있고, 효과적인 피드백은 어떤 방향으로 나아가야 할 것이며, 목표에 도달하는 방법이 무엇인가를 밝혀 학생이 자신의 학습을 지속적으로 성찰하고 개선 가능
- 교사와 학생이 함께 만들어가는 평가: 교사와 학생의 성장을 함께 경험
- 가정 연계 가능: 학부모에게 인지적, 심동적, 정의적 요소 등 학생의 성장과 발달을 기술해 안내하는 결과 통지로 자녀의 학습 정도를 파악하고 이해할 수 있으며, 평가 결과를 학부모와 공유함으로써 학교에 대한 신뢰감을 향상시켜 학교 교육에 참여하는 계기 마련

4. 방법

방법	내용
논술형 평가	학생이 알고 있는 지식이나 정보를 활용하여 자신이 이해한 언어로 써보는 것
구술평가	학생으로 하여금 특정 교육이나 주제에 대해 자신의 의견이나 생각을 발표하도록 하여 평가함
토의토론	특정 주제에 대해 학생들이 토의하고 토론하는 것을 관찰하여 평가하는 방법
실험실습	어떤 과제에 대하여 학생들로 하여금 직접 실험이나 실습을 하게 한 후 결과 보고서를 제출하여 실험실습 과정과 보고서를 종합적으로 평가하는 방법
프로젝트	특정한 연구 과제나 산출물 개발 과제 등을 수행하도록 한 다음, 프로젝트의 전 과정과 결과물을 종합적으로 평가하는 방법
포트폴리오	학생이 쓰거나 만든, 지속적이면서도 체계적으로 모아 둔 개인별 작품집 혹은 서류철을 이용한 평가 방법
자기평가, 동료평가	• 자기평가: 학습을 통해 얻은 기능과 지식을 학습자가 스스로 평가하는 과정 • 동료평가: 동료 학생들이 상대방을 서로 평가하도록 하여 그 결과를 보고 평가하는 방법
정의적 능력 평가	자아개념, 가치관, 흥미, 책임, 협력, 동기, 자신감, 자기효능감 등 학습자의 정의적 요소를 평가하고 성취정도를 살펴보는 것

출처: 경기도교육청, 성장중심평가 기본 문서, 2018 경기도교육청, e-book 즐겨찾기 1호, 2021, p.11

06 과정중심 평가

1. 정의

- 교육과정 성취 기준에 기반한 평가 계획에 따라 교수학습 과정에서 학생의 변화와 성장에 대한 자료를 다각적으로 수집하여 적절한 피드백을 제공하는 평가
- 교사들이 수업을 할 때 교수 학습과정에서 학생에 대한 변화와 성장에 대한 자료를 다각적으로 수집하여 적절한 피드백을 제공하기 위해 교사별로 결과 뿐만 아니라 과정을 중시하는 평가를 수행하는 것

조이쌤과 끈기+

과정중심평가는 평가하는 방법이 아닌, 평가를 보는 관점입니다. 과정 중심 평가를 잘 하려면 과정 중심 평가에 맞는 적합한 평가 방법을 선택해야 합니다. 또한, 성장중심평가를 내실화하기 위해서 과정중심 평가가 잘 구현되어야 합니다!

2. 교육적 효과

- 평가 패러다임의 확장
- 결과중심평가와 대비
- 수업 중에 지속적으로 이루어지며 수업이 곧 평가가 될 수 있어 교육과정-교수 학습- 평가의 연계가 가능
- 교사와 학생 간의 상호작용적이며 즉각적인 피드백을 제공할 수 있음

3. 방법

지필평가의 형태뿐만 아니라 프로젝트 평가, 포트폴리오 평가, 관찰, 면담, 구술평가, 자기평가, 동료평가 등과 같이 학생의 학습에 대한 정보를 수집할 수 있는 모든 평가 방식이 가능 (단, 변화와 성장에 초점을 맞춰 피드백을 제공하며 과정을 중시!)

〈과정중심 피드백〉

① 개념: 교수학습 과정 중에 학생들에게 학습의 목표가 무엇이고 현재 자신의 상태는 어느정도이며, 어떻게 개선해 나아가야 하는지에 대해 지속적으로 생각하게 함으로써 학생의 현재의 상태와 목표 사이의 간격을 줄여 성공적 학습에 이르도록 돕는 교수 전략

② 효과

- 교사에게 효과: 학생이 성취기준 및 학습 목표에 어느 정도 이르고 있으며 더 나은 성장을 위해 어떤 정보를 제공할 것인지 학생의 수준에 맞는 배움과 성장을 지원할 수 있음
- 학생에게 효과1: 현재의 자신의 학습 능력에 대한 강점 및 약점, 목표 도달을 위해 필요한 구체적인 학습 전략을 지원함으로써 배움의 동기를 지속적으로 유지하는데 도움을 줌.
- 학생에게 효과2: 학생 스스로 학습 과정을 성찰할 수 있는 경험을 제공하여 학생이 학습의 자기조절 능력과 효능감을 가지도록 함
- 교사와 학생 모두 효과: 학습 목표와 현재 상태와의 차이를 발견하고 그 차이를 줄일 수 있는 적절한 정보를 제공하고 활용하여 모든 학생이 학습의 주인이 되도록 도움

(출처: 경기도교육청, e-book 즐겨찾기 5호, 2022, p.26)

4. 특수교육에서 과정중심 평가의 필요성

NOTE

특수교육에서 평가는 학생을 위한 교육의 실질적 성과를 표현할 수 있는 가장 주된 수단으로서 학생의 성장과 변화를 보여줄 수 있어야 한다. 이를 위해 평가는 학생의 성공적인 학습 경험을 강조하고 그들에게 학습에 관한 구체적인 안내와 기회를 제공할 수 있어야 하며, 학생의 긍정적인 변화와 실제적인 성장을 담아낼 수 있어야 한다. 이러한 평가는 학생의 오류나 실패에 초점을 맞추기보다 학생의 학습 과정에서의 성공 경험에 바탕을 두고 학생의 실질적 변화의 여정을 기록할 수 있어야 한다. 동일한 학습 내용에 참여하는 학생들은 서로 다른 배경지식과 특성을 가지고 있어서 기본적인 학업 능력부터 흥미나 요구 등 여러 측면에서 다른 특성을 가진다.

따라서 같은 학습 내용에 참여하는 학생이라고 할지라도 서로 다른 학습 경험을 통해 다양한 양상의 학습 과정과 결과를 보여주게 된다. 이에 특수교육에서 과정 중심 평가는 특수교육 대상 학생의 학습 경로와 결과를 질적으로 분석하여 학생이 일정한 학습 결과에 도달하는 학습 과정의 수행을 질적으로 분석할 수 있어야 한다. 그리고 질적 분석의 타당성을 높이기 위해 평가 계획의 수립 단계부터 학생들의 다양한 학습에 관한 이야기(story)를 예상하고 학생들의 서로 다른 학습 경험을 어떻게 기록하고 평가할 것인가를 고민해야 한다.

출처: 정주영, 개별화교육의 실제, p.28

수험생 선생님들이 자주하는 질문!

과정중심평가에 대한 오해!

① 과정중심 평가는 곧 형성평가이다?

→ 아니요! 진단평가, 형성평가, 총괄평가 모두 교수학습의 과정에서 이루어질 수 있습니다. 발달적 평가관에 따라 배움을 확인하고 피드백을 제공한다면 그것은 모두 과정중심 평가입니다!

② 과정중심평가는 수행평가이다?

→ 아니요! 수행평가도 적절한 피드백이 제공되지 않는다면 과정중심평가가 아닙니다!

즉, 중요한 것은 배움의 과정과 결과를 중시하며, 학생의 성장과 발달을 위해 피드백을 제공하는 것이 바로 과정중심평가의 핵심입니다!

기출 중등특수 2023학년도 수업실연 일부

3. 수험생 유의사항 (수업 조건)

- 수준별 목표를 반영하여 수업을 진행하시오.
- 다양한 디지털 매체를 활용하여 디지털리터러시 역량을 키울 수 있도록 지도하시오.
- **교육과정-수업-평가(기록) 일체화를 위한 과정중심평가를 실현하시오.**
- 학생 간의 상호작용이 잘 드러나게 수업하시오.

기출 초등특수 대구 2022학년도 초등특수 수업실연 일부

<table>
<tr><td rowspan="4">활동1 형성평가
〈수준별 퀴즈〉</td><td colspan="2">〈수험생 실연 부분2〉</td><td rowspan="4">㊓ 개별 학생의 수준에 맞게 형성평가 문제를 구성한다.</td></tr>
<tr><td>가</td><td></td></tr>
<tr><td>나</td><td></td></tr>
<tr><td>다</td><td></td></tr>
</table>

07 수행평가

기록의 방법	체크리스트, 평정 척도법, 일화 기록법
평가자에 따른 방법	자기평가, 동료평가, 교사 평가
평가 장면에 따른 방법	논술, 구술, 토의, 토론, 실기, 보고서법, 프로젝트법, 포트폴리오법 등

(출처: 강대일 외1, 수행평가란 무엇인가, 에듀니티, 2019)

1. **정의**: 실제 상황이나 인위적 평가 상황에서 학생들의 과제 수행 과정이나 학생들이 직접 만들어낸 산출물 혹은 2가지 모두를 정해진 조건에 따라 학생들의 지식, 기술 혹은 기능의 수준이나 정도를 관찰과 판단을 통해 평가하는 것

2. 수행의 유형 (과제 개발)

글쓰기	일기, 편지글, 이야기, 수필, 메모, 광고글, 팜플릿, 전기, 논설문, 안내문, 서평, 성명서, 잡지기사, 뉴스방송, 신문기사, 연극 대본, 영화 각본, 시, 역사적 사실, 일지, 실험보고서, 계획서, 조사 보고서, 검사지, 십자 퍼즐, 트위터, 인스타그램, 페이스북, 블로그 활용
구두 표현	구두 발표, 가르치기, 대화, 토론, 연설, 토의, 면담, 라디오 방송, 오디오 테이프, 대본 낭독, 인형극, 촌극, 시 낭독, 예보, 랩, 노래
시각적 표현	도표, 흐름도, 그래프, 스케치, 그림, 지도 포스터, 스크랩, 조각품, 시합, 모형, 파워포인트 시연, 사진, 그림, 만화, 콜라주, 전시, 비디오 영상, 디자인, 광고, 배너, 전단, 광고, 책이나 CD의 표지, 웹사이트

(수행평가와 채점기준표 개발- 김선 외:)

3. 수행평가의 장점

① 실제 상황에서 평가 가능
② 과정과 결과를 모두 볼 수 있음
③ 과정중심평가에 적합
④ 지속적으로 평가할 수 있음
⑤ 구체적인 기준에 의한 절대평가 가능

4. 수행평가의 단점

① 채점과 채점 개발 기준이 어려움
② 신뢰도가 낮고 표집이 적음
③ 교사의 연습이 필요
④ 시간이 오래 걸림

 중등특수 2023학년도 수업실연 일부

2. 수험생 유의사항
   - 활동1 ~ 활동2 평가까지 실연하시오.
   - **활동1에서 수행평가, 활동2에서 관찰평가 실시하시오.**
   - 개별화된 지도를 드러내어 실연하시오.
   - 학생의 오반응에 대해 피드백을 제공하시오.
   - 도준이의(다 수준) 도전행동을 활동2에서 긍정적 행동지원으로 지도하시오.
   - 자료: 시청각 자료, 소화기관 모형, 테블릿PC, 코딩 로봇, 유성 매직펜(빨강색, 초록색), 모둠 활동지

3. 본시 관련 학생 실태

가 (2명)	• 문장으로 발화한다. • 테블릿 PC 사용 능력이 우수하며 과정과 결과를 문장으로 표현할 수 있다.
나 (1명)	• 테블릿PC를 사용할 수 있으며, 과정과 결과를 단어로 표현할 수 있다.
다 (1명)	• 한 음절의 발화 또는 비언어적 요소 (몸짓, 표정)을 사용해 자신의 의사를 표현한다. • 테블릿PC로 이미지를 검색할 수 있다. • 유성펜으로 그림 그리는 것을 좋아한다. • 도준: 자리를 이탈하여 또래 주변을 맴돈다. (기능: 관심, 과제회피)

08 루브릭

1. 정의: 수행 과제에 대해 교사가 바라는 학생의 성취 사항을 수준별로 모아 평가하기 쉽게 구분해 놓은 채점 도구, 하나의 과제에 대해 학습자들의 수행 정도를 평가하기 위해 교사들이 사전에 공유하는 평가에 대한 기준이자 가이드라인

2. 교육적 효과

① 채점 소요 시간을 절약

② 학생에게 의미 있는 피드백을 적시에 제공할 수 있도록 도와줌

③ 잠재적으로 교수학습 과정의 효과성을 높여주는 역할

④ 평가의 기본 원칙에 해당하는 형평성과 정당성을 확보할 수 있도록 도와줌

⑤ 학생들의 비판적인 사고를 촉진할 수 있음

⑥ 학생들이 자세한 피드백을 사용할 수 있도록 준비시킴

⑦ 교사들의 교수법을 향상시키도록 돕고 의사소통을 용이하게 함

(출처: 최경애, 평가 루브릭의 개발과 활용, 교육과학사, 2019, p.35~46)

NOTE

<체크리스트 활용 평가>

'체크리스트를 활용해서 관찰평가를 하시오.' 라는 조건에서 교사가 단순히 체크리스트 관찰지를 가지고 순회하는 모습을 보이라는 것 이외에도 루브릭의 개념을 활용하여 '학생들이 어떤 기준으로 평가가 되는지, 어떤 모습이 토의나 모둠활동 중 바람직한 모습인지'를 명확히 사전에 설명한다면 평가의 효과가 높아지겠죠? 더하여 자기 체크리스트를 활용할 수도 있습니다. 아래의 설명을 참고해주세요!

체크리스트 평가 의미: 각각의 행동에 대한 단계별 평가를 할 때 적용할 수 있으며 학생이 성취행동에 대해서 어느 정도 수준까지 도달하였는지를 평가해야 하는 경우 유용하게 사용할 수 있음. 단, 평가 영역 간의 장단점을 비교하는 데 한계가 있으며 필요한 경우 관찰결과를 추가하여 기록하기도 함. 자기 평가나 상호평가 시에도 흔히 활용되는 평가 방법임.

TIP

정당한 평가 실행을 위한 문항 개발 방법의 예시

구분	방법
추가적 지원 제공	• 힌트 추가/ 생각 상자 제공: 질문의 이해를 확인하는데 도움이 될 수 있는 상기시킬 수 있는 힌트를 제공하기 ➜ 발문 예 아래 상자는 이번 문제가 담고 있는 주요 개념에 대해서 설명해주고, 개념을 알려주는 힌트가 담겨 있는 생각 상자입니다.
	• 추가적 그래프나 개요도 제공 ➜ 발문 예 이것은 이 글과 관련 있는 정보를 보완하기 위해서, 이해를 돕기 위해서 가져온 그래프, 개요표 입니다.
	• 추가적 빈 공간 제공 ➜ 예 문제와 문제 사이에 여백을 더 넓게 제공하기, 읽기 지문의 단락 간 문단 간격을 넓혀주기
	• 그래픽 조직자 제공 ➜ 예 학생이 생각을 조직화 하는데 도움을 제공
확대나 강조	• 글자 포인트 확대 • 주요 지문 강조 (밑줄, 진하게, 기호 부여) ➜ 예 주요 단어 혹은 필수 단어 강조하여 회상 촉진 도움 제공
제거 혹은 제한하기	• 오답지를 제거 (오답지의 개수를 줄여주기) • 지문의 개수 제한 • 장당 문제 수 제한 • 다단계 문제 내 감축 (단계의 개수를 줄여주거나 제한) • 문항 삭제 (너무 어려운 문항은 삭제)
허용	• 쉬는 시간 허용하거나 필요한 시간 만큼 제공 • `계산기 사용 허가 • 구체물 사용 허용 (분수 모형, 지형모형, 구체물 등)

(출처: Hodgson, Lazarus, & Thurlow, 2010, 재구성)

수험생 선생님들이 자주하는 질문!

"과정중심평가, 수행평가, 형성평가… 너무 헷갈려요!"

2차 시험을 준비하다 보면 서로 비슷하게 느껴지는 교육 용어들에 어려움이 있습니다. 이 세 개의 용어가 헷갈리는 이유는 **모두 교수-학습 과정에 관심을 가지는 평가이자, 다수의 평가 '방법'으로 실행하기 때문입니다.** 그 중 과정중심평가, 수행평가, 형성평가의 특징, 평가의 초점, 상호 관계를 알아봅시다!

1) 평가별 특징

평가	특징
과정중심평가	• 평가를 보는 관점 • 교육적 요구에 의해 등장한 평가
수행평가	• 전통적 선택형 검사와 구별되는 대안적 평가의 유형 • 실제 수행 결과물 산출
형성평가	• ***교수-학습 진행 과정에 따른 분류** 중 한 유형 • 교수학습이 진행되는 중에 실시

*진단평가(수업 전)-형성평가(수업 중)-총괄평가(일정 교수학습이 끝난 후 종합적 평가)

2) 평가의 초점과 공통점

평가	초점	공통점
과정중심평가	• 학습 과정과 결과, 문제 해결과정과 결과 모두에 초점	• 교수-학습 과정에 관심 • 다수의 평가 방법으로 실행
수행평가	• 학습 과정, 결과에 초점	
형성평가	• 교수-학습 과정 초점 (피드백 중시)	

3) 과정중심평가, 수행평가, 형성평가의 상호 관계를 나타낸 그림

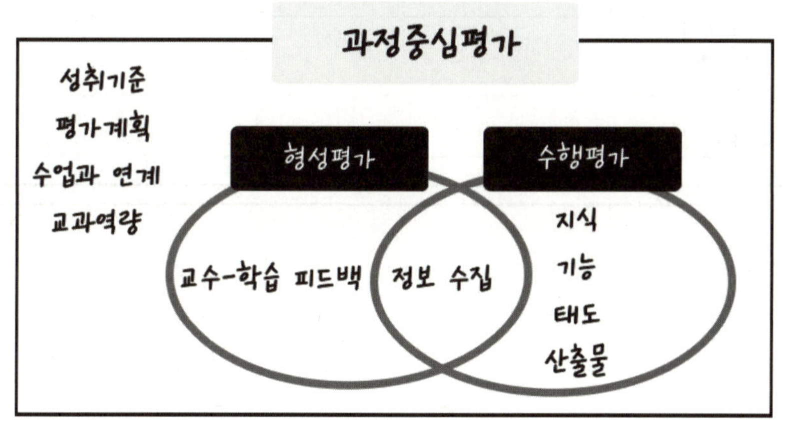

출처: 이지운, 노지화, 형성평가, 수행평가, 과정중심평가에 대한 재고찰, 2020, p.515-535, p.531 [그림3] 편집 구성

NOTE

수험생 선생님들이 자주하는 질문!

"환류(feedback) 란 무엇인가요?"

- 정의: 교육평가에서 환류는 학습자가 행한 반응의 옳고 그름에 관해 학습자에게 알려주기 위해 사용되는 여러 가지 절차 의미. 즉, 학생 개개인의 활동이나 반응의 적절성에 관해 개별 학생에게 다시 송환되는 정보를 뜻하는 것으로 학습 상황에서 학생들의 성취한 것의 양과 질에 대한 의사소통을 의미

- 정탁준(목포대학교)에 따르면 교육평가의 환류는 학생뿐 아니라 교수자 혹은 교사에게 주는 정보의 의미도 가지고 있어 평가 결과(시사점)를 활용하여 다시 목적이나 교수 설계 시 반영하여 활용 가능

- 구체적 예 퀴즈, 피드백, 점수나 과제물 수행 정도 확인, 학생의 반응, 교육의 효과, 교육 목표, 내용, 수업 방법, 학생 특성, 완성물, 교육 결과물 활용, 소통 기술 등을 다양한 관점에서 확인하여 수업을 개선 가능

출처: 정탁준(목포대학교), 평가 환류(feedback)를 통한 도덕과 수업 개선 방안, 윤리 연구 제81호, 2011

→ 학생들에게 그들의 학습 성과를 알려주고 학습 성취를 위해 필요한 추가적인 정보를 제공하는 것들이 환류의 과정! 즉, 평가 환류의 내용은 평가 결과를 다음 수업에 어떻게 개선 및 적용할지, 어떠한 내용을 피드백했는지, 가정 연계 방안 등을 떠올리면 됩니다.

기출 초등특수 서울 2022학년도 지도안 작성 양식 일부

<table>
<tr><td>학습 목표</td><td colspan="2"></td></tr>
<tr><td rowspan="4">평가 계획</td><td>평가 관점</td><td></td></tr>
<tr><td>평가 시기</td><td></td></tr>
<tr><td>평가 도구 및 방법</td><td></td></tr>
<tr><td>평가 환류</td><td></td></tr>
</table>

NOTE

[평가 부분 참고문헌]

- 교육부(2020). 2015 개정 교육과정 총론 해설서(교육부 고시 제2015-74호, 교육부 고시 제2020-225호 일부개정 포함)
- 교육부(2021). 2021학년도 학교생활기록부 기재요령. 교육부(2021.3)
- 교육부, 경기도교육청, 한국교육과정학회(2020). 역량중심 교과교육과정 설계 방향 탐색. 2020 국가교육과정포럼 역량기반 교과교육과정 포럼 (1차)
- 교육부, 교육과정평가원(2017). 과정을 중시하는 수행평가 어떻게 할까요?(중등). 교육부
- 김경자, 곽상훈, 백남진, 송호현, 은장덕, 이승미, 한혜정, 허변훈, 홍은숙, 박남정, 이상수, 박희경, 전현진, 김대현, 홍원표, 황규호

  (2015. 2015 개정 교육과정 총론 시안 [최종안] 개발 연구. 교육부, 국가교육과정개정연구위원회
- 김명숙(2004). 교육평가용어사전. 학지사
- 서울대학교 교육연구소(2011). 교육학용어사전. 하우동설
- 서울특별시교육청 증등교육과(2021). 학생의 성장과 발달을 돕는 2021학년도 학생평가 내실화 계획. 서울특별시교육청
- 성태제(2018). 현대교육평가. 학지사
- 손민호 외 3인(2020). 새로운 학력 평가 지표 구성 및 평가 도구개발 연구. 서울시교육처 외 5개 시도교육청.
- 유진은(2019). 교육평가, 연구하는 교사를 위한 학생평가, 학지사
- 이인화 외 3인(2017). 핵심역량 신장을 위한 교과별 평가자료 개발 및 적용(의사소통 역량과 공동체 역량을 중심으로). 한국교육과정평가원
- 황정규 외 10인(2017). 교육평가의 이해. 학지사
- James H. McMilian 지음, 손현숙 외 옮김, 교실 평가의 원리와 실제, 교육과학사, 2015

  JANET A HALE 지음, 강현석 외 옮김, 교육과정 매핑의 이론과 실제, 교육과학사, 2017
- 최무현, 학생중심수업 교육과정 디자인하다, 행복한미래, 2020, p.102
- 서울시교육청, 수업 시간 정의적 영역 평가 실천하기, 2021, p.97~98
- 이찬승, 피드백에 대한 모든 것(1), 교육을 바꾸는 사람들, 2020
- 김성숙, 김희경, 서민희, 성태제, 교수학습과 하나 되는 형성평가, 학지사, 2015)
- 특수교육 수업을 요리하다 평가편 186~211p
- 경기도교육청, 성장중심평가 기본 문서, 2018
- 경기도교육청, e-book 즐겨찾기 1호, 2021, p.11
- 경기도교육청, e-book 즐겨찾기 5호, 2022, p.26)
- 강대일 외1, 수행평가란 무엇인가, 에듀니티, 2019)
- 수행평가와 채점기준표 개발- 김선 외 2, AMEC, 2020)
- 최경애, 평가 루브릭의 개발과 활용, 교육과학사, 2019, p.35~46)
- 정탁준(목포대학교), 평가 환류(feedback)를 통한 도덕과 수업 개선 방안, 윤리 연구 제81호, 2011
- Hodgson, J. R., Lazarus, S. S., & Thurlow, M. L. (2010). Characteristics of States' Alternate Assessments Based on Modified Academic Achievement Standards in 2009-2010. Synthesis Report 80. National Center on Educational Outcomes, University of Minnesota.
- 이지운, 노지화, 형성평가, 수행평가, 과정중심평가에 대한 재고찰, 2020, p.515-535, p.531 [그림3] 편집 구성

BEST

18 피드백

NOTE

조이쌤과 끈기

수업에서 피드백의 제공 방식이 그저 '칭찬' 으로만 끝나는 경우가 많습니다. 그런데, 학생들은 실수로부터 많은 것을 배웁니다. 효과적인 수업을 위해 학생들의 수행에 어떠한 피드백을 해주는 것이 좋을지 발문을 점검해봅시다.

01 좋은 피드백의 기준

1. **구체적이다!** 등급과 점수는 피드백이 아님. 10점 중 8점을 받았다고 해서 무엇을 잘했는지 무엇을 앞으로 배워야 하는지는 알 수 없음. '더하기를 할 때 매번 이쪽에 받아 올림을 안하더라.', '이렇게 던질 때 손바닥이 아닌 손 전체에 느낌이 오니?' 등의 구체적인 피드백이 더욱 적절

2. **명료하며, 이해하기 쉽다.**: 학생이 이해할 수 없는 피드백은 아무런 도움이 되지 않음, 학습자의 수준을 고려하여 이해하기 쉽게 제공해야 함

3. **실행가능하다.**: 실제 자신의 행동을 바꿀 때 피드백이 의미가 있으며, 주어진 피드백을 바탕으로 자기조정(검토, 수정, 연습, 개선, 재시도)를 할 수 있어야 함

4. **신속하며 정확하다.**: 반영할 시간 제공을 위해서 학습의 도중에 신속하게 제공해야 함

5. **지속적이고 일관성이 있다.**: 단기간에만 제공되는 것이 아니며, 일관적인 것을 강조하고 있음

<가장 좋은 피드백이란?>

피드백에 대한 오해 중 가장 강력한 피드백은 아이들로부터 교사로 향하는 피드백 (John Hattie, 2019)입니다. 교사가 학생에게만 제공하는 것이 피드백의 전부가 아닌, 학생들의 이야기 '~을 모르겠어요. ~이 잘 보이지 않아요. ~의 부분이 재밌어요.', 학생들의 표정, 학생들 간의 대화 모두 교사에게로 오는 피드백이 수업을 개선하고 방향을 설정하는데 가장 큰 도움이 될 것입니다.

출처: 이찬승, 피드백에 대한 모든 것, 피드백에 대한 오해불식과 피드백 기법 (1), 2020, 재구성

02 피드백의 형태

1. **구두 피드백**: 적합한 장소를 선택, 내용을 구조화, 격려의 어조를 사용
2. **서면 피드백**: 서면피드백 역시 격려의 어조를 사용, 선별적인 지적
3. **동료 피드백**: 동료 튜터링, 동료 반응
4. **자기 피드백**: 스스로의 성장과 발달을 관찰할 수 있도록 비교 대상의 기준을 학생 자신으로 잡을 때 교사는 더욱 세세한 관심을 쏟을 수 있음

〈학생 개별 맞춤형 피드백을 제공하려면?〉

① 학생들이 성취해야 할 목표와 ②현재 수준 그리고 ③학생들이 도달하기 위한 학습 전략을 종합하여 피드백을 제공해야 함

1) 시기에 따른 피드백 고려 (수업 중과 수업 이후의 피드백 방식 고려)
   - 수업 중 피드백: 수업 내용 (평가기준) 준거의 오개념과 난개념에 대한 실시간 피드백
   - 수업 이후 피드백: 수업 이후 성취도를 중심으로 성장 내용, 우수한 점, 노력할 점, 정의적 영역에 대한 피드백

2) 주체에 따른 피드백 고려: 교사, 친구, 자신

3) 학생의 학습 성취에 따른 학생 맞춤형 피드백 방식 고려
   - 실시간 소통 방식: 수업 중 즉각적 피드백- 체크리스트, 짧은 코멘트, 구두 등
   - 콘텐츠 제시 방식: 온라인 채널을 이용하여 제출한 과제 및 평가에 관련된 수준별 자료 제공 등
   - 과제 제시 방식: 수준별 과제 제시 및 목표 달성을 위한 하위 전략에 대한 지속적 피드백, 관련된 후속 과제 안내 등

4) 학생의 특성에 따른 피드백 고려
   - 동기 유발적 피드백: 학생을 격려하거나 의사소통을 촉진하는 피드백
     예 자기주도적 학생에게 강화
   - 과제지향적 피드백: 활동에 대한 필요 정보 제공 및 결과에 대한 피드백
     예 의존형 학생에게 강화

출처: 경기도교육청, 경기 블렌디드러닝의 이해, 2020, p.24

03 피드백 예시

1. 과제에 대한 피드백

① **교정적 피드백:** 학생의 실수를 해결하고자 제공하는 것

- 직접 피드백: 과제에 대해 정확한 정보 제시하는 것
- 간접 피드백: 교사가 오류는 확인하지만, 학생에게 수정사항은 제공하지 않는 것
- 메타언어적 피드백: 학생이 자신의 오류에 대해 스스로 바로잡을 수 있도록 단서를 제공하는 것

② **교정적 피드백의 예시**

요소	수업 상황
직접 피드백	"1번 문제는 정확하게 정답이야!"
간접 피드백	"그런데, 2번은 아쉽게도 틀렸어. 이 부분의 문장을 다시 읽고 풀어보렴."
메타 언어적 피드백	"이 부분이 조금 어색하다. 더 자연스럽게 이어질 수 있도록 어떤 연결어를 사용하면 좋을까? 생각해보렴."

중등특수 2023학년도 수업실연 일부

2. 수험생 유의사항
  - 활동1 ~ 활동2 평가까지 실연하시오.
  - 활동1에서 수행평가, 활동2에서 관찰평가 실시하시오.
  - 개별화된 지도를 드러내어 실연하시오.
  - **학생의 오반응에 대해 피드백을 제공하시오.**
  - 도준이의(다 수준) 도전행동을 활동2에서 긍정적 행동지원으로 지도하시오.
  - 자료: 시청각 자료, 소화기관 모형, 테블릿PC, 코딩 로봇, 유성 매직펜(빨강색, 초록색), 모둠 활동지

2. 처리 과정에 대한 피드백

① **의미:** 처리 과정을 중심으로 교사는 학생들이 그 과정을 활용할 수 있도록 피드백과 스캐폴딩을 제공하는 형태, 학생들이 학습 과정에 대해 자기 책임을 고무시킬 수 있음

② **예시**

요소	수업 상황
처리 과정에 대한 피드백	"이 공식대로 문제를 풀었니?" (과정 확인)
	"이 부분을 활용해서 다음 부분을 예측해볼까?"
	"예를 들어 ~로 표현해 보는거야."
	"00이의 답변을 보니까 우리 핵심 개념에서 배웠던 00의 개념에 대해 헷갈리고 있는 것 같다는 생각이 들었어."

3. 자기조절에 대한 피드백

① **의미**: 학생들은 자신의 능력, 지식, 인지전략, 성취도를 스스로 평가하는 방법을 배워 목표를 달성하는 과정 동안 스스로 태도와 행동을 조절할 수 있도록 피드백을 제공해야 함

② **예시**

요소	수업 상황
자기 조절에 대한 피드백	"OO이의 답변이 1조가 ~를 이해하는데 큰 도움이 된 것 같구나." "서로의 의견에 반응하고, 끄덕이면서 듣는다면 경청하고 있는 듯한 모습이 보일거야." "OO이의 약속에서 ~의 목표를 달성한 것 같은데?" "무엇이 이 문제를 푸는데 도움이 된 것 같니?"

4. 개인적 특성에 대한 피드백

① **의미**: 개개인의 특성을 고려하여 학생들의 노력이나 관심, 참여, 유능감에 변화를 줄 수 있음. 특히, 칭찬은 과제의 완성을 위하여 필요한 노력과 자기 조절력을 이끌어 낼 수 있도록 활용되어야 함

② **예시**: 칭찬을 덧붙이는 피드백

요소	수업 상황
개인적 특성에 대한 피드백	"~의 방법을 활용한 것은 매우 좋은 시도였어. 그런데, 더 손목에 힘을 빼고 자신감 있게 한다면 공을 넣을 수 있을 거야." "이걸 포기하지 않고 계속 시도하는 모습이 지구력이 대단하구나!" "OO이는 매우 창의적인 생각을 하는 것 같아. 아이디어 뱅크야!" "OO이가 생각했던 것이 실제로 효과가 있었네! OO이는 OO이 자신이 정말 자랑스러울 것 같아."

〈칭찬의 예시〉		
언어적 칭찬 표현		비언어적 칭찬 표현
• 아 그렇지! 그거야 바로! • 나는 너를 믿어! • 우와. 드디어 해냈구나! • 어쩜 그런 생각을 했니? • 너무 좋은 생각이야.	• 점점 더 나아지고 있구나! • 너무 대단하구나! • 선생님은 OO이가 이렇게 하는 걸 보니까 너무 대견하구나! • 오늘 정말 OO이가 많은 일을 했구나.	• 하이파이브 • 엄지 치켜 세우기 • 미소 짓기 • 어깨를 토닥이기 • 박수 치기

NOTE

07 끈기 Best 40가지 이론 다지기

칭찬하는 법

- 칭찬을 할 때 '왜' 칭찬을 받는지 행동에 대해 구체적으로 이야기하자!
  - ➔ 초반 단계의 수업 실연 시 '단순히 잘했어요. 멋지네요.' 라는 칭찬만 많습니다. 학생의 행동을 구체적으로 묘사하고, 왜 칭찬을 받는 것인지 말해주세요!
- '학생 자체'를 칭찬하는 것 보다 '학생의 행동'을 칭찬하자!
  - ➔ 칭찬을 듣는 다른 학생들도 칭찬에 대해 수용하며 또래 모델링의 효과가 발휘되어 바람직한 행동을 기대할 수 있다!
- 교사가 학생에게만 칭찬하는 방법이 아닌, 학급 친구들도 함께 칭찬하자!
  - ➔ 교사 혼자 칭찬하는 것 보다 학급 전체 학생들이 칭찬하는 것이 보다 더 큰 인정 욕구 충족과 나비 효과가 일어날 수 있습니다.
- 발문 예시
  - ➔ 우와. OO이가 **이의 발표에 대해 끄덕이면서 듣고 있네요. 바로 이건 경청의 행동이었죠? 경청하는 모습이 참 보기 좋아요.
  - ➔ 정말 참신한 내용이네요! 이런 내용은 선생님도 생각하지 못했는데 대단해요.
  - ➔ 그렇구나. 우리 OO이의 의견대로 한다면 이 문제가 풀릴 것 같은데요? 좋아요!
  - ➔ 너무 좋은 방법들이다. OO모둠에서 여러 방면으로 생각을 많이 했구나.
  - ➔ 정말 깊이 생각했군요! 어떻게 해서 그런 생각을 할 수 있게 되었나요?
  - ➔ 저번 시간보다 ~의 면에서 훨씬 더 발전했네요!
  - ➔ 너무 좋은 예시야. 누구나 확실하게 알 수 있도록 설명을 적절하게 해주었구나.
  - ➔ ○○○ 의 발표 내용을 정말 잘 들었네! 특히 좋은 점과 아쉬운 부분에 대해서 표시했구나.

5. 질문 형태의 피드백

- 학생이 어느 정도 이해하고 있는지 확인하려면 수준에 적절한 질문을 활용해야 함
- 학생들의 사고력을 향상시킬 목적으로 교사들이 심화적이며 열린 질문을 제공할 수도 있음

확인질문	이유,증거 제시 질문	함의,결과 관련 질문	대체의견 탐구 질문
그걸 설명할 수 있나요?	왜 그렇게 생각하나요?	그것의 결과는 어떻게 될까요?	그걸 다르게 표현할 수 있을까요?
그게 무슨 의미죠?	우리는 그것에 대해 어떻게 알죠?	그것이 사실인 것을 어떻게 알 수 있을까요?	또 다른 견해는 없을까요?
예를 하나 들어줄 수 있을까요?	그것에 대한 이유는 뭐죠?	지금 한 말에 이어서 후속적으로 할 수 있는 것이 무엇일까요?	다른 사람이 ~라고 제안한다면 어떻게 하겠어요?
그게 어떻게 도움이 될까요?	그것에 대한 증거가 있나요?	그 견해는 먼저 말한 것과 일치하나요? 모순되지는 않나요?	견해A와 견해B의 차이점은 무엇인가요?
이 개념에 대해 질문 있는 사람 있나요?	그 의견을 어떻게 정당화할 수 있을까요?		학생의 의견에 동의하지 않는 사람은 무엇이라고 말할까요?

(출처: John Hattie 외, Visible Learning Feedback, 2019, p.93)

6. 동료 피드백

- 의미: 학생들 간에 주고 받는 피드백을 의미함
- 효과: 모둠 활동이나 협동수업을 할 때 판단력 신장에도 도움이 되며 학습에 대해 오류를 발견하며 개선을 위한 아이디어를 교환할 때 사용해도 좋음
- 동료 피드백을 장려하는 이유 (The Learning Hub의 학습 디자이너 Eikris Biala)
  ① 동료의 성장을 도울 수 있다.
  ② 소중한 모둠 구성원이 된다.
  ③ 비평적 시각을 키운다.
  ④ 서로의 강점과 약점에 대해 숙고하는 시간을 가질 수 있다.
  ⑤ 의사소통 능력을 향상시킨다.
  ⑥ 효과적으로 협업하는 능력을 키운다.

- 동료피드백을 하는 방법 (Emily Wray, 2011, 또래 간에 활용할 수 있는 4가지 형태의 피드백 모델)
  ① 수준을 높이기: 미래의 것에는 수준과 목적을 더 높이도록 함 (~를 수정하면 더 잘 해결할 수 있을거야.)
  ② 제안하기: 현재의 것의 개선을 위한 아이디어를 제안 함 (~을 수정해보는건 어때?)
  ③ 질문하기: 정보를 찾고 질문을 통해 아이디어를 제공 함 (~에 대해서 생각해 보았니?)
  ④ 다시 생각해보기: 회상하고, 곰곰이 생각하고, 명료하게 밝힘 (나는 a조가 ~라고 한 것이 ~ 때문에 좋았어.)

- 동료 피드백의 장면

수업 상황
예 교사: 우리가 동료 평가를 할 때 참고할 동료평가지를 가져왔어요. 자, 첫 번째 칸에는 뭐라고 쓰여져있죠? 맞아요. '궁금해요!' 라는 칸이죠? 발표를 마친 뒤 손을 들고 '~가 궁금해요.' 라고 질문하는 겁니다. **(수행한 결과에 대해 코멘트하는 기법을 사전에 가르치기)** 그리고 우리가 서로의 작품을 평가하는 이유는 비난하거나, 못했다고 말하는게 아니라고 했죠? 보다 더 좋은 작품을 만들기 위해서 서로 돕는 과정입니다. **(이성적인 반응 강조)**
예 교사: 우리의 발표를 보고 또래 평가를 진행하기 전에, 선생님이 예시 작품을 하나 가져왔어요. 이건 우리들의 작품은 아니지만, 연습용으로 같이 평가를 해봅시다. **(예시 자료로 코멘트하는 연습 실시)**
예 학생: ~의 면은 새롭게 느껴졌어. ~의 부분은 참 좋았어. 그런데 ~ 부분은 ~의 개념이 더 강조되었으면 좋겠어. 예시를 추가하는건 어때? **(긍정적인 면에 초점을 맞추고 개선할 점을 이야기 하도록 지도하기)**
예 학생: ~의 내용은 이해가 쉽지 않네, ~의 부분이 오해가 생길 수 있어. ~는 잘못된 정보 같아. 이걸 다시 같이 검색해볼까? (개선점 제안)

수험생 선생님들이 자주하는 질문!

동료평가를 잘 하는 법이 있을까요?

동료평가 시 가장 중요한 것은 평가에 대해 허용적인 분위기를 조성하는 것입니다. 우리가 지금 이 활동을 하는 목적은 '더 나아지기 위한 과정' 임을 설명합시다! 함께 고민하며 함께 성장할 수 있다는 것을 알 수 있어야 합니다.

특히, 다른 사람의 과제물을 평가한다는 개념이 다소 모호하게 느껴질 수 있습니다. 동료에게 피드백을 제공할 시 어떤 말을 해야 할지, 어떤 점을 보아야 할지 등을 교사가 먼저 동료 평가를 하는 시범을 보이며 학생들이 행동을 모델링할 수 해도 좋습니다. 또한, 예시 과제를 활용하여 동료 평가를 직접 해보는 연습을 사전에 진행해도 좋고, 동료평가를 위한 체크리스트나 루브릭을 제공하여도 좋습니다.

NOTE

NOTE

초등특수 평가원 2019학년도 지도안 작성 일부

2. 지도안 작성 조건

① 개별화 목표를 설정하고, 이에 따른 평가를 포함하여 작성하시오.

② 동료평가(상호평가)를 실시하시오.

③ 실생활과 연계한 수업을 설계하시오.

7. 발표에 대한 피드백

- 발표란 특정 주제에 대해 학생의 지식을 평가할 수 있는 훌륭한 방법
- 피드백의 형태, 수준, 기준 등에 맞추어서 발표 후에 피드백을 제공함.
- 발표 전 교사의 사전피드백으로 양질의 발표 준비 (필요한 부분을 수정할 수 있도록 질문과 제안을 남김)

시기	요소	수업 상황
발표 준비	정의적 + 내용적	"A조의 발표는 ~의 부분에서 예시를 좀 더 생각해보면 좋겠다. 발표 전까지 시간이 좀 있으니 추가해볼까?" "~의 내용을 더 이해하기 쉽도록 사진을 넣어보는건 어떨까?, 이 부분을 약간 수정하는게 좋겠어." "A조는 B조와 다르게 ~을 조사했구나. 그럼 다른 부분을 중점적으로 발표해보자." "실제 생활에서 활용할 수 있도록 어플을 추천하는 건 어떨까?" "아마 ~부분이 어려워서 이러한 결과가 나온 것 같은데, 이 공식을 참고해볼까요?" "00이가 검색하는 걸 **이가 함께 도와주고 있구나! 협동하는 모습이 참 멋져!"
발표 후	정의적	"00이의 발표에서 00이의 발표 태도는 어땠나요? 맞아요. 목소리가 크고 자신감 넘치는 표정이 우리를 집중하게 만들었어요." (목소리 빠르기, 크기, 표정 등) "앞에 나와서는 친구들을 보고, 허리 펴고, 발표 자료가 얼굴에 가리지 않도록 신경쓰면 좋겠죠?" (발표 시 자세) "00의 개념을 설명하기 위해서 자료를 손으로 짚어주는 모습이 이해하기가 좋았어요." "00이의 발표를 고개를 끄덕이며 들어주고, 큰 박수로 격려해준 00조 너무 고마워요. 서로를 격려하는 우리 반의 모습에 선생님도 참 뿌듯하네요." (경청, 격려)
	내용적	"00이의 발표에서 궁금한 점이나, 인상 깊은 점, 보충하면 좋을 점에 대해서 이야기할 친구 있나요?" "00이의 발표에서 제일 재밌었던 점은 무엇인가요?" "~의 발표에서 ~의 내용이 참 참신하네요. 선생님이 한 가지 추천하자면, ~의 내용을 다음 수업 때까지 보충하면 ~이 더 부각될 것 같아요." "~는 상세하게 잘 나타나 있는데, 반면에 ~내용이 좀 부족한 것 같네요. 0조의 발표 내용의 ~부분을 추가해서 보충해봅시다." "여러분은 어떤 내용이 제일 기억에 남나요? 선생님도 마찬가지로 ~의 내용이 기억에 참 남네요." "우리가 ~의 내용이 보다 더 잘 보이게 하기 위해서는 어떤 방법을 활용하면 좋을까?"

8. 자기 평가 (교육심리학 용어 사전)

- 의미: 자신의 능력이나 특성을 스스로 판단하는 활동
- 각자의 발달이나 문제 해결을 위해서는 자기 이해를 위한 자기평가가 더욱 본질적이고 효과적인 입장
- 자기평가 예시
  1. 이번 활동을 하면서 어떤 점이 가장 재밌었나요?
  2. 이번 활동에서 제일 어려웠던 점은 무엇이었나요?
  3. 나 스스로를 칭찬해봅시다.
  4. 이번 단원을 마친 뒤에 달라진 점은 무엇인가요?
  5. 앞으로 어떤 노력을 할 예정인가요?

04 과정중심피드백

1. 의미

교수·학습 과정 중에 학생들이 학습의 목표가 무엇이고, 현재 자신의 상태는 어느 정도이며, 부족한 부분을 어떻게 개선해 나가야 하는지에 대해 지속적으로 생각하여 학생의 현재 상태와 학습 목표 사이의 간격을 줄여 성공적 학습에 이르도록 돕는 교수 전략

2. 과정중심피드백의 세 가지 질문

① 학습 목표는 무엇인가?

② 현재 학습 상태는 어느 정도인가?

③ 어떻게 개선해 나가야 하는가?

3. 학습자 수준에 따른 피드백 제공 방법

수준		내용
우수한 학습자		• 학습의 개선이나 사고의 확장을 위한 조언적 피드백을 한다. 예시) "전지적 작가 시점으로 써도 되는데 작가가 1인칭 시점으로 네 인물의 이야기를 쓴 이유는 무엇일까?" • 학습자의 사고 과정을 확인하기 위해 학습 활동 중에 대화를 나누는 것은 효과적인 피드백을 제공하는 데 도움이 된다. 예시) "서술자 입장에서 정리가 되어 있고, 마음도 정리가 잘 되었네. 이 네 사람이 어떻게 다른 생각을 가지고 있었는지 네가 정리해서 말로 해 줄래?"
학습에 어려움을 겪는 학습자	성장을 위해 노력하는 학습자	• 자기참조 피드백을 제공함으로써 학습에 대한 유능감을 높이게 한다. 예시) "이제 기후 변화는 잘 알고 있구나. 그럼 이제 기후 변화의 원인이 무엇인지 알아볼까? 왜 기후 변화가 생겼을까?" • 학습 목표로 가는 학습 활동을 작은 단위로 나누어 단계적으로 제공한다. 예시) "그럼 선생님이랑 먼저 '항' 에 대해 생각해 볼까?"
	동기유발이 필요한 학습자	• 학생이 피드백을 잘 이해하고 있는지 확인한다. - 질문을 통해 피드백을 정확하게 이해하고 있는지 확인한다. - 즉시 그 피드백을 사용할 기회를 제공한다. 예시) "이제 ○○는 어떻게 이 문제를 해결할 건지 얘기해 줄래?" • 학생이 성취한 것을 찾아 피드백한다. 예시) "양변에서 a를 소거했구나."

4. 성공적인 피드백의 조건

피드백 준비	• 피드백을 주는 사람과 받는 사람은 서로 신뢰할 수 있는 관계 형성이 우선되어야 함 • 학습 과정과 피드백의 가치에 대해 학생들과 명시적으로 공감대가 형성되어야 함 • 학생들이 피드백이 학습을 위한 것이며 배우는 과정이므로 '실수해도 좋다.' 라는 심리적 안정감을 가질 수 있도록 함 • 수업 시간에 하는 자유로운 질문은 학생의 약점을 드러내는 것이 아니라 학습을 위한 노력으로 인식하는 분위기가 형성되도록 함 • 평가 실시 이전에 학생들이 평가 기준을 파악할 수 있도록 함
시기의 적절성	• 피드백의 양과 횟수는 학생이 이해하고 활용할 수 있는 정도로 제공함 • 때 (평가 후, 수업 중 등)와 상황에 알맞은 피드백을 제공함 예시) "선생님이 조금 더 시간을 가지고 네가 한 과제를 살펴본 후에 피드백해도 되겠니? 지금 월요일이니까 수요일쯤에 이야기 나눌 수 있겠다." • 학생들이 받아들일 준비가 안 된 상황에서는 충분히 기다린 후 피드백을 진행함 예시) "선생님이 너에게 피드백할 내용이 있는데, 지금은 상황이 좋지 않아 보이는구나. 준비되면 말해주렴."
피드백 내용	• 성취기준을 바탕으로 학업 성장을 알 수 있는 학습의 증거에 초점을 둠 • 평가적(판단, 선언, 단정) 피드백 대신 조언적(설명, 기술) 피드백을 제공함 • 학생의 일반 정보보다는 학생의 수행에 관해 진술함 • 학생의 학습 수준에 비추어서 조금 더 노력하면 성취할 수 있는 것부터 피드백함 • 피드백해야 할 내용이 많은 경우 다음에 진행할 학습 내용과 관련된 것을 선정하여 제시함 • 핵심 오류나 오개념에 대해 구체적, 기술적으로 피드백함 - 지금까지 무엇을 잘했고 무엇에 집중해야 하는지를 정확히 이해할 수 있게 함 단, 학생들이 해야 할 일을 대신해 줄 정도로 구체적인 것은 제공하지 않아야 함 • 학습자의 특성에 대한 피드백도 필요함 - 부진학습자에게는 규칙이나 기준에 맞는 피드백이 아닌 학습자의 이전 성취수준에 비추는 자기참조 피드백이 필요함 - 회피학습자에 대해서는 학습의 의미를 부여하는 피드백이 필요함
피드백 형식	• 학생을 존중하고 지원하는 어조를 사용함 • 2인칭 대신 1인칭 또는 3인칭으로 시작함 예시) (2인칭) "너는 주장에 대한 근거를 제시하지 못했구나." (X) (1인칭) "나는 너의 글에서 주장에 대한 근거를 찾지 못했단다." (O) (3인칭) "이 글에는 주장에 대한 근거가 빠져있구나." (O) • 두세 가지의 잘된 점과 한 가지의 개선점을 제안함 예시) "연설 상황은 잘 정했네. 연설 주제도 명확하고. 그런데 처음, 중간, 끝의 내용이 비슷해서 중복되지 않을까?" • 구체적이고 명확한 내용의 피드백을 제공함
학습자 중심	• 개인에 따라 차별화된 피드백을 함 • 학생들이 이해할 수 있는 쉬운 표현으로 함 - 교사와 학생들이 함께 루브릭을 개발하는 것도 좋음 • 자기 관리, 자아 효능감, 목적 지향에 긍정적 영향을 줄 수 있도록 피드백함 • 피드백 활용 기회(실제 수행이 개선되는 것을 경험하도록)를 제공함 • 학생들이 주어진 피드백을 바탕으로 자기조정(검토, 수정, 연습, 개선, 재시도 등)이 가능한 피드백을 제공함

출처: 경기도교육청, 2022 과정중심 피드백 실천 사례집, 2022

특수교육의 자기 관리 기술과 연계하여 오늘 나의 수업 태도에 대한 자기기록, 자기 평가, 자기 강화와 연결하여 실시할 수 있습니다. 자기평가의 단순한 방법으로 자기기록 용지의 아래 부분에 평가 척도를 넣어서 실시할 수도 있습니다. 숫자가 아닌 별표 채우기, 이모티콘 표정 선택하기로 척도 형태를 구성할 수도 있습니다.

- 수업 시간에 선생님의 허락 없이 짝꿍에게 말을 걸 때마다 V 표시하고 수업이 끝날 때 총 몇 번 짝꿍에게 말을 걸었는지 합계를 적으세요.

합계:

- 이번 수업 시간의 나의 태도는 어땠나요? 선생님에게 관련 없는 질문을 한 행동을 다른 친구들과의 행동과 비교해서 생각해보고 아래의 척도에 표시하세요.

1	2	3	4
별로	보통	우수	매우 우수

(양명희 2012, 행동수정 이론에 기초한 행동지원 p426)

〈출처〉

- 이찬승, 피드백에 대한 모든 것, 피드백에 대한 오해불식과 피드백 기법 (1), 2020, 재구성
- 경기도교육청, 경기 블렌디드러닝의 이해, 2020, p.24
- 경기도교육청, 2022 과정중심 피드백 실천 사례집, 2022
- John Hattie 외, Visible Learning Feedback, 2019, p.93
- 정명철, 특수교사 수업을 요리하다 평가편, 교육과학사, 2021, p.186-211
- 낸시프레이 외 2, 피드백, 이렇게 한다, 교육을 바꾸는 사람들, 2012
- 김현섭, 질문이 살아있는 수업, 수업디자인연구소, 2015, p.224~225

BEST 19

특수교육대상자 평가

NOTE

01 평가 조정 예시

시간/일정 조정	환경 조정
• 시험시간을 연장 • 건강상의 문제가 있을 경우 가능하다면 • 최상의 컨디션을 고려하여 평가 일정 및 시간 조정 • 시험 보는 동안 휴식시간 더 많이 주기	• 자리 배치를 고려 • 증폭, 방음 장치 제공(예: 청각장애 학생) • 넓은 책상 또는 각도 조절 책상 제공(예: 시각장애 학생) • 적정 조도(밝기) 제공(예: 시각장애 학생) • 자세 유지 및 조절을 위한 좌석 조정(예: 지체장애 학생) • 특수교사 또는 보조인력 배치 필요 • 학교 외 별도의 공간에서 시행 • 칸막이 책상에서 혼자 시험보기 • 소집단으로 시험 보기 • 특수학급에서 시험 보기 등

제시방법 조정	반응방법 조정
• 시험지의 확대 또는 축소 필요(예: 시각장애) • 시험지 편집(바탕색/글자색 변경 등) 제공 (예: 시각장애) • 점자 시험지 제공(예: 시각장애) • 확대경, 타이포스코프, 확대독서기, 점자 정보단말기 등 제공(예: 시각장애) • 화면 확대 프로그램, 스크린 리더, 스마트 패드 등 제공(예: 시각장애) • 보조인력의 대독 필요 • 구체적인 언어적 촉진(예: 다음 문제 풀어야지?) • 수어(수화) 제공(예: 청각장애) • 비디오(영상, 자막) 제공(예: 청각장애) • 듣기평가를 필답으로 대체(예: 청각장애) • 그림이나 표의 해설 제공	• 대체 문항의 제공(예: 시각장애) • 점자 또는 확대 답안지 제공(예: 시각장애) • 점필 및 점판 제시(예: 시각장애) • 점자정보단말기 또는 컴퓨터로 답안 작성(예: 시각장애) • 답안지 이기 요원(대필자) 배치 • 수어(수화)로 응답하기(예: 청각장애) • 청각보조기사용(예: 청각장애) • 합창 또는 게임 등에서 단체평가가 어려운 경우 개별평가(예: 청각장애) • 말로 응답하기(예: 지체장애) • 보완대체의사소통 기기 제공(예: 지체장애) • 철자 하나를 치면 관련단어를 보여주는 소프트웨어나 받아쓰기 시험이 아니라면 맞춤법 검토 프로그램 제공 • 계산기 및 구구단표 제시 • 쉽게 지울 수 있는 노트크기의 보조칠판이나 연습종이 제시

TIP

AI 활용 평가: Kidaptive ALP 소개자료 (2018)

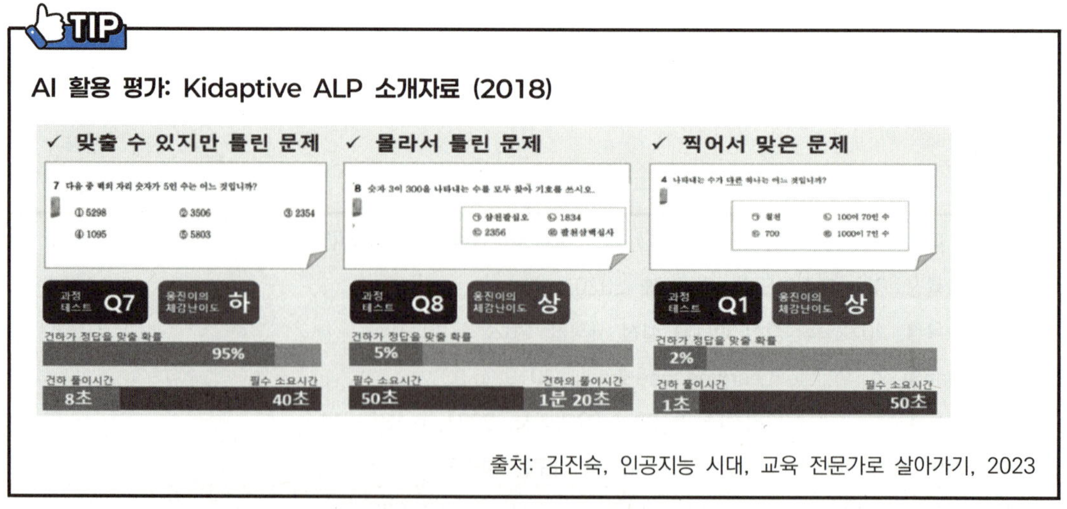

출처: 김진숙, 인공지능 시대, 교육 전문가로 살아가기, 2023

전문적학습공동체 [서울] 교원학습공동체

조이쌤과 끈기+

전문적 학습 공동체는 임용 2차에서 빠질 수 없는 존재입니다. 공동 연구, 공동 실천, 공동 성장(집단 성장)! 이렇게 세 가지의 키워드를 잡아봅시다. 또한, 전문적 학습 공동체의 개념을 취미나 친목 등으로 잘못 이해하는 경우가 있는데, 동아리 활동, 동호회와는 다른 목적의 공동체입니다!

NOTE

01 전문적 학습 공동체

1. 정의

- 전문적 학습 공동체란 전문가로서 교사의 판단을 기반으로 학생과 교사의 학습, 궁극적으로 학교 조직의 학습이 가능하도록 교사들이 함께 일하고 생활하는 공동 (Hargreaves&Fullan, 2014)
- 교사 상호 간 협력하여 비전을 공유하고, 학생의 학습에 초점을 두어 성찰하고 수업을 개방하며 노력하는 것(OECD,2012)

2. 종류

- 학교 내 전문적 학습 공동체, 학교 밖 전문적 학습 공동체, 학교 간 전문적 학습 공동체 등

학교 안 전문적 학습 공동체	학교 밖 전문적 학습 공동체	학교 간 전문적 학습 공동체
- 공동 연구, 공동 실천, 집단 성장 활성화 - 공동연구: 학교 내 문제 해결, 수업 개발 - 공동실천: 함께 실천하며 교육활동에 대하여 대화 및 협의 - 집단 성장: 함께 성장 - 예 학년별 교과별 공동체, 교육활동 중심 학교 조직 및 학교 문화 조성	- 교원들이 지역 단위 네트워크 구축 및 공유 통해 교육연구회 활성화 - 예 도, 지역 교육연구회 활성화, 정책실행 연구회, 혁신교육 실천 연구회, 학교 안 전문적 학습 공동체와 연계 운영, 주말 연수, 방학 연수 등 운영	- 학교 간 학습 네트워크 구축 - 관리자 지구별 장학 협의회 - 예 학교 간 협력 장학 실시, 수업 및 학교 운영 우수 사례 공유, 혁신학교 네트워크 활성화

02 목적 및 운영 효과

- 교사의 성장: 수업에 대한 관점 변화 및 자신감 형성, 리더십 개발, 자긍심 형성, 행복한 교원으로 성장
- 학생의 변화: 배움의 즐거움과 정서적 안정을 경험, 성장
- 수업 및 교육과정의 변화: 교과 간, 교과와 비교과 간 융합으로 교육과정과 전문적학습공동체의 유기적 연계로 교사들은 정해진 교육과정을 그대로 실행하는 주체가 아니라 교육과정을 만들어가는 주체로 전환
- 배움과 나눔을 실천하는 소통과 협력의 교직 문화의 변화: 학교 내 전문적 학습공동체에 참여한 교사들은 교사들 간의 소통과 협력의 문화가 형성되었고, 학생을 대하는 태도에 긍정적인 변화 → 교사와 학생의 수업만족도와 교사 전문성이 향상 → 학급운영에 주관을 가지게 되었고 교사의 주체성이 강화 되었으며, 책을 읽거나 교사로서의 배움으로 인해 교사로서 자긍심이 향상
- 개방과 공유를 통해 교원이라는 경계를 넘어 교직원, 학부모, 지역사회까지 확대: 교원과 직원, 교원과 학부모 등이 함께 학습하면 학교 전체를 학습하고 소통하는 분위기로 바꿔나갈 수 있고 → 나아가 지역사회 시민들과 소통하는 마을 연계 학습공동체로까지 발전

03 성공 요인

1. 형성 요인

1) 전문적 학습공동체의 비전 공유

- 학교 구성원들이 전문적 학습공동체의 필요성을 인식하고 전문적 학습공동체 활동을 통해 어떤 목적과 비전을 달성할 것인지 인식한다면 교사들은 보다 자발적이고 적극적으로 참여

2) 정기적인 전문적 학습공동체의 날 운영

- 교사들이 '협력'하기 위해서는 시간의 확보가 전제되어야 하며 이는 시간표상의 시간 확보와 함께 업무경감을 통하여 전문적 학습공동체 활동을 할 수 있는 시간적 여유를 마련하는 것도 포함

2. 발전 요인

1) 민주적 의사결정 구조 확립

- 민주적 의사결정 구조가 확립되어 있을 때 학습내용, 방법, 형태 등에 대한 자율적인 운영이 가능하며 이를 위해서는 무엇보다 학교장의 역할이 중요

2) 전문적 학습공동체와 교육활동 연계

- 전문적 학습공동체 활동이 학교 교육과정, 생활교육 등과 유기적으로 연계될 때 수업·교육과정·생활교육 개선을 위한 공동연구와 실천이 가능하며 교사의 전문성도 성장

3) 구성원에 대한 신뢰와 존중

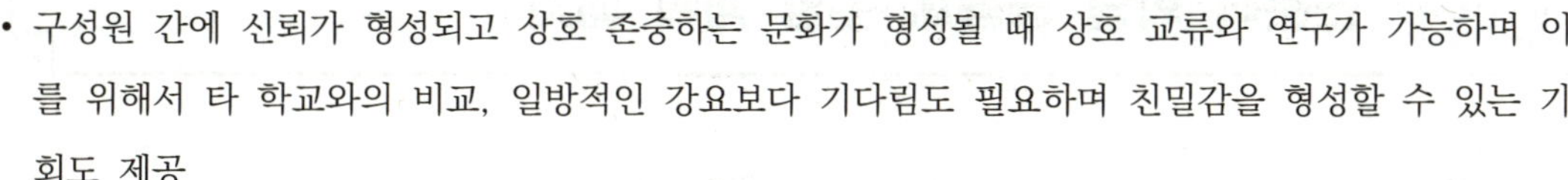

• 구성원 간에 신뢰가 형성되고 상호 존중하는 문화가 형성될 때 상호 교류와 연구가 가능하며 이를 위해서 타 학교와의 비교, 일방적인 강요보다 기다림도 필요하며 친밀감을 형성할 수 있는 기회도 제공

출처: 부산광역시교육청 교육혁신과, 2020 학교 내 전문적 학습공동체 운영 자료집

NOTE

04 현장 의견

• 개별학습 수준과 흥미에 맞는 미래형 교수학습 개발을 위한 공동 연구 실천 활성화 필요
• 학습 결손에 대한 다양한 원인별 지원 연구 활성화 필요
• 미래교육, 생활교육과 상담, 진로, 인성교육, 디지털 활용 교육 등 교육활동 전반으로 연구 주제 넓혀 운영하는 것 필요
• 전문적학습공동체 운영 시 형식적으로 운영, 리더 교사의 부재, 업무 담당자 부담이 개선점으로 제기
• 자율적으로 운영하며 업무 부담을 낮출 수 있도록 개선

출처: 경기도교육청, (e-book) 즐겨찾기 5호, 2022, p.18

05 전문적 학습 공동체 운영

• 공동연구는 공동체 구성원이 인식하는 문제를 함께 연구하는 과정으로 주제 관련 학습 및 교육과정 분석, 창의적 수업 및 공동 수업안 개발 등을 포함
• 공동실천은 공동연구 과정에서 탐구한 내용을 교육활동에 적용하는 단계입니다. 공동연구에서 개발한 교수학습방법을 적용해 공개 수업을 실시하고, 해당 수업을 공동체 구성원들이 모여 함께 참관하거나 교육활동 장면을 녹화하여 함께 시청하는 활동 등이 이에 포함
• 공동성찰은 평가와 피드백 단계로, 공동실천 후 활동 내용에 대해 서로 의견을 나누며 연구 내용을 발전시키는 과정 등이 이에 해당합니다. 또한, 여러 학교 안 교원학습공동체가 모여 서로의 활동 내용을 공유하며 다음 활동에 참고할만한 사례들을 배우는 과정도 공동성찰 과정 중 하나

06 전문적 학습 공동체 운영 계획 예시

과정	연수 내용
공동 연구	• 그림책으로 놀이하기 - 다양한 그림책을 살펴보고 확장된 활동을 연구
공동 연구	• 그림책 감상 - 시 그림책 - 옛이야기 그림책 - 영유아 그림책
공동 실천	• 만5세 그림책 수업 실제 - 그림책 활동으로 재구성한 수업 공개
공동 연구	• 유아들과 그림책 만들기1 - 공동으로 그림책 만들기 작업 연구
공동 성찰	• 유아들이 만든 그림책 나눔과 협의

영역	예시
사례 나눔	동료 장학, 사례 나눔
워크숍	탐방, 문화 탐방, 사례 조사
연수	관련 분야 다양한 체험, 강의, 실습 연수
수업교구 제작	수업 교재교구 제작, 학습지 제작
토의 토론	주제에 대한 토의 토론, 이야기 나눔, 성찰
다양한 외부 공유, 나눔 활동	- 매달 1회 이상 온라인 스터디 및 교사연수, 워크숍 운영을 통한 수업 나눔 - 미래교육 사례발표 등 외부 사례 발표회 적극 참여 - 각종 관련 온라인 커뮤니티에 연구회 홍보 및 연구자료 공유 활동 - 외부 기관 연계 및 이숍에 개발 프로그램 탑재 - 교육청 연계(교수학습지원센터) 교사 대상 직무연수 개설 및 강의를 통한 개발 자료 공유

NOTE

[서울] 교원학습공동체

[서울] '교원학습공동체'는 교원의 '전문적 학습공동체(Professional Learning Community, PLC)'를 서울특별시교육청에서 정책적으로 사용하는 용어이며, 학교 공동체의 행복한 성장을 위하여 공동의 가치와 비전을 갖고 함께 연구·실천·나눔을 하면서 전문성을 신장시켜 나가는 교원들의 자발적·협력적 학습공동체를 의미합니다.

영역	교원학습공동체 주제 예시
교육과정 재구성	• 온 책 읽기 수업의 이해를 통한 교육과정 재구성 • 교육과정 재구성을 통한 주제통합 수업 연구 • 예술문화체험을 통한 교육과정 재구성 • 몸과 마음을 깨우는 활동으로 학년 교육과정 재구성하기 • 개정누리과정 이해를 통한 통합교육 교육과정 재구성 • 효과적인 전환기 교육과정 운영 • 교육과정에 기초한 진로 진학 연구
수업·평가	• 함께 하는 배움중심수업 만들기 • 세계시민교육을 통한 소통 및 공감 능력 기르기 • 그림책으로 만나는 인성 및 관계성 향상 • 디벗과 함께 배움, 함께 나눔 • 효과적인 온·오프라인 수업과 미래 교육의 방향 • 융합수업을 통한 자유학기제 수업 개선 • 활동중심 수업 모형 및 평가 방법 공동연구 • 기초학력을 높이는 교수학습방법 모색 및 교원역량강화 • 공동수업설계 및 나눔을 통한 배움의 공동체 만들기 • 텃밭가꾸기를 통한 생태·환경교육 • 혁신미래교육을 위한 에듀테크 연구
생활교육	• 모험 상담 및 회복적 생활교육 연구 • 존중과 돌봄의 학급 운영, 평화로운 학교 문화 만들기 • 놀이를 통한 협력적 학급공동체 만들기 • 민주시민교육을 위한 인성함양 프로젝트 연구 • 회복적 정의에 기반한 생활지도 혁신 등

(출처: 서울특별시교육청, 2023 학교 안 교원학습공동체 길라잡이 (학교용), 2023)

BEST 21

과목별 수업 모형

NOTE

01 국어

모형	단계
직접교수학습	설명하기 → 시범보이기 → 질문하기 → 활동하기
문제해결학습	문제확인 → 문제탐구 → 문제해결 → 일반화
역할놀이학습	상황설정하기 → 준비 및 연습 → 실연하기 → 평가하기
말하기 듣기 학습	기초학습 → 기본학습 → 통합적 학습 → 발전적 학습
읽기학습	준비학습 → 전체적 접근 → 부분적 접근 → 통합적 접근
쓰기학습	준비활동 → 중심활동→ 정리활동 →감상

02 과학

모형	단계
발견학습	탐색 및 문제파악 → 자료제시 및 관찰, 탐색 → 규칙성 발견 및 개념정리 → 적용 및 응용
관찰학습	문제파악 → 예상 → 관찰 → 토의 → 적용
경험수업	문제인식 → 계획 → 관찰 및 탐색 → 개념화 및 적용
STS 모형	문제인식 → 탐색 → 해결방안제시 → 실행

기출 중등특수 2019학년도 수업실연 조건 일부

• STS 모형을 활용하여 수업하시오.

문제로의 초대	문제 탐색하기	해결방안 모색하기	실천 하기

03 수학

모형	단계
개념형성	문제 파악 → 개념이해 → 개념화 및 일반화 → 적용 및 발견
원리발견학습	문제파악 → 탐색 → 해결(검증, 일반화) → 적용
문제해결학습	문제이해 → 계획수립 → 계획실행 → 반성(검증)
수준별학습	문제파악 → 개념추구 → 일반화 → 적용 및 발견
협력학습(게임)	문제이해 → 해결 계획 → 계획실행 → 보상 및 정리

04 사회

분류	모형	단계
인지적 모형	직접교수	도입 → 설명 → 연습
	개념학습	학습 문제 확인 → 상황 제시 및 정의 → 속성 및 사례 검토 → 개념 분석 → 적용 및 정리
	탐구학습	탐구 문제 확인 → 가설 설정 → 탐색 → 증거 제시 → 일반화
정의적 모형	가치명료화 모형	선택하기 → 선택한 바를 존중하기 → 선택한 가치에 따라 행동하기
	가치 추론 모형	문제제기 → 도덕적 갈등 사례 제시 → 갈등에 관련된 의견 진술 → 관련 문제 토론 → 선택 및 이유 제시
	가치 분석	도덕적 문제 사태 제시 → 가치 문제의 확인 및 명료화→ 잠정적 가치 결정 → 가치 결정
종합적 모형	논쟁 문제 모형	문제 제기 → 지식과 가치 문제 확인 → 대안탐색 → 결과 예측 → 선택 및 결론
	의사결정 모형	의사결정문제 파악 → 문제 진단과 분석 → 대안 탐색 → 대안 선택 → 학습 활동 정리
	협동학습 모형	문제 확인 → 모둠 선정 → 둠별 학습 → 결과 발표→ 학습 정리

05 직업

모형	단계
제작중심학습	목표확인 → 계획 → 실행 → 확인 → 실천(생활에 적용)
작업중심학습	계획(작업계획, 순서방법) → 실행(시범작업,실습) → 확인(평가 및 뒤처리) → 실천(가정실습)

NOTE

NOTE

06 체육

모형	단계
체력활동중심	목표확인 → 문제제시 → 탐색 → 해결전략실행 → 평가
체육(육상)활동중심	준비 → 탐색 → 연습 → 발전 → 정리
게임활동중심	준비 → 탐색 → 발전 → 훈련 → 정착 → 정리
표현활동중심	목표확인 → 탐색 → 학습 → 발전 → 확인 및 평가

07 음악

모형	단계
가창활동	도입 → 전개(기초기능파악, 표현방법탐색, 창조적표현) → 정리
기악활동	
감상활동	도입 → 전개(감수,감상) → 정리(내면화)

08 미술

모형	단계
표현중심학습모형	준비 → 발상 → 구상 → 표현 → 감상
조소중심학습모형	
미적체험중심 학습모형	문제파악 → 문제추구 → 적용 및 발전

출처: 특수교육 기본교육과정 중등, 고등 교사용 지도서 (국어, 사회, 수학, 과학, 진로와 직업, 음악, 체육, 미술) 참고

BEST 22

특수교육지원인력

01 의미

- 특수교육대상자에게 필요한 교육적 활동을 지원하는 교육적 협력자

02 역할

[장애인 등에 대한 특수교육법 시행규칙]

- 제5조(지원인력의 역할 및 자격) ① 법 제28조제3항에 따라 학교에 배치되는 지원인력은 교사의 지시에 따라 교수학습 활동, 신변처리, 급식, 교내외 활동, 등하교 등 특수교육대상자의 교육 및 학교 활동에 대하여 보조 역할을 담당한다. 〈개정 2022. 6. 29.〉

범주	내용
교수학습	학습자료 및 학용품 준비, 이동보조, 교실과 운동장에서의 학생활동 보조, 학습 자료 제작 지원 등
개인욕구	용변 및 식사지도 등 신변처리, 보조기 착용, 착탈의, 건강보호 및 안정생활 지원
적응행동	적응행동 촉진 및 부적응 행동관리 지원, 또래와의 관계형성 지원, 행동지도를 위한 프로그램 관리 등

03 특수교육지원인력의 종류

- 특수교육실무원: 지역별 특수교육실무사, 지도사 등의 명칭으로 역할이 포함된 '지원인력'이라는 용어로 사용되므로 용어확인이 필요
- 사회복무요원: 사회복무요원은 교육청과 병무청에서 지원하는 장애학생 활동지원
- 활동보조인: 활동보조인은 국민연금공단, 보건복지부에서 지원하는 장애인 활동지원서비스
- 시간제 자원봉사자

NOTE

04 특수교육지원인력이 수행해서는 안되는 업무

- 교사 고유 업무인 수업·학생지도·평가·상담 등을 대리할 수 없음
- 행정실 업무 보조, 학교의 전체적인 잡무, 교사 개인의 사적인 업무 수행해선 안됨

05 특수교육지원인력의 역기능 주의

① 특수교육 지원인력의 지원이 특수교육대상학생과 담임교사 그리고 일반 또래들과의 상호작용을 오히려 감소시키거나 → 통합학급 수업과 괴리된 내용의 학습을 지원인력과 따로 수행하게 하는 등 → 역기능 일어나지 않도록 주의하며 적극 활용해야 한다.

② 특수교육 지원인력을 통한 1:1 개별지원인 경우에도 → 장애학생 개인에게 지나치게 밀착되지 않도록 유의해야 하며 → 장애학생과 비장애학생 사이의 자연스러운 관계를 훼손하지 않는 민감한 지원이 필요하다(박승희 외,2007). 이는 일반학생과의 교우관계 상호작용 지도가 장애아동을 지원하는 특수교육지원인력의 중요한 역할 중 하나이다.

06 특수교육지원인력 활용 방법

- 통합학급 담임교사의 요청과 감독 하에 학생 지도를 보조한다.
- 담임교사의 학급경영관과 학급 규칙을 지원인력에게 미리 안내한다.

  예 "우리 반 규칙은 학생들이 서로에게 존댓말을 사용하는 것입니다. OO이도 친구들에게 말할 때 존댓말을 사용하도록 도와주세요."
- 학급 상황과 학생에 맞게 지원할 수 있도록 요청한다.

  예 "우리 반은 운동장과 가까이 있어서 OO이가 수업 중에 갑자기 뛰어나갈 수 있습니다. OO이가 교실 이탈을 하지 않도록 도와주세요."
- 지원인력이 알아서 지원해 주기를 기다리기보다 정확한 지시를 하는 것이 좋다. → 특히 특수교육 대상학생의 부적절한 행동 발생 시 담임교사가 적절한 대처를 안내해주어야 하며 → 이에 대한 사항은 특수교사 및 특수교육 지원인력과 미리 협의한다.

TIP

특수교육지원인력 지시 방법 예시

- 먼저 학생에게 "오늘 수학 시간에는 나만의 규칙으로 무늬 꾸미기를 합니다. OO이도 해보고 어려우면 선생님이 보여주는 규칙을 보고 똑같이 나열해봅시다."
- 지원인력에게 "선생님 OO이가 규칙을 스스로 나열하는지 봐주시고, 어려워하면 제가 칠판에 제시한 규칙을 보고 따라 할 수 있도록 도와주세요."

  지원인력에게 먼저 지원 요청을 하기 전에, 특수교육대상학생에게 해야 할 일을 정확히 지시한 후 지원인력필요한 지원 사항을 요청하면 더욱 좋습니다!

출처: 서울특별시교육청, 곁에 두고 바로 쓰는 통합학급 길라잡이, 2023, p.33

07 교과별 특수교육지원인력의 지원 방법

NOTE

국어	• 손을 들고 발표할 수 있도록 격려한다. • 하고자 하는 말을 다시 정리해 따라하게 한다. ex. 이름을 말하고 싶니? • 발표할 내용을 쉽게 문장으로 요약하여 알려 준다. ex.제 이름은 000입니다. 라고 발표하자. • 읽기가 어려운 경우, 대신 읽어 주며 내용을 들려준다. (읽기 시간에 다른 학생들에게 방해가 되지 않을 정도의 작은 목소리로 책을 대신 읽어 줄 수 있다.
수학	• 문제 풀이 과정을 단계별로 시범 보여준다. • 문장제 문제를 쉽게 설명해 준다. • 자, 각도기, 등의 사용방법을 따라하게 한다
과학	• 과학 현상을 주의 깊게 관찰하도록 지원한다. ex. 실험 시간에 과학 현상을 살펴 볼 수 있도록 유도한다. • 실험 활동 집단에서 소외되지 않도록 실험 과정을 시범 보이고 따라하게 한다. • 실험 과정에서 사용되는 화학물이나 실험도구로부터 안전을 유지할 수 있도록 지원한다.
체육	• 줄서기나 준비운동 시간에는 가까이에서 시범을 보이도록 한다. • 교사의 시범을 따라 하기 어려운 학생의 경우 학생이 교사와 가까이 서게 하고 동작이 안 되는 부분은 손을 잡거나 언어적 촉진을 사용한다.
음악	• 음악시간 노래 부르기를 할 때 어렵더라도 포기하지 말고 아는 부분만이라도 참여하여 부를 수 있게 장애학생의 옆에서 같이 불러주고 부르도록 지원한다. • 리듬악기 연주를 할 때 박자를 맞추어 치는 것을 어려워하는 장애학생이 많으므로 장애학생의 손을 잡고 악기를 함께 친다거나 악기를 쳐야 할 때를 손짓으로 해 주는 형태로 지원한다. • 필기를 해야 하는 경우 이미 쓰여진 것 위에 덮어쓰기를 하거나 적어주는 것을 보고 따라 그리기를 할 수 있도록 시범을 보인다.
미술	• 미술 시간에 장애학생이 재료를 다루기 어려워하는 경우 물감대신 크레파스, 풀 대신 유리테이프 등 재료를 바꿔주는 방법으로 지원한다. • 미술 시간에 가위질을 어려워하는 경우 대신 가위질을 해주기보다 잘라야 할 것을 잡아주는 등 장애 학생이 최대한 참여할 수 있는 방법으로 지원한다.

〈특수교육지원인력 출처〉

• 진은랑 외1명, 특수학급의 유무에 따른 교사와 특수교육보조원의 기대와 갈등에 관한 연구, 2007)
• 임동진 외 2명, 지적장애학생 통합체육 수업의 협력교수와 교수적 수정에 대한 일반교사와 특수교사의 인식 비교, 2021
• 경기도교육청, 특수교육현장지원 가이드북, 2020
• 서울특별시교육청, 곁에 두고 바로 쓰는 통합학급 길라잡이, 2023

BEST 23

중도중복장애 교육

NOTE

01 중도중복장애

[장애인 등에 대한 특수교육법 시행령 (제10조 제1항, 별표 제11호)]

11. 두 가지 이상 중복된 장애를 지닌 특수교육대상자 (2022.6.28. 개정)

다음 각 목의 구분에 따른 장애를 지닌 사람으로서 제1호부터 제6호까지의 규정에 따른 특수교육대상자에 대한 각각의 교육지원만으로 교육적 성취가 어려워 특별한 교육적 조치가 필요한 사람

가. 중도중복(重度重複)장애: 다음의 구분에 따른 장애를 각각 하나 이상씩 지니면서 각각의 장애의 정도가 심한 경우. 이 경우 장애의 정도는 법 제14조제1항에 따른 선별검사의 결과, 제9조제4항에 따라 제출한 진단서 및 「장애인복지법 시행령」 제2조제2항에 따른 장애의 정도 등을 고려하여 정한다.

1) 지적장애 또는 자폐성장애

2) 시각장애, 청각장애, 지체장애 또는 정서 · 행동장애

나. 시청각장애: 시각장애 및 청각장애를 모두 지니면서 시각과 청각에 의한 학습이 곤란하고 의사소통 및 정보 접근에 심각한 제한이 있는 경우

02 중도중복장애 특징 및 지원

특징	지원
① 대개 신체 발달의 지연을 가지고 있다.	교사는 중도중복장애학생의 개별 운동 특성을 알고 적절한 학습 환경 즉, 적절한 과제 시간과 양, 물리적 환경, 보조기기 등을 제공해야 한다.
② 일부는 감각 손실을 보인다.	교사의 감각 손실에 따른 제한된 경험을 대체할 수 있는 다양한 교육 내용 및 활동을 제공할 수 있도록 해야 한다.
③ 대부분이 인지 정보처리에 어려움을 느낀다. → 즉, 대부분 심한 지적 장애를 가지고 있는 경우가 많으며(국립특수교육원, 2013), 낮은 지적 능력은 정보 처리, 주의 집중력, 단어인출, 기억력, 이해력, 습득한 지식의 일반화 및 통합·조직하는 능력 등에 영향을 준다(한경근 외, 2013).	교사는 중도중복장애학생 개인의 지적능력에 맞는 학습 전략을 적극적으로 사용하고 이들의 인지적 특성과 교육적 요구에 맞는 학습 환경을 제공할 필요가 있다(박선미, 2020). → 다시 말해, 학생의 개별 특성과 다양성을 고려한 학습 환경을 제공해야 하며 일상생활에서 활용할 수 있는 구체성이 높은 실물 자료를 활용하도록 해야 한다. → 더불어 가정과의 연계를 강화하여 학습의 전이가 일반화가 되도록 해야 할 것이다.

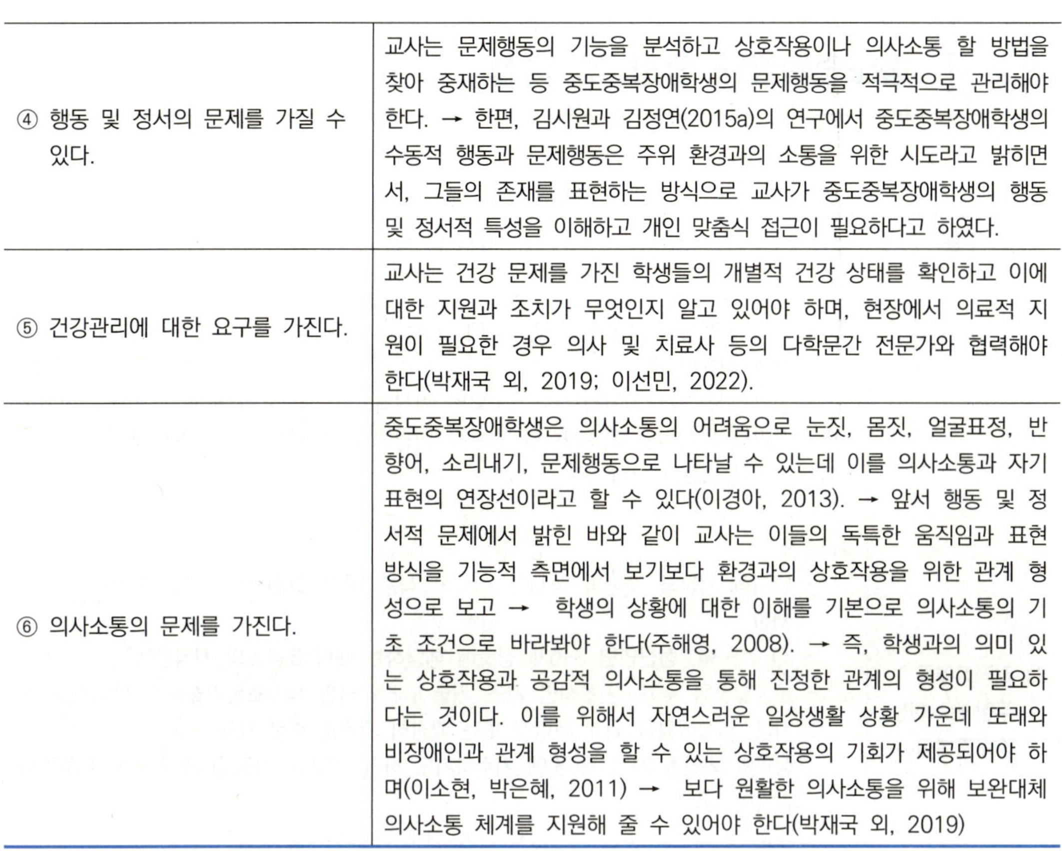

④ 행동 및 정서의 문제를 가질 수 있다.	교사는 문제행동의 기능을 분석하고 상호작용이나 의사소통 할 방법을 찾아 중재하는 등 중도중복장애학생의 문제행동을 적극적으로 관리해야 한다. → 한편, 김시원과 김정연(2015a)의 연구에서 중도중복장애학생의 수동적 행동과 문제행동은 주위 환경과의 소통을 위한 시도라고 밝히면서, 그들의 존재를 표현하는 방식으로 교사가 중도중복장애학생의 행동 및 정서적 특성을 이해하고 개인 맞춤식 접근이 필요하다고 하였다.
⑤ 건강관리에 대한 요구를 가진다.	교사는 건강 문제를 가진 학생들의 개별적 건강 상태를 확인하고 이에 대한 지원과 조치가 무엇인지 알고 있어야 하며, 현장에서 의료적 지원이 필요한 경우 의사 및 치료사 등의 다학문간 전문가와 협력해야 한다(박재국 외, 2019; 이선민, 2022).
⑥ 의사소통의 문제를 가진다.	중도중복장애학생은 의사소통의 어려움으로 눈짓, 몸짓, 얼굴표정, 반향어, 소리내기, 문제행동으로 나타날 수 있는데 이를 의사소통과 자기 표현의 연장선이라고 할 수 있다(이경아, 2013). → 앞서 행동 및 정서적 문제에서 밝힌 바와 같이 교사는 이들의 독특한 움직임과 표현 방식을 기능적 측면에서 보기보다 환경과의 상호작용을 위한 관계 형성으로 보고 → 학생의 상황에 대한 이해를 기본으로 의사소통의 기초 조건으로 바라봐야 한다(주해영, 2008). → 즉, 학생과의 의미 있는 상호작용과 공감적 의사소통을 통해 진정한 관계의 형성이 필요하다는 것이다. 이를 위해서 자연스러운 일상생활 상황 가운데 또래와 비장애인과 관계 형성을 할 수 있는 상호작용의 기회가 제공되어야 하며(이소현, 박은혜, 2011) → 보다 원활한 의사소통을 위해 보완대체 의사소통 체계를 지원해 줄 수 있어야 한다(박재국 외, 2019)

출처: 장은지, 중도중복장애학생의 자기결정력에 대한 특수교사의 중요도 인식과 교수실행도, 2023, p. 8~12

NOTE

03 중도중복장애 유형 및 특성

※ 「중도·중복장애학생 교육(학지사, 2013)」 참고

구분	유형 및 특성
1) 지적장애를 주장애로 하는 중도중복장애	① 유형 - 중도 지적장애, 지적장애+감각장애, 지적장애+운동장애, 지적장애+발달장애, 지적장애+ADHD 등 - 일부 환경에서 정기적으로 제공되는 확장적(extensive) 지원과 항구성을 가지는 고강도의 지원을 지속적으로 전반적 환경에서 제공해야 하는 전반적(pervasive) 지원이 필요한 사람 ② 특성 - 인지적 기능과 개념적·사회적·실제적 적응기술로 표현되는 적응행동에서 심각한 제한 - IQ 20~34, 정신연령 3~6세 정도에 해당하는 대략 3~4%의 지적장애 - 운동발달이 늦고, 기초적인 자조 기술이나 간단한 의사소통기술들을 보이기도 하지만, 일상생활을 위해 제한적 또는 확장적 지원을 주로 요구 - 성인이 되었을 때 그룹 홈에 거주하기도 하며, 직업을 가졌을 때 지속적인 보조와 감독이 필요 - 그림 및 사진을 통한 사물인식 가능, 3개 이상의 사물 변별 가능 - 발음은 부정확하나 사물 이름 명명하기 가능 - 의사소통: 간단한 수용언어 이해하고 지시 따르기 가능, 소리를 통해 자신의 요구를 표현, 주변 시선 끌기 가능, 단어 음절 음소 수준의 글자를 대응하거나 평소에 많이 접한 글자 읽기가 가능하기도 함 - 일상생활: 또래와 교류하는 등의 사회적 상호작용기술 및 개인 신변처리에 타인의 도움 필요, 독립생활에 어려움 - 건강 및 운동: 사진 자료 등을 건네줄 수 있을 정도로 손가락 및 상지의 움직임 가능, 신체모방을 위해서는 타인의 신체적·언어적 도움 필요
2) 지체장애를 주장애로 하는 중도중복 장애	① 유형 - 중도 지체장애, 뇌성마비+지적장애, 뇌성마비+발달장애, 뇌성마비+감각장애, 뇌성마비+언어장애 등 ② 특성 - 중도중복장애 중 가장 많은 부분 차지 - 최소한의 상징을 통한 특정 사물의 인식, 일상생활 속 친숙한 대상을 어느 정도 변별, 자주 반복되는 일상적인 짧은 대화 가능 - 의사소통: 대부분 언어장애 수반, 구어사용능력의 제한이 많음, 몸짓 등 신체를 통한 비상징적 의사소통에 의존하는 경우 많음. 화제집중능력 부족, 자발적 표현의 어려움, 의사소통 실패 경험 많음 - 일상생활: 신변처리에 있어 타인의 전반적 도움 필요, 지역사회 참여를 위해 지속적이고 전반적인 지원 필요 - 건강 및 운동: 상지의 움직임이 비교적 가능하나 하지 기능이 많이 취약하여 경직되어 있거나 대근육 움직임이 자유롭지 않음 - 보행: 신체의 균형 잡기가 어렵고, 신체를 기능적으로 사용하는 데 제약이 있어 보조기기 활용, 독립보행이 불안정, 안전에 위험 - 경련 및 뇌전증 등으로 건강관리 요구, 병·허약, 호흡 및 배설의 어려움

NOTE

3) 감각장애를 주 장애로 하는 중도중복장애

① 유형
- 시각중복장애(시각·지적장애, 시각·지체장애, 시각·정서행동장애, 시각·자폐성장애, 시각·의사소통장애, 시각·건강장애, 시각·발달지체, 시청각장애)
- 청각중복장애(청각·지적장애, 청각·정서행동장애, 시청각장애)

② 특성

시각·지적장애	대·소운동 기능 발달에 현저한 지체, 언어발달이 전혀 이루어지지 않거나 매우 느림, 도전적인 행동, 즉 머리박기, 머리카락 뽑기, 눈 문지르기, 눈 찌르기, 손이나 손가락 흔들기 등과 같은 행동 및 자기 자극 행동이 나타나며, 짜증, 공격행동, 사회적 고립 등의 행동 유형을 보임. 단순 지적장애 학생보다 낮은 인지발달 양상, 학습의 수행에 있어 중도의 장애를 수반하므로 교육적 지원 요구가 매우 큼
시각·지체장애	뇌성마비 학생 중 시각에 결함이나 문제를 지닌 학생은 30%이고, 50% 이상이 안구 운동장애, 25% 이상이 정상 이하의 시력 보유. 시각장애를 보이는 뇌성마비 학생은 지적장애를 수반하고 있을 가능성이 높으며, 골격의 기형, 운동 기능과 자세의 이상, 발작장애, 근육과 골격 이상으로 호흡장애 등의 의학적 문제를 수반하기도 함. 말이나 동작으로 자신의 의사를 표현하지 못하고, 학습 속도가 느리며, 학습 기술 유지 혹은 일반화에 어려움
시각·의사소통장애	시각장애학생 가운데 의사소통장애의 출현율은 비장애학생 가운데 의사소통장애 출현율보다 더 높지 않다는 연구가 지배적임
청각·지적장애	청각장애와 지적장애를 함께 수반하는 경우 조기에 발견하여 적극적으로 조기중재를 하여도 50개 이상의 수용 어휘와 30개 이상의 표현 어휘를 사용하기 어려움. 언어발달의 지체는 적응행동기술을 습득하는데 방해가 되고, 이 때문에 청각·중복장애 학생들은 욕구 불만, 짜증, 학습곤란, 사회적 상호작용기술의 결여 등을 초래. 지능이 보통인 청각장애 학생보다 지체가 현저하여 언어를 매개로 하는 추상적이고 논리적인 사고활동이나 기억력이 지적장애 학생이나 단순 청각장애 학생보다 지체되며, 환경에 대한 적응력이 낮고 다른 사람의 입장에 대한 이해능력이 부족하여 고립되거나 비사회적·반사회적 행동을 보일 수 있음. 학습 상황에서 타율적·의존적 경향이 높고 신체 발달이 지연되기도 함
청각·정서행동장애	학령기 청각장애 학생의 10%가 정서적·행동적 문제로 인해 학업을 수행하기 어려울 정도로 중도의 정서장애를 보이기도 한다는 보고가 있음. 청각장애학교의 교육으로 적절한 지원을 받기 어려울 만큼 이질적인 집단으로 여겨지기도 함. 주변 환경의 요구에 대해 적절히 대체하는데 어려움을 겪는 특성으로 인해 위축된 행동이나 자기와 다른 사람의 학습 수행을 방해하는 행동으로 나타내며 이는 특정 상황에서만 일시적으로 나타나지 않고 지속적이고 반복적으로 정형화되어 나타날 수 있음. 학업 및 일상생활에서 많은 지원 필요
시청각장애	맹 수준의 심각한 시각의 손상과 난청 이상의 청각장애를 수반. 어셔 증후군(내이의 이상 등으로 인한 청각장애와 망막색소변성 등과 관련이 있는 시각장애를 함께 보이는 대표적 희귀질환), 알스트롬 증후군(안구진탕, 망막퇴행 등의 증상을 보이다 대개 10대 중반에 시력을 상실하는 시각장애가 첫 증상으로 나타나다 경미하거나 중간 정도의 감각신경성 청각장애를 함께 보이는 희귀질환)에 의하기도 하며, 시각장애로 인해 방향정위는 물론 운동과 이동기술에 있어 발달이 지연되고 청각장애 학생의 경우와 같이 심각한 의사소통발달상의 어려움을 보임

출처:대구광역시, 특수교육대상 학생(유아)의 일상생활 기능 중심 중도중복장애 교육과정 및 프로그램 운영 가이드북, 2022, p.3~6.

〈출처〉

국립특수교육원, 중도중복장애학생 현황 분석 및 유형별 지원 방안, 2020, p.190~191

BEST

24 에듀테크

NOTE

조이쌤과 끈기

에듀테크 활용 시 주의해야 할 점으로는 에듀테크 활용을 위한 인프라 구축에만 초점이 맞춰지지 않도록 경계해야 하며, 에듀테크 자체보다 학생들에게 에듀테크를 활용하여 어떤 배움을 심화하고, 어떻게 새로운 가치를 만들어 낼까 고민하는 것이 먼저입니다!

01 에듀테크

1. 의미

- Education(교육)+Technology(기술)의 합성어로 교육과 정보통신기술이 합쳐진 교육 형태를 의미

2. 에듀테크 효과

김혜정(2023)에 따르면 에듀테크에 대해 다음과 같이 말한다.

- 개별화된 학습 경험 가능 → 교육 불평등 해소
- 학습 참여와 동기 촉진으로 학습 몰입도 향상
- 상호작용과 소통 능력 개선에 도움
- 교실에서 학습 활동 피드백과 학습 진행상황을 확인할 수 있어 교사와 학생 모두에게 적절한 지원 제공

3. 장애학생에게 에듀테크 활용 시 주의점

- 김주향(2023)에 따르면 에듀테크가 장애로 인한 제약을 줄여줄 수도 있으나 장애를 고려하지 않은 기술일 경우 오히려 정보와 경험의 격차를 심화시킬 수 있어 주의 필요

4. 필요한 교사 역량

- 김주향 (2023)은 장애학생들을 위해서 교사는 보다 세분화된 단계와 개별화된 지원 전략이 필요하다고 강조
- 교사들의 디지털 도구 활용 역량, 장애 유형별 에듀테크 교육 환경 지원 역량, 에듀테크 수업 설계 역량 등이 필요하다고 생각

5. 가정 연계 방안

- 홍지연 (2022)는 가정 연계 시 학부모들이 게임이나 SNS중독을 염려해 스마트폰 등의 기기 사용에 제한을 두는 경우가 많으나, 단순히 사용을 제한하는 것에 그쳐서는 안되며 디지털 기기를 활용해 자신만의 콘텐츠를 만들고 문제를 해결하는 경험할 수 있도록 초점을 맞춰 지도 필요 강조

02 다양한 에듀테크 기기

답변 시 '현장에서 자주 쓰이고 있는 ~의 방법을 활용하여 개선하겠습니다. 현장에서 자주 쓰이는 ~의 사례를 참고하여 이를 연결하겠습니다.' 등은 만능 답변이 될 수 있습니다. 또한 태블릿pc가 수업 활용 기기로 자주 활용되는 만큼 사용할 수 있는 어플이나 프로그램을 알아두면 수업실연 속 현장감을 높일 수 있습니다!

분류	이름
펜	3D 펜
	세이펜
카메라	폴라로이드
	카메라 어플
프린터	스티커 프린터 (라벨 프린터)
	포토프린터
	3D 프린터기
	입체 프린터기
토의 토론 시	토킹스틱, 토킹 칩 등
강화물, 순서 뽑기 등	뽑기 통
	우리반 복권
칠판	전자 칠판
	개인 칠판
	모둠칠판
어플이나 사이트	테블릿PC
	카훗 (평가 어플)
	패들렛 (담벼락 활용)
	카카오톡 채팅
	네이버 밴드
	구글클래스룸
	구글 설문지
	잼보드
	edpuzzle
	liveworksheet
	peardeck

03 스마트 러닝

조이쌤과 끈기+

김혜정 (2023)에 따르면 1인 1 태블릿 제공 시 일반학교 및 특수학교 학생들에게 공통적으로 학습 동기를 유발, 학습 몰입감을 높이며 교사의 적절한 지도로 학습 효과까지 높여 개별적으로 지원되는 에듀테크 기기가 불러온 학습자의 높은 관심이 학습 동기로 이어지며 학습 활동 몰입이 지속된다고 언급합니다.

1. 정의

- 일반적으로 스마트 기기, 즉 스마트폰, 태블릿, PC, e-book, 단말기 등을 활용하는 모든 형태의 학습 의미

2. 주의점

- 스마트기기를 이용한다고 해서 모두 스마트 러닝이라고 볼 수는 없으며 학습의 형태가 스마트하게 디자인되어야 함

3. 스마트 단말기 활용 특성

1) 학생 개별 스마트 단말기를 활용하는 수업의 특성

① 동시성: 모든 학생에게 학습 참여 기회가 동시에 주어짐

➜ 소극적이던 학생들도 다양한 글꼴과 사진 자료를 활용하여 자신의 의견을 다양하게 표현

➜ 친구의 발표에 대해 칭찬이나 추가 의견을 남길 수도 있음

② 즉시성: 모든 학생의 학습 수준과 과정에서 개별 피드백이 즉시 주어짐

➜ 학생들은 교사의 피드백을 바탕으로 학습의 과정에서 부족한 부분을 보충하고 심화가 필요한 부분에 대해서는 지속적인 탐구와 도전을 하며 성장

③ 주도성: 학습 주제의 선택과 과제 수행 등에 있어서 학생이 주도적

➜ 자신의 흥미와 학습 수준에 맞는 자료와 주제를 스스로 선택하고 탐색하며 다양한 방법으로 과제를 수행

➜ 학생들은 능동적, 자발적인 지식의 생산자로서 모든 학습 상황에서 주체적인 역할을 하며 배움과 성장을 경험

④ 적기성: 학생의 학습 결손을 적기에 발견하여 책임교육을 실천

➜ 수업 중 개별 학생의 학습 과정을 실시간으로 관찰하고, 학습 결손이 누적되고 있지는 않은지 확인

⑤ 누적성: 온라인 기반의 개별 학생 학습 이력을 누적 관리

➜ 교사 주도로 모든 학생들의 학습 과정을 관찰하고 누적하기에는 물리적으로 한계가 있으며, 학생 스스로 자신의 학습 과정을 온라인 기반으로 탑재하고 그 과정에서 학습 흥미와 성취감을 높일 수 있음

(출처: 경기도교육청, e-book 즐겨찾기 4권, 2022, p. 19, p.29~32)

4. 스마트 단말기 수업 방법에 따른 활용 방안 예시

방법	활용 방안
토의토론 수업	• 자료 수집 용이, 사전 준비 과정에서 협력적 작업 가능 • 자신의 의견이나 주장을 실시간으로 표현 (잼보드 등 활용)하고 전체의 의견 확인 가능 • 발표에 소극적이었던 학생들이 스마트 기기를 활용한 토의토론에서 적극적으로 참여 가능 • 자기 의사 표현에 소극적이었던 학생들이 손들기 기능을 활용하여 발표자의 의견에 대한 찬,반 견해를 즉각적으로 피드백 • 토의토론 과정을 녹음 및 녹화할 수 있으며 스스로 또는 다른 친구들에게 피드백
프로젝트 수업	• 동영상, 프레젠테이션 등 제작 기능을 활용한 발표 자료 제작 • 메타버스를 활용한 가상 현실에서의 프로젝트 수업 • 지역사회 관련 사이트 자료 조사 • 미디어 영상물과 대중문화를 넘어 디지털 정보를 수집 및 분석하여 결과물을 산출하는 미디어 리터러시 프로젝트 수업
모둠 수업	• 소규모 온라인 회의실 활용 • 온라인 자료 탐색, 역할 분담, 발표 자료 공동 제작 가능 • 디자인 씽킹 과정을 적용하여 현실의 문제를 공감하고 함께 해결하는 수업 가능
체험중심 수업	• 인터넷을 이용한 장소 탐색, 실감형 콘텐츠 활용, AR,VR,360도 콘텐츠 체험 • 온라인 기반 진로 포트폴리오 제작 • 온라인 기반 지역사회 연계 체험활동 (지역 축제, 온라인 음악회 등) • 안전 교육 연계 (영상, VR 활용 등) • 메타버스 활용 상호작용이 활발한 체험중심 수업 • 사회 이슈 해결방안을 모색하고 영상으로 제작하여 유튜브에 공유

(출처: 경기도교육청, e-book 즐겨찾기 4권, 2022, p. 31~32 추가 구성)

5. 스마트 단말기 교과별 활용 방안 예시

교과	활용 방안
국어	• PPT 제작, 구글 슬라이드 공유 기능으로 발표 자료 제작 및 토의 주제 정리 • 플립 그리드, 동영상 녹화 기능을 활용하여 발표 및 상호 피드백 • 문학 개별 포트폴리오 제작 • 글쓰기 활동에서 수정 및 보완 작업에 편리한 활용 • 개별 글쓰기 활동 피드백, 실시간으로 의견 공유 • 매체 관련 수업에서 모둠 주제로 네컷 만화 그리기, 관련 자료 제작, 영상 작업 등 • 매체 바로 보기 활동 (미디어 리터러시 교육), UCC, 북트레일러 제작 등
영어	• 외국인과 실시간 쌍방향 대화, 소통 • 교실 안의 사이버 원어민 활용 • 디지털 교과서 활용한 개별화 맞춤 영어 학습 • 영어 연극 프로젝트 시 공동 시나리오 작성 • AI 및 다양한 온라인 퀴즈 프로그램 활용 개별 학생 단계별 학습 • 게임 앱을 활용한 문자 테스트
수학	• 스마트 펜을 활용한 문제 풀이 및 친구들과 함께 문제 풀이 과정 상호 공유 • 학습 수준에 맞는 온라인 과제 제공

사회 역사 도덕	• VR 기술을 활용한 박물관 관람, 문화제 체험, 역사 현장 답사 활동 • 미디어 영상을 통해 발견한 사회 문제에 대한 해결 방안을 모둠별 콘텐츠 제작 및 발표 • 검색 활동 활용하여 세계 여행지 추천 제작 • 구글 어스 활용하여 세계 문화 경관과 역사 유물 유적 체험, 가상 여행 프로젝트 수행, 나만의 지도 만들기, 환경 교육, 세계시민교육 연계 • 미리캔버스를 활용하여 캠페인 자료 및 환경 문제 포스터 제작 • 사회 문제 탐구를 위한 카드 뉴스 만들기 • 클로바 더빙 활용하여 읽어주는 카드 뉴스 활용 • 재난 안전교육 활동에서 직접 학생들이 출연자가 되어 스마트 단말기 촬영 후 편집 • 우리 지역 문화재 소개, 여행지 소개로 내가 주인공이 되는 홍보 영상 촬영 및 편집 • 역사 영화나 드라마 분석 및 발표 수업
과학	• 3D 뷰어를 활용한 암석 등 관찰, 생물의 다양성이나 기후 변화 관련 자료 제작 • 태양계의 행성 시뮬레이션, 영상 자료 활용 등 • 새로운 과학 용어를 검색 및 해석하고 VR 활용 개별 및 모둠 실험 진행 • 온라인 과학관 체험, 온라인 과학 기자단 활동 등
기술 가정 정보	• 발명 아이디어 생성 온라인 포트폴리오 작성 • 코딩 활용 교육 (코딩 로봇, 운동 물체 움직이기 등) • 온라인 건강 식단 구성, 3D 공간 구성 • 나도 유튜버 프로그램으로 진로 체험 • 저작권 보호 영상 만들기
체육	• LIVE 포토 활용하여 살아 있는 활동지 제작 • 음악을 활용한 체조 및 모둠활동 진행 • 경기 촬영 및 분석, 모둠별 피드백 제공 • 선수들의 영상을 분석하여 전략 수립 • 체지방 측정 등을 활용한 건강 이력 관리 및 체력 증진 프로그램
음악	• AI 및 다양한 앱을 활용한 작곡으로 창의성 발휘 기회 • 뮤직랩과 음악 앱을 활용한 다양한 기악 수업 • 보이는 라디오 제작 • 악기 앱을 활용한 합주 및 연주 활동
미술	• 스마트 펜을 활용하여 디지털 드로잉 수업 • 각 시대 미술에 대한 호기심 질문으로 만들어 온라인 학습 공간에 공유하고 서로 답을 적어주는 미술사 모둠 학습 • QR 코드에 담긴 영상 분석 • 온라인 미술관 체험, 3D, VR, AR 입체 미술 작품 감상 등

(출처: 경기도교육청, e-book 즐겨찾기 4권, 2022, p. 29~31,추가 구성)

〈출처〉

• 국립특수교육원, 현장특수교육 2022년 1호, 생각 나누기, 현장Talk, 일부 재구성, 2022

• 국립특수교육원, 현장특수교육 2023년 30권 1호, 생각 나누기, 현장Talk 일부 재구성, 2023

04 장애학생 에듀테크 사례

영역	내용
VR, AR	• 추대엽(2022)에 따르면 e스포츠와 연계 활용하여 제한된 여가, 문화 경험 제공 가능 • VR, AR 에듀테크 체험 교실 운영 • 김혜정(2023)에 따르면 태양계, 롤러코스터 경험, 지적장애학생들의 바리스타 체험 • 심리안정실 조성 시 특정 감각을 자극하거나 흥분된 감정을 진정시키는 환경 자폐성장애 학생에게 조성
인공지능	• 안지훈(2022) 놀이 체험 위주의 인공지능 활용 수업, 인공지능 스피커, 인공지능 램프 등 사물 인터넷 기술을 활용한 인공지는 활용 리터러시 수업, 교과 융합 수업, 윤리교육 등 운영
3D 가상세계	• 홍지연(2022)에 따르면 3D 가상세계에서 펼쳐지는 게임을 활용한 독서교육, 코딩 과학 동화 몇 장면을 학생들과 함께 읽고 그 책의 배경을 3D 가상 게임에 만들어보는 활동을 구성 • 코딩교육으로 일반학급에 들어가는 것 자체를 거부하는 학생에게 코딩을 통해 움직일 수 있는 에듀테크 교구를 활용하여 여러명의 친구들이 있는 상황을 시뮬레이션 해봄으로써 일반학교 입실에 성공
에듀테크 시스템 구축	• 정윤강(2023)에 따르면 특수학교 에듀테크 시스템 구축으로 서울 맹학교 길 안내 서비스 • 시각장애 학생들이 등하교 시 주변의 길을 잘 찾아갈 수 있도록 영상 기반 등굣길 제작 • 가상으로 몇 가지 경로의 길을 연습할 수 있도록 점자블록과 다양한 상황 추가

초등특수 경기 2023학년도 수업실연 문제 일부

① 전시학습 상기~ 전개 중간까지 실연하시오.
② 교과 간 융합수업을 실시하시오.
③ 장애특성 고려하여 상호작용이 잘 일어나도록 실연하시오.
④ 에듀테크 및 다양한 교구를 활용하시오.
⑤ 그림책을 선정해서 활용하시오.
⑥ 교수자료 다양하게 사용하시오.
⑦ 자신의 감정을 자유롭게 표현하도록 지도하시오.
⑧ 특수교육 실무사는 미배치 상태임을 참고하시오.

05 미래형 특수교육 환경(교실)

1. 미래형 특수교육 환경(교실)제안

- 정부의 4차 산업혁명위원회에서 제안한 미래교육 프레임워크에 특수교육대상 학생을 위한 교육 공학지원, 보조공학 지원 및 학습, 창의체험, 정서 향유, 생활기능 향상 지원을 포함한 기능성 공간을 더한 '미래형 특수교육 교실 표준 모델: 미래포용교실 (future inclusive classroom)'을 제안

2. 미래형 특수교육 교실 표준 모델: 미래포용교실(future inclusive classroom) 구성

① 교육공학 지원: 교육 효과를 높이기 위하여 교수-학습 지원, 첨단 정보기술 자료를 활용할 수 있는 교실환경 구축

② 보조공학 지원: 장애학생들이 교내 생활 및 학습을 하는데 있어 필요한 기능을 증진 및 향상시킬 수 있도록 보조공학기기 지원

③ 기능성 공간: 4영역 10존(ZONE)

④ 교실 내 공간은 크게 4영역(학습, 창의체험, 정서, 생활기능) 10가지로 구분

⑤ 교수·학습방법을 다양하게 적용할 수 있는 공간 구성 뿐만 아니라 학생들이 심리적 안정을 취할 수 있는 편안하고 생동감 있는 교실 환경 구축

⑥ 각 공간은 영역을 넘나들며 융통성 있게 활용

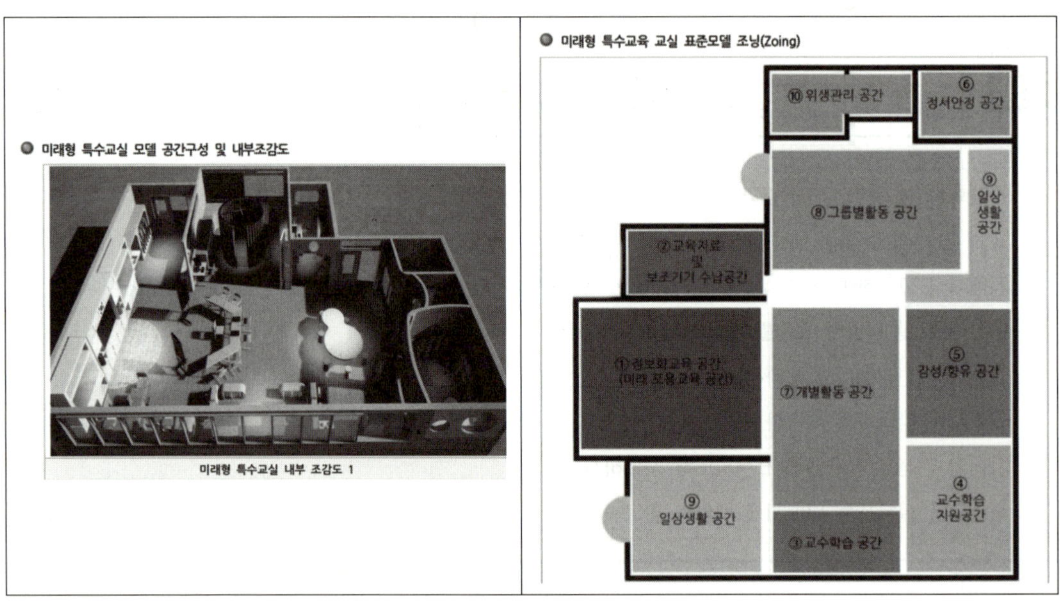

(출처: 국립특수교육원, 미래형 특수교육 교실 표준 모델 개발연구, 2019, 그림 p.48~49)

조이쌤과 끈기

김병직(2023)에 따르면 흔히 '미래교실'과 같은 에듀테크 공간이 있어야만 교육 활동을 시작할 수 있다고 생각할 수 있으나, 자주 접할 수 있는 인공지능 스피커 만으로도 에듀테크를 접하기에 충분한 환경이 될 수 있다고 이야기 합니다.

3. 에듀테크 기반 교육 환경 조성 사례

김병직(2023)에 따른 예산 꿈빛학교의 장애학생 스마트 교육 지원 사업의 사례이다.

- e스포츠 교실(열림꿈터): 장애인 체육대회 e스포츠 종목 정식 체험, 단체 레이싱과 신체활동, 저연령 학생들도 즐길 수 있도록 조성
- AI 교실 (미래꿈터) 구축: IOT 기반으로 미래 교실 체험, 다양한 SW 교구, 키오스크 등으로 인공지능 교육 할 수 있는 공간
- 실감형 콘첸츠 체험교실: XR, VR, 동작 인식, 홀로그램, AR 액션플로우 등 다양한 형태의 실감형 콘텐츠 체험 장소

4. 지역사회와 학교가 상생할 수 있는 에듀테크 공간 활용

- 전자칠판 구비된 장소 세미나 장소나 모임의 장소로 활용
- 에듀테크 기반 교육 환경을 지역 내 학생들에게 개방하여 긍정적인 이미지 형성
- 초중학교와 통합교육의 장을 만들어 장애인식 개선 활동
- 미디어 아트 전시실 활용하여 전시 공간 구축
- 특수학교 교내 카페 시 디지털 전시공간 및 복합 체험공간으로 활용

출처: 교육부, 생각 나누기 현장 Talk!, 장특수교육, 장애학생을 위한 에듀테

NOTE

BEST

25 특수교육과 인공지능

NOTE

조이쌤과 끈기+

특수교육에서 인공지능의 활용을 비유하자면 바로, '신세계'입니다. 장애를 가진 학생들에게 배움의 새로운 기회를 제공하기 때문이죠. 즉, 인공지능 기술은 장애를 보완하고, 학습의 접근성을 높이며, 학업 성취 및 취업 등에 긍정적인 영향을 주어 장애학생의 통합교육과 사회통합에 기여한다는 장점이 있습니다(권정민, 이영선, 2020; 김용성, 2023; Fichten et al., 2021). 이번 파트는 특수교육공학(권충훈,2024) 제6장 특수교육공학의 최근 동향의 부분을 재구성했음을 밝힙니다.

01 AI

1. 의미

- 인간의 학습 능력과 추론능력, 지각능력, 자연언어의 이해 능력 등을 컴퓨터 프로그램으로 실현한 기술 (출처: 두산백과)

2. 분류

- 약인공지능(Weak AI): 특정 분야에 인공지능 기술을 접목하여 생활을 유용하는 것
  - 예 대인공지능 스피커, 스마트폰 얼굴 인식, 자율주행 자동차, 챗봇 등
- 강인공지능(Strong AI): 스스로 행동하고 학습이 가능하며, 인간 또는 인간 이상의 지성 수준을 가진 로봇
  - 예 영화 속에서 봤던 인간의 모습을 하고 인간 이상의 지성과 능력을 지닌 로봇 (공민수, 신창훈, 2021; 한선관 외, 2021).

3. AI시대 교육 현장의 모습

• ICT 기술 활용 가속화	• 에듀테크 산업의 발전
• 디지털 교과서 도입, 스마트 교재의 활용	• AI native세대를 위한 Coding교육 의무화
• VR, AR을 활용한 체감형 몰입형 학습 경험 제공	• 빅데이터기반의 학습분석으로 개별화된 학습 환경 구현

02 인공지능 교육의 특징

① 맞춤형 학습 위한 학습자 개개인 분석이 가능, 학습 역량 높이며, 학습 효과 극대화한다.

→ 인공지능 통해 학습자 개개인의 지식, 학습 성향, 학습 속도, 동기 수준 등의 데이터 수집하고 분석 → 맞춤형 교육 위한 정보 확보 → 학습자 분석 통해 학습 결손 사전 예방

② 학습자별 학습내용의 난이도나 수준이 달라지는 적응적 학습 내용과 수업의 진도나 제공되는 콘텐츠의 순서가 조정되는 적응적 학습 순서의 실현 가능하다.

→ 즉, 인공지능이 학습자에게 적합한 학습 경로를 제공하고, 개인화된 콘텐츠를 제작 및 추천하며, 또한 자주 틀리는 문제를 분석하여 해당 부분을 집중적으로 학습할 기회를 제공 → 강점은 더욱 강화하고, 약점은 체계적으로 보완되어 완전한 학습 가능

③ 평가 문항들이 학습자의 수행 정도에 따라 달라지는 적응적 학습평가가 가능해진다.

→ 문제 해결의 성공률이 높은 학습자는 문제의 난이도를 높이고, 문제 해결에 어려움을 보이는 학습자는 난이도가 낮은 문제들을 제공 → 지능형 튜터링 시스템 (Intelligent Tutoring Systems : ITS)을 적용한 AI 튜터는 학습하는 주제와 관련된 연습문제를 출제하고, 채점까지 할 수 있으며, 학습한 내용에 대한 평가 루브릭을 제작하여 평가의 객관성을 유지할 수 있도록 도움

④ 학습자들을 고려한 개별적 학습 동기 부여가 가능하다.

→ 교사가 학생들의 개별적 특성에 맞게 맞춤형으로 동기를 부여하는 것은 매우 어려운 일 → 그러나 인공지능은 수합한 데이터를 통해 학생 흥미를 고려한 학습 콘텐츠와 게임형 퀴즈 등을 제작하여 학생들의 학습 의욕을 높일 수 있음

⑤ 학생이 학습 중 어려운 내용이 있을 경우 실시간으로 일대일 질의응답 가능하다.

→ 예전에는 모르는 것이 있다면 바로 질문하고 답을 구하는 것이 상당히 어려웠음 → 하지만 학생이 필요할 때 AI 튜터에게 언제든지 질문할 수 있고 즉시 질문에 대한 정답을 얻을 수 있음

⑥ 인공지능을 활용한 교육을 통해 학생들의 고차원적인 사고 학습이 가능하다.

→ 탐구학습, 문제기반학습 등에서 어려움을 겪는 학습자가 인공지능 매체들로부터 자신의 학습 성취 수준에 적합한 보조 설명을 얻고, 절차상 도움을 받아 사회문제들을 탐구하고 해결할 수 있음 → 또한 미술, 음악, 정보 수업 등에서 창작활동에 어려움을 느끼는 학생들이 Quick Draw, Auto Draw, chrome Music Lab 등의 인공지능 플랫폼으로부터 지원을 받아 창작활동에 보다 쉽게 접근

⑦ 인공지능 도구 활용으로 교사의 교수·학습자료 개발이 보다 쉬워졌다.

→ 예를 들어, 교사는 수업 영상 자료를 제작하는 과정에서 네이버 클로바 더빙(Clova Dubbing)의 AI 목소리로 텍스트를 음성으로 손쉽게 변환할 수 있으며, 캡 컷(capcut)의 AI 편집 도구로 영상 배경 삭제, 영상 합성, 영상 효과 주기 등이 간편해져 교수학습자료 개발이 용이

(출처: 김용성, 2023 ; 류지헌, 김민정, 임태형, 2023, 소효정 외, 2025 ; 정제영 외, 2023.)

AI 디지털 교과서와 AI 튜터

우리나라가 세계 최초로 개발하고 있는 AI 디지털 교과서의 AI 튜터의 주요 기능을 알아봅시다. AI 튜터는 AI를 이용해 학생의 학습상태를 분석하여 부족한 부분의 원인을 찾아 이를 개선할 수 있는 전략을 조언해 주는 서비스입니다.

〈 AI 튜터 주요 기능 〉

주요기능	내용 및 예시
질의 · 응답	AI 튜터에게 궁금한 내용을 질문하면 AI 튜터가 즉각적로 답변을 제공 하는 기능으로, 특히 학생이 특정 개념에 대해 궁금한 점이나 이해하지 못한 부분이 있을 때 언제든지 도움을 받을 수 있는 기능 제공
추가 학습 자료 제공	학습 과정에서 이해가 잘 안되거나 보충 설명이 필요한 내용에 대해 추가적으로 학습자료를 제공하는 기능으로, 개념에 대한 부연 설명, 연습 문제, 관련 학습 자료 추천 등을 통해 학습을 보완하는 기능 제공
학습 전략 제안	학생의 과목별 맞춤형 학습지원을 위해 학습 수준과 목표에 맞게 개별적인 학습 전략을 제안하는 기능으로, 학생의 학습 과정과 결과에서 분석된 데이터를 바탕으로 성취도를 평가하고 강약점을 식별하여 적절한 학습 전략을 제공
학습 진도 모니터링	학생의 학습 계획 대비 학습 진도 상황을 모니터링하는 기능으로, 개별 학습 과정에서 분석된 학습 수행도, 학습 참여도 등의 주요 학습 활동 지표에서 부족한 부분을 개선하기 위한 정보 제공
피드백 및 성취 평가	학습 진도 모니터링 과정마다 분석된 부족한 부분에 대해 시의적절한 피드백과 To do 리스트를 제공하고, 학습 성취 평가 정보를 제공함과 동시에 분석된 데이터를 기반으로 개선이 필요한 항목에 대해 추가적인 학습 방향을 안내
오답 노트 제공	학생이 풀었던 문제를 함께 분석하고, 틀린 부분에 대한 설명을 제시할 수 있는 기능으로 학습 과정마다 오답노트 작성 및 누적되어 지난 시간에 틀렸던 내용을 다시 확인할 수 있으며 이를 통해 자신의 부족한 부분을 지속적으로 개선할 수 있는 기능을 제공

출처: 계보경 외 (2023)

03 특수교육에서 인공지능 활용

① 인공지능 기술은 다양한 성취 수준 및 특성을 지닌 장애학생들에게 맞춤형 교육을 지원한다.

→ AI 튜터는 장애학생의 학습 특성을 분석하고, 학생 맞춤형 교육 설계 및 교육 내용을 제공 → 이해가 부족한 내용을 장애학생이 반복 연습하여 숙달할 수 있도록 돕고 → 질의응답을 실시간으로 제공하여 즉각적 피드백을 제공 → 인공지능은 학생에 적합한 평가 문항을 제공 및 자동 채점하여 특수교사가 학생 맞춤형 평가를 할 수 있도록 지원

② 인공지능 기술은 장애를 조기에 진단할 수 있도록 돕는다.

→ 장애를 조기에 진단해 빠른 시일에 특수교육적 지원을 제공하는 것은 매우 중요 → 인공지능은 다양한 데이터 분석으로 자폐성장애, 학습장애 등을 조기에 진단하여 적합한 교육을 빠르게 제공하고, 학습 격차를 줄이는 데 기여

③ 인공지능은 장애학생의 의사소통을 돕는다.

→ 인공지능은 의사소통에 어려움을 겪는 청각장애, 지체장애, 자폐성 장애학생 등이 → 상대방의 표정, 제스처, 맥락을 이해하고, 의미 있는 소리를 구별할 수 있도록 지원

④ 인공지능 기술은 스스로 이동하는데 어려움을 겪는 장애학생들에게 도움을 제공한다.

→ 스마트 안경, 스마트 휠체어, 보행 보조 로봇 등의 인공지능 기술은 → 시각장애, 지체장애학생들에게 주변 환경 정보를 안내하고, 개별 맞춤형 신체 보조, 자율 주행 등의 도움을 제공하여 → 독립 보행의 가능성을 높여 준다.

⑤ 인공지능은 장애학생의 자기관리에 도움을 제공하여 독립성을 향상시킨다.

→ 스마트홈, 식사 보조 로봇 등은 장애학생들의 환경 접근성을 높여 가전제품 조작, 독립적인 식사 등이 가능하도록 지원

04 특수교육 현장에서 인공지능 활용 시 유의점

① 특수교육현장에서 인공지능 활용이 원활히 이루어지기 위해서는 인공지능 프로그램 및 장비를 학교에 보급하고, 이들을 잘 활용할 수 있도록 지속적인 교육 및 안내가 필요

② 또한 많은 인공지능 프로그램이 한국어 기반 서비스를 지원하도록 정책적 지원이 있어야 하며, 인공지능이 장애인에 대해 편향 되고, 왜곡된 데이터를 학습하지 않도록 데이터 관리하는 것이 필

③ 중요한 것은 모든 교육이 인공지능만으로는 대체할 수 없다는 것을 분명히 인식하여 특수교사의 역할 및 지도의 중요성을 간과하지 않아야 함(권정민, 이영선, 2020; 김용성, 2023).

05 장애 영역별 AI 활용 기술

인공지능은 장애 유형별로 적합한 지원을 제공하여 장애학생들이 학업적, 생활적 장벽을 극복하고 독립적으로 수행할 수 있도록 도움을 준다.

장애 영역	내용
발달장애	• 자폐성장애학생은 조기 진단 시스템, 이미지 변환 앱, 표정 인식, 소셜 로봇 등을 통해 조기 진단이 가능하고, 학업 수행, 의사소통, 사회적 관계 등을 개선할 수 있음 • ADHD 또는 자폐스펙트럼 장애 학생의 눈빛과 얼굴 표정을 캡쳐해서 수업 몰입도를 관찰(모니터링)이 가능 • 학습자의 수준에 맞게 적절한 학습 속도로 자료 제시하여 학습 효과를 높임 • 자폐스펙트럼 학생에게 이숙한 얼굴로 강의자(수업자)의 얼굴을 변환하여 학습의 어려움 해소: Face Exchanges 기술을 활용 • 음성을 텍스트로 변환하고, 다시 이미지로 변환하는 앱을 통해 이미지로 학업 수행 및 타인과 의사소통할 수 있다. 예 헬픽토(Helpicto) 엡 • 자폐성장애학생의 유전정보, 움직임, 상동행동, 걸음걸이 등을 인공지능이 분석하여 자폐성장애를 조기에 진단할 수 있다. 예 AI 리빙 랩(Living Lab) • 표정인식 앱의 도움으로 얼굴표정에서 감정을 이해할수 있다. 예 EMOFACE Play & Learn Emotions 앱 • 소셜 로봇과 자폐성장애학생과의 상호작용을 통해 자폐성장애학생의 사회적 의사소통 능력을 함양시켜 또래 관계가 향상될 수 있다. 예 리쿠 (LIKU) • 전환, 진로 교육에 많이 활용 가능할 것으로 보임
청각장애	• Denoising 기술: 멀티미디어 이용 시 나래이션과 배경음악을 분리하여 제공하여 난청 학생들에게 효과적인 기술. 원래의 말소리의 볼륨을 유지하되, 배경 음악 소리를 낮추어 학생에게 잘 전달되도록 함. • 자동 수어 통역 기술 • 아바타 수어통역사가 (가상의 인물) 화면에서 수어 통역을 제공 • 수어를 통한 키오스크 서비스 개발: 한국전자통신연구원에서 충남대 병원 • STT 앱을 활용하여 교사의 설명 및 대화하고 있는 상대방의 음성 정보를 텍스트로 수집하여 보다 독립적으로 학업 및 의사소통을 수행할 수 있음 • 대화 상대방의 음성이 실시간 자막으로 표시되는 스마트 안경을 활용하여 타인과 원활한 의사소통을 할 수 있음 예 씨사운드 스마트 안경 • 자동 자막 생성 기능이 있는 영상 편집 프로그램을 활용하여 청각장애학생이 이해하기 쉬운 교수학습 영상을 제작할 수 있음 예 vrew • 수화를 알기 쉽게 번역해 주는 수화번역기 앱을 활용하여 청각장애학생이 건청인과 대화할 기회를 높일 수 있음 예 수화번역기 앱 • 인공지능 보청기의 딥러닝 기술로 학생 개인에 적합한 청취 환경을 제공하여 타인과 구어로 의사소통할 수 있음 • 인공지능 입술 판독 기술을 통해 청각장애학생의 독순술을 도와 의사소통 기회를 높임 예 구글 딥마인드의 자동 입술 판독 기술
지체장애	• Smart Prosthetics: 체육이나 무용 활동 시 인공지능 기능을 활용한 의족, 의수를 착용하여 활동적 수업도 참여 가능 • 지체장애학생은 인공지능 휠체어, 식사 보조 로봇, 웨어러블 보행 보조 로봇, 인공지능 스피커, 의사소통 보조 앱 등을 통해 이동 및 보행, 식사, 의사소통 등을 보다 독립적으로 수행할 수 있음 • 눈 응시, 음성 인식으로 인공지능 휠체어를 조작할 수 있고, 자율주행할 수 있음 • 식사 보조 로봇의 도움을 받아 스스로 식사할 수 있음 예 Obi 식사 보조 로봇 • 웨어러블 보행 보조 로봇의 도움을 받아 독립 보행을 할 수 있음 예 엔젤렉스 • 스마트홈 기술, 인공지능 스피커, 스마트 버튼 등을 활용하여 일상생활 전자제품들을 작동시킬 수 있음 • 의사소통의 어려움을 겪는 지체장애학생들이 의사소통 보조 앱의 도움을 받아 의사소통할 수 있음 예 Voiceitt, Spoken ACC, Look to Speak, Look to Speak 앱

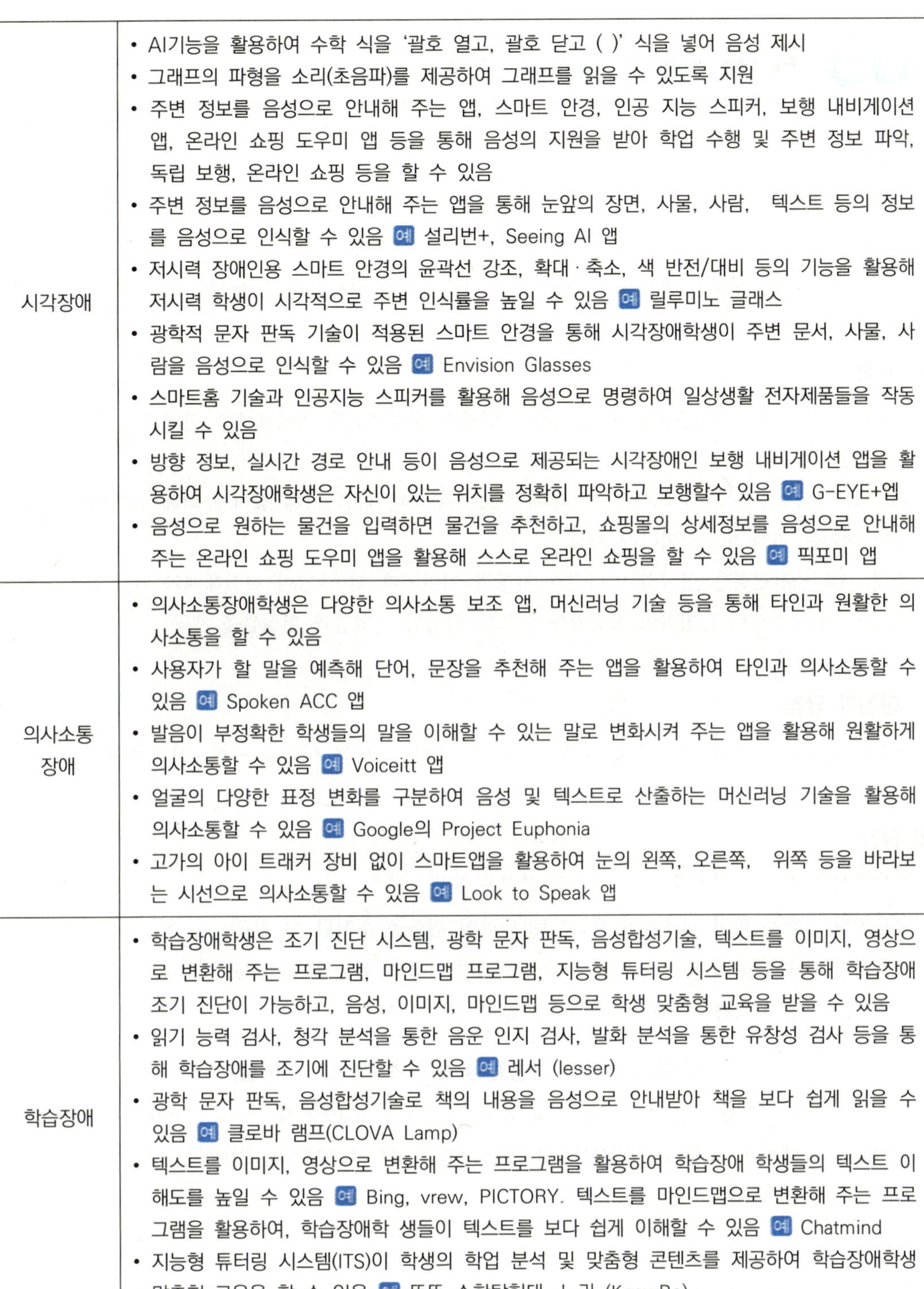

시각장애	• AI기능을 활용하여 수학 식을 '괄호 열고, 괄호 닫고 ( )' 식을 넣어 음성 제시 • 그래프의 파형을 소리(초음파)를 제공하여 그래프를 읽을 수 있도록 지원 • 주변 정보를 음성으로 안내해 주는 앱, 스마트 안경, 인공 지능 스피커, 보행 내비게이션 앱, 온라인 쇼핑 도우미 앱 등을 통해 음성의 지원을 받아 학업 수행 및 주변 정보 파악, 독립 보행, 온라인 쇼핑 등을 할 수 있음 • 주변 정보를 음성으로 안내해 주는 앱을 통해 눈앞의 장면, 사물, 사람, 텍스트 등의 정보를 음성으로 인식할 수 있음 예 설리번+, Seeing AI 앱 • 저시력 장애인용 스마트 안경의 윤곽선 강조, 확대 · 축소, 색 반전/대비 등의 기능을 활용해 저시력 학생이 시각적으로 주변 인식률을 높일 수 있음 예 릴루미노 글래스 • 광학적 문자 판독 기술이 적용된 스마트 안경을 통해 시각장애학생이 주변 문서, 사물, 사람을 음성으로 인식할 수 있음 예 Envision Glasses • 스마트홈 기술과 인공지능 스피커를 활용해 음성으로 명령하여 일상생활 전자제품들을 작동시킬 수 있음 • 방향 정보, 실시간 경로 안내 등이 음성으로 제공되는 시각장애인 보행 내비게이션 앱을 활용하여 시각장애학생은 자신이 있는 위치를 정확히 파악하고 보행할수 있음 예 G-EYE+엡 • 음성으로 원하는 물건을 입력하면 물건을 추천하고, 쇼핑몰의 상세정보를 음성으로 안내해 주는 온라인 쇼핑 도우미 앱을 활용해 스스로 온라인 쇼핑을 할 수 있음 예 픽포미 앱
의사소통 장애	• 의사소통장애학생은 다양한 의사소통 보조 앱, 머신러닝 기술 등을 통해 타인과 원활한 의사소통을 할 수 있음 • 사용자가 할 말을 예측해 단어, 문장을 추천해 주는 앱을 활용하여 타인과 의사소통할 수 있음 예 Spoken ACC 앱 • 발음이 부정확한 학생들의 말을 이해할 수 있는 말로 변화시켜 주는 앱을 활용해 원활하게 의사소통할 수 있음 예 Voiceitt 앱 • 얼굴의 다양한 표정 변화를 구분하여 음성 및 텍스트로 산출하는 머신러닝 기술을 활용해 의사소통할 수 있음 예 Google의 Project Euphonia • 고가의 아이 트래커 장비 없이 스마트앱을 활용하여 눈의 왼쪽, 오른쪽, 위쪽 등을 바라보는 시선으로 의사소통할 수 있음 예 Look to Speak 앱
학습장애	• 학습장애학생은 조기 진단 시스템, 광학 문자 판독, 음성합성기술, 텍스트를 이미지, 영상으로 변환해 주는 프로그램, 마인드맵 프로그램, 지능형 튜터링 시스템 등을 통해 학습장애 조기 진단이 가능하고, 음성, 이미지, 마인드맵 등으로 학생 맞춤형 교육을 받을 수 있음 • 읽기 능력 검사, 청각 분석을 통한 음운 인지 검사, 발화 분석을 통한 유창성 검사 등을 통해 학습장애를 조기에 진단할 수 있음 예 레서 (lesser) • 광학 문자 판독, 음성합성기술로 책의 내용을 음성으로 안내받아 책을 보다 쉽게 읽을 수 있음 예 클로바 램프(CLOVA Lamp) • 텍스트를 이미지, 영상으로 변환해 주는 프로그램을 활용하여 학습장애 학생들의 텍스트 이해도를 높일 수 있음 예 Bing, vrew, PICTORY. 텍스트를 마인드맵으로 변환해 주는 프로그램을 활용하여, 학습장애학 생들이 텍스트를 보다 쉽게 이해할 수 있음 예 Chatmind • 지능형 튜터링 시스템(ITS)이 학생의 학업 분석 및 맞춤형 콘텐츠를 제공하여 학습장애학생 맞춤형 교육을 할 수 있음 예 똑똑 수학탐험대, 노리 (KnowRe)

(출처: 국립특수교육원, '제28회 국내 세미나', 국립특수교육원 유튜브, 2021)

(출처: 권정민, 이영선, 2020 ; 김용성, 2023 ; 류지헌, 김민정, 임태형, 2023 ; 한경근, 2017 ; 한선관 외, 2021 ; Fichten et al., 2021 ; Huka et al., 2022 ; Panjwani-Charani & Zhai, 2021).

NOTE

NOTE

06 AR과 VR을 활용한 교육

1. 정의

- AR (Augmented Reality, 증강현실): 가상 세계를 이음새 없이 실시간으로 혼합하여 사용자에게 제공하여 보다 더 향상된 몰입감과 현실감을 제공하는 기술
- VR (Virtual Reality, 가상현실): 인공적으로 만들어내는 현실감을 활용하는 것

2. 특징

- AR과 VR은 모두 가상환경에 바탕을 두고 있지만 현실세계와 가상세계를 연결하는 방식에서 차이가 남
- VR 즉, 가상현실은 현실세계와 구별되며 주로 컴퓨터나 다른 기계 장치에 의해 만들어진 공간에서 느껴지는 가짜 현실감이라는 특징
- 반면, AR 증강현실은 현실의 이미지와 가상의 이미지가 섞여 있어 현실세계와 가상세계를 이음새 없이 실시간으로 혼합하여 사용자에게 보다 향상된 몰입감과 현실감을 제공

3. 장점과 단점

1) 장점: 능동적인 학습 유발, 구성주의적 학습을 촉진, 의도적 학습을 구현, 실제적 학습의 제공, 협동학습의 촉진

2) 단점

- 가상현실의 경험은 멀미와 같은 신체적 부작용 동반 가능
- 증강현실 경험은 현실 세계와의 혼돈으로 인하여 위험을 초래할 수 있음
- 전통적인 교수 활동에 수반되어 왔던 사회적 상호작용이 제한될 수 있음
- 현재 교육과정에 적용하기에 비용이 너무 많이 듦

〈장애학생에게 가상현실 콘텐츠 적용 시 이점〉

송수희(2021)는 아래와 같이 2015 특수교육 교육과정 사회과 역사영역 중 8단원 '세계가 사랑 하는 문화유산'의 학습주제를 재구성하여 문화유산 관련 가상현실(VR)기반 의 컨텐츠를 활용하여 수업에 적용하여 효과와 필요성을 강조하였다.

- 효과
  ① 가상현실(VR)기반의 문화유산 역사수업은 지적장애 고등학생들의 수업참여 행동 (주의집중, 자발적 행동, 과제수행) 증가
  ② 교과서 활용 및 시청각자료를 활용한 수업보다 더 긍정적인 영향을 주었음을 분석

- 필요성
  ① 코로나19로 인해 언택트 시대가 지속되면서 교육 분야에서도 주목
  ② 시간의 흐름, 역사적 사실들을 직접 관찰할 수도 없고 그 시대를 직접 경험해 볼 수도 없기 때문에, 추상적인 역사의 개념을 파악하기 어려움. 이러한 어려움을 해소하기 위해 가상현실(VR) 컨텐츠를 활용한 수업 활용 가능
  ③ 일반화가 어려운 장애 학생들에게 해당 장소에 직접 가지 않거나 만나지 않아도 가상 현실(VR) 기기를 이용하면 실제와 같은 경험을 할 수 있기 때문에 효과적

출처: 송수희, 가상현실 활용 역사 수업이 지적장애 고등학생의 수업 참여도 및 학습 목표 달성에 미치는 영향, 2021

07 메타버스 활용 교육

1. 개념

- 가상 자아인 아바타를 통해 경제, 사회, 문화, 정치 활동 등을 이어가는 4차원 가상 시공간 (심임보 교수)
- 모든 사람들이 아바타를 이용하여 사회, 경제, 문화적 활동을 하게 되는 가상의 세계 (손강민 등)

2. 메타버스의 4가지 유형

- 증강현실: 현실의 공간에 가상의 2D 또는 3D 물체를 겹쳐보이게 하여 상호 작용 하는 환경
- 라이프로깅: 사물과 사람에 대한 일상적인 경험과 정보를 캡쳐, 저장, 공유하는 기술
- 거울세계: 실제 세계를 그대로 반영하되, 외부 환경 정보를 통합하여 제공
- 가상세계: 디지털 데이터로 구축한 가상 세계

3. 메타버스 교육의 장단점

1) 새로운 사회적 소통 공간의 특성

- 장점: 감염병 등 학교 폐쇄의 경우에도 온라인으로 학생들의 사회적 연결이 가능
- 단점: 타인과 관계 형성 시 유희 위주의 가벼운 관계 형성, 개인정보 문제 등

2) 높은 자유도의 특성

- 장점: 단순한 콘텐츠 소비자가 아닌 창작자의 경험으로 인해 학생의 자율성 확대 가능
- 단점: 플랫폼 관리자가 이용자의 행동을 모두 예측할 수는 없어 메타버스 가상공간과 익명성의 특성에 의해 각종 범죄에 노출 가능

3) 가상화를 통한 높은 몰입도의 특성

- 장점: 학생의 능동적 참여 확대 가능, 시공간을 초월한 새로운 경험을 통해 학생의 흥미와 몰입도를 높임
- 단점: 정체성이 확립되지 않은 학생들에게 현실의 '나'에 대한 정체성 혼란 야기, 현실 도피 및 현실 세계 부적응 유발

- 실생활에서 직접 적용이 어려운 가상현실 및 증강현실 등의 시뮬레이션을 통해 학습의 기회를 제공하여 자기결정력의 신장이 가능
- 이태수(2019) 가상현실 혹은 증강현실을 기반으로 한 메타버스 활용 교육은 제한적 의사소통이나 다양한 문제를 가진 장애학생들이 언제, 어디서나 안전하게 반복 학습할 수 있는 기회를 마련해주고 수업에 능동적으로 참여할 수 있다고 강조

출처: 중도중복장애학생의 자기결정력에 대한 특수교사의 중요도 인식과 교수실행도, 2023, 장은지

NOTE

〈교육현장에서의 메타버스 교육적 활용 가능성과 제한점〉

- 교육 효과: 메타버스의 교육적 기대효과로는 문제해결방식 등과 같은 학습자 중심의 다양한 교수 방법을 사용 가능하며, 메타버스 플랫폼은 수준별 수업 적용이 가능하며, 온오프라인 병행 수업 시 더욱 더 효과적
- 제한점: 학생 지도의 어려움, 교육적으로 활용 가능한 플랫폼의 부족 및 비싼 장비, 사이버상에서 도출되는 윤리적 문제 등
- 시사점: 메타버스 활용한 수업에 필요한 지원과 제도는 메타버스 교육용 플랫폼의 개발, 교육과정과 연계된 메타버스 단원 신설의 필요성, 사이버 윤리교육의 시행과 교사 연수의 필요

출처: 이미경 외 2인, 교육현장에서의 메타버스 교육적 활용 가능성과 제한점에 대한 연구, 2022

4. 활용 사례

구분	활용 사례	
증강 현실	• 포켓몬 GO, Magic leap, 디지털 교과서 실감형 콘텐츠 • 스마트폰, 차량용 hud	출처: magic leap 홈페이지
라이프로깅	• 페이스북, 인스타그램, 애플워치, 삼성헬스, 나이키 플러스 • 웨어러블 디바이스, 블랙박스	출처: 헬스룸 기사
거울 세계	• 구글 어스, 구글 맵, 네이버 지도 • 지도기반 서비스	출처: 구글 어스 사용 캡처본
가상 세계	• 마인크레프트, 제페토, 세컨라이프, 로블록스 • 온라인 멀티 플레이어 게임	출처: 플레이리스트, 테크m이슈 기사 일부

5. 교육 측면에서의 메타버스 특징과 교육적 활용 가능성

- 메타버스의 유형은 미국미래학협회가 제시한 4가지 유형이 널리 회자되고 있는데(ASF, 2006), 각 유형별 메타버스는 다음과 같은 교육적 활용 가능성을 잠재하고 있음

구분	기술적 특징	교육적 활용 가능성
증강 현실	• 현실 세계에 가상의 물체를 덧씌워 대상을 입체적이고 실재감 있게 함 • 현실에 판타지를 더함 • 정보를 효과적으로 강조하여 제시하며 편의성을 도모함	• 가상의 정보로 실제 보이지 않는 부분을 시각적, 입체적(3차원적 다감각 정보)로 학습하게 할 수 있음 • 직접 관찰이 어렵거나 설명하기 어려운 내용을 심층적으로 이해하는데 도움을 줄 수 있음 • 학습자 스스로 체험을 통해 지식을 구성해 나갈 수 있음 • 학습 맥락에 몰입된 상태에서 읽고, 쓰고, 말하는 등의 상호작용을 경험할 수 있음
라이프로깅	• 소셜 미디어와 sns를 통해 일상과 생각을 생산적으로 콘텐츠화 하고 공유함 • 온라인상에서 관계를 형성하고, 상호작용하며 기록됨 • 각종 센서들을 통해 개인 활동 정보가 누적되고 분석되며 이에 따른 부가가치가 발생함	• 자신의 일상을 성찰하며, 적절한 방향으로 정보를 표상하고 구현하는 능력을 향상할 수 있음 • 타인의 피드백이 강화와 보상으로 연결될 수 있음 • 온라인에서 생성된 정보를 탐색하고 집단 지성을 통해 정보를 재구성할 수 있음 • 학습로그 데이터를 활용하여 맞춤형 학습 지원이 가능
거울 세계	• 기술로 현실 세계를 확장시킴 • 특정 목적을 위해 현실세계의 모습을 거울에 비춘 듯 가상 세계에 구현함 • 구현 시 현실세계의 효율성, 재미와 놀이, 관리와 운영 등이 고려됨	• 교수학습의 공간적, 물리적 한계성을 극복하고 거울세계에서의 학습이 가능해짐 • 기술로 확장된 현실세계의 공간에서 학습자 스스로 만들면서 학습하기를 실천할 수 있음
가상 세계	• 3D 기술로 구현된 가상세계에서 다양한 게임을 즐김 • 현실과 다른 공간과 인물로 활동하는 멀티 페르소나를 가짐 • 의 상호작용 • 가상세계에서의 이용자의 자아가 투영된 아바타 간 상호작용을 통해 타인과의 소통과 협력이 가능함	• 고비용, 고위험에 문제로 연출하기 어려운 환경에서의 가상 시뮬레이션을 할 수 있음 • 시공간을 초월한 다양한 콘텐츠에 대한 몰입을 체험할 수 있음 • 가상세계 기반의 게임을 통해 전략적, 종합적, 사고력, 문제해결력을 향상할 수 있음 • 목적에 따라 현실세계에 필요한 능력을 습득할 수 있음

출처: Acceleration Studies Foundation, Metaverse Roadmap Pathway to the 3D web. 2006

계보경, 서울교육 메타버스의 교육적 활용 방안- 확장된 학습 공간으로서의 가능성과 한계 정책 연구 ,2022, 여름호(247호)

NOTE

08 특수교육대상자를 위한 로봇 활용 교육

1. 배경

- 교육부(2022)에 따르면 개별 맞춤형 특수교육 확대를 위한 디지털 혁신기술을 파급하기 위해 → 인공지능교육 선도 특수학교를 지정하여 운영하고 향후 확대하는 등 → 지능형 로봇활용 교육 등을 지원하는 계획 발표
- 장애학생을 위한 로봇 활용은 의사소통 혹은 학업성취 향상이나 문제행동 중재 등 다양한 분야에서 이루어짐

2. AI 기반 지능형 로봇

1) 의미

- 산업용 로봇을 제외한 다양한 용도로 활용하기 위해 사용되는 지능화된 로봇 의미 (권정민, 박은혜, 2013)

2) 특징

- 인간과 상호작용 통하여 인간의 명령 및 감정을 이해하고 반응, 가사 지원, 교육, 엔터테인먼트 등 다양한 형태의 서비스 제공하는 인간 지향적인 시스템 (김병준, 한정혜, 2005)
- 로봇의 외형은 장난감부터 사람의 얼굴을 닮은 휴머노이드까지 다양

3. 로봇 활용 시 효과

① 장애아동에게 로봇을 활용하는 것은 기존의 학습 매체보다 학습 집중도와 흥미를 유발하고 학업 성취를 높일 수 있다. (김병준, 한정혜, 2005)

② 공동주의를 이끌어내는 도구가 될 수 있고, 예측가능하며 단순하고 로봇 그 자체로 보상이 될 수 있다. (권정민, 권영태, 2013)

③ 사회적 행동과 모방 학습, 사회적 대화, 자기 의사를 적극적으로 표현하기도 한다. (김창걸 등, 2012), (김진희 등, 2013)

④ 로봇과 일대일 상호작용을 통해 자폐 아동의 눈맞춤 횟수를 향상시키거나 친숙한 사물이나 유사한 사물을 통해 관심을 유도하거나 불안감 줄일 수 있다. (윤상석 등, 2015), (신윤희 등, 2014)

⑤ 주의력 향상 및 문제행동에 긍정적 효과가 있다. (이진향, 2015)

4. 자주 활용되는 로봇 종류

- 아이로비Q, 잉키 로봇, 교육용 로봇, 전자 장난감 로봇, 소셜로봇

〈소셜로봇〉 특징: 동물 모습을 형상화하여 바퀴로 이동, 대화형 인터페이스 제공, 네트워크를 연결하여 음악, 영상 등 다양한 기능 제공, 가정의 가전과 연결하는 사물인터넷 (IoT) 기능 제공	 출처: ㈜ 아이피엘, 아이지니

5. 제한점

• 최소한의 인지능력이 필요할 수 있으며, 중증 장애학생에게 필요한 정교한 맞춤형 반응을 실시간으로 피드백 주기 위해서는 보다 첨단화된 기능 추가 필요

(출처: 곽하은 외 3명, 장애학생을 위한 로봇 활용 중재의 효과:메타분석, 특수교육 교과교육연구, 제16권 제1호, 2023, p.142)

6. 현장 사례

아이로비Q 로봇 읽기 장애 아동 및 고기능 자폐 아동에게 활용	• 아이로비Q 로봇을 활용하여 음운 인식 훈련 활용 (문은정 등, 2017) • 로봇 활용 중재로 감정 어휘나 화용론적 기술을 촉진 (정민경, 2015) (이하나, 2013)
AI 감성로봇 리쿠	• 리쿠는 상대방의 행동, 표정, 말에 관심을 갖고 상호작용하는 감성로봇으로 상대방의 얼굴을 인식하고, 기분을 알 수 있음 • 리쿠 자신의 욕구, 감정이 주변 환경에 따라 계속 변하며, 풍부한 표정을 지을 수 있음 • 리쿠는 학생과 대화 하고, 교감하며 감성을 공유할 수 있어 사회관 계에 어려움을 겪는 장애학생들이 리쿠와 감정을 교류하면서 사회성 연습 가능 • 또한 동화 구연. 율동, 동요, 안전교육 로봇 코딩 수업, 영어 학습 등이 가능 (권충훈, 2024)
잉키로봇 발달지체 유아 놀이 중재	• 잉키로봇을 활용한 놀이 중재 프로그램으로 적절한 놀잇감 선택, 또래 유아 놀이 활동에 관심 가지기, 놀이 학습과 적용, 사회적 시작 행동, 긍정적인 반응 행동 증가 등 (김진희 등, 2013)
잉키로봇 ADHD 위험군 아동 활용	• 잉키로봇을 ADHD 위험군 아동의 또래 친구로 활용하였고, 원격지에서 교사가 로봇을 조종하는 주의력 증진 프로그램으로 중재 (김수진, 2016)
교육용 로봇 로봇 만들기 활용	• 태극기 만들기, 신나는 자동차, 전자 기타, 팽이 슈터, 미니 로봇대회 등 교육 진행 (이진향, 2015)
코딩로봇 '오조봇' 지역사회적응 훈련 활용	• 검정, 파랑, 초록, 빨당 등 4가지 색상의 마커나 굵은 펜을 이용하여 단순한 그림을 더 빠르게, 느리게, 우회전, 좌회전 등 우리 동네 길 찾기 교육에 활용 (출처: 한미정 외 1명, 내 손안의 장난감, 현장특수교육, 2018, 제25권, 스페셜 테마)
시각장애 로봇 장애체험 활용	• 학교 행사마다 미션 부스를 만들어 일반학생은 물론 학부모, 형제 자매도 참여할 수 있게 하여 학교의 학생 뿐만 아니라 그 가족까지도 장애체험을 할 수 있게 함 (출처: 원재연, 특수교사 119, 에듀니티, p.101~102)
지역 인프라 활용	• 지역사회 SW 기관 방문, 찾아가는 교육 프로그램, 장애학생 SW 대회 개최 (출처: 교육부, 제6차 특수교육 발전 5개년 계획, 2022, p.27)

NOTE

NOTE

조이쌤과 끈기+

코딩이란, 프로그램에서 작업을 수행하기 사용되는 언어로써 코딩교육을 통하여 창의적, 문제해결, 융합적인 사고를 기를 수 있습니다. 코딩 코드에는 카드코딩, 라인코딩, 제스처코딩, 음악코딩, 모션코딩, 블록코딩 등 다양합니다. 또한, 중등특수 2023학년도에 출제된 코딩 형태는 선을 그은 대로 따라가는 '라인코딩' 이며, 언플러그드 활동으로 파악할 수 있겠습니다.

국립특수교육원 '에듀에이블' 사이트에는 〉 에듀테크〉 소프트웨어교육, 실감형 교육, 무인정보단말기 교육 등 다양한 자료들이 마련되어 있어요! 특히, sK텔레콤 알버트와 함께하는 행복 코딩 스쿨 자료가 있으니 참고해보세요!

기출 중등특수 2023학년도 수업실연 문제 일부

〈코딩로봇의 정의〉	〈코딩로봇의 기능〉	〈코딩로봇 활용 순서〉
-코딩 로봇이란?	-로봇이 색을 인지한다. -유성펜 빨간색에서 멈춘다. -유성펜 초록색은 직진한다. -시작 버튼 누르면 움직인다.	-유성펜으로 소화기관 구조 활동지에 색칠한다. -그 위에 코딩로봇을 올려 소화과정을 안다.

사진 출처: 오조봇 도브게임-역사이야기, 로보몰, 네이버쇼핑, 세부 상품 캡쳐 후 재구성

09 특수교육대상자를 위한 소프트웨어 교육

1. 소프트웨어 교육

- 소프트웨어: 컴퓨터의 기계 장치인 하드 웨어를 제어하거나 컴퓨터를 이용해 특정한 일을 하기 위해 만든 프로그램
- 컴퓨팅 사고력을 기르는 교육 → 컴퓨터 과학의 기본 개념과 원리, 기술을 이해하고, 주어진 문제를 논리적이고 창의적으로 해결하는 사고력
- 초중등학교의 소프트웨어 교육은 프로그램 개발 역량 보다는 → 정보 윤리 의식과 태도를 바탕으로 실생활의 문제를 컴퓨팅 사고로 해결할 수 있는 것에 역점 → 수행 중심, 활동중심의 수업으로 운영

2. 장애학생에게 필요성

- 다양한 문제를 해결하는 문제 해결력, 논리적 사고 능력, 창의적 사고력을 키울 수 있음
- 친구들과의 협력 활동을 통해 소통 능력도 키울 수 있음
- 김동규 외1명(2021)에 따르면 장애학생의 정보접근성과 생활 자립성을 지원하는 다양한 보조공학기기 → 보다 복잡해지고 정교해지기 때문 → 장애학생도 이에 적응하기 위해서는 → 새로운 기술과 소통하며 → 창의적이며 융복합적으로 사고할 수 있는 역량 함양 필요
- 장애학생의 sw교육이 정보화 능력, 진로 탐색 및 사회성 향상에 긍정적인 영향을 미침

3. 종류

- 피지컬 컴퓨팅: 코딩 및 블록이나 로봇 조립, 코딩봇 등 다양한 장치를 만드는 활동을 통해 컴퓨터 과학의 원리를 학습
- 언플러그드: 순차, 처리 및 반복의 개념을 놀이 활동을 통해 컴퓨터 과학 원리를 이해하는 것으로, 컴퓨터, 테블릿 등이 없이실행하는 교육을 의미 예 보드게임, 놀이 학습 등
- 장애학생에게 고차원의 sw 교육 보다는 놀이를 통한 순차, 반복 등의 컴퓨터 원리를 학습할 수 있는 언플러그드와 같은 기초 단계의 sw 교육이 먼저 필요

4. 장애학생에게 가장 필요한 sw 교육 역량

- 일반화 능력(적용과 일반화), 모델링 능력(문제분해, 추상화, 알고리즘 등)

5. 사례

- 알고리즘 체험, 프로로그래밍 체험
- 장애학생 메이커 교육: 메이커 블록을 활용한 과제 해결 활동
- 유관기관 연계 교육: sk 텔레콤 행복 코딩 스쿨, 한국 콘텐츠 진흥원, JA-korea

수험생 선생님들이 자주하는 질문!

"소프트웨어와 코딩이 같은 건가요?"

코딩은 소프트웨어 교육을 위한 일부 과정으로, 소프트웨어교육은 단순한 코딩교육을 넘어 생각하는 힘과 문제 해결하는 능력을 기르는 것을 목표로 하고 있습니다.

출처: 교육부 공식 블로그, 이제는 학교 필수교육 "소프트웨어교육", 2020

NOTE

07 끈기 Best 40가지 이론 다지기

BEST

26

특수교육대상자 디지털 기반 교육

NOTE

01 배경

> 추진전략 '3.개별 맞춤형 특수교육 확대'에 있어 '에듀테크 활용 맞춤형 교육과정 운영'을 목표로 세부내용으로 '장애학생 대상 에듀테크 기반 맞춤형 학습을 제공할 수 있는 교육환경 조성', '의사소통, 정서안정, 흥미유발 등 장애학생의 일상생활과 교육 지원을 위한 지능형 로봇 활용 확대', '온/오프라인 융합수업 등 특수교육 수업 혁신을 위해 장애학생 맞춤형 교육 플랫폼 운영', '장단기 결석이 불가피한 건강장애학생의 학습권보장을 위해 맞춤형 원격교육 플랫폼 운영' 등이 제시
>
> 출처: 교육부, 2023~2027년까지의 6차 특수교육발전 5개년 계획

- 디지털 기반 교육은 장애 학생들의 교육 기회를 확대하고 → 더 나은 학습 경험을 제공하는데 도움
- 장애 학생들이 성공적인 학습을 이룰 수 있도록 → 디지털 기술의 적극적인 활용과 지원이 더욱 중요

02 장애학생 디지털 기반 교육의 효과

① 장애학생들의 특성과 학습 수준에 적합한 교육과정을 선택하여 제공 → 개별맞춤형 학습 구현 가능 (속도, 형식, 조정 등)

② 생성형 인공지능을 활용하여 상호작용 및 적극적인 참여 확대 → 모의 상황, 상호작용 게임 등 → 일반화에 도움

③ 학생들의 학습 진도와 성과를 자동으로 추적·평가 → 학생들은 자신의 강점, 약점 파악 및 개선 가능, 피드백으로 학습 효과 향상

④ 시간과 장소에 제약 받지 않음 → 편리함 느낌

⑤ 온라인 플랫폼 통해 교육 자료 쉽게 접근 가능 및 협업 촉진 → 교사와 학생, 학부모 간의 소통 강화

03 장애학생에게 디지털 기반 교육의 단점

① 장애 학생들의 직접적인 경험을 제한 및 접근성에 어려움을 초래할 수 있음 → 발달장애 학생의 경우 직접 경험을 통한 학습 활동이 매우 효과적일 수 있지만 → 디지털 교육만을 추구하는 경우 학습의 안정적인 기회를 놓칠 우려

② 온라인 강의나 학습 플랫폼은 시각, 청각, 지체 장애 학생의 특수교육 요구를 만족시키지 못할 수 있음 → 이로 인해 장애 학생들은 적절한 지원 없는 경우 학습 과정에 상당한 어려움을 겪을 수 있음

③ 디지털 기반 교육은 학생들의 사회적 상호작용을 제한할 수 있음 → 특히 온라인 수업은 대면 수업보다 실시간 소통과 상호작용의 기회가 제한되어 장애 학생들의 사회적 적응과 소통 능력을 떨어뜨릴 수 있음

④ 장애 학생이 온라인 학습에 참여하기 어려울 수도 있음 → 기술적 결함이나 인터넷 연결 불안정성으로 인해 → 학습 기회를 놓치고 학습 성과가 저하될 우려

04 특수교사의 역할

- 다양한 요구를 고려하고 접근 가능한 학습 경험을 제공하는 데 주의를 기울이기
- 디지털 교육에 대한 협력과 실천하기
- 디지털 교육환경 구축하기
- 효과적인 소프트웨어 교육을 위해 특수교사의 소프트웨어 교육 지도 역량을 향상하기
- 특수교사의 소프트웨어 교육지도 역량을 향상하기 위해 교사 연수의 확대 및 참여하기
- 시범학교 선정 및 참관하기
- 연구회 운영 및 참가하기
- 소프트웨어 교육 관련 대회 참여하기

05 장애학생 디지털 기반 교육의 사례

- 김혜진 외 1명 (2022)에 따르면 AI 기술 적용한 교육적 활용에 오조봇, 드론 스마트 팜, 로봇청소기, 인공지능 스피커) 등을 사용해 적용한 연구가 이루어짐
- 이제욱 (2022)에서는 AI 기술을 직업 교과인 볼펜 조립에 적용하여 발달장애학생의 작업 행동을 분석해 자기관리 전략 수행시 맞춤형 지원을 지공함으로써 주의집중의 지속시간과 작업 생산성 향상이 확인됨
- 권정민, 이영선 (2020)은 특수교육공학적 유형에서는 장애인을 위한 AI 활용 동양에 따르면 AI의 기능은 특수교육 대상자의 이동성 보조, 의사소통 기회와 능력 향상, 독립성 향상, 접근성 향상 등을 통해 장애인의 삶의 질 향상에 대해 강조

07 끈기 Best 40가지 이론 다지기

06 장애학생 AI의 교육적 활용 인식과 요구 및 개선방안

첫째, 특수학교의 교사 대상 교육적 활용을 위한 디바이스 보급과 지원이 적절히 이루어지고 있지만, 여전히 장애학생들을 위한 디바이스 보급과 지원은 부족한 상황이다. 장애학생에게 디바이스 보급·지원 정책에서 장애 영역과 특성을 고려한 지원이 필요하며, 사후관리를 위한 보조 인력과 예산을 확충해야 한다. 즉, 특수학교에 보급된 디바이스를 교육적 활용에 적극적으로 활용하기 위해서는 사후관리에 대한 대책을 마련하고 이를 함께 지원해야 한다.

둘째, 장애학생의 인공지능(AI)을 교육적으로 활용하기 위해서는 관심이 있는 교사들을 대상 맞춤형 연수가 진행되어야 한다. 이를 위해서는 장애 영역별이나 연수 대상자의 연령별, 인공지능(AI)의 활용과 경험 여부 등 다양한 요소를 고려하여 유연한 연수가 시행되어야 한다.

셋째, 특수학교 학생들의 장애 영역과 특성을 고려해 보편적 디자인(universal design)으로 다양한 플랫폼과 콘텐츠가 개발되고 보급되어야한다. 이를 위해 개발 과정에서 장애학생의 영역별·특성별 다양한 교육적 요구를 해결하기 위해서는 특수교사의 적극적인 관심과 참여와 부트캠프 형식의 플랫폼·콘텐츠 개발 특수교사 대상 집중 연수가 필요하다.

넷째, 인공지능(AI)과 특수학교의 교육과정 융합 등 디지털 교과서의개발 및 활동 자료 개발 과정에서는 특수학교의 창의적 체험활동 교육과정부터 개발과 보급이 선행되어야 한다.

다섯째, 특수학교 관리자(교장·교감)의 시대 흐름과 교육적 변화에 대한 의무연수가 필요하며 연수, 연구회, 다양한 컨설팅 활동 등 적극적인 노력이 필요하다.

출처: 배종천, 장애학생을 위한 인공지능(AI)의 교육적 활용에 대한 특수학교 교사의 인식과 요구, 2023, p.8

07 디지털 시민

조이쌤과 끈기

최근 청소년들은 디지털 네이티브(digital native) 세대로서 어릴 때부터 디지털을 기반으로 자라난 세대로 블로그, 트위터, 페이스북 등의 SNS를 통해 자신의 의견을 표현하고 사회적 관계를 형성하는 등 사회적 구성원으로서의 역할을 활발하게 수행하고 있습니다(안정임, 서윤경, 김성미, 2013). 발달장애학생들(장애 정도와 자발적 의사소통의 역량에 따라 차이가 있으나) 또한 디지털 기기를 활용하여 생활하고 SNS로 자신의 의사를 표현하며 자신의 관심사를 바탕으로 디지털 시민의 역할을 수행하고 있습니다(지정훈, 곽승철, 2019). 특히 홍지연(2022)에 따르면 에듀테크가 제대로 이루어지기 위해서는 디지털 리터러시 역량이 선행되어야 한다고 합니다.

1. 디지털 약자

- 고가의 스마트폰을 구매하기 어려운 취약계층, 사용이 서투른 중년층과 노년층, 신체가 불편한 장애인, 디지털은 커녕 한국 사회에도 적응이 어려운 탈북자나 이주 노동자, 결혼 이민자 등은 일명 '디지털 약자', 혹은 '디지털 문맹'이라고 불리고 있음

2. 디지털 시민성: 디지털 사회에서 학습자가 갖출 자질이자 능력

NOTE

1) 디지털 미디어 리터러시 교육의 필요성

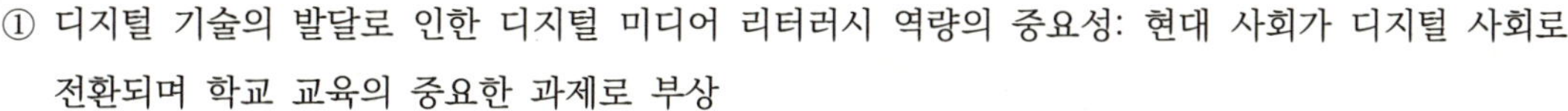

① 디지털 기술의 발달로 인한 디지털 미디어 리터러시 역량의 중요성: 현대 사회가 디지털 사회로 전환되며 학교 교육의 중요한 과제로 부상

예 2015 개정교육과정 의사소통 역량, 지식정보처리 역량 등 미디어 리터러시와 직접 관련된 내용을 핵심역량으로 설정 (원용진, 허경, 박한철, 김양은, 권장원, 금준경, 최용수, 김지연, 박종구, 강진숙, 김아미, 최숙, 2019).

② 폭발적인 정보 증가로 인한 비판적으로 사고하는 능력 필요: 비판적으로 사고하는 능력을 갖추지 못한 채 넘쳐나는 정보들을 수동적으로만 소비하게 되는 것을 경계하며 지도 필요 (김현진, 김현영, 김은영, 최미애, 2019; 원진숙, 2019).

③ 모바일 기기에 대한 높은 의존도: 주로 유튜브와 같은 미디어를 통하여 정보를 얻는 대다수의 학생들은 읽고 쓰는 것보다 보고 듣는 것에 익숙해져 있어 단순하고 수동적으로 사고하며, 미디어를 통하여 전달된 정보들을 의심 없이 신뢰하는 경향이 높음
(김형진, 2021; 한국언론진흥재단, 2019).

④ 미디어 활용에 대한 체계적인 지도 미흡: 체계적 정보 수집과 판별을 위한 미디어 사용, 미디어에 반영된 의도에 대한 비판적 분석, 미디어를 사용한 창의적 표현, 책임 있는 미디어 사용 등 디지털 미디어 리터러시에 대한 체계적인 지도는 잘 이루어지지 않고 있다(장은주, 2020; 정현선, 2018; 조미헌, 2022; 한희경, 2020).

3. 디지털 리터러시 교육

① 정의: 디지털 기술을 이용하여 정보를 비판적으로 선별하고 활용하는 능력

② 정확한 정보를 인지하고 이를 효율적으로 활용하는 것 (디지털 문해력)

③ 지정훈, 곽승철 (2019)은 '발달장애학생의 디지털 리터러시 교육의 목표 또한 디지털 사회에서 건강한 디지털 시민으로 살아갈 수 있도록 하는 것'이라고 말함 → 디지털 사회에서의 정보 격차를 해소하고, 진정한 사회적 통합을 이루는 것이 최종 목표라는 의미

④ 발달장애학생의 디지털 리터러시 교육을 위해서는 특수교사의 끊임없는 노력과 전문성 계발, 부모의 지속적인 관심과 협력, 발달장애학생의 자기조절과 사회에 대한 도전, 그리고 우리 사회 구성원 모두가 한마음이 필요

⑤ 세부 요소

출처: 권지혜(2017)

세부 역량	특성
미디어 특성 이해	의사소통의 매개체로 사용되는 다양한 미디어의 유형을 구분하여 이해하고, 그 유형별 특성을 반영하여 소통
비판적 이해	미디어가 담고 있는 내용의 타당성, 정확성 등을 판단하고, 작성자의 가치관이나 관점을 파악하여 전달된 내용을 비판적으로 수용
자기조절	미디어를 스스로 선택하고 올바르게 사용하기 위하여 그 과정을 조절하고 통제
자아 표현	사용자가 무엇을 미디어에 담을 것인가, 어떤 기술적인 방법을 사용할 것인가 등을 스스로 판단하여 결정하고, 자신의 의도에 맞게 미디어 정보를 구성하고 표현
사회적 의사소통	미디어를 사용한 타인과의 의사소통과 관련하여 사회적인 책임 의식을 가지고, 민주적인 참여 활동을 통하여 정보를 공유하고 전달
윤리 규범	미디어를 통해 소통할 때 사실만을 전달하고 진실성을 부여하고자 하는 윤리 의식을 갖추고, 올바른 미디어 사용 환경을 만드는데 필요한 예절과 규범 실천

4. 미디어 리터러시 교육

1) 정의: 미디어 환경에서 소통하고 생활하기 위한 능력, 미디어를 올바르면서도 자유롭게 활용하는 능력

조이쌤과 끈기+

송하경, 조미현(2022)의 초등 디지털 미디어 리터러시 교육 프로그램의 개발 및 적용에서는 스마트 기기를 쉽게 접하며 성장한 학생들이 디지털 미디어를 능숙하게 다룰 것으로 예상하지만, 다수의 학생들은 기기, 앱 등을 단순하게 다룰 수 있을 뿐 자신에게 필요한 정보를 찾거나 그 정보가 옳은지를 판단하는 등의 활동은 익숙하지 않은 것으로 평가되고 있다고 합니다.

2) 관련 역량 및 사례 ①

하위 역량별 교육		길러야 할 세부 역량	내용 요소 사례
기초 역량	미디어에 대한 접근 교육	• 미디어 접근 능력 • 미디어 기능적 활용 능력	• 다양한 미디어(콘텐츠) 유형과 그 기능에 대한 인지 • 여러 유형의 미디어(콘텐츠)에 접근하여 실제 이용 • 미디어 기기, 기술적 기능적 활용 방법 습득
중점 역량	비판적 분별적 미디어 이용 교육	• 미디어 본질에 대한 이해 능력 • 미디어 콘텐츠에 대한 비판적 분석과 분별적 이용 능력	• 미디어의 본질, 상업적, 기술적 속성과 그로 인한 영향력 파악 • 미디어 콘텐츠의 품질 평가와 내용의 사실성, 진실성 확인 • 미디어 콘텐츠 품질을 기준으로 선별적 수용
심화 역량	생산적 미디어 활용 교육	• 미디어에서 습득한 지식, 정보의 유익한 활용 • 미디어를 통한 창의적 표현 능력 • 미디어를 활용한 적극적 소통 능력 • 미디어를 통한 사회 이슈 참여 능력	• 미디어에서 고품질 지식 정보를 습득해 자기계발, 진로 탐색 등 발전적 목적에 활용 • 미디어를 통해 자신의 생각을 여러 가지 형식으로 만들어서 표현 • 미디어상에서 다른 사람들과 활발히 소통(대화 정보 공유 등) 하고 교류 • 미디어를 통해 사회 이슈에 대해 토론, 숙의하고 다양한 형태로 참여
	책임 있고 안전한 미디어 향유 교육	• 책임 있고 안전한 미디어 이용 능력 • 자율적인 미디어 이용 능력(조절 능력) • 미디어 이용을 통한 정서 함양 능력	• 타인의 권리를 준수하는 미디어 이용 태도/ 행동 함양 • 자신의 권리를 침해 받았을 대 대응하는 방법 학습 • 미디어(콘텐츠)에 대한 자율적 조절 능력 (과의존, 과몰입 지양, 위험한 콘텐츠 이용 자제 등) 내재화 • 미디어(콘텐츠)에 대한 심미적 감상법 학습 • 미디어(콘텐츠)를 통해 즐거움과 정서적 안정감 획득

출처: 양정애, 김아미, 박한철 (미디어 교육의 재구조화) 2019

조이쌤과 끈기+

미디어 리터러시와 디지털 리터러시의 관계는 매우 긴밀합니다. (장의선, 박종임, 이인태, 권유진, 이철현, 2021). 미디어 리터러시는 의사소통 맥락에서 메시지의 접근, 이해, 창조 등을 중시하며, 디지털 리터러시는 디지털 정보의 이해, 사용 등의 능력을 중시합니다.(김도헌, 2020). 이 두 가지를 통합적으로 다루어 디지털 미디어 리터러시 라고 칭하기도 하니 참고하세요!(송하경, 조미현, 2022).

3) 관련 역량 및 사례 ②

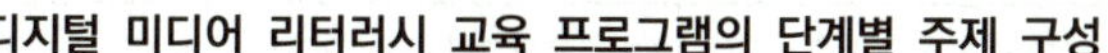
디지털 미디어 리터러시 교육 프로그램의 단계별 주제 구성

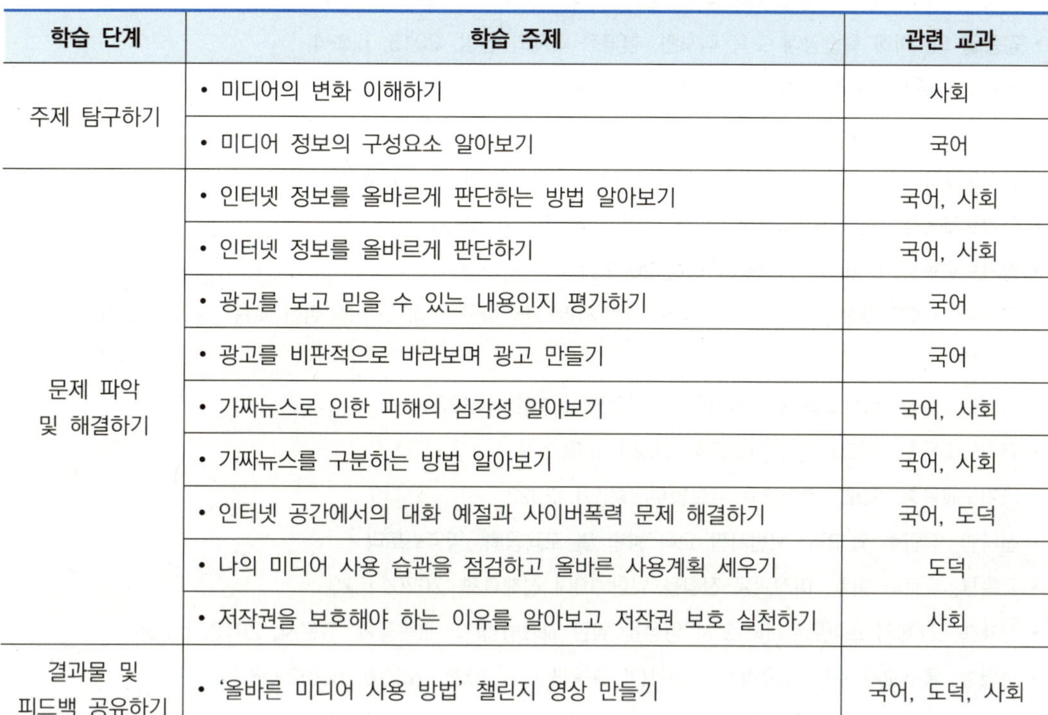

학습 단계	학습 주제	관련 교과
주제 탐구하기	• 미디어의 변화 이해하기	사회
	• 미디어 정보의 구성요소 알아보기	국어
문제 파악 및 해결하기	• 인터넷 정보를 올바르게 판단하는 방법 알아보기	국어, 사회
	• 인터넷 정보를 올바르게 판단하기	국어, 사회
	• 광고를 보고 믿을 수 있는 내용인지 평가하기	국어
	• 광고를 비판적으로 바라보며 광고 만들기	국어
	• 가짜뉴스로 인한 피해의 심각성 알아보기	국어, 사회
	• 가짜뉴스를 구분하는 방법 알아보기	국어, 사회
	• 인터넷 공간에서의 대화 예절과 사이버폭력 문제 해결하기	국어, 도덕
	• 나의 미디어 사용 습관을 점검하고 올바른 사용계획 세우기	도덕
	• 저작권을 보호해야 하는 이유를 알아보고 저작권 보호 실천하기	사회
결과물 및 피드백 공유하기	• '올바른 미디어 사용 방법' 챌린지 영상 만들기	국어, 도덕, 사회

출처: 송하경 외1 명, 초등 디지털 미디어 리터러시 교육 프로그램의 개발 및 적용, 학교와 수업 연구, 청주교육대학교 교육연구원 2022, Vol. 7, No. 2, p. 47-71

〈장애학생 디지털 리터러시 교육 사례: '팩트 체크 활동'〉

1. 방법: 국어, 정보 교과와 연계하여 '정보에 대해 팩트 체크 활동'

2. 정보 교과 성취 기준

[12정통03-02] 검색 사이트를 이용하여 수집한 정보를 활용한다.

3. 국어 교과 성취 기준

[12국어01-02] 뉴스나 광고 방송 등 매체를 통해서 전달되는 내용을 듣고 주제를 파악한다.

[12국어01-04] 사건이나 사실에 대한 자신의 생각을 말한다.

4. 활동 내용: 가짜 뉴스와 진짜 뉴스 구별하기

① 교사가 만든 활동지를 제공하고, 모둠에서 무엇이 가짜 뉴스인지, 진짜 뉴스인지 자신의 생각을 말한다.

② 검색 사이트에서 정보 검색 활동을 통해 팩트를 체크 한다.

③ 가짜 뉴스 속 해당 정보가 가짜 뉴스인 이유에 대해 설명한다.

④ 활동에 대해 경험을 나눈다. 등

〈출처〉

- 한재희, 특수교육에서의 교육과정 재구성과 수업, 교육과실천, 2021, p.42
- 김동일 외, 미래 학습장애 교육 디자인: 한국적 과제와 전망, 2015, p.3~4
- 경기도교육청, e-book 즐겨찾기 1호, 2021, p.4~6
- 경기도교육청, e-book 즐겨찾기 2호, 2021, p.4, p.7~8
- 경기도교육청, e-book 즐겨찾기, 3호, 2021, p.15~16, p.18~20, p.26
- 경기도교육청, e-book 즐겨찾기 4호, 2022, p. 19, p.29~32
- 경기도교육청, e-book 즐겨찾기 5호, 2022, p.6
- 교육부, 2022 개정교육과정 총론 주요 사항(시안) '더 나은 미래 모두를 위한 교육', 2022, p.18~20, p. 41~42
- 경기도교육청, 혁신교육 3.0 한걸음 더, 2020, p.109, p.133
- 경기도교육청, 2030 경기 미래교육, 2020, p.5, p.9
- 경기도교육청, 2022 경기교육 주요업무계획(안), 2022
- 신나민, 장연주 외 2명, 이판사판 교육 방법 및 교육공학, 박영스토리
- 교육부, 코로나 이후, 미래교육 전환을 위한 10대 정책과제. 2020, p.29
- 신재흡, 21세기 스마트시대의 교사 양성을 위한 교육방법 및 교육공학, 동문사, 2019, p.294
- 정명철, 특수교사 수업을 요리하다 평가편, 교육과학사, 2021, p.219, p.252~28
- 계보경, 서울교육 메타버스의 교육적 활용 방안 – 확장된 학습 공간으로서의 가능성과 한계 정책연구, 2022, 여름호(247호)
- 대학지성 IN&OUT 메타버스(metaverse)의 교육적 활용, 그 가능성과 한계는 무엇인가? 〈2021 KERIS 이슈 리포트〉 계보경·한나라·김은지·조소영(이상 한국교육학술정보원)·박연정(호남대학교)에 의해 연구·집필
- 김성천 외(2020) 소환된 미래교육, 테크빌 교육
- 교총 보도자료 정부의 지자체-학교 협력모델 '학교돌봄터' 사업 추진에 대한 입장
- SWOT분석으로 알아보는 코로나19 이후 학교의 역할 변화, https://blog.naver.com/soobong2907/222849835064
- 원용진, 허경, 박한철, 김양은, 권장원, 금준경, 최용수, 김지연, 박종구, 강진숙, 김아미, 최숙, 4차 산업혁명 시대의 미디어 리터러시 교육, 서울: 지금, 2019
- 양정애, 김아미, 박한철, 미디어 교육의 재구조화, 2019
- 장의선, 박종임, 이인태, 권유진, 이철현, 학교 미디어 교육을 위한 교과 교육과정 개선 방안 연구, 교육부, 2021
- 김도헌, 국내 미디어·디지털·정보·ICT 리터러시의 연구동향 분석, 교육문화연구, 2020, 26(3), 93-119
- 김현진, 김현영, 김은영, 최미애, 민주시민육성을 위한 미디어 리터러시 교육 방안 연구, 2019
- 원진숙, 미래 사회 대비 국어 문식성 교육의 역할과 과제, 새국어교육, 2019, 118, 7-41.
- 김형진, 10대를 위한 슬기로운 유튜브 생활, 미디어 리터러시, 2021, p.16 https://dadoc.tistory.com/2945.
- 한국언론진흥재단, 10대 청소년 미디어 사용 조사, 2019
- 김현진, 김현영, 김은영, 최미애, 민주시민육성을 위한 미디어 리터러시 교육 방안 연구, 한국교육학술정보원, 2019
- 장은주, 학교 미디어교육의 현재와 과제, 교육정책포럼, 2020, p.10-12
- 정현선, 초등 국어 교과서에 반영된 미디어 리터러시 학습 내용에 대한 비판적 고찰: 3-4학년군 1학기 교과서를 중심으로, 한국초등국어교육, 2018, p.65, p.191-223

- 조미헌, 초등 예비교사의 미디어 리터러시 역량 인식 실태, 학교와 수업 연구, 2022, p.179-203
- 한희경, 미디어 리터러시 교육, 어떻게 접근할 것인가, 교육정책포럼, 2020, p.18-22
- 권지혜, 미디어 리터러시 인식 검사 도구 개발 및 타당화 연구, 한국교원대학교 대학원석사학위청구논문, 2017
- 송하경, 조미헌, 초등 디지털 미디어 리터러시 교육 프로그램의 개발 및 적용, 학교와 수업 연구, 청주교육대학교 교육연구원, 2022, Vol. 7, No. 2, p.47-71
- 한 특수교사의 디지털 리터러시 교육경험에 대한 자문화기술지: 발달장애학생을 중심으로, 특수교육재활과학연구, Vol. 58, No. 2, p. 431~461
- 안정임, 서윤경, 김성미, 청소년의 디지털 시민성에 관한 연구 : 미디어 리터러시와 교육경험의 영향력을 중심으로, 시민교육연구, 2013, 45(2), p.161-1912022
- 교육부, 2022 개정교육과정 총론 주요 사항(시안) '더 나은 미래 모두를 위한 교육', 2022, p.36
- 김혜진, 임경원, 자유학년제 연구학교의 4차 산업혁명 관련 교육프로그램에 참여한 특수학교 교사의 경험, 2022
- 이제욱, AI 기반 자기관리 전략이 발달장애학생이 주의집중 및 작업 생산성에 미치는 영향, 2022
- 2023학년도 공동하계학술대회 특수교육에서 디지털 기반 융합수업의 방향 탐색, 2023

BEST 27

세계시민교육

NOTE

01 세계시민 교육의 개념

1. 세계화

- 세계화는 세계의 상호 의존성이 증대되는 현상
- 세계화와 비교되는 개념은 국제화인데, 국제화는 국가를 중심 단위로 한 교류와 협력에 주목이에 비해 세계화는 국경 개념이 약화된 현상을 반영
- 오늘날 세계는 정보 통신 기술의 발달, 자유 무역의 활성화, 다국적 기업과 국제기구의 영향력 확대 같은 이유 때문에 국경을 넘어선 지역 간, 또는 국가와 지역을 넘어선 세계 전체의 상호 의존성이 심화

2. 세계시민

- 세계시민은 지구촌에 대한 소속감과 인류에 대한 연대감을 지니고 평화와 인권, 문화 다양성, 지속 가능한 발전 같은 보편적 가치를 중시한다. 세계시민은 공공의 목적을 추구하며 세계 전역에서 일어나고 있는 문제들에 민주적으로 참여하고 문제 해결을 위한 실천을 지지

(출처: 지구촌과 함께하는 세계시민 교과서, p.11)

02 세계 시민 교육의 목표

1. 유네스코(UNESCO, 2015: 16)의 세계시민교육의 목표

영역	목표
인지적 영역	지역사회, 국가, 범지역, 세계의 이슈를 비롯해 다양한 국가 및 사람들 간의 상호 연계성, 상호 의존성에 관한 지식, 이해, 비판적 사고를 습득
사회·정서적 영역	일반적이면서도 보편적인 인간성에 대한 소속감, 가치와 책임의 공유, 공감과 연대, 그리고 차이와 다양성을 존중하려는 마음가짐
행동 영역	지역, 국가, 세계 차원에서 보다 평화롭고 지속가능한 세상을 위해 효과적으로 실천하고 책임감 있게 행동

2. 영역별 학습 주제

- UNESCO(2015)는 세계시민적 자질을 구성하는 요소 중 어떤 측면을 향상시키고자 하는 가에 따라 세계시민교육의 내용은 달라진다고 이야기

영역	인지적 영역	사회·정서적 영역	행동적 영역
학습 주제	① 지역, 국가, 세계의 체계와 구조 ② 지역, 국가, 세계 차원에서 공동체 간의 상호의존과 연계에 영향을 미치는 이슈 ③ 암묵적 가정과 권력의 역학 관계	① 다양한 차원의 정체성 ② 사람들이 속한 다양한 공동체와 공동체 간의 상호 연계 방식 ③ 차이와 다양성의 존중	① 개인적, 집단적으로 취할 수 있는 행동 ② 윤리적으로 책임감 있는 행동 ③ 참여하고 행동하기

03 세계시민교육 사례

- 교과와 연계하여 교육 (예 고등학교: 시민의 삶의 영역 연계, 관련 교과 성취기준 재구성)
- 창의적 체험활동 등 별도의 시간을 통한 교육

〈교과의 성취기준을 중심으로 재구성하거나 통합하는 형태〉

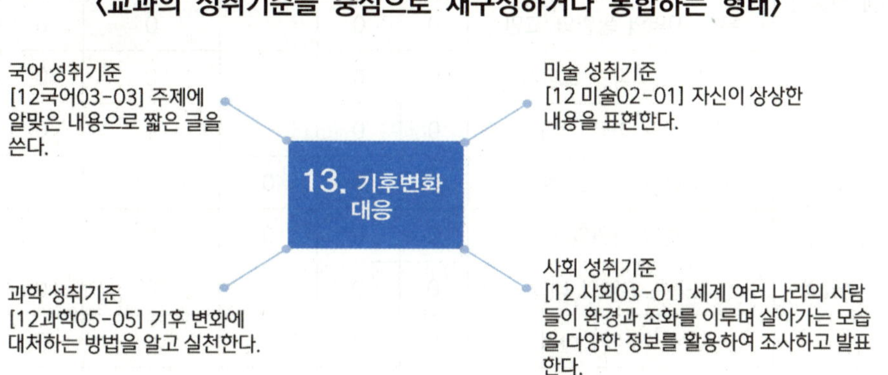

[그림 2] 세계시민교육을 위한 주체중심 성취기준 재구성 사례

최지혜 등(2021:35)은 기후 변화를 주제로 교육과정 재구성 및 교수·학습 활동 구성을 사례로 이야기합니다. 이 사례에는 세계시민교육의 주제를 중심으로 관련 교과의 성취기준을 연계하여 활동을 구성하여 세계시민교육과 각 교과의 성취기준을 동시에 도달할 수 있습니다.

차시	차시내용	연계 과목
1~3	• 기후 변화로 인해 나타나는 문제점 알기: 황사, 미세먼지, 빙하가 녹음, 계절에 맞지 않는 급격한 기온 변화 등	과학
	• 기후 변화로 인해 세계 여러 나라들이 자신이 살던 나라의 환경이 파괴되어 어려움을 겪는 일에 대해서 조사하기: 중국 황사, 북극곰, 에스키모 등	사회
	• 기후 변화 해결하고 대처하기 위한 상상화 그리기: 북극곰을 지키기 위한 방법 등	미술
4	• 자신이 그린 상상화를 소개하는 짧은 글 쓰기	미술, 국어

〈세계시민교육의 목표와 학습주제 중심의 실천〉

세계시민교육의 개념 및 목표, 내용, 접근 방법 등을 바탕으로 학생들의 세계시민성 함양을 위해 지역사회와 연계한 프로그램을 구성 및 실천하고 있습니다. (박남수 외, 2007)

NOTE

〈세계 시민교육 프로그램 구성 사례안〉

주제	제재	관련 개념					
		상호 의존	적응·변화	정체성·문화	시민적·사회적 평등	갈등 해결	자원·희소성
1. 지역사회 속의 세계	교실 속의 세계	0	0	0			
	바나나의 여행	0	0				
	대구와 세계의 자매 도시들	0	0				
	우리는 지구촌 식구	0	0	0	0		
2. 지역의 다양한 사람과 문화	같은 사람, 다른 사람	0	0	0	0	0	
	다함께 즐기는 음식들	0	0	0			
	지역 속의 다양한 사람들	0	0	0			
	나는 우리 지역 홍보대사	0	0	0			
3. 대립과 갈등의 해결을 위해	생활 속의 갈등	0	0		0	0	0
	편리함인가 환경인가?	0			0	0	0
	우리 지역의 농민의 고민	0	0		0	0	0
	지역의 외국인 노동자	0	0		0	0	0
	우리 고장의 여러 가지 문제	0	0		0	0	0
4. 내일의 세계 (우리 지역의 내일)	하나가 된 지구촌	0	0	0			
	지구촌의 자원의 내일	0	0	0	0		
	지구촌 환경의 내일	0	0	0	0	0	0
	우리 지역의 미래	0	0	0	0	0	0
	바람직한 지구촌의 미래 모습	0	0	0	0	0	0

〈시민교육 출처〉

- 최지혜, 이대송, 2015 개정 특수교육 기본교육과정에 나타난 세계시민교육 내용 분석: 사회과를 중심으로, 학습자중심교과교육연구, 2020, 20(11), 771·790.
- 최지혜, 이대송, 백설아, 지정훈, 이지원, 정효정, 장애학생을 위한 세계시민교육, 서울: 피치마켓, 2021
- 박남수, 정수권, 서경석, 초등학생들의 세계시민성 육성을 위한 지역사회 연계 세계교육 모형 및 프로그램 개발, 사회과교육연구, 2007, 14(4), p.213·240
- UNESCO, Global citizenship education: Topics and learning objectives.Paris: UNESCO, 2015

BEST

28 문화다양성 교육

NOTE

01 다문화 사회 개념

- 한국다문화교육연구학회(2014)에 따르면 다문화사회는 한국가 혹은 사회 안에 복수의 인종, 민족, 계급 등 여러 집단이 지닌 문화가 공존하는 사회를 의미

02 다문화 가정

- 다문화가족지원법 (제2조제1호)에서는 법률적 의미로서 다문화가정이란 결혼이민자와 대한민국 국민으로 이루어진 가족, 또는 국적법에 따라 인지, 귀화로 대한민국 국적을 취득한 자와 대한민국 국민으로 이루어진 가족을 뜻함 (국제결혼가정, 외국인 가정, 난민가정을 통상적으로 포함)

03 다문화 교육

- 서로 다른 사람들의 상호이해와 평등 관계를 중시하며 민족, 사회적 지위, 성별, 종교, 이념 등 서로 다른 집단의 문화가 동등함을 인식하도록 하는 교육 (장인실,2006:29)

1. 다문화 어울림 교육

- 모든 학생이 함께 어울리는 상호 존중 문화를 조성하기 위해 다문화 학생 맞춤 교육(한국어 교실, 멘토링) 및 다문화 감수성 프로그램 등을 실현

2. 다문화 감수성

- 둘 이상의 문화집단 사이에서 나타나는 문화적 차이에 민감하게 반응하면서 형성되는 인지적, 정서적 특성이나 행동 경향성으로 고정관념을 갖지 않고 상대의 입장을 고려하면서 문화적으로 공감하는 능력과 태도를 말하며, 다문화감수성 교육은 이러한 역량을 성장시키기 위한 일련의 교육 활동 (경기다문화교육지원센터 홈페이지)

3. 다문화 가정 학생과 학부모의 어려움

- 특수교사의 다문화가정 특수교육대상학생 지도 경험(강은영, 조현근, 이병인, 2020)에 따르면 다문화 가정 학생은 학업, 교우관계, 학교 적응 등의 다양한 어려움을 보이며 다문화가정 학부모들은 언어 및 문화적 차이, 관계의 어려움, 자녀의 장애로 인한 어려움을 겪는다고 답함
- 장애아동 다문화가정 학부모는 장애에 대한 이해 부족과 장애아동 양육에 대한 어려움, 자녀의 문제행동과 학습 문제에 대한 어려움, 학교급 전환과정 및 장애 자녀 미래에 대한 걱정과 불안을 겪음(노경임, 변관석, 신진숙, 2017)

• 코로나19로 인해 장애·다문화·학업중단 위기학생 등 각별한 관심과 지원이 절실한 학생에 지원 사각지대 발생 및 학습격차가 누적되지 않도록 맞춤형 학습지원 필요 (교육회복종합계획 2021.7. 교육부 및 17개 시도교육청)

4. 다문화 교육의 내용

요소	내용
문화	문화의 정의, 속성, 기능 등을 이해하기와 문화 간 유사점과 차이점 발견하기, 다른 문화 존중하기 등
다양성	다양성 자체를 현상으로 인정하기, 다양한 개인과 집단의 존재 인정하기, 다양성을 존중하는 태도 가지기 등
평등	능력이나 외모, 성별 등의 차이 인정하기, 다양한 인종과 민족, 국가 등에 대해 긍정적 태도 갖기, 부당한 대우에 대해 문제 제기하기 등
편견	교육에는 편견에 대해 비판적으로 사고하기, 긍정적인 태도 형성하기, 문제해결력 기르기 등
정체성	긍정적 자아개념 형성하기, 소속집단에 대한 자부심 갖기, 타인의 정체성 존중하기 등
협력	협동은 다문화사회를 살아가는 데 필수적임. 다양한 집단과 의견, 이해관계가 공존하기 때문에 자신의 이익만 내세우면 사회가 원활히 유지되기 어려움. 문화적 차이에서 비롯된 갈등을 해결하는 데에도 필수적

5. 다양한 다문화 교육 방법

1) 교과교육과 연계

① 수업시간에 자연스럽게 다문화 교육 진행 가능

② 다문화 관련 내용은 모든 교과에 포함되어 있으나, 다문화 감수성을 증진시키기 위해 교사가 교육과정 재구성을 실행하여 교과 내용과 다문화교육 내용의 연계성 반영

2) 비교과 교육과 연계

① 다양한 교육 주제: 교과에서 다루지 못했던 다문화 교육 주제 활용 가능

② 특색 활동: 학생의 요구에 기반하거나, 지역사회 자원, 학교 여건이나 문화 등을 고려

③ 자율활동과 연계: 학급, 학년, 학교 단위로 진행 가능 예 다문화 인식개선 강의, 관련 연극 관람, 다문화 관련 기관 방문, 문화체험활동 등

④ 동아리 활동 연계: 교내외 다양한 동아리 활동을 통해 다문화 체험 (소수의 다문화 학생이 활동을 주도할 수 있음)

⑤ 봉사활동과 연계: 봉사동아리 활용하여 외부봉사기관을 연계 봉사활동으로 가치 내면화

3) 다양한 방법 및 사례

NOTE

〈외국 문화 체험〉

- 의미: 학교 밖 외국 문화를 학교 안에서 교육 활동 소재로 활용

- 사례: 학생들이 직접 경험, 해당 국가 출신의 사람이 직접 그 나라 문화를 소개, 다른 나라의 언어와 인사법, 문화 배우기, 음식 특징을 살펴보거나 맛보는 것, 나라 노래와 춤에 담긴 정서를 경험해보는 것, 전통 의상을 입어보는 것, 세계 문화 퀴즈 활동 등

〈다문화 이해교육 랜선 세계 어울림터: 출처 고양시립한뫼도서관〉

방법	사례
환경 조성	• 물리적 환경 조성: 교실 내 다문화 관련 도서 마련, 다문화 체험실 및 다문화 교구 마련(전통놀이, 의상, 단어 책 등), 복도 및 게시판에 공간에 다문화 관련 내용 전시
	• 심리적 환경 조성: 1:1 상담, 심리 정서 지원 프로그램 운영, 사회성 프로그램, 또래 멘토 멘티 운영 등
	• 인식 개선: 다문화 소식지 배부, 홈페이지 내 다문화 게시판 운영, 교원의 다문화교육 역량 강화 위한 연수 및 전문적 학습 공동체 연계, 학부모 참여 다문화교육 실시 등
	• 기타 특별활동: 가정통신문 및 전자 문서 활용, 다문화 가정 힐링 프로그램 운영 등
미디어 활용	• 다문화 관련 도서나 영화를 본 뒤 느낀점 공유, 토론, 토의를 통해 문제해결 방안 실천
역할놀이	• 문제상황에 대해 몰입하고 해결책을 모색하기 위해 협력하는 경험 제공
학교 행사 연계	• 학교 행사와 연계: 글로벌 예절 체험의 날 운영, 학급별 세계 나라 탐구, 다문화 어울림 축제, 다문화 발표회, 다문화 랜선 축제, 세계문화체험, 다문화부스 운영, 학부모 초청 행사 등
지역사회 자원 활용	• 지역사회 인적 자원 활용한 다문화 수업 방법에는 멘토초빙, 다문화교육 전문가 초빙 등 • 물리적 자원을 활용한 다문화 수업 방법에는 지역사회 교육기관, 문화유적지, 다문화가정 지원단체 등을 방문하는 것이 포함 • 제도적 자원을 활용한 다문화 수업 방법에는 지방자치단체나 민간단체가 개최하는 다양한 지역문화 행사나 축제에 참가하거나 지역사회 주민을 대상으로 하는 캠페인

〈출처〉

- 김승희, 유아다문화교육, 정민사, 2017
- 교육부, 2020 교육과정 연계 다문화교육수업 도움자료, 2020
- 서재복, 다문화교육환경 조성 사례, 2020
- 장인실 외, 다문화교육의 이해와 실천, 서울: 학지사, 2012
- 구정화, 박윤경, 설규주, 다문화교육의 이해와 실천, 정민사, 2018
- 강은영, 조현근, 이병인, 유아특수교사의 다문화가정 특수교육대상유아 지도 경험 탐색에 관한 질적 연구, 2020, 한국웰니스학회지, 15(4), p.295·312
- 노경임, 변관석, 신진숙, 다문화가정 장애학생 부모의 양육 경험과 특수교육에 대한 인식, 교육혁신연구, 2017, 27(2), p.145·172

BEST 29

민주시민교육

NOTE

01 정의

- 민주시민교육 정의: 학생이 자기 자신과 공동체적 삶의 주인임을 자각하고, 비판적 사고를 통해 자신이 속한 공동체의 문제를 상호 연대하여 해결할 수 있도록 지원하는 교육
- 학교 민주시민교육 의미: 비판적 사고력을 가진 주체적인 시민이 민주주의의 가치를 존중하고 서로 상생할 수 있도록 민주시민으로서의 역량을 향상시키는 교육 (교육부 종합계획, 2018)

02 민주시민 교육 핵심 가치

- 민주주의에 대한 이해, 정치 참여, 평화, 권리와 의무, 참여와 책임, 준법, 의사소통, 합리적 의사결정, 갈등 조정, 자유, 공정, 배려와 나눔, 다양성 존중

03 필요성

① 제도적 민주주의에서 일상의 민주주의로의 안착 필요

② AI와 4차 산업혁명 등으로 인한 기계화, 일자리 감소, 무한경쟁, 소득 불평등과 양극화 심화로 인한 문제

③ 다양한 사회 문제 등장

- 사회적 약자 및 소수자에 대한 혐오와 차별 확산
- 세대 간, 남녀 간, 계층 간, 지역 간, 인종(국적) 간 대립 심화
- 기후 위기로 인한 생태 환경 문제에 관심
- 감염병 사회 상황을 바탕으로 건강권 및 보건권 등장
- 개인정보보호 등

④ 코로나19와 비대면 관계의 일상화로 인해 공감 능력, 의사소통 능력, 협업 능력 등 부족으로 공동체 의식 함양 필요

출처: 송현정, 학교민주시민교육국제포럼, 서울대학교, 2021

04 교육 내용

- 공동체 가치 함양과 역량 강화를 위해 민주시민교육과 연계하여 평화, 인성교육, 문화 다양성, 지속가능성 등을 내실화하여 함께 더불어 살아가기 위한 태도를 함양하고 실천

05 교육 방법

1. 핵심 교과를 통한 민주시민교육

① 현행 체제를 유지하면서 기존 교과목에서 민주시민교육 내용 강화

② 도덕과/ 사회과/ 국어과 등에서 민주시민교육 강화

2. 모든 교과를 통한 민주시민교육

① 모든 교과에 적용될 수 있는 민주시민교육의 가치와 역량 탐색

② 모든 교과에서 각 교과의 목표 및 내용 체계와 민주시민교육과의 관계 고려

③ 독서, 토론, 인문교육 활성화

3. 창의적 체험활동을 통한 민주시민교육

① 자율활동(학생 자치) 활성화를 통한 학생 주도성 함양

② 동아리 활동, 봉사 활동, 진로 활동 등을 통한 자율, 존중, 연대의 민주적 가치 실천 및 민주시민 역량 함양

③ 민주적 학교문화를 통한 민주적 의사결정 및 문제 해결 체험

④ 도서관, 인권 동아리 등 활용

⑤ 지역 사회 및 시민사회단체의 민주시민교육 자원과 연계

4. 학생자치 활동 강화

① 학생의 삶과 연계한 문제를 스스로 해결하는 자발적 참여와 실천

② 학생 스스로 책임과 권리를 바탕으로 민주시민 교육내용을 지식뿐 아니라 학교 내 외 다양한 교육 활동 참여 실천

③ 예 학급자치회, 자율동아리, 학생 자치회 리더십 교육, 학교 의사결정 과정 참여, 토론회 운영 등

5. 다양한 방식 활용

- 독서교육 활성화, 모의재판, 협동학습, 토론, 역할극, 신문 활용, 탐구학습, 국가기관 방문, 체험학습. 사회 참여, 봉사학습, 갈등해결학습, 프로젝트 학습, 문제해결 학습 등

NOTE

06 평가

① 협의를 통한 평가 방법 및 도구 선정

② 교사와 학생이 함께 채점 기준표 개발

③ 참여와 실천에 중점을 둔 평가

④ 시민역량 평가 요소를 반영한 평가

⑤ 시민역량 신장을 위한 피드백의 활성화

⑥ 학생의 성장과 상호작용을 강조하는 역동적 평가

⑦ 학생의 주체성을 강화하는 자기 및 동료 평가 활성화

〈민주시민교육 출처〉

- 교육부, 2022 개정교육과정 총론 주요 사항(시안) '더 나은 미래 모두를 위한 교육', 2022, p.15
- 송현정, 학교민주시민교육국제포럼, 서울대학교, 2021
- 임은진 외, 민주시민 역량 함양을 위한 평가 방안 모색, 2021

BEST 30

평화통일 시민교육

01 의미

• 남북 분단으로 인해 발생하는 다양한 문제를 인식하고 한반도 평화와 통일을 위해 평화적 관점에서 남북한 상호이해, 존중, 공존 방안을 능동적으로 모색하고 실천할 수 있는 시민을 기르는 교육

02 관련 역량

역량	내용
평화 감수성 역량	남북 분단 상황과 관련된 비평화적 구조와 요소들에 대한 민감성을 바탕으로, 상호 이해와 존중, 관용, 다양성 인정 등을 내면화 하여 한반도 평화의 가치를 공감할 수 있는 능력
통일 탐구 역량	객관적 사실에 근거한 북한 이해와 남북 분단의 영향에 대한 이해, 개인적 차원에서 세계적 차원까지 한반도의 평화와 통일이 갖는 의미 및 미래상을 탐색할 수 있는 능력
민주적, 평화적 소통 역량	남북 분단 상황과 통일에 대해 다양한 관점을 가진 개인이나 집단과 대화, 토론, 타협, 협력을 통해 소통하고 갈등을 평화적으로 조정하고 해결할 수 있는 능력
평화, 통일 실천 역량	일상생활에서 평화적으로 문제를 해결하고 한반도 평화와 통일을 위한 과정에 적극 참여함으로써 더 나은 공동체를 만드는데 기여할 수 있는 능력

03 내용

• 평화와 번영 지향, 통일 역량 함양 중심, 구체적인 일상의 삶과 함께하는 통일교육

04 활동 예시

• 남북 언어 빙고 게임, 평화통일 우표 만들기, 통일 국가 상상하기, 분단의 사진을 보고 분단의 아픔 상상하기, 통일 나무 만들기, 평화의 시 짓기 등
• 우리의 평화를 위한 화해의 약속 수업 시나리오 작성하기 (광주 대자초), 한반도 PEACE 회사 설립 프로젝트 (송운중 이00 교사), 통일 지도 윷놀이(경북 청도초) (출처: 교육부 통통평화학교 홈페이지)

〈출처〉

• 김상범, 김상범, 김현미, 이상아, 김태환, 이인정, 평화·통일교육 내실화를 위한 교육과정 개선 방향 탐색, KICE 연구리포트 2020, 2021
• 한국교육과정평가원 연구보고 RRC, 학교 평화·통일교육 내실화를 위한 교육과정 개선 방향 탐색, 2020, p.4
• 김세진, 교실에서 만나는 평화통일교육 24가지 방법, 경기평화교육센터, 한결하늘, 2020

NOTE

BEST 31

생태(환경) 시민교육

NOTE

01 정의

- 생태전환교육은 기후변화와 환경재난 등에 대응하고 환경과 인간의 공존을 추구하며, 지속가능한 삶을 위한 모든 분야와 수준에서의 생태적 전환을 위한 교육

02 생태전환교육의 내용 → 모든 교과와 연계 가능

주요 영역	• 생태와 인간의 관계 • 기후변화와 생태계 문제 탐구 • 생태전환을 위한 실천과 참여 등
내용 요소	• 생태 감수성과 책임감 • 인간 이외의 다른 종에 대한 보호의식 • 미래세대의 권리로서 환경권 존중 • 생태전환을 위한 사회체계의 변화 제안 및 실천 등

03 특수교육대상자에게 생태교육의 중요성 및 효과

- 생명 존중 학습 뿐만 아니라 모든 생명체와 더불어 살 수 있는 능력 함양
- 미래의 지속가능한 삶을 추구
- 장애로 인한 긴장, 어려움, 스트레스 해소를 통해 문제행동 감소와 집중력 향상에 도움
- 생태 위기 취약 계층으로써 대응 능력 향상

04 방법

1. 교과교육 연계

- 교과 내용과 연계하여 생태 감수성, 민주시민성, 기후환경, 공동체 소양 등을 중심으로 지도
- 예 사회, 도덕, 과학, 환경 등 관련 교과 중심 반영

2. 비교과 활동 연계

- 창의적 체험활동, 자유 학기 활동 등과 연계한 참여 체험 중심의 수업과 자치활동 등 강화
- 학교 정원, 텃밭 가꾸기, 식물 관찰 활동 등
- 지역과 연계한 체험학습 프로그램, 봉사활동 등 다양한 학습 형태 지원 예 생태 체험관, 생태 박물관, 기후변화위기 체험관 등 방문, 지역사회 환경 운동가, 전문가 초청 강의, 생태 축제 등

05 생태교육 프로그램 예시

1. 아동기 생태교육 프로그램

영역	내용
인지적 영역	• [관계성] 동물의 위장 방법 학습 후 실제 페이스페인팅 및 분장하기 • [생태적 지위] 많은 동물의 보금자리인 바오밥나무 그리기 및 점토 등으로 표현하기 • [생물다양성] 생물다양성 보존 캠페인을 위한 포스터 및 인포그래픽 그리기 • [생태계] 숲 생태계를 구성하는 요소와 그것들의 관계에 대한 이야기 나누기 및 시 쓰기 • [먹이사슬] 디자인 수업 모형 적용 및 윷놀이의 특징, 생태계를 위협하는 요인, 생태계의 먹이사슬 구조 등을 활용하여 '생태계 구출작전' 보드게임 제작. 사회, 국어, 과학, 미술 교과의 융합수업 형태로 보다 정교화시키거나 다른 주제로 확장 적용 가능(최양희, 고은영, 2013) • [먹이그물] 다양한 생태계에서의 먹이그물 그리기 및 소설 쓰기 • [관계성] 속담에 포함된 전통적 생태지식 학습하기(예, 개미가 거동하면 비가 온다: 동물과 습도와의 관계)(남미리, 2014) • [생태계서비스] 다양한 꽃과 채소의 종류, 특성 및 쓰임새, 다양한 실내식물 활용법에 대해 조사하여 발표하기(정남용, 2013)
정의적 영역	• 자기가 좋아하는 동물이나 식물을 정한 후, 시(글) 쓰기, 몸으로 표현하기, 개사하여 노래 부르기 및 전설(신화) 만들어 주기 등 • 자연 속에서 가졌던 경험에 대한 이야기 나누기 및 그림으로 표현하기(예, 등산, 산책, 식물원 등) • 강아지똥 독서 후 감상을 그림으로 표현하기 및 민들레 관찰하기, 민들레 홀씨 불어보기, 민들레로 만드는 음식 조사하여 직접 만들어 보기 • 학교 텃밭에서 채소 재배하기 및 재배한 채소로 직접 요리해 먹기 • 생태 사진 이어 이야기 만들기 • 숲 속에서의 명상과 요가 등 휴식의 시간 갖고 이야기 나누기 • 숲(또는 주변)에서 동 · 식물 사진 찍은 후, 야생화(동물) 사진첩 만들기, 숲속 사진전 열기, 나만의 식물 · 동물 · 곤충 · 버섯 도감 만들기 등 • 동물원과 식물원에 있는 동 · 식물의 집은 원래 어디였을까? 내가 그들이라면? 등 이야기 나누기 • 나와 가장 잘 어울리는 생물 찾기 및 그 이유에 대해 이야기 나누기 • 동물 학대, 동물 실험 및 동물 복지 문제를 주제로 신문활용수업 및 토론 수업 • 야생 동물의 흔적 관찰 및 생태탐구 프로그램, 야생 동 · 식물의 가치 및 보존 방안 조사하여 발표하기 • 물오리나무 열매, 신나무, 물푸레나무, 밤 껍질 등 천연 소재를 이용한 자연 염색 활동, 나뭇잎맥 및 수피 탁본 프로그램
행동적 영역	• 동물실험 제품 사용하지 않기, 동물복지인증 제품 사용하기 등 캠페인 활동 • 폐전지 수거 캠페인 활동 전개 및 홍보 리플릿 만들기 • 일회용 생리대와 대안 생리대에 대한 비교중심 하브루타 및 대안 생리대 만들기 • 재생 종이와 천연 가습기 만들기 • 지구를 살리는 착한 소비 및 녹색생활실천방법에 대한 소집단 토의학습 • 지렁이를 이용하여 음식물 쓰레기 분해하는 방법 실천하기 • '물발자국' 개념을 기반으로 한 물 환경교육 프로그램(나의 물발자국은, 친환경 세탁법, 물 절약 화장실 사용법, 지구를 살리는 물발자국 줄이기 운동 등) 적용하기(산림청, 2018)

2. 청소년기 생태교육 프로그램

영역	내용
인지적 영역	• [생태계] 명산의 기준과 우리나라 산의 특징 및 세계의 명산과 우리나라의 명산에 대한 비교중심 하브루타(산림청, 2018) • [생태계] '숲의 생성 및 기능과 역할'이란 주제로 다양한 생물군계 내 숲생태계 사진을 통해 숲이 생성되는 과정, 숲의 기능과 역할에 대한 소집단 협력학습 전개 • [순환] 영양분(탄소, 질소 등)의 순환 및 물의 순환을 표현하는 인포그래픽 그리기 • [상호작용&진화] 식물과 곤충들의 생존 전략에 대한 질문중심 하브루타 • [상호작용] 기생, 공생 등 개체군 상호작용에 대해 조사하고 이를 소재로 글쓰기 • [군집] 방형구 조사법을 통한 식물 군집 조사하기 • [생물농축] 레이첼 카슨 '침묵의 봄'을 읽고 토론중심 하브루타 전개 • [생물다양성] 핀치의 부리 를 읽고 진화와 종 다양성에 대한 토의 · 토론 수업 • [경관] 경관생태학과 생태 건축의 관련성을 이해하고, 친환경 건축가를 소개하여 진로 교육과 연계(예, 가우디, 훈데르트바서 등) • [순환] 기후 변화 관련 기사를 활용한 세계 기후 변화의 원인, 현상 및 대책에 대한 토의수업, 신문활용수업, 시사하브루타 수업 전개 • [상호작용] 환경영향평가보고서에 대한 이해와 진로교육과 연계(예, 환경공학기술자, 수자원환경연구원 등) • [생태계 서비스] 자생식물의 정의와 중요성, 자생식물을 보호하기 위해 할 수 있는 일, 식용과 약용, 섬유자원, 관상자원으로 쓰이는 자생식물의 종류, 특산식물의 정의와 중요성, 대표적인 특산식물, 자원식물의 정의 및 특징, 자원식물 활용 방안, 야생 동물의 가치(생태적, 레크리에이션, 경제적, 심미적, 교육적, 과학적, 예술적 가치 등) 및 보존 이유, 숲속 야생화 관찰 및 이름 찾기, 약초 또는 산나물로 활용될 수 있는 야생화 종류, 야생화 보전 방법 등에 대해 조사하여 발표하기 • [역사와 생태] 지역 내 문화 유적지를 탐방하며, 역사와 역사 속 생태이야기 나누기 • [생태발자국 등] 직소 모형을 활용하여 생태발자국, 물발자국, 생태손자국, 탄소발자국을 주제로 협동 학습 전개 • [생태계교란식물] 가시박 종자 발아 조건 찾기, 가시박 줄기와 잎 및 종자 추출액이 종자 발아에 미치는 영향, 가시박 제거를 위한 생물학적 방제 방법 찾기, 가시박 제거 작업, 우리 지역 생태계 교란식물 도감 만들기 등 '하천 외래종 가시박 제거를 통한 생태계 보전 · 복원 프로그램'을 모둠별 협동학습 및 야외학습과 실내실험이 융합된 형태 적용(국립중앙과학관, 2018)
정의적 영역	• 숲 속에서의 명상과 요가 등 휴식 시간을 갖고 이야기 나누기 • 논쟁 중심 하브루타를 통한 생태적 쟁점의 다차원적 분석과 해결책 모색(Freeman, 2010)
행동적 영역	• 생태적 소비 및 소비의 주권을 갖기 위한 토론수업 및 신문활용수업 전개 • 생태관광의 의미를 이해하고 생태관광 프로그램 및 홍보 영상 제작하기 • 탄소배출권과 기후 변화 및 생태 관련 미래 직업에 대해 조사하기 • 우리나라 및 외국의 환경보호단체 종류와 활동, 환경친화적 기업 및 사회적 기업 조사하여 발표하기 → 이러한 단체나 기업 광고 영상 및 자료 제작하기(직업 교육과 연계) • 생태적, 인문적 및 사회적 관점에서 일회용 생리대의 폐해에 대한 이야기 나누기 및 지속가능한 삶의 가치와 실천능력 향상을 위한 대안 생리대 만들기 • 태양열조리기 활용 및 태양광발전시설 견학을 통한 에너지 교육 및 적정기술을 활용한 제품 직접 제작해보기 • 대화와 질문 중심의 하브루타 수업 전개 • '로드킬 감소 방안', '생태통로의 개선 방법' 등의 토의 주제를 비교중심 하브루타 진행, 생태계 개념과 법칙에 대한 친구가르치기 하브루타 수업 전개 및 다양한 생태적 논제를 가지고는 토론중심 하브루타 수업 전개 • 전 세계에 나무를 실제로 심는 환경지킴이 앱 '트리 플래닛(Tree Planet)'앱 사용하기(유엔환경계획 한국위원회, 2018) • 생태적 사고 역량 및 사회적 적용에 대한 이해를 높일 수 있는 방법 중 하나인 '시민과학'에 참여하기(예, 새의 개체수, 서식처, 이동 등을 연구하는 자료의 수집 과정에 참여하거나, 수집된 자료를 바탕으로 자신이 속한 지역의 생태관리를 위한 해석 및 적용까지 참여 가능)(김찬국, 이은주, 2014)

(출처: 최소영, 김기대, 구성주의에 기초한 생태교육 방법에 대한 고찰, 제주대학교, 2018, p.186~188)

〈출처〉

- 교육부, 2022 개정교육과정 총론 주요 사항(시안) '더 나은 미래 모두를 위한 교육', 2022, p.14, p.16
- 최소영, 김기대, 구성주의에 기초한 생태교육 방법에 대한 고찰, 제주대학교, 2018, p.186~188 아래의 내용 재인용
- 최양희 · 고은영, 구성주의 학습이론에 기반한 디자인교육 방안 연구, 한국디자인지식학회, 2013, 28, p.185 · 194.
- 남미리, 속담을 통한 전통생태지식 수업이 초등학생의 유추적 사고에 미치는 영향, 2014, 석사학위논문, 서울대학교
- 정남용, 녹색성장과 지속가능발전교육의 실현을 위한 초등학교 환경교육 프로그램, 2013
- 농업교육과 인적자원개발, 개발 · 실과 농업생명과학 영역을 중심으로, 45(2), 1 · 20
- 산림청 (2018. 9.1). https://www.forest.go.kr.에서 2018.9.1. 인출
- 국립중앙과학관 (2018. 9.1). https://www.science.go.kr에서 2018.9.1 인출
- 유엔환경계획 한국위원회 (2018. 9.1). http://www.unep.or.kr에서 2018.9.1. 인출
- 김찬국 · 이은주, 생태연구와 생태교육을 위한 '시민과학': Cornell Lab of Ornithology 모델을 중심으로. (사)한국환경교육학회 발표논문집, 56 · 60. 서울: 한국환경교육학회. 2014

07 끈기 Best 40가지 이론 다지기

BEST
32 진로교육

조이쌤과 끈기+

사실상 유아기, 초등학교 저학년의 경우 스스로 자신의 진로를 찾고 설계하는 건 어려운 나이입니다. 다양한 직업의 종류에 대해 인식하고, 자신에 대한 이해를 이룰 수 있도록 교사와 학부모가 연계하여 관심 분야를 확장해 줄 필요가 있습니다.

01 진로교육 중요성

- 특수교육대상학생의 진로교육은 전 생애적 관점에서 변화하는 직업세계에 부응하여 발달 단계별 필요로 하는 자기주도적 진로개발역량 지원을 주요 목표

> • 지역 기반 진로·직업교육 연계 강화
> ◦ (진로교육 연계 강화) 학생 맞춤형 성장 경로 다양화 및 학교급별 교육과정과 연계한 체험형 진로·직업 교육과정 운영 지원
> − 초·중·고 진로교육 연계 강화, 개인별 진로 성장 경로 체계화,
> • 지역사회와 연계한 현장 체험 중심 진로·직업교육 기회 확대
> ※ 문화·예술 분야, 지역 내 특화 산업분야와 연계한 특화 교육과정 운영 지원 강화
>
> 출처: 교육부, 제6차 특수교육발전 5개년 계획, 2022, p.34

02 진로교육 방법

- '진로인식→진로탐색→진로설계→진로결정'의 단계별 진로성장을 체계적으로 지원하기 위해 학교(급)간 진로교육 연계 교육 활성화
- 역할놀이 활용
- 교과, 창의적체험활동 연계 진로교육
- 진로 멘토링, 인터뷰 활용
- 주니어커리어넷, 워크넷 사이트 활용 (직업 동영상 VR, 미래 직업 탐구, 직업인 인터뷰 등)
- 가정 연계 상담, 진로 검사 활용
- 지역사회 연계 직업체험관 방문, 진로체험 부스 등 현장체험 연계
- 장애학생의 특기 및 적성, 직업적 흥미, 진로성향 등을 파악하기 위하여 장애맞춤 직업탐색 프로그램 지원 확대 장애맞춤 직업탐색 프로그램 ①학교로 찾아오는 ②지역사회로 찾아가는 ③직업재활시설을 활용한 직업탐색 프로그램 제공

창의적체험활동 예시

영역	활동	예시활동
진로 활동	진로 탐색 활동	• 자아탐색 활동: 자기이해, 생애 탐색, 가치관 확립 등 • 진로 이해 활동: 직업 흥미 및 적성 탐색, 진로 검사, 진로 성숙도 탐색 등 • 직업 이해 활동: 직업관 확립, 일과 직업의 역할 이해, 직업 세계의 변화 탐구 등 • 정보 탐색 활동: 학업 및 진학 정보 탐색, 직업 정보 및 자격(면허) 제도 탐색, 진로진학 및 취업 유관기관 탐방 등
	진로 설계 및 실천 활동	• 진로 준비 활동: 진로 목표 설정, 진로 실천 계획 수립 등 • 진로계획 활동: 진로 상담, 진로 의사 결정, 진로 설계 등 • 진로체험 활동: 지역 사회 · 대학 · 산업체 연계 체험활동 등

출처: 교육부 고시 2022-33호 초등학교 교육과정 p.501

NOTE

03 진로상담(지도) 내용 영역

- 진로정보 : 알고 내리는 결정(informed choice)의 지원과 진로에 대한 동기 촉진을 유발하는 자기이해 및 진학·취업 정보를 제공하는 상담
- 진로경로 : 잠정적 진로결정 및 구체적 진로경로 탐색을 지원하는 상담
- 학교생활 : 비교과·창의적 체험활동 등 학생들의 진로활동 관련 자원 및 학교생활 적응을 지원하는 상담
- 학 습 : 진학과 취업 등 진로목표를 이루기 위한 적극적인 실천 방법을 지원하는 상담
- 심리 지원 : 특수교육대상학생들이 호소하는 부정적 사고방식, 낮은 자기효능감, 자아정체성 혼란 등의 주요 심리적 문제를 지원하는 상담
- 사회역량 지원 : 자립생활, 학습능력(한국어), 대인관계 등 자립적 삶에서 기초적으로 필요한 역량을 지원하기 위하여 관련된 정보를 제공하는 상담

04 진로상담(지도) 영역별 진로문제 및 요구사항

- 진로정보 : 일반적으로 특수교육대상학생들 눈높이에 초점을 둔 진로 및 진학 관련 정보가 매우 부족합니다. 특히, 특수교육대상 학생들에게는 자신들의 특성에 적합한 정보가 필요함에도, 장애 유형 및 장애 정도에 따라 접근이나 수집할 수 있는 정보에 차이가 있으므로 이를 해소해 나갈 수 있도록 다양한 진로 및 진학정보에 대한 지원이 필요합니다.
- 진로경로 : 특수교육대상학생들의 경우, 장애인으로서 성공적으로 진학을 하거나 취업한 사례에 대한 정보가 부족합니다. 따라서 학생들은 자신과 유사한 장애를 가진 사람이 어떤 경로를 통하여 취업과 진학을 하였는지 매우 궁금해합니다. 이러한 정보는 학생들의 잠정적 진로결정에 도움을 줄 수 있으므로, 다양한 진로경로 정보를 제공하고 진학 및 취업과 관련한 사례 등이 제공되는 진로지도가 필요합니다.
- 학교생활 : 학교 내 특수교육대상학생들을 위한 진로 관련 활동과 프로그램이 미흡합니다. 또한, 학생들은 학교생활에서 특수교육대상학생 및 일반학생들과의 관계 형성 및 유지, 학교생활 적응에 어려움을 겪고 있습니다. 따라서 학교 교육과정 중 비교과 수업이나 창의적 체험활동 등과 연계한 진로활동, 학교 밖 진로활동 및 체험프로그램 등을 특수교육대상학생에게 적극 안내하고, 학교생활 부적응의 문제를 해결할 수 있는 진로상담(지도)의 지원이 필요합니다.
- 학 습 : 특수교육대상학생들은 자신의 진로목표와 연계하여 구체적인 실천 방법과 이에 대한 이해가부족합니다. 또한, 학습태도 및 구체적인 학습방법에 대한 정보가 부족한 상황입니다. 따라서 특수교육대상학생들이 자신의 진로목표와 연계하여 구체적으로 실천할 수 있는 방법 및 학습과 관련한 정보가 제공될 수 있는 진로상담(지도)이 필요합니다.

BEST 33

자기결정력 교육

NOTE

01 자기결정력

자기결정력은 타인의 강요나 설득 없이 자신의 생각과 의지대로 선택하고 결정하며, 자신의 삶에서 주체가 되어 살아가는 것을 의미(이숙향, 2009)

02 발달장애 학생의 자기결정력

- 지적장애학생의 경우, 자기주장이 크게 부족하며 스스로 목표를 정하는 방법과 달성하기 위해 다른 사람과 협력하는 방법, 목표달성에 문제가 되는 부분을 스스로 해결하는 방법 등을 배우지 못했다는 어려움을 가지고 있음(김미화, 2013). 제한된 인지능력, 미숙한 언어표현 및 적응행동, 사회적 상호관계 형성의 결핍, 가족 및 학교의 과잉보호 등으로 인하여 지적장애 학생들은 독립적인 성인으로서 성장하기 힘든 것이 사실(최문성, 2019).
- 특히 진로분야에서 발달장애 학생의 자기결정력을 신장시키는 것을 중요하게 생각하고 있는데, 바로 자기결정력이 자신의 삶 전반에 걸친 개인의 통제와 관련되어 자신을 바로 알고 자신의 가치를 인정함과 동시에 일상생활과 사회에서의 독립생활을 영위하기 위한 기초적인 능력이 될 수 있기 때문임(이숙향, 2009)

03 자기결정 교육 요소

- Wehmeyer 외(2000)의 자기결정력의 구성요소 7가지: ① 선택 ② 결정 ③ 문제해결 ④ 목표설정 및 획득 ⑤ 자기옹호 ⑥ 자기관리 및 자기조절 ⑦ 자기인식 및 자기지식
- 자기결정력 주요 요소

주요요소	구성 요소 (기술)
자율성	❶독립, 위험 무릅쓰기 및 안전기술 ❷선택하기 ❸문제해결 ❹의사결정
자기조정적(=자기규칙)	❶자기관찰 ❷자기평가 ❸자기강화 ❹자기교수 ❺목표설정과 목표달성 / 자기기록
심리적 역량 강화	❶자기효능감 및 성과에 대한 기대 ❷내적통제소재 ❸자기옹호 및 리더십
자아실현	❶자기인식 ❷자기지식

04 자기결정 지도 필요성 및 이점

- 지역사회 활동에 있어서 보다 활발하게 참여하고 독립성이 향상되기 위해 필요
- 장애인의 삶의 질과 성인기로의 성공적인 성과에 자기 결정이 결정적인 영향을 미침
- 높은 자기결정력을 가진 사람들이 더 높은 삶의 질을 경험
- 효과적인 의사결정과 문제해결기술 교수는 학생들의 학교성적 및 전환교육 성과를 향상시킨다는 것
- 학생 주도적 학습을 통한 장애학생의 자기결정 증진은 장애학생의 긍정적인 학업성취에 영향을 미침

05 자기결정력 교수전략

1. **모델링과 멘토링 전략 활용:** 멘토링은 학생들이 교사나 성인의 역할모델들을 직접 관찰하며 → 자기결정력을 갈수록 발전시키는 멘토 프로그램 → 장래에 대한 'TAKE CHARGE(책임지기)' 프로그램(Powers et al., 2004) → 학생들이 비슷한 흥미와 목표를 가진 멘토와 짝을 이루어 목표에 접근

2. **협동학습 집단 구성 전략 활용:** 협동학습은 여러 학생들을 집단으로 구성 → 또래를 역할모델로써 경험하게 하고 협동기술을 배우도록 하거나 → 대인관계 기술과 의사소통 기술도 배울 수 있음

3. **행동전략 사용:** 긍정적 행동에 동기를 부여하는 정적 강화 → 부정적 행동을 소멸시키는 벌을 사용하는 것보다 더 바람직 → 학생 자신이 스스로 원하면서 중요하다고 생각하는 목표를 달성하기 위해 → 행동전략 내 강화를 필수적으로 포함

4. **경험 학습 활용:** 자기결정력은 경험 학습이 매우 중요 → 이때 교사는 먼저 실제 환경을 구조화하고 학생이 여러 가지 대안들 중 선택할 수 있는 것을 알게 하고 → 그 가운데 선호하는 것을 선택할 수 있도록 도우며 → 알맞은 선택을 했을 때에는 즉각적으로 강화(방명애, 2000). → 이러한 실제성을 통해 학생은 자신의 행동이 자기결정적인 경험과 계속적인 동기와 자극이 주어져서 더욱 자기결정적인 삶이 됨

5. **자기결정력 교수에 친구와 가족이 참여와 지지 필요:** 자기결정 기술을 지도할 때 → 장애학생의 친구와 가족을 포함시켜 장애학생이 가정과 다른 지역사회에서 활용할 수 있도록 격려

6. **경청:** 한 사람의 이야기를 들어주고 공감적 이해를 받는 기분을 느끼는 것은 강력한 힘을 가지고 있음 → 이런 경험은 자신을 중요한 사람으로 생각하게 되며 → 인정받는다는 확신을 주므로 삶에 대한 동기를 강화

06 구성요소별 의미 및 지도방법

구성요소	의미	지도 방법
선택	• 두 가지 이상 또는 그 이상의 사항 중 자신의 선호도에 따라 한 개의 대안을 선택하는 것으로 장애인 뿐만 아니라 모든 사람들에게 삶의 최대 권리	수업시간에 학생이 좋아하는 과목, 강화물을 선택하도록 기회를 제공 8단계의 선택 증진 전략(Field & Hoffman, 2002) ① 자신 선호 알기 ② 선호하는 것 중에서 선택할 수 있다는 것 알기 ③ 결정의 기회를 가질 수 있다는 것 알기 ④ 선택에 대해 정의하기 ⑤ 개인별 달성 기준 설정하기 ⑥ 양자택일 기회 제공하기 ⑦ 양자택일에 대한 평가하기 ⑧ 개인의 목적에 최대한 만족하는 선택하기
결정하기	• 결정하기는 두 가지 이상의 선택 사양이나 정보에서 후속 결과가 따르는 것(Collen et al, 2009)으로 선택하기와 유사하나 결정하기는 선택하기를 포괄하는 일련의 더 큰 기술을 의미	• 개별화교육계획(IEP)을 세울때 학생이 직접 참여하여 결정 • 1일 수업계획을 세울 때 학생이 직접 참여하여 결정 • 졸업 후의 생활을 계획할 때 학생이 직접 참여하여 결정 • Beyth-Marom 외(1991, 오정민, 2002에서 재인용)의 의사결정하기의 모델 단계 ① 관련 행동의 대안 찾기 ② 행동 중에서 가능한 결과를 판별하기 ③ 일어나는 각 결과의 가능성을 평가하기 ④ 각 결과에서 최상의 대안 선택하기 ⑤ 선택한 결정 사항 수행하기
문제해결	• 문제해결은 자신의 환경에서 효율적으로 수행하기 위해서 사람이 적절하게 반응해야 하는 일련의 특정 상황(오정민, 2002). • 일반적 문제해결은 늘 같은 답과 한 가지 옳은 해결책을 가지며, 개인적·사회적 문제해결은 복잡한 과정이 요구되고 그 과정 속 사람 간의 상호작용을 포함하며, 시간과 환경에 따라 다양하고 복잡한 여러 가지 해결 방법을 가짐(한성희, 2005).	• 수업시간에 문제해결의 기회를 제공하여 학생이 체계적으로 해결 • 수업시간에 문제해결을 위하여 타인과 의논할 기회 제공 • Bernard-Opitz 외(2001)의 만화영화 문제해결 과정 지도 • 사회적 문제해결력을 발달장애학생들에게 가르칠 때 활용할 수 있는 컴퓨터 프로그램사회적 문제 상황을 사진이나 비디오로 처음 제시한 후 만화영화로 문제해결 과정을 지도한다. 만화영화를 본 후에 학생들에게 문제 해결책을 찾아내도록 요구 한 후 다시 그 문제를 해결하는 비디오를 제시한다. 이 프로그램은 문제해결 과정을 반복해서 경험하게 하기 때문에 더 많은 해결책을 찾게 한다.
목표설정과 획득	• 목표를 설정하고 그 목표를 달성하는데 필요한 기술을 습득하는 것은 자기 삶의 주인이 되는 방법 중 하나로 자신이 세운 목표를 명료화하고 목표 달성을 위해 과제 활동과 수행을 계획하여 원하는 결실을 얻기 위해 필요한 활동을 하는 자기결정력의 주요 요소(김혜경, 2001)	• 학생이 스스로 학습목표를 정하도록 하기 • 학생이 목표달성을 위해 지속적으로 노력하도록 격려 • Latham과 Locke(1991, 조인수 외, 2007에서 재인용)의 목표설정 및 획득의 촉진 과정 ① 목표를 구체적이며 명확하게 파악하기 ② 그 목표를 달성하기 위한 일련의 과제와 목표를 개발하기 ③ 설정한 결과를 달성하는데 요구된 행동을 설명하도록 가르치기
자기옹호	• 옹호는 자기를 방어하거나 주장한다는 뜻으로 자기옹호는 자신의 이익과 권리를 주장할 수 있게 자신의 의견을 표현하는 것과 부당한 처우를 받지 않도록 언어적 혹은 비언어적으로 자신의 의견을 주장하는 것(오정민, 2002).	• 학생이 불공평한 대우를 받았을 때, 자신의 권리를 알고 자기옹호하기 • 학생이 항상 명확하게 자신의 의견을 말할 수 있도록 하기 • 무엇을 옹호할지 어떻게 자신을 옹호할 것인지 배워야 함(조인수 외 2007). 효과적인 자기옹호는 다른 사람에 도움을 요청하는 기술, 상대방의 의견을 청취하기, 자신의 강점과 약점 이해하기, 소비자로서 권리 주장하기, 상대방의 공격적인 말에 대답하기, 면접 상황에서 자기옹호하기, 결석하거나 지각할 때 스스로 연락하기 등이 포함
자기조절	• 자기조절은 자기 생활이나 학습의 문제를 해결하기 위한 전략을 스스로 만드는 것	• 학생이 자신의 행동을 스스로 평가 • 학생이 스스로 강화를 결정하여 준비 • 학생이 학습계획을 스스로 세우기 • 자기교수와 같은 전략을 사용하여 자기주도 학습
자기인식	• Hoffman과 Field(1994, 조인수 외 2007에서 재인용)에 의하면 자기 자신을 특별한 개인으로 인식하고 자신의 강점과 약점, 자신의 선택, 요구, 선호 등을 인식하는 것 • 정희섭과 최윤미(2013)는 자기인식에 장애인식이 포함되어 있으며 장애로 인해 제한된 자신의 능력을 인식해야한다고 설명하였으며, 타인에 의해 이뤄지는 부정적 장애인식은 자기결정에 더 제한적으로 작용한다고 보고 장애학생들이 장애인식을 포함한 자아인식을 가지는 것이 중요하다고 주장	• 학생이 자신의 강점과 단점을 알 수 있도록 지도 • 학생이 자신의 선호도, 관심, 능력을 알도록 지도 • 학생이 자신의 강점을 인식하여 자신의 일상생활 활동에서 활용 • Faherty(2000)은 자신의 능력과 장점에 대해 고민하고 생각해보도록 다양한 활동을 반복해서 하고 그 활동을 통해 그들의 경험과 예술적 기술이나 능력, 생각과 느낌, 사회적 의사소통 기술을 발견하고 발전시켜 나가도록 지원

초등특수 평가원 2021학년도 수업실연 기출 일부

- 활동 1, 2와 정리 단계(학습정리, 차시예고)를 시연하시오. (전개~정리)
- 수업의 전개에서 학생 수준별 지도와 문제행동지도가 드러나도록 하시오.
- **학생의 자기결정력 증진이 드러나도록 시연하시오.**
- 학생의 경험과 느낌을 활용하고 실생활과 연계를 고려하시오.
- 교수 학습 과정에서 교사와 학생,학생과 학생 간 상호작용이 드러나도록 시연하고 교사의 발문과 피드백이 드러나도록 실연하시오.
- 〈자료1〉은 활동1에서, 〈자료2〉는 활동2에서 사용하시오. * 자료에 제시된 그림카드와 단어카드는 모두 붙임딱지로도 활용 가능
- 판서가 다 되어 있고, 수업에 필요한 기자재가 모두 구비되어 있다는 가정하에 실연하고, 필요한 기자재를 추가적으로 활용 가능하니 이를 참고하시오.

중등특수 2021학년도 수업실연 기출 일부

① 활동1, 활동2를 실연하시오.
② 학생의 개별 능력 및 특성이 드러나도록 교사 발문을 하시오.
③ 활동 1에서 〈자료1〉을 활용하시오.
④ 활동 2에서 〈자료2〉〈자료3〉을 활용하시오.
⑤ 활동 1에서 태블릿PC사용하고, 활동2에서 의약품 모형 사용하시오.
⑥ 서현의 문제행동중재를 활동 1, 인성의 문제행동중재를 활동 2 에서 하시오.
⑦ 활동2에서 또래교수, 역할나누기, 모둠활동, 교사의 관찰이 드러나게 실연하시오.
⑧ 활동2에서 교사와 학생 상호작용과 자기결정력 증진이 잘 일어나도록 교사 촉진을 실연하시오.
⑨ 컴퓨터, 전자칠판, 태블릿pc, AAC을 활용하시오.

〈출처〉

장은지, 중도중복장애학생의 자기결정에 대한 특수교사의 중요도 인식과 교수실행도, 2023
김은라, 박재국, 발달장애학생의 자기결정력에 대한 특수교사의 교수실행과 인식, p.33 표 일부 재구성

BEST 34

그림책 교육

01 그림책

• 그림책은 어린이가 처음 만나는 책으로, 텍스트와 그림이 한데 어우려져 서로의 마음을 소통하는 매체

02 그림책 교육적 효과

그림책은 유아 혹은 저학년 아이들의 교육매체로 많이 활용되었으나, 고학년에 맞게 고학년 어린이들이 매력을 느낄 수 있는 방법으로 그림책을 접한다면 어떤 그림책도 초등학교 고학년 어린이들에게 훌륭한 교육교재가 될 수 있다(최미정, 2010)

1. 창의력의 향상

그림책은 글과 그림이 조화를 이룬 예술 작품 → 작가의 창의력이 담겨 있기 때문에 반복해서 그림책을 읽다보면 자연스럽게 영감을 얻게 됨

2. 흥미·집중력의 향상

그림책은 내용을 이해하는 데 5분 ~ 10분의 시간이면 충분 → 짧은 내용으로 접근성이 좋으며, 난이도가높지 않고 학생들이 받아들이는 거부감은 낮다는 장점 →또한 재미있는 그림이 많이 포함되어있어 관심과 흥미를 유발하기에 좋음 → 다양한 장르의 그림책을 통해 스토리의 재미를 즐기기 위해 글을 분석 → 초보적인 수준이지만 이런 과정을 거치면서 놀라운 집중력을 발휘

3. 어휘력의 향상

그림책을 많이 읽은 아이는 어휘력과 문장력이 향상 → 다양한 문장속의 어휘로 통해 표현기법을 배워 → 아이의 머릿속에 오랫동안 기억

4. 간접경험의 확장 및 문제 해결 능력의 향상

어린이의 세계를 확장시켜주어 폭넓은 경험을 할 수 있게 해줌 → 생활영역이 한정되어 있고 경험의 폭이 좁은 어린이들의 삶의 경험을 확장(전영주, 2010) → 다양한 간접 경험 제공은 어린이 자신과 주변 인물 및 세계에 대한 이해의 폭을 넓혀주어(김세희, 현은자, 1995). → 여러 가지 문제의 해결 방법을 자신의 삶에 적용시켜 밝고 긍정적인 삶의 태도를 갖는데 중요한 역할(이기영, 2006)

5. 정서 발달 및 공감능력의 향상

그림책을 통해 정서발달을 할 수 있으며 특히 공감 능력을 신장시키는데에 도움 → 그림책의 가치를 사고의 확장, 언어로 표현할 수 있는 능력의확장, 어휘력의 확장, 지식의 확대, 즐거움 및 대화 기회, 사회 도덕성 발달, 육체적 휴식 제공 등 그림책 내용은 공유, 나눔, 위로, 그리고 보살핌 등 인간이 더불어 사는 것의 의미와 가치를 인식하는 데 도움

NOTE

03 좋은 그림책 선정하기

- 글과 그림이 조화를 이루어야 좋은 그림책
- 그림만 보아도 이야기의 흐름을 알 수 있어야 함
- 중요한 것은 '무엇을 어떻게 표현했는가'로, 글과 그림이 이야기에 대한 풍부한 이야기를 담고 있어야 함
- 그림책은 장면과 장면이 연결되면서 이야기가 진행되어 궁금증 유발해야 함

04 그림책을 활용한 독서수업

① 아이들로 하여금 책의 주제와 관련이 있는 자신의 경험을 자연스레 꺼내도록 하여 책에 관해 토론할 분위기를 이끌어 냄

② 이어서 책의 표지를 보여주며 그림이 주는 인상과 기대되는 이야기 등에 대해 말해 보게 하여 활동 전개

시기	지도 방법
책 읽기 전 활동	• 책표지를 보고 어떤 느낌이 들었나요? • 책 표지를 보면 어떤 점이 궁금한가요? • 제목을 보고 어떤 생각이 떠오르나요? • 제목을 보고 맨 처음 어떤 생각이 났나요? • 이러한 경험이 있다면 어떤 경우였는지, 그때 기분이 어땠는지 이야기 해 보세요 • 책 표지 그림의 소녀는 기분이 어떠해 보이나요? 거울을 보며 소녀와 같은 표정을 짓고 자세를 취해 보세요. 자신이 어떻게 보이나요? • 주인공은 '어떻게 생겼을까' 상상해 보세요.
책 읽는 중 활동	• 어느 날 00이는 이렇게 했습니다. 왜 그랬을까요? • 00하자 어떤 일이 벌어졌나요? • 어떤 행동을 하였나요? 그 결과 어떻게 되었나요?
책 읽은 후 활동	• 주인공의 행동이 다른 사람들에게 어떤 영향을 주었는지 생각해 보세요. • 신문이 나 방송에서 00문제를 접해 본 적이 있나요? 기억나는 대로 그 내용을 적 어보세요. 없다면 오늘 신문을 펼쳐놓고 인권에 대한 기사가 있는지 찾아보세요. • 00이야기를 들어본 적이 있나 요? 생각나는 대로 적어보세요. 그리고 우리가 그들을 위해 할 수 있는 일은 어떤 것들이 있을지 한번 생각해 보세요. • 여러분이 기자가 되어 00의 이야기를 육하원칙(누가, 언제, 어디서, 무엇을, 어떻게, 했나)에 맞추어 신문기사로 써 보세요. • 00 주제로 다양한 활동을 해 보세요. (예:표어 만 들기, 포스터 꾸미기, 공익광고 문안쓰기 등) • 주인공의 마음은 어땠을까요? • 내가 만약 주인공의 처지였다면 어떻게 했을까요? • 00에게 편지쓰기 : ~했던 적이 있다면 그럴 때 자기 마음이 어떠했는지도 같이 써 보세요.

출처: ebs 독서력진단센터, 그림책을 통한 독서교육

https://www.ebsreadingtest.co.kr/eduData/reading/reading_page03_04.asp

그림책을 활용한 장애이해교육

- 그림책을 읽고 관련된 여러 가지 주제에 대해 활동하며 장애인식과 장애수용태도의 개선 가능
- 다양성과 동등함에 대한 이해, 장애 관련 지식의 습득, 장애에대한 인식 개선을 교육 목표로 그림책을 활용한 장애이해교육을 실행할 수 있음
- 그림책 속의 등장인물의 상황에 공감하고 직접 점자를 써보거나 주변에서 찾아보기, 지체장애인의 시선에서 우리 주변 둘러보고 불편한 점 찾기, 나와 같은 점 찾고 공감하기 등 프로그램을 활동 중심 구성
- 장애인식, 장애 수용 태도에 긍정적인 효과 발휘
- 이외에도 '넌 왜 보청기를 하니' '우리가 달라도' '손으로 마음을 전해요' '내 친구는 시각장애인' '조금 특별한 아이' '괜찮아 선생님이 기다릴게.' 등의 그림책 활용 가능

출처: 정다연, 그림책을 활용한 장애이해교육 프로그램이 초등학교 학생들의 장애인식과 태도에 미치는 영향, 2021

TIP

글 없는 그림책

- 글 없는 그림책을 활용한 이야기 꾸미기 활동을 중재한 결과 세 명의 아동모두 어휘 이해력이 향상되는 것으로 나타났으며, 숨은 그림 찾듯이 등장인물의 움직임을 따라가는 반복적인 활동과 연구자의 육하원칙에 따른 반복적인 질문을 통해정반응하는 횟수가 늘어났으며, 그림책의 사건전개와 등장인물의 감정변화에 이해하는 정도가 향상되면서 어휘 이해력 향상에 긍정적인 영향을 미친 것으로 보인다.
- 글 없는 그림책을 활용한 이야기 꾸미기 활동을 중재한 결과 세 명의 아동모두 어휘 표현력이 향상 되는 것으로 나타났으며, 육하원칙에 따른 이야기꾸미기 활동을 통해 '왜', '어떻게'와 같이 그림에 보이지 않는 장면에 대해 이야기를 꾸미는 과정에서 자신의 이야기도 덧붙이면서 어휘의 문장성분을 다양하게 사용하여 표현하는 정도가 향상되면서 어휘 표현력 향상에 긍정적인 영향을 미친 것으로 보인다.

출처: 최혜경, 글 없는 그림책을 활용한 이야기꾸미기 활동이 지적장애 아동의어휘력에 미치는 영향, 2020

기출 초등특수 경기 2023학년도 수업실연 문제 일부

① 전시학습 상기~ 전개 중간까지 실연하시오.

<table>
<tr><td>동기유발</td><td>전시학습 상기</td><td></td><td></td><td></td></tr>
<tr><td colspan="2">도입</td><td colspan="2">전개</td><td>정리</td></tr>
</table>

② 교과 간 융합수업을 실시하시오.

③ 장애특성 고려하여 상호작용이 잘 일어나도록 실연하시오.

④ 에듀테크 및 다양한 교구를 활용하시오.

⑤ 그림책을 선정해서 활용하시오.

⑥ 교수자료 다양하게 사용하시오.

⑦ 자신의 감정을 자유롭게 표현하도록 지도하시오.

⑧ 특수교육 실무사는 미배치 상태임을 참고하시오.

NOTE

BEST 35

독서인문교육

NOTE

01 독서인문교육

- 독서 교육은 각 개인이 자기 자신에 대하여 인식하고 자신의 독서 능력, 독서 흥미, 인간 형성의 수준을 바탕으로 독서 자료를 매체로 하여 자기 생활에 충실하고 나아가 사회 생활에 적응하는 인격 형성을 계획적으로 도와주는 교육적인 활동
- 독서 교육은 독서 지도의 넓은 의미로서 독서를 통하여 건전한 인격을 형성하는 인간 교육을 뜻하는 것

02 독서인문교육 필요성

- 평생 독서의 발판이 되는 학창 시절의 독서 교육은 그 어느 것보다도 중요하나, 학생들은 책 속에서 다양한 인간의 문제를 간접경험하기도 한다.
- 책 속에서 만나는 상상의 세계야말로 학생들에게 꿈을 키워주고 생각을 자라게 하며 마음을 열게 하는 창이 되는 것이다. 또한 다양한 문제를 해결하는 과정을 통해서 학생들은 창의적이고 논리적인 사고를 키워가게 된다.
- 지식 교육의 홍수 속에서 자라나는 우리 학생들이 인생을 살아가는데 정작 필요한 것은 단순한 지식 교육이 아닌 책을 통한 다양한 경험들인 것이다.

03 독서인문교육 지도 방법

- 교사는 학생들의 흥미, 수준에 적합한 독서 및 인문 자료 제공
- 과정중심 독서교육 실시: 사전지도는 독서의 동기 조성, 선택 및 기타 예비지식에 대한 지도를 하는 것이며, 독서 중은 책을 읽는 동안에 독서 내용을 명확하게 정리하고 분류하는 것, 독서 후 지도는 읽었던 내용에 대한 전체적인 끝맺음, 인상의 심화, 생활로의 적용, 인간형성으로의 통합 등을 지도하는 것
- 협동학습 활용: 옛날 이야기 만들기, 모둠원들끼리 돌아가며 이야기 만들어 잇기
- 협력적 독서 활동 진행: 함께 책을 읽고, 토론을 통해 질문 만들고, 질문에 대해 토론하고 탐색하는 과정을 통해 다양한 생각을 만나며 생각이나 글을 말로 함께 공유
- 독서 기반 프로젝트 수업: 협력적 독서 활동을 연계하여 학생 주도 탐구 활동을 통해 책에서 앎으로, 앎에서 삶으로 나아가는 것 예 나의 자서전 쓰기, 진로 연계 독서를 통한 자기소개서 작성하기, 나라면 어떻게 했을까 책쓰기, 역사 책 읽고 역사 신문 만들기, 독서를 통한 학급별 연극

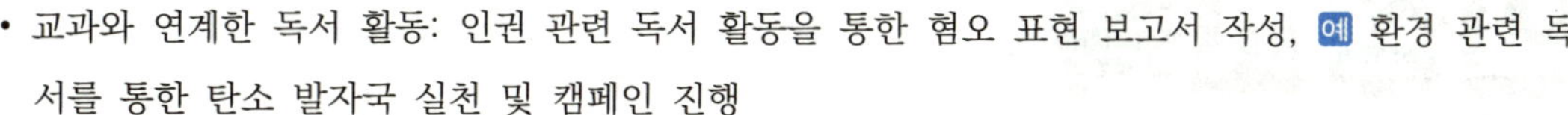
뮤지컬 공연, 시집읽기를 통한 시낭송 발표회, 시화전, 우리 마을 문학지도 만들기

- 교과와 연계한 독서 활동: 인권 관련 독서 활동을 통한 혐오 표현 보고서 작성, 예 환경 관련 독서를 통한 탄소 발자국 실천 및 캠페인 진행
- 학급 문고 재정비: 잘 갖추어진 학급문고는 독서에 대한 흥미를 불러일으키고 독서 태도를 변화시키며, 독서량을 증가
- 독서 재료의 지정 방법 혼용: 자유독서는 독서 재료를 자유롭게 선택, 과제독서로 교육상 필요한 특정 독서재료를 지정 지도

NOTE

TIP

독서 후 활동 예

- 독서 토론회, 마인드 맵을 이용한 독서감상 표현, 극화
- 그리기(감상화, 독서만화 등), 역할 놀이
- 퍼즐을 이용한 독서감상 표현, 독후 감상
- 인터뷰 형식을 통한 감상 표현, 독서 편지쓰기, 작품비교를 통한 독서감상 표현, 논설문 쓰기, 독서일기 쓰기, 독서신문 제작, 독서노트 쓰기, 낭독회, 책 소개(발표)회, 독서퀴즈대회, 독서 감상문 쓰기, 독서목록 만들기, 독서클럽 운영, 독서 동아리 운영, 책 골라사기 체험하기
- 학급문고 운영, 도서반 운영, 방학중 독서교실 운영, 독서방법 발표회, 불량 도서 모의 재판, 공공도서관 방문활동, 독서 방송, 독서 가정 통신, 학부모 독서 연수, 독서주간 운영, 독서 강연회, 10분 독서시간 운영
- 이달의 독서왕 선발, 도서달력 만들기 : 학교용(월별 독서행사), 개인용(개인별 독서계획), 앙케이트 조사를 통한 독서감상 표현, 자료 조사를 통한 독서 감상 표현, 줄거리 이야기 발표(정해진 시간 내에 발표)

기출 중등특수 경기 2023학년도 수업나눔

1. 에듀테크를 활용한 협력적 문제해결 역량을 반영한 점과 보완할 점을 말하시오.
2. 성취기준 미도달한 학생과 우수한 학생에게 지식 및 태도를 어떻게 성장시킬 것인지 말하시오.
3. **수업에서 가치와 덕목이 반영된 점과 이를 통한 학생의 독서교육 방안을 말하시오.**

〈출처〉

전국독서새물결모임, 독서야놀자, 교사/학부모/ 과정중심독서교육,
https://www.readingkorea.org/reading_info/teacher_info02.php
서울형 독서기반 프로젝트 수업리플렛(웹용)
ebs 독서력 진단 센터, 협동학습과 독서교육
https://www.ebsreadingtest.co.kr/eduData/reading/reading_page03_03.asp

BEST

36 인성교육

NOTE

01 개념

- 자신의 내면을 바르고 건전하게 가꾸고 타인·공동체·자연과 더불어 살아가는 데 필요한 인간다운 성품과 역량을 기르는 것을 목적으로 하는 교육 (인성교육진흥법 제2조)

02 인성 핵심 덕목과 하위 요소

핵심 덕목	하위요소	내용 및 해석 범위
정직	솔직성	자신이나 타인에게 진실하고 솔직하기, 거짓말 하지 않기
	용감성	위협, 도전, 난관, 고통으로부터 위축되지 않기, 저항이 있더라도 자신의 신념을 지키기, 실수나 잘못을 숨기지 않고 인정하기
절제	자기조절	자신의 다양한 감정, 욕구, 행동을 적절하게 조절하기
	인내(끈기)	시작한 일을 마무리해 완성하기, 난관에도 불구하고 계획된 행동을 지속하기
자율	자기이해	자신을 객관적으로 알기
	자기존중	자신을 소중히 여기기, 자신을 긍정적으로 바라보기
	자기결정	주도적으로 자기 일을 처리하고 행동하기
책임 및 성실	근면	성실하게 맡은 역할하기, 최선을 다하기
	약속이행	약속 지키기
	책임	행위에 책임지기
배려 및 소통	(타인이해 및) 공감	타인의 생각, 감정, 관점을 이해하고 알기
	관대(용서)	타인에게 너그럽게 대하기, 타인과의 차이나 다름을 인정·존중·수용하기, 타인의 잘못을 용서하기
	친절(이타성)	다른 사람에게 관심 갖고 도움주기, 타인을 보살피기
	사회지능 (사회성)	타인의 감정을 파악하기, 타인과 긍정적인 관계를 형성·유지하기, 타인과 긍정적으로 상호작용하기, 갈등 해결하기
예의	효도	부모에게 효도하기
	공경	웃어른을 공경하기
	공손(겸손)	동년배나 아랫사람에게 공손하기, 바른 언어 및 행동하기, 예의범절 지키기, 과장된 허세를 부리지 않기
정의	공정(형평)	공평하게 대우하기, 평등하게 대우하기, 사회적 약자를 보호하기
	인권존중	편견을 갖거나 차별하지 않기

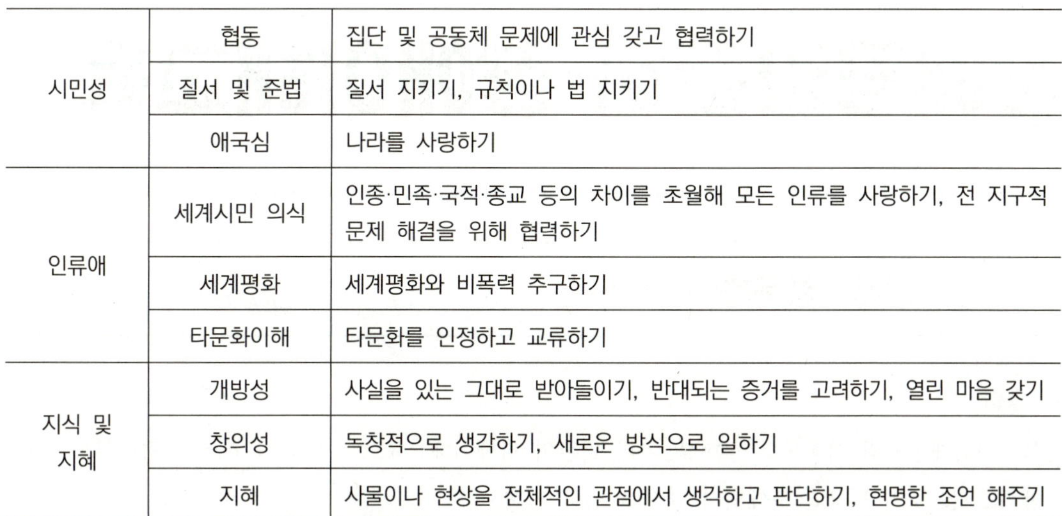

시민성	협동	집단 및 공동체 문제에 관심 갖고 협력하기
	질서 및 준법	질서 지키기, 규칙이나 법 지키기
	애국심	나라를 사랑하기
인류애	세계시민 의식	인종·민족·국적·종교 등의 차이를 초월해 모든 인류를 사랑하기, 전 지구적 문제 해결을 위해 협력하기
	세계평화	세계평화와 비폭력 추구하기
	타문화이해	타문화를 인정하고 교류하기
지식 및 지혜	개방성	사실을 있는 그대로 받아들이기, 반대되는 증거를 고려하기, 열린 마음 갖기
	창의성	독창적으로 생각하기, 새로운 방식으로 일하기
	지혜	사물이나 현상을 전체적인 관점에서 생각하고 판단하기, 현명한 조언 해주기

NOTE

03 방법

1. 학교에서 다양한 인성교육

① 캠페인 활동 (인사하기 캠페인, 존댓말 바른말 캠페인, 아침맞이 활동, 프로젝트 행사 등)

② 독서교육 연계 토의토론

③ 사제동행, 학급 공동체 활동 (관계 개선, 마니또 활동, 칭찬 릴레이 등)

④ 민주시민교육과 연계한 인성교육 (진숙경, 경기도교육연구원, 민주시민교육을 통한 인성교육방안): 개인의 권리뿐만 아니라 공동체의 협력을 중심으로 시민 사회에 필요한 구체적인 실천 역량을 스스로 경험하여 체득할 수 있는 민주시민 교육으로 확대가 요구

⑤ 민주적 조직 생태계 조성, 민주적 토론 활성화 등

- 회복적 생활 교육: 존중과 책임, 관계 라는 핵심 가치를 바탕으로 관계성 강화를 통해 평화로운 공동체를 세우는 과정 (서울교육, 특별기획 2019 가을호, 236호)
- 윤리적 생활 교육 공동체: 윤리적 생활공동체란 인간 존엄의 가치를 중심으로 학교 구성원 모두가 존중과 배려의 신뢰관계를 회복하고 안전과 평화의 가치를 지향하는 삶의 방식으로서의 민주주의를 실천하는 공동체를 의미합니다
- 예 학급 규칙 만들기, 자기성찰 보고서, 신뢰 써클 이야기, 비폭력 대화법, 역할극, 고민우체통, 상담(WEE 센터 연계), 비대면생활지도 (구글 미트, 비대면 심리 평가, 칭찬 댓글 달기 등)

2. 가정과 연계한 인성 교육

① 학부모 대상 인성교육 ② 가족의 날 제정하여 학교 내 축제 진행 ③ 가족과 함께 약속 만들기 등

3. 지역사회와 연계한 인성 교육

① 지역사회 연계 봉사 (시민단체 등) ② 지역사회 문제 바꾸기 프로젝트 활동 등

역량이란 '어떤 일을 해 낼 수 있는 힘이나 기량'이고 여기서 힘이란 육체적 힘이 아닌 어떤 일을 끝까지 해낼 수 있는 의지를 의미합니다. 다시 말하면 역량이란 어떤 일을 잘 해낼 수 있는 인성과 인품을 의미합니다. 미래교육은 인성교육으로서 미래사회에서 사람들과 좋은 관계를 맺으면서 의미 있는 일을 해 나갈 수 있는 인성과 인품을 길러 주는 것을 의미합니다.

(출처: 경기도교육청, 혁신교육3.0 한걸음 더, 2020, p.106)

BEST

37 장애공감문화·장애이해교육

01 장애공감문화의 이해

1. 방향

- 특수교육대상자의 사회통합 실현을 위해 기존의 장애이해교육보다 더 적극적이고 공감문화 확산에 초점을 두어 범국민 장애인식 개선을 위한 정책

2. 정의

- 장애공감문화란 장애인을 이해하는 단계를 넘어 장애인의 감정과 요구를 같이 느끼고, 같이 주장하며, 같이 해결 해나가는 문화라고 정의 (정희섭, 2019)

3. 장애공감 → 이제는 일상적 장애공감 문화로 정착!

- 장애와 공감이 합쳐진 신조어로서 '장애'라는 다의적, 유동적 공감의 대상과 그 장애로 인하여 파생되는 다양한 '현상'을 포함. 즉, 장애공감은 장애와 그 현상을 조망하는 올바른 시각, 관점의 설정, 인지적 · 정서적 · 실천적 공감 요소의 관련성에 대한 이해 등이 필요하며 이를 전제로 개인 혹은 집단을 대상으로 하는 장애공감교육이 실시되어야 함

02 장애이해교육 (=장애인식개선교육)

1. 목표

- 장애에 대하여 바르게 이해하도록 하며, 장애를 가진 사람을 존중하고, 장애를 개성으로 생각하며 더 나아가 '모두 다르다'라는 이해를 기본으로 하여 나와 다른 것을 수용하는 태도를 형성하도록 돕는교육

2. 내용

- 장애에 대한 편견, 고정관념을 예방하고 더불어 사는 삶으로 풍요롭게 만드는 교육(이신규, 이병인, 2019).
- 인간의 존엄성, 인권, 반편견, 보편 윤리, 인간의 다양성, 인간 존재 자체 등
- 장애학생을 지원하는 구체적인 방법이나 관련 사례
- 통합교육의 이점, 구체적인 대응 방법
- 장애인과 협력하거나 적절한 관계를 형성하고 상호작용 하는 법 등

(출처: 경기도교육청, 장애학생인권교육길잡이, p.70)

03 장애이해교육 필요성

학교 교육에서 비장애 학생들에게 장애이해교육을 시키는 것은

① 장애에 대한바른 정보를 제공하기 위함

② 장애인들과의 편안한 관계를 증대

③ 장애인들을 이해하고, 장애인들에게 수용적인 행동을 나타내게 하기 위함

④ 장애인에 대한 긍정적인 태도 변화를 통해 우리 사회 위반에 장애인과 함께 살아가는 분위기를 형성하기 위함(남현주, 2011).

⑤ 장애·비장애 구분 없이 다양성을 존중하는 통합교육 가치 지향 (교육부, 2022)

04 장애이해교육의 다양한 방법

1. 이해중심 태도 전략

- 장애인에 대한 지식이나 정보를 제공하여 장애인에 대한 이해와 태도를 변화

2. 활동 중심 태도 개선 전략

- 장애인과 직접 상호작용하거나 모의 장애체험 등을 통하여 장애와 장애인에 대한 이해도를 높여 태도를 개선시키는 것은 활동중심 태도개선 전략 (이유훈, 권택환, 김희규, 유장순, 최세민, 2003)

3. 두 가지를 혼합 (이경은, 2015)

전략	예시
이해중심 태도 개선 전략	• 장애 관련 인물 책 읽고 독후감, 토의 토론 • 장애인의 삶을 다룬 영화 시청이나 책 활용하여 학급에 있는 학생의 유사성 토의 등 • 특수교육 현장 직접 방문 • 장애인 강사 초대 • 유니버셜 디자인의 원리와 적용 찾기 , 설비, 점자나 수어, 체험 등
활동중심 태도 개선 전략	• 모의 체험 활동 • 협동 놀이, 자유 놀이 • 심리 운동 움직임 등

수험생 선생님들이 자주하는 질문!

장애이해교육 시 주의할 점은 무엇일까요?

장애이해교육을 통해 장애에 대해 개념이 정립되지 않은 저학년 학생에게 바른정보를 제공하고 바르게 이해할 수 있는 기반을 만들어 → 장애인에 대한 편견을 버리고 긍정적인 태도를 형성하는 데에 도움 → 장애에 대한 정보전달은 어린이의 경우 장애에 대한 지식이 부족하기 때문에 무지로 인해 발생하는 오해가 생길 수 있어 → 이를 막고 적절한 행동에 대해 안내해줄 수 있습니다.

그러나, 반대로 장애에 대한 여러 가지 정보만 제공하였을 때 오히려 부정적인 영향이 있을 수 있습니다(Donaldson, 1980). → 저학년 학생에게는 장애유형별로 명칭 및 특성에 대해 자세하게 알려주는 것이 의미도 없을 뿐만 아니라 → 오히려 장애를 가진 친구를 그러한 교육을 통해 나와 전혀 다른 존재로 인식할 위험이 있다는 견해도 공존합니다. (이대식, 김수연, 2013).

TIP

미래형 장애이해교육

■ 장애이해교육 내실화를 위한 미래형 장애이해교육

- 디지털 기반 장애이해체험존과 직접 체험하는 장애이해체험관 설치 확대
  - -다양한 상황과 장면에서 실시간 학습이 가능한 메타버스 활용 장애이해체험존 개발 및 활용
  - -유니버셜 디자인을 적용한 체험형 무장애 장애이해체험관* 설치 및 운영
    - *무장애 시설, 제품, 재활보조 공학기기 등을 경험하고 체험할 수 있는 체험관
- 사례: 스포츠 체험실(충북), 시각·청각장애 체험실(경남), 유니버셜디자인체험실(제주)

출처: 교육부, 제6차 특수교육발전 5개년 계획, 2022. p.24

05 장애인에 대한 인식 변화

1. 내용

최현주와 이미숙(2020)의 연구에 의하면 초등학생의 장애인에 대한 인식과 장애인식개선의 내용은 다음과 같다.

시기	내용
장애인식개선교육 실시 전 초등학교 학생들의 장애에 대한 인식	① 장애 학생에 대한 심리적 거리감이 있다. 구체적으로 나와는 다른 장애학생이라고 인식한다. 장애 학생을 보고 차이점을 인상적으로 기억하며 비장애인과 다른 부류의 사람으로 이해한다. ② 장애인의 불편함에 대해 무관심하다. 장애학생과의 상호작용 기회가 없기 때문에 잘 알지 못하고, 불편함에 대해 관심이 없다고 하였다. ③ 장애 학생의 문제행동을 불편하게 하는 행동, 불쾌감을 주는 행동으로 인식한다. 이로 인해 장애 학생을 불편한 존재로 생각하였다. ④ 스스로 하지 않으려고 하며 도움만 바랄 것 같은 학생으로 인식한다. 이러한 생각 때문에, 장애 학생을 도와주는 일이 힘들것이라고 생각하였다.
⇩	
장애인식개선교육 실시 후 초등학교 학생들의 장애 인식 개선	① 장애인들도 행복할 권리가 있다고 인정하는 모습을 보였다. ② 장애인들도 할 수 있는 것이 많으며 끝까지 해내는 모습에서 장애인의 능력에 대한 기대감이 높아지고 존경심을 느꼈다고 표현하였다. ③ 장애 학생과 인사하고 대화하는 등 장애 학생에 대한 인식이 높아지며 친밀감이 생기고 상호작용 비율이 높아졌다. ④ 장애 학생에게 도움을 제공하기 시작하였다.

2. 시사점

① 장애에 대한 부정적 인인식이 비장애 학생들에게 고정되기 전에 초등학교 저학년부터 장애개선 교육을 통하여 장애와 장애 학생에 대한 긍정적 인식이 고정되도록 지속적인 교육이 필요하다. (이원상, 2017)

② 장애 학생에 대한 긍정적 인식 개선은 비장애 학생에게 인간의 다양성과 존엄성을 생각해볼 기회를 주고 장애를 가진 또래나 장애인을 배려하는 마음과 태도 발달에 도움을 줄 것이다(남윤철, 2019).

③ 다른 이들을 도울수 있는 기회를 가져 다른 사람들과의 다양한 상호작용을 통해 만들어진 인식을바탕으로 바람직한 사회적 태도를 배움으로써 장애학생들이 사회적 통합에 쉽게다가설 수있을 것이다(석경종, 2016).

④ 꾸준한 교육을 통해 바람직한 인식을 가진사회 구성원으로 성장할 수 있도록 하는 것이 중요하다. (정다연, 2021)

NOTE

06 장애공감문화 확산을 위한 교육

1. 목표

- 공동체 안에서 장애학생과 비장애학생의 어울림 활동 촉진 → 학생들의 인지적·정서적·표현적 공감 능력 향상 → 장애 공감 문화 조성 및 확산

2. 특징

- 모든 활동은 긍정적인 상호작용이 일어나도록 짝 활동이나 모둠 활동 형태의 어울림 활동으로 구성
- 학생의 발달 수준과 학습 경험을 고려하여 학년군 별로 구성
- 각 활동의 결과물보다는 활동의 과정에 초점을 두고 공감을 체험할 수 있도록 구성

3. 사례 ①

활동명	공감 목표
친구야 안녕	사진 이름표와 인사 놀이를 통해 친구들의 얼굴과 이름을 기억하며 친해질 수 있다.
비밀상자의 소리	다양한 재료로 악기를 만들고 연주하면서 다양함 속에서 조화로움을 경험할 수 있다.
숲에서 놀아요	자연물을 활용해 친구를 꾸며주며 자연스럽게 어울리고 친해질 수 있다.
둘이서 찰칵	둘이 할 수 있는 동작을 해 보고 함께해서 좋은 점을 이야기 나눌 수 있다
조물조물 얼굴 표정	얼굴 표정으로 친구의 감정을 알고 공감할 수 있다.
우정의 징검다리	징검다리를 건너며 친구들과 협력하고 즐겁게 어울릴 수 있다.
함께하는 공감걷기	2인 3각 공감 걷기 활동을 통해 서로 일체감을 느낄 수 있다.
공감 놀이터	모두가 이용할 수 있는 놀이터를 꾸미면서 친구를 배려하는 태도를 가질 수 있다
협동의 힘	협동 징검다리 활동을 하며 협동의 중요성을 느낄 수 있다.
학급구호 현수막	친구들과 함께 학급 구호 현수막을 만들며, 학급 구호 실천을 다짐할 수 있다.
기분 좋은 말	친구의 입장에서 생각하고 말하기를 연습하며 긍정적 또래 관계를 유지할 수 있다.
그림책 속으로 풍덩	친구와 그림책을 읽고 역할극을 하면서 서로의 입장을 고려할 수 있다
모두가 편리한 세상	모든 친구가 편리하게 사용할 수 있도록 교실 물건을 구상하는 활동을 통해 다른 친구들을 배려하고 공감할 수 있다
함께 사는 세상 캠페인	캠페인에 필요한 물건을 어울려 만들고 함께 사는 세상을 위한 캠페인에 참여할 수 있다.
함께 참여하는 2인 1역할	2인 1역을 정하고 친구와 함께 계획을 세워 서로 도우며 실천할 수 있다.
꿈꾸는 나무	친구와 함께 꿈꾸는 나무를 만들면서 서로의 꿈을 응원할 수 있다.

출처: 국립특수교육원, 장애공감문화 확산을 위한 교육자료 초등용 매뉴얼, 2018

특수교육은 특수교육대상자만을 위한 것일까?

한재희(2021)에 따르면 '모든 학생을 위한 학교 교육으로써 그 틀에서는 장애학생과 비장애 학생을 구분하지 않는다. 소수의 몇몇 학생만을 위한 것도 아니다. 이제는 특수교육은 장애 학생만을 위한 교육이라는 지엽적 범주를 벗어나야 한다. 학교의 모든 학생을 염두에 두고 공동체와 함께 고민하고 노력하는 광범위한 역할을 수행해야 하며, 모든 학생을 위한 교육으로 변화하기 위해 모든 교사와 함께 고민하고 실천해야 할 부분을 찾아야 한다' 라고 이야기합니다. 이러한 고민에 실천할 수 있는 것은 저는 바로 '장애공감교육' 이라고 생각합니다!

출처: 한재희, 특수교육에서 교육과정 재구성과 수업, 교육과 실천, p.81~82

NOTE

4. 사례 ②

주제	내용
내 손에는 비밀이 있어요. (자폐성장애 이해하기)	'내 손에는 비밀이 있어요' 장애이해교육에서는 '단 하나 뿐' 동요와 노랫말을 이용한 포스터를 협동하여 만들어 보면서 우리는 모두 특별한 존재라는 것을 알아본다. 협동 활동을 통해 질서와 차례를 지켜가며 활동에 참여함으로써 배려심을 배우도록 하고, 자신은 물론 우리 반 친구들을 소중히 여기는 태도를 갖도록 한다.
기다려 줄게 (자폐성장애 이해하기)	'기다려 줄게' 장애이해교육에서는 동요의 노랫말을 따라서 읽어보고 노래를 불러보는 활동을 통해 느린 친구를 배려하고 긍정적으로 수용하는 마음을 갖도록 한다. 손을 이용하지 않고 풍선이나 공을 옮겨보는 놀이와 보자기 위에 풍선을 올려 날아가지 않도록 협력하여 보자기를 움직여보는 놀이를 할 때, 느린 친구의 속도에 맞춰 안전하게 활동에 참여하면서 기다림을 배워보도록 한다.
너의 연주를 들려줘 (청각장애 이해하기)	'너의 연주를 들려줘' 장애이해교육에서는 세계의 위인들을 통해 누구나 각기 다른 능력을 갖고 있다는 것을 알아본다. 특히, 베토벤의 '합창 교향곡'을 감상하고, 리본 막대나 스카프를 이용하여 음악적 속성에 따라 자신의 느낌을 자유롭게 표현해 보면서, 귀가 들리지 않았지만 끊임없는 노력으로 훌륭한 음악을 창조한 베토벤에 대해 관심을 갖도록 한다. 이번 놀이를 통해 친구들은 서로 다른 능력을 갖고 있음을 이해하고, 친구들의 능력을 상호 존중해야 함을 배운다.
다양한 보장구 (시각장애 이해하기)	'다양한 보장구' 장애이해교육에서는 다양한 보장구를 활용해 봄으로써 좀 더 편리하게 일상생활을 할 수 있다는 것을 알아본다. 특히, 안대와 흰 지팡이를 사용하여 목표 지점을 돌아오는 활동을 통해 장애에 대해 편견을 갖지 않고 서로 도움을 주는 경험을 해 보며 친구들의 다양성을 존중하도록 한다
모두를 위한 계단 (시각장애 체험하기)	유치원에는 시각장애인을 위한 편의시설이 있다. 계단에 있는 편의시설(점자블럭, 촉지판, 경사로, 핸드레일 등)을 직접 체험해보면서 편의시설의 필요성을 알게 된다. 이 외에 시각장애를 가진 친구에게 더 필요한 시설에 대해 생각해보고 직접 만들고 활용해 보는 활동을 한다
모두의 화장실 (지체장애 알기)	우연히 초등학교 화장실을 이용하다가 픽토그램을 보게되고, 유치원 화장실에도 특별한 시설과 픽토그램이 필요하다고 생각한다. 유치원 화장실에 필요한 시설을 찾아보고, 하나씩 해결해나가며 유치원의 어엿한 주인이 되어 간다.
우리 모두 마음사전 (정서행동장애(ADHD) 이해하기)	ADHD를 가진 친구는 재미있기도 하지만, 때로는 위험한 활동을 하기도 합니다. 그러나 바깥놀이 및 산책을 통해 서로를 이해하고, 친구의 장점과 강점을 발견하게 되면서 우정을 만들어간다.
주인공은 누구? (발달지체 이해하기)	'주인공은 누구?' 장애이해교육에서는 우리 반 친구들의 비슷한 점과 다른 점을 알아봄으로써, 모든 친구들을 특별하고 소중한 존재로 느끼고, 다양성을 인정하고 존중하는 태도를 기른다. '나는 너에 대해 알고 싶어' 동요를 배우고, 빌딩 북을 만들어 보며 우리 반 친구들에게 관심을 갖고 서로 비슷한 점과 다른 점이 있다는 것을 알고 존중해 보도록 한다.

출처: 국립특수교육원, 장애유아 인권 및 장애이해교육자료, 2022

5. 장애이해교육을 통한 장애공감문화 조성 주제

주제	내용 예시
다양성과 동등함에 대한 이해	▶ 장애는 성별, 외모, 능력, 인종, 가족 구성원, 사회·경제적 지위 등과 같은 다양성 중 하나로 지도 ▶ 모든 사람은 동등하며 서로의 차이를 존중하고 배려해야 함을 강조 "OO이는 독특한 개성을 가진 친구에요." "우리 모두는 서로 닮았지만 서로 다른 점이 많아요. 모두가 서로 다르듯 OO이도 나와 다른 친구입니다. 틀린 것이 아니에요."
장애 관련 지식	▶ 장애 유형, 호칭, 특성에 대한 올바른 이해 ※ 장애학생의 장애유형이나 행동특성에 대해 설명이 필요한 경우, 해당 학생을 같은 공간에 두고 이야기할 것인지에 대한 여부 협의 필요 ▶ 장애인을 대하는 에티켓 ▶ 장애인 편의시설 소개(배리어프리)
장애에 대한 인식 개선	▶ 장애가 있지만 각자의 자리에서 능력을 발휘하고 사는 사람들 소개 ▶ 차이로 인해 차별하지 않고 차이를 수용하고 존중할 수 있도록 지도 ▶ 장애인을 지나치게 동정적이거나 일방적인 도움의 대상이 아닌 지역사회 및 학교의 동등한 구성원으로 인식하도록 지도 "여러분, OO이 대신 가방을 챙겨주지 않아도 괜찮아요. OO이가 가방을 안챙기고 있을 때 정리하라고 말해주세요. OO이가 도움이 필요할 때만 도움을 줘요." "여러분, OO이는 날짜를 잘 기억합니다. 날짜 바꾸기 당번은 OO이에게 맡기겠습니다. 우리 반 OO이가 우리에게 큰 도움을 주고 있어요."
장애체험활동 및 사례중심 활동	▶ 장애를 겪는 사람들과 관련된 사회적 이슈 ▶ 장애체험 활동 시 장애인의 불편함을 체험하는 것으로 그치지 않고 편의시설 및 보조공학을 통해 장애로 인한 불편이 경감될 수 있음을 경험할 수 있도록 함

출처: 서울특별시교육청, 곁에 두고 바로 쓰는 통합교육길라잡이, p.39

수험생 선생님들이 자주하는 질문!

"장애체험활동 시 주의할 점은 무엇인가요?"

이소현,박은혜(2008)에 따르면 장애 체험의 방법은 역지사지의 관점에서 장애인들의 삶을 경험해보고 그들의 처지에서 생각해보는 방법입니다. 눈을 가리고 생활을 해보며 시각장애인의 입장이 되어보거나, 휠체어를 타고 지체장애에 대해 경험해보는 방법을 의미합니다. 체험의 기본 전제는 좌절감을 느끼도록 하는 것이 아니라, 체험을 통해 성공적인 대처방안을 모색하거나 경험을 나누고 개선할 수 있는 부분에 대해 생각해보는 시간이 필요합니다. 활동 자체를 단순히 놀이라고 느끼지 않도록 주의하여야 하며 장애 체험을 통해 장애를 가진다는 것은 힘들고 불쌍한 것이라는 생각을 갖지 않도록 주의해야 한다. 장애 체험 활동 후에 체험을 통해서 무엇을 배웠으며, 앞으로 장애인에 대해 어떤 태도를 지녀야 하는지에 대한 토론이 이루어져야 합니다.

6. 현장 사례

내용	현장 사례
장애체험교실 운영 '시각장애 vr 체험, 지체장애 휠체어 체험, 자폐성장애인의 시선 등'	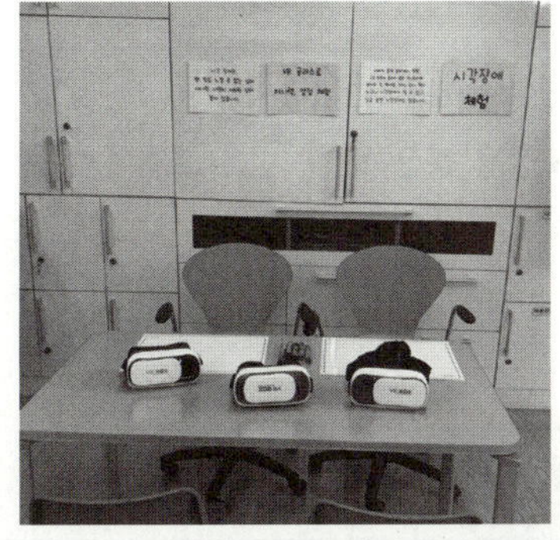 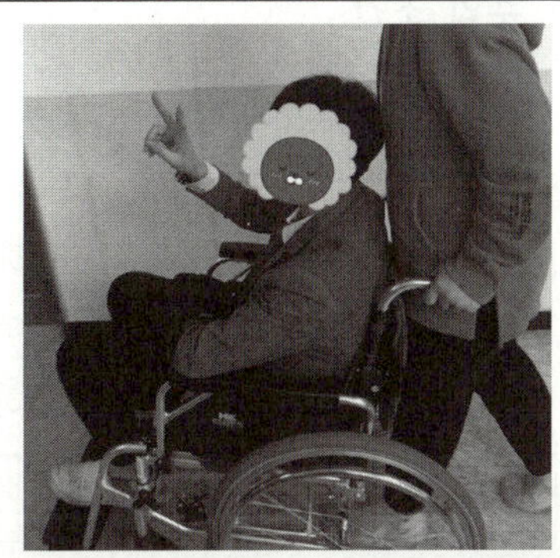
장애체험교실 후기 (이해중심, 활동중심 태도개선 전략 혼합)	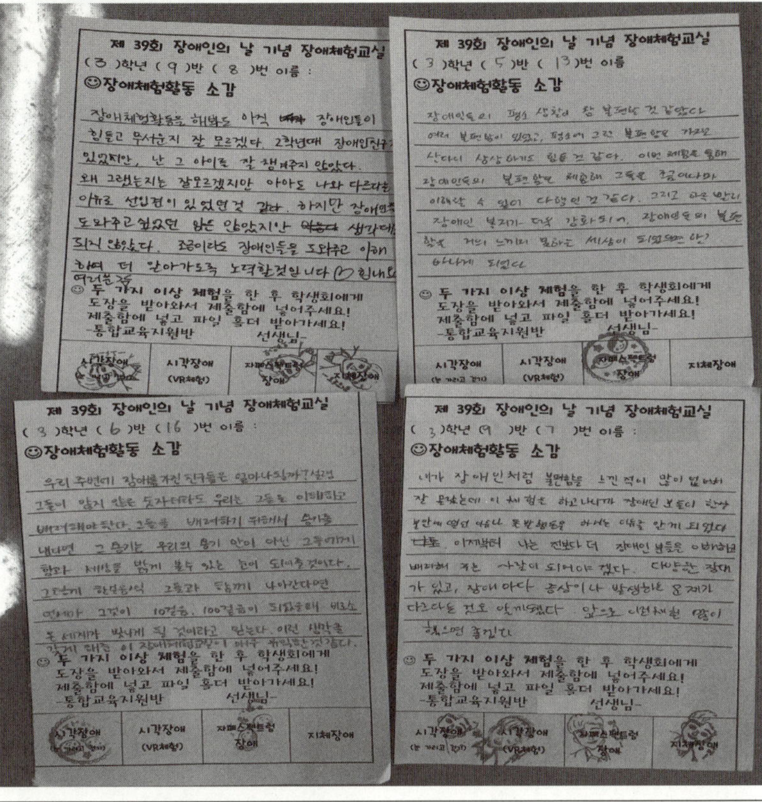 제 39회 장애인의 날 기념 장애체험교실 (3)학년 (9)반 (8)번 이름 : ☺장애체험활동 소감 장애체험활동을 해봐도 아직 장애인들이 힘들고 무서운지 잘 모르겠다. 2학년때 장애인친구가 있었지만, 난 그 아이를 잘 챙겨주지 않았다. 왜 그랬는지는 잘모르겠지만 아마도 나와 다르다는 이유로 선입견이 있었던것 같다. 하지만 장애인을 도와주고 싶었던 맘은 않았지만 생각대로 되지 않았다. 조금이라도 장애인들을 도와주고 이해하며 더 알아가도록 노력할것입니다 ♡ 힘내요 여러분~ ☺ 두 가지 이상 체험을 한 후 학생회에게 도장을 받아와서 제출함에 넣어주세요! 제출함에 넣고 파일 홀더 받아가세요! -통합교육지원반 선생님- 시각장애 / 시각장애 (VR체험) / 자폐스펙트럼 장애 / 지체장애 제 39회 장애인의 날 기념 장애체험교실 (3)학년 (5)반 (13)번 이름 ☺장애체험활동 소감 ☺ 두 가지 이상 체험을 한 후 학생회에게 도장을 받아와서 제출함에 넣어주세요! 제출함에 넣고 파일 홀더 받아가세요! -통합교육지원반 선생님- 시각장애 / 시각장애 (VR체험) / 자폐스펙트럼 장애 / 지체장애 제 39회 장애인의 날 기념 장애체험교실 (3)학년 (6)반 (16)번 이름 : ☺장애체험활동 소감 ☺ 두 가지 이상 체험을 한 후 학생회에게 도장을 받아와서 제출함에 넣어주세요! 제출함에 넣고 파일 홀더 받아가세요! -통합교육지원반 선생님- 시각장애 / 시각장애 (VR체험) / 자폐스펙트럼 장애 / 지체장애 제 39회 장애인의 날 기념 장애체험교실 (3)학년 (9)반 (7)번 이름 : ☺장애체험활동 소감 ☺ 두 가지 이상 체험을 한 후 학생회에게 도장을 받아와서 제출함에 넣어주세요! 제출함에 넣고 파일 홀더 받아가세요! -통합교육지원반 선생님- 시각장애 / 시각장애 (VR체험) / 자폐스펙트럼 장애 / 지체장애
원격 장애이해교육 방탈출 (출처: 유튜브 소성현 장애공감교육 방탈출닷컴 행프 소개 영상)	탈출.COM 홈 방탈출링크 관련정보 수업활용 안내  **행프!** '모두가 행복한 행복마을 만들기 프로젝트'에 여러분을 초대합니다. 장애공감교육 자료로 만들어진 이 프로그램은 '봄이오나봄', '놀이터', 'BUS', '운명' 등 총 4개의 테마가 준비되어 있습니다. (시각장애인을 위한 배리어프리 버전도 준비중입니다.)

NOTE

유아특수 경기 2022학년도 수업실연 일부 조건

2. 수업 조건

- 특수교육대상유아의 특성을 고려한 놀이중심 수업을 실연하시오.
- 특수교육대상유아의 참여를 촉진하고 주도성을 증진하는 방안을 포함하시오.
- 수업 내에서 장애이해교육을 진행하시오.
- 교수 자료 혹은 교육 기자재는 자유롭게 활용 가능하니 참고하시오.
- 다음과 같이 밑줄 친 구간을 실연하시오.

놀이 들여다보기 ⇨ **놀이 이해 및 놀이 실행하기** ⇨ 놀이 평가하기

3. 개별 유아 실태 및 수준

학생	특성 및 발달 수준
준호	• 1~2개의 단어를 모방하여 발화 가능하다. • 스스로 활동하려는 의지가 있다. • 또래에게 관심이 많은 편이다.
나경	• 모방능력 있다. • 선호하는 놀잇감이 있으나, 또래와의 놀이 참여에는 소극적인 모습을 보인다.
일반 유아	• 특수교육대상 유아에게 관심도가 높으며, 준호가 하는 일을 모두 도와주려고 한다.

〈출처〉

- 정다연, 그림책을 활용한 장애이해교육프로그램이 초등학교 학생들의장애인식과 태도에 미치는 영향,,2021
- 서울특별시교육청, 곁에 두고 바로 쓰는 통합교육길라잡이, p.39
- 국립특수교육원, 장애공감문화 확산을 위한 교육자료 초등용 매뉴얼, 2018

 유아특수 서울 2024학년도 교수·학습 지도안(과정안) 작성 일부

NOTE

1. 수업 지도안 (과정안) 관련 정보

제재	장애이해교육
대상	통합학급 (16명)

2. 조건

1) 도입 ~ 마무리까지 장애이해교육의 내용을 구성하여 작성하시오.
2) 개별 유아 지원 방안에 대해 작성하시오.
3) 유아 개별화 목표 삽입교수 활용하여 작성하시오.
4) 안전, 상호작용, 자료, 공간 지원 내용 기재하시오.
5) 협력교수를 어떻게 실행할지 기재하시오.
6) 필요 시 칸을 나누는 것을 허용하니 작성 시 참고하시오.

3. 유아 특성

장애 유형	인원	특성
자폐성장애	1명	• 개별화교육 목표: 질문에 한 단어로 대답할 수 있다. • 특성 ① 부드러운 촉감 이외에 다른 촉감에는 강한 거부 반응을 보인다. ② 한 단어로 된 음성 모방이 가능하다. ③ 소리가 나는 장난감을 좋아한다.
지체장애	1명	• 개별화교육 목표: 물건을 잡고 옮길 수 있다. • 특성 ① 소근육 사용이 어려운 편이라 신체적 지원이 필요하다. ② 자신의 경험을 잘 표현한다. ③ 짧은 거리는 독립적인 보행이 가능하다.
일반 유아	14명	장애 유아에 대해 수용적이나, 상호작용을 하는 방법을 잘 몰라서 알려줄 필요가 있다.

4. 통합교사와 특수교사 간 협의 내용

통합교사: 유아들이 횡단보도 놀이를 하다가 음향신호기에 관심을 가졌어요. 저에게 음향신호기가 무엇인지 물어보았답니다. 그런데, 제가 잘 몰라서 대답을 제대로 못해준게 마음에 걸리네요.

특수교사: 그렇군요. 유아들이 최근 유치원 현관 앞에 있는 점자블록에도 관심을 보이더라고요. 아! 그럼 이참에 시각장애인의 생활과 편의시설에 대해 알려주면 좋을 거 같다는 생각이 드네요.

5. 유아 놀이 기록지

〈횡단보도 놀이 중〉

유아1: (종이로 만든 음향신호기를 누르면서) “신호등이 초록불로 바뀌었습니다. 모두 건너가세요.”

유아2: 우와~ 그거 뭐야? 왜 소리가 나는 거야?

유아3: 어? 나 그거 본 적 있는데. 신호등에 있는 거잖아.

유아4: 선생님. 이게 무엇인가요?

통합교사: 아. 이건 음향 신호기라고 하는거야. 신호등의 색깔이 바뀐 것을 알려주는 거란다.

BEST 38 인권교육

NOTE

01 인권 침해 의미

- 인간으로서 존엄성과 가치, 자유와 권리를 침해하는 것

예 학교폭력, 성폭력, 아동학대 등을 당하거나 헌법에 보장된 권리를 행사하지 못하도록 하는 것

02 학교에서 일어날 수 있는 인권침해 사례

권리	사례
존엄과 의사소통	• 장애학생의 의견을 묻지 않고 학교 교육활동을 선정하는 경우 예 방과후, 동아리 활동 선택의 자유를 침해, 일방적인 자리 배정 • 장애학생의 의견보다 보호자의 의견에 더 큰 비중을 두어 결정하는 경우
차별	• 학습 및 학교생활에서 장애학생을 방치하거나 배제하는 경우 • 보호자에게 학교에 상주하여 보조할 것을 요구하는 경우
교육에 대한 권리	• 학급 교육과정 수립 시 장애학생의 의견을 전혀 반영하지 않은 교육계획을 수립하는 경우 • 도전행동(문제행동)을 이유로 수업시간에 복도나 특수학급으로 내보내는 등 학습권을 박탈하는 경우 • 장애학생에 대한 맞춤형 교육을 제공하지 않고, 형식적인 지도로 일관하는 경우
사생활과 개인정보의 보호	• 장애학생의 동이 없이 장애이해교육의 명목으로 장애유형 및 특성을 공개하는 경우
건강권	• 장애학생이 신체적, 심리적 이상을 호소하는데도 별도의 보호조치를 하지 않는 경우
안전권	• 과학 실험실에서 위험 물질을 다룰 때 안전장치나 안전을 위한 보조교사가 미배치된 경우
휴식과 문화에 대한 권리	• 교사의 재량으로 등교시간을 당기거나 쉬는 시간 점심시간의 자율시간을 빼앗는 경우 • 안전사고 예방을 명목으로 쉬는 시간이나 점심시간에 운동장으로 나가지 못하게 막는 경우 • 휴식 및 점심시간에 특수학급에 있기를 강요하며 또래와의 상호작용을 방해하는 경우
적법 절차를 누릴 권리	• 장애학생 관련 학교폭력 발생 시 사건을 축소 및 은폐하는 경우
특별한 보살핌을 받을 권리	• 학교폭력 피해 장애학생에 대한 보살핌이 소홀한 경우 • 가정 안에서 장애학생이 학대 받는 사실을 인지하고서도 이를 묵인하는 경우

출처: 경상남도 교육청 특수교육원, 장애이해교육 장학자료집, 2019, p.39~40

03 장애인 인권 침해 예방·대처 방법

① 장애학생 자기보호 역량 강화 교육 실시

② 장애인학대 예방, 장애인권침해예방 교육 등 실시

③ 장애인권친화적인 교실, 학교 문화 조성

④ 인권실태조사 활용 등 실태 수시 점검

⑤ 인성교육 연계 장애인권침해 예방 교육

⑥ 지역 내 장애학생인권지원단의 지원 요청

⑦ 교육부 국립특수교육원 장애학생 인권침해 신고센터 이용

〈통합교육 현장에서 장애학생 인권현황과 인권존중을 위한 요건〉

범주	대주제	하위주제
장애 학생 인권 현황	학교에서의 인권침해 원인과 양상	• 분리와 배제를 조장하는 학교 교육 문화 • 차별의 또 다른 이름, 선택권에 대한무시 • 행동문제의 이유와 맥락에 대한 몰이해 • 인권침해의 빈번한 발생지, 감시의 사각지대
	인권침해 사안 처리 과정에서의 어려움과 문제점	• 피해자 상담 및 인권침해 입증의 어려움 • 인권 침해 교사에 대한 낮은 처벌 수준 • 협력기관에서 겪는 다양한 측면에서의 어려움
인권 존중을 위한 노력	장애학생의 인권존중을 위한 다양한 노력	• 함께 하는 다양한 활동, 자연스러운 어울림 • 일반교사와 협력하고 학생들이 주도하는 활동 중심 교육 • 외부 관련 기관과의 연계를 통해 진행되는 교육 • 장애인식 개선 주간을 이용한 행사 중심의 인권교육
	장애학생을 대상으로 한 인권교육	• 장애학생의 특성에 맞게 차별화된 성 인권교육 • 타인의 권리를 존중하고 나의 권리를 옹호하기 위한 교육
인권 존중을 위한 요건	인권존중을 위한 학교 문화형성과 사회적 인식변화의 필요성	• 장애와 상관없이 모두가 존중받아야 하는 인권 • 장애학생의 인권에 대한 학교 전 구성원의 인식변화 • 학교 내 모든 교육 활동에 내재되어있는 인권 존중
	인권교육의 구심점인 교육청의 역할 강화	• 교사를 위한 인권교육의 질 향상 및 수강 의무화 • 포괄적인 안내자로서의 인권지원단 역할의 재정비 • 장애학생 인권침해 예방과 대처를 위한 매뉴얼 개발 및 보급 • 장애학생을 위한 상담전문가와 상담 전문기관 확보 • 지역사회 관련기관과의 연계지원 방안 확대/안내
	온전한 인권존중을 위한 부모교육과 지원의 확대	• 가정 연계 지원을 위한 관련기관 간의 협력 • 장애학생 부모를 대상으로 한 인권교육 의무화 • 가해학생 부모를 대상으로 한 인권교육 강화

출처: 이정은 외 1명, 장애학생 인권교육 실행연구, A초등학교 특수학급을 중심으로, 2019

NOTE

07 끈기 Best 40가지 이론 다지기

제6차 특수교육발전 5개년 계획: 장애학생 인권지원 강화

- (인권안전망 구축) 장애학생 인권지원단의 현장중심 지원강화 및 특수학교 전문상담교사 배치 확대
  ※ 특수학교 상담교사(업무 전담교사 포함) 배치율: ('22) 36.5% → ('27) 80%
- (인권실태 점검) 교육행정정보시스템(NEIS) 기반 특수교육대상자 인권실태* 조사에 따른 현장지원 및 범부처** 인권실태 점검 강화
  * 「장애인 등에 대한 특수교육법」 제13조에 따라 시도교육감이 매년 실시
  ** 고용노동부 현장실습처 장애학생 면담, 보건복지부 인권실태조사, 병무청 사회복무요원 복무 점검 등
- (교육활동 보호) 교육공동체가 상호 존중되는 교육환경조성을 위해 산림청 등 관계기관 연계 학생·교원의 심리·정서적 지원 강화- 학생 인권 또는 교권 침해 상황 발생 시, 전문기관 연계 상담 및 지역자원 활용 심리회복 프로그램 등 운영

(출처: 제6차 특수교육발전 5개년 계획, 교육부, p24)

04 장애인 인권교육 실제

1. 인권교육의 기초 원리 (국가사면위원회, 1997)

- 인권교육은 경험적이여야 한다.
- 인권교육은 문제제기적이어야 한다.
- 인권교육은 참여적이여야 한다.
- 인권교육은 분적적여야 한다.
- 인권교육은 활동중심적이여야 한다.
- 인권교육은 변증법적이여야 한다.

2. 인권교육 의미

1) **인권교육**: 인권은 인간이 가진 기초적이고 보편적인 권리이며, 자신이 가진 권리를 알고 인권을 존중하고 보호하기 위한 행동 양식과 기술, 인권을 존중하는 태도 형성을 동시에 추구하도록 하기 위한 일체의 교육적 노력 (장애학생인권교육길잡이 2013, 7p)

2) **장애 인권적 관점**: 장애와 장애인을 바라보는 관점이 자선적 관점에서 치료적 관점, 사회적 관점, 인권적 관점으로 변화를 거듭하였는데, 특히 인권적 관점은 모든 인간이 장애와 관계없이 동등한 기본 권리와 의무가 있는 것과 장애로 인하여 사회참여에 차별받지 않고 동일한 기회를 제공 받아야함을 강조한다 (진재섭, 2018)

3. 장애 인권 교육의 중요성

- 비장애인 중심 사회 내에서 차별이나 억압을 경험하기도 하며, 장애인을 무조건적으로 불쌍하게 여기거나 도움이 필요하거나 보호가 필요한 존재로 여기는 것이 아닌 함께 살 수 있는 환경을 만들기 위해 노력하는 것이 필요
- 장애인들은 사회적 차별과 사회적 장애물들과 환경으로 인해 장애인이 되는 것이지 스스로 장애라는 특수성과 한계를 지닌 것이 아님
- 장애인들을 어떤 특수한 사람으로 바라보거나 장애의 요인을 당사자의 책임으로 돌려 그 한계를 극복하게 하는 형태가 아닌 사회적인 장애물을 허무는 노력이 필요

NOTE

4. 인권교육의 방법

제안한 곳	인권교육의 방법
미국 미네소타대학 인권교육자료센터	브레인스토밍, 토론, 영화와 비디오, 청문회와 재판, 대중매체 활용, 사례연구, 극화, 현장견학, 영상자료 해설, 관련인사 초청 등
국제사면위원회 (1997)	역할놀이, 소그룹활동, 브레인스토밍, 집단토론, 프로젝트 수업, 사진 등의 자료 활용, 만화, 낱말, 연상놀이 등
인권운동사랑방 (2001)	장학습, 역할극, 이미지 학습, 게임, 토론학습, 모둠학습, 만화나 그림을 이용한 활동 등
UN (2003)	브레인스토밍, 사례연구, 창의적 표현, 토론, 현장학습, 지역사회 방문, 인터뷰, 연구 프로젝트, 역할극, 시뮬레이션, 시각자료 활용 등
이양희 (2011)	이야기 나누기, 프로젝트 학습, 그룹토의, 조사, 발표, 동화, 도시, 노래, 작업, 게임, 과학, 극놀이, 시청각 학습, 현장학습 등

출처: 김보위(2016: 13).

5. 장애인권교육 사례

대상	인권교육의 사례
전교생, 전교직원, 학부모 등	• 유니버설 디자인, 우리 학교를 디자인해요. • 님비? 우리 집 근처에 특수학교가 생긴대요. • 차이와 차별, 이렇게 구분해요. • 패럴림픽, 자신의 한계에 도전해요. • 장애가 직업을 갖는데 장애가 된대요. • 인권감수성에 대해 알아보아요. • 장애인 편의시설에 대해 알아보아요. • 우리학교 장애인 편의시설을 점검해보아요. • 지적장애에 대한 나의 편견 지수는?
특수교육대상학생	• 장애인의 권리를 배워요. • 자기보호 방법을 배워요. • 나의 권리를 주장해요. • 장애인 인권침해 사례를 찾아보아요. • 즐겁게 학교 생활을 해요.

〈출처〉

• 교사를 위한 학교 인권교육의 이해, 국가인권위원회 2004)
• 전명아,「장애공감문화」 조성을 위한 공립유치원 유아교사의 「장애이해교육」교수매체 선정 및 활용 실태, 2021
• 김연수, 영유아기 장애이해교육의 방향성 탐색을 위한 국내연구 동향 분석, 2021
• 국립특수교육원, 유초학생 장애이해교육, 2003
• 이신규, 이병인, 사립유치원 교사의 장애이해교육 지원요구에 관한 질적연구, 특수교육논총, 2019, 35(2), p.117-156
• 이경은, 장애이해교육에 대한 유아교사의 인식과 운영 현황, 석사학위 논문, 광주교육대학교 교육대학원, 광주, 2015
• 이유훈, 권택환, 김희규, 유장순, 최세민, 유초등학생 장애이해교육, 안산, 국립특수교육원, 2003
• 정희섭, 장애공감의 조건과 교육실천 원리, 특수교육교과연구, 2019, 12(4), p.285-307
• 진재섭, 유아교사를 위한 배려지향 장애인권교육프로그램 개발 및 적용, 박사학위 논문, 인천대학교 대학원, 인천, 2018

BEST 39

안전교육

NOTE

01 특수교육 현장 안전 교육 필요성

- 배광열(2019)에 따르면 학교안전사고는 대부분의 피해자인 학생들이 어리고 심신이 충분히 발달되지 않은 상태에서 사고가 많이 발생 → 특히 지적장애 특수 학교학생의 경우 초 · 중 · 고등학생들의 인지능력이 만 5세 이하의 수준에 머무는 경우가 많아 → 안전사고에 노출될 가능성이 더욱 높음
- 지적장애학생들은 본인이 처한 주변 상황에 대하여 판단이 정확하지 못하고 → 민첩하게 반응하지 못해 또래의 친구들이나 학교 시설물의 가벼운 접촉에도 사고가 발생하는 경우가 많음
- 지적장애 학생들은 여러 모습으로 문제행동을 보이고 → 학교안전사고와 연관 될 수 있는 문제행동으로 공격적인 행동, 주의산만행동,상동행동, 자해행동, 교출 및 무단이탈 행동, 방해 행동 등 다양
- 장애학생의 경우 자기 조절이나 방어 및 상황에 대한 인식능력이 부족하며 → 앞으로의 상황에 대한 예측 능력이 부족하기에 안전사고의 위험성이 높음 → 모든 위험이나 사고로부터 학생들을 보호하는 일은 부모와 교사의 가장 중요한 임무 → 교사는 안전한 환경을 구성함으로써 위험요인으로부터 학생들을 분리시키고 보호하며 → 학생들이 위험으로부터 스스로 보호할 수 있도록 안전과 관련된 지식,태도,기능 등을 익히게 교육해야 함

02 목적

- 이현길(2016)에서 지적장애학생의 안전교육의 개념을 지적장애학생스스로 위험으로부터 자신을 보호할 수 있도록 도와주는 교육으로서, 궁극적으로는 자신에 대한 보호 뿐 아니라 타인의 생명을 존중하는 인간 개개인의 존엄을 배우는 교육이라고 함

03 안전 사고 발생 시 대처

- 응급 상황 발생 시 최초 발견자는 비상 연락 체계 활성화, 주변 교직원에게 연락 및 도움 요청(관리자 보고)
- 응급 상황 대처 위한 보건교사, 담임교사 연락
- 환자 상태에 따라 119 신고, 심폐소생술 등 응급 처치 및 보호자 연락 시행
- 병원 후송 시 담임교사 동행
- 학교 안전공제회를 통한 보상 신청 및 지급

04 7대 표준안

7대 표준안	중분류	소분류
생활 안전	시설 및 제품이용 안전	시설안전
		제품안전, 실험실습안전
	신체활동 안전	체육 및 여가 활동 안전
		신체 활동 안전
	유괴 및 미아사고 방지	유괴 및 미아사고 방지
교통 안전	보행자안전	교통 표지판구별하기, 길을 건너는 방법
		보행안전
	자전거안전	안전한 자전거 타기, 안전한 자전거 관리
	오토바이안전	오토바이 사고의 원인과 예방
		오토바이 운전 중 주의 사항
	자동차 안전	자동차사고의 원인, 자동차사고 예방법
	대중교통안전	대중교통 이용 안전수칙
폭력 및 신변 안전	학교폭력 어울림 (사이버어울림)	언어폭력, 언어/사이버 폭력
		물리적 폭력
		집단따돌림
	성폭력	성폭력예방 및 대처방법, 성매매 예방
	아동학대	아동학대 예방 및 대처방법
	자살	자살예방 및 대처방법
	가정폭력	가정폭력 예방 및 대처방법
약물 · 사이버 중독	약물중독	에이즈, 마약류 폐해 및 예방
		흡연 폐해 및 예방, 음주폐해 및 예방
		고카페인 식품 폐해 및 예방
	사이버중독	인터넷게임 중독, 스마트폰 중독
재난 안전	화재	화재발생, 화재발생시 안전수칙, 소화기 사용 및 대처방법
	사회재난	폭발 및 붕괴의 원인과 대처방법
		각종 테러사고 발생시 대처요령
	자연재난	홍수 및 태풍 발생시대처요령
		지진·대설·한파·낙뢰 발생시 대처요령

직업 안전	직업안전 의식	직업안전 의식의 중요성
		직업안전 문화
	산업재해의 이해와 예방	산업재해의 의미와 발생
		산업재해의 예방과 대책
	직업병	직업병의 의미와 발생
		직업병의 예방과 대책
	직업안전의 예방 및 관리	산업재해 관리, 정리정돈, 보호구 착용
응급 처치	응급처치의 이해와 중요성	응급처치의 목적과 일반원칙
		응급상황 시 행동요령
		응급처치 전 유의사항 및 준비
	심폐소생술	심폐소생술
		자동제세동기의 사용
	상황별 응급처치	기도폐쇄
		지혈 및 상처처치, 염좌, 골절, 화상 등

05 안전교육 실천 방법

1. 교과 연계 안전 교육

- 나침반 교육, 안전 수칙 안내, 장애물 협동 달리기

2. 학교 안전 교육

- 재난 대피 훈련, 안전한 환경, 소화기 등 시설 점검

3. 지역사회 연계 체험교육

- 안전 체험관, 안전 점검의 날, 사이버 보안의 날, 이동식 안전 체험 버스 등

4. 체험학습, 수학여행 등 활용하여 예방 교육 실시

- 특수학교(급) 교직원들의 안전의식 고취 및 공감대 형성을 위한 연수 실시
- 전문적 학습공동체 및 과정별 안전교육 관련 연수 실시
- 특수학교(급) 학교안전계획 수립과 검토
- 특수학교(급) 각종 대피훈련 및 모의 교출 훈련을 위한 시나리오 작성 후 활용
- 사회, 체육, 직업 등 관련 교과 수업
- 조/종례 시간 학생 대상 안전교육
- 안전 관련 학부모교육 및 가정통신문 활용

06 학교폭력 예방 교육

- 개념: 사소한 괴롭힘, 학생들이 장난이라고 여기는 행위도 학교폭력이 될 수 있음을 인식할 수 있도록 분명하게 가르쳐야 함
- 어울림 프로그램 활용: 학생들의 사회 정서 역량과 학교폭력 인식 및 대처역량을 기를 수 있는 학교폭력예방교육 프로그램

구분	내용
기본 프로그램	공감, 의사소통, 감정조절, 자기존중감, 갈등해결과 학교폭력 인식 및 대처 등
심층 프로그램	신체물리적 폭력, 언어폭력, 따돌림, 사이버 폭력 등 문제 유형별 인식 및 대처 역량을 키울 수 있음
교과연계 프로그램	학교폭력 예방 역량과 연계성이 높은 교과의 특성을 반영

- 사이버 폭력 예방 활동: 사이버 폭력 예방 주간 운영, 등굣길 캠페인 활동, 플래시몹 제작 등
- 언어 폭력 및 언어문화 개선 활동: 언어문화 개선 주간 운영, 포스터 만들기, 언어습관 자가 진단 등
- 학교폭력 예방 또래 활동: 또래활동 프로그램 운영, 또래 상담 활동 등
- 관계 중심 생활교육: 공감적 의사소통, 비폭력 대화, 회복적 서클, 관계맺기 활동
- 평화교육: 소집단 토의 활동, 협력적 활동, 나를 존중하기, 사회에 관심 갖기 등
- 학교 자율적 학교폭력 예방: 문화예술 체육활동, 인권친화교육, 학교폭력 예방 동아리 운영 등

출처: '도란도란' 학교폭력 예방교육 사이트-https://doran.edunet.net/main/mainForm.do

NOTE

07 장애인 성폭력 예방 교육

장애인의 안전한 보호와 건강한 발달, 권리 존중을 바탕으로 이루어져하며, 장애인 당사자 뿐만 아니라 장애인의 주 보호자인 부모, 교사, 비장애학생들을 대상으로 장애인 성폭력 예방 교육이 실시되어야 한다.

- 자존감을 높여주기: 자존감이 높은 사람은 자기 자신과 타인을 존중할 수 있으며 자신이 정한 경계에 대해서도 많이 주의를 기울이므로 피해의 예방 뿐만 아니라 가해 예방까지도 가능
- 자기 주장 및 자기표현 지도: 일상생활 속 자신의 감정이나 생각을 표현하는 것이 바람직하다는 것을 알려주고 자기 표현할 수 있는 분위기를 만들어주고, 지지와 용기 부여
- 일상생활에서 경계교육을 실천: 일상생활 속에서 개인의 영역과 사생활을 존중하므로써 스스로 경계를 지킬 권리를 가지고 있다는 것을 알 수 있음. 특히 부모와의 스킨십으로 인해 성행동에 대한 모방이 일어날 수 있기 때문에 올바른 경계 교육이 되도록 부모가 모델링 되어야 함
- 좋은 비밀과 나쁜 비밀 구별하기: 성폭력 가해자들은 자신이 한 행뒤가 드러나지 않도록 피해자에게 비밀을 강요한다는 점을 아려주며 이러한 비밀은반드시 부모, 교사 등 자신이 신뢰할 수 있는 어른에게 알리는 것이 중요하며 어른들에게 도움을 요청하면 들어줄 것이라는 믿음도 필요
- 나를 도와줄 수 있는 사람 알기: 내가 믿을 수 있는 사람과 내 말을 잘 들어주는 사람을 구체적으로 알도록 지도
- 자신이 살고 있는 지역 안전지도 그려보기: 집에서 학교 가는 길, 학원에서 집으로 가는 길, 도움을 청할 수 있는 곳 등 자신을 보호하기 위한 최소한의 방법을 인지
- 학생들이 학교, 반에서 지켜야할 규칙을 정하기: 학교 내에서 학생들이 서로 지켜야할 규칙을 정하고 지키도록 교육을 하는 것
- 지역사회 기반으로 예방프로그램 실시: 아동성폭력은 아동이 아닌 성인의 책임이며 나아가 지역사회의 책임으로 아동 성폭력을 예방하는 가장 이상적인 방법은 아동의 행동을 변화시키는 것이 안니 성인의 행동을 변화시키고, 나아가 지역사회를 변화시키는 것 (이현혜,강은영,이현숙,하지영,2011)

출처: 이현혜, 부모와 교사가 알아야할 지적장애인 성폭력 예방교육 매뉴얼, 2013

BEST 40 문화·예술·체육 교육

01 문화 예술 체육 교육

NOTE

□ 장애학생 문화예술·체육 활동 지원

◦ (문화예술교육 지원) 1인 1문화예술교육 및 장애·비장애학생 통합 문화예술 동아리 활동 등을 통해 질 높은 여가와 재능 발굴 기회 제공

- 문화예술행사(공연, 전시회 등), 지역사회 연계 프로그램 운영 및 장애학생 문화예술 국제교류 활동* 지원

  * 해외방문 공연, 해외단체초청 공연, 국제 장애학생 미술활동 전시회 등

◦ (체육활동 지원) 전문가 멘토링 및 체육 분야 진로 체험 등을 통한 장애학생 체육 인재 발굴(매년, 30명 이상)

- 특수학교 장애학생 건강체력평가(PAPS-D) 운영 매뉴얼 개선 및 교원연수 등 교육 현장 지원* 확대('23.~ 매뉴얼 보급 및 현장 연수)

  * 지역 장애인체력인증센터('22. 12개소) 협력을 통한 학교 지원 등

- 장애학생 체력회복 콘텐츠(프로그램) 개발, 스포츠 강습 및 체험 프로그램 운영 확대를 통한 생활체육 활성화(매년, 40종 이상)

◦ (체험형 연수 지원) 장애학생 문화예술 관련 교과 및 창의적 체험활동 등 담당 교사의 역량 강화를 위한 체험형 연수 확대

출처: 교육부, 제6차 특수교육발전 5개년 계획, 2022, p.28

02 문화예술 교육 효과

- 장애인 문화예술교육은 예술을 통해 참여자 개인의 삶을 한층 풍요롭게 변화시킬 뿐 아니라, 예술을 매개로 소통함으로써 사회가 한층 더 통합될 수 있도록 기여
- 삶 속 색다른 즐거움이 되며 정서적 안정과 사회성 향상으로 보다 건강한 사회통합의 계기가 됨. 모든 개인의 삶의 질 향상과 사회 내 긍정적 가치 형성에 기여
- 표현 소통의 도구: 자기 감정과 생각을 표현하며 장애를 승화시킬 수 있음
- 사회성 학습의 도구: 사회와 보다 원활하고 적극적으로 소통하는 방법을 습득할 수 있음
- 치료적 도구: 장애나 사회적 상황등으로 억압된 창조성을 예술로 발산하여 정신적 안정
- 정서 순화도구: 감정의 분출 과정을 통해 감정적 정화와 자기 성찰이 가능
- 신체능력 조절 도구: 신체를 활용하는 예술을 통해 신체조절 능력 향상

출처: 한국문화예술교육진흥원, 2014 복지기관 문화예술교육 지원사업 성과평가 질적연구(무용, 음악, 미술, 영화, 국악, 연극 교육분야)

03 예술교육 활성화

- 예술적 감수성을 토대로 공감·소통하는 능력을 함양하기 위한 1인 1특기 계발 지원 및 학생예술동아리 확대
  사례) 화산 오산교육지원청 특기교육 (통기타 특기교육) 관내 25개 초등학교 5·6학년 전체 학생 대상, 지역 예술가와 연계하여 정규 수업 및 방과후학교 프로그램을 통해 통기타 교육 실시
- 학교오케스트라 등 학생예술동아리를 확대하고 학교 여건에 따른 오케스트라 운영 단위를 다양화하여 학생의 참여 기회 확대
- 학교 예술강사 등 예술활동 지원 전문인력 확대를 위해 교육지원청별로 지역예술단체, 문화재단, 지역대학 등과 지원체계 구축·운영

04 문화예술 교육 사례

- 교과와 연계한 문화 예술 체육 교육 수업: 음악, 미술, 체육 교과를 중심으로 다양한 교과를 재구성하여 진행
- 그림책을 활용한 음악연극 통합수업: 나래이션을 하며 그림책 학습 뒤 등장인물의 대사와 감정을 담아 표현
- 미술과 영화를 결합한 통합 프로그램: 캐릭터 스케치 뒤 홍보 동영상 제작하기
- 장애인 스포츠 체험: 지역 내 대학과 연계하여 쇼다운, 골볼, 시각 축구 진행
- 휠체어 농구단, 장애인 체육회와 함께 장애인식개선 캠페인 동
- 국립현대미술관 장애인 미술관 소풍 : 발달장애, 신체장애 등을 가진 장애인 대상으로 현대미술을 감상 및 재구성하여 표현하는 활동 워크숍
- 서울시립북서울 미술관 장애인 오감체험 교실: 선생님과 함께 작품을 보고 만지며 만들어보는 체험 프로그램
- 춘천 마임 축제: 장애인, 비장애인, 어린이, 어른 모두 참여할 수 있는 춘천 마임 홍보 공연
- 장애 모아 음악: 발달장애 아이와 엄마가 수업 내 다른 구성원과 음악을 통해 자연스럽게 어울리는 프로그램
- 유희로 만나는 예술: 실내외 다양한 공간에서 예술가와 참여자가 놀이 형태의 만들기와 신체 활동으로 자기를 표현하고 예술가와 소통하는 프로그램

출처: 한국문화예술교육진흥원, 장애인 문화예술교육을 만나다 (https://arte365.kr/?p=45966)

출처: 장애인을 위한 문화예술교육 수업 레파토리 공유 워크숍

• 장애인식개선 주제 문화예술 공연

◦ (장애이해교육 다양화) 장애인 당사자 중심 장애이해교육 프로그램* 운영 및 장애인식개선 학생동아리 운영**('24~'27., 100교)

* 장애 예술인(단체) 또는 장애인식개선 주제 문화예술 공연 등

** 학교 구성원, 지역사회 대상 장애인식개선 캠페인, 콘텐츠 제작 등

- 장애인식개선 교육의 대상을 각급학교 직원에서 학부모까지 확대

※ 학교교육과정 설명회, 학교 공개의 날 등에서 전문 강사, 우수 콘텐츠 등을 활용하여 학부모 교육 실시('23. 4,139교 → '27. 8,645교)

• 한빛 예술단: 시각장애인으로 구성된 예술단으로 한빛 합창단의 공연 관람을 통해 문화체험형 장애인식개선 교육 진행
• 장애인식개선교육 연극: 손 인형극, 장애인식개선 뮤지컬 공연 참관
• 장애 예술인 초청: 장애인 음악가, 안무가, 연기자 등의 강의 및 공연 관람

05 체육활동

1. 체육활동 일상화

• 학교 체육활동을 상시화하여 다양한 수준별 활동으로 체력과 신체 역량을 기르고 인성·시민성을 함양
• 창의적 체험활동, 틈새 시간을 활용하여 교사가 함께하는 '365+ 체육온활동'을 확대 운영하고, 운동시설 여건 개선

2. 사례

• 아침 : 학교 여건에 따라 희망 학생 대상 운영
• 정규수업시간 : 창체·점심시간 중 '1교사 1동아리' 운영 등
• 방과후 : 자율동아리와 연계한 체육활동
• (부산 '아침 체인지(體'仁智)') 학교에 따라 전교생 또는 희망 학생을 대상으로 아침시간을 활용하여 운동장·체육관에서 '자기주도형 365+ 체육온활동', '개인스포츠', '단체스포츠' 등 체육활동을 실시하여 학생들의 건강 체력향상 및 인성·학업성취도 향상에 기여
• (경기 '(가칭)등굣길 아침 운동') 희망학생 대상 '체육온동아리,' '학교스포츠클럽', '건강체력교실' 형태의 아침운동을 학급·학년별 자율 운영하여 신체활동을 통해 인성교육 강화

※ 문체부 신나는 주말체육학교, 지정스포츠클럽 학교특화프로그램, 전문선수반 연계 운영
다양한 방과후 스포츠활동 수요 대응에 필요한 시설·인력 지원을 위해 교육지원청별로 지역 체육회, 종목단체, 지역대학 등과 협의체 운영

출처: 모든 학생의 성장을 지원하는 공교육 경쟁력 제고 방안

NOTE